Bettina Glunz-Hüsken

Religiöse Symbolik in reichen Gräbern
der Nekropole von Hallstatt, Oberösterreich

FREIBURGER ARCHÄOLOGISCHE STUDIEN

Band 8

Herausgegeben von
Sebastian Brather, Christoph Huth,
Heiko Steuer und Christian Strahm

Bettina Glunz-Hüsken

Religiöse Symbolik in reichen Gräbern der Nekropole von Hallstatt, Oberösterreich

Verlag Marie Leidorf GmbH · Rahden/Westf.
2017

477 Seiten mit 164 Abbildungen, 15 Tafeln zzgl. 1 CD-ROM (10 Tabellen)

Bibliografische Information der Deutschen Nationalbibliothek
Glunz-Hüsken, Bettina:
Religiöse Symbolik in reichen Gräbern der Nekropole von Hallstatt,
Oberösterreich.
Rahden/Westf.: Leidorf, 2017
   (Freiburger Archäologische Studien ; Bd. 8)
   ISBN 978-3-89646-796-6

Die Deutsche Nationalbibliothek verzeichnet diese Publikation in der Deutschen Nationalbibliografie.
Detaillierte bibliografische Daten sind im Internet über http://dnb.ddb.de abrufbar.

Alle Rechte vorbehalten
@ 2017

Verlag Marie Leidorf GmbH
Geschäftsführer: Dr. Bert Wiegel
Stellerloh 65 · D-32369 Rahden/Westf.

Tel: +49/(0)5771/ 9510-74
Fax: +49/(0)5771/ 9510-75
E-Mail: info@vml.de
Internet: http://www.vml.de

ISBN 978-3-89646-796-6
ISSN 1437-3327

Kein Teil des Buches darf in irgendeiner Form (Druck, Fotokopie, CD-ROM, DVD, Internet oder einem anderen Verfahren) ohne schriftliche Genehmigung des Verlages Marie Leidorf GmbH reproduziert werden oder unter Verwendung elektronischer Systeme verarbeitet, vervielfältigt oder verbreitet werden.

PC Texterfassung und Scans: Bettina Glunz-Hüsken, Weilheim i. OB
Redaktion: Janine Fries-Knoblach, Dachau
Titelvignette: Miniaturaxt aus Hallstatt Grab 641
(Foto: Alice Schumacher, NHM Wien; Rahmen: Moritz Hüsken, Weilheim i. OB)
Fotos (Text und Tafeln): Alice Schumacher, NHM Wien
Farbtafeln: Oberösterreichisches Landesmuseum Linz und NHM Wien
Satz, Layout und Bildnachbearbeitung: Michael Kinsky, Freiburg/Breisgau
Druck und Produktion: druckhaus köthen GmbH & Co. KG, Köthen

Inhalt

Vorwort der Verfasserin ... 7

1 Einführung ... 9

2 Quellenkritik der Gräber Hallstatts ... 21

3 Pferd und Wagen ... 25
   3.1 Achsnägel und gesteiltes Ringgehänge ... 26
   3.2 Pferdegeschirr ... 38
   3.3 Zusammenfassung zu Wagen- und Pferdegeschirrteilen und Raddarstellung ... 46
   3.4 Dreidimensionale Radobjekte ... 51
   3.5 Serielle gestempelte Radmotive ... 55
   3.6 Fibeln mit Radsymbol ... 55
   3.7 Pferde als Geräteaufsatz und Miniaturäxte ... 58
   3.8 Pferdefibeln ... 67
   3.9 Zweidimensionale, teils serielle Bilder von Pferden ... 72
   3.10 Pferdezähne ... 73
   3.11 Rosshaar ... 75
   3.12 Fazit ... 76

4 Gelage ... 79
   4.1 Trink- und Speisegeräte ... 79
      4.1.1 Einführung und Status quo ... 79
      4.1.2 Funktionskategorien Trink- und Essgeschirr ... 82
   4.2 Bratspieße ... 122
   4.3 Fleischhaken ... 124
   4.4 Äxte und Beile ... 124
   4.5 Miniaturgefäße als plastischer „Dekor" ... 127
   4.6 Fazit ... 135

5 Kriegertum und Bewaffnung ... 143
   5.1 Schwerter und Dolche ... 143
      5.1.1 Einführung ... 143
      5.1.2 Befunde ... 145
      5.1.3 Ikonographie ... 148
      5.1.4 Dolche und Dolchmesser in Frauengräbern ... 158
      5.1.5 Fazit ... 160
   5.2 Helme ... 162
   5.3 Lederkoller mit Nagelbesatz? ... 170
   5.4 Pfeile, Geschossbolzen und Köcher – Die gegenständliche Kennzeichnung von Jägern ... 171
   5.5 Lanzen ... 178

6 Goldobjekte ... 185
   6.1 Einzelne goldene Ringe (Ohrschmuck) ... 186
   6.2 Kleine Ringkette ... 195
   6.3 Armreif ... 195
   6.4 Spiralen, Perlen und Plättchen ... 198
   6.5 Goldensemble ... 201
   6.6 Waffen ... 205
   6.7 Fazit ... 206

7 Textilien und Geräte zu ihrer Herstellung ... 209
   7.1 Einführung ... 209
   7.2 Forschungen zu den Textilien aus Hallstatt ... 222
   7.3 Textilien aus Gräbern ... 223
   7.4 Geräte ... 227
      7.4.1 Spinnwirtel ... 228
      7.4.2 Webgewichte ... 230
      7.4.3 Nadeln ... 231
   7.5 Fazit ... 235

8 Symboltragende Objekte 237
  8.1 Ringgehänge (Protomen-, gestielte, konzentrische und lose Gehänge) 237
  8.2 Fibeln, Klapperbleche und Anderes 243

9 Anthropomorphe Darstellungen 250
  9.1 Vollplastik 251
  9.2 Anhänger 257
  9.3 Zweidimensionales 257

10 Gürtel und Gürtelketten 259
  10.1 Einführung 259
  10.2 Grundlegendes zu hallstättischen Gürteln 262
  10.3 Befunde 265
  10.4 Kombinationen 266
  10.5 Parallelen 269
     10.5.1 Beigabe zweier Gürtel 269
     10.5.2 Gürtel als Halsschmuck 271
     10.5.3 Schärpen 272
  10.6 Gürtel mit Gehänge 273
     10.6.1 Stäbchenketten 273
     10.6.2 Klapperbleche 274
     10.6.3 Geschmiedete Kette und Miniaturgefäße 275
  10.7 Fazit 277

11 Handwerkliches Gerät – fehlendes Bergbaugerät 279
  11.1 Amboss, Feile, Meißel, Steigeisen 279
  11.2 Angelhaken und Harpune 284

12 Duplizierte Beigaben 291

13 Doppel- und Mehrfachbestattungen und die Frage der Hierogamie 301

14 Zwischen Amulett, Prestige und Mythos: Beigaben aus Hallstatts Kinder- und Jugendlichengräbern 309

15 Resümee 317

16 Summary 329

17 Nachweise 339
  17.1 Abkürzungen 339
  17.2 Literatur 339
  17.3 Abbildungen und Tafeln 403

18 Liste der kontrollierten Ramsauer-Gräber und weiterer verwendeter (jedoch nicht kontrollierter) Inventare 409

19 Tabellen 473

20 Tafelteil 475

21 CD-ROM (10 Tabellen)

Vorwort der Verfasserin

Vorliegende Studie war Gegenstand eines DFG-Forschungsprojektes an der Albert-Ludwigs-Universität Freiburg in den Jahren 2010-2016 (50 %; Manuskriptfertigstellung Oktober 2016).
Die Idee zur hier behandelten Thematik entstammt maßgeblich der Lektüre von „*Menschenbilder und Menschenbild. Untersuchungen zu anthropomorphen Bildwerken der frühen Eisenzeit*" meines früheren Münchener Kommilitonen Christoph Huth. Es schien reizvoll, seine Thesen und Interpretationen an dem mir bekannten hallstättischen Fundstoff zu spiegeln.

Zur Verwirklichung meines Konzepts haben zahlreiche Personen und Institutionen beigetragen, denen ich an dieser Stelle meinen ausdrücklichen Dank aussprechen möchte: Christoph Huth für die Aufnahme am Freiburger Institut für Archäologische Wissenschaften. Inhaltlich tolerant, mit Rat und zahlreichen Hinweisen unterstützte er mich ebenso wie Fritz Eckart Barth, Anton Kern (beide Naturhistorisches Museum Wien) und Andreas Lippert (emer. o. Univ. Prof. Wien). Geduldig erschloss mir Fritz Eckart Barth vor allem die schriftlichen Quellen zur Nekropole, eine langfristig gesehen und für die kritische Beurteilung des Fundstoffs unerlässliche Basis. Die jederzeitige Ansicht der Fundobjekte und die Erlaubnis zur Publikation wichtiger Dokumente in Wien und Hallstatt, z. B. des „Protokolls Antikencabinett" ermöglichte Anton Kern. Ohne das kulant zur Verfügung gestellte Computer-Programm „*Montelius Editor*" (samt Bilddatenbank) von Peter Stadler (ebenfalls Naturhistorisches Museum Wien), hätte die vorliegende Arbeit nicht bewältigt werden können. Möge es auf diesem Weg zahlreiche weitere Benutzer finden! Jutta Leskovar öffnete die betreffende Linzer Sammlung und gestattete die Einsichtnahme und Digitalisierung unpublizierter Aquarelle im Oberösterreichischen Landesmuseums Linz. Einige von ihnen werden hier erstmals gezeigt.

Alice Schumacher (Wien) fertigte die Fotos des Wiener Fundstoffs, Magdalena Wieser (Linz) betreute die Aquarelle in Linz, Peter Stadler und mein Sohn Moritz kümmerten sich stetig um den Technical support (EDV). Janine Fries-Knoblach (Dachau) übernahm, gewohnt zuverlässig und durch zahlreiche Hinweise das übliche Maß weit übersteigend, die Redaktion. Die aufwendige Bildnachbearbeitung und das sorgfältige Layout stammen von Michael Kinsky (Freiburg). Daniela Hofmann (Hamburg) übersetzte das Resümee und die Drucklegung übergab ich gerne in bewährte Hände von Bert Wiegel (Rahden/Westfalen), Verlag Marie Leidorf. Sie alle haben zum Erscheinungsbild des Buches beigetragen, wofür Ihnen mein herzlicher Dank gilt!

Auch zahlreiche weitere KollegInnen haben bereitwillig und über die längere Forschungszeit hinweg durch vielfältige Zusammenarbeit und Unterstützung mitgewirkt: Holger Baitinger (Mainz), Alexandrine Eibner (Wien), Armgart Geiger (Istanbul), Karina Grömer (Wien), Daniela Heilmann (München), Markus Hochhold-Weninger (Wien), Sybilla Huber † (Wien), Ivaylo Karadzhinov (Sofia), Imma Kilian (Heidelberg), Brigitte Kull (Frankfurt), Amei Lang (München), Karin Mansel (München), Maria Marchesi (Bologna), Alessandro Naso (Innsbruck), Brinna Otto (Innsbruck), Doris Pany-Kucera (Wien), Christopher Pare (Mainz), Peter Ramsl (Wien), Adeline Schebesch (Erlangen), Robert Schumann (Hamburg), Susanne Stegmann-Rajtár (Bratislava, Nitra), Hubert Steiner (Bozen), Gabriel Tarbay (Budapest), Peter Turk (Ljubljana) und Joachim Weidig (Spoleto). Ihnen allen sei an dieser Stelle nochmals mein Dank ausgesprochen.

Die Deutsche Forschungsgemeinschaft (DFG) ermöglichte, mich mit dem mir am Herzen liegenden Thema „Hallstatt" erneut, diesmal unter anderen Vorzeichen, zu befassen. Es ist ein Privileg, über den einzigartigen Fundstoff unter den gewährten Bedingungen frei forschen und reflektieren zu können.
Schließlich gilt mein Dank auch meiner Familie, Verena, Moritz und Christian, die rücksichtsvoll für ein unentbehrliches stimmiges Umfeld sorgte.

Weilheim/Oberbayern, im Juli 2017   Bettina Glunz-Hüsken

Der Sprechende mag ein Narr sein,
Hauptsache der Zuhörer ist weise.

Laotse

„Da Symbole gesellschaftliche Konstruktionen sind, die nur in ihrem Entstehungskontext wirken und auch nur in diesem zu verstehen sind, entziehen sie sich einer archäologischen Rekonstruktion. Symbole sind Deutungskonventionen, die zwar direkt mit ihren Objekten, den Bedeutungsträgern verbunden sind, als Bedeutungsaufladungen sich jedoch nicht im je spezifischen Objekt manifestieren. Wir handeln hier über einen Bereich der materiellen Kultur, der eben nicht über die materielle Kultur erfahrbar ist. Die archäologischen Quellen sind in der Begrenztheit ihres Aussagepotenzials unerbittlich. Den materiellen Überresten sind einzig jene Informationen zu entnehmen, die sich aus den stofflichen Gegebenheiten der Objekte ableiten lassen und die deren ikonische und indexalische Bedeutungen berühren. Die rein ideelle Ebene des Symbolischen ist (...) mit archäologischen Mitteln nicht zu erfassen."[1]

1 Einführung

In seiner Studie zum *„Trinkgeschirr als Kultgerät der Hallstattzeit"* legte G. Kossack im Detail die Verbindungen zwischen Metallgeschirr aus Gräbern und seinen Abbildungen auf figural verzierten toreutischen Arbeiten aus Oberitalien und dem ostalpinen Kulturbereich dar. Was bildhaft auf Blechgefäßen an Trinkgeschirr gezeigt werde (insbesondere Schöpfer und Trinkschale), finde sich sowohl in reichen frühetruskischen Gräbern Italiens in dinglicher Gestalt wieder als auch in jenen Kleinasiens und denen des syrisch-iranischen Kulturbereichs. Gleiches gelte für Wagen und kostbare Möbel (Thronsessel). Die auch überregional immer wiederkehrende Kombination von Symposion, Dieneraufzug und Wagenszene im Totenritual erkläre sich durch das mesopotamische Neujahrsfest[2]. Bereits 1949 hatte A. Moortgat entsprechende Darstellungen auf mesopotamischen Weihetafeln als Mittelpunkte eben jenes Festes zu Jahresbeginn interpretiert, bei dem der Gott Tammuz *„durch seine Hochzeit mit der Großen Mutter symbolisch die Erneuerung des Lebens vollzieht"*[3], also einen Fruchtbarkeitsritus ausführe[4]. Die in den Gräbern überlieferten einschlägigen Objekte stellten demnach letztlich altes dingliches überzeitlich-religiöses Gedankengut dar, das zu verschiedenen Zeiten Niederschlag fand und durch das ein Transzendenzbezug[5] gegeben sei. In den Trinkszenen der Situlenbilder sah er kultische Handlungen eines *„emanzipierten Personenkreises"*, der derart seinen Anspruch auf Unsterblichkeit offenbarte. *„Wenn einer der bekanntesten Topoi altorientalischer Bildkunst, der von Tieren, und zwar Steinböcken flankierte Lebensbaum, auf Grabstelen in Bologna in der gleichen Zeit erscheint, in welcher die Darstellungen auf den Situlen eine feste Form gewonnen haben, dann wird man den Einfluss Vorderasiens nicht nur im Materiellen, sondern auch in der geistigen Vorstellungswelt der Zeit schwerlich leugnen können"*[6]. Hierfür steht beispielhaft die Nekropole von Großeibstadt in Mainfranken. Dort wurde über ein Jahrhundert lang ein ausschließlich männlicher Sozialverband beerdigt. Seine Mitglieder sind verbunden durch Wagen und Zaumzeug, Ess- und Trinkgeschirr, Kammergräber und Körperbeerdigung. Hier zeige sich demnach also nicht wie gewohnt familiäre Bindung, sondern in erster Linie Identifikation mit überörtlichen Ideen, dargestellt in Sachgut und Bestattungssitte[7]. Dabei komme der Wagenfahrt, dem Symposion, dem sportlichen Wettkampf (Agon) und dem Thronmotiv (auch) eine kultisch-religiöse Bedeutung zu[8].

Diese (und andere) Einzelelemente sah G. Kossack zeitlebens als Manifestationen eines Mythos[9]: *„So liegt es denn nahe, trotz variantenreicher Versionen einen weit verbreiteten Mythos anzunehmen, der die Allmacht der Götter mit der Herrschaft der Könige verband, dargestellt in ritueller Prozession und dort, wo es Brauch war, bestimmte Abläufe der Handlung gegenständlich festzu-*

---

1   Burmeister 2003, 290.
2   Kossack 1964.
3   Moortgat 1949 (zitiert nach Kossack 1964, 105).
4   Zur Heiligen Hochzeit: Wehr 1998, 22 ff.; Kramer 1963; 1969 (Mesopotamien).
5   Zu verschiedenen Definitionen von Religion und Religiosität aus religionswissenschaftlicher Sicht: Lang 2012, 69 Anm. 1. An dieser Stelle zitiere ich die von A. Lang wiedergegebene Formulierung P. Antes', weil sie die umfassendste scheint und naturgemäß auch für schriftlose, prähistorische Kulturen gilt: *„Religion dient in unserem Sprachgebrauch als Oberbegriff, und zwar zunächst in dem Sinn, dass er alle Vorstellungen, Einstellungen und Handlungen gegenüber jener Wirklichkeit bezeichnet, die Menschen als Mächte oder Macht, als Geister oder auch Dämonen, als Götter oder Gott, als das Heilige oder Absolute oder schließlich auch nur als Transzendenz annehmen und benennen."*
6   Kossack 1964, 99.
7   Kossack 1970.
8   Kossack 1970, 161–168; 1988.
9   Z. B. Kossack 1964 (Bronzegeschirr); 1988 (Pferd und Wagen); 1992 u. 1999, 62 ff. (Thron); 1997.

halten, in dingliche Überlieferung oder in Bilderzählung umgesetzt"[10]… „*und die Gegenstände als Requisiten des Trankopfers, des Gelages und der Wagenumfahrt des Toten zu verstehen*"[11]. Reichtum und Herrschaft seien also durch steten Kontakt mit den „Göttern" legitimiert[12], eine These, der viele sich auf verschiedenste Weise näherten oder folgten[13]. „*Wie die Helden der Vergangenheit, so hatten sich herrschende Familien zu verhalten, weil ihre Ahnen von den Göttern stammten und sie selbst als Inkarnation göttlicher Allmacht galten*"[14].

Für etruskische Grabzeugnisse, bestimmte Beigaben, Hüttenurnen, Sarkophage, Architekturfriese und Wandmalereien gab G. Säflund 1986 und 1993 eine ähnliche symbolische Deutung: Sie zeigten invariant Rituale und Symbole eines speziellen religiösen Festes, und zwar das der Heiligen Hochzeit (hieros gamos), das in Griechenland, Rom und Etrurien auch realiter abgehalten wurde. In Griechenland durchliefen die jungen Männer eine militärisch orientierte Ausbildung mit initiatorischem Charakter (Friese aufziehender Krieger). Diese „rites de passage" gipfelten in einem kollektiven Hochzeitsfest, die göttliche Hochzeit von Zeus und Hera imitierend. Zu diesem gehörte z. B. das Symposium, im Vorfeld die Fahrt der verschleierten, Schirme tragenden Bräute in einem Hochzeitswagen (s. Murlo/Poggio Civitate/Prov. Siena, Tempelfriese aus Aquarossa und Viterbo, Tempel Metapont) oder das sexuelle Werben und Vorspiel der Paare. Zusammenfassend könne man sagen, die Hauptmotive des religiösen Hochzeitsrituals seien das Opfer (z. B. eines Stieres), das gemeinsame Mahl und der Beischlaf. Symbole, die stellvertretend für einzelne Handlungen dieses Festes stünden, das in Etrurien bestimmten Gottheiten geweiht war, seien die Nacktheit, das Vorspielmotiv[15], Pflügen, Textilien, Betten und Klinen für den Beischlaf, diverse Gefäße, Musik und Tanz für Mahl und Opfer[16].

Etruskische Grabkammern, gestaltet wie Hochzeits- oder Brautzimmer (mit steinernen Betten, gemalten Gelagen und teppichgleich bemalten Wänden und Decken) entsprängen folglich religiöser Motivation. Darüber hinaus seien Beigaben als von den Lebenden dem Toten überantwortete Opfergaben aufzufassen, also ihm persönlich zugedachte Gaben, damit dieser der Gottheit standesgemäß entgegentreten könne: „*For the grave furniture, the funerary gifts are not there to serve the supposed corporeal needs of the deceased in or beyond the grave; they are there so that he or she is not sent empty-handed among the powers of the Underworld*"[17].

Brigitte Kull befasste sich 1997 mit ausgewählten Beigaben reicher thrakischer Gräber, die sie als Symbole auffasst und die, weit streuend, von der weiträumigen Verflechtung geistiger Vorstellungswelten zeugten (z. B. Pferd und Wagen, bestimmte Angriffswaffen, Spendegefäße u. a. m.). Vergoldung und Versilberung von Grabbeigaben seien Mittel der Heroisierung des Toten[18], einzelne Beigaben – analog chiffrierten Bildern – als Symbole (in einem logischen System) zu betrachten, deren kausaler Zusammenhang entdeckt werden müsse. Sie bringt die weltweit und überzeitlich wiederkehrenden Muster, die durch Prunkgrabfunde deutlich würden, mit „Hintergrundbildern" in Zusammenhang, also mit einer von C. G. Jung beschriebenen These des „kollektiven Unbewussten", das sich in archetypischen Bildern mitteile. „*Vor allem die elementarsten Erfahrungen wie Geburt, Ehe, Mutterschaft, Trennung, Tod haben in der Seele des Menschen eine archetypische Verankerung, sie haben zu allen Zeiten ähnliche Bilder hervorgebracht und können als kollektive Menschheitserfahrung gelten*"[19]. „Symbolartige Erscheinungskonstanten" in reichen Gräbern (Thrakiens) seien z. B. Kandelaber, die Vergoldung und Versilberung als Mittel der Heroisierung und Darstellung der Vergöttlichung des Toten. „*Wenn sich der Tote mit Aspekten eines mythischen, vergöttlichten Helden identifizierte, wenn er selbst mit dem Tode in die mythische Welt einzugehen hoffte, so liegt es nahe, dass er Sorge trug, auch mit entsprechenden Attributen versehen zu werden oder dass er von der ihn als Heros verehrenden Gemeinschaft mit solchen ausgestattet wurde.*"[20] Die Toten selbst werden so für die Hinterbliebenen als Mittler zum Numinosen („*Pantheon der*

---

10   Kossack 1988, 142.
11   Kossack 1970, 166. Zur mythischen Wagenumfahrt seit der zweiten Hälfte des 3. Jts. v. Chr. überblickartig: Kossack 1999, 36 ff.
12   Z. B. Kossack 1988, 142.
13   Dazu bereits Frankfort 1948; Wilcke 2002; Huth 2003, 107; 2012, 26 ff.; Brisch 2008; Metzner-Nebelsick 2009; 2010, 192 ff. Zum sakralen Königtum überblickartig: Steuer 2004; Dobesch 2013, 437 ff.; Egg/Kramer 2013, 440.
14   Kossack 2000, 47.
15   Orientalische und griechische Zeugnisse hierfür s. Cremer 1982.
16   Säflund 1986; 1993, 37-45.
17   Säflund 1993, 124.
18   Kull 1997, 282; 341 ff.; 2000.
19   Kull 2000, 426 (nach Lorenz Jung).
20   Kull 1997, 323.

Mittler"²¹). Reiche Grablegen spiegelten daher in erster Linie religiös-kultische Vorstellungen und nicht (nur) den sozialen Rang des Verstorbenen.

1999 veröffentlichte wiederum G. Kossack eine fundamentale, diachron vergleichende Studie über religiöses Denken in Alteuropa²². Er erläutert dort, wie sich religiöses Denken dinglich und bildlich in der Überlieferung zeigt und wie es sich von der Spätbronze- zur Früheisenzeit verändert. Regionaler Ausgangspunkt und ideell orientierender Maßstab ist Griechenland, in dem sich während des 8. Jh. v. Chr. ein tiefgreifender Wandel durch Städte- und Sakralbau (Tempel), anthropomorphe Götterwelt und Schriftlichkeit vollzieht. Welchen Einfluss diese Veränderungen quasi etappenhaft auf die jeweils angrenzenden Nachbarländer, also Italien, die Alpenländer, nach Norden und Osten bis nach Südskandinavien und Polen hatten, die ja ihrerseits über ein heimisches, altüberliefertes religiöses Weltbild und entsprechendes Sachgut verfügten, bildet den Kern der Arbeit. Die Bevölkerung nördlich der Alpen verharre auf prähistorischem Niveau; sogar weitreichende Kontakte, belegt durch Tausch, vereinzelte Importgegenstände und handwerklich-technische Leistungen oder die Herausbildung meistens familiär begründeter Eliten, die bezeichnenderweise nur wenige Generationen Bestand hatten, vermochten nicht, den vergleichsweise „primitiven" Glauben *„irrational denkender Menschen"*²³ an numinose Mächte und die Siedel- und Wirtschaftsweise nachhaltig zu verändern. Bestimmte Objekte, wie die Wagen von Strettweg und Bisenzio, kampanische Gehänge oder das Ensemble von Grevensvænge²⁴ setzten lediglich szenisch ins Bild, was *„... heilige Handlung nach mythischer Erzählung im jahreszeitlichen Kultus wiederholte ..."*²⁵, zeigten also rituell religiöses Geschehen²⁶. Auch war er der Meinung, dass es sich bei diversen anthropomorphen, immer wiederkehrenden Bildern und Plastiken (Adoranten, Reiter, Krieger etc.) wohl nicht um menschengestalige Götter selbst handle, sondern jene nur Mittler darstellten, um mit der eigentlichen „Gottheit" in Kontakt zu treten²⁷. Dies ist ein nachfolgend kontrovers diskutier-

ter Aspekt²⁸, der jedoch nur einen Teilbereich der von Kossack mit hochkulturellem Maßstab als religiös definierten Anzeiger tangiert und den er selbst als diskussionswürdig einstufte²⁹. Letztlich setzt der Autor den sich nicht überall und mit gleicher Intensität durchsetzenden Schritt von der „Bauerngemeinschaft" zur „Hochkultur" mit der Entwicklung des menschlichen Verstandes vom konkret-operationalen zum abstrakt-logischen Denken gleich, entwicklungspsychologisch beschrieben von A. Piaget, später auch ethnologisch verankert durch C. R. Hallpike³⁰. Georg Kossack war sich dabei der Schwierigkeit des Vorhabens sehr wohl bewusst, die primär in der Schriftlosigkeit (bzw. Schriftarmut) und in der Ausschließlichkeit materieller Überlieferung besteht³¹.

An diesem Punkt knüpft schließlich 2003 Ch. Huth an, indem er zentriert den Aspekt der Selbstdarstellung des Menschen herausgreift³², also einen jener Punkte, den G. Kossack 1999 maßgeblich als Ausdruck veränderter Religiosität des vorgeschichtlichen Menschen und als hochkulturell begründetes Kontaktphänomen herausstellte: *„Das entscheidende Moment und bleibende Ergebnis des sich abzeichnenden Wandels ist zweifellos im religiösen Bereich zu suchen. Trotz vieler retardierender Züge stieg mehr und mehr die Erkenntnis auf, dass die Gottheit nicht nur als gestaltlose verborgene Substanz in den Objekten, sondern nach dem Bilde des autonomen Menschen vorzustellen sei"*³³. Eine besondere Stellung schreibt Huth eisenzeitlichen Prunkgräbern zu, an denen er exemplarisch seine Analogieschlüsse erläutert: Strettweg oder Eberdingen-Hochdorf spiegelten keineswegs bloßen Reichtum, vielmehr zeigten ihre Beigaben verkürzt und symbolhaft geistige, explizit religiöse Vorstellungen. Auch seien sie nach kosmologischen Gesichtspunkten zusammengestellt und stimmten bezeichnenderweise mit den Bildinhalten der Situ-

---

21 Kull 1997, 201.
22 Kossack 1999.
23 Kossack 1999, 191.
24 Kossack 1997.
25 Kossack 1997, 506.
26 Dazu auch Kossack 1993.
27 Zur Gottesvorstellung der Bronzezeit Hänsel 1997, 19 ff.; Urnenfelderzeit: Bouzek 2000.

28 Burkert 1988, 81 ff.; Egg 1996, 47 f.; Guggisberg 1996, 183; 190; Nebelsick 1997; Metzner-Nebelsick/Nebelsick 1999; Tomedi 2002, 271 ff.; 2002A, 1227 f.; Teržan 2001; 2003; 2011; Huth 2003, z. B. 280, 288 f.; Gleirscher 2004, 259 ff.; 2009; Kašuba 2011; Metzner-Nebelsick 2012, 165 ff.
29 Kossack 1999, 191: *„Ob die eine oder andere anthropomorphe Figur, plastisch geformt oder gezeichnet in auffallendem Kontext, mit einer Göttergestalt identifiziert werden darf, darüber läßt sich streiten ..."*.
30 Piaget 1958; Hallpike 1980; Kossack 1999, 7; 189-191.
31 Kossack 1999, 7 f.
32 Dazu auch Zipf 2006, 55-58.
33 Kossack 1999, 194.

lenkunst überein. Diese erfahren durch Huth eine stark religiös ausgerichtete Interpretation (für die G. Kossack die Basis herstellte), indem er sie als Darstellungen von Begräbnisfeierlichkeiten deutet[34]: Die Bilder belegten demnach, wie die ranghöchsten Mitglieder der archaischen Gesellschaft mit dem Eintritt des Todes in Verbindung mit dem Numinosen träten, das selbst jedoch nicht dargestellt werde[35]. Dies geschehe maßgeblich durch die Trankspende (Trinkschalen, Spendegefäße) und das Symplegma mit der Trankspenderin, der Gottheit selbst oder deren Priesterin. Materielles Zeichen der vollzogenen Heiligen Hochzeit seien kostbare Tücher oder symbolische Geräte zur Textilherstellung, auch in Männergräbern vertreten. Weitere Bildthemen, zugleich Zeugnis von Übergangsriten zwischen Leben und Tod, seien die herrschaftliche Wagenfahrt ins Jenseits (verkürzt: Wagenteile, Zaumzeug bzw. Schirrungsteile), das Symposium (Trinkgeschirr), das Symplegma respektive die Hierogamie (Heilige Hochzeit im Sinne der Vereinigung von Mann und Frau; bildlich: Symplegma und ityphallische Darstellungen; symbolisch: Betten, Sofas, Throne) und Opfer- und Jagdszenen (Äxte, große Kessel, Messer, Bratspieße, Lanzen). Die Verhüllung mit Stoff, die Duplizität mancher Beigaben und gemischtgeschlechtliche Brand- und Körperbestattungen, also Männerbestattungen mit einzelnen gemeinhin weiblichen Beigaben (und umgekehrt) seien ebenfalls Ausdruck der Hierogamie. Schließlich spiegele der Aufbau der Bildregister auf Situlen das „*Gefüge der Welt*", nämlich (von unten nach oben gelesen) die Wildnis, Jenseits und Diesseits. Zu sehen sei der Verstorbene persönlich und sein Nachfolger, der Sohn, oder dieselbe Person in zwei verschiedenen Lebensaltern[36]. Beide durchliefen die gleichen Riten; der Vater jedoch gehe vergöttlicht ins Jenseits ein, während der Sohn die Herrschaft übernehme[37]. Letztlich erscheint daher Huths Anliegen naheliegend, die Grabinventare der frühen Eisenzeit unter dem Blickwinkel zu prüfen, *„inwiefern sie Geschehnisse aus dem ‚Situlenfest' mittels Realien wiedergeben"*[38].

Diese weitreichende interpretatorische, mitunter sehr detaillierte und stark gerichtete Sicht, die naturgemäß den Rahmen rein antiquarischen Urteils übersteigt, einerseits reizvoll, andererseits Anlass zu Kritik bietend[39], basiert auf der Annahme, archaische, schriftlose Gesellschaften seien geprägt von „präoperativem Denken" (u. a. Egozentrismus und bildhaftes Denken), ein vor allem auf den Entwicklungspsychologen J. Piaget und den Ethnologen und Anthropologen C. R. Hallpike zurückgehendes, entwicklungspsychologisch definiertes Stadium („2. Stadium der präoperationalen Intelligenz") innerhalb des universell gültigen Modells zur kognitiven Entwicklung des Menschen[40]. Auch wenn man der dezidierten Interpretation speziell des sogenannten „Situlenfestes"[41] durch Huth nicht oder nicht in allen Punkten folgen will, so stellt seine Betrachtung, freilich nach der Vorlage Kossacks, den bislang umfassendsten interpretatorischen Versuch dar, archäologische Zeugnisse materieller und vor allem bildlicher Art, gleich welcher Qualität, entwicklungspsychologisch und unter der Maßgabe aspektivischer Bildsprache[42] zu deuten. So wird beispielsweise *„die verborgene Lebenskraft der Dinge"*[43], archäologisch angezeigt durch intentionelle Zerstörung und ggf. Wiederverwendung religiös konnotierter Objekte, von Kossack und Huth auf den Glauben zurückgeführt, Dinge und Naturerscheinungen seien beseelt, Objekten und auch Symbolen sei eine unmittelbare Wirkkraft[44] eingeschrieben (seinerzeit bezeichnet als „Animismus"), die durch religiöse oder magische Praxis manipulierbar sei. Durch die Einnahme eines göttlichen Tranks oder der Hierogamie mit einer Göttin oder (deren) Priesterin zeige sich der Glaube, selbst göttlich, unsterblich zu werden (und auch immer wiederzukehren; siehe Situlenbilder). Anthropomorphe

---

34   Kossack 1970, 160-168; 1999, 49-92.
35   Huth 2003, 161 ff. mit ausführlichen Literaturangaben.
36   Egg/Kramer 2013, 439 (mit weiterer Literatur): *„Die Weitergabe der Macht an die biologischen Erben, allen voran den Erstgeborenen, gilt in der Kulturanthropologie als ein fast universeller Zug vieler Gesellschaften"*. Zu weiteren archäologischen Zeugnissen, die derart gedeutet wurden, zusammenfassend Hansen 2010, 209-211 (reiche Kindergräber, Separatnekropolen Kleinklein und Kappel). Aus ethnologischer Sicht: Sagan 1987, 354 f. (349 ff.); Schumann 2015, 295 ff.
37   Huth 2010, 145.
38   Huth 2003, 259. Zwei Arbeiten greifen die Huth'sche Auslegung bzw. Teilaspekte auf. Zu Putz 2007 Kapitel 12. Die Arbeit von Bräuning 2009 betrifft u. a. Doppelbestattungen im Westhallstattkreis und deren mögliche Deutung als hierogamisches Element: s. Kapitel 13.
39   Schumann 2015, 194 Anm. 1047 bezeichnete sie als „deutlich überstrapaziert". Allgemein Zipf 2006, 11. Steuer 2004, 197 (die Heroisierung des Toten/Apotheose hinterfragend).
40   Piaget 1958; Hallpike 1980.
41   Zur Forschungsgeschichte der Situlenkunst und ihren Interpretationen zuletzt Schumann 2015, 187-192.
42   Huth 2003, 19 ff.
43   Kossack 1998.
44   Huth 2010.

Wiedergaben spiegelten die Selbstbewusstheit des Menschen, der sich bereits vom „animistisch" dominierten Naturglauben entfernt hatte. Die Frage nach der Bedingtheit anthropomorpher Bilder (in der Eisenzeit) führt letztlich auch zur Frage, ob es menschengestaltige Götter in der Vorstellung der Menschen gegeben hat, was Ch. Huth jedenfalls abschließend für sein Untersuchungsgebiet verneinte. Summa summarum liefern die Huth'schen Ausführungen einen Beitrag zur Umschreibung der gedanklichen und religiösen Verfasstheit des schriftlosen früheisenzeitlichen Menschen, für den G. Kossack Anstoß und Basis lieferte.

Christoph Huths Sicht steht indes der gängigen Interpretation der Bildfriese gegenüber, die in ihnen Aufzüge zu einem irdischen Fest der sozialen Oberschicht mit Gelage, Beischlaf, Musik, Jagd und Wettkämpfen diverser Art erkennt[45] (Stammesfeste in Italien)[46]. Sie geht auch deutlich über jene andere Basisinterpretation hinaus, die die bildliche Wiederholung der Bestattung eines Gründerheros annimmt[47]. Georg Kossack hingegen sah keine Notwendigkeit, sich auf eine Lesart festzulegen: *„Insofern ist es müßig, bei solchen Bildern zwischen profanen Festen an den Höfen der ländlichen Aristoi und sakralem Brauchtum unterscheiden zu wollen. Häuptlinge* [gemeint sind die männlichen Hauptdarsteller der Friese]*, die herrschaftliche Positionen innehatten und als Mittler zwischen den Göttern und Menschen zu kultischen Handlungen berechtigt waren, wurden allemal als sakrosankt betrachtet."* Dennoch war es ihm wichtig festzuhalten, dass zentrales Geschehen (außer der Heiligen Hochzeit), nämlich Schlacht-, Brand- und Speiseopfer, bewusst nicht bildlich dargestellt werde, während die Hinterlassenschaften heiliger Plätze und Kultbezirke (vor allem der Alpen) durchaus von mit magischer Praxis verbundenen Handlungen zeugten[48], die belegten, wie bäuerliche Gemeinschaften mit den numinosen Mächten in Kontakt traten. Zwischenzeitlich diskutiert die Forschung die am Symposium teilnehmenden Personen kontrovers. So besteht kein Konsens über die Anzahl der Beteiligten, ob es sich um mehrmals dargestellte, jedoch identische Personen handelt oder um Angehörige verschiedener sozialer Gruppen.

Georg Kossack wies auch auf die Verkürzung der als *Kultfestbilder* bezeichneten Friese hin[49], indem er sie als *„Aufforderung zur Assoziation"* auffasste: Jedes sei immer nur Muster, Symbol für einzelne Handlungen, die der Betrachter gedanklich selbst zu ergänzen, nachzuvollziehen habe[50]. Hinsichtlich dieser Ausdeutungen scheint marginal, dass Frauen vielleicht nicht gleichberechtigt beteiligt gewesen seien[51] oder lediglich bestimmte Aufgaben im Kult übernommen hätten (als Trankanbieterin, Partnerin für den Beischlaf, Weberin, Tempelhüterin)[52], spezifischer ausgerichtete Überlegungen, die mitunter der Deutung Huths fundamental entgegenstehen (Trankspenderin, Priesterin, Gottheit). Geläufige Sicht geht davon aus, dass die Bilder „reales" Leben der autochthonen aristokratischen Bevölkerung des 5. und 4. Jhs. widerspiegelt, das sowohl religiöse Rituale und Opferhandlungen einschließt, als auch mitunter durch verschiedenste Mittel (z. B. der Abbildung altertümlicher Objekte) einen Bezug zur Vorzeit (Vergangenheit), den heroisierten Ahnen herstellt[53]. Unter anderem machte L. C. Koch am Beispiel der seltenen Schiffkampfszene auf der Situla aus Nesactium zu Recht auf die bekanntlich enge Topoiverbindung der Friese mit mediterranen und etruskischen Bildern aufmerksam[54], hier stellvertretend für zahlreiche andere, südlich-mediterrane Vorlagen genannt. Einvernehmen besteht dagegen hinsichtlich der Darstellungsart, die zwar narrativ, aber verkürzt sei; ihre Semantik sei für die zeitgenössischen Betrachter entschlüsselbar gewesen, weil einzelne Szenen, Symbole und Chiffren wiederholt würden und für komplexe Abläufe und Vorstellungen stünden.

Letztlich seien nach Kossack (und ihm folgend Huth[55]) Prunkgräber[56] und Bilderzählung kongruente Phänomene, die durch innergesellschaftliche oder

---

45 Alföldi 1977; Eibner 1993, 262 ff.
46 Kromer 1980, 238 ff.
47 Kossack 1970, 160 ff.; 1999, 49 ff.; weiterhin z. B. Gleirscher 2005, 64; Egg/Kramer 2013, 467.
48 Kossack 1999, 193.
49 Z. B. Kossack 1970, 138 („*Deutung und Verknüpfung so spezieller Züge wie Labung durch Getränk oder auch Trankspende und Wagenfahrt in der Grabausstattung einerseits, im Bildprogramm toreutischer Werke andererseits können falsch sein [...] Aber es ging darum, dingliche wie bildliche Überlieferung als Mittel der Assoziation zu sehen.*"); 1999, 88.
50 Kossack 1970, 166.
51 Frey 2005, 529-535 mit weiterer Literatur; 2011, 288.
52 Eibner 2010; 2013, 353. Zu dieser Thematik auch Leskovar 2007.
53 Egg/Kramer 2013, 465; 467 f.
54 Koch 2002 mit weiterer Literatur. Dazu auch Kossack 1999, 193.
55 Huth 2010, 150 f.
56 Kossack 1974; dazu: Müller-Wille 2006.

äußere Einflüsse (Kulturkontakt) hervorgerufen würden[57]. „*Bildwissenschaftlich bemerkenswert ist die sukzessive Substitution der Bilder durch Realien, je weiter man sich von den Schriftkulturen entfernt. Das bedeutet, dass die Objekte in den Gräbern das veranschaulichen, was andernorts durch Bilder dargestellt wird. Die Beigaben sind somit Symbole und in gewissem Sinne vergegenständlichte Bilder. Man kann diese Substitution auch in der anderen Richtung betrachten, nämlich als Verbildlichung der Realien mit zunehmender Nähe zu den schriftführenden Kulturen.*"[58] Die von Kossack vermutete Ablösung gegenständlichen Totenbrauchtums im Grab durch bildliche Darstellung[59] erwies sich jedoch spätestens insbesondere durch das an Sachgut überreiche Grab Verucchio-Lippi 89 mit dem szenisch bebilderten Thron als nicht stringent haltbar. Christoph Huth legte diesem Umstand erklärend symbolistisches Denken zugrunde: „*Die Zeichnung einer Person hat an dieser Anteil, und sie ruft beim Betrachter Reaktionen hervor, die er verspürt, wenn ihm die gezeichnete Person tatsächlich entgegentritt. Diese Teilhaftigkeit und Untrennbarkeit von Vorstellung und Vorgestelltem, von Denken und Gedachtem scheint auch die Wurzel dafür zu sein, dass in archaischen Gemeinschaften Ideen und Vorstellungen oft gegenständliche Bedeutung erlangen können.*" „*Subjektivistische Handlungslogik*" schreibe nämlich sowohl den Dingen selbst als auch den ihnen zugeordneten Symbolen oder Bildern verursachende, wirkmächtige Kraft zu (weshalb sich Bilder und Objekte gegenseitig ergänzten und nicht ersetzten). „*Wirkkräfte sind zeitlos und prinzipiell omnipräsent (...), wo sie nicht in Erscheinung treten, können sie durch Manipulation hervorgerufen werden, freilich nicht irgendeinen, sondern den richtigen Zauber ...*" zu bestimmtem und nicht alltäglichem Anlass, also durch magische oder religiöse Praxis[60]. Auf diesen Aspekt wird verschiedentlich zurückzukommen sein.

Seit langem ist die Gegenüberstellung einzelner Motive der Situlendenkmäler mit Objekten aus Grabfunden oder Brandopferplätzen[61] ein gängiges (wenn auch nicht unumstrittenes[62]) Verfahren – aus unterschiedlicher Motivation heraus und mit verschiedenen Zielen, wobei man hier gern selektiv einzelne, oft sehr reiche Grabfunde[63], bestimmte Fundgattungen[64] oder umgekehrt nur bestimmte Szenen der Friese[65] herausgreift. Sowohl die Fokussierung auf die entsprechenden Beigaben eines Begräbnisplatzes als auch die religiöse Orientierung bleiben bislang die Ausnahme, letztere meist von sozialen Aspekten überlagert[66]: Beispielsweise bieten sich für repetierende Bilder von offenbar für konsumierende sitzende Männer auftragenden Frauen, die, je nach Interpretation „lediglich" dienende Aufgaben als Trankreicherin versähen oder für die matrilineare Vererbung der Herrschaft stünden, naturgemäß in erster Linie soziale Ausdeutungen an.

Gabriele Zipf arbeitete mittels figürlicher Darstellungen der späten Bronze- und frühen Eisenzeit Frankreichs und Italiens Kriterien heraus, mit denen religiös bedingte Handlungen in vorgeschichtlichen Gemeinschaften umschrieben und erkannt werden könnten. Die resultierende Identifizierungsmöglichkeit von Ritualen (Kanonisierung, Stereotypisierung, Formalisierung, Kodifizierung bestimmter Objekte und Bilder; Objekte und Bilder, die den Transport in einen anderen Zustand ermöglichen) ist in unserem Kontext als wichtiges Ergebnis zu nennen. Zipf widerspricht damit vielen Archäologen, die von einer immanenten religiösen Bedeutung figürlicher Darstellungen ausgehen. Das Erkennen sakraler Gegenstände allein anhand morphologischer Charakteristika sei nach Zipf nicht möglich, weil in vorstaatlichen Gemeinschaften keine klare Trennung zwischen sakralen und profanen Welten möglich sei. In diesem Sinn äußerte sich auch H. van den Boom[67]. Bedeutsam ist Zipfs Feststellung, dass die Semantik der Bilder nicht zu entschlüsseln sei[68] und „... *dass die Klassifizierung von Objekten oder Bildwerken als religiös nicht eindeutig, sondern situati-*

---

57 Zur Auffassung und Diskussion von Prunkgräbern als Folge instabiler Machtverhältnisse s. zuletzt Egg/Kramer 2013, 436 ff.; 442.
58 Huth 2010, 150.
59 Kossack 1970, 160-168.
60 Huth 2003, 282-284.
61 Steiner 2002, 575 ff.
62 Zuletzt Burmeister 2009, 90 mit älterer Literatur.
63 Z. B. Huth 2003 (Hochdorf, Strettweg); Egg 1996, 79 ff.; Krauße 1996, 299 ff.; Hansen 2010, z. B. 141 f., 163; 180 ff.; Eibner 2013 „*Insignien der Macht*" (z. B. Schemel/Throne, Fächer, Ornat, diverse Ringe).
64 Goldene Ohrringe: Schönfelder 1998.
65 Schumann 2015, 185-187.
66 Dies wird durch die auf soziale Fragestellungen ausgerichtete Arbeit R. Schumanns besonders deutlich, dessen berücksichtigte Fundgattungen sich mit jenen dieser Arbeit nahezu decken (Wagen; Bronze-, Glasgefäße; Schwerter; Dolche; Helme; Lanzen; Goldfunde): Schumann 2015.
67 Van den Boom 2009, 239 ff.
68 Zipf 2006. Zu den Ritualen ausführlich: Zipf 2003; van den Boom 2009, 233-235; Trachsel 2005, 54 ff.; 2008.

onsabhängig sein kann. Sie unterliegt besonderen Handlungskomplexen, die als Rituale zu bezeichnen sind. Eine Möglichkeit, in der Archäologie religiös motivierte Handlungen und dabei eingesetzte Objekte aufzuspüren, liegt folglich in der Identifikation von Ritualen[69].

Eine weitere Fragestellung betrifft die der Identifikationsmöglichkeiten religiöser WürdenträgerInnen oder PriesterInnen. Im Osthallstattkreis (Leithagebirge und Umgebung Eisenstadt) weisen sich offenbar kultisch befugte Frauen und Männer durch eine bestimmte Keramik im Grab aus, das sogenannte „komplexe Kalenderberggeschirr". Luis Nebelsick sah in den derart Bestatteten Hausvorstände (meist Frauen, aber auch Männer). Für die spezielle keramische Ware in ihren Gräbern postulierte er rituelle Funktion im Rahmen von Opferhandlungen, die wiederum Bestandteil der Bestattungsvorgänge gewesen seien[70]. Biba Teržan interpretierte zuvor die sogenannte „Kalenderbergtrias" und die Beigabe von Webgewichten in diesen Gräbern als Ausweis von Priesterinnen und Weberinnen, die nach einem Kalender (Mondidol) religiöse Feste abhielten[71]. Derart stark religiös geprägte bzw. interpretierte Ausdrucksformen in funeralem Kontext bleiben jedoch aufgrund lokaler Begrenztheit selten. Auch für andere Personen und Personengruppen hat man hieratische Aufgaben postuliert, so für die stets weiblichen Trägerinnen von Halbmondfibeln[72], für weibliche Verstorbene mit Gürtelketten[73] oder für Personen mit sogenannten Kultstäben[74], Goldschmuck und bestimmten Gefäßen[75]. Nicht zu vergessen sind die große Axt auf dem Wagenkasten des Hochdorfers, die D. Krauße durch den speziellen Befund als Opfergerät interpretiert, und die goldene Schale, der ritueller Charakter zukomme: „*Die späthallstattzeitlichen ‚Fürstengräber' werden in der Forschung durchweg als Hinterlassenschaften einer sozialen Elite gedeutet, wobei teilweise die wirtschaftliche, teilweise die politische Bedeutung der Bestatteten betont wird. Weitgehend vernachlässigt wurde bisher die Frage, wie die vorauszusetzenden religiösen Würdenträger, nennen wir sie nun Priester oder Druiden, bestattet wurden. Das Fehlen von Gräbern, die sich archäologisch als Bestattungen von Priestern oder Druiden zu erkennen geben, ist nicht allein für die Hallstattzeit symptomatisch, sondern lässt sich auch in der Latènezeit beobachten. (…) Die wahrscheinlichste Erklärung des Phänomens ist die, dass sich die Bestattungen religiöser Führer archäologisch in der Regel nicht von den Bestattungen anderer sozial hochstehender Individuen unterscheiden lassen. In antiken Gesellschaften waren oberste politische und höchste religiöse Macht häufig in einer Person vereint*"[76]. Für Krauße sind dies zugleich Hinweise, die westliche Späthallstattkultur an sich als Sakralkönigtum[77] aufzufassen, was zu Recht nicht unwidersprochen blieb (s. u.). Gleichermaßen führt indes H. Steiner aus dem alpinen Raum Beile und Äxte als mutmaßliche Opfergeräte in reichen Inventaren an (Strettweg, Moritzing, ggf. Uttendorf), was die auch religiöse Funktion der Elite unterstreiche[78]: „*Mit ihrer priesterlichen Funktion war sie … [die oberste soziale Schicht] Bindeglied zwischen Gemeinschaft und Gottheit und folglich Garant für das Heil der Gemeinschaft. Damit drückt sich am besten die kollektive Opfergemeinschaft aus, die auch archäologisch an den Heiligtümern greifbar ist*"[79]. In den alpinen Brandopferplätzen manifestierten sich also sakrale Orte auch der sozialen und religiösen Elite, Stätten, die vor allem in Südwestdeutschland, das den Ausgangspunkt der Diskussion um die Sozialstruktur des Westhallstattkreises bildete, fehlen, worauf in umfassenderem Zusammenhang bereits U. Veit hinwies: „*Im Gegensatz zum Osthallstattraum fehlt im Westhallstattbereich eine spezielle Ikonographie des Opfers*"[80]. Ausschließlich ethnologische Vergleiche (mit politischen Organisationen in Uganda und Polynesien) veranlassten M. Egg, auch die z. B. die in Kleinklein, Bez. Leibnitz, Steiermark, Strettweg, Stadt Judenburg, Steiermark, und Süttő, Kom. Komárom-Esztergom, Ungarn reich Bestatteten, also Prunkgräber des Osthallstattkreises, als Spitzen eines (zeitlich instabilen und regional begrenzten) „Sakralkönigtums" oder hoch entwickelten Häuptlingstums aufzufassen. Sie zeichneten sich durch besonders große Bronzegeschirrsätze, symbolisches Pferdegeschirr, räumliche Separierung der reich ausgestatteten Hügel und ihre außerordentliche Bewaffnung

---

69 Zipf 2006, 66.
70 Nebelsick 1996, 351; 1997A. Dazu auch Rebay 2002, besonders 83 f.
71 Teržan 1986; 1996.
72 Teržan 1990A, 73; 88.
73 Mitrevski 2007, 578; Kilian-Dirlmeier 2012, 172.
74 Echt 1999, 203 ff.
75 Guštin/Preložnik 2005, 127.

76 Krauße 1996, 345 f.
77 Zum Begriff: Steuer 2004 (183: meint „sakrale Herrschaft" oder „Sakralherrschaft").
78 Steiner 2010, 606.
79 Steiner 2010, 608.
80 Veit 2000, 556.

aus, wobei übergroße Beile als soziale Statusobjekte dienten, aber eben auch insbesondere rituelles Opfergerät bezeugten, einen Aspekt, den selbstredend auch der Strettweger Kultwagen demonstriere[81]. Ulrich Veit plädierte indes mit luzider Argumentation für eine Bestimmung des Hochdorfers als „Opferherr" (und nicht als „Opferpriester"). Er verwies auf die mögliche, auch durch Homer bezeugte Trennung von Priester und Opferer, zwei Rollen, die nicht zwingend eine Person vereinen müsse. Darüber hinaus sei der soziale Status griechischer Priester bescheiden gewesen, ihr politischer Einfluss begrenzt. Zwar hält er die Durchführung einer zeremoniellen Schlachtung, eines Opfers, durch die entsprechenden, meist reich Bestatteten selbst durchaus für möglich, lehnt aber ihre Deutung als „Priesterkönig" sowie weiterführend die Annahme des Gesellschaftssystems als das eines „*sakralen Häuptlingstums*" ab. Vielmehr sei auch interpretierbar, dass jene als herausgehobenes Mitglied der Gemeinschaft ihr Vermögen demonstrierten, „lediglich" ein solches Opfertier zur Verfügung zu stellen, aber eben nicht selbst schlachteten. Schließlich bleibt nicht unerwähnt, dass K. Meuli, R. Girard oder W. Burkert dem Opfer zwar eine gemeinschaftsstiftende Funktion zubilligten, jedoch keine spezifisch religiöse: Primär diene es dazu, die Lebensgrundlage zu sichern[82].

Es besteht trotz genannter Divergenzen, die vorwiegend Überlegungen zur Struktur des Gesellschaftssystems in den Mittelpunkt stellen, Einigkeit, dass Pferd und Wagen, Ess- und Trinkgeschirr für das Gelage, bestimmte handwerkliche Werkzeuge, Jagdgerät, Textilien und anderes in reichen Gräbern zweifellos materiellen Reichtum spiegelten und einen politischen und sozialen Zweck erfüllten[83], letztlich jedoch auch als Manifestationen religiöser, mythologisch inspirierter Ideen und Vorstellungen galten. Durch den Rückgriff auf konstant überzeitliche und überregionale Objekte oder deren Bilder verankerten Eliten ihren somit wohl ererbten Status auch in der Vergangenheit, über die Ahnen[84]. „*Üblicherweise wird die herrschende Familie mit einer überirdischen Abstammung versehen und ihr Gründer wird zum Ahnengott (...), so dass sie zu ‚Herrschern von der Götter beziehungsweise der heroisierten Ahnen Gnaden' wurden. (...) Die führende politische Elite erhielt damit ihr Herrschaftsmandat von einer für Normalsterbliche unangreifbaren Instanz. (...) Das bedeutet auch, dass die Herrschaft nur über direkte Abstammung weitergegeben werden konnte, und das setzte die Erblichkeit der Führungsposition voraus. (...) Den zentralistisch orientierten Eliten in überirdischem Auftrag wurden naturgemäß auch außerordentliche magische Kräfte zugesprochen, und sie übernahmen daher vielfach auch die religiöse Führung*"[85].

Die Frage nach der Erblichkeit von sozialem Status bzw. nach sich am Beginn der Hallstattzeit veränderten sozialen Strukturen ist wiederum Gegenstand jüngster Erörterungen, die reiche Kindergräber in den Mittelpunkt rückten[86]. Die Verschränkung von sozialem Status, Prestige und religiös motiviertem Handeln ist zu Recht in der Forschung unumstritten, allerdings fällt die Gewichtung archäologischer Auswertung meist zugunsten sozialer Parameter aus.

Die Verwendung (und Vernichtung) vergleichsweise traditioneller, gewissermaßen zeitloser Beigabengattungen wird auch dazu beigetragen haben, die gesellschaftliche und emotionale Ordnung nach dem Tod eines bedeutenden Mitglieds der Gemeinschaft wiederherzustellen und die Nachfolge zu sichern, ein gewichtiger psychologischer Aspekt. Tradierung in schriftlosen Gesellschaften wird durch Handlungen von Personen (besonders Rituale), Ausstattungen der Körper (Kleidung), keramische Muster (die oftmals auf textile Ornamente zurückgehen) oder durch (sich wiederholende und zugleich traditionsreiche) Zeichen (z. B. Vogel-Sonnen-Barke[87]) gewährleistet. Sie alle sind Träger einer Erinnerungskultur. Hierher gehören natürlich auch mündlich weitergegebene Informationen in Form von „Text" (z. B. homerische Epen) oder in musikalischer Gestalt, Quellen, die dem Prähistoriker naturgemäß fast vollständig verschlossen sind. Wenn im Folgenden der Ausdruck „mythisch" benutzt wird,

---

81 Egg 1996, 71-84.
82 Veit 2000, 555 f.
83 Egg 2009, 40 ff.; Egg/Kramer 2013, 435 ff.
84 Zu religiös interpretierten Goldobjekten, Waffen, Geschirrteilen und Wagen seit der Bronzezeit: Metzner-Nebelsick 2009; 1997, 93: „*Neue Oberschichten besannen sich auf die Sitten der Vorväter [Prunkgräber des 13./12. Jhs.], um sich durch deren Grabformen von den direkten Vorfahren abzusetzen [einfache Urnen- und Brandschüttun-* gen] *und mit diesem sicher bewussten Rückgriff auf eine alte Sitte die Nachfolge der glorreichen Ahnen einer vielleicht bereits als mythisch begriffenen Vergangenheit anzutreten – ja sich dadurch ihre Herrschaft zu legitimieren*".
85 Egg/Kramer 2013, 440.
86 Schier 2010, 381 f.; Schumann 2015, 39 ff.; 295 ff.; ergänzend zu Mitterkirchen Schumann et al. 2015.
87 Wirth 2006.

so ist damit eben jener hintergründige „zeitlose" Bezug von Sachgut oder seltener Befund und Bild gemeint, durch den sich der Mensch seit jeher mit der Götterwelt verknüpfte. „Sakrale" Objekte oder Handlungen meint, dass sie religiösem Zweck dienten, „sakral" und „kultisch religiös" werden synonym verwendet. Religiöser Bezug kann in Zusammenhang mit der mythischen Konnotation stehen, aber auch mit unmittelbaren, zeit- und regionalgebundenen, ggf. ritualisierten Handlungen kultischen Charakters (Opfer, Gebete, Mahlzeiten, intentionelle Zerstörungsakte, Tänze etc.), um mit gedachten überirdischen Wesenheiten zu kommunizieren; beides muss sich nicht ausschließen.

Zu beleuchten ist nun, wie sich dieses zeitlose mythische Gedankengut, das besonders reiche Gräber, auch zweifellose Prunkgräber oder jene mit Bilderzählung miteinander verbindet, in den Inventaren aus dem Gräberfeld von Hallstatt manifestiert. Wie zeigen sich die religiösen Aspekte des sogenannten Situlenfestes in den einzelnen Bestattungen? Welche Objekte oder bildlichen Darstellungen lassen sich mit ihren Erzählungen verknüpfen? Einzelne Beigaben oder Beigabengruppen sollen auf die Kernthemen narrativer Bleche oder gleichwertiger archäologischer Zeugnisse überprüft werden. Im Einzelnen sind dies: Die Wagenfahrt (Pferd und Wagen), das Symposium und die Trankspende, Darstellungen des Menschen generell, Hierogamie, Kriegertum, Heroisierung/Apotheose[88] (Stichwort „Vergoldung"), Jagen/Fischen und Weben.

Eine Analyse des Symbolgehalts bestimmter Objekte und ggf. ihrer Befunde soll mit anderen Gegenständen des jeweiligen Grabes in Bezug gesetzt werden. In welchen Inventaren ist eine Häufung mythisch konnotierter Themen zu beobachten, wie stellen sie sich dar und welche fehlen? Lassen sich unmittelbar religiös Agierende benennen, wie weisen sie sich aus und wie sind sie unter sozialen Gesichtspunkten zu betrachten? Sind diesbezüglich Männer- und Frauenbestattungen gleichermaßen vertreten? Woran lässt sich religiös ausdeutbare Symbolik formal festmachen? In Betracht kommen hier primär willentliche Veränderungen und die Umfunktionierung von Beigaben, ihre praktische Untauglichkeit und ihre wertstoffliche „Aufladung" durch Material (Gold/Bernstein), Ornament und Zeichen[89]. Wodurch definieren sich spezifisch hallstättische Eigenarten religiösen Ausdrucks? Erlauben die gewonnenen Ergebnisse Aussagen über religiöse Vorstellungen oder religiöses Denken der in Hallstatt Beerdigten? Sind Rückschlüsse hinsichtlich einer stratifizierten Gesellschaft aus der Quantität der Themen und aus der Qualität mutmaßlichen Kultgeräts in den einzelnen Gräbern möglich? Welche Objekte weisen sich als ausgesprochene Kult- bzw. Opfergeräte aus und welche soziale Stellung nehmen die betroffenen Personen ein? Schließlich sollen auch zwei von Huth stammende, spezifische Interpretationen betrachtet werden, und zwar die der duplizierten Beigabe bestimmter Objekte, gedeutet als Übergabe der Macht vom Vater an den Sohn, und die der Doppel- und Mehrfachbestattung als Darstellung der Hierogamie.

Für die hier gestellten Fragen ist es dabei unerheblich, dass manche Inventare Hallstatts älter sind als die Bilder auf figural verzierten Blechen, weil ihre Themen – nach der Theorie – am Ende überzeitliche Vorstellungen spiritueller Art spiegeln[90]. Berücksichtigung finden hingegen auch nicht über Bilder belegte Objekte oder Themen, wie handwerklich konnotiertes Gerät (Webstühle ausgenommen), Gold/Vergoldung oder Amulette und Fibeln, letztere in Hallstatt zahlreich, symbolgeladen und innovativ vertreten. Es erscheint daher gerechtfertigt, zu Beginn jedes nachfolgenden Kapitels kurz das entsprechende Sachgut unter Verlassen raumzeitlicher und kultureller Zusammenhänge zu skizzieren.

Wie wohl kein zweiter Begräbnisplatz bietet Hallstatt, überregional bedeutend und aufgrund der zum Teil ambivalenten Beigabenzusammensetzung am Schnittpunkt des sogenannten West- und Osthallstattkreises[91] gelegen, eine ganze Anzahl außergewöhnlich reicher Gräber, weil hier durch den Abbau und den Vertrieb des Salzes wirtschaftliche Beziehungen nach Oberitalien, Tirol, Slowenien, Westungarn, Tschechien und Süddeutschland unterhalten wurden[92], offen-

---

88 Zur Apotheose in der Alten Welt: Gleirscher 2005, 71. Luis Nebelsick deutete jüngst sehr anschaulich spätbronzezeitliche Totenfeiern als Ausdruck der Apotheose: Nebelsick 2015, besonders 17.

89 Zu anderen Parametern, die in Hallstatt zum Teil auch aufgrund der Quellenlage überwiegend nicht in Betracht gezogen werden können: Jockenhövel 2011 (z. B. Befunde im Grabraum, anthropologische Daten, Materialanalysen von Bronzen).

90 Siehe auch Steiner 2010, 601.

91 Zur Definition beider zuletzt: Müller-Scheeßel 2000 mit älterer Literatur. Dazu auch Schumann 2015, 17 Anm. 2; 283.

92 Glunz 1997; Dörrer 2003; Glunz-Hüsken 2008, 35–52; Schumann 2012, 51 f.; kurzer Überblick ohne italische

sichtlich aber auch in sehr weit entfernte Räume wie Unteritalien und Griechenland[93]. Diese unmittelbar und direkt erscheinenden, schlaglichtartigen südlichen Kontakte boten theoretisch hinreichend Gelegenheit, religiöses Gedankengut zu rezipieren, was G. Kossack anhand zweier prominenter importierter Bronzegefäße aus Hallstatt mit allerdings negativem Ergebnis untersuchte[94].

Die Mehrzahl der reichen Gräber Hallstatts[95] sind freilich kaum als „Prunkgräber" im Kossack'schen Sinn anzusprechen. Örtliche Singularität („Separatnekropole") und monumentaler Grabbau, wie von G. Kossack definiert, sind in Hallstatt nicht gegeben. Ist ihr Fehlen ausschließlich der speziellen geographischen Lage und der Gemeinschaftsarbeit fordernden Salzgewinnung geschuldet, die sich vielleicht in der Anlage reicher neben bescheidenen Gräbern spiegelt? Ausschlaggebend für die Wahl des Begräbnisplatzes war vermutlich eher die Nähe zum Salzstock und den Abbaugebieten, respektive den noch nicht lokalisierten Siedelstellen[96], wobei vereinzelte Gräber im Talbereich und Streufunde vom Hallberg den Begriff „Nähe" umschreiben können. Offenbar ist die Nachbarschaft des Friedhofs zu den Stollen nicht als störend empfunden worden[97]. Die Berücksichtigung neuerer, an südwestdeutschen Prunkgräbern und deren Umfeld orientierter Parameter zur Sozialstruktur, wie die räumliche Bestimmung der Herrschaftsbereiche, nämlich z. B. die Größe des Territoriums über die der/die Bestattete(n) verfügte(n)[98] sowie die Anzahl und Organisation der Gefolgsleute[99], Ansätze urbaner Planung und Bauten zur Speicherung[100] oder Denkmodelle über die Entstehung von Königs- und Häuptlingstümern wie am Beispiel Kleinkleins,[101] sind naturgemäß kaum auf Hallstatt übertragbar. Einem überregionalen Marktort liegen nämlich andere funktionale und weitgehend unbekannte soziale und politische Strukturen zugrunde liegen, während wiederum die wirtschaftliche Basis im Gegensatz z. B. zu derjenigen im Sulmtal bekannt ist. Inwieweit die in die Spätbronzezeit datierenden bedeutenden archäozoologischen[102] und botanischen[103] Erkenntnisse zur Versorgung Hallstatts auch für die nachfolgende ältere Eisenzeit Gültigkeit haben, ist ebenso offen, wie die Frage nach der (sozialen, wirtschaftlichen und politischen) Organisation der am jüngeren eisenzeitlichen „Netzwerk Hallstatt" Beteiligten, sei es im Hochtal selbst, im engeren Umfeld Hallstatts oder in weiter entfernten Regionen[104]. Zahlreiche urnenfelderzeitliche Mehr- und Einzelstückdepots entlang der Traun südwestlich von Hallstatt zeichnen nicht nur den wichtigen, bis in römische Zeit begangenen Weg[105], sondern geben in beeindruckender Weise auch Einblick in religiös motivierte Handlung und vielleicht sakral empfundene Orte: *„Für die ausgehende Bronzezeit entsteht im Untersuchungsgebiet nun der Eindruck, dass sich diese Sphäre* [die religiöse] *hauptsächlich durch ein mit zeremoniellen Handlungen verknüpftes Thesaurieren von Wertgegenständen (mit hohem Material- oder Symbolwert) entlang wichtiger und zugleich gefahrenreicher Gebirgswege äußert. In diesem Zusammenhang können bestimmte Orte als regelrechte Opferplätze, d. h. als 'sakrale' Bereiche erscheinen"*[106], ein Komplex, der sofort die Frage nach hallstattzeitlichen Plätzen entsprechenden Charakters aufwirft. Während der Hallstattzeit reduzieren sich nämlich Fundstellendichte und -streuung im Hallstätter Umkreis gegenüber einer höheren Dichte von Depots und Einzelfunden während der Urnenfelderzeit[107]. Kürzlich von W. Artner vorgelegte hallstattzeitliche Neufunde zwischen Öden- und Hallstätter See bestätigen zwar erwartungsgemäß die weitere Nutzung der Altwege, aber mögliche Befunde, nähere Umstände der Entäußerung der Objekte oder naturräumliche Besonderheiten, die den religiösen Bezug näher beleuchteten, bleiben unbeachtet. Immerhin jedoch handelt es sich dabei um teils qualitativ Hochwertiges wie z. B. ein eher seltenes eisentauschiertes Lappenbeil vom Typ Hallstatt und eine frühe Eisenan-

---

Kontakte: Schumann 2015, 120 f.
93 Glunz 1994; Glunz-Hüsken 2008, 54 f. Abb. 23-24.
94 Kossack 1999, 146 ff.
95 Überlegungen hierzu s. Glunz-Hüsken 2013.
96 Zur möglichen Besiedlung im Bereich des Rudolfsturmes bzw. des Turmkogels zuletzt Stöllner 2002, 35.
97 Vgl. die Einschätzung von Zeller zur Lage der Gräber 351 und 352 vom Dürrnberg: Egg/Zeller 2005, 353.
98 Für die Sulmtalgruppe und Kleinklein: Egg/Kramer 2013, 416 ff., 425.
99 Hierzu zuletzt Eggert 2007. S. auch Kistler 2010, 75 Anm. 51.
100 Schier 2010, 383 ff.
101 Egg/Kramer 2013, 407-434.
102 Kern et al. 2008, 70 ff.; Pucher 2013 (spezialisierte Fleischwirtschaft mit externer Zulieferung).
103 Barth/Grabner 2003.
104 Kern et al. 2008.
105 Dazu auch Pollack 1987; 2003; Kowarik et al. 2015 (Mittelbronzezeit bis ältere Eisenzeit).
106 Windholz-Konrad 2008, 391.
107 Stöllner 2002, 37-42.

tennenwaffe mit zylindrischer Griffhülse[108]. Beide belegen, dass sie aus elitärem Besitz stammen, und schaffen eine Verbindung zum Gräberfeld im Hochtal, das entsprechende Typen liefert (Beile: Grab 340, Bereich der Sölde; s. Absatz 4.4; eiserne Antennenwaffen: z. B. Gräber 223, 236, 333, 454, 472, 524, 555, 755, 756, 789 etc.). Sollten die Objekte rituell niedergelegt worden sein, so ermöglichte mindestens das Beil, dessen Verwandten aus teils reichen Gräbern man mitunter explizit religiöse Nutzung zuschreibt, eine Verbindung zwischen Herrschaft und Sakralem.

Viele reiche Bestattungen des Salzbergs werden in erster Linie also wirtschaftlich, durch den Erlös des Salzes erklärt, das seit der Bronzezeit im Hochtal bergmännisch gewonnen wurde und dessen nachweisliche Verteilung in alle Himmelsrichtungen während der Eisenzeit den Mächtigen des Hochtals und/oder den Bergbautreibenden die Basis für sepulkrale Pracht, Innovation und Individualität lieferte.

Nicht nur charismatische Anführer, sichere Handelsverbindungen und die Erwirtschaftung eines Überschusses ermöglichen die Entstehung von Eliten[109], sondern erst recht ein erfolgreiches Unternehmen in Monopolstellung. Verankerten diese Anführer ihre Stellung auch religiös – und es besteht Einigkeit, mit welchen Mitteln dies geschah – kann das zu Erbfolge und zur Bildung von Dynastien führen[110], ein jüngst viel diskutierter Aspekt sozialer Organisation (besonders im Südwesthallstattkreis)[111]. Die Funktion großer Grabanlagen als *„Legitimitätsgeneratoren"* und ihre identitätsstiftende Wirkung allein aufgrund ihrer Größe[112], auf die man in Hallstatt vielleicht lediglich aus Platzmangel verzichtete, ist unumstritten. Hingegen ist die Erforschung des wirtschaftlichen Betriebs mit der Organisation des Salzabbaus, dem Vertrieb des Rohstoffs[113], der Versorgung der unter Tage Arbeitenden, der Lokalisierung der Siedlung(en) (am Südwestufer des Hallstätter Sees?), den Zulieferern und Verkehrswegen in den Anfängen begriffen[114]. Schon die Frage nach dem Umfang des hallstättischen Handelsvolumens verbietet sich naturgemäß. Dennoch ist klar, dass Bau und Erhalt der offenbar riesigen Abbauhallen, das Lösen des salzhaltigen Gesteins und sein Abtransport aus dem engen Hochtal nur durch eine Gemeinschaftsleistung möglich war; ob und wie sich diese in der Anlage der Gräber spiegelt, ist offen[115]. Jedenfalls hat man sehr reich ausgestattete Männer, Frauen und Kinder neben vergleichsweise bescheidenen im Hochtal beerdigt. Auf anthropologischem Weg wurde der Nachweis erbracht, dass körperlich schwer Arbeitende im Gräberfeld bestattet sind (und nicht andernorts), und dass geschlechts- und altersspezifisch unterschiedliche Tätigkeiten verrichtet wurden. Hingegen ist nicht belegt, dass jene reichen „Big Men"[116] selbst Salz abbauten, worauf zurückzukommen ist. Die modern gegrabenen Bestattungen, die vielleicht Auskunft über das Wie und Warum des Ineinandergreifens der Gräber geben könnten (bis 2011 immerhin 100), sind noch nicht veröffentlicht[117]. Naturwissenschaftliche Analysen, die verwandtschaftliche Beziehungen innerhalb der Altnekropole und zwischen dieser und den modern ergrabenen Bestattungen beleuchteten[118], sind nicht möglich, weil seinerzeit anthropologisches Material größtenteils nicht verwahrt wurde (wie damals gemeinhin üblich), und die überwiegenden Brandbestattungen (auch aus jüngsten Grabungen) eine moderne genetische Analyse ausschließen[119]. Außerdem fehlten ein überarbeiteter Gräberfeldplan, der bekanntlich dreidimensional aussehen müsste, was die Beschreibungen

---

108 Artner 2012, 71 ff. (die Funde stammen aus *„Prospektionen der Archäologischen Arbeitsgemeinschaft Salzkammergut"*). Vgl. dazu auch die Karten der Fundstellen der Urnenfelder- und Hallstattzeit im Umkreis Hallstatts (leider ohne Fundstellennachweis): Kowarik et al. 2015.
109 Egg 2009, 46 f.; Egg/Kramer 2013, 432.
110 Kossack 1974, 31.
111 Überblick bei Schier 2010; Schumann 2015; Schumann et al. 2015.
112 Zuletzt Egg/Kramer 2013, 436 (Zitat nach Rader).
113 Glunz 1997; Glunz-Hüsken 2008 (mit weiterer Literatur); Schumann 2012.
114 Kern et al. 2008 mit weiterer Literatur; Glunz-Hüsken 2008 (Beziehungen zu Bischofshofen); Lippert 2009 (Bischofshofen, Verkehrswege); Kowarik et al. 2015.
115 Forschungsgeschichtlich zur Theorie der sozial gedeuteten Belegungsabfolge zuletzt: Kern 2010, 72. Älter: Kromer 1959; Kilian-Dirlmeier 1972.
116 Der aus der Diskussion der Sozialarchäologie Südwestdeutschlands bzw. der Ethnologie stammende Begriff wird hier pauschal übertragen, obwohl die Voraussetzungen zur seiner Anwendung in Hallstatt wohl nicht in ausreichendem Maß gegeben sind. Eine eingehendere Diskussion würde im Rahmen dieser Studie jedoch zu weit führen. Zuletzt dazu Schweizer 2012 mit weiterer Literatur (Forschungsgeschichte), zuvor Schier 2010.
117 Bis 2008 erschienene Literatur zusammengestellt bei Glunz-Hüsken 2008, 35. Zu ergänzen: Kern 2005. Danach erschienene Literatur: Kern 2010; Pany-Kucera et al. 2010; Fundber. Österreich 2009; 2010; 2013.
118 Bestand familiäre Bindung zwischen den Besitzern von Kuh-Kälbchengefäßen (Gräber 671 und 98/2010)?
119 Kern 2010, 73.

und Grabskizzen Ramsauers bereits anzeigten[120], und eine quellenkritisch-inhaltlich orientierte Überarbeitung des Altbestandes, die jedoch immer mit Unsicherheiten behaftet wäre. Die überwiegend auf rechnerischem Wege gewonnenen Überlegungen Hodsons zur Zusammengehörigkeit bestimmter Inventare sind daher keineswegs als unveränderlich zu betrachten, im Einzelfall auch zukünftig sicher diskutierbar. Ob der räumlichen Ordnung der Gräber im Hochtal primär familiäre, soziale oder wirtschaftliche Beziehungen zugrunde liegen[121], ist also immer noch offen und es ist für den Altbestand generell zu bezweifeln, dass hier jemals Antworten gegeben werden können. Die geologische und geografische Situation, die die mitunter nach wie vor problematische Identifikation geschlossener Funde vor Ort zusätzlich erschwert, und der Brandritus, der anthropologische Analysen verhindert, stehen einer Beantwortung dieser Frage über modern erschlossene Inventare auch heute entgegen. Es bleibt daher spannend, inwieweit die jüngst ergrabenen Bestattungen diesbezüglich offene Fragen werden erhellen können.

Trotz dieser in vielerlei Hinsicht für die Beurteilung der sozialen Struktur Hallstatts unbefriedigenden Situation wird man grundsätzlich kaum bezweifeln wollen, dass etliche Grabausstattungen Hallstatts Prunkgrabcharakter aufweisen. Im Zentrum steht hier ihr religiöser Gehalt: Wie stellt sich religiös Konnotiertes symbolisch und materiell dar, sind jene, denen man einen Führungsanspruch aufgrund reicher Beigaben zuschreibt, neutral formuliert die „Eliten", unmittelbar auch kultisch Agierende bzw. zu Kulthandlungen Befugte und lassen sich daraus Schlüsse hinsichtlich der Sozialstruktur Hallstatts ziehen?

Der auffällige Mangel an Handwerkszeug, das man in den Bestattungen einer Salz abbauenden Bevölkerung in Monopolstellung mit diversen angeschlossenen Wirtschaftsbereichen, die zum Lebensunterhalt nötig waren, erwarten würde[122], fände jedenfalls unter mythischer Prämisse eine Begründung. Auch anderes, zum Teil wertstofflich und ikonografisch veredelte Schwerter, zeichentragende filigrane Dolche und Bronzegefäße mit theriomorphem Besatz, miniaturgefäßbestückte Amulette und Gürtel mit langen Ketten waren unter Tage getragen wohl kaum sinnvoll und sind trotz fallweiser Abnutzungsspuren stellvertretend auch als markante Symbole, erzählende Bilder und sprechende Zeichen aufzufassen und nicht ausschließlich als gegenständliche Repräsentanten von realem Kampf (Waffen) oder alltäglicher Tracht (Fibeln, Gürteln). Umgekehrt scheint das bisherige völlige Fehlen von Hinweisen auf religiös-kultische Handlungen oder der Nachweis dinglichen Kultgeräts aus den Gruben das unterstellte religiöse Postulat zu bekräftigen. Auch der Beleg nicht weniger Angelhaken und einer Harpunenspitze in Gräbern des Hochtals erscheint trotz Seenähe so gesehen diskussionswürdig.

---

120 Siehe die übereinander liegenden und sich zum Teil störenden oder gestörten Gräber 14, 93/94, 135-139, 191/192, 215/216, 259/260/263, 292/292, 340/341, 354, 500-504, 557, 838, 856, 911; ein offenbar unbeobachtetes Brandgrab bei den Skeletten 177-180. Die Kartierung von „Trachtgruppen" (Pabst 2012, 262) und „südostalpin-italischer" bzw. „westhallstättischer" Ausstattungsteile (Stöllner 2002, 402 f.; dazu berechtigt kritisch: Pabst 2012, 261 mit Anm. 1033) macht daher keinen Sinn. Für Hallstatt gewinnbringender wäre die umgekehrte Verfahrensweise, also die Kartierung bzw. Herausstellung der Herkunftsgebiete mutmaßlich fremder Objekte (z. B. Glunz 1994; 1997; Dörrer 2002; Glunz-Hüsken 2008).

121 Metzner-Nebelsick/Nebelsick 1999, 75.

122 Stöllner 2007; zuletzt Stöllner 2012, 434 f.

2 Quellenkritik der Gräber Hallstatts

Die zum großen Teil von Johann Ramsauer erforschten Bestattungen aus Hallstatt (Grabungen von 1846-1863) gelten nicht mit letzter Sicherheit als geschlossen. Dies ist seit langem bekannt und bedarf keiner Wiederholung[123]. Wenn hier bedeutende Gräber Hallstatts im Zentrum stehen, sollte eine Prüfung ihrer Quellen vorausgehen, die jedoch erneut keine völlige Gewissheit bieten kann, weil z. B. eng zusammenliegende Bestattungen oder Störungen im Gelände (Erdverschiebungen) Ursache sogenannter „Vermischungen" und Verlagerungen sind. Vergleicht man aktuelle Grabungen mit den Skizzen Ramsauers und seiner Zeitgenossen bzw. Nachfolger, erstaunen Ramsauers oftmals vermeintlich „zweifellose" Bestattungen. Allerdings scheinen jedoch bereits seinerzeit schon Schwierigkeiten bei mancher Zuordnung auf (z. B. Grab 33/1871, I. Engl).

Neben der maßgeblichen Erstpublikation durch K. Kromer 1959, die die Beschreibungen der wichtigsten Ausgräber J. G. Ramsauer, I. Engl und F. Morton und den teilweise davon abweichenden Bestand im Museum wiedergibt, wird hier auf die Arbeit von F. R. Hodson 1990 (und 1992) zurückgegriffen, der den Fundstoff zeitlich und nach Frauen und Männern getrennt ordnete (computergestützte Seriation). Maßgeblichen Einfluss darauf nahm das London-Protokoll, ein Teil der ursprünglichen und mittlerweile verschollenen Ramsauer-Dokumente bzw. eine der zahlreichen Abschriften davon (zwei Exemplare in Großbritannien: Society of Antiquaries/London, Ashmolean Library/Oxford) und der „Krauss Zwischenkatalog", der ggf. fälschliche (nachträglich museale) Zuweisungen einzelner Objekte zu korrigieren erlaubt[124]. Leichte Handhabung des großen Materialbestandes ermöglicht seine Liste der *„miscellaneous graves"*, jener Gräber, bei denen es sich nach Hodson um mutmaßlich vermischte Bestattungen oder aus verschiedenen anderen Gründen zweifelhafte Inventare handelt[125]. Hodsons primäres Anliegen besteht darin, die Tragfähigkeit der Grabungen Ramsauers durch quantitative Analysen einer Kontrolle zu unterziehen. Schließlich benennt er zwei Fehlerquellen, nämlich von Ramsauer nicht erkannte Nachbestattungen und vertauschte Beigaben benachbarter Toter. Letztlich jedoch gelangt F. R. Hodson im Gegensatz zu L. Pauli[126] zu einer positiven Gesamtbeurteilung[127]. Die Vorlage einer notwendigen „Gesamtpublikation", die alle vorhandenen Quellen pro Grab sachlich wiedergäbe (und sich ggf. anschließend kritisch mit dem Bestand auseinandersetzte), fehlt bislang (s. u.)[128]. Ihre Notwendigkeit verdeutlicht auch das vorliegende Forschungsvorhaben.

Sehr unterschiedlich stellt sich schließlich der Forschungsstand zu den hier fokussierten Beigabengattungen Hallstatts dar. Ihr jeweiliger Bestand wurde im Rahmen dieser Arbeit aus diversen Quellen experimentell aufgenommen. Zwar typisierte G. Prüssing die zahlreichen Bronzegefäße in einem PBF-Band, eine Auflistung aller gefäßführender Ensembles und deren Formen fehlte jedoch bislang (s. Tabelle 1)[129]. Gleiches galt für eine Zusammenstellung sämtlicher möglicher Gürtel (Tabelle 8). Der Typenbestand an Blechgürteln und Gürtelblechen insbesondere Süddeutschlands und Österreichs ist den Arbeiten I. Kilian-Dirlmeiers zu entnehmen[130]. Auch die jüngste Sammlung goldführender Gräber Hallstatts durch L. Hansen ist mit 31 Inventaren als nicht vollständig zu betrachten (hier Tabelle 4 mit 38)[131]. Erstmals wurde an dieser Stelle der Versuch einer Auflistung aller Schwert- und Dolchgräber nach Typ, überlieferter Länge und intentioneller Zerstörung angestrebt (Tabelle 2 bzw. 3). Archäologische Hinweise auf Textilien liefert Tabelle 5, textiles Handwerksgerät und symbolische Darstellungen, die mit diesen in Verbindung stehen oder als textilkonnotiert interpretiert werden, Tabelle 6. Nach Formen sortiert führt Tabelle 7 alle Ringgehänge, deren mögliche regionale Herkunft erörtert wird.

Dafür wurden sämtliche Ramsauer-Inventare, die Metallgefäße und Miniaturbronzegefäße, bestimmte Waffen (Schwerter, Dolche, Miniaturäxte), Goldobjekte, Pferdegeschirr, Ringgehänge, Gürtel, symbolbesetz-

---

123 Ausführlich dazu Stöllner 2002, 34 f.; zuletzt Pabst 2012, 256; Nebehay 1980; s. auch Pauli 1975; Barth 1973.
124 Hodson 1985, 189; Stöllner 2002, 34.
125 Hodson 1990; 1992.
126 Pauli 1975, 17 f.
127 Dazu auch Stöllner 2002, 46 Anm. 101.
128 Seinerzeit wahrscheinlich angekündigt als *„Barth and Nebehay, forthcoming"* z. B. bei Hodson 1985; 1990, 1.
129 Ausschnitthafte und unvollständige Zusammenstellungen zum Teil unter anderen Fragestellungen z. B. Egg 1996, 253 f.; zuletzt Schumann 2015, 365 ff.
130 Kilian-Dirlmeier 1969; 1972.
131 Hansen 2010, 252 ff.

te Fibeln, anthropomorphe Bilder oder Plastiken usw. enthielten, in Zusammenarbeit mit F. E. Barth erneut überprüft. Maßgeblich wurde hier auf das „Protokoll Antikencabinett" (ab 1851 in Kurrentschrift, gewissermaßen die schriftliche Urfassung des Grabungsberichts Ramsauers und zugehörige großformatige Typentafeln), seinen Vorgänger, die sogenannten „Berichte" (1. Heft: 1846-49; 2. Heft: 1850, mit der Abbildung noch „geschlossener Funde"), und auf die jeweils älteste Version in der „Kartei Mahr" zurückgegriffen[132]. Die hier vorgelegte „Liste der kontrollierten Inventare" gibt in wenigen Fällen (z. B. Gräber 393, 574, 641, 702) ergänzend, zur Anschauung und zu meiner Entlastung (auf die schwierige Quellenlage wird fallweise auch im Text hingewiesen) wortgenaue Abschriften oder Teilabschriften des Protokolls Antikencabinett wieder. Generell geprüft wurde nicht nur der Beigabenbestand an sich, sondern darüber hinaus auch die selten beschriebenen oder ausschließlich durch Skizzen belegten Befunde, die fallweise in der Publikation K. Kromers nicht enthalten sind. Ggf. wurde eine Autopsie bisher nur erwähnter, nicht abgebildeter Stücke vorgenommen. Weicht der hier wiedergegebene Bestand einzelner Gräber von dem von K. Kromer 1959 Publizierten ab, ist dies auf jene Quellen zurückzuführen (z. B. Gräber 51, 68, 78, 83, 131, 135, 195, 220, 236, 253, 259, 273, 283, 347, 469, 495, 504, 507, 511, 573, 574, 605, 667, 697, 799, 1001 und andere in der „Liste der kontrollierten Ramsauer-Gräber und weiterer verwendeter [jedoch nicht kontrollierter] Inventare", Kapitel 18[133]). Änderungen wurden nur dann vorgenommen, wenn sie nach den genannten Quellen als sicher gelten müssen.

Die quantitativ ambitionierte, zwischenzeitlich begonnene Digitalisierung der Primärquellen (Berichte und Protokoll Antikencabinett[134], Transkription der Kurrentschrift) durch das NHM Wien (seit 2014), deren Notwendigkeit für zukünftige Arbeiten die vorliegende Untersuchung klar vor Augen führte, könnte in einigen Fällen erneut zu Abweichungen gegenüber den hier gelisteten Inventaren führen, weil Irrtümer meinerseits aufgrund der Fülle des Materials, der zeitlichen Beschränkung und der speziellen Fragestellung nicht auszuschließen sind (insbesondere bei den hier nicht im Mittelpunkt stehenden Beigaben, wie z. B. den Brillenfibeln oder anderen Trachtgegenständen). Ob und inwieweit die genannte Digitalisierung auf unsichere Funde im Bezug auf den Grabverband hinweist, sie ggf. diskutiert oder Gräbern zuweist (vgl. auch Anm. 128), bleibt abzuwarten.

Bis dato unveröffentlichte Originalskizzen aus dem Hallstatt-Material in Linz (Grabung I. Engl) belegen mitunter die schwierige Befundlage am Berg (Überlagerung von Skeletten und Brandbestattungen, hier am Beispiel der Gräber 52-54/1972 und „90"/1873 [drei Körperbestattungen und ein Leichenbrand] Abb. 1 s. Taf. 1), zeigen aber, falls berücksichtigt, Lage und Keramik zum Teil besser als die Wiener Ramsauer-Quellen. Einige Aquarelle Engls aus dem Linzer Bestand werden hier erstmals abgebildet (s. Farbtafeln).

Für alle Aspekte der Untersuchung wird auf eine virtuelle formenkundliche Feingliederung (Typologie) der Funde Hallstatts zurückgegriffen, die von der Autorin mithilfe eines archäologischen Computerprogramms erstellt wurde. Das Programm selbst, „*Montelius Editor*", entwickelte Peter Stadler, NHM Wien. Es beinhaltet alle von K. Kromer, A. Mahr und P. S. Wells publizierten Inventare Hallstatts und darüber hinaus Abbildungen von Einzelobjekten weiterer Publikationen[135], insgesamt ca. 8300 Bilder. Die Objekte sind nach den übergeordneten Fundkategorien „Gefäß",

---

132 S. hier auch Pauli 1975, 8. Bei den Abbildungen in der Mahr-Kartei handelt es sich um von A. Mahr zerschnittene originale Zeichnungen von Ramsauer (oder von seinen Mitarbeitern), d. h. eine weitere originale Quelle Ramsauers aus den Jahren 1846-1854. Die Abbildungen aus/zu den „Berichten" stammen ebenfalls von Ramsauer. Erläuternde Beschreibungen der Bilder der „Mahr-Kartei" stammen von A. Mahr selbst.

133 In die Liste wurden zur leichteren Benutzbarkeit z. T. auch Gräber aufgenommen, die keine entsprechenden Objekte führen, im Text aber erwähnt werden. In der Liste nicht genannte Inventare und in den Tabellen aufgeführte Gräber, die in der Liste fehlen, sind bei Kromer 1959 einzusehen, dito z. B. fehlende Maße (von Ringschmuck, Fibeln oder anderem) oder Beschreibungen der Grabsituation.

134 Alle anderen Protokolle werden von den Kollegen im NHM Wien als Kopien dieser beiden Quellen angesehen und daher nicht berücksichtigt, weil sie folglich weniger Informationen enthalten sollen. Die Abbildung der Teller aus Grab 236 in der Mahr-Kartei (hier Taf. 5-73), gegraben 1852 und damit in der Zeit des Protokolls Antikencabinett, in dem sie jedoch nicht verzeichnet sind, zeigt aber, dass die für das Vorhaben zugrunde gelegte Prämisse nicht immer stimmt. Es ist daher nach meiner Erfahrung ratsam, auch in Zukunft sämtliche Quellen einzubeziehen, seien sie nun digitalisiert oder nicht.

135 Glunz 1994; Glunz-Hüsken 2008; Kilian-Dirlmeier 1972; Prüssing 1991; Sievers 1982; Siepen 2005.

„Gerät", „Schmuck", „Tracht", „Waffe", „Wagen" und „Zaumzeug" gegliedert. Das Programm ermöglicht, einerseits zwischen den Grabfunden und der typologischen Ordnung beliebig zu wechseln, was letztlich einen schnellen Zugriff und die genaue Klassifizierung des Einzelobjekts gewährleistet, andererseits können die typologischen Sachgruppen beliebig verändert und dem Stand der Forschung und ihren Fragestellungen angepasst werden. Diese Ordnung erfolgte bei den Gürteln, dem Ringschmuck, den Bronzegefäßen (z. B. Gefäß – Metallgefäß – Breitrandschale – Breitrandschale mit omegaförmigem Henkel) und den Dolchen nach den entsprechenden PBF-Bänden, bei den Fibeln nach Glunz 1997 (z. B. Fibel – Bogenfibel – Halbmondfibel – Halbmondfibel mit Vogelprotomen etc.). Naturgemäß beinhaltet die Typologie keine quellenkritischen Parameter und erspart nicht den Zugriff auf die ergänzende Textedition von K. Kromer (1959).

Als großer Verlust erweist sich, dass zum überwiegenden Teil weder menschliche Knochen, Leichenbrände, Tierknochen (als Speisebeigabe) noch Keramik seinerzeit verwahrt wurden. Keramische Gefäße sind nur in Ausnahmefällen überliefert oder beschrieben, nämlich dann, wenn sie vollständig erhalten waren, in besonderem Bezug zu anderen Gefäßen standen, metallisch verziert waren, andere Objekte enthielten oder in anderen gefunden wurden. Auch die 26 Mecklenburg-Gräber gelten nur als eingeschränkt sicher, Inventare mit einer „durchschnittlichen" Anzahl und Qualität an Bronzeschmuck, aber offenbar ohne jegliche Keramik oder eine einzelne Stierfigur ohne Grabzusammenhang („Grab" 12/1907) lassen Zweifel an ihrer Geschlossenheit aufkommen[136]. Dagegen erachtet man die 61 Bestattungen der Grabung F. Morton (1937-39) als vergleichsweise verlässlich. Sie datieren überwiegend in die Frühlatènezeit und enthalten offenbar grundsätzlich deutlich weniger Keramik als die hallstattzeitlichen. Karl Kromer bildete seinerzeit nur wenige Scherben und acht vollständige Gefäße ab. Weder eine regelhafte Durchleuchtung der Grabräume bezüglich der Orientierung der Keramik (hinsichtlich z. B. symbolischer Sondergefäße) und der Metallgefäße noch die räumliche Betrachtung von Gräbern innerhalb der Nekropole, die religiös konnotierte Objekte führen, erscheint daher angebracht.

Doris Pany analysierte die Muskelmarken an überlieferten Skeletten verschiedener Grabungen aus Hallstatt, um die körperliche Arbeitsbelastung der Personen zu untersuchen. Ihrer unveröffentlichten Arbeit aus dem Jahre 2003 ist zu entnehmen, dass aus der Grabung Ramsauer kein einziger Knochen vorliegt[137]. Bisherige vermeintlich sichere anthropologische Analysen und daraus gezogene archäologische Folgerungen sind nach den Ergebnissen Panys zum Teil mit großer Vorsicht und Skepsis zu betrachten. Beispielhaft führe ich Grab 994 an, das LT A-zeitliche Grab mit der berühmten figural verzierten Schwertscheide (Grabung B. Hutter 1874). Markus Egg übernahm 2006 verständlicherweise in seiner Neuvorlage des Inventars die anthropologischen Untersuchungsergebnisse von W. Ehgartner und Ä. Kloiber aus dem Jahr 1959: Dabei zeuge das Skelett des Mannes 994 von grazilem Körperbau, weshalb es sich folglich um den Angehörigen einer höheren Gesellschaftsschicht handle (und nicht um einen körperlich schwer arbeitenden Bergmann)[138], was Egg wiederum quasi als Bestätigung oder Ursache für die *„reichen und qualitativ hochwertigen Beigaben"*[139] wertet. Die neueren Analysen D. Panys besagen jedoch, dass die Zuordnung der im NHM Wien inventarisierten Skelettreste zu Grab 994 nicht gesichert ist. Vermutlich liegt eine Vermengung der Gräber 994 und 854 vor. Die 1877/1878 inventarisierten Knochen (Langknochen, Beckenreste und Unterkieferfragmente) könnten acht Individuen zugesprochen werden (994 I-VIII). Dem mit Schwert Bestatteten kann gesichert nur ein vollständiger linker Femur zugeordnet werden (Pany 2003: 994/I Mann, adult matur, 25-60 Jahre), der nach erneuter Autopsie nicht als übermäßig grazil bezeichnet werden kann. Weder ist die Zusammengehörigkeit der Knochen von 994/I und II (Langknochen und nochmals linker Femur) gesichert, noch können die Unterkieferfragmente der Individuen 994/III-VIII den Resten 994/I oder II zugewiesen werden[140]. Rückschlüsse auf körperliche Tä-

---

136 Wells 1981, Gräber 10-12, 17, 18, 25?

137 Pany 2003 und nach mdl. Mitteilung. Leider sind die meisten der in Linz aufbewahrten Knochen keinen Gräbern (nach Kromer) zuzuordnen.
138 Kromer 1959, 29 f.
139 Zitat Egg et al. 2006, 177; Egg/Schönfelder 2009.
140 Pany 2003, 122 und frdl. Mitt. vom 15.12.2010 und 8.1.2013. Bei Kern 2010, 74 sind die anthropologischen Ergebnisse von 994/III (Juvenis 14-15 Jahre) und 994/IV (Infans II 6-8 Jahre) genannt. Literatur: Egg et al. 2006, 177; Egg/Schönfelder 2009, 29. Zur Grabungs- und Dokumentationstechnik des Grabes 994 s. Barth 2009.

tigkeiten des mit dem Schwert Bestatteten sind daher kaum gerechtfertigt.

Die Ergebnisse der jüngeren anthropologischen Untersuchungen wurden dahingehend interpretiert, dass nicht nur Männer, sondern auch Frauen und Kinder, die im Hochtal bestattet wurden, körperlich hart arbeiteten und stark spezialisierten Tätigkeiten, vermutlich im Zusammenhang mit dem Salzabbau (überwiegend unter Tage), nachgingen[141], weshalb die Frage gestellt wurde, ob die „reich" Bestatteten selbst Bergarbeiter waren[142]. Dieser seither offene, mitunter dennoch benutzte[143] Schluss ist nicht nur aus soziologischen Gründen zu bezweifeln (Kapitel 7), sondern vor allem auch deshalb, weil aus den „reichen" Gräbern (überwiegend Brandbestattungen der Grabung Ramsauer) keine Knochen überliefert sind und das von D. Pany 2003 herangezogene anthropologische Material (naturgemäß Körperbestattungen) daher nicht als repräsentativ gelten kann. Aussagen zur körperlichen Belastung von Einzelindividuen sind bei der von Pany 2003 benutzten Methode darüber hinaus nicht möglich, weil ihre Ergebnisse im Gegensatz zur Analyse von 2010 (Kinder) nämlich auf einem statistischen Gruppenvergleich beruhen (ausschließlich Muskelmarken von Gruppen: Männern, Frauen und Kindern; s. dazu Kapitel 7).

---

141   Pany 2003; 2005; Pany-Kucera et al. 2010.
142   Pany in Kern et al. 2008.
143   Z. B. Grömer 2010, 244 f.

3 Pferd und Wagen

Georg Kossack verband sowohl die zeit- und raumübergreifenden als auch die inselartig vorkommenden gegenständlichen und bildlichen Manifestationen von Pferd und Wagen in Gräbern und Horten seit der Mitte des 2. Jts. v. Chr. mit der materiellen und bildlichen Darstellung eines Mythos bzw. einzelner Abläufe und Handlungen einer mythischen Erzählung[144]. Zahlreich sind die archäologischen Texte, die sich mit der einen oder anderen gegenständlichen Erscheinung befassen, die Pferd und Wagen betreffen. Sie seien an dieser Stelle lediglich summarisch zitiert[145].

Trotz der geografisch abgeschiedenen Lage sind aus dem Hochtal verschiedenartige Zeugnisse von Pferden und sogar einem Wagen überliefert: Neben vier Achsnägeln und einer mutmaßlichen metallenen Nabenummantelung sind Pferdegeschirr, Pferdedarstellungen auf Fibeln, Gürteln, Miniaturäxten, Pferdezähne und Rosshaar und diverse Darstellungen von Rädern zu nennen.

Im Jahr 1999 beschäftigten sich C. Metzner-Nebelsick und L. Nebelsick mit den Pferdegeschirrteilen und den Achsnägeln aus dem Gräberfeld von Hallstatt. Zaumzeug komme dort regelhaft in Frauengräbern als Schmuck zutage, was sie mit älteren weiblichen Bestattungen und urnenfelderzeitlichen Hort- und Grabfunden Mittel- und Südosteuropas und des Nordischen Kreises verbinde, deren einzelne Gemeinschaften ebenfalls kanonisch diese Kombination aufwiesen[146]. Weitere, jedoch nicht immer sichere Parallelen (z. B. aus Altgrabungen oder solche ohne Möglichkeit, das Geschlecht zu bestimmen), stammten vereinzelt aus dem Voralpenland, dem Kalenderbergkreis, Slowenien, Westungarn, dem Südbalkan, dem Glasinac und nicht zuletzt aus dem mazedonischen Gräberfeld von Dedeli[147]. Die Belege aus Hallstatt stünden also nicht isoliert, sondern seien eingebettet in eine räumliche Kette, die durch weitere Objekte, die Pferde und Frauen verbänden (Halbmondfibeln, Gürtel, Ringgehänge), zu ergänzen seien. Die Autoren stellen also einen Zusammenhang zwischen den Grabfunden aus Hallstatt, den Schmuck-Pferdegeschirrdepots Mittel- und Südosteuropas sowie der Verehrung von „*Göttinnen mit equestrischen Attributen*" her[148]. Letztlich seien diese „*Repräsentationsmechanismen*" Belege für eine „*equestrische Ikonographie in Frauengräbern und weiblich geprägten Depots*" Südosteuropas. Die so Bestatteten werden in Anlehnung an griechisch-mythische Vorbilder als „*Göttinnen und Heldinnen mit Pferdeattributen*" betrachtet. Pferdegeschirr als Schmuck in weiblichen Bestattungen (und Horten) wird als symbolischer Ausdruck einer bestimmten „*Kompetenz*" dieser Frauen und Mädchen bewertet; es sei ein Mittel, Herrschaft darzustellen. Die entsprechenden Trachtattribute ließen darüber hinaus auf eine weibliche pferdegestaltige Göttin schließen, mit der die so Bestatteten (und Opfernden[149]) ihre Verbundenheit zeigten[150]. „*Pferd-Frauen*" werden als Legitimationssymbol politischer Herrschaft verstanden, die auf die besondere geographische Lage und die spezielle merkantile Funktion Hallstatts (Fehlen von Land und Gefolge) zurückgehe[151]. In den deponierten Opfern spiegelten sich die Attribute der Gottheit, Schmuck für Frau und Pferd.

Aus dem Blickwinkel des Inn-Salzach-Gebietes heraus und ohne die Hallstätter Bestattungen vollständig und im Detail zu untersuchen, kommt Th. Stöllner zu einer ähnlichen, aber anders gewichteten, sachlicheren Einschätzung: Pferdegeschirr sei in Hallstatt „*bestenfalls als amuletthaftes pars pro toto zu werten und kaum als gedachte Reiter- oder Wagenfahrerausstattung für das Jenseits*"[152].

Christopher Pare machte bereits 1992 darauf aufmerksam, dass sich Gräber mit Reitzubehör, aber ohne Wagen und Bestattungen mit Wagen meist ausschlie-

---

144 Kossack 1988.
145 Kossack 1970; Woytowitsch 1978; Starý 1980; Schauer 1987; Pare 1987A; 1987; 1989; 1992; Nebelsick 1992; Guggisberg 1996 (Kesselwagen); Kull 1997; Metzner-Nebelsick/Nebelsick 1999; Vosteen 1999; Huth 2003, 17 ff.; 148 ff.; Gleirscher 2004; Metzner-Nebelsick 2007; Koch 2006; Kmeťová 2013. Eine Zusammenstellung von Literatur zu ältesten bronzezeitlichen Wagen und Wagengräbern: Nebelsick 2015, 19 f.
146 Metzner-Nebelsick/Nebelsick 1999, 69–80; 2012, 168.
147 Metzner-Nebelsick/Nebelsick 1999, 77–80.
148 Metzner-Nebelsick/Nebelsick 1999, 98.
149 Alix Hänsel schlägt für die Deutung von Pferdegeschirr in Horten berechtigterweise auch eine andere Möglichkeit vor, die auf den Spender selbst zielt und Rückschlüsse auf das Motiv des Spenders zulässt (z. B. spendet der Opfertierschlächter sein Arbeitsgerät, seine Axt). Die spätbronzezeitlichen „*Ornatdepots*" betrachtend, lehnt Hänsel eine „Pferdegöttin" eher ab: Hänsel 2001, 23 ff.
150 Metzner-Nebelsick/Nebelsick 1999, 69; 99. Weiterführend Metzner-Nebelsick 2007 (Pferdefibeln).
151 Metzner-Nebelsick/Nebelsick 1999, 99.
152 Stöllner 2002, 119.

ßen153, ein Befund, den J. K. Koch 2010 bestätigte. Sie kartierte erneut Ha C- und D-zeitliche Wagen- (auch solche mit lediglich paarigem Pferdegeschirr, gemeinhin als Hinweis auf ein Wagengrab geltend) und Reitergräber des West- und Osthallstattkreises. Die Chorologie zeigt, dass in Hallstatt theoretisch durchaus Reitergräber (mit einem oder mehreren Pferdegeschirrteilen) denkbar wären, die, im Gegensatz zu westhallstättischen Wagenbestattungen, vorwiegend im Osten der Hallstattkultur vorkommen. Lediglich im westösterreichischem Raum überschneiden sich beide Gattungen154. Mögliche hallstättische Reitergräber schlössen dann die Lücke zwischen Unterkrain bzw. Westungarn und dem Inn-Salzach-Raum. Die Gräber mit Pferdegeschirr aus Hallstatt klammert Koch in ihrer Untersuchung im Einzelnen aus, weil sie sie in Anlehnung an die Ergebnisse von Metzner-Nebelsick/Nebelsick als Amulette betrachtet155.

Aus siebzehn Hallstätter Bestattungen sind zweifelsfrei typologisch sichere Zaumzeugteile, nämlich Trensen, Zügelhaken, Miniaturknebel, Ringfußknöpfe, kreuzförmige Riemenverteiler und eine kreisförmige Riemenschlaufe mit Innenkreuz überliefert. Grab 507 enthielt vier Achsnägel, Bestattung 669 das Fragment eines mutmaßlichen Nabenbeschlags wohl in sekundärer Verwendung.

3.1 Achsnägel und gestieltes Ringgehänge (Grab 507)

Brandschüttung 507 gehört zu den materiell und ikonographisch reichsten und geschlechtlich indifferenten Ensembles der Nekropole, sofern sie geschlossen ist156. Ihre Beigaben zeigen einen zweifachen Wagen-Rad- und einen Pferd-Bezug und sollen daher an dieser Stelle gesamtschaulich besprochen werden. Sie umfassen vier Achsnägel mit Ringen und eingehängten, zum Teil fragmentarischen Klapperblechen, vier Situlen, einen bronzenen Gefäßdeckel, einen Gefäßuntersatz, zwei Breitrandschalen, ein Griffzungenschwert Typ Mindelheim mit Elfenbeinknauf mit Bernsteinintarsien, ein Griffangelmesser, eine Miniaturaxt mit Pferdeaufsatz, ein trapezoides Zierblech, zwei Mehrkopfnadeln, ein gestieltes Speichenringgehänge mit Miniaturgefäßaufsatz und Klapperblechen, einen Armring Typ Traunkirchen, einen Schaukelfußring Typ Mitterkirchen, einen Blechgürtel Typ Amstetten, drei schlichte Armreifbruchstücke, vier Keramikschalen, zwei Stierplastiken und ca. 800 Bronzeringlein, weiteres Keramikgeschirr und Tierknochen (Abb. 2 s. Taf. 2; Abb. 60, 60A).). Frank Roy Hodson datiert das Grab in seine Stufe H 1 spät und spricht es als Bestattung von Mann und Frau an157. Johann Ramsauer berichtet, das Grab enthalte den „… gröhsten Leichenbrand…"158. Keine Beigaben kamen mit dem Feuer in Kontakt, die Bronzegefäße wurden neben, die anderen Objekte auf dem Leichenbrand beobachtet, manche, wie z. B. die Achsnägel, wurden nicht in eine Grabskizze eingezeichnet (Abb. 3 s. Taf. 3-3). Alle Beigaben sprechen für eine Datierung in einen späten Abschnitt von Ha C.

Die seither erfolgte Vorlage des Fundstoffs aus dem Inn-Salzach-Gebiet ändert nicht die von Ch. Pare gezeichnete Verbreitung der Sitte, ausschließlich Achsnägel ins Grab zu geben159. Die vier hallstättischen Achsstecker gelten als eigener Typ, der sich formenkundlich weder den gewundenen Ha C/D1-zeitlichen böhmischen160 noch jener vermutlich inhomogenen Gruppe mit schleifenförmigen Köpfen161 anschließt. Tatsächlich unterscheiden sie sich markant von beiden: In drei umlaufende Ringe, die senkrecht zum konischen Stab an seinem Ende angeordnet und wahrscheinlich durch Überfangguss fixiert wurden, sind ebenso Klapperbleche eingehängt wie am umgebogenen Stiftende. Diese Ringe wirken durch den Überfangguss wie „angeknetet" und wurden nicht aus dem oberen Ende des Metallstabes herausgeschmiedet oder mitgegossen (Abb. 4), wie es bei den böhmischen oder schleifenförmigen aus Süddeutschland üblich war162. Möglicherweise war die Anbringung der Ringe und fragmentarischen Klappern nicht bereits bei der Herstellung der Achsnägel vorgesehen, sondern erfolgte erst zum Zeitpunkt der

---

153 Pare 1992, 195-204.
154 S. auch Schumann 2015, 138.
155 Koch 2010, 140 f.
156 Das Inventar gehört zu den sogenannten „Kaisergräbern" (Gräber 504-507), die Ramsauer anlässlich des Besuchs des Kaisers Franz Joseph und seiner Familie am 19.10.1856 öffnete. Quellen und Beigaben geben keinen Anlass anzunehmen, Ramsauer habe die Gräber für den Besuch „zusammengestellt", obwohl ihr Reichtum zweifellos ins Auge fällt.

157 Hodson 1990, 149.
158 Kromer 1959, 118.
159 Pare 1992, 122 f.; Koch 2006, 107 ff.
160 Pare 1992, ebd. Neufund aus Rovná, Südtschechien: Chytráček et al. 2015, 82 f.
161 Koch 2006, 109; 320. Einige Fragmente bestehen nur noch aus Schleifenresten.
162 S. auch Koch 2006, 107-111 Abb. 119.

Abb. 4: Drei der vier Achsnägel aus Grab 507, M 1:2.

Abb. 5: Detail Anhängerblech eines Achsnagels aus Grab 507, M 1,25:1.

Bestattung – eine Überlegung, die sich nicht verifizieren lässt.

Vergleichbare „Parallelen" der Bronzenägel aus Hallstatt bestehen aus Eisen; ihre Länge von 9 cm liegt am unteren Ende des üblichen Maßes, das sich zwischen 9 cm und 15 cm bewegt. Bemerkenswert ist, dass sie einen montierten, also fahrbaren Zustand eines Wagens anzeigen, weil ihr Ende gleichmäßig umgebogen ist. Nach ihrer sorgsamen Entfernung aus einer möglichen Achse müssten sie – wie ihre Parallelen – geradlinig verlaufen[163]; daher rührt vielleicht auch ihre Bezeichnung als „Zierachsnägel" ohne wirkliche Funktion[164]. Man unterstellt damit wohl eine absichtliche pars pro toto-Anfertigung.

Die Stabilität des Metalls, ihr Maß und auch ihre gebogenen Enden sprechen allerdings nicht zwingend gegen ihre reale Nutzung, gegen einen echten Wagen, denn schließlich hätte man die hölzernen Teile des Rades mit gröberem Gerät zerstören können, sodass die zur Sicherung am Ende umgebogenen Nägel übrig geblieben wären[165]. Die Zerstörung des Wagens an sich stellte dann zweifellos einen stark symbolisch-religiös dominierten Akt dar. Aufgrund der Lage und Anzahl der Achsnägel in den Gräbern betrachtet Ch. Pare mit Recht die Elemente der böhmischen Wagengruppe als symbolische Beigaben und nicht als Reste vergangener Wagen[166]. Theoretisch könnte die Einschätzung Pares auch für Hallstatt gelten, kann aber über den Befund nicht erhärtet werden, weil die Position der Nägel nicht festgehalten wurde. Außerdem müsste man dann davon ausgehen, dass es sich um ein rein hölzernes Gefährt handelte, dessen einzige Metallteile die Nägel waren – also vermutlich ein äußerst seltenes Modell[167]. Fragmente möglicher weiterer Wagenteile liegen aus Grab 507 nicht vor, allerdings konnte ich in Grab 669 einen zu einem Amulett umfunktionierten mutmaßlichen Nabenbeschlag identifizieren (s. u.). Es existierten folglich im Hochtal ein oder zwei Wagen, von denen Reste nachweisbar sind – will man nicht

---

163 Hätten sie so viel Spiel gehabt, dass man sie in umgebogenem Zustand aus der Achse hätte ziehen können, wäre ihre Funktion nicht dauerhaft gewährleistet gewesen.
164 Koch 2006, 109.
165 Überlegung von F. E. Barth, E-Mail vom 21.11.2011.
166 Pare 1992, 122 f.
167 Bedenkenswert ist hier die mit steigendem Reichtum zunehmende Metallverkleidung an vierrädrigen Wagen während Ha D, was den spärlichen oder gänzlich fehlenden Metallschmuck an dem Ha C-zeitlichen Grab 507 erklären könnte. Dehn et al. 2005, 197. Ein rein hölzerner Wagen (plus paariges Pferdegeschirr) liegt offenbar in Mitterkirchen vor: Schumann 2015, 373 f. (Nr. 9).

von Handelsware ausgehen. Man hätte ihn/sie dann (wie in Böhmen) zerlegt, seine/ihre Bestandteile pars pro toto genutzt (Achsnägel), manches später recycelt (Amulett Grab 669, Ha D1) und anderes Metall, falls jemals vorhanden, offenbar eingeschmolzen[168].

Die Sitte, vier anstatt zwei, drei oder acht Achsnägeln mitzugeben, bindet die hallstättischen Achsnägel enger an drei böhmische Bestattungen, und zwar Nehvidzky 1, 2 und Hradenín 58[169], die jedoch im Gegensatz zu Hallstatt immer auch Pferdegeschirr aufweisen. Die Anbringung der Klapperbleche spricht nicht zwingend gegen die Annahme der Existenz eines ehemals realen Wagens[170], weil sie auch nur für die Bestattung dort fixiert worden sein könnten, um die religiöse Bedeutung des Wagens und Fahrens zu demonstrieren. Klapperbleche gehören bekanntermaßen zu vielen in religiösem Kontext stehenden Objekten, zu beobachten z. B. an Bronzegefäßen, Miniaturwebstühlen und Gürteln[171] (auch außerhalb Hallstatts)[172]. Eingehängte Ringe oder trianguläre geräuschverursachende Klappern an Achsnägeln sind keineswegs selten[173]. Möglicherweise sind gerade sie in diesem Fall Kronzeugen für eine Ritualisierung, die während des Bestattungszeremoniells stattgefunden hat[174], und es wäre zu fragen, ob sie als dinglicher, unmittelbarer Beleg von Übergangsriten zwischen Leben und Tod aufzufassen sind. Auffällig sind die groben und zum Teil „beschädigten" Ränder der Klappern der Achsnägel aus Grab 507, die darauf hinweisen könnten, dass es sich um wiederverwertetes Metall handelt. Eines zeigt offenbar ein Muster, das von Beckentassen bekannt ist (Abb. 5), eine religiöse Thematik der Wiederverwertung, auf die ich an anderer Stelle bereits zu sprechen kam[175].

Abb. 6: Ringgehänge Grab 507, M 2:3.

Das gestielte Ringgehänge (Abb. 6) zeigt ein Rad mit tordierten Speichen. Neun Speichen entsprechen neun äußeren kleinen halbkreisförmigen Bögen, in denen doppelgliedrige Kettchen mit jeweils zwei Klapperblechen eingehängt sind. Die „Nabe" des Rades ist einfach kreisförmig gebildet und daher nicht mit der verhältnismäßig realistischen Nabe des gestielten Ringgehänges aus Grab 121 zu vergleichen (Abb. 7). Dennoch liegt es nahe, hier gleichfalls das Bild eines realen Rades zu assoziieren. Vermutlich war das größere Miniaturgefäß mit Klapperblechen („Körbchenaufsatz"), das wohl heimische Kragenrandgefäße der Region spiegelt[176], ehemals am Gehänge befestigt, wie die Quellen dies schriftlich und bildlich nahelegen[177].

Ringgehänge – ich unterscheide formal solche mit Protomen, konzentrische, gestielte und lose (s. Kapitel 8) – gelten als ausgesprochene Symbole bzw. Symbolträger. In jeweils unterschiedlicher Kombination vereinen sie das Emblem der konzentrischen Ringe, das des

---

168 Dazu auch Glunz-Hüsken 2013.
169 Pare 1992, 122 f. Die Gräber Nehvidzky 1 und 2 sind wegen einer Störung durch eine Baustelle nicht völlig gesichert.
170 So Metzner-Nebelsick/Nebelsick 1999, 70.
171 Fath/Glunz-Hüsken 2011.
172 S. Kleinklein: Prüssing 1991, Kröll-Schmied-Kogel, Pommerkogel Taf. 124; 126; 128; 130; Deckel. An einem Dreifuß in Patrica del Mare, tomba L: Civilta'del Lazio 1976. An einem Beckenwagen in Osteria dell'Osa, Tomba Guerriero: Putz 2007, Taf. 7,1. Zu den Klapperblechen Glunz-Hüsken 2008, 57 ff.; Fath/Glunz-Hüsken 2011.
173 Egg 1987, 85 Abb. 7; 1989, 12 (Wagen Ohnenheim); Koch 2006, 109 Abb. 118; Warneke 1999, 90 mit Anm. 276.
174 Vgl. hierzu Zipf 2003, 66 ff.
175 Glunz-Hüsken 2013.

176 Vergleichbare Stücke bei Stöllner 2002, 167 ff. oder Preinfalk 2003, 61 oben (Kragenrandschüsseln hoch).
177 Z. B. von Sacken 1886, Taf. 13.1; Protokoll Antikencabinett Tabula 21 (NHM Wien) hier Taf. 2; London-Protokoll; Kromer 1959, 119.

Abb. 7: Ring- und Gürtelgehänge aus Grab 121, M 1:2.

Rades (mehrspeichig ausschließlich in Hallstatt Grab 507, 121), antithetische Tierköpfe (zum Teil stilisiert in Grab 611), Miniaturgefäße und Klapperbleche (Abb. 6; 26; 143; 147). Letztere können an bestimmten Gehängen Webgewichte symbolisieren, und es erscheint daher nicht abwegig zu erwägen, ob sie nicht symbolisch auch eine Verhüllung des jeweiligen Gegenstandes meinen. Unzweideutig jedoch erzeugen sie ebenso wie die Ketten, an denen sie hängen, bestimmte Geräusche[178], die die emotionale Ebene ihrer Nutzer berühren. Ringgehänge treten in archäologisch definierten Frauenbestattungen des Hochtals auf und sind gemäß ihrer Gestalt und kleinräumigen Verbreitung (lokale Werkstätten), die sich im Wesentlichen auf Hallstatt, das Ennsmündungsgebiet, die östliche Schwäbische Alb und die Oberpfalz beschränkt, nach wie vor als originäre Schöpfung der Schmiede Hallstatts zu werten[179], die jedoch vermutlich auf balkanisch-griechische Ringanhänger zurückgeht (s. Absatz 8.1).

Die beiden singulären Ringgehänge mit Rädern aus Hallstatt (Gräber 121, 507) fallen durch sechs und neun Speichen und deren Torsion auf[180]. Balkanische gestielte Ringanhänger mit Rad, die ggf. als Vorlagen dienten, zeigen stets nur vier Speichen (s. u.). Nabenform und Rippenzier des Stückes aus Grab 121 kehren an großen Rädern wieder, was M. Egg als Beweis diente, dass für Kessel- und Miniaturwagen große Wagen Modell standen[181]. Der Bezug zu einem Wagenrad ist am Gehänge aus Inventar 121 zweifellos gegeben. Auffällig ist aber auch, dass tordierte Speichen weder

---

178 Zu geräuschverursachenden Amuletten: Pauli 1975, 116 f. Zur Webgewichtsanalogie: Glunz-Hüsken 2008, 54 f.; Fath/Glunz-Hüsken 2011.

179 Egg 1988/89. Aus dem Inn-Salzach-Raum sind sie nicht bekannt. Bestandsnachtrag: Konzentrische Ringe mit Strichgruppenzier vom Bullenheimer Berg: Diemer 1995, Taf. 37.

180 Bei einem Radanhänger aus Most na Soči, Gde. Tolmin, Reg. Gorizia liegt eine Rautenmusterung der Speichen vor: Warneke 1999, 144 Nr. 574.

181 Egg 1987, 185.

an großen Wagenrädern noch an den kleineren Modellwagen zu irgendeiner Zeit bekannt geworden sind. Als Stützelemente unterschiedlichster Metallgefäße der Urnenfelder- und Hallstattzeit, meist in Zusammenhang mit zum Teil eingeführten Bronzegefäßen sakral-kultischen Charakters, kennt man sie jedoch hinreichend von Skandinavien bis nach Griechenland (an Beckenwagen seit der Bronzezeitstufe D), z. B. aus Skallerup Gde. Vordingborg, Seeland, Peckatel, Gde. Plate, Kr. Ludwigslust-Parchim, Mecklenburg-Vorpommern, Milavče, Bez. Domažlice, Plzeňský kraj, Tschechien, Bad Radkersburg, Bez. Südoststeiermark, Steiermark, Como-Ca' Morta, Prov. Como, Reg. Lombardei, Marsiliana d'Albegna, Prov. Grosseto, Reg. Toscana und Strettweg, Bez. Murtal, Steiermark[182]. Spektakuläre, in der Fundhistorie jüngste Belege stellen die tordierten Aufhängungen der Hochdorfer Trinkhörner dar, hier mit dem religiös motivierten Bankett verbundenes und im hallstattzeitlichen Westen eher seltenes Gerät[183]. Möglicherweise entlehnten die Hallstätter Toreuten die Gestaltung der Speichen der beiden Rad-Ringgehänge unmittelbar vom im Hochtal singulären Gefäßuntersatz aus Grab 507, vielleicht einem italischen Import. Die beiden Hallstätter Rad-Ringgehänge verkörpern daher eine Miniaturisierung echter Räder, eine neuartige Form von Speichen (Torsion) und eine innovative Kombination mit anderen Symbolen wie Klapperblechen, Ringen und in Grab 507 mit verkleinerten Kragenrandgefäßen, also heimischer Gebrauchskeramik. Die Interpretation der Gehänge fällt deshalb schwer, weil man keine Vergleichsstücke kennt und es sich um Neuschöpfungen handelt, die jedoch bekannte Elemente vereinen; sie stellen also innovative hallstättische Symbolkompositionen dar. Grab 121 beispielsweise enthält keine weiteren Bilder oder Hinweise auf Wagen. Ob die beiden gestielten Speichen-Radgehänge deshalb als gedanklicher Ersatz für einen (echten) Wagen stehen und sich als spezifisch hallstättische, symbolische Art der Darstellung der Wagenfahrt einer Frau zeigen – Ringgehänge gelten als ausgesprochen weiblich konnotierte Beigabe – bleibt mangels Parallelen offen. In einem Wagen zu fahren war bekanntlich keineswegs Männern vorbehalten, wie die Zusammenstellungen durch C. Metzner-Nebelsick und P. Amann belegen[184]. Das Ringgehänge zeigt nur *ein* Rad, was im weitesten Sinn auf das Bild eines italischen, zweirädrigen Sitzwagens (carpentum)[185] hinweisen könnte, zu sehen in Murlo, Poggio Civitate und auf einer steinernen Reliefplatte aus Metapont, wo zwei verschleierte Frauen, evtl. Bräute, sitzend fahren, zweifellos anlässlich einer Hochzeit[186]. Dieses Thema gibt ggf. auch der kleine Bronzewagen aus der Poggio alla Guardia-Nekropole, Gde. Castiglione della Pescaia, Prov. Grosseto, Reg. Toscana wieder (erstes Viertel 7. Jh.), in dem vermutlich ein Mann und eine verschleierte Person sitzen, wohl ein Paar. Für diese Plastik wurde eine Herkunft aus dem zyprischen Raum erwogen[187]. Weiterhin bietet eine Lekythos des Amasis-Malers (um 550 v. Chr.) einen Hochzeitszug, ebenfalls mit auf einem zweirädrigen Wagen sitzendem Brautpaar[188]. Eine Ausnahme stellt der Hochzeitszug von Herakles und Hebe auf einer Amphora des Exekias dar, bei der das

---

182 Zu Torsion: Egg 1996, 31, 77 (nur ostalpine und oberitalische Belege). Weitere Beispiele bei: Marzoli 1989, Taf. 17; 18; 21; 22; 30 (Feldflaschen); Jacob 1995, Taf. 60; 62; 71; 72 (Rippenzisten); Prüssing 1991, Taf. 12; 13; 27; 66; 67; 141; Putz 2007, Taf. 58; 62; 75,4; 93; 100; 108; 110 (diverse Objekte von verschiedensten Fundorten); Parzinger et al. 1995, Taf. 33-36. Besonders anschaulich die „fahrenden" Feuerzangen: Woytowitsch 1978, 67 Taf. 30,151-152; Bettini 2002 („fahrende Feldflasche"). An einer für die Herkunft der Vogelbarke aufschlussreichen griechischen Breitrandschale: Matthäus 1980, 292 ff. Taf. 51,446; Hansen 2007, 191; Kossack 2002 beschrieb die Schwierigkeiten, tordierte Gefäßhenkel keramischer Art (kanneliertes Tafelgeschirr), die er folgerichtig von (nicht überlieferten) metallischen ableitete, über Südosteuropa bis nach Griechenland zu verfolgen. - Zu tordierten Balustraden an spätbronzezeitlichen Wagen und ihre Analogie zu skandinavischen Schiffsdarstellungen: Nebelsick 2015, 14. - Zu Beckenwagen: Abb. und weitere Literatur bei Kossack 1956/57; 1997, Abb. 1; Egg 1986; 1991; 1996; Schauer 1987; Müller-Karpe 2009, 68 ff.
183 Krauße 1996, 180 ff. Taf. 3-10.
184 Sowohl aus Etrurien als auch nördlich der Alpen sind durch Wagen hervorgehobene Frauenbestattungen bekannt. Zusammenfassend und mit weiterer Literatur: Metzner-Nebelsick 2009, 237-270; für Etrurien: Amann 2000, 66 ff.
185 Italische Zweiradwagen werden in zwei Gruppen unterteilt, carpentum (Sitzfahrzeug) und currus (Streitwagen, der stehend gefahren wird) genannt. Zu den realen und ikonographischen Belegen in Italien: Amann 2000, 66 ff.
186 Murlo: Säflund 1993, 75 ff.; Kossack 1999, 38 f.; Amann 2000, 135 ff.; Huth 2003, 175 ff., 191 f. - Interpretation der Wagenfahrt zur Ausübung eines Kultes: Krauskopf 2013, 191 ff. - Als mögliche Darstellung einer Totenfahrt: Kull 1997, 275.
187 Amann 2000, 74 f.
188 Ebertshäuser/Waltz 1981, 79 Abb. 92

Paar einen zweirädrigen Wagen stehend fährt[189]. Dies sind die einzigen mir bekannten bildlichen Belege für die Verbindung zweirädriger Wagen mit Frau[190]. In italischen Frauengräbern mit Wagen findet sich in der Regel der zweirädrige Sitzwagen, der generell in erster Linie von Frauen als Reisewagen benutzt wurde[191]. Die Situlen von Vače, Bologna-Arnoaldi und aus dem Heiligtum Pillerhöhe (sekundär verwendet als Schildbuckel)[192] zeigen männliche stehende Streitwagenfahrer. Das Modell des Kastenwagens, in dem man sitzt und der wohl kaum kriegerisch zu interpretieren ist, bietet nochmals die Vačer Situla, hier jedoch ebenfalls mit zwei Männern. Ich verweise an dieser Stelle auch auf die Parallelinterpretation F. E. Barths, der die Darstellung des Rades auf der Schwertscheide aus Grab 994, das von zwei Männern gehalten wird, als Symbol für einen zweirädrigen Streitwagen ansprach[193]. Inwieweit nun das Wagenrad des Ringgehänges für eine spezielle, nämlich die symbolische Hochzeitsfahrt (der hier bestatteten Frau) steht, bleibt Mutmaßung, jedoch durchaus gedanklich im Hintergrund.

Ungeachtet dieser zugegebenermaßen weitgespannten und teils spekulativen Assoziationen zu Speichen-Ringgehängen, Bildern einzelner Räder und Wagen ist jedoch festzuhalten, dass die Elementkombination Rad – Gefäß – tordierte Stäbe überregional und überzeitlich in Gestalt von Becken- oder Kesselwagen wiederkehrt[194] (Abb. 8), die mit Ankunft und Abfahrt der Gottheit, dem periodischen Erscheinen des Numinosen in Verbindung gebracht werden[195]. In Hallstatt ist sie möglicherweise durch das Ringgehänge aus Grab 507, sicher jedoch am Symbolschmuck aus Grab 669 (Absatz 3.4), vielleicht wie ein Ringgehänge auf der Brust getragen, gegeben. Gleichwohl lässt das Motiv auch eine Interpretation als Opferwagen zu oder als Behälter eines Getränks, durch dessen Einnahme man sich mit dem Göttlichen verbunden fühlte.

Der Speisung und Trankspende der oder des Bestatteten von Grab 507 dienten vier unterschiedlich große Situlen[196], der singuläre Gefäßuntersatz, die beiden Breitrandschalen, ein mit Punktlinienmäandern, getriebenen Buckeln und Kreisaugen verzierter Deckel sowie vier keramische Trinkschalen (eine detaillierte Besprechung des Gefäßsatzes folgt in Absatz 4.1.2). Zwei Situlen enthielten nebst Tierknochen jeweils eine kleinere Keramikschale („*fünf Zoll*"), in den beiden größeren („*acht Zoll*") beobachtete der Ausgräber jeweils eine bronzene Stierfigur und viele kleine Bronzeringlein (nach Kromer ca. 800 ringförmige Bronzeperlen mit Dm. 0,5 cm; Abb. 9), was nahelegt, dass mindestens die Stierfiguren in ein mit den Ringen bestücktes Textil eingewickelt waren[197], weil Schmuckketten aus entsprechenden Ringen im Hochtal nicht bekannt waren und die Ringe dann vermutlich auch ineinandergehängt wären. Zu erwägen ist hier auch, ob nicht die Schalen zusammen mit den innen liegenden Tieren mit einem Tuch verhüllt waren[198], was dann Ringlein auch außerhalb der Schalen erwarten ließe. Ramsauer erwähnt dies zwar nicht ausdrücklich, dennoch kann theoretisch diese Möglichkeit nicht völlig ausgeschlossen werden. Die mutmaßliche textile Einwicklung weist jedenfalls nicht nur auf die besondere Wertschätzung der Schalen bzw. der Tiere, sondern u. a. auch auf ihren religiösen Gebrauch und Zweck im Grab hin, worauf ich an anderer Stelle bereits zu sprechen kam[199].

Die ca. zehn cm langen, vollplastischen Stierfiguren[200] (Abb. 10) beschrieb zuletzt H. Parzinger. Er fasste sie und die ähnlichen Tierplastiken der Gräber Hall-

---

189 Ebertshäuser/Waltz 1981 (Abb. auf dem vorderen Vorsatzblatt).
190 Zu den von Männern gelenkten Streitwagen: Pare 1989; Nebelsick 1992; Zipf 2006, 489 (mit weiterer Literatur Anm. 1502). Zum Thema italische Streitwagen für Männer, Sitzwagen für Frauen s. auch Kull 1997, 275.
191 Amann 2000, 72; 75: „*Es ist deshalb durchaus wahrscheinlich, daß die vornehme Etruskerin früherer Zeit einen Wagen besaß, der ihr die Möglichkeit bot, sich außer Haus in adäquater Weise fortzubewegen. Die Wagenbeigaben in ,fürstlichen' Frauengräbern der orientalisierenden Periode symbolisieren dieses Recht auf ein standesgemäßes Fortbewegungsmittel, das den betreffenden Frauen schon zu Lebzeiten zukam … In diesem Sinn wurde der Sitzwagen sicherlich auch von Männern verwendet, deren eigentliches Symbol im Grab aber der currus blieb.*"
192 Tschurtschenthaler 2013, 130 Abb. 9.
193 Barth/Urban 2007.
194 Z. B. Skallerup, Acholshausen, Marsiliana d'Albegna, Vetulonia etc.: Egg 1991; Woytowitsch 1978, Taf. 26,129 bzw. Kossack 1956/57; 2002.
195 Z. B. Huth 2003, 291 (nach Kossack).
196 Nachfolgend werden die Begriffe „Situla" und „Eimer" synonym benutzt. Zur Definition: Egg/Kramer 2013, 175.
197 Vgl. Banck-Burgess 1999, 63 ff.
198 Vergleichbare Fälle in Vix, Reinheim und Eberdingen-Hochdorf.
199 Fath/Glunz-Hüsken 2011; s. auch Huth z. B. 2012, 22 f.
200 Barth 1973.

Abb. 8: Diverse Kesselwagen. 1 Marsiliana d'Albegna, M ca. 1:2. 2 Strettweg, M ca. 1:6. 3 Como-Ca'Morta, M 1:3. 4 Skallerup M 1:7.

statt 340, 455 und 12/1907[201] aus ikonographischen Gründen zu einer stilistischen Gruppe zusammen und stellte diese dem Stier aus der Býčí skála-Höhle vermutlich ehemals zu einem Gefäß gehörend[202], und den Beckenfiguren aus Grab 671 gegenüber. Die dort als Besonderheit herausgestellten halbmondförmig gebogenen, zum Teil überdimensionierten Hörner verbinden sie mit den Keramik- und wenigen Metallgefäßen, die Rinderprotomen tragen und in Niederösterreich, dem Burgenland, der Südwestslowakei, Westungarn, Kroatien und Slowenien verbreitet sind[203]. Eine weitere einzelne bronzene Figur ist aus Waidendorf, Gde. Dürnkrut bekannt; sie ist zwar formal ähnlich, diente jedoch vermutlich ehemals als Gefäßgriff[204]. Diese theriomorphen Erzeugnisse[205] sind jedoch lediglich Reflex viel älteren Gedankenguts. Die folgenden wenigen Belege können über Zeit und Raum hinweg an dieser Stelle

---

201 Wahrscheinlich handelt es sich bei dem Streufund vom „Salzbergrevier", den Mahr 1914, Taf. 8,76 abbildet, ebenfalls um ein Rind (Körperhaltung, halbplastisches Auge, langgestreckter Körper, Stummelschweif, Hörner fehlen). Die fragmentierte Plastik ist gut mit dem Exemplar aus „Bestattung" 12/1907 der Mecklenburg-Grabung zu vergleichen, die jedoch nur diese Figurine umfasst und daher entweder als zweifelhaft oder als Depot im Gräberfeld zu betrachten ist.

202 Kossack 1999, 150.

203 Parzinger et al. 1995, 119 ff. Auch der Rinderkopf an der Kanne mit gleichnamigem Henkel aus Grab 500 ist dieser Tiergruppe anzuschließen: Prüssing 1991, Taf. 14.

204 Fundber. Österreich 39, 2000, 610 Abb. 517.

205 Zu den Rinderplastiken allgemein: Reichenberger 2000, 63 ff.

Abb. 9: Ringlein aus Grab 507, ohne M.

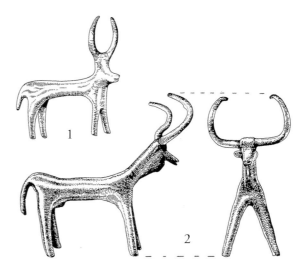
Abb. 10: Stierfiguren aus Grab 507, M 1:2.

nur als beispielhafte Streiflichter gelten[206]: Rinder wurden in der Praxis seit dem Neolithikum als Zugtiere vor Wagen gespannt und mögen daher seit alters her mit Wachstum und Fruchtbarkeit assoziiert worden sein. Seit der zweiten Hälfte des 2. Jts. kennen wir Boviden und Hörner als Heilszeichen (Anhänger, auf Siegeln und als Bilder) im palästinensisch-syrischen, anatolischen und kretisch-mykenischen Raum[207]. Ägyptische Hathorschalen der 18. Dynastie (1552-1306 v. Chr.), die eine Kuh mit großem Gehörn zeigen, die auf einem Bügel auf der Bodenmitte steilwandiger Trinkschalen befestigt ist – die Verkörperung Hathors selbst –, stehen zusammen mit den darin geopferten Blumen in Verbindung mit Wiedergeburt und Jenseits[208]. Bereits hier liegt also die Verbindung Schale bzw. Gefäß und gehörntes Tier (hier der Göttin Hathor) als Kanon vor, zeigt also das Opfergerät und diejenige, der ein Opfer gespendet wird[209]. Hermann Müller-Karpe brachte die bronzezeitliche Hörnersymbolik in Zusammenhang mit Himmelsvorstellungen und Himmelsgottheiten[210]. Seit frühdynastischer Zeit ist der Stier als Sinnbild einer Gottheit, als „Himmelsstier" bezeugt. Bei den Hethitern wurde der Wettergott als Stier dargestellt[211]. Auf die lange ikonografische Traditionskette gehörnter Wagenkästen der Bronze- und Urnenfelderzeit machte jüngst nochmals L. Nebelsick aufmerksam, indem er

sie als „*hoch schematisierte Wagenpiktogramme in einer Verschmelzung zwischen dem Wagen und den Zugochsen*" beschreibt. „*Darüber hinaus werden im Rahmen des Opfergedankens Stiermetaphern hoch signifikante Assoziationen hervorgerufen haben. Der Stier und natürlich vor allem der in der Bronze- und Eisenzeit in Mitteleuropa noch endemische Apex Herbivor, der Ur, galt als Verkörperung göttlicher Kraft und Energie. In der Antike war er ein optimales Opfer für die Götter. Das kostspielige Stieropfer wurde als Voraussetzung für die Kommunikation mit den höchsten Gottheiten gesehen. Neben den Altären der Götter wurden auch die Gräber besonderer Toter mit Stierblut getränkt.*"[212] Die Kombination Schale – gehörnte Tierkopfprotome begegnet später in anderem kulturellem Milieu an zwei Tassen aus dem Depot von Coste del Marano, Gde. Tolfa, Prov. Rom, Reg. Latium (10. Jh. v. Chr.)[213]. In schwer deutbare Szenerien eingebunden kennen wir stark gehörnte Tiere aus Unteritalien, z. B. auf einem Kesselwagen von Lucera, Prov. Foggia, Reg. Apulien[214]. Vergleichbar sind weiterhin das Tier auf einigen Scheibengehängen bzw. Fibeln aus Kampanien[215] (Abb. 11), Rind oder Stier auf der Bronzeurne aus Bisenzio-Olmo Bello, Gde. Capodimonte, Prov. Viterbo, Reg. Latium

---

206 Ausführlicher zur Hallstattzeit: Reichenberger 2000, 66.
207 Müller-Karpe 2009, 80 ff.; 90 f. (Bovidenanhänger).
208 Radwan 1983, 120 ff. Taf. 62.
209 Zu italischen Beispielen: Zipf 2006, 492.
210 Zu karpatenländischen Hörner-, Sonnen- und Mondmotiven z. B. David 2011.
211 Müller-Karpe 2006, 22.
212 Nebelsick 2015, 10.
213 Müller-Karpe 1959, 246 Taf. 46J-K; Zipf 2006, 322; 491 (wohl nachträgliche Anbringung der griechischen[?] Protomen).
214 Woytowitsch 1978, 57 Taf. 23 p.
215 Kossack 1999, 25. Bietta Sestieri/Macnamara 2007, pl. 185-194; Lo Schiavo 2010, Nr. 8085 B,C.8089.8090 (bei einigen Stücken handelt es sich um Rekonstruktionen und Zusammenfügungen ggf. ehemals mehrerer Exemplare, was aber an deren Deutung nichts ändert).

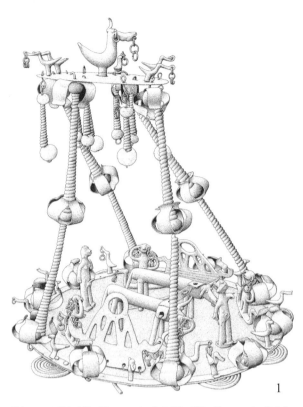

Abb. 11: 1 Fibel(?) „Kampanien". 2 Fibel(?) „Kampanien", M ca. 1:7.

Grab 22[216], auf einem gehörnten Henkel gleichfalls aus Bisenzio-Le Bucacce Grab 10[217] und auf dem ungehörnten Bandhenkel aus Vetulonia-Circolo Monile d'Argento[218]. Entgegen ihrer Singularität in Hallstatt sind sie in Unter- und Mittelitalien in figürliche Szenen integriert, die zwar im Einzelnen schwierig zu interpretieren sind[219], über deren religiösen Charakter jedoch kein Zweifel besteht. Georg Kossack und Christoph Huth umschrieben ihn ausführlich[220]. Der Stier gehört zu den im Mediterraneum ältesten und weit verbreiteten Symbolfiguren[221]. Selbst reduziert auf das Gehörn war daher weithin klar, was gemeint war. Auch der gehörnte Helm mag hierfür beispielhaft stehen: Man kennt ihn als Attribut (Hörnerkrone) verschiedennamiger vorderorientalischer Götter aus Anatolien und der Levante, z. B. von Byblos und Ugarit[222]. Schließlich wären hier als Eckpunkte noch das Bild des umkämpften gehörnten Helms auf der Situla von Matrei[223] und die Plastiken von Grevensvaenge[224] und Viksø sowie Vergleichbares aus Skandinavien[225] anzuführen.

Letztlich wurden die Hörner besonders betont und in Griechenland mitunter vergoldet[226], weil man in ihnen göttliche Kraft- und Fruchtbarkeitsspender sah, deren Wirkung sich in besonderer Weise entfaltete, wenn man aus ihnen ein entsprechendes Getränk zu sich nahm (s. Trinkhörner aus Hochdorf, Kappel-Grafenhausen, Ortenaukreis, Baden-Württemberg [mit gehörnten Protomen], Popovice u Rajhradu, Okr. Brno-Venkov, Tschechien Grab 1/Südmähren[227]) bzw. ein echtes oder symbolisches Opfer[228] vorausging. Diesen Hintergrund verkörpern die hallstattzeitlichen Schalen, Tassen[229],

---

216 Huth 2003, 183 Taf. 64,3.
217 Marzoli 1989, 71 Taf. 38,2.
218 Marzoli 1989, Taf. 35,4.
219 Lo Schiavo 2010, Taf. 718; 719; 720; 721; 724.
220 Kossack 1998, 80-87; 1997, 505 f.; 1999, 23 ff.; 39 ff.; 2000; Huth 2003, z. B. 179-184; s. auch Zipf 2006, 491.
221 Z. B. aus Olympia: Kyrieleis 2011, 62 Abb. 44. Ausführlich Müller-Karpe 2009, 90; 94 ff. (u. a. Hörnerpaaranhänger als Symbol der Himmelsgottheit ab der Mittelbronzezeit).
222 Kull 1997, 332 Abb. 64,4 (Ugarit); Müller-Karpe 2009, 101; 104; Brandherm 2011; Araque Gonzales 2012, 14 ff.; Braun-Holzinger 2013, 147 f.
223 Von B. Kull als Halbmond gesehen: Kull 1997, 335; dazu Müller-Karpe 2009, 87 f.; 96 f.
224 Kossack 1997.
225 Müller-Karpe 2009, 104.
226 Canciani 1984, Nr. 100.
227 Krauße 1996, 95-197; Popovice: Stegmann-Rajtár 1992, Taf. 54,1.
228 Zu Opfervorstellungen und -begriffen zeit- und raumübergreifend: Gladigow 1984.
229 Keramiktassen mit Stierkopfhenkeln aus dem Inn-Salzachgebiet und Hallstatt: Stöllner 2002, 197 f.; Holztasse mit bronzenem Bandhenkelaufsatz in Form eines stili-

Abb. 12: Miniaturaxt aus Grab 507, M 2:3.

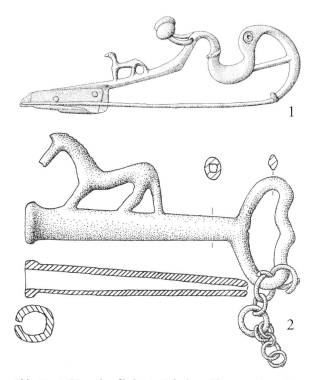

Abb. 13: 1 Hörnchenfibel mit Pferdeapplike aus Nomesine. 2 Griff mit Pferdeapplike Este-Benvenuti Grab 122, M ca. 2:3.

Kannen mit Stierkopfhenkel[230] und imposanten Stierprotomengefäße z. B. der Kalenderbergkultur[231], der Südwestslowakei[232] und Westungarns[233]. Als singuläres und herausragendes Beispiel seien die sechzehn Stierprotomenhörner aus dem Tschoneggerfranzl-Tumulus bei Kleinklein[234] oder die imposanten Fußschüsseln mit Hörnerzier der steirischen Sulmtalgruppe angeführt, mit Exporten nach Unterkrain und Ausläufern im Ennstal, von M. Egg und D. Kramer als Anzeiger des Herrschaftgebiets der Kleinkleiner angedacht[235]. Das Motiv der Hörner wurde generell als Zeichen „göttlicher und weltlicher Allmacht" beschrieben[236].

Diese spezifische Hörnersymbolik findet sich indes vermutlich nochmals in Grab 507, und zwar vierfach umlaufend als Bernstein-Einlegearbeit am glockenförmigen Schwertgriff aus Elfenbein (s. u. Absatz 5.1.3).

---

sierten Rindergehörns in Dürrnberg Grab 353: Hansen 2010, 251 Nr. 147.
230 Steiner 1999.
231 Preinfalk 2003, 74 ff. (mit Überlegungen zu ihrer Herkunft); Kleinklein: Dobiat 1980, z. B. Taf. 42; 44; 45; 54; 67; Zusammenstellende Abb. bei Kromer 1986, 77 Abb. 71; Teržan 1990, 222 f. Karte 27.
232 Pichlerová 1969.
233 Patek 1993, 123 f.
234 Hansen 2010, 255 f. mit Literatur.
235 Egg/Kramer 2013, 418 ff. z. B. Taf. 75; 79-82.
236 Kossack 2000, 48 ff. besonders 48.

Das seit der Bronzezeit überlieferte, offenbar sakrale Zeichen dient hier als Erinnerungssymbol, um seinen Besitzer demonstrativ in eine imaginäre, elitäre Ahnenreihe einzureihen, letztlich, um die soziale Stellung auch durch religiöse Mittel, quasi aus der Vergangenheit heraus, zu verankern.

Die plastische Figur auf der nur durch eine Zeichnung von I. Engl überlieferten Zieraxt gehört zu einer typisierten Art der Darstellung von Pferden (Abb. 12). Wir kennen vergleichbare pferdegestaltige Aufsätze mit „gestütztem" Schweif an Fibeln von Zambana, Nomesine, Prov. Trento (Abb. 13,1), Vadena/Pfatten, Prov. Bozen, Reg. Südtirol und schließlich Este, Prov. Padua, also aus Oberitalien und den angrenzenden südalpinen Tälern, aber auch aus dem Wiesenkaisertumulus 4 und vermutlich aus dem Brucherz-Hortfund von Fließ[237]. Der Pferdetyp ist in Este-Benvenuti Grab 122 (Abb. 13,2), Monte Nenz, Gde. Trichiana-Noal, Prov. Belluno, Reg. Veneto) und Trichiana, Prov. Belluno als Griffaufsatz überliefert[238]. Ihr Verbund mit Äxten bleibt bekanntlich auf Hallstatt beschränkt (Gräber 504, 641,

---

237 Von Eles Masi 1986, Nr. 1955. 2428. 2429. 2430; s. auch Glunz 1997, 134.
238 Chieco Bianchi/Calzavara Capuis 2006, Taf. 141,20; Appler 2010, 300 Abb. 244,4; Venetkens 2013, 378 (Kat.-Nr. 10.5.1)

697, 734, s. u.); thrakische, funktional ggf. vergleichbare Geräte sind mit Caprinae bestückt (Absatz 3.7). Pferde (und Vögel) auf diversen Metallobjekten finden sich in Italien während des *primo ferro 2*, also der entwickelten Früheisenzeit, zum Teil in reicheren Gräbern[239]. Kleine plastische Pferde auf Fibeln beispielsweise sind auf diese zurückzuführen und als quasi allgemeines Symbol einer Elite in Männer- und Frauengräbern zu sehen (s. Absatz 3.8). Ein unmittelbarer funktionaler Zusammenhang zwischen der Axt und dem Metallgeschirr, den der Befund in Grab 641 nahelegt (s. Absatz 3.7) und der vielleicht die Axt als Opfergerät ausweist, ist zumindest in diesem Grab nicht bezeugt. Allerdings sind in Grab 507 auch zwei Stierplastiken vertreten, die als symbolische Opfertiere gelesen werden könnten. Eine weitere, evtl. sinnfällige Kombination von plastischem Tier und kreisaugenverzierter Axt Typ Hallstatt stammt aus Grab 340 (Taf. 4-57).

Die mehrfach geäußerte Vermutung, es handle sich bei Grab 507 um eine Bestattung von Mann und Frau, scheint plausibel. An gemeinhin persönlich-männlichen Beigaben sind aufzählbar: Das möglicherweise zweitlängste Griffzungenschwert der Nekropole Typ Mindelheim, L. 95 cm[240], die beiden Mehrkopfnadeln (eine davon mit napfartiger Vertiefung des obersten Knopfes, also möglicherweise einem Miniaturgefäß) und die Miniaturaxt mit italisch gestaltetem Pferd. An weiblichen wären zu nennen: Das gestielte Rad-Ringgehänge mit Klapperblechen[241]. Auch der grob geperlte Armring vom Typ Traunkirchen kommt mehrheitlich in Frauengräbern vor[242]. Ein schmaler Blechgürtel vom Typ Amstetten ist außerhalb Hallstatts nur aus einem zerstörten Grab in Amstetten bekannt und daher geschlechtlich nicht näher einzuordnen. Um Frauenbestattungen mit diesem Gürteltyp handelt es sich wohl auch bei den Gräbern 10/1871 und 275 aus Hallstatt[243]. Thomas Stöllner sieht in den schmalen Blechgürteln mit zungenförmigen Haken (Typen Amstetten, Reichenegg, Statzendorf) ostalpine Objekte und Vorläufer der breiteren Ha D1-zeitlichen Gürtel[244]. Das Inn-Salzach-Gebiet liefert keine weiteren Gürtel dieses Typs. Die Parallelen des Schaukelrings beschränken sich auf Oberösterreich (Mitterkirchen, Linz-St. Peter) und Bayern, im Inn-Salzach-Raum sind sie nicht bekannt. Sie wurden in Sätzen von zwei bis fünf Ringen an je einem Bein getragen[245], Ringe mit zu kleinem Durchmesser (unter 11 cm) sind auch am Arm denkbar. Unser Exemplar wäre demnach mit 11,2 cm als Fußring geeignet. Sie wurden von Männern und Frauen benutzt[246]. Frank Roy Hodson vermutete aufgrund des Fußringes sogar eine weibliche Fremdperson (aus Bayern)[247]. Formal entsprechende Fußringe (mit Würfelaugen) findet man paarig getragen mehrfach in den Grabhügeln zwischen Ammer- und Staffelsee, genauer in der Gegend um Weilheim/Oberbayern und einmal im Unterallgäu[248]. Ihre mutmaßliche Ausbreitung von Hallstatt über Wörgl, Bez. Kufstein und Fließ, Bez. Landeck, beide Tirol, durch das Loisachtal nach Oberbayern untermauern augenfällig die Steilhalssitulen mit Schulterrippen[249].

Funktional und damit auch geschlechtlich indifferent bleibt das große trapezoide Blech (18 cm x 24 cm). Es zeigt drei Friese mit getriebenen Buckeln, von denen zwei Reihungen je drei, der unterste aber vier Buckel mit jeweils mehreren Klappern tragen. Drei alternierende Friese bieten in Serie Pferde mit Zackenmähne (obere und untere Reihe) und vier Schwäne mit gleichfalls gezacktem Schopf (mittlere Reihe).[250] Eine Lochreihe am oberen Rand legt eine Befestigung z. B. an einem Textil oder Leder nahe oder nahm weiteren Klapperschmuck oder vielleicht Ringketten auf (Taf. 2)[251]. Es handelt sich um ein formal singuläres Erzeugnis. Seine Gestalt könnte auf trianguläre Klapperbleche zurückgehen, wobei allerdings die unzweideutige Trapezform widerspräche. In Verbindung mit bestimmten Blechgehängen, die Vogelprotomen tragen, wurden

---

239 Zipf 2006, 490; Nachbaur 2011.
240 S. die Maße in Tabelle 3. Die dort genannten Längen beziehen sich mitunter auf gebrochene, korrodierte Schwerter und auf Waffen ohne Knauf. Verlässliche Daten sind daher nicht zu ermitteln.
241 Egg 1988/89, 262 ff.; 278 ff.
242 Siepen 2005, 19-23.
243 Kilian-Dirlmeier 1972, 103.
244 Stöllner 2002, 94.

245 Siepen 2005, 128 f.; s. auch Parzinger et al. 1995, 265; 43 f. Abb. 16; Stöllner 2002, 82.
246 Hagl 2009, 147.
247 Hodson 1990, 89.
248 Nagler-Zanier 2005, Nr. 1688-1690; 1692.
249 Reim 2009, Abb. 6. Vgl. auch Lang 1998, besonders 421 Abb. 1.
250 Reim 1998, 478. Die Verschlechterung seines Erhaltungszustandes lässt sich hier gut dokumentieren: Während auf den Aquarellen und der Zeichnung bei von Sacken 1886 die Klapperbleche zumindest teilweise noch erkennbar sind, ist bei Kromer 1959 und Hodson 1990 von ihnen nichts mehr sichtbar.
251 Vgl. von Sacken 1868, 44.

sie von mir an anderer Stelle als stilisierte, dreidimensional umgeformte, symbolische Darstellungen von Webgewichten interpretiert²⁵². Das hier vorliegende Unikat könnte daher ggf. ein übergroßes²⁵³ Webgewicht symbolisieren, pektoralartig getragen. Man hätte der hier zu postulierenden Frau (oder durchaus auch dem Mann) dann nicht reales Webgerät oder symbolische Gerätschaft (Halbmondfibel-Webstühle bzw. Mäntel²⁵⁴) mitgegeben, sondern einen elitären textilen Bezug ausschließlich durch das individuell-solitäre, abstrakte Webgewicht geschaffen. Webgeräte kommen mitunter in vermutlich symbolischem Kontext aber auch in Männergräbern vor (s. Kapitel 7). Die gepunzten seriierten emblematischen Schwäne mögen den sakralen, die Pferde auch einen sozial auszeichnenden Bezug herstellen. Lediglich entfernt ähnlich erscheinen drei, letztlich aus dem Orient entlehnte Fächerbleche aus reichen mittelitalischen Gräbern²⁵⁵. Allerdings fehlt dem Blech aus Hallstatt 507 ein entsprechender Griff, die Lochreihe am oberen Rand legt klar eine Befestigung auf Stoff oder Leder nahe. Frank Roy Hodson spricht dieses Trapez aus Grab 507 analog zu zwei leicht gewölbten Buckelblechen aus den Inventaren 465 und 469 als Panzerplatte an²⁵⁶, deren Funktion allerdings ebenso umstritten ist²⁵⁷. Es besteht hier weder formal noch funktional eine Verwandtschaft. Allein seine geringe Blechstärke widerspricht einer Abwehr- oder Schutzfunktion und unterstreicht den mindestens ornamentalen Charakter, evtl. als Bestandteil und Zeuge eines vergangenen textilen Objekts, vielleicht auch als Pektoral. Brigitte Kull stellte die thrakischen und etruskischen Belege zusammen und beschrieb ihre orientalische Herkunft. Dortige Parallelen könnten ihre Träger (Männer und Frauen) als Priester ausweisen²⁵⁸.

Festzuhalten ist: Die vier Achsnägel symbolisieren einen (nordalpinen) vierrädrigen Wagen²⁵⁹, d. h. mindestens die Vorstellung einer Fahrt mit dem Wagen (ins Jenseits?²⁶⁰) war geläufig. Um dies (auch für die Hinterbliebenen) sichtbar zu machen, wurde die reduzierteste Möglichkeit der Darstellung im Grab gewählt. Offen bleibt, ob die Achsnägel eine „beabsichtigte" pars pro toto-*Anfertigung* darstellen – dies stellte meines Wissens einen einzigartigen Fall dar – oder Bestandteil eines realen Wagens waren, der beim Tode seines Besitzers dann offenbar regelrecht zerstört wurde, während ausgewählte Metallteile später symbolisch für die Darstellung der Fahrt wiederverwendet wurden²⁶¹. Pferdegeschirr ist nicht vorhanden, d. h. der Wagen musste gedanklich nicht unbedingt von Pferden gezogen werden²⁶², sie waren zu seiner Assoziation nicht nötig. Ein equestrischer Bezug ist dennoch durch die Miniaturaxt mit italisch anmutendem Pferdeaufsatz und die gestempelten Pferdereihen des trapezoiden Bleches gegeben. Sie unterstreichen den herrschaftlichen Zug ihrer Trägerobjekte, ein Gerät und vielleicht eine Amtstracht. Das vollplastische gestielte Ringgehänge mit Speichenrad steht formal zwischen den gemeinhin in Frauengräbern vorkommenden, altüberlieferten Radanhängern der Donauländer einerseits und Miniaturrädern z. B. realer Modellwagen andererseits. Es stellt daher eine Verbindung zu Wagen her, durch die Torsion und das evtl. zugehörige Miniaturgefäß aber auch zu Metallgefäßen und traditionellen kultisch gebrauchten Beckenwagen, die mit Ankunft und Abfahrt des Numinosen assoziiert werden. Das Objekt könnte im weitesten Sinn als formal eigentümlich hallstättischer Hinweis auf eine symbolhafte (hochzeitliche) Wagenfahrt der hier bestatteten Frau gelesen werden.

Bestattung 507 könnte also einem Mann und einer Frau zugeschrieben werden, wobei auffällig ist, dass – bis auf das Ringgehänge, vielleicht das abstrahierte vergrößerte Webgewicht und den Armring Traunkirchen – keine nach archäologischer Bestimmung zweifellos weiblichen, vergleichsweise gewöhnlichen Beiga-

---

252 Glunz-Hüsken 2008, 57 ff.; Fath/Glunz-Hüsken 2011, 258 ff.
253 Wie es nachweislich verkleinerte Abbilder von Webstühlen und Webgewichten gibt (Glunz-Hüsken 2008, 57 ff.; Fath/Glunz-Hüsken 2011), wäre hier eine Vergrößerung eines singulären Gewichts ebenfalls denkbar.
254 Fath/Glunz-Hüsken 2011, 258 ff.
255 Putz 2007, Taf. 7,2; 20,3; 31 (leider ohne Größenangabe). Einen überdimensionierten Fächer (H. mind. 70 cm einschließlich Griff) enthielt auch das Grab Monte Michele 5 in Veji, 670-650 v. Chr. (Mus. Villa Giulia, Rom). Inventarliste und Literatur bei Amann 2000, 213.
256 Hodson 1990, 118.
257 Hansen 2003, 28 mit älterer Literatur. Von Sacken 1868, 44 („… *denn bei der Dünne des Bleches konnte sie nur geringen Schutz gewähren.*")
258 Kull 1997, 365 ff.

---

259 Eine Ausnahme in Italien stellt der vierrädrige Wagen aus dem Fürstengrab Monte Michele 5 in Veji dar (zur männlichen Hauptbestattung gehörig).
260 Die literarische Überlieferung Griechenlands bezeugt nicht die Kenntnis der Vorstellung einer „Reise ins Jenseits".
261 Glunz-Hüsken 2013.
262 Zu einer seltenen westlichen Wagenbestattung mit Pferden s. Hennig et al. 2009, 169.

ben, wie z. B. Spiralhaarringe, Kugelkopfnadeln, reale Webgeräte oder frühe, klar weibliche Fibeln vorhanden sind; Männliches und Unikate dominieren in jeder Hinsicht.

Eine Wagenfahrt (symbolisch ins Jenseits?) könnte gedanklich beiden zugestanden haben, worauf analog anderen Wagengräbern die Achsnägel den vierrädrigen Wagen des Mannes, das Ringgehänge einen vielleicht zweirädrigen der Frau andeuten könnten. Dem Mann kommt symbolisch die traditionelle Rolle eines elitären Kämpfers (Abzeichen: Schwert) und vielleicht – in Anlehnung an den Befund der Miniaturaxt aus Grab 641 (s. Absatz 3.7) – die eines Opfernden zu (Kleinaxt mit Pferdeaufsatz). Die für das Gelage notwendigen Utensilien sind in doppelter Anzahl vorhanden, bei zwei postulierten Bestatteten stehen für jeden zwei Situlen (für Speise und Trank), eine Breitrandschale, zwei Trink- und zwei Schöpfschalen zur Verfügung, die Amphore diente dann beiden. Handelt es sich hingegen um die Bestattung einer einzelnen Person, stünden ihr vier Situlen, vier Trink- bzw. Schöpfschalen zur Verfügung – ein in Hallstatt völlig singulärer Fall.

Die Objekte entstammen zwar lokalen, vielleicht ostalpinen Werkstätten (z. B. Schmuck, Ringgehänge[263], Breitrandschalen[264], die beiden keramischen Rippenschalen, Stierfiguren), insbesondere der evtl. importierte Gefäßuntersatz, aber auch die plastischen Stiere wurzeln ideell in der kampanisch-etruskischen Welt. Darüber hinaus erfuhren die beiden Stierplastiken eine besondere Behandlung, indem man sie in aufwändig metallverzierte Stoffe hüllte – ebenfalls eine letztlich im Orient und den mediterranen Ländern wurzelnde Sitte und ein wahrscheinlich religiös inspirierter Akt, der die Bedeutung von Weben und Textilien unterstreicht, und vielleicht mit der Darstellung der Hochzeit im Grab assoziiert werden kann (s. Kapitel 7). Die Deponierung der Stiere in den Keramikschalen unterstreicht jedenfalls assoziativ auch ihre religiöse Rolle als mögliche Opfertiere und weist wiederum die Schalen als sakrales Gerät aus. Orientalischer Rohstoff, das Elfenbein des Schwertgriffs, wurde gleichfalls über Griechenland und Etrurien, wo es häufig Verwendung fand, vermittelt und übernahm die elitedarstellende und -erhaltende Funktion, Fernkontakte zu zeigen und Kostbares als Grabbeigabe zu „verschwenden" bzw. zu „vernichten".

Bestattung 669 enthält als weiteren Wagenbestandteil das Fragment eines Nabenrings in sekundärer Verwendung, wird aber erst in Absatz 3.4 (Dreidimensionale Radobjekte) besprochen.

3.2 Pferdegeschirr

Körpergrab 196 enthält eine tordierte Trense mit mittig eingehängter, geschlitzter Bommel/Rassel, zwei Brillenfibeln und 150 Bernsteinperlen. Ramsauer erwähnt zudem „blaue und weihse Coralen", einen Bernsteinring, vier kleine offene tordierte Bronzeringe und zwei verschieden gerippte Armringe. Die Bildquellen rechtfertigen die Rekonstruktion eines auf der Brust getragenen Kettengehänges, das die Perlen, die bronzenen Ringe und die Trense mit Rassel umfasst[265]. Jeder Arm trug einen gerippten, hauptsächlich im südostalpinen Raum weit verbreiteten Armreiftyp[266]. Der Ausgräber berichtet von einer jungen Person[267]; seine Angaben in Zoll (fünf Fuß, drei Zoll) entsprechen einem Maß von ca. 1,65 m, das Skelett wäre damit vielleicht als gerade noch jugendlich einzustufen[268]. Die zweigliedrige Trense gewöhnlicher Form[269] zeigt tordierte Stege; T-förmige Zügelhaken befinden sich in den seitlichen Ringen, die durch einen Wulst abgesetzt sind[270]. Trachsel datierte die Trensen vom Typ Zabrowo in Ha C1[271]. Die Rasseln zählen zum Pferdegeschirr und wurden während des gesamten 1. Jts. v. Chr.[272], in unserem Fall jedoch als Schmuck oder Amulett einer wohl weiblichen, heranwachsenden Person benutzt. Außer der

---

263 Egg 1988/89, 276.
264 Egg 1996, 133.
265 S. auch die Rekonstruktion bei Metzner-Nebelsick/Nebelsick 1999, 70 f. Abb. 1; Skizze London-Protokoll: Hodson 1990, pl. 57.
266 Siepen 2005, 80.
267 Hodson 1990, 143; s. auch von Sacken 1868, 56. Ramsauers Längenangabe des Skeletts: ca. 1,50 m. Zugrunde liegt die Umrechnung 1 Fuß = 31,66 cm, 1 Zoll = 2,54 cm. Ramsauer benutzte das seinerzeit übliche Maßsystem von Wiener Klafter (1 Klafter = 6 Fuß), Fuß und Zoll.
268 Die größten von Kern u. a. 2010 anhand der Armringgrößen ausschnitthaft vorgelegten Kinderkörpergräber – seine Auflistung ist keineswegs „vollständig" – messen 1,58 m Skelettgröße.
269 Pare 1992, 353 Typ C.
270 Metzner-Nebelsick 2002, 520 (Sonderform). Die dort aufgeführten eisernen Vergleichsstücke aus Südbayern entziehen sich einer Beurteilung. Trachsel 2004, 483 (Typ Zabrowo).
271 Trachsel 2004, 483.
272 Warneke 1999, 156 ff.

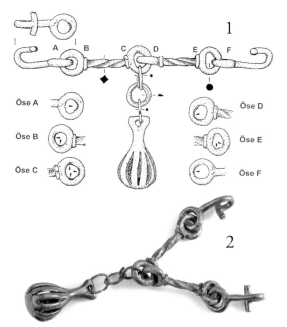

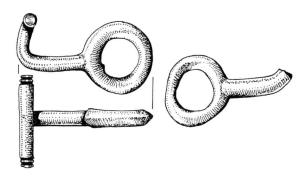

Abb. 15: Knebel Grab 222, M 2:3.

Abb. 14: Trense mit Rassel aus Grab 196. 1: Detailansichten der Ösen mit Markierung der Gebrauchsspuren. 2: Trense Grab 196, alle M 1:3.

Abb. 16: Zügelhaken Grab 474, M 2:3.

Lage der Trense im Grab[273] und ihrer Einbindung in ein Gehänge sind die Untersuchungen J. K. Kochs wichtig, die Abriebstellen an der Trense ergaben (Abb. 14), und die daher belegen, dass das Stück wohl „*mehrmals zum Fahren oder Reiten benutzt*" wurde. Allerdings hat auch die Anbringung der Rassel, d. h. ihre Umwidmung als Amulett, Spuren an der Mittelöse hinterlassen[274]. Zu fragen bleibt daher, ob die Trense in Hallstatt zuvor als Pferdegeschirr benutzt wurde oder es sich um eingeführte und dann zu Amulettschmuck umfunktionierte „Ware" handelte. Obwohl der Schmuck- und Amulettcharakter der Trense in diesem Fall eindeutig ist, sollte nicht vergessen werden, dass die Beigabe einer einzelnen Trense (für ein Reittier) ein Kennzeichen des Osthallstattkreises ist, wie die Karte von Ch. Pare zeigt[275].

Ausschließlich zwei an den Enden leicht profilierte T-förmige Knebel, einer davon unvollständig, waren die Beigaben, die möglicherweise auf einen equestrischen Bezug bei Brandschüttung 222 hinweisen (Abb. 15). Der wohl männliche Tote verstarb während Hallstatt D 1, was das Ortband eines Dolches als Rest einer bronzenen Antennenwaffe vom Typ Hallstatt anzeigt[276]. Die Lanzenspitze mit betontem Mittelgrat[277] wurde wohl aus ritueller Motivation heraus verbogen. Weiterhin sind ein rhombischer eiserner Gürtelhaken, ein Griffangelmesser mit durch ein Bronzeband umwickeltem organischen Griff und eine rasselnde Eisenkugel aufzuführen. Julia Koch trug entsprechende Knebel zusammen: Vergleichsfunde stammen aus dem südwestdeutschen Raum, Großeibstadt, Mitterkirchen und Libna. Da das Stück einzeln, also ohne weiteres Pferdegeschirr dokumentiert wurde, bleibt seine Funktion unbestimmt. Auch Verschlüsse von Gürteln oder Riemen in Form von Knebeln sind belegt[278]. In diesem Inventar ist also ebenfalls keine vollständige Ausrüstung eines Reiters wiedergegeben und eine Entscheidung über die Funktion der Knebel als pars pro toto für einen Reiter, als amuletthafte Beigabe oder als Verschluss deshalb nicht zu treffen. Dienten sie als Gürtelschließe, verfügte der Verstorbene aus Grab 222 über zwei Leibriemen, ein eher seltener, aber belegter Fall (s. u.).

Die Grabbeschreibung K. Kromers legt nahe, die beiden Zügelhakenfragmente aus Brandbestattung 474 (Abb. 16) könnten in das Gürtelgehänge mit stabförmigen Kettengliedern integriert gewesen sein. Die

---

273 Die Angaben Ramsauers und die Grabskizze Engls widersprechen einer mittig getragenen Position, die Metzner-Nebelsick/Nebelsick vorschlagen; s. hierzu auch Koch 2012.
274 Koch 2012, 78. Für die frdl. Gewährung von Einsicht in den seinerzeit unveröffentlichten Text danke ich J. K. Koch.
275 Pare 1992, 198 ff. Abb. 135.

276 Sievers 1982, Taf. 11,67. Ramsauer erwähnt einen Dolch, der aber nicht mehr vorhanden ist.
277 Stöllner 2002, 132 mit Anm. 749.
278 Koch 2006, 199 ff.

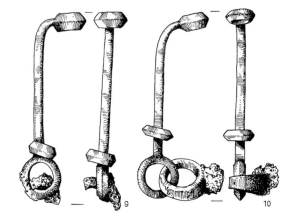

Abb. 17: Zügelhaken Grab 488b, M 1:2.

Abb. 18: Kreuzförmiger Riemenverteiler Grab 672, M 1:1.

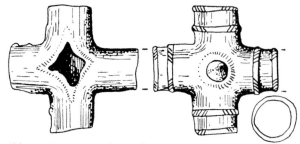

Abb. 19: Riemenverteiler Grab 83, M 1:1.

Deutung der Haken als regelrechtes Pferdegeschirr in einem Frauengrab ist demnach vermutlich nicht gegeben; ihnen käme dann eher ein amuletthafter Charakter zu und sie zeigten zugleich die religiöse Rolle von Gürtelketten an, beispielhaft an der miniaturgefäßtragenden Kette aus Grab 696 abzulesen (Absatz 10.6.3). Verwandte zum kombinierten Breitband- und Blechpaukenfibelpaar finden sich in Süddeutschland[279]. Auch der Bronzearmring mit stabförmigem Ringkörper und Stempelenden hat Parallelen in Württemberg und datiert dort in Ha D2[280]. Die offensichtlich weibliche Person zeigt durch ihren Fibel- und Ringschmuck daher klar eine südwestdeutsche Orientierung, die sich leider nicht anthropologisch untermauern lässt.

Die beiden vollständigen, vierkantigen und fein gerillten Zügelhaken mit eingearbeitetem Ring aus Brandschüttung 488 b (Abb. 17) entziehen sich einer sicheren Grabzuweisung, weil Ramsauer für das nur ca. 30 cm darüberliegende Körpergrab zwar „Antiken neben dem Kopfe" nennt, diese jedoch im Einzelnen nicht aufführt. Die beiden Kahnfibeln mit Zier der Form V 5[281], der Rand eines Gürtelblechs, drei Wetzsteine, zwei eiserne Klappmesser mit kreisaugenverziertem Griff und drei Bronzeringlein könnten daher auch zum Körpergrab gehören. Gleiches gilt für die nicht mehr vorhandenen Eisenwaffen, einen Nagel und eine Nadel[282], summa summarum weibliche und männliche Objekte.

Aus drei Gräbern (83, 603, 672) stammen kreuzförmige Riemenverteiler. Carola Metzner-Nebelsick wies auf ihre weite Verbreitung, ihr im Wesentlichen hallstattzeitliches Alter und auf ihre Entstehung im Karpatenumland hin. Aus dem benachbarten Inn-Salzach-Raum ist kein derartiges Zubehör überliefert, was die überregionalen Kontakte Hallstatts unterstreicht. Im Gegensatz zu H. Parzinger, der aus einer relativ kleinen Sammlung sechs Varianten bildet[283], verzichtet C. Metzner-Nebelsick auf den Versuch einer formenkundlichen Gliederung[284], weil viele Stücke offensichtlich schwer vergleichbar sind (Unikate), so auch die hallstättischen Vertreter, die im Grab jeweils einzeln vorkommen. Das schlichte, bronzene Exemplar aus Grab 672 ist an der Rückseite kreuzförmig ausgeschnitten (Abb. 18) und befand sich im Kopfbereich der erwachsenen Toten (Befestigung aus organischem Material mittels Stirnband?), was seinen Heilcharakter augenfällig macht. Die Frau trug Bernsteinperlen auf der Brust und ein einfaches Ringgehänge mit antithetischen Tierprotomen und Klapperblechen mit getriebenen Buckeln. Von einem Gürtel aus organischer Substanz zeugen nur noch ca. 200 kleine und eine größere Bronzeöse. Ebenso wie das Ringgehänge wurden die beiden Buckelarmringe mit Zwischenscheiben während Ha C/D 1 ausschließlich in Hallstatt getragen.[285]

Eine rhombische Öffnung und profilierte Enden trägt der bronzene kreuzförmige Riemenverteiler aus Brandschüttung 83 (Abb. 19)[286]. Es wurde wohl zu-

---

279 Glunz 1997, 65 f. Karte 8; 126 f.
280 Siepen 2005, 96.
281 Glunz 1997, 109 Taf. 38,9.
282 Zu dieser Vermengung s. auch Metzner-Nebelsick/Nebelsick 1999, 75.

283 Parzinger et al. 1995, 268.
284 Metzner-Nebelsick 2002, 355 ff.; 534 f.
285 Siepen 2005, 39-47.
286 Variante Osovo nach Parzinger et al. 1995, 268.

Abb. 20: Scheibenfibeln Grab 83, M 1:2.

Abb. 21: Ring Grab 603, M 2:3

sammen mit einem vierkantigen hohlen Ring mit Öse als Kette getragen[287]. Ein Set aus acht Kugelkopfnadeln und einer Spirale stellt den Haarschmuck einer weiblichen Person dar. Das singuläre Scheibenfibelpaar (Abb. 20) lehnt sich zweifellos an Scheiben von Schüsselhelmen an, wobei auch nach Autopsie nicht zu klären ist, ob es sich um „originale" oder nachahmende Scheiben handelt. Jedenfalls hatte ich beide Möglichkeiten, die Anlehnung an ein Prestigeobjekt (Helm) mit der Übertragung „magischer" Eigenschaften verbunden[288] (s. auch Absatz 8.2). Ein funktionaler Zusammenhang mit Pferdegeschirr, wie von Hodson und Metzner-Nebelsick/Nebelsick vermutet[289], besteht nicht. Statt des bei Kromer zitierten Ärmchenbeils enthielt das Grab jedoch ein eisernes Lappenbeil, wie die frühen „Berichte" belegen. Die Worte Ramsauers geben weder Anlass, an der Vergesellschaftung noch an der Geschlossenheit des Inventars (z. B. aufgrund der Störung durch Baumwurzeln) zu zweifeln[290]. Einzelne „Waffen" bzw. auch wehrhaft nutzbare Geräte oder ggf. Opferinstrumente in Frauenbestattungen finden sich nicht nur in Hallstatt (außerdem z. B. 340 [Lappenbeil], 393 [Pfeilspitze], 696 [Dolchmesser], Lahn Friedlfeld im Echerntal,

Gde. Hallstatt, Grab 1940 [Messer]), sondern auch am Dürrnberg bei Hallein, Salzburg[291].

Sowohl die Grabskizze als auch der Text Ramsauers berichten von einem strichverzierten Ring[292] auf der Brust des ausgewachsenen Skeletts aus Grab 603[293] (Abb. 21), auf der sich außer den Bernsteinperlen und der auf italische Vorbilder zurückgehenden Kahnfibel mit Kreisaugen[294] noch eine Brillenfibel und ein keramischer kreuzförmiger Riemenverteiler (Abb. 22) befanden. Unsicherheiten liefern die verschiedenen Quellen allerdings bei der Anzahl der Brillenfibeln (zwei?), einem Gefäß (Situla?) im Kopfbereich und einem bronzenen Gürtel (Grabskizze), die verbale Beschreibung erwähnt nur einen Gürtelhaken. Der bronzene Ring (Abb. 21) stammt von der Situla aus Grab 599 (Tragering), was bereits K. Kromer aufgefallen war. Die beiden Gräber lagen ca. 19 m voneinander entfernt, sodass eine nachträgliche Vertauschung ausgeschlossen und eine bewusste Wiederverwendung in neuem Amulettschmuckkontext angenommen werden muss[295]. Die Beigabe unvollständiger Bronzegefäße ist auch aus Este und Frög bezeugt[296].

Alle drei Riemenverteiler wurden in der Einzahl und wohl von Frauen getragen, was außer ihrer amulettartigen Verwendung als Bestandteil u. a. von Gehängen gegen ihre Funktion als Schirrungsteile spricht,

---

287 Warneke 1999, 74 f. Seine Abbildungen der entsprechenden Objekte zeugen von der Singularität des Hallstättischen Stückes.
288 Glunz-Hüsken 2013.
289 Hodson 1990, 107; Metzner-Nebelsick/Nebelsick 1999, 74.
290 Im Gegensatz zu Hodson 1990, 141; Metzner-Nebelsick/Nebelsick 1999, 74.
291 Stöllner 2002, 141; Zeller 2005.
292 Dieser Ring hat eine Parallele an der Situla aus Grab 599, deren zweiter Henkel mit möglichem Ring fehlt. Eine Vertauschung ist nach den Angaben von Ramsauer und Kromer nicht gegeben. Es bleibt daher zu erwägen, dass die beiden Ringe ursprünglich an der Situla befestigt waren und für die Bestattungen getrennt wurden.
293 Skizze auch bei Hodson 1990, pl. 70.
294 Glunz 1997, 107.
295 Glunz-Hüsken 2013.
296 Tomedi 2002, 214.

Abb. 22: Kreuzförmiger Riemenverteiler Grab 603, M 1:1.

Abb. 23: Knebel Grab 195, ohne M.

weil Riemenverteiler in Dreier- oder Viererkombinationen in östlichen Gräbern bezeugt sind[297]. Auch unterstreicht die Nachbildung in Keramik, dass die Funktionstüchtigkeit der Teile im Gegensatz zum symbolischen Gehalt kaum von Bedeutung war.

Ein bronzener Knebel, dessen eines Ende fehlt, misst immerhin 5,2 cm und erscheint damit vergleichsweise groß[298]. Er stammt aus dem Kindergrab 457. Die Heranwachsende (Skelettmaß ca. 1,52 m) trug jeweils einen Armreif vom Typ Traunkirchen, den man nur an der Traun und in Hallstatt kannte[299], und sechs Bernsteinperlen zusammen mit dem Knebel auf der Brust, wahrscheinlich als Schmuckensemble zu rekonstruieren – ein Befund, der bereits in anderen Inventaren zu beobachten war (Grab 196). Die von M. Trachsel zusammengestellten Parallelen des Knebels (Typ Annelöv) stammen aus Süddeutschland, wenige Stücke aus Tschechien und Polen. Nach Trachsel datieren sie in Ha C1 Mitte[300].

Brandschüttung 195 enthielt einen etwas kleineren bronzenen Miniaturknebel von 3,5 cm Länge (Abb. 23). Er lag zusammen mit einer Mehrkopfnadel und einem eisernen Lappenbeil auf dem Leichenbrand. Ramsauer erwähnt außerdem drei Stapel Keramik und Tierknochen. Fehlendes weiteres Zaumzeug lässt den kleinen Knebel eher als Schmuck oder Amulett denn als echte pars pro toto-Beigabe erscheinen. Hinweise auf einen Gürtel, an dem er amuletthaft befestigt gewesen sein könnte, liegen nicht vor[301]. Man kennt Zwergknebel aus Süddeutschland (Schwerpunkt in der Oberpfalz), Böhmen, dem Südostalpengebiet und Oberita-

lien, aber auch von nördlich der Alpen[302]. Claus Dobiat rechnete das Hallstätter Exemplar seinem Typ 1 zu, der über das gesamte Verbreitungsgebiet streut[303]. Zur genaueren Datierung der Gattung (Ha C/D1) trägt das Stück, das hier wegen der Mehrkopfnadel in Ha C zu datieren ist, wenig bei.

Aus sieben Inventaren sind verschiedenste Riemendurchlässe überliefert. Unklar ist der Befund bei „Brandschüttung" 33/1871, da von I. Engl keine „Ascheunterlage" und „kein ordentliches Grab" beobachtet wurden. Unter den zerstreut liegenden Bronzen befinden sich vier kalottenförmige Riemendurchlässe mit vier Durchzügen vom Typ A Va nach Metzner-Nebelsick (Abb. 24). Dieser Typ weist eine weite Verbreitung auf, die von Ungarn über Slowenien, Tschechien, Hallstatt und bis nach Süddeutschland reicht[304]. Kombiniert sind außerdem zwei alpine Zweiknopffibeln, zwei hohle, an den Enden gerippte Bronzearmringe, sechs Spiralreifen aus einfachem Draht und ein getriebener Blechgürtel mit schlichtem Rapportmuster – nur aus Hallstatt bekannt[305] – und ein rhombischer Eisengürtelhaken, an dem wohl eine Stangengliederkette mit zwei anthropomorphen Anhängern[306] befestigt war (rekonstruiert). Alle Beigaben, insbesondere der Gürtel mit Gehänge, sprechen für die (vielleicht gestörte) Bestattung einer Frau.

Ein dem gleichen Typ angehörender Riemendurchlass, eine runde, durchbrochene Riemenkreuzung mit profiliertem Innenkreuz (Abb. 25), eine Rollenkopfnadel, zwei eiserne Koppelringe und ein runder Knopf mit Befestigungssteg gehören zu Körpergrab

---

297 Metzner-Nebelsick 2002, 356.
298 Vgl. Metzner-Nebelsick/Nebelsick 1999, 72.
299 Siepen 2005, 19-23.
300 Trachsel 2004, 463 ff.
301 Spindler 1973, 654.

302 Egg/Kramer 2013, 132.
303 Dobiat 1979.
304 Metzner-Nebelsick 2002, 526.
305 Kilian-Dirlmeier 1972, 94 f.
306 Warneke 1999, 108 f. Abb. 51

Abb. 24: Riemenverteilerknopf Grab 33/ 1872, M 1:1.

Abb. 25: Riemenverteiler mit Innenkreuz Grab 784, M 1:1.

784. Das Skelett maß ca. 1,58 m Die Riemenkreuzung mit Innenkreuz und die Eisenringe, einer davon mit Zwinge für einen Wetzstein, befanden sich in der Bauchgegend, sodass sie vielleicht als Verschluss eines Gürtels aus organischem Material gedient haben. Eine Bestimmung als pars pro toto-Pferdegeschirr ist daher ebenfalls kaum gegeben. Die Beigaben sind eher dem männlichen Umfeld zuzuordnen, eine genauere Datierung erlaubt auch die seit der Frühbronzezeit bekannte Rollenkopfnadel nicht[307].

Zwei Riemendurchlässe verschiedener Form gehören zur Brandschüttung 393. Neben einem herkömmlichen kalottenförmigen wurde ein gebauchter Typ der Form A Vb gefunden (Abb. 26). Carola Metzner-Nebelsick führt Parallelen aus Südosteuropa und Russland, aber auch zwei Beispiele aus Baden-Württemberg an[308]. Zwei Knotenarmringe mit größter Verbreitungsdichte in Hallstatt[309], zwei große, zwei mittlere und vier kleine Brillenfibeln, eine Spiralrolle, zwölf(?) Kugelkopfnadeln, ein einfaches Ringgehänge mit Tierprotomen, zwei glatte ineinanderpassende Ringe, ein goldener Spiralring, ein Bronzering mit Öse[310], ein Spinnwirtel und eine Kette (vierzehn Goldspiralröllchen, zwölf Bronzeblechröhrchen und dreizehn Glasperlen) gehören neben einer Pfeilspitze der Form 1 nach Stöllner[311] zum Inventar (Abb. 26). Während die Kombination mit der älteren Pfeilspitze nach dem Ausgrabungsbericht wohl zuverlässig scheint, ist mit dem Verlust eines Bronzegefäßes und auch des eigentlich obligaten Keramiken-

sembles zu rechnen. Die Pfeilspitze ist die einzig männlich konnotierte Beigabe; hier liegt eine vergleichbare Situation wie in Frauengrab 83 vor, das als männlich konnotierte Beigabe ein Ärmchenbeil enthielt (s. o. und Kapitel 13). Die beiden Riemendurchzüge bleiben die einzigen equestrischen Hinweise.

Im Armbereich des Körpergrabes 231 beobachtete Ramsauer einen „kreuzförmigen Schieber mit verdickten Kreuzarmen und paralleler Doppelöse" (Abb. 27), ein Typ, der in Ungarn und Slowenien benutzt wurde[312]. Nachdem Ramsauer die Lage der Objekte genau nennt, könnte die Riemenkreuzung durch ein organisches Band als Armschmuck befestigt gewesen sein. Im Bauchbereich lagen ein Wetzstein, eine Kugelkopfnadel samt Spiralrolle und ein halbkugeliger Knopf mit Steg. Am anderen Arm befanden sich zwei unspezifische Drahtarmringe mit kleinem Durchmesser (5-6 cm), dem sowohl die Skelettgröße mit ca. 1,70 m und das von Ramsauer geschätzte Alter der/des Toten von 30-40 Jahren entgegensteht. Wahrscheinlich handelt es sich um eine weibliche Bestattung, der man ein Gehänge aus verschiedenen Objekten als Amulett mitgab. Zusammensetzung, Lage, Einzahl der Kugelkopfnadel und der funktionslose Wetzstein (es fehlt ein zu schärfendes Gerät) könnten dafür sprechen, hier an nicht primär verwendete Beigaben zu denken.

Halbkugelige Knöpfe mit kräftigem Steg wurden bereits in den Gräbern 231 und 784 beschrieben. Sie waren dort mit verschiedenen anderen Riemendurchlässen kombiniert. Einzeln liegen sie indes in Körpergrab 347, verdoppelt in 458 vor. Im Halsbereich des Toten 347 mit einer Skelettgröße von ca. 1,78 m lagen ein Spiralröllchen, Bernsteinperlen und der Riemendurchzug, an den Armen die drei Armreife vom Typ Traunkirchen, also ein ähnlicher Amulettschmuck-Befund wie bei Körpergrab 231.

Brandschüttung 458 umfasst zwei Situlen (eine kleinere vom Typ Hajdúböszörmény und eine größere ohne Tragevorrichtung), einen Dolch mit bronzedrahtumwickelter Scheide, Variante Neuenegg (Sonderform), einen Fingerring mit aufgedrehten Spiralenden[313], eine Glasperle, die beiden Riemendurchlässe und schließlich einen vierkantigen Keramikring. In den Skizzen sind darüber hinaus eine Nadel, drei Armreife und Tierknochen zu sehen, die in der Sammlung nicht

---

307 Zuletzt Stöllner 2002, 51 mit Anm. 40.
308 Metzner-Nebelsick 2002, 527.
309 Siepen 2005, 63.
310 Warneke 1999, 74 f.
311 Stöllner 2002, 133.

312 Metzner-Nebelsick 2002, 530.
313 Parallelen in Riedenburg-Untereggersberg, Kr. Kelheim: Nikulka 1998, 54 Taf. 63.

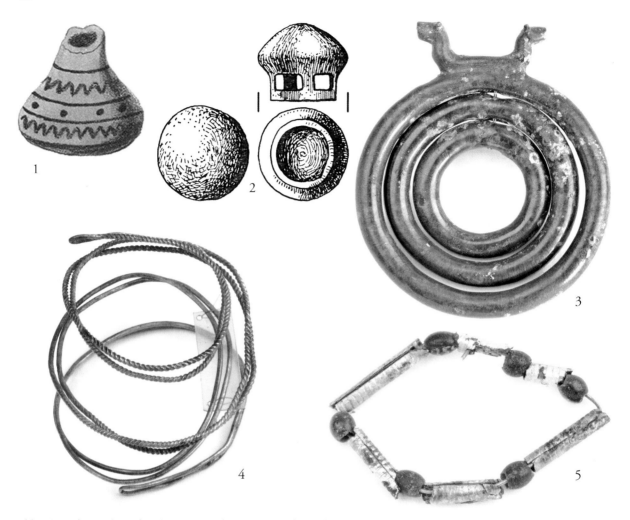

Abb. 26: Grab 393 (Ausschnitt). Spinnwirtel, Riemenverteiler, Goldspiralring, Ringgehänge M 1:1, gerippte Goldröhrchen und blaue Glasperlen ohne M.

vorhanden sind.[314] Somit erschweren die Beigaben eine archäologische geschlechtliche Bestimmung, sprechen aber für ein weibliches Individuum. Die Funktion des einzelnen Zaumzeugs bleibt aufgrund des Ritus unklar.

Brandschüttung 888 enthielt einen spitzkegeligen Ringfußknopf Typ A VI a (Abb. 28), der von Süddeutschland, über Österreich, Slowenien, Tschechien, Polen, Ungarn, Rumänien bis nach Russland sehr weit streut[315]. Ein weiterer spitzkegeliger Durchzug mit einem Steg, fünf Bronzeringlein, eine zweiköpfige Mehrkopfnadel mit Faltenwehr und der Spitzenschutz einer zweiten Nadel gehören zum Inventar, das daher vermutlich einem männlichen Toten zuzuweisen ist.

Markus Egg, Thomas Stöllner und Leif Hansen kommen nach der Durchsicht der blechernen[316] Krempenphaleren zur Überzeugung, dass sie nicht zwingend Teile von Pferdegeschirr darstellen und ihre Funktion letztlich unklar bleibt bzw. keine überörtliche allgemeingültige Bestimmung benannt werden kann[317]. Aus dem Westhallstattkreis stammen jedoch eindeutige Befunde, die sie als Teile von Pferdegeschirr ausweisen[318]. Die 11,4 cm breite Schmuckphalere aus Hallstatt 750 (Abb. 29) findet Vergleichsstücke in bayerischen Ha C-zeitlichen Pferdegeschirrgräbern, die darüber hinaus Trensen, Jochaufsätze, Ringfußknöpfe und diverse rhombische Ringe enthielten[319]. Prinzipiell sind Phalerae jedoch auch als Besätze von Textilien oder Gürteln bekannt geworden (Absatz 5.2). Das Hallstätter

---

314 Hodson 1990, Taf. 65.
315 Metzner-Nebelsick 2002, 527.
316 Zu den massiven gegossenen Phalerae, die mehrheitlich dem Pferdegeschirr zuzuordnen sind: Metzner-Nebelsick 2002, 348 ff.
317 Egg 1996A, 327 ff. besonders 343; Stöllner 2002, 136 ff.; Hansen 2003, 27 ff.
318 Z. B. Koch 2006, 191 ff.
319 Metzner-Nebelsick/Nebelsick 1999, 74. Ebenso ein Grab aus Künzing, weshalb u. a. Deicke 2011, 95 ff. sie zum Pferdegeschirr gehörig betrachtet.

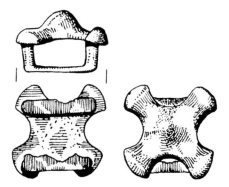
Abb. 27: Riemenverteiler Grab 231, M 1:1.

Abb. 28: Ringfußknopf Grab 888, M 1:1.

Exemplar ist am unteren Rand durch Kettchen mit anthropomorphen und triangulären Klapperblechen zu einem Schmuckgebilde umfunktioniert. Mindestens zwei der Klappern wurden aus Gürtelblechen recycelt[320]. Die Brandschüttung enthielt jedoch weiters außer Keramik und Tierknochen eine ungewisse Anzahl von Armringen und Brillenfibeln; die Phalera wurde also in diesem Fall zu „Schmuck" oder Amulett im weitesten Sinn zweckentfremdet und ist einer Frau zuzuschreiben, denkbar z. B. als singulärer Besatz eines Gürtels aus organischem Material oder eines Gewandes, was andere Phalerenbefunde nahelegen (s. Absatz 5.2). Die Phalera findet eine etwas größere Parallele (Dm. 15 cm) in einer wohl ebenfalls weiblichen Bestattung in den Seewiesen bei Heidenheim-Schnaitheim, Baden-Württemberg, die jedoch durch eine singuläre ornamentale Buckelzier von ihr abweicht[321].

Die vielleicht ehemals (mit Koralle oder Glas) gefüllte Stachelscheibe (Dm. 4 cm) aus Körpergrab 841 (Abb. 30) befand sich (zusammen mit einem Eberhauer?) auf dem Unterleib der Toten, deren Größe nicht überliefert ist. Kombiniert waren neben einer Brillenfibel und verschiedenen Perlen heimischer Ringschmuck, nämlich ein grob geperlter Armring vom Typ Traunkirchen und ein Buckelarmring mit Zwischenscheiben Typ Ottensheim. In Form und Maß vergleichbarer Zierrat gehört in Vaszar in Westungarn und Pullach als Aufsatz zu Ringfußknöpfen[322]. Man kennt Parallelen aber auch als Scheitelknöpfe von Phalerae[323], Einzelstücke ohne Phalera stammen aus Este-Via S. Stefano, Fondo Candeo Grab 302 (Ende 8. Jh.), aus Bischofshofen Grab 487 und Stična Hügel VI bzw. 55 Grab 13[324]. Sie ermöglichen keine genauere Zuordnung zu einem Gegenstand, den sie als Emblem, das sie ja darstellen[325], zierten. Die über den Schmuckzweck oder Amulettcharakter (Sonnenzeichen) hinausgehende Funktion des „Sterns" bleibt folglich unsicher. Die Lage der Stachelscheibe im Bauchbereich und die mutmaßliche Kombination mit einem Eberhauer[326] bleiben singulär und sprechen für ein vielleicht an einem Ledergürtel getragenes, mehrteiliges Amulett. Gehörte der Stern ehemals zu einer Phalera, für die funktional auch Gürtel- oder Kleiderbesatz angenommen wird, erklärte sich die Lage im Bauchbereich; man müsste dann aber das Fehlen der Phalerenscheibe aus ökonomischen oder religiösen Gründen erwägen[327]. Die Trennung von Scheibe und Knopf, also die Zerlegung von Phalerae, ist über die Beigabe einzelner Knöpfe in den Bestattungen 225, 247, 248, 409 und 495 durchaus bezeugt (s. Absatz 5.2), eine pars pro toto-Beigabe wäre also auch hier denkbar.

Carola Metzner-Nebelsick und Luis Nebelsick führen als zum Pferdegeschirr gehörig auch die als Schmuckkörper verwendeten Objekte der Inventare 963 und 778 an[328]. Dabei handelt es sich um eine unverzierte, einseitig leicht spitzkonische Bulle (963) und um zwei treibverzierte Scheibenkörper mit unter-

---

320 Leider ist das Stück weder als Aquarell noch in den London-Protokollen bei von Sacken 1868 abgebildet, sodass ein besserer Erhaltungszustand nicht dokumentiert ist: Glunz-Hüsken 2013.
321 Dietrich 1998, 65 Taf. 32. Die anthropologische Untersuchung ergab eine „erwachsene Frau?".
322 Metzner-Nebelsick/Nebelsick 1999, 72.

323 Gleirscher 1993, 51 f. (Hesselberg); Merhart 1956, Abb. 10,5 (Schweindorf-Ederheim); Trachsel 2004, 448 (Typ Hesselberg). Sternförmig durchbrochene, im Schnitt unprofilierte Phalera in Marvinci 15: Mitrevski 1996/97, 104; 2007, 566 fig. 3,5.
324 Müller-Karpe 1959, Taf. 91,10; Lippert/Stadler 2009, 106 Taf. 142,5.
325 Glunz-Hüsken 2008, 53 f.
326 Die Angaben Ramsauers hierzu sind leider ungenau.
327 Glunz-Hüsken 2013, 14 f.
328 Metzner-Nebelsick/Nebelsick 1999, 77.

46

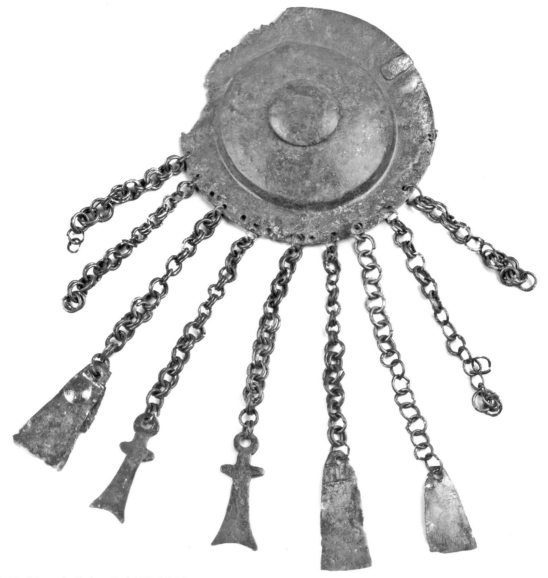

Abb. 29: Schmuck-Phalera Grab 750, M 1:2.

schiedlicher Wölbung (Abb. 150,1; 2) wohl italischer Herkunft, auf die ich zurückkomme (Absätze 3.8; 8.2). Alle wurden mit verschiedensten geräuschverursachenden, teils anthropomorphen Anhängern versehen und sind doppelschalig verarbeitet („Bullen"). Die Fixierung der Ketten durchlochte Vorder- und Rückseite der Bleche, sodass der hohle Körper wohl kaum zur Aufbewahrung eines bestimmten Inhalts diente, weil die beiden Schalenhälften somit fest verschlossen waren. Weder geben die Objekte selbst, noch ihre jeweilige Vergesellschaftung[329] Anlass, sie explizit als Pferdegeschirr anzusprechen. Die eigenwillige funktionale Ob-

jektumwidmung, die mindestens in Grab 778 vorliegt, bleibt in Hallstatt nicht vereinzelt. Ein mutmaßlicher Nabenbeschlag aus Grab 669, Bestandteil eines innovativen dominanten Amuletts (s. u.), sei hier beispielhaft im Voraus genannt[330].

3.3 Zusammenfassung zu Wagen- und Pferdegeschirrteilen und Raddarstellung (Grab 994)

Aus 18 Gräbern Hallstatts sind demnach eindeutige Wagen- und Pferdegeschirrteile überliefert, bei zwei Objekten aus zwei Gräbern bleibt die Funktion als mögliches vormaliges Pferdegeschirr offen (Bestattung

---

329   Das Pferdefibelpaar, von Metzner-Nebelsick/Nebelsick 1999, 77 als „equestrische Metaphorik" angesprochen, kann kaum als direkter Hinweis auf das Reiten der dort Bestatteten gewertet werden (s. Absatz 3.8).

330   S. hierzu auch Glunz-Hüsken 2013.

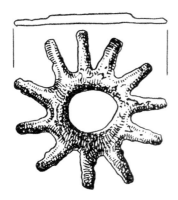

Abb. 30: Stachelscheibe Grab 841, M 1:1.

Abb. 31: Radszene auf der Schwertscheide aus Grab 994.

750 Schmuckphalere, 841 Stachelscheibe[331]). Bei den sicher ansprechbaren Pferdegeschirrteilen handelt es sich immer um Einzelobjekte und nicht um mehrteilige Kombinationen verschiedenster Zusammensetzung, wie z. B. aus Bayern oder dem Inn-Salzach-Gebiet, wo Wagenkastenverzierungen, Naben, Felgen, Trensen, Knebel und diverses Riemenzubehör zum Teil miteinander kombiniert auftreten, diese also eindeutig als Ausweis für Reiter[332] oder Wagen gedeutet werden müssen.

Auch wenn die Funktionstüchtigkeit der vier bronzenen Achsnägel aus Inventar 507 u. a. wegen der Klapperbleche (und nicht etwa wegen ihrer für den Gebrauch umgebogenen Enden) infrage gestellt wurde, zeigen sie doch, dass mindestens die ideelle Vorstellung einer Fahrt mit dem Wagen (evtl. auch ins Jenseits) in Hallstatt bekannt war. Zur Demonstration von Fortbewegung waren weder der Wagen in unversehrtem Zustand noch reale oder assoziative Pferde nötig – beim Anblick der Achsnägel wusste man, was gemeint war. Zurzeit stellen die Achsnägel zusammen mit dem mutmaßlichen Nabenmantel aus Grab 669 die einzigen Reste eines oder zweier Wagen dar. Die vier Nägel bleiben ohne formale Parallele und wurden individuell für die bestattete(n) Person(en) gefertigt. Die Beigabe von ausschließlich vier Achsnägeln ist die minimalistischste Art, eine Wagenfahrt – vielleicht ehemals real im Flachland oder symbolisch ins/im Jenseits[333] – gegenständlich zu umschreiben[334]. Man kennt vergleichbare reduzierte Darstellungen sonst nur aus einigen tschechischen Gräbern, dort jedoch immer zusammen mit Pferdegeschirr. Am Salzberg bleibt die Beigabe von vier Achsnägeln singulär, auch während der Folgezeit (Ha D) und steht damit im Gegensatz zum benachbarten und nachweislich angebundenen Inn-Salzach-Raum und östlichen Oberbayern, für die Wagengräber bis in Ha D2/3 bezeugt sind[335]. Erst später, während LT A, sind am Dürrnberg drei zweirädrige Streitwagen in die Erde gelangt. Auch dort fehlt Pferdegeschirr, was Th. Stöllner zur Vermutung bewog, die Wagen seien dort nicht real verwendet worden (hügeliges Gelände)[336]. Immerhin gibt es durchaus auch in Hallstatt aus dieser Zeit eine Darstellung eines Rades, die vielleicht stellvertretend für einen Wagen steht und auch wegen der „Mäanderfelge" auf jeden Fall zeitlos-mythisch zu lesen ist (so wie die tordierten Speichen der Radgehänge aus den Gräbern 121 und 507): Auf der berühmten Schwertscheide aus Grab 994 ist das Bild zweier bekleideter Männer, die ein Rad halten, zweifach eingraviert (Abb. 31). Wie auch immer man den Stil der Bilder deuten mag – in Tradition der Situlenkunst oder nicht – erscheint der Vorschlag F. E. Barths einleuchtend, das Rad stelle letztlich stark verkürzt einen zweirädrigen Streitwagen dar[337]. Dem widerspräche auch der Deutungsvorschlag von M. Egg nicht wirklich, der – über das freilich jüngere Radbild auf dem Silberkessel von Gundestrup – auf die Darstellung eines Radgottes zielt[338], weil nämlich das Fahren mit einem (von Pferden

---

331 S. auch Glunz-Hüsken 2013.
332 Die Definition Kochs, 2010, 140, wonach als Reitergrab jenes gilt, das mindestens eine Trense und evtl. Riemenzier enthält, erweist sich aufgrund reduzierter Darstellung und der pars pro toto-Sitte als schwierig. Das Inventar Hallstatt Grab 222 mit den beiden Zügelhaken wäre demnach kein Reitergrab.
333 Zu Wagen, die ausschließlich für die Grablege angefertigt wurden, s. Hansen 2010, 188 f. (Wehringen Grab 8).

334 Zur Frage der Funktion vierrädriger Wagen und der Kesselwagen s. auch Gleirscher 2004, 261 ff.
335 Zuletzt Schumacher 2015, 135 ff.; 373 ff.
336 Stöllner 2002, 115 ff.; Koch 2006, 245 ff.
337 Barth/Urban 2007. Anders dagegen Egg et al. 2006, 190 ff.
338 Egg et al. 2006, 198; Egg/Schönfelder 2009, 38.

gezogenen) Wagen von jeher als Mittel der Darstellung göttlicher Verbundenheit, bzw. göttlicher Abstammung des Verstorbenen gilt, was G. Kossack über Zeiten und Räume hinweg beschrieb[339]. Der Tote aus Grab 994 würde somit als Krieger gezeichnet, der sich als Fußkämpfer, bewaffneter Reiter (gegenständliche Beigabe des Schwertes und eines Helms vom Typ Berru)[340] und eben als mythischer Streitwagenlenker auszeichnete. Offen bleibt, ob organischer Panzer und Schild vergangen sind oder aufgrund der reduzierten Beigabensitte in der Frühlatènezeit fehlen. Jedenfalls häufen sich in diesem Grab die überzeitlich mythisch-symbolischen Ideale des kriegerischen Kämpfers (erzählende Insignie Schwert, Helm, Wagen-Rad, Reiten).

Gerade die jüngeren Situlen aus Bologna-Arnoaldi und Kuffern, aber auch ein sekundär verwendetes Blech von der Pillerhöhe[341] bieten Wagenrennen mit Streitwagen, wobei das Thema an sich der etruskischen Welt entliehen ist[342]. Diese extreme Verkürzung mittels Darstellung eines Rades, das einen zweirädrigen Wagen meint, ist jedenfalls auch in anderen Prunkgräbern der Latènezeit zu beobachten, was z. B. Ch. Huth 2003 beschrieb[343]. Abgesehen vom Kessel von Gundestrup sind jedoch noch zwei Objekte zu nennen, die speziell das Thema Rad – Waffe bzw. Rad – Kampf zeigen, wenn auch auf verschiedene Weise[344]. Ich denke zum einen an die Szene auf dem etwas älteren Bisentiner Beckenwagen, bei der sich zwei plastische Kämpfer mit ausgeprägten Geschlechtern, behelmt, umgürtet und mit Schild und Lanze bestückt auf einem ehemals wohl drehbaren, vierspeichigen Rad gegenüberstehen[345]. Sie sind von anderen Statuetten umgeben, die uns von kultisch-rituellen, Fruchtbarkeit bringenden Handlungen erzählen[346]. Zum anderen ist ein 36 cm langes, wohl latènezeitliches Haumesser aus Oberitalien zu nennen (die Fundortangabe nach L. Naue lautet Gardasee, Nähe Peschiera), dessen Scheidenrahmen ein achtspeichiges Rad zeigt, das von zwei gegenständigen menschlichen Beinpaaren „getragen" bzw. umrahmt wird[347] (Abb. 32). Trifft diese Sicht zu, läge eine ganz ähnliche Symbiose, nämlich Rad – zwei Menschen – Waffe wie in Hallstatt vor. Die Kombination Rad – Waffe ist zweifellos gegeben, trotz möglicher Einwände, die die Lesung als anthropomorphe Beine und Füße beträfen[348].

Funde und Befunde der Pferdegeschirrteile und Achsnägel Hallstatts liefern zwei Möglichkeiten ihrer Interpretation, nämlich als pars pro toto-Beigabe oder als Amulett. Zweifellos repräsentativ sind nur die Achsnägel (Wagen) zu verstehen. Ob in Grab 222 (zwei T-förmige Knebel) ein Reiter gemeint ist, lässt sich wegen fehlender Vergleichsfunde und vor allem mangels anderer reiterlicher Hinweise in diesem Grab nicht eindeutig bestimmen; die Grenze zu reduzierten Darstellungen verläuft in diesem Fall fließend. Sichere Befunde, die auf Amulette deuten, sind – mit Ausnahme von Grab 474 – naturgemäß nur bei Körpergräbern möglich. Die Nutzung von einzelnen Miniaturknebeln (Grab 457), diversen Riemendurchziehern (Gräber 603, 672, 231, 347, 784), einer Trense als Kettenglied (Grab 196) und Pferdegeschirrteilen als Gehänge von Ketten (83), als Armschmuck oder Gürtelverschluss und Gürtelkettenbestandteil (Gräber 231, 474, 784) widerspricht einer pars pro toto-Interpretation für Reiter/Reiterinnen[349]. Vielmehr handelt es sich um funktionsfremd benutzte Objekte, die zu Schmuck bzw. mehrteiligen Amuletten umgearbeitet wurden und häufiger in weiblichen, dreimal jedoch auch in (nach archäologischer Bestim-

---

339 Kossack 1988, besonders 142.
340 Barth/Urban 2007: *„Infanterie, Kavallerie"*.
341 Tschurtschenthaler 2013, 130 Abb. 9.
342 Huth 2003, 200 f. Zur Herkunft des Streitwagens an sich: Burmeister/Raulwing 2012.
343 Huth 2003, 267 f.
344 Zu diversen Darstellungen *„Rad und Mensch (Krieger? mit erhobener Hand)"*: Tomedi 2002, 271 f.
345 Zu dieser Szene s. auch Eibner 2012, 169 mit Anm. 35; 2008, 181 f. mit Anm. 88.
346 Woytowitsch 1978, Taf. 24g.

347 Montelius 1895, Pl. 64,13; Naue 1888. Das Stück befand sich nach den Angaben J. Naues in seiner privaten Sammlung, die nach seinem Tod versteigert wurde. In der Archäologischen Staatssammlung München ist das Messer jedenfalls nicht registriert. Frdl. Mitt. R. Gebhard, K. Mansel, München.
348 Das Ortbandende auf der Vorderseite erinnert stark an die ankerförmigen Tüllenortbänder der Dolche vom Typ Hallstatt, obschon ihr technischer Aufbau völlig abweicht. Italische Darstellungen emblematisch-solarer Räder in Kombination mit verschiedenen Themen (Frauen und Männern, Tierkampfszenen) stellte G. Tomedi (2002, 270 f.) zusammen. Hinweise auf verkürzte Darstellungen von Wagen sind dort nicht gegeben.
349 Pferdegeschirrteile können nicht generell – wie z. B. vereinzelte Beile oder Pfeilspitzen in weiblichen oder umgekehrt Spinnwirtel in männlichen Grabkomplexen – als männlich konnotierte Beigaben in weiblichen Bestattungen betrachtet werden, weil auch weibliche Gräber mit Pferdegeschirr ohne Schmuckcharakter, also echtes Reitzeug, bekannt sind – wenn auch nicht in Hallstatt selbst. Generell bleiben sie in der Minderzahl. Dazu Koch 2010.

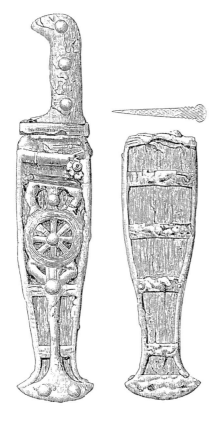

Abb. 32: Haumesser aus Peschiera, ohne M.

mung) männlichen Inventaren (Gräber 131, 222, 888) bezeugt sind. Offenbar schrieb man Pferdegeschirr eine magische Wirkung zu, ebenso wie dem kombinierten Eberhauer (Grab 841), dem Ringgehänge (Grab 672) oder einer einzelnen Pfeilspitze (Grab 393). Die Lage eines Riemenverteilers am Kopf (Grab 672) zeugt am eindrücklichsten von seinem Amulettcharakter. Bei zehn bzw. zwölf Gräbern mit Pferdegeschirr handelt es sich nach archäologischem Ermessen eher um weibliche Bestattungen, darunter vermutlich zwei Kinder oder Jugendliche (Gräber 457, 784, Skelettgröße 1,50 -1,60 m). Zur Charakterisierung des hallstättischen Pferdegeschirrs mag evtl. auch der Umstand beitragen, dass die beiden Gräber mit Pferdezähnen (Gräber 14/15, 181), als Pars-pro-toto für Pferde gedeutet (Absatz 3.10), keine Geschirrteile enthielten, also keine regelrechten Reiter darstellen.

Carola Metzner-Nebelsick und Luis Nebelsick reihen die Hallstätter Pferdegeschirrgräber in eine vorwiegend östliche Kette ähnlicher Bestattungen und Depots ein (s. o.). Prüft man die zitierten Grabfunde auf ihre Vergleichbarkeit mit den hallstättischen (Pferdegeschirr als Schmuck oder Amulett in vorwiegend weiblichen Inventaren), bleiben nur drei sichere Parallelen übrig[350] und zwar Dautmergen, Zollernalbkreis (zwei Lignitarmbänder, Ringfußknopf), Wolfenhausen, Gde. Neustetten (vier Riemenkreuzungen, Segelohrringe etc.) und ggf. Tübingen, Kr. Tübingen (Brandgrab: Zwergknebel, Ringschmuck, Gürtelblech, evtl. aber auch Reste von verzierten Wagenblechen)[351]. Statzendorf Brandgrab B 31 erweist sich als geschlechtlich nicht bestimmbar, die langlebige Rollenkopfnadel zeigt jedoch eher eine männliche Komponente an. Das Fragment eines Vogelkopfanhängers[352] aus diesem Inventar muss nicht zwingend als Pferdegeschirr gewertet werden, da seine vorwiegend östlichen Parallelen aus dem donau-karpatenländischen Raum auch als Bestandteile reiner Trachtkompositionen überliefert sind[353].

Die Durchsicht zahlreicher zwischenzeitlich vorgelegter Nekropolen und Regionen[354], zu denen Kontakte zu erwarten sind, ergab diesbezüglich nur eine weitere Parallele, nämlich die oben genannte Phalera von den Seewiesen bei Heidenheim-Schnaitheim. Auch die Suche in Italien blieb ergebnislos. Nachdem das Fragment aus Statzendorf nicht sicher aus einem weiblichen Inventar stammt und die Ergänzung zu einem Vogelringanhänger fraglich ist, bleiben wenige und auffällig westlich konzentrierte Vergleichsfunde der Stufen Ha C und D für die hallstättischen Stücke übrig.

---

350 Einige der von den Autoren angeführten Vergleichsbestattungen sind mit Fragezeichen zu versehen, weil es sich offensichtlich um regelrechtes mehrteiliges Zaumzeug (tatsächliche Reiterinnen; s. dazu auch Koch 2010, 145) und nicht um eindeutige Amulette bzw. funktionsfremdes reiterliches Rüstzeug handelt (Vaszar Pörösrét, Kom. Veszprém, Hügel 7, Nagyberki-Szalaczka, Kom. Somogy, Hügel 3), die Grenze zwischen lokaler Tracht (Gürtelschließen) und Zaumzeug mitunter fließend verläuft (Moldova Veche, Banat, Rumänien; Iliak IV/1, II/1; Široko Hügel I/1) und mutmaßliche Wagenbestandteile zusammen mit Pferdegeschirr Gespanne nahelegen (Vaszar Hügel V und 7).

351 Zürn 1987, 199.

352 Rebay ergänzte 2006, 165 das Fragment zu einem Wasservogelanhänger (Maiersch 32), was kaum schlüssig erscheint.

353 Metzner-Nebelsick 2002, 298 ff.

354 Baitinger 1999 (NO-Baden-Württemberg); Dietrich 1998 (Heidenheim-Schnaitheim, Seewiesen); Ettel 1996 (Oberfranken); Fischer 1994 (Deising); Fries 2005 (Nördlinger Ries); Hennig 2001 (Bayerisch-Schwaben); Hoppe 1986 (Mittelfranken); Hoppe 2005 (Beilngries-Im Ried Ost); Lippert/Stadler 2009 (Bischofshofen); Nikulka 1998 (Riedenburg-Untereggersberg); Rebay 2006 (Statzendorf); Röhrig 1994 (Dietfurt); Tomedi 2002 (Frög).

Mit Ausnahme einiger Grabkomplexe zählen Inventare mit Pferdegeschirr des Hochtales nicht zu den materiell reichsten[355]: Zwar enthielt Inventar 393 Goldschmuck und wahrscheinlich ein Bronzegefäß, Grab 458 immerhin zwei Situlen und einen Dolch, Beisetzung 603 möglicherweise eine Situla und Bestattung 222 gleichfalls einen Dolch. Die Kombination von amuletthaft benutztem Pferdegeschirr plus reiche Ausstattung liegt jedoch bei nur vier Bestattungen von sechzehn kaum regelhaft zugrunde, equestrische Amulette kommen auch in durchschnittlichen Vergesellschaftungen vor; sie sind also nicht der sozialen Elite vorbehalten.

Gräber mit unheilabwehrend benutztem Pferdegeschirr in Hallstatt lassen gesamtheitlich betrachtet kaum einen ausschließlich elitären oder weiblichen Bezug erkennen. Pferdegeschirrteile liegen auch in männlichen und durchschnittlich ausgestatteten Ensembles. Nur wenige echte Parallelen, mutmaßliche Frauengräber mit einzelnen Bestandteilen von Pferdegeschirr sind bekannt (Dautmergen, Wolfenhausen, Heidenheim-Schnaitheim, Tübingen, evtl. Statzendorf) und erschweren eine Interpretation. Diese geringe Zahl an Unikaten mit Schwerpunkt im Westen lässt die Frage aufkommen, ob jene Bestattungen überhaupt an den südöstlichen Depotkreis mit Schmuck und Pferdegeschirr anzugliedern wären und ob hier generell ein Zusammenhang besteht. Betrachtet man allein formale Kennzeichen, ist ein südöstlicher Kontext wohl abzulehnen. Die regionale Untersuchung des betreffenden makedonischen Raums ergab, dass es sich bei der Beigabe von Pferdegeschirr um ein lokal begrenztes Phänomen handelt, das sich weder im Umfeld wiederholt, geschweige denn überörtlich zu einer Kette fügen ließe[356].

Die Belege aus Hallstatt rechtfertigen weder die direkt gelesene und daher problematische Annahme einer überregionalen pferdegestaltigen weiblichen Gottheit, noch den göttlichen Charakter der so Beerdigten[357]. Die Identifizierung des letztlich orientalischen „Herrin der Pferde-Bildes" im Alpenraum mit der Göttin „Reitia", neben den Halbmondfibeln mit Vogelprotomen als Beleg für die Verbindung Frau – Pferd angeführt[358], wurde zuletzt mit guten Gründen abgelehnt und dem Motiv z. B. ein apotropäischer Charakter zugeschrieben[359], eine Funktion, die zugegebenermaßen wahrscheinlich auch das hallstättische Pferdegeschirr erfüllt hat[360]. Schließlich wäre auch anzufügen, dass selbst in Griechenland während der mittel- und spätgeometrischen Zeit bronzene Pferdeplastiken nicht in den „passenden" hippischen Heiligtümern liegen (Poseidon und Demeter), sondern in denen der Hera, Artemis, Athene, des Zeus und Apoll[361] – vielleicht ein Hinweis, dass Opfergaben nicht direkt an eine bestimmte, entsprechende Gottheit und deren Heiligtum gebunden waren. Für die alpinen Brandopferplätze, die eine soziale Oberschicht repräsentieren, für Quellheiligtümer, Depotfunde, Höhen- und Passheiligtümer bestätigt dies auch H. Steiner: *„Eine weitere Schwierigkeit besteht darin, dass allein über das Fundspektrum nicht auf das Spezielle eines Heiligtums ... geschlossen werden kann..."*[362]. Betrachtet man unter der Prämisse der „pferdegestaltigen Gottheit" den Fundniederschlag equestrischer Attribute alpiner Brandopferplätze, so erstaunt ihre sehr geringe Zahl zwischen der späten Bronze- und späten Latènezeit: H. Steiner führt hier lediglich zwei Trensenknebel vom Langacker bei Bad Reichenhall[363], Geschirrteile von Mechel/Cles, Hufeisen vom Forggensee und vom Himmelreich bei Wattens auf; eine Trense stammt vom Hangbereich der Farchanter Fundstelle[364].

Alix Hänsel wies zwischenzeitlich auf die andere Interpretationsmöglichkeit von Opfergaben hin: Sie bezögen sich nicht immer auf die Attribute der verehrten Gottheit, sondern auch auf den Spender selbst, der damit seine Motive zeige[365], was insbesondere Organvotive veranschaulichten[366]. Übertragen auf die Gattung der Grabfunde, ergibt sich hier jedoch ebenfalls keine schlüssige Interpretation, weil Pferdehaltung, Reiten und Wagenfahren im Hochtal und sogar in dessen nahem Umfeld (naturgemäß) nicht vertreten sind (nächste Wagen stammen aus dem nördlicheren Flachland: Helpfau-Uttendorf, Mitterkirchen, Amstetten, Salz-

---

355 Gegenteilig Metzner-Nebelsick/Nebelsick 1999, 76 f.
356 Heilmann 2015.
357 Metzner-Nebelsick/Nebelsick 1999, 93 ff.
358 Metzner-Nebelsick/Nebelsick 1999, 80; 95. Zur zoologischen Bestimmung der Tiere (Vögel und nicht Pferde!) auf diesen Halbmondfibeln: Glunz-Hüsken 2008, 50.
359 Steiner 2010, 408 ff.
360 Zum apotropäischen Charakter des (keltischen) Pferdes: Aldhouse Green 1997. Frdl. Mitt. J. Fries-Knoblach, Dachau.
361 Tomedi 2002, 271.
362 Steiner 2010, 440.
363 Allg.: Lang 2002, 924 f.
364 Steiner 2010, 426.
365 Hänsel 2001.
366 Steiner 2010, 431.

burg-Hellbrunner-Berg; eiserne Trensen zum Teil ebd. zuzüglich Maiersch, Gde. Gars am Kamp, Bez. Horn, Niederösterreich, Mattsee, Bez. Salzburg-Umgebung u. a. aus dem Inn-Salzach-Gebiet[367]). Auffällig bleibt das funktional und lokal bedingte Exotische, das den equestrischen Trachtattributen Hallstatts anhaftet, was sie vielleicht gerade aus diesem Grund prädestinierte, ihre Träger/Besitzer zu kultisch befähigten Personen zu wandeln oder diesen besonderen Schutz zu spenden.

Außer dem Pferdegeschirr deuten eine geräuschverursachende Bronzekugel (Grab 222), Gürtelketten mit symbolischen Anhängern (Gräber 33/1871, 474), ein Ringgehänge (Grab 672), ein einzelner Pfeil (Grab 393) und ein Eberhauer (Grab 841) auf eine mögliche kultische Rolle dieser Individuen hin oder sie bezeugen, dass die so Bestatteten unter dem Schutz der mit den Objekten verbundenen Wirkkräfte und Archetypen standen (Pfeil, Eberhauer: Jagd, Mut, Stärke); andere sind schwer zu benennen (Ringgehänge, Gürtelketten).

3.4 Dreidimensionale Radobjekte (Gräber 669, 696, 132, 827)

Die 1858 geöffnete, Ha D1-zeitliche Brandschüttung 669 enthielt auf dem Leichenbrand liegend zwei mit (vergangenen) Perlen, nach italischer Sitte ummantelte Sanguisugafibeln mit langem Fuß und eckiger Bügelform, einen Blechgürtel vom Typ Schrotzhofen, ein singuläres Gürtelgehänge mit kleinen Gefäßen und Ringen, einen großen, kantig gedrehten Bernsteinring und 79 kleinere Bernsteinperlen, 23 Goldperlen, einen geperlten Armring mit Zwischenscheiben[368] und den Rest eines offenbar in hohem Maß intentionell beschädigten, radförmigen Objektes, quasi passend zum Gürtelgehänge mit acht Miniaturgefäßen besetzt. Diese fungieren als Niet zwischen Speiche und Felge; den Mittelpunkt bildet evtl. ein weiteres, etwas größeres Kleingefäß, sein Rand scheint unvollständig bzw. ebenfalls stark fragmentiert; es zählte ggf. als neuntes (Abb. 33). Es ist aufgrund des Ritus nicht klar, welche praktische Funktion das Radgebilde hatte, ob es beispielsweise als dominanter Anhänger oder als Teil des Gürtelgehänges diente[369]. Ebenso fehlen Hinweise für

Abb. 33: Schmuckobjekt Grab 669, M ca. 1:1.

eine Zugehörigkeit zum Pferdegeschirr[370]. Die falsche Torsion der Speichen stellt eine Verbindung zu den gestielten Ringgehängen der Inventare 121 und 507 (s. o.) her. Von Interesse ist die getreppte 2,5 cm breite, massive „Felge", ein wahrscheinlich umfunktionierter (evtl. abgeflachter, an den Rippen abgeschnittener) Nabenhalsbeschlag, wie sehr ähnliche Exemplare aus Großeibstadt, Kr. Rhön-Grabfeld, Unterfranken (Abb. 34), Pilsach-Niederhofen, Kreis Neumarkt/OPf., Oberpfalz, Dýšina, Okras Plzeň-město, Tschechien und Salzburg-Taxham[371] nahelegen. Besonders das Stück aus Großeibstadt II/2 entspricht im Profil genau dem hallstättischen, obwohl es etwas kleiner ausfällt. Das sekundär verwendete Blech aus Hallstatt Grab 669 gibt innerhalb des Radobjektes zusätzlich zu den Speichen einen weiteren ideellen Hinweis auf das Sinnbild des Wagens; vermutlich verdoppelt sich damit die Anzahl realer Wagenteile im Hochtal von einem auf zwei Stücke (außerdem die vier Achsnägel aus Grab 507). Der

---

367 Koch 2006, 316 f.; 333 f.
368 Siepen 2005, 59 f. Nr. 469. Dat.: Ha C2-D1. Verbr.: Hallstatt, einmal Slowakei, zweimal Ungarn.
369 Das Objekt wurde von M. Egg bereits besprochen 1987, 185; 1988/89, 262 f.; 1996, 223: Wegen der vergleichsweise realistisch dargestellten Nabe (s. auch Ringgehänge Hallstatt Gräber 121 und 507), der tordierten Speichen und nicht zuletzt dem abweichenden technischen Aufbau eigenen sich die von Egg angeführten Radanhänger aus Schleedorf-Mölkham und Široko nicht zum Vergleich.
370 Egg 1996, 223.
371 Pare 1992, Taf. 87 A2; 108 A1; 131 A1;2; Stöllner 1996, Taf. 153,26-27; Trachsel 2004, 497 Typ Dietfurt; 498 Typ Geißlingen; Glunz-Hüsken 2013.

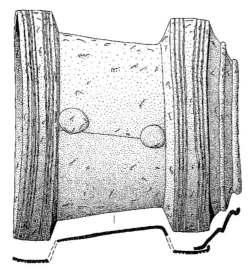

Abb. 34: Nabe Großeibstadt, M ca. 1:2.

Anhänger vereint folglich das religiös besetzte Thema „Wagenfahrt" und durch die Kleingefäße einen mit der Aufnahme sakraler Nahrung, heiligem Wasser oder dem Gelage/Opfer verbundenen Aspekt (s. u.).

Vergleichbare Miniaturgefäße sind in Hallstatt an Fibeln, Gürteln, Gehängen und einem Dolch befestigt (s. Absatz 4.5). Sie stellen zum Teil exakte Verkleinerungen heimischer Hochhalsschüsseln dar, die z. B. aus dem Inn-Salzach-Raum, Bischofshofen, Bayern und Hallstatt selbst überliefert sind. Sie zählen dort zu den häufigsten Gefäßformen überhaupt und reichen von Ha C spät bis D3[372] (Abb. 35). Bemerkenswert scheint, dass die Miniaturgefäße heimische Keramik darstellen und nicht weiträumig verbreitetes, mehr oder weniger formgleiches bronzenes Trink- und Speisegeschirr. Kleine Gefäße kennt man auch von Gefäßträgerinnen, kleine nackte oder bisweilen bekleidete Figürchen, die in Griechenland, Italien und auch nördlich der Alpen zutage kamen[373]. Ihre Deutung als häusliche Göttinnen und Trägerinnen von heilendem Wasser[374] widerspricht dem Gelageaspekt, der oben hergestellt wurde, nicht zwingend, weil insbesondere die Certosa-Situla zeigt, dass Gefäßträgerinnen die zum Toten(?)-Festmahl nötigen Zutaten (besondere Flüssigkeiten) - ein hier keineswegs alltäglicher Zusammenhang[375] – auf dem Kopf herantragen (drei bekleidete Damen, zweiter Fries von oben, links)[376]. Das singuläre Radobjekt symbolisiert daher die Themen Wagenfahrt und durch die Kleingefäße Trankspende und Speisung; auch die Anzahl der Gefäße kennt man von größeren Geschirrsätzen: Neun bronzene Schalen lagen auf dem Hochdorfer Wagen, und acht plus ein Trinkhorn werden dem Verstorbenen und acht weiteren Personen zugerechnet. Die Elemente Wagen(räder) – tordierte Verstrebungen – Gefäß (ohne menschliche Figur) sind darüber hinaus zentrale Bestandteile von Becken- oder Kesselwagen wie wir sie aus Skallerup, Ca' Morta, „Italien"[377] oder Marsiliana d'Albegna[378] kennen (Abb. 8).

Spekulativ bleibt die Herkunft der Verstorbenen: Die Fibeln weisen nach Italien; Gürtel und Armring entstammen heimischer Produktion. Einzelne Parallelen in Bayern (Gürtel Typ Schrotzhofen), der Slowakei und Ungarn (Armring) sind auf die merkantile Verteilerfunktion Hallstatts zurückzuführen[379]. Die goldenen Perlen mögen die herausragende Stellung der Toten zu Lebzeiten zusätzlich unterstreichen.

Das Fragment eines Nabenbeschlags liefert freilich Spekulationsstoff: Gab es im Hochtal einen vierrädrigen Wagen, den man beim Tod seiner Besitzer in seine Einzelteile zerlegte (Ha C) und, die man später wiederverwendete (Ha D1), oder handelt es sich um ein versprengtes, vielleicht durch Handel nach Hallstatt gelangtes Einzelstück? Gehörten die Achsnägel aus Grab 507 zum selben möglichen Wagen? Klar ist jedenfalls, dass die Hallstätter dem Nabenring und den kleinen Gefäßen eine religiöse Bedeutung zumaßen: Aus beiden fertigten sie ein innovatives mehrdeutiges Symbol, des-

---

372 Stöllner 2002, 179 ff.; Bischofshofen: Lippert/Stadler 2009, Taf. 7,1 Grab 18; Taf. 9 Grab 23; Taf. 21 Grab 64; Taf. 33 Grab 116; Taf. 84 Grab 323.
373 Egg 1996, 36 ff.; Eibner 2000/01, 118 ff. - Zipf 2003, 513 ff. stellte den autochthonen Ursprung des Spendegestus in Italien, der dort nicht auf griechische oder orientalische Einflüsse zurückgeht, nochmals heraus.
374 Richardson 1984, 449 ff.
375 So Egg 1996, 36.
376 Zum alltäglichen Transport von Lasten auf dem Kopf: Pany-Kucera et al. 2010 besonders 59 ff.
377 Woytowitsch 1978, Taf. 27,133.
378 Egg 1991 mit Verbreitungskarte.
379 Dies wird durch den Gürtel Typ Schrotzhofen aus Traubing, Kr. Starnberg, klar, der dort ausschließlich aufgrund der Lage an einer Transitstrecke erklärlich ist. Zu den Funden zwischen Ammer- und Staffelsee s. auch die Verbreitungskarte der Steilhalssitulen mit Schulterrippen bei Reim 2009, 182, die genau den Weg Santa Lucia bzw. Hallstatt – Wörgl – Fließ – Uffing – Traubing – Baden-Württemberg belegt. Ältere Literatur: Kossack 1959, 74-77; Lang 1998; Glunz-Hüsken 2008, 48 Anm. 157. - Zum Brucherz-Hort von Fließ zuletzt summarisch Egg 2016, 264-268; zu einem vorläufigen Vergleich mit einigen Gräbern aus Wörgl, Egerndorfer Feld: ebd. 270-273.

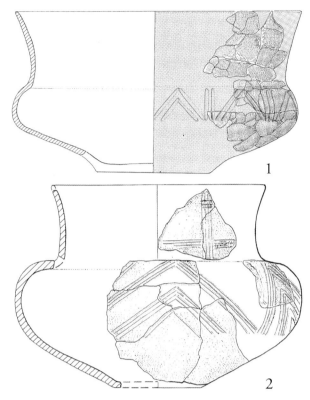

Abb. 35: 1 Hochhalsschüsseln aus Köstendorf-Schreiberroid, M ca. 1:4. 2: Eugendorf-Kirchberg, M 1:2,5.

sen Einzelelemente für sie mühelos lesbar waren und einen Sinn ergaben, das jedoch weder Vorbilder hatte noch Nachahmung fand. Seine Bestandteile ergeben bei gedachter Vervierfachung der Räder und in veränderter Anordnung überregionales Kultgerät herausragender europäischer männlicher Bestattungen (Becken-, Kesselwagen)³⁸⁰.

Dolchmesser (Grab 696)

Weiterhin ist das mit Goldblech überzogene eiserne Dolchmesser aus der Ha D1-zeitlichen Bestattung 696 mit zwei kleinen achtspeichigen Rädern, die sich über der rechts und links möglicherweise absichtlich beschädigten, d. h. evtl. gekürzten, Griffstange³⁸¹ befinden, zu nennen. Es lag nicht im Feuer des Scheiterhaufens. Die augenscheinliche Beschädigung des wohl ehemals kugeligen Griffangelniets samt Goldblechüberzug dürfte auf die Korrosion des Eisens zurückzuführen sein (s. die beiden Kugelniete am Klingenansatz). Die eiserne Klinge zieren einzelne und in zwei Dreiergruppen an-

geordnete goldtauschierte Kreisaugen, die an Dreipässe erinnern (z. B. Hallstatt Grab 505, Abb. 36). Formal gehört das singuläre Stück (Sonderform nach Sievers 1982) zu den Dolchen bzw. Dolchmessern der Variante Aichach, deren Knaufstangen oval oder halbkreisförmig einbiegen und mitunter Figürliches oder Embleme umschließen, seien es Vogelköpfe, anthropomorphe Plastik oder Vierbeiner, oder selbst entsprechend figürlich enden³⁸². Vergleichbare, jedoch vierspeichige Räder kehren am Dolch aus dem Dürrnberger Grab 277 (Simonbauerfeld) wieder³⁸³, einer Waffe, die dem Typ Ludwigsburg nahesteht (profilierte Aufsätze)³⁸⁴ und somit quasi eine Mischung der Typen Ludwigsburg und Aichach darstellt. Ein Rademblem trägt auch der vergoldete Dolch aus Eberdingen-Hochdorf³⁸⁵, hier jedoch am Ortband³⁸⁶.

Brigitte Kull bringt diese zweifellos anthropomorph gestaltete Waffe des Hochdorfers folgerichtig mit fahrenden Trankspendefiguren und der großen Frau des Strettweger Kultwagens in Verbindung³⁸⁷. Dies ist wohl ganz richtig gesehen, zumal die beiden Endknöpfe des Hochdorfer Griffs auch als stilisierte Miniaturgefäße interpretiert werden können und der Griff als Figur, als Präsentierender³⁸⁸. Wir sähen dann die wesentlichen Elemente der Beckenwagen mit anthropomorpher Figur vor uns, nämlich das Rad, eine menschliche Gestalt in zeigender Geste und Gefäß(e).

Auch die Dolchgriffe der Variante Aichach wurden als anthropomorph aufgefasst³⁸⁹ – auf das Messer aus Grab 696 übertragen – eine kaum noch nachvollziehbare Sichtweise. Berücksichtigt man dennoch jene Merkmale, die den Anthropomorphismus bedingen

---

380 Glunz-Hüsken 2013, 10-12.
381 Eine waagrechte Verlängerung über die Räder hinaus wäre technisch nicht möglich gewesen, es sei denn, die Räder wären verbogen.

382 Sievers 1982, Nr. 172-180. Zu ergänzen ist der Dolch aus dem Dürrnberger Grab 320/1 (männlich, adult, 20-40 Jahre): Tiefengraber/Wiltschke-Schrotta 2015, 81 ff.
383 Zeller 1994, 115.
384 Sievers 1982, Nr. 165A-170.
385 Hansen 2010, 81; 115.
386 Am Hochdorfer Dolch ist übrigens bemerkenswert, dass das Rad durch die Verkleidung mit Goldblech, die wohl eigens für die Bestattung angefertigt wurde, nicht mehr sichtbar war. Es spielte also im Jenseits nicht mehr die gleiche, wohl bedeutende Rolle, wie noch zu Lebzeiten des Toten; das Radsymbol wird für die Zeit der Aufbahrung und im Jenseits verdeckt. In diesem Sinn übernimmt das Edelmetall die gleiche Funktion wie Verhüllungen mittels Textil.
387 Kull 1997, 340.
388 Glunz-Hüsken/Schebesch 2015.
389 Clarke/Hawkes 1955, 202; Sievers 1982, 128; Kull 1997, 340.

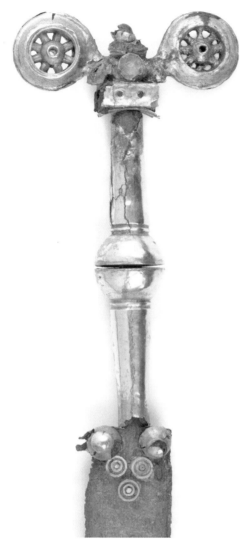

Abb. 36: Detail des Dolches aus Grab 696, M 1:1.

(besonders Arm- und Beinstellung, Kopf), hielte die stark stilisierte Figur zwei Räder in den Armen. Diese jedenfalls dominieren den kompletten Griff, lassen ggf. Figürliches zurücktreten, und es bleibt offen, ob die Verdopplung – gegenüber dem Hochdorfer Radortband – hier der anatomisch übertriebenen Symmetrie der anthropomorphen Dolchtypen Hallstatt, Ludwigsburg und Aichach geschuldet ist oder einen (nordalpinen) vierrädrigen Wagen meint (s. der Wagen aus Kitzingen-Reppendorf/Unterfranken390).

Radanhänger (Gräber 132 und 827)

Formal entsprechen die beiden Radanhänger der Gräber 132 und 827 den seit der Bronzezeit überlieferten Exemplaren, die G. Kossack seinerzeit als Symbolgut beschrieb[391]. Beiden ist eine traditionelle „Zweidimensionalität" in der Darstellung gemein, Naben, Speichen und Felgen sind nicht plastisch ausgebildet, wie wir es beim Ringgehänge aus Grab 121 sehen. Brandschüttung 132, von Ramsauer einem Kind (Unterkiefer, 8-10 Jahre), von Hodson (wegen der Brillenfibelpaare und zweier Gürtelhaken) einer Frau und einem Kind zugeschrieben[392], besticht in erster Linie durch eine mit Bronzezwecken bestückte textile Grabüberdeckung[393], aber auch durch einen Golddraht und drei goldüberzogene Ringlein. Zwei nicht überlieferte Bronzegefäße und ein kleines gestieltes Ringgehänge sind ebenfalls zu nennen. Tatsächlich sprechen auffällig kleine Beigaben, wie insbesondere das völlig unversehrte, zarte gestielte Ringgehänge (L. 11 cm) und der kleine zungenförmige Gürtelhaken (L. 4,6 cm), auch archäologisch für die Bestattung eines Kindes, die in der Größe gewöhnlichen Kugelkopfnadeln, der Gürtelhaken und mindestens die beiden größeren Brillenfibeln[394] für die Kremation einer Frau; die Anzahl der Kugelkopfnadeln („8 und 16") ließe evtl. zusätzlich zum Kind auch zwei weibliche Erwachsene zu. Pferdegeschirr oder echte Wagenteile fehlen ebenso wie in Inventar 827. Dieses enthielt einen 14-speichigen Radanhänger[395] und könnte gemäß den Beigaben, wie Hodson vermutete, von einem Mann, einer Frau und einem Kind stammen: Neben dem vermutlich weiblich konnotierten Radanhänger fanden sich ineinandergehängte Ringe, Kinderarmreife, aber auch ein Beil, das u. a. bereits auf der Grabung weggegeben wurde. Ob es als weibliches Opfergerät (vgl. Grab 340) zu denken ist oder mit der ebenfalls verschenkten Mehrkopfnadel einem Mann gehörte, ist offen. Eine Vermischung mit dem Nachbargrab 828 wäre denkbar (s. Hodson), obwohl laut Plan ein Abstand von ca. vier Metern zwischen den Gräbern bestand. Wie auch immer das Inventar zu beurteilen ist: Der Radanhänger

---

390 Pare 1987, 206 Abb. 11.

391 Kossack 1954, 18 ff.; Warneke 1999, 141: Die beiden Stücke lassen sich keinem Speichenschema zuordnen.

392 Hodson 1990, 142; Kern 2010, 75 (nach Ramsauer/Kromer). Leider liegen die beiden Armringe nur fragmentarisch, vom Feuer deformiert oder aufgebogen vor. Der größere der beiden (Kromer 1959, Taf. 17,12) maß evtl. ca. 6 cm Dm.

393 Fath/Glunz-Hüsken 2011, 256.

394 Kleine Brillenfibeln deuten nicht zwingend eine Kinderbestattung an, weil sie sich auch zur Fixierung zarter Gewebe eignen.

395 Kromer 1959, Taf. 83,12.

bleibt ohne weitere Hinweise, die einen Bezug zu Rad oder Wagen herstellen.

3.5 Serielle gestempelte Radmotive

Das Rad-Sonnensymbol ist in Hallstatt an diversen Objektgattungen vertreten. Bronzegefäße und einige Gürtel tragen gestempelte, also technisch beliebig wiederholbare Rad-Sonnenmotive. Ersichtlich ist diese Reihung am Gefäßuntersatz aus Grab 507 (s. o.) und auf dem Rand der Breitrandschale mit stabförmigen Querhenkeln aus Bestattung 409. Auch eine grablose Ziste (Streufund) zeigt das Emblem[396]. Lediglich fünf getriebene Blechgürtel tragen Radsymbole, und zwar jener aus Grab 67/1872 (Dekor nicht zuweisbar)[397], der aus Bestattung 635 (Typ große geschlossene Felder)[398], der Gürtel aus Grab 459 (Typ Schrotzhofen)[399], jener aus Inventar 252 (Typ große geschlossene Felder)[400] und ein Streufund (Typ Schrotzhofen)[401]. Dabei handelt es sich um verschiedene Rad-Konstruktionsschemata[402], sowohl den Aufbau betreffend als auch die Art der Erzeugung (Punktbuckel oder Kreis als Mittelpunkt). Ich verzeichne auch vergleichsweise singuläre aneinandergereihte halbe Räder mit Leiterornamentik. Sie stehen gleichberechtigt nebeneinander, was die Kreisaugen und Buckel neben Radmotiven der Gürtel aus den Gräbern 252 und 67/1872 belegen. Dass sie kaum Hinweise auf echte Räder von Wagen liefern, ergibt sich aus ihrer Seriierung[403]. In keinem der genannten Inventare gibt es Hinweise auf die Beigabe gegenständlicher Wagen. Auch sie stehen in der Tradition des von G. Kossack beschriebenen Symbolguts[404].

3.6 Fibeln mit Radsymbol (Gräber 324, 574, 577, 667)

Einige jeweils singuläre Gitterradfibeln (Gräber 574, 577, 667) beinhalten das Rad-Sonnensymbol in der

Abb. 37: Gitterradfibel Grab 574, M 1:2.

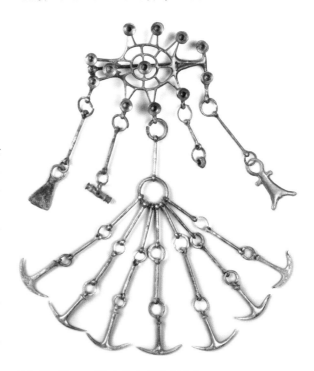

Abb. 38: Gitterradfibel Grab 577, M 1:3.

Abb. 39: Gitterradfibel Grab 667, M 1:2.

Einzahl. Bei dem Stück aus Inventar 574 erschließt es sich nur in der Aufsicht (Mittelpunkt und Speichen des Rades liegen über der „Felge", Abb. 37). Die beiden anderen Fibeln der Gattung (Gräber 577 Abb. 38, 667 Abb. 39) bestehen aus radförmig geschmiedeten Grundplatten[405], die zusätzlich kleine pokalartige Gefäße (Grab 667)[406] oder verkleinerte Hochhalsschüsseln tragen, wobei ein aufwändigerer Aufbau des Rades (doppelter Speichenkranz) der Anzahl der Miniaturgefäße und diversen Anhängern ent-

---

396 Prüssing 1991, Nr. 314.
397 Kilian-Dirlmeier 1972, Nr. 656.
398 Kilian-Dirlmeier 1972, Nr. 624.
399 Kilian-Dirlmeier 1972, Nr. 599.
400 Kilian-Dirlmeier 1972, Nr. 619.
401 Kilian-Dirlmeier 1972, Nr. 601.
402 Zugrunde liegen die Speichenmuster 3, 6, 7 und 12 nach Kossack 1954, Taf. 16.
403 Zur Wiederholung s. auch Zipf 2003, 64 („*Wiederholung kodierter Bildnormen*").
404 Kossack 1954, 85 ff. Weitere Literatur hierzu z. B. Reim 1998, 476 Anm. 29; Kull 1997, 237.

405 Speichenschema 6 und 7 (Grab 577 mit komplizierterem Aufbau) nach Kossack 1954, Taf. 16.
406 Ähnliche Stücke aus dem Inn-Salzach-Gebiet: Stöllner 1996, Taf. 73 A3 (Schleedorf-Mölkham); 77 D2 (Schleedorf-Fischermühle); Kröllkogel: Egg/Kramer 2013, Taf. 8, 2-3.

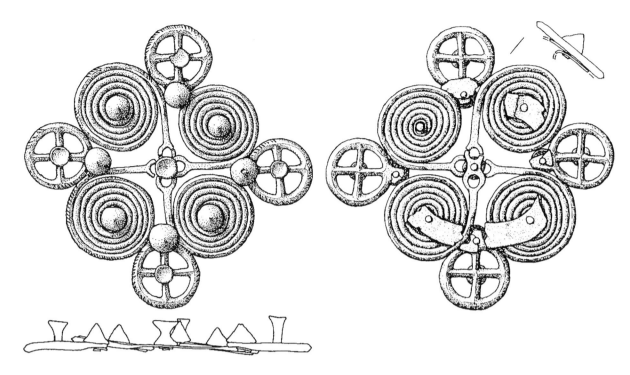

Abb. 40: Rekonstruktionsvorschlag der Fibel aus Grab 324, M ca. 1:1,5.

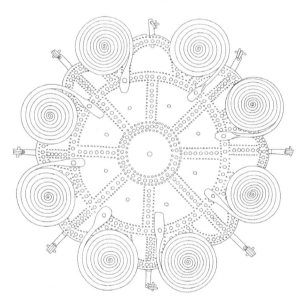

Abb. 41: Fibelrückseite aus Suessula, M ca. 1:3.

spricht (Bestattungen 574, 667: fünf bzw. sechs Gefäße, Grab 577: zwölf Gefäße). Diese Fibeln vereinen eine Vielzahl symbolischer Zeichen, nämlich Räder, Miniaturgefäße verschiedenster Form, kleine Ringe, „Fässer", „Ruder", anthropomorphe Anhänger (Mann und Frau) und schwer Deutbares in Gestalt eines modernen Ankers.

Die Miniaturgefäße finden reale große Entsprechungen im benachbarten Inn-Salzach-Gebiet, wobei die Hochhalsschüsseln einen verbreiteten, langle-

bigen Typ darstellen (s. o.), während die pilzartigen Behälter (z. B. Grab 667) nur wenige Stücke umfassen, lokal beschränkt sind und in Ha D1 datieren[407]. Die hallstättischen Gräber 574 und 667 bestätigen diesen zeitlichen Ansatz durch ihre Dolche bzw. Dolchmesser und ein Gürtelblech (Grab 667).

Die wohl weibliche Bestattung 324 enthält außer unspezifischem Ringschmuck, einer Gürtelkette und zwei weit verbreiteten Dreiknopffibeln vom Typ Grottazolina[408] eine singuläre ca. 10,5 cm breite Vierpassscheibenfibel mit vier äußeren Rädern[409] (Abb. 40). Ihre auf den Naben positionierten Miniaturgefäße entsprechen keramischen Pokalformen, Keramikständern oder Trichterfußgefäßen wie sie in realer Größe aus Frög (dort wohl fremd)[410], Este[411] und aus dem Kröllkogel[412] überliefert sind (Absatz 4.5). Acht Kegelniete fixieren Räder und Spiralen auf der Rückseite auf einem Bronzebandring. Die Felgen aller Räder tragen eine mehr oder weniger durchgängige falsche Torsion (Kerbung). Kegelnieten sind in Hallstatt und andern-

---

407 Stöllner 2002, 193.
408 Egg 1996, 198.
409 Hoppe 1991 (der Rekonstruktionsvorschlag zur *einer* Fibel ist nicht völlig gesichert); Glunz 1997, 114 f. - Speichenschema 3 nach Kossack 1954, Taf. 16.
410 Metzner-Nebelsick 1992, 370.
411 Metzner-Nebelsick 1992, Abb. 6 Karte 4.
412 Egg/Kramer 2013, Taf. 86,2-3.

orts an Amphoren und Brillenfibeln überliefert[413], (echte und falsche) Torsion beschränkt sich vorwiegend auf Stützstäbe, Henkel und Ränder von Metallgefäßen. Der zentrale, gefäßimitierende Mittelniet ist eher mit dem Typ des doppelkonischen Keramikständers zu verbinden, obgleich dieser nicht zum Bestand heimischer Ware zählt[414]. Fibeln mit entsprechenden Spiraleinzelteilen, deren eines Ende aufgedreht, verbreitert und durchlocht ist, kommen jedenfalls ausschließlich in Unteritalien und Sizilien vor[415] (Abb. 41), in Oberitalien sucht man sie vergeblich[416]. Sie fungieren dort als randliche Zier großer Bleche, die getriebene Ornamente, vor allem aber mensch- und tiergestaltigen plastischen Besatz tragen und zum Teil durch schwer lesbare, kultisch interpretierte Szenerien hervortreten (s. auch Abb. 11)[417]. Diese und die großen Basisbleche fehlen freilich in Hallstatt, dennoch ist auch die scheibenartige Konstruktion gut vergleichbar; umgekehrt sucht man in entsprechendem Sachgut Unteritaliens vergeblich vergleichbares Räderwerk. Naheliegend ist zu erwägen, ob das zweifellos hallstättische Unikat aus quasi recycelten, ggf. importierten Spiralen besteht und das direkt verwandte Fibelpaar aus Riedenburg-Untereggersberg (Abb. 42) aufgrund der Kenntnis des singulären hallstättischen Verschlusses gearbeitet wurde (Salzhandel). Der in dem Riedenburger Grab kombinierte Gürtel mit großen geschlossen Feldern hat beste Parallelen in Hallstatt (Grab 635) und in Huglfing, Kr. Weilheim-Schongau (Hügel 23)[418], was auf jeweils enge Kontakte schließen lässt. Jedenfalls beinhaltet diese innovative Fibel aus Grab 324 die oben bereits genannten Zeichen, d. h. Räder respektive Torsion (tordierte/facettierte Felgen) und diverse Miniaturgefäße.

Realen, im Schnitt etwas älteren, nämlich an der Wende von der Urnenfelder- zur Hallstattzeit datierenden Pokal- und Ständerformen, die hier als Vorlage für die Miniaturgefäße angeführt werden, wurde eine Funktion als spezielles Prunk- und Grabgeschirr zugeschrieben, sei es als Untersatz für andere Gefäße[419] oder um selbst Räucherwerk aufzunehmen (s. Ab-

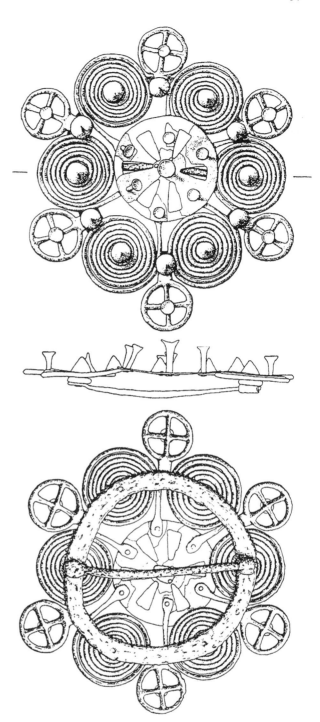

Abb. 42: Fibel aus Riedenburg-Untereggersberg Grab 57, M ca. 1:2.

satz 4.5). Reduziert man diese verkürzend narrativen Amulettfibeln auf ihre Kernsymbole, ergeben sich als sprechende Zeichen „das Ritualgefäß" und „der vierrädrige Wagen", die in anderer Anordnung seit alters Kultgerät herausragender elitärer männlicher Bestattungen waren (s. o.).

---

413 Egg 1996, 63 ff. Zu ergänzen: Camporeale 1994, Taf. Vb (Pitino di S. Severino, Marche). Brillenfibeln: Lo Schiavo 2010, Taf. 636; 637; 647.
414 Metzner-Nebelsick 1992, 361 Abb. 6.
415 Lo Schiavo 2010, Taf. 694 ff.
416 Von Eles Masi 1986.
417 Kossack 1998.
418 Nikulka 1998, 58 f.
419 Metzner-Nebelsick 1992, 368; Teržan 2001, 77.

3.7 Pferde als Geräteaufsatz und Miniaturäxte
(Gräber 504, 507, 641, 697, 734)

Aus Hallstatt sind fünf verkleinerte Äxte mit plastischen Pferdeaufsätzen (Gräber 504, 507, 641, 697, 734), eine ohne (Grab 260) und ein Pferd auf einem hohlen Stabfragment überliefert (Grab 329)[420]. Sowohl die Waffen als auch ihr theriomorpher Besatz stellen nach Stil, Form und Zier Unikate dar. Kreisaugenstempel und verschiedene Tremolierstichlinien weisen drei Exemplare als Träger bekannter, traditioneller Embleme und Zierarten aus (Gräber 504, 734, 641). Ihre Größe schwankt zwischen 7,5 cm und 12 cm (Schneide bis Ohren des Pferdes). Die Äxte der Inventare 641 und 734 weisen zusätzlich Aufhängeösen auf; offen bleibt, ob sie auch an einer Kette, quasi abzeichenartig (auf der Brust oder am Gürtel) zur Schau gestellt wurden.

Grab 641

Von kulturhistorischer und religiöser Bedeutung zeugt insbesondere die Miniaturaxt mit singulärem, plastisch gestaltetem Pferd und Reiter aus Grab 641. Sowohl das Pferd als auch sein Reiter lehnen sich stilistisch nicht an bekannte, zum Teil typisierte Pferdedarstellungen auf Fibeln[421] oder den anderen Pferde-Äxten aus Hallstatt an. Die Waffe soll laut J. Ramsauer zusammen mit zerschmolzenen Bronzeresten und einer fünfköpfigen Mehrkopfnadel mit Faltenwehr in einer flachen zerbrochenen Bronzeschale gelegen haben (Dm. ca. 18 cm); diese ist nicht überliefert. Frank Roy Hodson erwägt hier eine ursprüngliche männliche Ha D1-zeitliche Bestattung, bestehend aus 641 und 643 (beide geöffnet am 16.8.1858), in die später Grab 642 mit nordalpiner Paukenfibel (Ha D2) eingetieft worden sei[422]. Tatsächlich entstammte die Reiterfigur einer vergleichsweise bescheidenen Ausstattung – betrachtet man Grab 641 als geschlossen. Rechnete man Grab 643 hinzu, kommen acht Krempenphaleren, ein Ärmchenbeil und zwei Mehrkopfnadeln dazu. Der ursprüngliche Befund wird sich allerdings weder forschungsgeschichtlich quellenbezogen noch inhaltlich archäologisch klären lassen, auch, weil Darstellungen von Menschen nicht immer an materiell außergewöhnlich reiche Grablegen gebunden sein müssen[423]. Sowohl beide Inventare für sich genommen, als auch kombiniert ergäben die Ha D1-zeitliche Bestattung eines Mannes, Krempenphaleren sind andernorts jedoch auch in Frauengräbern belegt (Absatz 5.2), in Hallstatt allerdings nur fragmentiert in einem Grab (Absatz 5.2). Mögliche weitere feminine Beigaben sind nicht angezeigt.

Pferd und Reiter gehören zum gewöhnlichen Bildprogramm des ostalpinen Raumes[424], anthropomorphe Geräteplastik aus Italien zeigt den Weg entsprechender Darstellungen an[425]. Dies wurde an anderer Stelle hinreichend erörtert, das Vorkommen eines plastischen Pferdes mit Reiter in Hallstatt überrascht daher grundsätzlich nicht, obwohl das Hochtal geografisch für berittene Pferde (und erst recht Wagen) kaum geeignet erscheint (insbesondere der seinerzeit wohl benutzte, teils sehr steile Serpentinenweg oberhalb des Ortes)[426], und deren reale Existenz in der Forschung nach wie vor diskutiert wird (wahrscheinlich liefern die Kern'schen Gräber hier neue Erkenntnisse). Einerseits eigneten sich Pferde gerade in schwierigem Gelände zum Transport schwerer Lasten (Holz, Salz, größere tierische Lebensmittel), andererseits wäre vor diesem Hintergrund auch vorstellbar, dass man eine kleinere Zahl an Tieren zu Repräsentationszwecken am Berg hielt. Was auch immer zukünftige Forschung in dieser Frage beitragen kann, so bezeugt die kleine Plastik zweifellos die Kenntnis des elitären berittenen Kriegertums (hier ohne Waffe). Das ebenso wie die anderen Miniaturaxtpferde singulär gestaltete Tier befindet sich trotz ruhend wirkender Beine in Bewegung: Der offenbar sehr buschige Schweif steht fast waagrecht in der Luft, Mensch (s. Absatz 9.1) und Tier suggerieren einen „wilden Ritt": Beinahe assoziiert man eine historische, vielleicht wagemutige Persönlichkeit[427]. Reiter, Pferd und Axt wurden in einem Guss

---

420 Fotos außer bei Kromer 1959 auch bei Aigner-Foresti 1980, Taf. I; II.
421 Glunz 1997, 134-143; 192 f.
422 Hodson 1990, 87 f.; 151. Höchste Ausstattungsgruppe „Sm 4": Hodson 1990, 82 f.
423 Huth 2003, 106.
424 Nebelsick 1992A, 410 f.; Parzinger et al. 1995, 121; Huth 2003, 124 ff.; Trefný 2002, 364.
425 Huth 2003, 146 mit Anm. 312. Zum Forschungsstand zusammenfassend auch Koch 1998, 303 f.; Reichenberger 2000, 57 ff. z. B. auch die Reiterfiguren auf einer Lebes von Grosseto: Gli etruschi 2000, 597 Nr. 173.
426 S. dazu auch die Kartierung bei Stöllner 1996, 76. Ein etwas leichter begehbarer (heutiger Forst-)Weg über das Echerntal bleibt möglicherweise aus rein forschungshistorischen oder geologischen Gründen (Muren?) bislang fundleer.
427 S. hierzu Huth 2003, 145.

Abb. 43: Miniaturaxt Grab 641, M 1:1.

hergestellt (Autopsie, Abb. 43)[428]. Andere Hallstätter Äxte mit Pferd (Gräber 697, 507, 504, 734) tragen keine Reiter. Hier verkürzte Reiterdarstellungen[429] zu erwägen, besteht kein Anlass. Bei diesen Pferden handelt es sich im Vergleich zu jenem aus Grab 641 um vergleichsweise typisierte Plastiken, die in Italien bzw. Griechenland ihre Vorbilder haben (Pferde mit Stützschweif, archaisch-aufrechtes Pferd s. u.). In ihren Herkunftsgebieten bleiben die typisierten Pferde reiterlos. Nur das Pferd aus Grab 641 lässt sich keinem Typ anschließen und muss – ungeachtet grober Bildschöpfung nach den Regeln vorgeschichtlichen Bildschaffens – als persönliche Anfertigung gelten, die auch am Salzberg keine Nachahmung fand. Grundsätzlich bleibt anthropomorphe Darstellung auch dort die seltene Ausnahme. Die Plastik dient als Beleg, dass auch im Hochtal das Ideal des berittenen Kriegers im kollektiven Gedankengut bekannt war; für die Frühlatènezeit bezeugen dies die Reiter auf der Schwertscheide aus Grab 994, dort allerdings mit Lanzen bewehrt.

Spekulativ bleiben Form und Funktion der zerbrochenen Bronzeschale, in der u. a. die Axt lag. Denkbar wäre ein flacher Teller oder eine Schale, ähnlich den beiden Stücken aus Inventar 236 oder dem Fragment aus Grab 91/1873, die vermutlich als Teller, also zur Speisung dienten. Hier eines der zahlreichen flachen Becken mit Horizontalrand zu postulieren, die in westliche „Fürstengräber" gelangten, ist aufgrund ihrer Verbreitung eher unwahrscheinlich[430], in Hallstatt (und Österreich)[431] bliebe es dann singulär (s. Kapitel 4). Die ausdrücklich *in* der Schale beobachtete Miniaturaxt könnte folglich als symbolgeladenes Opfergerät gelesen werden[432], wobei dann aber die Rolle der Mehrkopfnadel zu hinterfragen wäre, die ja gleichfalls *in* der Schale niedergelegt wurde. Eine Interpretation der Miniaturaxt als Jagdutensil ist wegen fehlender Lanzen oder entsprechendem anderen Gerät (z. B. Pfeil und Bogen) kaum überzeugend (s. Absätze 5.4; 5.5). Durch den Verbund mit der Metallschale dominiert ein Schlacht- bzw. Opferaspekt.

Ein gedanklicher Zusammenhang zwischen dem Bild des Reiters und der Funktion der Axt aus Grab 641 als mutmaßlichem Schlacht- oder Opferbesteck

---

428 Vgl. auch Kromer 1959, Grab 734.
429 Eine „ideale" Verkürzung von Reitern findet sich auf Ziste XIII des Kröllkogel: Egg 2012, 112 Abb. 16,1.
430 Krauße 1996, 242-289.
431 Belegt die Durchsicht bei Prüssing 1991.
432 Krauße 1996, 53 f.; 299 ff.

scheint nicht zu bestehen, weil ausweislich der Situlenbilder das Töten eines Tieres niemals durch einen beilführenden Reiter erfolgt[433]. In einem Fall wird hierzu eine Lanze benutzt (Gürtelblech Zagorje ob Savi), Beile kommen nur durch „Fußgänger", ggf. mit Lanze und Messer, zum Einsatz (Ziste Eppan, Situla Sanzeno, Antennendolchscheide Este, Kultwagen Strettweg). Vielmehr scheint hier allgemein ein mögliches Opferinstrument mit dem sozial hochstehenden Reiten ausgezeichnet zu sein und sich der Verstorbene mit einem stark gerüsteten Krieger zu identifizieren.

Gräber 504, 697

Zwei weitere Miniaturäxte mit Pferden entstammen zwei sehr reichen Brandschüttungen, weshalb F. R. Hodson diese seiner höchsten Ausstattungsgruppe zuordnete[434]. Grab 504 enthielt eine Miniaturaxt mit Pferdeaufsatz (Pferd mit gezackter Mähne, Abb. 44), ein eisernes Griffzungenschwert Typ Mindelheim, eine kleinere und zwei große Mehrkopfnadel(n), ein Bronzegefäßservice bestehend aus einer im Friedhof singulären Schöpfkelle mit Omphalosboden, umlaufenden Kreisaugen und Klapperblechen, einer Situla Typ Kurd[435] mit Ring, T-förmigem Innensteg und Blech zur Aufnahme von Klapperblechketten (sonst nur in Grab 573 und im Kröllkogel), eine Situla mit Hals ohne Tragevorrichtung und buchstabenartigen Marken[436] und zwei Breitrandschalen mit stabförmigem Querhenkel. Weiterhin lieferte es einen langlebigen und weit verbreiteten getriebenen Bronzeblechgürtel Typ Reichenegg[437], einen alternierend gerippten Bronzearmring, zwei auf Hallstatt beschränkte Bronzearmreiftypen (geperlt mit Zwischenscheiben)[438], einen Drahtarmring mit eingerollten Enden, zwei Spiralreife aus einfachem Bronzedraht, sechs Bronzeröhrchen und einen kleinen Drahtring. Keramikgefäße und Tierknochen sind nicht mehr erhalten. Ramsauer vermutete wegen der Größe der Armreifen die Bestattungen eines Kindes und eines Erwachsenen, Bedenken, die K. Kromer nicht teilt, obwohl die Durchmesser *aller* Reife zwischen 4 cm und

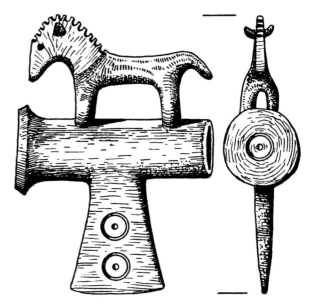

Abb. 44: Miniaturaxt 504, M 1:1.

5,7 cm liegen[439]. Frank Roy Hodson erwägt die Bestattung eines Mannes und einer Frau[440].

Wir sehen einen Gefäßsatz bestehend aus zwei Situlen und zwei Breitrandschalen – neben Grab 507 die einzigen Inventare mit jeweils zwei Breitrandschalen zuzüglich einer Schöpfkelle. Die Miniaturaxt soll sich laut Ramsauer unter einer „Schale" befunden haben, also vermutlich unter einer der beiden Breitrandschalen. Ob allerdings ein funktionaler Zusammenhang zwischen der Waffe und dem Geschirr gegeben ist, bleibt fraglich, weil die kleine Axt nicht *in*, sondern *unter* der Schale lag. Ähnlich fragenaufwerfende Befunde sind durchaus bekannt: In Brandschüttung 789 lagen sämtliche Waffen (zerbrochenes Schwert, Dolch, drei Lanzenspitzen, Beil, Messer und Wetzstein) unter der Situla. Vergleichbares bietet auch Grab 14/15, in dem ein Lappenbeil ebenfalls unter einer Situla beobachtet wurde. Diese Beispiele liefern keinen zwingenden Grund, einen unmittelbar funktionalen Zusammenhang, also Opfergerät zu postulieren (s. Absatz 5.1.2). Auch andernorts sind ähnliche Fälle überliefert: Ich führe aus Etting, Kr. Weilheim-Schongau, ein Schwert an, das auf zwei Bronzegefäßen lag, oder ein Schwert aus Gauting, Kr. Starnberg, auf das ein Bronzebecken gestellt wurde. Schließlich wäre noch Grab 44/2 vom Dürrnberg zu nennen: Hier lagen Wetzstein und drei Rasiermesser unter der großen Situla[441].

---

433 S. auch Krauße 1996, 302 ff.
434 Hodson 1990, 81-83.
435 Verbreitung und Datierung bei Egg/Kramer 2013, 178 ff. mit Anm. 572 (Nachträge).
436 Egg 1996, 53 ff.
437 Siepen 2005, 76 ff.
438 Siepen 2005, 59.

439 Das Grab ist bei Kern 2010 nicht erfasst.
440 Hodson 1990, 149.
441 Banck-Burgess 1999, 207; 218.

Trotz der charakteristischen Zackenmähne lässt sich das Pferd der Miniaturaxt keinem Typ zuordnen[442]. Gezackte Pferdemähnen kennt man aus Eberdingen-Hochdorf[443], Scuol-Russonch[444] und aus Novo Mesto-Kapiteljska njiva XXIX/2[445]. Diese Parallelen mit Zackenmähne weichen jedoch durch eine völlig andere Körpergestaltung voneinander ab[446] und sind somit wohl als jeweils lokale Produkte zu betrachten. Bronzeblechgürtel vom Typ Reichenegg wurden überwiegend in weiblichen Bestattungen beobachtet, ebenso der Ringschmuck[447] und die röhrenförmigen Hülsen, vermutlich Bestandteile einer Kette. Eindeutig weibliche Beigaben wie Fibeln, Ringgehänge oder Webutensilien sind nicht vorhanden. Nach archäologischer Analyse dominiert die männliche Komponente, der Ringschmuck könnte auf eine weibliche Kinderbestattung hinweisen. In diesem Kontext sind die Worte Ramsauers zu beachten, der in seiner Beschreibung ausdrücklich „*zwey nebeneinander gelegte Leichenbrände*" nennt.

Brandschüttung 697 enthielt drei Situlen; die kleinste trug einen im Situlenstil verzierten, wohl aus Este importierten Deckel. Anzuführen ist eine Miniaturaxt mit „griechisch-archaischem" Pferd, ein eisernes Griffzungenschwert Typ Mindelheim mit Elfenbeinknauf, drei Mehrkopfnadeln (auf dem Schwert deponiert), eine Feile und drei Krempenphaleren; mehrere Lanzen, ein Beil, Keramikgefäße und Tierknochen werden erwähnt, sind jedoch nicht überliefert. Im Falle einer Zusammengehörigkeit von Grab 696 und 697 (Doppelbestattung von Mann und Frau), die aus verschiedenen Gründen diskutiert wurde[448], gegen die aber u. a. die verschiedene Datierung (697: Ha C, 696: Ha D1) spricht[449], lägen fünf Situlen und ein Kreuzattaschenkessel vor, eine sowohl in Zusammensetzung und Anzahl sehr ungewöhnliche Kombination, weil dies eine Häufung ausschließlicher Lagerungsgefäße darstellte (s. u.). Eine Metallschale und evtl. zu der Miniaturaxt gehörendes Keramikgeschirr (wie in Grab 641 und vielleicht 507) fehlen offenbar. Zwei der drei Situlen aus Grab 697 zählen mit 70 cm und 73 cm Höhe zu den größten des Friedhofs. Ein eisernes Griffzungenschwert mit Elfenbeinknauf, die Axt und mehrere Lanzen[450] weisen einen Mann symbolisch als elitären Krieger und evtl. Jäger aus. Ein Bezug zwischen der Miniaturaxt und dem Geschirr besteht hier offenbar nicht, jedenfalls legen die Quellen keine Verbindung nahe. Die Lanzen in Kombination mit der Miniaturaxt könnten gemäß bildlicher Darstellungen theoretisch auch auf das Thema Jagd hindeuten, weil beide laut der Bilder dazu benutzt wurden (s. Absatz 5.5)[451]. Einen reduzierten handwerklichen Verweis liefert die Feile zur Holz- oder Geweihbearbeitung, deren Parallelen wir in italischen Inventaren und z. B. in Stična Hügel 48 Grab 72 finden[452]; dem Bestatteten jedoch eine direkt gelesene „besondere *handwerkliche Geschicklichkeit*"[453] zuzuschreiben, bleibt spekulativ, weil Eliten sich zwar mit dem Ideal des Handwerkers identifizierten, aber nicht nachweisbar ist, dass sie selbst entsprechende Tätigkeiten ausführten (s. Kapitel 11). Das „aufrechte" Pferd mit gestrichelter Mähne auf der Axt (Abb. 45) lehnt sich an archaisch-griechische Vorbilder an[454] (z. B. Pferde auf Ringanhängern) und liefert somit neben der goldenen Plattenfibel und den Protomen-Ringgehängen einen weiteren Beleg für Kontakte Hallstatts mit Griechenland (s. Absatz 6.5; 8.1)[455], einer ggf. über Thrakien angebundenen Region, wie

---

442 Zusammenstellung einiger Pferdefibeltypen bei Glunz 1997, 138-141 mit Anm. 23-43; Metzner-Nebelsick 2007, Abb. 6; 7.
443 Biel 1985, 93 Abb. 106.
444 Metzner-Nebelsick 2007, 724 Abb. 7,10 (von einem Brandopferplatz).
445 Križ 2012, 62 (mindestens drei Pferde als Aufsatz eines Zepters).
446 Vgl. Koch 2006, 144.
447 Siepen 2005, 76; 59. Beide Typen gehen fast immer mit Fibeln und Perlen zusammen. Bronzearmring (alternierend gerippt, Stempelende alternierend gerippt = Siepen 2005, 76 ff: regelhaft mit Fibeln und Perlen, Ha C-D3; Kärnten, Steiermark, Oberösterreich, Niederösterreich, Ungarn, Tschechien, Slowakei, zweimal Süddeutschland), zwei Bronzearmreife (geperlt mit Zwischenscheiben, nach Siepen 2005, 59: Ha C2-D1, Verbreitung Hallstatt; ein Gürtel, zwei Fibeln und reicher Perlenschmuck in beinahe jedem Grab).
448 Zuletzt Teržan 2009 mit älterer Literatur.

449 Beide wurden am 26.10.1858 geöffnet, wie benachbart sie angeordnet waren, ist aufgrund der ungenauen Pläne nicht eruierbar. Jedenfalls differieren sie in der Tiefe um ca. 30 cm.
450 Ramsauer erwähnt „*Lanzenspitzen, Keile, unbekannte Stücke*" und „*Gelenke … inwendig mit einem Haft zum anschnallen*". Sie sind in der Sammlung nicht vorhanden und bei Kromer nicht abgebildet.
451 Hansen 2010, 182.
452 Stöllner 2007, 246 f.; Gabrovec 2006, Taf. 38,28.
453 Teržan 2009, 196.
454 Koch 1998, 303 mit Anm. 43; Kilian-Dirlmeier 1979, Taf. 3,40.44.53; Coldstream 1968, Taf. 45b.
455 Vgl. Glunz 1994; allgemein: Egg 1996, 264 ff. Zur Rezeption hahnenförmiger Anhänger am Caput Adriae als Beispiel für die Übernahme ikonographischer Vorlagen aus Griechenland: Dörrer 2006 (entsprechende Anhänger fehlen bisher aus Hallstatt).

Abb. 45: Miniaturaxt Grab 697, M 1:1.

vielleicht drei, den hallstättischen ähnliche Miniaturgeräte mit Tierbesatz aus Karlukowo, Stara Zagora[456] und einer eisenzeitlichen Siedlung in Zagortsi/Nova Zagora[457] in Bulgarien untermauern, obwohl sie überwiegend Caprinae tragen (Zagortsi: Caprinae plus Hund) und z. T. nicht über einen vergleichbaren hölzernen Befestigungsstiel verfügen. Ihren religiösen Zweck verdeutlichen die gehörnten, als heilig geltenden Tiere (Abb. 46). Sie könnten das eigentliche Opfer darstellen, einen Zusammenhang, den z. B. auch der Aufzug des figural verzierten Gürtelblechs aus Stična nahelegt (Hund, drei Bewaffnete mit Lanze, Beil, Hammeraxt, Caprinae)[458]. Ivan Venedikov beschrieb bereits 1969 die präachämenidischen Wurzeln dieser thrakischen Prunkgeräte und sah auch die hallstättischen von diesen abhängig[459].

Gegen einen Bezug zwischen Hallstätter Miniaturäxten und den thrakischen Geräten spricht freilich, dass diese keine (elitären) Pferde, sondern wohl Opfertiere zeigen und Bindeglieder z. B. aus Ungarn bislang zu fehlen scheinen. Ivaylo Karadzhinov stellte die zoomorph verzierten Miniaturäxte und -anhänger Thrakiens und Griechenlands zusammen, in deren formalen Umkreis offenbar auch jene gestielten Äxte ohne Aufhängeloch gehören (Karlukowo, Stara Zagora, Nova Zagora). Das Vorkommen der charakteristischen Votivaxte mit Aufhängeösen in zahlreichen griechischen Heiligtümern (Abb. 46,2) wird mit gezielten, ausdrücklich religiös motivierten Expeditionen der thrakischen männlichen Elite während des 8.-6. Jh. in Verbindung gebracht; es setzt vergleichbare Glaubensinhalte der Thraker und Griechen bezüglich der Heiligtümer und deren Gottheiten voraus[460]. Die ionische Bronzeschale des bekannten Grabes in Sofronievo/Vraca (Doppelgrab Mann/Frau?) verdeutlicht die Beziehungen archäologisch-materiell und den wohl nicht nur Prestige ausweisenden „Rückstrom" aus der Ferne[461]. Offen bleibt, auf welchem Weg das alt tradierte Symbol des kultisch konnotierten, theriomorph besetzten Waffen-Zepters ins Salzkammergut gelangte und wer seine Träger waren; unbestreitbar handelte es sich jedoch um eine Elite. Die Hallstätter Äxte erweisen sich somit als lokale Prestigesymbole mit religiösem Zweck, ihre Geschichte reicht letztlich bis ins Hethiterreich zurück.

Nach B. Teržan zeige sich der in Grab 697 Bestattete durch das Zierbeil als *„Bau- bzw. Bergmeister und Salzherr zugleich"* aus[462]. Die Gruppe der Miniaturäxte mit Pferde- und Ringplastik stellen zwar an sich und durch den equestrischen Besatz durchaus sozial aussagende Objekte dar, sie können jedoch – sollte dies gemeint sein – kaum als bergmännisch bezogen gelten, weil salzhaltiges Gestein mit völlig anderem Gerät abgebaut wurde und wir darüber hinaus nicht wissen, wie die spezialisierte Organisation bezüglich der Tätigkeit des unmittelbaren Rohstoffabbaus und des Vertriebs beschaffen war und ob bzw. wie sich die diversen Arbeitsabläufe der Grube in den Grabausstattungen spiegeln. Zweifellos besteht in Hallstatt eine soziale Schichtung, zu deren Kennzeichnung auch die exzeptionellen Miniaturäxte oder handwerkliche Geräte beitragen, Bezeichnungen wie *„Bau-, Bergmeister und Salzherr"* bringen daher allerdings keinerlei Erkenntnisgewinn. Ganz im Gegenteil steht durch den Befund in Grab 641 und die

---

456 Gold der Thraker 1979, 77 Kat.-Nr. 127; Tončeva 1980, 92 pl. 37,2.
457 Кънчева-Русева/Колева 2011(Kancheva-Ruseva/Koleva 2011).
458 Dazu auch Veit 2000, 555 f.
459 Venedikov 1969.

460 Karadzhinov 2011, besonders Anm. 24.
461 Karadzhinov 2011, 6.
462 Teržan 2009, 196. Ähnlich auch Teržan 2011, 254, wobei dort zusätzlich eine Opferfunktion vermutet wird.

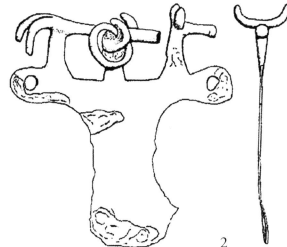

Abb. 46: 1 Miniaturgerät Stara Zagora. 2: Votivaxt aus Ephesus, ohne M.

verwandten thrakischen Geräte wahrscheinlich ein Opferbezug (und eben kein bergmännischer) der kleinen theriomorph besetzten Bronzen im Vordergrund.

Unmittelbar italische Kontakte dokumentieren in diesem Inventar wiederum der Deckel aus Grab 697, eine Arbeit aus dem Este-Kreis[463], und die Situla mit Ringösenattaschen (abgewinkelten Stielattaschen), ein Typ, der gleichfalls überwiegend aus Italien, konzentriert aus Bologna überliefert ist, wie die entsprechende Liste samt Verbreitungskarte von Dehn, Egg und Lehnert zeigt[464].

Gräber 734, 507

Brandschüttung 734 birgt eine weitere Miniaturaxt mit Pferd mit „gestütztem" Schweif (auf dem Leichenbrand deponiert). Pferd und Waffe sind motivisch durch die übereinstimmende Zier der Kreispunzen und Tremolierstichlinien und damit auch körperhaft verbunden. Zwei umlaufende Eisenintarsien zieren den Schaft (Abb. 47). Weiterhin sind ein T-förmiger Gürtelhaken[465] und die obligatorischen Keramikgefäße und Tierknochen zu nennen. Frank Roy Hodson ver-

Abb. 47: Miniaturaxt aus Grab 734, M ca. 1:2.

mutete in den Gräbern 732 und 734 eine ursprüngliche Ha D1-zeitliche männliche Bestattung, in die später Bestattung 733 (weiblich) eingetieft wurde. Begründet wird dies mit der Pferdeaxt, deren Parallelen aus reichen männlichen Inventaren überliefert seien[466]. Rechnet man, Hodson folgend, Grab 732 dazu, enthielte das Inventar zusätzlich zwei verschiedene Armringe (Typen Echerntal und Ottensheim Ha C-D1; Verbreitung nur Hallstatt und Umgebung Linz), eine Breitrandschüssel mit stabförmigem Querhenkel, die singuläre phialenartige Rippenschale mit Henkel, eine Mehrkopfnadel und eine singuläre Nadel mit Kugelkopf, drei Brillenfibeln, acht Bronzezierknöpfe, kleine Ringlein und eine keramische Einzugschüssel – also die Beigaben einer Doppelbestattung von Mann (Zieraxt, Mehrkopfnadel) und Frau (Brillenfibel, Kugelkopfnadel).

---

463 Polenz 1978, 127.
464 Dehn et al. 2005, 155 ff. Abb. 67.
465 Von Ramsauer als „Bronzeheftl" bezeichnet, was wiederum f. R. Hodson 1990, 87; 153 f. dazu bewog, eine Vermischung mit Grab 733 zu erwägen. F. E Barth erwägt zu Recht einen Gürtelhaken (mdl. Mitt. F. E. Barth, NHM Wien), was die Gräber Este 278 und zwei ältere Inventare aus Bologna-Savena 45 und besonders 108 bestätigen. S. hierzu Müller-Karpe 1959, Taf. 78,V 1.Y 1; 102,15. Ein gleiches Exemplar stammt als Einzelfund aus den Mecklenburg-Grabungen in Hallstatt: Wells 1981, 146 fig. 27g. Parallele aus Uttendorf: Moosleitner 1992, Abb. 17,4.

466 Hodson 1990, 87 (Gräber 504, 507, 697).

Alle anderen Kleinäxte gehen mit Bronzegeschirr einher. Grab 641 liefert den Hinweis, dass die Axt zumindest dort vielleicht als Opfergerät fungierte, was die Wahrscheinlichkeit der Zusammengehörigkeit von 734 und 732 erhöhte, weil 734 allein genommen kein Metallgeschirr führt.

Zur Miniaturaxt aus Grab 507 s. Absatz 3.1.

Summa summarum kann festgehalten werden, dass fünf Miniatur-Pferdeäxte aus Hallstatt vorliegen, drei davon kommen aus nicht zuverlässigen oder nicht völlig gesicherten Bestattungen (734, 641, 696/697). Mangels anthropologischer Analyse wird immer offen bleiben, ob in diesen Fällen jeweils Mann und Frau bzw. Mann und Kind bestattet wurden. Wahrscheinlich jedoch liegen die Miniaturäxte tatsächlich regelhaft in reichen Männergräbern bzw. dominant männlichen (Gräber 641/643, 697, 504, 732/734, 507). Die Miniaturaxt aus Inventar 641 hebt sich durch den singulären plastischen Reiter mit Helm, Panzer und Halsring nicht nur deutlich von den anderen Äxten mit Pferdesymbolik ab, sie repräsentiert auch eine der nur zwei annähernd realistisch geformten Bilder von Menschen in Hallstatt (Absatz 9.1). Beide lassen sich zwar einem überregionalen und überzeitlichen Typ (des reitenden Kriegers und der Hydrophore) anschließen, formal handelt es sich allerdings um lokale Unikate. Kleine plastische Pferdefiguren als Aufsätze anderer Objekte liegen z. B. von einem Helm aus Vače, einer Situla aus Frög[467] oder dem Zepter[468] aus Novo mesto-Kapiteljska njiva vor und unterstreichen die soziale Stellung der mit den Dingen Bestatteten und die religiöse Funktion ihrer Trägerobjekte. Letztlich gehen sie auf griechisch-mittelmeerische Vorbilder zurück[469], die über den Balkan (Miniaturäxte mit Caprinae; Ringgehänge, Ringanhänger) und Italien vermittelt wurden. In Oberitalien befinden sich kleine Pferde mit Stützschweif, stets ohne Reiter, vornehmlich auf Dragofibeln; hier wird das Symbol des Vogels mit dem des Pferdes verbunden – eine alte Symbiose[470].

Auch keramische Ausführungen sind bekannt[471]. Vermeintlich heilige Tiere sind nur in Thrakien an Äxte gebunden, diese Kombination ist in Italien selten vertreten[472]. Warum nur einer der Toten mit Miniaturaxt Hallstatts auf seinem mutmaßlichen Opfergerät eine wehrhafte typisierte Reiterfigur trägt, verraten die jeweils vergesellschafteten Beigaben nicht. Zwar handelt es sich bei den Tieren mit Ausnahme des Grabes 641 um Typbilder, die in Griechenland, Oberitalien und lokal vereinzelte Merkmalvorbilder haben, ihre jeweilige Ausformung und Gestaltung bleibt aber singulär (lokale Fertigung), den Äxten entsprechend. Bemerkenswert ist außerdem, dass in keinem der betroffenen Gräber gegenständliches Reitzeug belegt ist, d. h. die dort Bestatteten im Grab nicht als bewehrt Reitende dargestellt werden, auch nicht der Tote aus Grab 641 – besonders in diesem Fall eine auffällige Diskrepanz, die zugleich die mythisch-religiöse Natur des Objekts herausstellt. Ohne den vermutlich speziellen religiösen Charakter zu berücksichtigen, wäre die Kombination von Axt und Reiter auch als überzeitlicher Typ lesbar, auf verschiedenste Weise dargestellt, bildlich auf den Situlendenkmälern (Abb. 48), plastisch in Hallstatt, real in Gräbern[473]. Zwei Miniaturäxte Hallstatts könnten durch ihre Befundsituation – zusammen mit Bronzegeschirr – als symbolische Schlacht- bzw. sakrale Opfergeräte gedient haben (Gräber 641, 504)[474], eine davon, nämlich jene *in* der Schale – trägt den plastischen Reiter (Grab 641). Ist das quellenkritisch unsichere Inventar mit Miniaturaxt ohne Metallgeschirr (734) auch aus diesem Grund zu bezweifeln? Ich erinnere an dieser Stelle an Bestattung 28/1939 aus Hallstatt, die – aus der Grabung F. Morton – als gesichert gilt. Sie enthielt u. a. eine Eisenaxt mit rechteckiger Tülle, von D. Krauße als eine der wenigen Parallelen zur mutmaßlichen Schlachtaxt aus Hochdorf angeführt[475]. Dieses Gerät und sein Befund werden bekanntlich von Krauße als maßgeblicher Beleg für die priesterliche Funktion („*Sakralfürst*") des Hochdorfers angeführt, der jedoch U. Veit mit guten Grün-

---

467 Vače: Egg 1986, 184 Abb. 133; Frög: Prüssing 1991, Nr. 98.
468 Zu Zeptern allg.: Borchhardt/Bleibtreu 2006.
469 Z. B. Kyrieleis 2011, 59 Abb. 39/40; 63 Abb. 45.
470 Glunz-Hüsken 2008, 61 f. Beispiele auch auf geometrischer Keramik: Coldstream 1968, Taf. 8 d.f; 13 e.f; 28 e; 35.

471 De Marinis 1988, Abb. 194 (Chiavari Grab 10); 517.
472 Ausnahme: Beil mit griechisch anmutenden Vogelprotomen (kein vollplastischer Besatz) aus Bitonto, Prov. Bari: Karadžhinov 2011, 4 fig. 2,2; Zipf 2006, 520 ff.
473 Jüngste summarische Zusammenstellung von Reiterkriegergräbern bei Schumann 2015, 286-288.
474 Dies nahm bereits Krauße 1996, 302 und 320 pauschal an.
475 Krauße 1996, 299 ff., 345 f. S. auch Stöllner 2002, 101 f.

Abb. 48: Ausschnitt aus der Situla von Bologna-Certosa

Abb. 49: Miniaturaxt Grab 329, M ca. 1:1.

den widersprach, eine Thematik, die an dieser Stelle nur plakativ wiedergegeben werden kann: „... *Dabei soll keineswegs bestritten werden, daß der Hochdorfer aufgrund seiner privilegierten Stellung möglicherweise die Schlachtung von Tieren, die in einem zeremoniellen Rahmen geopfert bzw. verspeist werden sollten, selbst durchgeführt bzw. geleitet hat. Allein deshalb von einem ‚Priesterkönig' zu reden, ist indes überzogen.*"[476]. Betrachtet man dennoch isoliert diesen Opferaspekt, der für sich genommen ja durchaus berechtigt sein mag, ist festzustellen, dass Inventar 28/1939 keine weiteren Beigaben führt, die auf die Opfer- oder profane Schlachtfunktion der Axt hinweisen, vor allem kein Metallgeschirr, kein Messer, keine weiteren eindeutigen Tötungsgeräte. Lediglich ein Tüllenbeil könnte theoretisch als zusätzliches Opferinstrument gelten, zumal es eine tauschierte Pferdedarstellung trägt, also den elitären Charakter seines Besitzers oder den seiner Funktion, die im Dunkeln bleibt, formal-symbolisch unterstreicht. Zumindest dieser Fall widerspricht daher der von Krauße geäußerten Formulierung, jene großen Äxte des Westhallstattkreises stammten „*weitgehend aus sehr reichen Fürstengräbern*"[477]. Die Befunde fordern demnach eine sensible Beurteilung eines vermeintlichen Opferaspekts, individuell gesondert für jede Beigabenkombination, die reduzierte Darstellung berücksichtigend. Ob die hallstättischen Männer, bestattet mit Miniaturäxten und Metallgeschirr, tatsächlich auch priesterliche Funktionen wahrgenommen haben, ist keineswegs zwingend und bleibt offen (völlig unklar gleichfalls, inwiefern ein „Priester" in Hochdorf mit einem alpin beheimateten verglichen werden könnte). Gleichviel, ob jene Personen nun selbst schlachteten oder nicht (die tatsächliche Funktionalität der Miniaturäxte darf bezweifelt werden) – allein sie liefern, neben den Individuen mit plastischen stark gehörnten Quadrupeden (Gräber 12/1907, 340,

455, 507), archäologische Hinweise auf diesen religiös konnotierten Kontext.

Grab 329

Mit 2,1 cm Körpermaß liegt das kleine Pferd mit aufgestütztem Schweif aus Grab 329 deutlich unter den Maßen der anderen Axtpferde (s. o.). Es befindet sich auf einem bronzenen, an einem Ende beschädigten Rohr bzw. Griff (Abb. 49). 36 Bernsteinperlen und zwei Brillenfibeln wurden auf der Brust der demnach wahrscheinlich weiblichen Toten gefunden (Skelettgröße ca. 1,65 m). Über die Lage des Griffs in diesem Körpergrab macht Ramsauer keine Angaben, das Objekt gelangte jedoch schon unvollständig in die Erde. Zweifel an der Geschlossenheit des Komplexes sind nicht angebracht. Das fragmentierte Objekt ist allein wegen seiner geringen Größe eher als Gerät, denn als Waffe zu denken; Hinweise auf eine naheliegende kultische Verwendung liefern die kombinierten Beigaben nicht. Pferde als Keramik- oder Gerätebesatz sind aus Italien und dem ostalpinen Raum, wie beschrieben, hinlänglich bekannt. Der Stützschweif verweist auf pferdegestaltige Fibelaufsätze aus Oberitalien (s. o.)[478], seine beste Parallele findet es jedoch in Este-Benvenuti Grab 122 als Besatz eines Griffs (Abb. 13,2)[479].

Grab 260

Aus dem mit einem Schwert Typ Mindelheim und reichlichem Bronzegeschirr ausgestatteten Ha C-zeitlichen Brandgrab 260 stammt gleichfalls eine Miniaturaxt, die jedoch anstelle des Pferdes einen großen, mindestens außen kantigen Ring trägt. Diese Axt war als einzige der Miniaturäxte mit einem Gegenbeschlag am hölzernen Griffende ausgestattet, der ebenfalls ein Ringemblem trägt (Abb. 50). Der Ring anstelle des

---

476 Veit 2000, 555.
477 Krauße 1996, 302.

478 Von Eles Masi 1986, Nr. 1955.2428.2429.2430.
479 Chieco Bianchi/Calzavara Capuis 2006, Taf. 141,20.

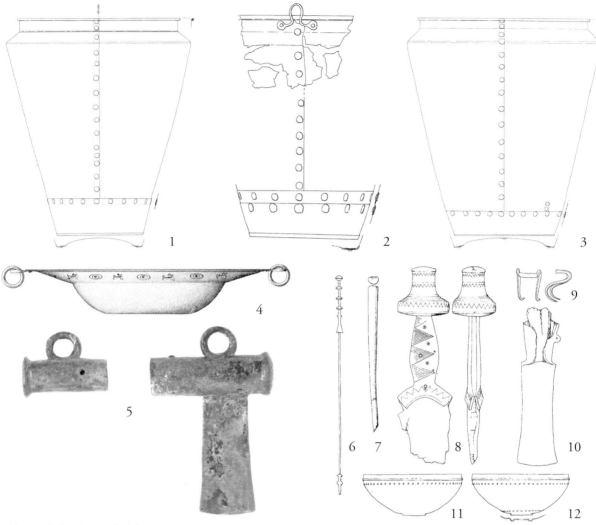

Abb. 50: Grab 260, versch. M.

Pferdes zeigt, dass diesen mitgegossenen, oftmals außen kantigen Ringen wie den Pferden ein hoher Symbolgehalt zukommt, freilich mit abweichender, unerschließbarer Semantik. Entsprechende (kleinere) Ringe finden wir an Dolchen der Inventare 682, 577 und 559, an Fibeln (Gräber 559, 577 als Anhänger neben der „Frau") und an gestielten Ringgehängen (dort mit Klapperblechen)[480].

Seit den 1960-er Jahren verbindet die Forschung die Miniaturäxte aus Hallstatt mit den aus dem 8. Jh. stammenden östlichen Pferdekopfzeptern[481] des „thrako-kimmerischen Kreises" (Abb. 51)[482]. Beide Objektgruppen verbänden die geringe Größe sowie die Kombination von Schlag- oder Hiebwaffe mit einer Pferdedarstellung[483]. Carola Metzner-Nebelsick folgt nach der Analyse der östlichen Zepter der Anschauung von E. F. Mayer, sieht aber lediglich in der allgemeinen Funktion der Geräte, nämlich als Schlagwerkzeuge (Axt), eine Verbindung zu den Hallstätter Stücken[484]. Obwohl skythische Einzelfunde aus Hallstatt sehr vereinzelt bekannt sind[485] und der Pferdehaltung im Karpatenbecken zweifellos eine hohe Bedeutung und Strahlkraft zukommt[486], zeigen die Hallstätter Äxte rein bildnerisch betrachtet keinerlei formale Verwandtschaft zu den östlichen Pferdekopfzeptern. Primär stehen bei diesen Hals und Kopf eines Pferdes im Vordergrund, also lediglich Teile vom Tier, die, dem skythischen Rolltier gemäß, rundlich gebogen ausfal-

---

480 Glunz-Hüsken 2008, 55 f.
481 Kemenczei 2005, 55 f.
482 Mayer 1977, 26-28; Starý 1982, 28; 67. S. auch Koch 1998, 303 f.; Reichenberger 2000, 62 mit Literatur in Anm. 380. - Stöllner 2002, 131; Kromer 1986, 61 Abb. 56-57.

483 Mayer 1977, 28.
484 Metzner-Nebelsick 2002, 468.
485 Egg 1978; Kern 1997, 63.
486 Metzner-Nebelsick 1998, 409.

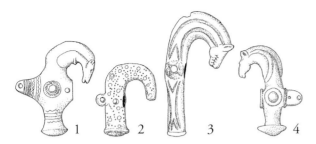

Abb. 51: Kimmerische Pferdekopfzepter verschiedener Herkunft, versch. M.

len. Ihre Gesamtgestaltung und vergleichbare Details an Hals, Ohren und Maul (zum Teil Zähne) sucht man vergebens an Hallstätter Pferden. Vier der fünf Tiere der Hallstätter Äxte wurzeln ikonographisch in Oberitalien und Griechenland, das Merkmal der Zackenmähne ist ein überregionales, respektive jeweils lokales. Das Pferd des einzigen Reiters (Grab 641) bleibt ohne Vorbilder und ist gestalterisch betrachtet eine lokale und individuelle Art der Darstellung. Tiere generell als Geräteplastik zu verwenden und sie dadurch sozial und religiös zu markieren hat seinen Ursprung in Griechenland und dem Nahen Osten; der Brauch wurde dann über Italien und den Balkan nach Norden verbreitet[487]. Die als „Kultäxte" publizierten gestielten Miniaturäxte mit Tierplastiken aus Bulgarien – deren Verwandte mit Aufhängeloch in griechischen Heiligtümern benutzt wurden – stellen bisher die besten Parallelen dar, obwohl sie keine Pferde tragen[488]. Auch sie zeigen bildnerisch keine Affinität zu den klassischen östlichen Pferdekopfzeptern.

Die spezielle Art, einen bewehrten Krieger wie in Hallstatt Grab 641 darzustellen, ist die nicht wiederholte Leistung der kreativen Hallstätter Schmiedewerkstatt, wo auch immer sich diese befunden haben mag. Die dahinterstehende Idee des bewaffneten, auf dem Pferd sich bewährenden Kämpfers war überregional und durch verschiedene Medien verbreitet (Grabinventare, Bildkunst, Plastik). Originär mag es sich um einen östlichen „Einfluss" während der späten Urnenfelderzeit gehandelt haben („thrako-kimmerischer Formenkreis"[489]), denn Reiterkriegergräber, meist männlich und als Repräsentanten einer Oberschicht bewertet, gelangten durchaus vereinzelt bis an den Westrand des Osthallstattkreises[490]. Den singulären

Produkten aus Hallstatt kommt zweifellos ein gewisser sozial aussagender Abzeichen-, bzw. Statuscharakter zu (wofür ja auch ihre geringe Anzahl spricht), den sie zuzüglich der Schlag- und Hiebfunktion mit den östlichen Zeptern gemein haben, mehr aber auch nicht.

3.8 Pferdefibeln (Gräber 288, 778, 307)

Aus drei Brandbestattungen Hallstatts liegen Pferdefibeln vor.

Grab 288

Brandschüttung 288 enthielt u. a. zwei Beidhänder, nämlich das in vier bzw. fünf Stücke zerbrochene Griffzungenschwert mit ovalem Lignitknauf und ein ebenso zerstörtes (vier Stücke) mit Antennengriff vom Typ Weltenburg sowie ein urnenfelderzeitliches, spärlich verziertes Tüllenbeil. Ramsauer beschreibt die kreuzartige Anordnung der beiden absichtlich zerbrochenen Schwerter auf dem Leichenbrand und misst die Länge des Antennenschwertes (24 Zoll=61 cm). Daraus kann geschlossen werden, dass beide zerbrochenen Waffen so niedergelegt wurden, als ob sie unversehrt gewesen wären, was übrigens keine der Protokollskizzen bestätigt. Dieser Befund schließt eine denkbare Vermengung mit einer urnenfelderzeitlichen männlichen Grablege und die „Aufteilung" der beiden Waffen auf zwei Bestattungen sicher aus. Weitere Beigaben sind ein Wetzstein, zwei bronzene Zierscheiben unbekannter Funktion, eine dreiköpfige Mehrkopfnadel mit Faltenwehr und Zwischenrippen und schließlich eine Tierfibel. Die Keramik bestand aus mindestens drei Gefäßen, die in der Mahr-Kartei und im Protokoll Antikencabinett auf Tabula XIVa Nr. 889 abgebildet sind. Es handelt sich um ein kegelhalsbecherartiges, schwarzes größeres Gefäß, eine schwarze Schale mit offenbar eingestochenem Volutenmuster und eine Art rote Kegelhalsschüssel mit gefüllten graphitierten Rauten, Kreisstempeln und Rollrädchenumrahmung (Abb. 52 s. Taf. 3-52), die alle in Ha C datieren dürften (auf die urnenfelderzeitlichen Vorläufer der Kegelhalsbecher verwies Th. Stöllner)[491], sodass die drei Töpfe den zeitlich frühen Ansatz der Schwerter und des Tüllenbeils bestätigen. Sie und die unverbrannten Tierknochen sind bis auf eine Scher-

---

487 Z. B. Buchholz 2012, 206 ff.
488 Gold der Thraker 1979, 77 f.; Karadzhinov 2011.
489 Metzner-Nebelsick 1998; 2002. Zu Reiterkriegergräbern in Westungarn: Patek 1995.
490 Überblick bei Schumann 2015, 138; 285 ff.

491 Stöllner 2002, 179.

be nicht mehr vorhanden. F. R. Hodson erwägt eine Vermengung mit Körpergrab 289 (zwei Brillenfibeln auf der Brust, eine Mehrkopfnadel), wofür es jedoch nach den Quellen keine Veranlassung gibt. Ein weiteres Körpergrab mit dieser „tabuisierten" Kombination von Mehrkopfnadel und Brillenfibel ist durchaus bezeugt, nämlich Inventar 190, aber auch die Brandschüttungen 307, 410, 449, 542, 623, 732 sind in diesem Kontext zitierbar (s. Kapitel 13). Plausibel erscheint hingegen die Annahme einer nicht erkannten weiblichen Ha D-zeitlichen Nachbestattung – mindestens ausgewiesen durch Gürtelkette und den allerdings wiederum chronologisch nicht „passenden" Ha C-zeitlichen, weiblich konnotierten geperlten Armring (Variante „Zwischenraum durch Kerben abgesetzt, Querschnitt-D-förmig"); die beiden Ringe mit kreisförmigen Erweiterungen (Variante A nach Siepen) bleiben auf das Hochtal beschränkt und geschlechtlich indifferent[492]. Der Verdacht einer femininen Nachbestattung erhärtet sich insbesondere wegen der Stabgliedergürtelkette, weil diese in Hallstatt ausschließlich in weiblichen Grablegen vorkommen und über ihre Datierung keine Zweifel bestehen (Absatz 10.6.1). Es bleibt zu überlegen, ob man dem Ensemble die Bezeichnung „Grab" im Sinne eines geschlossenen Fundes gänzlich absprechen möchte.

Das plastische Pferd der Fibel schließlich gehört zu einem oben bereits genannten Typ der Pferde mit Stützschweif, die überwiegend auf Hörnchenfibeln aus Oberitalien überliefert sind. Neu ist jedoch die rahmenartige Gestaltung, was für lokale Fertigung nach fremdem Vorbild spricht. Das Tragen einzelner Fibeln ist aus Männergräbern in und außerhalb Hallstatts bekannt[493]. Zu den zwei unterschiedlichen Bronzescheiben ist anzumerken, dass es sich zumindest bei der größeren vermutlich um eine italische Treibarbeit oder ihr Imitat handelt, wie grundsätzlich ähnliche Buckel- und Linienmuster der größeren Scheibe auf Schilden[494], Feldflaschen[495] und Kesselwagen[496] demonstrieren. Die Abbildung des zweiten, nicht überlieferten Stückes ermöglicht kaum Rückschlüsse auf Gestaltung, Herkunft oder Bezug; die Funktion beider bleibt gänzlich

spekulativ (Fibeln, Gürtel-, Textilbesatz?), und daher ebenso die Zuweisung zu einem der beiden postulierten Gräber. Zwei Schwerter ließen jedoch generell auch Bronzegefäße erwarten, denn von 30 Schwertgräbern enthalten 21 bzw. 22 Metallgefäße (unbestimmt Grab 469); ihr Fehlen unterstreicht daher vielleicht die Unvollständigkeit der Beigabenzusammensetzung, auf die mehrfach hingewiesen wurde.

Grab 788

Keine quellenkritischen Zweifel bestehen offensichtlich bei Brandschüttung 778 (Abb. 53). Sie umfasst zwei Pferdefibeln[497] mit knotenartig verdicktem Ende des Schweifs, der nach unten gerichtet ist, was unter den Pferdefibeln ohne Parallele bleibt[498]. Hartmut Polenz verfolgte dieses Merkmal, das auch die Pferdereihe auf dem Deckel aus Hallstatt Grab 697 charakterisiert, über den Ostalpenraum bis nach Mittelitalien[499]. Weiterhin sind eine bronzene Schale mit Buckeln und Kreisaugenstempeln, ein zungenförmiger Gürtelhaken (Form C nach Stöllner)[500] und ca. 39 Bronzeösen, eine größere blaue Glasperle mit Ritzmuster, ein kantig gedrechselter Bernsteinring und kleinere Bernsteinperlen, vier kleine Ringlein, zwei Sanguisugafibeln mit bernsteinummantelten Bügeln und schließlich ein doppelschaliger runder Schmuckkörper mit anthropomorphen Anhängern in der unteren und Tierzahnbesatz (Eber) in der oberen Hälfte zu nennen. Die beiden gleichen, leicht gewölbten Bleche mit radialen Strichgruppen und Buckeln finden in Form und Maß (8-10 cm) zweifellos Entsprechungen bei italischen Treibarbeiten, was an anderer Stelle bereits besprochen wurde[501]. Ich führe insbesondere die Zentren der Bronzefeldflaschen an, obzwar sich keine exakte Parallele für von dreireihigen Streifen getrennte Buckel mit zentralem Mittelbuckel finden lässt. Die bei D. Marzoli abgebildeten Flaschen erlauben keine Gruppenbildung, es handelt sich durchwegs um Einzelstücke[502]. Zu diskutieren wären noch die Schilde aus Italien. Allerdings müsste es sich bei den hallstättischen dann um eine neue, von A. Geiger nicht bearbeitete

---

492 Siepen 2005, 68 (dort werden die Eisenwaffen aus Grab 541 nicht genannt).
493 Lang 1998, 63 (Dürrnberg).
494 Geiger 1994, z. B. Taf. 33; 41.
495 Marzoli 1989, z. B. Taf. 9; 12; 14; 21.
496 Woytowitsch 1978, Taf. 22,121.

497 Zur zweiten Fibel Glunz 1997, 137 Anm. 14; Barth 1973.
498 Glunz 1997, 137; Metzner-Nebelsick 2007, Abb. 6; 7.
499 Polenz 1978, 132.
500 Stöllner 2002, 91.
501 Glunz-Hüsken 2013, 13 f.
502 Marzoli 1989.

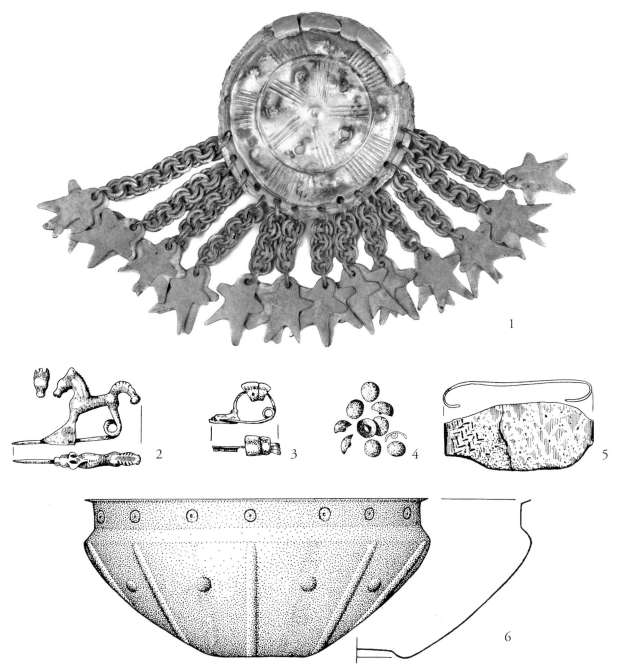

Abb. 53: Schmuckscheibe, Fibeln, Gürtelhaken, Tutuli und Bronzeschale aus Grab 778 (Auszug), alle M 2:3.

Werkstattgruppe von Schilden handeln, weil Schildbuckel mit zentralem Zierbuckel immer durch Punktreihen und nie durch Rippengruppen getrennt sind[503] und die beiden hallstättischen Zierbleche im Vergleich mit einigen italischen Schildbuckeln wenig stufig ausfallen[504]. Offen bleibt, ob hier z. B. eine vollständige Flasche nach Hallstatt gelangte und dann umgearbeitet wurde oder bereits fragmentierte Importe nach Norden kamen. Früheste Feldflaschen in Mittelitalien sind ab der Mitte des 8. Jhs. möglich[505]. Stärker gewölbt sind vier vergleichbar getriebene runde Bauchbleche einer Kugelamphore aus Bologna-Melenzani Grab 64[506]. Italische Verbindungen demonstriert jedenfalls auch der Eberzahnbesatz, wie entsprechende Einlegearbei-

---

503   Geiger 1994, Taf. 24; 25; 26; 27; 64; 65; 70; 71; 74; 75; 78; 80; 81; 82; 83; 84; 85.
504   Geiger 1994, z. B. Taf. 18.64. Für die Begutachtung der Abbildung der Bulle aus Hallstatt danke ich A. Geiger, Istanbul.
505   Marzoli 1989, 65 ff.
506   Museo Civico Archeologico Bologna.

ten an Bologneser Armreifen belegen⁵⁰⁷. Ob durch die Verwendung der Hauer an diesem Amulett auch eine Verbindung zum Thema „Jagd" im weitesten Sinn gegeben ist, weil jene ebenso wie z. B. Bilder von Ebern als *„bewusste Auseinandersetzung und Inszenierung dieser Tiere gesehen werden"* können⁵⁰⁸, sei dahingestellt, weil hier die starke Umformung ein „Wiedererkennen" der Eberzähne erschwert und daher evtl. gegen eine direkte Assoziation spricht. Ein Zusammenhang mit Pferdegeschirr besteht jedenfalls nicht⁵⁰⁹. Keramikgefäße und Tierknochen des Inventars wurden nicht verwahrt. Die Bronzeösen sind als Besatz eines Gürtels oder Textils (Kleidung) denkbar. Die kleine Bronzeschale mit radialen Rippen und Kreisaugen gehört der mitteleuropäisch weit verbreiteten Familie der Schalen mit Uhrpendelmotiv an (s. Absatz 4.1.2) und dürfte lokal gefertigt worden sein. Dirk Krauße befasste sich ausführlich mit den hallstattzeitlichen Kleinschalen aus Edelmetall und Bronze⁵¹⁰. In unserem Zusammenhang ist bedeutsam, dass einheimische Bronzeschalen im Gegensatz zu westlich verbreiteten, importierten Schalen, die häufig aus Edelmetall gefertigt sind, mit Schöpfgefäßen zusammengehen. Dirk Krauße kommt daher auf die Beobachtungen G. Kossacks zurück, der die Kombination von Tierkopfschöpfern und henkellosen Bronzeschalen klar als Kultgerät beschrieb und diese auf den Bildern der Situlen identifizierte, was eingangs bereits geschildert wurde⁵¹¹. Für Hallstatt Grab 778 muss folglich festgehalten werden, dass ein eigentliches Schöpfgefäß nicht vorhanden ist, die einzelne Schale daher offensichtlich allein ein mehr oder weniger umfangreiches Trinkservice ideell vertritt. Diese bleibt in Hallstatt nicht isoliert, weil auch die wohl gesicherten Bestattungen 24/1876 und 333 ausschließlich Schalen führen⁵¹² (s. u).

Interpretiert man die Verstorbene als Tranknehmende (theoretisch könnte man sie auch mit den Trankreichenden der Friese „identifizieren"), fasst man die Schale also repräsentativ für andere Metallgefäße auf, wäre sie jenen Männern an die Seite zu stellen, die

über umfangreiche Service verfügen und gemeinhin als Repräsentanten einer gesellschaftlichen Elite gelten. Der Genuss des Tranks – mit wohl berauschender Wirkung – ist zentrales Bildthema zahlreicher Situlen und dort immer dem männlichen Hauptdarsteller auf einem Thron, stehend an einer Amphore, beim Musizieren oder bei der symbolischen geschlechtlichen Vereinigung vorbehalten, also Möglichkeiten des Erlebens von Ekstase und der Aufhebung der Vereinzelung. Der stets dominierende männliche Bezug der Bilder ist auffällig, mag aber trotzdem Zufall sein: Die Frau aus Hallstatt Grab 778 hat folglich als gleichberechtigtes weibliches Pendant zu gelten.

Einzelmerkmale wie der Knotenschweif der Pferdefibeln, die Sanguisugafibeln und der auffällige Schmuck weisen nach Italien, ohne dass damit die leibliche Herkunft der Toten geklärt wäre. Die Pferdefibeln spielen dabei kaum mehr als eine allgemein soziale, den Stand kennzeichnende Rolle.

Grab 307

Unsicherheiten bezüglich einer Situla, einer Scherbe, einer „*Nähnadl*" und der Anzahl der Fibeln bestehen bei Brandschüttung 307. Johann Ramsauers Bericht zu Grab 307 erwähnt zwei Pferde-, zwei quergerippte Kahn- und zwei Brillenfibeln, eine Mehrkopfnadel, einen zungenförmigen Gürtelhaken, einige Kugelkopfnadeln, einen Spiralreif, zwei Bronzeringlein, einen „*Bronzkehsel mit Hängbogen*" (Situla mit omegaförmigen Attaschen, Typ Este)⁵¹³ und eine Nähnadel. Frank Roy Hodson geht von einer reichen Frauenbestattung aus Ha C-früh aus; die ihm zufolge (noch) ältere Mehrkopfnadel am Rand der Grablege gehe auf eine Störung zurück⁵¹⁴. Die Spiralrolle, als Typ oft mit Kugelkopfnadeln kombiniert und wohl zu einer Haartracht gehörig⁵¹⁵, ist neben der Anzahl von vier Fibeln ein deutlicher Anzeiger für eine weibliche Bestattung. Die Mehrkopfnadel stellt die einzige männlich konnotierte Beigabe dar. Formale Details des singulären Fibelpaares wurden von mir bereits an anderer Stelle genannt⁵¹⁶, Carola Metzner-Nebelsick sprach die Figuren als Abbilder von Pferden an⁵¹⁷. Die Kombination von zahlreichem Fibel- und Kopfschmuck, Gürtel, evtl.

---

507   Z. B. Benacci Grab 510, Arnoaldi ohne Grabnummer. Museo Civico Archeologico Bologna.
508   Fath 2012, 548; Eibner 2001.
509   Metzner-Nebelsick/Nebelsick 1999, 77; Metzner-Nebelsick 2007, 725.
510   Krauße 2006, 90 ff.
511   Kossack 1970, 96 ff.
512   Grab 502, das zwei hellgrüne Glasschälchen umfasst, ist wahrscheinlich gestört.

513   Egg/Kramer 2013, 183 ff.
514   Hodson 1990, 145.
515   Grömer 2004/05.
516   Glunz 1997, 135.
517   Metzner-Nebelsick 2007, 716.

Nähgerät und Situla lässt sich selbstverständlich kaum auf den Situlenfriesen wiederfinden. Fibeln, Kopftracht oder anderer persönlicher Schmuck werden dort nie abgebildet, weil historische Persönlichkeiten (mit Zeit und Ort) auf den Denkmälern nicht gemeint sind[518]. Auf der Certosa- und Welzelach-Situla tragen Frauen zwar verschiedene Behälter auf dem Kopf, nie jedoch Situlen (deutlich gezeichnet sind hingegen Zisten), was wegen der in Grab 307 bezeugten Situla mit Attaschen, also einem gehenkelten Eimer, auch nicht passen würde. Auf den Friesen wird allerdings auch aus gehenkelten Situlen (stets von Männern) geschöpft (Vače, Kuffern, Dürrnberg-Kranzbichl, Nesactium I/12)[519]. Weitere symposiale Gerätschaft fehlt, sodass der Eimer als pars pro toto für die Trankspende respektive, das Vermögen, ein Gelage auszurichten, verstanden werden muss. Enthielte dieses Inventar aufgrund der (nicht überlieferten) Näh(?)nadel tatsächlich einen textilen Aspekt, fände es in Uttendorf im Pongau Grab 56 eine Parallele, das gleichfalls u. a. ein Pferdefibelpaar und steinerne Webgewichte barg[520].

Ob die drei Inventare ausreichen, Pferdefibelpaare in Hallstatt Frauen zuzuschreiben, einzelne hingegen Männern, sei dahingestellt, allein die quantitative Basis erscheint wenig belastbar. Keines der drei Gräber mit pferdegestaltigen Fibeln enthält weitere Objekte, die auf das Reiten der Bestatteten hinweisen. Eher sind die Fibeln mit anderen, gewöhnlichen tiergestaltigen Stoffhaltern zu vergleichen, die aus Hallstatt (und vielen anderen Fundorten) bekannt geworden sind (z. B. Hunde, Vögel) und die verschiedene überregionale Parallelen finden[521]. Zweifellos steckt in ihnen ein symbolischsozialer und religiöser Gehalt, was insbesondere die Vögel[522], z. B. interpretiert als Wanderer oder Vermittler zwischen den Welten, veranschaulichen könnten. Ob geläufige Fibeln mit Pferdedarstellungen daher spezifisch mit einer „Pferd-Gottheit" assoziiert werden sollten[523], erscheint fragwürdig.

Befragt man die Bildquellen in Jenseitsausstattungen, findet man dazu keinen unterstützenden Hinweis: Nach den Thesen Ch. Huths ist die Trankspenderin als Mittlerin zwischen dem Numinosen und der irdischen Welt prädestiniert, jene Attribute zu zeigen, die sie mit einer Gottheit verbindet – ein einleuchtender Gedanke. Auf keinem der Situlenbilder besteht jedoch ein Zusammenhang zwischen ihr und dem Pferd. Auf bildtragenden Blechgefäßen sieht man das Tier von geschlechtlich nicht eindeutigen oder männlichen Personen geführt, geritten und zwei- bzw. vierrädrige Wagen ziehend[524]. Christoph Huth resümierte schließlich, dass am ehesten Trankspenderinnen als Götter oder als Begleiter des Numinosen dargestellt seien. Zwar kennt man hinreichend fahrende Trankspender(innen) (z. B. vom Strettweger Kultwagen, der so gesehen in Tradition der Kesselwagen steht), nie aber Reitende, was – die Berechtigung der Huth'schen Prämisse vorausgesetzt – gegen die Annahme einer eisenzeitlichen Pferde-Gottheit spräche.

Das Numinose selbst wird, wie von G. Kossack und Ch. Huth überzeugend dargelegt, auf den Situlendenkmälern ausdrücklich nie gezeigt, was gegen die Annahme einer literarisch bezeugten „weiblichen Gottheit equestrischen Charakters", der die Frauen opferten[525], spricht – zumindest im zirkumalpinen Hallstattraum. Unbestreitbar gelten Pferde als Ausweis einer sozialen Oberschicht und ggf. deren Vermögen, „Herrschaft" auszuüben[526]. Immerhin wurden Pferdefibeln daher erwartungsgemäß auch von Männern getragen (evtl. „Grab 288"). Pferdegeschirr als Amulett kommt ebenso in drei mutmaßlich männlichen Grablegen Hallstatts und keineswegs ausschließlich in femininen Inventaren vor. Das Symbol des Pferdes und gegenständlich bezeugte Pferde sind überdies keineswegs auf Frauenbestattungen beschränkt, was z. B. die Miniaturäxte aus Hallstatt klar belegen und worauf J. K. Koch summarisch bereits 1989 hinwies[527]. „Echte" männliche Reitergräber dominieren klar gegenüber Weiblichen[528]. Dass das Pferd als quasi allgemein soziales Statussymbol gilt, ist freilich unbestritten.

---

518 Huth 2003, 286.
519 Die henkellose Situla der spendenden Frau auf der Providence-Situla steht hingegen auf dem Boden.
520 Moosleitner 1992, Abb. 39-40; Metzner-Nebelsick 2007, 71 f. mit Abb. 2.
521 Glunz 1997, 134 ff.; Metzner-Nebelsick 2007, 716; 726.
522 Lenz 1995; Glunz-Hüsken 2008.
523 Metzner-Nebelsick/Nebelsick 1999; Metzner-Nebelsick 2007, besonders 725 ff.

524 S. hierzu Koch 2010, 147 f. - Zum Wagenlenker Sopron Tumulus 27: Eibner 1997, 141.
525 Metzner-Nebelsick 2007, 709 f.
526 Metzner-Nebelsick 2007, 726.
527 Koch 1998, 305.
528 Koch 2010, 144 f. Hinzuzufügen wären noch die weiblichen Bestattungen Saazkogel Hügel 200 und Novo Mesto Hügel 16 Grab 34 mit der partiellen Beigabe eines Pferdes: Lippert 2008, 86. Dazu auch Schumann 2015, 286 ff.

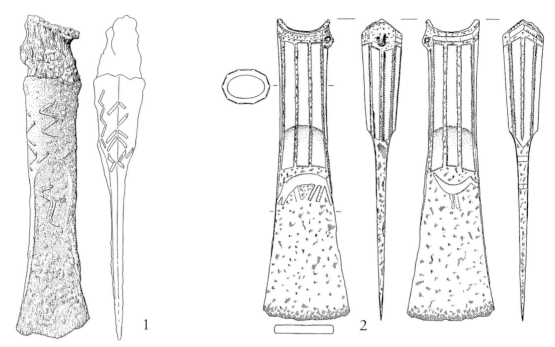

Abb. 54: 1 Tüllenbeil Grab 28/1939, M 1:3. 2 Tüllenbeil vermutlich aus der Ljubljanica, M 1:3.

3.9 Zweidimensionale, teils serielle Bilder von Pferden

In Hallstatt sind, wie generell nördlich der Alpen, Bronzegefäße und Gürtel Träger punzierter Bilder von Pferden (und anderem). Immer handelt es sich um kleine schematische Wiedergaben, die Art der Darstellung ist stets verschieden. Das Bild eines Pferdes als metallische Einlegearbeit findet sich singulär auf einem Tüllenbeil. In keinem der betroffenen Gräber Hallstatts ist reales Pferdegeschirr überliefert.

Ein eisernes Tüllenbeil aus Brandgrab 28/1939 (Grabung Morton) trägt Bronzeeinlagen im Winkelmuster und die Darstellung eines Pferdes[529] (Abb. 54,1). Markus Egg und Rüdiger Lehnert stellten kürzlich Gold- und Bronzetauschierungen an ältereisenzeitlichen Waffen, Gerät, Tracht und Naben zusammen, sodass an dieser Stelle hierauf verwiesen werden kann: Hauptverbreitungsgebiete während des 7. und 6. Jh. sind die Emilia-Romagna und das Picenum, aber auch im Etrurien der orientalisierenden Periode wandte man diese Technik an. Die Verbreitungskarte legt eine Ausbreitung von Italien über Novo Mesto, Stična, Magdalenska gora und Frög mit Hallstatt als Drehscheibe nahe[530]. Mit dem hallstättischen gut vergleichbar scheint ein Tüllenbeil aus Magdalenska gora VI/21, das ein allerdings etwas breiter ausfallendes Winkel- und Kreuzmuster trägt[531]. Während geometrische Muster und Kreisaugen überwiegen, unterstreicht ein singuläres eisernes Tüllenbeil mit Vierbeiner und Vogel ohne Fundortangabe aus Slowenien[532] die Beziehungen zu Hallstatt (Abb. 54,2). Dragan Božič ging jüngst erneut u. a. auf dieses Stück ein, betonte nochmals seine Verwandtschaft zu picenischen Stücken (Hallstatt Grab 28/1939 und jenes Quadrupede-Vogel-Beil nähmen eine Brückenfunktion zu den Beilen und Lanzenspitzen mit Intarsien aus der Dolenjska ein) und vermutete, dass das Objekt aus dem Flussbett der Ljubljanica stammte[533]. In Kombination mit der Axt mit Rechtecktülle in Hallstatt Grab 28/1939 könnte sich eine spezifische Rolle dieser Objekte ggf. zu Opferzwecken abzeichnen, obgleich in Hallstatt Metallgeschirr fehlt (s. u.) und eine evtl. besondere vormalige Aufgabe nur durch die mögliche Niederlegung in einem Fluss angezeigt wird – sicher zu wenige und kaum belastbare Überlegungen, um eine solche gemutmaßte Funktion zu stützen.

Zwei Bronzegefäße zeigen Pferde, nämlich der genannte Deckel aus Inventar 697 und die Kanne mit Rinderkopfhenkel aus Grab 500. Während die Pferde mit geknotetem Schweif, die mittelitalische Vorbilder haben[534], auf dem Deckel die ausschließliche Zier darstel-

---

529 Dehn et al. 2005, 119: „... *vogelartiges Tier* ...".
530 Dehn et al. 2005, 116-125.
531 Hencken 1978, 116 fig. 57f; Dehn et al. 2005, 119 Nr. 5.
532 Dehn et al. 2005, 119 Nr. 8.
533 Božič 2015A, 137.
534 Polenz 1978, 132.

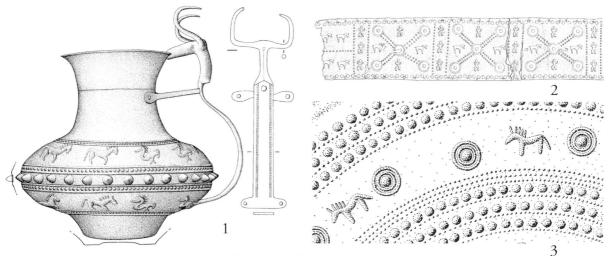

Abb. 55: 1 Kanne aus Grab 500. 2 Gürtel aus Grab 367. 3 Schilddetail, Fundort unbekannt, versch. M.

len, wechseln sich die Pferde auf der Kanne mit Vögeln ab (Abb. 55,1). Das Vorkommen von diversen Pferden auf Gürteln beschränkt sich auf getriebene Blechgürtel in reichen Ha D1-zeitlichen Frauengräbern, die auch Bronzegefäße, Goldschmuck oder Halbmondfibeln führen. Wir sehen Pferde (Inventare 911/Typ Echerntal, 671/Typ Oderding), Pferde mit Adoranten (Gräber 404/Typ Huglfing, 367/Typ Statzendorf, Abb. 55,2) und berittene Pferde (Gräber 96/1873/Typ Huglfing, 42/Rapportmuster, 711/schmale Horizontalstreifen)[535]. Sie kommen seriert vor (Grab 96/1873), einzeln oder zusammen mit Adorantenpaaren integriert in geometrisches Ornament oder als Füllmuster (Gräber 42, 367, 404, 671, 911).

Das Merkmal der grob gestalteten Strichmähne, zu sehen auf der Kanne in Grab 500, findet sich z. B. auf italischen Schilden (Abb. 55,3)[536], wobei das hallstättische Tier insgesamt plastischer ausfällt als die etwas steif wirkenden italischen Pferde. Nördlich der Alpen ist noch ein Pferd einer Schale aus Donauwörth II-Oldenau, Kr. Donau-Ries, zu nennen, das aber geradlinig gestaltete Hinterläufe zeigt[537]. Vierbeiner mit beidseitig grob gestricheltem Schweif („Grätenschweif", z. B. Gürtel aus Grab 671) sind nur von einem Gürtel des Typs Oderding, Gde. Polling, Kr. Weilheim-Schongau, bekannt[538], wobei letztere auf die hallstättischen zurückgehen und nicht umgekehrt. Die Pferdekörper

weichen jeweils voneinander ab; diese Art der Tierdarstellung erweist sich somit als einheimisch-hallstättisch, im Gegensatz zur groben Manier der Haargestaltung für die O.-H. Frey bereits 1987 auf etruskische Parallelen aufmerksam machte[539]. Die Pferdereiter auf den genannten Gürteln sind sehr klein und schematisch wiedergeben. Die Kombination von Adorant und Pferd ist auch von südwestdeutschen Gürtelblechen bekannt[540].

Alle Bilder auf Gürteln (textile Muster, Punktrosetten, Vögel, Räder, Klapperbleche, Kreisaugen, Adoranten, Pferde etc.) sind ihrem Objektträger, also dem Gürtel selbst untergeordnet, dem grundsätzlich und über die Zeiten hinweg wohl auch eine religiöse Rolle zukommt, worauf später zurückzukommen sein wird. Der Gürtel erweist sich somit (seit der Urnenfelderzeit[541]) als hervorragender Träger religiöser (und sozialer) Embleme[542]. Die Trägerinnen der Gürtel mit Pferdestempeln bedienen sich dieses quasi allgemeinen und sozial-elitären Symbols ebenso wie der Adoranten oder abstrakter Icons; Vorbilder sind in Italien zu finden.

3.10 Pferdezähne

Unter der größeren der beiden Situlen in Grab 14/15 wurden ein Lappenbeil und zwei Backenzähne eines Pferdes beobachtet. Zwei wahrscheinlich zusammengehörige, wohl zeitgleiche Bestattungen, ein Körper- und

---

535 Typenbezeichnung nach Kilian-Dirlmeier 1972.
536 Geiger 1994, Taf. 2; 5; 6; 35. Zur Verbindung von gepunzten Bildern auf Gürteln und Bronzeblechschilden: Huth 2003, 88 f.
537 Hennig 2001, 184 Taf. 24,2.
538 Kilian-Dirlmeier 1972, Nr. 580.

539 Frey 1987, 19.
540 Kilian-Dirlmeier 1972 Nr. 391. 404. 425a. 432 (jeweils gereiht, bzw. in Zweiergruppen).
541 Z. B. Kilian-Dirlmeier 1969, 170 ff.; Huth 2003, 88.
542 Kossack 1954, 77; Huth 2003, 85 ff.; Eibner 2000; Fath/Glunz-Hüsken 2011, 263 ff.

ein Brandgrab, befanden sich hier auf einer „Tonwanne". Zwei Situlen und die Breitrandschale wurden neben dem Skelett gesehen, drei Mehrkopfnadeln lagen auf dem Leichenbrand. Die beiden (leicht zu transportierenden) Zähne sind vermutlich stellvertretend für ein Tier dort niedergelegt worden und im Rahmen eines weiter verbreiteten Brauchs zu verstehen. Ob der Pferdezahn unter dem Armknochen der mutmaßlich weiblichen Körperbestattung 181 vergleichbar intentionell zu interpretieren ist oder als verlagerter Anhänger aus der Halskette stammt (beide Möglichkeiten müssen sich nicht ausschließen), ist offen. Ludwig Pauli zählte ihn zu den Stoffwert-Amuletten[543]. Die Beigaben der betroffenen Inventare liefern keinen weiteren equestrischen Bezug.

Markus Egg verwies kürzlich unter Bezug auf anthropologische Analysen aus dem Kröllkogel, Jalžabet, Varaždinstea, Kom. Komàrom-Esztergom, Kroatien, und Süttő darauf, dass „*die Tötung und Mitverbrennung von Pferden zum festen Grabritual der führenden osthallstättischen Elite zählte*"[544]. Im Kröllkogel untermauern mehrere Trensen diesen Aspekt[545]. Schließlich stammt aus dem Vorbau des Tschoneggerfranzl-Tumulus 2 bei Kleinklein vermutlich ein „*ganzer Pferdezahn*"[546]. Janez Dular stellte die Pferde-, sowie die Pferdeteilbestattungen (Pferdezähne, Schädel, Einzelknochen) in Unterkrain zusammen[547]. Ich zähle dort insgesamt 44 Belege, sechzehn enthalten ein vollständiges Skelett, dreizehn Skelettteile, sieben Schädel, sechs Zähne und zwei Einzelknochen. Nur in Libna-Špiler 1/6, Slowenien, fand man außer den Zähnen drei Trensen, die anderen unterkrainischen Gräber mit Pferdezähnen bleiben ohne Geschirrbeigabe. Die Mitbestattung von Zähnen gehört in Unterkrain also nicht zu den häufigsten Praktiken der Pferdeteilbestattung. Auch aus der Steiermark ist Vergleichbares bekannt[548]. In Statzendorf Grab A 9 befand sich der einzige Nachweis des Friedhofs von Equus ferus caballus, das Fragment eines Unterkiefers, in einem Frauengrab mit hohem lokal-sozialem Status (archäologische Bestimmung, Spinnwirtel, neun Gefäße)[549]. Petra Kmeťová und Susanne Stegmann-Rajtár fügten der Liste von J. Dular kürzlich einige osthallstattzeitliche Gräber mit Pferdeschädeln hinzu (Novo Mesto, Gorszewice, Gde. Kaźmierz, Woj. Großpolen, Bratislava-Devín, Slowakei) und verwiesen zu Recht auf deren urnenfelderzeitliche Vorläufer und Wurzeln (u. a. Steinkirchen), auf die meist hohe gesellschaftliche Stellung der so Bestatteten (in Novo Mesto-Kapiteljska njive 16/34 und evtl. in Bratislava-Devín jeweils eine Frau) und auf das Pferd als symbolischen Jenseitsbegleiter, dem man – auch nur teilhaft beigegeben – wohl magische Kräfte zuschrieb[550]. Dabei sei offen, ob die Pferde rituell in funeralem Kontext geschlachtet wurden, um an die öfters gefundenen Schädel, Zähne und Kiefer zu gelangen[551].

Hilke Hennig stellte die Wagen-Pferdepaar-Bestattungen bei Aislingen, Kr. Dillingen an der Donau, und Nersingen-Unterfahlheim als Beispiele für Zugpferdebestattungen aus dem süddeutschen Raum vor[552], wobei dort vollständige Tiere niedergelegt wurden. Ein einzelner Zahn wiederum fand sich in Augsburg-Bergheim Hügel 1[553]. Dank dieser sicheren Belege gewinnen ältere, bislang angezweifelte Beobachtungen von Pferdebestattungen im mitteleuropäischen Raum an Wahrscheinlichkeit[554]. Julia Koch ließ 2006 die Frage nach der Sitte der Mitbestattung von Zugpferden im Westhallstattkreis aufgrund dieser unsicheren Altgrabungen eher offen[555]. Auch zwei der Traunkirchner Gräber enthielten Pferdeknochen (43 und 82 ein Griffelbein und den Dornfortsatz eines Brustwirbels), jedoch kein Geschirr. Fraglich ist, ob es sich hierbei um beabsichtigte „Bestattungen" bzw. deren Reste handelt oder nicht viel eher um zufällig beigemengtes Siedlungsmaterial[556]. Die Deponierung der beiden Zähne aus Hallstatt Gräber 14/15 und ggf. 181 ist trotzdem entweder als stark verkürzte, symbolische pars pro toto Niederlegung für ein Pferd zu verstehen, ein Brauch, der zirkumalpin beheimatet war und, wie z. B. Wagen und Metallgeschirr, meist elitären Männern und Frauen zustand oder die fehlenden Teile eines möglicherweise mitbestatteten Pferdes können aufgrund der Quellenlage nicht nachgewiesen werden. Spezielle Beigaben, die auf eine ausgesprochen religiös-kultische, individuell geprägte Kompetenz dieses Personenkreises hinwiesen,

---

543 Pauli 1975, 132.
544 Egg 2009, 38 f.; 2004, 116 f.; Belege auch bei Koch 2006, 207 Anm. 705.
545 Egg/Kramer 2013, 397.
546 Hansen 2007, 188.
547 Dular 2007. Zum Vorkommen der Pferde- und Pferdeteilbestattungen in Este s. auch Lippert 2008, 86.
548 Lippert 2008, 86 (Saazkogel Hügel 200).
549 Rebay 2006, 190.

550 Kmeťová/Stegmann-Rajtár 2014.
551 Kmeťová 2013, 70.
552 Hennig et al. 2009.
553 Hennig 2001, 67.
554 Aufzählung bei Hennig 2001, 67 ff.
555 Koch 2006, 206.
556 Frdl. Mitt. M. Hochhold-Weninger, Wien.

sind jedoch in keinem Fall zu verzeichnen; eher verankern die equestrischen Belege die bestattete Person zwar im gesellschaftlich gestaffelten Gefüge, letztlich aber auch mythologisch, indem auf „das Pferd" generell, sei es als symbolisches Reit- und Zugtier oder als Begleiter auch im Jenseits, hingewiesen wird. Pferdegeschirr ist in den Pferdezahngräbern nicht kombiniert, sodass die Darstellung eines regelrechten Reiters hier kaum beabsichtigt gewesen sein dürfte. Während gemeinhin vollständige Tiere im Grab eher auf ein Tieropfer deuten, können Teile von Pferden auch mit Speiseopfern in Verbindung gebracht werden (fleischreiche Partien werden von der Opfergemeinschaft verspeist, die fleischarmen der Gottheit geweiht). Denkbar wäre auch, dass man das Fleisch der Pferde am offenen Grab verspeiste und fallweise nur bestimmte Teile wie Zähne oder eben Schädel im Grab deponierte. Gegenüber den noch unpublizierten Inventaren aus der Grabung Kern kommt auch diesbezüglich eine hohe Erwartungshaltung auf, weil das Material des Altbestandes nur Andeutungen auf äußerst schmaler Basis liefert.

3.11 Rosshaar

Während auf reale Textilien als Grabbeigabe in Hallstatt nur indirekt, nämlich über applizierte metallische Ringe und Tutuli oder über an Metall ankorrodierte Textilreste geschlossen werden kann[557], liegen aus den zeitgleichen Salzabbaugebieten zahlreiche Stofffetzen vor, die als Gebrauchstextilien dort sekundär Verwendung fanden. Der größte Teil der eisenzeitlichen Textilien aus Hallstatt stammt aus der Ostgruppe des Bergbaugebietes (Kernverwässerungs- und Kilbwerk, 14C-Datierung 800-400 v. Chr.). Diverse Fadenstärken, Muster, Web- und Nähtechniken sind daher bekannt[558]. Während jedoch der überwiegende Teil aus Schafwolle gefertigt wurde, belegen zwei Webfragmente, dass hier Rosshaar als Schussfaden für eine Brettchenwebborte und einen kettgemusterten Gürtel in Rips zum Einsatz kam[559]. Man nutzte also gezielt die Steifheit der Schweifhaare für Gürtel und wohl gürtelähnliche Bänder, also Objekte, die in der Längsrichtung flexibel, in der Breite jedoch eine gewisse Festigkeit erforderten. Reine stoff-

gewebte Gürtel rollen sich bekanntlich in der Breite auf.

Rosshaar war demnach vorhanden und wurde der Funktion entsprechend, die das fertig gewebte Stück erfüllen musste, zusammen mit Schafwolle, also nicht ausschließlich verarbeitet, denn das Endprodukt wäre sonst als Kleidungsstück wahrscheinlich zu steif ausgefallen. Bei allen im Bergwerk gefundenen Fetzen handelt es sich um Reste ehemaliger Kleidungsstücke, die zwar vormals getragen wurden, nach endgültigem Verschleiß jedoch noch als Putz- und Umwicklungsmaterial im Stollen dienten[560].

Der Nachweis verwebten Rosshaars in Textilien lässt nicht zwingend auf die Haltung von Pferden in oder im Umkreis von Hallstatt schließen, weil die vorliegenden Belege zu gering und Aussagen über ihre ursprüngliche Verwendung zu vage sind. Außerdem könnte man theoretisch gerade bei den Brettchengeweben analog zu Hochdorf[561] an Import denken (s. u.). Eine mögliche religiöse Motivation, die der Verwendung von Rosshaar zugrunde liegen könnte, ist nicht erkennbar, obwohl man z. B. Gürteln eingedenk ihrer Embleme generell eine religiöse und soziale Rolle zuschreiben muss. Waren Gewebe mit Rosshaar verschlissen, verfuhr man mit ihnen jedenfalls genauso wie mit reinem Schafwollgewebe: Sie wurden sekundär unter Tage weiter benutzt.

Das zu postulierende Rosshaar des Kammes auf dem Doppelkammhelm aus Grab 259 wird vermutlich ebenso wie der Helm selbst aus dem südostalpinen Raum gekommen sein[562].

Zeitgleiche Funde, bei denen Schweifhaar verarbeitet wurde, liegen indes aus Uttendorf im Pinzgau, Bez. Salzburg-Umgebung und Hirschaid, Kr. Bamberg vor (Umwicklung einer Klinge), bronzezeitliche nordische Belege[563] zeigen, dass diese Technik eine lange Tradition hat und jeweils nach den lokalen Bedürfnissen angewandt wurde, was sicher auch für Hallstatt und sein wirtschaftliches Umfeld anzunehmen ist. Ungeklärt bleibt, ob man Pferdeschweifhaare als Angelschnüre benutzte, wie für Hochdorf postuliert[564]. Die Angelhaken in den Bestattungen 18/1938, 24/1907, 112/1875

---

557 Fath/Glunz-Hüsken 2011, 254-256.
558 Zuletzt Grömer 2005; 2010; Mautendorfer 2005.
559 Grömer 2005, 35 f.; 65 ff. mit Abb. 20; Grömer/Stöllner 2009, 122; 134 (Hallstatt Textil 123A, 136/1). Reschreiter 2005, 11 (Zitat des Protokolls Ramsauer).
560 Reschreiter et al. 2009, 312 ff.; Grömer/Stöllner 2009, 106 mit Anm. 5. 2010, 281 ff.;
561 Banck-Burgess 1999, 128 (ohne genaue Quellenangabe), letztlich eine Vermutung Hundts (1985, 113), der reisende Händler erwägt.
562 Egg 1978; 1986, 37; 123.
563 Grömer 2010, 66; Banck-Burgess 1999, 218 (Uttendorf), 207 (Hirschaid).
564 Körber-Grohne 1985, 115; dazu Eggert 2007, 280 f.

und 120 (sowie die Harpune aus Grab 91/2007 und ein kleines harpunenartiges Gerät vielleicht aus Inventar 210) könnten zwar als funktionale Geräte benutzt worden sein, gemeinsam mit ihren überörtlichen Parallelen kommt jedoch auch eine symbolische Deutung infrage (Absatz 11.2). Angelschnüre waren hier so gesehen vielleicht gar nicht nötig, mit Sicherheit jedoch nicht nachweisbar.

Bleibt noch zu erwähnen, dass auf der latènezeitlichen Schwertscheide aus Hallstatt Grab 994 die Hengste mit langem Schweif gezeichnet werden, die Stute hingegen ihren Schweif kurz trägt[565]. Nachdem weder über den Herstellungsort des Schwertes Einigkeit besteht noch über die Deutung der Gravur – ob sie sich unmittelbar auf Ereignisse im Leben des Bestatteten, auf das Jenseits oder auf mythische Erzählungen bezieht – bleibt spekulativ, ob (vielleicht aus religiösen Gründen) allein männliche Pferde natürlich ausgefallene Schweifhaare für Gewebezwecke lieferten, die der Stuten hingegen abgeschnitten wurden.

3.12 Fazit

Das Thema „Pferd" und „Wagen" ist im Hochtal auf ganz unterschiedliche Weise dokumentiert, sei es durch Bilder (naturalistisch oder symbolisch) oder Beigaben (umfunktioniert oder verkürzt), auf jeden Fall nicht zusammen, z. B. in Form eines von Pferden gezogenen Wagens. Die religiöse Vorstellung von einer Jenseitsfahrt mit dem Wagen[566] kommt in Hallstatt unter den mindestens ca. 1100 Bestattungen[567] nur in einem Fall zweifellos zum Ausdruck. Sie wird durch geringste Mittel, nämlich ausschließlich vier Achsnägel in Grab 507, demonstriert und findet formale Parallelen in Böhmen. Konstruktive Details wie die Fixierung von vier umlaufenden Ringen an den Nägeln legen ihre lokale Anfertigung nahe. Durch ihr umgebogenes Ende zeigen sie einen montierten Zustand, man assoziiert daher einen fahrbereiten oder fahrenden Wagen. Es handelt sich mutmaßlich um eine echte pars pro toto-Beigabe, d. h. die Nägel stammen wohl von einem realen Wagen, den man wahrscheinlich zerlegte und dessen weitere Metallbeschläge man später, während Ha D1, zu Neuartigem umformte. Möglicherweise stellte die zu vermutende völlige Demontage und Zerstörung des Wagens einen stark religiösen Akt dar. Weiterhin könnte das Rad-Ringgehänge aus Inventar 507 symbolisch auf eine Wagenfahrt der vermutlich hier zusammen mit dem Mann bestatteten Frau hinweisen. Die Verbindung Rad – Gefäß, die das Gehänge impliziert, kehrt prinzipiell sowohl in Hallstatt wieder (Radobjekt 669) als auch an den traditionsreichen kultisch konnotierten Beckenwagen: Zu erwägen ist ein ideeller Zusammenhang, lokal und eigentümlich in Hallstatt umgesetzt, eine traditionelle Symbiose religiös bedeutsamer Zeichen, die bronzezeitliches Erbe spiegelt.

Obwohl ein weiteres originales Wagenteil, der Beschlag einer Nabe, im Beigabenbestand Hallstatts angenommen werden kann (Grab 669), dient dieses nicht primär zur Demonstration eines Wagens, sondern ist Bestandteil eines innovativen Symbolgefüges, allerdings mit zweifachem sinnhaften Radbezug. Es kann – trotz integrierter Speichen – nicht als ausschließliches, dominantes Symbol eines Wagens gesehen werden, weil auf ihm befestigte Miniaturgefäße zusätzlich andere Kontexte schaffen; die Verbindung Rad – Gefäß, die auch hier gilt, ist allerdings von gefäßtragenden Wagen bekannt. Dieser „Fremdbezug", also die Verbindung des Symbols „Rad" mit/an einem anderen Objekt, gilt auch für kleine Räder diverser Fibeln (Gräber 324, 574, 577, 667), deren Semantik letztlich verschlossen bleibt. Auch hier ist durch die Miniaturgefäße ein Gelage- oder Opferbezug gegeben, vielleicht rituelle Handlung unter Verwendung von Opiaten oder ähnlichen Substanzen (Absatz 4.5). In Grab 696 sind die beiden Räder des vergoldeten Dolchgriffs mit dem wohl auf anthropomorphe Vorlagen zurückgehenden Griff verschmolzen (die Knaufstange ist vermutlich intentionell verkürzt/abgetrennt), die stark stilisierte Figur ist daher möglicherweise als fahrende(r) Gefäßträger(in) bzw. hier Radträger(in) zu interpretieren[568] – gleichfalls eine bekannte Kombination.

Die Darstellung eines von zwei Männern gehaltenen Rades auf der Schwertscheide aus Inventar 994 hat eine formale (gegenständliche Waffe, bildliches

---

565 Egg et al. 2006, 195.
566 S. hierzu z. B. Wiesner 1968, 72 f.; 94 f. (Verwendung von Wagen im Totenritual auf geometrischen Vasenbildern); Pare 1987; Schauer 1987.
567 Jüngere Schätzungen gehen von 5000-6000 Bestattungen im Hochtal aus: 1994-2006 entfielen auf eine Fläche von ca. 150 m² 69 Bestattungen. Kern et al. 2008, 121; Fundber. Österreich 2010, 348.

568 Glunz-Hüsken/Schebesch 2015.

Rad und zwei Beinpaare) und daher vielleicht auch eine ideelle Parallele auf einem Dolchmesser aus Oberitalien. Möglich wäre, dass dem frühlatènezeitlichen Krieger aus Hallstatt Grab 994 gedanklich ein zweirädriger (Streit?)wagen zu Lebzeiten real oder im Grab symbolisch zur Verfügung stand. Die vermutlich daher vereinfachte, hier bildliche Darstellung auf der Schwertscheide entspricht einer generell in der Frühlatènezeit zu beobachtenden starken Reduzierung, z. B. der Anzahl von Bronzegefäßen[569], und erschwert eine klare Interpretation.

Allein gestalterisch-plastisch verwandt erscheinen die vielspeichigen Raddarstellungen in den Gräbern 696 (Dolchmesser), 669 (Radobjekt mit Miniaturgefäßen), 507 und 121 (Ringgehänge). Nicht zuletzt durch ihre Mehrspeichigkeit und die realistische Nachbildung einer Nabe (Grab 121) stellen sie einen direkten Bezug zu „Rad und Wagen" her. Alle kommen aus reichen weiblichen Gräbern bzw. einer Doppelbestattung, die pro Inventar auch Goldschmuck (Gräber 669, 696), Gürtelgehänge (Grab 669), Schärpengürtel (Grab 121), Bernsteinschmuck und ein symbolisches Opfertier (Grab 507) führen. Die Vertreterinnen dieser Radmotivik zeigen somit ebenso wie die meist männlichen Wagenbestatteten des Westens und Böhmens ihren sozialen Status[570] und ihre religiöse Rolle an, sei es als selbst opfernde oder Opfertiere zur Verfügung stellende (Grab 507), vielleicht über Opiate verfügende (Absatz 10.6.3) oder Archetypen zeigende Personen (Dolch 696). Es ist daher auch nicht verwunderlich, dass das Radzeichen in Hochdorf und Hallstatt Grab 696 (Dolchmesser) mit dem Edelmetall Gold verbunden ist, auch wenn hier vielleicht jeweils andere Wagen gemeint sind, südlich inspirierte Gefäßträgerwagen einerseits (Hochdorf), vierrädrige heimische Wagen (Grab 696) andererseits. Dies mag die Ambivalenz des von R. Schumann definierten Status-/Prestigegedankens zeigen, bewertete er doch die Beigabe von Gold (generell) wegen seines seltenen Vorkommens als Anzeiger eher von Prestige denn von Status[571]. Zweifellos verstärkt die Verwendung von (lokales Prestige ausdrückendem) Gold die Exklusivität überörtlicher Statusobjekte, zu denen nicht nur Dolche und Wagen, sondern vermutlich auch die mehrspeichigen Radmotive in weiblichen Inventaren Hallstatts zu zählen wären.

Das im Hochtal dokumentierte Zaumzeug beschränkt sich im Wesentlichen auf Zügelhaken, Miniaturknebel, Ringfußknöpfe und Trensen; es wurde überwiegend einzeln und funktionsfremd als „Schmuck" mit Amulettcharakter in ganz unterschiedlichen Gräbern verwendet, männlich und weiblich konnotierten, reicheren und durchschnittlichen und zweimal in Gräbern wohl Nichterwachsener. Man schrieb ihm offenbar eine magische Wirkung zu. Seltene Parallelen beschränken sich auf den südwestdeutschen Raum.

Als eines der raren Bilder eines quasi zeitlosen Reitertyps der älteren Eisenzeit kann die menschliche Plastik aus Bestattung 641 im Verbund mit einer Miniaturaxt gesehen werden. Charakteristische Einzelheiten finden sich an verschiedensten Reiterbildnissen der Hallstatt- und Frühlatènezeit wieder. Persönliche, individuelle Züge sind erwartungsgemäß nicht erkennbar und ergeben sich nur über die Zusammensetzung der anderen Beigaben, die im Verbund eine gewisse Präsentation des Verstorbenen darstellen. Das Objekt wurde möglicherweise zu Opferzwecken benutzt – es lag in einer Bronzeschale, eine daher denkbare umfassendere sakrale Funktion seines Besitzers weisen die weiteren Beigaben nicht aus.

Die absichtlich deponierten Zähne eines Pferdes (unter einer Situla) sind als pars pro toto-Beigabe zu verstehen. Vermutlich ist mit weiteren derartigen Belegen (Zähnen, Knochen) zu rechnen; sie könnten sich unter den nicht verwahrten Tierknochen befunden haben.

Gesamtheitlich betrachtet war man am Salzberg der reduziert-sparsamen (Achsnägel) und ausgeprägt symbolischen Verwendung von Wagenteilen und Reitutensilien verhaftet – ein generell auch im Umland belegtes Phänomen[572] –, indem man sie z. T funktionsfremd als Amulette benutzte oder sie zu „neuen" religiösen Symbolgefügen umformte. Die Darstellung des Besitzes eines Wagens und einer zweifelsfreien Wagenumfahrt, sei es im Diesseits oder als Reise ins Jenseits wie auf den Situlen bildlich und im regionalen Umfeld dinglich bezeugt, wird im Hochtal einmal gegenständlich, und zwar reduziert (und ohne Pferde), ausgedrückt oder materiell bezogen formuliert: Nur der oder die beiden Verstorbene(n) aus Grab 507 werden im Hochtal durch einen (symbolisch angezeig-

---

569 Stöllner 2002, 154; Huth 2003, 267.
570 Nach Schumann 2015, 135 ff.
571 Schumann 2015.

572 Zur Wagenbeigabe im westlichen Österreich und im inneralpinen Gebiet: Schumann 2015, 135-138.

ten) Wagen respektive vier Achsnägel als entsprechend religiös verankert und sozial privilegiert ausgewiesen. Nachahmung erfuhr(en) er/sie nie.

Nach wie vor ist trotz dieser vier Achsnägel und der Nabenverkleidung nicht völlig sicher, ob jemals ein gegenständlicher zwei- oder vierrädriger Wagen, (bewaffnete) Reiter und (deren?) Pferde tatsächlich im Hochtal anwesend waren[573]. Bei allen stets geäußerten Zweifeln sollte jedoch auch bedacht werden, dass gerade Pferde oder Maultiere zur Fortbewegung oder als Lastenträger im alpinen Gelände besonders geeignet sind. Funde und Befunde, die hier besprochen wurden, lassen diesbezüglich nach wie vor keine sichere Aussage zu, schließlich könnte es sich auch um eingeführte „Ware" handeln. Klar ist hingegen, dass die *Ideen* der Wagenfahrt, des Reitens, des Reiters (mythisch und zugleich elitär mit Helm, Panzer und Halsring ausgestattet in Grab 641) und der Mitbestattung von Pferden sehr wohl bekannt waren. Sie alle werden mit geringsten Mitteln real, modellhaft oder bildlich (auf der Schwertscheide 994) demonstriert.

Zwei- und dreidimensionale Raddarstellungen sind als bronze- und urnenfelderzeitliches Erbe zu betrachten; mitunter seriierte Pferde als hallstattzeitliches. Verschiedene hallstättische Objekte mit Rädern (Amulett Grab 669, Fibel Bestattung 324, Gitterradfibeln) enthalten Einzelelemente, die zentrale Bestandteile traditionsreicher und weit verbreiteter Kesselwagen verkörpern (Rad, Gefäß, Torsion); die oft mit diesen verbundenen Vogelfiguren fehlen hingegen.

Wagen (Nabenbeschlag, Achsnägel und symbolische Speichenräder) und Pferd (in Form von Fibeln, Plastiken auf mutmaßlichem Ritualgerät, realem oder amuletthaftem Pferdegeschirr oder als Bilder) gelten als religiös konnotiert (s. Kapitel 1); gleichzeitig zeigen sie den sozialen Status ihrer Besitzer an. Allein aus dem hier behandelten oder erwähnten sepulkralen Fundmaterial eine pferdegestaltige weibliche Gottheit (oder einen zugrunde liegenden Radgott[574]) anzunehmen, erscheint jedoch überzogen; hallstattzeitliche Depots, Brandopferplätze sowie Bildfriese unterstützen eine solche Annahme nicht. Sollten jedoch die Formulierungen „Radgott" und „pferdegestaltige Göttin" die Verankerung dieser Ideen in einem überzeitlichen Mythos implizieren, auf den sich vornehmlich Eliten bezogen, wären sie sicherlich gerechtfertigt.

---

573   Kromer 1986, 82.

574   Egg 2006, 198.

4 Gelage

4.1 Trink- und Speisegeräte

4.1.1 Einführung und Status quo

Zentraler Bestandteil ideell und materiell reich ausgestatteter Gräber und häufig Mittelpunkt der Bildfriese auf Blecharbeiten des 7. und 6. Jhs. ist das Gelage, die gegenständliche oder bildliche Darstellung der unmittelbaren Trankreichung für meist eine Person, bzw. jener Gefäße, die für die Herstellung oder Verteilung des Getränks notwendig waren. Vereinzelt werden auch Geräte, die zur Speisung im weiteren Sinn dienten und ggf. im Rahmen von Opfern benutzt wurden gezeigt (Beil- und Bratspießträger auf der Certosa-Situla; Este-Benvenuti Grab 126: Beil/Axt unter dem Gestell, das zur Aufhängung von Bronzegefäßen dient). Ihre jeweilige Gewichtung auf den Situlenfriesen scheint indes verschieden: Auf der Certosa-Situla wird der Vorgang auf das Bild einer allerdings zentral platzierten Situla und einer benachbarten Amphore reduziert. Den überwiegenden Teil nimmt, je nach Lesart, das Heranbringen notwendiger Opfergeräte ein bzw. jener Beigaben, die für den Bestatteten und die teilnehmenden Personen gedacht sind. Hingegen werden auf den Situlen von Providence, Magdalenska gora und Vače die Gabe eines Tranks durch einen Mundschenk und die dazu benutzten Geräte ausführlich und mehrfach bebildert[575]. Ob dies auf die jeweiligen persönlichen Vorlieben oder auf Ereignisse im Leben des Bestatteten zurückzuführen ist, entzieht sich naturgemäß unseren Erkenntnismöglichkeiten. Unbestreitbar ist hingegen, dass bei Denkmälern, die Gelage zeigen, die Abbildung der Trankreichung einen viel breiteren Raum einnimmt, die als die der Speisung, die ausschließlich durch das Heranführen von offenbar zum Schlachten vorgesehener Tiere bzw. durch das Tragen von Bratspießen angezeigt wird. Man assoziiert daher unwillkürlich die griechisch-mythologische Vasenmalerei, die zwar Speisen abbildet, die Teilnehmer jedoch nie beim Essen sondern vielleicht reduziert und symbolhaft, stets trinkend darstellt[576]. Eine gewisse Abweichung des meist idealisierten Bildprogramms bietet Ziste 13 des Ha D1-zeitlichen Kröllkogels, die Bronzegefäße vielleicht als Siegespreise Doppelauloi spielender Paare veranschaulicht, also nicht als Bestandteil des Gelages. Dennoch kennt auch sie das Motiv gefäßtragender Frauen, hier vergleichsweise isoliert[577]. Markus Egg sieht die eigentliche Aufgabe der sieben gebrauchsunfähigen, weil bodenlosen, figural verzierten Zisten des Kröllkogels nicht funktional, sondern sogar allein darin, Bilder zu zeigen[578].

Bekanntermaßen zwar die Beigabe von Ess- und Trinkgeschirrsätzen während Ha C weit verbreitet und lässt sich bis in die Urnenfelderzeit zurückverfolgen, wie Ch. Jacob beschrieb. Hiervon zeugen beispielsweise die Situlen Typ Kurd, Hajdúböszörmény oder diverse hallstattzeitliche Bronzetassen mit Henkel[579], alles langlebige traditionelle Gefäßformen.

Es war G. Kossack, der in den Metallservicen die Vergegenständlichung religiös-kultischen Geschehens sah, von dem die Friese der Situlen berichten, wie eingangs beschrieben wurde. Er erläuterte, dass insbesondere Bronzeschöpfer und henkellose Schalen wohl kaum dem profanen Trinken dienten, sondern bei Kulthandlungen mit religiösem Hintergrund Verwendung fanden. Er verband die Trinkszenen auf Bildersitulen mit einem *„eng begrenzten und sozial emanzipierten Personenkreis"* und dessen Unsterblichkeitserwartungen, die letztlich in den Religionen des alten Orients gewurzelt hätten[580]. Diese Einschätzung ist bis heute unumstritten[581], gleichwohl Geschirr, insbesondere metallisches, naturgemäß auch im Zentrum sozialorientierter Ausdeutungen steht[582].

In durch Material (z. B. Glas oder Gold) und Form (z. B. Omphalos) ausgezeichneten Schalen herausragender Gräber nordwärts der Alpen sieht B. Kull Spen-

---

575 Huth 2003, 168 ff. (Kompositionsschemata).
576 Nach M. Detienne (1979, 183) hatten sich die griechischen Frauen der geometrischen Zeit von Fleisch fernzuhalten. Im Epos sind Frauen bei den Mahlzeiten der Männer anwesend, teilen jedoch nicht den Genuss des Fleisches.
577 Zum Inventar mit weiterer Literatur: Nebelsick 1992A, 417 ff. mit Abb. 4; Eibner 1993; Huth 2003, 154 f.; Egg 2007, 49 Abb. 12,2; Egg/Kramer 2013, 447 ff.
578 Egg/Kramer 2013, 404.
579 Jacob 1995, 11 ff.; 98 ff.
580 Kossack 1964, 99.
581 Egg/Kramer 2013, 404: *„Der Bronzegeschirrsatz diente dazu, wahrscheinlich religiös motivierte Feste zu veranstalten ..."*
582 Zuletzt Schumann 2015, 235 ff.

deschalen; Kännchen dienten entsprechend dem rituellen Ausschank in eine entsprechende Schale[583]. Auch verkleinerte Gefäße an Dolchen und Fibeln Hallstatts seien dahingehend zu deuten[584].

Christoph Huth erachtet (bildliche und gegenständliche) Schöpfgefäße, Spendeschalen, Opferkessel etc. als Mittel, die Apotheose des Toten, seine Verbindung mit dem Numinosen, durch Trankspende und Speisung anzuzeigen. Das Heilige selbst sei, regional verschieden, in Kessel, Eimer oder tiergestaltigem Gefäß enthalten, es werde bildlich durch die Hydrophore, der priesterliche Funktion zukomme, dem Verstorbenen gereicht[585]. Das *„wichtigste liturgische Gerät"* sei die Spendeschale, weil durch sie der Trank eingenommen werde. Je größer die Wertschätzung, die dem Verstorbenen im Jenseits entgegengebracht werde, desto imposanter, reichhaltiger, qualitätvoller und größer seien auch die Gefäße. Fast immer sei für zwei Personen aufgedeckt, nämlich den vergöttlichten Vater und seinen Nachfolger, den Sohn, woraus sich auch die doppelte Beigabe mancher Objekte erkläre[586].

Stets religiöse Prämisse unterstellend, ist daher zu fragen, wie das Gelage in Hallstätter Gräbern gegenständlich dargestellt sei, in welcher Anzahl bestimmte Gefäße vorhanden und ob kanonische Kombinationen zu verzeichnen seien und schließlich welche einzelnen Funktionen dargestellt würden. Waren Männer und Frauen gleichberechtigt, über begrenzte wertvolle Güter wie Fleisch, Met oder Wein bzw. andere berauschende Getränke und zu verfügen und diese ggf. an Gäste zu verteilen? Wodurch lässt sich evtl. Opfergerät oder spezifisch religiös konnotiertes Geschirr ausmachen? Sind prestigeträchtige südliche Importgefäße (oder deren Nachahmungen und eine damit einhergehende Mediterranisierung einheimischer Trinksitten[587]) in Hallstatt erschließbar?

Ich gehe davon aus, dass sich die Bronzegefäße im persönlichen Besitz des Verstorbenen befanden und primär seiner eigenen Labung dienten, mitunter erweiterte Darstellungen der Bewirtung von Gästen wie in Hochdorf oder ggf. im Kröllkogel inbegriffen[588]. Allein das materielle Vermögen, auch andere versorgen zu können oder über einen Mundschenk zu verfügen (s. Toreutik, ggf. Gefäßbefunde in Großeibstadt[589]), steigerte selbstredend das soziale Ansehen des Bestatteten.

Zahlreiche Arbeiten befassten sich mit unterschiedlich gerichteten Aspekten von Metallgefäßen.

Gerlinde Prüssing legte im Rahmen eines PBF-Bandes die Metallgefäße u. a. aus Hallstatt erneut vor[590]. Zwar verfügen wir somit über eine unerlässliche moderne zeichnerische Wiedergabe und eine formenkundliche Gliederung, aber die sehr schematisch-technischen Abbildungen erschweren eine Zuordnung mit den Angaben bei Kromer 1959. Hinweise zur möglichen Funktion bestimmter Objekte liegen hier nur vereinzelt vor[591].

Ausschnitthaft listete M. Egg 1996 einige metallgefäßführende Inventare aus Hallstatt auf und kam zum Ergebnis, dass die Schwertgräber der Stufe Ha C *„fast regelhaft"* zwei Situlen (eine große und eine kleine mit beweglichen Henkeln) und *„ein oder zwei"* Breitrandschüsseln enthielten. Variiert werde durch verschiedene Bronzekännchen oder Trinkschalen. Auch in Ha D-zeitlichen Inventaren lasse sich dieses Muster beobachten, während in der Folgezeit keine kanonische Beigabe erkennbar sei[592]. Überlegungen zur Bestimmung/Verwendung einzelner Behälter werden (im Rahmen der Strettweg-Studie verständlicherweise) nicht gemacht.

Auch Th. Stöllner konstatierte für Hallstatt (wohl in Anlehnung an Egg) eine *„älterhallstattzeitliche Grundausstattung, bestehend aus ein oder zwei Situlen und einer oder zwei Breitrandschalen"*, die jedoch bei männlichen Inventaren überwiege, nur vereinzelt stehe sie auch Frauen zu. Kleinere Gefäßzahlen kennzeichneten Frauengräber, Bestattungen mit Waffen

---

583   Kull 1997, 375.
584   Kull 1997, 340.
585   Huth 2003, 289.
586   Huth 2010, 145 ff. (Zitat 148).
587   Schier 1998, 513 f. - zur Forschungsgeschichte und Diskussion um die mediterran beeinflussten Trinksitten im Westhallstattkreis zuletzt Schumann 2015, 242 mit Anm. 1332.
588   Dazu z. B. Huth 2010, 149; Egg 1996, 246 („*Die Kreuzattaschenkessel und die Situlen wurden bei der Verteilung der Getränke an die Zecher eingesetzt.*"). In diesem Sinn auch Teržan 2011, 239; Kröllkogel: Egg/Kramer 2013, 486.
589   Kossack 1970, 137 f.
590   Prüssing 1991.
591   Leider verzichtete die Autorin darauf, bei den Metallgefäßen die entsprechende Tafelnummer von Kromer 1959 zu nennen, was insbesondere bei Gräbern mit mehreren Situlen eine objektgenaue Identifikation sehr erschwert. Dies führt insbesondere dann zu Verwirrung, wenn mutmaßliche Vertauschungen genannt werden, s. Prüssing 1991, Nr. 106.140.141.163. Das von Prüssing zitierte „*Barth, Protokoll*" ist im NHM Wien nicht bekannt.
592   Egg 1996, 253 f., wiederholt in Dehn et al. 2005, 244.

enthielten größere Ensembles. Auch in Hallstatt gehe die Anzahl der Gefäße gegen Ende von Ha D1 insgesamt zurück[593]; während LT A herrschten nur noch ein bis zwei Gefäße vor. Tassen, die Schöpfen ermöglichten, würden von Gießgefäßen abgelöst[594], das Trinkservice mit Schale bleibe aber erhalten[595]. Die von Ramsauer erwähnten Keramikstapel lassen Stöllner ebenso an die mögliche Bewirtung mehrerer Personen denken wie Situlen mit hohem Fassungsvermögen. Letztlich bleibe aber unklar, ob Gelageutensilien für den Toten selbst oder die Verköstigung einer Gesellschaft gedacht gewesen seien[596].

Rudolf Echt befasste sich im Zusammenhang mit dem Fürstinnengrab von Reinheim ausführlich mit den verschiedenen generell möglichen Funktionen von Bronzegefäßen während der Hallstatt- und Frühlatènezeit[597]. Sein Überblick verdeutlicht, wie schwierig ein solches Unterfangen ist: *„… ein Urteil darüber, ob die Schale als Trinkgefäß oder Speisebehälter ins Grab gegeben wurde, verlangt eine sorgfältige Analyse der Fundumstände und zahlreiche Vergleiche mit ähnlichen und gegensätzlichen Fällen."*[598] Für die Geschirrausstattungen aus relativ gesicherten westlichen Fürstengräbern der Späthallstattzeit stellt er abschließend drei Regeln auf: Sie seien für Speise *und* Trank gedacht, sie enthielten ein zentrales Großgefäß, das gefüllt nicht mehr zu bewegen war, und eine Goldschale als Spendegefäß. Der Geschirrsatz sei für eine, zwei oder neun Personen berechnet[599].

Zwischenzeitlich liegen zwei große Geschirrkomplexe aus den Gräbern von Eberdingen-Hochdorf und Kappel, die Echt 1999 bereits berücksichtigte, detailliert vor[600]. Genaue Lage- und Befundbeobachtungen der Gefäße von Hochdorf und chemische Analysen des Kesselinhalts ermöglichen Aussagen über die Funktion bestimmter Gefäße und Geräte und ob sie dem Ess- oder Trinkgeschirr zuzuordnen sind[601]. Dabei nehmen der Trinkhornbefund (acht organische und ein eisernes) und die neun Bronzeschalen eine Sonderstellung ein, weil naheliegt, dass acht organische Trinkhörner für die Tafelrunde, das eiserne neunte für den Verstorbenen persönlich gedacht gewesen sein könnten, sich hier demnach die Bewirtung einer Gesellschaft durch einen Gastgeber spiegelt (die Gefolgsleute konnten sich der herausgehobenen Position des „Herrschers" vergewissern). Die Gefäße wären also in diesem Fall nicht ausschließlich für die rituelle Verköstigung des Verstorbenen selbst vorgesehen gewesen, so die gängige These[602]. Dies könnte allerdings auch im Kröll- und im Pommerkogel der Fall sein, gleichfalls Superlative ihres Kreises, die jeweils einen Satz von u. a. neun Bronzetassen enthielten[603]. Für die 28 Metallgefäße des Kröllkogels nimmt M. Egg naheliegenderweise folgende Funktionen an: *„Die Getränke wurden in den großen Situlen gemischt, mit Hilfe der Schöpfer und des Siebes abgeseiht und in kleine Gefäße wie Situlen oder Kreuzattaschenkessel umgefüllt, um sie an die Zecher zu verteilen, die sie dann aus kleinen Bronzetassen tranken. Unklar bleibt, wozu die Bronzevasen dienten … Die Zisten, die keinen Boden besaßen, hatten einen rein dekorativen bis funeralen Zweck".*[604]

Dirk Krauße bringt insbesondere die gestapelten Bronzebecken auf dem Hochdorfer Wagen (und ein sogenanntes Etagengefäß aus Magdalenska gora) mit den übereinander dargestellten Becken der Situlenkunst bzw. etruskischer Grabmalerei in Verbindung, die als Siegespreise bei Wettkämpfen interpretiert werden, womit sich die westliche Elite des 6. Jh. v. Chr. als Nachahmer italischer und südostalpiner Vorbilder ausweise[605]. Nachdem er die Schöpffunktion der Schalen aus Vix, Eberdingen-Hochdorf etc. beschrieben hat[606], kommt er jedoch zum Schluss, dass späthallstattzeitliche Edelmetallschalen *„wahrscheinlich eine kultische Funktion"* gehabt hätten, wobei nicht zu entscheiden sei, ob sie – in Anlehnung an mediterrane Sitten – als

---

593 Zum Wandel der Beigabensitte ab Ha D1 im Westen zuletzt Schumann 2015, 243 ff. mit älterer Literatur.
594 S. beispielhaft die keramische Schnabelkanne aus Grab 20/1938, das auch anthropologisch bestimmt ist (frühjuvenil; Kern 2010, 79).
595 Stöllner 2002, 382 ff. (Zitat 382).
596 Stöllner 2002, 385.
597 Echt 1999, 161-222.
598 Echt 1999, 162.
599 Echt 1999, 169.
600 Eberdingen-Hochdorf: Krauße 1996; Kappel: Dehn et al. 2005.
601 Krauße 1996.

602 Bereits Kossack 1970, 137 f. erwägt in Großeibstadt die Darstellung eines Mundschenks und geht davon aus, dass auch Trinkgefäße in größerer Anzahl gleichsam auf den Bestatteten zielen); Baitinger 1999, 121 und zuletzt Metzner-Nebelsick 2003, 109 sahen die Geschirrsätze unmittelbar auf den Toten bezogen. Zu diesem Aspekt und seinen sozialen Ausdeutungsmöglichkeiten zuletzt Schumacher 2015, 101; 244.
603 Egg/Kramer 2013, 403; 486.
604 Egg/Kramer 2013, 404.
605 Krauße 1996, 295 f.
606 Krauße 1996, 92.

Spendeschalen für Opfer, rituelle Schöpfgefäße oder sakrale Trinkgefäße gedient hätten[607].

Eine tiefgründige und quellenkritisch genaue Bearbeitung der allerdings rein keramischen Geschirrsätze aus Schirndorf liefert R. Hughes. Er untersuchte sowohl die Lage der Gefäße zueinander als auch ihre Aufstellung im Grab; es folgen detaillierte grabbezogene Analysen zu Form und Funktion verschiedenster Keramiktypen (Großgefäße, Stufenschalen, Trink- und Schöpfgeschirr, evtl. vergangene Holzbehälter)[608]. Anzuschließen sind die jüngeren Arbeiten von P. Ettel und H. Hennig über Keramiksätze und Servicebildung[609], die nochmals zeigen, dass die Grundfunktionen rein keramischer Service des Westens jenen metallischer in Ost und West, die ja auch durch Bilder bezeugt sind, entsprechen.

Bekanntlich ist aus Hallstatt sehr wenig Keramik überliefert; den damaligen Gebräuchen gemäß wurde schlecht erhaltene und stark zerscherbte Keramik in der Regel nicht verwahrt. Ursula Brosseder unterzog die wenigen Kermikgefäße Hallstatts einer überregional orientierten Betrachtung und konstatierte fallweise und erwartungsgemäß Beziehungen nach Süd- und Niederbayern, der Oberpfalz, dem Südostalpenraum sowie ins Inn-Salzach-Gebiet[610]. Wie umfangreich die keramische Ausstattung jedoch ehemals gewesen sein muss, lassen einige der von A. Kern modern gegrabenen, bislang aber nur vorläufig veröffentlichten Bestattungen vermuten, auf die ich unten zurückkomme. Wie im West- und Osthallstattkreis finden wir im Hochtal sowohl Metall- als auch Keramikgeschirr, in „reichen" Gräbern erwartungsgemäß miteinander im Verbund, bisweilen nachweislich auch funktional. Nachdem die keramischen Gefäße, mutmaßliche hölzerne[611] oder solche aus Ruten- oder Bastgeflecht in Hallstatt fast gänzlich ausfallen, liegt naturgemäß der Schwerpunkt jeglicher Auswertung auf dem Metallgeschirr, was Th. Stöllner bereits formulierte: *„Besonders im Gräberfeld von Hallstatt ist aber eine Beurteilung vielfach unmöglich, da bis auf Bronzegeschirr kaum weitere Gefäßbeigaben überliefert sind und daher jeder Auswertungsversuch eingeschränkt ist. Somit kann die Bronzegeschirrbeigabe nur von den erhaltenen Bronzegefäßen selbst ausgehen, die in den meisten Fällen beschrieben und erhalten sind"*[612]. Der nachfolgende Versuch einer funktionalen Ausdeutung vor dem Hintergrund religiöser Interpretation steht daher unter Vorbehalt. Die Publikation modern ergrabener Bestattungen könnte diesbezüglich weitere sichere Informationen liefern, allerdings bleiben darunter bislang vice versa Inventare mit Metallgeschirr eine Seltenheit.

4.1.2 Funktionskategorien Trink- und Essgeschirr
(Gräber 507, 220, 298, 299, 505, 577, 12/1889, 574, 504, 125/126, 273, 506, 605, 573, 828, 667, 503, 124/1876, 333, 778, 502, 732/733/734, 682, 130, 868, 597, 994, 13/1939, 697, 263, 236, 271, 660, 910, 600, 696, 569, 671)

Quellenlage

Eine Funktionsbestimmung diverser Gefäße Hallstatts ist erwartungsgemäß mit Unsicherheiten verbunden, weil die Altgrabungen und ihre Dokumentationen bekanntlich nicht immer als verlässlich gelten können und z. B. nachträgliche museale Vertauschungen stattgefunden haben. Diese sind pro Grab allerdings bekannt und betreffen in der Regel Gefäße gleichen Typs, sind folglich in unserem Zusammenhang nahezu gänzlich zu vernachlässigen. Chemische Analysen möglicher Rückstände aus Gefäßen liegen in keinem Fall vor. Weil in Hallstatt Kremation überwog, entfallen Aussagen über eine mögliche Gruppierung der Gefäße und ihre Orientierung im Bezug zum Körper weitestgehend[613]. Den bekannten Grabskizzen ist fallweise zu entnehmen, dass Metallgefäße wohl mehrheitlich in funktionalem Bezug zur Keramik standen (z. B. Gräber 299, 600, 605, 608). Die gesonderte räumliche Aufstellung spezieller Keramikgefäße im Verhältnis zu anderem Geschirr bestätigt bislang nur ein modern untersuchtes Grab (13/1995), das zwei Stufenschalen getrennt von anderer Keramik bezeugt, die zusammen mit einer Bronzeschale lag. Die Identifikation einzelner Bronzegefäße auf alten Grabskizzen ist nicht immer möglich (Idealisierung der Zeichnungen und Protokolle), vorhandene Keramik

---

607 Krauße 1996, 95.
608 Hughes 1999, 98-108; kritisch dazu Huth 2003, 252 Anm. 594.
609 Ettel 1996, 82 ff.; Hennig 2001, 40 ff.
610 Brosseder 2004, 318 ff.
611 Dazu allgemein Schumann 2015, 238 Anm. 1307.

612 Stöllner 2002, 154.
613 Zu diesem Aspekt im Westen: Hennig 2001, 40 f.; Ettel 1996, 90 ff.

nicht immer (vollständig) eingezeichnet (z. B. Grab 14/15, 132). Keramikgeschirr wurde nur dann verwahrt oder im Text erwähnt[614], wenn es komplett erhalten war[615], besondere Befunde wie gestapelte Keramik vorlagen, Keramikgefäße andere Gegenstände enthielten (z. B. Grab 507) oder selbst in welchen lagen (z. B. Grab 912) und unmittelbar in Kontakt oder in der Nähe zu Metallgeschirr vorgefunden wurde. Dieser Punkt ist von besonderer Bedeutung, weil beispielsweise Grab 507 zeigt, dass sich Keramik und Bronzegeschirr erwartungsgemäß auch funktional ergänzten (s. u.). Nach dem Studium der Quellen gehe ich davon aus, dass die Beobachtungen und Aufzeichnungen Ramsauers und Engls bezüglich komplett erhaltener Gefäße und bezeugter Stapelware vollständig und zuverlässig sind, d. h. sie nicht in höherer Zahl vorlagen als hier erfasst. Rückschlüsse auf Anzahl (z. B. Grab 167: 12 Teller), Form, Befund oder Funktion der irdenen Service und Stapelware sind allerdings nur in Einzelfällen möglich (Stapel in den Bestattungen 132, 167, 195, 220, 239, 263, 340[616]). Gerade aufgestapelte Ware lässt, in Analogie zu Eberdingen-Hochdorf und Corminboeuf, Kt. Fribourg, an keramisches Essgeschirr (ggf. möglicher Gäste) denken[617], wobei einschränkend anzumerken ist, dass die griechische Vasenmalerei auch gestapelte Kylikes kennt[618], eine freilich im Hochtal unbekannte Spezies. Die große Anzahl an Keramik der Grabungen durch von Mecklenburg und Kern (bis zu 25 Stück pro Grab[619]) führt anschaulich vor Augen, wie hoch der Verlust bei den Altgräbern generell sein muss[620]. Manche Grabskizze aus der aktiven Zeit Ramsauers wurde nachträglich angefertigt und weicht von seinen Worten und erst recht vom überlieferten Bestand ab (s. u.). Eine Identifikation der nur beschriebenen oder heute vorhandenen Gefäße auf diversen Protokollskizzen ist mitunter schwierig, weil diese zum Teil voneinander abweichen, eine mögliche räumliche Gruppierung der Gefäße zu Ess-/Trinkgeschirr- oder anderen denkbaren Gruppen im Grabraum kaum ablesbar ist und Keramik, da meist kleinteilig zerschert, selten eingetragen wurde. Dies gilt augenscheinlich nicht im selben Maß für die Zeichnungen der Inventare im Oberösterreichischen Landesmuseum Linz, die bislang unpubliziert sind.

Für die Quellenlage exemplarisch steht Grab 132[621]: Die Skizzen verschiedener Protokolle zeigen neben einem Schweineskelett (Kromer 1959 nennt Schwein, Rind, Gämse) fünf Gefäße, die nach der Beschreibung aus Keramik gefertigt waren. Johann Ramsauer nennt indes zusätzlich zwei Bronzegefäße, die jedoch nicht überliefert sind und von denen nur eines evtl. in einigen Skizzen identifizierbar scheint (vermutlich rechts neben den Beigaben). In der Skizze des „Berichts", die die Brandbestattung auf einer minutiös dargestellten „Tonwanne" (mit Rissen) zeigt (unpubliziert, NHM Wien), fehlt hingegen wiederum jegliches Geschirr. Der Ausgräber erwähnt außerdem die Reste zweier verschiedenfarbiger „Teller", die er mit dem Totenmahl verbindet und die weder zeichnerisch noch gegenständlich überliefert sind.

Nur wenige Gräber enthielten offenbar metallisches Speisegeschirr: Inventar 236 führt zwei flache Teller, Bestattung 1001 einen mutmaßlichen Tellerrand, Grab 641 eine „*flache zerbrochene Bronzeschale*" (Zitat Ramsauer), ebenso Grab 1003. Die fragmentierten Reste belegen papierdünne Bronze, was die Frage nach ihrer tatsächlichen Nutzung aufwirft; möglicherweise wurden sie nur zu funeralem Zweck hergestellt.

Große Fleischmesser, Bratspieße und Fleischhaken geben in einzelnen Fällen einen sicheren Hinweis auf die herausgehobene Ausstattung und die Art und Weise der Speisung respektive des kultischen Opfers und Mahls. Nur selten ist ihr Bezug zu einem „sinnvollen" bestimmten Gefäß möglich (z. B. Fleischhaken in Situlen in den Gräbern 260, 263; Beile in Schalen s. u.). Behälter aus organischem Material wie Holz[622], Rinde,

---

614 Zusammenstellung bei Brosseder 2004, 318 ff. mit Anm. 536.
615 Frdl. Mitt. F. E. Barth. Aus den ca. 980 Gräbern der Altgrabungen sind nur ca. 50 Gefäße überliefert. Die 100 Bestattungen der modernen Grabung durch A. Kern lieferten 350 Gefäße: Kern 2011, 414.
616 Die niedrigen Grabnummern könnten darauf hinweisen, dass Ramsauer diese wahrscheinlich wiederkehrenden Befunde in späteren Gräbern nicht mehr verzeichnete. „*Stapel*", „*Stöhse*" (nach Ramsauer) abgebildet bei Kromer 1959, z. B. Grab 220 oder 236.
617 Krauße 1996, 295 f. zum Aufstapeln von Bronzegefäßen. Zu keramischen Belegen aus Oberfranken: Ettel 1996, 83.
618 Z. B. Echt 1999, 194 mit Abb. 59,2.
619 Kern et al. 2008, 130.
620 Die bislang nicht geklärten „Tonwannen" Ramsauers mit z. T. beachtlichen Maßen werden als „Scherbenpflaster" mit gänzlich zerdrückter Keramik in Verbindung gebracht.

621 Kromer 1959, 58 f.
622 Zum Formenspektrum eisenzeitlicher Holzgefäße aus dem Bergwerk (Schalen, Schöpfer, Unbestimmbare) s. Reschreiter et al. 2009, 310 Abb. 3. Einen kleinen Einblick in die unpublizierte Arbeit von H. Reschreiter über

Ruten oder Bast[623] können nur erfasst werden, wenn sie in irgendeiner Form mit Metall (Henkel, Schmuck) verbunden waren. In diesem Sinn könnten rein theoretisch auch schmucklose organische Trinkhörner als weitere „Exoten" im Hochtal vorhanden gewesen sein, wie ein Exemplar aus Frög als einziger Beleg im Ostalpenraum zeigt, zu welchem Hallstatt bekanntlich generell enge Kontakte unterhielt. Östlich der Alpen sind Trinkhörner hingegen in lockerer Streuung durchaus in die Gräber gelangt[624].

Chemische Untersuchungen möglicher Rückstände aus Bronze- oder Keramikgefäßen Hallstatts liegen wie erwähnt nicht vor. Aus der Analyse von Exkrementen des Hallstätter Ostgruppenbergbaus gelang jedoch die Rekonstruktion der Rezeptur eines regionalen Bohneneintopfs, des sogenannten Ritscherts[625]. Ob es auch als Totenmahl der Hinterbliebenen in die Gräber kam, bleibt ggf. Untersuchungen von Gefäßinhalten der jüngst ergrabenen Bestattungen vorbehalten. Nachfolgende Überlegungen zur Funktion einzelner Gefäße Hallstatts und ihrem Vorhandensein bzw. Fehlen (Quellenkritik) sind daher entsprechend fallweise eingeschränkt.

Zwar gelten die narrativen Bilder der Situlendenkmäler mit Recht bis zu einem gewissen Grad als idealisiert, und die Interpretationen des bildlich dargestellten Geschehens weichen in Grundsatz und Detail teils stark voneinander ab (s. Kapitel 1), dennoch macht ihre gegenständliche Wiederkehr in Gräbern Vergleiche hinsichtlich verschiedener Parameter reizvoll[626]. Den sich wiederholenden, abgebildeten Gefäßen auf blechernen Friesen könnte man daher folgende Basisfunktionen zuschreiben, die sich zum Teil jedoch nicht ausschließen bzw. auch gegenseitig bedingen:

- Herstellung/Mischung: Amphoren mit Untergestell (Vače, Magdalenska gora-Preloge, Providence, Sanzeno, Welzelach, Nesactium Grab I/12, Dürrnberg).
- Transportieren: Kessel (Kuffern), Situlen (Certosa, Magdalenska gora, Vače), Zisten (Welzelach, Nesactium Grab I/12, Certosa).
- Lagerung in einem Regal: Situlen (Kuffern, Benvenuti 126), Ziste (Benvenuti 126).
- Schöpfen aus gehenkelten tragbaren Eimern (Magdalenska gora-Preloge; Vače, Sanzeno, Nesactium Grab 12, Dürrnberg); aus stehenden, ungehenkelten Eimern (Welzelach, Providence); aus Amphoren mit Untergestell bzw. Fußgefäßen mit Knauf (Situla Magdalenska gora-Preloge, Bologna Certosa, Ziste Sanzeno, Situla Providence, Situla Dürrnberg-Kranzbichl, Nesactium I/12).
- Einnehmen des Tranks: Schöpfkelle mit langem, geradem Stiel (Magdalenska gora-Preloge, Welzelach, Sanzeno, Dürrnberg-Kranzbichl); Schale (Benvenuti, Vače, Dürrnberg-Kranzbichl), Schöpfkelle plus Schale (Situla Vače, Kuffern); Konischer Becher (Novo mesto-Kandija Hügel III Grab 33).

Augenscheinlich gewährleisten hallstättische Bronzegefäße (wie die anderer Fundorte) zwar generell diese Grundfunktionen (Herstellung/Mischung, Transport/Lagern, Schöpfen und Genuss eines Getränks), betrachtet man hingegen den Bestand in den einzelnen Inventaren, ergibt sich erwartungsgemäß ein differenzierteres Bild. Obgleich alle Gefäße, gleichviel ob aus Metall, Bronze oder Holz gefertigt, ein religiös-kultisches Thema, nämlich das sakral konnotierte Mahl, spiegeln, ist ihre Anzahl und Auswahl stark sozial determiniert: Reduzierte Gefäßbeigabe oder ausschließlich keramisches Geschirr rechtfertigt nicht, dem Verstorbenen quasi eine geringere Religiosität oder schwächeren religiösen Bezug zuzuschreiben als solchen Personen, die man mit umfangreichem Symposialgeschirr ausstattete. Nachdem manchen der auf den Friesen dokumentierten Gefäße auch unterschiedliche sakrale Bedeutung zugesprochen wurde, beispielsweise den Schalen eine andere als den Eimern, soll hier eine differenzierte Betrachtung versucht werden, die sich naturgemäß jedoch nicht immer von der sozialen Ebene trennen lässt. Vorab folgt jedoch zuerst ein genereller Überblick und einige Anmerkungen zum Metallgefäßbestand Hallstatts.

Schalen, Tassen

Im Westhallstattkreis wurden Trinkschalen mitunter aus besonders kostbarem Material wie Gold gefertigt (Eberdingen-Hochdorf, Bad Cannstatt, Wehringen, Apremont)[627] oder importierte exklusive Stücke

---

die Holzgefäße aus dem Kilbwerk bietet Schumann 2015, 204 Anm. 1092.
623 Dehn et al. 2005, 213 ff.; Reim 2009; Egg 1985, 377.
624 Krauße 1996, 177 Abb. 142 Liste 8: 399 ff.; Tomedi 2002, 240; zuletzt Dehn et al. 2005, 196 ff.
625 Barth 1992.
626 Z. B. Egg 1996, 63 ff.

627 S. auch Kimmig 1991; Krauße 1996, 90 ff. Liste: 385. Zum Fehlen von Edelmetall in der Dolenjska-Gruppe

aus seltenem Material als Schalen genutzt (Glasschale Ihringen, Ha D3[628]), wohl weil aus ihnen unmittelbar ein Trank eingenommen, ein Opfer gespendet werden konnte oder sie den Eigentümer besonders auszeichneten.. Indes sind Goldgefäße weder aus reichen Inventaren Hallstatts noch aus dem Osthallstattkreis überliefert. Im Hochtal liegt der Typ aus Bronze, Glas (Tassen der Gräber 502, 733) und Keramik (Bestattungen 124/1876, 507, 573, 732, 828, 912)[629] vor. Nur zwölf Verstorbene erhielten gesichert eine oder zwei metallene Schalen. Diese können formal in drei größere Gruppen eingeteilt werden, und zwar in Beckenschalen (Gräber 260 [zweimal, Dm. jeweils 13 cm], 667 [zweimal, Dm. der überlieferten Schale 22 cm], Abb. 56,1-3), Schalen mit Längsrippenverzierung (Grab 220 Abb. 61, Gräber 503, 732, 778, Dm. 11-13 cm, Abb. 53; 56,4.5) und Schalen mit trichterförmigem Rand (Gräber 299, 333, 298, 124/1876, Dm. 17-20 cm, Abb. 56,6.7)[630]. Die Schale aus Grab 732 (Abb. 56,4) ist formal den klassischen, mediterranen Rippenschalen anzuschließen, weicht aber insofern ab, als sie einen (nicht mehr vorhandenen) Henkel aufweist und damit tassenartig wirkt. Sie befand sich nicht in einer Situla (das Inventar enthält keine), im Gegensatz zu zwei (von vier) echten Importstücken nördlich der Alpen aus Frankfurt-Stadtwald und Poiseul-la-Ville[631]. Den Phialen kommt im mediterranen Raum eine rituelle Spende-Opfer-Funktion zu[632]. Sie dienten auch als Weihegabe an die Götter und als Trinkgefäß beim kultischen Mahl[633], Funktionen, die das Gefäß alleine und formal kaum anzeigt.

Die Metallschalen der Inventare 260, 298, 299 (Abb. 56,1-2.6) wurden dagegen durchaus in Situlen beobachtet, sie könnten also theoretisch hier (auch) als Schöpfgefäße[634] gedient haben. Dabei handelt es sich um zwei Schalen mit trichterförmigem Rand und eine Beckenschale, also nicht um solche mit radialer Rippung, ggf. echte mediterrane oder diese imitierende Formen. Es besteht (analog zu den Befunden z. B. in Vix, Bad Cannstatt, Apremont, Wehringen, Hohmichele Grab 6, Breisach-Gündlingen, Magny-Lambert, Eberdingen-Hochdorf[635] und Salzburg-Maxglan Grab 400[636]) theoretisch die Möglichkeit, dass die Schalen, die Ramsauer *in* den Situlen beobachtete, ursprünglich *auf* einem Brett oder Textilien auf den Situlen standen und erst im Lauf der Zeit in die Eimer fielen[637]. Es müsste sich dann allerdings um nicht metallisch verzierte Textilien gehandelt haben, weil keine solchen Stoffapplikationen in diesen Gräbern nachgewiesen sind. Die ursprüngliche Platzierung der Schalen und damit auch ihre Funktion in den drei Hallstätter Gräbern werden sich aufgrund der mehrfachen Interpretationsmöglichkeiten nicht genauer klären lassen. Jedenfalls steht zum Schöpfen in den Gräbern 298 und 299 auch geeigneteres Gerät zur Verfügung, nämlich eine Kanne mit Hebelgriff (298) und eine mit Rinderkopfhenkel (299). Dergleichen fehlt in Grab 260 (Abb. 50).

Schalen, die bei Schließung einer Grabanlage auf einem Großbehälter platziert und folglich später in ihm geborgen wurden, stellen sinnbildlich kaum primär den Schöpfvorgang dar, wie W. Kimmig einmal vermutete[638]. Vielmehr unterstreicht ihr exponierter Platz vor allem ihre Funktion als Trankspender, weil zum eigentlichen Schöpfen Kannen gedacht waren[639], die freilich bisweilen auch Protomen tragen können; nicht zuletzt weisen ihr zum Teil kostbares Material oder gegenständlichen Kürzel (Rinderprotomen) auf ihren sakralen Charakter hin. Eine derartige Zurschaustellung der Schalen würde man in Hallstatt am ehesten in Grab 507 erwarten, weil es durch den symbolischen Wagen, die vollzählige Darstellung der rituell-symposialen Vorgänge in Metall, zwei symbolische Opfertiere und ein symbolgeladenes feminines „Amulett" ausgezeichnet ist. Der religiöse Akt der Aufnahme eines Tranks wird hier jedoch auf andere Weise demonstriert (s. u.).

Nur die Schalen mit trichterförmigem Rand bilden eine relativ einheitliche Formengruppe. Das Stück aus Grab 299 (Abb. 56,6) fällt dabei durch eine dreizeilige Buckelreihe am Bauch auf. Bei den Beckenschalen weichen der größere Randdurchmesser und der fehlende Standring des vollständig erhaltenen Exemplars

---

des Osthallstattkreises: Jereb 2016, 11.
628 Kistler 2010.
629 An dieser Stelle sind nur jene Keramikschalen gelistet, die in Gräbern mit Bronzegeschirr vorkommen.
630 Bezeichnungen nach Prüssing 1991, 35 ff.
631 Krauße 1996, 93 f.
632 Luschey 1939; Kossack 1964, besonders 103 ff.; Kimmig 1991, 247; Krauße 1996, 90 ff. mit weiterer Literatur; Egg 1991, 215 f. Ausführlich: Echt 1999, 178-200; Nebelsick 1997, 383 f.
633 Z. B. Kilian-Dirlmeier 2002, 201 f.
634 Krauße 1996, 95; Kimmig 1991, 247.
635 Liste bei Krauße 1996, 385 ff.
636 Moosleitner 1996, 323 (bronzene Henkeltasse/Kegelhalsgefäß).
637 Müller 2007, 635 zur möglichen Funktion von Schalen in Vorratsgefäßen (z. B. mit Getreide).
638 Kimmig 1991, 247.
639 Steiner 1999.

aus Grab 667 von dem Schalenpaar aus Grab 260 ab. Auch unter den Schalen mit Längsrippenzier verbergen sich drei verschiedene Formen: An späte etruskische Rippenschalen erinnert das Stück aus Grab 732 (Abb. 56,4)[640]. Die beiden sich ähnelnden Schalen aus der Ha C-zeitlichen Bestattung 503 und aus Inventar 778 (Abb. 53) verbinden senkrechte Rippen, Kreisaugenzier/Buckel und Omphalos, sie gehören also grosso modo zur Familie der Schalen mit Uhrpendelmotiv[641]. Doppelte Rippen im Bereich des Bodens und eine Zickzack-Buckelreihe charakterisieren die Schale aus Grab 220 (Abb. 61). Dieses Winkelband stellt eine Verbindung her zu einer der beiden (von ehemals vier) Keramikschalen aus Grab 507 (s. u., Taf. 2; Abb. 60).

Eine singuläre Schale mit einseitigem stabförmigem waagrechtem Henkel stammt aus dem feminin konnotierten Grab 340. Das Stück ist nicht überliefert, allerdings ist das Gefäß zusammen mit der kombinierten, ebenfalls nicht erhaltenen Situla im Protokoll-Antikencabinett auf Tabula 16 (Abb. 57 s. Taf. 4-57, Skizze Kromer 1959, Abb. 62), dem London-Protokoll bzw. in der Mahr-Kartei abgebildet. Der Randdurchmesser des Gefäßes betrug ca. 15 cm, was sowohl Schöpfen als auch Trinken gewährleistete. Zwar dürfte sich sein horizontal angebrachter Henkel vergleichsweise schlechter zum Schöpfen eignen als senkrecht fixierte an Beckentassen (Gräber 671, 506), aber es belegt nicht zuletzt der nach innen biegende Rand, dass die Bronze weniger zum Trinken als vielmehr doch zum Schöpfen gedacht war.

Die drei bekannten Hallstätter Henkeltassen (Gräber 502, 733, Abb. 69) aus hellgrünem und blauem Glas mit Parallelen in Schalchen-Uttendorf, auf dem Hellbrunner-Berg und in St. Lucia besprach zuletzt Th. Stöllner, seine Zusammenstellung von Formenkunde, Datierung und mutmaßliche Herstellungszentren bedarf daher hier keiner Wiederholung[642]. Zu ergänzen bleibt lediglich, dass sich durch den Nachweis von Henkeln[643] die drei hallstättischen Stücke formenkundlich den südlich verbreiteten anschließen. Nochmals hingewiesen sei auf die beiden Glasschalen aus einem wohl

---

640 Prüssing 1991, 37; Krauße 1996, 93.
641 Z. B. Kytlicovà 1991, 107 ff.; Martin 2009, 81 ff.; Jacob 1995, 65.
642 Stöllner 2002, 155 f. mit Abb. 63.
643 Nach den Berichten des früheren Restaurators Franz Klee (NHM Wien) wiesen alle drei hallstättischen Glasschälchen Henkel auf, waren also vergleichbar mit ihren slowenischen Parallelen.

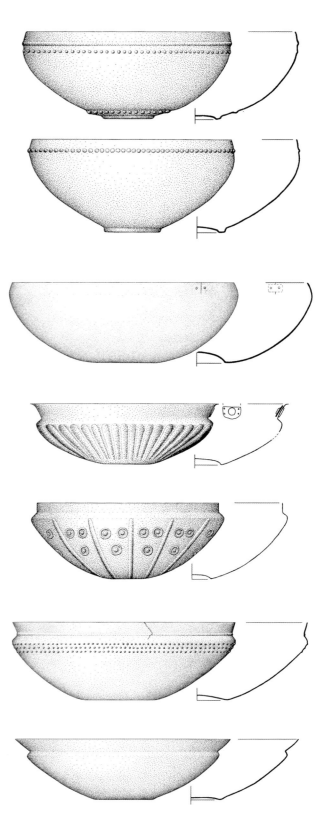

Abb. 56: Schalen aus Gräbern Hallstatts. 1, 2: Grab 260. 3: Grab 667. 4: Grab 732. 5: Grab 503. 6: Grab 299. 7: Grab 333, M 2:5.

sehr reichen Grabhügel aus Šentur-Črnolica, Reg. Spodnja Štajerska, Slowenien, der mittlerweile in einigen Vorberichten bekannt gemacht wurde[644]. Thomas Stöllner verwies auch darauf, dass der Typ aus jeweils „*herausragenden Gräbern*" stamme, was die Zweifel Hodsons stützte, die Hallstätter Gräber 502 und 733 seien nicht geschlossen. Allerdings geben die Aufzeichnungen Ramsauers keinerlei Anlass zu Zweifeln, was vielleicht auch auf eine grundsätzliche Störung bzw. schwierig zu interpretierende Bodensituation (nicht nur) in diesem Areal hindeuten könnte. Bereits Th. Stöllner machte darauf aufmerksam, dass darüber hinaus alle Stücke aus Gräbern mit gehobener Ausstattung stammen, was für ihren Charakter als soziale Statusobjekte spricht, wenn man ihre Chorologie berücksichtigt[645].

Die Keramikschalen repräsentieren teils klare Imitationen metallischer Vorbilder. Hier ist vor allem eine der Schalen aus Grab 507 mit geripptem Unterteil zu nennen (Abb. 60), die metallische „Pendants" in den Ensembles 503 und (dem etwas jüngeren) 778 findet. Grab 828 enthält eine Einzugschüssel aus Keramik mit innerem Graphitsternmuster und eine mittels Zinnstreifen mäanderverzierte Schulter. Dieser Befund erlaubt die Rekonstruktion einer wahrscheinlich ebenso oder ähnlich verzierten Schale aus Grab 573, unter welcher Zinnstreifen beobachtet wurden[646]. Ausschließlich ein aufgemaltes Graphitsternornament trägt die Einzugschale aus Grab 732. Eine „*Topfschale*" (Zitat Ramsauer) ergänzt die Bronzeschale mit trichterförmigem Rand aus Grab 124/1876, erstere ist aber nicht überliefert und entzieht sich daher einer formalen und funktionalen Beurteilung; dieses Ensemble enthielt also evtl. zwei Schalen.

Die Funktion des religiös inspirierten Trinkens übernehmen in Hallstatt also nicht nur klassisch inspirierte Schalen, sondern vermutlich auch die Schöpfer mit Griff (Gräber 273, 409), die Beckentassen (Gräber 506, 671), die gehenkelten Glastassen und die Kelle mit langem Stiel aus Inventar 504, gewissermaßen eine bunte Mischung. Es drängt sich die Überlegung auf, ob Ausstattungen mit ausgesprochenen Trink- oder Spendeschalen in ihrer religiösen Bedeutung anders zu bewerten seien als jene, deren entsprechendes Ge-

Abb. 60: Zwei der verschollenen Keramikgefäße aus Grab 507, ohne M.

rät gleichzeitig eine Schöpf- und Trinkfunktion erfüllt. Die Einnahme eines Tranks mit vielleicht berauschender Wirkung wird als zentrales Thema auf zahlreichen Situlen gezeigt und ist stets dem Hauptdarsteller beim Thronen, Musizieren oder der geschlechtlichen Vereinigung vorbehalten. Offensichtlich nahm man es im Hochtal mit der Form der sakralen Geräte nicht so genau, auch Schöpfgefäße wurden zum Trinken benutzt. Klassische Trankspendefiguren, wie jene auf dem Wagen von Strettweg, und ihre Verwandten tragen immer (regionale) Schalen[647], niemals Schöpfgefäße, d. h. ihre Gestaltung unterlag offenbar sehr wohl bestimmten Kriterien, wahrscheinlich um eine unmissverständliche religiöse Aussage zu gewährleisten.

Schöpfgefäße

Geschöpft wird auf den Bildfriesen ausschließlich mittels gestielten Schöpfern (aus Amphoren und Situlen), nie werden dazu Schalen oder Kannen, wie dinglich

---

644 Egg 1996, 248 f.; Vogrin 1986; Gabrovec 1992, 207 f.; Vrenčur 2013, 84. Zu den Glas- bzw. Holztassen in Situlen Most na Sočis s. Jereb 2016, 13-15.
645 Nach Schumann 2015, 23-36.
646 Ramsauer nennt einen, Kromer 1959 bildet drei Blechstreifen ab.

647 Ein gutes Beispiel für ein regionales Gefäß liefert die Gefäßträgerstatuette aus Gemeinlebarn Hügel 1 (z. B. bei Brosseder 2004, 116 Abb. 79,9)

überliefert, benutzt. Die kellenähnlichen Gefäße weisen einen deutlich über den Mündungsrand hinausragenden Griff auf, und sie sind bekanntermaßen nicht mit den Beckentassen mit Griff oder den Schöpfern mit Griff gleichzusetzen, obwohl auch sie sowohl Schöpfen als auch Trinken ermöglichen. 1964 beschäftigte sich G. Kossack grundlegend mit den Tierkopfschöpfern und den regelhaft kombinierten Schalen (ohne Henkel), mit den Schöpfern und Kännchen mit Hebelgriff und ihren jeweiligen urnenfelderzeitlichen Wurzeln[648]. Tierkopfschöpfer wurden in Hallstatt nicht benutzt, an ihre Stelle treten andere Schöpfgefäße wie Schöpfer mit Griff (Gräber 273 Abb. 58,1, 409), Beckentassen mit Griff (Gräber 506 Abb. 58,2, 671), Kannen mit Hebelgriff (Gräber 125/126, 220, 298 Abb. 58,3, 605), Kannen mit Rinderkopfhenkel (Gräber 220, 299, 500 Abb. 55,1)[649], eine Holzkanne mit wellenförmigem Metallgriff (Grab 130) und eine Schöpfkelle mit geradem Stiel, deren Schale mit Omphalos allerdings stark an Trinkschalen erinnert (Grab 504 Abb. 58,4). Dreimal lagen Kannen bzw. Schöpfer in der Situla und bezeugen somit klar ihre Schöpffunktion (Gräber 125, 273, 605). Ein wellenförmiger Henkel aus Grab 130 gehört wahrscheinlich zu einem (vergangenen) hölzernen Kännchen[650]. Einzig der Typ der Schöpfkelle wurde von L. Pauli mit der Entnahme von Fleischstücken, also eher dem Essgeschirr in Verbindung gebracht, obwohl dafür sicher die zweizinkigen Haken geeigneter waren. Regelhaft dienten die Schöpfer allerdings wohl eher der Flüssigkeitsentnahme[651]. Rückstände von frisch angesetztem Met, nachgewiesen durch Pollenanalyse in einem Schöpfgefäß aus Niedererlbach belegt dies[652]. Keramik- und Metallschalen aus Situlen Hallstatts (Gräber 260, 298, 299, 507, 573) müssen als Schöpf- und/oder Trinkgeräte gelten, sofern spezielle Befunde fehlen, die eine der beiden Möglichkeiten klar anzeigen. Gehenkelte Holztassen, denkbar als Schöpfer und zugleich Trinkgefäß, sind z. B. in Situlen Most na Sočis (Gräber 908, 1586) bezeugt[653] – in den Altgräbern Hallstatts sind sie nicht (mehr) nachweisbar.

Aus Fundverbänden des Hochtals stammen 27, insgesamt zähle ich 31 Breitrandschalen (also vier

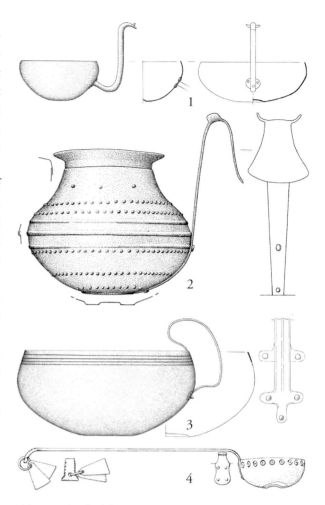

Abb. 58: Schöpfgefäße aus Gräbern Hallstatts. 1: Grab 273. 2: Grab 506. 3: Grab 298. 4: Grab 504, versch. M.

Streufunde), wobei zwischen flach- und tiefbodigen differenziert wird. Ihre Form lässt wegen des breiten Randes generell Teller oder exquisites Serviergeschirr assoziieren. Bislang ist die Gefäßgattung auf den Bildfriesen, auch den Hallstatt am nächsten gefundenen Situlen aus Welzelach und Kuffern, nicht überliefert. Zahlreiche Autoren befassten sich mit der Gattung[654]. Obwohl daher Datierung, Verbreitung, Anzahl in den Gräbern, formale Besonderheiten und ihre Parallelen zum Teil detailliert besprochen wurden, ist ihre Funktion nicht hinreichend geklärt; gerade die verschieden tiefen Böden lassen mehrere Möglichkeiten der Verwendung zu. Dirk Krauße stellte einen Zusammenhang mit dem Fleischopfer her, dem U. Brosseder nach überregionaler Betrachtung überzeugend widersprach. Auch M. Egg nimmt aufgrund anderer Grabverbände (Strettweg, Brünn-Holásky, Schandorf Hügel 41,

---

648 Kossack 1964.
649 Zu den Formen zuletzt Stöllner 2002, 142 f.; Steiner 1999.
650 Stöllner 2002, 156.
651 Prüssing 1991, 48 mit Anm. 2.
652 Rösch 2005, 180.
653 Teržan et al. 1985, Taf. 91; 149. Jereb 2016, Tab. 2, 14 f.

654 Prüssing 1991, 77 ff.; Egg 1996, 110 ff.; Krauße 1996, 289 ff.; Stöllner 2002, 148 f.; Brosseder 2004, 321 ff.; Dehn et al. 2005, 177 ff.

Nagyberki-Szalacska) und der in Hallstatt singulären(!) Vergesellschaftung von drei (oder nach der Skizze mehreren) Bratspießen und einer Breitrandschüssel in Grab 600 an, man habe im Osthallstattkreis die zuvor auf den Obeloi gegarten Fleischstücke auf Breitrandschüsseln den Gästen serviert[655]. Die Grabskizze, die in diesem Fall für Hallstatt die einzige Auskunft über einen Befundzusammenhang gibt, bestätigt diese Möglichkeit keineswegs zwingend, weil kein unmittelbarer Bezug zwischen den Spießen und der Schale besteht, zumal andere Waffen und verrostete Eisenteile dort ebenfalls – und im Hochtal gewöhnlich – auf dem Leichenbrand, und zwar *neben* der Breitrandschale liegend, zeichnerisch dokumentiert wurden. Indes zeigt die Breitrandschale aus dem Hallstätter Grab 912 durch die darin gefundene kleinere Keramikschale an, dass sie wahrscheinlich eine Flüssigkeit enthielt (s. u.). Johann Ramsauer schrieb zu Grab 912: *„… bei den Füßen eine 12 Zoll grohse Bronzeschale, worin sich eine kleine Thonschale befand.“*[656] Offen ist, ob dieser Befund auf die anderen, insbesondere die eher flachbodigen Schalen übertragbar ist. Schließlich ist noch auf die Breitrandschale aus Grab 605 hinzuweisen, die in der Mahr-Kartei mit Knochen befüllt abgebildet ist (Abb. 59 s. Taf. 4-59). Dieser Befund wird allerdings im Protokoll Antikencabinett nicht zusätzlich schriftlich bestätigt, einziger Zeuge ist hier die Zeichnung. Somit ergeben sich für die Breitrandschalen eine oder zwei Verwendungsmöglichkeiten, nämlich als Essgeschirr (Grab 605) und als Flüssigkeitsgefäß (Grab 912), was sich jedoch im Einzelfall nicht zwingend ausschließen muss, weil auch der Genuss fleischhaltiger Suppen denkbar ist. Mit den Breitrandschalen könnte eine bestimmte rituelle Zeremonie verbunden gewesen sein, indem in sie beispielsweise eine geringe Menge Flüssigkeit abgefüllt (Breitrandschalen gehen auffallend oft mit Situlen zusammen) und dann mittels einer kleineren Schale offenbar meist aus organischem Material gereicht wurde oder auf ihnen ein vielleicht besonderes Stück Fleisch serviert wurde. Im Folgenden werden die Breitrandschalen daher keiner bestimmten Funktionsgruppe zugeordnet, weil sie sich sowohl als Speise- als auch als Flüssigkeitsbehälter eignen. Ihre mutmaßlich unspezifische Bestimmung und ihre den Süden aussparende Verbreitung waren vielleicht auch der Grund, warum man sie auf den Friesen nie abbildete, weil es aussagekräftigere Gefäße gab. Eine weitere Besonderheit stellt das Stück aus Grab 569 dar, an dem tordierte Verstrebungen den Schalenkörper mit dem Fuß verbinden. Dieses singuläre Objekt verstärkte die Annahme der Nutzung von Breitrandschalen als generelle Flüssigkeitsbehälter, weil es durch seine Sonderkonstruktion in die Nähe von Amphoren rückt, die vereinzelt gleichartige Streben zeigen[657]. Ein funktionaler Zusammenhang zwischen den beiden Breitrandschalen und einem Fleischopfer könnte in Grab 504 angezeigt sein, weil die Miniaturaxt unter einer der Breitrandschalen aufgefunden wurde; dies bleibt aber ungewiss und wäre nur dann mit einiger Sicherheit gegeben, befände sich die Axt *in* der Schale und nicht unter ihr. Die Inventare 507 und 789 enthalten zwar Breitrandschalen, aber nur die kleineren, nicht unbedingt zum Schlachten geeigneten Griffangelmesser, Inventar 495 hingegen umfasst die Reste eines Griffs, der zu einem Griffplattenmesser gehört haben könnte. Nur in diesem Fall wäre daher ein Tranchiermesser überliefert, einen Bezug zur Breitrandschale, der z. B. durch räumliche Nähe gegeben wäre, bezeugt die Skizze aber nicht; Johann Ramsauer erwähnt hier wie fast üblich *„Thongefäße(n) nebst vielen Thierknochen“*[658]. Andere Waffen oder Geräte sind nie regelhaft oder auf besondere Weise mit Breitrandschalen kombiniert, sodass diesbezüglich kein unmittelbarer funktionaler Zusammenhang herzustellen ist[659]. Die mutmaßlichen symbolischen Opfertierplastiken der Gräber 12/1907, 340, 455 und 507 gehen nur in den Inventaren 340 und 507 mit Breitrandschalen zusammen, ein spezifischer Kontext bzw. Befund besteht zwischen diesen hier allerdings ebenfalls nicht.

Was die postulierte, regelhaft paarige Beigabe von Breitrandschalen betrifft[660], so kann diese für Hallstatt nicht bestätigt werden: Nur zwei Inventare bargen sie

---

655 Egg 1996, 145. Diese Idee wendet Egg (1996, 248) ebenso hypothetisch auch auf das Strettweger Grab an.
656 Bei den von Ramsauer beschriebenen ähnlich lesbaren Befunden der Inventare 135 und 253 handelt es sich um die konischen Füße der Breitrandschalen, die durch Korrosion und Erddruck nach oben gepresst und folglich in den Breitrandschalen vorgefunden wurden. Quelle: Mahr-Kartei, NHM Wien.
657 Z. B. Hallstatt Grab 507, Strettweg. Zuletzt Hansen 2007, 191; s. auch Egg 1996, 76 f. (irrige Grabnr. im Text auf S. 76: die Breitrandschale stammt aus Grab 569); Kossack 2002.
658 Kromer 1959, 114.
659 In zwei Gräbern könnte ein derartiger Kontext zwischen zwei Lappenbeilen und Situlen bestehen (s. Absatz 4.4).
660 Egg 1996, 253.

jeweils doppelt, nämlich 504 und 507, beide wohl Bestattungen (mindestens) zweier Individuen (s. Absatz 4.1.2). Besonders die Breitrandschalen demonstrieren ihre sakrale Funktion durch zahlreiche gestempelte, getriebene oder plastische Embleme (Sonnen/konzentrische Kreise, Kreisaugen, Vögel), klappernde Bleche und Ringe (z. B. Gräber 14/15, 135, 507, 577, 600, 605, 626, 677, 789, 912). Diese Gefäßgattung ist in Männer- (z. B. 135, 235, 260), Frauen- (340, 505, 569, fraglich 732) und geschlechtlich unbestimmbaren Gräbern belegt. Die sicheren Männerbestattungen 607 und 689 enthielten an Metallgeschirr allein Breitrandschalen, alle anderen diverse Gefäßkombinationen.

Mischgefäße (Kratere), in denen vermutlich ein berauschender Trank hergestellt wurde[661], liegen gegenständlich in mehreren Bestattungen vor (Amphoren in 505, 574, Vase in 577). Der Gefäßuntersatz aus Grab 507 steht entweder stellvertretend für eine Amphore/Vase oder das zugehörige Gefäß bestand aus rein organischem Material. Die Fußschale mit Knauf aus Inventar 682 wird ebenfalls als Mischgefäß betrachtet; sie ist sehr eng an Darstellungen von Fußgefäßen auf Situlendenkmälern anzuschließen[662]. Der Kessel aus Inventar 12/1889 gehört zum Typ Bronzekessel mit eisernen Ringgriffen, Variante Hallstatt[663], dem zwei Verwendungsmöglichkeiten zukommen, nämlich die des Mischens von Flüssigkeiten[664] und vielleicht auch die des Transports (was sich nicht ausschließen muss), wie auf der Situla Kuffern zu sehen.

Als mutmaßliche Transport- und Lagerungsbehälter können fünf Zisten (Gräber 271, 299, 660, 769, 910), zwei Kreuzattaschenkessel[665] (Bestattungen 600, 696) und zahlreiche Situlen diverser Formen gelten. Die Funktion der Zisten ist umstritten, chemische Rückstandsuntersuchungen liegen wie erwähnt nicht vor[666]. Gemäß den Bildern aus Nesactium, Certosa und Welzelach, die von Frauen auf dem Kopf getragene Zisten zeigen, gehe ich bei diesen Zylindergefäßen von Flüssigkeitsbehältern aus[667]. Markus Egg erwog für die bodenlosen Zisten des Kröllkogels die Funktion der Abdeckung von Speisen auf einer Unterlage aus organischem Material[668].

Eine singuläre Schale mit Standring, die durch ihre Ringhenkel als Lagerungsgefäß im weiteren Sinn anzusprechen ist (und nicht als Trinkschale[669]), stammt aus Bestattung 910, die aufgrund des Schwertknaufs, des Dosenortbands und der Mehrkopfnadel in Ha C-früh datiert und eine frühe halslose Situla mit angenieteter Bodenschale vom Typ Este enthielt. Üblicherweise werden Kessel und Situlen als Transport- und Lagerungsobjekte von Flüssigkeiten betrachtet, also dem Trinkgeschirr zugerechnet. Im Kessel von Stuttgart-Bad Cannstatt Grab 2 konnte jedoch sicher tierisches Fett, also wohl Fleisch, nachgewiesen werden. Gleiches gilt für die große Situla aus dem frühlatènezeitlichen Dürrnberger Grab 44/2[670] und für einige Situlen aus Bad Fischau (Tierknochen)[671]. Folglich sollte streng genommen nur nach Analyse der Rückstände eine Zuordnung zum Ess- oder Trinkservice erfolgen. Indessen zeigen die Situlen der Hallstätter Gräber 167, 260 und 263 klar, dass sie ebenfalls Fleisch oder eine fleischhaltige Brühe enthielten, weil sie doppelzinkige Haken und Tierknochen (Grab 263) bargen. Bronzene und keramische Schalen in Situlen (Grab 260, 299, 298, 507) bezeugen nicht nur den Schöpfcharakter der Schalen, sondern auch das ehemalige Getränk in den Eimern – will man nicht von einem Eintopf oder Brei[672] ausgehen. Die Situlen, die ja auch zahlenmäßig am stärksten vorliegen, hatten in Hallstatt folglich vielfache Verwendungsmöglichkeiten, sie dienten als Speise-, Trank- und einmal als Leichenbrandbehälter (Grab 667). Denkbar wäre auch, dass

---

661   Zum Nachweis des Inhalts von Amphoren und Kesseln: Körber-Grohne 1985, 93 ff.; Kimmig 1988, 158.; Goppelröder/Rösch 2002, 180 ff.; Hagl 2009, 150 ff. besonders 154 f. - Ein Kessel aus Matelica-Villa Clara, Prov. Macerata, Reg. Marken enthielt über 200 Traubenkerne: Putz 2007, 275.
662   Vgl. Egg 1996, 78 Abb. 41,2; 81 Abb. 43. Zu den Amphoren zuletzt Stöllner 2002, 150 f.; zu weiteren italischen Fußgefäßen: Benedettini 1999.
663   Dehn et al. 2005, 132 ff.
664   Zuletzt Dehn et al. 2005, 141 mit weiterer Literatur.
665   Stöllner 2002, 144 ff.
666   Stöllner 2002, 149 f.; s. hierzu auch Prüssing 1991, 86 f.; Jacob 1995, 118; Sternquist 1967, 122-138.
667   Vgl. Echt 1999, 166, der die Bilder zum Heranbringen von Wasser und Wein deutet. Die sich wiederholende Deponierung von Leichenbrand in Trinkschalen bzw. Kesselwagen (oder eben Zisten) sagt nichts über ihre ursprüngliche, eigentliche Funktion aus.
668   Egg/Kramer 2013, 373.
669   Krauße 1996, 389 Nr. 29.
670   Echt 1999, 165; Stadler 2010, 81 Liste 4.
671   Müller 2007, 636.
672   Stadler 2010, 60; 137: Die Autorin geht zu Recht davon aus, dass Eintöpfe für die eisenzeitliche Bevölkerung von größerer Bedeutung waren als Brot. In Sopron-Burgstall enthielten auch Situlen und Schüsseln ehemals eine dickflüssige Masse: Teržan 1986, 228. Zur möglichen Verwendung von Schalen und Schüsseln in Zusammenhang mit fester Nahrung: Müller 2007, 635-637.

sie die Rolle des Mischgefäßes übernahmen, insbesondere dann, wenn ausgesprochene Amphoren, Vasen o. ä. nicht vorhanden sind. Diese zählt man in Hallstatt in nur fünf Inventaren, was diese Idee vielleicht stützte (Gräber 12/1889, 505, 574, 577 und 682).

Speisegeschirr

Der bisherige Überblick zeigt bereits, dass Geschirr, das z. B. in Eberdingen-Hochdorf als Speisegeschirr gedeutet wurde, nämlich diverse flache Becken und Schalen mit Perlrand, in Hallstatt offenbar nicht vorhanden war. Funktional entsprechende tellerartige flache Schalen und Schüsseln[673] sollten daher mehrheitlich unter der nicht verwahrten Keramik vermutet werden, insbesondere dann, wenn Bratspieße, Fleischhaken, große Tranchiermesser[674] (möglichst in räumlicher Nähe zu Tierknochen) oder keramische Stapelware eine Speisebeigabe wahrscheinlich machen oder klar belegen (s. o.)[675]. Diesbezüglich ist jedes Inventar gesondert zu bewerten. Die fast regelhafte Erwähnung von Tierknochen belegt wohl fast immer die Beigabe von Nahrung[676], wobei das Fehlen dieser Angabe mit großer Wahrscheinlichkeit auf Nachlässigkeiten der Protokollanten und Kopisten zurückzuführen ist (sich stets wiederholende Funde wurden nicht mehr erwähnt) oder entbeintes Fleisch in die Gräber kam. Betrachtet man unter diesem Gesichtspunkt die 24 Gräber der Mecklenburg-Grabung, kommt tellerartige Keramik nur in den Gräbern 20 (Stufenteller), 22 (zwei sehr kleine Teller) und 24 vor; Essensreste oder auf ihnen liegende Tierknochen sind nicht bezeugt. Das Ha C-zeitliche Grab 3/1994 (Feile, Säge, Mehrkopfnadel, Lappenbeil) mit 21 Keramikgefäßen liefert ebenfalls kein ausgesprochen flaches und daher zweifelsfrei ansprechbares Essgeschirr, dafür jedoch mindestens sechs verschiedene innen verzierte Keramikschalen[677]. Prinzipiell könnten auch die stets in Mehrzahl beigelegten Obeloi die Bewirtung von Gästen anzeigen (s. Absatz 4.2); sie erforderten ggf. nicht zwingend Teller o. ä., nimmt man an, es sei direkt vom Spieß gegessen worden.

Eine systematische Untersuchung der Tierknochen aus den Altgrabungen Hallstatts existiert nicht. Nur vereinzelt liegen zoologisch bestimmte Knochen vor (z. B. Grab 263: Rotwild, Grab 13/1995: Rind). Dennoch ist es erstaunlich, dass *bronzenes* Essgeschirr offensichtlich derart unterrepräsentiert ist (evtl. in den Gräbern 641, 236, 393), zumal z. B. die italischen Perlrandbecken der Typen Osovo-Pürgen und Hohmichele, die in Eberdingen-Hochdorf als (lokal gefertigtes) Essgeschirr gelten, geographisch nach Hallstatt passten[678]. Das Hochtal stellte, was den Typ Hohmichele betrifft, ja geradezu das „missing link" zwischen den slowenischen Funden aus Magdalenska gora, Vače und dem tschechischen Hradenín[679] einerseits, und den südwestdeutschen andererseits dar[680]. Erich Kistler definierte die Becken mit zwei- und dreifacher Perlreihe als Anzeiger eines "*... sozialen Beziehungsnetzwerks der älterhallstattzeitlichen ‚Big Men' (...) Symbolisiert und stabilisiert wurde diese binnenhallstättische ‚Handelskameraderie' zur Inganghaltung des Waren- und Güterhandels offenbar durch ein rituelles, zu Gastfreundschaft verpflichtendes Austauschsystem von Zeremonialgerät (...) und Ritualgeschirr (...), zu dem höchstwahrscheinlich auch die flachen Dellenbecken aus Bronze mit ihrer doppelten und dreifachen Perlreihenzier gehörten. (...) All dies prädestinierte die etruskischen Becken geradewegs dazu, bei Begräbnis- oder Weihezeremonien als Beweisstücke einer erfolgreichen gastfreundschaftlichen Vernetzung eingesetzt zu werden, was ihre Deponierung in Elitegräbern und Hei-*

---

673 Die Untersuchung ausgewählter Friedhöfe Baden-Württembergs und Bayerns bestätigt die naheliegende Vermutung, dass flache Keramikgefäße eher mit Tierknochen zusammengehen, hohe dagegen eher flüssige oder breiige Speisen enthielten: Stadler 2010, 60 f. Auch in Slowenien fehlen Teller: Jereb 2016, 13.

674 Ha C-zeitliche Tranchiermesser: Gräber 870, 469. Ha D- und LT A-zeitl.: Gräber 3/1937, 22/1938, 111, 507-Einzelfund, 994, 995, 999, 1025. S. dazu Kern 1999; Egg 1996, 199-205.

675 Bemerkenswert ist das Fehlen von keramischem Essgeschirr im Kröllkogel, der sonst überreich mit Keramik ausgestattet ist. Egg/Kramer 2013, 373.

676 Stadler 2010, 4 f.; Schumann 2015, 72 mahnt, nicht alle Tierknochen der Speisebeigabe zuzurechnen, ohne jedoch realistische Alternativdeutungen vorzuschlagen.

677 Grab 3/1994: Fundber. Österreich 33, 1994, 530; Kern 1995, 97 ff.; Begleitheft zur Wanderausstellung „The white gold of he celts" in Bibracte, Lausanne (2004-5), Neandertal Museum Mettmann (2005), Maaseik, Prov. Limburg, Belgien (2007-8), Foto S. 9; Stöllner 2007, 235; 245 (zu Werkzeugen).

678 Wie Krauße 1996, 317 bereits feststellte, wurde in Österreich bislang keine einzige Perlrandschale gefunden.

679 Ein weiteres Perlrandbecken (Typ Imola-Hundersingen) stammt aus dem Ha D3-zeitlichen Grabhügel 1 in Rovná u Sokolova, Bez. Sokolov, Tschechien. Frdl. Mitt. J. John, Univ. Budweis; s. auch Chytráček et al. 2015, 86.

680 S. hierzu Krauße 1996, 270 ff. Abb. 194; 255 ff. Abb. 184.

ligtümern zur Folge hatte"[681]. Ausweislich der bisherigen Fundlage waren die Hallstätter ‚Big Men and Big Women' offenbar nicht in dieses Netz verlinkt, obwohl die Salzverteilung und die geografische Lage sie hierfür doch prädestinierten. Oder schlugen sich die Kontakte auf andere Weise nieder? Auch das Inn-Salzach-Gebiet (einschließlich Dürrnberg) kennt wohl lokal gefertigte flache Becken (Ha D3: Grab 352[682]), wobei die beiden Stücke aus Sunzing, Gem. Mining, Bez. Braunau am Inn, Oberösterreich, in Vergesellschaftung mit einer Schnabelkanne sicher frühlatènezeitlich datieren. Thomas Stöllner weist darüber hinaus auf einen möglichen Funktionswandel der Becken hin, weil italische auch als Wasch- oder Fußwaschbecken gedient haben[683].

Ordnet man trotz genannter Unsicherheiten die aus Hallstatt überlieferten Bronzegefäße[684] gemäß ihrem Befund und ihrem jeweiligen mutmaßlichen Zweck, den auch die Situlenbilder nahelegen, ergeben sich in den Gräbern folgende Funktionen und Funktionskombinationen (s. Tabelle 1):

- Herstellung/Mischung, Transport/Lagerung/Vorrat, Schöpfen und (unmittelbarer) Genuss/Trinken: Grab 507
- Transport/Lagerung/Vorrat, Schöpfen und Genuss: Gräber 220, 298, 299
- Herstellung/Mischung und Transport/Lagerung/Vorrat und Breitrandschale: Gräber 505, 577, 569
- Herstellung/Mischung und Transport/Lagerung/Vorrat: Gräber 12/1889, 574
- Transport/Lagerung/Vorrat und Schöpfen: Gräber 125/126, 273, 340, 504, 506, 605
- Transport/Lagerung/Vorrat und Genuss/Trinken: Gräber 573, 503, 667, 828
- Ausschließlich Genuss/Trinken: Gräber 124/1876, 333, 778, 502 (gestört), 732-734, 671
- Ausschließlich Herstellung/Mischung: Grab 682 (Fußschale)
- Ausschließlich Schöpfen: Gräber 130, 868, 597
- Ausschließlich Seihen: Grab 994

- Ausschließlich Transport/Lagerung/Vorrat: Gräber 13/1939, 167[685], 217, 236, 263, 271, 307, 458, 465, 547?, 555, 599/600, 603?, 660, 668, 679, 696, 697, 701, 794, 801, 827, 836, 910

Rechnet man die Doppelfunktion einiger Schöpfgefäße dazu (s. o.), ergeben sich folgende zusätzliche Möglichkeiten:
- Transport/Lagerung/Vorrat, Schöpfen und Genuss/Trinken: Gräber 273, 504, 506
- Schöpfen und Genuss/Trinken: Gräber 409, 671

Bereits diese Übersicht zeigt, dass nur in Grab 507 für alle bildlich bekannten Vorgänge des Gelages auch entsprechendes Geschirr vorhanden ist, und zwar für Herstellung/Mischung, Transport/Lagerung/Vorrat, Schöpfen und unmittelbaren Genuss. In allen anderen Bestattungen werden einzelne Vorgänge in verschiedenartigen Kombinationen oder – zahlenmäßig überwiegend – einzeln, also reduziert dargestellt (z. B. ausschließlich Transport/Lagerung). Andere Zwecke wie ausschließlich Genuss/Trinken oder Schöpfen veranschaulichen gleichfalls nur wenige Gräber, Seihen wird in Ha C- und D-zeitlichen Bestattungen nicht demonstriert und kommt erst im jüngeren, LT A-zeitlichen Ensemble 994 einmalig im Hochtal vor. Diese Überlegungen möchte ich nun anhand entsprechender Fallbeispiele veranschaulichen.

Herstellung/Mischung, Transport/Lagerung/Vorrat, Schöpfen und Trinken (Grab 507):

Das Mahl der/des Toten repräsentieren vier unterschiedlich große Situlen, der singuläre Gefäßuntersatz, die beiden Breitrandschalen, vier keramische Schalen, zwei davon nebst Tierknochen in Situlen, und ein Deckel (Abb. 60, 60A-D). Sie stehen für die Herstellung/Mischung (stellvertreten durch das Amphorengestell), den Transport respektive die Lagerung (vier Situlen) und die unmittelbare Darreichung von Speise und Trank. Den Keramikschalen kommt hier eine den Metallgefäßen gleichwertige Funktion zu, nämlich Schöpfen und Trinken, gleichwohl sie nicht die in Hallstatt übliche oberste Qualitätsstufe für Gefäße – also Bronze – einnehmen. Ein ausgesprochenes Schöpfgefäß, eine Kanne beispielsweise, ist in diesem Inventar nicht bezeugt. Seine Aufgabe übernehmen

---

681 Kistler 2010, 75 ff. (Zitat 76 und 72). In diesem Sinn schmückte sich der in Hochdorf Bestattete mit „fremden Federn", weil seine Perlrandbecken lokale Nachahmungen darstellen (Krausse 1996, 316), was wiederum den ideellen Wert echter Importe beleuchtet.
682 Egg/Zeller 2005, 353 (vermutl. Typ Imola-Hundersingen).
683 Stöllner 2002, 153.
684 Zahlreiche Bronzegefäße sind nicht überliefert oder liegen nur stark fragmentiert, also nicht bestimmbar vor (Tabelle 1).

685 Knochen in der Situla.

wahrscheinlich zwei der vier keramischen Schalen, die, zusammen mit Tierknochen, in den Situlen lagen und nicht überliefert sind.

Bei den Situlen, eine henkellose und drei mit beweglichen Henkeln, handelt es sich um zwei große Exemplare mit Einkerbungen auf dem Rand[686] und um zwei kleinere, alle jedoch von verschiedener Größe; der größte Eimer misst 73 cm. Zwei kleine schwarze nicht erhaltene Keramikschalen (5 Zoll/ca. 12,7 cm) lagen laut Protokoll Antikencabinett zusammen mit Tierknochen in jeweils einem Eimer[687]. Der Befund legt ihre grundsätzliche Schöpffunktion nahe, zumal zwei etwas größere Keramikschalen außerhalb der Situlen für die Trankspende zur Verfügung stehen (s. u.). Ob die Tierknochen als Reste einer „festen" tierischen Speisebeigabe, die im Eimer deponiert wurde, oder die Situla als Fleischsuppenbehälter interpretiert werden muss, bleibt dabei offen. Jedenfalls spricht der Knochenbefund dafür, dass die Situlen hier als Speisebehälter dienten.

Die beiden Breitrandschüsseln gehören durch die Merkmale eines tiefen halbkugeligen Körpers, Ringhenkel und Vogelzier dem im Westhallstattkreis beheimateten Typ an[688]. Hartmann Reim verwies darauf, dass die gestempelten Höckerschwäne der Schalen aus diesem Inventar (und jene aus 135 und 600) mit der gleichen Punze gefertigt wurden wie jene auf der Breitrandschale aus Köngen, Kr. Esslingen, sodass das Köngener Exemplar wohl als Import aus dem Hochtal gelten kann[689]. Analog zur Bestattung 912, bei der eine kleinere Schale in der Breitrandschale lag, kann evtl. davon ausgegangen werden, dass der tiefe Gefäßtyp zur Aufnahme einer Flüssigkeit diente. Vielleicht waren sie Bestandteil eines spezifischen sakralen Ritus (Embleme), der unbekannt bleibt.

Obwohl der Gefäßuntersatz keine übliche knaufartige Innenkonstruktion aufweist[690], verrät er durch die tordierten Stützen doch seine Zugehörigkeit zur Gruppe der Fußgefäße, die auf zahlreichen Blechdenkmälern abgebildet sind. Tordierte Stützen wurden dort sogar explizit mittels Schrägschraffur betont[691], was auf ihre besondere, vermutlich religiöse Bedeutung hinweist. Die von Egg vermutete ostalpine Werkstatt, die das Gestell fertigte, verstärkte seine sakrale Funktion zusätzlich durch plastische Vogelreihen, ineinander gehängte Ringe[692], gestempelte Embleme wie Räder[693] und Vögel, alles in italischer Manier[694]. Daher ist die Amphore durchaus auch als italisches Importstück denkbar. Eine Überhäufung mit diesen traditionellen Heilszeichen scheint allerdings eine Spezialität Hallstatts zu sein[695] und weist in hohem Maß auf die jeweilige sakrale Funktion, in diesem Fall und die der zugehörigen Amphore bzw. ihres Inhalts hin. Bemerkenswert ist jedoch eben das Fehlen einer eigentlichen Amphore oder eines adäquaten Mischbehältnisses[696]. Der Nachweis von berauschendem Schlafmohn in einer urnenfelderzeitlichen Amphore vom Bullenheimer Berg mag das Bild insbesondere der Vačer Situla (mittlerer Fries) erhellen, das das Einstreuen von Körnern oder Samen zeigt. Aus manchen Amphoren wurde also nicht nur eine Flüssigkeit geschöpft, sondern auch inhaliert, was die zweite, am großen Fußgefäß stehende Figur, die sich an die Nase greift, unzweideutig zeigt[697]. Halten wir fest, dass das Hallstätter Gestell vielleicht ein amphorenartiges Gefäß aus organischem Material (befüllt mit berauschendem Inhalt?) trug oder dieses pars pro toto ersetzte.

Der bronzene Deckel wurde laut Protokoll Antikencabinett und von J. Ramsauer als „Schale" beschrieben (zeichnerisch in der Mahr-Kartei und den diversen Protokollen belegt, Taf. 2), d. h. er wurde mit dem Knauf nach unten niedergelegt. Ob er quasi originär als Schale

---

686 Zu den buchstabenartigen Marken Egg 1996, 53-61.
687 Es wird nicht angegeben, in welchen Situlen sie lagen.
688 Egg 1996, 126 ff.
689 Reim 1998, 478-482.
690 Egg 1996, 62 Abb. 35; 41,1; 42; 43.
691 Egg 1996, 76-84.
692 Glunz-Hüsken 2008, 54 ff.
693 Sie finden eine gute Parallele auf dem Deckel von Este-Benvenuti Grab 126, worauf schon Polenz 1978, 138 Anm. 43 hinwies, der deshalb eine Fertigung des Gefäßuntersatzes in Este erwog. Hartmann Reim 1998, 478 ff. machte darauf aufmerksam, dass die achtspeichigen Räder auf dem Untersatz Entsprechungen auf einem Gürtel in Rottenburg, dem Streufund einer Ziste aus Hallstatt selbst und einem Situlendeckel erneut aus Este-Ricovero Grab 233 haben, wobei allerdings keine Punzengleichheit vorliege.
694 Z. B. bei Putz 2007, Taf. 19,7; 39; 87; Woytowitsch 1978, Taf. 22; Lo Schiavo 2010, Taf. 718; 720; 721 (Fibeln); Egg 1991, Abb. 6 (Kesselwagen); Montelius 1895, Taf. 314,5.
695 Glunz-Hüsken 2008, 53 ff.
696 Eine mögliche Vertauschung mit den Amphoren der Gräber 505 (mit konischem Fuß) und 577 (Vase ohne Fuß) erscheint nach den Worten Ramsauers und der Entfernung der Grabstellen ausgeschlossen. Das fundortlose Exemplar (Prüssing 1991, Nr. 368) gehört zu Grab 574.
697 Eine weitere Interpretation bei Huth 2003, 168 f. besonders Anm. 370; s. auch Kossack 1964, 98; 104.

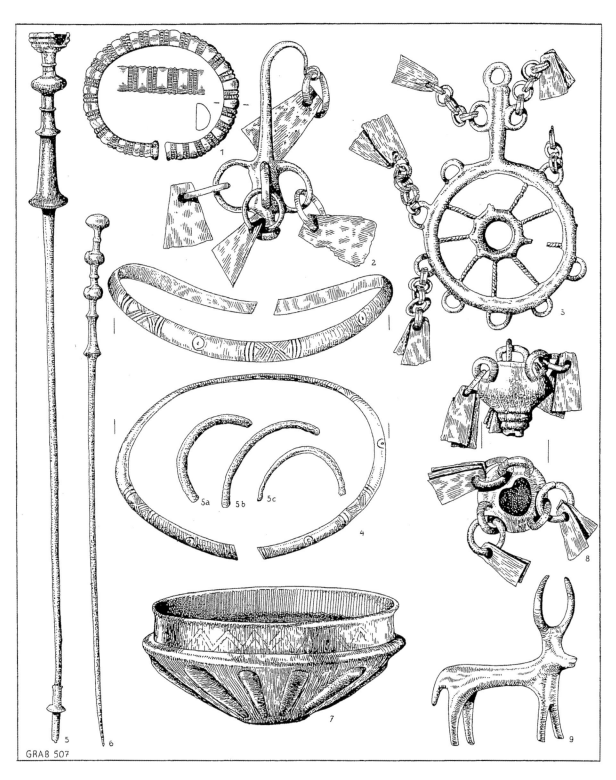

Abb. 60A: Grab 507.

Abb. 60B: Grab 507.

Abb. 60C: Grab 507.

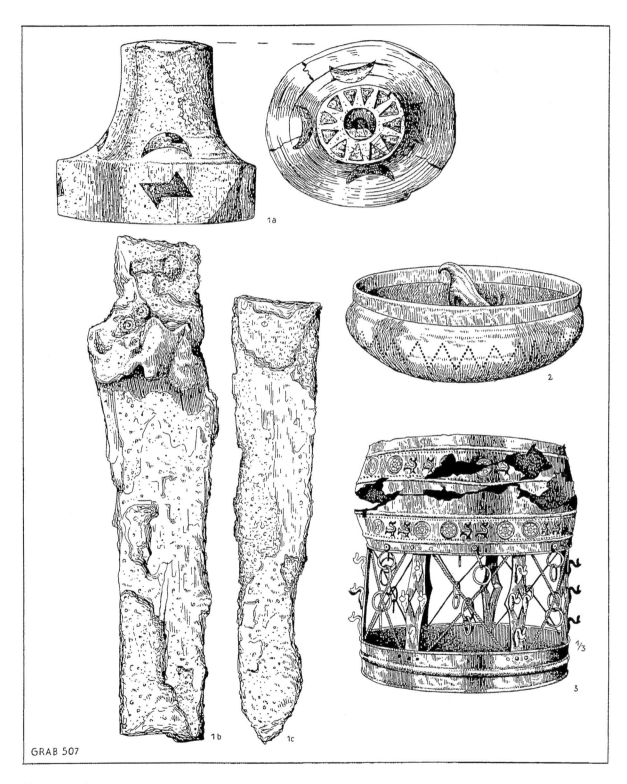

Abb. 60D: Grab 507.

verstanden, also aus ihm getrunken oder gar geschöpft wurde oder ob er repräsentativ für ein Lagerungsgefäß steht, das er vormals verschloss, ist offen. Sicher ist jedenfalls, dass er auf keine der kombinierten Situlen passt[698]. Er könnte auch repräsentativ für eine Ziste stehen, wie die stets mit Deckel verschlossenen Zisten beispielsweise aus dem Kröllkogel bei Kleinklein bezeugen[699]. Ein formal ähnlicher Deckel findet sich in Bologna[700], was enge Kontakte nahelegt oder an ein Importstück denken lässt und somit den sozialen Stand und mögliche Fernkontakte seiner Besitzer anzeigte. War dies sein eigentlicher Zweck? Hier näher zu kommen, erforderte allerdings jeweilige Autopsie und toreutische Analysen, die im Rahmen dieser Studie nicht möglich waren.

Die beiden Keramikschalen (Dm. ca. 20 cm und 32 cm, Abb. 60) mit den hineingelegten bronzenen Rinderfiguren[701] stellen ausgesprochen große Trink-, bzw. Schöpfgeräte lokaler Art dar. Von ehemals zwei Gefäßen ist nur noch eines erhalten, I. Engl hielt das zweite jedoch zeichnerisch fest[702]. Ihre Überlieferung war wahrscheinlich nur den in ihnen liegenden Stierfiguren zu verdanken. Die charakteristischen radialen Rippen der einen, seinerzeit noch erhaltenen Schale wurden bezeichnenderweise vom Töpfer der zweiten Schale nicht nachgebildet; dennoch übernimmt sie funktional die gleiche Aufgabe wie jene, was ihre übereinstimmende Grundform und die in ihnen auf jeweils gleiche Weise deponierte Rinderplastik anzeigen. Wahrscheinlich dokumentieren die in den Schalen gefundenen ca. 800 Bronzeringlein, dass die Figuren ursprünglich in ein metallverziertes Tuch eingewickelt waren[703] oder die Schale selbst in ein solches Tuch gehüllt war. Johann Ramsauer berichtet hier von Ringlein „in" der Schale. Falls Plastik *und* Schale umkleidet gewesen wären, müssten sich die Ringlein auch außerhalb der Schale befunden haben. Dies wird sich jedoch nicht mehr klären lassen, sollte aber aufgrund rein organisch verhüllter Schalen in Vix, Reinheim und evtl. Eberdingen-Hochdorf ebenfalls in Betracht gezogen werden. Dieser Brauch und die Deponierung der Tierfiguren sprechen jedenfalls klar für ihre nicht alltägliche Funktion, der ein religiöser Hintergrund zugrunde liegt, nämlich explizit die Darstellung eines symbolischen Opfertieres in einer Schale bzw. die Einverleibung der ihnen zugeschriebenen Kräfte (vgl. Absatz 3.1).

In Profil und Rippung zeigt die Schale mit senkrechtem Rand und Winkelband große Ähnlichkeit mit der (vielleicht jüngeren) Metallschale aus Grab 778 (Abb. 53) und evtl. auch zum zeitgleichen Stück aus Grab 503, die beide der Familie der Schalen mit Uhrpendelmotiv angehören. Der senkrechte Rand mit Winkelband kehrt sowohl am Beckenwagen von Kánya, Kom. Somogy, Reg. Südtransdanubien, Ungarn[704] wieder, als auch an der Uhrpendelschale aus Veji-Grotta Gramiccia, Reg. Latium, Prov. Rom, Grab 785[705]. Das umlaufende Sternmuster der anderen Keramikschale wiederholt sich an einer Metallschale aus Hallstatt Grab 220 (Abb. 56,3).

Der nach Ch. Huth wichtigste Vorgang, den Gefäße darstellen (können), nämlich den der (unmittelbaren) Trankspende, erfolgt in Grab 507 bemerkenswerterweise durch Keramikgefäße (die sich jedoch optisch an metallische anlehnen), obwohl alle anderen Funktionen durch Metallgeschirr repräsentiert werden. Allerdings erscheinen die keramischen Schalen durch die in ihnen deponierten gehörnten Tierplastiken, ggf. ehemals textil verhüllt, quasi sakral markiert. Die Kraft der Tiere mag durch den Trank, respektive das zuvor erfolgte (symbolische?) Opfer auf den Menschen übertragbar gedacht worden sein, *„heimischer Denkart entsprach es ja, Gefäße zu sakralem Brauch als lebende Körper aufzufassen und ihnen deshalb Glieder anzusetzen, anthropomorphe Hände oder Stierköpfe ..."*[706] – ein durchaus vergleichbares Vorgehen. Auch das Gestell, das für das Mischen einer besonderen Flüssigkeit steht, zeigt durch tordierte Stützstäbe, Ringe, Ringketten und Vogelplastik seine besondere religiöse Rolle an. Geschöpft wurde wahrscheinlich eine Speise mittels zweier Keramikschalen, die zusammen mit den Tierknochen in zwei (der insgesamt vier) Situlen lagen.

Nach der Anzahl der Eimer (vier), Breitrandschalen (zwei) und Trinkgefäße (zwei/vier) beobachte ich in Grab 507 also einen doppelten Geschirrsatz, was die bisherige Annahme einer Kremation zweier Individuen stützt.

---

698 Prüssing 1991, 88-91 Randdm. des Deckels 19,3 cm. Die Randdm. der Situlen betragen 48 cm, 53 cm, 44 cm und 21 cm.
699 Egg 2009, 38; 46 mit Anm. 84.
700 Montelius 1895, pl. 86,10.
701 Wells 1978.
702 Die genaue Gestaltung der verschollenen Schale, insbesondere der unteren Wandung und des Bodens, ist leider unklar. S. Kromer 1959, Taf. 101,2.
703 Fath/Glunz-Hüsken 2011. - Textilkundlich: Banck-Burgess 1999, 63 ff.

---

704 Kossack 1956/57.
705 Müller-Karpe 1974, Taf. 28F.
706 Kossack 1999, 146.

Der Labetrank und eine fleischhaltige Speise für die hier Bestatteten konnte demnach hergestellt/gemischt (Amphore), transportiert/gelagert/aufbewahrt (in Situlen), ausgeschenkt (mittels Schalen) und konsumiert werden, Einzelvorgänge also, die nur die Situla von Welzelach in Gesamtheit zeigt. Situlen mit vollständig überlieferten Friesen erzählen meistens von Herstellung und Ausschank (Vače, Magdalenska gora, Providence, Sanzeno, Dürrnberg), nicht jedoch zusätzlich von Transport (Certosa, Kuffern) oder Lagerung (Gestelle/Regale mit Haken: Este-Benvenuti Grab 126, Kuffern).

Transportieren/Lagern, Schöpfen, Trinken: Gräber 220, 298, 299

Brandgrab 220 wurde reichlich mit Schmuck bzw. Trachtelementen ausgestattet: Zwei quergerippte langfüssige Kahnfibeln[707] datieren es in Ha D1 oder 2. Zur Ausstattung der mutmaßlichen Frau gehören außerdem zwei Brillenfibeln, ein bandförmiger Ohrring, zwölf Kugelkopfnadeln, ein Spiralreif aus Bronzedraht, ein eng gerippter Fußring, vier Armringe aus Bronzedraht, ein konzentrisches Ringgehänge[708], Glas- und Bernsteinperlen, darunter eine Augenperle, ein zungenförmiger Gürtelhaken, ein Griffangelmesser, der Spitzenschutz einer Nadel und schließlich das Trinkservice. Dieses besteht aus einer Situla ohne Tragevorrichtung, einer Kanne mit Hebelgriff, einer Kanne mit Rinderkopfhenkel und einer bronzenen Trinkschale mit Omphalos, die sich durch paarig-radiale Bodenrippen und ein Sternmuster (Aufsicht Boden) aus getriebenen Buckeln an der Wandung auszeichnet (Abb. 61). Dieses Motiv kehrt bei der älteren (verschollenen) Keramikschale aus Inventar 507 (Abb. 60D,2) wieder. Bildlich übersetzt wird der Frau aus Grab 220 mittels Kannen aus Situlen der Trank in der Schale kredenzt. Warum sie über zwei Kannen verfügt, bleibt dabei unklar. Der Fall erinnert an die zwei (verschieden großen) Kännchen aus Kappel, bei denen es sich allerdings um zwei gleiche Typen mit Rinderkopfhenkel handelt. Eines der beiden kam dort als Lesefund zum Vorschein, seine Zugehörigkeit ist daher nicht völlig gesichert. Quellengeschichtlich ist bemerkenswert, dass Ramsauer von ineinander gestelltem keramischen Speisegeschirr in Form von Schalen und Tellern berichtet, sodass sich in diesem Grab demnach vielleicht eine klare Trennung in keramisches Speise- und metallisches Trinkgeschirr andeutet. Vor allem die Kugelkopfnadeln, der Fußring, die beiden Fibeln und das Ringgehänge sprechen für eine einheimische Tracht, vielleicht auch lokale Herkunft der Verstorbenen. Vorausgreifend sei an dieser Stelle nochmals auf den einzelnen Ohrring hingewiesen, in goldener Ausführung das Merkmal einer Elite (s. Absatz 6.1).

Die gleichen Trinkfunktionen werden bei der männlichen Ha C-zeitlichen Brandschüttung 298 durch eine henkellose Situla, eine Kanne mit Hebelgriff und eine Schale mit leicht trichterförmigem Rand und Omphalos gezeichnet. Da für den Schöpfvorgang die Kanne zur Verfügung steht, wird die bronzene Schale, die in der Situla lag, wahrscheinlich zur Trankspende gedient haben. Dies deutet evtl. auch ihr Material an, nämlich Bronze und nicht Keramik. Der Verstorbene wird als Schwertkämpfer dargestellt (Griffzungenschwert Mindelheim, Variante Wels-Pernau), er verfügt außerdem noch über ein Ärmchenbeil und ein kleines eisernes Griffangelmesser.

Dieser Funktionsgruppe gehört auch Brandschüttung 299 an. Das Ha C-zeitliche Inventar beinhaltet männlich und weiblich konnotierte Gegenstände. Zwei sehr kleine Brillenfibeln (L. 3 cm) und vor allem die beiden geperlten Armringe mit einem Dm. von 5,8 cm sprechen ggf. für die Mitbestattung eines Kindes. Ein im 8. Jh. wurzelndes, intentionell fragmentiertes Griffzungenschwert Typ Gündlingen, Variante Steinkirchen, mit Goldblechauflagen am Knauf, ein Ortband Typ Beratzhausen und drei Mehrkopfnadeln stellen männliche Beigaben dar, zwei große (L. 6 cm, 7 cm) und zwei kleine Brillenfibeln, fünf Kugelkopfnadeln und die zu letzteren fast obligatorisch zugehörige konische Lockenspirale feminin konnotierte Beigaben. Zwei geperlte Armringe und der eng gerippte Fußring erweisen sich als geschlechtlich unspezifisch und sind Typen, die sich auf Mitterkirchen und Hallstatt beschränken[709]. Der Gefäßsatz gleicht dem aus Grab 298 und umfasst eine in der Situla ohne Tragevorrichtung liegende bronzene Trinkschale mit trichterförmigem Rand, horizontaler Rippen- und Buckelverzierung sowie eine Kanne mit Rinderkopfhenkel. Quantitativ wird das Set durch eine

---

707 Entgegen der Angabe in der Publikation von Kromer 1959 enthält das Grab nach der Mahr-Kartei zwei Kahnfibeln.

708 Drei rundstabige Ringe verschiedener Größe und jeweils radialer Durchbohrung lassen sich analog zu anderen konzentrischen Gehängen (Tabelle 7) leicht diesen anschließen (s. Gräber 393, 569, 788, 836, 870).

709 Siepen 2005, 35; 133.

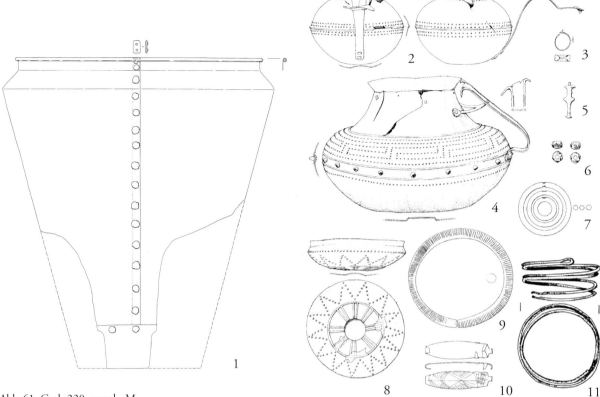

Abb. 61: Grab 220, versch. M.

Ziste mit beweglichen Henkeln (Serie II), Omphalos und nach außen um eine Bleiseele gearbeitetem Rand vergrößert. Ihre kreuzförmige Buckelzier in der obersten Zone bleibt singulär. Eine Vergoldung bezieht sich hier ausschließlich auf das Schwert, zwei sporenartige Goldbeschläge entziehen sich einer funktionalen Bestimmung, würden aber nach ihren Maßen (B. 3,5 cm) ebenfalls zum Schwert passen. Folglich könnten hier also ein Mann, eine Frau und ein Kind oder ein Mann und ein Mädchen bestattet worden sein. Wem im Einzelnen dann die Gefäße zugedacht waren, entzieht sich der Beurteilung; sie, und vor allem die Schale, sind jedenfalls in der Einzahl vorhanden und nicht wie in Inventar 507 doppelt. Eine geschlechtliche Zuweisung der Ziste ist hier naturgemäß nicht möglich, zumal Zisten im Hochtal in Männer- und wahrscheinlich einem Frauengrab (660) bezeugt sind.

Herstellung/Mischung und Transport/Lagerung/Vorrat und Breitrandschale: Gräber 505, 577, 569

Die in Ha D2 zu datierende Brandschüttung 505 zählt zu den reichsten bekannten Frauengräbern der Nekropole, weshalb an dieser Stelle auch andere Beigaben des Inventars überblickartig zur Sprache kommen (s. auch Absatz 6.5). Sie umfasst eine importierte griechische goldene Plattenfibel, zwei goldene Bandohrringe mit Steckverschluss und Kreisaugendekor, zwei goldene Dreipässe und einen Goldblechgürtel mit rhombischem Haken (L. noch 29 cm); Ramsauer erwähnt außerdem einen gewundenen Golddraht (verschollen)[710]. Weiterhin sind aufzuführen: Ein singuläres Halbmondfibelpaar mit plastischen, trinkend dargestellten stilisierten Vierbeinern, ein getriebener Bronzeblechgürtel des Typs „kleine geschlossene Felder" (nur aus Hallstatt bekannt)[711] mit eisernem rhombischen Haken, zwei Buckelarmringe Typ Echerntal, ein gedrechselter Bernsteinring mit kantiger Profilierung und schließlich ca. 81 Glas- und Bernsteinperlen. Das Metallgefäßset, beobachtet neben der Leichenbrandschüttung, setzt sich aus einer Breitrandschüssel mit stabförmigem Querhenkel, zwei Situlen mit Hals und parallelseitigen Attaschen sowie einer Amphore mit umlaufender Kegelnietreihe Typ Hallstatt[712] bzw. Typ Cerveteri[713] zu-

---

710 Sein Verbleib ist unklar, ebenso der des zweiten goldenen Dreipasses.
711 Kilian-Dirlmeier 1972, 106.
712 Prüssing 1991, Nr. 369.
713 Egg 1996, 67 ff.

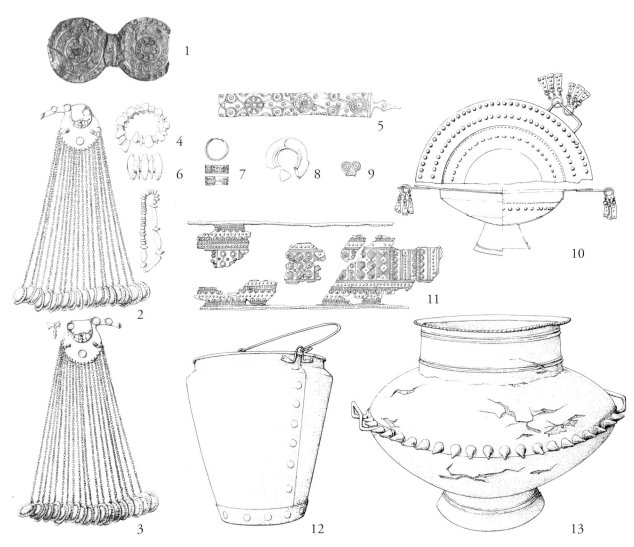

Abb. 62: Grab 505, 1 ohne M., 2-13 M ca. 1:6.

sammen. Keine Erwähnung finden Keramik und Tierknochen, höchstwahrscheinlich muss man sie dennoch ergänzen (Abb. 62). Das Inventar scheint gesichert, Bedenken Hodsons, die Breitrandschale sei wegen der Verteiler mit Klapperblechen ein Erbstück oder stamme aus einer anderen Bestattung[714], sind chronologisch nicht zwingend. Das gilt auch für die beiden Situlen und die Amphore, die sowohl während Ha C als auch D Verwendung fanden[715].

Imma Kilian-Dirlmeier betonte bereits 1972 den polyregionalen Aspekt der Beigaben: Parallelen zu einzelnen Motiven des bronzenen Gürtels (Typ „kleine geschlossene Felder") stammen aus dem Hagenauer Forst, der eiserne rhombische Haken scheint eine hallstättische Zutat, weil er westlich von Bayern nicht gebräuchlich war[716]. Die bronzenen Armringe, das singuläre Halbmondfibelpaar, der Bernsteinring, der goldene Gürtel und wohl auch die Breitrandschale stellen Produkte lokaler Herstellung dar, auch wenn Bernstein und Gold eingeführt wurden. Selbst innerhalb des Goldschmucks können heterogene Züge nachgewiesen werden, worauf zurückzukommen sein wird.

Thomas Stöllner diskutierte eine mögliche lokale Herstellung der Amphore nach italischem Muster, eine Klärung kann freilich nur nach eingehenden Werkstattanalysen erfolgen[717]. Ihre Aufsicht zeigt eine Schrägschraffur des Randes mit Bleiseele, die wohl eine Torsion imitiert, ein Merkmal, das an vielen Metallgefäßen und Geräten, denen man kultischen Charakter

---

714 Hodson 1990, 149.
715 Breitrandschale und Situlen: Prüssing 1991, 80 f.; 68 f. - Amphore: Egg 1996, 76 f. - Situlen und Amphore: Stöllner 2002, 144; 151.
716 Kilian-Dirlmeier 1972, 106. Für die Beratung danke ich Imma Kilian sehr herzlich.
717 Stöllner 2002, 151 mit weiterer Literatur.

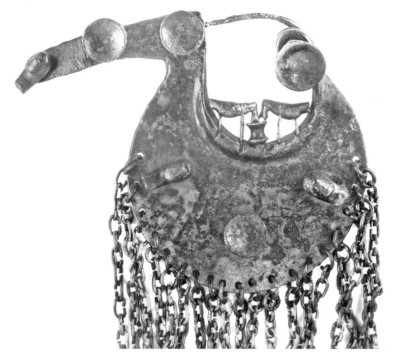
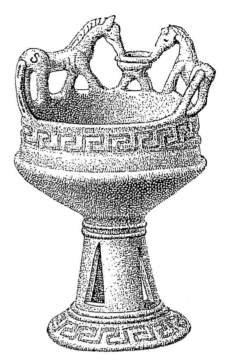

Abb. 63: Detail der Fibel aus Grab 505, M 1:1.

Abb. 64: Fußgefäß Falerii, ohne M.

zuschreibt, zu beobachten ist. Stabförmige Querhenkel an Breitrandschalen verbinden das Stück aus Grab 505 mit zwei Exemplaren aus Strettweg[718]. Die beiden Buckelreihen auf dem breiten Rand finden sich dagegen an Breitrandschalen in Doba und Vaskeresztes, in Westungarn wieder[719] und sind wohl auf die merkantile Verteilerfunktion Hallstatts zurückzuführen.

Aus keinem anderen Grab sind sieben (bzw. sechs massive[720]) Edelmetallobjekte bekannt. Der goldene Gürtel (Taf. 10-124) ist dem gängigen Typ Schrotzhofen zuzuordnen, fällt also ausschließlich durch sein Material auf, Amulette oder Gehänge, die auf seine sakrale Funktion hinweisen könnten, fehlen. Auch die Beigabe zweier Gürtel – das Inventar enthielt zusätzlich einen bronzenen (s. o.) – ist weder in Hallstatt noch im zirkumalpinen Raum ein Einzelfall (s. Absatz 10.5.1). Er ist ebenso eine persönliche Anfertigung wie die singulären Halbmondfibeln mit Tiertrankszene (Abb. 63). Das flaschenartige Gefäß, in das sich die beiden stilisierten Vierbeiner beugen, wird schematisch wiedergegeben und ist nicht unmittelbar realen Großgefäßen anzuschließen. Formal entfernt verwandt scheinen schmal geschnittene Hochhalsschüsseln, die in etwas breiterer Form im Inn-Salzach-Raum, in Bayern und Hallstatt selbst gebräuchlich waren. Sie zählen dort zu den häufigsten Gefäßformen und reichen von spätem Ha C bis D3[721]. Es wird unten zu beschreiben sein, dass nicht wenige Miniaturgefäße Hallstatts offenbar heimischer Keramik nachgebildet sind. Dabei gelten Hochhalsschüsseln als Vorratsbehälter oder als größere Transportgefäße. Das trinkende Tierpaar mag daher einen nährenden Aspekt vermitteln. Das Motiv an sich geht zweifellos auf italische Vorbilder zurück. Es muss sich um eine geläufige symbolisch-mythologische Szene gehandelt haben, weil sie plastisch auf Keramik (Fußgefäß aus Falerii bei Capena, Prov. Rom, Reg. Latium, Abb. 64)[722] und bildlich auf durchbrochenen Gürtelblechen Mittelitaliens[723] zu sehen ist, letztlich jedoch auf die spätgeometrische Vasenmalerei zurückgeht, wie eine Szene einander zugewandter Pferde, die sich über verschieden gestalteten Tränken begegnen, bezeugt[724]. Zwei aufgesetzte Vögel (Enten) auf der Fibelkrempe verkörpern wohl einen transzendenten Bezug[725]. Theriomorpher Besatz wie Vögel auf Halbmondfibeln und

---

718 Prüssing 1991, 78.
719 Egg 1996, Abb. 73.
720 Das Goldblech der Plattenfibel wurde auf einer Knochenunterlage befestigt.

721 Stöllner 1996, Taf. 57 C19; 63 B1; 101; 298; 2002, 179.
722 Montelius 1895, Bd. 2,3 Taf. 322,4.
723 Weidig 2014, 210, 207 Abb. 64a Motiv 3 (Campovalano-Coccioli, Prov. Teramo, Reg. Abruzzen, Grab 115; Gioia dei Marsi, Prov. L'Aquila, Reg. Abruzzen, necropoli di Alto Le Ripe o Castelluccia).
724 Coldstream 1968, pl. 13d; pl. 14c; 29b,c. Datierung: spätgeometrisch II (730-690 v. Chr.).
725 Kossack 1999, 26; Frey 2001, 92; Huth 2003, 194 f.

Fibeln geht generell auf entsprechende Verschlüsse Unteritaliens zurück[726] und verbindet erstaunlich ähnliche Prunkfibeln aus Hallstatt Grab 94/1873 mit Stanz, Bez. Landeck, Tirol, Wörgl, Bez. Kufstein (Gräber 36, 257), Stična Gde. Ivančna Gorica, Reg. Unterkrain, Slowenien und vermutlich Aquilea, Prov. Udine, Reg. Friuli-Venezia Giulia[727]. Auch die Hortfunde von Fließ und Dercolo, Prov. Trento enthielten zu besagten Halbmondfibeln passende Anhängerscheiben[728]. Ob sie von der fragmentiert überlieferten, durchtrennten Fibel aus dem benachbarten Stanz stammen, der vier Anhänger fehlen, oder sich als echter Import aus Mittelitalien herausstellen, weil entsprechende Scheiben auch aus Tarquinia bekannt sind[729], bleibt offen. Angesichts der abruzzesischen Panzerscheibe und des mittel- oder süditalischen Fragments eines flachen Beckens mit Flechtbandzier in Fließ[730] erscheint auch letzteres möglich. Ein einzelner Anhänger stammt schließlich aus Greifenstein, Gem. Jenesien, Prov. Bozen[731].

Kehren wir zu den hier im Mittelpunkt stehenden Bronzegefäßen zurück: Obwohl das in Hallstatt eher seltene Braugefäß in Gestalt der Amphore vorhanden ist, fehlen metallische Schöpfer und/oder Trinkschalen. Unwahrscheinlich, aber nicht ausgeschlossen ist, dass sie in keramischer Ausführung vorlagen, da sie sonst, vielleicht wie in Grab 507, unmittelbar in oder bei den Metallgefäßen beobachtet worden wären (vgl. auch die Grabskizze bei Kromer, die eine Identifikation der Gefäße erlaubt). Leider wurden vom Ausgräber keinerlei Keramikgefäße genannt oder zeichnerisch festgehalten.

Es gibt in Hallstatt nur ein weiteres Grab, das gleiche Metallgefäßtypen enthält, die daher auch die gleichen Funktionen erfüllen, nämlich Brandschüttung 577 (Abb. 65). Unstimmigkeiten betreffen einen Armring und eine Brillenfibel, die von Ramsauer und folglich in verschiedenen Protokollen nicht genannt werden, in den Skizzen aber eingezeichnet sind. Hier ist nach allgemeiner Auffassung eher dem geschriebenen Wort zu trauen, weil die Bilder oft nachträglich angefertigt wurden und dort eine gewisse Idealisierung, „Verschönerung" und Gewichtung festzustellen sind. Das Inventar gehört u. a. durch die Antennenwaffe Typ Hallstatt in Ha D1. Es enthält eine Breitrandschale ohne Fuß mit auf dem Rand punzierten Kreisaugen und Vögeln (keinem Typ zuweisbar), eine Situla mit unbestimmten Attaschen (H. 23 cm) und eine Vase der Form Hallstatt[732] bzw. Cerveteri[733], die eine enge Parallele im Kröllkogel findet[734]. Ein bronzener bandförmiger Spiralhaarschmuck und zwei Gitterradfibeln mit insgesamt 16 Miniaturgefäßen repräsentieren evtl. einen weiblichen Aspekt, der durch die vielleicht kombinierte Brillenfibel und evtl. den Armring verstärkt würde (drei Fibeln). Denkbar wäre umgekehrt jedoch auch die Zuweisung der paarigen Gitterradfibeln zu einem Mann, sonst einzeln in Männergräbern, sowie, entgegen der Lehrmeinung, auch die Brillenfibel (Brillenfibeln in Bestattungen mit sonst rein männlich Konnotiertem: 16/1907, 131, 175, 388; s. dazu auch Kapitel 13). Der Dolch, ein eisernes Lappenbeil, Eisenwaffen und eine unbestimmbare eiserne Spitze als Rest einer denkbaren Waffe oder eines Gerätes sprechen für die Bestattung eines Mannes, sodass summa summarum auch eine bigeschlechtige Doppelbestattung vorliegen könnte. Keramik, Tierknochen und Eisenwaffen wurden zwar verzeichnet, sind jedoch nicht überliefert. Außer den Metallgefäßen zeigt die Grabskizze – im Gegensatz zum Bild zu Grab 505 – deutlich vier Keramikgefäße an, die neben den metallenen außerhalb der Leichenbrandstreuung aufgestellt waren. Ihre genauere Bestimmung aufgrund der Zeichnung ist nicht möglich. Ob sich unter ihnen die „fehlenden" Trinkschalen verbargen, bleibt daher offen.

Als ausgesprochen symbolgeladene Beigaben gelten die Gitterradfibeln und der Dolch. Der Dolchgriff stellt einen Menschen in wehrhafter Position dar. Er gehört zu den wenigen, die alle für das Erkennen eines Menschen anatomisch notwendigen Körperteile zeigen (die Körpermitte/ggf. ein angezeigter Gürtel bestanden hier komplett aus organischem Material)[735]. Die pompöse Gitterradfibel besteht aus einem doppelten Radkranz, der mit zwölf Miniaturgefäßen, Verkleinerungen heimischer Hochhalsschüsseln, besetzt ist. Fünf Stäbchen-

---

726 Kossack 1998; Glunz 1997, 55; 149; Kossack 1999, 23 f.; Beispiele bei Lo Schiavo 2010, Taf. 69-71; 698-725.
727 Stična: Teržan 1990, Abb. 11,12. Zemmer-Plank 1990. Kossack 1999, 88 Abb. 61. - S. dazu auch Glunz-Hüsken 2008, 48 Anm. 157 (u. a. Nachweis Aquilea).
728 Sydow 1995, Taf. 41; 113; 114. 114. Dercolo: Museum Ferdinandeum, Innsbruck.
729 Iaia 2004, Fig. 16B,8.
730 Egg 2016, 268.
731 Rizzi 2002, 372, Fig. 8. weitere nannte Steiner 2010, 187.

732 Prüssing 1991, Nr. 306 (dort als Amphore geführt). Zur Unterscheidung s. Egg/Kramer 2013, 241.
733 Egg 1996, 67 ff.
734 Egg/Kramer 2013, 241.
735 Glunz-Hüsken/Schebesch 2015.

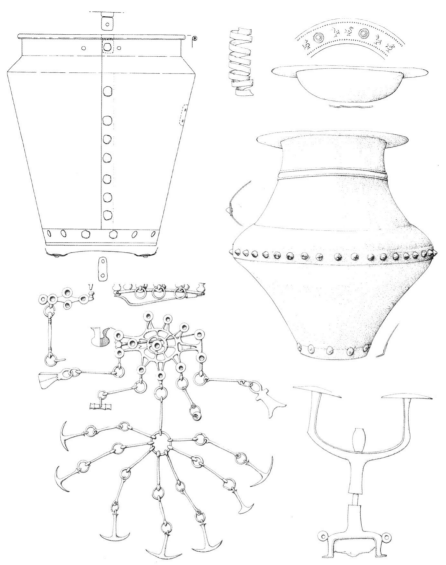

Abb. 65: Grab 577, versch. M.

ketten tragen verschiedene kleine Anhänger, die mittlere wiederum ein größeres siebenteiliges Gehänge mit ankerförmigen Anhängern. Die zweite, kleinere Fibel besteht aus einem rhombischen Grundkörper, auf den vier Miniaturgefäße und kleine Ringe aufgesetzt wurden. Das Stück ist nicht vollständig überliefert, beidseitig zu vermutende Gehänge mit Anhängern fehlen teils. Diese singulären Objekte vereinen also ausgesprochen religiös konnotierte Themen, die jedoch nicht alle interpretierbar sind. Erkennbar sind jedoch Speise und Trank bzw. das Gelage, vielleicht das Opfer im weitesten Sinn (Miniaturgefäße), das Rad (Wagen) bzw. das Sonnenzeichen sowie Mann und Frau (die beiden äußeren anthropomorphen Anhänger).

Die Darstellung der Trankspende mittels Metallgeschirr der/des Verstorbenen wird in Grab 577 reduziert auf die gegenständliche Amphore, die Situlen und die Breitrandschale, beschränkt sich also auf Herstellung und Lagerung, wobei die Rolle der Breitrandschale verschlossen bleibt. Der Topos der eigentlichen Trankspende mittels einer „angemessenen" Metallschale fehlt, oder ist unter der nicht erhaltenen Keramik zu vermuten.

Herstellung/Mischung und Transport/Lagerung/Vorrat: Gräber 12/1998, 574

Die gleichen Funktionen, nämlich Herstellen/Mischen und Transportieren, sind in Körpergrab 12/1889 (Ha D2-3) dargestellt, allerdings ist hier ein Kessel mit eisernen Trageringen der Form Hallstatt vertreten. Er bleibt im Friedhof singulär. Die Kombination mit einer Situla kehrt in Kappel wieder[736]. Eine Besonder-

---

[736] Dehn et al. 2005, 130 ff.; 155 ff.

heit stellt die Beigabe von fünf eisernen Oberloi mit Ringgriffen dar und die Tatsache, dass es sich um eine Körperbestattung handelt. Die noch vorhandenen und zuweisbaren Knochen[737] weisen einen 20-30 Jahre alten Mann aus. Zwei Lanzenspitzen und ein Tüllenbeil unterstreichen diese Bestimmung. Das Griffplattenmesser mit Knochengriff und geknickter Klinge (Hiebmesser, Fleischmesser, Variante Hallein nach Stöllner) kommt auch in Frauengräbern vor[738] und weist neben den fünf Spießen auf die Beigabe von Fleisch hin. Eine denkbare Bewirtung mehrerer Teilnehmer am Mahl (fünf Obeloi) zeigen weder die Metallgefäße noch die anderen Beigaben an. Lanze (Spieß), Messer und Beil werden auf den Situlenbildern zum Zweck der Jagd und Opferung benutzt, allerdings immer nur zwei in Kombination[739]; der Aspekt „Jagdwaffen – Opfergeräte – Fleischkonsum" wird hier also deutlich kenntlich gemacht.

Der Kessel gehört der wenige Stücke umfassenden Gruppe mit umgebördeltem Rand an, die außerdem Objekte aus Uffing am Staffelsee, Kr. Garmisch-Partenkirchen, Oberbayern und in Hallein-Dürrnberg umfasst. Man geht folglich von einer Herstellung der Form am östlichen Rand des Westhallstattkreises aus. Der Kesseltyp an sich, der sich in vier Varianten untergliedern lässt, gilt als Leitform der Stufe Ha D und kommt in bekannten Fürstengräbern Südwestdeutschlands zusammen mit Wagen und Goldhalsringen vor: Der Nachweis von Met in den Kesseln von Hochdorf und Hohmichele Grab 1 legt zumindest dort ihre Verwendung als Mischgefäß nahe. Auf der Situla von Kuffern werden solche Kessel als Transportbehälter eingesetzt. Toreutische Besonderheiten geben Anlass, die drei Vertreter der Variante Hallstatt aus Uffing, Hallstatt 12/1889 und vom Dürrnberg in die Werkstatttradition der Situlen zu rücken und in ihnen Imitate westlicher Kessel zu sehen[740]. In die entgegengesetzte, süd- ost- und ostalpine Richtung weisen die Bratspieße mit Ringgriff. Markus Egg besprach ausführlich Herkunft und Datierung dieser Koch- oder Herdgeräte. Die Objektgattung, die als profanes Koch- oder Herdgerät gilt, dient als Beleg für mediterrane, letztlich orientalisierende Sitten, die über Italien nach Norden gelangten[741]. Auf ihre rituelle Funktion in Griechenland und Etrurien verwies dagegen H. van den Boom[742] (s. auch Absatz 4.2). Metallisches Speisegeschirr, das man insbesondere auch wegen der Obeloi erwarten könnte, fehlt offenbar wie in Grab 505 und 577. Schriftliche Überlieferungen erwähnen keinerlei Keramik, was allerdings wohl kaum der Realität entsprochen haben dürfte.

Brandschüttung 574 enthielt drei Bronzegefäße: Zwei Situlen und eine „*Vase von Bronz*" (Ramsauer). Mehrere Protokollzeichnungen (u. a. Protokoll Antikencabinett, Protokoll Ramsauer) geben dieses Gefäß deutlich wieder, was seine Bestimmung als bronzene Amphore mit Fuß unzweideutig rechtfertigt. Es stand ohne Untersatz auf dem Grabboden. Fuß und gebauchte Wandung entsprechen der Amphore aus Grab 505. Die Aquarelle verzichten auf Details wie z. B. mögliche Niete oder Griffe. An dieser Stelle ist auf die „grablose" unversehrte Amphore hinzuweisen, die aus dem Gräberfeld stammt und von G. Prüssing abgebildet wird[743]. Das Stück besitzt ebenfalls Querhenkel mit eingehängten Ringen, Kegelnieten am Bauch und einen schmucklosen konischen Fuß. Aus der Nekropole stammen insgesamt nur drei Amphoren (Gräber 505, 577, ein Exemplar ohne Grabzuweisung), weshalb die Wahrscheinlichkeit sehr hoch ist, dass die zeichnerisch wiedergegebene und wohl richtig beschriebene unversehrte „*Vase*" aus Grab 574 somit identifiziert ist[744] (Abb. 66 s. Taf. 5-66). Die Ha D1-zeitliche Bestattung eines Mannes umfasst darüber hinaus einen Dolch mit bronzedrahtumwickelter Scheide, Variante Neuenegg/Erkertshofen, ein Lappenbeil Typ Hallstatt, Variante Frög, eine lokale Gitterradfibel, Eisenwaffen, Keramik und Tierknochen. Die abgewinkelten Stielattaschen

---

737 Nach Pany, 2003, 121 „Hauptindividuum I". Die anthropologische Analyse der Knochen ergab, dass sich unter der Bezeichnung „Grab 12/1889" (Ausgräber I. Engl) die Knochen dreier Individuen verbergen. Das Skelett wurde im Museum Hallstatt ausgestellt, einzelne, offensichtlich fehlende Knochen wurden dort ergänzt und sind bei der Analyse nur aufgefallen, weil sie einer anderen Altersgruppe angehören. Sie stammen mit großer Wahrscheinlichkeit nicht aus diesem Grab. Frdl. Mitt. D. Pany-Kucera, NHM Wien.
738 Stöllner 2002, 103.
739 Koch 2002, 67-70; Lücke 2007, 600.
740 Dehn et al. 2005, 140 f.
741 Egg 1996, 139 ff. mit Karte Abb. 83.
742 Van den Boom 2009, 235 ff.
743 Prüssing 1991, Nr. 368.
744 Die bei Kromer 1959 und Pauli 1975, 11; 16 mit Anm. 22 angegebene (vertauschte) Rippenziste gehört nicht zu Grab 574. Das Inventar enthielt keine Ziste, wie den Worten Ramsauers und den Aquarellen klar zu entnehmen ist. Die Ziste aus Grab 910 beispielsweise wird von Ramsauer mit den Worten beschrieben: „... *ein cilinder-Gefähse* ..."; es ist daher klar, dass die Bezeichnung als „*Vase*" keine Ziste meinen kann (wie von Pauli irrigerweise angenommen).

der kleineren Situla kommen am südlichen Alpenrand bis Mittelitalien mit einer Konzentration im Bologneser Raum vor[745]. Bemerkenswert ist die reparierte Attasche, die man nicht in Form einer Einzel-, sondern als Bandattasche ausführte[746], was an ein Importstück denken lässt, das auf heimische Weise erneuert wurde. Unsicher bleiben die Beigabe einer Brillenfibel und eines Armrings, die auf den Skizzen zu sehen, jedoch ebenfalls nicht überliefert sind. Sie schließen eine männliche Bestattung aber nicht aus (s. oben und Kapitel 13). Der Schöpf- und Trinkvorgang wurde also sicher nicht metallisch dargestellt, auch das Speisegeschirr (Tierknochen werden angegeben) mag unter der Keramik zu finden gewesen sein.

Transport/Lagerung/Vorrat und Schöpfen: Gräber 125/126, 273, 340, 504, 506, 605

Die Ha C/früh-zeitliche Brandschüttung 504 mit Mindelheimschwert, Miniaturaxt mit Pferdeplastik, Gürtel Typ Reichenegg, weiblich konnotiertem Schmuck (bronzener „Lockenring", Bronzeröhrchen einer mutmaßlichen Kette [vgl. z. B. Gräber 376, 747]) und Ringschmuck im Kinderformat hebt sich von den anderen Inventaren, die Metallgefäße enthalten, durch die Schöpfkelle mit Omphalosboden, umlaufenden Kreisaugen und Klapperblechen ab (Abb. 67). Aus Österreich ist nur die verschollene Schöpfkelle aus Frög Grab 1/272 als weiteres Stück mit einfachem vierkantigen Stabhenkel der Variante Este-Hallstatt anzuführen[747]. Ihr kreisaugenverzierter Rand kehrt in getriebener Form an der jüngeren Hochdorfer Goldschale wieder. Die Schöpfkelle aus dem Kröllkogel und die freilich frühlatènezeitliche aus Kuffern[748] dagegen verbinden randlich eingravierte traditionelle Dreiecke und der parallel zum Rand waagrecht angenietete Stiel. Frank Roy Hodson und jüngst Markus Egg sprechen die Exemplare vom Salzberg und aus Kuffern als südostalpinen Import an[749]; genauso gut könnte es sich jedoch um ein lokales Erzeugnis nach italischem Vorbild handeln[750].

In diesem in Hallstatt singulären Fall benutzen der oder die Bestattete(n) eine Schöpfkelle, um einen Trank aus den Situlen oder den Breitrandschalen zu schöpfen, und nicht eine Schale. Die Situlen von Vače (mittlerer Fries), Magdalenska gora (mittlerer Fries), Providence und Kuffern belegen allerdings, dass sowohl Schale oder Schöpfgefäße mit Griffen jeweils einzeln und auch in Kombination gereicht wurden[751], sodass der Kelle mit geradem Stiel – was sie von anderen Schöpfkellen unterscheidet[752] – auch die Funktion des Trinkgefäßes zugekommen sein könnte, wofür ja auch der Omphalosboden spricht, der, entsprechend der griechischen Phiale, dem Mittelfinger Halt bot[753]. Darüber hinaus stehen ihnen (Mann, Frau und Kind oder Mann und weiblichem Kind) ein Eimer Typ Kurd, eine Situla mit Hals ohne Tragevorrichtung (mit randlichen Kerben) und zwei Breitrandschalen mit stabförmigem Querhenkel zur Verfügung. Ramsauer berichtet außerdem von Keramik und Tierknochen, die bei den Metallgefäßen außerhalb der Leichenschüttung standen; sie sind nicht überliefert.

Die Funktionen Transport/Lagerung/Vorrat und Schöpfen sind auch in den Bestattungen 125/126, 273, 340, 506, 605 dargestellt, allerdings mit jeweils verschiedenen Gefäßen. Während unterschiedlichste Situlen stets zum Kanon dieser Ausstattungen gehören, wird das Schöpfen durch Kannen mit Hebelgriff (Gräber 125/126, 605), eine Beckentasse (Grab 506), einen Schöpfer mit Hebelgriff (Grab 273) und wohl eine singuläre Schale (Grab 340) ermöglicht. Die Kanne mit Hebelgriff aus Bestattung 125/126 zeigt klar ihre Schöpffunktion durch die Lage in der Situla mit Schulterrippen an. Gleiches gilt für die Kanne aus Grab 605 und den Schöpfer mit Hebelgriff aus Grab 273. Drei Bestattungen (125/126[754], 273, 605) datieren durch die jeweilige Beigabe eines Schwertes vom Typ Mindelheim in Ha C; weiblich konnotierte Gegenstände sind in keiner dieser Ausstattungen enthalten. In Inventar 506 beobachtete Ramsauer verrostete Eisenwaffen, die ebenfalls für eine männliche Bestattung sprechen, sofern es sich um solche handelte. Das Armringpaar mit

---

745 Dehn et al. 2005, 163 Abb. 67.
746 Dehn et al. 2005, 161.
747 Gleirscher 2009B, 42 ff.; Egg/Kramer 2013, 258.
748 Egg/Kramer, 2013, 258.
749 Hodson 1990, 82.
750 Vgl. hierzu die Parallelen aus Oberitalien: Stöllner 2002, 143.
751 Huth 2003, Taf. 56; 57; 58; 73.
752 Steiner 2002, 203 ff.
753 Kossack 1964, 97; Krauße 1996, 94. - Zum „echten" Omphalos Kimmig 1991, 248.
754 Hodson 1990, die beigabenlose Brandbestattung 126 sei in Grab 125 eingebracht worden. Dies ist gut denkbar, weil Grab 126 nach Kromer ein Schwert enthält, aber keine Bronzegefäße. Grab 125 umfasst dagegen außer Keramik nur die Kanne und zwei Situlen. Die meisten hallstattzeitlichen Bestattungen mit Schwert enthalten auch Bronzegefäße (Tabelle 3).

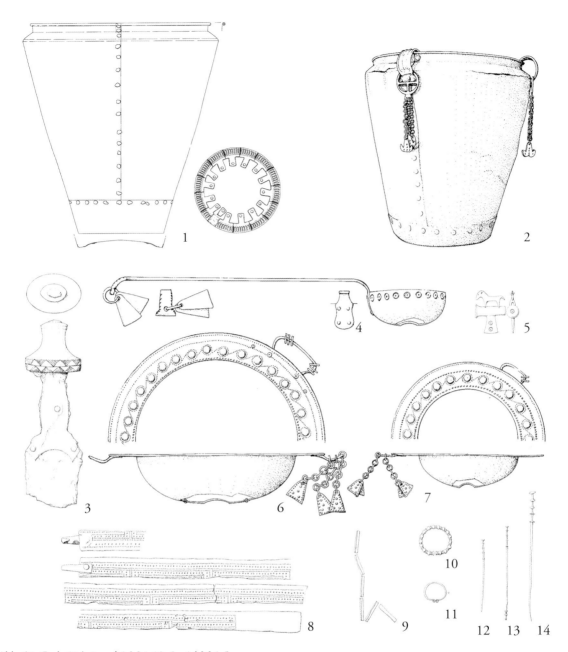

Abb. 67: Grab 504. 1 und 2 M 1:10, 3 - 14 M 1:5.

drei Reihen von Knubben hat eine Verwandte mit tief eingeschnittenem Winkelband in Podzemelj-Skrile, Gde. Metlika, Reg. Weißkrain, Slowenien II/24[755]. Ob es dort männlich oder weiblich konnotiert ist, kann nicht entschieden werden. Frank Roy Hodson erwägt eine reiche männliche Bestattung 271 plus 273, die durch eine jüngere, weibliche gestört würde[756]. Dies ist jedoch durch die Beschreibung Ramsauers wenig wahrscheinlich, weil das Ha C-zeitliche Urnengrab 271[757] in 60 cm, die große Brandschüttung 273 in 1,50 m Tiefe lagen. Chronologisch wäre die Annahme einer einzigen Grablege immerhin möglich, sie enthielte dann nach Grab 507 den zweitgrößten Geschirrsatz (Ziste, zwei Breitrandschalen, drei Situlen, Schöpfer, in Summe sieben Metallgefäße plus Keramik) und mit H. 73 cm eine der drei größten Situlen der Nekropole (Tabelle 1). Auf die Speisung weisen Keramik und Tierknochen in allen genannten Inventaren (125, 126, 271, 273, 340, 506 und 605) hin. Ob sich quasi „fehlende" Trinkgeräte darunter befanden, ist offen.

Wahrscheinlich erfüllte auch die singuläre Schale mit nach innen biegendem Rand und waagrechtem Stab-

---

755 Siepen 2005, 118.
756 Hodson 1990, 144.
757 Der Leichenbrand befand sich in der Ziste.

henkel aus Grab 340 eine Schöpffunktion. Kombiniert sind eine nicht überlieferte Situla, ggf. mit Hals ohne Tragevorrichtung nach Prüssing, und eine Breitrandschale mit einnietiger Laschenöse[758] (Taf. 4-57).

Transport/Lagerung/Vorrat und Genuss/Trinken: Gräber 573, 503, 667, 828

Das Ha C-zeitliche Inventar 573 (Abb. 68) birgt zwei eiserne Griffzungenschwerter Typ Mindelheim, eines mit Goldblechauflagen[759], das andere mit massivem Elfenbeingriff mit Bernsteineinlagen. Singulär ist eine 54 cm lange Mehrkopfnadel mit drei aufgeschobenen, nicht mitgegossenen Knöpfen, Spitzenschutz und Faltenwehr. Wahrscheinlich sechzehn[760] vierkantige, eiserne Bratspieße mit Ringgriff und tordiertem Schaft weisen außer den Tierknochen auf das Braten von Fleisch hin, wobei ungewiss bleibt, ob sie von möglichen Gästen benutzt wurden. „*Viele Eisenwaffen*" (Zitat Ramsauer) entziehen sich einer Bestimmung, B. Teržan hält sie nach den Skizzen der Protokolle für Obeloi[761], was aber ebenso wie die Annahme Hodsons, es handle sich zweifellos um Lanzenspitzen („*doubtless including spearheads*")[762] nicht unbedingt sicher ist. Die Situla vom Typ Kurd enthielt eine Keramikschale. Eine Breitrandschale ist in der Grabskizze gut erkennbar, sie ist in der Sammlung jedoch nicht vorhanden und schon im Protokoll Antikencabinett als „zerbrochen" erwähnt. Halten wir fest, dass ein keramisches Schöpfgerät, ein Aufbewahrungsgefäß und eine Breitrandschale vorhanden waren. Sicher wird die Keramikschale in der Situla auch zum Trinken geeignet gewesen sein; nachdem sie sich in der Situla befand, möchte ich hier allerdings ihre Schöpffunktion in den Vordergrund stellen. Bemerkenswert ist auch, dass sich unter der nicht verwahrten Keramik eine durch Zinnstreifenauflage veredelte Keramik befand, die sicher als generell höherwertig zu betrachten ist als diejenige, die unmittelbar und funktional der Situla zuzuordnen ist, was wiederum die sakrale Bedeutung der Schale in der Situla als liturgisches Gerät reduziert und die der „umliegenden", meist nicht verwahrten Keramik – in diesem speziellen Fall – steigert.

Brandschüttung 828 umfasst nach Kromer außer Ziernieten mit Öse, Nägelchen und Kettengliedern zwei Situlen und eine Keramikschale. Frank Roy Hodson vermutet eine Vermischung mit Bestattung 827 und möglicherweise weiteren Nachbargräbern. Inventar 827 ist bezüglich Anzahl und Geschlecht der Bestatteten (Ramsauer: Erwachsener und Kind; Hodson: Mann, Frau und Kind) unsicher, mindestens ein Armreif und ein Beil wurden vor Ort an Erzherzog Ludwig Viktor verschenkt. Gehörte Grab 827 tatsächlich zu 828, wäre ein weiterer Eimer ohne Tragevorrichtung hinzuzufügen; es enthielte dann drei Situlen und die Keramikschale. Ihre Schulter trug Zinnstreifen in Mäanderform. Diese erinnert an die durchbrochenen, allerdings verzierten Bronzebleche, die M. Egg im Zusammenhang mit dem Strettweger Grab besprach. Blechapplikationen auf Keramikgefäßen stellte C. Dobiat zusammen, und seiner Karte ist zu entnehmen, dass es sich dabei um einen südostalpin-pannonischen Brauch handelt. Möglicherweise geht diese Sitte letztlich auf italische Vorbilder zurück[763]. Während also die südostalpinen Winkelmuster durch Durchbrechung *eines* Bleches entstehen, hat es den Anschein, als ob man in Hallstatt entsprechende geometrische Muster (Mäander oder Winkel) durch Einzelauflagen von Blechstreifen erzielte. Wie auch immer die Zusammengehörigkeit der Gräber ursprünglich gewesen sein mag, so sind an Metallgefäßen lediglich Situlen und eine Schale, also Lagerungsbehälter und ein Trinkgefäß zu verzeichnen. Tierknochen belegen eine Speise.

Ebenfalls eine Situla (mit omegaförmigen Attaschen) und eine unverzierte alt reparierte Beckenschale enthielt Inventar 667. Ramsauer berichtet im Protokoll Antikencabinett darüber hinaus von einer zweiten bronzenen „*Schalle*", die zerbrochen aufgefunden wurde; die Fragmente hat man daher weder gezeichnet noch verwahrt. Ein Dolchmesser der Variante Erkertshofen datiert das Ensemble mit Gitterradfibel und einem getriebenen Blechgürtel mit großen geschlossenen Feldern in Ha D1. Ob sich das größte Exemplar der von Prüssing zusammengestellten Gruppe der Beckenschalen mit einem Randdurchmesser von 22 cm zum Trinken

---

758 Das in der Mahr-Kartei in der Situla eingezeichnete kleine Gefäß wird in den anderen Quellen nicht genannt.
759 Teržan 2004, 169 gibt hier irrtümlich Zinnstreifen als Einlage an. Diese gehören jedoch zur Keramikschale, die sich in der Situla befand.
760 S. Grabskizze bei Kromer; sie lagen bei den „vielen Eisenwaffen".
761 Teržan 2004, 169.
762 Hodson 1990, 59.

763 Egg 1996, 234 ff. - Für Ergänzungen zur Karte von Dobiat 1980, 130 ff.; 200 Fundliste 3 Abb. 16 s. Preinfalk 2003, 49 ff. - Zinnfolienverzierte Keramik zusammengestellt auch bei Metzner-Nebelsick 2002, 95 ff.

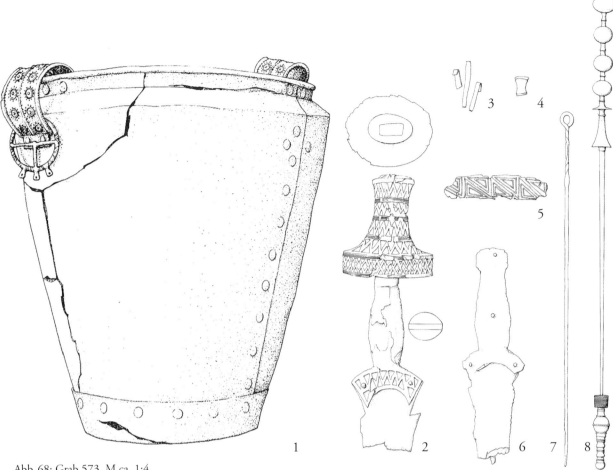

Abb. 68: Grab 573, M ca. 1:4.

eignete, ist fraglich. Die Situla jedenfalls war mit Leichenbrand gefüllt, ein im Hochtal singulärer Fall[764]. Der Eimer selbst stellt den in Hallstatt geläufigen Typ mit beweglichen Henkeln dar, der somit keine Veranlassung bietet, an seiner vormaligen Nutzung als Flüssigkeitsbehälter im Rahmen einer rituellen Mahlzeit zu zweifeln. Keramik und Tierknochen zeugen von der Speise.

Leider ist der überwiegende Teil der Beigaben der Ha C-zeitlichen männlich konnotierten Brandschüttung 503 nicht erhalten. Es sind dies: Ein Eisenschwert, zwei Situlen, zwei Mehrkopfnadeln mit Spitzenschutz sowie Keramikgefäße und Tierknochen. Das Knochenheft eines Messers ist wohl in Verbindung mit der Speisebeigabe zu sehen (s. u.), eine bronzene Trinkschale mit Omphalos, radialen Wandungsrippen und jeweils drei getriebenen Kreisaugen pro Rippensegment geht auf uhrpendelverzierte Schalen zurück (Abb. 56,5). Ihre beste Entsprechung sehe ich in der etwas größeren Schale aus dem Frauengrab 778 (Abb. 53). Dem Schwertkrieger steht also zur Trankspende ein Satz aus

---

764 Zu Rippenzisten als Urnen: Jockenhövel 2007, 51; 53.

zwei Situlen und einer Schale zur Verfügung. Die Nadeln und das Schwert beobachtete Ramsauer auf dem Leichenbrand, die anderen Objekte (Situlen, Schale, Messer, Keramik und Tierknochen) neben diesem.

Den hier zusammengefassten Inventaren ist also gemein, dass sie Situlen und Schalen enthielten, wobei mit den Schalen Trinken und/oder Schöpfen möglich war. Ausgesprochene Schöpfgefäße wie metallische Kannen oder Schalen mit Griff sind offensichtlich nicht vertreten.

Ausschließlich Genuss/Trinken: Gräber 124/1876, 333, 778, 502, 732-734, 671

Die vier Inventare 124/1876, 333 (Abb. 56,7), 671 und 778 (Abb. 53) führen jeweils nur metallische Schalen, quellenkritische Zweifel bestehen bei den betroffenen Gräbern nicht. Zweimal wurden etwas größere Schalen mit mehr oder weniger stark ausgeprägtem trichterförmigem Rand (Dm. 18 cm), in Grab 778 ein kleineres Gefäß mit radialen Rippen, gravierten Kreisaugen und Buckeln beigefügt (Dm. 13 cm).

Einzig vier Kugelkopfnadeln aus Inventar 124/1876 sprechen für eine Bestattung einer Frau, die während Ha C erfolgte. Auf der Brandschüttung lagen außerdem eine Brillenfibel, ein glatter Bronzearmring, die verrostete Schneide eines Eisenmessers und eine von Ramsauer so bezeichnete „*Topfschale*", die aber nicht überliefert ist; über ihre Funktion als zweite Trinkschale oder als Speisegeschirr kann daher nur spekuliert werden. Die Bronzeschale ist innerhalb der von Prüssing definierten Gruppe der Schalen mit trichterförmigem Rand vergleichsweise rundbodig, ihr kurzer, fast senkrechter Rand schwach ausladend gestaltet und damit der kleineren Ha C/früh-zeitlichen Schale aus Gilgenberg am Weilhart-Gansfuß, Bez. Braunau am Inn, Oberösterreich, Hügel 3 ähnlich[765].

Jünger, bereits in Ha D1 dürfte Brandschüttung 333 datieren. Wohl einem Mann gab man einen Wetzstein, eine Axt (nicht überliefert) und eine eiserne Antennenwaffe mit zylindrischer Griffhülse mit. Im Gegensatz zur Schale aus Grab 124/1876 weist das Stück aus Grab 333 einen ausgesprochen trichterförmigem Rand und einen flacheren, tellerartigen Körper auf, weshalb G. Kossack[766] und G. Prüssing[767] flache Bronzeteller z. B. aus Großeibstadt, Kr. Rhön-Grabfeld, Unterfranken Grab 1 (das u. a. die bekannte Amphore, Wagen und Zaumzeug enthielt) und zwei Altfunde aus Hossingen im Zollernalbkreis als Parallelen anführen. Diese Teller[768] zeigen, dass die gleiche Profilform in unterschiedlichen Orten in verschiedenen Größen angefertigt wurde. Allerdings differieren die süddeutschen nicht nur deutlich im Mündungsdurchmesser (Hallstatt Grab 333: 18 cm; Großeibstadt Grab 1: 24,2 cm; Hossingen 31,7 cm), sondern auch durch die in Hallstatt fehlende senkrechte Schulter. Beide Elemente lassen daher bei der Schale aus Hallstatt eher an ein Trink- oder Gießgefäß denken, während bei den Stücken aus Großeibstadt und Hossingen wohl der Tellercharakter, also die Speisung im Vordergrund steht. Das Ensemble aus Hallstatt 333 könnte daher zum Genuss eines Tranks, die nicht erhaltene Keramik und Tierknochen könnten als zur Speise gehörig gedacht gewesen sein.

Das Frauengrab 778 barg neben diversem Schmuck und einem organischen Gürtel mit zungenförmigem Metallhaken eine Schale mit radialen Rippen und Buckeln am Bauch, Kreisaugen betonen ihren senkrechten kurzen Rand, ihre Zierelemente gehen auf Schalen mit Uhrpendelmuster zurück[769]. Während sich ähnliche Gefäße mit Uhrpendel- oder Ringbuckelmotiv in Österreich auf Hallstatt beschränken (außerdem in Grab 503), kennt man sie in jeweils lokaler Machart in Süddeutschland aus Kleinlesau, Gde. Haßlach, Kr. Bayreuth, Oberfranken (dort paarig) und Aschering Gde. Pöcking, Kr. Starnberg, Oberbayern[770], außerdem aus Wolfshagen/Seddin, Gde. Groß Pankow, Kr. Prignitz in Brandenburg[771], zwei Stücke stammen aus Prag-Střešovice[772], das Inn-Salzach-Gebiet bleibt diesbezüglich fundleer. Schließlich ist noch Veji-Grotta Gramiccia Grab 785 anzuführen[773].

Lediglich in den Hallstätter Bestattungen 49/1872 (oberer Holzboden)[774], 124/1876, 333, 778 und 1003 (Schale nicht überliefert) lagen die Schalen einzeln, die jeweils genannten Verwandten aus Großeibstadt (soweit diese tatsächlich form- und damit funktionsverwandt sind), Gilgenberg am Weilhart-Gansfuß, Kleinlesau, Prag-Střešovice und Hallstatt selbst (Grab 503) waren mit unterschiedlichsten anderen Bronzegefäßen kombiniert. Die Altfunde aus Hossingen, Gde. Meßstetten, Zollernalbkreis, Baden-Württemberg, entziehen sich ebenso wie die Schale aus Hallstatt Grab 1003 einer Beurteilung). Die Beigabe einzelner Schalen beschränkt sich auf Ha C/D1; man findet sie in Männer- (333, 1003) und Frauengräbern (124/1876, 778). Weitere Gemeinsamkeiten können nicht festgestellt werden.

Ramsauer berichtet, Körpergrab 502 (Zitat Ramsauer: „*nach den Zähnen einer jungen Person*"[775]), aufgefunden zwischen den Brandschüttungen 500 und 501, habe lediglich zwei hellgrüne Glasschälchen (Abb. 69) enthalten, aufgestellt an den Füßen des Skeletts. Nachdem dies jedoch kaum die einzigen

---

765   Stöllner 1996, Taf. 5 B5; 2002, 142.
766   Kossack 1974, 110 f. Abb. 10 mit Taf. 40.
767   Prüssing 1991, 38 mit Anm. 3.
768   Egg (1996, 117 mit Abb. 69) führt das Stück unter den Breitrandschalen an.
769   Zu dieser Einschätzung kommt auch Krauße 1996, 92 f.
770   Jacob 1995, Nr. 146; 147. - Ohne sternförmige Rippen das Stück aus Dietkirchen: Jacob 1995, Nr. 148.
771   Martin 2009, 81 f. Nr. 116.
772   Kytlicovà 1991, Nr. 70; 71.
773   Müller-Karpe 1974, Taf. 28f.
774   Die von Kromer abgebildeten Bronzeblechteile gehören wohl zu einem Bronzegefäß (sie passen nicht zum Helm). Kromer 1959, Taf. 239, 5a. 7a. 8a. Helm: Egg 1978A.
775   Die von ihm angegebene Skelettgröße beträgt umgerechnet ca. 1,73 m und widerspräche daher dem Schluss, den er aus dem Zahnbefund zieht. Die idealisierende Skizze zeigt ein „vollständiges" Skelett, während Ramsauer von seiner „Zerstörung" berichtet: Kromer 1959, 115.

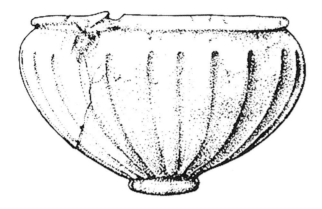

Abb. 69: Glastasse Grab 502, M ca. 1:1.

Beigaben gewesen sein dürften und die Brandgräber 500 und 501 unmittelbar benachbart in einer Tiefe von 45 cm aufgefunden wurden, ist mit einer Störung des Komplexes 500-502 bzw. von einer Fehlinterpretation Ramsauers auszugehen (nach der Grabskizze lag unter diesen in einer Tiefe von 1,20 m Grab 504: Kromer 1959, Abb. 94). Frank Roy Hodson geht von einer ursprünglichen, reichen weiblichen Bestattung 500 und 501 aus, die durch das „beigabenlose Brandgrab 502" gestört worden sei[776]. Leider geben die Beigaben keinen chronologischen Anhaltspunkt, den Komplex zu differenzieren. Nach der Zeichnung könnten die Glasschälchen zu Brandschüttung 501 gehören, die beiden Brandschüttungen 501 und 500 müssten jedoch nicht zwingend zusammengehen, weil sie immerhin eine Körperlänge voneinander getrennt lagen. Rechnet man so gesehen die Gläser zu 501, ergäbe sich ein Service mit einer Situla mit beweglichen Henkeln, singulären Beckenschale mit Fuß[777] und zwei Glastassen, eine eingehende Kombination. Gehörten die Brandschüttungen 500 und 501 zusammen, wäre noch die Kanne mit Rinderkopfhenkel hinzuzufü-

gen, funktional ebenso schlüssig. Auffällig bleibt die Verdopplung der Glastassen. Wahrscheinlich ist auch Bestattung 733, die die dritte Glastasse des Friedhofs enthielt, nicht verlässlich, sodass sich Analogieschlüsse verbieten. Jedenfalls erinnert die Zweizahl der Glasgefäße an die beiden Glastassen aus dem zerstörten Grab von Šentur-Črnolica in der Südsteiermark – vorausgesetzt, sie gehörten dort zu einer Bestattung[778]. Die Situla aus Inventar 501 enthielt Tierknochen, diente wohl eher der Speisung und kommt damit als Flüssigkeitsbehälter kaum infrage. Anzumerken wäre noch, dass die drei Armringe aus Grab 501 sehr klein sind (Dm. 4,2 -5,7 cm) und ggf. auf die mögliche Mitbestattung eines weiblichen Kindes oder einer Jugendlichen hinweisen[779].

Gräber mit zwei Trinkgefäßen (Schalen) sind in Hallstatt selten: Sie kommen außerdem in den Ha C-zeitlichen Bestattungen 124/1876 (Keramik und Bronze), 260, 507 (zweimal Keramik plus zwei keramische Schöpfschalen), vermutlich 667 (Metall)[780] und wahrscheinlich in Komplex 732/734 vor (s. u.). Unter diesen ist nur Grab 507 zu nennen, in dem wahrscheinlich für zwei Personen aufgedeckt ist (s. o.). Inventar 260 zählt außer den beiden Schalen drei Situlen und eine Breitrandschale, also keinen für zwei Personen „symmetrisch", passenden Geschirrsatz. Auch Gefäße und Beigaben aus Ensemble 667 (eine Situla, zwei Schalen) sprechen nicht für eine Doppelbestattung. Die formverwandten paarigen Schalen aus Kleinlesau und Prag-Střešovice stammen – soweit die Altfunde eine Beurteilung ermöglichen – gleichfalls nicht aus Doppelgräbern.

In die Kategorie „ausschließlich Trinken" gehört auch der Komplex 732/733/734. Die beiden Brandbestattungen 732 und 734 gehörten vielleicht ursprünglich zusammen und wurden von der später eingetieften weiblichen Bestattung 733 gestört[781], wobei Grab 732 wiederum einen nach Hodson frühen Mehrkopfnadeltyp und jüngere, weiblich konnotierte Buckelarmringe enthielt, sich also gemischtgeschlechtlich darstellt. Die

---

776 Gemeint ist das Körpergrab 502: Hodson 1990, 149 (Zitat: „Doubtless a single rich female cremation [G500 und 501] split by a secondary inhumation without gravegoods [G 502]").

777 Die Bronze nimmt zwischen tiefbodigen Schalen und Breitrandschalen eine Zwitterstellung ein: Nachdem das Stück ein Fußteil besaß, von dem sich noch Befestigungsreste am Boden der Schale befinden, ist es wahrscheinlich weder als reines Trinkgefäß (Egg 1996: „Becken mit glattem Rand"), noch als Breitrandschale klassifizierbar, weil der breite, für diese meist typische verzierte Rand fehlt. Dieser entspricht wiederum eher den Becken. Auf der bei Kromer 1959, 116 Abb. 94 publizierten Grabskizze ist das singuläre Fußgefäß wahrscheinlich richtig wiedergegeben. S. auch Egg 1996, 102 ff.; Prüssing 1991, Nr. 309. In meiner Tabelle 1 wird es als Breitrandschale geführt.

778 Egg 1996, 248 f.; Vogrin 1986; Gabrovec 1992, 207 f.; Egg/Kramer 2013, 421.

779 Das Grab ist bei Kern 2010 nicht erfasst. - Bei der zierlichen leicht konischen, hohlen Abschlusstülle (eines Stabes) aus Grab 500 handelt es sich weder um einen Knebelbeschlag noch um ein Treibstachelgriffende. Die Funktion dieses Stückes bleibt somit offen.

780 Das Grab enthielt neben der überlieferten Beckenschale eine weitere (zerstörte) Schale oder Tasse, die sich daher einer Klassifizierung entzieht.

781 Hodson 1990, 87.

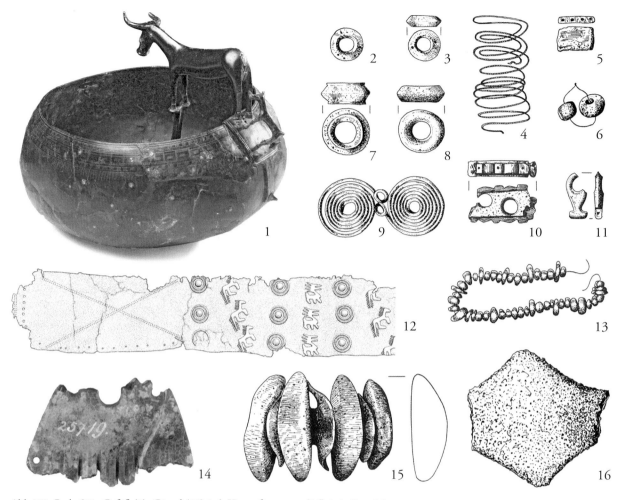

Abb. 77: Grab 671. Gefäß (1), Gürtel (12) 1:4, Kammfragment (14) 1:1, Rest 1:2.

Situation der drei Inventare in- und zueinander ist mit großen Unsicherheiten behaftet. Inventar 732, dessen Leichenbrand nach Ramsauer „zerstört" war, umfasst: Eine Breitrandschale mit stabförmigem Querhenkel, eine fragmentierte bronzene Rippenschale mit Henkelansatz (Abb. 56,4), eine Keramikschale mit einbiegendem Rand und Graphitsternmuster innen und außen, vier Brillenfibeln, vier kleine Ringlein, acht Zierknöpfe mit Zwingen, eine Nadel mit doppelkonischem Kopf, zwei Buckelarmringe mit Zwischenscheiben, einen Typ Ottensheim, einen Typ Echerntal, eine Mehrkopfnadel mit Faltenwehr und einen kleinen Lignitring (Dm. 3 cm). Bestattung 734 enthielt: Ein mit Emblemen verziertes Miniaturbeil mit Pferdeaufsatz (Abb. 47), einen splintähnlichen Gürtelhaken, Keramikgefäße und Tierknochen. Ramsauer erwähnt zu Inventar 733 lediglich Tierknochen, ein gelbes Glasgefäß, eine Brillenfibel, einen doppelkonisch-geschlitzten Aufsatz/Anhänger mit zum Teil anthropomorphen Klapperblechen, der analog zum Stück aus Grab 507 vermutlich zu einem Ringgehänge gehörte.

Postuliert man 732 und 734 als eine zusammengehörende Bestattung, sind sicherlich die beiden Nadeln und die Miniaturaxt eher männlich besetzt. Auffällig ist, dass sowohl die Nadeln als auch das Armringpaar jeweils unterschiedlichen Typen angehören bzw. Einzelstücke darstellen, also unpaarige „Paare" bilden. Alle Bestattungen sind in spätem Ha C-D1 denkbar (Buckelarmring, Ringgehänge, Glastassen).

Nach den Gefäßen beurteilt, wird man allerdings kaum annehmen wollen, dass alle drei Inventare ursprünglich zusammengehörten, weil dann in Summe drei höchst verschiedene Trinkschalen (und eine Breitrandschale) kombiniert wären, eine sehr ungewöhnliche Vergesellschaftung. Realistisch wäre eine Bestattung von Mann und Frau (732 und 734), die über die Breitrandschale und zwei verschiedenartige Trinkschalen verfügten. Es wurde bereits festgestellt, dass die Bronzeschale mit feinen radialen Rippen[782]

---

[782] Dieses Stück war in Hallstatt nicht das einzige seiner Art. Ein nicht mehr zuweisbares Wandfragment mit ver-

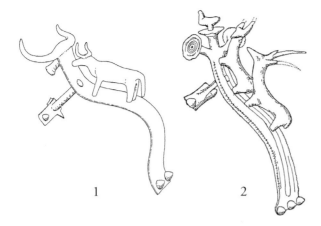

Abb. 78: 1 Henkel aus Bisenzio-Bucacce Grab 1. 2 Henkel aus Vetulonia-Circolo del Cono.

späten etruskischen Rippenschalen entspricht[783], wobei nach wie vor nicht klar ist, ob es sich wie in Appenwihr, Dép. Haut-Rhin, Frankfurt-Stadtwald, Hessen, Poiseul-la-Ville-et-Laperrière, Dép. Côte-d'or und Lyon um ein Importobjekt handelt. Trotz des formal ungewöhnlichen Henkels, von dem noch der angenietete Ansatz zeugt, wäre dies möglich[784]. Der Griff hätte dann als einheimisch-hallstättische Zutat zu gelten, die, streng formal betrachtet, der klassischen kultischen Trink- und Spendefunktion, die Rippenschalen zumindest im mediterranen Raum zugeschrieben wird[785], widerspräche. Ich erinnere in diesem Zusammenhang an die Schale aus Frankfurt-Stadtwald, die zu einem Sieb umfunktioniert wurde[786], ein klarer Funktionswechsel.

Formal entsprechende Glastassen bzw. -schälchen finden sich bekanntlich im Osthallstattkreis außer in Hallstatt noch in Most na Soči und Helpfau-Uttendorf, dort jedoch in vergleichsweise üppig ausgestatteten Ensembles. Thomas Stöllner formulierte, es *„... scheint sich in Hallstatt selbst der ‚Reichtum' der Gräber einzig in dieser Glasschälchenbeigabe zu manifestieren"*[787]. Zumindest bei Grab 733 ist dem offensichtlich zuzustimmen (reduzierte Darstellung des Mahls), während die beiden Tassen aus „Ramsauer 502" wohl Bestandteil eines mehrteiligen Services waren.

Nach der Deponierung der Beigaben aus Brandschüttung 671 wurden diese durch ein mit Ösen verziertes Textil großflächig abgedeckt. Die durch die Beckentasse mit dem auf den rhombischem Griff[788] gestützten Mutterrind mit Kalb allgemein bekannte Ha D1-zeitliche Bestattung[789] enthielt außerdem zwei goldene Spiralringe, zwei rhombische Gürtelhaken, einen Bernsteinkamm bzw. Kammanhänger, zwei Bernsteinschieber, diverse Bernsteinperlen, ein Buckelarmringpaar Typ Echerntal, drei Brillenfibeln, einen Blechgürtel Typ Oderding und einen Gürtel mit asymmetrisch gleichgerichteten Trennmotiven (Abb. 77). Die verschiedenen Perlen, Ringe und Schieber gehören wahrscheinlich zu einem kettenartigen Brustschmuck. Ob sie analog zu estensischen Perlengehängen mit Schiebern und Vogelkopfenden und dem bildlichen Webstuhl mit ebensolchen Vogelköpfen aus Sopron Grab 128, als verkleinertes Bild eines Webstuhls gelten, bleibt offen, weil die seitlichen Vogelprotomen fehlen. Nur sie bieten hinreichend Sicherheit, Miniaturwebstuhlgehänge zu identifizieren, weil Schieber ohne Vogelköpfe aus sicheren, geschlossenen Grabverbänden eindeutig auch gewöhnliche Ketten bezeugen[790].

Der Brauch, gehörnte Rinder auf Gefäßen und deren Griffen anzubringen (Beckenschale), geht letztlich auf orientalische, unmittelbar griechisch-balkanische und italische Vorbilder zurück. Ich verweise ohne Anspruch auf Vollständigkeit beispielhaft auf den bekannten Hörnerhenkel eines Gefäßes aus Bisenzio-Le Bucacce, Gde. Capodimonte, Prov. Viterbo, Reg. Latium Grab 10 (Abb. 78,1), der wiederum ein Rind trägt (Ende 8. Jh.), eine keramische Schale aus Veji mit nach innen blickendem gehörnten Tier[791], einen Griff aus Vetulonia-Circolo del Cono, Gde. Castiglione della Pescaia, Prov. Grosseto, Reg. Toscana, (Abb. 78,2), den Griff mit gehörntem Rind aus Verucchio-La Rocca, Prov. Rimini, Reg. Emilia-Romagna Grab 72[792], das italisch-inspirierte Infundibulum aus Novi Pazar, Reg. Raška, Serbien[793], einen Askos aus Goričan,

---

gleichbarer Rippung zeugt von einer weiteren Rippenschale.
783 Krauße 1996, 93 mit Karte 69; Stöllner 2002, 142.
784 Eine andere Meinung ohne Begründung vertritt Krauße 1996, 93 mit Anm. 177.
785 Kossack 1964, besonders 103 ff.; Kimmig 1991, 247; Krauße 1996, 90 ff. mit weiterer Literatur; Egg 1991, 215 f.; ausführlich Echt 1999, 178-200.
786 Fischer 1979.
787 Stöllner 2002, 156.

788 Das Stück steht den rhombischen Bronzegriffen nahe: Egg 1996, 146 ff.
789 Grab 98/2010 der Grabung Kern erbrachte eine weitere Beckenschale mit Kuh-Kälbchen-Motiv in einem mutmaßlichen Frauengrab: Jahrb. RGZM 58, 2011, 117 f.; 59, 2012,113 (Situla Kurd).
790 Fath/Glunz-Hüsken 2011, 256 ff.
791 Montelius 1904, pl. 348,10.
792 Gentili 2003, Taf. 114.
793 Popović 1975, Abb. 18; Teržan 1985, 91.

Kom. Medimurje, Kroatien XII/1 (zwei kleinere Tiere folgen einem gehörnten größeren Tier)[794] und auf eine Figurengruppe aus Olympia, Elis, Westgriechenland (Vierbeiner mit überlangem Maul flankiert von zwei Jungtieren)[795]. Sie belegen die wiederkehrende Kombination von Gefäß und meist gehörntem Tier, die verkürzt auch die Kannen mit Rinderkopfhenkel (Hallstatt Grab 220 Abb. 61, Grab 299), Kannen mit abstrakt gestalteten Hörnern[796] oder Schöpf- und Trinkgeräte mit Hebelgriff (Hallstatt Grab 273, Tassen Kleinklein-Kröllkogel) seit der Urnenfelderzeit belegen. Diese Elemente kehren in Hallstatt auf besondere Weise auch in Grab 507 wieder, das die in den Keramikschalen verwahrten plastischen Rinderfiguren, vermutlich symbolische Opfertiere, enthält. Ideell verankert ist letztlich in allen Fällen, dass Stärke und Fruchtbarkeit der Boviden durch das Opfer, respektive den Trank auf den Besitzer und Benutzer der so religiös gekennzeichneten Gefäße übergehen sollten. In Hallstatt Grab 671 verfügt eine Frau über das entsprechende Elixier bzw. symbolische Opfertiere. Weitere einschlägige Utensilien waren zur Darstellung des religiösen Mahls nicht nötig.

Ausschließlich Herstellung/Mischung: Grab 682

Die Ha D1-2-zeitliche, wohl einem Mann zuzuschreibende Brandschüttung 682 enthält als einziges Metallgefäß die bekannte singuläre Fußschale, außerdem eine Antennenwaffe Typ Hallstatt mit Ringemblematik[797], zwei schlichte Hohlbügelkniefibeln und zwei kleine konische, verzierte Goldbleche, die durch einen Eisenniet befestigt waren (Dm. 1,1 cm). Unklar bleibt die Vergesellschaftung zweier Bronze- (nach Ramsauer) bzw. Bernsteinringe (so von M. Hoernes inventarisiert), die jeweils nicht überliefert sind (Abb. 70).

Thomas Stöllner trug den jüngsten Forschungsstand zur mehrteiligen Fußschale zusammen, deren Form auf mediterrane Lebetes (aus Keramik und Bronze) mit Ständer zurückgeht[798]. Neben den angeführten, überwiegend italischen gegenständlichen Vergleichsstücken finden sich auch bildliche Zeugnisse der Situlenkunst, die allerdings stets amphorenartige Gefäße auf konisch gegliedertem, ausladendem Fuß bieten, nie jedoch Becken mit randlichen Querhenkeln. Aus ihnen wird unmittelbar geschöpft (Sanzeno, Dürrnberg-Kranzbichl, Providence, Nesactium I/12), das Einstreuen von Körnern auf der Vačer Situla belegt die Anrichtung einer trink- oder inhalierbaren Flüssigkeit. Für Gefäße mit derartigem Fuß ist also ein bestimmter ritueller Vorgang zu postulieren. So wie die Herkunft des Gefäßes unklar und umstritten ist, gibt es auch zu den gravierten, bizonalen Friesen der Innenseite unterschiedliche Meinungen: Christoph Huth hält die Schale wegen der Darstellungstechnik und des Stils der Menschen und Raubtiere für eine syro-phönikische Arbeit, ein Importstück, das erst in Hallstatt mit einem Fuß versehen wurde[799]. Dies würde durch die Beobachtung M. Eggs gestützt, der auf die toreutischen Übereinstimmungen zwischen dem Fuß und der Kanne mit Rinderkopfhenkel aus Hallstatt Grab 500 hinwies[800]. Thomas Stöllner und Markus Egg sehen dagegen eher eine lokale Zeichnung[801]. Zweifellos weichen die Figuren ganz erheblich vom heimischen Situlenstil ab, wenngleich ihr Inhalt thematisch bekannt ist, den Huth als wiederkehrendes Thema der Situlenkunst, nämlich als *„Bewährungsprobe in der Wildnis"*[802] umschrieb. In unserem Zusammenhang ist wichtig, dass das exzeptionelle Stück ausreicht, ein komplettes Gelage zu symbolisieren (sicher ergänzt durch nicht genannte Keramik und Tierknochen). Ob es zur Inhalation, rituellen Waschung, Zubereitung von Speise oder Trank oder Zurschaustellung möglicher, auch sozial bestimmender Fernkontakte diente – gesetzt, es handelt sich um eine phönizische Schale – bleibt ungewiss. Insgesamt betrachtet zeigt der Grabverband außerordentlich heterogene Züge: Während die Kniefibeln in Süddeutschland Verwandte haben, gilt der Dolch als originär hallstättisches Produkt[803], der vielleicht gleichfalls in Hallstatt gefertigte Fuß des Gefäßes geht auf italisch-ostalpine Vorbilder zurück, und die Schale selbst stellt möglicherweise ein mediterranes Importstück dar.

---

794 Šimek 2007, 135 Abb. 13.
795 Marzoli 1998, 58 (Herstellung der Gattung in Vetulonia) Taf. 38 B2; Aigner-Foresti 1980, Taf. 16,3.
796 Z. B. Jacob 1995, Nr. 107.108.110.111.
797 Weitere Dolche des Typs mit Ringen in den Bestattungen 559 und 577. S. hierzu auch Glunz-Hüsken 2008, 55 f.
798 Stöllner 2002, 150; Egg 1996, 78.
799 Huth 2003, 206.
800 Egg 1996, 78 f.
801 Stöllner 2002, 150; Egg et al. 2006, 190 Anm. 60.
802 Huth 2003, 206.
803 Der Typ ist im Raum Chiemgau-Dürrnberg-Wörgl vertreten, mit zwei Ausnahmen in Kappel und Nordbayern. Zuletzt hierzu Dehn et al. 2005, 12 ff. mit Abb. 11.

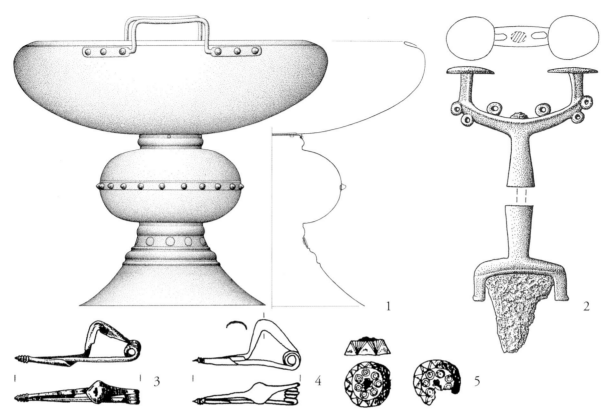

Abb. 70: Grab 682, M Gefäß 1:4, Dolch 1:2, Fibel 2:3, verzierte Goldbleche 1:1.

Ausschließlich Schöpfen

Körpergrab 130 enthielt an Gelagegefäßen offenbar lediglich ein hölzernes Schöpfgerät mit Metallhenkel (Henkellänge 8 cm). Vergleichbare wellenförmige Bandhenkel stammen von Gießgefäßen aus Norddeutschland, und zwar von einer Kanne mit Kegelnieten aus Grevenkrug, Kr. Rendsburg-Eckernförde, Schleswig-Holstein[804] und aus Weisin, Kr. Güstrow in Mecklenburg-Vorpommern[805]. Christina Jacobs Gruppe der Kannen mit Kegelnieten umfasst vier Exemplare, darunter auch das Stück aus dem reichen Ha D3-zeitlichen Grab von Ihringen, Baden-Württemberg. Leider ist von dieser Kanne nur das Unterteil mit dem Ansatz des Henkels überliefert, der jedoch große Ähnlichkeit mit dem Henkel der Kanne aus Grevenkrug zeigt[806]. Möglicherweise ist in Ihringen also ein weiterer Wellenhenkel zu vermuten. Eine Glasperle, Ösen mit Klemmzwinge und Ziernieten mit Öse (von einem Gürtel oder Kleidung) tragen wenig Aussagefähiges bei, das Skelett aus Hallstatt 130 war nach Ramsauer „mehrenteils zerstört" und ca. 1,50 m lang.

Die Enden eines singulären Henkels aus Grab 868 verlaufen jeweils geschwungen, im oberen Drittel wurde ein hörnerartiger Bogen separat angenietet, der dem Betrachter zugewandt ist. Jeweils sechs Nieten an den beiden Bögen und zwei am geraden Mittelstück verraten, dass der bandförmige Körper mit kaum ausgeprägter Krümmung wohl gerade an dem Gefäß anlag. Die „Hörner" fungierten dann als Griff. Unwahrscheinlich ist daher, dass das Stück tatsächlich zu einer bauchig-profilierten Kanne gehört, wie von Th. Stöllner vorgeschlagen[807]. Eher ist ein eimerartiges, jedenfalls steilwandiges Holzgefäß zu erwägen, mit dem Schöpfen möglich war; zum Tragen des Gefäßes eignen sich die evtl. stark stilisierten „Hörner" kaum. „Verrostete Eisenwaffen" (Ramsauer), zwei Nadeln und Keramik sind im Gegensatz zu zwei kleinen Bronzringen (Dm. 3,4 cm, 3,8 cm) nicht überliefert. Die beste Parallele des Henkels stammt aus dem Ha D1-zeitlichen Kröllkogel[808].

Ein einzelner, singulärer Bandhenkel mit geschwungenen Attaschen aus Grab 597[809] stammt wohl ebenfalls von einem hölzernen Trink- oder Schöpfgefäß. Paralle-

---

804 Jacob 1995, 53, Nr. 108.
805 Martin 2009, 110 Nr. 147.
806 Jacob 1995, 53 f.

807 Stöllner 2002, 156.
808 Egg/Kramer 2013, 275 ff.
809 Das Stück ist bei Prüssing 1991 nicht aufgeführt.

len zu dem 13,5 cm langen Stück sind nicht bekannt[810], was Spekulationen über die Gestalt des jedoch sicher einhenkligen Gefäßes erübrigt. Ähnlich geformte, allerdings unverzierte Attaschen finden sich an den beiden Situlen aus Frankfurt-Stadtwald a. M. und Oberembt, Gde. Elsdorf, Rhein-Erftkreis, Nordrhein-Westfalen. Sie sind jedoch unverziert und mit einer Schlaufe zur Aufnahme des Henkels versehen[811]. Jünger datieren bekanntlich die etwas größeren geschwungenen Attaschen der latènezeitlichen Schöpfkellen der Fritzens-Sanzeno-Kultur[812]. Sowohl der langlebige Typ der Šmarjetafibel als auch die Mehrkopfnadel mit Spitzenschutz aus diesem Inventar erinnern an die ostalpin-italische Mode[813].

Ausschließlich Seihen: Grab 994

Das durch die figuralverzierte Schwertscheide berühmte, frühlatènezeitliche Grab 994 wurde vor kurzem im Zuge der erneuten Restaurierung der Waffe umfassend vorgelegt, und Fritz E. Barth reichte Informationen bezüglich der Grabungs- und Dokumentationsgeschichte nach[814]. Das 1874 von Bergmeister B. Hutter aufgedeckte Körpergrab enthielt einen Siebtrichter, einen Helm vom Typ Berru, das Schwert in besagter ritzverzierter Scheide, drei Lanzenspitzen, ein Haumesser und ein oder zwei Bronzebügel, die evtl. als „Gurtbeschlag" eines Gürtels dienten. Während der Tote im Jahr 1874 ausgegraben wurde, inventarisierte man die Knochen erst 1877 bzw. 1887. Zu diesem Zeitpunkt war offensichtlich jedoch bereits in der Sammlung einiges durcheinandergeraten, weil die anthropologischen Analysen D. Panys 2003 unter „Grab 994" mindestens sieben verschiedene Individuen ergaben[815]. Dem mit Schwert und Siebtrichter Bestatteten kann nach neuerlicher Betrachtung nur ein Langknochen sicher zugewiesen werden, der aber schwerlich als „grazil" zu bezeichnen ist (s. Kapitel 1). Daher scheint es auch kaum gerechtfertigt, einen Zusammenhang zwischen seiner Zugehörigkeit zu einer „höheren Gesellschaftsschicht"[816],

die durch die Beigaben gegeben sei[817], und seiner körperlichen Statur herzustellen. Indes ist nach den Beigaben weder an der Beisetzung eines Mannes noch an der Geschlossenheit des Inventars zu zweifeln.

In unserem Kontext interessiert der dreiteilige Siebtrichter (Becken, Siebscheibe und Trichter), die alleinige Gefäßbeigabe, gefunden an prominenter Stelle rechts neben dem Kopf. Die am Trichter nachgewiesene Löttechnik verbindet ihn mit einem Kannenfragment aus dem ebenfalls frühlatènezeitlichen Grabhügel 2 von Hoppstädten, Kr. Kusel, Rheinland-Pfalz und mit den Röhrenkannen aus Waldalgesheim, Kr. Mainz-Bingen, Rheinland-Pfalz und Saint Jean-sur-Tourbe, Dep. Marne. Die Form des Siebtrichters ist außer in Hallstatt noch aus Hoppstädten, überliefert, eine etwas jüngere Siebscheibe stammt aus einer britischen Sammlung (LT B1). Auch das hallstattzeitliche Depot von Ikervár, Kom. Vas, Ungarn, enthielt Teile eines wohl gut vergleichbaren Siebes, nämlich die zylindrische Trichterröhre und den Siebboden[818]. Der Hort ist mit Hallstatt außerdem durch einen ca. 4 kg schweren Amboss (Hallstatt Grab 469) und die italische Kahnfibel mit Winkelbanddekor (Grab 80[819]) verbunden. Schließlich wäre noch das Siebfragment aus dem Ha C2/D1-zeitlichen Hort von Fließ zu nennen[820].

Obwohl der Vorgang des Seihens bereits in der Urnenfelderzeit in heimischem Milieu bezeugt ist[821], stellen die Trichtersiebe nördlich der Alpen eine Neuheit dar, die auf etruskische Vorbilder zurückgeht („infundibula"), was M. Egg bereits erläuterte[822]. So ermöglicht der Trichter das Einfüllen einer Flüssigkeit in enghalsige Kannen, was hallstattzeitliche Sitten nicht erforderten. Man goss seinerzeit, ab der Spätbronzezeit mittels breiteren, gehenkelten Sieben in entsprechende Tassen[823],

---

810 Für die Sichtung des altvenetischen Materials in einer unpublizierten Arbeit im Institut für Vor- und Frühgeschichte, München) danke ich Amei Lang, München.
811 Jacob 1995, Nr. 313; 314.
812 Steiner 2002, 203 ff.
813 Glunz 1997, 98 ff.
814 Egg et al. 2006; Barth 2009; Egg/Schönfelder 2009.
815 Pany 2003, 122 und Mitteilung vom 8.1.2013.
816 Ehgartner/Kloiber in Kromer 1959, 29 f.
817 Egg et al. 2006, 177.
818 Nagy et al. 2012, Taf. 6,2.
819 Glunz 1997, 78 (dort versehentlich als „Sanguisugafibel" bezeichnet).
820 Sydow 1995, Taf. 43, Nr. 145.
821 S. z. B. bei Jacob 1995, 42 f.
822 Egg et al. 2006, 199 ff. - Zu den etruskischen Stücken Schindler 1998, 80 ff.
823 Kossack 1964, 99; Egg 1996, 106 ff. (das ebd. 106 Nr. 8 zitierte Exemplar aus Novo mesto-Kapiteljska njiva III/41 ist mittlerweile publiziert: Križ/Knez: 1997, Taf. 63. Dort ein weiteres Stück aus Grab III/22 Taf. 51); Prüssing 1991, 40 ff.; Jacob 1995, 42 f., 188. Die importierte, wohl etruskische Siebkelle aus Schwarzenbach im Saarland zeigt dagegen, dass sie in diesem frühlatènezeitlichen Grabverband in traditioneller Weise, also zum Füllen einer Tasse, gebraucht wurde.

ein Brauch, der wohl schon früh aus dem Süden übernommen wurde. Die zum Sieb passende Kanne ist jedoch in Grab 994 ebenso wenig vorhanden wie ein Trinkgerät; das Sieb repräsentiert alleinig stellvertretend die zur Trankspende notwendigen anderen Gefäße, im Gegensatz zu seinem Gegenstück in Hoppstädten, das Bestandteil eines Services ist. Dass in Hallstatt 994 tatsächlich mediterrane Trinksitten übernommen wurden, legt der Trichter zwar nahe, letztlich wissen wir aber nicht, ob tatsächlich körnergewürzter Wein genossen wurde, weil dessen Nachweis aussteht. Umgekehrt ist das Fehlen hallstattzeitlicher Siebe (und passender Tassen) in Hallstatt selbst kein Hinweis darauf, dass Seihen dort unbekannt war – im Gegensatz zum Südostalpengebiet (Frög, Kleinklein, Strettweg, Unterkrain) und Oberitalien[824]; vielleicht erforderte das im Hochtal konsumierte Getränk während der Hallstattzeit nämlich kein Filter. Auffällig ist jedenfalls, dass während Ha C und D kein einziges Metallsieb nachgewiesen ist; diese Fundleere steht einem singulären lokalen Produkt, das sich an etruskische Vorbilder anlehnt, gegenüber.

Die stetige quantitative Verringerung der Bronzegeschirrbeigabe von Ha C nach LT A mag durch die Überrepräsentanz von Ha C/D1-zeitlichen Gräbern im Hochtal verzerrt erscheinen, sie ist jedoch auch überregional, vor allem im Westhallstattkreis bezeugt[825].

Ausschließlich Transport/Lagerung/Vorrat: Gräber 13/1939, 167[826], 217, 236, 263, 271, 307, 458, 465, 547?, 555, 599/600, 603?, 660, 668, 679, 696, 697, 701, 794, 801, 827, 836, 910

In zahlreichen Ha C- und D-zeitlichen Männer- und Frauengräbern wird das Gelage mittels Metallgeschirr ausschließlich durch ein bis drei bzw. fünf Situlen dargestellt, Grab 660 enthält lediglich eine Ziste.

Das von F. Morton ausgegrabene Skelett 13/1939 gehört nach anthropologischer Analyse einem 20-25 Jahre alten Mann[827]. Die Beigaben, u. a. ein Dolch mit entwickelter Knauf- und Scheidengestaltung Variante Ludwigsburg, ein schlichter Fußring Typ Bruck an der Großglocknerstraße, ein eisernes Tüllenbeil und ein waidwerkliches Set bestehend aus einem Geschossbolzen und mehreren Pfeilspitzen sprechen für eine Datierung in Ha D2. Tierknochen, Keramik und ein mit Bein verzierter Messergriff belegen die Speisebeigabe. Drei Situlen, davon eine mit Schulterrippen, Falzboden und omegaförmigen Attaschen, und zwei Situlen als Kriegsverlust repräsentieren das Gelage (Abb. 71). Dies ist ein möglicher Hinweis, dass der im nordwestalpinen Hallstattkreis zu beobachtende Rückgang an Bronzegeschirr in Prunkgräbern während Ha D2-3 zumindest in Hallstatt vielleicht nicht derart ausgeprägt zu verzeichnen ist. Bemerkenswert sind das längsgerippte Goldarmband, das eine enge Parallele in Dürrnberg Grab 256 findet[828] (Abb. 72) und der einzige Vertreter seiner Gattung im Hochtal ist und ein mutmaßlicher einzelner Ohrring – beides Kennzeichen einer Elite (s. Absatz 6.1)[829]. Der Mann gehört damit jener ausgezeichneten Gruppe an, die einzelne goldene Schmuckstücke trägt (s. Absätze 5.4, 6.3)[830].

Ebenfalls drei (Grab) bzw. fünf Situlen (Gräber 696 und 697) gehören dem Ha C-zeitlichen Krieger (eisernes Griffzungenschwert Typ Mindelheim mit Elfenbeinknauf, Lanzen, Beil, verrostetes Eisen) aus der unsicheren Brandschüttung 697/696, die in Absatz 3.7 bereits besprochen wurde. In Grab 697 wurde der Bronzedeckel mit Hundestempeln auf der kleinsten der Situlen beobachtet, jener mit abgewinkelten Stielattaschen, ein Typ, dessen Verbreitung sich mit Ausnahme von Kappel und Hallstatt im Wesentlichen auf Mittelitalien und den südlichen Alpenrand konzentriert[831]. Da der Deckel wohl aus dem Raum Este stammt[832], könnte es sich also um ein quasi komplettes verschließbares Importgefäß handeln. Für die Speisung standen Keramik und Fleisch (Tierknochen) zur Verfügung, beobachtet bei den Situlen. Ob der Kreuzattaschenkessel auch zur Mischung des Getränks benutzt wurde, wie verwandte metbefüllte Kessel nahelegen (s. Kessel mit Ringgriffen Variante Hallstatt Grab 12/1889), ist offen.

---

824 Egg 1996, 106 ff.
825 Stöllner 2002, 154 f.; Huth 2003, 267 f.; Schumann 2015, 243 f.
826 Knochen in der Situla.
827 Pany 2003, 125.
828 Dürrnberg Grab 256: Hansen 2010, 251 (vergesellt sind Antennendolch, Fe-Tüllenbeil, Situla, Trense). Zweifellos gehen beide ähnlichen Ringe unmittelbar auf italische Vorbilder zurück, wie ein exakt vergleichbarer bronzener Armring aus Valtravaglia, Prov. Varese, Lombardei, Grab 24 bezeugt (Montelius 1895, 253 Tafelband pl. 46,4).
829 Dehn et al. 2005, 154; Hansen 2010, 100.
830 Schönfelder 1998.
831 Dehn et al. 2005, 163.
832 Polenz 1978, 127.

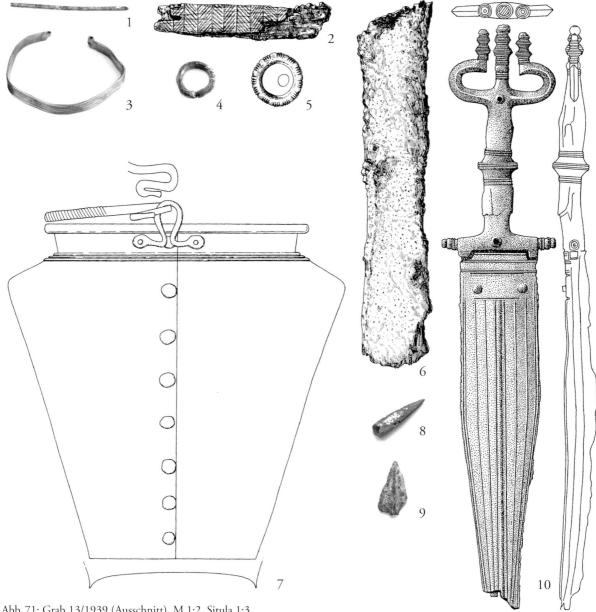

Abb. 71: Grab 13/1939 (Ausschnitt), M 1:2, Situla 1:3.

Die Situla mit parallelseitigen Attaschen aus Grab 263 enthielt außer Tierknochen und Keramik auch einen Fleischhaken. Zur Ausstattung gehört sodann ein zweiter, etwas größerer Eimer ohne Tragevorrichtung. Ein eisernes Griffzungenschwert Typ Mindelheim und eine Nadel mit Kugelkopf datieren die männliche Brandschüttung in Ha C.

Einmalig stellt sich Inventar 236 dar, weil hier zusätzlich zur Keramik (Zitat Ramsauer: „*mehrere Stöhse von Speisegeschieren als thönerne Schalen und Teller …*") zwei flache Bronzeteller die Speisung metallisch repräsentieren. Ausweislich aller Skizzen stand ein 9,5 cm breiter, flacher Teller (nicht mehr erhalten) auf einem etwas größeren (Dm. ca. 22 cm). Seinen Rand zieren vier konzentrische Ringe, die eindeutig *rund* verlaufende Vertiefung des Tellers bringt den Beweis, dass es sich nicht um eine Krempenphalere handelt (Autopsie), die grundsätzlich einen scharfen Umbruch aufweist[833]. Das Bodenblech ist papierdünn. Ca. 30 Knöpfchen mit Öse überdeckten beide Teller, die neben einer kleinen Situla mit Attaschen standen. Sie mögen als Besatz von einem Textil stammen; spekulativ bleibt, ob die Teller als zweiteiliges Set eingewickelt waren, ein anderer, vergänglicher Gegenstand stoffverhüllt auf ihnen deponiert war, oder die entsprechenden Beigaben insgesamt flächig abgedeckt

---

833 Das Grab ist bei Barth 1980 als phalerenführend gelistet.

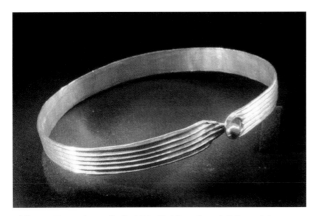

Abb. 72: Dürrnberg Grab 256, Goldarmband, M ca. 1:1.

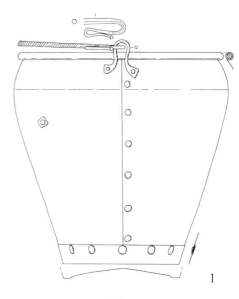

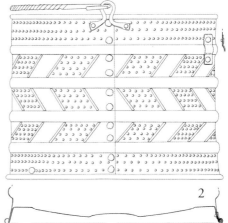

Abb. 74: Bronzegefäße aus Grab 910, M 1:4.

wurden. Weiterhin lagen ein Dolch (Eisenantennenwaffe mit zylindrischer Griffhülse), ein Ärmchenbeil, ein Lappenbeil, eine Lanzenspitze, eine Dragofibel und ein Griffangelmesser auf dem Leichenbrand, der wiederum auf einer Tonwanne(?) zusammen mit Körpergrab 234 (weiblich) vorgefunden wurde (Abb. 73 s. Taf. 5-73). Beide Bestattungen auf dem mutmaßlichen keramischen Untergrund datieren in Ha D1.

Die Inventare 271 und 660 bargen u. a. jeweils eine Ziste, 271 außerdem eine Breitrandschüssel. Die weitgerippte Ziste mit festen Griffen (Serie I, Mündungskonstruktion KM 2[834]) und Holzboden aus diesem Inventar enthielt den Leichenbrand, einen bronzenen Ring und einen Wetzstein. Brandschüttung 660 mit einer Ziste der Serie II (antik repariert, enggerippt mit beweglichen Henkeln, KM 2) ist durch vier Brillenfibeln und ein Buckelarmringpaar mit Zwischenscheiben Typ Echerntal eher weiblich konnotiert und gleichfalls in Ha D1 datierbar.

Eine Ziste (beweglicher Henkel, Serie II, verziert[835]), eine Situla mit beweglichem Henkel und eine Schale mit Standring und Ringgriffen sind in Grab 910 kombiniert (Abb. 74). Schwert (Elfenbeinknauf, Dosenortband) und Mehrkopfnadel datieren die männliche Brandschüttung in Ha C-früh. Ob die Standringschale die gleiche Funktion wie eine Breitrandschale übernimmt, ist ungewiss, jedenfalls dürfte sie wegen der Trageringe und des für Trinkschalen ungewöhnlichen Standrings kaum als solche gedacht gewesen sein[836]. Die Durchsicht der Hallstätter Inventare mit Zisten zeigt, dass überwiegend männliche Gräber Zisten führen (wahrscheinlich 271, 769, 910), nur Ensemble 660 ist auf archäologischem Weg rein weiblich bestimmbar, 299 wohl eine Doppelbestattung. Die Verbreitung der Zisten Serie II mit KM 2 streut europaweit mit einer Verdichtung in den Ostalpen[837] und liefert daher zur Frage des Herstellungsortes der hallstättischen Stücke keinen Hinweis.

Die beiden Kreuzattaschenkessel aus Hallstatt Grab 600 und 696 gehen jeweils ausschließlich mit

---

834 Rand von innen nach außen bördelt: Sternquist 1967, 53 f.
835 Pauli 1975 machte auf die Vertauschung der Zisten der Gräber 910 und 574 aufmerksam. 574 enthält keine Ziste (s. o.).
836 Bei Krausse 1996, 389 Nr. 29 als Trinkschale geführt.
837 Dehn et al. 2005, 173.

anderen Situlen, also Gefäßen zur Lagerung zusammen, die Kombination wird einmal in Grab 600 durch eine Breitrandschale ergänzt. Beide gehören der Variante C nach Prüssing an, die die voll ausgeprägte Kalottenform, feine Ritzverzierungen und tordierte Griffe aufweisen[838]. Sie datieren in die Stufe Ha C und D. Jene mit umlaufenden Linien am Gefäßrand (Hallstatt 696) beschränken sich auf wenige Fundorte in Slowenien (Libna, Gde. Krško, Reg. Štajerska, Magdalenska gora, Gde. Zgornja Slivnica, Unterkrain, Šmarjeta, Gde. Šmarješko Toplice, Unterkrain, Stična, Gde. Ivančna Gorica, Unterkrain) und Helpfau-Uttendorf, Bez. Braunau am Inn, Oberösterreich. Mäanderzier dagegen weist eine wesentlich weitere Streuung auf mit den Zentren Slowenien, Istrien, dem Raum Padua und nördlich davon entlang von Piave und Brenta[839]. Während in der Ha C-zeitlichen männlichen Bestattung 600 (Griffzungenschwert Typ Mindelheim, Lanzenspitzen, Ärmchen-, Lappenbeil) drei Obeloi, Griffdornmesser, Tierknochen und wahrscheinlich Keramik die Speisung repräsentieren, fehlen metallische Trink- und Schöpfgeräte. Frank Roy Hodson erwägt eine Zusammengehörigkeit des männlichen Inventars 600 und der weiblichen Bestattung 599[840] oder eine Vertauschung der Brillenfibeln (aus Grab 600) bzw. eines Eimers. Während das Brillenfibelpaar in Grab 600 nicht stören würde (s. Kapitel 13), ergäbe sich bei einer Doppelbestattung von 599 und 600 ein Satz von vier Situlen, einem Kessel und einer Breitrandschale, also ein klarer Überhang an Transport- und Lagerungsbehältern bei gleichzeitigem Fehlen von Schöpf- oder Trinkgefäßen metallischer Art. Ein hinreichender Grund für eine Zusammengehörigkeit besteht nicht, ausgeschlossen werden kann sie aber auch nicht.

Dies gilt ebenso für das geschlechtlich umstrittene Grab 696 (Situla Typ Kurd, Situla mit abgewinkelten Stielattaschen, Kreuzattaschenkessel, Deckel, zwei Nadeln, diverser Schmuck: Perlen, zwei Armringe Typ Echerntal, goldene Lockenspirale), das aufgrund des beschädigten Dolchmessers mit Rademblem (Absatz 3.4, Abb. 36) in Ha D1 datiert (Abb. 75). Die beiden bei Kromer abgebildeten Schlangenfibeln S 4 sind nach dem Protokoll Antikencabinett[841] durch zwei Nadeln unbekannter Form zu ersetzen. Blechgürtel vom Typ Schrotzhofen beschränken sich schwerpunktartig auf Hallstatt, nur drei Exemplare streuen nach Bayern, sodass sich daher kein Fremdbezug abzeichnet. Die goldene Drahtspirale, aber auch der Gürtel und die Perlen sprechen klar für die Bestattung einer Frau, weil sie ausschließlich in archäologisch sicher bestimmbaren weiblichen Gräbern (132, 340, 360, 393, 505, 586, 671, 801) bzw. einer mutmaßlichen femininen Doppelbestattung liegen (836, s. Absatz 6.4). Das Inventar rechnete Th. Stöllner daher folgerichtig zu einer kleinen Gruppe Ha D-zeitlicher Frauengräber des Inn-Salzach-Raumes, die Dolche enthalten[842]. Die Tatsache, dass es sich letztlich um ein Messer handelt und nicht um einen klassischen männlich konnotierten Dolch, könnte für das religiös und sozial ausgezeichnete Gerät einer Frau sprechen, weil dolchartige Messer in Frauengräbern eben durchaus bezeugt sind (s. Absatz 5.1.4). Eine der beiden Situlen war mit dem orientalisierenden Deckel verschlossen, einem Typ, der bekanntlich Parallelen in Most na Soči, Gorizia, Slowenien, Stična-Griže, Gde. Ivančna Gorica, Unterkrain, Este-Rebato, Prov. Padua, Reg. Veneto und Grandate, Prov. Como, Reg. Lombardei hat[843].

Gleichfalls eine Situla mit innenliegender Keramikschale und eine Breitrandschale mit singulärem Fußgestell gehen in der Ha C-zeitlichen Brandschüttung 569 zusammen, deren Beigaben einer oder zwei Frau(en) zuzuschreiben sind: Für letzteres sprechen zwei Ringgehänge (konzentrisch und gestielt) und evtl. zwei zungenförmige Gürtelhaken, wobei zwei Gürtel jedoch auch in offensichtlichen Einzelgräbern überliefert sind (34, 46, 382, 505, 623, 668, 671). Weitere weibliche Utensilien stellen diverse Perlen, Bernsteinschieber und Ringschmuck dar, männlich Konnotiertes fehlt. Zirka 300 gewölbte Buckel mit Öse (Dm. 0,8 cm) sprechen für die Beigabe eines aufwändig verzierten Textils, ob als Kleidung oder Abdeckung des Leichenbrandes ist den Quellen nicht zu entnehmen[844].

---

838 Prüssing 1991, 72 ff.
839 Egg 1985, 376 Abb. 40.
840 Der an der Kurd-Situla fehlende strichgruppenverzierte Ring befindet sich wahrscheinlich in Grab 603.
841 S. auch Text Ramsauer bei Kromer 1959, 146.
842 Stöllner 2002, 141; 386.
843 Zusammengestellt bei Turk 2004, 18, Abb. 14.
844 Ramsauer: „... *Bei 5000 Stück kleine Bronzeknöpfl, wahrscheinlich von einen bestückten Kleide oder Teppich*" (Kromer 1959, 127).

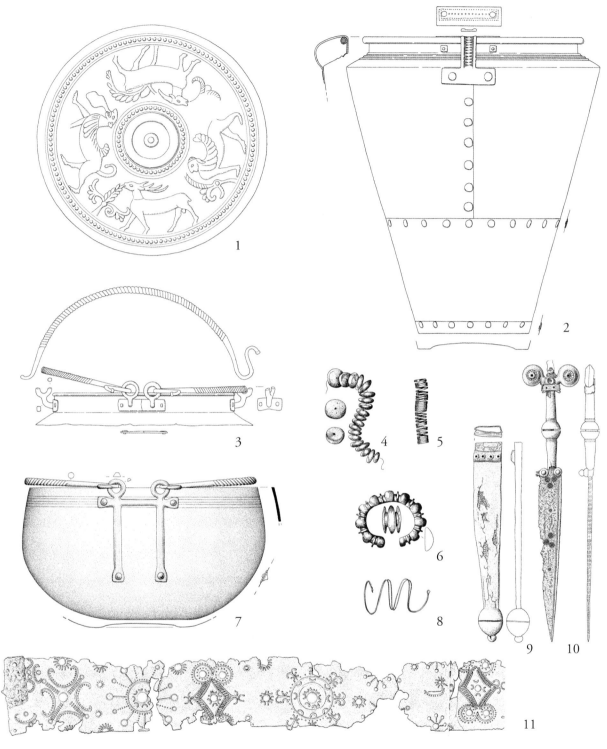

Abb. 75: Grab 696; M 1:4, Situla (2) M 1:6.

Die Anzahl der Beigaben, die auf zwei Bestattungen schließen lassen, widersprechen jedoch dem dreiteiligen Geschirrsatz, der für eine Person konzipiert ist. Allerdings ist dieser bemerkenswert „vollständig", da der Breitrandschale durch die Fußstützen auch Qualitäten einer Amphore, also eines Mischbehälters, zuzuschreiben sind (Abb. 76). Die nicht überlieferte Keramikschale mag zum Trinken und/oder Schöpfen gedient haben, die Vorgänge, die zur Trankspende notwendig waren, sind also gegenständlich in Vollzahl belegt (Herstellung/Mischung, Transport/Lagerung/Vorrat, Schöpfen/Genuss, Trinken). Ausschließlich keramisch stellt sich offenbar die Speisung dar (Keramik und Tierknochen).

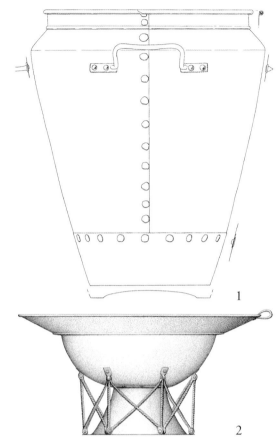

Abb. 76: Bronzegefäße aus Grab 569, M 1:5.

4.2 Bratspieße
(Gräber 12/1889, 573, 600)

Die Gräber 12/1889 (Ha D2-D3), vermutlich 259[845] (Ha D1), 573 und 600 (Ha C) bergen u. a. eine jeweils unterschiedliche Anzahl eiserner Bratspieße mit Ringgriff. Mit Ausnahme von Grab 259 enthalten alle Metallgeschirr; sie wurden in Absatz 4.1 bereits erwähnt. Datierung, Verbreitung und Typologie der Objektgattung und der im Hochtal vorliegenden ostalpinen Variante ohne zungenförmiges Ende sind u. a. durch die Arbeiten von M. Egg[846], Ch. Kohler[847], B. Teržan[848], H.

---

845 Drei der in der Sammlung nicht vorhandenen „Bradspiehse" (Ramsauer) sind in der Mahr-Kartei abgebildet. Es handelt sich um schmucklose Stangen ohne charakteristischen Bratspießgriff.
846 Egg 1996, 139 ff. mit älterer Literatur.
847 Kohler 2000. Seine Feindifferenzierung der Typen (Karten 4-5) bringt gegenüber der Arbeit von Egg bei den hier betroffenen Stücken mit Ringgriff keine Veränderung.
848 Teržan 2004. Eine überregional geltende Zahlensymbolik hinter einer möglichen Bündelung und Anzahl der Spieße zu vermuten (prämonetäre Währung, Großhandel), ist nicht nachvollziehbar und könnte einzig durch

van den Boom[849], G. Tomedi[850] und J. Kneisel[851] hinreichend klar und brauchen hier nur kurz wiederholt zu werden. Mit einer speziellen Form, den Spießen mit beweglicher Manschette, befasste sich G. Zipf[852].

Spieße (griech. Obeloí) gelten gemeinhin als Anzeiger einer mediterranen Sitte, der sich ein stets privilegierter, meist männlicher Personenkreis bedient habe. Mit der orientalisierenden Phase in Etrurien sei dieses Gerät nicht nur in mittelitalische Randgebiete, sondern auch in den nördlichen Raum gelangt[853]. Sein Vorkommen wird mit dem rituellen Opfer im Rahmen des Banketts in Verbindung gebracht und als gesellschaftlich wichtiges Standessymbol interpretiert. Bei den Griechen waren die Obeloi aufgrund ihres Metallwertes kostbar und als Weihegabe in Heiligtümern wie Delphi, Korinth, Sparta oder Argos beliebt. Seit der zweiten Hälfte des 8. Jhs. kennt man sie aus italischen und griechischen Gräbern[854]. Das bisher wohl älteste Stück stammt aus einem zyprischen Grab in Amathonte (11. Jh.), seine urnenfelderzeitlichen westeuropäischen Verwandten aus Depots. Ihre chronologische Stellung zueinander diskutierte J. Gomez de Soto[855].

Auf der Certosa-Situla ist ein Beil- und Bratspießträger, der sich in den Aufzug derer einreiht, die Trank, Speisen (einschließlich mutmaßlicher Opfertiere) und Gerätschaft herantragen, wiedergegeben. Er zeigt, dass Spieße bei den unterstellten Übergangsriten zwischen Leben und Tod, die ja die Bilder veranschaulichen, respektive generell bei religiösen Feierlichkeiten ebenso wie Metallgeschirr ihren festen Platz hatten. Offen ist, ob estensische Miniaturspieße und -feuerböcke nur symbolischen Charakter hatten oder tatsächlich im Rahmen

---

die Feststellung ihres Gewichts erhärtet werden, was wegen ihrer Fragmentierung kaum Ergebnisse liefern dürfte und von der Autorin gar nicht angedacht wird („*Daher kann man annehmen, dass sich in der Rhythmik der Anzahl der Eisenspieße im Grab 573 zwei Zahlensysteme erkennen lassen, die sowohl aus dem griechisch-kyprischen als auch dem italischen Bereich stammen.*" ebd.. S. 177). Zur Idee des Zahlungsmittels bereits Jacobi 1974, 104; zuletzt Amann 2000, 47 Anm. 131 und 49 mit Literatur.
849 Van den Boom 2009.
850 Tomedi 2002, 113 ff.
851 Kneisel 2012, 463 f. (Bratspieße in Polen).
852 Zipf 2006, 388 ff.
853 Egg 1996, 139; Kohler 2000, 197; Stöllner 2002, 385; Huth 2003, 82 (Beilngries); - Zur Ausbreitung in Italien Amann 2000, 44 ff.
854 Strøm 1992.
855 Gomez de Soto 1991; 1993.

von Opfern bzw. dem Symposium benutzt wurden[856]. In frühen italischen Frauengräbern werden Obeloi als Statussymbol der Mater familias am Herdfeuer gedeutet[857].

Während die Menge der hallstättischen Spieße in Körpergrab 12/1889 und Brandschüttung 600 mit fünf und acht in der Grabskizze unzweideutig ist, ist diejenige aus Inventar 573 nicht gesichert. Es könnten 12 (London-Protokoll), aber auch 16 Stücke vorhanden gewesen sein. Johann Ramsauers Erwähnung „vielen Eisenwaffen" wird je nach Autor als Obeloi (Teržan) oder Lanzenspitzen (Hodson) ausgelegt[858]. Tatsache ist jedoch, dass wir nicht wissen, um welche Eisenobjekte es sich genau handelte, und wie viele mögliche Spieße in welcher Bündelung deponiert wurden. Ausweislich aller Protokolle[859] enthielt auch Grab 259 sicher Bratspieße (s. o.)[860], ihre Anzahl lässt sich aber nicht mehr ermitteln. Sie lagen im Kopfbereich des Toten. Eine Vermischung der Beigaben mit jenen aus dem Ha C-zeitlichen Grab 260 – wie von Hodson erwogen[861] – ist allein aus chronologischen Gründen schwer vorstellbar, in Hallstatt aber auch nicht gänzlich auszuschließen. Die in den Protokollskizzen angezeigte Stratigraphie scheint indes die zeitliche Abfolge der Bestattungen zu bestätigen (263 zeitgleich neben 260, darüber 259, Abb. 79 s. Taf. 6-79). Schließt man also eine Vermischung aus, erstaunt das Fehlen von Bronzegefäßen im bratspießführenden Grab 259 einerseits und das Übermaß an Bronzegefäßen, nämlich sechs Stück in Grab 260 andererseits (drei Situlen, zwei Schalen, eine Breitrandschale, Abb. 50). Keramikobjekte, also auch Feuerböcke, sind in den Quellen nicht erwähnt, könnten naturgemäß jedoch vorhanden gewesen sein. Weitere Gräber mit Obeloi in Hallstatt sind denkbar; sie wären unter jenen zu suchen, bei denen J. Ramsauer von „vielen Eisenwaffen" berichtet.

Wahrscheinlich weist einzig die Torsion der Schäfte auf ihre religiöse Bedeutung hin (s. Kapitel 4), während einige westlich verbreitete Stücke mit Manschette ihren religiös-theriomorphen Bezug durch plastischen Hirsch-, sonstigen Vierbeiner- und Vogeldekor für uns deutlich lesbarer bezeugen[862]. Im Gegensatz zu Este, Etrurien, Latium, Kampanien und neuerdings auch Kärnten[863] und in Übereinstimmung mit dem ostalpinen Raum[864] wurden in Hallstatt während Ha C und D ausschließlich Männergräber (Waffengräber) mit Bratspießen ausgestattet. Konträr zu den Haken zum Sieden des Fleisches zeigen sie bekanntlich eine andere Zubereitungsart des wertvollen Fleisches an, nämlich die des Bratens. Indes fehlen im Hochtal bis jetzt die häufig in italischen Gräbern[865], aber auch aus nächster Umgebung (Hellbrunner-Berg[866]) vorliegenden metallischen Feuerböcke[867]; möglicherweise lagen sie aus Keramik gefertigt[868] vor, wie das spiralverzierte Fragment eines sogenannten Mondidols vom Hallberg (1. Kehre), also aus Hallstatt selbst, evtl. stellvertretend nahelegt. Mondidole sind auch westlich des Kalenderberggebietes in hallstattzeitlichen Siedlungen bezeugt[869]; vom Hallberg generell sind Grab- und Einzelfunde bekannt, das Stück könnte daher auch als Siedlungsfund gelten[870]. Ob die sogenannten Mondidole jedoch funktional den metallischen Feuerböcken entsprechen, sei dahingestellt. Die Hervorhebung des Altar-Charakters dieser Miniaturen erscheint nicht unbegründet, zieht man ein als Altar gedeutetes größeres Keramikobjekt und seine mutmaßlichen Parallelen aus Westungarn vergleichend heran[871]. Möglicherweise spricht auch die Chorologie der Obeloi aus Gräbern (im West- und Osthallstattkreis) und der hallstattzeitlichen Mondidole (Kalenderbergtrias nur im Osthallstattkreis und Mondidole alleine auch in Siedlungen Ostbayerns) gegen eine funktionale Entsprechung.

---

856 Amann 2000, 47 mit Anm. 130.
857 Amann 2000, 48 f.
858 Hodson 1990, 59.
859 Antikencabinett, Morlot, Linz, Graz, St. Germain, Oxford, London, Mecklenburg - alle im NHM Wien.
860 Gegenteilig Egg 1978B, 193 f.
861 Hodson 1990, 98.
862 Zipf 2006, 388 ff. (mit weiterführender Literatur).
863 Gleirscher 2009A.
864 Tomedi 2002, 136.
865 Amann 2000, 44 ff. - Ch. Kohler und A. Naso schließen wegen formaler Merkmale überzeugend aus, dass der italische Feuerbock aus der Ägäis übernommen worden sein könnte. Es handle sich hingegen um eine lokale, villanovazeitliche Schöpfung: Kohler/Naso 1991.
866 Stöllner 2002, 106, Kat.-Nr. 72; 1996, Taf. 85,186.
867 Starý 1994; Amann 2000, 44 ff.
868 Tomedi 2002, 135 mit Anm. 727.
869 Mondidole aus Traunkirchen mit weiterer Literatur: Schumann 2013, 65 ff. (der Beleg vom Hallberg dort nicht genannt). Auch drei Traunkirchener Gräber enthalten vermutlich als Grabeinfüllung Fragmente keramischer Mondidole, u. a. Grab 90, das den Angelhaken und die Harpune barg. Frdl. Mitt. M. Hochhold-Weniger, Wien. Zu den Mondidolen/Feuerböcken und größeren Keramikaltären des Kalenderberggebietes jüngst auch Molnár/Farkas 2010.
870 Vom Hallberg sind Grab- und Einzelfunde (Siedlung?) überliefert: Stöllner 1996, 81 Taf. 41, B28.
871 Zuletzt Molnár, Farkas 2010, 133 ff.

Die kombinierten traditionsreichen und heimischen Bronzegefäße oder andere Beigaben der Bratspießensembles (Situlen, Breitrandschale und Kessel) weisen indes nicht auf die Übernahme mediterraner symposialer Gepflogenheiten im Hochtal hin, die Homer für Griechenland beschrieb und die auf rotfigurigen Vasen bebildert vorliegen. Christoph Kohler vermutete bereits, *„daß die Ausbildung von derartigen Gerätschaften in Metall nur eine von uns faßbare, haltbarere Verfeinerung von Gebräuchen darstellen, die in der Hallstattkultur bereits verwurzelt waren"*[872], was die spätbronzezeitlichen Depotfunde mit Spießen zu bestätigen scheinen. In diesem Sinn äußert sich auch G. Tomedi: *„Demnach wird die Idee der Ausstattung des Grabes mit dem zum Symposium notwendigen Geschirr und Gerät wohl in autochthonen Vorstellungen wurzeln und nicht unbedingt auf orientalische Vorbilder zurückgehen müssen"*[873] – eine Aussage, die an die Untersuchung Kohlers über die italischen Feuerböcke erinnert, deren Sonnenbarkenmotiv in der geometrischen Kunst Griechenlands völlig unbekannt ist[874].

4.3 Fleischhaken (Gräber 260, 263)

Zwei wohl in unmittelbarer Nähe zueinander[875] bestatteten Männern der Ha C-zeitlichen Gräber 260 (Abb. 50; 79) und 263 legte man jeweils einen zweizinkigen Fleischhaken ins Grab. Die beiden vergleichbaren Stücke bestehen aus einem vierkantigen geschmiedeten Bronzestab; die Hakentülle, ein möglicher Schaft und seine -endtülle sind nicht mehr erhalten, jedoch analog zu westeuropäischen, langlebigen Parallelen vorzustellen[876]. Ihre Deponierung in je einer Situla (Grab 263 enthielt zusätzlich die Knochen eines Rotwilds) zeigt, dass diese Eimer wohl eine fleischhaltige Mahlzeit oder größere Fleischstücke enthielten; ob in ihnen auch gekocht wurde, ist hingegen ungewiss. Die Situla mit Haken aus Inventar 260 war weitgehend zerstört, was vielleicht auf diesen Umstand hindeuten könnte, mindestens aber ihren intensiven Gebrauch nahelegt. Zwischen den anderen, wohl getränk-, und den fleischführenden Situlen dieser beiden Gräber besteht offenbar kein äußeres Unterscheidungsmerkmal.

Albrecht Jockenhövel wies erstmals anhand bronzezeitlicher Haken und ihrer auffallenden Kombination mit Kesseln darauf hin, dass beide wahrscheinlich zum Herausfischen von mittels einer speziellen Kochmethode gesottenem Fleisch dienten. Ihre Niederlegung in Hortfunden und Gräbern, mitunter auch in Höhlen und Mooren und vor allem die mit Ringen und Vögeln besetzten Exemplare aus dem Dunaverney Moor, Gde. Ballymoney, Co. Antrim, Irland, und jene aus Zürich, Schweiz zeigen, dass sie aus rituellem Anlass von alters her benutzt wurden[877]. Schäftungen mit entsprechend klar interpretierbarem Symbolgutbesatz fehlen bisher in Hallstatt.

Michael Schefzik stellte jüngst die einzinkigen urnenfelderzeitlichen Haken unter besonderer Berücksichtigung eines mutmaßlich intentionell zerstörten Hakens aus der oberbayerischen Siedlung von Heimstetten, Gde. Kirchheim bei München, Kr. München, Oberbayern, zusammen und verwies nochmals auf dessen kultischen Charakter[878]. Anzuschließen ist ein vergleichbares Stück aus einem urnenfelderzeitlichen Brunnenschacht aus Germering, Kr. Fürstenfeldbruck, Oberbayern, in dem man zusätzlich u. a. das zum Zerteilen des Fleischs notwendige Messer, aus Opferkontexten bekannte Nadeln und größere Gefäßfragmente (kein kleinteiliger Siedlungsabfall) deponierte[879].

4.4 Äxte und Beile

Hinweise darauf, dass äußerlich gewöhnliche Äxte und Beile unmittelbar zu kultischen Zwecken benutzt wurden, bleiben rar. Gemäß dem Befund in Hochdorf (u. a. der Axt zusammen mit dem Bronzegeschirr, dem Messer, dem Spieß und der Eisenspitze auf dem Wagen)[880] oder dem Bild auf der Situla Benvenuti (Beil/Axt unter einem Gestell, an dem Bronzegefäße hängen) müsste entsprechendes Gerät in unmittelbarem und eindeutigem Bezug zu Metallgeschirr stehen.

Dies trifft insbesondere auf das eiserne Lappenbeil aus Grab 260 zu, das sich, den Quellen nach, zusam-

---

872 Kohler 2000, 207.
873 Tomedi 2002, 134.
874 Kohler/Naso 1991.
875 Hodson 1990, 9.
876 Gomez de Soto/Pautreau 1988, fig. 2; Jockenhövel 1974, Abb. 1,10.12.13.14.

877 Jockenhövel 1974 mit älterer Literatur; Gomez de Soto/Pautreau 1988; Gomez de Soto 1993, 193 f.; Huth 2003, 61.
878 Schefzik 2009.
879 Schefzik 2012.
880 Krauße 1996, 299.

Abb. 79A: Lappenbeil aus dem Gräberfeld, Streufund, M 1:2.

men mit einer Bronzeschale in einer der drei Situlen des Inventars befand (Abb. 50). Hier liegt die Nutzung des formal gewöhnlichen, schmucklosen(!) Beils im Rahmen des Gelages respektive des rituellen Opfers (Fleischgenusses) sehr nahe, während das Beil aus Grab 14/15, gleichfalls offenbar unverziert, das sich unter einer Situla befand, nicht ebenso klar interpretierbar ist, weil mitunter im Hochtal Beigaben aufeinandergelegt wurden, die keinen für uns inhaltlich sinnvollen Bezug zueinander haben. Hierfür können z. B. die Mehrkopfnadeln auf dem Schwert aus Grab 507, das Schwert auf der Breitrandschale aus Bestattung 273, die Waffen aus Inventar 789 (unter der Situla befanden sich Dolch, Schwert, drei Lanzen, Beil, Messer, Wetzsteine; s. Absatz 5.1.2) oder die Mehrkopfnadel (nebst Miniaturaxt) in der Schale aus Grab 641 angeführt werden. Besonders augenfällig erweist sich eben dieser letztgenannte Befund, der die Reiter-Miniaturaxt in der (nicht überlieferten) Bronzeschale bezeugt, und sie somit unmissverständlich durch den seltenen theriomorphen Besatz als zeremoniales Opfergerät ausweist (s. Absatz 3.7) und zugleich auch der Schale eine sakrale Aufgabe zuschreibt. Die Ablage der Mehrkopfnadeln in der Schale bleibt jedoch schwer deutbar. Das schlichte Erscheinungsbild des mutmaßlichen Opfergerätes aus Inventar 260 lässt an mögliche weitere in religiösem Zusammenhang gebrauchte, jedoch äußerlich unauffällige Beile und Äxte denken.

Schließlich ist auf das eiserne Beil mit rechteckiger Tülle aus Brandgrab 28/1939 hinzuweisen, das bereits 1959 wegen seines schlechten Erhaltungszustandes nicht abgebildet wurde. Dirk Krauße führt es mit neun anderen Exemplaren, die nur zum Teil aus „reichen" Bestattungen oder aus zwar reichen, aber alt gegrabenen Hügeln stammen (z. B. Asperg-Grafenbühl, Sainte-Colombe-sur-Seine, FO La Butte, Dép. Côte-d'Or), als Parallele zur Axt aus Hochdorf an[881], die u. a. aufgrund des Befundes seither als Opferinstrument gilt[882]. Die in Hallstatt kombinierten Beigaben, ein weiteres Tüllenbeil, Lanze, Nadel und -büchse, sprechen nicht für eine außergewöhnliche (wohl männliche) Ausstattung. Hinweise, die für eine unmittelbare Opferfunktion des Beiles sprechen (Metallgeschirr, weitere Tötungsgeräte), liegen (so anschaulich wie wohl nur in Hochdorf[883]) nicht vor, was zur Vorsicht bei der vermeintlichen rituellen Bestimmung von Beilen mit Rechtecktülle mahnt, die ja auch aus frühhallstatt- und spätlatènezeitlichen Siedlungen zahlreich überliefert sind[884], also wohl auch alltäglich in profanem Gebrauch waren.

Bereits 1982 kartierte P. F. Starý die gedrungenen bronzenen Lappenbeile mit Kreisaugen- oder Ritzzier auf der Klinge, die als Träger von Symbolornament (Kreisaugen, geometrische Muster), und wegen ihrer zum Teil außergewöhnlichen Befunde nicht als Waffen, sondern als ausgesprochene Statussymbole gelten[885]. Ohne Anspruch auf Vollständigkeit verweise ich hinsichtlich ihrer italischen Wurzel ergänzend auf zahlreiche Exemplare aus den reichen Gräbern von Verucchio[886]. In Hallstatt selbst kamen bisher wohl mindestens drei derartige Beile zutage, die diesen formal und ornamental nahestehen. Ein kreisaugenverziertes, zwar nicht überliefertes, jedoch u. a. in der Mahr-Kartei und im Protokoll Antikencabinett abgebildetes Lappenbeil stammt aus Grab 340 (Taf. 4-57), das andere, ein Einzelfund, aus dem Bereich der Sölde[887]. Friedrich Simony schließlich bildete 1851 in seiner Veröffentlichung „Alterthümer vom Hallstätter Salzberg und dessen Umgebung" ein winkelband- und kreisaugenverziertes Beil („Kelte") ab, das aus dem Gräberfeld stammen soll (Abb. 79A)[888]. Ein besonders reich verziertes Exemplar stammt als weiterer Streufund aus dem unte-

---

881 Krauße 1996, 299 ff.; 436 f.; - Zu 302: Das Dürrnberger Grab 116 wurde anthropologisch als „eher weiblich, 35-45 Jahre" bestimmt: Pauli 1978, 229 f., 528 f., 562 Taf. 219. Zuletzt Eibner 2013, 353 Anm. 57.

882 Zusammenfassend Krauße 1999. z. B. auch Metzner-Nebelsick 2012, 171. Kritisch dazu: Burmeister 2009, 89 f. mit weiterer Literatur; Jung 2006, 165 ff.

883 S. auch Egg 1996, 204 (Hiebmesser als Schlachtgeräte).

884 Krauße 1996, 301 Anm. 1253.

885 Starý 1982, 45 f.; Mayer 1977, Nr. 880-882; Pászthory/Mayer 1998, Nr. 936; Stöllner 2002, 130.

886 Gentili 2003, z. B. Taf. 53; 79; 113; 120.

887 Unbupliziert, Grabung Kern. Zur Sölde allgemein Kern et al. 2008, 122 f.

888 Simony 1851, 8 Taf. V.3.

ren Koppental⁸⁸⁹; es dient somit auch als Beleg für den Verkehrsweg entlang der Traun. Wie im Dürrnberger Grab 88 stammt das Hallstätter Stück aus Brandschüttung 340 aus weiblichem Kontext: Drei Bronzegefäße, ein Goldspiralring, eine plastische Rinderfigur als „passendes" Opfertier – wegen seines Ohrrings mit starkem Bezug nach Unteritalien (Absatz 6.1)⁸⁹⁰ –, zwei Gürtelhaken⁸⁹¹, sechs Brillenfibeln, evtl. drei Armringe und das Fehlen ausgesprochen männlicher Attribute sprechen für die Bestattung einer (oder zweier) Frau(en). Der Ritus ermöglicht keinen Vergleich der beiden Gräber, der wegen des Befundes am Dürrnberg – das Beil lag dort repräsentativ und abzeichenartig auf der Brust⁸⁹² – im Fall von Körperbestattung interessant gewesen wäre. Die Hallstätter Bronze ist mit ca. 11,5 cm Länge etwas kleiner und schlanker als ihre Parallelen (12,5-17 cm)⁸⁹³. Eingepunzte Kreisaugen in Fünferreihen bedecken den ösenlosen Schaft vollständig, die Klinge, sonst überwiegend Träger verschiedener Symbole, zeigt lediglich vier Kreisaugen. Der Einzelfund von der Sölde entspricht seinen Vergleichsstücken in der Form, fällt aber ebenfalls durch die zusätzlich den Schaft bedeckenden eingepunzten Kreisaugen auf.

Bekanntlich kommen Beile (wie Gürtel oder Halsringe) in Männer- und Frauenbestattungen vor⁸⁹⁴. Prominente Belege stammen aus dem Grafenbühl bei Asperg, Kr. Ludwigsburg, Baden-Württemberg (Mann ca. 30 Jahre) und aus Sainte-Colombe-sur-Seine, FO La Butte (Frau 30-40 Jahre); beide lieferten jeweils zwei Beile. Den beiden kleinen, formal differierenden Beilen des Grafenbühlers wird wegen ihrer geringen Größe und fehlender Schäftungsmöglichkeit in einem Fall eine kultische Rolle als Aufsatz zugeschrieben⁸⁹⁵. Beile in Frauengräbern oder in weiblich konnotierten Schmuckhorten deutete C. Metzner-Nebelsick als mögliches Symbol für den besonderen Status ihrer Besitzerinnen, Blutopfer durchzuführen⁸⁹⁶. Sehr anschaulich könnte die in Hallstatt Grab 340 kombinierte Rinderplastik stellvertretend das Opfertier darstellen, wobei der Befund keinen unmittelbaren Zusammenhang zwischen Tier und Beil herstellt (beide lagen „einzeln" auf dem Leichenbrand) und es sich nicht um ein Beil mit rechteckiger Tülle handelt, die D. Krauße wie erwähnt als ausgesprochene Opfergeräte interpretiert⁸⁹⁷. Betrachten wir unter diesem Gesichtspunkt die beiden anderen Gräber mit Rinderfiguren (455, 507), bietet sich nur in Grab 507 die Miniaturaxt als – vielleicht symbolisches – Opfergerät an. Auch die Auffindung der Figuren in zwei Keramikschalen wäre augenscheinlich als Opfer lesbar (s. o. Absatz 3.7). Petra Amann listet für den etruskischen Raum regional gegliedert Frauengräber mit Beilen auf und kommt zum Schluss, dass das Beil mehr als das Messer „mit Tätigkeiten rund um die Fleischzubereitung in Verbindung zu stehen" scheine. „Damit kommt es auch der Sphäre von Opfer und Ritus nahe, die bald dazu führt, daß das Beil als Symbolgegenstand auftritt (...) Zusammenfassend lässt sich sagen, dass das Beil sicherlich eines der wenigen Objekte ist, das besondere Funktionen von Frauen – sei es im häuslichen oder rituell-sakralen Ambiente – erahnen läßt …"⁸⁹⁸. Gabriele Zipf resümiert nach detaillierter Analyse⁸⁹⁹ italischer Beile, die auch alpine Funde und einige Situlenbilder berücksichtigt: „Beilen kommen als Bildmotiv auf verschiedenen Dekorträgern, als Dekorträger selbst sowie als miniaturisierter Gegenstand neben ihrem Gebrauchszweck weitere symbolische Bedeutungen zu. Sie fungierten zum einen als (Jagd-)Waffe, zum anderen als Statussymbol und bezeichneten zudem höchstwahrscheinlich bestimmte Funktionen einzelner Individuen in der Gemeinschaft. Eine Funktion als Opfergerätschaft ist zwar aufgrund jüngerer Darstellungen naheliegend, anhand des untersuchten Bildmaterials jedoch nicht belegbar. Auch der omnipräsente (Wasser-)Vogel wurde mit Beilen verknüpft"⁹⁰⁰. In den betroffenen hallstättischen Inventaren der Altgrabungen ist indes eine Verbindung

---

889   Artner 2012, 71 ff.
890   Vogelrinder und Rinder mit Ringschmuck: Lo Schiavo 2010, Nr. 8065.8067.8070.8085.8089c.
891   Zwei Gürtelhaken stammen beispielsweise auch aus den weiblichen Einzelgräbern 505, 569, 623 und 668.
892   Moosleitner et al. 1974, 57 f. Wegen der Kombination weiblicher (Ringschmuck) und männlicher (Beil) Elemente wird die Geschlossenheit des Grabes angezweifelt.
893   Angaben nach Starý 1982, 45.
894   S. auch Bräuning 2009, 140.
895   Zuletzt Krauße 1996, 302.
896   Metzner-Nebelsick 2012, 171.
897   Krauße 1996, 300 ff.
898   Amann 2000, 49 ff.
899   Zipf 2003, 520 ff. Auffällig ist die Tordierung der Stiele sämtlicher auf halbmondförmigen Rasiermessern abgebildeten Beile (Zipf 2003, Taf. 64-66). Vermutlich zeigen sie die rituelle und sakrale Bedeutung der Rasiermesser an. Wir kennen sie als Element verschiedenster religiös konnotierter Metallgefäße, an Trinkhörnern, Feldflaschen, „Feuerzangen" mit Rädern (s. Woytowitsch 1978, Nr. 151), aber auch an Ringgehängen mit Rädern aus Hallstatt. S. auch Absatz 3.4, Grab 669.
900   Zipf 2003, 551.

zur Jagd nicht angezeigt, weil weder Lanzen noch Pfeilspitzen kombiniert sind[901]. Näher liegt hier eine Deutung als Opferinstrument.

Offen bleibt die Funktion der beiden Beile vom Typ Frög in Grab 13/1995: Sie lagen dort zusammen mit dem Schwert auf dem Leichenbrand, während das große Messer – sozusagen gegenüber – unmittelbar auf den Rinderknochen beobachtet wurde, also explizit mit einer Schlachtung/Speisung zu verbinden wäre. Interessant ist das Set aus 27 Pfeilspitzen, das jedoch weder mit den Tierknochen noch mit den Beilen in räumlich interpretierbarem Kontext steht.

4.5 Miniaturgefäße als plastischer „Dekor" (Gräber 240, 278, 505, 507, 559, 585, 669, 574, 577, 667, 37/1872, 557, 724, 324)

Vom Neolithikum bis in die Frühgeschichte[902] wurden Objekte auch als Miniaturen hergestellt. Die zugrunde liegende Intention variiert je nach Objekt und kulturellem Milieu, was ebenso für die Hypertrophie gilt, eine überdimensionale Vergrößerung oder Gewichtssteigerung. Bereits die Bronzezeit lieferte zahlreiche Waffen, Geräte/Werkzeuge, Schmuck, Wagen etc.[903] in verkleinerter Form, also Objektgattungen, die bekanntlich auch während der Eisenzeit miniaturisiert erscheinen können. Gemeinhin ist zwischen tatsächlich benutzten Miniaturen, z. B. Kinderspielzeug, und ausschließlich für die Grabausstattung oder das religiös motivierte Opfer[904] gefertigten verkleinerten Beigaben zu trennen, die „realistisch" proportionierte Abbilder realer Gegenstände darstellen.

Zahlreiche Objekte Hallstatts sind mit bronzenen Miniaturgefäßen verschiedenster Form ausgestattet, die in Zahl und Anordnung variieren. Als Objektträger dienen diverse Fibelgattungen oder deren Derivate (Halbmond-, Gitterrad-, Scheiben-, Vierpassfibel), Gürtelbleche und ein Gürtelgehänge (Gräber 264, 669, evtl. 5/1889[905]), ein Dolch (Grab 557), Nadeln (Gräber 78, 278, vielleicht 507, Einzelstück[906]) und evtl. ein Radringgehänge (Grab 507), also männlich und weiblich konnotierte, offen und demonstrativ getragene Symbol- und Trachtelemente der Stufen Ha C (z. B. Gräber 278, 507) und D bzw. D1 (Gräber 505, 574, 667). Man verzeichnet sie einzeln (Gräber 78, 507 [Mehrkopfnadel und – falls zusammengehörig – ein Aufsatz auf dem Ringgehänge], 559, 585, 669 Gürtel), gruppiert (Gräber 240, 574, 577 Abb. 65, 667, Radamulett und Gürtel Bestattung 669) und linear seriiert (Gräber 37/1872, Gürtelblech 264 Abb. 83,1) oder zusammen mit theriomorpher Plastik szenisch komponiert (Bestattung 505, Abb. 63). Teils handelt es sich um hohl geformte, echte kleine Gefäße, die tatsächlich einen Inhalt aufnehmen können, teils um Verkleinerungen ohne deutlichen Hohlraum. Ihre äußere Gestalt, die bekannten Großformen entspricht, lässt jedoch an ihrer Bestimmung als Miniaturgefäße keinen Zweifel.

Miniaturgefäße ersetzen nicht zwangsläufig Metallgefäße natürlicher Größe, wie die Inventare 505, 507, 574 und 667 belegen, die zum Teil zahlreich Metallgeschirr führen, und die Form der Verkleinerungen unterstreicht. Diese entspricht nämlich überwiegend keramischer Ware, mehrheitlich zum Teil bestechend ähnliche Nachahmungen heimischer und weit verbreiteter Keramik der genannten Zeitstufen. Verkleinerungen metallischer Situlen oder Breitrandschalen, der am häufigsten in Hallstatt verwendeten Formen, sucht man vergeblich. Wir sehen Hochhalsschüsseln überliefert z. B. im Inn-Salzach-Gebiet[907] und in Bischofshofen[908] (Gräber 557, 669 Abb. 80,1-4; Abb. 33; 35). Ferner gibt es kegelhalsartige Gefäße (z. T. mit stark ausladendem Rand, zwei Fibeln Grab 577, Fibel 574 äußerer Gefäßkranz) aus dem südosthallstättischen Raum[909] (Abb. 37, 81,1-3, vgl. auch Abb. 65), Kragenrandgefäße (Fibel 724, Einzelfund einer Nadel bei von Sacken 1868, Taf. XVI/1, Nadel Grab 278, Körbchenaufsatz des Radamuletts Grab 507) gleichfalls bekannt z. B. aus dem Inn-Salzach-Raum[910] (Abb. 82), kelchartige, Fußschalen oder doppelkonische Gefäße (Gräber 264 Abb. 83,1, 667 Abb. 39, 324 Mitte der

---

901 Dazu Koch 2002; Lücke 2007.
902 Beilke-Voigt 1998.
903 Überblick bei Jockenhövel 2011, 9.
904 Miniaturisierte Situlen in Mechel: Marzatico 2002.
905 Die Abbildung bei Mahr 1914, Taf. 7, Beschreibung S. 23 lässt offen, ob es sich tatsächlich um Miniaturgefäße handelt. Seine Worte lassen auf trichterartige Formen (z. B. Grab 324/Mitte der Räder oder Gürtel Grab 264) schließen.
906 Von Sacken 1868, Taf. XVI,1.
907 Z. B. Stöllner 1996, Taf. 57 C 19; 63 B 1; 101, 298-300.
908 Lippert/Stadler 2009, Taf. ,1 (Grab 18); 9 (Grab 23); 21 (Grab 64); 33 (Grab 116); 84 (Grab 323).
909 Z. B. Kleinklein: Dobiat 1980, Taf. 4,1. - Langenlebarn: Preinfalk 2003, 57.
910 Z. B. Stöllner 1996, Taf. 68A 1.

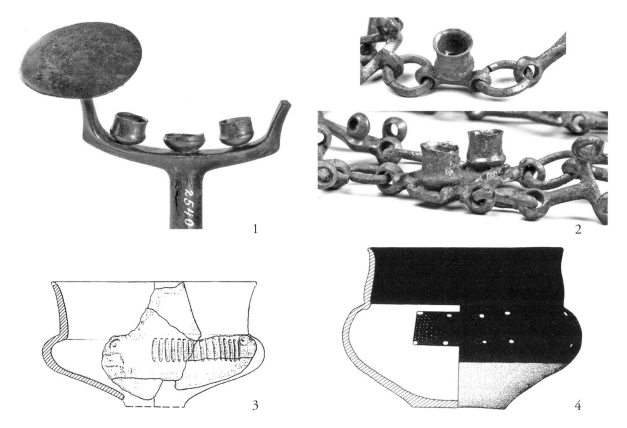

Abb. 80: 1 Detail des Dolchs aus Grab 557, M 2:3. 2 Details der Kette aus Grab 669, M 1:1. 3 Gefäß Hellbrunner Berg. 4 Gefäß Bischofshofen Grab 18, beide M 1:3.

Fibel Abb. 40, Gräber 240 Abb. 83,2 und 37/1872)[911], trichterförmige Schalen (559?, 574 Mitte der Fibel[912] Abb. 37, 5/1889?) und eine weitmundige Schale (557 mittiges Gefäß auf dem Dolch Abb. 80,1). Lediglich das Fußgefäß als Nadelaufsatz aus Grab 78 assoziiert wegen der steilen Wandung ein Metall- oder Holzgefäß[913] (Abb. 84), wobei sich reale Vorlagen – wegen des kombinierten Schüsselhelms in Slowenien vermutet – nicht finden lassen. Keramische Fußgefäße zeichnen sich durch mehr oder weniger eingezogen-geschwungene Wandungen aus. Die verkleinerten konischen Behälter erinnern an die bislang singuläre Darstellung des Trankangebots mittels eines konischen Bechers auf der Situla 1 aus Novo mesto-Kandija, Reg. Unterkrain, Slowenien, Hügel III/33 (Abb. 83,3) und an den Bronzebecher aus Magdalenska gora II/38[914], klare Bildbelege für ihren sakral-rituellen Einsatz im Rahmen des Banketts[915]. Aus dem Kröllkogel von Kleinklein stammt ein entsprechend konischer Becher (Abb. 83,4). Die symbolisch-religiöse Aufladung dominanter Trachtelemente durch plastische Verkleinerungen überwiegend heimischer west- und osthallstättischer Keramik mag auch die Gestalt und die rituelle Bedeutung der im Hochtal großteils nicht überlieferten Keramikware unterstreichen.

Von keinem anderen Fundplatz ist eine vergleichbare Anzahl und Dichte pro Trägerobjekt miniaturisierter Metallgefäße bekannt. Nadeln, meist Ha C-zeitliche Mehrkopfnadeln mit einem in Gefäßform ausgebildeten obersten „Knopf", finden sich in Este und Albate, Stadt Como, Reg. Lombardia, aber auch in Volders-Augasse, Bez. Innsbruck-Land, Tirol, und Langkampfen, Bez. Kufstein, Tirol[916], und weiter östlich in Bischofshofen Bez. St. Johann im Pongau,

---

911 Stöllner 1996, Taf Stöllner 1996, Taf. 68A 1. Stöllner 1996, Taf. 150,73; 2002 Abb. 64 Typ 238 (Inn-Salzach); Tomedi 2002, Taf. 49 (Frög); Chieco Bianchi/Calzavara Capuis 2006, Taf. 47,30 (Benvenuti 77); Metzner-Nebelsick 1992, Abb. 6 (gesehen ohne Zier); Pichlerová 1969, Taf. IX,3; XIV; XVI,1; XX,1-3; XXXIV,7-8; XX-XIX,11-12 (Nové Košariská).

912 Stöllner 1996, Taf. 77D2; Kröllkogel: Egg/Kramer 2013, Taf. 86,2-3.

913 Z. B. Holzgefäße vom Dürrnberg: Zeller 1997, 5.

914 Egg/Lehnert 2011, 241 f. 236 Abb. 5,3.

915 S. auch Eibner 2013, 345 Anm. 60; 61.

916 Appler 2010, 81 Abb. 43,1-3.5.6; Carancini 1975, Nr. 1873.1874.1877-78.1875-1876.

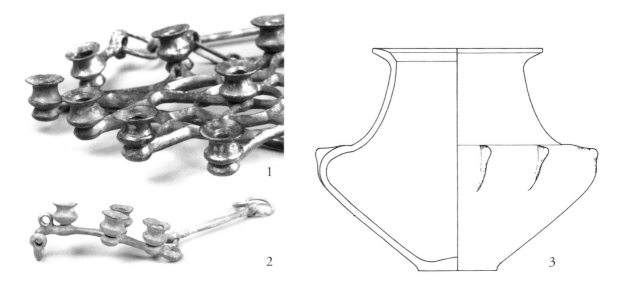

Abb. 81: 1-2 Fibeln aus Grab 577 (oben M 1:1, unten 2:3). 3 Gefäß aus Kleinklein-Höchschusterwald Grab 4, ohne M.

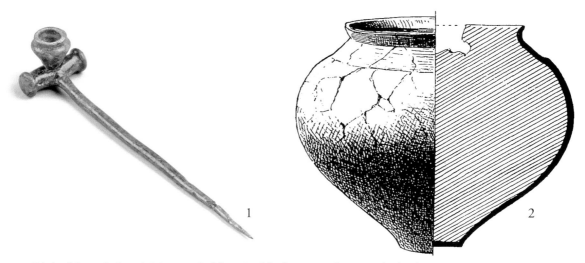

Abb. 82: 1 Fibelnadel aus Grab 724, M 1:1. 2 Gefäß aus Nußdorf am Haunsberg-Hainbach, ohne M.

Salzburg[917], womit sich der Weg ihrer Ausbreitung abzeichnen könnte[918]. Einzelne Miniaturgefäße liegen auch aus Italien vor, wie der Dreifuß aus der Tomba del Tripode 4/1977 in Sesto Calende, Prov. Varese, Reg. Lombardia, mit drei auf den anthropomorph gestalteten Füßen aufgesetzten Kleingefäßen (Abb. 85,1) oder ein mit zwei kleinen Gefäßen besetzter Dreifuß aus Corneto zeigen[919]. Kleine Gefäße, befestigt als Anhänger an Kettchen, findet man in Este-Benvenuti Grab 91[920] und in Most na Soči, Bez. Tolmin,

Slowenien, Grab 830[921]. Der vermutlich beidseitige Gliederbehang der Fibel aus Hallstatt Grab 37/1872 mit vier gereihten Miniatur-Fußgefäßen, der an mittelitalische[922] und slowenische[923] Gehänge anschließt, unterstreicht die südliche Komponente dieses Stücks. Weiterhin zitiere ich einen Bronzeblechgürtel aus dem wenig jüngeren Dürrnberger Grab 61/2 (Ha D3), dessen schmaler Randsteg durch drei vasenförmige Bronzeknöpfe – Miniaturhochhalsschüsseln – auf dem Blech fixiert wird[924]. Sie stellen eine gute Parallele zu den Knöpfen aus Grab 669 (Gürtel und Radobjekt) und 577 (Fibel) in Hallstatt dar. Weiterhin sind drei ostalpine „Miniatur-Prunkgefäße" auf dem Steg des

---

917 Lippert/Stadler 2009, Taf. 25 Grab 89,3.
918 Ob die heimischen urnenfelderzeitlichen Nadeln mit Vasenkopf als Vorbilder gelten, ist schwer zu entscheiden, weil sie nur in der Ansicht Gefäße zeigen, nie aber vollplastisch.
919 Sesto Calende: De Marinis 2004, 302 Fig. 6; 2009, Abb. 177; Corneto: Montelius 1895, Bd. 2,3, pl. 277,11.
920 Chieco Bianchi/Calzavara Capuis 2006, Taf. 77.

921 Teržan et al. 1985, Taf. 13.
922 Z. B. Montelius 1904, Taf. 160,9.10.
923 Warneke 1999, 116 Nr. 597 (mit Miniaturgefäß).
924 Moosleitner et al. 1974, 23 f. Taf. 126.

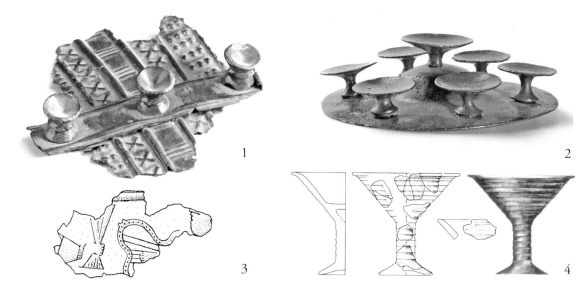

Abb. 83: 1 Gürtelblechfragment aus Grab 264, M 1:1. 2 Fibel aus Grab 240, M 2:3. 3 Detail des Situlafrieses aus Novo Mesto III/33. 4 Fußgefäß Kröllkogel (3 und 4 ohne M.).

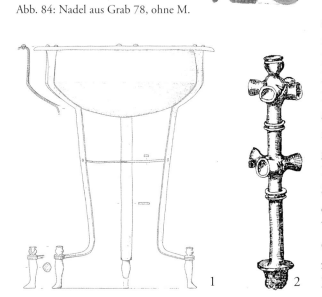

Abb. 84: Nadel aus Grab 78, ohne M.

Abb. 85: 1 Dreifuß aus Sesto Calende-Tomba del Tripode Grab 4/1977. 2 Kultstab aus Doba, Kom. Veszprém, ohne M.

Gürtels aus Dürrnberg Grab 68/2 zu erwähnen (ebenfalls Ha D3), einer von drei Dürrnberger Gürteln mit Gürtelketten[925].

Die Durchsicht anderer Beigabengattungen zeigt, dass manch westliche Fibelfußzier mitunter eigentlich ein Gefäß meint, beispielhaft zu sehen am Kragenrandgefäß an einer Fibel aus Maihingen-Kloster-

berg[926], an jenen aus Mühlacker Hügel 10 Grab 2 und Hügel 11 Grab 1 oder an den in Gefäßen endenden Verbindungsgliedern einer Stangengliederkette vom selben Fundort (Hügel 10 Grab 2)[927]. Klar kenntliche metallimitierende Kleingefäße findet man außerhalb Hallstatts weiterhin auf den Kännchen mit Stierkopfhenkel von Au, Gde. Rehling, Kr. Aichach-Friedberg, Dürrnberg und Sanzeno, Prov. Trentino, wobei die scharfe Profilierung der Kanne aus Sanzeno den Gefäßen einiger Hydrophoren (Somlyóhegy, Olympia, Tegea, Vetulonia[928]) sehr nahe kommt. Auch das auf dem Kopf getragene Gefäß zweier Damen der Certosa-Situla entspricht dieser Amphorenform. Die Verbindung Bovide – Kanne mit Miniaturamphore mag den Wunsch, sich die Kraft der gehörnten Tiere durch ein Getränk anzueignen, noch verstärkt haben bzw. gezielt auf den Opfercharakter hinweisen. Die Stierkopfhenkelkanne aus dem Ha D3-zeitlichen Dürrnberger Grab 95, deren Hörner ebenfalls in Miniaturgefäßen enden, hat einen älteren Vorläufer im erwähnten Stück aus Au[929] (Ha D1), und beide veranschaulichen das Motiv Trankspende – Opfertier (Gehörn)[930]. Das Bild und die Kombination Kanne – gehörntes Tier lebt in Sanzeno bis in die zweite Hälfte des 5. oder zum Beginn des 4. Jhs. fort[931]. Stellvertretend für einen umfas-

---

925 Moosleitner et al. 1974, Taf. 132 (Dürrnberg 168). Für die dritte Gürtelkette s. Kilian-Dirlmeier 1972, Nr. 545.

926 Fries 2005, Taf. 23,4.
927 Zürn 1970, Taf. 52,10; 53,2; 54,3.
928 Egg 1996, Abb. 22,3; 24,1; Taf. 14,2.3.
929 Kossack 1959, Taf. 47,2.
930 Kull 1997, 340.
931 Steiner 1999, 82 Abb. 3.

senden, an dieser Stelle zu weit führenden Nachweis einzelner griechischer und balkanischer Kleingefäße führe ich abschließend die Miniaturkrüge griechischer Heiligtümer[932], einige rumänische Ha C-zeitliche Miniaturamphoren- und Flaschenanhänger aus Bronze[933] und den ebensoalten miniaturgefäßbesetzten Kultstab aus Doba, Kom. Veszprém, Ungarn[934], (Abb. 85,2) an. Rudolf Echt sieht in den Kultstäben von Reinheim, Gde. Gersheim, Saarpfalz-Kreis, und Dürrnberg Grab 118 in Anlehnung an Bilder auf griechischen und unteritalischen Vasen Attribute von Priesterinnen[935]. Verweisen nicht die Miniaturgefäße des ungarischen Stabs und jene der hallstättischen Gürtel auf vergleichbare religiöse Funktionen ihrer BesitzerInnen? Jedenfalls zeugt eine Miniaturpyxis mit Vogelprotomen, getragen an langer Kette im weiblichen Körpergrab 15 aus Marvinci-Lisičin Dol, Stadt Valandovo, Bez. Bojmija, Makedonien, zusammen mit sichelförmigen[936] Griffen und einer weiteren Gürtelkette, die in Gliedern mit plastischem Tierbesatz endet, vom überregionalen Brauch, liturgisches Gerät am Gürtel bzw. seiner Kette zur Schau zu stellen: Die Pyxis soll – wie die Amphore realer Größe vom Bullenheimer Berg – Rohopium (Schlafmohn)[937] enthalten haben (Abb. 86). Dieser Pyxisanhänger sei nach Kilian-Dirlmeier „*insofern Würdezeichen, als er die besondere rituelle Kompetenz der Frau und wohl auch das Wissen von magischen Praktiken anzeigt*"[938], eine Interpretation, die über den von B. Kull 1997 postulierten Zweck von Geschirr und

---

932 Kilian-Dirlmeier 1979, Taf. 78; 81; Kull 1997, 377 mit weiterer Literatur in Anm. 799.
933 Soroceanu 2008, Taf. 55.156-160.
934 Gallus/Horvath 1939, Taf. 62,1.
935 Echt 1999, 203 ff.
936 Zwei Sicheln als seitliche Anhänger trägt auch eine Darstellung der „Herrin der Tiere" aus Blatnica, Slowakei: Gallus/Horvath 1939, Taf. 33 (der Fundort lautet nach Autopsie und Recherche/Inventarbuch im Ungarischen Nationalmuseum Budapest richtigerweise Blatnica und nicht „Hallstatt"). Das Stück und jenes ebd. Taf. 29 (mit seitlichen Doppelvogelprotomen als verkürzte Tiere) können als nordöstliche lokale Varianten an die von Egg 1986A zusammengestellten Stücke angeschlossen werden. Künstlerisch ist die betonte Darstellung des gemusterten Gewandes auffällig (s. Kapitel 7).
937 Hagl 2009.
938 Kilian-Dirlmeier 2012, 172 mit Liste 25. Ein weiteres weibliches Grab mit Gürtel und -anhänger aus Suva Reka, Kosovo, Grab 33, das sich von den anderen Bestattungen des Friedhofs abhebt: Pašić 1975 (frdl. Mitt. D. Heilmann, München). Zu Gürtelketten mit Bronzeanhängern aus reichen Frauengräbern Mittelgriechenlands: Bräuning/Kilian-Dirlmeier 2013, 42 Anm. 323.

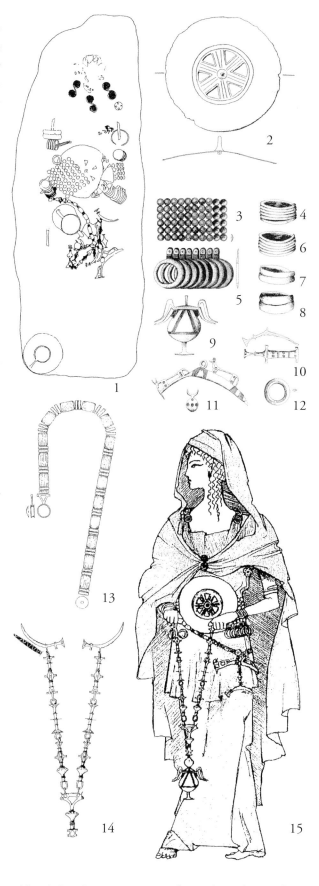

Abb. 86: Gürtel aus Marvinci 15. Rekonstruktion der Beigaben, ohne M.

Miniaturgefäßen (Phiale und Kännchen) hinausgeht und den diese, sicherlich berechtigt, mit der traditionellen mediterranen Trankspende in Verbindung bringt: *„Die Trankspende ist in Griechenland traditioneller Bestandteil des Bestattungsvorgangs (…) Die Präsentation der Gefäße auf bildlichen Darstellungen ist dann Zeichen der Trankspende und -annahme und unterscheidet sich dabei im allgemeinen nicht von der Präsentation in kultischen Prozessionen durch Adoranten und Gottheit"*[939].

Die steilwandigen, am Boden gebauchten Miniaturgefäße der Gürtelkette aus Grab 669 entsprechen am ehesten heimischen Hochhalsschüsseln[940]. Drei davon sind paarweise auf jeweils kleinen Tabletts angeordnet (Abb. 87), was an einige Bologneser Tabletts realer Größe erinnert: In den Gräbern Benacci 397, 938 und Guglielmini 8 finden sich im Verbund mit Kugelamphoren, Situlen, Zisten, Schöpfern und anderem Geschirr transportable (Griff), rechteckige „Portatoii" (oder „Presentatoii") mit mittiger Vertiefung auf konischem Fuß (ähnlich den Beckenwagen), die stets zwei Becher tragen (auf den Portatoii selten überliefert). Diese Inventare sind sowohl Männern als auch Frauen zuzusprechen (Schwert, Wirtel, Metallrocken) und datieren um die Wende vom 8. zum 7. Jh.[941]. Getriebene Löwendarstellungen belegen den orientalischen Ursprung dieses Kultgeräts der Nekropole Bologna-Ippodromo Zappoli, hier umgesetzt in heimische Stempel- bzw. Treibarbeit[942] (Abb. 88). Keramische Exemplare waren gleichfalls bekannt (Bologna-Stradello della Certosa)[943]. Klapperblechbehang und Vogelbesatz zeigen ihren kultischen Gebrauch (meistens überliefert ohne Doppelgefäße) an[944], wobei östlichste, lokal geformte Vertreter aus dem sehr reichen Hügelgrab von Črnolica bekannt geworden sind. Aus jenem Hügel stammen auch mindestens zwei Glastassen, die wiederum Pendants in Hallstatt haben (s. o.).

Möglicherweise kam auch in Frög ein Presentatoio in die Erde[945]. Selbst wenn die Miniaturtabletts aus

Abb. 87: Detail des Fibelgehänges aus Grab 669, M 1:1.

Abb. 88: Portatoio aus Bologna-Ippodromo Zappoli, ohne M.

Hallstatt formal und durch den Gürtelbezug auf den ersten Blick kaum verwandt scheinen mögen, so ist ihr ritueller und symposial-sakraler Bezug unverkennbar, und es ist davon auszugehen, dass dieser überörtlich verständlich war. Andere Vorkommen der Kombination Tablett – Gefäß sind nicht bekannt.

Einzig das Miniaturgefäß auf der Halbmondfibel aus Grab 505 ist in eine szenische Handlung involviert: Zwei entsprechend große Vierbeiner nutzen es als Trog. Auf den griechischen Ursprung dieser Chiffre wurde bereits oben hingewiesen (s. Absatz 4.1.2, Fallbeispiele Grab 505). Ein dreiteiliges „Service" bietet dagegen der Dolchgriff aus der gestörten Bestattung 557 (zwei Hochhalsschüsseln mit weitmundiger Schale, Abb. 80,1). Brigitte Kull sieht die Gefäße der Halbmondfibel aus Grab 505 und die des Dolches aus Bestattung 557 als naturalistische *„Spendegefäße"*[946], die stellvertretend und symbolisch für ein Bankett stehen, sie erinnerten quasi ganz allgemein an die sakralen Zeremonien des Gelages. Die gruppierten Miniaturgefäße der Gitterradfibeln aus den Gräbern 558, 574, 577 und 667, des hutförmigen Scheibenfibelpaares aus Grab 240 (Abb. 83,2) und des Radobjekts aus Grab 669 (Abb. 33) könnten wegen ihrer kreisförmigen Anordnung als Geschirr einer regelrechten Tafelrunde mit allerdings vergleichsweise einheitlichen Formen gelesen werden, zieht man reales Metall- und Keramikgeschirr zum Vergleich heran (s. Absatz 8.2).

Gute keramische Parallelen zu hallstättischen Verkleinerungen finden sich in Sopron Hügel 27[947]: Zwei Kalenderberg-Standfußschalen tragen auf dem Gefäß-

---

939 Kull 1997, 375 ff., Zitat 377.
940 Stöllner 2002, 159 Typ 213; 179 f.
941 Museo Civico Archeologico Bologna.
942 Principi etruschi 2000, Kat.-Nr. 478.
943 Museo Civico Archeologico Bologna.
944 Vrenčur 2013, fig. 1; 2, 2.4.6 (mit weiterer Literatur und Verbreitungskarte). Möglicherweise ersetzen bei dem Wagen aus Vetulonia-Circoli di Lebeti zwei Miniaturgefäße auf dem Griff Becher realer Größe (Vrenčur 2013, fig. 2,4).
945 Tomedi 2002, 222 mit weiterer Literatur.

---

946 Kull 1997, 340; 375 ff.
947 Eibner-Persy 1980, Taf. 26; 27.

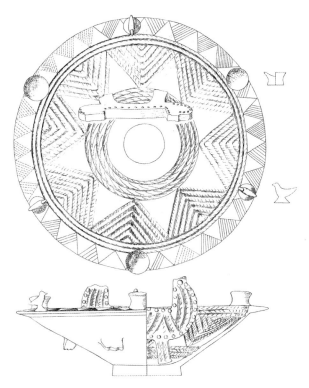

Abb. 89: Kalenderbergschale mit Mondidol aus Sopron Hügel 27, ohne M.

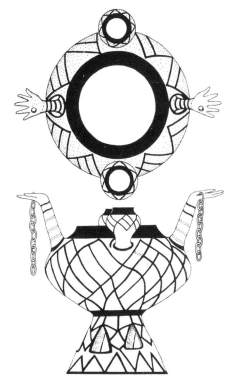

Abb. 90: Prunkgefäß aus Nové Košariská, ohne M.

rand drei fußschalenartige bzw. fünf doppelkonische Miniaturgefäße (Abb. 89). Die Dreizahl dieser Miniaturen erinnert an osthallstättische Kernoi (oder Pseudokernoi) und Ringgefäße mit zwei, meistens aber drei (oder auch vier) aufgesetzten Miniaturen, die gemeinhin als Kultgefäße gelten und über deren weiträumige Verbreitung und mutmaßliche Zahlensymbolik bei B. Kull oder B. Wagner-Hasel nachzulesen ist[948]. Zusätzlicher Miniaturvogelbesatz und der in einer der Fußschalen deponierte Miniaturfeuerbock – die Aufsicht der beiden ineinandergestellten Stücke ergibt ein (verkleinertes?) Herdmodell von prunkartiger Ausführung – belegen in Sopron Hügel 27 in einem exzeptionell reich ausgestatteten Frauengrab ihren rituellen, nicht alltäglichen Charakter, den L. Nebelsick mit „*Libationsriten*", also Opferritualen, verband[949]. Weitere Miniaturgefäße finden sich jedoch nicht auf dieser in Män-

ner- und Frauengräbern belegten, rituell konnotierten und regional begrenzten Keramikware, deren Vorkommen und Zusammensetzung L. Nebelsick modifizierte („Kalenderbergtrias")[950]. Weiterhin und stellvertretend führe ich den bekannten Kernos aus Nové Košariská, Tumulus I, Gde. Dunajská Lužná, Slowakei, an, weil er gleich mehrere Merkmale vereint, die seinen religiösen Charakter demonstrieren: Erstens erhobene Arme in Orantenstellung, die Ringketten tragen, zweitens anthropomorphe Gesamtgestaltung des Gefäßes und drittens die beiden Miniaturgefäße, die die Form des ganzen Gefäßes wiederholen (Abb. 90). Weitere Košarisker Großgefäße, die Miniaturgefäße oder Vogelprotomen tragen, sind gut mit entsprechenden Sopronseser Schalen und Fußgefäßen vergleichbar[951].

Auffällig bleibt, dass die hallstättischen Miniaturgefäße – ausgenommen der Nadelaufsatz aus Grab 78 – keine eindeutigen Metallformen nachahmen und dass niemals Schalen oder Rippenschalen der Gefäßwagen à la Strettweg, „Mittelitalien" oder Como-Ca' Mor-

---

948 Knez 1976; Kromer 1986, 80 f.; Kull 1997, 356 ff.; Wagner-Hasel 2009, 159 f.; Teržan 2003, 69 f. mit Anm. 19.
949 Nebelsick 1996, 340 mit Abb. 12; 1997, 383 (Fußschalen aus Nové Košariská, Gde. Dunajská Lužná, Okr. Senec, Reg. Bratislava, Slowakei, Hügel 1). Zu urnenfelderzeitlichen „*Libationsriten*" s. auch ders. 2015, 8. - Zur religiösen Bedeutung des Herdes: Van den Boom 2009, besonders 238 f. - Zu einer Herdplatte aus Hallstatt s. Metzner-Nebelsick 1991. - Zur Forschungsgeschichte und sozialen Ausdeutungsmöglichkeiten des Kalenderberggeschirrs: Schumann 2015, 173 ff. - Zu Prunkherden, Keramik-Altären, Mondidolen/Feuerböcken: Molnár/Farkas 2010.
950 Nebelsick 1997A, 47: Kalenderberg-Standfußschale, Keramikfeuerbock, zwei kleine aneinandergekoppelte Krüge und andere Spendegefäße.
951 Pichlerová 1969, Tabula XXX; XXXIV,7.8. XVI,1.

ta⁹⁵² miniaturisiert werden, eine Form, die, in Hallstatt durchaus einmal belegt ist (Bestattung 732) und die in Griechenland und Etrurien mit der Trankspende an eine Gottheit schlechthin verbunden wird. Daher kann für die hallstättischen Beispiele nicht zwingend und explizit ein semantischer Bezug zur klassischen Trankspende (an eine anthropomorphe Gottheit) hergestellt werden. Hochhalsschüsseln, eine beliebte Gefäßform im Hochtal selbst, dem Inn-Salzach-Raum und in Bayern während Ha C bis D3⁹⁵³ und langlebige Kragenrandgefäße dienten eher der alltäglichen Aufbewahrung und Vorratshaltung⁹⁵⁴. Im Grab stellen sie das religiös bestimmte Mahl dar; gleiches gilt für Kegelhalsgefäße, nur ausnahmsweise und besonders im Osthallstattkreis sind sie deutlich mit religiösen Emblemen gekennzeichnet. Die Assoziation des Gelages schreibt B. Kull auch den weit verbreiteten Mehrfachgefäßen in Männergräbern zu⁹⁵⁵. Luis Nebelsick vermutet, dass die Kragenrandgefäße der Kalenderberggruppe das ungemischte Rauschgetränk enthielten⁹⁵⁶, was wohl auch im Sinne Huths zu verstehen ist: Das (regionale) bebilderte Kegelhalsgefäß selbst sei das Numinose⁹⁵⁷. Die kleinen Gefäße Hallstatts könnten also einzeln (pars pro toto) oder als (z. T. augenscheinliches) Service das Gelage und die damit verbundene sakrale Funktion repräsentieren. Nicht ausgeschlossen wäre freilich auch, dass sie berauschende Substanzen aufnahmen (Abb. 37 Gefäß auf dem massiven Steg) – sofern kein Deckel erforderlich war, analog dem Befund in Marvinci und vom Bullenheimer Berg.

Wenn der Grabbefund die Welt der Lebenden abbildet, trugen Männer und Frauen derartig spirituell aufgeladene Objekte im Hochtal gut sichtbar an dominanter Stelle, befestigt an ausgesprochen individuellem, zum Teil singulärem Trachtzubehör (Fibeln, Gürtel, Gürtelkette), Amuletten oder Waffen. Die Kleingefäße lassen, so kombiniert, völlig neuartige sakrale Objekte entstehen, deren Aufgabe es vielleicht war, die religiös motivierte Einnahme von Speise, Trank und/oder Rauschmittel (ggf. letztlich ein Opfer) durch heimisches Geschirr auch dann zu vergegenwärtigen, wenn Großgeschirr nicht greifbar war. Die elitäre Wirkung dieser symbolischen, zur Schau gestellten und im Gegensatz zu realem Metallgeschirr stark „mobilen" Objekte (besonders Fibeln, Gürtel und Gürtelketten) respektive deren Botschaft bedarf keiner Beschreibung und wird auch im Jenseits durch Qualität und Quantität der jeweils kombinierten Beigaben unterstreichen, darunter Gold (Grab 505), Orientalisierendes (Sanguisugafibel mit Löwe Bestattung 557), anthropomorphe Dolchgriffe (Gräber 559, 574, 577, 667)⁹⁵⁸ und metallische Großgefäße (Gräber 505, 574, 577, 667). Leider wissen wir nicht, zu welchem Anlass diese somit religiös ausgewiesenen Bronzen getragen wurden.

Miniaturisierte Gefäße, gleichviel ob metallische oder keramische imitierend, sind also während der gesamten Hallstattzeit im West- und Osthallstattkreis (z. B. Kernoi, Pseudokernoi) in regionaler Spielart zu beobachten. Vor allem im Osthallstattkreis sind sie Begleiter bestimmter, meist größerer und wohl kultisch benutzter Gefäße. Verkleinerte Behälter an Fibeln, Nadeln, Gürteln und einem Dolch, zum Teil innovativ gestaltet, gut sichtbar getragen⁹⁵⁹ und generell zahlreich in Hallstatt, werten ihre Trägerobjekte symbolhaft-religiös auf. Zudem stellt sich die Frage, inwieweit sie ihre Besitzer als kultisch Befugte ausweisen, wenn keine anderen explizit in diese Richtung weisenden Objekte kombiniert sind. Eine Alternative wäre, dass sie ausschließlich generell und schmuckhaft für das Gelage und die apotheotische Einnahme eines Tranks stehen und ihre Träger somit auch als soziale Statusträger kennzeichnen.

An weiterem Kultgerät in den genannten Inventaren ist indirekt lediglich die Miniaturaxt aus Grab 507 zu nennen, das ein oder zwei Miniaturgefäße führt (Aufsatz am Ringgehänge, oberster Knopf der Mehrkopfnadel). Ihr Pendant in Bestattung 641 soll in einer Bronzeschale gelegen haben und diente somit vielleicht als Opfergerät. Inwiefern naheliegenderweise die Ringgehänge als mögliche Kultgeräte fungierten, bleibt verschlossen (Absatz 8.1).

---

952 Kossack 1956/57, 41 ff.; 1964, 101 f.; Egg 1996, 29 Abb. 19,2; Putz 2007, 290 Taf. 88-89. Das Grab enthielt eine weitere Schale ohne fahrbaren Untersatz.
953 Stöllner 2002, 179 ff.
954 Kegelhalsgefäße enthielten mitunter auch feste Nahrung: Müller 2007, 634-636.
955 Kull 1997, 358.
956 Nebelsick 1992A, 401.
957 Huth 2003, 289.

958 Glunz-Hüsken/Schebesch 2015.
959 Bradley 2009, 45; Wells 2008, z. B. 66 ff.; 2012, 117 ff.

4.6 Fazit

In ca. 90 von rund 1000 Gräbern des Hochtals, die K. Kromer publizierte[960], wird das religiös motivierte Mahl durch metallisches Speise- oder Trinkgeschirr gegenständlich gezeigt, dem, in einigen Bestattungen der Altgrabungen sicher nachweisbar, keramische Gefäße unmittelbar funktional zuzuordnen sind (z. B. Gräber 507, 605, 912)[961]. Das jeweilige Ensemble wird wohl grundsätzlich durch weitere Keramik ergänzt, die jedoch in wenigen Fällen und nur unter besonderen Bedingungen überliefert ist. Jüngst ergrabene Inventare bestätigen vermutlich die funktionale Verbindung von metallischem und keramischem Geschirr der Altgräber, wie der vorläufigen Publikation des Grabes 13/1995 zu entnehmen ist, die eine stark fragmentierte Bronzeschale inmitten zerscherbter Keramikgefäße dokumentiert (die spätere Sichtung ergab acht Töpfe, Schalen und Schüsseln plus zwei große Stufenschalen, letztere wohl getrennt von der anderen Keramik, eher in der Nähe des Schwertes situiert[962]). Neben der Chorologie spricht u. a. die Kombination von offenbar gleichberechtigtem Metall- und Keramikgeschirr dafür, die Mehrzahl der Bronzegefäße (mit Ausnahme der jüngeren des Westhallstattkreises) als Prestigeobjekte zu werten, die von exklusiven, seltenen Statusanzeigern abzusetzen sind[963]. Grundsätzlich verkörpert das Geschirr einen hohen religiösen und sozialen Symbolwert zugleich. Es diente neben anderen Beigaben dazu, die herausgehobene kultische und gesellschaftliche Position des Besitzers gegenüber entsprechend „niedrigeren" oder anderen Personen herauszustellen, ihn als Gastgeber eines spirituellen Mahls zu kennzeichnen.

Die hohe Zahl an Metallgefäßen im Hochtal erscheint keineswegs selbstverständlich, vergegenwärtigt man sich beispielsweise den nur ca. 120 km Luftlinie entfernten, in mancher Hinsicht „reich" ausgestatteten Friedhof von Mitterkirchen im Machland, Bez. Pürg, Oberösterreich, der trotz Wagen, vielleicht Sitzmöbel[964], Prunkmantel, Kindergräbern in eigenen Hügeln und Schüsselhelmen nur zwei Metallhenkel, wohl von Holzgefäßen, und eine eiserne kalottenförmige Schale erbrachte[965], also das religiöse Bankett vermutlich fast ausschließlich durch (allerdings wohl umfangreiche) Keramik darstellt. Das geografisch näherliegende, jedoch „ärmere" Gräberfeld von Traunkirchen, Bez. Gmunden, Oberösterreich, bietet gleichfalls nur ein Bronzegefäß, nämlich einen unbestimmbaren getriebenen Bronzeboden eines Gefäßes aus Urnengrab 2[966]. Auch der Friedhof in Bischofshofen, Bez. St. Johann im Pongau, Salzburg, (mutmaßlich ca. 14 Bronzegefäße aus 556 Gräbern), das Inn-Salzach-Gebiet (Gilgenberg-am Weilhart-Gansfuß Hügel 3[967]) und der Kalenderbergraum bleiben vergleichsweise bronzegefäßarm. Diese Unterschiede sind grundsätzlich jedoch nicht unmittelbar religiös, sondern eher sozial ausdeutbar.

Für den Aspekt des Gelages wurden im Rahmen dieser Studie aus den Quellen sicher erfasst: Typ und Anzahl der Metallgefäße, Keramik, die in Metallgefäßen deponiert und dokumentiert wurde, sowie andere Beigaben, die in keramischen oder metallischen Gefäßen niedergelegt waren. Quellenbedingte Lücken bestehen hinsichtlich „separat" von Metallgeschirr aufgestellter Keramik, darunter auch Stapelware, und rein organischen Gefäßen. Es ist jedoch generell davon auszugehen, dass beide in funktionalem Zusammenhang mit Metallgeschirr standen, vermutlich dieses komplettierten. An dieser Stelle wurden auch alle antiquarischen Schrift- und Bildquellen ausgewertet.

Unter den verlässlich datierbaren Inventaren entfallen 31 auf Ha C (darunter 21 mit Schwert), 19 auf Ha D (davon achtzehn mit Dolch). Archäologisch bestimmbar sind 44 männliche und 22 weibliche Ensembles. Mindestens fünf Bestattungen sind als gemischtgeschlechtlich zu betrachten (Gräber 299, 507, 677, 789, 836), mindestens jeweils einmal zähle ich nach archäologischen Kriterien die Kombination mutmaßlich männlich-nichterwachsen (Grab 504) bzw. vermutlich weiblich-weiblich (569).

Folgende gängigen Gefäßtypen werden für das Mahl benutzt: Diverse Situlen und Kessel, Zisten, Amphoren, Breitrandschalen, verschiedene Kannen,

---

960 Die Grabungen durch die Herzogin von Mecklenburg-Schwerin erbrachten keine Bronzegefäße.
961 Dies gilt auch für Bayern, wahrscheinlich Böhmen, Mähren und ggf. Westungarn. Überblick bei Schumann 2015, 244 ff.
962 Kern 1995; 1999.
963 Schumann 2015, 253 f.
964 Der von M. Pertlwieser 1988 postulierte Stuhl auf dem Wagen ist möglicherweise weder derart, noch generell gesichert. Frdl. Mitt. R. Schumann, Hamburg.
965 Ihr Material erinnert an das eiserne Trinkhorn aus Hochdorf, das – im Gegensatz zu den organischen – dem Verstorbenen selbst zugedacht wird. - Zu Mitterkirchen: Pertlwieser 1988; Leskovar 2000.
966 Frdl. Mitt. M. Hochhold-Weninger, Wien.
967 Stöllner 1996, Taf. 5B.

Schöpfer mit Griff, Beckentassen, Glastassen, Bronze- und Keramikschalen mit und ohne Henkel, flache Teller und Deckel. Einmalig vertreten sind eine Fußschale, eine Schöpfkelle und ein bereits latènezeitlicher Siebtrichter. Bestimmte Situlen, Kessel, Amphoren, Schalen und Tassen sind als Typ seit der Urnenfelderzeit geläufig und heimisch und daher nicht mit mediterranen Trinksitten zu assoziieren. Auffällig ist in diesem Kontext das Fehlen metallischer Siebtassen, eine gleichfalls altbekannte Funktion darstellend, aber im Hochtal bislang erst zur Zeit von LT A nachweisbar. Hallstattzeitlich datieren die Situlen mit abgewinkelten Stielattaschen, Breitrandschalen, Zisten, Kännchen, Schöpfer mit Griff und flache Teller.

Formal künden gepunzte traditionelle bronzezeitliche Embleme (Buckelkreise, Räder, Wasservögel, konzentrische Ringe) und plastische Vögel besonders auf den Rändern der Breitrandschalen und auf einer Ziste sowie die Vogelkopfenden mancher Situlenhenkel von der sakralen Funktion der durch sie quasi markierten Gefäße[968]. Anzuschließen ist Klapperblech- oder Ringkettenbehang, letztlich italischen bzw. mediterranen Ursprungs[969] und dort ebenso wie plastischer theriomorpher Besatz in kultisch zu interpretierende Szenerien eingebunden. Das Merkmal der Torsion (Henkel der Situlen, Kreuzattaschenbecken und Zisten, Untersätze, Bratspieße)[970] geht auf urnenfelderzeitliches Erbe zurück und ist wahrscheinlich religiös motiviert, ohne dass seine Bedeutung präzisiert werden könnte.

Stark gehörnte Tierplastiken konzentrieren sich im Kontext von Metallgefäßen auf Schalen (Grab 507), zwei Beckentassen (Grab 98/2010, 671) und eine große Kanne mit Rinderkopfhenkel (Grab 500), also auf Behälter, die unmittelbar mit dem „Genuss" verbunden sind (und nicht mit der Herstellung/Aufbewahrung). Dies spricht dafür, dass man sich Kraft und Fruchtbarkeit dieser Tiere, die das Gehörn seit jeher symbolisiert, durch die Einnahme der entsprechenden (berauschenden?) Flüssigkeit einverleiben wollte, wobei evtl. ein gedankliches oder reales Tieropfer vorausging. In abgeschwächter, stilisiert-abstrakter Ausführung finden wir Hörner am Schöpfer mit Hebelgriff (Grab 273) und an den beiden kleineren bauchigen Kännchen mit Rinderkopfhenkel (Gräber 220, 299). Die bekannte gehörnte keramische Tasse aus Hallstatt-Grabung Sauser (vormals „Ritualplatz")[971] ist anzuschließen. Sie verkörpern somit unmittelbar religiös-symbolische Vorstellungen und ggf. entsprechende Handlungen (Opfer).

Das hallstättische Metallgefäßrepertoire findet sich naturgemäß nur in Auswahl auf den Situlendenkmälern wieder. In Gräber des Hochtals gelangte ein größeres, zum Teil individuelles Formenspektrum. Schaugerüste (Regale, Kredenzmöbel) für die Inszenierung des teuren Geschirrs wie auf der Benvenuti-Situla aus Este finden wir bekanntlich auch im Hochtal nicht.

Neben den überwiegend wohl für den hallstättischen Bedarf lokal gefertigten Bronzegefäßen könnten, vorbehaltlich toreutischer Werkstattanalysen, der Amphorenuntersatz (Grab 507), die Amphore (Grab 505), die phialenähnliche Rippenschale (Grab 732), die Situlen mit Stielattaschen und die beiden Deckel von italischer, die Schale des Fußgefäßes (Grab 682) von phönikischer Provenienz zeugen. Befunde, die eine spezielle Nutzung dieser Objekte anzeigen, liegen nicht vor. Lediglich der Deckel aus Grab 507 wurde offenbar mit dem Knauf nach unten abgelegt, wobei offen bleibt, ob er funktionsfremd als Schale diente (und ein dazugehörendes Gefäß ohne Abdeckung ins Grab kam). Sowohl Deckel als auch Schalen gehören allerdings zum gewöhnlichen Geschirrbestand. Diese mutmaßlich importierten, vergleichsweise exklusiven, sozial klassifizierenden Objekte wurden demnach in den „heimischen" Geschirrsatz auch funktional integriert, sie übernahmen wohl keine besonderen, fremdartig-exklusiven Funktionen. Insofern markieren auch sie auf sozialer Ebene individuelles Prestige[972]. Möglicherweise funktionslose, formal seltene Bronzegefäße könnten ausschließlich zur Demonstration gesellschaftlicher Stellung, dito weitreichender Kontakte gedient haben.

Bronzegeschirrsätze, die viele Zisten enthalten und schwerpunktartig im Picenum, im Ostalpenraum, in der Býčí skála-Höhle und aus Kappel vorliegen[973], fehlen in Hallstatt, obwohl der Salzort zwischen der Býčí skála-Höhle und Kleinklein geographisch „vermitteln" könnte. Gleiches gilt auch für die Becken der Formen Hohmichele und Osovo-Pürgen, die in Eberdingen-Hochdorf als Speisegeschirr interpretiert wurden.

---

968 S. hierzu detailliert Brosseder 2004, 321 ff.
969 Kossack 1999, 146 hielt auch eine unabhängige heimische Entstehung für möglich.
970 Kossack 2002.
971 Morton 1952; Stöllner 2002, 197 f. mit Abb. 92,1 und Parallelen aus dem Inn-Salzach-Raum (Hellbrunner-Berg).
972 Schumann 2015, 253 f.
973 Dehn et al. 2005, 248 ff.; Egg 2006, 51 ff.

Die Klassifizierung bestimmter Gefäße als Ess- oder Trinkgeschirr ist in Hallstatt insofern eingeschränkt, als die Mehrzahl der Keramiken nicht überliefert ist (unter denen sich wohl diverses Speisegeschirr verbarg), bestimmte Metallgefäßtypen (z. B. Situlen) als Ess- *und* Trinkgeschirr benutzt wurden und chemische Rückstandsanalysen fehlen. Rein hölzerne oder sonstige organische Behältnisse mangeln gänzlich und könnten das hier gezeichnete Bild u. U. stark verändern[974]. Tierknochen als Zeugnis für die Speisung sind vermutlich immer vorhanden gewesen[975]. Mit Ausnahme von zwei oder drei Tellern (Gräber 91/1873[976], 236, 1001) und drei flacher Bronzeschalen, die nicht überliefert sind (Bestattungen 393, 641, 1003), stehen vermutlich alle anderen Gefäße (ohne innen liegende Knochen oder Fleischhaken) mit der Zubereitung und dem unmittelbaren Genuss eines Tranks in Zusammenhang. Metallisches mutmaßliches Speisegeschirr ist in hohem Maße unterrepräsentiert wie auf den Situlenbildern auch. Beispielhaft hierfür stehen das quellenkritisch zweifelsfreie Grab 13/1939, das drei Situlen enthielt, oder die Inventare mit ausschließlich metallischen Trink- oder Schöpfgeräten (Gräber 333, 778, 868, 130, 597). Die Aufnahme der Speise (belegt durch Tierknochen) erfolgte hier wohl nur durch keramisches Geschirr. Fleischhaken und/oder Knochen in Situlen und einer Breitrandschale (Grab 605) legen zumindest in vier Fällen deren Funktion (auch) als Speisenbehälter nahe (Bestattungen 260, 263, 507); Schalen und besonders Kannen befanden sich öfters in Situlen ohne Knochen (Gräber 125/126, 260, 298, 299, 605), aus ihnen wurde also offenbar eine Flüssigkeit ohne festere Bestandteile (Einlagen) geschöpft[977]. Die entsprechenden Schalen belegen daher (mindestens auch) ihre Aufgabe als Schöpfgefäße. Für Schalen ohne unmittelbaren Gefäßbezug ist deshalb auch eine Mehrfachfunktion denkbar, sowohl als Schöpfschale wie auch als reines Trinkgefäß. Drei Situlen aus Grab 260 belegen durch den in ihnen deponierten Fleischhaken, das Bronzebeil und die Trinkschale, dass sie sowohl einen Trank als auch eine Speise beinhalten konnten; diese verschiedenen Gelagevorgänge spiegeln sich nicht in formalen Typ-Kennzeichen der Eimer. Tranchiermesser gehen nur in drei Gräbern (13/1995, 469, 994) mit Metallgeschirr zusammen, in diesen Inventaren ist ausgesprochenes metallisches Essgeschirr nicht bezeugt.

Grundsätzlich können die Metallgefäße bestimmten Vorgängen, wie sie die Situlendenkmäler erzählen, zugewiesen werden; hiervon ausgenommen sind die Breitrandschalen, die, den Situlen gleich, offenbar entweder eine Speise oder einen Trank aufnehmen konnten. Es sind dies: Herstellung/Mischung, Transport/Lagerung/Vorrat, Schöpfen und Genuss/Trinken. Nach derzeitiger Quellenlage zeigt nur Grab 507 diese Vorgänge in der Kombination Metall – Keramik komplett (vorausgesetzt es ist geschlossen); für jeden Vorgang und für jede hier mutmaßlich bestattete Person, Frau und Mann, steht ein einzelnes Gefäß bereit, lediglich die Amphore zum Anrichten (Amphorengestell) teilten sich beide. Bezeichnend ist, dass dieses Ensemble auch die meisten Metallgefäße führt, eine der drei größten Situlen des Friedhofs enthält und gegenständlich-symbolisch eine Fahrt mit dem vierrädrigen Wagen veranschaulicht. Diese Metall-Keramikgefäßausstattung ermöglicht hier dezidiert einen Einblick in alle Handlungsmuster und deren Geräte, während andere Ensembles diese jeweils nur reduziert und ausschnitthaft zeigen. Alle verbleibenden Inventare treten in diesem Sinn hinter diesem Ha C-zeitlichen Inventar 507 zurück, eine vollständige, vorwiegend metallische Gelageausstattung im Sinne von Herstellen, Lagern, Schöpfen und Trinken wird in zeitgleichen oder jüngeren Ensembles nicht (mehr) gezeigt. Andere Bestattungen belegen mittels Metallgeschirr, und nur zum Teil unmittelbar funktional kombinierten Keramikgefäßen weniger Funktionen, meistens zwei oder drei verschiedene. Hier können keine Regelmäßigkeiten konstatiert werden; die Auswahl der Metallgefäße erscheint mitunter geradezu willkürlich. Am häufigsten jedoch ist die Beigabe einer, zweier oder dreier Situlen[978].

Die Aufschlüsselung der Metallgefäße Hallstatts

---

974 Reschreiter et al. 2009, 310 Abb. 3; Rey 2000; vgl. Teržan 2008/10, 302; Stöllner 2002, 198 Abb. 92,3 (Holztasse aus dem Ramsautal).

975 Fehlt dieser Hinweis bei Kromer 1959, so ist dies auf Nachlässigkeiten des Ausgräbers und der verschiedenen Abschreiber oder darauf zurückzuführen, dass mit steigenden Grabnummern nur noch Besonderheiten ausdrücklich genannt oder Funde gezeichnet wurden, die früher noch nicht so oft vorgekommen waren.

976 Dieses Grab ist möglicherweise gestört (stark verschoben), die Beigaben sind vielleicht nicht vollständig erfasst.

977 Nimmt man nicht einen regionalen Brei oder Eintopf, z. B. das Ritschert, als Speise an: Barth 1992.

---

978 Die in Slowenien beobachtete häufigere Kombination von zwei Situlen oder Situla plus Ziste findet sich in Hallstatt nicht: s. Egg/Lehnert 2011, 247.

nach Zahl und Funktion in Relation zur mutmaßlichen Anzahl der Bestattungen pro Grab ergibt, dass sich die Gefäße auf den Bestatteten beziehen, sie also vermutlich – ebenso wie die anderen Beigaben – zu seinem persönlichen Besitz gehörten. Möglicherweise nahmen an diesem letzten Mahl auch Gäste des Verstorbenen teil, worauf (in wenigen Fällen belegt) gestapelte Keramik (Teller), mehrere Bratspieße oder besonders Gefäße mit hohem Fassungsvermögen hindeuten könnten. Hier nochmals sozial weiter differenzieren zu wollen (s. Trinkhörner Hochdorf) überforderte für Hallstatt das überlieferte Beigabenmaterial.

Die quantitative Staffelung der Gefäße stellt gewissermaßen eine individuelle Variation des Gelagethemas in einem Grab dar. Kleinere Sätze sind nicht mit einer direkt gelesenen „geringeren" Religiosität (der Hinterbliebenen) des Verstorbenen gleichzusetzen, weil die Beigabe auch nur eines Gefäßes die Idee des Mahls stellvertretend bezeugt und grundsätzlich (auch) als Ausdruck religiöser Vorstellungen verstanden werden muss. Selbstverständlich implizierten sowohl die abgestufte, kombinierte Ausführung in Bronze/Keramik oder ausschließlich Keramik („Materialhierarchie") als auch der dargestellte Vollständigkeitsgrad der rituellen Mahlvorgänge zugleich eine soziale Schichtung. Sie dient auch als Anzeiger materiellen Vermögens, und im Fall von Importgeschirr, eines überörtlichen gesellschaftlichen Netzwerks[979]. Denkbar und wahrscheinlich ist allerdings, dass bei Inventaren mit augenscheinlich „fehlenden Funktionen" diese mittels Keramik- oder Holzgefäßen oder anderen organischem Gerät ausgeführt wurden oder bestimmte Gefäße polyfunktional dienstbar waren (Schalen, Schöpfer; Situlen als Trank- und Speisebehälter; z. B. Grab 569).

Gräber mit einer geringen Zahl an Bronzegefäßen finden sich sowohl während Ha C als auch Ha D1/2 (z. B. Grab 668). Umgekehrt können auch im Hochtal, naturgemäß in allerdings geringerer Zahl vorliegende, jüngere Inventare durchaus noch drei Metallgefäße führen, wie Grab 13/1939 belegt. Hallstatt zeigt hier möglicherweise eine gewisse Eigenständigkeit gegenüber dem Westen bzw. schließt sich eher dem sogenannten Osthallstattkreis an, bei dem während Ha D2/3 ein Rückgang der Bronzegefäße in Prunkgräbern festzustellen ist. Diese Tendenz gilt jedoch nur unter Vorbehalt, weil die Zahl jüngerer, Ha D2/3-zeitlicher Bestattungen im Hochtal gegenüber den älteren bekanntlich deutlich niedriger ausfällt. Da ein gleichtaktiger Rückgang auch in den mutmaßlich wirtschaftlich mit Hallstatt verbundenen Orten Traunkirchen und Bischofshofen im Pongau zu beobachten ist, ist dies jedoch wohl nicht allein auf die unvollständige Erfassung der Nekropole im Hochtal zurückzuführen.

Wahrscheinlich zeigen auch rein keramikgefäßführende Ensembles mitunter funktional „vollständige" Gelagesätze[980] („unvollständige" wären wiederum sozial ausdeutbar), was aber durch die bekannte Quellenlage der Altgrabungen respektive Überlieferungsbedingungen spekulativ bleibt. Als Korrektiv betrachte ich daher zwei Inventare der Grabung Kern, die bislang nur in Vorberichten zugänglich sind: Die wohl männliche Ha C-zeitliche Brandschüttung 3/1994 (Mehrkopfnadel, Lappenbeil) sticht zweifellos durch die Beigabe einer Feile und einer Säge heraus, führt jedoch kein Metallgeschirr[981]. Seine Rolle übernehmen 21 Keramikgefäße, darunter zwei größere bauchige Kegelhalsgefäße. In einem befand sich eine der beiden kleineren Henkeltassen, d. h. die primären Funktionen Herstellen/Mischen, Transportieren[982]/Lagern (Kegelhalsgefäße), Schöpfen und Trinken (kleine Henkeltassen) sind durchaus vertreten[983]. Das übrige Geschirr – gewöhnliche flachere Schalen und Schüsseln – eignete sich zur Speisung; Tierknochen befanden sich offenbar nicht *in*, sondern neben diesen. Auch Grab „N 18" bestätigt mit seinen sieben Gefäßen diesen Befund: Vorhanden sind u. a. Kragenrandschüssel, Stufenteller und zwei Tassen mit kleinem Henkel, wobei letztere offenbar

---

979 Kistler 2010, 85 f. zu „rangcodierenden" Abstufungen von importiertem Geschirr und heimischer Keramikware; Schumann 2015, 124 ff.; 235 ff.

980 Zur mutmaßlichen Entsprechung von Geschirr in Kammergräbern und „kleinen Brandgräbern" s. auch Schumann 2015, 239 f. ohne funktionale Analyse im Einzelfall.

981 Kern 1995A; 1997, 64; Begleitheft zur Wanderausstellung „The white gold oft he celts" in Bibracte, Lausanne (2004-5), Neandertal Museum (2005), Maaseik/Belgien (2007-8), Foto S. 9; Kern 2011, Abb. 6. - Es liegt aufgrund des Brandritus kein anthropologisches Untersuchungsergebnis vor: Pany 2003.

982 Die Höhe der Kegelhalsgefäße beträgt knapp 32 cm, sie waren daher wohl auch vollständig gefüllt durchaus transportierbar.

983 Müller 2007, 635 weist berechtigterweise darauf hin, dass gehenkelte keramische Schalen und Schüsselchen nicht immer zum Schöpfen einer Flüssigkeit benutzt worden sein müssen – im Gegensatz zu metallenen Schöpfkellen mit Hebelgriff.

einzeln standen und nicht im Großgefäß lagen⁹⁸⁴. Auch in den Traunkirchener Gräbern 32 und 82 sind alle Funktionen vertreten; sie heranzuziehen ist berechtigt, weil die Keramik offenbar in hohem Maß mit der hallstättischen übereinstimmt⁹⁸⁵. Weitere unlängst ergrabene hallstättische Gräber mit weniger Keramik entziehen sich mangels Vorlage einer Beurteilung. Auch die Ha C-zeitlichen Mecklenburg-Gräber 8/1907 (vermutlich männlich: kleinere Schüssel, Set von zwei verschieden großen Kragenrandschüsseln) und 19/1907 (zwei Großgefäße, vier verschieden große Schalen, zwei schüsselartige Formen, ein Stufenteller)⁹⁸⁶ zeigen die bekannten Funktionen für Trank (in 19/1907 auch für Speise), zugleich auch die Vielfalt keramischer Ausstattungen, die das vergleichsweise standardisierte Metall so kaum zu liefern vermag.

Die rituell und sozial exponierte Stellung des Grabes 507 ist trotz der Berücksichtigung rein keramikführender Bestattungen unangefochten, weil Anzahl, Typ und Befund aller metallgefäßführenden Gräber und die sie unmittelbar ergänzende Keramik erfasst sind und nicht davon auszugehen ist, dass sich in anderen Inventaren weitere Metallgefäße oder Keramik in/bei Metallgefäßen befanden. Grab 507 ist außerdem das einzige, das einen für die beiden dort mutmaßlich bestatteten Personen exakt passenden, quasi „symmetrischen" Geschirrsatz enthält (vier Situlen [zwei für Speise, zwei für Trank], vier Schalen – davon zwei als Schöpfer, zwei Breitrandschalen). Auch alle anderen Ensembles mit Metallgeschirr widersprechen einem Bezug auf den Verstorbenen nicht, auch wenn einzelne Objekte bzw. Funktionen sehr vereinzelt doppelt vorliegen, worüber noch zu sprechen ist. Ob die bezeugte keramische Stapelware für die Teilnehmer des Mahls oder gleichfalls ausschließlich dem Toten selbst zugedacht war – letzteres wäre bei großer Anzahl ungewöhnlich – können nur nachfolgende Grabungen klären; die Untersuchungen A. Kerns erbrachten diesbezüglich (bis 2012) kein Material.

Die Kombination Situla/Situlen plus Breitrandschale ist zwanzig mal vertreten, dabei reicht die Anzahl der Situlen von eins bis vier (ausnahmsweise fünf in Grab 696/697), Breitrandschalen kommen gesichert nur zweimal doppelt vor (zusätzlich evtl. das unklare Inventar 271/273). Andere kanonische Gefäßzusammenstellungen können nicht festgestellt werden. Das für hallstättische Schwertgräber konstatierte Muster von Metallgeschirrsätzen, bestehend aus zwei Situlen (groß ohne Henkel, klein mit beweglichen Henkeln) und ein oder zwei Breitrandschüsseln⁹⁸⁷ beobachtete ich in den älteren Bestattungen fünfmal (Gräber 253, 504, 507, 605, 677), in den jüngeren Dolchgräbern lediglich zweimal (Gräber 577, 608)⁹⁸⁸. Seine Herausstellung ist daher kaum gerechtfertigt und berücksichtigt weder die individuelle Vielfalt der im Hochtal benutzten Metallformen noch ihre Funktionen, die in ihrer Gesamtheit ja nur einmal überwiegend metallisch gezeigt werden (Grab 507).

Zwar dominieren allein quantitativ männliche Gräber mit Metallgefäßen gegenüber weiblich konnotierten, allerdings enthalten durchaus (nach archäologischer Bestimmung) auch letztere teils große Geschirrsätze, was die Inventare 220, 340, 495, 505 sowie evtl. 586 und 696 mit jeweils drei bzw. vier Metallgefäßen zeigen. Immerhin befinden sich zwei Gefäße in den weiblichen Gräbern 132, 569, 599 und 732, einzelne in 124/1876, 307, 393, 660, 671, 679, 778, 794, 801, 890 und evtl. 603, darunter jedoch, vielleicht die Menge ausgleichend, auch stark symbolgeladene Unikate wie die Beckentasse mit Mutterrind und Kalb (Bestattung 671). Diese weiblichen Geschirrausstattungen stehen im West- und Osthallstattkreis nicht isoliert, wie andere bezeugen⁹⁸⁹.

Die größten Situlen messen 73 cm in der Höhe.

---

984 Kern et al. 2008, 121.
985 Schumann 2013, 108.
986 Wells 1978, 135; 140 f.

987 Egg 1996, 246 ff. besonders 253. - Weiterführend Dehn et al. 2005, 249. - Nur die Inventare 504 und 507 enthalten jeweils zwei Breitrandschüsseln: Stöllner 2002, 382.
988 Von 58 Bestattungen mit Dolch enthalten nur neunzehn Metallgeschirr.
989 Kleinklein-Wiesenkaisertumulus (die ausschließlich weiblichen Beigaben sprechen gegen den anthropologischen Befund; Wagen?, Pferdegeschirr, Bronzegeschirr, Goldschmuck); Sulmtal-Höchschusterwald Hügel 2 (Kreuzattaschenkessel); Pécs-Jacabhegy Hügel 26 (metallverziertes Textil, Goldperlen, Hebelgriffschöpfer); Novo Mesto V/35 (Geschirr, Goldschmuck); Magdalenska gora Grab 2a/Hügel 2 (Bronzegeschirr, Goldschmuck) und ggf. nicht zuletzt die an der Grenze zum Westhallstattkreis liegenden Dürrnberger Gräber 59, 61, 68 und 73 (Bronzegeschirr und Goldschmuck). Im Mitterkirchener Friedhof, der ebenfalls elitäre weibliche Bestattungen lieferte (Hügel X Grab 1: Wagen, Hügel X Grab 2: Holzliege, Doppelbestattung zweier Frauen), sind generell nur zwei Bronzegefäße in die Erde gelangt, vielleicht ein Hinweis auf die kleinregionale Ausrichtung der Beigabensitte. Nachweise: Metzner-Nebelsick 2009, 258 ff.

Sie kommen aus dem qualitativ und quantitativ hervorgehobenen Grab 507 und aus den Inventaren 273 und 697, gleichfalls reicheren Ha C-zeitlichen Bestattungen. Andere Ha C-zeitliche jüngere, als reich zu bezeichnende Ensembles enthalten Eimer, die diese Größe nicht mehr erreichen. Vielleicht lässt sich die gesellschaftliche Stellung, die die entsprechenden Verstorbenen genossen, am Fassungsvermögen, bzw. an der Höhe der Eimer ablesen, weil sie eine größere Menge an „ritueller" Nahrung/Getränk fassen konnten, wenn die Gefäße bis zur Maximalhöhe befüllt waren – eine letztlich jedoch kaum spezifisch religiös ausdeutbare Idee. Die größte Situla aus Grab 273 kann ca. 140 l Flüssigkeit aufnehmen, eine Menge, die angesichts der kurzen Haltbarkeit der meisten Getränke wahrscheinlich kaum für ein einzelnes Individuum bemessen war und daher wohl eher auf die Rolle des Verstorbenen als vermögenden Gastgeber zielt. Die kleinste der drei Situlen dieses Inventars fasst immerhin noch ca. 24 l.

Textile Umwicklung, die gezielt Bronzegefäße betrifft (s. Kannen Glauberg, Hochdorf), kann nur in Grab 236 beobachtet bzw. heute noch nachgewiesen werden. Offenbar wurden die beiden ungleich großen Teller mit einem mit Metallknöpfchen verzierten Tuch bedeckt oder gänzlich eingeschlagen. Symbolisch könnten trianguläre Klapperbleche an Bronzegefäßen an die Herstellung von Textilien erinnern oder diese symbolhaft darstellen, weil die dreieckigen Anhänger – in allerdings anderem Zusammenhang – als Darstellungen verkleinerter Webgewichte lesbar sind, indem sie umlaufend an Bronzedeckeln, vielleicht stellvertretend und zeichenhaft, für eine textile Abdeckung stehen[990]. Heute sehen wir trianguläre Bleche noch an Breitrandschalen (Bestattungen 496, 605, 504, 505), einer Situla (Grab 504) und der Schöpfkelle aus Inventar 504; mit einem ursprünglich wohl viel höheren Bestand ist wohl zu rechnen. Inwieweit ihr Fehlen mit rituellen Handlungen verbunden war, ist ebenso offen.

Die mutmaßlich spezifisch und explizit religiöse Rolle von Schalen („Trankspende") ist in Hallstatt differenziert zu betrachten. Schalen werden dort wie Situlen multifunktional eingesetzt, metallene und keramische kommen sowohl in Situlen vor, wo sie deren mögliche Schöpffunktion anzeigen, als auch einzeln, offensichtlich ohne Bezug zu einem anderen Gefäß. Formale Unterschiede bestehen zwischen diesen beiden augenscheinlich verschiedenen Funktionen bzw. Befunden nicht. Weder ihre in der Urnenfelderzeit wurzelnde Dekoration (Uhrpendel, Winkelband), noch ihr Material zeichnen sie als religiös herausgehobenes Geschirr aus. Die einzige, vielleicht etruskische Rippenschale und ihr Kontext geben keinen Hinweis, ob sie als Spendegerät (im Sinne der Übernahme mediterraner Trinksitten und der Libation an eine Gottheit) diente oder eine vergleichbare religiöse Rolle übernahm. Im Gegenteil: Das Anbringen eines Henkels spricht für eine Umwidmung der vormaligen Spendeschale zu einem traditionellen tassen- oder kellenartigen Gerät. Die lokale Trinkschale aus Grab 504 wurde gleichfalls zu einer langstieligen Kelle umfunktioniert, was jedoch ihre anzunehmende rituelle Funktion nicht schmälerte, weil Trinken nach wie vor möglich war. Keramische Nachahmungen klassischer Spendeschalen, bezeugt z. B. in Stillfried, Gde. Angern an der March, Bez. Gänserndorf, Niederösterreich[991], und möglicherweise in der Siedlung-Velem St. Vid, Kom. Vas, Ungarn[992], könnten theoretisch unter der nicht verwahrten Keramik Hallstatts vorhanden gewesen sein. Die gehenkelten Glastassen gewährleisten wie bronzene Entsprechungen funktional gesehen Schöpfen *und* Trinken; ihre Fertigung aus seltenem Glas und ihre Chorologie sprechen für ihre soziale Ausdeutung als Prestigeobjekte[993] und unterstreichen ihre wahrscheinlich besondere sakrale Aufgabe durch ihr Material und durch die formale Ähnlichkeit mit den klassischen Rippenphialen. So gesehen könnten ihnen im Westen die Goldschalen gegenübergestellt werden.

Lediglich die beiden Rinderplastiken aus den Keramikschalen des Grabes 507 und ihre ideellen Pendants aus den Gräbern 671 und 98/2010 (Beckentassen) assoziieren und vereinen auf unmittelbare Art die Elemente „Tierkult – Opfer – Trank – Heilserwartung", eine alte festgefügte Verbindung. Die offenbar ehemals verhüllten Tiere in den Keramikschalen aus dem reichen Grab 507 mögen deren geringen Materialwert gewissermaßen ausgleichen. Die drei wahrscheinlich importierten Glastassen sprechen dagegen sehr wohl allein durch ihr kostbares und seltenes Material, ebenso die durch Zinnstreifenornament veredelten Keramikschalen der Inventare 573 und 828. Inwiefern sie eine besondere religiös ausdeutbare Funktion übernommen

---

990 Fath/Glunz-Hüsken 2011.
991 Eibner 1974, Taf. 18,20.
992 Von Miske 1908, Taf. LVII,8.23.
993 Schumann 2015, 143; vgl. auch Kistler 2010.

haben, ist jedoch offen. Weil Stoffe ohne Metallapplikation im Hochtal nicht mehr nachweisbar sind, entfällt leider die Beurteilung einer möglichen religiösen Hervorhebung/Behandlung der Schalen durch Textilien. Eine wie auch immer gedeutete Verbindung mit metallisch verziertem Stoff kann in keinem Fall festgestellt werden; in Grab 507 waren vermutlich nur die Tierfiguren „verpackt", nicht die Schalen selbst.

Schließlich enthalten nur vierzehn Bestattungen Metall- oder Glasschalen zusammen mit bronzenem Geschirr, alle anderen kommen ohne die materielle Hervorhebung des Gefäßtyps Schale aus, der wahrscheinlich unter der nicht verwahrten Keramik zu vermuten ist. Allein das verwendete Material liefert keine Aussage über eine spezielle religiöse Funktion, offenkundig dient es jedoch dazu, soziales Prestige zu demonstrieren. Metallische Schalen können auch – wie andere – als einzige Bronzegefäßbeigabe das Bankett repräsentieren (Gräber 49/1872, 333, 778, 1003?). An explizit doppelt beigegebenen Bronzegefäßen beobachtete ich Situlen (in zahlreichen Gräbern; s. Tabelle 1), Breitrandschalen (Gräber 504, 507), Schalen (Bestattungen 260, 667), Kannen (Grab 220) und zwei flache Teller (Grab 236).

Die mit den Bratspießen assoziierten mediterranen Essgewohnheiten und ihre Deutung als sozial definierende Symbole in reichen Gräbern sind in Hallstatt nicht bzw. nur bedingt verifizierbar. Das ideell und materiell reichste Inventar 507 enthielt beispielsweise keine Obeloi, ebenso wenig die Gräber mit mehr als vier Bronzegefäßen (220, 260, 273, 299, 496, 504, 505, 600, 605, 696); eine Ausnahme stellt Grab 600 mit vier Gefäßen dar. In Italien, aber auch nordwärts der Alpen kombinierte metallische Feuerböcke wurden vielleicht im Hochtal durch keramische ersetzt, was aber nicht mit letzter Sicherheit feststeht, weil nicht klar ist, ob das Mondidol vom Hallberg als Siedlungs- oder Grabfund zu gelten hat. Ob mögliche Feuerböcke quasi „passend" in den Bestattungen mit Bratspießen vorlagen, ist aufgrund der Quellenlage nicht zu beurteilen. Hinweise, die eine spezielle rituelle Nutzung nahelegen, liefern die (mindestens) drei betroffenen Ensembles nicht (12/1889, 573, 600); die Obeloi allein sprechen für sich und setzen eine wohl heimische, urnenfelderzeitliche Speisetradition fort.

Die Nekropole bietet z. Zt. die größte Anzahl plastischer Miniaturgefäße zeitgleicher Friedhöfe der Kontaktgebiete. Sie befinden sich an demonstrativ zu Schau stellbaren Trachtobjekten und einer Waffe; die derart hervorgehobenen Beigaben aus Männer- und Frauengräbern datieren in Ha C und D1. Dargestellt ist überwiegend verkleinerte, orts- und zeitübliche Keramik (Hochhalsschüsseln, Kragenrandgefäße, Kegelhalsgefäße, Kelche). Die Semantik der Miniaturgefäße an individuellen Fibeln, Gürtelketten und einem Dolch bleibt vage; wahrscheinlich jedoch kann ein Gelage- oder Opferbezug postuliert werden; auch die Aufnahme opiumhaltiger Substanzen oder anderer Drogen wäre denkbar. Die Imitation speziell keramischer Ware unterstreicht die rituelle Bedeutung der mehrheitlich nicht überlieferten Grabkeramik und stellt auf sozialer Ebene eine Verbindung zu jenen Ausstattungen her, die das religiöse Mahl ausschließlich mittels Keramik veranschaulichten; Metallgefäße zeichnen ohnehin eine elitäre Minderheit aus. Insbesondere die mit Kleingefäßen markierten Fibeln zeigen vergleichsweise ein Übermaß symbolischer Embleme (Radmotiv, Spiralen, zoomorphe Plastik). Das Motiv zweier Tiere mit Trog (Halbmondfibel Grab 505) ist in Griechenland seit spätgeometrischer Zeit belegt; eine thematische Verbindung zur mediterranen Trankspende an eine Gottheit ist auch hier wohl kaum gegeben. Dem auch unter anderen Gesichtspunkten singulären Verschluss dürfte somit nicht nur soziales Prestige, sondern auch ein gewisser Statuscharakter (nach Schumann) zukommen, obwohl es sich nicht um einen mediterranen Import, sondern heimische Fertigung handelt. Inwiefern fremdes Gedankengut integriert wurde, bleibt dabei im Dunkeln. Die Trägerelemente der Kleingefäße, gehäuft unkonventionelle Fibeln und Gürtelketten, werden durch jene zu ausgesprochen kultischen Trachtelementen transformiert, was sich spezifizieren ließe, wüssten wir, ob die Miniaturen einschlägige spezifische Substanzen enthielten (und wenn ja, welche).

5 Kriegertum und Bewaffnung

Auch Waffen stellen ein Mittel dar, die vormals herausgehobene Position des Verstorbenen in der Gesellschaft auszudrücken, weil Schwerter, die sie zeitlich ablösenden Dolche, aber auch Helme, Schilde, Beile, Lanzen und Pfeil und Bogen seit jeher als von den Göttern gegeben gelten[994] oder nur Göttern zustanden und Macht über Leben und Tod symbolisieren: *„In den frühen vorderorientalischen Hochkulturen (sowohl in Mesopotamien als auch in Ägypten) galten Macht und Verantwortung der Könige als eine göttliche Beauftragung, was dann sogar zur Vorstellung einer persönlichen Vergöttlichung des Königs führen konnte. Wenn Gottheiten menschengestaltig dargestellt wurden, so trugen sie zuweilen machtsymbolisierende Waffen (…) Die politische Macht eines Herrschenden konnte als von einer Gottheit verliehene Vollmacht verstanden worden sein"*[995]. Die in verschiedenen Regionen wiederkehrende hallstattzeitliche Darstellung einer wagenfahrenden Figur mit Stab/Lanze und Schild wurde verschiedentlich mit dem Bild einer Gottheit in Verbindung gebracht und kontrovers diskutiert[996].

Den religiösen Aspekt der Bewaffnung hallstättischer Gräber zu beschreiben, ist im Gegensatz zum Gelage schwierig, weil sich hier, stärker als bei den Metallgefäßen, verschiedene regionale Ausprägungen und Kampftechniken, dem Zeitenwandel unterworfen, spiegeln. Auch spielen ihr sogenannter Abzeichen- bzw. Statuscharakter (besonders bei Schwertern und Dolchen) und die reduzierte Beigabensitte eine dominante Rolle. In Hallstatt kommt die zum Teil unsichere und mangelhafte Quellenlage erschwerend hinzu. Letztere betrifft vor allem die Lanzen. Religiöse Embleme finden sich dort sowie auf Schwertern, Helmen, Pfeilen und Beilen kaum. Lediglich das latènezeitliche Tüllenbeil mit einer Pferdedarstellung aus Brandgrab 28/1939, das oben (Absatz 3.7, 3.9, 4.4) bereits angesprochen wurde, erscheint durch dieses klar verständliche Bild emblematisch herausgehoben. Beile mit Kreisaugenzier, überregionale religiöse und soziale Indikatoren, sind im Hochtal zweifach belegt. Vermutlich weisen die tordierten Schaft-Enden zweier Lanzenspitzen auf ihre religiöse Wurzel hin. Die Miniaturäxte hingegen bieten hinreichend ikonographisches und zum Teil aus dem Befund resultierendes Material für ein religiös ausdeutbares Programm (Absatz 4.4), das sie vielleicht mit einem entsprechend inspirierten Opfer, einem Mahl verbunden ausweist. Schilde sind im Hochtal mit letzter Sicherheit nicht belegt; in einem Fall jedoch macht ein flächig benageltes Leder einen panzerartigen, wehrhaften Eindruck.

Bekanntlich war die biregionale Orientierung der Waffen Hallstatts Gegenstand zahlreicher Beiträge (s. u.), sie steht hier aber nicht im Fokus. Schwert- und Dolchbeigabe richten sich summa summarum nach dem Westhallstattkreis, kombinierte Beile (als Waffen) und Lanzen nach dem Ost- bzw. Südostalpenraum. Hallstattzeitliche Helme sind allein südostalpin bzw. italisch inspiriert, erst mit LT A ist bei dieser Fundgattung zusätzlich zum Inn-Salzach-Raum das Marnegebiet einbezogen.

5.1 Schwerter und Dolche

5.1.1 Einführung

Waffen stellen neben Wagen, Pferdegeschirr, Bronzegefäßen und anderem über die Zeiten hinweg ein Mittel dar, die Stellung des elitären Mannes sozial[997], aber auch religiös, im Leben und im Jenseits zu verankern. Gerade die Schwerter gelten als heilige Waffen, die von den Göttern gegeben sind[998]. Die Skythen verehrten den Kriegsgott in Gestalt eines Schwertes[999]. Darstellungen von Schwerttanz und -kampf[1000] in Verbindung mit dem langlebigen Vogelbarkenmotiv (obwohl verschiedentlich miteinander komponiert z. B. in Fließ und auf dem Sofa aus Eberdingen-Hochdorf s. u.)[1001] weisen während der Eisenzeit auf ihren vielleicht auch

---

994 Kossack 1995; Kull 1997, 329 ff.
995 Müller-Karpe 2009, 100, 102.
996 Zusammenfassend: Gleirscher 2004, 261; zuletzt Kašuba 2011, 243 f.
997 Im Gegensatz zu bestimmten Beilen (z. B. Stöllner 2002, 141) gelten Schwerter und Dolche gemeinhin als ausgesprochene Anzeiger für mindestens archäologisch bestimmte Männergräber. Zur sozialen Bestimmung z. B. Kossack 1959, 125: *„… Schwert als Symbol des Unabhängigen, des Freien …"*.
998 Kossack 1995; 1998, 71–81; Kull 1997, 337 ff.; Grünzweig 2009; Müller-Karpe 2009, 101.
999 Herodot IV, 62.
1000 Zur Unterscheidung s. auch Eibner 2012.
1001 Sydow 1995, 16 ff.; Biel 1985, 96 Abb. 111; Wells 2012, 114 ff. besonders 117. - zu Vogelbarken auf urnenfelderzeitlichen Vollgriffschwertern: Kaiser 2014.

als magisch empfundenen Gehalt hin. Im latènezeitlichen Grab 994 von Hallstatt wird das Schwert selbst bzw. seine Scheide zum Bildträger der Erzählung heldenhafter, kriegerischer Handlungen, gleichviel, ob die Szenen unmittelbar auf den Toten selbst Bezug nehmen oder mythisches Geschehen zugrunde liegt[1002], was sich nicht ausschließen muss. Welche Informationen trugen wohl jene organischen, meist hölzernen Scheiden, die nicht überliefert sind? Immerhin war die Scheide (neben Griff und Ortband) der am besten sichtbare Teil des Schwertes: *„The viewer does not see the blade of the sword, unless the bearer withdraws it from the scabbard. When a sword was worn in every day life, as when the sword bearer travelled, on ceremonial occasions, and when it was placed in the burial of the individual, the scabbard was the most visible part. Thus from a visual point of view, a scabbard stood for the sword"*[1003]. Erstaunlich ähnliche geometrische Gold-, Elfenbein- und Bernsteinzier der stets pilzförmigen Knäufe stellt auch überregional[1004], quasi konsensartig die herausragende Bedeutung dieser Waffengattung während Ha C heraus und ermöglicht, sie als Statusanzeiger zu klassifizieren[1005].

Bildliche Darstellungen von Schwertern aus dem näheren Umkreis beschränken sich auf das religiöse Ritual des Schwerttanzes[1006] (Situla B Sesto Calende, Bank Eberdingen-Hochdorf), schwer deutbare Szenerien eines Cinturonifragments im Hortfund von Fließ[1007] und die bekannte Reiterdarstellung auf dem berühmten Hallstätter Schwert aus Grab 994, die wiederum ein kurzes Latèneschwert als Ausrüstung einer der hinteren Krieger zeigt[1008]. Wilhelm Sydow erwähnte bereits die zahlreichen Schwerttanzbilder der Valcamonica, Prov. Brescia[1009], die C. Pause auf den „protonaturalistischen" Stil IV 2 eingrenzte. Schwertbilder generell kommen jedoch auch in der nachfolgenden Stufe vor[1010]. Schließlich ist auf einem mittelitalischen Bucchero-Gefäß aus Veji eine Szene anzuführen, die zwei mit dem Schwert kämpfende Krieger zeigt[1011]. Die gestielte Lotospflanze zwischen ihnen mag symbolisch auf Leben und Tod, auf Sterben und Wiederersthen hinweisen[1012], die Szene ins Jenseits verlegen oder ganz allgemein mythisches Umfeld anzeigen. Sie kehrt beispielsweise auf der Certosa-Situla wieder[1013]. Einen Dolch führt bekanntlich der Hasenjäger der Situla von Welzelach mit sich, der Vogeljäger der Benvenuti-Situla könnte einen Dolch, aber auch ein Messer tragen[1014].

Susanne Sievers beschrieb bereits die Schwierigkeiten, die ein Vergleich der waffenführenden Grabfunde Hallstatts mit den Bildern der Situlenkunst mit sich bringt[1015]. Zu ergänzen wäre noch, dass der eigentliche Akt des Tötens ohnehin nie bildlich festgehalten wird; nahe kommt dieser Handlung lediglich der Reiter auf der Hallstätter Schwertscheide, der dazu allerdings eine Lanze benutzt. Die Bilder geben uns also aus verschiedenen Gründen kaum einen Anhaltspunkt, wozu die Waffen praktisch dienten.

Selbstverständlich ist eine Betrachtung der „Krieger" Hallstatts eng mit der Frage der Bewaffnung und Kampftechnik verwoben. Auf dieses Thema, von G. Kossack und S. Sievers für Südbayern und Baden-Württemberg[1016], von Th. Stöllner für Hallstatt zusammen mit dem benachbarten Inn-Salzach-Gebiet diskutiert[1017], soll hier nicht nochmals eingegangen werden. Seit langem ist außerdem unumstritten, dass hallstattzeitlichen Dolchen und Schwertern[1018] vorwiegend kein (ausschließlich) wehrhaft-militärischer, sondern (auch) ein insignienhafter Charakter zukommt[1019]. Dies belege in Hallstatt *„die wertvolle Ausstattung des Dolches und seine häufige Vergesellschaftung mit Bronzegeschirr"*[1020]. Nicht nur der Forschungsstand erlaubt mittlerweile, dies zu präzisieren: Erstere manifestiert sich doch ganz wesentlich durch die Symbolik der Dolchgriffe, die sorgfältige handwerkliche Arbeit

---

1002 Egg/Schönfelder 2009, 37.
1003 Wells 2012, 120.
1004 Zusammengestellt bei Stöllner 2002, 268 Anm. 686; Echt 1999, 206; dazu auch Wells 2012, 120-122.
1005 Schumann 2015, 139 ff.
1006 Demisch 1984, 197; Eibner 2012, Taf. 5.
1007 Sydow 1995, 20 f.; 29; Huth 2003, 92; 94 mit Anm. 177; 158 ff.; Marchhart 2008, 26 mit Abb. 17.
1008 Egg et al. 2006, 195.
1009 Sydow 1995, 30.
1010 Pause 1997, 252-254; Eibner 2012.

1011 Starý 1981, Taf. 6,2.
1012 Zur Bedeutung und Mehrdeutigkeit des Lotossymbols: Koch-Harnack 1989.
1013 Teržan 1997, 658 ff.; zu den Voluten: Huth 2003, 176.
1014 Dazu auch Pauli 1973, 90.
1015 Sievers 1982, 124 f.
1016 Kossack 1959, 93 ff.; Sievers 1982, 100 ff.
1017 Stöllner 2002, 139 ff.
1018 Zuletzt Trachsel 2005, 73 mit weiterer Literatur; Stöllner 2002, 139 ff.
1019 Z. B. Stöllner 2002, 141; Hansen 2010, 119 (mit älterer Literatur).
1020 Sievers 1982, 105; Zitat 128; s. auch 98.

vorausgesetzt[1021], bei einigen Exemplaren auch durch die Verwendung von Edelmetall. Bronzegeschirr hingegen stellt nur eine von zahlreichen in religiösem Kontext stehenden Beigabengattungen dar und ist lediglich in vergleichsweise wenigen Dolchgräbern vorhanden: Von 57 Bestattungen mit Dolch bzw. eiserner Antennenwaffe führen nur 19 bzw. 20 (unsicher Grab 469) auch Metallgeschirr. Im Vergleich zu den 30 Schwertgräbern, von denen 21 oder 20 Bronzegefäße enthalten (fraglich Grab 469), ist dies vergleichsweise wenig (Tabelle 2[1022]). Markus Egg variierte den Dolch-Abzeichen-Gedanken durch den Hinweis, dass auch weniger reich bestattete Mitglieder der Gesellschaft über Dolche verfügten, diese also die gleichen Aufgaben hätten übernehmen können wie die reicher ausgestattete „Führungsschicht"[1023]. Dies bestätigt sich auch in Hallstatt, worauf zurückzukommen ist.

5.1.2 Befunde

Welche Befunde in Hallstätter Bestattungen mit Schwert und/oder Dolch lassen ggf. auf eine besondere religiös-magische Behandlung schließen? Zu betrachten sind hier die Punkte: Außergewöhnliche Positionierung im Grabraum, willentliche Zerstörung, Vollständigkeit des Zubehörs, textile Umwicklung und schließlich ihre generelle Praxistauglichkeit (s. auch Tabelle 3)[1024].

Schwerter

Insbesondere bronzene Pilzknäufe wurden von H. Schickler aufgrund ihrer Form als kampfhinderlich beurteilt[1025]. Bronzeknäufe liegen nur in den Gräbern 504 und 607 vor; fehlende Knäufe könnten aus organischem Material, z. B. Holz gefertigt gewesen sein

und sind daher nicht a priori als intentionell abgenommen zu werten (s. u.). Unpraktisch waren auch relativ leichtgewichtige pilzförmige Elfenbein- (Gräber 697, 910, 573, 507) und Knochenknäufe (Grab 263) und der flachgewölbte Lignitknauf (Grab 288), die jeweils kaum ein Gegengewicht zur Klinge bieten und vor allem durch Material (Goldblechauflagen, Bernsteinintarsien), geometrische Muster und Zeichen sprechen und daher in erster Linie repräsentativen Zwecken gedient haben dürften. Die Griffstange des im Grabverband veralteten, urnenfelderzeitlichen Schwertes vom Typ Weltenburg aus „Grab 288" ist für eine Männerfaust zu klein, woraus W. Krämer seine Herstellung für einen jungen Menschen schließt[1026]. Dies ist zwar möglich, bedacht werden muss aber auch, dass die Waffe ggf. nicht dem Kampf diente, sondern vielleicht ausschließlich symbolischen Charakter hatte. Das Maß der Griffbreite, ca. 5 cm, erscheint selbst bei postulierter kleiner Körper- und Handgröße tatsächlich relativ gering.

Üblicherweise wird im Hochtal das Schwert auf dem Leichenbrand niedergelegt, was bei Körperbestattung gewöhnlich einer Lage neben dem Körper entspricht[1027]. Hierfür können die Gräber 111/1875 (Eisenschwert neben dem rechten Arm) und 994 (Lage dito) angeführt werden; die Spitze des Schwertes an den Füßen des Bestatteten aus Grab 994 signalisiert ggf. eine gewisse „Ruhestellung" der Waffe. Dies stellt auch die regelhafte Position in latènezeitlichen Körperbestattungen dar[1028]. Aus Hallstatt liegen nur zwei weitere Körpergräber mit Waffen vor, nämlich 126 und das wohl gestörte Inventar 949, bei denen J. Ramsauer leider keine Angaben über die Lage der Waffen bzw. deren Fragmente macht. Tatsächlich abweichend ist Grab 273 zu nennen, dessen Schwert auf der Breitrandschale lag, die wiederum auf dem Leichenbrand stand. Ein auf den Leichenbrand gelegtes Schwert diente in Grab 697 wiederum als „Ablage" für drei Mehrkopfnadeln. Grab 789 bezeugt die Situierung der Waffen bzw. des gesamten wehrhaften Teils (Schwert Typ Mindelheim, eiserne Antennenwaffe, drei Lanzenspitzen, zwei Tüllenbeile, zwei Wetzsteine, zwei Messer) unter einer Situla. Auch in Grab 14/15 lag das Lappenbeil unter einem Blecheimer. Im Gegensatz zur Niederlegung des Beils in einer Situla (Grab 260), die etwas über dessen Nutzung aussagt, sind derartige Befunde schwer deut-

---

1021 Glunz-Hüsken/Schebesch 2015.
1022 Die Tabelle enthält alle Gräber mit Dolchen und Schwertern und ihre jeweils kombinierten anderen Waffen bzw. Geräte und Bronzegeschirr.
1023 Dehn et al. 2005, 238 f.
1024 Der Beurteilung der intentionellen Zerstörung (z. B. Begutachtung der Brüche) und dem Aspekt textiler Umwicklung liegt keine systematische, sondern (aus museal-organisatorischen Gründen) lediglich eine fallweise Autopsie der Objekte zugrunde. Allgemein dazu bereits Trachsel 2005.
1025 Schickler 2001, 25. - zum Aspekt der Kampftauglichkeit der Schwerter generell mit weiterer Literatur Trachsel 2005, 73.

1026 Krämer 1985, 52.
1027 S. auch Trachsel 2005, 66; Gerdsen 1986, 53 f.
1028 Trachsel 2005, 69 f.

bar. Offenbar wurden auch Gegenstände arrangiert und kombiniert (platzsparend?) niedergelegt, die funktional nicht zusammenpassen, worauf ich in Absatz 3.7 auch am Beispiel anderer Fundorte bereits hingewiesen habe; sicher ist dies im Einzelfall zu diskutieren, wobei die Quellenlage stets unsicher bleibt. Jedenfalls erscheint es kaum sinnvoll, die zum Gelage gehörende Breitrandschale mit dem Schwert (Grab 273) und das Schwert mit den Mehrkopfnadeln (Bestattung 697) in Beziehung zu setzen oder im Befund eine bestimmte Intention zu vermuten. Möglicherweise steht hier ein repräsentativer Zweck im Vordergrund.

Die Prüfung der Quellen (Protokoll Antikencabinett, Kromer 1959) ergibt, dass vermutlich nur drei Schwertklingen intentionell zerbrochen wurden, und zwar die beiden über Kreuz angeordneten Exemplare in „Grab 288" und das Schwert aus Inventar 299. In beiden Fällen beschreibt Ramsauer dies mit den Worten „*in vier Stücken*" (Gräber 288, 299) und „*woraus sich das absichtliche Zerbrechen dieser Waffen vor den Leichenbrand herausstellt*" (Bestattung 288); die Autopsie der betroffenen bronzenen(!) Fragmente bestätigt seine Beobachtung[1029]. Weitere unvollständige oder gebrochene Schwerter sind vielfach belegt (z. B. Gräber 263, 273, 507), sie könnten daher theoretisch ebenfalls absichtlich zerstört worden sein. Die Quellen (einschließlich fallweiser Autopsie) legen in diesen Fällen jedoch nahe, die Unvollständigkeit durch Korrosion zu erklären, da es sich ausnahmslos um eiserne Klingen handelt[1030]. Auch die Beschreibung und Bemaßung des Ausgräbers zeigt in diesen Fällen – im Gegensatz zu oft idealisierten Skizzen und jüngeren, Unversehrtheit vorgebenden Darstellungen[1031] – die Niederlegung tatsächlich unzerstörter Schwerter an. In zwei Fällen gebrochener Eisenschwerter kann durch den Nachweis textiler Umwicklung davon ausgegangen werden, dass auch sie seinerzeit vollständig deponiert wurden (Gräber 260, 504). Offen bleibt, ob die zahlreichen fehlenden Knäufe intentionell entfernt wurden oder aus rein organischem Material bestanden, das restlos vergangen ist (z. B. Holz oder Horn,

die vielleicht ähnlich verziert waren wie die Elfenbein- und Metallknäufe).

Eine kreuzartige Anordnung findet sich in Hallstatt darüber hinaus nur in Grab 507, in dem zwei Mehrkopfnadeln entsprechend auf dem Schwert gelegen haben sollen (Abb. 3). Gemeinhin nimmt man für diese spezielle Positionierung die Aufhebung der ihnen zugeschriebenen Kräfte als Erklärung an, weil die Beigaben gegeneinander gerichtet sind. Im Kröllkogel sollen zwei Lanzen derartig gefunden worden sein; wenige andere Belege stammen aus bronzezeitlichen Gräbern (s. Kapitel 12) und betreffen stets Waffen. Wie also die Ausrichtung und Positionierung der beiden Mehrkopfnadeln aus Grab 507 zu erklären wäre, ist offen, will man nicht eine zufällige, absichtslose Ausrichtung oder nachträgliche Verlagerung annehmen.

Zubehör liegt selten komplett vor, notwendig waren Scheide mit Halterung, Schwertgurte, Riemen und Verschlüsse. Ortbänder liefern nur die Bestattungen 263, 299 (Typ Beratzhausen nahestehend) und 910[1032]; Reste hölzerner Scheiden stammen aus den Inventaren 253, 263, 469 oder 507[1033], eine Eisenscheide ist in Grab 111/1875 zitiert. Der zierliche goldene spornartige Beschlag aus Bestattung 299 (B. 3,5 cm) könnte als Heftzier gedient haben. Eiserne Ringe zur Aufhängung liegen vermutlich nur in den Gräbern 126 und in 111/1875 vor. Einen Gurtbeschlag erwägt man für den Bügel aus Grab 994[1034].

Zur Tragweise der Schwerter liefert Hallstatt daher keine Hinweise. Wetzsteine müssen nicht unbedingt zu Schwert oder Dolch gehören, wie Grab 11/1889 zeigt, bei dem der Schleifstein zusammen mit einem Messer am linken Unterarm des Skeletts beobachtet wurde. Martin Trachsel bringt das Fehlen von Schwertzubehör (zusammen mit der Abwesenheit von Schutzwaffen und kriegerischen Verletzungen) mit der Darstellung des Schwertes als kriegerischem „Abzeichen" in Verbindung und weniger als Ausweis eines tatsächlich kämpfenden Kriegers[1035].

Textile Reste, die auf eine rituell motivierte Einwicklung des Schwertes selbst schließen lassen (s. Kapitel 7), sind ohne moderne Autopsie schwer feststell-

---

1029 Grab 288: Die Mahr-Kartei gibt einmal vier, einmal fünf Brüche bei dem Schwert mit Lignitknauf an. - Grab 299: Die Zeichnung bei Kromer 1959, Taf. 47.10 gibt ein unversehrtes Schwert wieder. Die Begutachtung ergab, dass die Waffe an den Bruchstellen restauratorisch zusammengefügt wurde.
1030 S. dazu auch Trachsel 2005, 67 ff.
1031 Sekundärliteratur: Gerdsen 1986; Schauer 1971.

1032 Trachsel 2005, 67.
1033 Der Nachweis einer Hornscheide des Dolches aus Kappel am Rhein Hügel 3 lässt – zumindest bei kleineren Schwertern – an Entsprechendes auch in Hallstatt denken: Dehn et al. 2005, 14.
1034 Egg et al. 2006, 205 ff.
1035 Trachsel 2005, 70 ff.

bar, und mit Verlusten durch alte Restaurierungen ist zu rechnen. Karl Kromer erwähnt jedoch Gewebeabdrücke an den Klingen der Mindelheimschwerter der Inventare 260 (Abb. 91 s. Taf. 6-91) und 504. Da es sich um Brandgräber handelt, ist es unwahrscheinlich, dass die Textilien von der Kleidung des Toten stammen. Ebenso möchte man sie kaum als Rückstände einer zur Scheide gehörenden Umwicklung ansprechen[1036], weil sie sich nach der Beschreibung unmittelbar auf der Klinge befinden und es unwahrscheinlich ist, dass eine zu vermutende Holzscheide vergangen, ihre stoffliche Fixierung jedoch erhalten wäre[1037]. Weiterhin ist das Schwert aus Grab 994 anzuführen, das wohl mit einem groben Band in Leinwandbindung umwickelt war[1038]. Diese beiden Fälle stehen vermutlich exemplarisch für weitere aus den Altgrabungen, die sich überlieferungs- und quellenbedingt nicht mehr nachweisen lassen, was das Schwert aus Grab 13/1995 bestätigt, dessen Spitze sorgfältig mit einem gewebten Band umwickelt wurde[1039].

Dolche

Was die Kampftauglichkeit der Dolche betrifft, so ist die grazile Ausführung mancher Ha D1-zeitlicher Exemplare anzuführen, die u. a. als Argument für ihren Abzeichencharakter herangezogen wird und die Th. Stöllner mit der Übernahme italischer Dolchmesser in Verbindung bringt[1040]. Besonders anschaulich belegen dies die kleinen Griffbreiten an sicher vollständig erhaltenen Dolchen z. B. der Gräber 783 (6 cm), 203 (6,25 cm) und 574 (5,5 cm), die also kaum von einer Faust umschlossen werden konnten. Eine Verallgemeinerung und Übertragung dieser Befunde auf andere Gräber verbietet sich jedoch, weil in Grab 203 ein Kind oder Jugendlicher bestattet war (Skelettgröße 1,10 m) und die Feststellung des Alters weder bei den bei weitem überwiegenden Brandgräbern noch bei Körpergräbern mangels Knochenmaterial möglich ist. Auch die starke Griffstangenprofilierung des Dolchmessers aus Grab 18/1871 widerspricht einem praktischen Zweck.

Schließlich zeugen auch die zumindest chronologisch unvermittelt aufeinandertreffende, dominierende Gestaltung der Griffe als menschliche Figuren, die Anhäufung diverser Symbole und die Verwendung von Gold in gewissem Sinn gegen einen realen Gebrauch (s. u.).

In den Brandgräbern Hallstatts liegen die Dolche stets auf dem Leichenbrand. Bei dem körperbestatteten Kind aus Grab 203 befanden sich beide Dolche rechts neben dem Kopf, die Spitzen zeigten zum Schädel hin. Ebenfalls neben dem Kopf, hier jedoch linksseitig, war der Dolch aus Grab 524 deponiert. In Körpergrab 11/1889, dessen Skelettgröße A. Mahr nicht angibt, ruhten der Gürtel Typ Inneringen, zwei Bronzeringe und der Dolch in Leibesmitte. Dies könnte einmalig darauf hindeuten, dass die Waffe der Leiche umgegürtet bzw. im Hüftbereich abgelegt wurde. Schutzwaffen wurden dem Toten selten angezogen, üblich ist ihre Deponierung neben/auf der Leiche. Auf der Brust des Skeletts, der Griff zum Kinn gerichtet, lag der Dolch in Grab 223 (die Skizze stimmt hier mit den Worten Ramsauers überein). Bei der rechten Hand, sozusagen griffbereit, beobachtete man das Dolchmesser in Körpergrab 1036, ebenso bei Bestattung 13/1939 (linker Arm, Linkshänder?). Wolfram Schier machte jüngst darauf aufmerksam, dass Dolche (in der Scheide) auch nur durch ein Stoffband fixiert, am Körper getragen werden konnten[1041] und ein regelrechter Gürtel nicht immer notwendig war.

Beabsichtigte Beschädigungen an Dolchen sind augenscheinlich zwar vielfältiger Natur, jedoch um so schwerer tatsächlich auch mittels Autopsie belegbar, insbesondere bei eisernen Exemplaren. Zweifellos intentionell verbogen zeigen sich die Eisenklingen der Dolche aus den Inventaren 702 (mit entwickelter Knauf- und Scheidengestaltung, Variante Aichach) und 703 (mit bronzedrahtumwickelter Scheide, Variante Neuenegg). Mehrfach sind fehlende Klingenspitzen (Gräber 809, 256, 236, 469, 509) zu nennen, am häufigsten jedoch ist der bronzene oder eiserne Griff bei Antennenwaffen betroffen, bei dem eine oder beide Antennen fehlen (Bestattungen 783, 90/1873, 557, 574, 509, 825, 755, 756, 223, 466, 466, 809, 836). Auch der Griff des Dolchmessers aus Grab 696 wurde wohl absichtlich verändert, wovon mindestens die gelöste Goldblechverkleidung an Knaufstange und

---

1036 Trachsel 2005, 71 mit älterer Literatur.
1037 Belege aus Bayern bei Hennig 2001, 82 (Bubesheim Hügel 6, Mindelheim Hügel 2). Möglich wäre aber das durch Eisenoxide erhaltene Stofffutter einer vergangenen Holzscheide. Frdl. Mitt. J. Fries-Knoblach.
1038 Egg/Schönfelder 2009, 29.
1039 Kern 1997, 64; Grömer 2006, 33 f. mit Abb. 2.
1040 Z. B. Stöllner 2002, 129.

1041 Schier 2010, 392.

Griffangelniet[1042] zeugt. Möglicherweise wurden beide auch gekürzt bzw. beschädigt (Abb. 36). Vielleicht trennte man auch die eisernen Klingen unterhalb des Hefts der Dolche aus den Bestattungen 608, 765, 873, 587/588, 682, 90/1873, 577, 559, 574, 825, 466, 836 (Bronzeantennenwaffen), 33 (Dolchmesser mit bronzedrahtumwickelter Scheide, Variante Hoffenheim), 458 (Variante Sulz) und 547 (Variante Erkertshofen) intentionell ab. Mit letzter Sicherheit ist dies aus den Quellen aber nicht zu entnehmen, weil die Protokolle und Skizzen zum Teil einen vermutlich idealisierten, unversehrten Zustand wiedergeben und die fehlenden eisernen Klingenabschnitte auch gänzlich korrodiert sein könnten. Der untere Teil der bronzenen Griffstange samt Heft fehlt bei den Dolchen der Gräber 322, 936 (einschließlich Klinge), 873, 557, und 587/588. Auch der Griff des Dolches aus Grab 13/1939 wurde offenbar von der Klinge (und Scheide?) separiert, wie deren Auffindung 20 cm entfernt belegt. Schließlich erreicht die Fragmentierung ein Maß, dass von einer pars pro toto-Beigabe gesprochen werden könnte. Hiervon zeugt das Ortband aus Inventar 668, dessen Scheide zwar vergangen sein könnte, dessen zugehörige Waffe jedoch offenbar seit jeher fehlt[1043]. Dieses Phänomen liegt wohl auch in Bestattung 259 vor[1044].

Halten wir fest, dass mutmaßlich intentionelle Beschädigungen vorwiegend bei Antennenwaffen vorgenommen wurden, dreimal sind Dolche mit bronzedrahtumwickelter Scheide, einmal einer mit entwickelter Knauf- und Scheidengestaltung (Grab 13/1939) und die Sonderform aus Bestattung 696 betroffen.

Reste von Holzscheiden liegen in den Gräbern 472 (Holz, Lederhülle und Bronzebandumwicklung), 524, 755 und 203/204 vor und bezeugen damit, dass nicht nachweisbare Scheiden aus organischen Stoffen bestanden haben könnten (z. B. Holz, Leder, Horn), bei fehlenden Scheiden (ohne Metallortband) also keine absichtlichen Zerstörungen vorliegen müssen. Ringe, die zur Befestigung der Dolche an einem Gürtel notwendig waren, könnten möglicherweise in Grab 222 (Ramsauer: „… *Ein Eisenringl inwendig holl.*") und fast sicher in 11/1889 vorliegen. Wahrscheinlich liefert das vierkantige eiserne Ringpaar (Dm. 3,6 cm) durch seine Lage im Bauchbereich des Skeletts eine anschauliche Vorstellung davon, wie die Ringe aussahen, die Dolche an einem Gürtel fixierten, freilich ohne eine genauere Rekonstruktion zu ermöglichen. Zwei eiserne Ringe liegen auch in Brandgrab 466 vor, sind aber weder genauer beschrieben (vierkantig?) noch überliefert. Weitere Eisenringe könnten auch deshalb fehlen, weil sie vollständig vergangen sind oder wahrscheinlicher jedoch nicht mitgegeben wurden, da sie als Beigabe, im Gegensatz zum eigentlichen Dolch, nebensächlich erschienen. Einen wohl „lebensnah getragenen" Dolch mit Gürtel und zwei Ringen in der Körpermitte sehen wir nur in Grab 11/1889. Es ist daher im Einzelfall kaum zu entscheiden, ob Zubehör aus überwiegend religiös-rituellen Gründen, wirtschaftlicher Sparsamkeit, beidem[1045] oder quellenbedingt fehlt.

Weder von Ramsauer, Kromer oder Sievers werden textile Reste an Dolchen erwähnt. Weil stoffliche Umwicklungen bei den älteren Schwertern sehr wohl angenommen werden können (s. o.), scheiden forschungshistorische Gründe als Erklärung wohl aus. Somit bleibt nur anzunehmen, dass stoffliche Einhüllungen (ohne Metallapplikation, mitsamt der organischen Scheide aus Holz oder Horn) aufgrund alter Restaurierungstechniken nicht mehr nachweisbar sind, weil zwei modern gegrabene Dolche der Grabung Kern erwartungsgemäß sehr wohl Reste einer textilen Verhüllung aufweisen[1046]. Interessant wäre, ob bei Fundsituationen, die einen „einsatzbereiten" Eindruck vermitteln, Dolche also sozusagen griffbereit in Handnähe oder im Gürtelbereich/Leibmitte liegen, eine Verhüllung ohnehin als widersinnig erachtet wurde.

5.1.3 Ikonographie

Schwerter

Alle noch nachweisbaren Verzierungen an Ha C-zeitlichen Glockenknäufen des Hochtals belegen einen einheitlichen Verzierungskanon, der stets auf die Grundform des Dreiecks zurückzuführen ist, sei es in Bronze graviert (Gräber 260 Abb. 50 Zier am Heft, 504 Abb. 92, 600, 607) oder durch das Zusammenspiel von Elfenbein- und Bernsteineinlagen (Gräber 507, 573 Abb.

1042 Irrige Wiedergabe bei von Sacken 1886, Taf. VI,6 (zwei Zierknöpfe zwischen den Rädern). Vgl. Foto in Kern et al. 2008, 131.
1043 In den Gräbern 222 und 585 (Sievers 1982, Nr. 65; 67) befand sich nach den Worten Ramsauers jeweils ein Dolchgriff. Beide sind nicht überliefert.
1044 Egg 1978, 193.

1045 Glunz-Hüsken 2013.
1046 Frdl. Mitt. A. Kern, NHM Wien (u. a. Grab 65/2002: Glunz-Hüsken 2008, 46). Foto: Kern 2011, Abb 7.

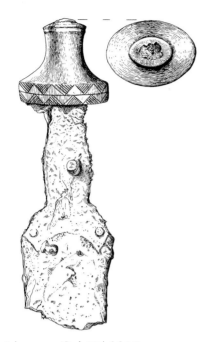

Abb. 92: Schwert aus Grab 504, M 1:3.

Abb. 93: Schwert aus Grab 573, M 1:3.

Abb. 94: 1 Goldbelag vom Schwert aus Grab 299, M 1:2. 2 Goldbelag vom Schwert Grab 573, M 2:3.

93) bzw. gepresste Goldblechauflagen gegeben (Gräber 299, 573 Abb. 94). Singulär bleibt eine trianguläre Bronzeintarsie auf der eisernen Klinge aus Grab 263. Gereihte Dreiecke am Knauf werden von waagrechten Linien und Bändern eingefasst oder umrahmt (Gräber 504, 573, 600, 607)[1047]. Lediglich der Elfenbeinknauf aus Grab 507 weicht durch zusätzliche Bernsteineinlagen in Form von vier waagrecht liegenden „Halbmonden" von allen anderen Knäufen mit ausschließlich geometrischer Zier ab. Diese beschränkt sich dort in Form eines Intarsien-Bernsteinsterns auf die Aufsicht des Knaufs und auf vier gegeneinander versetzte Dreieckgebilde, die den Halbmonden gegenüberliegen (Abb. 94).

Die Form des Dreiecks ermöglicht es, auch Rundungen gleichmäßig zu bedecken. Mindestens seit der Urnenfelderzeit sind seriierte Dreiecke zuzüglich einer Grund- oder Trennlinie in Variation auf zahllosen Bronzen und Keramik[1048] zu beobachten (Wolfszahnmuster). Stellvertretend und schlaglichtartig seien Bronzetassen und -becher verschiedenster Form, Bronzebecken mit Kreuzattaschen[1049], italische Rasiermesserrücken[1050], graphitierte Gefäße aus Langenlebarn[1051] oder inkrustierte Keramik aus Schirndorf[1052] genannt. Es handelt sich also um ein universelles geometrisches Urmotiv, aus dem z. B. im Kalenderberggebiet die bekannten stilisierten Menschenfiguren durch Hinzufügung von Beinen, Armen und Köpfen entstand, was L. Nebelsick für den Ostalpenraum beschrieb[1053]. Emblematisch und jeweils solitär wird das Dreieckszeichen auf Stirn und Flanken der bekannten Rinderplastiken auf der Beckentasse aus Hallstatt 671 und der Býčí skála-Höhle[1054] vorgeführt – was sowohl auf die Heiligkeit des Zeichens als auch auf die des derart ausgezeichneten Rinds verweist[1055]. Auch Kreisaugen gehören zusammen mit dem Dreieck nicht erst seit der Hallstattzeit zum Standardrepertoire[1056], wie die Schwerter der Gräber 260 (Abb. 50; 91) und

---

1047 Dazu auch Wells 2012, 121 f.
1048 Brosseder 2004, 16 f.
1049 Prüssing 1991, Taf. 4-5; 69,260; Jacob 1995, Taf. 7; 8; 10-12; 35-36.
1050 Bianco Peroni 1979, z. B. Taf. 58-59.
1051 Preinfalk 2003, 64 Abb. 30, Taf. 1-6.
1052 Stroh 1988, Taf. 78,4; 85,15; 88,14; 99,14; 112,3; 135,1.

1053 Nebelsick 1992; Dobiat 1982; Kossack 1999, 138 ff.
1054 Parzinger et al. 1995, Taf. 41.369.
1055 S. dazu auch Kossack 1999, 138 ff.; Brosseder 2004, 349.
1056 Z. B. Vogelwagen von Dupljaja. Als Darstellung eines lokalen Gottes angesprochen: Metzner-Nebelsick 2012, 167. Dazu auch Müller-Karpe 2006, 21. Zum Schirm als Kennzeichen der Götter und vergöttlichter Herrscher: Buchholz 2012, 313 ff.

Abb. 95: Schwertknauf aus Grab 507, M ca. 1:2.

607 belegen. Ob die vier umlaufenden, ebenfalls zwei gleichschenklige Dreiecke enthaltenden Bernsteineinlegezeichen des Schwertgriffs aus Grab 507 an der Grenze zur Figürlichkeit stehen, ist offen; sie könnten als stark stilisierte Vierbeiner gelesen werden. Einige Quadrupeden (auch mit Reiter) und Menschendarstellungen erinnern am ehesten an die singulären, gegeneinandergesetzten Dreiecke am Hals des Glockenknaufs[1057], wobei deren Körper jedoch stets durch das unmittelbare Aufeinandertreffen der Spitzen der Dreiecke gebildet wird (stehendes oder liegendes Sanduhrmotiv)[1058] und sich dadurch von jenen absetzt. Georg Kossack beschrieb diese Überlieferungen seinerzeit als Spiegelungen geistigen Zustands: „*Bezeichnenderweise sah man bis gegen Ende des hier behandelten Zeitraums nördlich der Alpen Lebewesen im Bild selten in ihrer organischen Ganzheit. Man konstruierte sie aus geometrischen Figuren, Dreiecken, geraden Linien und Kreisen oder Punkten, addierte gleichsam ihre Glieder, zeichnete regelhaft von einer Seite (...) symbolistisch allentwhalben und trotzdem als Bedeutungsträger wahrgenommen, deren begrenzte Anzahl und wiederkehrende Gestalt nur diejenigen Gesichtspunkte des Weltbildes assoziieren ließen, die für das bäuerliche Dasein offensichtlich wichtig waren*"[1059].

Als gleichfalls einmalig an einem Schwertknauf erweisen sich die vier halbmondförmigen Gebilde, die in waagrechter Position die Rundung der oberen Knaufhälfte quasi umlaufen (Abb. 95)[1060]. Parallelen auf Pilzknäufen sind nicht bekannt; diese sind ausschließlich mittels gravierter Dreiecke, ggf. mit Kreisaugen oder horizontalen Linien verziert[1061]. Auch auf Keramik sucht man Vergleichbares vergeblich[1062], während gereihte Bogenmotive („Girlanden") auf Schwertern bzw. als Einlegearbeit in Metall und Keramik hinlänglich bekannt sind[1063]. Weil Form und Ausrichtung der „Monde" stets die gleiche ist und unastronomisch wäre (Zipfel nach unten gerichtet), möchte man kaum an die Darstellung der Mondpositionen am Himmel denken. Ohnehin weicht die breit ausfallende Sichel von den eindeutigen und schmäleren Viertelmondbildern (in Kombination mit der Sonne oder dem Vollmond) auf wenigen, aber weit verbreiteten keltischen Schwertern deutlich ab[1064]. Diese Breite könnte jedoch auch der Technik der Einlegearbeit und des Materials geschuldet sein (Bernstein in Elfenbein)[1065]. Näher als eine astronomische Deutung liegt indes eine Interpretation der Zeichen als Darstellung eines wiederholten Hörnerpaares, wofür der anschwellende Bogen und vielleicht auch die Kombination mit dem Einlegestern der Knaufoberseite spricht, deutet man ihn als bronzezeitlich-traditionelles, religiöses Zeichen der Sonne. Hörnerpaare gelten seit der Mittelbronzezeit als Symbol einer Himmelsgottheit, die in den vorderorientalischen Hochkulturen wurzelt; die Sonne gilt im 2. Jt. generell als Gottheitssymbol[1066]. Nimmt man diese Lesart an, bediente sich der Schwertführer aus Grab 507 einer lang tradierten Kette religiössymbolischer Embleme und stellte zugleich sich selbst und sein Schwert unter deren Schutz. Neu und singulär wäre lediglich der Objektträger, ein Schwertknauf, während später eher Anhänger in Halbmond-Hörner-Form üblich waren, wie jener am „Kultstab" aus dem LT A-zeitlichen Dürrnberger Grab 118 (das R. Echt für „*das Attribut oder Instrument einer wahrsagenden Priesterin*"

1057 Dobiat 1982, 307 Abb. 20 (Pferde); Brosseder 2004, 235.
1058 Dobiat 1982, 304 ff.; Brosseder 2004, 232 ff. Abb. 155.
1059 Kossack 1999, 191.
1060 Abb. auch in Kern/Lammerhuber.
1061 Kemenczei 1991, Nr. 273; Schauer 1971, Nr. 606.608. 616.
1062 Brosseder 2004.
1063 Z. B. auf dem Lappenbeil Typ Hallstatt aus dem unteren Koppental, Steiermark: Artner 2012, 71 ff.
1064 Dannheimer 1975; Fitzpatrick 1996.
1065 David 2010 wies im Zusammenhang mit der Scheibe von Nebra auf die lange Tradition bronzezeitlichen Symbolguts hin, speziell auch die der Mondform, durchaus bis in die Latènezeit(!) – eine zeitliche Spanne, die erst noch belegt werden müsste. Die Aufsicht des Knaufs mit der Darstellung eines vielzackigen Sterns, letztlich in langer Tradition (Novák 1975, Nr. 180; Kemenczei 1991, Nr. 507, 245), könnte in seiner Gesamtheit als Symbol für die Sonne gelesen werden. Somit stellt das Hallstätter Schwert aus Grab 507 möglicherweise ein Bindeglied in der alten mythologischen Kette Himmel – Gottheit dar.
1066 Müller-Karpe 2006.

hält)[1067] und sein Pendant – wegen der mittig profilierten Stangenglieder eines Gürtelgehänges[1068] – aus dem Hallstätter Kinderbrandgrab 23/1891 belegen[1069]. Vereinzelt bleibt auch der liegende Mond auf der bologneser Stele Zannoni vom Anfang des 7. Jhs., der explizit den Zügelführer und Wagenlenker markiert, ja vielleicht heiligt[1070]. Letztlich jedoch lassen sich sowohl die einzelnen Zeichen des Knaufs aus Grab 507 als auch ihre Kombination und Ausrichtung zueinander nicht entschlüsseln. Ihre Ausführung in Bernstein mag ihre „magische" Funktion noch unterstrichen haben[1071]. Peter S. Wells wies zu Recht auf die hintergründige, hier soziale Botschaft „fremder" Materialien hin: *„The use of important materials, such as gold, amber, and elephant ivory, was especially significant at this time, because it served to draw attention to the farflung contacts of the elites (however indirect those contacts may have been) and to the elites' ability to command these exotic materials from far away"*[1072].

Dolche

Bronzeantennenwaffen vom Typ Hallstatt stellen den größten Teil der im Hochtal vertretenen Dolchtypen. Ich zähle nach der Sievers'schen Liste 31 Exemplare, 28 davon aus Hallstatt, unter diesen vermutlich einige aus einer Werkstatt[1073]. Zwischenzeitlich hinzuzufügen sind sieben Exemplare aus Bayern, Baden-Württemberg (mit lokal gestalteten Scheiden), dem Inn-Salzach-Raum und Wörgl, sodass die Forschung die Entstehung des Typs in Hallstatt annimmt und seine Streuung durch den Salzhandel postuliert. Chronologisch und typologisch-stilistisch begründet geht man davon aus, dass Bronzeantennenwaffen aus den in älterer Zeit wurzelnden Eisenantennenwaffen hervorgehen, die auch im Hochtal vertreten sind[1074]. Im Hallstätter Grab

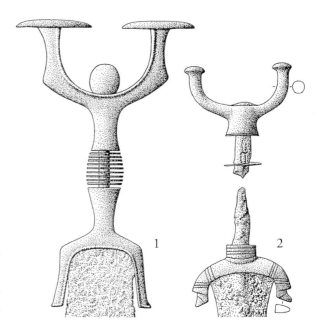

Abb. 96: 1 Dolch aus Hallstatt Grab 203/204. 2 Dolch aus Veringenstadt, beide M 1:2.

469 ist ein Ha C-zeitliches Mindelheimschwert mit einem solchen Eisenantennendolch kombiniert, ebenso in Grab 789. Dolche mit bronzenen Antennen blieben bis in Ha D2 aktuell (Gräber 682 mit nordalpiner Kniekahnfibel, 765 mit Kniefibel Form B).

Vermutlich innovativ, bedeutsam und aussagekräftig ist jedoch die Bildung des Antennengriffs als menschliche Figur. Betroffen sind einige Vertreter der Bronzeantennenwaffen des Typs Hallstatt (Ha D1, Abb. 96) und die etwas jüngeren Bronzedolche mit entwickelter Knauf- und Scheidengestaltung Varianten Ludwigsburg und Aichach (Ha D2-3, Abb. 97) nach Sievers[1075].

Unzweideutig anthropomorphe Griffe des Typs Hallstatt weisen neben der anatomischen Grundgestalt eines aufgerichteten Rumpfes mit betonter Körpermitte (Gürtel) und symmetrisch deutlich erhobenen Armen einen „Kopf" auf (meist in schlichter Kugel- oder Eiform ohne anatomische Details; hier wird der funktional notwendige Griffangelniet dekorativ ausgestaltet),

---

1067 Vgl. dagegen die Kultstäbe aus Frauengräbern Magdalenska goras, die wohl ausschließlich Klapperbleche tragen: Tecco Hvala 2012, 334 ff. und Velem (Siedlung): Von Miske 1908, Taf. 53,1.
1068 Parallelen sicher als Gürtelketten belegt in den Gräbern 121, 264, 324.
1069 Dürrnberg 118: Pauli 1978, Taf. 221,26; dazu Echt 1999, 203 ff.; Hallstatt Grab 23/1891: Mahr 1914, 34 f. Taf. 6,71.
1070 Marchesi 2011, 80 ff.; Montelius 1895, pl. 88,10.
1071 Zum Bernstein: z. B. Echt 1999, 206; Nava 2011, 42.
1072 Wells 2012, 122.
1073 Sievers 1982, 24.
1074 Gräber 223, 236, 256, 333, 454, 469, 472, 524, 755, 756, 789, 809 plus einige Streufunde. S. auch Sievers 1982, 21 ff.; Stöllner 2002, 124; Trachsel 2004, 136 f.;

Kull 1997, 340 (Ausgangsform auch für keltische Schwerter mit anthropomorphem Griff).
1075 Sievers 1982, 21ff.; 44 ff. - Zu ergänzen ist der Dolch Typ Aichach aus dem Dürrnberger Grab 320/1 (männlich, adult, 20-40 Jahre): Tiefengraber/Wiltschke-Schrotta 2015, 81 ff. und der Dolch Typ Ludwigsburg aus dem Dürrnberger Grab 245 (männlich, 30-50 Jahre): ebd. 115 ff.

Abb. 97: Dolch aus Hallstatt Grab 13/1939, M 1:2.

ggf. auch Füße und/oder Hosen[1076]. Eine derartige Ausgestaltung des Griffes, freilich nicht bei *allen* Vertretern der genannten Dolchtypen, legt eine bewusste Verarbeitung der einzelnen Griffteile gemäß anthropomorphen Kennzeichen nahe, die so eindeutig sind, dass selbst starke, vielleicht intentionelle Fragmentierung (häufig fehlen Köpfe oder Arme bzw. eine oder zwei Antennen) oder vormals tatsächlich fehlende Körperteile dennoch leicht eine menschliche Gestalt erkennen lassen (Abb. 96).

Vermutlich hat man jedoch bereits einige Vorläufer anthropomorph aufgefasst, wie ein Eisendolch mit mehrteiliger Griffstange aus Mailing, Stadt Ingolstadt, Oberbayern belegt, dessen eisernes Heft hosenartig gestaltet ist und mit jenem aus Veringenstadt, Kr. Sigmaringen, Baden-Württemberg, eng verwandt scheint[1077]. In diesem Sinn könnte man sowohl frühe als auch entwickelte Griffe mit „fehlenden" Körperteilen bereits als reduzierte menschliche Darstellungen auffassen, die von den Betrachtern virtuell „richtig" ergänzt wurden. Jack Carlson kam im Zusammenhang mit den weit verbreiteten keltischen anthropomorphen und pseudoanthropomorphen Schwertgriffen auf dieses Phänomen bzw. auf die funktionale Bedingtheit anthropomorpher Griffe zu sprechen und legte recht überzeugend die universelle Eigenschaft des Menschen dar, bereits lediglich Menschenähnliches menschenhaft auszuformen[1078].

Unzweideutig „vollständige" menschengestaltige Griffe stammen indes aus den Hallstätter Gräbern 203/204 (mutmaßliches Doppelgrab Mann-Kind/Jugendlicher), dem bigeschlechtlichen Ha D1-zeitlichen Doppelgrab 577, 65/2002[1079] und aus einem vermutlichen Grab in Morschreuth, Gde. Gößweinstein, Kr. Forchheim, Oberfranken (Altfund)[1080]. Fragmentiert, aber mit klaren anthropoiden Merkmalen versehen sind der Ha D2-zeitliche Dolch aus Kappel Hügel 3 Grab 1 (Ha D1, Kopf vorhanden, untere Beinpartie und eine Antenne fehlend)[1081], das Stück aus Hallstatt Grab 574 (Ha D1, Beine und Füße vorhanden) und ein Altfund mit ringförmigem Ortband aus Veringenstadt (Beine mit gestalteter Hose und Füßen)[1082].

Ob die überwiegende Zahl der fragmentierten Dolchgriffe des Typs Hallstatt ehemals absichtlich als menschlicher Körper gestaltet war, bleibt letztlich offen; die leicht geschwungenen „Unterschenkel" (Gräber 90, 608, 587/588, 559, 836[1083]) deuten dies vielleicht an. Auffällig häufig fehlende Griffangelniete („Köpfe") und Antennen („Arme")[1084] könnten allerdings – neben den Miniaturgefäßen – auf die religiöse Bedeutung der mutmaßlichen anthropomorph gestalteten Griffe hinweisen und ihre Zerstörung aus intentionellen Gründen nahelegen (ausgenommen ist das vom Pflug beschädigte Stück aus Kappel). Selbst angegossene kleine Ringe[1085] (Gräber 587/588, 559, 682) stören eine menschengleiche Auffassung nicht, wie der Griff aus Grab 577 belegt. Der erwähnte Dolch aus Veringenstadt zeigt sogar, dass die deutliche Hose mit Füßen genügt, um einen Menschen kenntlich zu machen, während der (offenbar unversehrte?) Griffangelniet hier nicht kugelig, sondern ausgesprochen flach gehämmert und kaum merklich ausfällt, es sich also wohl tatsächlich um eine „kopflose" Gestalt handelt; dies könnte auch auf den Dolch aus Hallstatt Grab 766 zutreffen[1086]. Das dreiteilige Gefäßset, das auf der

---

1076 Füße: Sievers 1982 Nr. 61.63.73.159. Hose: Nr. 63.159.
 - Zu Hosen- und Rockdarstellungen in der Situlenkunst: Rösel-Mautendorfer 2013.
1077 Mailing: Sievers 1982, Nr. 30. Veringenstadt: ebd. Nr. 159.
1078 Carlson 2011; Glunz-Hüsken/Schebesch 2015.

1079 Glunz-Hüsken 2008, 46. Abb. des Dolches bei Kern/Lammerhuber 2010.
1080 Sievers 1982, Nr. 59.
1081 Dehn et al. 2005, 12 ff.
1082 Dehn et al. 2005, 18. Noch unveröffentlicht sind die Dolchgriffe aus Wörgl Grab 51 und Perach-Westerndorf, Kr. Altötting.
1083 Sievers 1982, Nr. 44.49.5.62.73.
1084 Sievers 1982, Nr. 44.46.48.49.50.51.52.53.55.56.57.62.63.64.71.72.73.
1085 Glunz-Hüsken 2008, 55 f.
1086 Sievers 1982, Nr. 54. - Bislang gelten die für die Datierung wichtigen Dolche und Dolchmesser der Variante

Knaufstange des Dolches aus Hallstatt Grab 557 einen zentralen Platz findet, ist als lokale Spezialität zu betrachten (Abb. 80,1); vergleichbare Miniaturgefäße kennt man im Hochtal von Fibeln und Gürtelblechen – gleichfalls stets gut sichtbare, gleichsam präsentierte Trachtbestandteile, die Botschaften an Wissende und Eingeweihte vermittelten (s. Absatz 4.6)[1087]. Ob sie, am Dolchgriff befestigt, einer anthropomorphen Auffassung im Wege standen[1088]? Jedenfalls mutieren die mit den Kleingefäßen versehenen Objekte zu ausgesprochenem Symbolgut, weil ein Bezug zu kultisch benutztem Geschirr hergestellt wird. So spekulativ diese Überlegungen zur anthropomorphen Gestalt von Dolchgriffen auch sein mögen und so zahlreich unvollständige Griffe vorliegen, so wenig wird man an der grundsätzlichen Absicht zweifeln wollen, mindestens fallweise menschliche Figuren darzustellen (s. Hallstatt Gräber 203/204, 577, Morschreuth, Kappel, Veringenstadt), gleichviel, ob ihre Gestalt letztlich durch funktionale Kriterien bedingt ist[1089]. Die hier fokussierten Waffen datieren in Ha D1-2[1090]. Sie kommen sowohl in vergleichsweise „einfach" ausgestatteten Gräbern Hallstatts vor (z. B. 203/204, 65/2002, 322) als auch in solchen mit Bronzegefäßen (z. B. Bestattungen 574, 577, 608, 682), Lanzen oder Gerät (Gräber 466, 559).

Durch die anatomisch übertriebene Symmetrie, fehlende individuelle Merkmale und die Wiederkehr sehr ähnlicher körperhafter Signale an einer ganzen Reihe von Dolchen entstehen Abstraktheit, eine gewisse Universalität, vielleicht Archetypen. Das Bild eines vollständigen 15,5 cm großen Menschen stellt der Dolchgriff aus Kindergrab 203 dar. Die weit über den Kopf gestreckten Arme (die Ellbogen befinden sich über den Schultergelenken), wirken auch durch die Betonung der Ellbogen kräftig. Sie tragen große scheibenförmige Aufsätze, die als eigenes Symbol klassifiziert werden könnten, weil sie an der Fibel aus Grab 816 ebenso dominant wiederkehren[1091]. Sie entziehen sich einer klaren Deutung: Körperhaft gesehen nehmen sie die Position von Händen ein, die durch ihre Großflächigkeit etwas tragen/stützen. Symbolisch interpretiert könnten sie als altüberliefertes Symbol für die Sonne, den Himmel und/oder ein „Oben" gelesen werden[1092]. Die Körpermitte ist durch ehemals organische Einlagen ringartig und zum Teil verdickt betont, die geschlechtslose Figur zeigt also als einziges bekleidendes Element einen Gürtel (Abb. 96,1). Bei allen Figuren erscheint der Unterkörper weniger dominant als der Oberkörper, obwohl Hose und Schuhe hier persönlich-naturalistisch gebildet sind. Die gespreizten, im Knie stark gewinkelten Beine fallen verhältnismäßig kurz aus, die „Füße" sind nur schwach angedeutet. Eindeutigere „Füße", die zudem fest auf der Erde zu stehen scheinen, weist die Figur aus Grab 577 auf, der Absatz der Klingenbreite am Heft des Dolchs aus Grab 574 könnte als dreiviertellange Hose oder die Füße könnten als stiefeltragend interpretiert werden[1093].

Die Arme, deutlich den Kopf überragend, vermitteln die spontan jubelnde Siegerpose, während die unnatürliche Beinstellung Angriff oder Verteidigung, kurz Spannung zeigt. Nimmt man diese Körperhaltung ein[1094], entsteht besonders im Oberschenkel- und Beckenbereich ein erheblicher Muskeltonus, der durch die gespreizten und im Knie gebeugten Beine bedingt ist („Reiterhaltung") und sich auf den gesamten Körper auswirkt. Schauspieler verbinden diese Körperhaltung mit der Position der Verteidigung (insbesondere, wenn

---

Neuenegg nach Sievers (Sesto Calende nach Trachsel 2004) nicht als anthropomorph. Bei den Vertretern aus Sion und Sesto Calende könnten daher jedoch Beine und kugelige Füße trotz fehlenden Kopfs genügt haben, sie als anthropomorph zu verstehen. Bei den Dolchmessern, die aufgrund der einschneidigen Klinge auf breit gestaltete Beine verzichten müssen, ist (oder vermutlich war) wiederum ein kugeliger Griffangelniet, ein „Kopf", vorhanden (Sievers 1982 Nr. 119.121.122.123.126.127). Unterstützend kommt hinzu, dass die Variante Neuenegg (Ha C2 nach Sievers) ein „dekoratives" Griffstangendetail liefert, das als Vorlage für drei frühe keltische pseudo-anthropomorphe Schwerter aus Tschechien (LT A) gilt, obwohl hier u. a. ein beträchtlicher zeitlicher Hiatus vorliegt (Sankot 1995; s. u.).

1087 Bradley 2009, 44 ff.
1088 S. dazu Glunz-Hüsken 2008, 56 f.
1089 Allgemein aus kunsthistorischer Sicht: Gombrich 1982, 157 ff.; Glunz-Hüsken/Schebesch 2015 mit weiterer Literatur.
1090 Trachsel 2004, 138 rechnet mit einem früheren Beginn ab Ha C2, wofür es keine Anzeichen gibt. S. dazu auch Stöllner 2002, 124; Dehn et al. 2005, 232. Die in Wörgl Grab 51 (noch unpubliziert) vergesellschaftete Stabgürtelkette spricht nicht nur für eine bigeschlechtliche Doppelbestattung sondern gleichfalls für die Datierung in Ha D1. Auch Kappel datiert bekanntlich in Ha D1 früh (Dehn et al. 2005, 232 ff.).

1091 Kromer 1959, 161 Taf. 164,11.
1092 Müller-Karpe 2006, 19-22.
1093 Klar zu sehen ist die fußlange Hose wie ausgeführt am Dolch aus Veringenstadt: Sievers 1982, Nr. 159, hier Abb. 96,2.
1094 Zum Vorgehen vgl. Schebesch 2013; Glunz-Hüsken/Schebesch 2015.

der Kopf zur Seite gedreht wird) sowie mit Demonstration von Stärke und Selbstbewusstsein. Die Figuren repräsentieren daher sowohl Kraft und Körpereinsatz als auch eine Verbindung mit „Oben" und „Unten". Speziell die gespreizten Beine sprechen deutlich gegen eine Auffassung der Figuren als Oranten, die als primär-augenfälliges Merkmal ebenfalls das der erhobenen Arme aufweisen; diese überragen jedoch nie den Kopf und sind nie seitwärts ausgerichtet[1095]. Oranten und Gefäßträger charakterisiert die gerade, parallele Beinstellung, wie die gemalten und geritzten, als weiblich geltenden Figuren des Kalenderbergraums[1096], die sogenannten Oranten auf südwestdeutschen Gürtelblechen[1097], die Gefäßträgerin vom Strettweger Kultwagen oder jene des Hochdorfer Sofas bezeugen. Die spezielle Armhaltung erzeugt eine hohe räumliche Präsenz bzw. Raumdominanz; derart ausgestreckte Arme verdrängen Dinge im Umfeld und nehmen vom freien Raum Besitz. Jubelnde Sieger reißen hingegen unwillkürlich die Arme nach oben, eine spontane, reflexhafte und daher profane Reaktion. In Kombination mit den gespreizten Beinen wird hier aber kaum impulsive Freude sondern Stärke, Angriff oder Abwehr demonstriert. Insgesamt vermitteln die Figuren Dynamik und Spannung, was an anderer Stelle bereits ausgeführt wurde[1098].

Die Dolchvariante Ludwigsburg ist in Hallstatt aus den Bestattungen 13/1939 (Abb. 97) und 32/1939 überliefert. Weitere Exemplare kommen in größerer Zahl aus Baden-Württemberg (prominentester Vertreter in Eberdingen-Hochdorf), jeweils eines aus Bayern und Frankreich und schließlich drei vom Dürrnberg. Sie waren von Ha D2-3 in Mode[1099]. Brigitte Kull erkannte in der Griffgestaltung dieses Typs dem „gefäßtragenden Kopf zugewandte Arme", vergleichbar den Stützfiguren der Hochdorfer Kline oder der großen Figur des Strettweger Kultwagens[1100], also anthropomorphen Bezug. Betrachtet man die „Oberkörper" beispielsweise der Dolche aus Hochdorf, Hallstatt Gräber 13/1939, 32/1939 und des Messers aus Krauchenwies-Bittelschieß, Kr. Sigmaringen, Baden-Württemberg[1101],

Abb. 98: Grundschemata stilisierter Körperstellungen an Dolchgriffen.

fällt ihre Andersartigkeit gegenüber jenen des Typs Hallstatt auf: Die Arme sind niedriger gehalten (nicht höher als der Kopf), die Ellbogen stark abgewinkelt, die Arme enden entweder in waagrecht profilierten Fortsätzen, so, als würden die Hände längliche (Hallstatt) oder konische (Hochdorf, Krauchenwies-Bittelschieß) Objekte umfassen. Das Haupt ähnelt formal den Händen, d. h. auf die Ausführung eines vergleichsweise anatomischen Schädels wird zugunsten eines Gefäßes verzichtet. Insbesondere die an den Griffen abweichende Stellung der Beine (geschlossen) in Kombination mit der aufrechten, Objekte darreichenden Arm- und Oberkörperposition (Abb. 98: parallel zur Körperachse ausgerichtete oder zu Ohren weisende Armsignets) erzeugt eine grundsätzlich andere Botschaft als die Figuren in Reiterhaltung (Abb. 98: gespreizte Beine und über den Kopf hinausragende Armsignets), nämlich Vorführen, Repräsentieren, vielleicht religiöse Zeremonie, statt Angriff und Verteidigung. Die Dolche mit dieser Armhaltung veranschaulichen die gerade Beinstellung und betonen damit „Zeigen" und „Geben" der in den Händen gehaltenen Objekte, und es überrascht daher nicht, dass die überwiegende Zahl der Dolchgriffe der Variante Aichach (Ha D3), die stilisiert einen Herrn oder eine Herrin der Tiere bieten[1102], die also etwas vorführen, parallele Beine aufweisen. Durch die Ähnlichkeit des Kopfes mit den Händen, eine formale

---

1095 Demisch 1984, 9 f; Neumann 1965, 78-82; Townsend Vermeule 1974, V 14-16.
1096 Dobiat 1982; Nebelsick 1992.
1097 Huth 2003, 71; 128; 132; 138.
1098 Glunz-Hüsken/Schebesch 2015.
1099 Hansen 2010, 115 ff.; 283; Tiefengraber/Wiltschke-Schrotta 2015, 115 ff.
1100 Kull 1997, 340.
1101 Sievers 1982, Nr. 168.

1102 So z. B. Kull 1997, 340.

Resonanz, wird der zeremonielle Eindruck verstärkt. Unwillkürlich denkt man an erhobene Becher zum Zwecke der Libation, einen religiösen Akt. Inszenieren sich die Dolchbesitzer somit als sakral befugte Spender oder offerieren sie das, was sie selbst (im Kampf?) stärkt? Sogar das aufgrund des einschneidigen Messers einseitig verlaufende und somit „unanatomische" Heft des Messers aus Krauchenwies-Bittelschieß[1103] verhindert kaum, die vergleichsweise ruhende Position eines Präsentierenden mit erhobenen, tragenden Armen zu sehen; formal kann es unmittelbar an den Hochdorfer Dolch angeschlossen werden.

Letztlich geht vermutlich auch der stark stilisierte, durchbrochene Griff mit drei Knaufknöpfen der Variante Etting[1104] auf das Bild der Herrin der Tiere bzw. eine darbietende Körperhaltung zurück. Hallstatt ist hier mit dem Dolchmesser aus Grab 716 und einem stark fragmentierten Stück aus Grab 769 vertreten.

Indes liefert das radförmige Ortbandende des Hochdorfer Dolchs den Beleg, dass hier unbestreitbar ein(e) Gefäßträge(in) gemeint ist, weil Räder Bestandteil deren ikonographischen Programms sind, wie der Strettweger Wagen oder die Figuren des Hochorfer Sofas bezeugen, letztere gewiss nicht zum Rollen des Sofas gedacht. Auch der anthropomorph bestückte Bisentiner Kesselwagen gehört in dieses geistige Umfeld. Ob der Hallstätter Dolchgriff aus Grab 696 und sein Pendant vom Dürrnberg Grab 277 (Dolchvarianten Ludwigsburg, Aichach) Radtragende meinen oder ganz allgemein an den mitunter kombinierten Wagen von Gefäßträgern erinnern, ist nicht zu entscheiden (s. Absatz 3.4).

Die mediterrane Herkunft, die an den Dolchen der Variante Aichach zum Ausdruck kommt, demonstriert die Darstellung einer Herrin der Tiere auf der bekannten kretischen Pithosurne aus der Teke-Nekropole in Knossos, die noch ins 9. Jh. v. Chr. datiert[1105]: Sie zeigt eine wagenfahrende (zwei Räder) weibliche Gestalt im Frühling und im Herbst, die mit seitlich erhobenen Händen zwei Vögel trägt (Abb. 99). Martin Guggisberg beschrieb sie „... *als Schutzherrin der Natur und ihrer Geschöpfe sowohl im Leben als auch im Tod ... Ankunft und Abreise dieser Gottheit im Frühling und im Herbst, Geburt, Tod und Regeneration symbolisierend,*

Abb. 99: Darstellung auf der Pithosurne aus Kreta-Knossos, Teke-Nekropole

sind das Thema der Darstellungen ..."[1106]. Er erläuterte die orientalischen Wurzeln der auf Räder montierten, fahrenden Tiere und Gefäße und ihren religiösen Gehalt. Es wird kaum bezweifelt, dass die Dolche mit in Vogelköpfen endenden Antennen (Hallstatt Gräber 11/1889, 116) und radförmigem Ortband (Hochdorf) letztlich auf Figuren wie jene aus Knossos und deren mediterrane und alpine Verwandten zurückgehen, wobei man freilich nur den Geflügelten göttlichen Charakter zuschreibt, ein Merkmal, das die zirkumalpinen Belege nicht zeigen. Gleichwohl zeugt die „Herrin der Tiere" im Alpenraum für die Bereitschaft der Menschen, mediterranes Bildgut aufzunehmen. Schnittmengen hinsichtlich der Bedeutung wird man jedoch kaum bestimmen wollen, weil hier heimisches Empfinden zum Ausdruck kommt.

Schließlich wiederholt sich auch zeichenartig das Rad des Wagens aus Knossos am Ortband des Hochdorfer Dolches[1107], ein ikonographischer und ideeller Zusammenhang, den bereits B. Kull sah (fahrende Gefäßträgerinnen)[1108]. Das von S. Sievers als Vorlage für Dolche mit antithetischen Vogelköpfen (Hallstatt Bestattungen 116, 11/1889[1109]) genannte Kurzschwert

---

1103 Sievers 1982, Nr. 168.
1104 Sievers 1982, Nr. 93-98.
1105 Egg 1996, 47 ff.; Guggisberg 1996, 190; Huth 2003, 149 f.

1106 Guggisberg 1996, 192.
1107 Und an den Knäufen des Messers aus Hallstatt Grab 696 und des Dolches aus Dürrnberg Grab 277: Hansen 2010, 116 Abb. 72.
1108 Kull 1997, 340.
1109 Sievers 1982, Nr. 175.180.

mit Rahmenknauf und einander zugewandten Vogelköpfen aus Caprucolo (zweite Hälfte 8. Jh.)[1110] weist indes keinerlei anthropomorphe Züge auf, seine Vorbildfunktion ist daher fraglich. Besser eignete sich das Kurzschwert aus Matelica-Crocifisso, Prov. Macerata, Reg. Marken (letztes Viertel 7. Jh.). Das außergewöhnlich reiche Inventar umfasst neben einem Wagen, umfangreichem Bronzegeschirr und zwei Helmen auch insgesamt fünf Schwerter. Eines davon, ein eisernes importiertes Kurzschwert, lag unmittelbar bei dem Toten[1111]. Die Vorderseite seines Hefts ziert eine Elfenbeinauflage in Gestalt eines Mannes, dessen Kopf von zwei einander zugewandten Löwenköpfen umschlossen wird. Das zweite vergleichbare Exemplar aus diesem Grab weist anstelle des Kopfes eine Bruchstelle auf (Autopsie). Vermutlich zeigen daher beide Stücke die Herkunft der engen Verbindung Mensch-Waffengriff auf, wobei hier der Mensch (Herrscher und Besitzer der Waffe?) vom Symbol der Macht, nämlich den Löwenköpfen, umschlossen wird: ein orientalisches Herrschermotiv mit anthropomorphem Bezug im südlichen Mittelitalien, das aber durchaus mit dem „Orientalizzante" nach Norden gelangt sein könnte, wie ja auch schlaglichtartig sein Pendant, das importierte Kurzschwert aus Kinding-Elbling, Kr. Eichstätt, Oberbayern, mit ähnlichem zoomorphem Elfenbeingriff[1112] (und offenbar fehlendem Griffangelniet – Kopf?) belegt. Als Vorlage für die älteren, Ha C/D-zeitlichen eisernen Antennenwaffen kommt das wegen des kombinierten eisernen rhombischen Gürtelhakens in Ha D1 datierende Unikat daher kaum infrage, es sei denn, es handelte sich um ein vererbtes Gastgeschenk, das zum Zeitpunkt der Niederlegung bereits eine Antiquität war. Somit zeigt es lediglich bekannte Kulturbeziehungen auf.

Das Bild der erhobenen Arme kehrt an zwei Helm-Kammhaltern aus den Marken und Brezje wieder, dort bezeichnenderweise gefiedert[1113]; hinzuzufügen sind die vermutlich ebenso von Helmen stammenden, zum Teil gefiederten Aufsätze aus Nibionno, Prov. Lecco, Reg. Lombardei, Satricum, Gde. Latina, Prov. Latina, Reg. Latium und Parre, Prov. Bergamo, Reg. Lombardei[1114]. Markus Egg führte sie gewissermaßen als Verwandte der Herrin der Tiere der kretischen Urne an. Sie seien der Beleg, dass „mediterrane Gottheiten im Südostalpenraum seit der zweiten Hälfte des 7. Jahrhunderts bekannt" waren[1115]. Ein weiteres Beispiel eines geflügelten Wesens (mit Helm) befindet sich als Applike an einem rechteckigen bronzenen Kastenwagen aus „Mittelitalien"[1116]. Mit diesen und den fahrenden Gefäßträgerinnen sind der geistige und räumliche Umkreis und die Genese beschrieben, in die die beiden Dolchgriffe Variante Ludwigsburg aus Hallstatt, der Hochdorfer Dolch und die Radwaffen aus Hallstatt Grab 696 und Dürrnberg Grab 277 einzuordnen sind (s. auch Absatz 3.4).

Thematisch leicht an die Bildsprache der kretischen Urne anschließbar ist der Dolch mit entwickelter Knauf- und Scheidengestaltung aus Inventar 11/1889 (Ha D2), dessen Antennen in Tierköpfen enden, auch als einander zugewandte Vogelköpfe zu lesen. Formal sind derartige Vogelkopfgriffe[1117] möglicherweise auf italische Vorbilder zurückzuführen, wie das bereits genannte Rahmenknaufschwert aus Caprucolo, Prov. Emilia Romagna belegt[1118]. Von italisch-mediterraner Wurzel zeugt ebenfalls der Dolchgriff aus Grab 116, dessen antithetisch gruppierte, liegende männliche Adoranten (Markierung von Geschlecht, Augen und Griffzier durch kreisrunde Vertiefungen mit wohl ehemals farbiger Einlage) von zwei Vogelköpfen (Enten?) umschlossen werden[1119] (Abb. 100,1). Ein in das 8. Jh. v. Chr. datiertes Schwert aus Vulci, Gde. Montalto di Castro, Prov. Viterbo, Reg. Latium ist insofern verwandt, als seinen oberen Scheidenblechabschluss seitlich ein voneinander abgewandtes Menschenpaar ziert, der Mann ityphallisch und mit Kappe, die Frau nackt[1120], eine sehr seltene Darstellung miniaturisierter

1110 Sievers 1982, 12.
1111 Sabattini 2011, 124. Hier lässt sich der orientalische Einfluss gut beobachten, der in Italien zur Ausbildung der Dolche erheblich beigetragen hat; s. dazu Starý 1982, 29.
1112 Gebhard 1997; 2011, 233.
1113 Egg 1996, 48 Abb. 27.
1114 Egg 1986, 170 Abb. 118.
1115 Zitat Egg 1996, 47.
1116 Woytowitsch 1978, Taf. 30,149 a,e. Hierher gehören auch die Mensch-Vogel-Amulette: Kossack 1954, Taf. 11,4.9.10.17; Taf. 12,1-18.
1117 S. auch Dolchmessergriff aus Stična Hügel 125: Gabrovec 2006, Taf. 198,7.
1118 Worauf bereits Sievers 1982, 12 hinwies. Hinzuzufügen sind zwei stilisierte Schwertgriffe aus Bologna-Benacci Caprara Grab 39 und Este Grab 236 (Bianco Peroni 1970, Nr. 338;339), außerdem ein Messergriff aus Tala (Zipf 2006 online ressource Taf. 72,2).
1119 Historische Aquarellabbildung des Dolches bei Nebehay 1980, 33.
1120 Aigner-Foresti 1980, Taf. IX,1; Bianco Peroni 1970, Nr. 259.

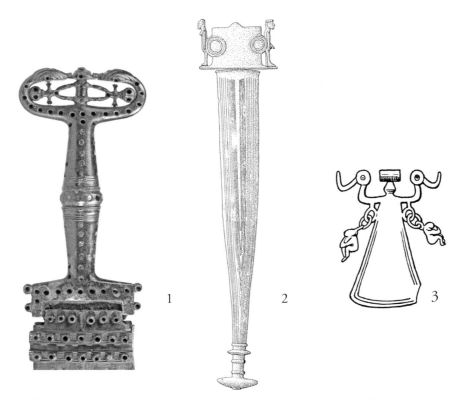

Abb. 100: 1 Dolchgriff aus Grab 116, M 1:2. 2 Schwert aus Vulci, M 1:4. 3 Anthropomorphes Objekt, Fundort unbekannt, ohne M.

menschlicher Figuren an einer Waffe (Abb. 100,2). Das urnenfelderzeitliche Thema „Mensch in der Vogelbarke", das hier in Hallstatt möglicherweise gemeint ist, ist jedoch andernorts hinlänglich belegt, wobei dort abweichend regelhaft ein einzelner Mensch steht, niemals ein Paar[1121], was darauf hindeutet, den Ha D1/2-zeitlichen Dolchgriff aus Grab 116 in gedanklicher Tradition mit dem/der Herr(i)n der Tiere[1122] respektive entsprechendem etruskischem Symbolgut zu sehen. Georg Kossack bildete bereits 1954 einen anthropomorph geformten Vogelbarkenanhänger aus Italien ab (Fundort unbekannt), an dessen Armen zwei kleine Menschenfiguren in Hockstellungen hängen (Abb. 100,3)[1123]. Er belegt, dass die Komponenten „zentrale weibliche Figur mit Vögeln" (hier mit Menschenpaar) in Italien und – wie die Pithosurne belegt – ursprünglich überhaupt im Süden verankert ist.

Zu erwähnen sind sodann die Antennendolche aus Rumänien, deren Griffenden als sich anblickende Vogelköpfe gebildet sind, Anthropomorphes fehlt. Man datiert sie später, in die erste Hälfte des 5. Jhs., und ihre letztlich sibirische Wurzel schließt einen ursächlichen Zusammenhang mit den westlichen Stücken aus. Interessant jedoch ist ihr Verbund mit reichen Gräbern der Stammesaristokratie[1124], die sich wohl exklusiv des Vogelzeichens bediente und dieses mit der Waffe zu verschmelzen wusste, woraus sich eine Insignie, ein Würdezeichen ergab, ganz so wie in den Marken und in Oberbayern.

Bleibt noch darauf hinzuweisen, dass in der Forschung Dissens hinsichtlich der Interpretation der fahrenden plastischen und bildlichen Figuren männlichen und weiblichen Geschlechts besteht. Während M. Egg, M. Guggisberg und B. Teržan von Personifikationen einer reisenden Gottheit ausgehen, deren Bildnis bei sakralen und sepulkralen Prozessionen eingesetzt wurde[1125], sieht Huth in den Adoranten und Hydrophoren lediglich Begleiter eines veränderbaren Numinosen/Heiligen, das in Kesseln und Gefäßen enthalten war,

---

1121 Z. B. Huth 2003, Taf. 44,3; 87,3.7; Lo Schiavo 2010, Taf. 695; 696; 697 usw. (Fibeln); Bartolomi/Delpino 1979, Taf. 19,2 (Becken).
1122 Egg 1986A, zu ergänzen Blatnica, Slowakei: Gallus/Horvath 1939, Taf. XXIX; XXXIII. Damgaard Andersen 1992/93. Zu LT: Guggisberg/Stöllner 1996. Arnold 2010.
1123 Kossack 1954, Taf. 11,20.

1124 Vulpe 1990, 57-64.
1125 Burkert 1988, 81 ff.; Egg 1996, 47 f.; Guggisberg 1996, 183; 190 (dazu Huth 2003, 149); Teržan 2001; 2011; Huth 2003, z. B. 288 f.

selbst jedoch nicht abgebildet wurde[1126], womit er der Meinung G. Kossacks folgt (s. Kapitel 1).

Kehren wir zu dem von M. Egg am Beispiel des Grabfundes von Kappel formulierten Gedanken zurück, Dolche seien nicht auf reiche Bestattungen beschränkt. Betrachtet man unter diesem Gesichtspunkt andere Beigaben der mit bronzenen Antennendolchen Bestatteten, stehen z. B. die quellenkritisch gesicherten Männergräber 825 oder 766 mit jeweils nur einer weiteren Metallbeigabe (Bestattungen 825: Kugelkopfnadel, 766: Gürtelhaken) einigen Gräbern gegenüber, die quantitativ oder qualitativ als „reich" zu bezeichnen sind. Zu nennen sind hier Grab 577 mit Metallgeschirrsatz (u. a. Amphore) und zwei einzigartigen Gitterradfibeln (Abb. 65), Grab 682 mit singulärer Fußschale (Schale evtl. importiert, Abb. 70) oder 585 vermutlich mit kleiner Gefäßträgerplastik, die schon für sich allein eine ganze Geschichte assoziativ erzählt. Dieses wohl gestörte Grab enthielt daher vielleicht sogar *zwei* Darstellungen des Menschen, nämlich den (fehlenden) anthropomorphen Dolchgriff[1127] und die Hydrophore, ist also ideell als „reich" zu bezeichnen – vorausgesetzt die Figur und der Dolch stammen aus einem Inventar. Es ist im Übrigen nach Autopsie weder technisch[1128] noch ikonographisch wahrscheinlich, dass die kleine Hydrophore ehemals als Griffangelaufsatz auf dem Dolch befestigt war, weil niemals Hydrophoren als Köpfe am Dolchtyp Hallstatt verwendet wurden; beide erscheinen stets separat. Nachdem daher Dolche in Hallstatt in „reichen" und „gewöhnlichen" Gräbern vorkommen (letztere können nicht der unzulänglichen Quellenlage zugeschrieben werden), zeigten sie gemäß R. Schumann soziales Prestige Einzelner an. Ihre Chorologie jedoch spricht für Ihre Interpretation als Statussymbole. Der Autor selbst wies bereits auf die Problematik der sozialen Funktion der Dolche (im Allgemeinen und in Hallstatt) hin, die allein quantitativ in ungleich höherer Zahl vorliegen als die zweifelsfreien „Statusobjekte Schwerter", und evtl. auch deswegen nicht als jüngere Fortführung, als Äquivalent des Schwertes an sich gelten könnten. Letztlich aber tendiert Schumann dazu, die Dolche zu den sozialen Statusanzeigern zu zählen[1129].

5.1.4 Dolche und Dolchmesser in Frauengräbern

Einige Gräber mit überwiegend weiblich konnotierten Beigaben enthalten offenbar auch Dolche (Fragmente) oder Dolchmesser. Zu diesen zählt Grab 696 (Abb. 75), eines der materiell und ikonographisch reichen Ensembles der Nekropole, das außerdem exemplarisch die Problematik geschlechtlicher Konnotation bestimmter Beigaben vor Augen führt. Frank Roy Hodson vermutet hier ein gestörtes reiches Frauengrab (zwei [nicht gesicherte] Schlangenfibeln[1130], Bernsteinperlen, Golddrahtschmuck, zwei Buckelarmringe Typ Echerntal, Blechgürtel Typ Schrotzhofen, Dolchmesser), ebenso denkt Th. Stöllner[1131], während B. Teržan vor allem wegen des Dolchmessers mit seiner Radsymbolik die Beisetzung eines Mannes erwägt[1132]. Rolf Dehn und Markus Egg weisen Dolchmesser und Fibeln einem Mann, Armringe, Golddraht und „*Bernsteinperle*"[1133] hingegen einer Frau zu[1134]. Hier schließt sich wiederum L. Hansen an: „*Theoretisch könnte also auch eine Doppelbestattung vorliegen*"[1135]. Weder die hohe Zahl an Bronzegefäßen (vier) noch deren mutmaßliche Funktionen geben einen Hinweis zugunsten der einen oder anderen Möglichkeit, weil auch in den zweifellos weiblichen Gräbern 220 und 505 jeweils vier Gefäße vorliegen; ebenso gut könnte man sie zur Untermauerung einer bigeschlechtlichen Doppelbestattung heranziehen.

Meines Erachtens ist das einschneidige Messer durchaus in einem ansonsten rein weiblichen Beiga-

---

1126 Huth 2003, 149 f. legt sich bezeichnenderweise nicht fest (150 zu Knossos: „*... die Göttin fährt auf einem Wagen ...*"; 151: „*Strettweg vereint das meiste davon: Göttin oder deren Priesterin (Hydrophore), ...*"; 246: „*... die Trankspenderin/Hydrophore war vermutlich eine Priesterin des Numinosen, vielleicht aber auch die Gottheit selbst, ...*"; 288 f.: „*... Die Hydrophore beziehungsweise Trankspenderin scheint deshalb nicht die Gottheit zu sein, sondern deren Begleiterin oder Priesterin.*").

1127 Vom Dolch ist nur das Ortband überliefert, das jedoch charakteristisch für bronzene Antennenwaffen ist.

1128 Die Hände befinden sich direkt unter dem nicht glatten Rumpfabschluss.

1129 Schumann 2015, 139-142.

1130 Diese sind nach dem Protokoll Antikencabinett durch zwei Nadeln unbekannter Form zu ersetzen. Sie sprächen dann eher für die Bestattung eines Mannes, wie die Nadeln der Gräber 547, 362 (3 Nadeln) und 789 belegen.

1131 Stöllner 2002, 154.

1132 Teržan 2009, 196. Ihre Ausführungen über die symbolische Verknüpfung Rad – Salzbergwerk sind nicht nachvollziehbar.

1133 Kromer 1959 nennt 22 linsenförmige Bernsteinperlen.

1134 Dehn et al. 2005, 154.

1135 Hansen 2010, 118 Anm. 571.

benumfeld denkbar. Berücksichtigt man die Genese seiner Embleme (Rad und ggf. stilisierte anthropomorphe Gestalt[1136]), liegt eine weibliche Konnotation nahe, weil fahrende Gefäßträger eher weiblichen Geschlechts sind, wie die Figur des Strettweger Kultwagens und die Gefäßträgerinnen des Hochdorfer Sofas veranschaulichen, Objekte, die allerdings ihrerseits Bestandteil männlicher, sehr reicher Bestattungen sind. Zu fragen ist, ob das singuläre Messer als „Waffe" gelten kann, in weiblichem Umfeld nicht vielmehr der geschlechtslose Abzeichencharakter überwiegt oder ein vergoldetes Opfergerät mit religiöser Zeichensprache beigegeben wurde. Möglicherweise stehen die kleinen mehrspeichigen Räder auch für eine symbolische Wagenfahrt der hier Bestatteten (s. Absatz 3.4).

Andere dolch(messer)führende Inventare Hallstatts mit ansonsten zweifellos weiblichen Beigaben sind 485, 611, 664, 668 und 765. Inventar 611 zählt außer einer Situla ein einfaches Ringgehänge, also ein weibliches Attribut, und das Ortband eines Dolches mit bronzedrahtumwickelter Scheide, Variante Erkertshofen. Grab 667 umfasst einen weiblich konnotierten Gürtel mit großen geschlossenen Feldern (s. Kapitel 10), eine als männlich geltende Gitterscheibenfibel[1137] und ein Dolchmesser mit bronzedrahtumwickelter Scheide, Variante Erkertshofen. Ein Dolchmesser dieses Typs, ein triangulärer Anhänger samt Kettchen und ein nicht erhaltenes Gürtelblechfragment mit figuraler Zier (Vögel) sprechen in Grab 664 ebenfalls für eine weibliche Bestattung. Grab 668 enthielt u. a. die Antennenwaffe (pars pro toto nur das Ortband), zwei Gürtelhaken und sechs Kugelkopfnadeln, letztere in derartiger Mehrzahl zweifellos Anzeiger einer weiblichen Haartracht[1138]. Die Duplizität der Gürtelhaken belegt nicht zwingend eine potentielle zweite männliche Bestattung, duale Gürtel kommen auch in rein weiblichen Einzelgräbern vor (z. B. 505, 671). Drei Fibeln aus Inventar 765 sprechen gleichfalls für ein Frauengrab, das darüber hinaus jedoch lediglich den Griff einer Bronzeantennenwaffe Typ Hallstatt enthielt. Die von Ramsauer erwähnte Glocke stammt sicher aus römischer Zeit[1139] und zeigt wohl eine Störung an. Einzig der zweischneidige Dolch Typ Sulz fungiert in Grab 485 als potentielle männliche Beigabe, die anderen könnten eine weibliche Bestattung anzeigen (Glasperle, Fingerring, Nadel und einzelner Riemendurchlass). Anzuschließen sind Grab 825 (Griff Typ Hallstatt, eine Kugelkopfnadel) und das Ha C-zeitliche Grab 454, das außer drei gleichmäßig gerippten Armreifen und dem Waffenfragment, einem zweischneidigen Eisenantennendolch, – also gemeinhin männlichen und weiblichen Beigaben – keine weiteren Objekte umfasst. Die einzelne Kugelkopfnadel aus Grab 825 spricht formal für die Bestattung einer weiblichen Person (Kugelkopfnadeln in der Mehrzahl gehören zur weiblichen Haartracht), ihre nach dem Typ ungewöhnliche Einzahl wiederum für die eines Mannes. Nach Kromer enthält Grab 49/1872 auf dem „unteren Holzboden" eine Brillenfibelhälfte, einen Dolch, einen Gürtel und einen Armring. Die ersten drei sind nicht überliefert, der Armring nicht zweifelsfrei zu identifizieren. Es wäre dann von einer weiblichen Bestattung auszugehen (Brillenfibel, Armring, Gürtel), die entweder ein einschneidiges Messer (s. Grab 696) oder tatsächlich einen zweischneidigen Dolch enthielt[1140]. Auch Lahn-Friedlfeld, Gde. Hallstatt Grab 1 gehört mit einem Dolchmesser, Tutulusfibelpaar, Bernsteinkette und Armringen in diese Gruppe. Es erweist sich als besonders wertvoll, weil es sich um eine gesicherte weibliche Körperbestattung aus der Grabung Morton handelt (das Messer lag an den Füßen)[1141]. Die Ensembles 49/1872, 454, 611, 667, 668, 696, 765, 825 und Lahn-Friedlfeld Grab 1 könnten theoretisch auch als bigeschlechtliche Doppelbestattungen gelten, die als einzigen männlichen Anzeiger eine entsprechende Waffe bzw. ein Messer führen, wogegen jedoch u. a. der sicher geschlossene Fund aus Lahn-Friedlfeld spricht. Der Vollständigkeit halber sei noch „Grab 288" erwähnt: Die jüngere der beiden Waffen (Schwert Typ Weltenburg und Antennenschwert), das Ha C-zeitliche Antennenschwert, möchte man wohl kaum der von Hodson dort zu Recht vermuteten, während Ha D1 nachbestatteten Frau zuschreiben (Ringschmuck, Gürtelgehänge), weil die Datierung von Gürtel und Waffe dagegen spräche und nicht zuletzt die kreuzförmige Deponierung der Schwerter deren gleichzeitige Niederlegung bezeugt. Das Antennenschwert vom Typ Weltenburg zählt folglich zu den sogenannten „Traditions-

---

1136 Glunz-Hüsken/Schebesch 2015.
1137 Stöllner 2002, 58.
1138 Grömer 2004/05.
1139 Frdl. Mitt. M. Pietsch, Landesamt für Denkmalpflege, München.

1140 Stöllner 2007, 245 fragt, ob es sich bei dem Dolch nicht um ein „verwechseltes" Objekt handelt, was die Quellen aber nicht bestätigen.
1141 Stöllner 1996, 75; Sievers 1982, Nr. 157.

schwertern", zeitgenössischen Waffen vorwiegend im südostalpinen Kreis, die man nach älterem, hier urnenfelderzeitlichem Vorbild fertigte (s. auch Kapitel 12).

Thomas Stöllner sieht Dolche (und Beile) in Frauengräbern der Region in Anlehnung an den Abzeichencharakter klar „männlicher" Dolche eher als Anzeiger des Rechtsstatus denn als kriegerischen Ausdruck[1142], ein grundsätzlich schwer überprüfbarer und sehr spezieller Ansatz, der sich prinzipiell dann anbietet, wenn andere Waffen fehlen, Dolch oder Messer die einzige „echte" Waffe im Grab bleiben. Die nicht unbeträchtliche Menge sehr ähnlicher weiblicher Inventare mit stets singulärem, männlich konnotiertem Dolch bzw. Dolchmesser in Hallstatt (acht) und der zweifelsfreie Befund von Lahn-Friedlfeld sprechen durchaus *für* derart ausgestattete weibliche Personen und gegen bigeschlechtliche Doppelbestattungen. Sie gehören sowohl der Elite an (besonders Hallstatt Grab 696 und Lahn-Friedlfeld) als auch zu vergleichsweise gewöhnlichen Ensembles. Welche spezifische Rolle diesen Frauen vielleicht zukam, entzieht sich der Kenntnis – zu denken wäre, analog zu Beilen in weiblichen Inventaren (s. Absatz 4.4), an Frauen mit Opfergeräten. Als quasi geschlechtslose Beigaben würden die Dolche und Messer auch ihre religiöse Bedeutung betonen. Mögliche Gefäße, kultisches Gerät oder Trachtzubehör, die diesen Aspekt stützen könnten, fehlen regelhaft.

5.1.5 Fazit

Dolche und große Messer sind auch in sicheren Frauenbestattungen Hallstatts belegt.
Offenbar enthielten sechs männliche Einzelbestattungen (Gräber 111/1875, 203, 288, 469, 573, 605) und eine mutmaßlich bigeschlechtliche (Grab 789) jeweils zwei Waffen, wobei nur in Grab 288 zwei Schwerter verschiedener Zeitstufen miteinander kombiniert sind.

Grundsätzlich gilt, dass vermeintliche „Dekoration" (auch figürliche und nichtfigürliche Bilddarstellungen) nie nur belanglose Spielerei ist, sondern in einer Art psychologischer Aufladung die Effizienz des Gegenstands noch zu erhöhen vermag, indem sie assoziativ im Betrachter und/oder Besitzer weitere gedankliche und emotionale Bereiche aktiviert, die die erwartete Ausführung einer Handlung erleichtern[1143], kurz, bestimmte Wirkkräfte evoziert[1144]. Diese betreffen hier nicht nur die solitäre sieghafte Menschenfigur (im Gegensatz zu den gereihten Oranten auf Gürtelblechen[1145]), sondern auch die fallweise angebrachten symbolischen „Kürzel" in Form von Miniaturgefäßen (implizit Gelage/Opfer), Ringen und Kreisflächen, die eine für uns schwer lesbare Symbiose bilden. Bezogen auf eine mutmaßlich „lediglich" symbolische Waffe ist das ein nicht unwichtiger Aspekt, den z. B. die Dolche mit dem „Potnia theron-Griff" (in diverser Variation) in besonderem Maß veranschaulichen, weil sie eine uns verständliche Chiffre bieten und damit den zweifellos religiösen Aspekt speziell dieser Waffen vor Augen führen.

Dass es also während der ersten Hälfte des 6. vorchristlichen Jhs. (Ha D1) zu einer ausgesprochenen Häufung anthropomorpher Solitärplastik an Dolchen kommt, ist generell eine bemerkenswerte Erscheinung, weil bildliche Darstellungen des Menschen in der Vorgeschichte eine seltene Ausnahme bleiben[1146]. Dies gilt gleichviel, ob sie quasi zufällig-spielerisch aus funktional bedingter, lediglich menschenähnlicher Vorform (z. B. die Dreieckskörper ostalpiner Menschendarstellungen; pseudoanthropomorphe keltische Schwertgriffe) oder nach fremder anthropomorph gebildeter, religiös verankerter Vorlage entstanden sind. Sich auf die griechische Hochkultur des 5. Jhs. beziehend schrieb E. H. Gombrich: *„Former centuries were interested in the effects of the arts on the human psyche as such, rather than in the passing state of mind of the individual artists. In Plato's Dialogues, we find this profound concern with the influence of the arts ..."*[1147]. Trotz eingeschränkter Vergleichbarkeit wird man daher kaum davon ausgehen wollen, dass es sich bei den anthropomorph lesbaren Dolchgriffen um belanglose, individuell-kreative Spielereien besonders begabter Toreuten handelt, die ihre Waren „unters (elitäre) Volk gebracht haben". Geben nicht vielmehr beide, „Sieger" und klar religiös besetzte Figuren (Potnia theron) Hinweise auf religiöses Denken? *„Wo menschengestaltige Geister und Götter nicht existieren, kann es*

1142 Stöllner 2002, 141.
1143 Hierzu vor allem der von Gell 1998, 74 eingeführte Begriff der *„psychological functionality"*.
1144 Z. B. Huth 2010; Carlson 2011, 1320 f.; Glunz-Hüsken/Schebesch 2015.
1145 Gombrich 1982, 163: *„Denn der Gestalter sowohl wie der Betrachter muß das Maß empfinden, in dem Wiederholung ein Motiv entwertet, indes Isolierung die potentielle Bedeutung betont."*
1146 Huth 2003, 11–41.
1147 Gombrich 1999, 241.

keine entsprechenden anthropomorphen Darstellungen geben"[1148]. Insofern spiegeln die Hallstätter Dolche die veränderte geistige Verfasstheit ihrer Schöpfer bzw. Besitzer und deren bereits vom seinerzeit so bezeichneten „animistischen" Naturglauben entferntes Denken, das als Ausdruck der Selbstbewusstwerdung verstanden werden muss. Die zweifellos mannigfaltigen Herausforderungen der planmäßigen Salzgewinnung und des Salzvertriebs erforderten zielgerichtetes, vergleichsweise abstraktes Denken, das es ermöglichte, sich selbst, den Menschen, als unmittelbar Agierenden in den Mittelpunkt der Welt zu rücken und nicht magische Praxis. Wie jedoch noch immer beide ineinander griffen, verdeutlichen die (anthropomorphen) Dolche mit Miniaturgefäßen, Ringen und Scheiben: Hier der Mensch als selbstbestimmt auftretender, dort symbolisch-magische traditionelle Vorstellung.

Die Betrachtung des Bestandes an Schwertern und Dolchen aus Hallstatt allein unter ikonographischem Gesichtspunkt gibt Anlass, einen Wechsel der Selbstauffassung der einzelnen derart ausgezeichneten Person zu postulieren: Wir sehen während Ha C relativ gleiche, zum Teil minutiös und geometrisch verzierte, durch Bernstein-, Elfenbein- und Goldbleicheinlagen veredelte und stets glockenförmige Schwertknäufe, die zur Zeit von Ha C2 und am Beginn von Ha D von pseudoanthropomorphen und anthropomorphen Dolchgriffen abgelöst werden. Während der jüngsten Hallstattperiode könnte daher ein Wandel des Menschenbildes vom kämpferischen (Ha D1) zum religiösen (Ha D2/3) stattgefunden haben. Man bediente sich dazu gegen Ende der Späthallstattzeit einer festgefügten religiösen Figur, der Potnia theron, die den Griffen immanent ist. Die Vielfalt an teils einheimisch-tradiertem, teils italischem Symbolgut innerhalb einer Fundgattung und eines Fundortes ist einmalig in Hallstatt, ihre jeweilige Ausführung stets individuell. Der Wandel von Schwert zu Dolch scheint einen tiefgreifenden Wandel in der Darstellung des waffenbefugten Individuums von Ha C in Ha D darzustellen, weil der jüngere Dolchgriff den Menschen per se, respektive den Menschen mit religiösen Attributen fokussiert, während die Ornamentik der älteren Schwertgriffe letztlich in bronzezeitlicher Tradition wurzelt, vermittelt über langlebiges geometrisches Ornament. Überregional bekannte Symbolik (Gefäßträger, Herrin der Tiere) spiegelt die Aufnahmebereitschaft für mediterranes religiöses Gedankengut. Gleichzeitig weisen die Dolche ihre Besitzer innerhalb Hallstatts als soziale Prestigeträger aus (sie liegen in „armen" und „reichen" Gräbern), während sie auf überregionaler Ebene bekanntlich auch in Prunkgräbern anzutreffen sind (z. B. Hochdorf, Kappel). Die Verbreitung des Typs Hallstatt entspricht, wenn auch in lockererer Streuung, den Typen Aichach und Ludwigsburg (Inn-Salzach-Gebiet, Franken, Südwestdeutschland)[1149], was wiederum ihren Statuscharakter nach Schumann betont.

Jedes derart ausgestattete Individuum stellte sich mit seinem höchst machtvollen und zugleich symbolisch-politischen Besitz, der (Leben rettenden und vernichtenden) Waffe, unter den Schutz des jeweiligen Griffsymbols und der ihm zugeschriebenen Kräfte oder man legitimierte und unterstrich seine politische und gesellschaftliche Stellung, die auch Kinder oder Jugendliche innehaben konnten (Hallstatt Grab 203/204) – sei es von Geburt an oder nicht –, durch kämpferische und/oder religiöse Zeichen. Erhalten bleibt lediglich das Mittel der Vergoldung, die während Ha D in einem Fall auf den ganzen Dolchkörper bzw. seine Scheide übergreift (Grab 696), während in Ha C offenbar lediglich die Knäufe oder Hefte der Schwerter gewählt wurden, um ihren hohen Wert und die ausgezeichnete Stellung ihres heroischen Besitzers zu demonstrieren.

Unverändert bleibt hingegen die generelle Nutzung des Griffs als Symbolträger, bei Schwertern durch ihre Ausführung in Elfenbein, Lignit und Knochen mit symbolgeladenen traditionellen Intarsien, bei Dolchen durch anthropomorphe Form und diverse religiös konnotierte Kürzel wie Räder (Grab 696), Miniaturgefäße (Grab 557), Ringe (Gräber 559, 682), nackte paarige Oranten (Grab 116), Vogelköpfe (Gräber 116, 11/1889) und Scheiben (Gräber 90/1873, 203, 322, 557, 559, 577, 587/588, 682, 766, 936). Dieser Aspekt ist nicht nur von religionsgeschichtlicher Bedeutung, sondern auch deshalb weitreichend, weil Dolche aus Hallstätter und Dürrnberger Werkstätten maßgeblich als wehrtechnisches und stilistisches Vorbild für die

---

1148 Huth 2003, 280 ff. (Zitat S. 280).

1149 Typ Hallstatt: Stöllner 1996, 125 Abb. 49; Typ Aichach und Ludwigsburg: Hansen 2010, 118 Karte 9. - Zu ergänzen sind der Dolch Typ Ludwigsburg aus dem Dürrnberger Grab 245 (männlich, 30-50 Jahre): Tiefengraber/Wiltschke-Schrotta 2015, 115 ff. und der Typ Aichach aus Dürrnberg Grab 320/1 (männlich, adult, 20-40 Jahre): ebd. 81 ff.

Dolchentwicklung Mitteleuropas gelten[1150]. Wenn also in Süddeutschland gleichartige Bildchiffren übernommen werden, so ist naturgemäß davon auszugehen, dass die Bedingungen für ihr Verständnis gegeben waren. Hallstatt ist demnach nicht nur eine distributive, sondern auch eine stark innovative religiöse Rolle zuzuschreiben, die wirtschaftliche Stabilität voraussetzt.

5.2 Helme

Zu den mythisch-religiös verankerten Grabbeigaben zählen auch Helme. Sie gelten als Symbol für den Krieg, zum Krieger gehörig, als dessen Statussymbol, als Insignie[1151]. Bekanntlich künden Edelmetallausführungen, symbolgeladene Ikonographie[1152] („Prunkhelme"), symbolische Befunde[1153], Material (Eberzahnhelme)[1154], mehrfache Beigabe in mutmaßlicher Einzelbestattung und Übergröße (s. u.) von ihrem herausragenden und „überirdischen" Wert in somit auch sozial hervorgehobenen Inventaren. Der Helm oder Helmhut zählt zum Ausstattungsprogramm plastisch und bildlich dargestellter Krieger des gesamten mediterranen und alpinen Raums, verschieden nach regionaler Sitte und Zeit[1155]: Spitzkonisch, zum Teil gehörnt als Attribut der Götter in Assyrien[1156], die Kämpfer bekleidet oder – bedingt durch das „Orientalizzante" – in jüngerer Zeit nackt. Die Krieger tragen außerdem Schild und Lanze[1157], Schwert, Pfeil und Bogen, mitunter auch ein Gefäß, die andere Hand ist erhoben. Entsprechende Statuetten dienten als Kultbilder[1158], sie wurden jüngst sogar als unmittelbare Bilder von Göttern, „...*archetype of a divine being*...", in Heiligtümern Sardiniens seit der späten Bronzezeit interpretiert[1159], wobei zu überlegen ist, ob sich nicht eher der menschliche Krieger selbst im Bild der Gottheit weiht. Jedenfalls übernahm man auf dem italischen Festland diese Archetypen im 7. und 6. Jh. und setzte szenisch ins Bild, was bereits lange Zeit im Glauben verankert war: Pflug und Wagenrad, Boviden, Capriden, Vögel, die Jagd, Gefäßträgerinnen und Zweikämpfer, diese bezeichnenderweise fast nie ohne Helm (Bisenzio-Olmo Bello Grab 2, 22; Krieger von Este-Scolo di Lozzo)[1160]. Ihnen entsprechende Figuren findet man in unseren Breiten auf dem Strettweger Wagen (behelmte Reiter[1161] mit Schild und Lanze, Beil und Ohrring), dort gleichfalls eingebunden in kultisch-szenische Handlung wie in Bisenzio. Ob das „Kriegerfigürchen" aus Vače tatsächlich einen Schüsselhelm trägt, ist jedoch umstritten[1162]. Jedenfalls erinnern seine Nacktheit und die Berührung seines (vielleicht ehemals organischen und ggf. auch farblich herausgehobenen) Geschlechts[1163] an oben beschriebene unteritalische Arrangements. Weitere Kriegerstatuetten mit Helm kennt man z. B. aus Reggio nell'Emilia, Prov. Reggio-Emilia, Reg. Emilia-Romagna und Lozzo Atestino bei Este (Kammhelme)[1164]. Um 700 v. Chr. kennzeichnen Kammhelm, Schild und Lanze zwei Krieger auf Grabstelen in Bologna-Benacci Caprara Grab 63 und im Idicetal in der Emilia Romagna[1165]. Auch der behelmte Reiter auf der Miniaturaxt aus Hallstatt Grab 641 ist in diesem Zusammenhang anzuführen (s. Absatz 3.7): Seine sicher metallische Kopfbedeckung lässt sich allerdings kaum formenkundlich ansprechen oder realen Funden anschließen. In jüngeren alpinen Statuetten (Sanzeno, Prov. Trient, Reg. Trentino-Südtirol und Balzers-Gutenberg, Liechtenstein) lebt besagtes Kriegerbild mit Helm bis zum Ende des 4. Jhs. v. Chr. fort[1166].

Ausweislich der bildlichen Überlieferungen der

1150 Stöllner 2002, 128.; ergänzend Hansen 2010, 118 mit Anm. 568.
1151 Von Hase 1988, 195 ff.; Egg/Waurick 1990, 7 f.; Lippert 2011 (zu seiner Chronologie: Tomedi/Egg 2014).
1152 Kull 1997, 282 ff.; 318 f.; Egg/Waurick 1990. - Anschaulich dazu der mit symbolgeladenem Schild und Helm bebilderte Wagenkastenbeschlag aus Monteleone di Spoleto, Prov. Perugia, Reg. Umbrien: Woytowitsch 1978, Taf. 14,85.
1153 Metall- und Keramikhelme als Deckel auf Urnen der frühetruskischen Villanovakultur. Jüngste Zusammenstellung bei Lippert 2011, 66-75.
1154 Zu den ägäischen Eberzahnhelmen der Bronzezeit zuletzt Buchholz 2010, 135 ff.
1155 Pflug 1989.
1156 Zuletzt Lippert 2011, 42 f.; Brandherm 2011 (Kamm- und Hörnerhelme); Born/Seidl 1995; Kull 1997, 329 f. mit Anm. 582: Reliefstele mit Wettergott und gehörntem Helm aus Ugarit Abb. 64,4.
1157 Kossack 1999, Abb. 31 (Bololgna-Benacci Caprara Grab 63), 32 (Valle dell'Idice, Emilia-Romagna), 54 (Este-Lozzo Atestino); Chiaramonte Treré 2008, 244, fig. 1 (Campovalano, tomba 2)

1158 Zu verschiedenen Definitionsmöglichkeiten des Begriffes „Kultbild": Kossack 1999, 8 Anm. 11.
1159 Araque Gonzales 2012, Zitat 109.
1160 Kossack 1998. Huth 2003, Taf. 64,3; 66; 87.
1161 Egg 1996, 45 zu den veralteten Kammhelmen der Reiter.
1162 Stöllner 2002, 137; Turk 2005, 22.
1163 Starý 1962-63, 410.
1164 Von Hase 1988, 206 Abb. 7.
1165 Kossack 1999, 50 ff. Abb. 31,32.
1166 Egg 1986, 117 mit weiterer Literatur; von Merhart 1933.

Abb. 104: 1 Gürtelblech aus Lovec, M 1:2. 2 Jagdszene auf einem Tablett aus Palestrina-Tomba Bernardini, ohne M.

Situlenkunst wurden um Helme Faustkämpfe ausgetragen (auf Situlen und Gürtelblechen: Bologna-Arnoaldi, Vače, Kuffern, Matrei, Kobarid, Magdalenska gora-Preloge 2/p, vielleicht Sanzeno)[1167], man musizierte behelmt auf einem Thron (Leier: Situla Magdalenska gora Hügel II/1893)[1168], blies stehend ins Horn (Potnios theron)[1169] und präsentierte sich bei militärisch interpretierten Musikumzügen behelmt[1170] (obwohl die Musiker der Situla Welzelach außer dem Helm keine weiteren Angriffs- oder Schutzwaffen tragen). Zwei mit Schild, Lanze und Kammhelm ausgerüstete einzelne Krieger aus Este-Baratella (Votivbleche[1171]) und Este-Caldevigo[1172] und ihr Pendant auf der Arnoaldi-Situla (alle mit Horn) eignen sich wohl besser als Beleg für musizierende Vertreter einer militärischen Organisation. Sowohl zur Bärenjagd trug man Helm und Schild (Kleinklein-Kröllkogel und Pommerkogel: Situla vom Typ Kurd)[1173], als auch zur (italischen) Streitwagenfahrt (Situla Arnoaldi). Als Jagdtrophäe oder Verlustobjekt könnte man den wohl illyrischen Kammhelm auf einem jüngeren, silber-vergoldeten Gürtelblech aus Lovec, Bez. Stara Zagora, Bulgarien interpretieren (5./4. Jh.): Zwei Eber werden hier von je zwei Reitern und je einem Bogenschützen verfolgt, wobei der Helm wohl im Eifer des „Gefechts" unter einem der Reiter zu liegen kommt (Abb. 104)[1174]. Schließlich legt eine mögliche Pflugszene mit Helm (Nesactium, Situla Grab 66) nahe, dass die entsprechende wehrhafte Kopfbedeckung – gleich welchen Typs – hier kaum Reales spiegelt, sondern auch bei kultisch zu interpretierenden Darstellungen kanonisch dazugehörte: Musik, Kampf, Jagd, Wagenfahrt und Fruchtbarkeit sind bekanntlich immer wiederkehrende, mythologisch besetzte Themen, nicht nur auf narrativ bebildertem Metall. Innerhalb des Festaufzugs zeigen sich die behelmten Krieger auf der Certosa-Situla rein militärisch, wobei die mutmaßlichen Schüsselhelme und das Hängebecken der Form Merhart B das Dargestellte in die Vergangenheit legen.

Unmittelbare Kampfhandlungen mit Helm bezeugt die bereits latènezeitliche Schwertscheide aus Hallstatt Grab 994 und die auf Feinde zielenden behelmten Kämpfer auf der Situla von Nesactium, die, auf einem Schiff stehend, Pfeile auf menschliche Gegner schleudern, bzw. mit dem Bogen abschießen. Hallstattzeitliche Reiter (Situla Certosa) oder Fußsoldatenverbände mit Schild und Lanze(n) (z. B. Situla Bologna-Certosa, Bologna-Arnoaldi, Situla Providence) tragen obligatorisch einen Helm, sie sind jedoch nie in kämpferische Auseinandersetzungen involviert. Auch die beiden behelmten Soldaten, die Gefangene abführen (Situla Este-Benvenuti Grab 126) erscheinen jenen ähnlich, nämlich gleichförmig passiv, was vielleicht den mythischen Gehalt der Bilder unterstreicht.

1167 Lucke/Frey 1962, Taf. 67 links.
1168 Parzinger et al. 1995, Taf. 41,350.
1169 Macellari 2002, Taf. 19,11 (Darstellung auf einem Spiegel aus Grab 104 „dello specchio Arnoaldi" in Bologna).
1170 Egg 1986, 117 ff.
1171 Bull. Paletn. Italiana 37, 1911, Taf. 4,1.
1172 Egg 1986, 119 Abb. 56,2.
1173 Hansen 2010, 180 mit weiterer Literatur. Egg/Kramer 2013, 456-460 („militärische Jagdszene").
1174 Venedikov/Gerassimov 1973, 350; Kull 1997, 297 ff. Abb. 50,6; Teleaga 2015, 124 f.

Die kappenförmigen Helme der Reiter auf der latènezeitlichen Schwertscheide aus Grab 994 finden gegenständliche Entsprechungen im selben Grab, in Hallstatt Grab 12/1939 und in den Dürrnberger Bestattungen 145/1, 201[1175] und 223[1176], wobei die auf den Bildern sichtbare randliche Zierleiste bei keinem Vergleichsstück vorkommt; vielleicht wird hier ein textiles Futter dargestellt[1177].

Eine besondere Rolle spielt der gehörnte Helm, der im Nahen Osten, Kleinasien und im ostmediterranen Raum als Zeichen der Götter gilt[1178] und über Jahrhunderte und weite Strecken hinweg als religiös behaftetes Signalobjekt bildlich (phönizisch-zypriotische Silbervase aus Chiusi, Prov. Siena, Reg. Toscana[1179], Vršac-Majdan, Prov. Vojvodina, Serbien[1180], Steinrelief Bormio, Prov. Sondria, Reg. Lombardia[1181], Vase Este-Alfonsi[1182], Situla Nesactium 1981, Gde. Ližnjan, Reg. Istrien, Kroatien, Situla Matrei, Bez. Innsbruck-Land, Tirol), halbplastisch (Buckelhelme mit Kehle der Variante Montalparo[1183]) und vollplastisch (Grevensvaenge, Gde. Næstred, Seeland, Dänemark; Pulica, Gde. Fosdinovo, Prov. Massa e Carrara, Reg. Toscana[1184]) nachweisbar ist (s. Absatz 3.1). Aus Hallstatt und seinem engeren Umfeld kennen wir ihn jedoch (noch) nicht. Stark ausgezipfelte Kopfbedeckungen auf Situlen (Providence, Welzelach, Dürrnberg-Kranzbichl) könnten hierauf anspielen. Ebenso wäre evtl. der Aulosbläser auf einem Gefäßfragment aus der Býčí skála-Höhle als Träger eines gehörnten Helms denkbar[1185].

Insgesamt sind siebzehn gegenständliche, formenkundlich sichere Helme aus Hallstatt überliefert, sechzehn davon stammen aus Grabverbänden. Es handelt sich im Einzelnen um das Fragment eines italischen Kammhelms (Grab 49/1872 Bestattung „oberer Holzboden")[1186], um einen ostalpinen Doppelkammhelm (Grab 259)[1187], um zwölf Ha C-zeitliche Schüsselhelme bzw. Teile davon[1188], um zwei frühlatènezeitliche kappenförmige Eisenhelme (Gräber 12/1939, 994) und schließlich einen solitären bronzenen Helmhut (Streufund)[1189]. Die Schüsselhelme Hallstatts liegen nur in stark fragmentiertem Zustand vor; die Bestimmung einzelner Spitzenstifte, einzelner Scheiben meist ohne Nägel oder entsprechender Nägel ohne Scheibennachweise (Hallstatt Grab 464) als Reste ehemaliger Schüsselhelme resultiert aus dem Vergleich mit slowenischen Schüsselhelmen, die auch aufgrund besserer Überlieferungsbedingungen nicht selten vollständiger erhalten sind. Markus Egg gliederte sie in sechs Werkstattgruppen, wobei in sieben hallstättischen Gräbern drei Typen vertreten sind (Typ Brezje: Gräber 78, 448; Typ Molnik; 18/1891, 776, 799; Typ Hallstatt: 465, 283[1190]). Die einzelne Scheibe aus Grab 25/1871 (Taf. 7-103), die durch die anhaftenden Nagelreste sicher zu einem Schüsselhelm gehört, findet als Typ in Slowenien bisher keine Vergleiche. Fragmente lokal beschränkter Helmformen, wie von F. E. Barth für die geschwungen-konischen Rohre der Gräber 469, 605 und 701 vorgeschlagen, erscheinen daher theoretisch nicht ausgeschlossen[1191].

Die Besprechung dieser Helmgräber wird in der Forschung von der ethnischen Komponente dominiert, weil klassische Schüsselhelme im Wesentlichen auf den südostalpinen Raum beschränkt bleiben. Vor allem die Gräber mit Schüsselhelmen aus Hallstatt werden durch ihre regelhaft „ärmliche" Ausstattung (1-3 Lanzen, Mehrkopfnadeln mit Faltenwehr, Lappen-, Ärmchenbeile, Bronzeperlen), die mit den Unterkrainischen übereinstimme, als Bestattungen von im Hochtal „Fremden" betrachtet, was sich auch im Gräberfeldplan spiegele[1192]. Dieser Schluss wäre bei

---

1175 Stöllner 2002, 138 f.; Egg et al. 2006, 178 ff.
1176 Moser et al. 2012, 173 ff.; 178 f.
1177 Zu diesem Thema Egg 1986, 117.
1178 Zuletzt Lippert 2011, 42; Müller-Karpe 2009, 101.
1179 Z. B. Bonfante 1981, Abb. 50 oberster Fries, zweiter Krieger von rechts.
1180 Rusu 1990.
1181 Pauli 1973A.
1182 Z. B. Huth 2003, Taf. 77,1.
1183 Diese Helmvariante aus dem Picenum und Süditalien (erste Hälfte 6. Jh. v. Chr.) zeichnet sich durch plastisch getriebene Hörner aus. Vollausgebildete plastische Hörner zeigt der Helm aus Ordona, Prov. Foggia, Apulien: Egg 1986, 14 ff. Taf. 17.
1184 Mazzoli/Pariberi 2010.
1185 Parzinger et al. 1995, Taf. 41,350.

1186 Egg 1978A.
1187 Egg 1978B; Egg/Kramer 2013, 94.
1188 Gabrovec 1962/63; Egg 1988, 212 ff.; Egg et al. 1998; Gabrovec 2008, 314 ff.; jüngste Verbreitungskarte mit neuem westlichstem Fundort bei Appler 2010, 317 f.; zu ergänzen die drei Scheiben vom Smolenice-Molpír, Kr. Trnava, Slowakei: Stegmann-Rajtár 2005, 151 Abb. 22,4.
1189 Kromer 1959, Taf. 199,3; Stöllner 2002, 138.
1190 Parallele: Helm aus Šmarjeta-Mladavina, Bez. Novo mesto, Slowenien, Hügel III/1880: Egg et al. 1998, 454 Abb. 17.
1191 Barth 1980.
1192 Egg 1978B, 196, 200; Egg et al. 1998, 467; Stöllner 2002, 138.

den vermuteten lokalen Schüsselhelmformen über die kombinierten Beigaben zu hinterfragen. Helme mit zusammengesetzter Kalotte (und die etwas jüngeren mittelitalischen Negauer Helme der Typen Belmonte und Voltera), die ja ein ähnliches Verbreitungsgebiet wie die Schüsselhelme aufweisen – nämlich Slowenien und Italien[1193] – sind aus Hallstatt bisher nicht überliefert.

Das Fragment eines italischen Kammhelms aus der unsicheren Bestattung 49/1872 (oberer Holzboden)[1194] hat bekanntlich Parallelen in Etrurien, wo sie vom 11. bis ins 8. Jh. in Gebrauch waren[1195]. Die getriebene Leiste zwischen den Buckeln könnte einen Hinweis auf lokale Fertigung nach fremdem Vorbild geben. Der ebenso verzierte Helm aus Zavadintsy in der westlichen Ukraine wäre dann wohl über den Salzhandel vermittelt. Schließlich muss offen bleiben, warum wir nur über ein Fragment verfügen: Kam das Stück, fragmentiert oder komplett, als exotisches Handels- und Prestigeobjekt ins Hochtal? Wurde der Helm absichtlich zerstört und wurden die nicht mehr vorhandenen Teile in Hallstatt oder andernorts als Votivgabe dargebracht oder eingeschmolzen? Weitere, ggf. religiös motivierte Aspekte sind dem Fragment und seinem Befund nicht zu entlocken. Nachdem es sich um ein später inventarisiertes Grab handelt, sind die anhand der Aufzeichnungen zugewiesenen Beigaben möglicherweise nicht völlig gesichert; das Hallstätter Fundmaterial in Linz gilt ohnehin als unvollständig, sodass die fehlenden Teile vielleicht durchaus vormals existent waren. Gewöhnlich wurden Kammhelme jedenfalls unversehrt beigegeben[1196].

Aufgrund formenkundlicher Übereinstimmungen zwischen unterkrainischen Schüsselhelmen, Nägeln und hallstättischen Scheiben ist also klar, dass die Gräber 18/1891, 78, 175, 283, 448, 462 b, 464, 465, 776, 799 und 811 Schüsselhelme oder Teile davon enthalten. Reste von Geflechtkalotten – benagelt oder nicht – sind in keinem dieser Ensembles erwähnt oder überliefert. Dies erstaunt, weil der Kopf der Nägel immerhin ca. 0,6 cm im Durchmesser misst und ihr vierkantiger Stift[1197] und ihre umgebogenen Spitzen doch auffällig gewesen sein dürften. Einzig Grab 25/1871 enthält eine einzelne, mit konzentrischen erhabenen Ringen verzierte Scheitelscheibe mit Geflechtrest und Nägeln (Taf. 7-103), nach den Worten des Ausgräbers I. Engl jedoch ausdrücklich keine Seitenscheiben (Engl: „*eine bronzene Schale*"; s. auch Absatz 5.3). In Körperbestattung 464 beobachtete man ca. 200 Nägel rechts neben dem Schädel. Die Nägel mit stets halbrundem Kopf weisen einen ca. 1 cm langen Stift auf, zum Teil mit rechteckigem Querschnitt, der manchmal am Ende halbrund gebogen ist. Die organischen Bestandteile (das Geflecht) des Helms sind also vergangen, die umgebogenen Nägel blieben quasi unversehrt zurück. Hier war der Helm offenbar ausschließlich mit Nägeln plus einer zentralen oberen Scheibe besetzt – will man nicht davon ausgehen, dass ehemals vorhandene Scheiben vor der Grablegung entfernt wurden (Abb. 101 s. Taf. 6-101). Sehr unterschiedlich fällt allerdings die Anzahl der Bestandteile von Schüsselhelmen aus, wobei der zum Teil schlechte Erhaltungszustand der Scheiben – mitunter handelt es sich um sehr dünnes Bronzeblech – die Quellenlage und auch der Forschungsstand (bezüglich lokal beschränkter Helmtypen) berücksichtigt werden müssen[1198]: Brandgrab 18/1891 enthielt zehn Seiten- und eine Knaufscheibe, Grab 25/1871 besagte Scheitelscheibe mit Resten der Kalotte und Nachweis der Nägel, Grab 78 vier Scheiben (davon eine mit Scheitelknauf), Grab 175 zwei Fragmente von Scheiben, Grab 448 acht Scheibenreste (nicht überliefert), Grab 462 b einen Scheibenrest mit Knauf (ursprünglich wohl mehrere), Grab 776 vier, Grab 799 zehn und schließlich Bestattung 811 neun Scheibenreste. Besonders Inventare mit wenigen Scheiben (z. B. Grab 175) werfen die Frage auf, ob ein kompletter Helm mitgegeben wurde oder Teile davon anderer Verwendung zugeführt wurden, z. B. an Fibeln. Selbst die Autopsie eines gegossenen Scheibenfibelpaares aus Grab 83 mit charakteristisch getreppter Spitze, typisch für Schüsselhelme wie sie, brachte keine Klarheit, ob es sich um zweckentfremdete originale Schüsselhelmscheiben (ergänzt durch das Emblem

---

1193 Egg 1988A, 233 ff.
1194 Egg 1978A, 38 f. Der Ringschmuck deutet eine Doppel- oder weibliche Nachbestattung an. Während der Dolch in Ha D 1 datiert, gehört der Drahtarmring nach Siepen 2005 sogar in Ha D2-3 (s. Gräberliste), was erhebliche Zweifel an der Homogenität der Beigaben begründet. S. dazu auch Stöllner 2007, 245.
1195 Lippert 2011, 70 ff.; 143.
1196 S. Liste Lippert 2011.

1197 Egg et al. 1998, 456. - Zu Querschnitt und Aufbau s. auch Dular 2003, Taf. 69.
1198 Sind nur Scheibenfragmente pro Inventar überliefert, könnte es sich auch um ehemals zusammengehörende Teile einer Scheiben handeln.

„konzentrische Ringe") oder nur deren Nachbildungen handelt (s. Absatz 8.2)[1199].

Zwei der neun Schüsselhelmgräber sind Körperbestattungen, die belegen, dass der Helm auf der Brust des Toten deponiert wurde (Grab 25/1871 Taf. 7-103), ein auch in Budinjak, Bez. Zagreb, Kroatien nachgewiesener Befund[1200]. Isidor Engl berichtet von einer „*Schale*" auf der linken Brustseite des Toten in Grab 25/1871, was darauf hindeuten könnte, dass man diesen Helm mit der Öffnung nach oben auf dem Oberkörper niedergelegt hat. Einen weitaus interessanteren Befund bietet hingegen das Körpergrab 799: Links neben dem Kopf auf Schulterhöhe befanden sich wohl zehn[1201], laut Protokoll Antikencabinett ausdrücklich „*übereinander gelegte*", Scheiben eines Helms. Dieser wurde also sehr wahrscheinlich zerlegt, und nur die aufeinander gestellten Scheiben wurden neben dem Kopf des Toten deponiert (Abb. 102 s. Taf. 7-102). Ob diese spezielle Vorgehensweise bei offenbar unvollständig überlieferten Helmen, bei denen quellenbedingt kein Nachweis möglich ist (Gräber 175, 448, 462 b, 776, 811), gleichfalls angewandt wurde und dadurch die fehlenden Nägel der Kalotten erklärlich wären, ist ebenso unbeantwortet wie die Frage, ob die mutmaßliche Zerlegung und Stapelung als religiöser Akt vollzogen wurde.

Gestapelte Objekte kehren auch in zwei anderen Schüsselhelmgräbern Hallstatts wieder: Inventar 283 enthielt, ineinander gestellt, drei gleiche getreppte sogenannte Phalerae und zuunterst die Doppelkalotte eines Schüsselhelms vom Typ Hallstatt. Man hat hier also offenbar *in* einen Schüsselhelm die Besätze eines Gegenstandes (drei Phalerae) hineingelegt, dessen Funktion bis heute offen ist und diskutiert wird; man demontierte diesen offenbar ebenso wie den Helm aus Grab 799. Umgekehrt bildet in Grab 465 die Doppelkalotte des Helms (ebenfalls Typ Hallstatt) den oberen Abschluss von drei spitzkonischen gestapelten Phalerae. Einzelne funktionslose und insbesondere gestapelte Beigaben findet man in Hallstatt sonst nur bei den Phalerae der Brandbestattungen 558 und 1015 a: In diesen männlich konnotierten Bestattungen wurden einmal drei (Grab 558) und einmal acht Scheiben (Grab 1015 a: verschiedene Größen) aufeinander gelegt beobachtet.

Markus Egg kam nach der Untersuchung der südosteuropäischen Phalerae zum Schluss, dass für diese Beigabengattung keine allgemeingültige Funktion benannt werden könne; belegt seien Befunde, die für die (zum Teil regional belegte) Interpretation sowohl als weiblicher Gürtel- oder Textilbesatz[1202] als auch als unbestimmtes Attribut in Kriegerbestattungen sprächen. Letzteres bestätige sich insbesondere in Hallstatt, wo sie ausschließlich in männlichem Kontext bezeugt seien; auch die Zugehörigkeit zu Pferdegeschirr könne mitunter nach wie vor nicht ausgeschlossen werden[1203].

Leider ist die Orientierung der Phalerae in den beiden Körpergräbern Hallstatts nicht dokumentiert (nur Knöpfe überliefert in Gräbern 225, 422[1204]). Von den insgesamt achtzehn hallstättischen Inventaren mit Phalerae respektive Phalerenknöpfen[1205] lassen sich eines als sicher weiblich (Grab 495) und vierzehn als (archäologisch) männlich bestimmen. Mindestens dieses Zahlenverhältnis könnte Zweifel nähren, ob die Quellen bezüglich Grab 495 gesichert sind, und fragen lassen, welchen Zweck der Phalerenknopf dort hatte (Rest eines textilen Besatzes, Amulett?). Im alpinen Umkreis finden sich lediglich in Stična Hügel 1, Grab 2 eine klassische Krempenphalere und vier Perlen im Verbund, wahrscheinlich daher ein gleichfalls weibliches Ensemble. In Maiersch Brandgrab 85 sollen eine singuläre Phalera und Klemm- oder Ösentutuli Bestandteil eines Gürtels, bestehend aus Ringen, gewesen sein; Lanze und Mehrkopfnadel sprechen hier für die Bestattung eines Mannes[1206]. Wie in Donja Dolina, Gde. Gradiška, Bosnien-Herzegowina und Vergina, Bez. Imathia, Reg. Zentralmakedonien, Griechenland[1207], trugen also im Hochtal Männer (auch

---

1199 Glunz-Hüsken 2013.
1200 Šimek 2007, 145 f.
1201 Die Angaben im Protokoll Antikencabinett (10) und bei Kromer 1959 (5) weichen voneinander ab.
1202 Rhomiopoulou/Kilian-Dirlmeier 1989; Radt 1974.
1203 Überregionale Forschungsgeschichte und -stand (mit Schwerpunkt auf den ungarischen, bosnischen und serbischen Phalerae): Egg 1996A, besonders 340 ff.; dazu auch Barth 1980; Gleirscher 1993; Stöllner 2002, 136 ff.; Hansen 2003, 27 ff. - zu den ägäischen Phalerae: Bräuning/Kilian-Dirlmeier 2013, 60; Koch 2006, 191 ff. (Pferdegeschirr); Mitrevski 1991 (Nekropole Dedeli, Makedonien, Gürtelbesatz).
1204 Über die vollständigen Phalerae mit Krempe und Spitze mit kräftiger innerer Öse (Gräber 465, 643, 469, 701, 605) erschließt sich die Zugehörigkeit der jeweils einzelnen Spitze aus Grab 225 und 422 als Rest je einer getreppten Phalera (vollständig in Bestattung 558).
1205 Nur Knöpfe überliefert: Gräber 225, 247, 248, 409, 422, 495. Vollständige Phalerae: Gräber 283, 465, 469, 558, 605, 609, 643, 697, 701, 791, 803, 1015a.
1206 Wells 1981, Taf. 29; Berg 1962, 34.
1207 Egg 1996B, 343 Anm. 72; Radt 1974, 129 f.; Bräuning/Kilian-Dirlmeier 2013, 60 f.

„Krieger": Lanzen, Beile, Helme vom Typ Hallstatt[1208]) und wahrscheinlich eine Frau Phalerae bzw. organische Beigaben, die mit Phalerae besetzt waren.

Das zweifellos rein weibliche Ensemble Hallstatt 495, das den formal zweifelsfreien Phalerenknopf enthielt, spricht zusammen mit dem Befund aus Stična sowohl gegen die Theorie der Herkunft der Phalerae von Schildbuckeln als auch von Helmen[1209] – vorausgesetzt das Inventar ist geschlossen. In anderen Gräbern Hallstatts ist ein Bezug zwischen den Schüsselhelmscheiben und den Phalerae durchaus gegeben, und man könnte die Befunde der Gräber 283 und 465 (s. o.) auch dahingehend interpretieren, dass die Phalerae dort sehr wohl Bestandteile des jeweiligen Schüsselhelms waren (weil sie zusammen mit diesen ineinander gestapelt niedergelegt wurden). Körpergrab 225, in dem u. a. ebenfalls lediglich der Knopf einer Phalera überliefert ist, wird von Ramsauer als die Bestattung eines 10- bis 12-jährigen Kindes beschrieben. Dem Objekt könnte daher vielleicht auch Amulettcharakter zukommen (für Objekte, die ihre ursprüngliche Funktion verloren haben, s. Kapitel 14)[1210].

Aus Südosteuropa lassen sich weitere Phalerenbelege anführen: Körpergrabbefunde liefern in Donja Dolina Krempenphaleren im Beckenbereich (Greda, M. Petrović I, XXXV und XXXVII), über den Unterschenkeln (ebd. Grab XXXVIII) und an den Füßen (M. Petrović VI, männliche Bestattung)[1211]. Man wird daher auch hier mit flächig phalerenbesetztem Textil oder entsprechenden Gürteln rechnen müssen. Phalerae als Gürtelschmuck inklusive Tutuli sind auch in der Nekropole von Dedeli, Makedonien, belegt, dort aber auf weibliche Gräber beschränkt (14, 52, 55, 84)[1212]. Die große, unprofiliert-glatte Phalera mit sternförmig durchbrochener Mitte aus dem erwähnten Körpergrab 15 von Marvinci (Abb. 86) lag, wohl in metallverziertes Gewebe verhüllt, im Beckenbereich der Toten und wird als Kultgerät einer Priesterin gewürdigt („Sonnenkult")[1213]. Der Befund des Textils in Kombination mit kleinen aufgenähten Tutuli und Ringanhängern ließe freilich auch eine Interpretation als zusammen-, und bei der Bestattung nur auf die Tote aufgelegter Gürtel zu, analog zu entsprechenden Belegen in Vergina[1214].

Diese herausgegriffenen Beispiele teils entfernterer Fundorte legen nahe, formal vergleichbare spitze oder halbkugelig-gewölbte Phalerae mit Krempe in der Regel als Besätze von rein textilen Gürteln oder von Kleidung[1215] zu interpretieren[1216], weil beide von beiden Geschlechtern (möglicherweise auch von Kindern) getragen wurden[1217]. Insbesondere Gürtel sind keineswegs immer in Trachtlage, d. h. im Beckenbereich bezeugt[1218]. Gürtel-Deponierungen (als echte Beigaben und nicht in Trachtlage) an den Füßen[1219], zusammengelegt neben dem Becken[1220], im Schädelbereich[1221], abseits des Körpers[1222] und andere eher seltene Befunde (schärpengleich auf dem Oberkörper in Hallstatt Grab 66/1872, 121, 210, 264, 459; in mittelitalischen Bestattungen oder um den Hals gelegt in Hallstatt Grab 9, 10, s. u.)[1223] sind durchaus bekannt und werden auch fallweise wegen ihrer Gehänge und Anhänger als Ausweis besonderer religiöser und sozialer Kompetenz interpretiert[1224]. Phalerae als Gürtel- oder Kleiderbesatz

---

1208 Das Vorkommen von phalerenbesetzten Gürteln in „Kriegergräbern" hielt bereits W. Radt für durchaus möglich: Radt 1974, 130; Egg 1996A, 343.
1209 Egg 1996A, 340 ff.
1210 Nach Pauli 1975.
1211 Truhelka 1904, 87 f., 99.; 100 f.; 120.
1212 Mitrevski 1991.
1213 Mitrevski 2007, 581 f.
1214 Rhomiopoulou/Kilian-Dirlmeier 1989, 123 ff.; Bräuning/Kilian-Dirlmeier 2013, 60 f.
1215 Rhomiopoulou/Kilian-Dirlmeier 1989, 123 ff.; die Autorinnen weisen auch auf Kopfbedeckungen mit Phalerae in Griechenland hin, eine Beobachtung, die sich andernorts bisher nicht bestätigt.
1216 Zur Interpretation als Panzer und Helmbesatz: Barth 1980; Egg 1996A, 327 ff. besonders 342 f.; Stöllner 2002, 136 ff.; Hansen 2003, 27 ff.
1217 So bereits Kilian-Dirlmeier 1972, 125. Für Hallstatt s. Tabelle 8 (Gürtel).
1218 Bereits dazu Pauli 1975A, 122. Als Beleg angeführt, dass Phalerae nicht zu Gürteln gehören: Egg 1996B, 343.
1219 In Statzendorf: Rebay 2006, 171; Kilian-Dirlmeier 1972, 125 (Statzendorf); Dürrnberg Grab 31/1 (Echt 1999, 201); Campovalano Grab 403 (Weidig 2014, 226 und 216 Nr. 11,17; als symbolisch interpretierter Frauengürtel in einem Männergrab); Spoleto-Piazza d'Armi, Prov. Perugia, Reg. Umbrien: Manca/Weidig 2014, 42.
1220 Stangengliederkette Worms-Herrnsheim Grab 1 (Echt 1999, 200); Spoleto-Piazza d'Armi: Manca/Weidig 2014, 42.
1221 Stangengliederkette aus Reinheim: Echt 1999, 77; Nachbestattung D eines Hügels mit Wagen in Saraz, Dép. Doubs: Kilian-Dirlmeier 1972, Nr. 215; Spoleto-Piazza d'Armi: Manca/Weidig 2014, 42; Magdalenska gora X/52: Hencken 1978.
1222 Ankara Tumulus I: Ozgüç/Akok 1947, 57 ff.
1223 Stangengliederketten aus Hallstatt Grabung Pollhammer, Andelfingen, Kt. Zürich (Echt 1999, 79) und vom Dürrnberg 118 (Echt 1999, 201); Spoleto-Piazza d'Armi: Manca/Weidig 2014, 42 f.
1224 Wamser 2002, 1031; Echt 1999, 200 ff.; Weidig 2014, 691 (Heirat/Mutterschaft).

zu postulieren, erklärte jedenfalls ihr Vorkommen in Depots und bestätigte die sakrale Rolle derartig besetzter organischer Objekte, weil man sie den numinosen Mächten übergab[1225]. Gürtel sind darüber hinaus sowohl in Kriegergräbern als auch in reiterlich charakterisierten Inventaren denkbar.

Zweifellos konnte man eine oder mehrere Phalerae verschiedener Größe (in Hallstatt ca. 8 cm-22 cm Dm.[1226]) auf einem Gürtel befestigen. Auch die Fixierung von an Ketten hängenden Klapperblechen (teils sekundär aus Gürtelblechen gefertigt) an der Phalera mit flachem Knopf aus dem Brandgrab 750 und vielleicht 963 (s. Absatz 8.2) widerspräche einer Interpretation als Gürtelbestandteil nicht, weil Klapperblechketten an Gürtelblechen überliefert sind (z. B. Hallstatt Grab 836) und mit deren religiöser Funktion assoziiert werden[1227]. Der flache Knopf an der Oberseite der Phalera aus Grab 750 stellt gegenüber den üblicherweise spitzkonisch gestalteten ein Unikat dar, spricht aber nicht grundsätzlich gegen die Bestimmung als Phalera, respektive Gürtel- oder textiler Besatz[1228]. Zwei Befundbeobachtungen aus den Hallstätter Gräbern 283 und 465 (Phalerae zusammen mit Schüsselhelmscheiben gestapelt) könnten die Phalerae hier auch als Besätze lokaler Helme ausweisen.

Möglicherweise bleibt die Sitte, Phalerae von einem Gürtel oder Gewand zu lösen (was für andere Fundplätze untersucht werden müsste[1229]) oder die vom Knauf des Helms zu trennen und separat (Knöpfe) respektive gestapelt beizulegen, auf Hallstatt beschränkt. Betrachtet man Phalerae als textile Besätze, hätte man in Grab 283 die abgenommenen Phalerae eines Gürtels oder Textils im Helm deponiert, bzw. in Grab 465 den Helm mit der Öffnung nach unten auf die gestapelten Phalerae gelegt. Eine Interpretation derartig ausgestatteter Gürtel als grundsätzlich geschlechts- und altersunabhängiges Ehren-, Standes- oder Sakralabzeichen liegt nahe. Gürtel oder Kleider mit übergroßen Phalerae wie in Donja Dolina (Grab M. Petrović jun. 37, Dm.

38 cm[1230]) wurden vielleicht nur von bestimmten Personen zu besonderen Anlässen getragen (Ornat). Ihnen kommt ggf. auch eine symbolische Funktion zu, wie überdimensionierte Helme oder Lanzenspitzen anderer Fundstellen belegen.

Man hat im Hochtal also mit hoher Wahrscheinlichkeit einen Schüsselhelm zerlegt und seine größeren Bestandteile, die Scheiben, quasi funktionslos ins Grab eingebracht (Bestattung 799). Ob mit seiner Demontage eine religiöse Zeremonie einherging, ist unbekannt. Ob die beiden Schüsselhelme vom Typ Hallstatt (Gräber 283, 465) zerlegt oder vollständig in die Erde kamen – man hätte dann die Phalerae *auf* den nach oben offenen Helm (Grab 283) bzw. den Helm mit der Öffnung nach oben *auf* die Phalerae (Grab 465) deponiert – ist ebenfalls offen, weil auch Helme ohne jegliche Seitenscheiben belegt sind (Grab 464).

Offenbar genügten Teile vom Helm (die beiden Scheiben aus Grab 175 ergeben keinen vollständigen Helm – falls dies alle Scheiben des Helms waren), um einen Krieger am Grab und im Jenseits zu kennzeichnen. Unversehrtheit und die uneingeschränkte Schutzfunktion manchen Stückes waren (wie bei den Dolchen) nicht erforderlich. Eine Erklärung, warum Helme erstens komplett, zweitens zerlegt (Grab 799), ggf. mit einem anderen gleichfalls zertrennten Objekt (Phalerae als Besätze vielleicht eines Gürtels), drittens vollzählig ineinander gestellt oder viertens nur als Teile (Gräber 283, 465) ins Grab kamen, liefern die jeweils kombinierten Beigaben und Befunde nicht. Auffällig ist, dass nur die beiden Helme vom Typ Hallstatt mit Phalerae kombiniert niedergelegt wurden; sie sprechen für eine lokale „Tracht". Die vielleicht sekundäre Verwendung oder Nachbildung von Schüsselhelmscheiben als Fibeln in Grab 83 hat möglicherweise religiöse Wurzeln, weil man sich die Kraft und das Symbol des Helmes in den Fibeln (weiter)wirkend vorstellte, was an anderer Stelle bereits ausgeführt wurde[1231].

Rückschlüsse auf die Größe der Helme Hallstatts erlauben die Befunde in keinem Fall, zwei Helme in einer Bestattung (wie in Verucchio-Lippi, Prov. Rimini, Reg. Emilia Romagna Grab 89 oder Matelica-Crocifisso) sind nicht bezeugt. Beide Punkte verdeutlichen andernorts den sozialen Charakter einiger Exempla-

---

1225 Nachweise z. B. bei Gleirscher 1993, 55 ff. (Liste 1, 3); zu (alpinen) Depots mit Gürteln: Wamser 2002; Sydow 1995, 8-31. Egg 1996A, 335.
1226 Liste bei Barth 1980. Bei den dort verzeichneten „Phalerae" aus Grab 236 handelt es sich um zwei Teller (s. Absatz 4.1.2).
1227 Fath/Glunz-Hüsken 2011.
1228 Glunz-Hüsken 2013, 15 ff.
1229 Vergina z. B. erbrachte diesbezüglich keine Hinweise: Bräuning/Kilian-Dirlmeier 2013.

1230 Truhelka 1904, 99.
1231 Glunz-Hüsken 2013.

re[1232]: Übergröße mindert nämlich die Funktionalität erheblich und berechtigt zu der Frage, ob hier wirklich kampftaugliche Krieger bestattet wurden oder die Helme nicht eher ausschließlich und augenscheinlich als symbolisch-kriegerische Prestige- oder Statusobjekte zu gelten haben.

Im Gegensatz zu der bei einigen Schüsselhelmen nachweisbaren Praxis der Zerlegung, gab man die Ganzmetallhelme der Gräber 259 und 994 – wie auch andernorts üblich und ohnehin naheliegend – komplett neben dem Kopf deponiert ins Grab. Religiöse Embleme, die als plastische Kammhalter in Form gefiederter Oranten und kleiner Pferde aus Italien und Slowenien überliefert sind[1233], trug das ostalpine Stück (Bestattung 259) nicht. Der frühlatènezeitliche Krieger aus Hallstatt 994 ist im Gegensatz zu den älteren, nach südostalpinem Muster ausgestatteten mit einem („westlichem", keltischem) Schwert[1234] und – pars pro toto für ein Symposium – einem Infundibulum, dargestellt. Die Position dieses seltenen Gelageutensils neben dem Kopf unterstreicht nach M. Egg die soziale Stellung des Bestatteten[1235], ein Indiz, das nicht zwingend auch für den Helm gelten muss, weil diese Fundlage für einen Helm nahe liegt und Schutzwaffen gewöhnlich neben dem Toten abgelegt wurden. Hier spricht naturgemäß eher der Helm an sich für die gesellschaftliche Kennzeichnung.

Setzte man beschriebene Grabbeigaben aus helmführenden Inventaren des Hochtals in bekannte, allerdings sicher typisierte Bilderzählung um, hätten wir in Hallstatt mit Helm und Lanze ausgerüstete Fußsoldaten ohne Metallschild vor uns (Situla Providence, Certosa, Benvenuti, Arnoaldi, Gürtelblech Vače). Helm und Beil tragen die beiden Reiter des oberen Frieses der Certosa-Situla; die wenigen Nachweise für die symbolische Mitbestattung von Pferden in Hallstatt (Reiter?)[1236] entfallen jedoch nicht auf Helmgräber (Pferdezähne in Grab 14/15, 181 s. o.), sodass eine in allen Punkten übereinstimmende „Übersetzung" – ebenso wie die Identifikation der Schüsselhelme auf den Situlendenkmälern –[1237] erwartungsgemäß nicht wirklich gelingt. Dabei bleibt offen, ob dies auf schlechte Erhaltungsbedingungen z. B. rein organischer Schilde[1238], die wenig wahrscheinliche, aber mögliche Nichtexistenz von Pferden im ungünstig exponierten Hochtal oder auf eine grundsätzlich abweichende regionale, hallstättisch-assimilierte Rüstung[1239] und Bewaffnung zurückzuführen und der starken Idealisierung der Bildszenerien mit zum Teil nachweislich veralteten Prestigegütern[1240] geschuldet ist. Letzteres ist wohl ein rückgreifendes Mittel, die dargestellten Inhalte durch die Vergangenheit, letztlich die heroisierten Ahnen, zu bekräftigen und somit seinen sozialen Stand zu unterstreichen. Ob Pferde als Lastenträger und/oder Reittiere im Hochtal eingesetzt, Pferdefleisch am Grab verspeist und die Schädel oder Teile davon symbolisch mitbestattet wurden (s. Kap. 3.10), wird ggf. eines Tages die Auswertung der Tierknochen der Grabung Kern erhellen.

1232 Zwei Helme in Verucchio-Lippi Grab 89, die anthropologische Bestimmung ergab die Bestattung *eines* adulten Mannes: Gentili 2003, Taf. 151; 152; von Eles 2002, 286-289. - Übergröße: Vejo-Casale del Fosso Grab 871: Müller-Karpe 1974, 89 ff. besonders 95; Lippert 2011, 72; Budinjak Grab 139/6: Egg et al. 1998, 444; Šimek 2007, 145 ff. - Die Durchmesser einiger griechischer Helme ergeben dagegen realistische Kopfumfänge von 19 cm-24 cm: Buchholz 2010, 201 ff.
1233 Egg 1986, Abb. 71,2-3; 9; 103-105; 108; 111-112; 115-116; 118-119; 133; 1988A, 228 Abb. 7 (Buckelhelm).
1234 Egg et al. 2006, 182 ff.
1235 Egg et al. 2006, 205.
1236 In Slowenien weist öfters vergesellschaftetes Pferdegeschirr in Schüsselhelmgräbern auf Reiterbestattungen hin. Egg et al. 1998, 465.
1237 Zu erwägen bei den Soldaten auf der Situla Bologna-Certosa, oberer Fries links, auf der Situla Magdalenska gora II/1893, zweiter Fries von oben, linker Beobachter der Faustkämpfer, und dem Helmfragment mit zusammengesetzter Kalotte aus Magdalenska gora-Laščik Grab 4/1: Turk 2005, 47 Abb. 67 Kat.-Nr. 21.
1238 Gegenständliche heimische hallstattzeitliche Schilde sind aus dem Hochtal nicht überliefert. Sie dürften ausschließlich aus organischen Materialien gefertigt gewesen und ihre geringen Reste den Ausgräbern entgangen sein, woran der Befund vom Dürrnberger Ha D3-zeitlichen Schildgrab 373 denken lässt (Egg et al. 2009). Bekanntlich bezeugen einige herausragende Ha C- und D-zeitliche Plastiken und Bilder sehr wohl Schilde: Die Reiterkrieger auf dem Wagen von Strettweg, die Kämpfer auf den Blechgefäßen von Kleinklein -Pommer- und -Kröllkogel (Ovalschild), das Kriegerfigürchen auf einem Gefäß aus Gemeinlebarn, Bez. St. Pölten, Niederösterreich Hügel 3 (ebenfalls Ovalschild), die beiden Kämpfer auf dem Wagen des Sofas von Hochdorf, ihr Pendant mit übergroßem Ovalschild aus Grabowo, Woj. Gdańsk, Polen, die Schilde der Fußkämpfer auf dem latènezeitlichen Schwert aus Grab 994 aus einer Zeit, in der die gegenständliche Überlieferung verstärkt wiedereinsetzt (allgemein dazu Starý 1981A; Dürrnberg Grab 203: Moser et al. 2012, 42 ff.; 182).
1239 Glunz-Hüsken 2008, 37 Anm. 25. Dazu Schumann 2012, 52 Anm. 107.
1240 Zusammenfassend Tomedi 2002, 209.

5.3 Lederkoller mit Nagelbesatz?

Bekanntlich sind aus dem West- und Ostalpenraum Ganzmetallpanzer überliefert[1241]. Sie beschränken sich dort auf reichere männliche Bestattungen. Für Hallstatt erwog F. E. Barth im Zusammenhang mit Phalerae das Vorhandensein von panzerartigen Rüstungen, was jedoch von der Forschung abgelehnt wurde[1242]. Aus Hallstatt Grab 25/1871 ist indes ein nagelbeschlagenes Leder bezeugt, das als eine Art Panzer interpretiert werden kann. Die Grabskizze und -beschreibung von I. Engl zu dieser Ha C-zeitlichen männlichen Körperbestattung (Ärmchenbeil, Schüsselhelm, Lanze, Nadel) im Oberösterreichischen Landesmuseum Linz dokumentiert ein mit Nägeln besetztes Leder, das den gesamten Oberkörper der Leiche bedeckte und auf dem auf der linken Brustseite die Zentralscheibe eines Schüsselhelms mit anhaftenden Nägeln gefunden wurde (Abb. 103 s. Taf. 7-103). Isidor Engl schreibt: „... *und über die ganze Brust zum Theil noch gut erhaltene ganz nebeneinander gelegene Bronzenägl, worauf an der linken Brustseite eine bronzene Schale lag; Die Nägl waren in schwarzer Erde gesteckt, und es dürfte das Ganze ein Panzer gewesen sein, deren Unterlage vermorscht war.*"[1243]

Man hat also offenbar auf ein mit Nägeln beschlagenes rechteckiges Leder einen optisch und funktional dazu „passenden" Helm (wahrscheinlich mit der offenen Seite nach oben) niedergelegt. Die Nägel sowohl in Kombination mit dem Leder als auch mit dem Schüsselhelm sprechen für einen wehrhaften Charakter des Ensembles. Angaben über die Unterlage, auf die Leiche ruhte (also die Rückseite des Panzers – getragen postuliert), fehlen aber leider ebenso wie heute die Nägel selbst. Daher kann nicht völlig ausgeschlossen werden, dass die flächig verteilten Nägel vom Helm stammen. Ein Verrutschen der Helmbenagelung über den Oberkörper hinweg schließt die offenbar dichte und geschlossen-rechteckig scheinende Verteilung aber ebenso aus, wie die nach der Zeichnung offenbar geordnete Situation der anderen Beigaben, die andernfalls ja ebenso hätten verlagert sein müssen, wenngleich die Idealisierung mancher Skizze nicht von der Hand zu weisen ist. Denkbar wäre außerdem ein mit ähnlichen, aber kleineren Nägeln flächig verziertes Ledergewand (ähnlich den Gürteln der Gräber 511 und 839) bzw. dessen Vorderseite, wobei dann ein wehrhafter Zug nicht zwingend gegeben zu sein bräuchte. Auch diesen Fall könnte man mit dem Argument entkräften, es seien nicht zwei verschiedene Nagelgrößen oder -sorten (von Helm und „Panzer") erwähnt – ein spekulativ bleibender Gedanke. Blecherne Krempenphaleren, von F. E. Barth als Panzerbesätze erwogen, sind in diesem singulären Grab und in Zusammenhang mit dem benagelten Lederkoller jedenfalls nicht bezeugt.

Es bleibt festzuhalten, dass in Grab 25/1871 erstmals mit hoher Wahrscheinlichkeit der Nachweis eines lokal gefertigten, teilorganischen Rüstobjektes der Hallstattzeit gelingt. Parallelen zu seiner offenbar spezifischen, von Schüsselhelmen bekannten Technik der Benagelung für wehrhaften Charakter sind nicht bekannt[1244]. Obwohl dieses Element in Hallstatt und darüber hinaus offenbar singulär bleibt, hebt sich die übrige Ausstattung des Mannes nicht aus der Masse der „Krieger" durch eine Überausstattung, Metallgeschirr, Status- oder Prestigeobjekte oder symbolische Beigaben heraus und ist, sozial betrachtet als sehr „durchschnittlich" zu bezeichnen.

Die diversen Helme, z. T. auch auf mythischinspirierten Bildfriesen bezogen, und ein vermutlich panzerartiges Objekt Hallstatts dienten primär dazu, einen wehrhaft-kriegerischen Zug und zugleich auch die soziale Stellung ihrer männlichen Träger zu kennzeichnen. Die klare südostalpine Orientierung einer Objektgattung Hallstatts (Schüsselhelme) spiegelt sich darüber hinaus nur in bestimmten Fibeln[1245], wobei die leibliche Herkunft der entsprechend Bestatteten offen bleiben muss. Die Objekte an sich zeigen – beispielsweise im Vergleich zu den Dolchen – keine religiösen Zeichen oder Embleme. Ob ihre fallweise Zerlegung mit einem religiösen Akt oder Ritual verbunden war, bleibt unbekannt und stellt offenbar bislang eine auf das Hochtal beschränkte Eigentümlichkeit dar, die „magisch" oder auch rein wirtschaftlich begründet sein kann[1246], wobei „Magie" hier einerseits intentionelle Zerstörung, andererseits beabsichtigte Wiederverwertung religiös konnotierter Objekte umfassen kann.

1241 Zu den Panzern des Osthallstattkreises Hansen 2007, 173-185.
1242 Barth 1980; zusammenfassend Hansen 2003, 27 ff.
1243 Kromer 1959, 212.
1244 Dazu Hansen 2003, 29 ff. (zu Panzern aus organischem Material der Hallstatt- und Latènezeit).
1245 Glunz 1997.
1246 Glunz-Hüsken 2013.

5.4 Pfeile, Geschossbolzen und Köcher – Die gegenständliche Kennzeichnung von Jägern

Die Beigabe von Pfeilspitzen steht, ebenso wie jene von Wagen und diversem Gelagegeschirr (inklusive Trinkhörnern, Bratspießen) in heimisch-bronzezeitlicher Tradition, hat aber gleichwohl religiöse Bedeutung, weil die Jagd beispielsweise auf Boviden (Hörner) das Privileg einer bevorzugten Bevölkerungsschicht war, die dieses Recht mit ihren „göttlichen" Wurzeln begründete[1247]. *„Durch die Tatsache, dass der Herrscher seine Legitimation und seine Kräfte auch durch den Willen der Götter bezog (…), erhielt die Tätigkeit der Jagd auf der anderen Seite eine religiöse Aura, die sie von einer rein profanen Handlung, deren Zweck ausschließlich in der körperlichen Ertüchtigung und der Unterhaltung des Königs lag, abhob und auf eine höhere Stufe stellte. Diese religiöse Bedeutung war das beherrschende Element in der Jagd des Herrschers sämtlicher Kulturen des Vorderen Orients (…) fand die Herrscherjagd auch in mehrere Mythen Eingang, in denen die beabsichtigte Gleichstellung des Königs mit einer Gottheit augenfällig ist; dementsprechend wurde auch die Jagd des Herrschers durch diese religiöse Konnotation auf eine höhere Ebene gehoben"*[1248]. Urartäische Gürtel veranschaulichen diesen, dort freilich aus älterer Quelle bezeugten, ideellen Hintergrund im Besonderen, weil das Thema Jagd hier eine dominierende Rolle spielt: Man sieht mit Pfeil und Bogen gerüstete Jäger auf einem zweirädrigen Wagen, auf dem Pferd agierende Bogenschützen und bezeichnenderweise geflügelte Mensch-Vogelwesen, gleichfalls mit Pfeil und Bogen, die den mythisch überhöhten Aspekt der Jagd vertreten[1249]. Jagd erforderte Mut, gleichgültig mit welchen Mitteln, weshalb Ch. Huth Bilder von der Jagd im übertragenen Sinn als *„Bewährungsprobe in der Wildnis"*[1250] des entsprechend Bestatteten auffasst, dessen Heldentaten auf diese Weise in Erinnerung gerufen und verewigt werden – eine Deutung, die über den sozialen Privilegienaspekt hinausgeht und auf Initiationsriten anspielt, über die jedoch archäologische Zeugnisse keine Auskunft geben. Dieser Interpretation widerspricht der praktische Zweck kaum, der von der Nahrungsergänzung (einschließlich der Vogeljagd)[1251] über den Schutz der Felder bis zu sportlichen Wettkämpfen (auf den Situlendenkmälern nicht bildlich belegt) reicht[1252]. Rotwild ist in Hallstatt z. B. in Grab 236 belegt, auch zahlreiche Eber- (z. B. aus den pfeilführenden Gräbern 13/1939, 13/1995, 841) und Bärenzähne sowie vermutlich das Bärenfell aus der Grabung 2010 könnten u. a. die Jagd mit Pfeil und Bogen nahelegen[1253], obgleich die Situlen-Bildquellen hier schweigen. Bärenzähne in den Kindergräbern 3/1938, 139, 428 und 535 zeugen einerseits von erlegten Tieren, deren Herkunft und Todesursache (durch Lanze, Beil oder Pfeil und Bogen) freilich im Dunkeln bleiben, andererseits wohl von der Absicht, Kinder durch Stärke vermittelnde Amulette zu schützen, worauf bereits L. Pauli aufmerksam machte. Sie kommen darüber hinaus auch in vermuteten Erwachsenengräbern vor (2-3/1938, 468, 34/1872)[1254].

Drei Arbeiten jüngeren Datums beschäftigen sich zum Teil umfassend mit den formalen Grundlagen der Fundgattung[1255]. Leif Hansen berücksichtigte 2010 darüber hinaus die wesentlichen bildlichen Jagd- und Kriegsdarstellungen der Situlendenkmäler, die allerdings verschiedenste Waffen veranschaulichen (auch Beil und Lanze), insbesondere um herauszufinden, ob es sich bei Pfeil und Bogen um Jagd- oder Kriegsgerät handelt, was allerdings – wie der Autor zu Recht abschließend einräumt[1256] – nur sehr beschränkt gelingen kann, weil die Bilder „sakrale" Kunst zeigen, die in religiöser Haltung wurzelt. Markus Egg hingegen erachtet die Pfeile aus dem Panzergrab von Stična-Vrhpolje und jene aus dem Kröllkogel eher als Jagd-, denn als Kriegswaffen[1257]. In sieben eisenzeitlichen Bildquellen werden Pfeil und Bogen dabei bezeichnenderweise

---

1247 Eckhardt 1996, 109 ff.; Kull 1997, 323 ff.; Echt 1999, 218; Seyer 2007; Müller-Karpe 2009, 100; Buchholz 2010, 297 (Literatur zu religionsgeschichtlicher Symbolik von Pfeil und Bogen); Buchholz et al. 1973, 99 ff.
1248 Seyer 2007, 36.
1249 Kellner 1991, besonders 3.
1250 Huth 2003, 256; s. auch Hansen 2010, 183 f. mit weiterer Literatur.
1251 Kull 1997, 327 f.
1252 Eckhardt 1996, 135; Hansen 2010, 176 f.
1253 Aufzählung der jagdbaren Wildtiere aus bronzezeitlichen Siedlungen bei Eckhardt 1996, 109 f. – zum Fell als „Kult-, Standes- oder Zugehörigkeitsmerkmal": Buchholz 2012, 99-104. Vgl. auch Beermann 2016, 72-75 (Deutungsmöglichkeiten der Beigabe von Bärenfellen in Gräbern: Jagd, Prestige/Status, religiöse Gründe).
1254 Pauli 1975A, 130.
1255 Eckhardt 1996; Stöllner 2002, 133 ff.; Hansen 2010, 171 ff.
1256 Hansen 2010, 183 f.
1257 Egg/Kramer 2013, 121 mit älterer Literatur zur Diskussion, ob Jagd- oder Kriegswaffe.

stets zur Rotwildjagd eingesetzt, Nesactium 1981 zeigt einmalig eine Kampfszene mit fliegenden Pfeilen und einem Bogenschützen[1258]. Die Jagd auf Bären und Eber wird auf diesen Bildern ausschließlich durch Beil und Lanzen illustriert, allerdings verwundert es nicht, dass diese beiden Waffenarten (sog. kalte Waffen) wiederum auch bei der Rotwildjagd eingesetzt werden (Lanze und Pferd: Gürtelblech Zagorje). Etwas jünger, nämlich ins 5. oder 4. Jh. v. Chr. datiert ein vergoldetes Silberblech eines thrakischen Gürtels aus Lovec, Bez. Stara Zagora, Bulgarien. Es zeigt symmetrisch verdoppelt die Jagd auf zwei Eber durch mit Lanzen und Schild ausgestattete Reiterkrieger, wiederum flankiert von zwei unberittenen Bogenschützen mit Reflexbogen und phrygischer Mütze (Abb. 104,1). Emilian Teleaga stellte derartige in Kriegsbewaffnung reitende Jäger als Spezifikum der thrakischen Kunst heraus[1259]. Der Hund als Jagdhelfer und die Zipfelmütze der Schützen erinnern indes an das Gürtelblech aus Molnik 3/10[1260]. Wie lange und weit dieses Sujet mit erstaunlich ähnlichen Elementen tradiert wurde und dass es damit vermutlich eine gemeinsame Legende belegt (zu Recht wohl als *„herrschaftliche Legitimationsriten"* angesehen[1261]), demonstrieren die Darstellungen auf einem bronzezeitlichen Elfenbeinsiegel aus Knossos (Hund begleitet Bogenschützen, Baum, Steinbock/Widder) und auf einem gegenüber den Situlendenkmälern gleichfalls viel älteren Siegel aus Assur (13. Jh., Bogenschütze, Baum, Wild)[1262]. Stark orientalisch beeinflusst zeigt sich das Jagdmotiv auf einem phönizischen Edelmetalltablett aus Palestrina-Tomba Bernardini, Reg. Latium (erste Hälfte 7. Jh.: zwei Hirsche, zwei Bogenschützen mit Helm, Baum, Vögel)[1263]. Der auf einem Berg mit „Schuppen" – einem charakteristischen Merkmal des bildlich dargestellten Wohnorts der Götter im Vorderen Orient, stehende Schütze in neu-assyrischem Ornat mit Tiara könnte daher ein Jagdgott sein, den der kniende, schlechter gekleidete Schütze um Jagderfolg bittet (Abb. 104,2)[1264]. Hier zeigt sich also unmittelbar vorderorientalisches Erbe im Italien des „Orientalizzante".

Entgegen früherer Einschätzung ist heute deutlich, dass auch weniger prunkvolle und schlichter ausgestattete Inventare Pfeile enthalten, reale Jagdausstattungen oder symbolisch lesbare einzelne Pfeilspitzen also nicht ausschließlich Kennzeichen sozial gehobener oder höchster Personen sein müssen, was sich z. B. auch innerhalb Hallstatts bestätigt. Auffällig ist dort, dass von zehn pfeilführenden Gräbern vier[1265] auch Goldschmuck enthalten (von 32 Bestattungen, die Gold oder vergoldete Objekte führen), davon drei mit einzelnem Ohr- oder Armring, denen ein insignienhafter Charakter zugeschrieben wird, ohne diesen zu spezifizieren[1266]. Einzig L. Pauli erwog einen religiös-sexuellen Bezug[1267], weil (paarige) Ohrringe eigentlich zur Frauentracht gehören und die derart bestatteten Männer sich somit offenbar über die sozialen Gepflogenheiten hinwegsetzen konnten. Die Schlichtheit der meisten Ringe erschwert eine Interpretation (im Gegensatz z. B. zu frühlatènezeitlichen Ringen mit Masken, die als Bilder von Göttern gesehen wurden[1268]). Martin Schönfelder schränkte ihren statusanzeigenden Charakter bereits ein, weil goldene Ohrringe auch in einfacheren Gräbern belegt seien und die mehr oder weniger entwickelte Sozialstruktur ihres Fundortes berücksichtigt werden müsse[1269].

Betrachtet man das genannte Zahlenverhältnis überregional[1270], bestätigt es sich: Von 21 hallstatt- und latènezeitlichen Bestattungen mit Goldbeigabe und Pfeilspitzen (oder Bogen/Köchern) aus dem

---

1258 Ziste XIII Kröllkogel, Situla Arnoaldi, Situla Dolensko Toplice, Schale Dürrnberg Grab 137, Situla Novo Mesto III/12, Situlen Nesactium Grab 12 und 1981, Keramikgefäß Łazy, Kr. Wohlau, Niederschlesien und gegenständlich ohne Beute am Wagen von Bisenzio; Hansen 2010, 180-183; Eibner 2004, 624 f.
1259 Venedikov/Gerassimov 1973, 350; Goldschätze der Thraker 1975, 61 Nr. 173; Kull 1997, 296 ff. mit weiterer Literatur; Teleaga 2015, 122-129.
1260 Turk 2005, 58 Abb. 87.
1261 Kull 1997, 299.
1262 Beide Turk 2005, 33 Abb. 46; 47.
1263 Turk 2005, Abb. 18; 48.
1264 Ich danke B. Otto, Innsbruck, für Ihre Auskunft. S. auch Otto 2012.
1265 Die Bestattung mit Goldohrring (97/2009) aus Hallstatt liegt nur als Vorbericht vor und wird daher hier nicht berücksichtigt. Es ist offen, ob sie einen oder mehrere Pfeile enthält.
1266 Schönfelder 1998; Teržan 2003 (berücksichtigt nur Frauen mit goldenen Ohrringen).
1267 Pauli 1973, 131 f.: „.... *religiös kultisch bestimmter Übernahme weiblicher Trachtelemente*"..., „.... *bisexuelle Elemente in der Religion* ...".
1268 Im Gegensatz zu den frühlatènezeitlichen Ringen mit Maskendarstellungen, die als Götterfiguren angesprochen wurden. Echt 1999, 220 ff.
1269 Schönfelder 1998, 405; 408.
1270 Belgien, Deutschland, Frankreich, Österreich, Polen, Schweiz, Tschechien.

Großraum¹²⁷¹ kommen allein vier aus Hallstatt, wobei einschränkend die generell hohe Anzahl an Bestattungen im Hochtal in Rechnung gestellt werden muss und sich unter den 21 überregionalen auch exzeptionell reiche befinden (u. a. Hochdorf, Schwarzenbach, Gde. Nonnweiler, Kr. St. Wendel, Saarland, Glauberg Hügel 1, Grab 1), die sich daher nicht unmittelbar zum Vergleich eignen. Fokussiert man die übrigen genauer, lässt sich nur das Ha D1-zeitliche Grab aus Mussig, Dép. Bas-Rhin, (mit Pfeilset und goldenem Ohrring)¹²⁷² als Parallele zu den hallstättischen anführen, was aber wohl kaum auf einen individuellen, punktartigen Kontakt zurückzuführen ist, weil es älter datiert und Hallstatt wohl keine direkten Handelsbeziehungen ins Elsass unterhielt¹²⁷³.

Wie beinahe alle Befunde, so liefern auch diejenigen der Pfeile und der seltenen Bögen und Köcher kaum eine unmittelbar religiös interpretierbare Aussage. Die hierfür von B. Kull genannten Beispiele (wie nach den Himmelsrichtungen ausgerichtete Pfeile) bleiben auf einzelne skythische Gräber, Mesopotamien und Griechenland beschränkt¹²⁷⁴. In diesem Zusammenhang erwähnenswert ist der für die Praxis untaugliche, mit goldenen Emblemen besetzte Bogen aus dem modern gegrabenen skythischen „Fürstenkurgan" aus Aržan 2, Rep. Tuwa, Russland. Vermutlich wurde er so wie die verschiedenen Pfeile mit Gold- und Silbereinlagen nur für die Bestattung angefertigt, denn er würde beim Spannen brechen¹²⁷⁵, und sein Besitzer somit auch als heroisierter Krieger und Jäger dargestellt.

Aus Hallstatt sind zehn Gräber mit Pfeilspitzen¹²⁷⁶ und einer bronzenen konischen Spitze überliefert. Dabei handelt es sich um verschiedene Formen: Geflügelte Bronzepfeilspitzen mit Tülle (Gräber 9, 11/1889, 61/1872, 393, Stöllner Form 1, Eckhardt Typ 4/Variante A), eine blattförmige, schlanke bronzene Pfeilspitze ohne Tülle (Grab 174, Stöllner Form 3¹²⁷⁷), zwei dreiflügelige vom graecoeurasischen Typ (Gräber 68, 83/1973, Stöllner Form 5, Eckhardt Typ 9/Variante A; Typ 7) und der bronzene „Geschossbolzen" aus Grab 13/1939 (Stöllner Form 6, Eckhardt Sonderform 1/Variante A). Mindestens zwanzig eiserne stark korrodierte Pfeilspitzen aus Bestattung 15/1938 entziehen sich einer genaueren Klassifikation; ebenso jene aus Inventar 13/1995, die bislang lediglich in einem Vorbericht beschrieben wurden¹²⁷⁸. Nur vier Gräber enthalten mehrere metallische Spitzen und könnten daher eindeutig die reale Möglichkeit und das Privileg der Personen belegen, eine Jagd zu unternehmen, nämlich die männlichen Bestattungen 11/1889, 13/1939, 15/1938 und 13/1995. In allen anderen lagen die Pfeile offenbar einzeln. Nicht ausgeschlossen ist in allen Gräbern das Vorkommen rein hölzerner und beinerner Spitzen¹²⁷⁹, die zusammen mit ihren Schäftungen, den Bögen und organischen Köchern bzw. deren organischen Bestandteilen vollständig vergangen oder durch den Ritus der Brandbestattung zerstört wurden. Dies belegten insbesondere Befunde einzelner Geschossbolzen, die nämlich in 50 % der Fälle mit anderen Pfeilspitzen kombiniert waren¹²⁸⁰, so wohl auch in Hallstatt (s. u.). Bei den Geschossbolzen sei an ihren Einsatz als mögliche Test-, Einschieß- oder Übungsobjekte erinnert, aber gerade dann machte ein Einzelstück jagdtechnisch gesehen keinen Sinn, wie H. Eckhardt überzeugend erläuterte¹²⁸¹. Schließlich ist die reduzierte Beigabe einer einzelnen konischen Spitze auch symbolisch lesbar. Zusätzlich erschwert die unsichere Quellenlage die Beurteilung einiger Inventare Hallstatts, wobei F. R. Hodson insbesondere die Geschlossenheit der Gräber 174 und 68 bezweifelt. Auch Brandbestattung 83/1873 ist mit Vorsicht zu betrachten (s. u.). Bemerkenswert ist das Vorkommen von Pfeilspitzen in den – nach archäologischer und quellenkritischer Analyse – sicheren Frauengräbern 9 und 393¹²⁸². Schließlich sind noch einige Einzelfunde zu nennen¹²⁸³.

1271 Hansen 2010, 235 ff. Liste Nr. 1: Ha-zeitlich sind: Nr. 2.12.87.121.156.175.177.180.184.185.202.212.219.229; LT: 7.11.16.27.33.42.112.
1272 Hansen 2010, 248 Nr. 121.
1273 Am Beispiel der Fibeln: Glunz 1997; Glunz-Hüsken 2008; Dörrer 2002; Pabst 2012 (Brillenfibeln).
1274 Kull 1997, 324 f.
1275 Parzinger 2010, 218.
1276 Hinzu kommt das noch unpublizierte und deshalb hier nicht berücksichtigte Kinderbrandgrab 82/2004 (Fibel, Pfeilspitze, drei Armreife, Bronzering; anthropologisch untersucht): Kern 2010, 81.
1277 Von Eckhardt 1996, 416 fälschlicherweise Typ 4, Variante A zugeordnet. Irrig weist Hansen 2010, 307 auch die Pfeilspitze aus Grab 174 seinem Grundtyp 4 zu; sie besitzt aber keine Tülle, ist blattförmig und gehört daher seinem Grundtyp 2 an.
1278 Kern 1999.
1279 S. Liste bei Eckhardt 1996, 306.
1280 Hansen 2010, 308 f.; Eckhardt 1996, 158.
1281 Eckhardt 1996, 157 f.
1282 Unverständlich bleibt der Hinweis Eckhardts (1996, 283 Kat.-Nr. 460) bezüglich der Pfeilspitzen dieser beiden Gräber.
1283 Eckhardt 1996, 283 Nr. 458-460.467; Fundber. Österreich 34, 1995, 669. - Ob Bestattung 97/2009 mit dem

Markus Egg bildete 1985 ein fragmentiertes eisernes Randblech mit Bronzenägeln ab, das möglicherweise Bestandteil eines röhrenförmigen Köchers war[1284]. Das Stück wird ohne Grabnummer im Linzer Landesmuseum aufbewahrt. Holger Eckhardt verweist darauf, dass bei einer größeren Pfeilmenge und entsprechendem Befund die Existenz eines Köchers angenommen werden kann[1285], wofür sich Hügel 1 vom Dienstberg, Gde. Berg im Attergau, Bez. Vöcklabruck, Oberösterreich, evtl. Wehringen, Kr. Augsburg, Schwaben, Hügel 8 oder das Köchergrab aus Todtenweis-Sand, Kr. Aichach-Friedberg, Schwaben als räumlich nächste Belege anbieten[1286]. Lediglich die hallstättischen Körpergräber 11/1889 und 13/1939 bieten diesbezüglich einen „passenden" Befund, weil die Pfeilspitzen neben dem linken Arm (11/1889) und an den Fersenknochen des Skeletts beobachtet wurden, was zwei der üblichen Trageweisen von Köchern entspricht (an der linken Seite am Gürtel/ in Hüfthöhe; auf dem Rücken/neben dem linken Arm)[1287]. Ein metallischer Gürtel und ein zum Nachschärfen notwendiger Wetzstein[1288] sind in Bestattung 11/1889 ebenfalls vorhanden (Wetzstein auch in den Gräbern 13/1995, 15/1938). Bronzezwecken, die wie in Hohmichele Grab 6 den Köcher zierten, sind aus keinem Pfeilgrab des Hochtals bezeugt[1289].

Aus sechs Körpergräbern Hallstatts liegen einschlägige Befundbeobachtungen vor, wobei eine bei diesen Waffen übliche und funktional gerechte Deponierung (neben dem Körper) nur in zwei Fällen (Gräber 11/1889, 13/1939) vorhanden war. Die Befunde aus Grab 9 (auf der Brust) und evtl. 61/1872 könnten als symbolische Pars pro toto- oder Amulettbeigaben gedeutet werden, zumal es sich um einzelne Pfeilspitzen handelt. Über die Gräber 68 und 15/1938 existieren diesbezüglich keine Angaben.

Um die Ausführungen anschaulicher zu machen, wenden wir uns nun drei Fallbeispielen zu.

Dem mit 11/1889 bezeichneten, während Ha D2 körperbestatteten Mann legte man folgende Beigaben ins Grab: Einen Bronzedolch mit entwickelter Knauf- und Scheidengestaltung Variante Aichach, drei oder vier Lanzenspitzen (davon eine mit 14,5 cm die anderen von 35 cm Länge)[1290], acht eiserne Pfeilspitzen mit Tülle und Widerhaken (ohne Abbildung; Stöllner Form 1), einen Wetzstein, ein Griffplattenmesser mit verziertem Beingriff, ein glattes Gürtelblech vom Typ Inneringen (unter dem der Dolch lag – somit wurde die Waffe ohne Aufhängung einfach mit dem Gürtel fixiert), zwei bronzene vierkantige Ringe vermutlich zur Befestigung des Dolches, eine Kniefibel, einen Anhänger mit Knochenschmuck und einen offenen goldenen Drahtring mit zusammengebogenen Enden, der sich in der Halsgegend befand, also wohl als Ohrring getragen wurde[1291]. Im Gegensatz zu den zeitlich langlebigen Pfeilspitzen, die vom Elsass über das Inn-Salzach-Gebiet und von Böhmen bis nach Slowenien streuen[1292], zeugen das Gürtelblech, der Dolch und die Kniefibel von der formenkundlich eher süddeutschen Orientierung der Ausstattung. Erwähnenswert ist die Beobachtung A. Mahrs, der die Verschnürung der Spitzen mit den Schäften und Holzreste erwähnt. Die Pfeile lagen neben dem linken Arm. Ob die kleinere Wurflanze und die längeren Stoßlanzen bei der Jagd zum Einsatz kamen oder als ideell kriegerisches Zeichen aufgefasst wurden, bleibt unbekannt.

Etwas jünger dürfte die bereits in die Frühlatènezeit weisende Körperbestattung 15/1938 datieren, was u. a. ein Gefäß aus Graphitton andeutet. Der als adulter Mann (20-30 Jahre) bestimmte Tote war ebenfalls mit einem offenen goldenen Ohrring[1293], einem bronzenen Armring, zwei mutmaßlichen eisernen singulären Fibeln (?) und einem Steinanhänger ausgestattet. An Gerät sind aufzuführen: Mindestens zwei Lanzenspitzen, ein Messer und ein Wetzstein, ein vierkantiger Bronzestab und wenigstens 20 Pfeilspitzen, die wegen starker Korrosion nicht näher eingeordnet werden können. Ob es sich dabei um ungleiche Spitzen handelt, also

---

Goldohrring auch Pfeilspitzen enthält, ist noch unbekannt.
1284 Egg 1985A, 305 Abb. 27,2.
1285 Eckhardt 1996, 79.
1286 Trebsche 2008; Hennig 2001, 54 f. Taf. 66. Ein mutmaßlicher Köcher in Deisenhausen, Kr.Günzburg, Schwaben: ebd. 55; zwei weitere Gräber mit Pfeilspitzen ohne Köcher: Blesl/Preinfalk 2008, 62; Nikulka 1998, 72 f. (Riedenburg-Untereggersberg, Kr. Kelheim, Niederbayern Grab 32 enthielt sechs eiserne Pfeilspitzen, vielleicht auch einen Köcher).
1287 Eckhardt 1996, 93 Punkt 2 und 3.
1288 Eckhardt 1996, 158.
1289 Rieck 1962, 153 Beil. 3.

1290 Abweichende Angaben bei Mahr 1914 und Kromer 1959.
1291 Schönfelder 1998, 416; Hansen 2010, 120 Typ 2a mit Anm. 594.
1292 Hansen 2010, 173 Karte 28.
1293 Schönfelder 1998, 416; Hansen 2010, 120 Typ 2a mit Anm. 594.

wahrscheinlich Jagdpfeile vorliegen[1294], ist daher ungewiss. Auch die Funktion des Bronzestabes bleibt unklar, weicht er doch in Maß und aufgrund fehlender Schäftungsbelege von der auch deutlich längeren Eisenspitze aus Hochdorf ab, die als Opfergerät gedeutet wurde[1295].

Ebenfalls als quellenkritisch unbedenklich gilt das Ha D2-zeitliche Körpergrab 13/1939, obwohl die wenigen Skelettreste möglicherweise zum Teil verlagert waren. Dabei handelte es sich nach anthropologischer Bestimmung um einen 20-25 Jahre alten Mann. Auch er trug ein einzelnes goldenes Schmuckstück am linken Arm, nämlich ein längsgeripptes Goldarmband mit Scharnierverschluss, das eine enge Parallele im Dürrnberger Grab 256 findet (Abb. 72)[1296]. Darüber hinaus verfügte er über drei Situlen, einen Dolch mit entwickelter Knauf- und Scheidengestaltung Variante Ludwigsburg, einen Fuß- und einen Fingerring, vielleicht einen bronzenen Ohrring (s. Kapitel 6), wohl zwei Fibeln (nicht bestimmbar), außerdem ein Tüllenbeil, ein Messer, besagten bronzenen Geschossbolzen und mehrere bronzene und eiserne „Lanzenspitzen" am Fersenbein, die jedoch nicht abgebildet vorliegen. Lediglich die Länge einer der bronzenen Spitzen wird mit 2,9 cm angegeben, sodass es sich hier wohl eigentlich Pfeilspitzen handelt. Ferner ist ein mit einem Bronzeband umwickelter Bronzestab von 6,5 cm Länge kombiniert, dessen Funktion sich nicht erschließt (Abb. 71).

Folgende Inventare sind nach archäologischer Bestimmung eher weiblich konnotiert: Eine singuläre bronzene Pfeilspitze mit Tülle bleibt die einzige „gegengeschlechtliche" Beigabe in der Ha C-zeitlichen Frauenbestattung 393, die außerdem ein einfaches Ringgehänge mit antithetischen Tierköpfen, zwei Riemendurchlässe (Pferdegeschirr), diversen Ring-, Nadel- und Fibelschmuck, einen Spinnwirtel, aber auch einen gewundenen goldenen Spiralring und eine Kette mit goldenen Röhren- und Röllchenelementen umfasst (Abb. 26). Eine vom Ausgräber genannte Bronzeschale ist nicht erhalten. Körpergrab 9, nach den Brillenfibeln vermutlich gleichfalls ein weibliches Ensemble, hebt sich von den beschriebenen durch eine vergleichsweise bescheidene Ausstattung ab. Sie umfasst darüber hinaus einen Blechgürtel Typ Statzendorf und ein Griffdornmesser. Die Pfeilspitze befand sich auf der Brust des Skeletts zwischen den Brillenfibeln. Anzuschließen ist die von Hodson hinterfragte weibliche Bestattung 174 mit blattförmiger Pfeilspitze ohne Tülle, Gürtel, zwei Halbmondfibeln und Wetzstein. Eine Vermischung mit den Beigaben des Grabes 175 (ein oder zwei Brillenfibeln, Lanze, Schüsselhelm, Absatz 5.2) – wie von Hodson vermutet – ist auch aufgrund der Entfernung der beiden Inventare, die ca. fünf Meter beträgt, fraglich. Letztlich verdeutlicht jedoch das Körpergrab des 2- bis 3-jährigen Kindes 61/1872 mit einer fragmentierten Pfeilspitze, dass nicht nur Frauen, sondern auch subadulte Mitglieder mit dem Symbol der Jagd ausgestattet wurden, wobei offen bleibt, ob es sich um ein Amulett oder eine reduzierte „echte" Beigabe im Sinne der Ausstattung bzw. Darstellung eines (zukünftigen) Jägers handelt; schließlich könnten auch beide Aspekte zusammen eine Rolle spielen. Aus dem Grabungsbericht geht nicht eindeutig hervor, dass die Spitze Bestandteil einer Amulettkomposition war wie etwa die Pferdegeschirrteile der Gräber 196, 603, 457, 83 und 347. Völlig ausgeschlossen werden kann dies aber auch nicht, weil der Ausgrabungsbericht Engls mindestens eine starke Verlagerung des Skeletts nahelegt. Gesichert hingegen ist die Pfeilspitze im noch nicht veröffentlichten Kinderbrandgrab 82/2004 (s. Anm. 1276).

Bleiben noch die beiden Inventare mit den geflügelten Pfeilspitzen. Körpergrab 68 wird von F. R. Hodson wegen der „ungewöhnlichen Beigabenzusammensetzung" (Schwanenhalsnadel, Arm- und Halsreif, zwei Bronzeringe unbekannter Funktion, Pfeilspitze) angezweifelt[1297]. Jedenfalls fehlen eindeutige Anzeiger für eine Frauenbestattung. Mit größeren Unsicherheiten behaftet stellt sich auch Brandschüttung 83/1873 dar, weil hier mehrere Skelette und besagte Leichenbrandschüttung offenbar auf engstem Raum zusammenlagen. Auf dem Leichenbrand sollen sich die dreiflügelige Pfeilspitze, ein Bernsteinring und eine Kniefibel befunden haben.

Pfeilspitzen in Frauen- (und Kinder)gräbern[1298] sind selten, jedoch mindestens seit der jüngeren Bron-

---

1294 Hansen 2010, 177 (nach Frey und Echt); Kull 1997, 327 f.
1295 Krauße 1996, 78; 308.
1296 Hansen 2010, 100 (Gruppe III).
1297 In Grab 86 befindet sich nicht eine vergleichbare Schwanenhalsnadel mit Schälchen-, sondern eine Nadel mit Brillenkopf. Zur Datierung s. auch Egg 1978, 116.
1298 Weiteres mutmaßliches Kindergrab mit Knochenpfeilspitze bei Eckhardt 1996, 306 Kat. 774 (Quelle unpubliziert). Als „Amulette" bezeichnete Pfeilspitzen aus Silex sind im folgenden weiblichen Kontext zwar wohl auch inhaltlich verwandt, werden wegen ihres anderen „Stoffwertes" und weil sie in Hallstatt nicht vertreten sind an dieser Stelle aber nicht weiter verfolgt. Dazu Pauli 1975, 127; Echt 1999, 106 ff.

zezeit sporadisch zu verzeichnen. Die Durchsicht der Eckhardt'schen Listen ergibt bei aller Vorsicht, die mangels anthropologischer Analysen oder möglicher Mehrfachbestattungen erforderlich ist (s. u.), zwei Inventare[1299], die nach archäologisch-herkömmlicher Bestimmung als Bestattungen von Frauen gelten könnten. Hierzu zählt das urnenfelderzeitliche Grab 1 aus Bamberg, das ziemlich unterschiedlichen Ringschmuck und eine Tüllenpfeilspitze, aber keine weitere klar männlich konnotierte Beigabe enthält[1300]. Weiterhin führe ich das Ha D-zeitliche, gleichfalls alt ergrabene Brandgrab 13 aus Statzendorf an[1301]. Es umfasst eine typgleiche Tüllenpfeilspitze wie das Grab aus Bamberg und darüber hinaus ein trianguläres Klapperblech, zwei Harfenfibeln, eine Nähnadel, zwei Nadelfragmente(?), einen Gürtelhaken und einen Spinnwirtel, summa summarum „sichere" weibliche Anzeiger. Katharina Rebay sprach dem Pfeil daher Amulettcharakter zu[1302], was vor allem wegen fehlender Lagebefunde nicht ausgeschlossen werden kann. Im Gegensatz zu dem mutmaßlich weiblichen Grab 393 aus Hallstatt (mit Ringgehänge und Goldschmuck) nimmt es sich eher bescheiden aus. Indes verdeutlicht das Dürrnberger Grab 116 die Problematik der archäologischen Geschlechtsbestimmung: Das in Ha D3 datierende Inventar enthält keinerlei Schmuck oder weibliche Trachtelemente, weshalb es von L. Pauli (und D. Krauße[1303]) als zweifellose Bestattung eines Mannes gehandelt wird: Kleines(!) Eisenbeil, Haumesser, Köcher, zwanzig Pfeilspitzen und eine einzelne Fußzierfibel widersprechen deutlich der anthropologischen Bestimmung, die eine adulte Frau ergab[1304]. Letztlich würde das Ensemble belegen, dass durchaus auch Frauen als Jägerinnen ausgewiesen wären[1305] – das anthropologische Ergebnis als korrekt vorausgesetzt. Unklar bleibt der Befund in Riedenburg-Untereggersberg Grab 74. Sollte es sich bei dem triangulären Blech mit verdicktem Ansatz um eine Pfeilspitze handeln und wäre sie sicher dem verlagerten, eher weiblichen Individuum 1 zuweisen, datierte die Certosafibel das Ensemble in die Frühlatènezeit[1306].

Halten wir fest: Im Hochtal wurden vier männlichen Bestattungen mehrere Pfeile beigelegt (11/1889, 13/1939, 15/1938, 13/1995), wobei nur in Inventar 13/1939 und vermutlich 13/1995 (Pfeile aus Bronze, Eisen und Bein) der Nachweis ungleicher Spitzen gelingt, ein Indiz, das gemeinhin mit der Möglichkeit der realen Jagd in Verbindung gebracht wird. Ein möglicher metallischer Köcherrest (Streufund ohne Grabnummer) könnte an überwiegend organische, nicht erkannte weitere Köcher oder an eine reduzierte Beigabensitte denken lassen (pars pro toto), generell seltene Bögen sind auch im Hochtal nicht belegt. Die Spitzen selbst oder ihre Befunde ermöglichen keine unmittelbar religiös deutbare Interpretation oder die Rekonstruktion eines sakralen Ritus, der bei Gebrauch oder Niederlegung mit ihnen verbunden gewesen wäre. Lediglich das Tragen eines goldenen Ohrrings und eines massiv-goldenen Armreifs, beides überzeitlich und weiter verbreitete, allgemein lesbare Kennzeichen einer bisher nicht genauer definierten späthallstatt- und frühlatènezeitlichen männlichen Elite[1307], unterstreichen die heroische Darstellung dieser drei späthallstattzeitlichen „Jäger" des Hochtals (11/1889, 13/1939, 15/1938). Einzelne goldene Ohrringe in Männergräbern stehen über der sonstigen persönlichen Ausstattung, die, naturgemäß in jedem Fall individuell geprägt, keineswegs immer Jäger im Sinne einer „Berufsgruppe" auszeichnet[1308]. Ob derartiger Goldschmuck eine spezifisch religiöse Bedeutung hatte oder ihre Träger als sakral Befugte ausweist, die diesen Brauch (und ggf. Anderes) von Frauen übernahmen, die paarige Ohrringe trugen, wie L. Pauli erwog, bleibt für den Kleinraum des Hochtals und auch überörtlich betrachtet spekulativ. Immerhin bezeugen ohrringtragende anthropomorphe und theriomorphe Plastiken Kampaniens oder die beringten Figuren des Strettweger Kultwagens, dass Ohrringträger in kultisches Geschehen, das man gemeinhin mit Fruchtbarkeitsriten respektive Opferzeremonien verbindet, involviert waren (s. Absatz 6.1, Abb. 11; 46,2). Die mutmaßlichen Männergräber 1/1947[1309],

---

1299 Unklar bleibt die Bestattung aus Erkner, Kr. Oder-Spree, Brandenburg; Eckhardt 1996, 240 Nr. 63.
1300 Eckhardt 1996, 234 Nr. 17.
1301 Eckhardt 1996, 286 Nr. 480; Rebay 2006, 159 f.
1302 Rebay 2006, 160.
1303 Falsche Angabe der anthropologischen Bestimmung bei Krauße 1996, 302.
1304 Pauli 1978, 229 f., 528 f., 562 Taf. 219.
1305 Teržan et al. 2011.

1306 Nikulka 1998, 72.
1307 Schönfelder 1998; Hansen 2010, 98 ff. Gruppe III, Liste S. 278.
1308 Im 19. Jh. trugen Senner im Kanton Appenzell, Hirten, See- und Zimmerleute einzelne goldene Ohrringe. Siehe Schönfelder 1998, 403.
1309 Morton 1952, 48 f.

2/1939 (Ha D1), 13/1889 (Ha C)[1310] und vielleicht Bestattung 97/2009 (unpubliziert) aus Hallstatt enthalten zwar jeweils einen Ohrring aus Gold oder anderem Edelmetall, wie die meisten eisenzeitlichen Bestattungen anderer Regionen mit Goldring jedoch keine Pfeile oder waidwerkliche Hinweise (ausgenommen Mussig, Dép. Bas-Rhin). Dass die Ha C-zeitliche Bestattung 13/1995 (Mehrkopfnadeln, Mindelheim-Schwert[?][1311]) zwar zahlreiche Pfeile, aber keinen signalartigen Goldschmuck führt, erstaunt nicht, weil jener offenbar auch überregional auf die Späthallstattzeit beschränkt bleibt[1312]. Die Gräber 5/1939 (Ohrring mit Silber-Gold-Kupfer-Legierung)[1313] und 22/1938 führen ebenfalls Goldohrringe, sind jedoch die Bestattung einer Frau (5/1939) und vielleicht die eines Mannes und einer Frau (22/1938, s. auch Absatz 6.1).

Einen mindestens sozialen Wandel zeigt hingegen der Goldschmuck dieser Bestattungen während der Späthallstattzeit an, der sie einer weiter verbreiteten und langlebigen „Mode" anschließt, die zweifellos eine soziale und vielleicht auch eine religiöse Komponente beinhaltet. Letztere kann jedoch über kombinierte Beigaben nicht näher präzisiert werden. Eine soziale Schichtung innerhalb der Nekropole wäre angezeigt – wenngleich dies hier nicht Thema ist – falls wir den Männern mit goldenem Ringschmuck solche gegenüberstellen könnten, die formgleichen oder sehr ähnlichen bronzenen, beinernen etc. tragen. Dies erforderte Körperbestattung und gelingt weder bei dem goldenen längsgerippten Armreif noch mit zuverlässiger Sicherheit bei den verschiedenen Ohrringtypen, weil viele Brandbestattungen die Klassifizierung mutmaßlicher Ringe als Ohrschmuck nicht zulassen oder der Goldschmuck formal singulär bleibt. Vergleichbare einzelne bronzene hohle Blechohrringe mit Steckverschluss oder angedeuteter Torsion (wie bei dem etruskischen Ohrring aus Grab 13/1889) sind nicht belegt, während einzelne bronzene, meist schlichte Armreifen bekanntlich sicher (z. B. 8/1939), und einfache bronzene Ohrringe offenbar nur vereinzelt vorkommen (s. Absatz 6.1)[1314]. Das Frauengrab 393 enthält zwar gleichfalls mit der Kette goldene Schmuckelemente, die wohl individuelles Prestige ausdrücken[1315], aber nicht als „internationaler Code"[1316] gelten und auch in anderen Bestattungen Hallstatts vorkommen (in gleicher Kombination in Grab 586, s. Tabelle 4). Dass die Beigabe eines einzelnen Pfeils symbolisch für die Jagd steht oder als Amulett verstanden werden muss, ist möglich, wobei auch eine Verschmelzung beider Aspekte denkbar ist.

Ob die beiden unterschiedlichen Bronzestäbchen der Gräber 13/1939 und 15/1938 eine religiöse Funktion innehatten, bleibt mangels funktionaler Bestimmung und Vergleichsfunden offen. Der vierkantige, am Ende verbreiterte Stab aus Grab 15/1938 scheint ebenso wie der mit Bronzeband umwickelte Stab aus Inventar 13/1939 (L. 6,5 cm, Dm. 0,2 mm Abb. 71) eher als Gerät oder Werkzeug gedient zu haben. Andere als Geräte (Werkzeuge) oder Kultgeräte anzusprechende Objekte sind nicht kombiniert. Einzig dem Toten aus Grab 11/1889 legte man (vermutlich vier) Lanzen ins Grab, eine Waffengattung, die ausweislich des bebilderten Gürtelblechs aus Zagorje ob Savi, Reg. Štajerska ob Savi, Slowenien, und der Scheide des Antennendolches aus Este auch bei der Jagd eingesetzt wurden[1317]. Ihre hohe Anzahl verdeutlicht den sozialen Stand des Mannes (Prestige, s. Absatz 5.5). Auch Dolch und Messer könnte er zur Tötung von Wild benutzt haben, wie die Ziste aus Eppan bezeugt[1318]. In den verbleibenden „Jägergräbern" (13/1939, 15/1938, 13/1995) stehen an weiterem bildlich belegtem Gerät außerdem nochmals ein Dolch, aber auch ein Tüllenbeil (13/1939), ein Messer (15/1938) sowie zwei Lappenbeile und drei Messer (Grab 13/1995) zur Verfügung. Schließlich wird der in Grab 13/1995 Be-

---

1310 Abnutzungsspuren sprechen für eine Trageweise an Kleidung oder Haaren: Schönfelder 1998, 410.
1311 Der Ausgräber A. Kern berichtet von einem „Eisenschwert Typ Hallstatt", eine unbekannte Terminologie.
1312 Schönfelder 1998, 403. - Das von Hansen 2010, 120 und Schönfelder 1998, 419 angeführte Ha C-zeitliche Grab aus Mitterkirchen, Bez. Perg, Oberösterreich bleibt als Beleg zweifelhaft, weil es antik beraubt ist und der Ohrring(?) sich nicht in situ, sondern im Raubgang befand. Das Grab Hallstatt 13/1995 findet durch ein eisernes Schwert, Mehrkopfnadel und Pfeilset ein Pendant in Grab 32 Traunkirchen-Klosterhof, Bez. Gmunden, Oberösterreich: Schumann 2013, 22.
1313 Der Liste bei Schönfelder 1998 und Hansen 2010, 284 ff. hinzuzufügen.
1314 Beispiele möglicher einzelner Bronzeohrringe in Männergräbern sind: Grab 13/1938 (Bronzeohr[?]ringelchen auf der Brust, vgl. Befund Goldohrring Grab 13/1889): Kromer 1959, 194; Grab 29/1939 (Bronzeringelchen im Bereich des Schädels?): Kromer 1959, 198; Grab 139: Kromer 1959, 60 (Drahtringlein aus Bronze).
1315 Nach Schumann 2015.
1316 In Süddeutschland, Frankreich, Österreich.
1317 Hansen 2010, 182.
1318 Eibner 2004, 631.

stattete als ausgesprochen erfolgreicher und vielleicht heroisierter Jäger nicht nur durch das Pfeilset, sondern durch die Beute – sechs große Eberhauer – gekennzeichnet. Er ist damit jenen „vergöttlichten" bildlich dargestellten Jägern der Situlenkunst, so von A. Eibner gedeutet[1319], an die Seite zu stellen. Allerdings manifestiert sich in diesem Grab ein in den anderen Pfeilbestattungen fehlender, neuer Aspekt, nämlich der des Holz- oder Geweihhandwerks in Gestalt einer Feile. Wie in anderen weit verstreuten Gräbern mit diesem Gerät, ist entsprechendes Metier nur rudimentär vertreten, weil kein Werkzeugsatz eines regelrechten Handwerkers vorliegt (s. Kapitel 11)[1320], was den Gedanken, es handle sich um einen „reinen Jäger" einschränkt und ihn gleichzeitig mit einer italisch-südostalpinen Elite verbindet, die (auch) Feilen führt[1321].

Zusammenfassend ist nochmals auf die bemerkenswerte überzeitlich und überregional zu beobachtende Beigabenkombination von goldenem Spiralring bzw. Ohrring plus Pfeilausstattung hinzuweisen. Hier sind das glockenbecherzeitliche Grab aus Barbing, Kr. Regensburg (Bogenbauer?), und eine Urnenbestattung der Lausitzer Kultur aus Schönwalde, Kr. Lübben (goldener Spiralring plus Knochenpfeilspitzen), anzuführen[1322]. Ihre Deutung erfordert zwar kleinräumige vergleichende Analysen, dennoch scheinen sie schlaglichtartig eine lange bronzezeitlich-heimische Tradition und Konstanz anzuzeigen, wohl auf einen weit verbreiteten, „historischen" Mythos zurückgehend.

5.5 Lanzen

Was bereits oben für Helme und Pfeil und Bogen gesagt wurde, gilt auch für Lanzen: Als Attribute verschiedener assyrischer und griechischer Götter, als aus dem Blitz (Himmel) entstanden, gelten auch Lanzen als Auszeichnung des vergöttlichten Helden über die Zeiten hinweg[1323]. Diverse bronze- und eisenzeitliche Statuetten, verschiedentlich als Götter (Stier-, Wettergott) gedeutet, sind in den östlichen und mediterranen Hochkulturen regelhaft mit Schild und Lanze (und Helm) ausgerüstet[1324] und als Typ letztlich bis nach Strettweg (Kultwagen: Reiter begleiten eine gefäßtragende Figur), Hochdorf (Wagenszene Rückenlehne Sofa) und Grabowo (Wagen auf Gesichtsurne) zu verfolgen[1325], wobei aufgrund der großen zeitlichen und räumlichen Distanz offen bleibt, ob man ihnen hier wie dort den gleichen Bedeutungsgehalt zuschrieb[1326]. Bronzezeitliche Lanzettanhänger gelten als traditionelle, heimische Heilszeichen[1327] und als typisch urnenfelderzeitliches Symbolgut[1328].

Alexandrine Eibner ordnete jüngst die bildlichen Zeugnisse der Situlendenkmäler, die Lanzen zeigen. Die Autorin sieht dort Lanzen als mögliche Insignie (senkrecht vor dem Körper gehalten), als Kennzeichen des Kriegers (bewaffnete Männer mit zwei Lanzen), als soziale Auszeichnung (Standarte, als Siegespreis beim Hantelkampf; s. u.) und als Wurfgerät bei der Jagd[1329]. Rudolf Echt wies auf den „wohl Rang- oder Rechtsstatus" einzelner Lanzen im Griechenland des 6. Jhs. hin[1330]. Florian Klimscha spricht besonders große und schwere Lanzen auch als Prestigeobjekte an, weil ihre Funktion z. B. im Tausch, als Brautpreis und bei rituellen Handlungen ethnographisch und später von Tacitus schriftlich belegt ist[1331]. Sie waren also über lange Zeit Träger bestimmter, mitunter ortsübergreifender Wert(e)vorstellungen, die weit über das Materielle hinausgehen können.

Ihre oftmals unsichere formale Bestimmung und Anzahl (Ramsauer vermutlich: „verrostete Eisenwaffen"[1332]), ein Mangel an Emblemen und ihr folglich meist fragmentarischer Erhaltungszustand (Rost) versprechen kaum eine lohnende religiös bezogene Betrachtung der hallstättischen Lanzen. Die Durchsicht der 108 bei Mahr, Kromer und Wells abgebildeten bronzenen und eisernen Exemplare verschiedener Datierung, Form,

---

1319 Eibner 2004.
1320 Stöllner 2007, 239 f.
1321 Stöllner 2007, 245 ff.
1322 Barbing: Engelhardt 2010; Schönwalde: Eckhardt 1996, 306 Kat.-Nr. 761 (Quelle unpubliziert).
1323 Kossack 1995; Kull 1997, 329 ff.; Buchholz et al. 1973, 75 ff.; Eibner 2000, 146 mit Anm. 13.
1324 Müller-Karpe 1980, Taf. 176 A5 (Dörlek, Türkei); Taf. 188 B (Zypern, Statuette mit Hörnerhelm); Brandherm 2011 (zur Vermittlerrolle Zyperns ebd. 50); Araque Gonzales 2012.
1325 Hochdorf: Egg 1996, 22 f. Abb. 12; Hochdorf, Grabowo: Teržan 2001.
1326 So auch Brandherm 2011, 49 f. auf Helme bezogen.
1327 Müller-Karpe 2009, 91.
1328 Kossack 1954, 82; 91 ff.; Warneke 1999, 169; Clausing 2001.
1329 Eibner 2009.
1330 Echt 1999, 218.
1331 Klimscha et al. 2012, 360 f.
1332 Z. B. Gräber 362, 506, 555, 573, 574, 577, 689, 702, 756, 776, 868, 912, 949, 994.

Abb. 105: Lanzenspitze aus Grab 1003, M 1:2.

Länge und daher auch Funktion[1333] ergibt nur bei vereinzelten Exemplaren formenkundliche oder aus dem Befund resultierende Besonderheiten, die einen religiösen Bezug nahelegen, wirklich auffällige Befunde sind indes nicht zu verzeichnen: Lanzen liegen bei den überwiegenden Brandgräbern in der Regel auf dem Leichenbrand[1334], bei Körpergräbern neben dem Körper (z. B. Gräber 76/1873, 203/204, 994). An formalen Charakteristika sind offenbar absichtliche und damit wohl rituelle Verbiegungen[1335] der Spitzen (Inventare 34, 222, evtl. 462 b) anzuführen, ein Phänomen, das z. B. auch von Dolchen oder Fibeln bekannt ist. Weiterhin sind drei 36 cm lange Lanzenspitzen mit gegossener, also falscher „Torsion" (Facettierung), teils auf erhabenem Wulst am Schaftende, zu nennen (Brandschüttungen 1001, 1003, Abb. 105). Inventar 1003 enthält außerdem ein Mindelheimschwert und eine Mehrkopfnadel

und datiert daher in Ha C, Grab 1001, möglicherweise eine Doppelbestattung von Mann und Frau oder ein älteres, gestörtes männliches Grab (die Lanze lag 20 cm tiefer als die weiblich konnotierte Brandschüttung) mit darüber liegender weiblicher Bestattung, war wohl wenig jünger (Ha D1). In diese Zeit wird auch das Vačer Doppelkammhelmgrab gesetzt (jüngerer Abschnitt Certosafibelstufe), eben jenes, das auch die berühmte verzierte Situla, einen Armring, ein Beil, ein Gürtelblech, einen Beinzylinder, einen Spinnwirtel und, als eine der wenigen Parallelen, zwei Lanzen mit ähnlichen unverzierten facettierten Schäften enthält[1336]. Es gilt als eng verwandt mit dem Hallstätter Kriegergrab 259[1337]. Der Einzelfund einer Lanze aus Magdalenska gora ist ebenfalls anzuschließen[1338] sowie die beiden Lanzen aus Statzendorf Grab C 13, die dort u. a. mit einem Kalenderbergtopf mit anthropomorphem Fuß, der vielleicht symbolisch-verkürzt einen Gefäßträger meint[1339], und dem einzigen (nicht rekonstruierbaren) Bronzegefäß des Friedhofs zusammengehen, also im Grab einer Person mit hohem lokalen Prestige liegen. Das Stilmittel der Torsion bzw. der Facettierung (sowie der überwiegend parallelen Rillen) wäre an Lanzen sowie bronzezeitlichen Nadeln als typologisches Rudiment einer Befestigung (Umwicklung des Lanzenschafts und der -stange bzw. der Fixierung der Nadel mittels eines Fadens) ansprechbar. Man kennt es jedoch seit der späten Bronzezeit an Metallgefäßen (Henkel und Stützstäbe) und Bratspießen, also auch in religiösem Zusammenhang benutztem Geschirr und Gerät (s. Kapitel 4)[1340].

Die Betrachtung offenbar mythisch inspirierter Darstellungen von Lanzen verdeutlicht indes, dass die tordierte Lanzenstange – zumindest bildlich – über Zeit und Raum hinweg bekannt war. Immerhin war Torsion ein Stilmittel, den religiösen Charakter des Objekts zu veranschaulichen, ungeachtet der Tatsache, dass die meisten realen Lanzen das Merkmal naturgemäß nicht zeigen, weil die hölzernen Stangen vergangen sind. Zu nennen ist die bekannte Eberjagdszene auf einem der eisenzeitlichen Wagenbleche aus San Mariano, Gde. Corciano, Prov. Perugia, Reg. Umbrien (6. Jh. v. Chr.), die mit einer entsprechenden Prun-

---

1333 Am besten bei Stöllner 2002, 131-133.
1334 Die Brandschüttung 789 enthielt eine Kombination von Wehrgerät (Dolch, Schwert, drei Lanzen, Beil, Messer und Wetzstein) unter einer Situla.
1335 Zuletzt Hansen 2010, 185 ff.

1336 Božič 2015.
1337 Egg 1978B.
1338 Hencken 1978, 215 fig. 219a.
1339 Rebay 2006, Bd. 2, 92, 178 f.; Ettel 1996, Taf. 250 (Verbreitungskarte der anthropomorphen Fußschalen).
1340 Egg 1996, 77; Kossack 2002; Nebelsick 2015, 14 (urnenfelderzeitliche Wagengeländer).

Abb. 106: 1 Blech aus Este-Caldevigo, M 1:2. 2 Detail Situla Matrei, ohne M.

klanze mit tordierter Stange durchgeführt wird[1341]. Aus etwas jüngerer Zeit und anderem kulturellem Milieu belegen diese Besonderheit thrakische Gürtelbleche mit entsprechendem Lanzenbild, die zwar von G. Kossack und B. Kull verschieden gedeutet wurden, über deren überirdischen Bezug – nämlich als von den Göttern, vom Himmel gegebenen Lanzen – aber kein Zweifel besteht[1342]. Diesen wenigen bildlichen Beispielen tordierter, augenscheinlich sakral gekennzeichneter Waffen (die Lanze wird aus dem Blitz „geboren"), stehen offenbar wenige reale gegenüber[1343], sodass sich dieses Merkmal möglicherweise als reines bildkünstlerisches Stilmittel herausstellt. In Anbetracht dieser zwar weitgespannten bildlichen Belege, denen jedoch kaum reale Funde zur Seite gestellt werden können, wäre den Lanzen aus den Bestattungen 1001 und 1003 (und vielleicht anderen korrodierten) vermutlich sakrale Bedeutung zuzuschreiben, die sich jedoch weder in den anderen Beigaben dieses Grabes noch in Bestattungen mit vier oder mehr Lanzen, Kennzeichen aristokratischer Gräber, spiegelt (s. u.). Dies ist wahrscheinlich auch überlieferungsbedingt: Nicht ausgeschlossen, wenngleich nicht belegt, sind hölzerne Lanzenstangen mit ornamentaler emblematischer Einlegearbeit. Hier könnten durchaus häufiger sakrale Zeichen angebracht gewesen sein. An einem kurzen Schaftrest einer der Lanzen aus dem Strettweger Grab vermutete M. Egg eine Verzierung[1344]. Im Bild zeigt immerhin das Votivblech aus Este-Caldevigo Ringzier an zwei Lanzenstangen[1345].

Lanzen wurden ausweislich der ikonographischen Quellen zur Jagd (z. B. Hirschjagd vom Pferd: Gürtelblech aus Zagorje; Scheide Antennendolch Este; Schale Dürrnberg-Eislfeld Grab 137, Eberjagd[1346] Situla Dürrnberg-Kranzbichl[1347]), zum Kampf (Wurflanze z. B. Situla Nesactium 1981; Wurf- und Stoßlanzen Gürtelblech Vače; Stoßlanzen Schwertscheide Hallstatt 994) und in Kombination mit Beil oder Axt als Opfergeräte benutzt (Situla Sanzeno). Die meisten Friese zeigen nach italischem Vorbild (Elfenbeingefäß Chiusi[1348]) kampflose Aufzüge von Fußsoldaten mit ein bis drei Lanzen, ggf. Helm und Schild (Situlen Arnoaldi, Certosa, Benvenuti, Providence, Schwertscheide Hallstatt Grab 994). Eine Ausnahme bilden Eimerfragmente aus Magdalenska gora II/1893, die Männer, die zwei Lanzen tragen (einem Reiter folgend bzw. einem Pferd vorausgehend) zeigen, offenbar ohne weitere Bewaffnung (die Köpfe fehlen). Einmalig demonstriert die Situla Benvenuti im unteren Fries zwei verschiedene Lanzentypen eines Kriegers, nämlich eine längere, breite mit kurzer Stange und zwei langstielige mit offenbar schmälerem Blatt – also wahrscheinlich

---

1341 Woytowitsch 1978, Taf. 13.78; Kull 1997, 329; Knauß 2015, 156-161.
1342 Kossack 1995; Kull 1997, 329 ff.
1343 Möglicherweise ist die metallische helixartige Umwicklung der Lanzenstange aus dem Prunkgrab Veji-Grotta Gramiccia 871 als Torsion zu lesen: Müller-Karpe 1974, Taf. 24,4. Die Durchsicht der PBF-Bände Abt. V erbrachte keine Belege.

1344 Egg 1996, 157.
1345 Frey 1973, 631 Abb. 5,3.
1346 Eibner 2001.
1347 Eibner 2004, 625.
1348 Z. B. bei Turk 2005, 21 Abb. 19.

unterschiedliche Funktionen anzeigend. Hier ist das Blech aus Este-Caldevigo anzuschließen (Abb. 106,1). Als Siegespreis zweier Hantelboxer bietet bekanntlich die Situla Matrei eine senkrecht stehende Lanze[1349] neben einem gehörnten Kammhelm mit einer Lanzenspitze, eine Häufung symbolisch besetzter Objekte und daher wohl stark mythologisch konnotiert (Abb. 106,2).

Im Gegensatz zur unmöglichen Bestimmung der genaueren Verwendung einzelner Lanzen aus Gräbern Hallstatts (Krieg oder Jagd) ist eine formale Unterscheidung, wie die auf der Benvenuti-Situla und dem estensischen Votivblech bebildert, in einigen Grabinventaren zwar nachzuvollziehen, aber kaum eindeutig religiös interpretierbar, weil ihre Größe auch funktional bedingt scheint (s. u.). Thomas Stöllner gliederte die Lanzen des Inn-Salzach-Raumes in vier Formen, jede ist auch im Hochtal vertreten. Ich verzeichne 21 Inventare die eine[1350] und 24 die mehrere Lanzenspitzen führen[1351]. Die Anzahl der Lanzen in Bestattungen mit mehreren Lanzen beträgt bei sechzehn Gräbern zwei[1352], bei sechs Gräbern drei[1353] und nur bei drei Inventaren vier (Gräber 11/1889, 71/1873, 454). Sicher mehr als zwei enthält Grab 7/1939, die genaue Stückzahl ist allerdings unklar. Eine hohe Zahl von Lanzenspitzen (5-7) stellte M. Egg anhand des Strettweger Grabes (mindestens sieben) als Kennzeichen der Aristokratie in der Steiermark und Südostpannonien heraus, gewöhnliche Kriegerbestattungen enthielten nur zwei Lanzen (plus Beil)[1354]. Insofern ist der während Ha D2 körperbeerdigte Tote aus Grab 11/1889 sicher als herausragender Krieger der Gemeinschaft und außerdem als Jäger gekennzeichnet, wurden ihm doch auch acht eiserne Pfeilspitzen, ein ikonographisch singulärer Dolch mit Vogelsymbolik, ein goldener Ohrring und jene vier Lanzenspitzen (drei Lanzen Typ 3 nach Stöllner, eine Typ 4[1355]) beigelegt, woraus weder formal noch im Befund eine unmittelbare religiöse Symbolik zu entnehmen ist, was für fast alle Lanzenspitzen Hallstatts gilt. Ebenfalls ragt Grab 469 mit drei Lanzenblättern, u. a. Amboss, Feile (Metall- und Holzhandwerk repräsentierend), Phalerae, evtl. einem Helm (trompetenförmiges Rohr) und zwei Schwertern aus der Masse der Gräber deutlich heraus, wobei hier auch die außergewöhnliche Länge der drei Spitzen auffällt (42,8 - 44,4 cm; s. u.), gewissermaßen ins Bild passt (Abb. 107). Brandschüttung 71/1873 ist zwar hinsichtlich der Anzahl der Projektile anzuschließen (vier Stück, alle Form 3 nach Stöllner), sonst aber eher durchschnittlich ausgestattet (Gürtel, Messer, Kahnfibel mir Zier V 5). Gleiches gilt für Grab 7/1939, das wahrscheinlich mehr als drei Lanzen enthält. Hier ist also offenbar das gleiche Phänomen wie bei den Dolchen, goldenen Ohrringen und Pfeilspitzen zu beobachten: Sie kommen sowohl in reichen als auch in schlichten Bestattungen vor und wären somit nach Schumann als Prestigeindikatoren (und nicht als Statusanzeiger) zu betrachten. Alle drei datieren in die beiden jüngsten Stufen der Späthallstattzeit (D2-3), für die Th. Stöllner eine Zunahme der Lanzenspitzenbeigabe verzeichnete[1356], bei rückläufiger Anzahl von Bestattungen eine bemerkenswerte Beobachtung, die mit der Menge der Dolche korreliert[1357]. Die Länge der Spitzen ist naturgemäß kaum ausschließlich religiös deutbar, hängt sie doch stark von deren Funktion ab, für die man zumindest bei den langen Exemplaren (in Hallstatt in der Regel ca. 30 - 35 cm, ausnahmsweise über 45 cm in Grab 259) vor allem den Stoß annimmt. Florian Klimscha u. a. schreiben im Besonderen breitblättrigen Lanzen mit kurzer Tülle eine spezielle soziale oder symbolische Bedeutung zu („Form C", s. u.); diese Form ist in Hallstatt nicht belegt. Die Feststellung der Kombination verschiedener Typen in einem Verband ist nur in einigen Fällen möglich und betrifft vor allem solche mit kurzem Blatt, allgemein als Wurfgeräte geltende, und längere Spitzen, wohl zu stoßende Speere (z. B. Grab 259)[1358], eine funktional-taktische Thematik, die hier nicht im Vordergrund steht. Ausgeschlossen scheint für Hallstatt die Mög-

---

1349 Kull 1997, 335 f.
1350 Gräber 13/1938, 16/1907, 18/1871, 25/1871, 25/1891, 37/1872, 82, unsicher 91/1873, 111/1875, 131, 175, 203/204, 222, 236, 345, 559, 769, 809, 811, 1001, 1026.
1351 Die Gräberliste führt nur Inventare, die mindestens Lanzenspitzen enthalten, wenn sonst keine anderen der hier bearbeiteten Objekte verzeichnet sind (z. B. Bronzegefäße, Dolche etc.).
1352 Gräber 12/1889, 32/1939, 49/1872, 54 (2 Bestattungen), 76/1873, 82/1873, 97, 223, 462 b, 466, 600, 783, 799, 1003, 1024.
1353 Gräber 18/1891, 259, 316, 469, 789, 994.
1354 Egg 1996, 157 f. Weitere Gräber mit vier oder fünf Lanzen: Egg/Kramer, 2013, 118.

1355 Stöllner 2002, 133.
1356 Stöllner 2002, 133.
1357 S. dazu auch Glunz-Hüsken/Schebesch 2015, 313 mit Anm. 65.
1358 Stöllner 2002, 133; Egg 1996, 157 f.

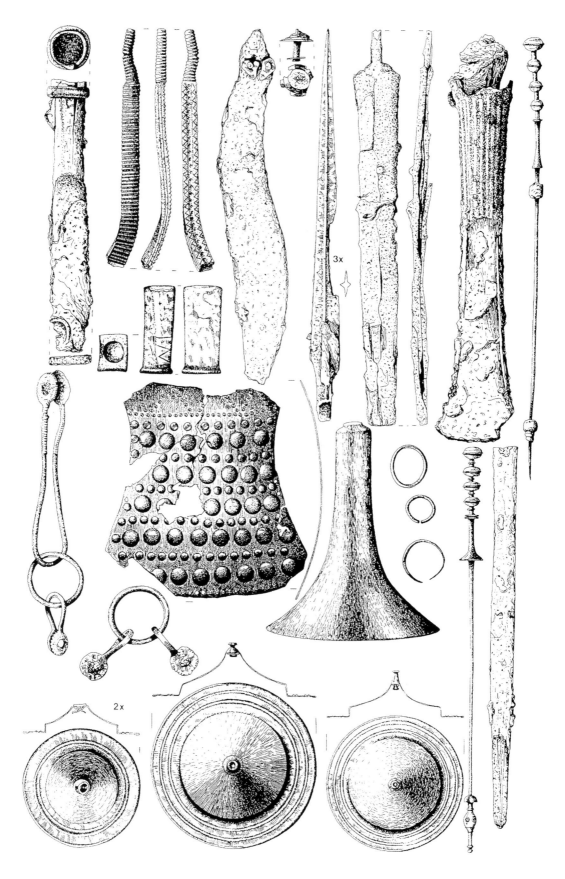

Abb. 107: Grab 469, versch. M.

lichkeit, dass mehrere Lanzen mehreren männlichen Bestatteten eines Grabverbandes gehören könnten, wie das Beispiel des freilich exponierten Kröllkogels nahelegt[1359]: Die genannten Inventare Hallstatts geben darauf nach archäologischem Ermessen keinen Hinweis.

Eisenzeitliche überdimensionierte, also besonders große und schwere Lanzen wurden überblickartig von F. Klimscha, W. Blaschke und E. Thiele zusammengestellt. In einigen Fällen kommen sie in ausgesprochen reichen und gleichzeitig überdurchschnittlich ausgestatteten Gräbern vor (z. B. Strettweg, Hallstatt 469; bildlich Hallstatt 994), ihr realer Einsatz im Kampf aufgrund ihrer Form erscheint den Autoren nicht ausgeschlossen. Für eine spezielle Form der langen Lanzen („Form C") hingegen, die wenig kampftauglich war, wird ein polysemer Prestigewert und sozial verbindender Charakter diskutiert (Brautpreis – familiäre Verbindungen, Tauschkreise). Die Verfasser erwägen, ob diese Gattung nicht als ikonisches Zeichen, also abstrakt-repräsentativ letztlich als *„Bild der Lanze"* schlechthin (Zitat) verstanden werden müsse, ohne dies weiter auszuführen[1360] – eine wohl berechtigte Überlegung, die theoretisch auch für kleinere und ggf. kampftauglichere Lanzen gelten könnte, insbesondere für die einer Bergwerksnekropole. So ist es doch schwer vorstellbar, dass ausgewählte, reich bestattete Männer des Hochtals, denen man gern leichtfertig höchstselbst den Abbau des Salzes zuschreibt[1361], zu Lebzeiten adelig konnotierten Lanzenkampf betrieben oder gar mit der Jagd auf Eber (Eberzähne in den Gräbern[1362]) beschäftigt waren – vorwiegend mythologisch besetzte und entsprechend deutbare Bildthemen. Eng mit dem symbolisch-mythischen Gehalt ist natürlich die häufige und überwiegend soziale Ausdeutung verknüpft (Privileg der Jagd[1363]), Betrachtungsmöglichkeiten, die sich nicht immer trennen lassen. Was die Wahrscheinlichkeit der praktischen Jagd mit der Lanze im Hochtal betrifft, ist schließlich auch für das eisenzeitliche Hallstatt ein anderes Modell denkbar: Hat man nicht Schweinefleisch und die zu Schmuck- und Amulettzwecken benötigten Eberzähne wie bereits in der Spätbronzezeit[1364] aus der offenbar planmäßigen Zucht im voralpinen Flachland, wo es genügend Eichen gab, z. B. durch Salztausch erworben? Möglicherweise lassen sich hier die quasi ganz „realen Erfordernisse des Alltags" den religiös-mythologisch motivierten Beigaben regelrecht gegenüberstellen. Fraglich bleibt, ob eine Durchsicht der hallstättischen Lanzen auf Gebrauchsspuren und Gewicht die Frage nach der Beigabenmotivation klären kann, weil nicht durch den Grabbrauch gefilterte Spitzen als Korrektiv fehlen und sogar getragene und bestimmte seltene, aber durchaus benutzte Beigaben als „symbolische Bilder" verstanden werden müssen, wie beispielhaft die verschiedenen „Webstuhlgehänge" zeigen (s. Kapitel 7)[1365].

1359 Egg/Kramer 2013, 118; 123.
1360 Klimscha et al. 2012.
1361 Kern et al. 2008, 90 f.; Pany 2003.
1362 Hier wäre einmal zu untersuchen, ob es sich um Haus- oder Wildschweinzähne handelt.
1363 Z. B. Echt 1999, 218; Eibner 2001; 2004.
1364 Kern et al. 2008, 70 ff.; Pucher 2013.
1365 Fath/Glunz-Hüsken 2011.

6 Goldobjekte

Nicht grundlos wird Gold[1366] seit Jahrtausenden für Ritualgerät und zur Fertigung von Schmuck verwendet. Seine Konstanz und Unzerstörbarkeit sind Sinnbild der Ewigkeit, sein Glanz symbolisiert den Schein der Sonne, wodurch auch eine Verbindung in die jenseitige Welt geschaffen wird, dem Material eine transzendentale Bedeutung zukommt. Gold steht für die Unverwundbarkeit und Unsterblichkeit der Götter (Stoffheiligkeit[1367], „göttliches Gold"). Im homerischen Epos kommt goldenen Waffen der höchste Rang zu, fast nur Götter verfügen über sie[1368]. Jene, die sich mit Gold schmücken[1369], zeigen ihre göttliche Abstammung und Verbundenheit über die Zeiten hinweg. Die Verfügungsgewalt über Gold kann den sakralen Rang eines Herrschers fördern (Frühgeschichte)[1370]. Speziell goldene Arm- und Ohrringe gelten spätestens seit der Bronzezeit als Ausdruck von göttlichem Status und Macht; sie verkörpern personenunabhängig und zeit- und raumübergreifend ein identitätsstiftendes reales Zeugnis, ein Kürzel, das an die Verwurzelung seiner Besitzer mit einem Mythos und der Vergangenheit erinnert, was wiederum deren soziale Position innerhalb der Gemeinschaften legitimierte[1371]. Aus der Bronzezeit zeugen weiterhin goldene und silberne Dolche bzw. Kurzschwerter und Beile von einer Symbolik durch Veredelung. Stabdolche, Dolche oder Vollgriffschwerter mit Bernstein- oder Goldzutaten oder -intarsien verdeutlichen[1372], dass entsprechend verzierte hallstattzeitliche Schwertgriffe prinzipiell keine Innovation darstellen.

Eine besondere Bedeutung wird der Verkleidung von bronzenen oder textilen Objekten durch Goldüberzug beigemessen. Brigitte Kull führt die materielle Vergoldung (Versilberung) oder Goldplattierung, für die sie weiträumige Belege vor allem aus dem 6. Jh. anführt, auf gemeinsame Vorstellungswelten religiöser Art zurück, die letztlich mit der Prothesis (πρόθεσις = Zurschaustellung) in Griechenlands (8. Jh. v. Chr.) wurzelten: Sie sei ein Mittel, die Vergöttlichung der/ des Verstorbenen darzustellen. Die Goldverkleidung von Götterbildern und Statuen in Griechenland[1373] lege eine entsprechende Interpretation von reichen, mit Goldbeigaben ausgezeichneten Bestatteten als „vergöttlichte Tote" nahe. Die spezielle Herstellung von Goldschmuck und -verkleidung ausschließlich für das Grab, wie z. B. in Hochdorf nachgewiesen, ermögliche daher, den/die Verstorbene(n) heroisiert, im Zustand der Apotheose zu zeigen[1374]. *„Entsprechend können wir in den Bestatteten der ‚Fürstengräber' nicht nur Standes-, sondern auch Kultpersonen sehen, heroisierte, vergöttlichte Ahnen."*[1375] Gleichfalls sieht Ch. Huth die Vergoldung von Kleidung und Insignien als Mittel, den Verstorbenen als „sakrosankten Herrscher" darzustellen[1376], was durch die Verhüllung mit Stoffen in Hochdorf nicht gänzlich eingeschränkt, sondern in diesem Fall auf die Zeit vor der Verhüllung (der Totenschau, also der Zurschaustellung des Leichnams) auch zeitlich präzisiert werden kann; der Anblick des goldgeschmückten Verstorbenen bleibt in der Erinnerung der Betrachter, der Bestattenden. Leif Hansen erwägt, die Idee des quasi vergöttlichten Herrschers nicht auf alle Prunkgräber mit goldverkleideten Gegenständen anzuwenden, weil diese auch in einfacheren Bestattungen vorkommen. Gerade ihre zum Teil flüchtige Herstellung und Anbringung (s. Hochdorf) könnten als Argument gegen die Heroisierungstheorie sprechen[1377]. Dass die Vergoldung nicht dem Toten selbst galt, sondern den Reichtum derer belegen sollte, die ihn bestatteten[1378] – ein insbesondere bei Kindergräbern naheliegender Gedanke – erscheint indes kaum überzeugend, weil Beigaben immer den Toten selbst beschreiben. Zweifellos spielt hier auch die materielle Zurschaustellung von Vermögen als soziales und vielleicht politisches Instrument

---

1366 Allgemein zum Metall Gold: Hansen 2010, 68 ff. (Rohstoff, Lagerstätten, Gewinnung etc.). Lagerstätten: Lehrberger 2001; Bachmann 2014 (Goldartefakte im archäologischen Überblick).
1367 Betz 1995; Zusammenschau auch bei Gebhard 2002; Burmeister 2003, 278 f.
1368 Buchholz 2012, 202 ff. Zu bronzezeitlichen goldblechbelegten Lanzenspitzen: Coles 1971.
1369 Zu bronzezeitlichem goldenem Ornat auf dem Balkan und in Süddeutschland: David 2007.
1370 Steuer 2004, 195 f.
1371 Für Armringe: Metzner-Nebelsick 2010.
1372 Nachweise bei Jockenhövel 2011, 10 f.

1373 Zwei goldblechverkleidete Götterfiguren aus Ugarit (14.-13. Jh.) zeigen beispielhaft ältere Wurzeln an: Land des Baal 1982, 133 ff. Dazu Buchholz 2012, 86 f.
1374 Kull 1997, 260 ff., was auch für die Hirschlandener Stele angenommen wird: Huth 2003, 253, 256. Kritisch dazu: Hansen 2010, 116 Anm. 565. Steuer 2004, 197.
1375 Kull 1997, 263.
1376 Huth 2003, 158; 256.
1377 Hansen 2010, 189 f.
1378 Hansen 2010, 189.

mit hinein. Bereits 2003 wies St. Burmeister auf die soziale Ambivalenz von Goldfunden hin: „*Wir können jedenfalls nicht von vornherein davon ausgehen, dass Gold auch im hallstattzeitlichen Mitteleuropa ein Statusanzeiger war*"[1379], eine Aussage, die R. Schumann 2015 bestätigend präzisierte, indem er Gold eher als Prestigeanzeiger einstufte[1380], was zumindest für die goldenen Dreipässe Hallstatts gut veranschaulicht werden kann (s. u.). In letzter Konsequenz jedoch galt Reichtum als von den Göttern gegeben. Wenn also die Verkleidung durch Goldblech als Mittel zur Darstellung der Vergöttlichung des Verstorbenen interpretiert wird, müssten nicht jene, die bereits zu Lebzeiten Gold tragen, als quasi sakral ausgezeichnet, gleichsam „gottnah" gelten? Folglich wäre zu untersuchen, welche Objekte des Hochtals aus Edelmetall gefertigt bzw. überzogen sind und ob sie bereits vergoldet getragen wurden. Gibt es formgleiche Pendants in Bronze und befürworteten die Objekte selbst und die jeweils kombinierten Beigaben eine sakrale Deutung oder religiöse Funktion der entsprechend bestatteten Person?

Den bekannten „Fürstengräbern" des Westhallstattkreises mit goldenen Hals-, und Armringen, Gürteln oder vergoldeten Waffen stehen osthallstättische Frauengräber überwiegend Sloweniens, aber auch Westungarns aus der Zeit Ha C/D1 gegenüber, welche durch goldene Diademe, Ohrringe, diverse Lamellen (dünne Goldscheiben diverser Form) oder bestimmte Perlen herausragen[1381], die ihrerseits zum Teil wohl auf Kontakte mit den Skythen im nördlichen Schwarzmeergebiet zurückgehen. Die Verbreitung der goldenen Spiralhaarringe und der Goldohrringe erstreckt sich zum Teil gleichfalls auf Südwestdeutschland und die Westschweiz, schließt aber auch die Slowakei und Tschechien mit ein[1382]. In Einzelfällen sind das östliche Alpenvorland (z. B. Salzburg-Maxglan, Helpfau-Uttendorf), das Linzer Becken (Mitterkirchen) und das Altmühltal (Riedenburg-Untereggersberg, Bez. Braunau am Inn, Oberösterreich) vertreten. In einem diachronen Vergleich betrachtete L. Hansen die Chorologie der Goldfunde des Westhallstattkreises, Tschechiens und der Salzorte von Ha C bis LT A. Hallstatt und der Dürrnberg stellen dabei massive Fundkonzentrationen dar, wobei Hallstatt seit Ha C, der Dürrnberg bekanntlich erst ab Ha D3 durch ein Goldarmband und Goldohrringe vertreten ist[1383]. In diesem west-östlichen Spannungsfeld, bereichert durch griechischen und wohl etruskischen Import, sind die Goldobjekte und vergoldeten Bronzen aus 36 Hallstätter Gräbern zu verorten. Sie reichen von Ha C bis LT A. Einige Stücke wurden seinerzeit spektralanalytisch untersucht[1384], moderne Analysen liegen nicht vor. Es handelt sich um Goldverzierungen an Schwertern, einen goldverkleideten Dolch, goldenen Ringschmuck (einzelne Ohrringe, einen Armring, Spiralringe), Kettenbestandteile (Perlen, Röhren, evtl. Plättchen) und ein singuläres Goldschmuckensemble aus Grab 505 (Gürtel, Fibel, Ohrringpaar, Dreipässe; Tabelle 4).

6.1 Einzelne goldene Ringe (Ohrschmuck)

Status quo

Martin Schönfelder befasste sich 1998 eingehend mit den goldenen Ohrringen in späthallstatt- und frühlatènezeitlichen Männergräbern[1385], seine Überlegungen haben auch bei differenzierter Formbetrachtung bis heute Gültigkeit[1386]. Den Ringen komme unter Berücksichtigung regionaler Trachtsitten und Gepflogenheiten generell ein insignienhafter Charakter zu, als alleiniges Goldobjekt im Grab zeigten sie eine *„zaghafte Elitendarstellung"* an. Es handle sich um eine auf im wesentlichen Ha D und LT A beschränkte Sitte der südwestdeutschen und mittelrheinischen Hallstattkultur. Die Vorkommen am Dürrnberg und in Hallstatt seien örtliche Besonderheiten, der Marktsituation der Bergwerksorte geschuldet. Diese Schmuckform stelle ein ursprünglich weibliches Trachtelement dar, die derart ausgezeichneten Männer zeigten daher eine gewisse Unabhängigkeit und Macht gegenüber den sozialen Standards. Eine besondere religiöse Rolle, angezeigt z. B. durch Amulette, komme der Mehrheit der Bestatteten jedoch nicht zu. Ludwig Pauli sah die Übernahme weiblicher Schmuckelemente durch Männer (am Beispiel des Halsrings) dagegen durchaus *„religiös kultisch"* bestimmt und darin *„bisexuelle Elemente*

1379 Burmeister 2003, 279.
1380 Schumann 2015, 143.
1381 Jüngste Liste bei Hansen 2010, 132 ff. Anm. 650.
1382 Hansen 2010, Listen 3, 4, 6, 10, 12.

1383 Hansen 2010, 132 ff.
1384 Morton 1944-50, 31 ff.; Hartmann 1970: Goldobjekte der Gräber 505, 696, 573, 299, 669, 671, 393; Eluère 1988, 217: Gräber 13/1939, 13/1889.
1385 Schönfelder 1998.
1386 Hansen 2010, 119-123.

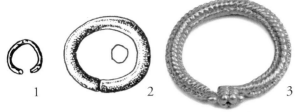

Abb. 108: 1 Goldring Grab 11/1939. 2 Goldring Grab 2/1939. 3 Goldring Grab 13/1889, alle M 1:1.

Abb. 109: Goldring Grab 909, M 2:3.

in der Religion"[1387], ohne dies näher zu erläutern. 2003 wies St. Burmeister auf die „*partielle Durchlässigkeit des idealisierten Geschlechtsdimorphismus*" hin und erwog auch den individuellen Handlungsspielraum, der Einzelnen ggf. zustand und der Normabweichungen erklären könne; nicht zufällig handle es sich dabei um Personen der sozialen Elite[1388].

Form, Befund, Datierung

Aus zwölf Bestattungen Hallstatts liegen einzelne goldene Ringe vor, bei sieben ist durch Lagebefunde gesichert oder sehr wahrscheinlich, dass es sich um Ohrringe handelt (Gräber 1/1947, 2/1939, 5/1939, 11/1889, 21/1891, 22/1939, 97/2009). Sie wurden bei Körperbestattungen in der Halsgegend, im Bereich des Unterkiefers oder unter dem Schädel beobachtet[1389]. Ich verzeichne mehrfach unverzierte, massive Drahtringe mit einem geringen Durchmesser von 0,8 - 2,2 cm (Gräber 1/1947, 5/1939, 11/1889, 11/1939 Abb. 108,1, 15/1938, 21/1891, 22/1938)[1390], zwei größere hohle Blechringe in den Gräbern 2/1939 (Dm. 2,2 cm, Abb. 108,2) und 97/2009 (Dm. 3 cm), einen ebenfalls singulären, noch etwas größeren massiv gestalteten Ring, für den heute etruskische[1391] Herkunft angenommen wird (Grab 13/1889 Dm. 3,3 cm, Abb. 108,3) und einen einzelnen bandförmigen Ring mit getriebener Zier

und Hakenverschluss (Abb. 109) aus dem mutmaßlichen Kindergrab 909 (mit gleichmäßig geripptem Armring, Dm. 5,5 cm). Seine Fragilität und die Art des Verschlusses (Haken) sprechen für einen Ohrring[1392], obwohl auch (allein nach den Maßen) ein Armring mit vergleichbarem Haken in Statzendorf Grab B 74 vorliegt[1393]. Alltagstauglich war das äußerst dünne Blech wohl kaum. Es misst noch 12,5 cm in der Länge, der Durchmesser des ehemaligen Rings muss also mehr als 3,5 cm betragen haben[1394]. Das dem Haken gegenüberliegende, eingerissene und offenbar abgerissene Ende (unvollständiger Dekor) zeigt zwei in die Prägung eingreifende Löcher, was für eine längere Benutzungszeit sprechen kann, aber wegen seiner Zerbrechlichkeit nicht zwingend muss. Außerdem sind in diesem Grab zwei kleinere Goldblechfragmente überliefert, die dafür sprechen, dass das Band ehemals länger war. Nicht völlig ausgeschlossen ist daher auch die Möglichkeit eines zweiten Rings (zu dem die beiden Fragmente zählten), was aber die geprüften Quellen nicht bestätigen. Um das Hakenende durch das Ohrloch führen zu können, verjüngte man die beiden Ränder indem man sie, ungeachtet des Dekors, einfach nach innen umschlug. Der Kreisdekor scheint sich im Bereich des Hakens fortzusetzen, was auf eine mögliche sekundäre Verwendung des Blechs (als Ohrring) hinweisen könnte (Abb. 109). Einen vergleichbaren Verschluss bietet der einzelne, jedoch bronzene Bandohrring aus Hallstatt Grab 110/1875 (Dm. 3,5 cm)[1395], vielleicht auch der Zinnring aus 15/1871 (Dm. 1,3 cm[1396]; mit einem Pendant im Staatswald Mühlhart, Kr. Fürstenfeldbruck,

---

1387 Pauli 1973, 131 f.
1388 Burmeister 2003, 284 f. (Zitat 285).
1389 Eine Bestimmung als Schläfen- oder Haarschmuck kann aufgrund ihrer Singularität ausgeschlossen werden: Hansen 2010, 119 f. mit Anm. 587. Hallstättische mutmaßliche Frauenbestattungen mit kleinen Schläfen- oder Haarringen (es gibt auch Körpergräber mit kleinen Ringlein auf der Brust): 17/1889 (Mahr 1914, 30 f.), 29/1871, 834, 51/1872, 72/1873, 683, 223, 323, 752, 818, 855 (Kind), 872.
1390 Hansen 2010 Typ 120 Typ 2a; Schönfelder 1998, Abb. 2, B 1.
1391 Eluère 1988; 1989, 49; Hansen 2010, 79 f. Eine Herkunft aus Spanien (Eluère 1989, 49) erscheint in Hallstatt eher unwahrscheinlich. f. Morton (1944-50, 32) erwog 1944 noch eine Herkunft aus dem Pontus-Gebiet.

1392 Entsprechende Hakenverschlüsse sind von Ringen mit größerem Durchmesser durchaus bekannt (dazu gegenteilig Hansen 2010, 110): Streufund aus Frög, Gde.dd Rosegg, Bez. Villach-Land, Kärnten (Tomedi 2002, Taf 12, E 1); Vače (Stare 1955, Taf. LXVI 2.10).
1393 Rebay 2006, 131.
1394 Zum Vergleich: Das goldene Bandohrringpaar aus Grab 505 mißt 3,5 cm im Durchmesser.
1395 Kromer 1959, Taf. 259,12.
1396 Bei dem fragmentierten bandförmigen Zinnring könnte es sich wegen des kleinen Durchmessers auch um einen

Oberbayern[1397]), ein bronzener Ring aus Vače Grab 1 (Dm. 2,8 cm) und einige Streufunde von dort[1398], zahlreiche Belege aus den Gräbern von Magdalenska gora teils mit figuraler Zier[1399], ein Goldband aus Opořany, Bez. Tábor, Reg. Jihočeský kraj, Südtschechien[1400], und vier fragmentierte Bänder aus der Býčí skála-Höhle bei Brünn, Mähren[1401]. Auf die Problematik der Funktionsbestimmung der Bänder mit Haken-Loch-Verschluss ging L. Hansen bereits ein und deutete die Objekte als Ohrringe[1402]. Ein bronzenes Ohrringpaar aus Rottenburg a. N., Kr. Tübingen, Baden-Württemberg mit entsprechendem Verschluss bestätigt diese Annahme und belegt außerdem einen großen Ringdurchmesser von 6,0 cm bzw. 6,6 cm[1403]. Das von Hansen als formal ähnliches Bandohrringpaar (Hansen Typ 4) zitierte Stück aus dem Hallstätter Frauengrab 505 weist dagegen einen üblichen Steckverschluss auf und besteht aus ungleich massiverem Blech (s. u.).

Der falsch-tordierte, scheinbar kompliziert aufgebaute massive Ring[1404] aus Bestattung 13/1889 mit einem Durchmesser von 3,3 cm wurde auf der rechten Brustseite gesehen, der Kopf des Skeletts war jedoch zerdrückt und verschoben[1405]. Seine Funktion als Ohrring ist daher nicht gänzlich gesichert. Ludwig Pauli zog die bereits von A. Mahr beschriebenen Abriebspuren als Argument gegen einen (frei hängenden) Ohrring heran, mit Verweis auf das Stück vom Dürrnberg Grab 74[1406]. Selbst wenn der hallstättische, wohl etruskische Importring mit einem „Aufhänger" (beispielsweise einem einfachen Drahtring oder einer kleinen Kette) getragen wurde (auch das hält Pauli für unwahrscheinlich) – denn er war vermutlich nicht zu öffnen – sprechen Maß und Einzahl nicht gegen seine ideelle Auffassung als Ohrschmuck und Insignie. Den berechtigten Überlegungen Paulis wäre hinzuzufügen, dass die Abriebspuren nicht zwingend im Hochtal entstanden sein müssen, vielleicht wurde er bereits in Italien entspre-

chend intensiv getragen. Auch für die Blechringe aus den Körpergräbern 97/2009 und 2/1939 (Abb. 108,2), deren stumpfe Enden direkt aneinanderstoßen, stellen sich die gleichen, seit Pauli (1978) offenen Fragen: Wurden sie derart geschlossen wie aufgefunden auch getragen (ggf. ans Ohr geklemmt) oder befestigte man sie an einem vielleicht vergangenen Bronze-Ringlein? Hat man sie erst zur Bestattung vollends zugebogen?

Die mutmaßlich männlichen Gräber mit einem Goldohrring sind bis auf zwei Ausnahmen als gewöhnlich ausgestattet zu bezeichnen: Sie enthalten Fibeln (Grab 2/1939), Lanzenspitzen und „Eisenwaffen" (Gräber 13/1889, 22/1938, 97/2009), Mehrkopfnadel (Grab 13/1889), Gürtel (Gräber 63, 97/2009), ein Tüllenbeil mit Buchenschäftung (Grab 1/1947) und eine nicht überlieferte Nadel (Grab 63). Zwei ebenfalls schlichter ausgestattete Inventare sind mit hoher Wahrscheinlichkeit Gräber von Frauen, und zwar 5/1939 und 11/1939. Hierfür sprechen die beiden bronzenen Drahtfußringe aus dem Ha D3-zeitlichen Grab 5/1939 (Fußzierfibel), die an sich zwar nicht geschlechtsspezifisch sind, deren Parallelen jedoch in Asperg, Kr. Ludwigsburg und Mühlacker, Engkreis, beide Baden-Württemberg, in zwei anthropologisch bestimmten Frauengräbern vorliegen[1407]. Auch die von D. Pany durchgeführte Analyse ergab für Hallstatt Grab 5/1939 gleichfalls dieses Ergebnis, allerdings mit Fragezeichen versehen. Grab 11/1939, das durch die vermeintliche ostalpine Tierkopffibel bereits in LT A datiert, spricht durch einen Spinnwirtel und sieben Glasperlen für eine Frau; eine anthropologische Geschlechtsbestimmung war nicht möglich (adult-matur, 30-50 Jahre). Auch das potentielle Kindergrab 909 mit dem singulären Bandring könnte wegen seiner neunzehn Bernsteinperlen und einer größeren Bronzeperle als Mädchenbestattung gelten (s. Kapitel 14). Alle anderen genannten sind archäologisch als Männergräber oder als mögliche Doppelbestattung von Mann und Frau (Grab 22/1938[1408]) ansprechbar. Sie enthalten nie Bronzegeschirr, der Goldring bleibt die alleinige Edelmetallbeigabe. Goldene Ohrringpaare in Männergräbern sind im Hochtal sowie am Dürrnberg[1409] im Gegensatz zum Kerngebiet der Westhallstattkultur bislang nicht verzeichnet.

Fingerring handeln. Als Ohrring gedeutet: Egg 1985, 389 f.
1397 Egg 1985, 390 Abb. 48.
1398 Starè 1955, Taf. XC; LIX,6-27.
1399 Tecco Hvala 2012, z. B. Taf. 48B; 105; 123; 2007.
1400 Píč 1900, 155 Taf. 32,1.
1401 Parzinger et al. 1995, Taf. 19.
1402 Hansen 2010, 109 f. Bei einem Fragment aus der Býčí-scála-Höhle ergäbe sich ein Dm. von mindestens 9 cm.
1403 Reim 1998, 472 mit Abb. 6.
1404 Mahr 1914, 28 f.; Pauli 1978, 131; Eluère 1988, 206 ff.
1405 Mahr 1914, 28.
1406 Pauli 1978, 131; Schönfelder 1998, 410.

1407 Siepen 2005, 143 Anm. 224.
1408 Die Analyse durch D. Pany ergab, dass dieses Grab sicher zwei Individuen enthält, die aber geschlechtlich nicht bestimmbar sind.
1409 Hansen 2010, 251 Nr. 143. 144; Moser et al. 2012, 201.

Funktional nicht näher eingeordnet werden kann das Ringlein aus Grab 303: Die Körperbestattung enthielt im Bereich der gekreuzten Hände ein rippenzistenartiges Miniaturkeramikgefäß (4,2 cm x 6,3 cm)[1410], in dem sich ein Goldring befand, der jedoch nicht überliefert ist und zu dem keine weiteren Angaben vorliegen. Es könnte sich daher sowohl um einen Ohr- oder Fingerring handeln, als auch um einen Ring, dem keine unmittelbare Schmuck- oder Trachtfunktion zukam, dessen reine Stofflichkeit und Form aber zählten. Zweifellos spricht jedoch die gesonderte Verwahrung für seine Wertschätzung. Der Befund erinnert an jenen in Wahlwies-Bogental, Kr. Konstanz, Baden-Württemberg, bei dem ein Gold- und ein Bronzeringlein in einem keramischen Becher und dieser wiederum in einem Kegelhalsgefäß gefunden wurden[1411].

Ein weiteres Ringlein stammt aus dem frühlatènezeitlichen Grab 63. Es unterscheidet sich formal von den mutmaßlich und sicher als Ohrringe ansprechbaren Ringen durch die Torsion des Drahtes, ein Merkmal, das an Hallstattischem Ringschmuck nur von Spiralringen bekannt ist (s. u). Es misst 0,8 cm im Durchmesser, entspricht also den kleineren Ohrringen. Ob es als solcher auch getragen wurde, ist offen, nach der ältesten Quelle aber unwahrscheinlich: Das Protokoll Antikencabinett gibt für die ostalpine Tierkopffibel und das Goldringlein „an der Mitte des Leibes" an, nach der Mahr-Kartei lag das Ringlein „unter dem Kopf", die Fibel „in der Mitte des Leibes". Eine nicht überlieferte und nicht gezeichnete „Bronzenadl"/"Haarnadl" soll sich unter dem Kopf befunden haben (Protokoll Antikencabinett). Möglicherweise war das Goldringlein ursprünglich auch nicht in die ostalpine Tierkopffibel eingehängt – wie bei Kromer abgebildet – weil es in den „Berichten", der frühesten Abbildungsserie der Objekte durch Ramsauer, und in der Mahr-Kartei von der Fibel getrennt wiedergegeben wird (Abb. 110 s. Taf. 8-110). Jedenfalls ist das Stück sowohl als Ohrring vorstellbar als auch als Fibelanhänger in italischer Manier. Im frühlatènezeitlichen Grab 72/2 vom Dürrnberg, der Bestattung eines Kindes von 7-10 Jahren, befindet sich ein vergleichbares, allerdings bronzenes Ringlein (Dm. 1,8 cm) zusammen mit Augenperlen und Dreiecksrähmchen, aufgeschoben auf einen Bron-

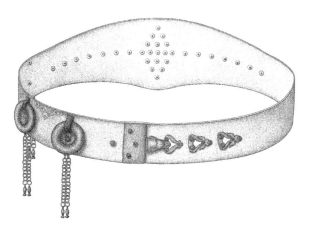

Abb. 111: Glauberg Grab 1, Rekonstruktion des Gürtels.

zehalsring (ein weiterer, etwas größerer Ring mit Endknöpfen [Dm. 2,9 cm] an diesem Halsreif ist daher nur bedingt vergleichbar)[1412]. Die beiden hohlen Blechringe des Hallstätter Grabes 63 waren wahrscheinlich an einem organischen Gürtelband befestigt, wie vergleichbare Ringe vom Glauberg Hügel 1, Grab 1[1413] (Abb. 111) und, wenig jünger, jene aus Weiskirchen Hügel I[1414] demonstrieren.

Das ringführende Inventar 13/1889 datiert aufgrund einer einfachen Mehrkopfnadel mit schwacher Faltenwehr (L. 23 cm) in Ha C. Wegen des völlig singulären, möglicherweise (früh) aus Etrurien importierten Rings könnte man allerdings an der Quantität und Vollständigkeit des Inventars zweifeln, das darüber hinaus lediglich drei Lanzenspitzen enthalten haben soll. Dem wäre zu entgegnen, dass goldene Ohrringe allgemein auch in einfacher ausgestatteten Gräbern vorkommen[1415], was auch für Hallstatt gilt (s. o.). Auch die gleichmäßig gerippten Armringe des Kindergrabes 909 (goldener Bandohrring) datieren zwar mehrheitlich in Ha D1, beginnen jedoch bereits während Ha C[1416], sodass für Inventar 13/1889 auch eine frühere Zeitstellung möglich erscheint. Letztlich sind also sowohl die Funktion des Goldrings als auch die Datierung unsicher und ist die Geschlossenheit des Ensembles 13/1889 hinterfragbar. „Stimmig" wäre lediglich das Vorkommen eines einzelnen Rings in einem Männergrab. Einzelne Drahtringe gehen mit Schlangenfibeln (Grab 2/1939), einer Doppelzierfibel (Grab 5/1939),

---

1410 Zwei zylindrische gerippte Keramikgefäße realer Größe kommen aus Statzendorf Gräber 77 und 122: Rebay 2006.
1411 Hansen 2010, 244 Nr. 84.
1412 Moosleitner et al. 1974, 33 ff.
1413 Flügen 2002, 150 ff. Abb. 246.
1414 Kunst der Kelten 2009, 188 Abb. 248; 250. Dazu auch Pauli 1975, 125 f. (als Amulette anzusprechende Stücke oder Fragmente aus Frauen- und Kindergräbern).
1415 Dazu zuletzt Hansen 2010, 123.
1416 Siepen 2005, 77.

189

einem Dolch der Variante Aichach (Grab 11/1889) und einer Kniefibel (Grab 21/1891) zusammen, erstrecken sich also von Ha D1-2/3.

Zwei Gräber (11/1889, 15/1938) fallen durch die Beigabe von Pfeilspitzen auf, alle anderen enthalten keine spezifisch deutbaren Objekte, die den generell insignienhaften Charakter erhellten, der den Ohrringen, einzelnen wie Paaren, zugeschrieben wird[1417]. Anzuschließen ist außerdem Grab 13/1939 mit Pfeilen und dem singulären Goldarmband[1418]. Plastische Hörnertiere, Amulette, ausgesprochen symbolträchtige Trachtbestandteile, wie z. B. miniaturgefäßbesetzte Fibeln oder Gürtel, die ggf. polysem auf das Thema Opfer oder religiöses Gelage hinweisen und deren kleine Gefäße vielleicht Drogen enthielten, Gerät, das einen „beruflichen" oder anderweitigen gesellschaftlichen Zusammenschluss der Ohrringtragenden Hallstatts nahelegte, oder religiös ausdeutbare Befunde aus den Grablegen selbst sind nicht zu verzeichnen. Halten wir also fest: Einzelne Goldohrringe oder kleinere Ringe datieren in Hallstatt schwerpunktartig in Ha D, erreichen noch die Frühlatènezeit (Gräber 12, 15/1938, 63) und wurden von Frauen, zwei mutmaßlichen Kindern, überwiegend aber Männern getragen. Diese Individuen gehören nicht zu jenen, die Metallgeschirr führen. Nur einmal ist in einem Pfeilgrab (11/1889) ein Dolch der Variante Aichach kombiniert. Männer mit goldenen Ohrringpaaren (z. B. Glauberg Hügel 1/Grab 1, LT A; Stuttgart-Bad Cannstatt 1 und 2, Ha D2) sind in beiden Bergwerksorten nicht überliefert.

Ludwig Pauli erwog einen religiös-sexuellen Bezug einzelner oder paariger Ohrringe in Männergräbern, weil Ohrringe eigentlich zur Frauentracht gehörten, die derart Bestatteten Männer sich somit offenbar über die sozialen Gepflogenheiten hätten hinwegsetzen können, was oben bereits angesprochen wurde. Vor diesem Hintergrund ist zu fragen, welche Rolle die beiden Frauen mit einem Ohrring aus Hallstatt 5/1939 und 11/1939 einnahmen? Sie tragen augenscheinlich bewusst nur einen goldenen Ring und nicht ein Paar (wie z. B. die Frau aus Grab 505), sie hätten sich, folgt man Pauli, den gesellschaftlichen Normen naturgemäß nicht widersetzen müssen. Grab 505, das einzige Ensemble mit einem Ringpaar, eignet sich aber nur bedingt zum Vergleich, weil es in Ha D1 datiert, also etwas älter ist als die beiden Frauengräber mit einzelnem Goldring (Ha D3, LT A) und sich als Unikat erweist, das durch den formal engen Bezug zum mehrteiligen und multiregional verbundenen Goldschmuck des Grabes anders zu beurteilen ist (s. u.). Jedenfalls liegt nahe, diese Frauen durch das Tragen eines einzelnen Ohrrings einem bestimmten gesellschaftlichen Kreis zuzuordnen, dem auch Männer und ein Kind angehören konnten, der sich jedoch über andere kombinierte Beigaben nicht genauer definieren lässt.

Es bietet sich ein Blick auf jene Bestattungen mit bronzenen Ringen an, die ehemals gleichfalls golden glänzten, typologisch goldenen Ringen entsprechen und deren Funktion als Ohrschmuck über den Befund (Körpergrab) gesichert[1419] oder über ihre offene Form und Größe sehr wahrscheinlich ist: Ich verzeichne drei Gräber (15/1871 [Zinn], 220, 810) mit einzelnen bandförmigen Ringen[1420], zwei (34/1872, 943) mit einem einzelnen drahtförmigen Exemplar[1421] und zahlreiche Inventare mit paarigen Drahtringen. Die Klassifizierung des Rings aus der Ha D1- oder 2-zeitlichen Brandbestattung 220 als Ohrschmuck ist aufgrund seiner Größe (Dm. 2,1 cm) und des Verschlusses gerechtfertigt. Er stammt aus einer reichen Frauenbestattung, die außerdem vier Metallgefäße, ein Ringgehänge, Fibel- und Perlenschmuck enthält (Abb. 61). Das wohl ebenfalls Ha D-zeitliche Körpergrab 810 weist dagegen außer dem einzigen weiteren Bandohrring nur einen massiven Armreif mit Stempelenden auf, eine geschlechtliche Bestimmung ist daher in diesem Fall nicht möglich. Die Beigaben aus Grab 15/1871 sprechen archäologisch für eine weibliche Bestattung (Fibeln, Armringe, Gürtel, Klapperbleche). Grab 34/1872 (Buckelarmring Typ Echerntal, Ha D) mit einzelnem Drahtohrring enthält zwar keine Waffen, aber auch keine eindeutigen Geschlechtsanzeiger. Gleiches gilt für die Inventare 140, 687, 917 und 918 mit Drahtohrringpaaren. Durch Ring-, Fibel- und Nadeltracht sind die Ringpaare führenden Gräber 46/1872, 74/1873, 96/1873, 98/1874, 31/1871 (Dm. außen 1,5 cm), 841, 861, 862 und 1021 eher weiblich konnotiert. In einem Fall (Grab 139) ist durch die Beigabe

---

1417 Schönfelder 1998; Hansen 2010, 123.
1418 Schönfelder 1998, 405; Hansen 2010, 103.
1419 Beispiele für Körpergräber mit Ringlein ohne Befundbeobachtung: Gräber 29/1939, 80, 122/1876, 612, 773 (Kind).
1420 Bei dem fragmentierten bandförmigen Zinnring aus Brandgrab 15/1871 könnte es sich auch um einen Fingerring handeln. Als Ohrring gedeutet: Egg 1985, 389 f.
1421 Der als Ohrring bezeugte Ring aus Grab 36/1871 ist geschlossen.

einer Lanze und einer einzelnen Nadel wohl ein Mann mit zwei Drahtohrringen bestattet. Inventar 29/1939 (Beil, Lanze, eine Schlangenfibel S 1, Ha D2) ist dagegen auch anthropologisch als männlich nachgewiesen[1422], der einzelne Ring im Bereich des Schädels allerdings geschlossen[1423]. Auch der Mann aus Bestattung 13/1939 mit dem einzigen Goldarmband der Nekropole könnte einen bronzenen Ohrring getragen haben. Leider ist dieser wichtige Befund nicht völlig gesichert, weil das Skelett schlecht erhalten und der Kopfbereich offenbar gestört oder stark verschoben aufgefunden wurden. Das kleine schlichte, bei Kromer nicht abgebildete Bronzeringlein mit einem Durchmesser von 1,2 cm mit stumpf aneinanderstoßenden Enden könnte durchaus als Ohrring gedient haben (Abb. 71).

Bronzene Ohrringe, die formal auch in goldener Ausführung vorliegen, werden also überwiegend paarweise und von Frauen getragen, dreimal sind wahrscheinlich Männer derart bestattet[1424]. Für einzelne Goldohrringe in Männergräbern finden sich typologisch nur selten Entsprechungen in Bronze – zumindest nicht überwiegend in reicheren waffenführenden Gräbern (s. u.). Bronzener paariger Ohrschmuck ist offenbar mehrheitlich von Frauen und nur sehr vereinzelt von Männern getragen worden. Soweit die aufgezählten Parallelinventare eine Datierung (über den Ringschmuck) erlauben, gehören nur wenige in Ha C (Grab 917, evtl. 1021), d. h. Ha C-zeitliche, hier weibliche Vorläufer mit paariger Ohrzier, die dann als Vorbilder für die Goldohrringe gelten könnten, sind im Friedhof vereinzelt bekannt. Ha C-zeitliche Frauen und/oder Männer mit Einzelring in Bronze sind dagegen nicht nachweisbar.

Ohrringe stellen folglich im Hochtal keine Besonderheit bei den Frauen dar, lediglich das Material Gold bzw. Zinn und ihre Trageweise als einzelner Ring zeichnen die weiblichen Gräber 5/1939, 11/1939 und 15/1871 aus. Die Durchsicht der Inventare mit Schwertern und Dolchen ergibt, dass hier vielleicht nur in einem Fall ein bronzener Ohrring vorliegt (Grab 13/1939), was für eine besondere Aus- oder Kennzeichnung der hallstättischen Männer mit (einzelnen) Goldringen spricht, zumal es sich bei dem Toten aus Grab 13/1939 auch um den einzigen Goldarmreifträger des Friedhofs handelt. Die gezogenen Schlüsse haben jedoch nur begrenzt Gültigkeit, weil Brandgräber – die Dolchgräber beispielsweise sind eben mehrheitlich Brandbestattungen – nur beschränkt aussagekräftig sind[1425], Ringlein mitunter auch in mutmaßlich bigeschlechtlichen Brand-Doppelbestattungen vorliegen (Grab 577) und bronzene Ringlein aus Brandgräbern z. B. auch zur Befestigung der Waffen gedient haben könnten (Grab 104/1875, äußerer Dm. 2,4 cm). Berücksichtigt man die Gräber mit Lanzen, liegen paarige offene Ringlein in den Ha D-zeitlichen Gräbern 49/1872 (nicht gesichert), 494 und 131 vor, ihre Bestimmung als möglicher Ohrschmuck ist allerdings nur durch die Form gegeben (49/1872 und 494 Brandgräber; 131 Körpergrab ohne Lageobservation). Bei den Inventaren 49/1872 (nicht gesichert) und 494 handelt es sich u. a. aufgrund der Ring-, Fibel- und Werkzeugbeigabe möglicherweise um Doppelbestattungen von Mann und Frau, Grab 131 enthält u. a. ein Brillenfibelpaar und eine Lanzenspitze, ist also auf archäologischem Weg geschlechtlich ebenfalls nicht eindeutig zu klassifizieren (s. Kapitel 14).

Nur wenige der genannten Inventare mit bronzenen Ohrringen enthalten religiös konnotierte Beigaben oder mutmaßliches Kultgerät. Ich verzeichne ein Ringgehänge (Grab 220), ein Halbmondfibelpaar (943, 96/1873) und schließlich einen Gürtel mit Kettengehänge (Grab 96/1873). Offen ist, ob die Klapperblechpaare aus Inventar 15/1871 unmittelbar am Gürtel befestigt waren wie bei den Gürteln der Gräber 24, 328 und 836. Halbmondfibeln und Gürtel mit diversen Gehängen werden mit der Darstellung von Gewebe bzw. Ornat in Verbindung gebracht (Kapitel 7)[1426].

Bildliche[1427] oder plastische Darstellungen von Personen mit einem Ohrring kennen wir im Gegensatz zu solchen mit Paaren[1428] nicht. Auf der Suche nach Zeugnissen von Männern mit Ohrringen ziehe ich die Plastik einer männlichen (oder bigeschlechtlichen) Figur auf einer Fibelplatte aus Kampanien aus dem letzten

---

1422 Pany 2003, 126.
1423 Das Ringlein aus Körpergab 13/1938 wurde zusammen mit der Fibel auf der Brust beobachtet und daher hier nicht als Ohrring angesehen.
1424 Eine höhere Zahl kann nicht ausgeschlossen werden.

1425 Beispiele von Brandbestattungen mit einem oder zwei entsprechenden Ringlein: Gräber 1/1872, 5/1872, 17/1871, 41/1872, 49/1872, 105/1875, 271 (in einer Rippenziste), 260, 271, 307, 453, 469, 494, 501, 504, 596, 827, 884, 940 (Kind?).
1426 Siehe auch Fath/Glunz-Hüsken 2011.
1427 Es müsste sich um eine Frontalansicht handeln.
1428 Schönfelder 1998, 405 Abb. 2; Teržan 2003; Lucke/Frey 1962, 14 f.

Viertel des 8. Jhs. heran, die in beiden Ohren je einen Ring trägt[1429]. Sie ist zusammen mit vier weiteren Personen und diversen Tieren in offenbar kultisches Geschehen involviert (Abb. 11; 112), ähnlich den allerdings weiblichen Figuren des Strettweger Kultwagens (Abb. 8) und ihren plastischen ohrringtragenden Verwandten der Hochdorfer Bank[1430]. Zu Recht schloss G. Kossack seinerzeit Willkürlichkeit der Kompositionen Unteritaliens aus und verband das Dargestellte mit Fruchtbarkeitsriten[1431]. Ähnliche geschlechtslose und bigeschlechtliche, aber schwer deutbare Pendants stehen szenisch arrangiert auf Fibelplatten aus Cumae, Prov. Neapel, Reg. Kampanien, Capua, Prov. Caserta, Reg. Kampanien und Suessula, Gde. Acerra, Prov. Neapel, Reg. Kampanien[1432], stammen also aus Regionen, die Kontakte zu hochkulturellen Nachbarn unterhielten. Alle zeigen die südliche Tradition des Tragens von Ohrringen und regelrechten Ringketten an, ohne freilich Näheres über den Inhalt des Kults zu verraten. Auch wird deutlich, dass gleichartiger Ringgehängeschmuck dort an Armen, Ohren und am Hinterkopf getragen wird, bezeichnenderweise von Menschen, die in einer Vogelbarke stehen; traditionell war dies der Platz für die Sonne. Diese vergleichsweise neuartigen Kompositionen bezeugen, dass sich der Mensch als zentrales Wesen in einem sich stets erneuernden Kosmos begriff. Sie sprechen außerdem dafür, dass dieser „Schmuck" offenbar nicht geschlechtlich determiniert war[1433], sondern kultausführenden oder opfernden Männern und Frauen, aber auch am Opfer beteiligten Tieren zustand[1434], letztere vielleicht als zu Opfernde selbst (Abb.

Abb. 112: Fibeln aus Kampanien und Cumae, M 1:3.

112). Dies belegen auch zwei Plastiken aus Tarquinia, Prov. Virterbo, Reg. Latuim und Chiusi, Prov. Siena, Reg. Toskana: Ein gehörnter und beringter Vierbeiner, gestaltet als Gießgefäß[1435], spricht zweifellos für seine kultische Verwendung, und das ohrberingte Pferdegespann eines zweirädrigen Wagens ist ebenso leicht zu

---

1429 Lo Schiavo 2010, Nr. 8090 b, c. Datiert in Stufe EZ II B nach Johannowsky über Capua Grab 368.
1430 Teržan 2003 (Gehänge mit Ohrringen). - Weitere einzelne GefäßträgerInnen mit Ohrringen: Rocca di Papa-San Lorenzo Vecchio, Prov. Rom, Reg. Latium; Deszczno, Woj. Lebus, Polen und Beringestedt, Kr. Rendsburg-Eckernförde, Schleswig-Holstein: Kossack 1954, 60 f. Taf. 13,7-9. Nyergesújfalu, Kom. Komárom, Ungarn: Egg 1996, 50, Abb 28,1; Suessula und Bisenzio-Polledrara Grab 2: Huth 2003, Taf. 44,3; 65,1; Zu Rocca di Pap-San Lorenzo Vecchio s. auch Säflund 1993, 30 f. Bisenzio: Montelius 1895, pl. 255,2.
1431 Kossack 1999, 23 ff.
1432 Lo Schiavo 2010, Nr. 8085.8085 B.8085 C.8087.8089. - Weitere bei Kossack 1999, 25 f. Abb. 11; 12.
1433 Im Gegensatz Eibner 2000/01, 110 Anm. 4, die Ohrringe (bei Rindern) als Kennzeichen weiblichen Geschlechts interpretiert.
1434 Beringte Stier-Vogel-Mischwesen: Lo Schiavo 2010, Nr. 8060; 8065; 8067; 8070; 8080-8083; 8085; 8089 (obere Platte); beringte Vögel Taf. 728.
1435 Montelius 1895, Bd. 2.3, pl. 284,3; s. auch Banti 1962, Taf. 9.

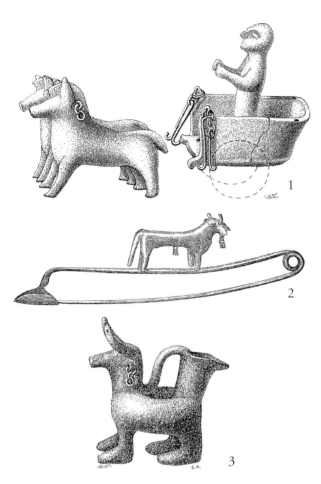

Abb. 114: Detail Situla Providence

Abb. 113: 1 Wagengespann Chiusi, M 1:4. 2 Bogenfibel Perugia, M 1:1. 3 Trinkgefäß Corneto, M 1:10.

interpretieren[1436], während der solitäre beringte und gehörnte Vierbeiner auf einer Fibel aus Perugia, Prov. Perugia, Reg. Umbrien, weniger unmittelbar Auskunft gibt[1437] (Abb. 113). Auch an Kultgerät, z. B. Gefäßwagen (Abb. 8)[1438] oder einem Holmos aus Matelica (zusammen mit einer Lebes mit Vogelprotomen und Hörnern)[1439], finden sich entsprechende Ringketten. Dieses offenbar sakrale Kennzeichen war bekanntlich weithin üblich, wie besonders deutlich der bereits zuvor genannte Kernos aus Nové Košariská mit Miniaturgefäßen und erhobenen kettentragenden Armen und Händen zeigt (Abb. 90), dem weitere charakteristische und beringte Gefäße des slowakischen Friedhofs hin-

zuzufügen sind[1440]. Bezeichnend ist, dass den stark gehörnten und beringten Vogelwesen und Ochsenpaaren aus Süd- und Mittelitalien die plastische Stierfigur aus Hallstatt 340 unmittelbar anzuschließen ist – in einem Ha C-zeitlichen Frauengrab mit goldenem Spiralhaarschmuck –, die am linken Ohr mindestens einen Ring trägt (das rechte Ohr ist fragmentarisch überliefert, Taf. 4-57). Die anderen Stier- oder Rinderplastiken Hallstatts (Gräber 12/1907, 455, 507) und sonstiger Fundstellen trugen offenbar keinen entsprechenden Zierrat. Nur eine Autopsie könnte die Frage nach einem Importobjekt im Hochtal klären. Offen ist auch, ob, in welchem Umfang und mit welchem (gleichen?) Inhalt die Übertragung eines vielleicht analogen Kultes von Süditalien nach Hallstatt oder in den ostalpinen Kalenderbergraum vonstatten ging, weil aussagefähiges Kultgerät in den Gräbern fehlt und die Ringe einziger Anzeiger bleiben. Die Kultthese unterstützen zahlreiche etruskische Bronzegefäße, aber auch Tier- und Kesselwagen mit Kettengehängen, in Hallstatt namentlich der Gefäßuntersatz aus Grab 507 oder beringte Breitrandschalen, deren kultischer Zweck offensichtlich ist und von der Forschung nicht bezweifelt wird[1441]. Es überrascht daher wenig, dass man nicht vergessen hat, diejenigen weiblichen Personen auf den Situlenfriesen deutlich mit Ohrringen zu markieren, die als Mundschenk fungieren, wie zu sehen auf den Eimern von Vače, Welzelach und Providence (Abb. 114)[1442].

1436 Montelius 1904, pl. 215,2; fragmentierte Pferdestatuette mit einem Ohrringpaar (vermutl. Teil eines Wagengespanns): Kollektion Massimo, Mitte 9. Jh., Villa Giulia, Rom. Ebd. s. Einzelfund einer Tasse mit beringten Protomen als Henkel: Osteria dell'Osa-La Cantina.
1437 Montelius 1895, pl. VII,73.
1438 Marsiliana d'Albegna, Gde. Manciano, Prov. Grosseto, Reg. Toskana: Egg 1991.
1439 Chiaramonte Treré 2008, 249 fig. 6,2.

1440 Pichlerová 1969, Taf. XXXII,2; XXXIII,1; XXXIV,7.
1441 Z. B. Woytowitsch 1978, Nr. 126;139. Egg 1991 (Kesselwagen Marsiliana d'Albegna).
1442 Lucke/Frey 1962, Taf. 73; 76 Beil. 1.

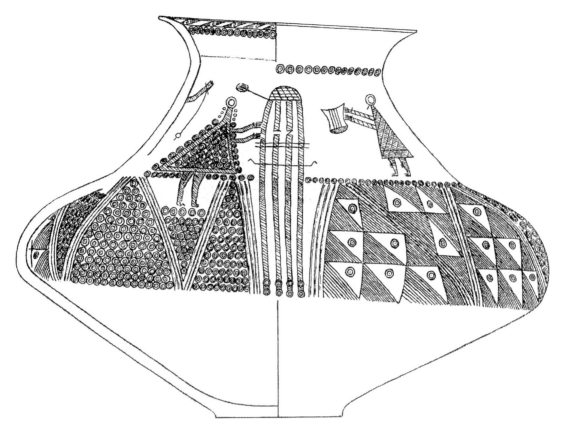

Abb. 117: Kegelhalsgefäß mit Webszene aus Sopron Hügel 128, M ca. 1:4.

Es bleibt noch, darauf hinzuweisen, dass das Tragen einzelner Goldohrringe bereits deutlich früher belegt ist, wie das glockenbecherzeitliche Grab aus Barbing, Kr. Regensburg mit Goldohrring und Pfeilausrüstung beweist (s. o.)[1443]. Mangels kontinuierlicher regionaler Überlieferung sind zwar verbindende Schlüsse kaum möglich, das Grab zeigt aber eine heimische Komponente gegenüber jener der italischen Eisenzeit auf.

Kehren wir ins Salzkammergut zurück: Männer, Frauen und zwei Kinder mit goldenem Ohrschmuck aus Hallstatt zeichnen sich zwischen Ha D1 und LT A durch das Material des Rings und seine nichtpaarige Trageweise aus; für den mutmaßlich etruskischen solitären Ring aus Grab 13/1889 ist eine frühere, Ha C-zeitliche Datierung denkbar. Weder die kombinierten Beigaben (überwiegend persönliche Trachtelemente), das Fehlen religiösen Geräts noch die Form der schlichten und zeitlosen Ringe – endlos und mehrheitlich ohne Embleme – lassen eine für Alle geltende Funktionsspezifizierung der Träger zu. Lediglich zwei Männer weisen eine Pfeilausrüstung auf; ein dritter, der mit dem Goldarmband aus Grab 13/1939, ist diesen anzuschließen. Das Tragen *eines* goldenen Rings (Ohr- oder Armring) scheint aber regelhaft weiteren zusätzlichen Goldschmuck auszuschließen und zugleich ihren nicht näher definierbaren auszeichnenden Charakter zu umschreiben, sei dieser sozial und/oder religiös bestimmt. Beifunde speziell religiös deutbarer Art unterstützen eine Deutung dieser Personen als sakrale Würdenträger nicht. Dies gilt auch für das Grab 13/1939 mit goldenem Armring (s. u.).

Die von M. Schönfelder vorgeschlagene Elitendarstellung der Goldohrringträger (gemeint war hier die soziale Elite) kann die Untersuchung in Hallstatt grundsätzlich bestätigen, wobei zu ergänzen ist, dass auch schlichter ausgestattete Gräber Goldohrringe enthalten, was überregional auch Hansen beobachtete[1444]. Nach den Maßgaben Schumanns zeigte Gold daher sozial gesehen Prestige an und nicht Status[1445]. In Hallstatt können verschiedene Eliten benannt werden, und zwar die der Dolchträger oder die der Pfeilbesitzer (Jäger). Dass die Elite der Ha C-zeitlichen Schwert- und Schüsselhelmträger keine (einzelnen) goldenen Ohrringe trägt, ist chronologisch bedingt. Unter den überwiegend brandbestatteten Dolchbesitzern befinden

---

1443 Engelhardt 2010.
1444 Hansen 2010, 123.
1445 Schumann 2015.

sich zwei mit goldenen Ohrringen, jene mit regelrechter Pfeilausrüstung tragen alle Goldringschmuck in der Einzahl. Die Elite der mit Metallgefäßen Beigesetzten ist nur mit einem Grab vertreten (13/1939). Die weibliche Elite, die mit der Kunst des Webens bzw. mit der Darstellung von Ornat im weiteren Sinn verbunden ist, wird in Grab 505 vielleicht durch eine individuelle Halbmondfibel repräsentiert (s. Kapitel 7). Weitere Tote mit Bronzeohrringen können aufgrund der Quellenlage (Brandgräber) nicht benannt werden. Dieses Ergebnis lässt sich dahingehend deuten, dass es sich bei den Goldringträgern um eine sach- und geschlechtsspezifisch (nicht ausschließlich im sozialen Sinn) übergeordnete Kategorie handelt, die verschiedene andere Oberschichten quasi überlagern kann, aber nicht muss, was die schlichten Ensembles (z. B. 27/2009[1446], 63, 22/1938, 303?), darunter auch die beiden Frauengräber (5/1939, 11/1939), belegen. Demnach zeigt in Hallstatt der einzelne Goldohrring weder eine soziale Stratigraphie noch eine geschlechtliche Konnotation an. Mögliche Ha C-zeitliche Vorläufer mit bronzenen Ohrringen sind weiblichen Geschlechts, sie tragen Ringpaare. Inwiefern die genannten Personen, offenbar einschließlich der beiden Kinder (Gräber 21/1891, 909), unmittelbar in kultisches Geschehen involviert waren, so wie es beringte Wesen in Italien und sprechende Prunkkeramik im Osthallstattkreis nahelegen, bleibt offen. Fokussiert man südliche, hochkulturlich beeinflusste anthropomorphe und theriomorphe archäologische Denkmäler mit entsprechenden Ringen, wird man goldenen (oder bronzenen) Ohrschmuck in Gräbern keinesfalls auf die Demonstration sozialen Prestiges reduzieren können[1447].

6.2 Kleine Ringkette
(Grab 132)

Diese Brandbestattung – nach dem Ausgräber die eines Kindes von 8-10 Jahren, nach Hodson und wohl berechtigt die Grablege von Frau und Kind (Abb. 115 s. Taf. 8-115) – enthielt unter einem goldenen Spiralring drei ineinanderhängende geschlossene Ringe von jeweils ca. 3 cm Durchmesser, zu sehen auf der Tabula 3 des Protokolls Antikencabinett (Abb. 116 s. Taf. 8-116,13). Die Bronzeringe sind mit einer Goldfolie überzogen. Der Befund ermöglicht zwar keine funktionale Zuordnung (denkbar wäre das Gehänge als Ohrschmuck, Haarschmuck oder Textilapplikation), legt aber vielleicht eine entsprechende Verwendung als Haarzier nahe. Wenn auch gegenständlicher, formal eng vergleichbarer Ohrschmuck in dieser Form nicht überliefert ist, belegen evtl. die webenden und spinnenden Frauen auf der Urne aus Sopron Grab 27 (neu 128) derartigen Schmuck in Form von zwei bzw. drei untereinander gestempelte Kreisaugen beidseits des Kopfes (Abb. 117). Erneut sind auch in diesem Fall die zahlreich beringten unteritalischen Menschen und Tierplastiken als Vorlage heranzuziehen (s. o.)[1448], die entsprechende Ringketten bezeugen – übrigens einmal auch als Hinterkopfzier im Haar oder an einer Stoffhaube[1449] (z. B. Abb. 11).

6.3 Armreif
(Grab 13/1939)

Als quellenkritisch zweifelsfrei gilt das Ha D2-zeitliche Körpergrab 13/1939, nach anthropologischer Bestimmung die Beisetzung eines 20-25 Jahre alten Mannes. Am linken Arm trug er ein einzelnes goldenes Schmuckstück, nämlich ein längsgerripptes Goldarmband mit scharnierähnlichem Verschluss. Darüber hinaus verfügte er über drei Situlen, einen Dolch mit entwickelter Knauf- und Scheidengestaltung der Variante Ludwigsburg, einen Fuß- und einen Fingerring, wohl zwei Fibeln (nicht bestimmbar), außerdem ein Tüllenbeil, ein Messer, besagten bronzenen Geschossbolzen und mehrere bronzene und eiserne „Lanzenspitzen" (nach Kromer) an seinem (verlagerten?) Fersenbein, die jedoch nicht abgebildet sind. Das Maß einer der bronzenen Spitzen beträgt 2,9 cm, sodass hier wohl eigentlich Pfeilspitzen belegt sind, die folgerichtig den Geschossbolzen funktional ergänzen, ferner ein mit einem Bronzeband umwickelter kleiner Bronzestab von 6,5 cm Länge, dessen Funktion unklar bleibt. Nicht ganz gesichert ist die Bestimmung eines bronzenen Rings mit stumpfen Enden als Ohrring (s. Absatz 5.4 Abb. 71). Der Bestattete gehört also mindestens vier verschiedenen, auch mythisch begründeten und sozialen Eliten an, nämlich derjenigen, die über metallisches

---

1446 Ob dieses Grab als geschlossen gelten kann, ist laut Ausgräber offen.
1447 Schumann 2015, 143, 263.
1448 Lo Schiavo 2010, z. B. Nr. 8047.8048.8052 B. 8066. 8065.8070.8084.
1449 Ebd. Nr. 8090A (Mensch in der Vogelbarke als vervierfachte Begleitung des Ochsengespannes).

Bankettgeschirr verfügt, die der Dolchbesitzer, die der Jäger, die der Goldringtragenden und wahrscheinlich auch die der Wenigen, die einzelne Ohrringe tragen. Unter den Goldringträgern nimmt er in Hallstatt eine Sonderstellung ein, weil er bis heute der einzige mit einem goldenen Armband bleibt. Vom Dürrnberg sind drei einzelne Goldarmringe aus Männerbestattungen überliefert (202, 256, 352)[1450], was dort allerdings durch zwei weibliche Gräber mit Ringpaaren quasi ausgeglichen wird (59, 73 b)[1451]. Der einzelne Ring aus dem wohl männlichen Dürrnberger Grab 256 stellt durch die nicht getriebenen Rippen die engste Parallele zu dem hallstättischen Stück dar (Abb. 72)[1452]. Stefan Burmeister kam nach Betrachtung des Merkmals der Längsrippung (an Gürtelblechen und Dolchen) zum Schluss, dass es zwar kaum geschlechtsspezifisch, dagegen eher sozial definiere, also einer besonderen Personengruppe vorbehalten gewesen sei[1453]. Die in Grab 256 kombinierten Objekte, ein Antennendolch mit Bronzescheide und Korallenzier, eisernes Tüllenbeil, Trense und Situla, sprechen durchaus nicht dagegen, auch wenn z. B. Grab 352 mit schlichtem unverziertem Goldarmring deutlich „reicher" ausfällt, was auch für Bestattung 202 gilt, die einen allerdings formal abweichenden kreuzstempelverzierten Goldarmring, ein Dolchmesser und wahrscheinlich einen „überkompletten" Waffensatz umfasst. Die auf einer geometrisch beschnitzten Holzliege körperbestattete männliche Person aus Grab 352 vom Dürrnberg (Dendrodatum 464 v. Chr.) besticht durch einen, allerdings unverzierten, goldenen Bronzearmring und darüber hinaus u. a. durch einen geprägt-verzierten konischen Birkenrindenhut[1454], eine aus Etrurien importierte Perlandschale Typ Imola-Hundersingen und ein vergangenes bronzenes Becken oder einen Kessel und erscheint allein aufgrund dieser Beigaben zweifellos als sozial privilegiert.

Friedrich Morton stellte den Armreif aus Hallstatt Grab 13/1939 bereits Anfang der fünfziger Jahre ausführlich vor. Er erwog seine Herstellung mittels Ziehen des Bleches durch zwei Walzen oder unter Zuhilfenahme eines Zieheisens (sog. Seckenzug). Er würdigte die drei angelöteten Verschlussringe, durch die sich das Stück auch vom Dürrnberger Exemplar unterscheidet (Ösen-Haken-Verschluss); der zugehörige Scharnierstift ist nicht überliefert[1455]. Lediglich optisch verwandt sind die gleichfalls offenen Armbänder aus Ditzingen-Schöckingen, Kr. Ludwigsburg und Esslingen-Sirnau, Kr. Esslingen, beide Baden-Wüttemberg, weil es sich hier um echte getriebene Rippen handelt. Leif Hansen ordnete diese beiden (wie Hallstatt Grab 13/1939 und Dürrnberg Grab 256, Ha D2) in seine Gruppe III, die in Ha D2-3 datiert[1456]. Die Längsrippung des Reifs aus Hallstatt findet eine ornamentale Entsprechung an der Dolchscheide des Grabes. Projiziert man die dreidimensionalen parallelen Linien des Rings auf eine zweidimensionale Ebene, erhält man das Emblem der konzentrischen Ringe, ein traditionelles Symbol[1457]. Wie L. Hansen bereits feststellte, trugen Männer einen einzelnen Edelmetallring, Frauen Paare (Sirnau) oder Vielfache davon (Schöckingen)[1458]. Diese Regelhaftigkeit ist zumindest am Dürrnberg auch anthropologisch gesichert[1459]. In welcher spezifischen Weise allerdings der Goldring den Toten auszeichnete, bleibt unbeantwortet.

Um die postulierte insignienhafte Bedeutung des goldenen Männerarmbands[1460] innerhalb der Gesellschaft näher zu beleuchten, untersuchte ich außer dem Bestand der drahtförmigen Armringe aus Bronze auch solche mit verschiedenen Ausprägungen von Längsrippen, jene mit markantem rhombischem oder stabförmigem Querschnitt, längs- und unverzierte Blecharmringe sowie Gräber mit glatten Ringen, auch die Waffen- und Helmgräber, also solche, die nicht vorwiegend weiblich konnotiert sind[1461].

1450 Gräber 256 und 352: Hansen 2010, 251; Grab 202: Moser et al. 2012, 193.
1451 Hansen 2010, 250 f.
1452 Egg/Zeller 2005, 353 mit Anm. 12. Für die Publikationserlaubnis des Fotos danke ich F. Knopp und H. Wendling, Hallein.
1453 Burmeister 2003, 282.
1454 Die beiden Hut-Parallelen, das Grab des Hochdorfers und die benachbarte Bestattung Dürrnberg 351 (außerdem lediglich mit einem Holzspatel und einem Weidenkorb), zeigen erneut, dass vermeintlich elitäre Beigaben durchaus nicht immer sozial kennzeichnend sind und in „armen" und „reichen" Gräbern vorkommen können (Egg/Zeller 2005, 347) – ein auch in Hallstatt bezeugtes Phänomen, das die entsprechenden Beigaben ggf. durchaus als in erster Linie religiöse Anzeiger ausweist.

1455 Detailabbildung bei Eluère 1988, 204, Abb. 5a.
1456 Hansen 2010, 100 f.
1457 Glunz-Hüsken 2008, 54 ff.
1458 Hansen 2010, 103.
1459 Die Beigaben des Grabes 59 sprechen für eine weibliche Bestattung: Hansen 2010, 250 f.
1460 Hansen 2010, 103.
1461 Verschiedenste Buckelarmringe, geperlte, geknotete, Melonen- oder Manschettenarmringe werden nur von Frauen getragen oder befinden sich in nicht sicher

Unter diesen findet man mutmaßliche Kindergräber mit *einem* Armring von kleinem Durchmesser, die als männlich angesprochen werden können, nämlich Gräber 8/1939 (auch anthropologisch gesichert), 424, 759, 866, 921, 940 und 953 (nach Angaben des Ausgräbers gestört). Neben den vielen Frauen mit Ringschmuck gibt es auch Vertreterinnen mit nur einem Armring, und zwar in vergleichsweise gewöhnlicher, aber auch reicherer Ausstattung (nach archäologischer Bestimmung z. B. Gräber 484, 46/1872, 445, 669, 762 und 851) und erwartungsgemäß solche, die sich einer geschlechtlichen Beurteilung entziehen (z. B. Gräber 183, 311, 315, 371, 498, 544 [quellenkritisch unklar], 568, 79/1873, 610 und 746). Die genannten, vermutlich männlichen Kindergräber zeichnen sich weder durch markanten materiellen Reichtum noch durch Amulette aus.

Schließlich verzeichne ich auch vier Männergräber[1462] mit jeweils einzelnem Armring. Es handelt sich um das Ha D1 bis Ha D2-zeitliche Dolchgrab 703 (Dolch mit bronzedrahtumwickelter Scheide, Variante Neuenegg), um das auch anthropologisch bestätigte männliche Grab mit Goldohrring und Pfeilset 15/1938 und um zwei Bestattungen mit Eisenschwertern (18/1939, 12/1939 kappenförmiger Helm), die letzten drei wahrscheinlich bereits frühlatènezeitlich (graphitierte Keramik). Interessant ist der hohle Armring mit Strichmuster aus Bestattung 703 – formal mit dem goldenen nicht verwandt, weil hohle Armringe u. a. in Hallstatt gewöhnlich in Sätzen getragen werden[1463], also als ausgesprochener Frauenschmuck gelten. Dies zeigt auch sein Pendant aus Grab 147, ein zweifellos weibliches Ensemble (u. a. zwei Brillenfibeln, Kugelkopfnadel/Spiralhaarschmuck). Hier wird evtl. greifbar, dass ein Ring aus der zeitgleichen Ha D1-Frauentracht übernommen wurde. Die drei anderen einzelnen Armringe erweisen sich formal als wenig spezifisch, nämlich einfache stabförmige und unverzierte Exemplare. Gleichwohl gehören alle vier Bestattungen, gleich welcher Zeitstufe, mindestens einer Elite an (Dolchträger, Helmbesitzer): Der Tote aus Grab 15/1938 zeichnet sich durch Goldohrring und Jagdutensil als zu zwei auch mythisch begründeten Oberschichten gehörig aus, was aber nicht die vielleicht spezielle Funktion des einzelnen männlichen Bronzearmrings in Hallstatt genauer eingrenzt, die im weit gefassten Bereich von Tradition, Herrschaftslegitimierung und Macht zu suchen wäre (s. u.). Dieser und jene aus den männlichen Kindergräbern relativieren lediglich die Stellung des Goldarmbandes aus Grab 13/1939 und zeigen, dass seine besondere Bedeutung ausschließlich im Material Gold begründet liegt.

Bildliche Darstellung von Männern mit *einem* Armring findet man gesichert auf den Situlen von Vače und Providence, und zwar nur bei den sportlich agierenden Hantelkämpfern[1464]. Erich Zimmermann und T. Lazar zeigten, dass hier durchaus Individuen bei einem bestimmten singulären Kampf dargestellt sein können[1465]. Ob entsprechende sportliche Begegnungen von einzelnen oder Gruppen religiös motiviert waren oder, wie jüngst (vielleicht zu einseitig) vorgeschlagen, lediglich zur Erlangung persönlichen Prestiges dienten[1466], ist schwer zu entscheiden. Jedenfalls sprechen die Nacktheit der Kämpfer und ihre Darstellung auf den Situlen dafür, religiösen Bezug zu postulieren. Zwar erlauben Funde und Befunde (aus Hallstatt) nicht, einen Zusammenhang zu diesen speziellen Bildern herzustellen (weil Hanteln nicht überliefert sind oder es sich um rein mythologisch intendierte Szenen handelt), aber sie belegen, dass das Tragen eines einzelnen Armreifs von Männern in Slowenien und Oberitalien in einer bestimmten sozialen Schicht dinglich und bildlich bezeugt ist und als „Zeichen" verstanden wurde – gleichviel, ob man die sich reproduzierenden Bilder der Blechdenkmäler regional und sozial „allgemeingültig" oder individuell-personenbezogen (als Metapher für die Bewährung und Stärke beim sportlichen Wettkampf, ehemals im Leben des Verstorbenen oder jetzt im Jenseits) deutet.

Bleibt noch, an die Überzeitlichkeit und Symbolik einzelner goldener Armringe seit der Frühbronzezeit

---

männlich bestimmbaren Ensembles, s. auch Siepen 2005, z. B. 31; 59.

1462 Im Widerspruch zu Hodson 1990, 83 fig. 20. Vollständigkeit kann nicht gewährleistet werden.

1463 Siepen 2005, 92.

1464 Zimmermann 2003, 228-231; 238. Ringpaare in männlichem Kontext: Fahrender Gefäßträger aus „Mittelitalien" Woytowitsch 1978, Taf. 26.132b. Für entsprechende Frauenstatuetten mit Ringpaaren s. Sofafüße Hochdorf. Geschlechtlich unbestimmbar (eher männlich): Gefäßträgerplastik Hallstatt „Grab"/Einzelfund 585. Dazu auch Eibner 2013, 349 f. (unklare Ansprache eines Oberamrings bei dem Mann auf dem Spiegel von Castelvetro di Modena, Prov. Modena, Reg. Emilia-Romagna).

1465 Zimmermann 2003, 238; Lazar 2001.

1466 Schumann 2015, 193 ff.

zu erinnern, auf die C. Metzner-Nebelsick für Mitteldeutschland und das Karpatenbecken hinwies. Sie bezeichnet sie als *„Erinnerungssymbole"*, sie seien Ausdruck der Repräsentation von Herrschaft, lokal und zeitlich bedingt entweder in Horten oder Gräbern: *„Die beschriebenen Kontinuitäten in der Verwendung von engere Perioden- und auch Kulturgruppengrenzen transzendierenden Schmuckformen lässt vermuten, dass es sich bei ihnen um zeichenhafte Träger komplexer Inhalte gehandelt haben muss, die kontextuell im Bereich von Herrschaft und Macht, sakraler Bindung, d. h. göttlicher bzw. vergöttlichter Macht, zu verorten sind. (…) Durch die im Ritual – sei es Bestattung oder Depot – festgelegten formalisierten Handlungsmuster wurden einzelne Aspekte komplexer Gedankenkonzepte unabhängig von der Bindung an bestimmte historische Personen oder Ereignisse erinnert; sie wirkten daher identitätsstiftend."* Die von der Autorin aufgestellte Reihe goldener Armringträger[1467] wäre also – freilich mit anderen zeittypischen Ringformen – bis zu den Prunkgräbern der Hallstatt- und Latènezeit zu verlängern bzw. zu ergänzen[1468].

6.4 Spiralen, Perlen und Plättchen

Biba Teržan sieht in goldenen paarigen Ohrringen sakrale Zeichen einer Tracht, die kultisch agierende Frauen kennzeichnet: Ausgehend von der zentralen großen Gefäßträgerin und den beiden weiblichen, sie begleitenden Figuren auf dem Kultwagen von Strettweg, die schlichte (bronzene) Ohrringe tragen, sowie dem goldenen Spiralschmuckpaar aus dem Strettweger Tumulus (für das eine Trageweise als Ohrschmuck nicht gesichert ist[1469]), führt sie eine Reihe reicher hallstattzeitlicher Frauengräber mit goldenen Spiralringpaaren an. Darunter befinden sich auch einige des Osthallstattkreises (Sopron, Kom. Győr-Moson-Sopron, Ungarn, Hügel 27, Gniebing-Hofwald, Bez. Südoststeiermark, Steiermark, Novo Mesto IV/20, Salzburg-Maxglan Grab 400[1470]), die, teils wegen jener Spiralringe, teils wegen wiederkehrender spezieller Gefäße (z. B. Kernoi) offenbar eine *„besondere Rolle in Ritus und Kult"*

Abb. 118: Golddrahtspirale, Streufund, ohne M.

ausübten[1471]. Anzuschließen seien einerseits bestimmte anthropomorph lesbare Gehänge aus slowenischen Frauengräbern, die außer dem Motiv der Herrin der Tiere, Vogelbarken und Sonnenzeichen auch verschiedene (bronzene) Ohrringe tragen, andererseits verwandte Ringgehängetypen aus dem nördlichen Karpatenbecken, der Oberpfalz und Hallstatt. Es handle sich um die Darstellung göttlicher Wesen, alle enthielten *„die Idee des Ohrrings"*[1472]. Biba Teržan spannt also einen regional weiten Bogen, der typologisch sehr unterschiedliche Ringe umfasst, nämlich einfache Bronzedrahtohrringe (an Plastiken), goldenen Spiralschmuck und vergleichsweise massive Ringgehänge.

Die Trageweise der Spiralringe, die im West- und Osthallstattgebiet vorkommen, ist indes bis heute umstritten, weil Lagebefunde selten sind (oft handelt es sich um Brandgräber oder Altfunde), sie mehrere Funktionen zulassen (Haar- oder Ohrschmuck)[1473] und verschiedene Formen (gleichmäßige und unregelmäßige Windungen), Größen und Drahtstärken subsumiert werden. So deutete M. Egg die Spiralringe als Haarschmuck[1474], F. Moosleitner berichtet von entsprechenden Armreifen[1475] und Th. Stöllner erwägt Kleiderbesatz[1476]. Schließlich weist nach H. Parzinger[1477] auch L. Hansen auf die unterschiedliche Größe der Golddrahtspiralen (kleinere: 0,5 cm-1,8 cm; größere

---

1467 Metzner-Nebelsick 2010, bes. 193 (für die Hallstattzeit genannt: Hochdorf und Sainte Colombe-La Butte).
1468 Hansen 2010, 98 ff.
1469 Egg 1996, 218 ff.
1470 Das Ringpaar wird von Moosleitner 1996, 324 als Armschmuck vorgestellt. Moosleitner. Anthropologisch als männlich bestimmt: ebd.
1471 Teržan 2003, 70. Ergänzungen bei Guštin/Preložnik 2005, 127.
1472 Teržan 2003, 70.
1473 Hansen 2010, 125 (Niedererlbach, Gde. Buch am Erlbach, Kr. Landshut, Niederbayern, Riedenburg-Untereggersberg).
1474 Egg 1996, 218 ff.
1475 Moosleitner 1993, 15 (Salzburg-Maxglan Grab 400); 1996, 324.
1476 Stöllner 2002, 72.
1477 Parzinger et al. 1995, 46.

2,4 cm-5,4 cm) und auf ihre keineswegs immer gesicherte Klassifizierung als Ohrringe hin. Sie kommen in reichen und einfachen Bestattungen vor[1478].

Aus zwölf Gräbern Hallstatts sind goldene Spiralreife oder Fragmente davon überliefert, ein Streufund wird im Oberösterreichischen Landesmuseum Linz verwahrt[1479] (Abb. 118). Dabei handelt es sich um zum Teil doppelt gewundenen Golddraht, der abschnittsweise tordiert und ggf. an den Enden nochmals zusammengedreht ist. Die Spiralen weisen keine durchgängig-gleichmäßigen Windungen auf, mitunter sind eckige Biegungen des flexiblen Drahtes zu verzeichnen (z. B. Grab 360). Nur zwei Gräber bieten Spiralpaare (586 Abb. 119, 671 Abb. 77), alle anderen liegen als Einzelstücke vor. Ihr Durchmesser liegt zwischen 2 cm und 5,4 cm, ich zähle höchstens sieben Windungen. Die beiden Körpergräber 12 (gestört) und 360 bezeugen die Lage im Bereich des Halses bzw. auf der Brust. Größere Durchmesser liefern die Spiralen der Inventare 132 (5,4 cm Taf. 8-116,2.13) und 340 (5 cm Taf. 4-57), der Ritus der Brandbestattung steht aber einer funktionalen körperbezogenen Bestimmung entgegen. Insbesondere kann für Grab 132, nach Ramsauer die Bestattung eines Kindes, daher nicht gänzlich ausgeschlossen werden, dass es sich in diesem singulären Fall um Armschmuck der Subadulten handelt.

Praktische Experimente zu den bronzenen konischen Haarspiralen und Kugelkopfnadeln, die in Hallstatt im Kopf- und Halsbereich nachgewiesen sind, bezogen in einem Fall (Grab 360) die goldene Spirale als Umwicklung eines Zopfes überzeugend mit ein (ein doppelter, entsprechend langer Draht wird individuell um den Zopf gewickelt)[1480] und erklären damit deren nicht völlig runden Querschnitt und die Fundlage im Bereich des Halses, bzw. der Brust; ihre differierende Anzahl wäre dann durch verschiedene Frisuren begründbar. In vier Gräbern (132, 393 Abb. 26, 696 Abb. 75, 794) gehen die Golddrähte mit den vergleichsweise starren konischen Bronzespiralen und Kugelkopfnadeln zusammen (Nadeln mit goldenem Kugelkopf aus reichen Frauengräbern des Westhallstattkreises[1481] entsprächen dann den bronzenen Kugelkopfhaarnadeln

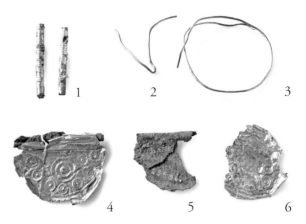

Abb. 119: Goldschmuck aus Grab 586, M 2:3.

aus Hallstatt). Somit dürfte vermutlich widerlegt sein, dass es sich bei entsprechenden unregelmäßig gewundenen, zarten Spiralringen um Ohrringe handelt, zumal deren Fixierung am Ohr ein unpraktisches Hineindrehen erforderte. Für massivere, gleichmäßig gedrehte Ringe ist dennoch je nach Durchmesser die Trageweise als Armschmuck möglich und ggf. naheliegend.

Bis auf Grab 836, das wohl mit Recht als Doppelbestattung von Frau und Mann gilt, stammen alle anderen aus zweifelsfrei rein weiblichen Gräbern (132: Frau plus Mädchen?). Parallelen aus Slowenien und Italien bestätigen sowohl dies als auch eine Datierung des Schmucks in Ha C und D1 (Hallstatt Gräber 505, 671, 696, 836)[1482]. Alle goldspiralführenden Ensembles aus dem Hochtal sind als materiell und ikonographisch „reich" zu bezeichnen, weil sie auch Ringgehänge (Gräber 132, 393, 586, 836, evtl. 982), stark symbolhaft aufgeladene individuelle Objekte (Fibeln: Grab 505 Abb. 62, Kamm Grab 671, beringte Rinderfigur Grab 340), zum Teil einzigartige Blechgefäße (Gräber 340, 393, 505, 671, 794, 801) und/oder metallisch verzierte Textilien (Gräber 132, 360, 556, 671, evtl. 801) enthalten. Die Spiralen kommen in den Inventaren als alleiniger Goldschmuck (Gräber 340, 360, 671, 794, 801, 836) oder mit anderen Edelmetallobjekten kombiniert vor, wobei – abgesehen von den exzeptionellen Beigaben aus Grab 505 – die Inventare 393 und 586 goldene oder goldüberzogene Röllchen und halbrunde Plättchen wohl als Bestandteil von Ketten, Kolliers und/oder Textilbesatz führen.

Kultisch zu interpretierende Keramik, wie von B. Teržan andernorts mitunter beobachtet, wäre prinzipiell auch im Hochtal denkbar, ist bekanntlich jedoch nicht

---

1478 Hansen 2010, 125 f. - Goldspiralen als „Kopfputz" in Vergina, Makedonien: Bräuning/Kilian-Dirlmeier 2013, 54 ff.
1479 Inv.-Nr. A 974, 1851.
1480 Grömer 2004/05, 125 mit Abb. 7.
1481 Hansen 2010, 126 f.

1482 Egg 1996, 218 ff.; Guštin/Preložnik 2005, 123.

Abb. 120: Goldplattierte Bronzeröllchen Grab 556, M 1:1.

Abb. 121: Goldperlen aus Grab 669, M 2:3.

überliefert und entzieht sich somit einer Beurteilung.

Bei den kleinen Röllchen handelt es sich überwiegend um mit Gold überzogene quergerippte Bronzeröhrchen, nur in Grab 393 wurden sie ganz aus Goldfolie geformt (Abb. 26). Ich verzeichne drei (Gräber 556 Abb. 120, 586, sechs (Gräber 393, 396) und zwanzig Stück (Bestattung 623).

Wahrscheinlich waren die ähnlichen halbkreisförmigen Plättchen aus den Bestattungen 586 (Abb. 119), 679 und 762 mit getriebenen Kreisaugen und/oder Buckeln Bestandteile von Kolliers, wie der horizontale umgeschlagene Rand, der den Durchzug eines dünnen Drahtes oder Fadens erlaubte, belegt (Grab 586). Wie ein rundes Plättchen aus dem Befund um „Grab" 999 (mehrere Skelette, gestört) befestigt war, bleibt dagegen unklar. Weiterhin sind 23 Goldblechperlen (669 Abb. 121) und eine goldüberzogene singuläre Perle (Grab 556, Kernmaterial unbestimmt) zu nennen. Die Frauengräber 393, 396, 556, 586, 623, 679, 762, 982, 990 (und 999) können durch das ausschließliche Vorkommen von Röhrchen, Plättchen, Perlen und Haarspiralschmuck, zum Teil in verschiedener Kombination, zusammengefasst werden; diese Frauen trugen also ein oder zwei Goldspiralen im Haar, Ketten aus Glas-, Bernstein- und Goldperlen[1483] und ggf. Goldlamellen als Textilapplikation[1484].

Den goldenen Doppeldrahtspiralen entsprechen bronzene aus den Gräbern 220 (Abb. 61), 302, 405, 447 und 861, wobei die Stücke aus 302 und 861 durch Bandform und Ritzzier formal zusammenzuschließen sind und massiver ausfallen[1485], also vielleicht nicht als flexibler Haarschmuck dienten. Körpergrab 861 bezeugt das Reifpaar jedoch ebenfalls im Schä-

delbereich[1486]. Hingegen sind „exakte" bronzene Entsprechungen der goldenen Plättchen, Röhrchen und Perlen im Gräberfeld nicht zu verzeichnen, lediglich Ähnliches ist aber durchaus zu finden: Runder bronzener Plättchenschmuck mit dem Emblem der konzentrischen Kreise begegnet in Frauengrab 58/1872 als Gürtelbehang (Abb. 122 s. Taf. 9-122), in 132 mit Löchern zum Aufnähen (Abb. 116 s. Taf. 8-116,7) und in 413, kleinere Metallperlen unterschiedlichster Ausprägung in Gräbern 42, 58/1872, 106/1875 Abb. 123 s. Taf. 9-123, 241, 243, 413 und 683. Dies zeigt, dass es sich bei den Perlen und Plättchen um individuellen Schmuck handelt, der deshalb auch keine exakten Pendants in Bronze findet, während es sich bei den Spiralringen um eine überregional bekannte Form (in Bronze und Gold) handelt. Auch die Vielfalt der Goldperlen anderer Fundorte (Strettweg, Slowenien) bestätigt dies[1487]. Demnach kann davon ausgegangen werden, dass sowohl Spiralringe als auch diverse Perlen und Plättchen in Hallstatt in Gold und Bronze in Gebrauch waren.

Die Durchsicht der Inventare mit bronzenen Spiralringen aus doppeltem Draht (s. o.) liefert vergleichsweise gewöhnliche Frauenausstattungen mit Bernsteinringen, Gürteln, Kugelkopfnadeln und Fibeln. Lediglich Grab 220 zeichnet sich durch einen einzelnen bronzenen Ohrring, Bronzegeschirr und ein Ringgehänge aus. Wenn nun die goldenen Spiraldrähte ausschließlich in reichen Gräbern liegen, ist dies als Hinweis darauf zu werten, dass sie auch ein soziales Gefüge anzeigen. Von einer unmittelbar religiösen Funktion kann bei den goldenen Kettenperlen und Spiralen indes keine Rede sein, es handelt sich um Schmuck,

---

1483 Zu den Ketten aus Stična: Wells 1978, fig. 45y; Gabrovec 2006, Taf. 17; 109.
1484 Dazu auch Grömer 2010, 188 ff.
1485 Gute Parallelen in Vače: Stare 1955, Taf. LXIV,10-11.

1486 Spiralringe aus einfachem Draht (Gräber 168, 307, 599, 651, evtl. 504: Kind?) könnten auch als Armreif gelten, wie in Körperbestattung 390 gesichert.
1487 Egg 1996, 224; Guštin/Preložnik 2005, 125 f.

der in reicheren Inventaren aus Gold gefertigt wurde, formgleich oder sehr ähnlich aber auch in Bronze und einmal in einer reicheren Grabausstattung vorliegt (220). Nicht zu vergessen wäre, dass sich Golddraht zum Einbinden in das Haar aufgrund seiner höheren Flexibilität und Formbarkeit besser eignet als Bronzedraht. Gegenüber den festen konischen bronzenen Haarspiralen[1488] ermöglicht biegsamer Golddraht eine beliebige Anzahl von Windungen, was sich auf die Festigkeit und ggf. Länge (wenn Haarstränge doppelt und quasi umgeschlagen gefasst werden) des zu bündelnden Haarstrangs auswirkt und somit ggf. individuelle Frisuren ermöglichte. Beigaben, die allerdings sehr wohl einen kultischen Bezug der mit goldenen Spiralringen gekennzeichneten Frauen schaffen, sind Ringgehänge, die Kuh-Kälbchen-Beckentasse (671 Abb. 77), die am Ohr beringte Rinderplastik und das kreisaugenverzierte Beil in Grab 340 (Taf. 4-57) und das figuralverzierte Fibelpaar in Bestattung 505 (Abb. 62), das als Darstellung sakral ausgezeichneten Ornats, eines mantelartigen gewebten Umhangs gedeutet wird (Kapitel 7).

6.5 Goldensemble (Grab 505)

Das Ha D1-zeitliche Frauengrab 505 zählt aufgrund seiner sieben Goldobjekte zu den reichsten des Friedhofs und des regionalen Umfelds. Zwei Dreipässe, eine Plattenfibel, zwei Ohrringe, ein Spiraldrahtring und ein Blechgürtel vom Typ Schrotzhofen, sämtlich aus Gold bezeugen nicht nur materiellen Reichtum unterschiedlichster Provenienz, sondern belegen Fernkontakte, die auch den Status der Bestatteten belichten: Als griechisch-unteritalisches Importobjekt gilt die beinerne Doppelplattenfibel mit Goldblechbelag, die ich bereits an anderer Stelle behandelt habe (Abb. 62)[1489]. Die goldenen Dreipässe (Taf. 10-124, Typ I c nach Teržan und Hellmuth) finden Parallelen in Slowenien (Libna, Podzemelj, Malence, Gde. Kastanjevika na Krki, Reg. Unterkrain, Šmarjeta und Črnomelj, Reg. Weißkrain), einmal in Ungarn (Mezőcsát) und im nördlichen Kaukasus[1490]. In Stična Hügel 48, Grab 27 stellen bekanntlich ganz ähnliche Lamellen den Bestandteil eines Diadems oder einer mehrteiligen Kopfbedeckung dar. Andere goldene Kopfschmuckkomponenten aus dem Dolenjsko verweisen auf Kontakte zu frühskythischen Gemeinschaften im nördlichen Schwarzmeerraum[1491]. Das offenbar zerschnittene Fragment eines mutmaßlichen Diadems aus Novo mesto-Kandija Hügel II Grab 8 bestätigt den slowenischen Verbreitungsschwerpunkt fragiler Goldblecharbeiten; die hier belegten Tangentenbuckel verfolgte M. Egg bis nach Griechenland[1492]. Es bleibt einer vergleichenden Autopsie und ggf. archäometrischer Methode vorbehalten, die Frage nach Import oder lokaler Nachahmung zu beantworten.

Die Verbreitung der goldenen Ha D-zeitlichen Frauenohrringe (meistens handelt es sich um ein, zwei oder mehrere kahnförmige Drahtringe oder um aus röhrenförmigem Hohlblech gefertigte Stücke[1493]) streut über das Elsass und das Schweizer Mittelland, Württemberg, Tschechien, das Alpenvorland und das Inn-Salzach-Gebiet. Räumlich nächste Vertreter zu den hallstättischen kommen vom Dürrnberg und aus Helpfau-Uttendorf, FO Siedelberg[1494]. Bandförmige schloss L. Hansen zu seinem Typ 4 zusammen: Außer dem Paar aus Hallstatt Grab 505 (Taf. 10-124) sind dort das längsgerippte einzelne Stück aus Helpfau-Uttendorf (aus einer evtl. männlichen Bestattung) und die zweier tschechischer Fundorte (Opařany, Bez. Tabor, Bez. Jihočeský kraj [zwei Ringe vielleicht gleichfalls aus einem männlichen Grab], Plešnice, Bez. Plzeň-sever, Reg. Pleňský kraj [ein oder zwei Ringe, Zugehörigkeit

---

1488 Grömer 2004/05.
1489 Glunz 1994; Glunz-Hüsken 2008, 39 Anm. 46 (Nachträge zu Glunz 1994). Die von Platz-Horster 2001 angeführten Zweifel über die Identität der Platte in Berlin mit der von mir postulierten Zeichnung bei von Sacken 1868 sind kaum angebracht, da die ungenaue Wiedergabe bei von Sacken durchaus Berücksichtigung fand (Glunz 1994, 286; bereits erwähnt bei Kromer 1959, 117). Gleiches gilt für die Befestigung der Nadelkonstruktion. Nachweislich (Protokoll Antikencabinett im NHM Wien) war das Goldblech auf einer Knochenunterlage fixiert (Glunz 1994, 285). Die Annahme einheimischer Provenienz der Goldplatte aufgrund der Zier der lokalen(?) Ohrringe ist dito kaum gerechtfertigt (Eluère 1988, 200), weil letzteres ebenfalls nicht gesichert ist. Form und Technik des Dekors, sowie die zweiteilige Plattenkonstruktion der Fibel sind im Bereich der West- und Osthallstattkultur und sogar in Ober- und Mittelitalien unbekannt.
1490 Teržan/Hellmuth 2008, 177. Liste bei Hansen 2010 Anm. 650.
1491 Guštin/Preložnik 2005; Teržan/Hellmuth 2008; Hellmuth 2008. - Zu griech.-bronzezeitl. Diademen: Panagiotopoulos 2012, 126 ff.
1492 Egg 1996, 127 ff.; Brosseder 2004, 290 ff. (Tangentenspirale); Križ 2012, 19.
1493 Hansen 2010, 120 f. Typen 1-3. - Frauen bevorzugten offenbar den Typ 1 nach Hansen.
1494 Schönfelder 1998, 405 ff.; Stöllner 2002, 71 f.; Egg 1985, 388 ff.

nicht gesichert]) unter Typ 4 gelistet[1495]. Die Durchsicht dieser und osthallstättischer paariger Goldohrringe[1496] zeigt, dass die wohl mittels Punze erzeugten Kreisaugen und Buckelreihen am Hallstätter Paar formal singulär bleiben. Sie lehnen sich augenscheinlich vor allem an den Dekor der Plattenfibel, aber auch an den des Gürtels und den der Dreipässe an. Gerade die bei allen Goldobjekten des Inventars 505 sich wiederholenden Kreis- und Kreisbuckelelemente scheinen auf die Kreation einer mehrteiligen, auf den ersten Blick zusammengehörenden Schmuckgarnitur zu zielen. Es könnte sich jedoch bei den Ohrringen um lokal gefertigten Schmuck handeln, der passend zur sicher importierten Fibel (und den Dreipässen) gestaltet wurde. Ein Import des Paares kann jedoch ebenso wenig ausgeschlossen werden. Eine fachmännische Betrachtung insbesondere der Zierelemente scheint daher geboten.

Auf der Brandschüttung wurde auch ein goldener Spiralring von ca. 3 cm Durchmesser gefunden. Eine Abbildung des mittlerweile verschollenen Stückes findet man auf Tabula XX des London-Protokolls[1497] (Abb. 62) und in der Mahr-Kartei (Taf. 10-124)[1498]. Demnach handelt es sich um den üblichen doppelten tordierten Golddraht.

Schließlich ist das Goldblech eines Gürtels mit rhombischem Haken (einteilig) zu nennen (Abb. 126). Der getriebene Dekor entspricht den bronzenen Gürteln vom Typ Schrotzhofen, Variante 2[1499], und hat Parallelen im Hagenauer Forst, Haguenau, Dép. Bas-Rhin, der Haken scheint eine hallstättische Zutat, weil solche Stücke westlich von Bayern nicht gebräuchlich waren[1500]. Haken und randliche Lochreihe zur Fixierung auf einem (vergangenen) Leder[1501] sprechen indes klar für einen Gürtel[1502]. Nur noch 29 cm Länge, 4 cm Breite, fehlender Gegenverschluss und vielleicht beschnittene oder ausgerissene Ränder (durch mehrmaliges Fixieren auf Leder?) legen eine längere Benutzungszeit nahe (die Lochreihe greift in den unvollständigen Dekor und befindet sich nicht wie sonst üblich am unverzierten äußersten Rand[1503]). Ob der zweifellos fragmentierte Zustand durch eine lange Tragezeit zu erklären ist, (damit verbundene) religiöse Gründe hat oder aus rein wirtschaftlicher Sparsamkeit erfolgte[1504] – kann nicht entschieden werden. Jedenfalls wählte man für den Gürtel „bewährte" Motive, weil nur auf den Blechgürteln des Typs Schrotzhofen Zeichen dargestellt werden, die bereits aus der Urnenfelderzeit bekannt sind[1505]. Möglich ist, dass er als Schärpe fungierte[1506], vergleichbar den bronzenen Schärpen-Gürteln der Körperbestattungen 121, 210, 264 und 459. Hierfür spräche zwar auch, dass ein zweiter (bronzener) Gürtel in Grab 505 vorhanden ist (Typ „getriebener Bronzeblechgürtel mit kleinen geschlossenen Feldern"), allerdings ist dies nicht unbedingt zwingend, weil das Tragen zweier Gürtel im Gegensatz zur Schärpentracht andernorts in Körpergräbern bezeugt ist. In Hallstatt ist es quellenbedingt leider nicht nachweisbar (s. u.).

Leif Hansen stellte 2010 Gürtel mit Goldbestandteilen zusammen: Sie kommen aus drei bekannten „Fürstengräbern" Südwestdeutschlands (Hochdorf [Metallgürtel], Asperg-Grafenbühl, Hohmichele Grab 1 [mit Goldlahn durchwirktes Textil][1507]) und vermutlich aus zwei Bestattungen im Kanton Freiburg, Westschweiz[1508]. Damit weisen sie eine ähnliche Verbreitung wie späthallstattzeitliche Goldhals- und Goldarmringe auf[1509]. Ihre geringe Anzahl und die Qualität der südwestdeutschen Parallelensembles betonen wie die anderen Beigaben den elitären Charakter des Ensembles Hallstatt Grab 505. Während also Gürtel generell kaum als soziale Statusanzeiger nach Schumann gelten können (sie kommen in armen und reichen Inventaren vor), sind Gürtel mit Goldbestandteilen – mit ggf. ei-

---

1495 Hansen 2010, 120 f.
1496 Liste bei Hansen 2010, 132 Anm. 650.
1497 Hodson 1990, pl. 77.
1498 Errechneter Dm. nach London-Protokoll ca. 3 cm; Hodson 1990, pl. 77 entspricht den Abb. in der Mahr-Kartei Grab 505 (M ca 1:2, „Halbe Größe"). Die von Hansen 2010, 252 erwogene Identifikation der Spirale mit den Dreipässen ist also unbegründet.
1499 Kilian-Dirlmeier 1969, 113 Nr. K10; 1972, 96 ff.
1500 Kilian-Dirlmeier 1972, 106 und frdl. Mitt. Die Musterentsprechung goldener und bronzener Objekte konnte auch Burmeister 2003 für den Dekor der Goldhalsreifen und südwestdeutschen Gürtelbleche und Tonnenarmbänder feststellen.
1501 Trebsche 2008, 68 f.
1502 S. auch Hansen 2010, 109.

1503 Die beim Typ Schrotzhofen übliche längsseitige Perlreihe fehlt vollständig. - Lochreihe: z. B. Kilian-Dirlmeier 1972, Nr. 589.590.595.597. - Foto des Gürtels: Kern et al. 2008, 132.
1504 Glunz-Hüsken 2013.
1505 Brosseder 2004, 324 f.
1506 Kilian-Dirlmeier 1972, 106.
1507 Banck-Burgess 1999, 39; Grömer 2010, 184 f.
1508 Hansen 2010, 109 ff. 280 Liste 6.
1509 Hansen 2010, 93 Karte 3; 101 Karte 4. Zuletzt Schumann 2015, 133.

ner Ausnahme in Murten Hügel 1 Grab 3[1510] – durchaus ausschließlich in Prunkgräbern belegt.

Die Beigabe zweier Gürtel ist ein in Süddeutschland, Ober- und Mittelitalien, Slowenien und Südosteuropa geläufiges Phänomen in reicheren, aber auch gewöhnlichen Inventaren, wie unten darzustellen ist (Absatz 10.5.1). Insofern reihen sich die beiden Gürtel aus Grab 505 in bekannte Bräuche ein, was die goldene Ausführung des geläufigen Gürteltyps Schrotzhofen ebenfalls unterstützt, der seine Sonderstellung also nur über das Edelmetall begründet.

Hinsichtlich der überwiegend ostalpinen Grabfunde und der diversen Gehänge mit Ohrringen, die B. Teržan wohl zu Recht als Belege für kultisch handelnde Frauen anführte (s. o.), lässt sich dieser Zusammenhang vielleicht präzisieren und ein gleichartiger Bezug einiger Darstellungen von Ohrringträgern bzw. Grablegen mit Ohrringen in Slowenien, Westungarn und vielleicht auch am Salzberg herausstellen: Unter den Prämissen, dass halbmondförmige oder vergleichbare Anhänger mantelartige Umhänge darstellen, die durch Kettengehänge mit triangulären Klapperblechen (symbolhaft für Webgewichte) an ihre Fertigung am Webstuhl erinnern[1511], und dass in jenen mit Vogelprotomen auch verkürzte „Herrinnen der Tiere in ihrem Ornat" gesehen werden können, was in Kapitel 7 noch auszuführen sein wird, wären demzufolge einige Frauen mit beringten Gehängen somit als ausgesprochene Ornatsträger (fallweise mit ihren Tierattributen) anzusprechen. Zu nennen sind der Anhänger aus Vače-Klenik, Gde. Litija, Unterkrain, Slowenien Grab 46 und das große massive Gehänge aus Blatnica, Okres Martin, Žilinský kraj, Slowakei (Abb. 125,1). Auch die Webende mit offenbar prächtigem Gewand auf der Webszenenurne aus Sopron Grab 128 trägt vermutlich Ohrringketten (Abb. 117). Weiterhin könnten die weiblichen Anhängerfigürchen mit stets durchlochten Ohren, aber nur vereinzelt überlieferten Ohrringen eines spektakulären Gehänges aus Süditalien bzw. einer Kahnfibel aus Numana, Prov. Ancona, Reg. Marken, hinzugefügt werden – weiblicher Schmuck, der vermutlich regionale Ausprägungen verkleinerter, stilisierter Webstühle darstellt[1512]. In Grab 46 von Vače-

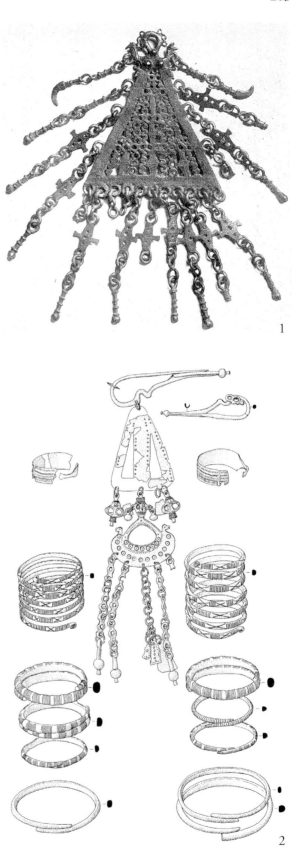

Abb. 125: 1 Massiver anthropomorpher Anhänger aus Blatnica. 2 Vače-Klenik Grab 46.

1510 Der Hügel war vollständig eingeebnet, das goldene Gürtelblech könnte auf eine vielleicht antike Beraubung hinweisen.
1511 Glunz-Hüsken 2008, 57-61; Fath/Glunz-Hüsken 2011.
1512 Lippert 1993/94; Fath/Glunz-Hüsken 2011.

Abb. 126: Goldbelag Schwert aus Grab 299 (oben M 1:2, unten M 2:3).

Abb. 127: Goldbelag Schwert aus Grab 573

Klenik und Sopron 127 weist jeweils ein Spinnwirtelpaar zusätzlich auf das Textilhandwerk hin.

Betrachtet man unter diesem „textilen" Gesichtspunkt die halbmondfibelführenden Gräber mit Vogelprotomen aus Hallstatt, bestätigt sich der vermutete Zusammenhang zwischen den Halbmondfibel- und Ohrringträgerinnen bis auf eine Ausnahme: Für Grab 96/1873 ist ein Ohrringpaar aus Zinn schriftlich und dinglich bezeugt. Die Durchsicht aller anderen Bestattungen mit Halbmondfibeln weist Ohrschmuck in den Körpergräbern 943 (ein Draht-Ringlein im Bereich des Kopfes, Dm. 1,2 cm) und 98/1874 aus. Bei letzterem handelt es sich um zwei geschlossene Ringe von 2,5 cm Durchmesser, die neben dem Kopf beobachtet wurden (Zitat des Ausgräbers I. Engl: „Ohrringel"), was außerdem erneut die Frage ihrer Befestigung (durch organisches Material oder angenäht an einer Haube?) und die nach der Funktion entsprechenden Sachguts in Brandgräbern aufwirft. Die einzige weitere Körperbestattung 94/1873 enthielt allerdings offenbar keinen entsprechenden Schmuck. Es drängt sich daher der Verdacht auf, dass mutmaßliche Ohrringe in den Brandgräbern mit Halbmondfibeln nur aufgrund des Grabritus (und evtl. mangelnder Beobachtung zur Zeit der Bergung) fehlen könnten. Auch Grab 505 mit dem goldenen singulären Ohrringpaar führt ein ebenso einzigartiges Halbmondfibelpaar, ebenso möglicherweise das schlichte Brandgrab 32/1998 (Grabung Kern), das außer dem Fibeltyp Tolmin fünf Kugelkopfnadeln mit konischer Haarspirale, diverse Keramik und einen Bronzering von 1,5 cm Durchmesser

umfasst[1513]. Ob es sich um einen Ohrschmuck handelt, bleibt wegen des Ritus offen. Grab 4/1994 (Grabung Kern) lässt Zweifel bezüglich seiner Geschlossenheit aufkommen, weil das Körpergrab eine stark angeschmolzene Halbmondfibel (Typ Tolmin) enthalten haben soll[1514]. Das Fehlen von Ohrringen in Gräbern mit starkem textilsymbolischen Bezug ist somit vielleicht auf die Grabsitte zurückzuführen.

Demnach können weibliche Ohrringträger (überregional als Plastik, Bild oder dinglich) in kultisch-religiös deutbares Geschehen eingebunden sein, sei es als Gefäßträger(in), sei es als Präsentierende gewebten Ornats oder als „Herrin der Tiere in ihrer Amtstracht". Andere ausgewiesen religiös-kultische Bezüge lassen sich nicht herausstellen. Plastiken wie jene aus Suessula oder Capua Grab 363[1515] erhellen schlaglichtartig die mediterrane Herkunft des Ohrringtragens. Die Durchsicht der Gräber mit goldenem Spiralhaarschmuck hingegen erbringt keine gegenständlichen oder symbolischen Hinweise auf deren gleichfalls denkbare Präsentation textiler Tätigkeit bzw. sakraler Kleidung. Die Vergesellschaftung plastischer Tierfiguren in den Inventaren 393, 340, 671 und 505, die in Kultszenerien Süditaliens und Griechenlands ihre Wurzeln haben, ist jedoch auffällig und markiert die

---

1513 Glunz-Hüsken 2008, 42.
1514 Glunz-Hüsken 2008, 42 f. mit zusätzlichen Parallelen aus Hallstatt. Eine weitere stammt aus Dietfurt an der Altmühl (Tankstelle); Augstein 2015, 65 f.
1515 Suessula, Capua: Egg 1996, 38 Abb. 23,1-2. Weitere Beispiele: Schirndorf, Gde. Kallmünz, Kr. Regensburg, Oberpfalz; Deszczno; Bisenzio; Rocca di Papa: Huth 2003, Taf. 16; 27; 65.

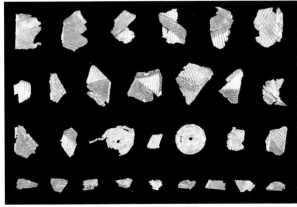

Abb. 128: Goldblech, Streufund

Abb. 129: Goldhülsen aus Grab 682, M 2:1.

Bestatteten zweifellos als im weiteren Sinn religiös-kultisch Agierende, vielleicht als zum Opfer Befugte, bzw. symbolisch als Opfertierbesitzer.

6.6 Waffen

Goldblech wurde bekanntlich auch zur Veredelung von Waffen benutzt. Ältester Beleg in Hallstatt stellt das vermutlich intentionell zerbrochene Griffzungenschwert Typ Gündlingen[1516], Variante Steinkirchen (nach Schauer), mit geometrisch-strichverzierten Goldblechauflagen am nicht überlieferten Knauf aus der Doppelbestattung 299 dar. Die ausgeschnittenen goldenen Rahmendreiecke werden durch parallele gravierte Striche („Fiederung") und Fischgrätmuster eingefasst (Abb. 126). Als fixierende Beschläge auf der Scheide könnten die beiden spornartigen goldenen „Spangen" (B. 3,5 cm) gedient haben[1517]. Etwas jünger innerhalb von Ha C datiert die Brandschüttung 573. Das Inventar – archäologisch betrachtet die Bestattung *eines* Mannes – birgt zwei eiserne Griffzungenschwerter Typ Mindelheim, eines mit Goldblechauflagen am Heft (überliefert sind nur die Griffzunge und der Klingenansatz), das andere mit Bernsteineinlagen am Glockenknauf. Die Zier der gepressten Goldblechauflage des Heftes fügt sich in das Programm hallstattzeitlicher Schwertgriffornamentik ein: Ineinandergestellte und gegenständlich zueinander ausgerichtete ungleichmäßige Dreiecke, die seriiert eine Bänderform ergeben (Abb. 127).

Weitere Fragmente entsprechend verzierter Goldfolie liegen als Streufund im Oberösterreichischen Landesmuseum Linz[1518] (Abb. 128); es ist also vielleicht mit einem weiteren goldverzierten Schwert aus der Nekropole zu rechnen, da offen bleibt, ob jene zu einem bereits bekannten oder einem verschollenen Schwert gehörten.

Sowohl die Goldblechauflagen als auch die Bernsteineinlagen an Glockenknäufen finden bekanntlich enge und überörtliche Parallelen an Schwertern aus Gomadingen, Kr. Reutlingen, und Oss, Prov. Nordbrabant, bzw. im Wagengrab von Marainville-sur-Madon, Dép. Vosges, Losheim, Kr. Merzig-Wadern, Saarland und in Chaffois, Dép. Doubs[1519].

Die mit Goldblech und dem bronzezeitlichen Emblem des Dreiecks ausgezeichneten Waffen (zur Ikonographie s. Absatz 5.1.3) sprechen für sich: sie stammen aus Inventaren, die das Gelage besonders herausstellen (Grab 299: vier Metallgefäße; Grab 573: zwei Metallgefäße, Bratspieße, zinnverzierte Keramik); Kultobjekte fehlen dort.

Grab 682

Zwei kleine konisch geformte und verzierte Goldbleche (hohl, Dm. 1,1 cm), die durch einen Eisenniet befestigt wurden (Abb. 129), reihen sich in den beschriebenen Waffenzierkanon aus Dreiecken und Kreisaugen ein. Sie könnten als gegenständlich fixierte „Niete" am Ortband des Dolchs Typ Hallstatt aus diesem Inventar gedient haben, worauf paarige, allerdings halbkugelige Ortbandniete der Dolche aus den Gräbern 90/1873, 203/204 und 585 hinweisen.

1516 Zuletzt Egg/Kramer 2013, 112 f.
1517 Ramsauer berichtet von zwei Goldbeschlägen, in der Sammlung ist nur einer vorhanden.
1518 Inv.-Nr. A 975.
1519 Literatur bei Stöllner 2002, 268 Anm. 686; Losheim: Haffner 1969.

Dolch aus Grab 696

Der eiserne Dolch mit dualem Rademblem aus der wohl weiblichen Bestattung 696 ist völlig mit Goldblech überzogen. Die Klinge zeigt auf beiden Seiten und am Rücken goldtauschierte einzelne und zu Dreiergruppen komponierte Kreisaugen (Abb. 36; 75). Die Goldverkleidung weist deutliche Nutzspuren auf (Autopsie), die theoretisch aber auch bei der möglicherweise intentionellen seitlichen Kürzung der Knaufstange entstanden sein könnten (s. Absatz 3.4). Im Gegensatz zum Hochdorfer Dolch wurde die Hallstätter Waffe also wahrscheinlich bereits vergoldet getragen, worauf ja auch die sorgfältige und handwerklich sehr aufwändige Ummantelung der beiden achtspeichigen Räder hinweist, die die Räder – im Gegensatz zum Hochdorfer Dolch – nicht flächig verdecken. Das Goldblech in Hochdorf verhüllt das Rad hingegen regelrecht, erfüllte also einen ähnlichen Zweck wie Stoff.

6.7 Fazit

Das Kapitel „Goldobjekte" subsummiert verschiedenste Beigaben wie Ringschmuck, Waffen, Gürtel, Fibeln, Haarschmuck oder Solitäres (Dreipässe, Goldplattenfibel). Dabei handelt es sich um massive, flächig verblendete oder anderweitig verzierte Ausführungen (Intarsien). Mythisch konnotiertes Metall findet breit gestreute Verwendung in weiblichen, männlichen und subadulten Inventaren, an Objekten die (auch überörtlich) einen hohen sozialen Status definieren (Schwerter, Dolche mit Radsymbolik), aber auch an solchen, die Status oder Prestige nur bedingt anzeigen (Spiralschmuck, Kettenbestandteile, Ohrringe). Goldene oder vergoldete Miniaturgefäße (bzw. deren Trägerobjekte), Ringgehänge, symbolische Tierplastiken, goldene oder vergoldete mögliche Ornatbesätze sind nicht zu verzeichnen, d. h. religiös deutbares mutmaßliches Kultgerät im weitesten Sinn kommt ohne wertstoffliche Veredelung aus. Dies gilt auch für die in der Bronzeschale abgelegte Miniaturaxt mit Reiterplastik, für die am ehesten aufgrund des Befundes eine mehr oder weniger unmittelbare Opferfunktion postuliert werden kann.

Die massive Ausführung oder Verblendung einzeln getragener Ohrringe, einer Ringkette, eines Armrings, eines Gürtels, eines Dolchs und einiger Schwertgriffe in/mit Gold verleiht diesen einen grundsätzlich insignienhaften Charakter und verstärkt diesen insbesondere dann, wenn ihre Embleme oder formalen Ausprägungen sich als selten und/oder einzigartig herausstellen und keine örtlichen Entsprechungen in Bronze haben (Dolch mit Radzeichen, Armreif mit schlichten Längsrippen). Welcher Charakter jedoch der jeweiligen Insignie zukam, soziale oder religiöse Würde und/oder politisches Machtzeichen, lässt sich nicht für alle Goldobjekte in gleichem Maß herausstellen. Religiöser Bezug allein ist durch die meist schlichten Ohrringe nicht gegeben; Goldohrringe können in ohnehin reichen Gräbern die soziale Stellung der Person unterstreichen, sie werden aber auch von vergleichsweise gewöhnlich ausgestatteten Männern, Frauen und Kindern getragen. Bronzene Ausführungen, die den goldenen entsprechen, betonen den Prestigecharakter der entsprechenden Edelmetallstücke. Vereinzelt gehen Goldobjekte mit möglichem Kultgerät zusammen, nämlich mit Ringgehängen (Grab 836), einer beringten Rinderplastik und einem kreisaugengeschmückten Beil (Grab 340), einer figuralverzierten Beckentasse (Grab 671) oder mutmaßlich symbolisch dargestelltem Textil bzw. Ornat (z. B. Halbmondfibel in Grab 505, Gürtel mit Behang und vermutlich italischen Rocken in Doppelgrab 836 (Frau/Mann). Ohrberingte Menschen- und Tierplastiken auf Fibeln und Gefäßen Unteritaliens belegen im Süden unmittelbar kultisches Geschehen (evtl. Fruchtbarkeitsriten), in das dieser Personenkreis involviert war und das offenbar exemplarisch, schlaglichtartig selbst Strettweg erreichte, wobei ungewiss bleibt, ob der ideelle Gehalt der gleiche war. Goldener Ohrschmuck allein kann jedenfalls nicht als genereller Ausweis liturgischer oder anderer spezifisch religiöser Funktion betrachtet werden, weil unter jenen Bestattungen einige „gewöhnliche" zu verzeichnen sind, die keine entsprechend unmittelbar kultisch interpretierbaren Beigaben enthalten.

Während Ha C und D wurden Goldblech und -draht als Zeichenträger und flächige Verkleidung an wenigen solitären Schwertern und Dolchen mit Rademblematik benutzt, also an solchen Objekten, die ohnehin als Statussymbole[1520] gelten. Das sich wiederholende Grundornament des Goldblechs an hallstattzeitlichen Schwertern besteht aus dem Motiv der altbekannten aneinandergereihten Dreiecke und kehrt in Form von Bernsteinintarsien an anderen Schwertknäu-

---

1520 Schumann 2015, 139 f.

fen ohne Gold wieder, d. h. es ändert sich durch die Verwendung von Gold oder Bernstein nur das Mittel der Darstellung, nicht jedoch das Zeichen selbst.

Die Verkleidung des mutmaßlich textilen, anderweitig organischen und/oder bronzenen Gürtels aus Bestattung 505 mittels Goldblech erhebt ihn gleichsam zur Insignie, zumal ein zweiter „gewöhnlicher" Gürtel im Grab vorhanden war. Die Zier des Goldblechs lehnt sich jedoch an den Dekor gewisser Bronzegürtel an, d. h. selbst durch die Verwendung von Gold wird die „Übereinkunft" beibehalten, nur bestimmte Zeichen auf bestimmten Objekten abzubilden.

Spiralen, Goldplättchen und Perlen aus Gold wurden als Teile von Ketten und als Haarschmuck von Frauen getragen. Es handelt sich um vergleichsweise profan konnotierten Schmuck, der Entsprechungen in Bronze findet; unmittelbar kann ihm keine religiöse Bedeutung beigemessen werden. Der Einsatz von flexiblem Golddraht zur Haarumwicklung ist gegenüber Bronze vielleicht aus rein praktischen Gründen erfolgt.

Selbst wenn wir über die verwandtschaftlichen Beziehungen, Gesetze und Gepflogenheiten einer Hochzeit in schriftloser Zeit nordwärts der Alpen nichts aussagen können, sei doch daran erinnert, dass bei den Eliten des antiken Griechenlands insbesondere Goldschmuck (und Vieh) zu den männlichen Brautgütern zählten[1521]. Auch dieser materielle Aspekt könnte speziell bei Inventaren ohne Kultobjekte erwogen werden, denn einen wie auch immer gearteten Kontakt nach Griechenland belegen die Goldplattenfibel aus Grab 505 und die Doppelprotomen der Ringgehänge, s. Absatz 8.1. Kombinierte figurale Plastik und Ringgehänge, die auf italisch-griechische bzw. südosteuropäische Vorbilder zurückgehen, weisen in anderen Gräbern vielleicht (zusätzlich) auf kultische Vorgänge hin.

Die Goldverkleidung der bronzenen Schmuckplättchen, des eisernen Dolchs (Grab 696) und des Gürtels erfolgte wahrscheinlich bereits zu Lebzeiten der Bestatteten. Die Bedeutung, die man diesen Objekten beimaß, wurde durch die Verwendung von Gold erzeugt bzw. unterstrichen. Eine Vergoldung der Toten im Sinne einer heroisierten Darstellung über die Lebenszeit hinaus liegt vermutlich in Hallstatt nicht vor, weil die betreffenden Beigaben wohl lange getragen wurden und die Altgrabungen hier keine spezifischen Aussagen zulassen (z. B. mögliche Werkstattreste im Bereich der Nekropole). Dies schließt aber die besondere soziale Stellung der so Beerdigten nicht aus. Ob jene eine auch religiöse Funktion übernahmen, kann nur in einigen Fällen, nämlich über kombinierte Tierplastiken verschiedenster Art und die Ikonographie des Dolchs mit Rädern und der jüngeren Dolche, die das Bild der Potnia theron darstellen[1522], vermutet werden. Dabei handelt es sich um zwar vereinzelte, dennoch überregional verständliche religiöse Chiffren, derer sich die Elite bediente und die im Falle der Waffe wohl zugleich sozialen Status anzeigten[1523]. Quantität und Qualität der Goldobjekte lassen die Frau aus Grab 505 bereits zu Lebzeiten mit Abstand „vergoldet" erscheinen, was durch die in der Gesamtheit betrachteten polyregionalen, teils aber auch lokal singulären Importe, die keine Pendants in Bronze haben, noch verstärkt wird.

Die mit hoher Wahrscheinlichkeit eingeführten, aus verschiedenen Regionen stammenden Goldobjekte, die Dreipässe, die Plattenfibel, vielleicht auch das Ohrringpaar aus Grab 505 und der wohl etruskische Ohrring aus Grab 13/1889 finden keine Nachahmung, und ihre jeweiligen Vorlagen – mitunter aus weiter entfernten Räumen – unterstreichen die elitäre Stellung ihrer Besitzer, nach R. Schumann Prestige ausdrückend. Exemplarisch kann dies anhand der goldenen Dreipässe veranschaulicht werden, sind sie doch nicht Teil einer überregional verstandenen Statussymbolik: Sie kommen gehäuft zwar nur in stets reich ausgestatteten weiblichen Ha C/D-zeitlichen Gräbern vor (soweit ihre Fundzusammenhänge gesichert sind[1524]), entstammen aber einer Kleinregion des Osthallstattkreises (Dolenjsko). Ihr Verbreitungsgebiet ist damit deutlich kleiner als beispielsweise das der goldenen Halsringe des Westens[1525], was nach Schumann für den Statuscharakter der Halsringe spricht.

1521 Wagner-Hasel 2009, 147 ff.

1522 Glunz-Hüsken/Schebesch 2015.
1523 Schumann 2015, 139 ff.; 143.
1524 Guštin/Preložnik 2005, 115 ff.
1525 Karte bei Hansen 2010, 93, dazu auch Burmeister 2003, 274 ff.

7 Textilien und Geräte zu ihrer Herstellung

7.1 Einführung

Die (goldene) Spindel ist ein Attribut der griechischen Göttinnen Athene und Artemis, die, nach der griechischen Mythologie ihr Wissen und ihre Fertigkeit, Gewebe herzustellen, an irdische junge Mädchen und Frauen weitergeben. Spinnen und Weben gelten daher in den südlichen Hochkulturen als göttliche Fähigkeiten und sie werden von aristokratischen Frauen in Auftrag gegeben oder selbst ausgeführt[1526]. Die Spindel, um die sich alles dreht und die den „Schicksalsfaden" erzeugt, wird zeitübergreifend und von vielen Völkern als Metapher benutzt. „Kontakte werden geknüpft, Intrigen gesponnen, Schicksale gewoben"[1527], so könnte die historische Formel lauten, die sich hinter Gewebe und seiner Herstellung verbirgt. „*Kleider besaßen einerseits durch Beziehung zum Träger, andererseits durch den Gebrauch beim Kult besondere Heiligkeitsmacht, gemäß dem Glauben, Kraft und Macht des Menschen gingen auf sein Kleid über, noch verstärkt durch dessen Gebrauch bei sakraler Handlung*"[1528]. Georg Kossack brachte naheliegenderweise die zahlreichen Fibeln griechischer Heiligtümer mit geweihten Kleidern in Verbindung: „*Das Gewand trat an die Stelle der Person, die es trug, und wenn Krankheit an ihm haftete, erwartete man Heilung von der Gottheit, der es übergeben wurde*"[1529].

Gewebe versinnbildlicht zwischenmenschliche Bindung und damit Emotion, eingewebte Muster und Bilder garantieren (wohl nicht nur in Griechenland) die Tradierung von Normen und sie transportieren kommunikative Zeichen[1530]. Es zu fertigen, war in vielerlei Hinsicht aufwändig (Beschaffung, evtl. Import der Rohstoffe und ggf. der Färbemittel wie Kermes vermilio, Bau der Gerätschaften, Durchführen von Spinnen und Weben, Versäuberung...). Dies erforderte ggf. „internationale" Beziehungen und auf alle Fälle handwerkliches Geschick und viel Zeit. Das alles war teuer, derartige Textilien waren daher entsprechend wertvoll. Über ihren funktionalen Zweck hinaus verkörpern sie vielfältige Symbolik, sind Gegenstand sinnbildlichen und religiösen Handelns. Technische Webvorgänge werden von antiken Autoren metaphorisch für politisches Handeln benutzt[1531]. Stoffe entstehen durch gemeinschaftliches Werken mehrerer[1532], ihre Herstellung war Aufgabe aristokratischer Frauen und ihrer Bediensteten[1533]. Kleider und gewebte Gürtel bzw. Bänder als Gabe spielen daher bei verschiedenen gesellschaftlichen und religiösen, mit Ritualen verbundenen Anlässen eine kaum zu überschätzende, vielschichtige Rolle: Beim griechischen Gastmahl (z. B. zum Zweck der Organisation eines Ressourcentauschs, zur Stiftung politischer Bündnisse, zur Einbindung eines Fremden)[1534], der Gewandweihe an die Götter (die Opfergemeinschaft unterstellt sich dem göttlichen Schutz)[1535], der Hochzeit von Menschen (daunische Stelen[1536] sowie der geschnitzte Thron aus Verucchio bebildern die unbedingte Zugehörigkeit textilen Werkens bei Opferfesten der Elite[1537]) oder Göttern (hieros gamos) und dem Totenritual (das „Band" zwischen Lebenden und Toten wird durch Tuche gefestigt)[1538]. Es erstaunt nicht, dass ihre Verwendung in Griechenland auch für politische Zwecke bewusst gesteuert, also gefördert oder (im 5. Jh.) gesetzlich beschränkt wurde[1539]. Brigitte Wagner-Hasel hat dies ausführlich niedergelegt

---

1526 Archäologische, bildliche und schriftliche Quellen hat Eibner 1986 für die Eisenzeit zusammengestellt.
1527 Fath 2007, 3.
1528 Völling 1998, 250.
1529 Kossack 1999, 18.
1530 Gleba 2008, 26 („*precious enough to be worn by gods*").
1531 Wagner-Hasel 2000B, 322 ff.
1532 Abwiegen, Spinnen und Weben der Wolle und das Zusammenlegen der Stoffbahnen gelten als Tätigkeiten, die nur von mehreren ausgeführt werden können oder aber gemeinschaftlich verrichtet wurden (insbesondere Spinnen).
1533 Wagner-Hasel 2000B, 318 ff.; 2007, 333 ff.; Pfisterer-Haas 2007; Eibner 1986; 2005; Grömer 2010, 79 f., 245 ff.; Gleba 2015.
1534 Wagner-Hasel 2000, 315: „*Dazu gehört die wechselseitige Nutzung von Land in Form von Ergänzungsweiden, vor allem aber von mobilen Ressourcen, auf deren Inhalt die Materialität der Gastgeschenke zurückverweist, die an die bestehende Beziehung erinnern sollen: Tuche, vor allem Leinen, Färbemittel, Metalle.*"
1535 Wagner-Hasel 2000B, 325. Meyers 2013 (Nachweis der Herstellung von Kleidung im etruskischen Heiligtum Vichio-Poggio Colla, Prov. Florenz, Reg. Toscana, dazu auch Gleba 2015.
1536 Norman 2011.
1537 Kossack 1992 mit älterer Literatur; 1999, 62 ff.; als Hochzeitsritual gedeutet: Huth 2003, 211-213; Torelli 1997, 67 ff.
1538 Wagner-Hasel 2000A.
1539 Wagner-Hasel 2000A; 2000, 104-130 (gastliche Aufnahme); 81-102; 159-161; 213-219 (Totenritual); 2009.

und darüber hinaus von der textilen Fertigung als „geistigem Tun" gesprochen[1540].

Gerade in schriftlosen Gesellschaften übernehmen Muster und Bildformeln eine kommunikative Rolle, sei es Status bzw. Prestige anzuzeigen, sei es, um Gruppenzugehörigkeit zu demonstrieren oder Objekte zu „heiligen"[1541]. Man hat die Verbreitung vergleichbarer keramischer Muster auf die Verteilung und den Handel mit Textilien zurückgeführt[1542], geometrisches Vasenornament als Imitat von Stoffmustern angesprochen[1543], gemalte Schachbrettmuster an etruskischen Grabkammerwänden als Ersatz für textilen Behang interpretiert[1544]. Gemusterte Textilien kommen wie andere wertvolle und symbolhaltige Beigaben dann zum Einsatz, wenn das Gefüge der Gemeinschaft nach dem Tod eines ihrer tragenden Mitglieder wieder gefestigt werden muss und der Tod extreme Emotionen (der Trauer und des Verlustes) auslöst[1545], die es durch tradierte Rituale zu kanalisieren gilt. Eine dieser weit verbreiteten Sitten könnte im Vorgang des regelrechten Verhüllens, Bedeckens und „Verpackens" des Toten selbst bzw. der Urne, der Beigaben und/oder des Grabraumes durch (besonders in Italien zum Teil aufwändig verzierte) Stoffe liegen, ein überregionales Phänomen der Metallzeiten[1546]. Tuche nehmen den gleichen Weg wie der Verstorbene, sie vergehen oder werden verbrannt, sie erfüllen somit auch eine Geleitfunktion ins Jenseits[1547]. Gleichzeitig werden durch kostbare Textilien Ruhm und Reichtum des Toten selbst und ggf. die ihrer elitären Herstellerinnen augenscheinlich, und schließlich demonstriert der Verstorbene (oder seine Hinterbliebenen) hier sein soziales und materielles Vermögen, teure Stoffe anfertigen und/oder importieren zu lassen (Netzwerk der Eliten). Jene, dem sozialen Rang entsprechenden wertvollen Beigaben, die durch Stoffe verdeckt werden (Wagen, Waffen, Geschirr, Gerät), treten durchaus hinter diesen zurück. Im Gedächtnis der Hinterbliebenen dominieren letztlich Gewebe bzw. vielleicht die emotionale Bindung zu den Hersteller(inne)n (archäologisch nicht nachweisbar), sich stets wiederholende bekannte und vielleicht auch neuartige Zeichen und (evtl. kostbare, importierte) Farbe. Ob eine Umwicklung mit (ggf. verziertem[1548]) Leder ebenfalls diesen Zweck erfüllte (s. Bronzehalsreif Vix), wäre denkbar.

Die sehr reich mit Textilien ausgestattete Totenkammer von Hochdorf ermöglicht schlaglichtartig und vielleicht stellvertretend für andere, altgegrabene Inventare[1549] einen Einblick in die textile Ausstattung einer elitären nordalpinen späthallstattzeitlichen Grablege und hat die Aufmerksamkeit insbesondere auf das Phänomen der Verhüllung und sorgfältigen Verpackung mancher Beigaben gelenkt[1550]. Verschiedene Erklärungsmodelle reichen vom Schutz der Waffen[1551] durch (ölgetränkte) Tücher (gegen Rost[1552]), ein Tabu, bloßes Metall mitzugeben[1553], einer demonstrativen Prachtentfaltung bis hin zum Gegenteil, nämlich einer expliziten Reduzierung der Wirkung von Statussymbolen, womit gemeint ist, *„daß der Eintritt ins Jenseits ohne eine betonte bzw. nachdrückliche Demonstration von Rang und Macht vor sich gehen sollte."*[1554] Greifen diese verständlicherweise teils spekulativen Denkmodelle nicht zu kurz, wenn man die hier nur angeschnittene Bedeutungstiefe von Stoffen reflektiert[1555]? Margarita Gleba wies darauf hin, dass Verhüllen (in Italien) seit der Bronzezeit üblich war (Einwickeln einzelner Gegenstände, die in Urnen liegen), es sich also um einen paneuropäischen Brauch handelt, der im Gegensatz zum Einpacken der Knochenreste steht, das wiederum vielleicht auf griechische Kolonisten zurückzuführen ist[1556].

1540 Wagner-Hasel 2000, 307.
1541 Kossack 1999, 138; Brosseder 2004, 349.
1542 Brosseder 2004, z. B. 335.
1543 Schopphoff 2009, 94 f.
1544 Gleba 2008, 27 f. Abb. 4.
1545 Siehe auch Nebelsick 2015, 10: *„Natürlich half diese eindruksvolle Zurschaustellung der Würde des Toten der Familie während ihrer tiefen Krise dabei, die Achtung der Gesellschaft wiederzugewinnen"*.
1546 Fath/Glunz-Hüsken 2011, 256 f.
1547 Wagner-Hasel 2000, 312.
1548 Vgl. dazu die geprägten konischen Birkenrindenhüte der Dürrnberger Gräber 351 und 352: Egg/Zeller 2005. - Für ein sekundär verwendetes Lederstück mit eingeprägtem Hakenmäanderfries aus „Obere Heidengebirgsschicht/oberer Bergbau", evtl. eine wiederverwertete Hose s.: Stöllner 2002A, 312 Nr. 3159. Verziertes Gürtelleder (Kreispunzen, Kerbschnitt): Rätsel der Kelten 2002, 152 (Glauberg Hügel 1, Grab 1).
1549 Banck-Burgess 1999, z. B. 201-206; 211 f., 214 f., 217 f., 220; Jung 2006, 202. - Ein weiterer vermutlich mit Tüchern abgedeckter Wagen stammt aus Ehingen-Belzheim, Kr. Donau-Ries, Hügel 109: Pare 1992, 288, Nr. 112A. Hennig 2001, 82.
1550 Banck-Burgess 1999, 21 ff.; 2012A, 141 ff.
1551 Rast-Eicher 2008, 179.
1552 Kern 2005, 8.
1553 Grömer 2010, 273.
1554 Banck-Burgess 1999, 29.
1555 Banck-Burgess 1999, 28 ff.; dazu Jung 2006, 202 f.
1556 Gleba 2008, 87 f. - Eisenzeitl. Beispiele: Banck-Burgess 1999, 20 f. Es gibt aber auch andere Befunde, z. B. in

Der außerordentliche Textilreichtum des Hochdorfer Inventars hat sogar zur Vermutung geführt, die hohe gesellschaftliche Position des Toten sei durch den Handel mit Stoffen begründet gewesen[1557], eine Überlegung, die M. Egg ähnlich auch für die steierische Sulmtalgruppe anstellt, dort jedoch mangels textiler Belege aus Gräbern nur theoretisch und auf die Erzeugung von und nicht den Handel mit Textilien zielend (u. a. Auffindung des außergewöhnlich breiten Webstuhls auf dem Burgstallkogel von Kleinklein)[1558]. Insbesondere die Hochdorfer Brettchenwebkanten seien Importe aus dem Süden, die schlichten Stoffe hingegen einheimische Arbeit[1559]. Ursula Brosseder unterzog die Muster der Brettchenwebereien aus Hochdorf und dem Hohmichele Grab VI einem Vergleich mit Keramikornamenten und stellte fest, dass die textilen Swastikamotive mit zurückgebogenen Enden auf lokaler Keramik nie dargestellt werden. Nächste Parallelen stammten aus Italien[1560], weshalb sie, wie H.-J. Hundt[1561], in Hochdorf Stoffimporte aus Italien postuliert. Markus Egg erwägt hingegen Importe aus Istrien, Slowenien oder der Sulmtalgruppe, weil die entsprechenden Swastika-Vorbilder auf Villanova-Urnen deutlich älter seien als jene aus dem ostalpinen Umfeld[1562]. Paul Gleirscher brachte die beiden pannonischen Importfibeln aus dem Prunkgrab 1 von Waisenberg, Gde. Völkermarkt, Kärnten, mit eingeführten Kleidern in Verbindung[1563], eine auch für Hallstatt prinzipiell naheliegende Variante, gelangten dort doch insgesamt betrachtet exzeptionell viele „fremde" Gewandhalter in die Erde, bei denen aber augenscheinlich nicht entschieden werden kann, ob es sich um Importe oder lokale Nachbildungen handelt[1564]. Gleichviel, der Kontakt zu entfernt gelegenen Räumen gelingt in Hochdorf nachweislich anhand textiler Muster, ein seltener Fall. Ursula Brosseder führt weiter aus, dass es womöglich die besondere Aufgabe der männlichen politischen und religiösen hallstattzeitlichen Eliten war, Fremdkontakte herzustellen und zu pflegen, weil fremde Muster auf männliche Grablegen von Personen von hohem Rang beschränkt bleiben. Status zeigt sich gerade über Fremdgüter und fremde Zeichen, deren Semantik allerdings verschlossen bleibt. *„Über fremde Zeichen verfügen zu können, das ist ja (…) das herausragende Kennzeichen der Eliten, gewissermaßen ihr ‚Hoheitsgebiet'"*[1565]. Vergleichbar Exotisches liegt in der Tomba del Trono 89 der Nekropole Verucchio-Lippi vor: Annemarie Stauffer berichtet über ein winziges Textilfragment aus der Urne des Bestatteten, das durch eine bestimmte Web-Wickeltechnik auffällt. Es handelt sich um die sogenannte „Soumak", die bisher nur aus dem Orient und Ägypten bekannt ist. *„Möglicherweise war nicht nur der Besitz derartiger Erzeugnisse privilegierten Personen bzw. Familien vorbehalten, sondern auch der Zugang zum technischen „Know How" bzw. die Kenntnis der richtigen Herstellungsweise"*[1566]. Leider bleibt die in unserem Zusammenhang wichtige Frage verschlossen, ob diese fremde Technik auch neue vielleicht religiöse Botschaften, Zeichen vermittelte. Ursula Brosseder machte nämlich ferner darauf aufmerksam, dass gerade esoterisches kosmologisches Wissen über große Distanzen transportiert[1567] und Fremdornamente und die in ihnen verschlüsselte religiöse Information in Gräbern zuerst von einer Oberschicht angenommen werde, also denjenigen, die selbst Fremdkontakte veranlassen, zur Schau stellen und tradieren. Fremde Zeichen und ggf. Techniken garantierten nicht nur Prestige respektive Status[1568]; ihr eigentlicher Zweck lag jedoch wohl oft auch darin, („neue") Glaubensinhalte zu vermitteln[1569].

Die Interpretation des Hochdorfer Trinkhorngehänges (und anderer vergleichbarer Gehänge z. B. aus Frög, Este-Ricovero Grab 149 oder Novilara, Gde. Pesaro, Prov. Pesaro e Urbino, Reg. Marken) als verkleinerte Chiffre eines (in diesem Fall verdoppelten) Webstuhls stützt einerseits den ohnehin starken textilen und

---

Bischofshofen, Bez. St. Johann im Pongau, Salzburg Grab 230, bei dem einige Beigaben offenbar in einem Beutel in der Urne niedergelegt wurden, der Leichenbrand selbst befand sich aber neben der Urne: Lippert/Stadler 2009, 425. - Für den vorderasiatischen Bereich Völling 2008, 162 ff.

1557 Banck-Burgess 1999, 125 f.; 2012, 149.
1558 Egg/Kramer 2013, 432.
1559 Z. B. Hundt 1987, 285.
1560 Brosseder 2004, 333-335.
1561 Hundt 1985, 113.
1562 Egg/Kramer 2013, 203.
1563 Gleirscher 2005, 66.
1564 Glunz 1997, 147 ff.

1565 Brosseder 2004, 340 f.
1566 Stauffer 2003.
1567 Brosseder 2004, 340.
1568 Kossack 1999, 190: „Wer in der Fremde war und mit kostbaren Geschenken in sein Heimatdorf zurückkehrte, gewann an Ansehen. Was aus unbekannter Ferne kam, übertraf das Heimische jedenfalls an Wert und erhöhte das Prestige derer, die es brachten oder als Schatz verwahrten. ‚Das ist nicht von weit her', diese Redensart gilt heute noch als negatives Urteil".
1569 Dazu auch Stegmaier 2015.

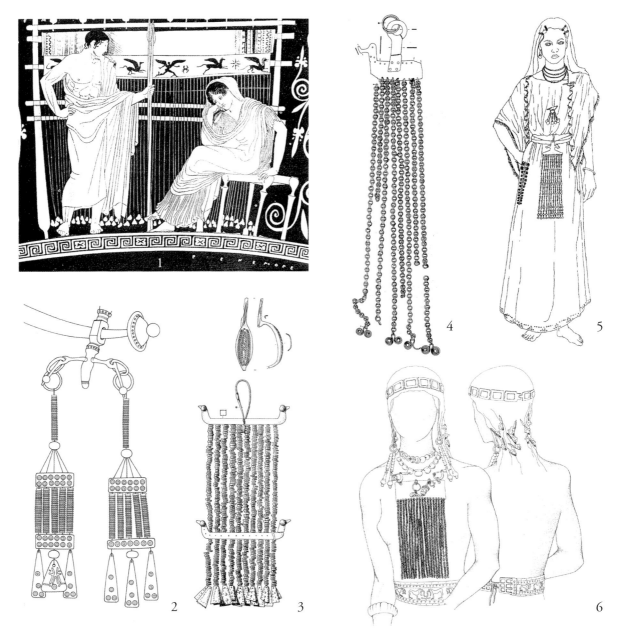

Abb. 130: 1 Webstuhlszene auf einem rotfigurigen Skyphos des Penelope Malers. 2 Gehänge am Hochdorfer Trinkhorn. 3 Fibelgehänge aus Este-Ricovero 149. 4 Gehänge aus Novilara-Servici 85. 5 Rekonstruktion zu Grab Cupra Marittima. 6 Rekonstruktion zu Grab Loreto Aprutino.

einen möglichen merkantilen Aspekt, verdeutlicht aber andererseits vor allem die überregional gleiche, religiöse und vielschichtige Bedeutung des Webens, der Stoffe und aller handwerklichen Vorgänge, die dem Weben vorausgehen, sowie die Notwendigkeit seiner Darstellung in elitären Bestattungen, auch in männlichen (Abb. 130)[1570]. Das inselartige Vorkommen der stets auffallend ähnlich gefügten Gehänge in sehr reichen Gräbern (s. u.) ist als Reflex jenes religiös motivierten Mythos aufzufassen, in dessen Zentrum das Weben stand[1571]; sozial interpretiert müssten sie daher als

---

1570 S. auch die Deutung der Bilder des Verucchioneser Thrones durch Kossack 1992.

1571 Fath/Glunz-Hüsken 2011. - Zu ergänzen sind die an Fibeln getragenen Gehänge auf den daunischen Grabstelen (Nava 1980, z. B. Taf. CCXXII,693), reale Tierkopfgehänge an Gürteln in Gräbern Italiens (Negroni Catacchio 2007, 540 Abb. 8; 544 Abb. 15b Alianiello, Prov. Matera, Reg. Basilikata, und Cupra Marittima, Prov. Ascoli Picenum, Reg. Marken; L'Incoronata Grab 468 und Alianello Grab 315: Yntema 2013, 72 f. fig. 4,13-14) und ihre Abbildungen auf polnischen Gesichtsurnen (Kneisel 2012, 253 f. Taf. 97A1 als Bestandteil eines Ringhalskragens Typ Dzięcielec). Weitere stammen aus St. Kanzian, Most na Soči Grab 3070, vier Perlengehänge(!) aus dem sehr reichen Grab Sirolo-I Pini,

ausgesprochene Statussymbole gelten[1572]. Ihr Nachweis im Hochdorfer Männergrab verdeutlicht, dass diese Chiffren durchaus zu jenen geschlechtsübergreifenden Beigaben gehören, die Männer und Frauen gleichermaßen zur Verfügung standen, oder, anders formuliert, dass sich Eliten beiderlei Geschlechts überörtlich dieses speziellen Zeichens bedienten. Stoffe könnten letztlich sogar für die Heilige Hochzeit des Verstorbenen stehen, also auf den Schöpfungsvorgang anspielen (Textilien als Hochzeitsgabe der Braut) und damit die göttliche Deszendenz und die Verbundenheit mit den heroisierten Ahnen symbolisieren[1573]. Schließlich spielt auch beim mesopotamischen Neujahrsfest Gewebe eine Rolle, weil ausdrücklich erwähnt ist, dass das Lager der sich Vereinenden reichlich mit Stoff ausgelegt wird[1574]. Darstellungen etruskischer Hochzeitszeremonien zeigen nackte Paare auf dem Hochzeitsmantel ruhend oder durch Tücher miteinander verbunden[1575]. In der griechischen Kunst gilt „der Mantel" als erotisches Zusammengehörigkeitssymbol schlechthin[1576]. Brigitte Wagner-Hasel interpretiert ihn auch als Methapher für die Zugehörigkeit, die aus gemeinsamer Tätigkeit und der gemeinschaftlichen Ausführung von Ritualen resultierte[1577].

Auf sozial niedriger Ebene, d. h. in einfacheren Gräbern, könnten hier – parallel zum Webstuhlgehänge-Phänomen elitärer Grablegen wie Hochdorf (männlich), Reinheim, Frög Grab 168, Nové Košariská Hügel 6 Grab 1, Sirolo-Tomba della Regina, Prov. Ancona, Loreto Aprutino, Prov. Pescaro, Abruzzen, L'Aquila-Lanificio Margherita und dem Bild eines Webstuhls in Verucchio-Lippi Grab 89 (eine wie in Hochdorf männliche Bestattung) – jene ebenfalls weit verstreuten Männerbestattungen angeführt werden, die einfaches, vereinzelt aber auch elitäres Webgerät führen (s. u.). Auch wenn die Beigabe von Handwerkszeug am Ende religiös-mythologisch motiviert wäre (wie auch die Untersuchung von holz- und metallhandwerklichen Geräten u. a. in Hallstatt ergab[1578], auf die später zurückzukommen ist; Kapitel 11), so ist selbstredend die Möglichkeit ihrer vormaligen profanen Nutzung zur Produktion von alltäglichem Gebrauchsgut nicht zu vergessen. Dabei ist auf die Divergenz zwischen dem mutmaßlichen Bedarf einer Gemeinschaft und der Quantität von Handwerkszeug einerseits und der offenbar reduzierten Auswahl von Beigaben in Gräbern andererseits hinzuweisen. Fraglich wäre in diesem Kontext, ob singuläre und damit funktionslose Webgewichte oder einzelne Spinnwirtel in männlich konnotierten Inventaren tatsächlich zum persönlichen Eigentum dieser Männer gehörten (s. u.). Auf allerdings stets ausschnitthaft belegtes Handwerksgerät des Metall- und Holzgewerbes verwies bereits Th. Stöllner und regte an, Webgeräte ähnlichen Analysen zu unterziehen[1579].

Die besprochenen Objekte – reales und symbolisches Textil und Textilgerät – stammen aus überwiegend reichen Grablegen. Nicht zu vergessen sind jedoch die in vielen Siedlungen beobachteten Webgewichte und Wirtel. Das oft gleichzeitige Fehlen von Webstühlen, die naturgemäß die alltägliche und notwendige Produktion von Textilien belegt ist u. a. wohl auf schlechte Erhaltungsbedingungen zurückzuführen[1580].

Wie im ostalpinen Umkreis sind aus dem Hallstätter Hochtal überwiegend nur Webgewichte und Wirtel in Gräbern bezeugt. Spulen[1581], Rocken[1582], Metallspindeln[1583] und verkleinerte abstrakte Schmuck-Webstühle spezieller Ausprägung bleiben selten, mitunter elitär konnotiert (s. u.). Diese lokale Beschränkung gilt auch

---

Prov. Ancona, Reg. Marken, Grab 1/4 „della Principessa" (zwei Wagen, Bronzegeschirr): Nava 2007, 119 f.; 175-177; Putz 2007, 277 (beide mit weiterer Lit.). Lanificio Margherita, L'Aquila, Reg. Abruzzen: Weidig 2014, Taf. 95. Perlengehänge aus Batina bei Mohács, Kom. Baranya, Ungarn: Metzner-Nebelsick 2002, Taf. 128,4. Bettelbühel: Krausse et al. 2017, 116, Fig. 9.

1572 Nach Schumann 2015.
1573 Huth z. B. 2003, 208 ff.; 2012, 23; Säflund 1986; Koch-Harnack 1989.
1574 Kramer 1963, 490.
1575 Säflund 1986; Koch-Harnack 1989, 120 f. Noch heute werden bei katholischen Hochzeiten die Hände der Brautleute mit der Stola des Priesters umwickelt. Frdl. Hinweis J. Fries-Knoblach, Dachau.
1576 Koch-Harnack 1989, 111 ff.
1577 Wagner-Hasel 2000, 318.

1578 Stöllner 2007.
1579 Stöllner 2007, 237: *„Auch müsste man den Komplex [der Werkzeugbeigabe] in ungleich größerer inhaltlicher Tiefe untersuchen und auch Webausstattungen (...) miteinbeziehen."*
1580 Z. B. Griebel 1997 (Siedlung Horn, Niederösterreich); Ranseder 2006 (Wien-Oberlaa); Grömer 2010, 90 f. (Smolenice-Molpír).
1581 Spulen waren jedoch bekannt, wie Siedlungsfunde u. a. aus Kleinklein belegen (Dobiat 1980, 113 mit weiteren Angaben; Smolnik 1994, Taf. 37,18); Frög: Gräber 159/1 und 230/1. - Spulen als Hinweise auf Brettchengewebe: Ræder Knudsen 2012.
1582 Rocken: Tomedi 2002, Taf. 17A. - Zu italischen Rocken: Gleba 2009.
1583 Tomedi 2002: Frög 50/2 mit Glaswirtelaufsatz; Mason 1996, 139 Abb. 1,4; 140 Abb. 1,5: Novo Mesto, Ljubljana.

für ein exklusives Webmesser[1584] oder für die Miniaturwebstuhlmodelle aus Este[1585]. Geografische Bindeglieder stellen das Gräberfeld von Frög, das durch Spulen, Rocken, eine Metallspindel, perlenbestickte Textilien und ein Webstuhlschmuckgehänge (Hügel 168) starke Beziehungen nach Italien spiegelt[1586], und die große, über 6000 Gräber umfassende Nekropole von Most na Soči (Santa Lucia) dar (Webstuhlgehänge in Grab 3070), belegt von der zweiten Hälfte des 8. bis an die Wende zum 4. Jh. v. Chr.

Jüngste Überlegungen über die Verteilung von Wirteln in italischen Nekropolen einerseits und Gräbern mit mehreren und/oder durch Material herausragenden Webwerkzeugen (Sets von Metall- oder Bernsteinrocken, Wirteln, Spulen) andererseits könnten auf eine Arbeitsteilung der mit den Textilien Befassten schließen lassen und somit auch als Anzeiger für soziale Abstufungen gelten[1587]. Leonie C. Koch hat in einem luziden Aufsatz am Beispiel des Gräberfeldes von Veji-Quatro Fontanili gezeigt, dass Webgeräte in „armen und reichen" Gräbern vorkommen, auf die Problematik sozialer Ausdeutungen in Gräbern mit Webgerät hingewiesen und u. a. die Möglichkeit der emotionalen, sehr persönlichen Beigabenmotivation angedacht, eine archäologisch leider im Spekulativen verhaftete, aber nicht ausgeschlossene These[1588]. Ziehen wir zwei osthallstättische Friedhöfe unter diesem Aspekt heran: Auch in Statzendorf sind Arbeitsgeräte zur Textilherstellung offenbar keiner bestimmten sozialen Gruppe vorbehalten[1589], während sich in Nové Košariská vielleicht ein Spezialistentum abzeichnet[1590]. Ob dieses jedoch im weiteren Sinn in religiösem „Umfeld" tätig war und vielleicht sakrale Gewänder herstellte, ist offen.

Interessant ist weiterhin ein möglicher Zusammenhang mit Kleinwiederkäuern als Fleischbeigabe in Frauengräbern Statzendorfs, die auf die Wollverarbeitung und textile Arbeit der so Bestatteten verweisen[1591] und hier somit lokale Produktion belegen könnten. Für Hallstatt selbst wäre theoretisch ein vergleichbares „italisches" Modell denkbar: Grabinventare mit Textilgeräten könnten nämlich die (kleine) Gruppe repräsentieren, die tatsächlich mit dem Handwerk der Stoffherstellung betraut war, während die Halbmondfibelträgerinnen, auf die noch zurückzukommen ist, deren sozial höherstehende Auftraggeberinnen, eben jene vornehmen Hausvorsteherinnen gewesen sein könnten. Ihre besondere Aufgabe war es evtl., die Arbeit am Webstuhl zu beaufsichtigen, bestimmte Textilien (Ornat) fertigen zu lassen (möglicherweise in Hallstatt, vielleicht aber auch an einem anderen, klimatisch günstigerem Ort, z. B. in Bischofshofen, wo es viele Spinnwirtel gibt oder in Uttendorf im Pinzgau) oder – wie es das Bologneser Tintinnabulum nahelegt – selbst (ggf. Auserlesenes) zu weben[1592]. Eine entsprechende Interpretation unterstellt, die Halbmondfibeln stets weiblicher Gräber symbolisch und polysem zu lesen, sei es als Sinnbild für den Webstuhl selbst (mit Webgewichten), sei es als gewebter bzw. heiliger (femininer) Ornat, bezeugt durch theriomorphen Vogelbesatz.

Ob in Hallstatt tatsächlich Stoffe aus dem regionalen Umfeld und/oder aus der Ferne importiert wurden, ist bislang offen (s. Fibeln). Immerhin jedoch ergaben naturwissenschaftliche Untersuchungen an bronze- und eisenzeitlichen Stoffresten, dass sie mit einem tierischen Färbemittel[1593] gefärbt wurden, d. h. dass entweder Färbeinsekten, gefärbtes Garn oder bereits fertig gefärbte Textilien eingeführt wurden, weil aus dem Hallstätter Umfeld keine entsprechenden Insekten bekannt sind[1594]. Weiterführende Aussagen zum Import von Textilien während der älteren Eisenzeit wären vom eisenzeitlichen Grubenmaterial des Salzbergs zu erwarten, wobei dieses aber stets beschränkt erzählt, weil es sich wohl um selektiv ausgewählte Ware kaum von erster Güte handelt, die man im Berg wiederverwertete (kleinflächige Textilreste ohne Metallzierrat im soge-

---

1584 Este-Ricovero 234.
1585 Gleba 2008, 125 f.; Este-Tomba della Nerka: Chieco Bianchi/Calzavara Capuis 1985, 84-86. Zu diesem Inventar auch Lang 2012A.
1586 Fath 2007; Fath/Glunz-Hüsken 2011, 257; 260. Vollständige Webstühle aus Gräbern sind nicht bekannt, die Beigabe von verbrannten Webgewichten in niedriger Anzahl spricht für eine Pars-pro-toto-Intention.
1587 Gleba 2009; 2011; Grömer 2010, 245 ff.; 2013, 94 ff.
1588 Koch 2009.
1589 Rebay 2006, 241-246. Auch die Gräberfelder von Uttendorf und besonders Mitterkirchen eignen sich für derartige Überlegungen, wenn sie publiziert sind.
1590 Belanová et al. 2007. Für die dort geäußerte Vermutung, in Nové Košariská (Hügel 6 Grab 1) habe man Stoffe für den Export gefertigt, gibt es aber offenbar keine Hinweise.
1591 Rebay 2006, 189.
1592 Das Bologneser Tintinnabulum zeigt fast den gesamten Vorgang der Herstellung von Textilien (Glätten, Spinnen, Weben): Fath 2007, 29; Teržan 1996, 525 f.
1593 Natürliche Karminsäure kommt in verschiedenen Schildläusen vor und ist die Grundlage für den Farbstoff Karmin.
1594 Hofmann de Keijzer et al. 2013, 128.

nannten Betriebsabfall[1595]). Darüber hinaus liegt dieser Fundstoff quellenbedingt stets ausschnitthaft und zufällig vor. Den Motivbestand der Brettchengewebe jedenfalls kennt man durchaus von Keramik, Fremdes fällt hier nicht ins Auge[1596]. Man plant, die Provenienz hallstättischer hölzerner Betriebsmittel, Stoffe und Lebensmittel zukünftig mit Hilfe naturwissenschaftlicher Methoden zu erforschen[1597].

Gemessen an der Gräberzahl scheinen auffällig wenige speziell leichte Wirtel und Webgewichte in Gräbern auf eine höchstens kleine lokale Herstellung abzuzielen, die man sich im Gegensatz zum latènezeitlichen, weniger komplizierten Gewebe, das vielleicht zentralisierten Werkstätten entstammt, als „*individuelles Haushandwerk*" vorstellt[1598] – will man nicht von einer großen Menge ehemals hölzernem, also vergangenem Werkzeug ausgehen oder anderer Beigabensitte – Textilgerät hier als echtes Werkzeug und nicht als symbolische Beigabe verstanden[1599]. Jedenfalls ist der Gedanke von importierten Stoffen (samt Fibeln) an einem bedeutenden Handelsplatz mehr als naheliegend; andererseits könnte man – wie für Hochdorf postuliert[1600] – auch an ein Nebeneinander denken: An Importe aus Italien (Brettchengewebe), an eine Belieferung mit Wolle und Stoff aus dem unmittelbaren Umkreis (Inn-Salzach-Gebiet, Alpenvorland, Bischofshofen oder Uttendorf/Pinzgau), die den Grundbedarf deckte, und an eine kleine Werkstätte vor Ort, die vielleicht Reparaturen und Ausbesserungen vornahm. Jedenfalls scheint kaum denkbar, dass die mit den reichen Grabbeigaben im Hochtal Beerdigten beispielsweise die umfangreiche Fertigung von Stoffen am Webstuhl persönlich besorgten (oder Blecheimer und Gürtel nieteten etc.), weil nach Th. Veblen die Bildung sozialer Eliten grundsätzlich auf der Rekrutierung fremder Kraft beruht und nicht auf eigener Arbeit, bzw. Eliten demonstrativ (wertvolle) Güter verbrauchen, die nicht aus unmittelbar persönlicher Wertschöpfung hervorgegangen sind. Dies ist letztlich an ausnehmend exklusiven Beigaben, nachdrücklich an eben deren „Vernichtung" abzulesen, wobei es keine Rolle spielte, ob z. B. Textilien vor oder nach einer Kremation mitgegeben wurden[1601], um die soziale Stellung der Familie zu erhalten. Beispielhaft seien hier hochwertige bronzeverzierte Textilien (z. B. aus Hallstatt, Statzendorf, Maiersch, Mitterkirchen und Stična), Umwicklungen von Urnen mit bernsteinperlenbesetzten Geweben (z. B. Frög, Verucchio)[1602] oder die beiden großen Umhänge aus Verucchio-Lippi Grab 89 genannt (s. u.). Zu den exklusiven Gütern zählen naturgemäß auch Importgegenstände.

Gerade für die schwer zugängliche Siedlung, sei es im Hochtal selbst oder auf Höhe des Sees, rechnet man mit quasi doppelter „Auslagerung" bzw. „Auftragsvergabe" von Arbeit: Sowohl die Versorgung der körperlich arbeitenden, salzabbauenden Bergleute[1603] als auch die ihrer (sozial übergeordneter) Auftraggeber (beide wohl kaum identischen Gruppen, wurden anthropologischer Analysen zufolge im Hochtal bestattet) konnten nur durch ein großes, zuverlässig funktionierendes Güternetzwerk samt Infrastruktur gewährleistet werden – wohl so, wie es schon für die Bronzezeit Hallstatts wahrscheinlich gemacht werden konnte[1604], weil viele Produkte im Einzugsbereich des Betriebs nicht verfügbar waren. Geldwert in Form von Salz war (und ist bis heute) dagegen unbegrenzt vorhanden. Einflussreiche und entsprechend vernetzte Familien oder Einzelpersonen steuerten und kontrollierten vermutlich sowohl Nah- und Fernhandel als auch die Salzproduktion mit umfassender Infrastruktur, die jeweils dazugehörte[1605].

Dieses seit langem formulierte Modell steht – Hallstatt betreffend – bislang nur in scheinbarem Gegensatz zur anthropologischen Analyse von 215 Körpergräbern, die ergab, dass nicht nur Männer, sondern auch Frauen und Kinder physisch stark belastende und spezialisierte Tätigkeiten ausübten, mutmaßlich in Zusammenhang mit dem Abbau des salzhaltigen Gesteins unter Tage. Es wurde also auf anthropologischem Weg der Nachweis erbracht, dass körperlich schwer

---

1595 Reschreiter 2013, 18.
1596 Grömer 2005, 82 fig. 1; 2013, 87 f.
1597 Reschreiter 2013, 28.
1598 Grömer 2004, 181; 2005, 38.
1599 Gerade das zeit- und raumübergreifend seltene Vorkommen von Spinnwirteln spricht nach Primas 2007 dafür, sie eben nicht als weibliches Arbeitsgerät zu betrachten.
1600 Banck-Burgess 1999, 128 f.
1601 Veblen 1997. Vgl. die Szene als Andromache die Kleidung des toten Hektor verbrennen will (Ilias 22, 510-515).
1602 Fath 2007, 30 ff.; Fath/Glunz-Hüsken 2011, 256 f.
1603 Anthropologische Analysen: Pany 2003; Pany-Kucera et al. 2010; Kern et al. 2008, 136 ff.
1604 Barth/Grabner 2003; Kern et al. 2008, 70-79; Kowarik 2009; Pucher 2013.
1605 Dazu auch Kistler 2010, 79: „*Gleichfalls mittels ‚work party feasts' wurden über die ‚Großen Männer' der Abbau und die Gewinnung von Rohstoffen (Salz, Gold, Eisen) sowie deren Weitertransport durchs Binnenland in Gang gesetzt und vorangetrieben*".

Arbeitende im Gräberfeld bestattet sind (und nicht andernorts) und dass geschlechts- und altersspezifisch unterschiedliche Tätigkeiten verrichtet wurden[1606]. Von der Anthropologin D. Pany wurde die Frage gestellt, ob die reich Bestatteten selbst Bergarbeiter waren[1607]. Dieser naheliegende, seit langem offene[1608], dennoch als sicher gehandelte[1609] Thesenkomplex kann nicht nur aus soziologischen Gründen angezweifelt werden (s. o.), sondern auch, weil nämlich aus den sogenannten „reichen" Gräbern (überwiegend Brandbestattungen der Grabung Ramsauer) kein Knochenmaterial überliefert ist. Das von D. Pany herangezogene anthropologische Material (naturgemäß Körperbestattungen[1610]) ist folglich nicht repräsentativ und untermauert keinesfalls eine derart weitreichende Vermutung. Aussagen zur Belastung von Einzelindividuen sind bei der von Pany 2003 benutzten Methode nicht möglich, ihre Ergebnisse beruhen auf einem statistischen Gruppenvergleich (ausschließlich Muskelmarken von Gruppen: Männern, Frauen und Kindern)[1611]. Unter den von ihr herangezogenen Gräbern befinden sich nur vier reiche Inventare (z. B. 2/1939, 11/1939, 15/1938 Goldring; 13/1939 Bronze-Geschirr, Dolch, Goldarmband). Wäre individuell untersucht bzw. veröffentlicht, ob hier spezifisch aussagekräftige Muskelmarken vorliegen[1612], wäre immerhin der Schluss gerechtfertigt, dass zumindest diese vier Individuen auch tatsächlich bergmännisch aktiv waren – immerhin ein Ansatz. Erst eine umfassende anthropologische Analyse dieser vier Ensembles zuzüglich zahlreicher modern erschlossener, entsprechend „reich" ausgestatteter Körpergräber weiterer Erwachsener (z. B. aus der Grabung Kern), die sämtliche biologischen Marker berücksichtigte, kann zur Klärung dieser spannenden Frage beitragen.

Im Gegensatz zur anthropologischen Analyse Panys aus dem Jahr 2003 liegt der zwischenzeitlich vorgenommenen Untersuchung der Kinderskelette durchaus eine individuell und umfassend ausgerichtete Methode zugrunde. Sie wurde an 40 Individuen angewandt[1613]. Zwölf davon weisen Spuren früher physischer Belastung auf, die summa summarum mit dem Transport schwerer Lasten in Zusammenhang stehen könnten („Kopfträger"). Acht bzw. zehn[1614] davon sind auch archäologisch auswertbar. Es handelt sich um die Gräber 20/1938, 21-23/1939[1615], 2-3/1938 (vermutlich Skelett 3), 8/1939, 11/1938, 25/1938, 1006/1878, 2/1937, 11/1938 und 33/1997. Vergleicht man deren Beigaben qualitativ und quantitativ mit jenen Kindergräbern, bei denen offenbar keine körperlichen Belastungen nachweisbar sind (nur Körpergräber) und mutmaßlichen Kindergräbern insgesamt (nach archäologischem Maßstab definiert, auch Brandbestattungen), so fallen nur drei aufgrund seltener, für Kinder ungewöhnlicher oder vergleichsweise zahlreicher Beigaben aus der Masse heraus (zur Definition s. auch Kapitel 14): Das noch nicht veröffentlichte Kinderkörpergrab 33/1997 (u. a. mehrere im Hochtal seltene Spinnwirtel, ein Säcklein mit über 40 kleinen Objekten; Osteoarthrose an Ellbogen und Oberschenkel)[1616], das frühlatènezeitliche Grab 20/1938 aus der Grabung Morton (12-14 Jahre, verheilte Fraktur am Schädel), das eine von insgesamt sieben keramischen Schnabelkannen des Hochtals bzw. von ca. 38 des Inn-Salzach-Gebietes enthielt (ein lo-

---

1606 Das war die Ausgangsfrage der Analyse, vgl. Pany 2003, 32: „*The hypothesis to test here with anthropological methods was that the people buried in the Hallstatt graveyard are identical to the ones contemporaneously mining salt below ground.*" Pany 2005; Pany-Kucera et al. 2010.
1607 Pany in: Kern et al. 2008, 139.
1608 So bereits Hundt 1987, 285 f.: „*... Jedenfalls ist es doch schlecht vorstellbar, dass eine große Zahl schlicht in Leder gekleideter Bergmänner unter Tage (...) Salz gewann, während über Tage eine das Salz beherrschende und verhandelnde reiche Gesellschaftsschicht den Bergleuten nur die Lumpen ihrer guten Bekleidung als Putzlappen überließ. Es muss doch eine nähere Bindung der Bergmänner an die eigentlichen ‚Bergherren' bestanden haben (...) Freilich wäre auch eine andere Erklärung denkbar, dass nämlich Angehörige jener hier nur angedeuteten ‚Herrenschicht' selbst im Berg vor Ort gearbeitet haben, wenn der Luftdruck für eine Arbeit unter Tage günstig war. (...) Aber den hier vorgetragenen Gedanken fehlt bisher noch der feste Grund ...*".
1609 Z. B. Grömer 2013, 96; Barber 2014, 744: „*The skeletons that Ramsauer and others have dug in the nearby cemetries show that the occupants even of the richer graves had endured a lifetime of hard work.*"
1610 Pany 2003; Pany-Kucera et al. 2010.
1611 Pany 2003 und Mdl. Mitt. vom 4.12.2013.
1612 Eine entsprechende Analyse ist im Rahmen eines größeren anthropologischen Projekts im NHM Wien geplant;

das Vorziehen der genannten Gräber war nicht möglich. Frdl. Mitt. D. Pany-Kucera.
1613 Pany-Kucera et al. 2010.
1614 Grab 33/1997 ist nicht publiziert, bislang nur Kern 2010, 81.
1615 Unklar ist hier, welches Grab gemeint ist, da bei Kromer die Mehrfachbestattung 20-22/1939 (Grabbeigaben jeweils wohl kaum zuweisbar, Knochen gestört, 1 x juvenil nach Kromer) und 23/1939 (nach Kromer adult) aufgeführt sind.
1616 Reschreiter et al. 2013, 31. Anthropologisches Ergebnis bei Kern 2010, 73 (infans II 11-14 Jahre) und Pany-Kucera et al. 2010, 49 f.

kaler, bauchiger Typ)[1617], und Grab 8/1939 mit einem Tüllenbeil (6-7 Jahre, Osteoarthrose am Ellbogen). Folgt man der von Pany-Kucera, Reschreiter und Kern vorgeschlagenen Interpretation dahingehend, dass auch Kinder im Bergwerk arbeiteten, so wären diese drei Ensembles ein möglicher erster Hinweis darauf, dass die im Hochtal „reich" Bestatteten auch tatsächlich bergmännisch aktiv waren – zumindest im weitesten Sinn. Zurecht weisen die Autoren jedoch darauf hin, dass freilich nicht gesichert ist, *wo* sich jene Kinder und Jugendlichen entsprechende Verletzungen und Abnutzungserscheinungen zugezogen haben. Denkbar wären ja auch obertägige „auswärtige", zeitlich begrenzte Aufenthalte, wo immer „die Fremde" gewesen sein mag, im näheren hallstättischen, wirtschaftlich bestimmten Umfeld oder weiter entfernt. Gleichfalls ist bislang offen, ob es sich bei den im Hochtal Beerdigten um eine genetisch isolierte Gruppe handelt (möglicherweise liegt eine Häufung seltener anthropologischer/genetischer Merkmale vor) – in Anbetracht bisheriger archäologischer Erkenntnisse ein weiterer überaus spannender, offener Fragenkomplex. Ob die nicht wenigen mit unterschiedlichen Beilen oder korrodierten Eisenwaffen bestatteten Kinder (Gräber 8/1939, 14-15/1939, 57, 745, fraglich 416, 749, 940) tatsächlich im handwerklichen Betrieb der Salzgewinnung aktiv waren, ist auf naturwissenschaftlichem Weg nicht nachprüfbar.

Kehren wir zu den symbolisch lesbaren Textilgerätebeigaben zurück: Bestimmte Metall- oder Perlengehänge und Fibeln mit Schmuckcharakter in Frauen-, vereinzelt aber auch in Männergräbern Mitteleuropas, in Zusammensetzung und Aufbau zwar unveränderlich jedoch stets individuell gestaltet, wurden als Webstuhl-Chiffren gedeutet (s. o.). In Hallstatt, Wörgl, Landeck, Künzing und dem Raum Weilheim könnten die vermutlich in heimischen Werkstätten gefertigten Halbmondfibeln und insbesondere jene mit Vogelprotomen dieses Gerät zeichenhaft repräsentieren[1618], dort bekanntlich auf Frauengräber beschränkt. Die halbmondförmige Fibelplatte wäre anhand ihrer Form auch als ausgebreiteter Mantel[1619] deutbar, wie die Gegenüberstellung eines in Etrurien singulären Kosmetikbehälters mit Frauengesicht und gleichsam vom „Wind durchwehtem Mantel", der Schale einer Tridacna squamosa (Riesenmuschel)[1620], vermutlich aus Vulci, und der Halbmondfibel aus Völs am Schlern, Peterbühel, Prov. Bozen, Reg. Südtirol, einer alpinen Höhensiedlung[1621], eindringlich zeigt (Abb. 131). Anzuschließen ist ein formal entsprechender Halbmondanhänger mit seitlichen Vogelprotomen, der an einer Kopfdarstellung mit markanten Bommelohrringen hängt; er stammt aus Vače-Klenik Grab 46 (Abb. 125,2)[1622]. Georg Kossack sah in ihm altüberliefertes, bronzezeitlich-archaisches Gedankengut, nämlich die Sonnenfahrt im Vogelschiff: *„Der innere Antrieb, die Wirkkraft des Gestirns auf einen Menschen zu übertragen, sie aber trotzdem mit dem obligaten Vogelpaar zu koppeln, scheint hier nur zögernd, noch unentschieden ins Bild gesetzt ..."*[1623], eine gleichfalls nicht von der Hand zu weisende Analyse einzelner Elemente.

Die Muschel, die Kosmetik für die Augen enthielt, ist ein in Italien singulärer Import aus dem Nahen Osten. In Mesopotamien, Syrien, Palästina, Ägypten und dem gesamten Mittelmeerraum wurden derartige weiblich konnotierte Utensilien mit immer vergleichbaren Dekormotiven häufiger in Heiligtümern gefunden (besonders auf Samos und Lindos), wohl durch griechische Händler verbreitet[1624]. Antje Rathje nennt Stücke aus Niniveh, Bethlehem, Naukratis und Lindos als besonders verwandt. Der Verzicht auf die Angabe plastischer Dimension des Dekors der Vulcenter Muschel wurde mit der Darstellung von Textilien auf assyrischen Reliefs verglichen. In ihrer Gesamtheit lässt die Zier mit Anleihen aus Ägypten und Assyrien auf eine phönizische Arbeit schließen. Man ermittelte eine Datierung in die erste Hälfte des 7. Jhs.[1625]

Fehlende Bindeglieder in der hier postulierten „Kette" Völs – Vulci sprechen nicht zwingend gegen einen Zusammenhang, betreffen doch nicht zuletzt die formalen Übereinstimmungen nicht nur die äußere Form und die Abbildung des Gesichts: Gravierte

---

1617 Stöllner 2002, 174 zu den keramischen Schnabelkannen im Inn-Salzach-Raum. Es handelt sich um die bauchige Form, Typ 182 nach Stöllner, die weder den etruskischen noch den keltischen Kannen entspricht.
1618 Fath/Glunz-Hüsken 2011.
1619 Zur Wortbedeutung „Mantel" in Griechenland Koch-Harnack 1989, 119 ff.
1620 Beheimatet in Ost-Afrika, Polynesien und dem Roten Meer.
1621 Dal Ri 2010, 59 ff. Taf. 23,1; Teržan 1990A, 88 schrieb diese Fibel einem Opferplatz und der Göttin Reitia zu.
1622 Kossack 1954, Taf. 17,2; Teržan 2003, 80 (Abb. des geschlossenen Fundes).
1623 Kossack 1999, 86.
1624 Ebbinghaus 2006, 202; Boardman 1981, 82 mit weiterer Literatur.
1625 Rathje 1986 mit weiterer Literatur.

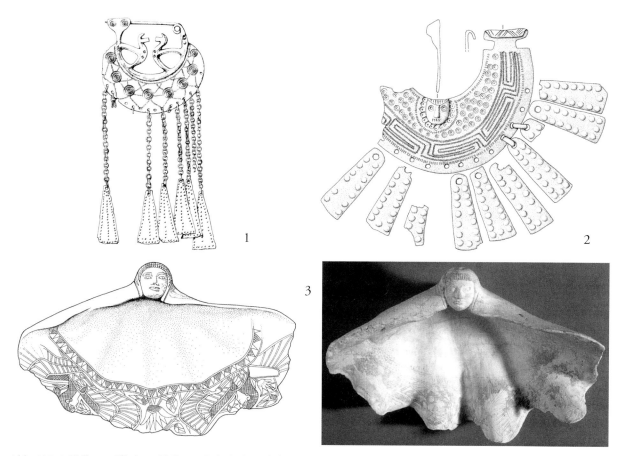

Abb. 131: 1 Halbmondfibel aus Hallstatt Grab 606. 2 Fibel aus Völs, 3 Muschel aus Vulci, M 1:3.

Schrägstrichgruppen zieren sowohl den Wellensaum aus Vulci als auch die inneren Bögen der metallenen Halbmondfibeln. Hierbei könnte es sich um die Darstellung von Brettchenwebereien handeln, weil die Ausrichtung der Schrägstrichgruppen zu den gegeneinandergestellten Dreiecken entsprechender Brettchenmotive passt[1626]. Die gravierten Sphingen und Lotusblüten des Mantels aus Vulci zeigen hier orientalisches Erbe, zugleich vielleicht auch ehemals reale Bilder auf letztlich religiös genutzten Mänteln, in unseren Breiten durch traditionelle Kreisaugen[1627], geometrischen Tremolierstich oder griechisch inspirierten Mäander (singulär in Völs) auf Halbmondfibeln ersetzt. Die beiden sich gegenüberstehenden, wohl weiblichen Sphingen (mit Ohrringen!) der Vulcenter Muschel wiederum sind sowohl durch das geritzte Mantelmotiv als auch den Mantel-Muschelkörper miteinander verbunden. Sie ergeben also einen gemeinschaftlichen Mantel, ein Motiv, das B. Koch-Harnack ebenso wie die gezielt eingesetzte Lotusblüte griechischer Denkmäler als erotische Erkennungsmerkmale herausstellte[1628]. Auch wenn man besagte Beigaben aus Vulci und Völs nicht unmittelbar in Beziehung bringen will, so ist die Idee, die beide Objekte verkörpern, klar und im Mittelmeerraum und Etrurien hinlänglich bekannt: Dargestellt wird eine Frau, bzw. werden zwei Frauen in einem großen Prunkmantel mit (in Vulci) erotischen Symbolen (Lotusblüten), den sie offenbar wie eine Braut über den Kopf gezogen, also schleierartig tragen. Der Schleier ist sowohl in Etrurien als auch in Griechenland äußeres Erkennungszeichen der Braut; nicht zuletzt Penelope bedeckt ihren Kopf mit dem Umhang, um ihren Willen zu bekunden, Odysseus zu heiraten[1629].

1626 Z. B. Hallstatt Halbmondfibel Grab 239 und Hallstatt Textil 186 (in Grömer 2010, 174 Abb. 87).

1627 Eingepunzte Kreisaugen erinnern an das Motiv der Rosette, das typisch für griechische Frauenmäntel war, sowohl real eingewebt, evtl. auch aufgestempelt und von den Vasenmalern vielfach dargestellt: Koch-Harnack 1989, 168 ff. Erinnert sei in diesem Zusammenhang auch an den „Sternenmantel" als Ausweis göttlichen Ornats: Schopphoff 2009, 139; Buchholz 2012, 88 f. mit weiterer Literatur und zeitübergreifendem Überblick zu „Ornat".

1628 Koch-Harnack 1989, 15 ff.
1629 Säflund 1993, 90; 69-71 (weitere etruskische Beispiele für schleiertragende Frauen).

Die Deutung der Kettengehänge mit Klapperblechen an Halbmondfibeln oder anderen Gehängen (mit rechteckiger Basis in Fróg Hügel 168/1 und Loreto Aprutino) als Darstellung der Kettfäden und Webgewichte könnten den Betrachter an ihre HerstellerInnen und/oder TrägerInnen (Frauen) und die geschickte Fertigung dieser symbolgeladenen Mäntel und Tücher[1630] am Webstuhl erinnern. Vollplastische oder zweidimensionale Vögel zeigten den sakralen Charakter der Objekte und der zugrundeliegenden Idee des Webens sowie ihre Herstellung an. Außerdem implizierten jene wohl heiligen Handlungen, bei denen Mäntel, Umhänge (Peplos/Pharos) oder ganz allgemein Ornat getragen oder eingesetzt wurden, letztlich vielleicht sogar den eigentlichen Akt der Hochzeit, nämlich den Beischlaf (s. Situlendenkmäler, griechische Vasen- und etruskische Wandmalerei)[1631]. Bereits 1990 vermutete B. Teržan, dass Frauen mit Halbmondfibeln hieratische Aufgaben übernommen hätten[1632], ein ähnlich gerichteter Gedanke, allerdings noch weniger spezifisch.

Dieser expliziten Deutung als textiler Umhang ist jedoch ein weiterer Aspekt hinzuzufügen: Unverkennbar nämlich scheint die Ähnlichkeit in der Darstellung des Gesichts und der Zier des Mantels aus Völs, nämlich Kreisaugen und ein Mäandersaum, und zwei alpinen anthropomorphen Anhängern, die als „Herrinnen der Pferde" interpretiert werden (Sanzeno und Schweizer Privatbesitz, Abb. 132)[1633] bzw. als sakrosankte Persönlichkeiten, deren „*eigene Kräfte heiligen Riten zum Erfolg verhalfen*"[1634]. Dass diese ein trianguläres, vielleicht bodenlanges, schematisch-körperhaft gezeichnetes „Kleid" tragen, wird man kaum bezweifeln wollen. Einzig der Anhänger aus Vače-Klenic impliziert auf vielfache Weise alle Lesarten, nämlich als Herrin der Tiere (Vogelprotomen am Halbmondanhänger), die sich in ihrem gewebten halbrunden Umhang präsentiert. Auf die vergleichbaren Hallstätter Halbmondfibeln mit Vogelprotomen übertragen, würde dies bedeuten, dass hier reduzierte Bilder vorlägen, die quasi verkürzt Markantes, nämlich den Mantel und die (heiligen) Vögel zeigten[1635]. Auf die Darstellung des Antlitzes (alpin

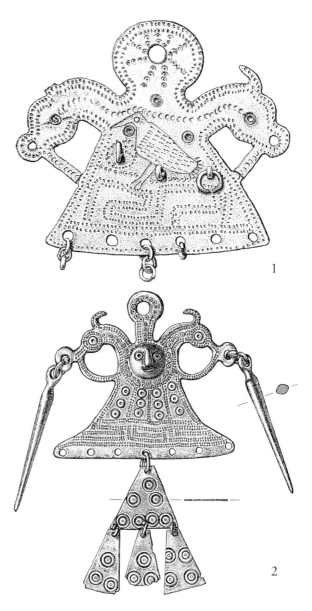

Abb. 132: 1 Anthropomorpher Anhänger (Schweizer Privatbesitz), M 2:3. 2 Anthropomorpher Anhänger Sanzeno, M 1:2.

offenbar beschränkt auf Cles, Sanzeno und Mechel), eines menschlichen Kopfes (Vače-Klecnik) oder einer anthropomorphen Gestalt verzichtete man. Auch die plastischen Vögel und das singuläre gegenständliche Pferdegespann auf den Prunkfibeln der Hallstätter Gräber 505 (Abb. 62; 63) und 94/1873 (Abb. 133 und Taf. 10-133.3) könnten als Attribute einer Herrin der Tiere gelten, die Pferde (Grab 94/1873) würden eine Verbindung zu den Protomenarmen der gegossenen alpinen Stücke herstellen. Betrachtet man unter dieser Prämisse die Tierkopfgehänge z. B. aus dem Museum Ascoli Piceno, Novilara-Molaroni Grab 135, Novilara-

---

1630 Koch-Harnack 1989, 119 ff.; Buchholz 2012, 84 f.
1631 Fath/Glunz-Hüsken 2011, 258 f. - Zu den Vögeln fragend: Koch 2012, 496.
1632 Teržan 1990A, 73; 88.
1633 Egg 1986A.
1634 Kossack 1999, 98 f.
1635 Die Blickrichtung der Vögel auf eine Mitte hin würde diese Deutung unterstützen und spräche gegen eine Les-

art als traditionelle Vogel-Sonnen-Barke, die ja stets nach außen blickende Protomen zeigt.

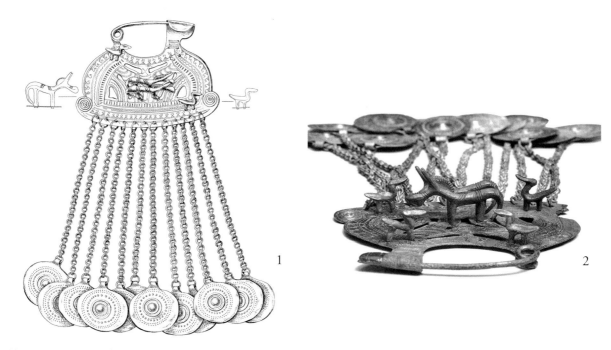

Abb. 133: 1 Halbmondfibel Grab 94/1873, M 1:4. 2 Detail-Foto Fibel, M ca. 1:2.

Servici Grab 85 oder Este-Ricovero 149[1636] (Abb. 130) und die eher körperhaften Bleche aus Meran-Hochbühel[1637], wären sie gleichfalls mühelos nicht nur als „Herrinnen der Tiere" anzusprechen, sondern zusätzlich auch als solche, die ihr gewebtes (gemustertes) Ornat vorführen, durch dieses ausgezeichnet erscheinen und zugleich leicht erkennbar waren (Chiffre). Auf die unterschiedlichen Tiere der weiblichen Personen, hier Pferde, dort Vögel, ist explizit hinzuweisen. Einen besonders prächtigen Prunkmantel trüge folglich ein schweres, massives ca. 34 cm langes Objekt aus Blatnica, Slowakei, zur Schau, dessen vergleichsweise kleiner ringförmiger Kopf von zwei Vogelprotomen flankiert wird. Umlaufende und schwer deutbare profilierte Keulen- und zwei Sichelanhänger in Kopfnähe lassen sich leicht als Kultgerät der Frau interpretieren (Abb. 125,1). Sie stellen auch eine Verbindung zu den Sichelgriffen aus Marvinci Grab 15 her (Abb. 86). Bei dem Altfund aus Blatnica handelt es sich möglicherweise um ein Depot[1638].

Zusammenfassend ist festzuhalten, dass lokale und fast immer verkürzte schematische Darstellungen das Erkennen des Gemeinten und der zugrundeliegenden Konstanten nicht gerade erleichtern. Die formalen Koordinaten, die sie definieren, sind jedoch meist signalartig kenntlich, auch wenn einzelne Teile hier und da bildlich ausgeklammert werden, sei es der menschliche Kopf, der lange Kettfadenbesatz des Webstuhls, die anthropomorphe Form oder lediglich der halbrunde Umhang. Nach dieser Interpretation liegen in Hallstatt ausschließlich Bilder verkleinerter Mäntel vor (diverse Halbmondfibeltypen ohne Tiere) und als reduzierte „Herrinnen der Tiere im Ornat" lesbare Halbmondfibeln mit Tieren, meist Vögeln, in einem Fall Vögeln und Pferden (Grab 94/1873).

Offen ist, ob jene Frauen, die de facto mit echten Mänteln oder Vergleichbarem bestattet wurden (Mitterkirchen Hügel X Grab 2; Stična Hügel 48 Grab 27 mit Schleier[1639] [Abb. 134]; evtl. Hallstatt Gräber 360, 132, 671, 762; Maiersch und Statzendorf s. u.; mitunter werden auch Totenabdeckungen als „mantelartig" beschrieben[1640]) tatsächlich priesterliche Aufgaben erfüllten, und falls ja, ob diese mit südlichen Kultpraktiken verwandt waren, es sich bei ihren Textilien also um Ornat, eine sakrale Amtstracht handelt oder lediglich um Prestige erzeugende profane Prunkkleidung.

Kopf und Schulter bedeckende Umhänge (Mäntel) sind bildlich oft bezeugt: Man trug sie sowohl beim Spinnen und Weben (Tintinnabulum Bologna[1641]) als

---

1636 Fath/Glunz-Hüsken 2011, Abb. 4; 6; 7.
1637 Egg 1986A, 72 Taf. 14,2-3.
1638 Frdl. Mitt. G. Tarbay, Nationalmus. Budapest.

1639 Hellmuth 2008/10.
1640 Banck-Burgess 1999, 19 (Jenišův Újezd, Okr. Teplice, Tschechien).
1641 Somit könnten die Frauen des Tintinnabulums auch Bräute darstellen, die mit der Herstellung der textilen Mitgift beschäftigt sind.

auch bei den umfangreichen Vorbereitungen für religiös und rituell motivierte gesellschaftliche Riten und Feiern, den Hauptmomenten des Hochzeitsrituals und dessen Höhepunkt, dem Beischlaf. Mit Umhängen gekleidete Frauen tragen Gefäße und Lasten auf dem Kopf (Situla Certosa, Welzelach), fungieren als Mundschenk (Magdalenska gora, Vače, Providence) und erscheinen verschleiert beim Symplegma, der Heiligen Hochzeit (Sanzeno, Gürtelblech Brezje - Umhang mit Borte[1642]). „*Die Kleidung der Trankspenderin unterscheidet sich nicht von der Tracht sterblicher Frauen, wie aus dem Bologneser Tintinnabulum erhellt*"[1643]. Männer hingegen sind auf den Situlenbildern stets durch verschiedenste Hüte oder Kappen gekennzeichnet oder präsentieren sich als nackte Faustkämpfer[1644], während etruskische Männer durchaus weite Stolen trugen, die jedoch niemals den Kopf bedecken[1645]. Auch Wagenfahrer erscheinen über weite Räume hinweg quasi armlos in einen Mantel gehüllt, was B. Kull veranlasste, in ihnen Tote, Heroen oder Götter zu sehen[1646].

Die besonders langen Reihen von Webgewichten aus Kleinklein (Burgstallkogel), Smolenice-Molpír, Hafnerbach, Bez. Pölten-Land, Niederösterreich und Freundorf, Gem. Judenau-Baumgarten, Bez. Tulln, Niederösterreich[1647] könnten für die Anfertigung spezieller, weit geschnittener Kleidungsstücke, vielleicht jener Mantelumhänge gedacht gewesen sein. Schließlich liegen aus Verucchio-Lippi Grab 89 zwei ungefähr halbkreisförmige(!), große (264 cm x 88 cm; 259 cm x 72 cm), ehemals mit Bernsteinperlen bestickte Umhänge vor, die Ränder wie üblich durch Brettchengewebe verziert[1648]. Annemarie Stauffer wies jüngst auf eine etruskische Statue hin, die einen bewaffneten Gott (Kurzschwert/Lanze), nur mit einer Stola behangen, zeigt (600 v. Chr.). Ihre schmalen Enden sind um den Arm gewickelt. Details ihrer Dekoration könnten

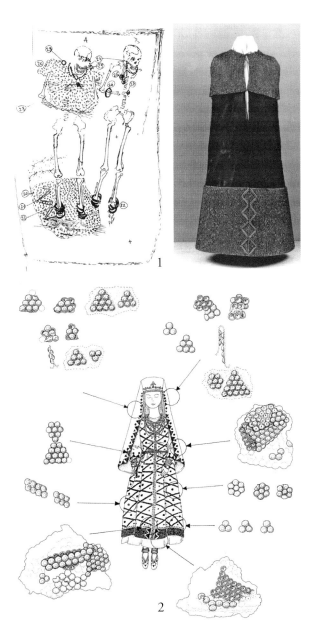

Abb. 134: 1 Mitterkirchen Hügel X Grab 2. 2 Stična Hügel 48, Grab 27.

durchaus mit den Mänteln von Verucchio verglichen werden (Applikation, Brettchenkante)[1649]. Betrachtet man Quellen zur etruskischen Kleidung, wurden derart geschnittene Textilien von Männern und Frauen getragen, wobei große Tücher, die zusätzlich den Kopf bedeckten, auch in Mittelitalien offenbar ausschließlich Frauen vorbehalten waren[1650]. Die gegenständli-

---

1642 S. auch von Kurzynski 1996, 47.
1643 Huth 2003, 287 f.
1644 Siehe auch die Zusammenstellung bei Grömer 2010, 365.
1645 Bonfante 1975, 45-57; Malerei der Etrusker 1987, z. B. Abb. 96 (Tomba dei Leopardi); 128/129 (Tomba del Triclinio). - Zur Kleidung (chlaina, peplos) im homerischen Griechenland zuletzt: Bräuning/Kilian-Dirlmeier 2013, 96 f.
1646 Kull 1997, 275; 389 (weibliche Personen).
1647 Grömer 2010, 121; 2012, 59; Belanová et al. 2007, 428 (Nové Košariská Webstuhl 1: B. ca. 4 m); Dobiat 1990, 50 ff.
1648 Stauffer 2012; Ræder Knudsen 2012.

1649 Stauffer 2012, 250 ff.
1650 Bonfante 1975, 45-57. - Z. B. auch Cupra Marittima-Tomba della Regina di Cupra: Negroni Catacchio 2007, 544 fig. 14a. Kopf- und Schulterumhang Abb. 146. - Zu Schnitt und Trageweise entsprechender halbrunder Umhänge ebd. 186 f. - Zum Schleier: Säflund 1993, 69; 90.

chen Stolen aus Verucchio-Lippi Grab 89 stammen wie der u. a. mit weiblich konnotierten Sujets (zwei Webstühle) beschnitzte Thron[1651] bekanntlich aus einem Männergrab, was an sich nicht verwundert, weil die Situlenbilder ausreichend Belege liefern, dass vorwiegend Männer auf Sitzmöbeln vom Typ der in Rom gefundenen Sediae Corsini Platz nahmen. Letztlich ist ihre eigentliche Intention wohl auf religiöse Motive zurückzuführen, nämlich als Beleg göttlicher Deszendenz mittels eines speziellen herausragenden und demonstrativ getragenen, vielleicht auch erotisch konnotierten Textils, an dessen Herstellung man auch auf dem Verucchioneser Thron nicht vergaß zu erinnern und dessen Heiligkeit nicht wenige Wasservögel auf den Köpfen der Weberinnen und an den großen Webstühlen anzeigen, ebenso zu sehen auf einer der daunischen Webstelen[1652].

Das inselhafte Auftreten der Webstuhlgehänge in Gräbern während der Späthallstatt- und Frühlatènezeit demonstriert wie erläutert die große mythisch begründete Bedeutung, die Männer und Frauen dem Webstuhl seit der Bronzezeit[1653] überregional zuschrieben. Gleichzeitig zeigen die Gehänge einen überörtlich verständlichen gesellschaftlichen Status[1654]. *„Somit sind zwar nicht alle seltenen Güter Statussymbole der sozialen Elite, aber alle Statussymbole der Oberschicht sind selten"*[1655] – eine zweifellos auf die Gehänge zutreffende Beobachtung. Die Webstuhlgehänge zeugen vom Konsens, das, was mit ihrer Chiffre assoziiert wurde – materiellen Reichtum, den sozialen Status des Besitzers, Bindung, Emotion und evtl. die (Heilige) Hochzeit –, bei der Bestattung in der Gemeinschaft zu zeigen, also den Toten sozial zu kennzeichnen, ihn mit dem Mythos des Webens und seinen religiös konnotierten Assoziationen zu verbinden[1656].

Nachdem in den gehobenen Schichten Griechenlands die umfangreiche Anfertigung von Textilien die Aufgabe vornehmer Frauen und deren Bediensteten war und selbstgefertigte Kleider zur Ausstattung der griechischen und etruskischen Braut gehörten[1657], könnten Stoffe in Männergräbern und deren plakative Assoziative – nämlich Spinnwirtel, seltener Webgewichte, abstrakte Miniaturwebstuhlgehänge (Hochdorf) oder Bilder vom Weben (Verucchio) – vielleicht auch als symbolischer Hinweis auf die (vollzogene?) Hochzeit gelesen werden, wenn man Grabbeigaben als Erzählendes auffasst, das die göttliche Verbundenheit signalisiert. Beim mesopotamischen Neujahrsfest des Stadtfürsten, das er symbolisch mit der Göttin (stellvertretend einer Priesterin) als Heilige Hochzeit feierte, wurde das Ritual der Vereinigung auf einem Bett mit spezieller Decke („wollene Mäntel") vollzogen[1658]. Wie G. Koch-Harnack überzeugend beschrieb, galt in Griechenland der gemeinsame Mantel als erotisches Symbol schlechthin[1659]. Ob und wie stark diese punktuell herausgegriffenen, aus verschiedenen Zeiten und kulturellem Milieu stammenden Hinweise in einem Mythos verankert waren, der auch nördlich der Alpen bekannt war, wissen wir nicht. Immerhin wäre es schließlich auch denkbar, dass es sich bei den großen Capes aus Verucchio um ein Textil für zwei Personen handelt, den Verstorbenen selbst und eine imaginäre zweite Person, vielleicht gedacht als Braut.

Hallstatt fokussierend ist zu fragen, welchen Zweck die noch nachweisbaren Textilien erfüllten, welche Geräte zu ihrer Herstellung in den Gräbern überliefert sind, mit welchen anderen religiös ausdeutbaren Beigaben jene zusammengehen, wie die Werkzeuge zu den mutmaßlichen „Ornatfibeln", also den Halbmondfibeln, stehen und ob sich Webgerät auch in Männergräbern befand. Wie wäre außerdem der religiös-symbolische Wert textilen Handwerksgeräts in funeralem Kontext zu umschreiben?

7.2 Forschungen zu den Textilien aus Hallstatt

In Mitteleuropa spielen Textilfragmente aus den Bergwerken von Hallstatt und Dürrnberg eine herausragende Rolle, weil sie durch ihre große Zahl und vorzügliche Konservierung[1660] die Kenntnis der Textiltechnik erheblich erweitern, obwohl ihre zum Teil geringe Größe, ihre Herkunft aus dem Betriebsabfall der Gruben und die Art ihrer Bergung (Presslufthammer) konträr dazu stehen. Gewebeart, Muster, Faser-

---

1651 Kossack 1992; Huth 2003, 208.
1652 Z. B. bei Gleba 2008, 31 fig. 10 (Stele SD 585); Norman 2011.
1653 Gleba 2008, 27 Abb. 5.
1654 Nach Schumann 2015.
1655 Burmeister 2003, 277.
1656 Fath/Glunz-Hüsken 2011.
1657 Wagner-Hasel 2009.

1658 Kramer 1963, 490. - Für die Odyssee: Buchholz 2012, 90.
1659 Koch-Harnack 1989, 111 ff.
1660 Grömer 2007, 8 f.

und Färbestoffe, nähtechnische Details sowie Schadensbilder sind hinlänglich beschrieben[1661] und bilden zusammen mit bildlichen Darstellungen, Geräten aus Gräbern und Siedlungen die Basis für Experimente zur antiken Textilherstellung sowie für Stoff- und Kleiderrekonstruktionen[1662].

Seit 1959 werden Gewebereste aus den Hallstätter Gruben analytisch untersucht und fortlaufend katalogisiert; zu nennen sind hier die Arbeiten von H.-J. Hundt[1663], K. von Kurzynski (hallstattzeitliche Gewebe aus den Bergwerken), K. Grömer (bronzezeitliche Gewebe aus den Stollen) und H. Rösel-Mautendörfer[1664]. Diese Arbeiten zeigen bereits, dass abgetragene oder verschlissene, vereinzelt auch vormalig höherwertige Kleidungsstücke bzw. Teile davon (z. B. Brettchengewebe[1665]) in den Gruben erneut vielfältig und bis zum Letzten eingesetzt wurden (Lumpen), sei es als Bindematerial für zerbrochenes Werkzeug, als Trageriemen oder medizinisches Verbandszeug. Vollständig erhaltene Kleidung aus Stoff liegt (mit einer verschollenen Ausnahme[1666]) weder aus der Hallstätter Nekropole noch aus den bronze- oder eisenzeitlichen Abbaurevieren vor[1667]. 2013 schließlich wurden die bis 2010 gefundenen ca. 300 eisenzeitlichen und ca. 70 bronzezeitlichen Gewebekomplexe aus den Gruben vorgelegt[1668]. Sie ermöglichen Musteranalysen nach der Vorlage Brosseders[1669] (s. o.), um wirklich Fremdes und Neues aufzeigen zu können – Träger potentieller (religiöser?) Botschaften. Sie stellen eine besonders wichtige Quelle dar, weil der Großteil der Keramik mit möglichen „ungewöhnlichen" Mustern in Hallstatt quellenbedingt nicht zur Verfügung steht. Ihre Durchsicht zeigt aber, dass hier nicht mit wirklich „Exotischem" zu rechnen ist, Muster und Herstellungstechnik sind als „nah- und fernregional einheimisch" zu bezeichnen: Es dominieren Streifen bzw. Karos; daneben gibt es einzelne Dreiecke und Mäander, die man von Keramik kennt[1670]. Hier muss jedoch nochmals auf den lückenhaften und zufälligen, besonders aber den selektiven Charakter (Abfall!) der Quelle „Grubentextilien" hingewiesen werden[1671], der das zu erwartende, in diesem Fall negative Ergebnis mühelos erklärt. Inwieweit zukünftig mögliche Textilimporte aus Hallstätter Gruben dann mit der Nekropole und deren reichen Grablegen in Verbindung zu bringen wären, ist eine andere Frage. Mit größerer Wahrscheinlichkeit gelingt der Nachweis von Gesuchtem – ungewöhnlichen externen Textilien – evtl. in jünger gegrabenen, reicheren Bestattungen. Dies bleibt abzuwarten.

7.3 Textilien aus Gräbern

Lise Bender Jørgensen analysierte 2005 erstmals die textilen Reste aus neun Gräbern[1672].

Der Nachweis von Stoffen aus Gräbern Hallstatts gelingt nur, wenn sie mit Metall in Kontakt waren (Korrosion)[1673] und/oder Stoffe durch Lagebefunde von Trachtzubehör oder durch Metallzierrat (Applikation) indirekt erschlossen werden können[1674]. Reine Gewebe ohne metallische Zier sind vollständig vergangen, was auch die modernen Grabungen bestätigen. Es ist also davon auszugehen, dass nur ein Bruchteil des ehemals Vorhandenen zur Verfügung steht (Tabelle 5), wobei selbst Mutmaßungen über die Größe dieser vormaligen Menge wenig sinnvoll scheinen.

Bekanntlich liegen regelrechte Umwicklungen von Beigaben auch aus Hallstatt vor (Tabelle 5), wobei nicht klar ist, ob es sich um Alttextilien handelt oder um spezielle Neuanfertigungen[1675]. Beispielhaft steht hierfür ein Schwert aus Bestattung 13/1995, dessen Klingenspitze sorgsam mit einem Stoffband

---

1661 Zuletzt Grömer et al. 2013.
1662 Bichler et al. 2005.
1663 Hundt 1959; 1960; 1967; 1987.
1664 Von Kurzynski 1991; 1998; Grömer 2007; Rösel-Mautendorfer 2011. Die Arbeiten von Rösel-Mautendorfer und Grömer nicht publiziert. Jene von Grömer liegt mir jedoch in Form eines elektronischen Datenträgers vor.
1665 Grömer 2005A.
1666 Tuch aus dem Appoldwerk: Barth/Neubauer 1991. Zu seiner mutmaßlichen Verwendung als Sammelunterlage: Reschreiter 2013, 24.
1667 Grömer 2005; Reschreiter 2005; Reschreiter et al. 2009; Dürrnberg: Grömer/Stöllner 2011, besonders 106 mit Anm. 5. Fragmente grober Wollgewebe aus dem spätbronzezeitlichen Tuschwerk Hallstatts gelten hingegen als „zweifellos originär für die Verwendung im Bergwerk hergestellter Textilien". Zitat: Grömer/Stöllner 2011, 106 Anm. 5. Zu den vollständigen Tragesäcken (Nordgruppe), Kappen (Ostgruppe) und Schuhen Barth 1980A; 1992A.
1668 Grömer et al. 2013 (mit umfassender Forschungsgeschichte, Gewebe-, Faser und Farbstoffanalysen).
1669 Brosseder 2004, 335.

1670 Grömer 2013, 87; dazu bereits Frey 1969, 75 f.
1671 Reschreiter 2013, 13.
1672 Bender Jørgensen 2005.
1673 Z. B. Grömer/Reschreiter 2013, 50 f.
1674 Banck-Burgess 1999, 63 ff.; Grömer 2006, 33 f.; 2010, 184 ff., 188 ff.
1675 Grömer 2010, 286.

umwickelt war¹⁶⁷⁶. Außerdem sind die Mindelheimschwerter der Brandgräber 260 (Abb. 91 s. Taf. 6-91) und 504 zu nennen, die Gewebeabdrücke zeigen, wobei es sich aufgrund des Ritus wahrscheinlich nicht um Reste der Totenkleidung handelt, sowie das Frühlatèneschwert aus Grab 994, das mit einem groben Band in Leinwandbindung umwunden war¹⁶⁷⁷. Zwei Dolche und eine Lanzenspitze aus der Grabung Kern bezeugen während Ha D1 eine ebensolche „Verpackung"¹⁶⁷⁸, sodass man durchaus mit weiteren (nicht mehr nachweisbaren) Belegen aus den Altgrabungen rechnen muss. Die beiden Stierfiguren aus dem sehr reichen Grab 507, die wahrscheinlich in einen mit über 800 kleinen Metallringen (Abb. 9) verzierten Stoff eingewickelt und in jeweils einer Keramikschale niedergelegt wurden, hatte ich bereits erwähnt (s. auch Absatz 3.1; 4.2.1)¹⁶⁷⁹. Exemplarisch für eine Befundrekonstruktion führe ich das Kinderkörpergrab 434 an, in dessen Kopfbereich man eine Scheibe einer kleinen Doppelscheibenfibel beobachtete. Diese war also entweder an einem organischen Stirnband befestigt, oder der Leichnam war mit einem (gänzlich vergangenen) Tuch und dem Fibelfragment an der Stirn bedeckt¹⁶⁸⁰ – ein Befund, der durchaus an die Tücher und die funktionsuntüchtigen Fibeln aus Hochdorf erinnert¹⁶⁸¹. Die Durchsicht des Hallstätter Grabmaterials in Wien 1987 durch L. Bender Jørgensen erbrachte weitere Textilreste oder -abdrücke an einem eisernen Ärmchenbeil (Grab 57), einem Bronzering (Grab 75), einem Wetzstein (Grab 271), einem Amboss (Grab 283), einem Lappenbeil (Grab 792) und einem Griffdornmesser (Grab 937). Von diesen und den Belegen aus den Gräbern 260 und 504 (Mindelheimschwerter) liegen somit auch textiltechnische Bestimmungen vor¹⁶⁸², ebenso von den Geweben an den Eisenringen aus Grab 1003¹⁶⁸³. Schließlich ist noch ein rhombischer Gürtelhaken mit an der Oberseite anhaftenden Resten aus Brandschüttung 270 anzuführen.

Nachdem in diesen Fällen Textilien nur an jeweils einzelnen Waffen und Geräten haften, könnte die Annahme einer gezielten, auf das Objekt gerichteten Umhüllung naheliegen. Als Gegenbeispiel führe ich die Brandschüttung 286 aus Bischofshofen an, bei der eine Lanzenspitze, ein Lanzenschuh und eine Mehrkopfnadel jeweils einseitig ankorrodiertes Köpergewebe aufweisen, diese also offenbar eng zusammenlagen und mit einem Tuch – I. Petraschek spricht von einem „*Mantelgewebe*" – bedeckt waren¹⁶⁸⁴. Letztlich muss bei den hallstättischen Stücken die Frage nach Abdeckung, Verpackung oder Kleidung offen bleiben.

Die Altfunde Hallstatts zeigen auch, dass keineswegs immer fehlendes Textil einer zu gründlichen früheren Restaurierung geschuldet ist. Dennoch möchte ich von einer vormals viel höheren Zahl an Verpackungen und Abdeckungen ausgehen; Gewebereste dreier Schwerter gegenüber vereinzelten Befunden an anderen Waffen und Gerät des Hochtals könnte das Mengenverhältnis ehemaliger Verhüllung spiegeln: Die Durchsicht eines Kataloges von Grabtextilien hallstatt- und latènezeitlicher Kulturgruppen (einschließlich Norddeutschland und Schlesien) ergibt einen deutlichen Überhang von Schwertern gegenüber Bronzegeschirr, Gerät oder Wagen¹⁶⁸⁵.

Der Ausgräber J. G. Ramsauer erwähnt in sieben Fällen ausdrücklich Kleidung, „*Teppich*" oder „*Stickerey*". Dabei handelt es sich um sechs Brandgräber (132, 395, 556, 569, 623, 671) und das Körpergrab 360, in denen über kleine halbrunde Bronzetutuli mit Öse auf das Textil, an dem sie vormals angenäht waren, geschlossen werden kann. Ob es sich bei dem den Tutuli zufolge nur im Oberkörperbereich liegenden Stoff oder Leder aus Körpergrab 360 um ein regelrechtes Kleidungsstück oder eine Art textile Abdeckung handelte, ist unklar (Abb. 135). In Brand-

---

1676 Grömer 2006, 34 Abb. 2; 2010, 273 Abb. 133.
1677 Egg/Schönfelder 2009, 29.
1678 Mitt. A. Kern, NHM Wien (u. a. 65/2002: Glunz-Hüsken 2008, 46). Fotografie bei Kern 2011, Abb 7.
1679 Fath/Glunz-Hüsken 2011, 256. Weder sind Schmuckketten, die ausschließlich aus Bronzescheiben bestehen, bekannt noch machte ihre Deponierung in einer Schale (zusammen mit den Stierfiguren) Sinn.
1680 Glunz-Hüsken 2008, 38 f.
1681 S. auch Banck-Burgess 1999, 18 (zu textilen Totenabdeckungen und fragmentierten Fibeln).
1682 Bender Jørgensen 2005, 143; Grömer 2007, 32: „*Die Gewebe sind durchwegs als fein bis sehr fein (Gewebedichten 15-20 Fäden/cm und darüber) zu bezeichnen. Meist wurden Einzelgarne verwendet, nur in zwei Fällen sind Zwirne belegt. Trotz der wenigen untersuchten Funde ist bei der*

Hälfte Spinnrichtungsmuster zu beobachten. Ebenso überwiegt Köperbindung und Rips, daneben gibt es ein Gewebe in Panamabindung. Somit entsprechen die wenigen bisher analysierten Gräberfeld-Textilien durchaus denen aus den hallstattzeitlichen Bergwerken."
1683 Banck-Burgess 1999, 217.
1684 Petraschek 2009, 427.
1685 Banck-Burgess 1999, 196-225. - Weitere Umhüllungen in Schwaben: Hennig 2001, 82.

Abb. 135: Grab 360

schüttung 762 wird Stoff zwar nicht explizit erwähnt, aber der Befund ist gut mit dem von Grab 360 vergleichbar: Ca. 500 Tutuli waren über einem Teil der Bestattung ausgebreitet. Ich zitiere stellvertretend zwei Grabungstexte Ramsauers, die die Befunde nebst einer Skizze gut beschreiben. Grab 132 (Taf. 8-115; 116) war wahrscheinlich die Doppelbestattung einer Frau und eines Mädchens (s. Absatz 3.4) und enthielt: „*... dann bei 4000 kleine Bronzeknöpfl mit Öhr, welche über die Knochenreste ausgebreitet waren und von einen gestickten Mantl oder Teppich sein dürften, da diese auch in den schwamichten verkohlten nassen Holze eingedrückt vorkamen ...*"[1686]. Aus dem Aquarell ließe sich evtl. ein Winkelmuster der Ösen ablesen[1687]. Die Tutuli aus Brandschüttung 671 (Bronzebecken mit Rind und Kalb) sind nicht überliefert und daher bei Kromer 1959 nicht abgebildet. Ramsauer schreibt: „*... Über die ganze Fläche des Leichenbrandes befanden sich eine Menge 1 bis 2 Linien grohser Bronznieden und Knöpfl, woraus geschlohsen werden kann, dahs über denselben ein gestickter Teppich ausgebreitet war.*"[1688]

Theoretisch könnten für die über den Leichenbrän-

den gelegten metallverzierten Textilien sowohl Kleidung als auch flächige Stoff- oder Lederabdeckungen infrage kommen. Dies zeigt der Befund aus Osteria dell'Osa, Prov. Rom, Reg. Latium Grab 3, in dem sich die Ränder eines Grabtuches durch kleine Bronzeringe und -knöpfe abzeichnen[1689]. Rückschlüsse auf die Form eines Kleidungsstückes wie beispielsweise in Mitterkirchen und Stična Hügel 48 Grab 27[1690] (Abb. 134) sind in Hallstatt über die Verteilung der Applikation nicht möglich. Durchbohrte Kalksteinscheiben (ähnlich jenen bronzenen aus Gräbern 132 und 507) im Bereich der Oberarme des wohl weiblichen Skeletts in Grab 136 könnten hier als singulärer Hinweis auf ein aufwändig und teilflächig geschmücktes Kleidungsstück gelten; das Grab enthielt zudem einen der seltenen Spinnwirtel.

Gewebeabdrücke an den eisernen Ringen aus Brandgrab 1003, die zusammen mit zwei Messern, einem Wetzstein, Tierknochen und Keramik um die Brandschüttung herum lagen, deuten hingegen vermutlich eine rein textile Abdeckung der Brandschüttung an, verzierende Ösen sind nicht überliefert. Brandschüttung 132 bietet über die öfters erwähnten und hier flächig verteilten kleinen Tutuli (ca. 1500) hinaus zwei größere Bronzescheiben, zwei Buckel mit Klemmzwingen an

---

1686 Kromer 1959, 58 f.
1687 Kromer 1959, 59 Abb. 22
1688 Kromer 1959, 142.

1689 Gleba 2008, 87: Museum L. Pigorini, Rom.
1690 Pertlwieser 1988, 102 f.; Hellmuth 2008/10.

der Unterseite und ca. 200 kleine Bronzeringlein, die die Vielfalt der hallstättischen Metallapplikationen zeigen. Besonders die Buckel mit Klemmen könnten als Besatz eines Gürtels gedient haben, zumal das Inventar auch zwei Gürtelhaken führt. Die Ringlein indes kehren in Grab 507 wieder (Stierfiguren in Schale s. o.), die kleinen Tutuli auch in zahlreichen anderen Bestattungen (3/1907, 9/1871, 43, 69, 105/1875, 106, 115, 130, 136, 175, 229, 240, 318, 360, 395, 403, 413, 495, 511, 569, 672, 683, 747, 762, 778, 801, 828, 834, 836, 839, 870 und 909). Buckel mit Zwingen stammen auch aus den Gräbern 599, 894 und 9/1871. Einmalig beobachte ich ausgeprägt konische Hütchen mit Öse (Grab 744). Weiterhin liegen kleinere Buckel mit Klemmen in den Brandbestattungen 132, 130, 405 (dort nach Ramsauer von einem Gürtel) und 413 vor. Bei den drei ggf. unbestimmten könnte es sich demnach gleichfalls um metallische Gürtelzier handeln, weil Gräber 132 und 413 auch zusätzlich Gürtelhaken führen. Explizit erwähnt Ramsauer die kleinen Tutuli als Gürtelbesatz in den Gräbern 181, 511, 672 und 839. Die oben aufgezählten Tutuli könnten daher ebenso von Gürteln stammen, insbesondere dann, wenn nur Gürtelhaken ohne Blech oder Ringe in der Zweizahl als Gürtelverschluss oder Hohlringe als Gürtelbesatz überliefert sind, wie z. B. in den Gräbern 413, 115, 778, 870, 909 (Ringe); schließlich wären mitunter auch alle Möglichkeiten einzeln oder zusammen denkbar, also Kleidung, Abdeckung und/oder Gürtel (in den Gräbern 132, 569 nur Gürtelhaken, 623, 9/1871 Abb. 136 s. Taf. 10-136, 130, 413, 136). Die Körpergräber 240 (nach archäologischer Bestimmung weiblich) und 894 (weiblich?) zeigen jeweils einen Bronzeniet auf der Brust, andere Körpergräber (43, 464, 683) mit möglicher metallischer Textilzier bleiben ohne genauere Lageangabe. Einmalig ist die Abdeckung von zwei aufeinander gestellten bronzenen Tellern mittels eines ösenbesetzten Textils in der männlichen Brandschüttung 236 (s. Absatz 4.1.2, Taf. 5-73 Skizze).

Ein gesicherter Beleg für eine regelrechte Umwicklung stammt wie erwähnt aus Grab 13/1995. Die Bestattungen 260, 504, 994 (ebenfalls Schwerter) und die Brandgräber 57 (Ärmchenbeil), 271 (Wetzstein), 283 (Amboss), 792 (Lappenaxt) und 937 (Messer) zeigen, dass auch andere Waffen und Geräte vermutlich entsprechend eingeschlagen wurden. Hierbei könnte es sich allerdings auch um Reste der Kleidung des Toten handeln oder um ehemalige Kleidung, die sekundär zum Einwickeln benutzt wurde. Die beiden sorgfältig verhüllten Kannen vom Glauberg (Grab 1 und 2) oder die Befunde aus Hochdorf legen jedoch eine spezielle und bewusste Art der „Verpackung" und der Auswahl des Stoffes bzw. Felles nahe, was dem Gedanken einer Umwicklung durch abgelegte Kleider entgegensteht[1691].

Insbesondere bei den hallstättischen Schwertern (Altfunde) ist nicht klar, ob sie rituell eingeschlagen wurden, es sich um textilgepolsterte Scheiden oder äußere Stoffummantelungen von Holzscheiden[1692] handelt. Relativ gesichert scheint jedoch eine Textilhülle der Stierfiguren aus Grab 507 oder deren Deponierung zusammen mit einem Textil, weil Schmuckketten aus entsprechend kleinen geschlossenen Bronzeringchen nicht bekannt sind und zwei Gräber aus Maiersch vergleichbare Ringelemente an Gewändern bezeugen, die dort also eindeutig als Stoffapplikationen dienten (s. u.)[1693]. Die Zeichnung I. Engls von Grab 106/1875 belegt indes durchaus eine Halskette aus Ringen, hier allerdings offene, die folglich um/über einen sie gänzlich ausfüllenden Stoff- oder Lederstrang geschoben werden mussten (Abb. 123 s. Taf. 9-123). Der Brandritus verhindert die funktionale Zuordnung von 35 kleinen Ringlein (Dm. 0,4 cm) aus dem weiblichen Grab 243 (Brillenfibeln, Kugelkopfnadeln und konische Haarspirale). Der Geweberest auf der Oberseite des Gürtelhakens aus Grab 270 könnte von einem Grabtuch, aber auch von (verrutschter) Kleidung stammen. Der Nachweis von mindestens abgedecktem (oder umhülltem) Geschirr[1694] (zwei Bronzeteller) gelingt durch ca. 30 Buckel mit unterseitigem Befestigungsloch nur in Grab 236. Zwar zeigen zahlreiche Gürtelbleche mit randlichen Lochreihen, dass sie mit Leder oder Stoff gefüttert waren, Reste hiervon haben sich aber offenbar in keinem Fall erhalten[1695]. Der rein praktische Nutzen der Polsterung liegt hier auf der Hand.

Das Gräberfeld von Maiersch bietet zahlreiche und gute Parallelbefunde zu den diversen metallischen Appliken aus Hallstatt. Die Körpergräber 24 und 37

1691 Rätsel der Kelten 2002, 163 ff.
1692 Trachsel 2005, 71 mit älterer Literatur; Grömer 2010, 288.
1693 Berg 1962, 32, Taf. 23.
1694 Banck-Burgess 1999, 21 ff.
1695 Dazu Grömer 2010, 286 ff.; Trebsche 2008 mit Abb. 8; Gürtel mit Lochreihen z. B. aus den Gräbern 1/1871, 42, 66/1872, 94/1873, 98/1874, 100/1874, 161, 255, 494, 505, 523, 710.

bezeugen verschieden große Tutuli und Buckel mit Klemmzwingen als Gürtelbesatz. Kleine Bronzeringe (Dm. ca. 0,5 cm) wie in den Hallstätter Gräbern 132 und 507 wurden in den Gräbern Maiersch 72 und 86 aufgefädelt und in Gürtel eingewebt. In Inventar 31 und 83 sind sie dagegen klar als textiler Besatz ehemaliger Kleidung zu deuten: „... *daß diese Frau das Kleid mit kleinen Bronzeringlein gesäumt hatte, die anderweitig zu Gürtel verarbeitet wurden; die Ringlein lagen am Unterarm und am Schienbein. Sie wurden an Ort und Stelle wieder gefädelt und ergaben mithin die Weite des Röckes sowie der Ärmel des Kleides.*"[1696] Grab 31 zählt mit 23 keramischen Gefäßen, darunter zwei Drillingsgefäße, zu den auch quantitativ herausragenden des Friedhofs, zu ergänzen durch die Gräber 38 und 89 mit anthropomorpher Keramikzier. Körpergrab C1 aus Statzendorf gilt ebenfalls als eines der reichsten des Friedhofs und ist durch einen tutulibesetzten Gürtel und ein mit Ringlein besticktes Gewand oder Grabtuch mit Hallstatt Grab 360 vergleichbar. Katharina Rebay vermerkt hier das „*ungewöhnliche*" Fehlen von Spinnwirteln, die sonst nämlich in allen von ihr gebildeten sozialen Kategorien vorkommen[1697]. Es hebt sich dadurch auch vom reichen Grab Maiersch 31 ab, das drei Spinnwirtel führt. Weitere Inventare mit ringbesetzten Kleidern gibt es in Statzendorf nicht, zwei Bestattungen mit Tutuli sind Brandgräber (C 21, C 51), ermöglichen also keine Rekonstruktion. Wörgl, Egerndorfer Feld Grab 36 (1981) enthält ein Gegenstück zum konischen Besatz aus Hallstatt Grab 744 (archäologische Bestimmung männlich, „Eisenwaffen"). Zwei Brillenfibeln, zwei intentionell zerbrochene Schaukelfußringe, eine Halbmondfibel mit plastischer paariger Pferdchenzier (das Pendant zu Fibeln aus Hallstatt 96/1873 und Stanz, Bez. Landeck, Tirol), zwei Armringe, ein rhombischer Gürtelhaken und das Fehlen von Waffen sprechen hier allerdings für die Ha D1-zeitliche Kremation einer Frau[1698]. Leider verhindert der Bestattungsritus auch in diesem Fall die Vorstellung eines tutulibesetzten Gewandes. Bestattungen mit vielen Tutuli sind aus zahlreichen eisenzeitlichen Nekropolen überliefert, worauf ich an anderer Stelle bereits hinwies[1699].

Eine sichere und sieben mutmaßliche stoffliche Umhüllungen stammen also überwiegend aus archäologisch bestimmten Männergräbern Hallstatts und betreffen Waffen (besonders Schwerter), Gerät und Bronzegeschirr. Textile flächige Abdeckungen mit Metallzierrat, verzierte Kleidung oder Gürtel mit metallischer Applikation sind überwiegend auf Frauengräber beschränkt (mögliche Ausnahmen: Gräber 464, 175, 744). Bestattungen mit durch Metallkorrosion nachgewiesenen Textilien (also mehrheitlich männliche Inventare) enthalten umgekehrt niemals Tutuli, Klemmbuckel oder Ringlein als Reste von Gürteln oder Stoffen (s. Tabelle 5, Textilien).

Es ist auffällig, dass eine hohe Anzahl von Tutuli oder kleinen Ringlein (bis zu ca. 1500 in Grab 132), also besonders aufwändig gestaltete Textilien und zum Teil auch Gürtel in Gräbern liegen, die durch Bronzegeschirr und/oder Ringgehänge (Gräber 132, 236, 495, 507 Taf. 2, 569, 671) und/oder Goldschmuck (Gräber 360 Abb. 135, 623, 671, 762) hervortreten, also ohnehin als symbolisch, materiell und wertstofflich „reich" zu bezeichnen sind. Alle mit Tutuli besetzten Gürtel, die der Ausgräber als solche identifizierte, stammen ebenso aus vermutlich weiblichen Bestattungen (Gräber 181, 405, 455, 511, 672, 839). In Kinderkörpergrab 909 mit goldenem Bandohrring und zu postulierendem Gürtel mit Tutulibesatz sprechen die Bernsteinperlen für das Grab eines Mädchens.

7.4 Geräte

Die geringe Anzahl und die Art der zweifelsfrei bestimmbaren Geräte zur Textilherstellung[1700] aus Hallstatt, nämlich leichte keramische[1701] Spinnwirtel aus

---

1696 Berg 1962, 32.
1697 Rebay 2006, 241–246.
1698 Zemmer-Plank 1990, 336 ff. und Schausammlung Ferdinandeum Innsbruck; Kossack 1998, 73.
1699 Fath/Glunz-Hüsken 2011, 256 f.

1700 Stichel und Pfrieme lassen sich nicht auf einen „Berufszweig" festlegen und gelten mitunter als typische Beigabe in Männergräbern: Stöllner 2007, 237.
1701 Folgende Bestattungen führen zum Teil gleichmäßig doppelkonische Metallperlen (mögliche Männergräber: 29/1939, 125/1876, 388, 465, 538, 776; mutmaßliche Frauenbestattungen: 46, 435, 467, 486/I, 495, 890, 894, 909), mit deutlichem Schmuckcharakter (Gräber 388, 456, 467, 538), größerer Lochung als Keramikwirtel (Gräber 46, 125/1876, 890) oder durch ihre Lage auf der Brust (Grab 486/I) klar als Schmuck oder Amulett gekennzeichnet. Dazu Metzner-Nebelsick 2002, 402 mit ausschnitthafter Liste S. 537 (Grab 164 muss heißen Grab 776).

21[1702], Webgewichte aus drei[1703], und Nähnadeln aus neun Inventaren, weisen darauf hin, dass sich in den Gräbern nur ein sehr kleiner Teil der anzunehmenden handwerklichen und umfangreichen Stoff- bzw. Bekleidungsproduktion spiegelt. Fehlende Geräte bestanden aus Holz (Rocken[1704]), unterlagen einer anderen Beigabensitte[1705] und/oder müssen als reduzierte Symbole verstanden werden (Tabelle 6). Offenbar scheiden quellenbedingte Gründe als Erklärung für dieses Missverhältnis aus, weil in den ca. 100 Bestattungen der Grabung Kern gleichfalls nur vereinzelt Spinnwirtel gefunden wurden[1706]. Die noch nachweisbaren Textilien und jene applikationslosen, die für die ca. 1000 (modern geschätzt mindestens 5000) Bestattungen postuliert werden müssen, sind wohl kaum durch die Arbeit von 26 Spindeln, fünf Webgewichten und neun Nadeln entstanden. Zum Vergleich verteilen sich in Bischofshofen immerhin 192 Wirtel auf ca. 550 Gräber, Maiersch umfasst ca. 90 Gräber und führt 35 Wirtel aus elf Bestattungen, in Statzendorf mit ca. 350 Bestattungen zähle ich noch 73 Wirtel. In slowenischen Nekropolen bleiben Webgewichte immer vereinzelt, wie die Friedhöfe von Brezje, Rifnik, Gde. Šentjur pri Celju, Slowenien, Libna und Stična zeigen[1707]. Zahlreich hingegen wurden Spinnwirtel (2200 Stück) und Webgewichte (ca. 200) in der befestigten Siedlung von Smolenice-Molpír gefunden, was die Siedlung vielleicht als Zentrum der Textilproduktion ausweist[1708], wobei offen bleibt, ob exportiert wurde.

Schließlich ist auf zwei bein- bzw. bernsteinummantelte Nadelfragmente aus dem Hallstätter Grab 836 hinzuweisen, bei denen es sich um Reste von Rocken mit bauchigem Mittelteil[1709] handeln könnte (Abb. 137, 6-7), wie italische Rocken (z. B. aus Este-Ricovero Grab 149) nahelegen[1710]. Es handelte sich dann – zusammen mit einem umstrittenen Rocken (oder Zepter) aus dem Dürrnberger Grab 59 – um die westlichsten Stücke, wobei unbestimmt bleibt, ob die (aus Italien) importierten Geräte, die als Heiratsgut sozial hochstehender Familien und/oder als sozial bindende Tauschobjekte fungierten[1711]. Jedenfalls haftet diesen Stücken etwas „Fremdes", in Hallstatt und seinem Umfeld Exotisches an. Auf die mögliche religiöse, sicher jedoch soziale Implikation textiler Techniken und Stoffe „von weit her" wurde oben schon angespielt (Hochdorf, Verucchio-Lippi Grab 89)[1712], hier vielleicht durch Werkzeug, nämlich die beiden Rocken, bezeugt.

7.4.1 Spinnwirtel

Bei den Wirteln der hallstättischen Altgrabungen handelt es sich um konische, bikonische, turbanförmige, offenbar stets symmetrische, ausschließlich leichte Wirtel von acht bis zwölf Gramm, die sich im Gegensatz zu schwereren Stücken nur für die Herstellung feinen Wollgarns mit einer Fadenstärke von 0,2 bis 0,7 mm eignen[1713]. Ihre Formen und Verzierungen ergeben kaum regionale oder feinchronologisch relevante Häufigkeiten[1714]. Punktlinien, gereihte Dreiecke (in der Aufsicht ein Stern) und besonders gleichgerichtete schräge Ritzungen betonen ihre Funktion, das Rotieren; diese Muster kennt man von Keramik. Lediglich die Zickzackbänder der Wirtel aus den Gräbern 136 und 393 (Abb. 26) weichen von den nur an der Basis verzierten restlichen Stücken ab; sie stehen damit einigen italischen nahe[1715]. Summa summarum lassen sich die Schwungscheiben in das bekannte Spektrum anderer Fundstellen eingliedern, ihr Äußeres entspricht einem naheliegenden handwerklichen Zweck: Zwar überwiegen in Hallstatt feinere Gewebe, was ja den Wirteln entspricht, es liegen aber auch gröbere Fragmente mit 1-2 mm starkem Garn und einer Dichte von nur fünf Fäden pro Quadratzentimeter vor[1716]. Derartige Stoffe zu fertigen, gelingt kaum mit leichten Wirteln[1717].

1702 Anzuschließen sind zwei Einzelfunde vom Hallberg: Stöllner 1996, Taf. 41B, 29-30.
1703 Einzelfund vom Hallberg: Kromer 1959, 209 (das Stück wurde von f. Stroh fälschlicherweise Grab 136/1877 zugewiesen).
1704 Spinnrocken bestanden wahrscheinlich aus Holz (Grömer 2004, 172), was das weitgehende Fehlen metallischer Rocken außerhalb Italiens bestätigt.
1705 Worauf die Spulenfunde aus der Siedlung von Kleinklein hindeuten (s. o.).
1706 Z. B. Grab 17/1995: Fundber. Österreich 34, 1995, 669; Grab 33/1997: Kern 2010, 81.
1707 Fath 2007, 48.
1708 Grömer 2010, 90 f.
1709 Typ II nach Gleba 2011, fig. 2,2 D 1.
1710 Stöllner 2002, 15; Tomedi 2002, 161; Fath/Glunz-Hüsken 2011, 266 f. -Der in Italien nördlichste Rocken aus

---

Este-Rivocero Grab 149 gleicht formal eher den Rocken aus Verucchio als jenen aus Bologna: Fath 2007, 33.
1711 Zur Verbreitung italischer Rocken: Gleba 2011.
1712 Dazu auch Kossack 1999, 190.
1713 Grömer 2004, 179 f.; 2005, 115. - Für die Herstellung pflanzlicher Fasern sind schwere Wirtel von Vorteil.
1714 So auch Schumann 2013, 69 f.
1715 Fath 2007, 36.
1716 Grömer 2005, 36.
1717 Grömer 2005, 115; 2010, 90 ff.

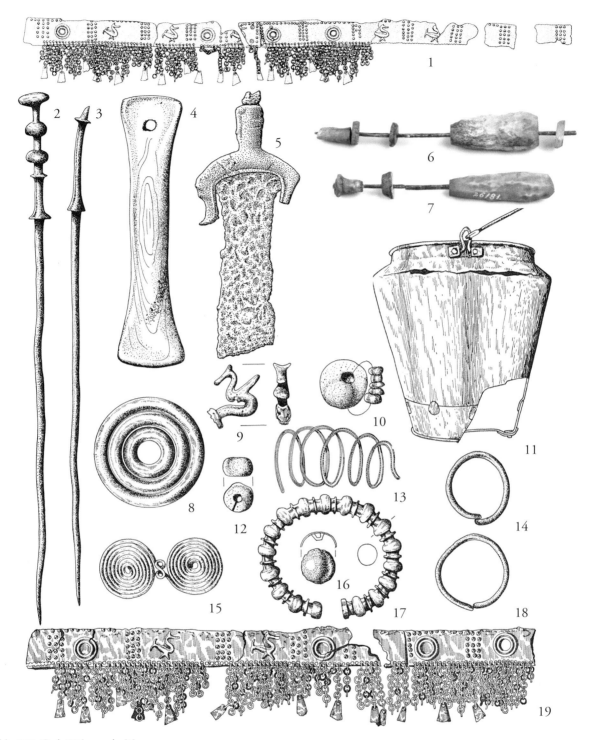

Abb. 137: Grab 836, versch. M.

Von den 21 Wirtelgräbern können elf durch die Beigabe von Bernsteinperlen, einer Halbmondfibel, Kugelkopfnadeln, Ringgehängen, Goldschmuck und Spiralhaarschmuck als vermutlich weiblich angesprochen werden (Gräber 15/1995, 33/1997, 49, 68/1873 Abb. 138 s. Taf. 11-138, 84, 87, 110/1875 Abb. 139 s. Taf. 11-139, 136, 393, 527, 927), neun bleiben indifferent (z. B. keine Waffen, keine eindeutig weiblich konnotierten Beigaben, mutmaßliche Mischinventare: 29, 55/1872, 58, 67, 127, 380, 711, 763, 42/1999). Interessant ist das Vorkommen eines formenkundlich eindeutigen Wirtels im anthropologisch bestimmten Männergrab 11/1939, das keine Waffen führt. Dieses Ha D3-zeitliche Körpergrab eines 30- bis 50-jährigen Mannes mit ostalpiner Tierkopffibel barg – sofern es geschlossen ist – außerdem einen Goldring, zwei Beinringe und (überraschenderweise) einige Glasperlen, deren Lage nicht überliefert ist. Andere Körpergräber bezeugen Wirtel zusammen mit einem Topf neben der Hand (Grab 68/1873 Taf. 11-138) oder mit einer Bernsteinperlenkette im Halsbereich (Grab 84), wobei unbestimmt bleibt, ob der Wirtel hier als Kettenglied – vielleicht als Amulett – verstanden wurde. Vier Ensembles mit Wirteln heben sich durch die Beigabe eines metallverzierten Textils (Grab 136), zweier Gürtel mit langem Gehänge und Klapperblechen (Gräber 136 und 87), einer Halbmondfibel (Grab 87) und zwei Ringgehängen, Goldschmuck, Bronzegeschirr (Grab 393 Abb. 26) – also durch besonders wertvolle (Textil, Gold, Metallgeschirr) und stark narrativ-kultische Symbolobjekte von den anderen ab. Ggf. ist (nach seiner Publikation) das Kindergrab 33/1997 anzufügen (mehrere Spinnwirtel, 11-14 Jahre), das ein Säcklein mit über 40 verschiedenen Bernsteinperlen, Ringlein und Nieten mit sich führte (vielleicht noch zu applizierender Schmuck oder ein verpacktes, bereits verziertes Textil?)[1718]. Die reichen Beigaben dieses Mädchens könnten es als Stofffertigerin im weiteren Sinn ausweisen (zu denken wäre an eine heranwachsende zukünftige „Hausvorsteherin"), vermutlich von gehobener sozialer Stellung. Ob diese von Geburt an gegeben war oder als Ausdruck von Prestige im Sinne Schumanns[1719] verstanden werden muss, kann aufgrund der wenigen reichen, vergleichbaren Kindergräber in Hallstatt nicht entschieden werden (zweifellos wäre ein geschicktes 11- bis 14-jähriges Mädchen auch nichtprivilegierter Herkunft in der Lage, Wolle zu spinnen).

Geht man davon aus, dass eine professionelle Spinnerin gewöhnlich über einen ganzen Satz verschiedener Wirtel verfügte, gelangten im Hochtal – mit Ausnahme des Kindergrabes 33/1997 – kaum praxistaugliche Sätze handwerklichen Arbeitsgeräts in die Gräber.

7.4.2 Webgewichte

Die seit der Urnenfelderzeit gebräuchlichen[1720] runden, dezentral gelochten Webgewichte[1721] sind in hallstatt-zeitlichen Gräbern gegenüber den pyramidenförmigen selten und verteilen sich auf die Bestattungen Hallberg I, 354 und 783 (Abb. 140); ein weiteres gilt als Streufund vom Salzbergtal[1722] und die bei Kromer unter „Grab 136/1877" gezeichneten Objekte stammen aus nicht mehr zuweisbaren Gräbern[1723]. Ihre strichartigen Einritzungen kehren sehr ähnlich auf pyramidenförmigen Gewichten z. B. in Uttendorf[1724] wieder. Abstrakte buchstabenförmige oder anthropomorphe Ritzungen werden gemeinhin Herstellern, Besitzern, webtechnischen Anweisungen, der Reihenfolge ihrer Aufhängung am Webstuhl oder mit der Größe des zu webenden Kleidungsstückes in Verbindung gebracht oder als Ausweis für ihren rituellen Gebrauch gewertet[1725]. Inschriften mit Namen der Gottheit (aus Heiligtümern Italiens und Griechenlands) weisen sie andernorts als Opfergaben aus[1726]. Ein pyramidenförmiges Webgewicht aus Frög Hügel 50, Grab 3 zeigt wohl die Abbildung eines Webstuhls, eine von sehr wenigen bildlichen Darstellungen des italisch-ostalpinen Raums, die Gewebe oder dessen Herstellung veranschaulichen. Übereinstimmende Punktreihen auf triangulären metallischen Klapperblechen und einigen Webgewichten sprechen u. a. dafür, dass metallische Klapperbleche Webgewichte en miniature imitieren, insbesondere dann, wenn dies ihr Kontext unterstützt[1727]. Vermeintlich funktionsuntüchtige Webgewichte ohne Lochung aus Kleinklein-Grellwald Gräber 39 und 45 sprechen indes unmittelbar für ihre symbolische Bedeutung[1728].

Auch unter den hallstättischen Gräbern mit Webgewicht befindet sich vermutlich ein Männergrab: Bestattung 783 enthielt zwei Lanzenspitzen und eine Antennenwaffe Typ Hallstatt. Die Vergesellung der Keramikscheibe mit den Waffen scheint quellenkritisch zweifelsfrei, nachträgliche Vertauschung oder irrige Zuordnung ist dennoch nicht ausgeschlossen; ob das Grab von Ramsauer hingegen vollständig erfasst wurde, ist eine andere Frage. Die Beigabe eines Dolchs und zweier Lanzen lie-

---

1718 Kern 2010, 73, 81.
1719 Schumann 2015, 27-35.
1720 Urnenfelderzeitliche Webstühle mit runden, ringförmigen und pyramidalen Gewichten: Schumann 2013, 70 f. - Zu Künzing, Straubing, Gars-Thunau am Kamp und Kleinklein: Grömer 2010, 116 f.
1721 Typ H nach Gleba 2008, 129. - Aus Gräbern: Salzburg Maxglan 20 (urnenfelderzeitlich): Moosleitner 1993, 14 mit Abb. 11. Halimba-Cseres, Kom. Veszprém: Patek 1993, Abb. 73,9-11. - Aus Siedlungen: Traunkirchen, Johannesberg, Ansfelden: Schumann 2013, 70 f. - Georgenberg, Rainberg: Stöllner 2002, 110. Smolenice: Müller 2012, 235 f.
1722 Grömer 2010, 116 Abb. 52.
1723 Kromer 1959, 209.
1724 Moosleitner 1992, 27.
1725 Gleba 2008, 137 f.; Grömer 2010, 116.
1726 Gleba 2008, 178 ff.; 2009A.
1727 Fath/Glunz-Hüsken 2011, 262 ff.
1728 Dobiat 1980, 108.

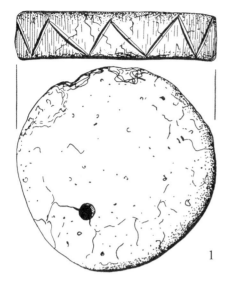

Abb. 140,1: Grab 354. 2: Webgewicht aus Grab 783, beide M 2:3

ße allein quantitativ mehr Beigaben erwarten; weiblich konnotierte Objekte, die eine bigeschlechtliche Doppelbestattung vermuten ließen, werden in keinem Protokoll erwähnt. Die Scheibe entspricht mit 1,9 cm Dicke und ca. 8 cm Breite allen anderen runden Webgewichten, lediglich die zweifache Lochung weicht ab. Daher wäre auch denkbar, dass es sich um ein gewissermaßen umfunktioniertes Webgewicht handelt, das zu anderem, unbekanntem Zweck gebraucht wurde. Vergleichbare Stücke sind mir jedoch nicht bekannt[1729]. Die beiden anderen Gräber mit runden Gewichten, Hallberg I und 354, können mühelos als weibliche Bestattungen gelten.

7.4.3 Nadeln

Regelrechte Nähnadeln (Gräber 11, 25, 28/1939, 29, 382, 436, 480, 484) gehen nur in Grab 29 mit einem Spinnwirtel zusammen, alle anderen stammen mehrheitlich aus Körpergräbern (11, 25 Nadel in der linken Hand, 28/1939, 29, 382, 436), die vergleichsweise bescheiden ausgestattet sind (Brillenfibeln, Ringschmuck, Kugelkopfnadeln/Haarspiralen), niemals männlich konnotierte Objekte führen und keine weiteren textilen Werkzeuge enthalten. Ob die Nadeln daher auch tatsächlich zum Nähen, Sticken oder für gänzlich andere Zwecke gebraucht wurden, ist letztlich offen. Singulär bleibt eine bronzegeschäftete Spitze mit verziertem Spitzenschutz aus Grab 55/1872, das auch einen Spinnwirtel enthält; sie wäre durchaus im Textilgewerbe, zur Lochung oder zur Verarbeitung einzelner Fäden denkbar, aber natürlich auch für andere Zwecke zu gebrauchen (Taf. 11-141).

Ich halte fest: Werkzeug zur Textilherstellung liegt in „reicheren und ärmeren" Bestattungen, in Frauen-, Kinder- aber auch Männergräbern vor. Damit reiht sich Hallstatt in die Praxis anderer Friedhöfe ein. Metallgeschirr als Ausweis einer Elite ist in Hallstatt nicht mit diesen Geräten kombiniert. Nur in einem Fall, Grab 136, geht Textilwerkzeug mit tutulibesetztem Stoff oder Leder, elitärem Gut vergleichbar, zusammen. Nicht ausgeschlossen, jedoch nicht nachweisbar ist freilich die Beigabe von unverziertem Stoff, sei es als Kleidung, Einwicklung einzelner Objekte oder Grabtuch in auch Textilgeräte führenden Inventaren oder vergangenes hölzernes Gerät in reichen Bestattungen. Einzelne Webgewichte in Gräbern müssen naturgemäß als reduzierte und/oder symbolische Beigabe verstanden werden, weil sie nur in der Vielzahl funktionstüchtig waren, wovon beispielsweise Siedlungsfunde ganzer Webgewichtsreihen (Webhäuser) zeugen[1730]. Patrizia von Eles machte darauf aufmerksam, dass fehlende Webgewichte auch darauf zurückgeführt werden könnten, dass sich der Webstuhl in Gemeinschaftseigentum befunden haben könnte und sich daher im Gegensatz zum individuellen Spinnen oder Brettchenweben auch nicht im Grab spiegelt[1731]. „Berufsmäßige" Spinnerinnen verfügten wahrscheinlich über einen ganzen Satz

---

1729 Die beiden jeweils doppelt, eher mittig glochten Keramikscheiben aus einem Grab aus Ortelsbrunn, Stadt Auerbach, Oberpfalz, sind mit 3,6 cm Dm. deutlich kleiner als das hallstättische Stück: Torbrügge 1979, Taf. 36,9.11.

1730 Grömer 2010, 119 ff.; Belanová et al. 2007.
1731 Zitat und Näheres bei Koch 2012, 498.

verschiedenster Wirtel oder Rocken[1732] und nicht nur über einen oder zwei (wie in Gräbern Hallstatts und andernorts überliefert). Wirtel und Webgewichte sind nie miteinander kombiniert, Weben und Spinnen wurden demnach im Hochtal nie zusammen in einem Grab gezeigt, fasste man sie handwerklich auf. Bestätigten also die Webgeräte Hallstatts eine Arbeitsteilung wie sie bildlich bezeugt ist (Geräte als reales Handwerkszeug verstanden)? Die Tatsache, dass die bisherigen Wirtel der Nekropole nur zur Herstellung dünner Wollfäden nützlich waren, deutet bereits darauf hin, dass gröbere Qualitäten und Garne pflanzlicher Herkunft – die auch in Hallstatt, wenn auch bisher nur in geringer Menge nachgewiesen sind[1733] – womöglich nicht unmittelbar vor Ort angefertigt wurden, jene „fehlenden" Wirtel einer anderen lokalen Beigabensitte[1734] unterlagen und/oder ihnen ein symbolischer Gehalt zukam. Gleiches gilt für das Fehlen von keramischen Spulen (rocchetti) für die Brettchenweberei[1735], falls nicht ausschließlich Webgitter oder Litzenstabgeräte zum Weben von Bändern benutzt wurden[1736]: Infrage kommen eine andere Beigabensitte, hölzerne Exemplare oder der Import der auf diese Weise gefertigten und im Bergwerk sekundär genutzten und konservierten Borten. Somit erscheint es kaum berechtigt, aus den vergleichsweise wenigen Geräten auf eine bestimmte Organisation des Handwerks zu schließen.

„Vollständige" Ausrüstungen reiner Spinnerinnen oder Weberinnen – bildliche, schriftliche, nicht aber lokal-archäologische[1737] Quellen belegen weithin eine Arbeitsteilung bei gleichzeitiger Verrichtung dieser Tätigkeiten in der Gemeinschaft (s. bildlich Tintinnabulum Bologna, Urne Sopron)[1738] – erforderten idealerweise den Webkamm (selten identifiziert und kaum jemals bildlich dargestellt[1739]), eine hohe Anzahl von Wirteln, mehrere Rocken, viele Webgewichte (Hochwebstuhl) oder viele Spulen (Brettchenweberei), die den Quellen zufolge jeweils isoliert im Grab liegen müssten. Wollwäscher(innen) oder Personen, die Wolle wiegen oder Tuche falten – sozial vermutlich niedrigere Tätigkeiten[1740] –, sind quellenbedingt ohnehin kaum nachweisbar. Ob es sich bei all jenen überhaupt um „Berufe" handelt und die Quellen nicht vielmehr den mythischen und sozialen Aspekt betonen, wurde vielfach diskutiert. Jedenfalls erforderten „komplette" Textil-Handwerker(innen)ausrüstungen wenige Gerätetypen, die nach den Bild- und Schriftquellen[1741] einzeln vertreten sein müssten – man findet sie derart isoliert aber nicht. Hierunter fallen jedoch auch solche, die aus rein organischen Materialien bestanden haben könnten, also per se deutlich schwerer nachweisbar sind als z. B. Gerätesets von Metall- und Holzhandwerkern, mit deren Ideal sich die Elite überregional gleichfalls identifizierte[1742]. Umgekehrt fehlen diese jedoch bildlich sowohl in Italien als auch im Ostalpenraum[1743].

Die Vernichtung wertvoller, ggf. in Gemeinschaftseigentum befindlicher kompletter Webstühle (wahrscheinlich über Generationen benutzt) durch ihre Mitgabe ins Grab ist daher wenig eingängig und nicht zu erwarten, sehr wohl aber kennen wir Miniaturwebstühle und Schmuckgehänge an Fibeln und Gürteln sowie Bilder von Webstühlen (z. B. Verucchio-Lippi Grab 8: Thron, Bologna: Tintinnabulum, Sopron Grab 128, daunische Stelen, Abb. 130)[1744], die zwar gegenständlichen Beigaben ideell gleichberechtigt zur Seite gestellt werden müssen, aber eben kein reales Gerät darstellen. Zeigen nicht auch die diversen Halbmondfibelträgerinnen symbolisch ihr gewebtes Ornat, mitunter durch Vögel und Pferde geheiligt oder es als ihr sakrales Attribut kennzeichnend? Handelt es sich bei den (mehrheitlich reichen und weiblichen) Bestatteten nicht doch um jene sozial hochstehenden Organisatoren des textilen Gewerbes, den Vorsteherinnen der Haushalte (nach griechischem Vorbild)? Ist die Mitgabe einzelner oder weniger Webgewichte nur als Hinweis, als pars pro toto zu verstehen? Gräber mit sinnfälliger Textilgerätekombination sind ebenso wie ganze Webstühle weder in Hallstatt noch in Italien, von wo die Beigabensitte übernommen wurde, überliefert,

---

1732 Koch 2012, 500 (96 Spinnwirtel in Veji R 3-4).
1733 Grömer 2005, 35 f.
1734 Koch 2012, 500.
1735 Koch 2012, 492 Abb. 7. Gleba 2008, 140 ff.
1736 Grömer 2010, 99 ff.
1737 Die Untersuchung der Nekropole in Veji-Quatro Fontanili ergab, dass dort Weben und Spinnen nicht zu trennen sind: Koch 2012.
1738 Teržan 1984; Koch 2012, 497 mit weiterer Literatur.
1739 Zu Kämmen: Rast-Eicher 2008, 161 f.; Tuohy 1999 (Nordeuropa, Großbritannien); Steiner 2007, 130 ff. (mit weiteren zeitübergreifenden Literaturhinweisen).

1740 Koch 2012, 495.
1741 Zusammengefasst bei Koch 2012, 495 ff.
1742 Canciani 1984; Stöllner 2007.
1743 Zur Deutung einer Bildszene aus Sopron als Schmiedevorgang: Kern 2009.
1744 Die Webstuhlbilder auf Felsen in der Valcamonica sind mangels genauerer Datierung hier nicht explizit genannt.

d. h. theoretisch mögliche komplette Gerätesets sind in den Gräbern überwiegend nur ausschnitthaft vertreten, „vollständige" handwerkliche Ausrüstungen, die reale „Berufe" spiegelten, aus verschiedensten Gründen meist nicht nachweisbar. Einige Ausnahmen bietet ggf. die Nekropole von Osteria dell'Osa, von der anthropologische Daten vorliegen. Nicht wenige reiche Inventare einiger Mädchen oder junger Frauen enthalten mehrere Spinnwirtel und/oder Garnrollen, sogenannte „weaver sets", sodass die textilen Geräte hier durchaus sowohl konkretes Handwerk als auch soziale (im Fall sehr junger Mädchen zukünftige) Rollen spiegeln. Dass sich die weibliche Elite mit dem Idealbild der Weberin, einem Mythologem (Homer: Odysee, Ilias), verbunden fühlte, ist seit langem bekannt[1745].

Bemerkenswert ist die Untersuchung der weiblichen Bestattungen Vejis durch L. C. Koch. Dort sei das vermeintlich sozial „niedere" Spinnen und das „höher" geschätzte Weben (dort Brettchenweben), letztlich zurückgeführt auf die homerischen Mythen, nicht zu verifizieren. Reiche Gräber seien nicht mit hoher sozialer Stellung zu korrelieren und textile Objekte im Grab nicht zwangsläufig mit vormaliger handwerklicher Tätigkeit einzelner Frauen und Mädchen verbunden. Leonie C. Koch weist indes auf die vielen Möglichkeiten anderer (Alter, Geschlecht), aber nicht immer archäologisch nachweisbarer Beigabenmotivationen hin (Emotion, individuelle Fähigkeiten, Symbol für magisches Wissen, Schönheit, Verführungskünste etc.).

Webgerät in Männergräbern (besonders Spinnwirtel, in Italien mitunter auch Spulen, vereinzelt Webgewichte, in Hallstatt 28/1939 eine Nadel) wird bislang als Amulett gedeutet (ohne deren realen Gebrauch in Abrede zu stellen[1746]), als Beleg für spinnende oder webende Männer herangezogen[1747] (für die es auch ethnographische Beispiele gibt[1748]), als Liebesgaben der Frau[1749] oder Totengeschenke interpretiert[1750], als Hinweis auf die Mitbestattung einer Frau in reichen Männergräbern gewertet (Totenfolge, Totenopfer besonders im Osthallstattkreis)[1751] oder ganz allgemein mit einem speziellen, nicht näher deutbaren Ritus verknüpft[1752]. Joachim Weidig und Ursula Putz sammelten weitere Belege aus Italien[1753]. Das Vorkommen eines einzelnen mutmaßlichen Webgewichts in einem reichen Männergrab des Hochtals (783, und Lanze und Bronzeantennenwaffe Typ Hallstatt) und jene anderer Fundstellen müssen kaum zwingend handwerklich erklärt werden; sie könnten, wie alle entsprechenden gegengeschlechtlichen Zeugnisse des textilen oder anderer Gewerbe (s. Kapitel 11) auch auf deren mythischen Kontext abzielen, derer sich Männer und Frauen bedienten; dass sich darunter auch sozial Privilegierte befinden wie z. B. das Vačer Situlagrab mit Kammhelm oder Este-Randi Grab 14, erstaunt kaum. Demnach könnte man *alle* aussagefähigen Geräte zur Textilherstellung in weiblichen und männlichen Bestattungen ebenso wie reale Stoffe oder Bilder ihrer Entstehung nicht (nur) auf eine handwerklich-hauswirtschaftliche Bedeutung reduzieren, sondern sie repräsentierten dann den Mythos des Webens generell, könnten stellvertretend für „die Frau" stehen und somit für alles, was sie impliziert: Die Fähigkeit zu weben und damit Reichtum, Bindung, Kommunikation, rituelles Handeln und nicht zuletzt Fruchtbarkeit und Hochzeit. Gelangten nicht die Stoffe selbst, Bilder ihrer Entstehung (auch in Männergräbern: Thron Verucchio-Lippi Grab 89, Trinkhornanhänger in Webstuhlform Hochdorf), abstrakte Darstellungen von Mänteln in Form von Halbmondfibeln und Textilgeräte (reduzierte Sets von Wirteln, Webgewichten, Spulen, Nadeln, Sticheln etc.) realer oder fiktiver Größe nach lokalem Brauch, sozialer Position und persönlichem Vermögen verschieden in Gräber beiderlei Geschlechts, um an die emotionale weibliche Arbeit, die Stoffe implizieren, zu erinnern?

1745 Teržan 1984, besonders 41.
1746 Stöllner 2002, 110 mit weiterer Literatur. - An Belegen kommen hinzu: Kleinklein-Grellwald Grab 34 (Spinnwirtel plus Webstuhlgewichte): Dobiat 1980, Taf. 73-74; Este-Randi Grab 14 (u. a. Säge, Punze, Feile): Frey 1969, 93 (s. auch hier Kapitel 11). Vače Situlagrab mit Kammhelm: Božič 2015.
1747 Gleba 2009, 76 beobachtet eine zunehmende Standardisierung von Webgerät in italischen Nekropolen der zweiten Hälfte des 7. Jhs., die mit dem Ausbleiben hochwertigen Geräts in elitären Gräbern einhergehe. Sie vermutet hier soziale und wirtschaftliche Veränderungen, eine Ablösung der hochstehenden Weberinnen durch Sklaven oder Männer; Grömer 2010, 250.
1748 Grömer 2004, 181.

1749 Wiesbaden-Erbenheim, Hessen, Grab 1 (Ha A2): Jockenhövel 1971, 135 Anm. 1. Dazu gegenteilig: Primas 2007.
1750 Gleba 2008, 173 (Bsp. aus Italien); Koch 2012, 187 mit Literaturnachweisen; 2013, 144.
1751 Zuletzt Egg 2006, 51.
1752 Dobiat 1980, 153.
1753 Weidig 2014, 710 f. ohne spezifische Begründung für den Brauch. Dort auch der Hinweis in Anm. 2044 auf eine Liste etruskischer Fundorte; Putz 2007, 97 (die dort genannten Inventare wurden an dieser Stelle nicht überprüft).

Die mögliche Deutung von quasi gegengeschlechtlichem Textilwerkzeug in männlichen Grabausstattungen als Amulett, also funktionale Umwidmung, fände in Hallstatt eine Parallele im Pferdegeschirr, das, mitunter zusammen mit anderen Objekten, in komplexe Gehänge integriert wurde. Erhärten lässt sich dieser Gedanke nicht, weil in Grab 783 keine weiteren Objekte mit Amulettcharakter kombiniert sind und es das einzige mit mutmaßlich textilem Gerät bleibt; auch für die aus anderen Orten zitierten Belege von Webgerät in Männergräbern fehlen entsprechende Hinweise (einschließlich möglicher Befunde). Außerdem kommt jenes umfunktionierte Pferdegeschirr im Hochtal in weiblichen und männlichen Gräbern vor, ist also nicht geschlechtsbezogen (s. Absatz 3.2). Die andererseits notwendige Identifizierung von Webgeräten als Amulette in Frauengräbern scheint wegen ihres häufig singulären Auftretens und der möglichen reduzierten Beigabe methodisch schwierig.

Die Darstellung halbrunder Umhänge ist in Hallstatt sicher auf Frauengräber beschränkt; dies bleibt in Wörgl und Uttendorf, Nekropolen, die diesen Fibeltyp ebenfalls führen, abzuwarten. Halbmondfibeln könnten letztlich einen (in der Herstellung begriffenen) sakralen oder erotisch konnotierten Mantel symbolisieren. Vielleicht „ersetzen" sie deren reale Beigabe, respektive die Beigabe von gegenständlichem Stoff oder Kleidung. Metallverzierte Textilien oder durch Korrosion nachgewiesenes Textil sucht man jedenfalls in den Inventaren mit Halbmondfibeln Hallstatts vergeblich – was aber die Beigabe rein organischen Gewebes in diesen Ensembles nicht ausschließt. Lediglich in Uttendorf Grab 56 (Ha C1-2) ist eine schlichte Halbmondfibel mit Gerät, einem Wirtel und sieben steinernen Webgewichten kombiniert[1754], eine seltene Addition elitärer symbolischer Kleidung und unterschiedlicher handwerklicher Objekte, bei denen offen bleibt, ob letztere jemals real (und durch die bestatteten Personen) Verwendung fanden. Zu ergänzen wäre noch Wörgl Grab 36/1881, das u. a. eine Prunkhalbmondfibel und drei Spinnwirtel enthält (s. o.).

Die im Wortsinn verbindende Bedeutung von Textilien (in Griechenland durch Schriftquellen belegt) beschrieb B. Wagner-Hasel. Ein symbolisch-religiöser Aspekt handwerklichen Geräts, das mit Ausnahme der Gehänge und verkleinerten Emblemwebstühle (Abb. 130) durchaus auch tatsächlich zur Fertigung benutzt worden sein mag, würde ihr Vorkommen sowohl in materiell und symbolisch „reichen", als auch bescheideneren Inventaren und in Frauen-, Männer- und Kinderbestattungen erklären[1755], gleichsam wie das Symposium durchaus in vermutlich *allen* Bestattungen gezeigt wird, sei es nur keramisch oder keramisch *und* metallisch.

Textilien, die auch an den „Mythos" des Webens und ihre Herstellung durch vielleicht besondere Frauen erinnern, hat man in Hallstatt (und andernorts) rituell um Waffen und Bronzegeschirr gewickelt oder in Frauenbestattungen flächig ausgebreitet, wobei nicht mehr erschlossen werden kann, ob es sich um Kleidung oder Abdeckungen handelt; schließlich wäre auch beides denkbar. Hier könnte sich vorbehaltlich applikationsloser Stoffe durchaus ein nach Geschlecht verschiedenes Brauchtum spiegeln. Theoretisch könnten alle das Symbol der Hochzeit, letztlich auch der Heiligen Hochzeit verkörpern, weil Kleidung (in Griechenland und Etrurien) als Brautgut und Mitgift diente und Mäntel als Liebessymbol galten.

In diesem Zusammenhang komme ich auf die Halbmondfibeln zurück, die wegen ihrer Kettengehänge und Klapperbleche wahrscheinlich Bilder von Webstühlen, gleichzeitig wohl aber auch (zu webende) heilige (Vögel) Mäntel darstellen, respektive als Kürzel der „Herrinnen der Tiere" lesbar sind. Hallstättische Gräber mit Halbmondfibeln sind Frauenbestattungen, die wie erläutert bis auf eine Ausnahme (Grab 87 führt einen Spinnwirtel) nie andere handwerkliche Webgeräte enthalten. Dies könnte – bei aller Vorsicht aufgrund der geringen Menge handwerklichen Geräts – auch auf eine sich spiegelnde Arbeitsteilung im Hochtal hinweisen: Halbmondfibelträgerinnen entsprächen dann den besagten griechischen Hüterinnen des Hauses (oikos), den weiblichen elitären Hausvorständen (in zwei Fällen über Metallgeschirr verfügend), während jene mit Keramikwirteln oder Webgewichten ihr entsprechendes Metier praktisch ausübten, sei es im Hochtal oder im nahen Umland. Bronzegefäße finden sich in den Geräteinventaren nicht, was aber nur die soziale Stellung der Handwerkerinnen umschreibt, weil keramische Gefäße für das Totenmahl des Verstorbenen wohl die Regel waren. Jedenfalls spiegelt sich in den

---

1754 Moosleitner 1992, 44 f. Abb. 39-40; Metzner-Nebelsick 2007, 713 f. Abb. 2.

1755 Mit einer Ausnahme führen alle Gräber mit Kinderleichenbränden aus Kleinklein, FO Masser-Kreuzbauer, auch Spinn- oder Webwerkzeuge: Fath 2007, 58.

Gräbern mit Halbmondfibeln nicht immer materieller Reichtum, wie durchschnittliche Inventare mit Ringschmuck, Brillenfibeln oder Keramik belegen (z. B. 4/1994, 32/1998, 239, 857, 943). Selbstbewusstsein und Persönlichkeit scheint sich dagegen durchaus in der individuellen Gestaltung der Fibeln auszudrücken, die in Hallstatt alle Unikate sind und stets auf bewährte, religiös konnotierte und sozial besetzte Zeichen wie Vögel, Pferde und Spiralen zurückgreifen, die nie bloße Dekoration darstellen[1756]. „Reichtum" ist dort auch qualitativ und quantitativ messbar, wie beispielsweise die Ensembles 505 (zahlreiche Goldobjekte), 98/1874 (u. a. Blechgürtel mit Gehänge) oder 94/1873 (Abb. 133 s. Taf. 10-133,3) zeigen. Die Scheibenanhänger der „Prunkmantelfibel" aus Grab 94/1873 jedenfalls lassen sich über Wörgl, Stanz und Fließ bis nach Tarquinia verfolgen[1757], der theriomorphe Besatz dieser und anderer Fibeln entstand überall dort, wo altüberliefertes Denken mit religiösen Vorstellungen werdender Hochkulturen zusammentraf (z. B. Kampanien, Etrurien, Thrakien; vgl. den plastischen Besatz auf Äxten: Absatz 3.7[1758], beide sind also gleichfalls von weit herleitbar. Ausweislich der Situlendenkmäler übernahmen Frauen mit Umhängen auch überregional gleiche vermutlich kultische Aufgaben (s. o.); eine „Herrin der Tiere in ihrem Ornat" ist aber auf diesen Denkmälern explizit nicht zu finden, szenisches Kunstschaffen der Situlenkunst bildete sie nicht ab.

7.5 Fazit

Reale Textilien in Form von Kleidung, als Umwicklung von Beigaben und Urnen oder des Leichnams selbst, Bilder ihrer Fertigung, „abstrakte" Gehänge, die vermutlich gewebte Mäntel bzw. kopfbedeckende Umhänge/Capes/Ornat (Halbmondfibeln) darstellen bzw. evozieren, und augenscheinlich gewöhnliche (Webgewichte, Wirtel, Spulen) oder materiell gehobene Handwerksgeräte zur Herstellung von Textilien (bronzene und bernsteinerne Rocken) erfüllen in männlichen und weiblichen Bestattungen eine gewichtige, polyse-

---
1756 Siehe hierzu vor allem der von Gell 1998, 74 eingeführte Begriff der „*psychological functionality*". Durch psychologische Auflaldung erhöht „Dekor" die Effizienz eines Gegenstandes.
1757 Wörgl und Stanz: Zemmer-Plank 1990; Tarquinia: Iaia 1999 fig. 16B,8; Fließ: Sydow 1995, Taf. 41.113-114.
1758 Glunz 1997, 57; 149; Kossack 1998, 80 ff.; 1999, 22-28; Lo Schiavo 2010, z. B. Taf. 525; 526; 531; 697-705; 709-726.

me und vermutlich auch religiöse Rolle. Dies ist der Fall, weil sie auf ihre aufwändige, als sakral geltende Fertigung anspielen, sowie Emotionen und zwischenmenschliche Bindungen im weitesten Sinn implizieren. Webgewichte und Wirtel in einfacheren Männergräbern dürften unter dieser Prämisse die gleiche religiöse Aussage machen wie stilisierte Webstuhlgehänge oder -bilder in reicher ausgestatteten (s. Hochdorf, Verrucchio-Lippi 89, Sopron Hügel 27, Sirolo- I Pini). Gewebe wurde zur Einwicklung, Bedeckung und Verhüllung vermutlich rituell benutzt, um jene Frauen zu assoziieren, die sie herstellten, vielleicht um im Grab an Hochzeitsrituale (Verschleierung, Brautgut, Mitgift) oder letztlich die heilige Hochzeit zu erinnern. Gleichzeitig erfüllten Stoffe einen sozialen Zweck, indem sie die emotionale Nähe zwischen dem Toten und den Lebenden veranschaulichten. Eliten demonstrierten durch Stoffe ihr Vermögen, Exklusives anfertigen oder importieren zu lassen und dafür nötigenfalls Fernkontakte zu knüpfen und zu unterhalten. Beziehungen in die Ferne wiederum ermöglichten den Transfer von fremden Gütern und religiösem Gedankengut. Vermutlich stärkten Eliten das durch den Tod unsicher gewordene soziale Gefüge und ihre eigene Macht, indem sie teure Güter – u. a. wertvolle Stoffe – quasi vernichteten, also mit ins Grab nahmen und gaben, die sie wohl kaum selbst gefertigt hatten. Schließlich zeigten sie somit nicht nur ihr Vermögen, Exklusives zu besitzen, sondern auch, sich leisten und erlauben zu können, zu „zerstören" was anderer Hände Arbeit mühevoll geschaffen hatte.

In Männergräbern vermittelten Webgerät (reduziert real, als Bild, stilisiert/verkleinert) und Stoffe (Umhüllungen, Abdeckungen) vermutlich die gleiche religiöse Botschaft, unter dem Aspekt von „gender" betrachtet ist es in der Regel am wenigsten als Handwerkszeug aufzufassen. Miniaturisiertes Webgerät (Gehänge, die Webstühle zeigen), chiffrenhafte Bilder gewebter Mäntel religiösen Charakters (Halbmondfibeln) und reale Stoffe (Abdeckungen oder Kleidung in Frauengräbern) weisen ebenso auf den Mythos des „heiligen Webens" hin bzw. zeigen die von Frauen gefertigten und aus religiösem Anlass getragenen, ggf. kopfbedeckenden Capes.

In Hallstatt sind alle genannten Aspekte und materiellen Hinterlassenschaften überliefert: Stoffe zur Einwicklung und Abdeckung von Gerät, wertvollere metallapplizierte Tücher oder Kleidung, Embleme von Mänteln in Form theriomorph bestückter Fibeln in Frauengräbern (Ornat, Herrinnen der Tiere in ihrem Ornat), Webgerät in Frauen- und Männergräbern sowie Spinngerät in weiblichen Grablegen. Der Nachweis handwerklich tätiger Textilspezialistinnen durch deren „vollständige" Geräteausrüstung gelingt für das Hochtal nicht, es dominieren plakative Hinweise mittels Werkzeug.

Führt man die Beigabe von teils wohl sehr wertvollen Textilien und entsprechenden Fertigungsgeräten auf die Darstellung der hintergründigen und vielschichtigen Bedeutungen des Webens per se zurück, so kann die Quantität dieses Themas aufgrund der gänzlich vergangenen rein organischen Stoffe schwerlich beurteilt werden, was freilich auch für andere Fundplätze gilt. Die Beigabe von Gerät scheint jedenfalls nicht annähernd den tatsächlichen Bedarf der Bevölkerung zu spiegeln, was nahelegt, die Werkzeuge als rein symbolische Objekte aufzufassen, die die Personen mit dem Mythos des Webens und seiner weitreichenden Symbolik verbanden, und gleichzeitig – ganz praktisch – an eine Auslagerung der Fertigung ins Flachland zu denken, zumindest solange die zugehörige Siedlung nicht entdeckt und erforscht ist. Immerhin ist nur in Hallstatt die häufigere Darstellung heiliger Mäntel (Ornat) belegt, gleichnishaft gefertigt am Webstuhl – nämlich Halbmondfibeln mit zwei gegenständlichen Vogelprotomen als solche interpretiert. Ohne die südlich beheimatete Pothnia theron, eine menschengestaltige Göttin, meist in prächtigem Gewand und mit paarigen Tieren, sind jedoch derartige Erzeugnisse kaum denkbar, letztlich sind sie also mediterran inspiriert.

Die Ausstattung der Toten mittels Textilien dominant als Ausdruck der Hierogamie zu deuten, liegt zumindest vordergründig nicht auf der Hand. Textilien in Gräbern erfüllten ganz unterschiedliche Funktionen, sei es als persönliche Kleidung, als Abdeckung anderer Beigaben oder als Verpackung bzw. Verhüllung bestimmter Gegenstände. Letztere kann schwerlich gedeutet werden, allerdings scheint unbestritten, dass die verhüllten Objekte durch die farbigen und mitunter gemusterten Stoffe unsichtbar wurden (s. Hochdorf), also klar zurücktraten. Regelrechte und sorgfältige Verhüllungen zahlreicher einzelner Beigaben können kaum als Ausstattung eines symbolischen Lagers für das Symplegma gedeutet werden – dies wäre anders, wären nur Sitz- oder Liegemöbel verkleidet, also solche, die über Bilder im Zusammenhang mit dem Beischlaf eine Rolle spielen. Infolge der Quellenlage und breiter Interpretationsmöglichkeiten bleibt gleichfalls offen, ob Stoffe für „die Frau an sich", als ein weibliches Attribut verstanden wurden und somit in männlichen Bestattungen stellvertretend den hierogamischen Akt andeuten.

8 Symboltragende Objekte

Zahlreiche Inventare fallen durch individuelle Objekte auf, die wahrscheinlich demonstrativ getragen wurden, somit einerseits den Träger (Männer und Frauen) auszeichneten, gleichzeitig aber auch viele Betrachter fanden und – falls Hallstatt selbst als Marktplatz fungierte[1759] – möglicherweise sogar *sehr* viele, die also vielleicht ein großes Publikum hatten. Es handelt sich um Anhänger, Fibeln, Gürtelketten und Umfunktioniertes[1760]. Sie weisen sich durch ihre Form und/oder ihren Besatz oder Behang als Träger ausgesprochen vielfältiger, zum Teil gegenständlicher Symbole aus. Die dazu oft verwendeten Miniaturgefäße der Gitterradfibeln beispielsweise können mit dem Bankett, aber auch einem Opfer oder der Trankspende verbunden werden, also mit einem religiösen Akt. Ihre Ringe und Radkreuze stellen bekanntlich alt tradiertes, heimisches Symbolgut dar. *„Symbole … werden benutzt, um explizit oder implizit als Instrumente zu dienen, mit denen man eine Wirkung erzielen will. Diese wird erreicht durch Überprägnanz, Massierung oder durch Einzeleinsatz an den unerwartetsten Stellen, was ihre Auffälligkeit besonders intensiviert"*[1761]. Alle drei Merkmale treffen ausdrücklich auf den nachfolgenden „Schmuck" zu, dessen tieferer Sinn uns allerdings verschlossen bleibt.

8.1 Ringgehänge (Protomen-, gestielte, konzentrische und lose Gehänge)

Wie der Name schon sagt, zeigen diese Objekte in erster Linie das Symbol des Rings in verschiedenster Variation: Dominant isoliert (gestielte Gehänge), vervielfacht und ineinander verkettet oder konzentrisch angeordnet. Sie könnten für den immer wiederkehrenden Kreislauf des Lebens stehen, für Anfang und Ende zugleich. Auch wegen ihrer als „Heilssymbole" geltenden Tierprotomen, Räder und geräuschverursachenden Klappern spricht man ihren stets weiblichen Trägerinnen gern *„magische Fähigkeiten"* zu[1762], freilich ohne dies näher spezifizieren zu können. Sehr häufig sind andernorts paarige Beckenringe (Hohlwulstringe) mit Ringgehängen kombiniert, die Th. Stöllner durch ihre verschiedenen Größen und diverse Zier in mehrere Gruppen gliederte. Er wies auch bereits darauf hin, dass diese Ringe in Hallstatt bezeichnenderweise nicht vorkommen, zwei Einzelfunde ausgenommen[1763]. Ringgehänge beschränken sich auf Oberösterreich, Südbayern und die Oberpfalz, während Beckenringe in variantenreicher lokaler Ausführung in Baden-Württemberg, Süddeutschland, Oberösterreich und Tschechien großräumig belegt sind. Möglicherweise waren die östlichen Ringgehänge im Westen durch markante Brustanhänger ersetzt[1764].

Aus der Nekropole von Hallstatt sind 35 sogenannte Ringgehänge überliefert, zuzüglich eines gestielten Exemplares, das das RGZM aus dem Nachlass eines Münchener Malers 1918 ankaufte und das aus stilistisch-formalen Gründen wahrscheinlich ebenfalls aus Hallstatt stammt[1765]. Die Gehänge kommen aus Ha C- bis D2-zeitlichen, überwiegend rein weiblich konnotierten Brandbestattungen und einigen wenigen Gräbern offenbar gemischtgeschlechtlichen Charakters (449 Mehrkopfnadel, 507, 827 Mehrkopfnadel, Beil, 836 Mehrkopfnadel, Bronzeantennenwaffe, korrodierte Eisenwaffen). Sechs weibliche bzw. unbestimmbare Körperbestattungen belegen, dass diese symbolisch aufgeladenen Gebilde als Anhänger plakativ auf der Brust getragen wurden (Gräber 11/1871 Taf. 11-142, 511, 521, 672, 793, 890).

Die Stücke lassen sich formenkundlich in vier größere Gruppen aufteilen, wobei auch Vermischungen einzelner Merkmalkomponenten beobachtbar sind, die Embleme in gewisser Weise also wohl austauschbar waren. Ich unterscheide in Anlehnung an die Gliederung durch M. Egg Ringgehänge mit Protomen (vormals einfache Gehänge nach Egg 1988/89), gestielte, konzentrische und lose Gehänge (neu, Tabelle 7). Den mehrheitlich einzeln belegten Gebilden stehen drei Inventare gegenüber, die jeweils zwei Gehänge enthalten (393, 443, 569), wobei die ebenfalls doppelt vorliegenden Gürtelhaken des Grabes 569 keinesfalls zwingend auf die Bestattung zweier weiblicher Individuen deuten, weil die Beigabe zweier Gürtel durchaus zu verzeichnen ist (z. B. Grab 505) und die anderen Beigaben wie jene der Inventare 393 und 443 nach archäologischem Er-

---

1759 Überlegungen zum Gütertausch speziell Hallstatts: Kossack 1982, z. B. 100 ff.; Glunz 1997, 15 ff.
1760 Glunz-Hüsken 2013.
1761 Koch-Harnack 1989, 107.
1762 Egg 1988/89, 282; Kossack 1954; Stöllner 2002, 89.

1763 Stöllner 2002, 458 Liste 15.1 (Variante 1c nach Stöllner); Schumann 2013, 106 f.
1764 Stöllner 2002, 86 ff.; Baitinger 1999, 64 ff.
1765 Egg 1988/89, 259 f.

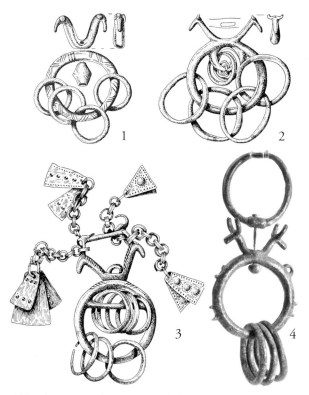
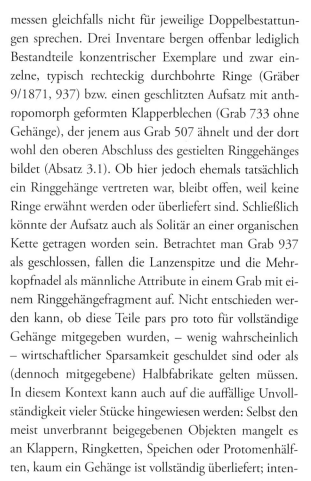

Abb. 143: 1 Ringgehänge aus Grab 495, M 2:3. 2 Ringgehänge aus Grab 793, M 1:3. 3 Ringgehänge aus Grab 672, M 1:3. 4 Ringgehänge Hallstatt, Streufund, ohne M.

Abb. 144: Ringgehänge aus Grab 106, M 1:2.

messen gleichfalls nicht für jeweilige Doppelbestattungen sprechen. Drei Inventare bergen offenbar lediglich Bestandteile konzentrischer Exemplare und zwar einzelne, typisch rechteckig durchbohrte Ringe (Gräber 9/1871, 937) bzw. einen geschlitzten Aufsatz mit anthropomorph geformten Klapperblechen (Grab 733 ohne Gehänge), der jenem aus Grab 507 ähnelt und der dort wohl den oberen Abschluss des gestielten Ringgehänges bildet (Absatz 3.1). Ob hier jedoch ehemals tatsächlich ein Ringgehänge vertreten war, bleibt offen, weil keine Ringe erwähnt werden oder überliefert sind. Schließlich könnte der Aufsatz auch als Solitär an einer organischen Kette getragen worden sein. Betrachtet man Grab 937 als geschlossen, fallen die Lanzenspitze und die Mehrkopfnadel als männliche Attribute in einem Grab mit einem Ringgehängefragment auf. Nicht entschieden werden kann, ob diese Teile pars pro toto für vollständige Gehänge mitgegeben wurden, – wenig wahrscheinlich – wirtschaftlicher Sparsamkeit geschuldet sind oder als (dennoch mitgegebene) Halbfabrikate gelten müssen. In diesem Kontext kann auch auf die auffällige Unvollständigkeit vieler Stücke hingewiesen werden: Selbst den meist unverbrannt beigegebenen Objekten mangelt es an Klappern, Ringketten, Speichen oder Protomenhälften, kaum ein Gehänge ist vollständig überliefert; intendierte Zerstörung liegt in diesen Fällen nahe.

Ringgehänge kommen sowohl in materiell und ikonographisch reichen Gräbern (220, 495, 507: mehrere Bronzegefäße; 132, 393, 507, 586, 836: Goldschmuck; z. B. 132, 495, 507, 569 metallbesetztes Textil oder Niet-Gürtel) als auch in einfacheren Bestattungen (z. B. 11/1871, 106, 467, 666, 793, 882 zusammen mit Ringschmuck, Fibeln, Ketten oder Gürteln) vor. Diese Verteilung trifft auch auf die einzelnen Gehängetypen zu. Lediglich die losen Ringe gehen nie mit Bronzegeschirr, Gold oder metallverzierten Textilien zusammen. Körpergrab 997 (mit losem Ringgehänge) weist aber immerhin einen Gürtel mit eiserner Stangengliederkette auf. Außer dieser zähle ich im Friedhof lediglich zwölf vergleichbare Gürtelketten. Schriebe man also den Individuen mit Ringgehängen sakrale Aufgaben zu, wären diese nicht immer an weibliche Personen hohen sozialen Standes gebunden.

Protomengehänge

In den Bestattungen 46, 393, 443, 495, 611, 672, 793 und 890 liegen Ringgehänge, die sich durch Tierprotomenaufsätze auszeichnen. Dabei sind Vogelköpfe (Gräber 495, 443), Ziegenartige (Caprinae;

Abb. 145: Ringgehänge aus Grab 870, M 1:2.

Gräber 46, 793?) und heimisch gestaltete Pferdeköpfe (Gräber 672, 890?) unterscheidbar (Abb. 143,1-3). Ausnahmsweise trägt auch das konzentrische Gehänge aus Grab 393 ein Protomenpaar (Caprinae? Abb. 26). Hier anzuschließen sind die kleinen umlaufenden Näpfchen des Protomenrings aus Grab 443 und die Ösen bzw. deren Reste an einem Streufund, der Caprinae-artige Protomen trägt (Abb. 143,4), Merkmale, die sich gewöhnlich auf zwei gestielte Gehänge beschränken (Gräber 467, 521). Die Protomen wurden entweder angegossen oder waren durch eine (vergangene) Schnur/Draht fixiert, also separat gefertigt. Die großen, meist ornamental mit Strichgruppen und Kreisaugen verzierten Ringe tragen mindestens vier etwas kleinere oder eine Vielzahl von (noch kleineren) Ringen (Grab 793). Bislang ist nur eine Parallele aus Linz-St. Peter Grab 452 bekannt[1766].

Gestielte Gehänge

Hohle rundstabige Ringe mit Stiel und Endöse (Gräber 106 Abb. 144, 121, 132 Taf. 8-116, 467, 507, 521, 569, 586, 666) zeichnen sich durch gereihte äußere und/oder innere Ösen am zentralen Ring, evtl. regelrechte Miniaturgefäße, mindestens aber zylindrische Aufsätze aus, die trianguläre oder anthropomorphe Klapperbleche aufnehmen. Drei gestielte Gehänge tragen zusätzlich in den zentralen Ring eingeschmiedete größere Ringe (Gräber 106, 521, 569). Eine kräftige Öse am Ende des Stiels ermöglicht die Aufhängung. Zwei Objekte weisen eine besondere Gestaltung auf, einmal ein tordiertes fünf- bzw. neunspeichiges Rad (Grab 507), desgleichen das Stück aus Grab 121, überdies mit realistisch dargestellter miniaturisierter Nabe (s. Absatz 3.1, Abb. 6; 7). Ob tatsächlich das Miniaturgefäß mit Klapperblechen am Rad aus Grab 507 befestigt war, was zwei Quellen nahelegen, bleibt letztlich unbestätigt[1767]. Die Elementkombination Rad – Gefäß – tordierte Stäbe, die bei Zusammengehörigkeit gegeben wäre, kehrt jedenfalls in anderer Anordnung an langlebigen Beckenwagen wieder, die als ausgesprochenes Kultgerät gelten[1768]. Auffällig ist die deutlich geringere Größe des Gehänges aus Grab 132 (11 cm), das daher vielleicht dem hier mutmaßlich mitbestatteten Kind zuzuschreiben wäre (Absatz 3.4). Die sicher auf hallstättische Vorbilder zurückgehenden, aber lokal gefertigen und an langer Kette getragenen Gehänge aus Mittelreinbach, Kr. Sulzbach-Rosenberg, Oberpfalz, und Kronstorf-Thaling, Bez. Linz-Land, Oberösterreich zeigen Entenprotomenplatten, die sich rein stilistisch zwar kaum mit jenen vollplastischen Tieraufsätzen Hallstatts verbinden lassen, ideell jedoch durchaus eine Verwandtschaft zu den Protomen zeigen. Das schlichte Pendant aus Heidenheim an der Brenz, Baden-Württemberg weicht durch seinen kantigen Ringquerschnitt ab[1769]. Weitere Stücke stammen aus Neukirchen-Mittelreinbach, Kr. Amberg-Sulzbach, Oberpfalz, Kronsdorf-Thaling Hügel 1 und vermutlich ist das fragmentierte Stück aus St. Panthaleon, Bez. Braunau am Inn, Oberösterreich ebenfalls hier anzuschließen[1770]. Markus Egg führte außerdem drei Exemplare mit formal etwas abweichender gestielter Tülle aus Thann („Neuhaus"), Kr. Neumarkt i. d. Oberpfalz, Oberfahlheim, Gde. Nersingen, Kr. Neu-Ulm, Schwaben und der Býčíy skála-Höhle an.

Konzentrische Ringe

Dieses Emblem wird durch meist drei einzelne hohle Ringe gebildet, die durch ihre aufeinander abgestimmte, gestaffelte Größe exakt ineinander passen und durch eine rechteckige Öffnung mit Draht oder einem stärkeren textilen Faden oder Lederband miteinander verbunden waren (Gräber 9/1871 Fragment, 220, 393 Abb. 26, 569, 747, 788, 827, 836, 870 Abb. 145, 882, 937). Auch hier sind in zwei Fällen gewissermaßen Kreuzungen mit anderen Gehängetypen

---

1766 Egg 1988/89, 284 Taf. 3A.
1767 Von Sacken 1868, Taf. XIII,1; Kromer 1959, 119; Egg 1988/89, 268.
1768 Glunz-Hüsken 2013,10 ff.
1769 Egg 1988/89, 262 Abb. 3,1.
1770 Neugebauer 1988, Taf. 9; 10.

Abb. 146: Ringgehänge aus Grab 443, M 2:3.

beobachtbar, nämlich Tierprotomen in Grab 393 und die äußeren Ösen in Bestattung 569, die sonst nur an gestielte Gehänge gekoppelt sind. Größere Ringe mit wiederum eingehängten doppelten Ringen trägt das Exemplar aus Grab 870. Während das Vorkommen von zwei Mehrkopfnadeln und einem Dolch zusammen mit dem Gehänge, einer Goldspirale sowie Ring- und Perlenschmuck für die Bestattung von Frau und Mann in Grab 83 sprechen, bleibt die Mehrkopfnadel in Brandschüttung 827 nicht zuweisbar; sie wurde ebenso wie Ringschmuck kleineren Durchmessers und u. a. einem Beil bereits auf der Grabung verschenkt. Der längliche Schlitz im großen Ring aus Grab 827 könnte darauf hinweisen, dass es sich um ein ehemaliges konzentrisches Gehänge handelt, das wie viele andere fragmentiert beigegeben wurde. Denkbar wäre hier daher die Bestattung von Frau, Mann und Kind. Parallelen zu den konzentrischen Ringen des Hochtals sind bislang nicht bekannt.

Lose Gehänge

Diese mit ebenfalls sieben Beispielen vertretenen Gehänge werden durch drei bis fünf ineinandergeschmiedete Ringe gebildet (Gräber 8/1871, 11/1871 Taf. 11-142, 171, 180, 443 Abb. 146, 511, 997). Es kann sich um in Stärke und Durchmesser gleiche Ringe handeln, aber auch um einen größeren Ring mit mehreren eingehängten kleineren Ringen. Zwei Körperbestattungen belegen, dass sie ebenso wie ihre oben beschriebenen Verwandten demonstrativ auf der Brust getragen wurden (Gräber 11/1871, 511). Das Exemplar aus dem Doppelgrab 997 (Erwachsener und Kind) stellt den jüngsten Nachweis der Gattung dar, weil der kombinierte Fußring vom Typ Bruck an der Großglocknerstraße in Ha D2 datiert[1771]. Die typologisch entwickelte Mehrkopfnadel widerspräche einer so späten Datierung nicht zwingend. Sie wurde an der rechten Hand beobachtet, das Kinderkörpergrab lag rechts des erwachsenen Skeletts, sodass die Nadel möglicherweise dem (männlichen?) Kind zuzuweisen ist. Auf die offenbar sichere Kombination von Brillenfibel und Mehrkopfnadel in anderen Körpergräbern des Hochtals wird noch zurückzukommen sein (Kapitel 13). Jedenfalls sprechen alle anderen Beigaben, die wohl dem Erwachsenen zugeordnet waren, für die Bestattung einer Frau (Ringschmuck, Brillenfibel). Die beiden Parallelen aus Traunkirchen[1772], die mit Beckenringen zusammengehen[1773], rechtfertigen neben formalen Gründen die Bildung dieses Typs.

Wegen ihrer Plastizität, Anzahl und individuellen Gestaltung gelten Ringgehänge mit Recht als Produkte einer für Hallstatt arbeitenden Werkstätte. Ihre möglichen Vorbilder sind jedoch in Ungarn, im zentralbalkanischen Bereich bis hin nach Makedonien zu finden[1774], nicht jedoch in der Slowakei[1775] und Italien[1776]. Ich nenne im Besonderen die gestielten Ringe mit einfachem und konzentrischem Ringkreis (Typen Ghidici und Veliko Nabrđe), jene mit vierspeichigem Rad (Typ Bingula Divoš)[1777], die griechischen Ringanhänger mit Tieraufsatz (Abb. 147) und ganz allgemein die in Ungarn und Kroatien verbreiteten Ringgehänge diverser Ausprägung, vervielfachten Räder (zum Teil mit Tieraufsatz und falscher Torsion) und Ringe[1778]. Wesentlich und von den hallstättischen Stücken abweichend erscheint ihr überwiegend flaches Profil, das man – Abhängigkeit vorausgesetzt – in Hallstatt vollplastisch ausführte; die konzentrischen flachen Ringkreise des Ostens mutierten zu einzelnen ineinandergefügten Ringelementen, hier allerdings ohne Stiel. Gelegentlich sind jedoch bereits in Westungarn vollplastische Ringelementkombinationen zu verzeichnen, die daher den hallstättischen

---

1771 Siepen 2005, 135.

1772 Möglicherweise ist auch ein Gehänge aus dem Depot von Magyarkeresztes (heute: Vaskeresztes, Kom. Vas, Ungarn) regional „unpassend", hinzuzufügen: Moszolics 1942, Taf. XV,24; Ilon 2007, 116 Abb. 11.

1773 Traunkirchen-Klettenwiese Grab 1/1988 und Einzel- und Klettenwiese: Stöllner 2002, 87 Taf. 43; 45.

1774 Zu den griechisch-balkanisch-italischen Verbindungen s. auch Teržan 1995.

1775 Fdl. Mitt. S. Stegmann-Rajtár, Nitra.

1776 Fdl. Mitt. A. Naso, Innsbruck.

1777 Zuletzt Pabst 2012, 410 f.; 455 f. mit weiterer Literatur

1778 Kilian-Dirlmeier 1979, Nr. 121-122.1318; aus Ungarn: Hampel 1886, Pl. LIV,1; LXII-LXIII (Räder, Vögel, eingehängte Ringe und Klappern); Vinski-Gasparini 1973, Taf. 85,20 (Kroatien).

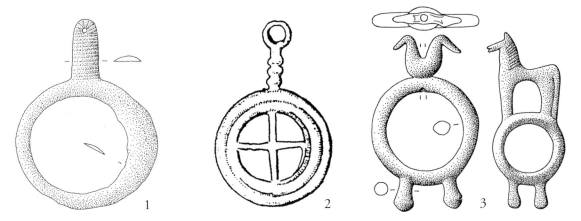

Abb. 147: 1 Ringanhänger Typ Ghidici, M 1:1,5. 2 Anhänger aus dem Hortfund von Brodski Varoš, ohne M. 3 Ringanhänger mit firgürlichem Aufsatz, vermutl. aus Pherai.

recht nahe kommen[1779]. Verbindungen Hallstatts speziell nach Westungarn belegten unmittelbar auch die Kahnfibeln mit Querleiste[1780], die Breitrandschalen mit doppelter Buckelreihe[1781] und die geperlten Armringe mit Zwischenscheiben[1782].

Imma Kilian-Dirlmeier gliederte die Ringanhänger mit Tieraufsatz aus Thessalien, Mittelgriechenland und von der nordwestlichen Peloponnes entsprechend der Anzahl der vertikal angeordneten Ringe (1-3) in drei Typen (A, B, C) und mehrere Varianten, wobei sich Vögel, Pferde und andere Quadrupeden zweifelsohne bestimmen lassen, mitunter sind wohl Löwen und Hasen darunter[1783]. Die Objekte stammen zum Teil aus Heiligtümern (Pherai, Elateia, Olympia-Pelopion, Kalapodi, Delphi), aber auch aus der Nekropole von Vergina[1784], wo ein Anhänger auf der Brust einer weiblichen Toten lag, also vergleichbar den hallstättischen Befunden. Obwohl viele Einzelfunde und schwer datierbare Stücke vorliegen, rechnet man mit einer Zeitstellung von der spätgeometrischen bis zur frühorientalischen Zeit, also vom 8. bis ins späte 6. Jh. hinein[1785]. Die in Griechenland auch auf anderen Objekten kultischen Charakters bezeugten charakteristischen Vogelprotomen[1786] scheinen – im Gegensatz zu den diversen Formen gestielter Gehänge (und z. B. auch zu Phalerae mit Krempe[1787]) – bisher offenbar ohne wirklich gut vergleichbare balkanische Zwischenglieder in Hallstatt schlaglichtartig und erstaunlich ähnlich aufzutauchen. Es ist möglich, dass sie auf dem Seeweg (Nesactium) und/oder entlang der Donau[1788] nach Norden gelangten, was an das Ornament der Punktrosette erinnert, dessen Vorkommen und Ausbreitung in Oberitalien, Slowenien, Hallstatt, Kleinklein und am Magdalenenberg, Villingen-Schwennigen, Schwarzwald-Baar-Kreis, Baden-Württemberg[1789], ausgehend von protokorinthischer Keramik Griechenlands, über die Adria vermutet wird[1790]. Östliche Kontakte zeigt auch die klassische, traditionsreiche Sonnenbarke mit Vogelprotomen[1791] an, ein Produkt der jüngeren Urnenfelderzeit des Karpatenbeckens, die schließlich ebenfalls das Emblem der konzentrischen Ringe beinhaltet. Auch die Verbreitung der Krempenphaleren, die ausgehend von Griechenland (12. Jh.) über Makedonien (9. Jh.) und den kroatischen Raum (8. Jh.) bis in den südostalpinen Bereich (zweite Hälfte 7. Jh.: Panzergrab Stična-Vrhpolje) verfolgt werden können[1792], belegt die östlichen Kontakte. Singulär, aber evtl. Zeuge für einen

---

1779 Hampel 1886, Taf. LXII,2.4.5; LXIII 1.2.
1780 Glunz 1997, Karte 28. Nachtrag: Fundber. Österreich 2010, Leodagger, Gde. Pulkau, Bez. Hollabrunn, Niederösterreich.
1781 Egg 1996, Abb. 73.
1782 Siepen 2005, 59 f. Nr. 469.
1783 Felsch 2007, 61 f.
1784 S. auch Radt 1974, 134.
1785 Kilian-Dirlmeier 1979, 13-15; Felsch 2007, 61 ff.
1786 Vogelprotomen auch auf Pyxiden und geschlitzten Bommeln: z. B. Kilian-Dirlmeier 2002, Nr. 945.987; 1979, Taf. 85. - Auf geschlossenen Bommeln: Kilian-Dirlmeier 1979, Nr. 442; Stabbommel: Nr. 489; durchbrochene Bommel: ebd. Nr. 591.
1787 Egg 1996A, 339 Abb. 12.
1788 Tierkopfgehänge und Symbolgut mit Vogelprotomen waren bekanntlich in den Donauländern hinlänglich verbreitet: Kossack 1954, z. B. Taf. 10; 11; 12. - Zu Herkunft und Datierung des Vogelsymbols und des Radkreuzes zusammenfassend Vosteen 1999, 81 ff. - Donau: Teržan 1995, 90.
1789 Egg 2012, 103; Egg/Kramer 2013, 430-432; 448 ff.
1790 Frey 1962, 69 f.
1791 Wirth 2006.
1792 Egg 1996A, 344 f.

wie auch immer gearteten punktuellen Fremdkontakt Hallstatts (über die Adria), ist schließlich eine Brillenfibel vom Typ Nin aus Hallstatt, ein Einzelfund, den F. Morton bereits 1953 abbildete. Neben einem einmaligen isolierten Vorkommen im östlichen Mittelitalien findet sich dieser Fibeltyp sonst nur an der kroatischen Adriaküste[1793].

Sodann wäre auch auf die Doppelprotomentiere (Pferde, Stiere) in den Marken hinzuweisen, größtenteils unpublizierte Anhänger, Zepter- und Keramikschmuck, mitunter offenbar jedoch von großer Ähnlichkeit, wie die beiden Stücke aus Spoleto-Piazza d'Armi, Prov. Perugia, Reg. Umbrien Grab 14 erahnen lassen[1794]; die Vorlage einschlägiger picenischer Objekte könnte sehr enge Verbindungen Ostitaliens und des Alpenraums bestätigen[1795].

Im oberösterreichischen Hochtal und in Griechenland entsprechen sich die wichtigsten Gattungen der Tiere heiligen Charakters auf Ringen, nämlich Pferde, Vögel, Schafe und/oder Ziegen. Im Salzkammergut formte man diese vollständigen Tiere zu Doppelprotomen um, mit Ausnahme des Vogels, der bekanntlich in der Ägäis bereits voll entwickelt als Doppelprotome vorliegt (s. o.); von den teils zwei und drei vertikal geordneten Ringen Griechenlands blieb dabei nur einer übrig. Griechisch-archaische Pferde[1796] wurden zu lokal hallstättisch gestalteten Pferdeprotomen[1797] (lediglich das Merkmal der gestrichelt dargestellten Mähne bleibt hier erhalten), und zuletzt versah man sie mit allerhand symbolischem und geräuschverursachendem Klapperwerk (eingehängte kleinere Ringe, trianguläre und anthropomorphe Bleche) und Emblemen (Kreisaugen).

Aus dem zentralbalkanischen Raum und Ungarn sind sowohl einfache Ringe, solche mit konzentrischem Ringkreis als auch jene mit stets vierspeichigem Rad (und meist konzentrischem Ringkreis) überliefert[1798]. Die aus Horten und Siedlungen stammenden Belege sind naturgemäß schwerlich genauer datierbar, Urnenfelder- und Hallstattzeitliches sind jedoch unverkennbar.

Das auf dem Balkan und Griechenland traditionell immer vierspeichige Rad der östlichen Ringanhänger allerdings gestaltete man im Hochtal in zwei Fällen klar kenntlich als das, was man meinte, nämlich als mehrspeichiges Wagenrad (Hallstatt Grab 121, evtl. 507). Auch die Situla vom Typ Kurd des Kröllkogels in Kleinklein (Ha D1) zeigt das Motiv der (doppelten) Vogelbarke zuzüglich Speichenrad (anstatt traditionell die Sonne und konzentrische Ringe). Denkbar ist, dass die Kleinkleiner Toreuten ihre Vorlagen nicht in Oberitalien fanden[1799], sondern in Hallstatt respektive in Westungarn. Vom „Marktplatz" Hallstatt gelangten die Gehänge mit Vogelprotomen durch die Distribution des Salzes auch nach Linz-St. Peter[1800], die gestielten in wiederum dort lokaler Manier nach Mittelreinbach, Heidenheim, Kronstorf-Thaling und die losen nach St. Panthaleon und Traunkirchen.

Die Verbreitung der einfachen flachen Ringanhänger mit gestielter Öse (Typ Ghidici) erstreckt sich über Mittelgriechenland und donauaufwärts über das Banater Gebirge mit einer Fundhäufung an der mittleren Donau. In Ungarn fehlen sie bislang[1801]. Ihr hallstattzeitliches Alter belegt das bekannte, mutmaßliche Doppelgrab aus Sofronievo (Basarabi-Kultur) mit einer zweischleifigen balkanischen Bogenfibel mit Sanduhrfuß und aus Ionien importierter Trinkschale[1802]. In der Nekropole von Vergina datieren die Anhänger bereits in das 9. Jh. v. Chr., die balkanischen sind ab 700 v. Chr. möglich. Sie dienten zu mehreren als Kleidsaumbesatz und als Gehänge an Gürteln, in Vergina kommen sie auch einzeln vor[1803]. Hervorzuheben sind die beiden reichen Frauengräber von Agrosykia, Bez. Pella, Reg. Zentralmakedonien, und Marvinci (beide Makedonien), die 42 respektive

---

1793 Pabst 2012, 435; 389.
1794 Manca/Weidig 2014, 82 Abb. 94.
1795 Dazu Dehn et al. 2005, 248 ff. und frdl. Mitt. J. Weidig, Spoleto.
1796 Kilian-Dirlmeier 1979, Nr. 40.44.
1797 Hallstatt Gräber 672 und 890?: Glunz-Hüsken 2008, 54 f.
1798 Ohne Anspruch auf Vollständigkeit: Einfache Ringe: Hänsel 1976, Taf. 67-68 (Sofronievo,Okr. Vraca, Bulgarien); Kemenczei 2005, Taf. 47F (Szeged, Kom. Csongrád, Ungarn). - Konzentrischer Ringkreis: Gumă 1993, pl. 12 (Rumänien: Hortfund Tiglărie); Vinski-Gasparini 1973, Taf. 44,18; 56,35; 71,1 (Nordkroatien); Gestielte Ringanhänger mit Rad (und konzentrischem Ring): Vinski-Gasparini 1973, Taf. 53,7; 56,34; 86,13 (Nordkroatien); Holste 1951, 26 (Depot Biharia/Bihar Kösmö, Rumänien), s. auch Kossack 1954, 85, Kat. Nr. A 11 zur Zusammengehörigkeit des Fundes; Von Miske 1908, Taf. 32,37 (Velem, Kom. Vas, Ungarn).
1799 Egg 2012, 103.
1800 Egg 1988/89, 273 Taf. 28 (Körpergrab 452).
1801 Kilian-Dirlmeier 1979, 6 ff.; 2002, 58 ff.; Metzner-Nebelsick 2002, 453 f.; Pabst 2012, 410 f., 456 Karte 42.
1802 Dazu Karadzhinov 2011, 6; Teržan 1995, 90.
1803 Kilian-Dirlmeier 2002, 58; Radt 1974, 134.

67 solcher Ringanhänger an einem Gürtel bzw. einem Textil enthielten. Marvinci Grab 15, über die Brillenfibeln Typ Rudovci[1804] wohl mit Ha C korrelierbar, gilt wegen zahlreicher außerdem am Gürtel bzw. einer geschmiedeten Kette hängender „Kultbronzen" (u. a. Pyxis-Anhänger mit Opium) als das Grab einer „Priesterin" bzw. Kultausführenden[1805]. Das Fehlen charakteristischer, vergleichbarer Anhänger an Gürteln durchaus lokaler, dennoch funktional vergleichbarer Gürtelketten in reichen Frauengräbern Italiens (Etrurien, Marken, Basilikata) unterstreicht ihre griechisch-balkanische Provenienz[1806].

Die geschilderten Befunde unterstützten die Deutung der dominanten Ringanhänger in Hallstatt als Objekte religiösen Charakters einerseits und persönliche Würdezeichen andererseits, süd(ost)liche Abhängigkeit (und Umformung) vorausgesetzt. Sie erklären hingegen nicht die auffällig häufige, in Hallstatt jedoch offenbar regelhaft fehlende Kombination mit (westlichen) Beckenringen. Schreibt man den Frauen Hallstatts mit Ringgehängen religiöse Aufgaben zu, was ihre verschiedenen Embleme nahelegen, ist die große Anzahl von Anhängern, die mehrheitlich in Ha C datieren, bemerkenswert. Betrachtet man unter diesem Gesichtspunkt andere Nekropolen, ist dort in der Regel eine einzelne entsprechende Ausstattung zu finden, Traunkirchen-Klettenwiese[1807] ausgenommen. Andererseits handelt es sich durchwegs auch um kleinere Grabplätze. Weder in Hallstatt noch in weiteren Gräbern mit Ringgehängen anderer Fundplätze sind Objekte kombiniert, die den religiösen Aspekt dieser weiblichen Personen ausdrücklich und vergleichsweise zweifelsfrei untermauern. Zwar ist ihre Verbindung mit Hohlwulstringen, also einer besonderen Gürteltracht, auffällig; allerdings lässt sich hier trotz Würfelaugen- und Strichgruppenzier keine spezifische Konnotation ablesen. Hinzuweisen wäre noch auf die beiden kleineren Ringgehänge der möglichen Kindergräber 132 und 106, die somit, bei aller Vorsicht und wenn man ihnen sakrale Funktion unterstellt, die Erblichkeit religiöser Ämter andeutete.

8.2 Fibeln, Klapperbleche und Anderes (Fibeln, Klapperbleche u. a. Gräber 221, 814); (Anderes: Gräber 83, 603, 750, 763, 778, 963)

Gewandverschlüsse stellen ungeachtet ihrer Einbindung in eine regionale Tracht nicht nur eine rein technische Verschlussmöglichkeit der Kleidung dar, sie dienen darüber hinaus auch als Träger wiederkehrender, meist traditioneller Zeichen und Symbole[1808], die bestimmte soziale oder religiöse Informationen übermitteln, vielleicht Stimmungen und Emotionen evozieren konnten, z. B. weil sie Motive trugen, die in anderem, spezifischem Zusammenhang benutzt wurden oder einfach schon seit Generationen überliefert waren. Explizit verkörpern dies die Miniaturgefäße, in realer Größe Ausdruck eines Banketts oder Opfers, verkleinert und ggf. vervielfältigt hingegen als Besatz auf Fibeln und Gürteln an diese religiösen Vorgänge erinnernd. Sie implizierten das Symposium oder ganz allgemein das gemeinsame Mahl, ein Opfer oder eine Spende an eine numinose Macht (z. B. Hochhalsgefäße, konische Becher, Schalen); ggf. wiesen sie die entsprechenden Personen als kultisch Befugte aus, wenn sie Opiate oder vergleichbare Stoffe enthielten, die unmittelbar konsumiert wurden und für die zur Aufbewahrung kein Deckel nötig war.

Besonders anschaulich erscheint weiterhin das als sogenanntes „Webstuhlgehänge" interpretierte Objekt, sei es als meist von Frauen getragener Brustschmuck, Fibel- oder Gürtelanhänger (u. a. in Italien[1809]) oder in Gestalt der Halbmondfibel, die gehäuft aus hallstättischen Frauengräbern überliefert ist. Die Fibel impliziert nicht nur die letztlich auch mythisch verhaftete Herstellung von Stoff, das Weben; ihr meist halbrunder Körper stellt wahrscheinlich gleichzeitig den (im mediterranen Raum) geschichtsträchtigen und meist reich verzierten Mantel mit theriomorphem Besatz, Spiralenden und Vogelprotomen, vielleicht ein Ornat, dar (s. Kapitel 7; Tabelle 6). Hier spielen die vielfältig einsetzbaren triangulären Klapperbleche eine aussagekräftige Rolle, die fallweise sowohl als Webgewichte als auch als Quasten an Textilien (Tüchern und Mänteln) gelesen werden können (Abb. 130-131)[1810].

1804 Pabst 2012, 93 f.
1805 Mitrevski 2007; 1996/97, 106; Kilian-Dirlmeier 2012, 172; Bräuning/Kilian-Dirlmeier 2013, 68 f.
1806 Z. B. Negroni Catacchio 2007; Beinhauer 1985. Frdl. E-Mail M. Marchesi, Bologna und J. Weidig, Spoleto. Vgl. dazu Liste 25: Kilian-Dirlmeier 2012, 181.
1807 Stöllner 2002, 85 ff.

1808 Tomedi 2002, 269 ff.; 2002A; Glunz-Hüsken 2008, 53 ff.
1809 Fath/Glunz-Hüsken 2011, Abb. 4; 6; 7; 13.
1810 Fath/Glunz-Hüsken 2011, 267 f.

Neben gewöhnlichen und weit verbreiteten Typen wie Brillen-, manchen Pauken- oder Hörnchenfibeln, die das Symbol der Spirale, der (konzentrischen) Ringe und/oder dominant des Vogels zeigen[1811], liefert das Hochtal sowohl singuläre Fibelgruppen – wie beispielsweise die Gitterrad–, die besagten Halbmond- und die Tutulusfibeln, als auch bislang ebensolche Einzelstücke wie das hutartige Scheibenfibelpaar mit einem Arrangement verkleinerter konischer Becher aus Grab 240 (Abb. 83,2), einzigartige gefäßbesetzte Schließen (Grab 724 Fragment einer Gitterradfibel?; 38/1872, 324, 577), die Gürtelhakenfibel aus der Brandschüttung 763 und die Scheibenfibel aus Grab 83[1812]. Besonders aber die Gitterrad- und Halbmondfibeln lassen konkrete, anschauliche Interpretationen zu.

Vier Gitterradfibeln (Gräber 559, 574 Abb. 37, 577 Abb. 38, 667 Abb. 39) zeigen auf der Basisplatte zentral das Symbol des vierspeichigen Rades – gemeinhin auch als Sonne gedeutet –, auf dem jeweils szenenhafte Anordnungen verschiedenster Miniaturgefäße befestigt sind, und zwar stets Schalen mit Fuß oder Hochhalsschüsseln[1813]. Dabei steht immer ein Gefäß im Mittelpunkt (mitunter erhöht), um das sich vier respektive fünf oder neun bzw. elf andere gruppieren, sodass der Eindruck einer „Tafelrunde" entsteht. Das zentrale Gefäß kann sich von den umgebenden unterscheiden (Grab 574), was sich aber nicht als Regel herausstellt (Grab 667). Die Fibel aus Inventar 559 (und ihr Pendant aus Schleedorf-Mölkham, Bez. Salzburg-Umgebung, Salzburg[1814]) weicht von diesen insofern ab, als die äußeren Gefäße durch schwer zu deutende, kantig profilierte Ringe ersetzt wurden, wie der Vergleich mit der Fibel aus Grab 574 belegt[1815].

Diese Gitterradfibeln und ihre zum Teil stark fragmentierten „Derivate" (Fibelfragmente mit Miniaturgefäßen 37-1872, 724, 577 2. Fibel Abb. 65,6) stammen mit einer Ausnahme aus Ha D1-zeitlichen Männergräbern und sind kombiniert mit Dolchen, Eisenwaffen und Geräten (Lanze, Meißel, Beil). Wahrscheinlich enthielten sie allesamt zusätzlich Bronzegefäße realer Größe (sicher Gräber 574, 577, 667), sind also als „reich an Prestige" zu bezeichnen, was die stets individuell gestalteten Gewandhalter noch unterstreichen. Inventar 667 zeigt durch den Gürtel vom Typ „große geschlossene Felder" und evtl. das Dolchmesser Typ Erkertshofen eine weibliche Bestattung an (s. Absatz 5.1.4, Kapitel 10). Grab 577 (Abb. 65) barg als einziges *zwei* miniaturbesetzte Fibeln. Armringe, Brillenfibel und konischer Spiralhaarschmuck einerseits, Lappenbeil und nicht überlieferte Eisenwaffen andererseits sprechen nach archäologischer Konvention für eine Doppelbestattung von Mann und Frau. Die geschlechtliche Zuweisung der beiden gefäßtragenden Fibeln muss hier aber offen bleiben, weil diese nicht ausnahmslos in Männergräbern liegen, wie das einzigartige Fibelpaar aus dem zweifellos weiblichen Ensemble 240 (Armringset, Bernsteinperlenkette), die Radfibel aus dem Frauengrab 324 (s. Kapitel 3.6, Fibeln mit Radsymbol, Abb. 40) und das mutmaßlich weibliche Inventar 667 demonstrieren. Anzuschließen ist die Ha D1-zeitliche feminine Bestattung 669, die Miniaturgefäße an der solitär geschmiedeten Gürtelkette und einem miniaturgefäßbesetzten, stark fragmentierten Radschmuck, vielleicht einer Fibel oder einem dominanten Anhänger (Brust, Gürtel; Absatz 3.4) zeigt (Abb. 80,2)[1816]. Die wesentlichen Komponenten dieser grosso modo wohl Ha C-zeitlichen Ausstattung 669, nämlich Gürtelkette, Kleingefäß und Sonnen- bzw. Radsymbol kehren indes erstaunlich ähnlich in einem Frauengrab im weit entfernten Marvinci wieder – ohne hier eine direkte Abhängigkeit unterstellen zu wollen (Abb. 86). Die Verstorbene wird wegen des Opiuminhalts der Miniaturpyxis und anderer kultisch konnotierter, freilich lokaler Symbolanhänger (sogenannten makedonischen oder paeonischen Kultbronzen) als Kultausführende, als Priesterin charakterisiert, worauf später zurückzukommen sein wird[1817].

Stäbchengehänge bzw. deren Reste an Gitterradfibeln aus Grab 577 (Abb. 65,8) und 37/1872 wiederholen sich an weiblich konnotierten Gürtelketten Hallstatts (z. B. Gräber 23/1891, 24, 33/1871, 42, 87, 98/1874, 100/1874, 121, 161, 264, 288, 404 etc.) und tragen dort mitunter schwer lesbare Symbolanhänger (Abschnitt 10.6.1).

Die szenische Darstellung des Banketts oder von

1811 Glunz-Hüsken 2008, 53 ff.
1812 Zu den Fibeln aus den Gräbern 83 und 763 auch Glunz-Hüsken 2013.
1813 Zum Typ Schale mit Fuß vgl. Stöllner 2002, 159 Typ 213; 179 f.
1814 Stöllner 1996, Taf. 35, A2, dazu Glunz-Hüsken 2008, 48.
1815 Bei diesen Ringen handelt es sich wahrscheinlich nicht um solche, die Anhänger aufnehmen, weil sie senkrecht zur Grundplatte orientiert sind: Glunz-Hüsken 2008, 55 f.

1816 Glunz-Hüsken 2013, 18 ff.
1817 Mitrevski 2007; Kilian-Dirlmeier 2012, 172.

Kultgefäßen auf Gitterradfibeln kommt also häufiger in Männerbestattungen vor und entspricht somit der Beigabe realer Bronzegefäße. Die Hinzuziehung anderer Fibeln (Gräber 240, 324) und eines stark fragmentierten Objekts (Grab 669) zum Teil singulärer Gestalt verschiebt dieses Verhältnis zugunsten der femininen Seite. Derart unzweideutig narrative Schließen ermöglichten ihren Trägern ausweisartig gleichsam *immer*, ein (gemeinschaftliches?) Mahl, ein Opfer oder eine sakrale Handlung fokussiert darzustellen, sich zeichen- und dauerhaft als Empfänger spezieller Gaben, vielleicht Gastgeber(in) bzw. Kultausführende(r) zu präsentieren, unter beständiger Verwendung des heimisch-bronzezeitlichen Sonnen-Rad-Emblems. Diese Fibeln gewährleisteten die Präsentation der religiösen und sozialen Position, sobald man sie trug, vor Ort und in der Fremde; schließlich schränken vergleichbare Metall- oder Keramikgefäße in herkömmlicher Größe und Anzahl die Mobilität stark ein. Kann eine religiös befugte und damit auch sozial herausgehobene Elite ihre Stellung deutlicher präsentieren?

Quasi komplementär zu den ausgesprochen narrativen, mehrheitlich männlichen Gitterscheibenfibeln stehen vielleicht einige Frauengräber mit ihren symbolischen und wohl reich verzierten gewebten Mänteln in Gestalt von Halbmondfibeln, deren zum Teil vollplastisch-theriomorpher Besatz durch Pferde, Miniaturgefäße und Vögel soziales Ansehen und Jenseitsbezug zugleich garantierte (Gräber 94/1873 Abb. 133 und Taf. 10-133,3, 505 Abb. 62-63). Hier gelingt auf einzigartige Weise die mindestens zweifache Darstellung und Lesung der Fibel als Kleidungsstück, wegen der Vögel wahrscheinlich ein heiliges Kleid, und überdies die Erinnerung an seine Herstellung am Webstuhl. Möglich wäre auch ihre Deutung als verkürzte „Herrinnen der Tiere im Ornat". Wenn wir auch nicht wissen, *wann* entsprechende Mäntel getragen wurden und ob sie Legitimation weiblicher Priesterämter (Ornat) oder vergleichsweise profaner elitärer Hausvorstände waren, so legen diese Gewandverschlüsse nahe, dass ihre Trägerinnen entweder selbst über derartiges Ornat verfügten und/oder über das Privileg, jenes herzustellen bzw. anfertigen zu lassen; jedenfalls statteten sie sich überörtlich mit diesem Symbol aus[1818]. Indes befinden sich unter den Beigaben der betreffenden Inventare mit Halbmondfibeln offenbar keine metallverzierten Prunkstoffe. Erscheinungsbild und Beschaffenheit möglicher anderer, rein organischer Textilien in den entsprechenden Grabensembles bleiben unbekannt.

Die Halbmondfibeln Hallstatts subsumieren mehrere formal unterschiedliche Varianten: „Aubonne" (Gräber 87, 384), „Tolmin" (Gräber 4/1994, 32/1998, 677), mit Vogelprotomen (Gräber 96/1873, 174, 239, 551, 606, 716, 900), mit Spiralenden (Gräber 857, 943) und Unikate (Gräber 94/1873, 505). Alle implizieren das Bild eines Webstuhls respektive ein umhangartiges Kleidungsstück, theriomorphe Plastik könnte sie auch als reduzierte Darstellungen der „Herrin der Tiere" ausweisen, freilich ohne anthropomorph gestalteten Kopf. Bei den halbmondfibelführenden Inventaren handelt es sich um kanonisch-bescheidene Ausstattungen (Gräber 239, 384, 551, 606, 716, 900: Fibeln, Ringschmuck, Keramik und Tierknochen; Grab 32/1998), eine überdurchschnittliche mit fünf Bronzegefäßen und diversem Goldschmuck (Grab 505) und solche, die ihre Besitzerinnen möglicherweise als unmittelbar kultisch Involvierte ausweisen, nämlich mittels Gürtel mit Gürtelketten[1819] (Gräber 87, 98/1874, 96/1873), Ohrringen (Gräber 505, 96/1873, 98/1874, 943, evtl. 32/1998) und einmalig an den Füßen beobachteten Keramikkugeln, die vielleicht als Rasseln dienten (Grab 98/1874)[1820]. Brandschüttung 716 enthielt neben einer Halbmondfibel mit Vogelprotomen einen kleinen Armring vom Typ Hallwang (Dm. 6,5 cm), der auf die Bestattung eines Kindes oder eine Doppelbestattung hinweisen und dann evtl. zeigen könnte, dass entsprechend symbolisches Ornat und zeichenhaftes Webgerät bereits Heranwachsende auszeichnete – die Halbmondfibel allerdings ist von gewöhnlicher Größe und könnte daher auch einer erwachsenen Frau zugeschrieben werden, was dann eine Doppelbestattung von Frau und Kind ergäbe.

Sowohl theriomorpher, vollplastischer und zugleich szenenartig arrangierter Besatz als auch Spiralen auf/an Fibeln sind nur von unteritalischen großen Schließen bekannt (Abb. 112)[1821]. Man sieht aus Nekropolen Capuas und Suessulas von Spiralen und beringten Vögeln umgebene große Vogelrinder, stilisierte geschlechtslose Gefäßträger oder Zwittergestalten, sowie offenbar mit einem Fruchtbarkeitsritus verknüpfbare Szenen auf Fibelplatten, zu denen G. Kossack sich umfassend äu-

---

1818 Teržan 1990A; Glunz 1997, 50 ff.; Glunz-Hüsken 2008, 48 ff.

1819 Echt 1999, 200 ff.
1820 Pomberger 2016, 269 f. denkt hier an Flöten.
1821 Lo Schiavo 2010, z. B. Taf. 697; 703; 709-724.

ßerte[1822]. Gerne wüsste man, welcher Personenkreis berechtigt war, derartig symbolbeladene Stücke zur Schau zu stellen. Leider handelt es sich bei diesen südlichen Bronzen jedoch um Altfunde, deren Vergesellschaftung und Befund nicht bekannt sind. Zieht man zwei andere Grabfunde italischen Ursprungs mit Figurenensembles heran, nämlich Bisenzio-Olmo Bello Gräber 2 (Kesselwagen) und 22 (Deckel einer Situla), findet man lediglich in der Tatsache Übereinstimmung, dass es sich um Frauenbestattungen handelt[1823]. Jedenfalls sind aus dem Hochtal weder Menschenbilder noch plastische Fruchtbarkeitsarrangements so deutlich überliefert. Auf Fibeln überwiegen in Hallstatt Darstellungen von relativ gleichförmigem Geschirr zusammen mit dem Rad respektive der Sonne, die alle religiöses Mahl oder Kultisches assoziieren. In welchem Kontext die großplastischen, teils beringten Hörnertiere der Gräber 12/1907, 340, 455 und 507 – als einzige hier wie dort wiederkehrende Gattung – ehemals verwendet wurden, ist völlig offen. Szenische Komposition mit anderem Symbolgut wäre theoretisch durchaus denkbar, wie der Strettweger Wagen oder die Fröger Figuren[1824] nahelegen, allerdings sprechen die Quellen nicht dafür. In zwei Fällen sind in Hallstatt Frauengräber (340, 455) und einmal wahrscheinlich eine Doppelbestattung (507), also vielleicht erneut eine Frau, mit diesen Figuren ausgestattet. Die Plastik aus Grab 455 lag zwischen den Unterschenkeln und wäre daher auch als Gehänge an dem vom Ausgräber beschriebenen textilen Gürtel denkbar. Ob es sich um symbolische Opfertiere handelt, wie der Strettweger Wagen mit den beiden Hirschen empfiehlt, bleibt zwar dahingestellt, aber doch naheliegend. Immerhin sind in zwei Fällen, Grab 507 und 340, auch mögliche „passende" Schlachtgeräte kombiniert (Beil und Axt), in Grab 507 lagen die Figuren in keramischen Trinkopfer(?)schalen.

Zur Lesung als Webstuhl tragen die triangulären Klapperbleche der Fibeln und Gehänge ganz erheblich bei, wirken sie doch geradezu als ihr „Schlüssel". Mitunter zeigen sie die gleiche Punktlinienzier wie reale keramische Webgewichte. Als Anhänger an Bronzedeckeln könnten sie (bedeckende) Stoffe[1825], in Verbindung mit stilisierten weiblichen Figuren[1826], deren auch religiös inspiriertes Handwerk symbolisieren[1827]. Ihr Zuschnitt aus kultisch konnotierten Bronzegefäßen[1828] und ihre Gestaltung als Glocke (Tintinnabulum Bologna)[1829] vertiefen den Rahmen ihrer multiplen symbolisch-religiösen Deutungsbandbreite. Stark vergrößert, mit Kreisaugen überzogen und selbst wiederum Träger kleinerer Klapperbleche gelangten sie in drei Gräbern des Hochtals auch als Solitäre in den Boden: Die Tote aus Grab 814 stellte das 14,5 cm lange Blech ebenso wie das nach Ramsauer jugendliche Individuum (12-14 Jahre) aus Grab 221 als dominanten Anhänger auf dem Bauch zur Schau (Abb. 148). Hinzu kommt das Kind aus Grab 302 (nach Ramsauer 8-10 Jahre), das das trianguläre Blech von 9 cm Länge gleichfalls auf der Brust trug. Ihre Interpretation bewegt sich also zwischen symbolischem Textilgerät und Amulett[1830].

Trianguläre Bleche an Gürteln erinnern an die Quastengürtel der Hera und der Athene, die als Beleg ihrer Webfertigkeit gedeutet wurden[1831]. Hans-Günter Buchholz hält das Anbringen von Quasten an Helmen, Schwertscheiden und Schurzen für einen ursprünglich syrischen Brauch. Die Verbindung des Mantels (und des Gürtels) mit Quasten – an Halbmondfibeln (und Blechgürteln) klar ablesbar – scheint in religiösem Zusammenhang, nämlich an Gewändern von Priestern und kirchlichen Würdenträgern, bis ins Mittelalter belegt zu sein[1832] und findet sogar im 5. Buch Mose 22, 12 seinen Niederschlag in den Worten: „*Du sollst Dir Quasten machen an den vier Zipfeln deines Mantels, mit dem Du dich bedeckst*", was in übertragenem Sinn als Ausweis der mosaischen Religionsgemeinschaft gedeutet wurde[1833].

1822 Kossack 1999, 22-28.
1823 Der Wagen aus Lucera, Prov. Foggia, Reg. Apulien muss als Einzelfund gelten: Woytowitsch 1978, Nr. 125.
1824 Tomedi 2002, 274 ff.
1825 Fath/Glunz-Hüsken 2011, 262 f.
1826 S. auch Eibner 2000/01, 108.
1827 Z. B. Blechanhänger in Frauengestalt vom Brandopferplatz Meran-Hochbühel (Ferdinandeum Innsbruck). Weitere: Steiner 2010, 408 ff. Abb. 202; Warneke 1999, 104 Nr. 472-506; 107 Nr. 474. Grabfund Este-Benvenuti Grab 122 mit Frauenfiguren und Blechanhängern als Kettenbestandteile: Chieco Bianchi/Calzavara Capuis 2006, Taf. 142. Überdimensioniert aus Ungarn: Gallus/Horvath 1939, Taf. 29; 33 (Fundort korrigiert: Blatnica).
1828 Glunz-Hüsken 2013, 15 ff.; Tomedi 2002, 200 (Este-Ricovero Grab 149.); 2009, 283 Abb. 11 (Kreise).
1829 Fath/Glunz-Hüsken 2011, 268 f.
1830 Siehe auch Pauli 1975, 109 (Grab 302).
1831 Fath/Glunz-Hüsken 2011, 267 f.
1832 Fath/Glunz-Hüsken 2011, 268.
1833 Buchholz 2012, 93.

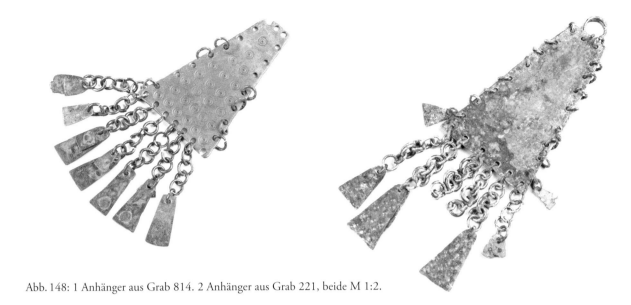

Abb. 148: 1 Anhänger aus Grab 814. 2 Anhänger aus Grab 221, beide M 1:2.

Schmuckring Grab 603[1834]

Brandschüttung 599 enthielt neben weiblichem Schmuck (Kugelkopfnadeln, Spiralen, Bernsteinperlen) zwei Situlen. Dabei handelt es sich zum einen um einen 70 cm hohen Eimer vom Typ Kurd, der mittels Trageringen (und zu postulierender Stange) zu bewegen war (bebildert s. Situla Certosa zweiter Fries). Einer dieser verzierten Ringe samt bandförmigem Henkel fehlt allerdings. Schon K. Kromer fiel auf, dass er sich vermutlich in Körpergrab 603 befindet. Die mutmaßlich weibliche Tote trug ihn integriert in ein Gehänge, das sich auf der Brust befand und außerdem aus Bernsteinperlen und einem keramischen kreuzförmigen Riemenverteiler bestand. Eine versehentliche Vermischung der Beigaben ist also nicht nur wegen dieses offenbar eindeutigen Befundes ausgeschlossen, sondern auch, weil die beiden Gräber ca. 19 m voneinander entfernt waren[1835]. Ob die Umwidmung eines Trageringes zu Schmuckzwecken aus reiner „Sparsamkeit" im wirtschaftlichen Sinn erfolgte oder verwandtschaftliche, freundschaftliche Gründe für eine Verbindung der beiden Frauen über den Tod hinaus ausschlaggebend waren, bleibt wegen der Quellenlage der Altgrabungen unbeantwortet. Stellvertretend könnte die Kette mit dem dominanten Ring dem Betrachter das Gelage in Erinnerung gebracht haben, also seinen ursprünglichen Kontext. Er wäre dann als regelrechtes Symbol zu verstehen. Christoph Huth wies auf die Bedeutung und Funktion symbolistischen Denkens hin, indem er auf die fundamentale Arbeit C. R. Hallpikes zurückgriff: „*Ganz anders als das Wort partizipiert das Symbol wirklich an dem, was es bedeutet und was es im Geist dessen, der es verwendet, durch die konkreten und affektiven Assoziationen, die es heraufbeschwört, aufleben läßt*"[1836]. Dies trifft freilich insbesondere auf die zahlreichen Miniaturgefäße, ggf. auch die Halbmondfibeln und Webstuhlgehänge meist elitärer Gräber zu.

Scheibenfibel Grab 83

Brandschüttung 83 enthielt an Beigaben ein für eine weibliche Bestattung sprechendes Haarschmuckset, bestehend aus acht Kugelkopfnadeln und Spiralrolle, diversen Ringschmuck, einen kreuzförmigen Riemendurchlass[1837], ein eisernes Ärmchenbeil und ein singuläres Scheibenfibelpaar. Frank Roy Hodson sah dieses als aus Phalerae gefertigt an[1838], wobei hier formenkundlich weder Krempenphaleren noch die Kalotten der Gräber 643, 1015a, 283 und 465[1839] als wirklich vergleichbar gelten können. Der getreppte Zierknopf der Scheiben erinnert allerdings stark an die Zierknöpfe von Schüsselhelmen, wobei selbst

---

1834 Der nachfolgende Text zu den Objekten aus den Gräbern 603, 83, 763 und 778 ist bereits in geänderter Fassung erschienen: Glunz-Hüsken 2013, 13 ff. Auf erneute Bebilderungen wird daher verzichtet.
1835 Kromer 1959, 132 f. Taf. 117,1; Prüssing 1991, Nr. 101.
1836 Huth 2003, 281 (nach Hallpike).
1837 Metzner-Nebelsick/Nebelsick 1999, 74; Variante Osovo nach Parzinger et al. 1995.
1838 Hodson 1990, 107.
1839 Barth 1980 schlug für die Phalerae des Grabes 465 eine Interpretation als Helmaufsätze vor. - Zu Phalerae als Helmbesatz zuletzt Bräuning/Kilian-Dirlmeier 2013, 60.

nach Autopsie nicht geklärt ist, ob es sich um originale Seitenscheiben oder „Kopien" handelt. Gut vergleichbar sind die Scheibenspitzen der Inventare 776, 799, 78 und 811. Die dreifach umlaufenden Zierliniengruppen stellen jedoch ein von den überlieferten Seitenscheiben mancher Schüsselhelme abweichendes Merkmal dar, während die Wölbung und ihre Größe (Dm. 6,7 cm und 7,3 cm) sich sehr gut in das vorhandene Scheibenspektrum eingliedern lassen. Die höhere Zahl an konzentrischen Zierkreisen muss nicht zwingend gegen Schüsselhelmscheiben sprechen, weil sie leicht nachträglich eingeritzt werden konnten, z. B. um den repräsentativen Charakter zu steigern und die Fibeln mit einem bekannten religiösen Emblem zu versehen[1840]. Schließlich könnte es sich auch um einen bisher unbekannten, spezifisch hallstättischen Schüsselhelmtyp handeln[1841].

Körpergrab 25/1871 (Taf. 7-103) bietet nur eine Scheitelscheibe mit konzentrisch anhaftenden Nägeln (einmalig im Friedhof), wahrscheinlich handelt es sich also um einen Helm mit nur einer Scheitelscheibe[1842]. Er hätte dann eine Parallele in Malence[1843]. Denkbar wäre aber auch, dass man die ehemals vorhandenen Seitenscheiben entfernte, bevor man ihn der Erde übergab. Bestattung 175 enthält als Reste eines Schüsselhelms gesichert eine Knauf- und eine Seitenscheibenspitze. Die also hier sicher fehlenden Scheiben (plus Nägel und Geflecht) wurden offenbar nicht beigelegt, weil Schüsselhelme mit nur zwei Scheiben als Typ nicht bekannt sind. Diese Beispiele zeigen, dass in Hallstatt nicht immer vollständige Helme der Erde übergeben wurden, Teile davon genügten offenbar, um den Toten als Krieger zu kennzeichnen. Das Scheibenfibelpaar aus Grab 83, postuliert als modifizierte originale Helmteile, belegt einerseits eine materielle und ideelle „sparsame", reduzierte Verwendung, weil zwei kleinere, vergleichsweise schlichte Scheibenfibeln sicher leicht neu anzufertigen gewesen wären. Über diesen „wirtschaftlichen" Aspekt hinaus könnte auch ein religiöser Bezug bestehen: Man mag sich die Kraft des Helms, die man ihm als kriegerischem und religiösem Motiv zuschrieb, auch in den Fibeln weiterwirkend vorgestellt haben. Ob ein und welcher Zusammenhang zwischen der Scheibenfibelträgerin und dem Helmbesitzer bestand, bleibt offen. Helme gelten als Symbol für den Krieg und als Statuszeichen des Kriegers. Es fällt schwer, diese spezielle wehrhafte Eigenschaft den Scheibenfibeln zuzuschreiben, aber die Besitzerin und der Betrachter der Fibeln könnten durchaus den Helm und das, wofür er stand, assoziiert haben. Ihre Fertigung aus einem Prestigeobjekt oder als Nachahmung eines solchen ist vermutlich analog zu den aus Bronzegefäßen gearbeiteten Klapperblechen religiös verhaftet.

Gürtelhakenfibel Grab 763

Brandschüttung 763 enthielt eine Fibel, die wie die Scheibenfibeln aus Grab 83 Bezug zu einer anderen Fundgattung aufnimmt: Der 6,7 cm lange blattförmige Fibelkörper ahmt zweifellos einen Gürtelhaken nach. Die Bronze ziert gut sichtbar eine einfach gestaltete Fischdarstellung in Tremolierstich. Diese Technik kennt man von den rhombischen Haken der Gräber 100, 792 und dem kleinen zungenförmigen Haken aus Inventar 132, nicht jedoch das punzierte Bild; dieses kehrt möglicherweise auf dem Haken aus Grab 788 wieder (Abb. 149). In das ringförmig gestaltete Ende der Schließe aus Grab 763 wurde eine eiserne Nadelkonstruktion eingebracht und in den zur Seite gebogenen Nadelhalter eingehängt; die (wohl gleichfalls eiserne) Nadel selbst ist vollständig vergangen. Wie die Autopsie zeigt, ist eine Flickstelle, die die Fibel als umkonstruierten Gürtelhaken ausweist, nicht vorhanden, d. h. man fertigte ein „neues" Objekt an. Das Ha D-zeitliche weibliche Inventar enthielt außerdem einen Buckelarmring mit Zwischenscheiben Typ Echerntal und einen Spinnwirtel. Gürteln, ohne Haken funktionslos, werden eine ganze Reihe an sozialen und religiösen Bedeutungen zugeschrieben (s. Kapitel 10), seien es zwischenmenschlich verbindende oder Träger religiöser Symbole/Embleme, und es verwundert kaum, dass hierauf Bezug genommen wird, d. h. die Auswahl des Hakens als Bildträger wird kaum zufällig erfolgt sein. Hätte man lediglich eine passende Fläche zur Darstellung des Fisches gesucht, wäre eine vergleichbar „inhaltslose" Bandbügelfibel sicher auch geeignet gewesen. Der Fisch, das traditionelle Symbol für das Element „Wasser", ist als Einzelmotiv auf etruskischer

---

1840 Glunz-Hüsken 2008, 54-56; Tomedi 2002, 1224 ff.
1841 Zuletzt gliederte Egg die slowenischen und hallstättischen Schüsselhelme nach der unterschiedlichen Herstellungsart der Scheitelscheiben in sechs Gruppen: Egg et al. 1998. Helm ohne jegliche Scheiben aus Budinjak (ebd. 445-446).
1842 Typ A nach Starý 1962/63.
1843 Egg et al. 1998, 459 Abb. 22.

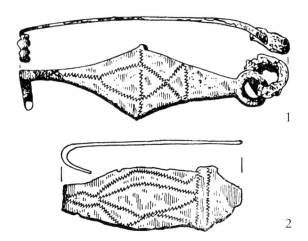

Abb. 149,1: Fibel aus Grab 763. 2: Fibel aus Grab 788, beide M 1:1.

Keramik[1844] und zweifach auf einer Dolchscheide aus Belluno, Prov. Belluno, Reg. Venetien überliefert[1845], geht jedoch sicher auf griechische Einflüsse zurück[1846]. Als singuläres Bild auf einem heimischen Trachtgegenstand nördlich der Alpen bleibt es im Gegensatz zum menschenverschlingenden Fisch auf einem Zistenfragment von Kleinklein die Ausnahme[1847], obgleich Fische während der geometrischen Zeit in Griechenland zahlreiche Fibelfußplatten zierten (s. u.).

Die Verknüpfung und Darstellung symbolträchtiger Gegenstände, häufiger Waffen auf Fibeln oder Gürtelhaken, die von Männern und Frauen getragen wurden, ist indes ein weithin und landläufig beobachtetes Phänomen, wie Fibeln in Lanzen- und Schildform eindrücklich attestieren[1848].

Nachbarschaftliche Kontakte Hallstatts zeigt die singuläre Fibelparallele aus Schleedorf-Mölkham Hügel 1 im Inn-Salzach-Gebiet an[1849], dort gleichfalls als Neuanfertigung, während die dritte Parallele vom Smolenice-Molpír eher weiterreichende, bislang unmittelbar scheinende Verbindungen in den Osten belegt[1850]. Schließlich beweist eine als Fibel umgearbeitete Gürtelschließe aus Donja Dolina-Greda M. Petrović, Skelett III, dass es sich um ein weiter verbreitetes Phänomen handelt[1851].

Ziergehänge Grab 778

Eine zweischalige, beidseitig gleichartig verzierte Bulle mit anthropomorphen Anhängern und passgenau zugeschnittener Eberhauerauflage stammt aus der Brandschüttung 778 (Abb. 150,1). Form, Zier und Maß (ca. 8 cm-10 cm) finden Korrelate in italischen Treibarbeiten; aus dem Hallstättischen Umfeld ist Vergleichbares nicht bekannt. Ich führe insbesondere die Zentren italischer Bronzefeldflaschen an, obzwar sich keine exakte Parallele für von dreireihigen Streifen getrennte Buckel mit zentralem Buckel finden lässt (ähnlich z. B. Flasche Bisenzio[1852]). Dies ist wenig erstaunlich, weil es sich bei den regional eng begrenzten Flaschen aus Südetrurien um Einzelstücke handelt, die keine Gruppenbildung ermöglichen[1853]. Die Annahme ihrer Fertigung aus einer Feldflasche erklärte jedenfalls sowohl die ungleiche Wölbung der Scheiben, als auch die „Zweiseitigkeit" des Schmucks.

Infrage kommen außerdem italische Schilde bzw. Schildbuckel. Allerdings müsste es sich bei den hallstättischen dann um eine „neue", von A. Geiger nicht bearbeitete Werkstattgruppe handeln, weil Schildbuckel mit zentralem Zierbuckel immer durch Punktreihen und nie durch Rippengruppen getrennt sind[1854] und die beiden hallstättischen Zierbleche im Vergleich mit einigen italischen wenig stufig ausfallen[1855]. Die beiden Pferdefibeln mit nach unten gerichtetem Knotenschweif[1856] weisen wie die bernsteinbesetzten Sanguisugafibeln[1857] und das hier besprochene Amulett nach Mittelitalien, ohne damit die leibliche Herkunft der Verstorbenen klären zu wollen.

1844 Montelius 1895 Bd. 2, pl. 292,4; 296,2; 311,19; 344,2.
1845 Frey 1969, 109 Taf. 81,42; Turk 2005, 24 f.
1846 Fische auf spätgeometrischer Keramik: Coldstream 1968, Taf. 29; 45. - Auf spätgeometrisch archaischen Fibelfußplatten: Kilian-Dirlmeier 2002, Taf. 27; 29; 30-38. - Zum Fischfang in griechischen Quellen: Buchholz et al. 1973, 131-165 besonders 135.
1847 Kleinklein: Huth 2003, 152 ff.; 289. In bekannter Kombination letztlich orientalischer Abkunft, nämlich zusammen mit dem Raubvogel („Raubvogel schlägt Fisch"-Motiv: Kull 1997, 242; 311 f.), sieht man es auf einem Ha D3-zeitlichen estensischen Gürtelblech einer weiblichen Bestattung: Frey 1969, 105 Taf. 34,1-27; 68,19 (Ospedaletto, Prov. Trento, Reg. Südtirol).
1848 Z. B. Derrix 1997, 523-525: Herzsprungschilde; Kull 1997, 333-336 Abb. 64,7-8: Lanze/Fibel; Moosleitner 1993, 13 f. Dolch auf bronzezeitlichen Gürtelhaken.
1849 Stöllner 1996, 307; 2002, 58.

1850 Stegmann-Rajtár 2005, 150 Abb. 21,14.
1851 Truhelka 1904, 119 (ohne Abb.).
1852 Marzoli 1989, Nr. 8.
1853 Marzoli 1989.
1854 Geiger 1994, z. B. Taf. 24-27; 64; 65; 70; 71; 74; 75; 78; 80-85.
1855 Geiger 1994, z. B. Taf. 18; 64.
1856 Polenz 1978, 132.
1857 Glunz 1997, 70-76.

Das singuläre Objekt zeigt somit ggf. die sekundäre Verwendung oder Nachahmung eines Prestigeobjektes (z. B. einer Feldflasche) an; es könnte ihm daher ein „magischer" Charakter zugeschrieben worden sein. Weil Feldflaschen oder spezifisch verzierte italische Schilde im hallstättischen Umkreis unbekannt waren[1858], ist allerdings auch nicht ausgeschlossen, dass die Hallstätter Schmiede hier ein rein „profanes" Schmuckstück „ohne Vergangenheit" fertigte, dessen repräsentativ-exotischer Vorzeigecharakter sozial im Vordergrund stand.

In diesem Sinne können auch die beiden Verwandten, gleichfalls „Bullen", aus dem weiblichen Körpergrab 963 (Abb. 150,2) und die mit zum Teil sekundär verwendeten Klapperblechen versehene Phalera aus der ebenfalls weiblichen Bestattung 750 (Abb. 150,3) verstanden werden. Das zweischalig gearbeitete runde Objekt aus Grab 963 lag am rechten Becken und ist daher vielleicht als (verlagerter) Brustanhänger, an einem vollständig vergangenen, textilen Gürtel oder auf der Kleidung getragen worden. Denkbar wäre, dass die charakteristisch gewölbte Oberseite der Schale in Anlehnung an Phalerae gearbeitet wurde, die der Form des Blechs sehr ähneln[1859]. Ihre Fundlage spräche dann für die für Phalerae postulierte Funktion als Bestandteil eines Gürtels.

Die leicht getreppte Scheibe mit Klappergehänge aus Brandgrab 750 ist hingegen sehr wahrscheinlich als Phalera anzusprechen, obwohl ihr flacher Knopf auf der Oberseite von den hallstättischen spitzkonischen Phalerenknöpfen abweicht. Klassische Phalerae – stets ohne Gehänge – sind aus Frauengräbern Verginas, aus Donja Dolina (als Gürtelbesatz oder auf der Kleidung) und aus dem weiblichen Brandgrab 495 von Hallstatt überliefert (Phalerenknopf), aber auch überregional aus männlichen waffenführenden Gräbern bekannt. Vermutlich handelt es sich um universale Besätze von Gürteln oder Textilien (s. o. Absatz 5.2), hier durch trianguläre Bleche zusätzlich sakral markiert.

Alle drei Bronzen (Gräber 778, 750, 963) tragen am unteren Rand geräuschverursachende Bleche anthropomorpher oder triangulärer Gestalt, darunter auch aus Gürtelblechen herausgeschnittenes (Grab 750), also sekundär verwendetes Material, was ich anderer

Abb. 150: 1-3 Gehängeschmuck aus Grab 788, 963 und 750, M ca. 1:3,5.

Stelle untersucht habe[1860]. „*Die verborgene Lebenskraft der Dinge*"[1861], „ihre Magie" liegt also in der Wiederverwertung, optischen Anlehnung und/oder Umwidmung religiös konnotierter Bronzen (wie Gürtelbleche, Metallgeschirr, Helme, phalerenbesetzte Gürtel oder Textilien).

9 Anthropomorphe Darstellungen

Das Bild des Menschen ist seit dem 8. Jh. v. Chr. im alpinen Umfeld (und darüber hinaus) eine bekannte, wenn auch zum Teil seltene und vereinzelte Erschei-

---

1858 Zum Nachweis hallstattzeitlicher Schilde hier Absatz 5.3.
1859 Dazu z. B. Merhart 1956, Abb. 9,5.

1860 Glunz-Hüsken 2013, 13 ff.
1861 In Anlehnung an Kossack 1998.

nung[1862]. Sein Abbild darzustellen, stilisiert oder naturalistisch, zeugt von gedanklicher Abstraktion und Selbstbewusstheit. Zweifellos anthropomorph zu lesende Dolchgriffe des Typs Hallstatt aus Hallstatt selbst (Gräber 65/2002, 203/204, 574, 577) zeigen eine anatomisch übertriebene Symmetrie, Schematismus und fehlende individuelle Merkmale, wodurch Universalität entsteht und vielleicht die Absicht bestand, Archetypen darzustellen. Neben diesen vergleichsweise zahlreichen menschenähnlichen bzw. menschengestaltigen Waffengriffen und zwei italisch inspirierten männlichen Adorantenfiguren am Dolchgriff aus Grab 116 (Variante Aichach nach Sievers, Beschreibung s. Absatz 5.1.3[1863]) kamen im Hochtal zwei anthropomorphe Plastiken in die Erde, die sich durch ihre naturalistische Wiedergabe von den oben genannten erheblich unterscheiden.

9.1 Vollplastik (Gräber „585" und 641)

Das Gräberfeld erbrachte bisher zwei vollplastische Objekte, die den Menschen relativ naturalistisch zeigen: den Reiter auf der Miniaturaxt aus Grab 641 (Absatz 3.7) und eine kleinere Halbfigur aus dem Umkreis des Grabes 585. Oberkörper, Kopf und Arme messen lediglich 2,9 cm Höhe. Die Gestaltung des Kopfes und fehlende Brüste sprechen für die Darstellung eines Mannes (Abb. 151,1). Aus Brandgrab 585 sind außerdem das Ortband eines Dolchs, eine Bronzeantennenwaffe Typ Hallstatt[1864] und eine Fibelnadel überliefert, das Inventar ist also wahrscheinlich gestört und unvollständig. Das Figürchen muss genau genommen als Streufund betrachtet werden, weil ausdrücklich vermerkt ist, dass es „*etwas höher in der Erde*" gefunden wurde[1865]. Dass es als sprechender Aufsatz auf einem anderen Objekt (Beigabe) fixiert war, ist auch nach Autopsie unwahrscheinlich, weil die „Hände" jeglicher Verankerung technisch gesehen im Wege stehen. Nicht auszuschließen ist jedoch vielleicht die ursprüngliche Befestigung der Figur auf einer hölzernen Kiste.

Das flache Gesicht ist leicht nach oben gerichtet, Nase, Mund, Kinn, Haaransatz und Ohren genügen in

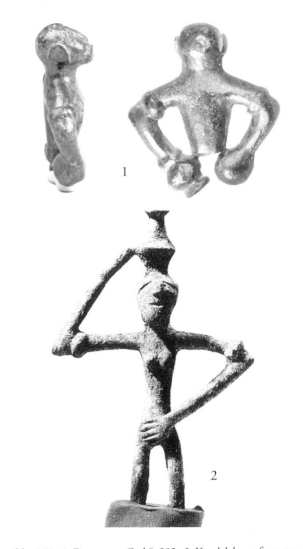

Abb. 151: 1 Figur aus „Grab" 585. 2 Kandelaberaufsatz aus Vetulonia-Circolo delle Pelliccie II, Prov. Grosseto.

grober Ausführung; die Augen sind nicht angegeben, weshalb man sie sich als geschlossen denken könnte. Es entsteht ein Eindruck der Verzückung[1866], zugleich aber auch eine gewisse Wehrhaftigkeit. Die am Oberarm beringten, abgewinkelten Arme enden in einer Kugel und einem offenbar scharf profilierten Gefäß, das am ehesten als Amphore oder Kegelhalsgefäß anzusprechen ist. Ob die Kugel eine Schale meint, wie von Ch. Huth – wohl zu Recht in Anlehnung an andere Gefäßträger – vermutet[1867], sei dahingestellt; sicher wäre man in der Lage gewesen, eine Schale zu formen, hätte man dies beabsichtigt. Jedenfalls wird durch die vergleichsweise Überdimensionierung der „Gefäße" bei gleichzeitigem

---

1862 Huth 2003, z. B. 11-41; 280.
1863 Glunz-Hüsken/Schebesch 2015.
1864 Sievers 1982, Taf. 11,65.
1865 Kartei Mahr, NHM Wien. Siehe auch Kromer 1959, 130. Ramsauer schreibt zu diesem Inventar, er habe „*drey Gräber geöffnet*".

1866 Vergleichbar ist der Ausdruck der Bleifigur aus Nyergesújfalu, Kom. Komárom-Esztergom, Ungarn: Egg 1996, 50 Abb. 28,1.
1867 Huth 2003, 145.

Verzicht auf die Ausbildung der Hände[1868] klar, worauf es ankam: Die Figur gehört dem Typus der seltenen männlichen Gefäßträger an (Hydrophoren), und zwar jenen, die Gefäße vor sich halten. Publiziert sind lediglich zwei (italische) Parallelen, Figuren aus Osteria dell'Osa Grab 142 und Rocca di Papa-San Lorenzo[1869]. Die hallstättische Plastik weist zudem durch die Gestaltung des Gesichts, der beiden Armreife und der bikonischen Form des Gefäßes mit scharfem Umbruch auffällig große Ähnlichkeiten mit der allerdings klar weiblichen Figur eines Kandelaberaufsatzes aus Vetulonia-Circolo II delle Pelliccie, Prov. Grosseto[1870] (um 675 v. Chr.) auf, weicht aber auch durch die Armhaltung und damit zusammenhängend die Position des Gefäßes (auf dem Kopf) von diesem ab (Abb. 151,2). Zweifellos bestätigt der Vergleich jedoch, dass es der Gruppe der GefäßträgerInnen angehört, zu denen sowohl Männer[1871] und Frauen (nackt und bekleidet[1872]) als auch eben jene mit vorgehaltenem Gefäß zählen[1873]. Beidseitige Oberarmreife trägt auch der nackte männliche, jedoch wagenfahrende Gefäßträger aus „Mittelitalien"[1874]. Obgleich es sich also um eine singuläre Plastik handelt, zeigen diese Parallelen, dass hier eine überregional verständliche Bildsprache gefunden wurde.

Hydrophoren, die Gefäße vor sich her tragen, werden zumindest im kretisch-mykenischen Raum mit einer Opfergabe oder rituellen Waschung in Verbindung gebracht[1875]. Emeline Richardson schlug vor, in den griechischen Statuetten – meist Frauen – Quellnymphen zu sehen, die heilendes Wasser herbeibringen, die italischen hingegen seien eher „häusliche Göttinnen" (Vestalinnen)[1876]. Christoph Huth glaubt, das Heilige sei im Kessel, Eimer oder Kegelhalsgefäß präsent, der/das von Hydrophoren bzw. Adoranten (diese ggf. auch wagenfahrend dargestellt) kredenzt werde[1877]. Gabriele Zipf machte klar, dass der Gestus und die Figur der Wasserträgerin „in Mittelitalien bereits in der Früheisenzeit, vor der Integration griechischer und orientalischer Einflüsse in die einheimische Bilderwelt, bekannt" war[1878]. Ralph Araque Gonzales sieht die seit der späten Bronzezeit aus Heiligtümern Sardiniens bekannten Hydrophoren durchaus als Abbilder von Göttern an. Er bezeichnet sie als „Archetypen" mit unveränderlichen Merkmalen, die über das orientalisierende Etrurien nach Norden Verbreitung fanden. Neben dem Stier gehörten die Gefäßträgerinnen zum weit verbreiteten religiösen Figurenprogramm des mediterranen Großraums, das in zeitlich verschiedenen und regionalen Ausprägungen vorliege[1879]. Anzumerken wäre hier, dass die meisten Figuren in Heiligtümern allerdings als Weihegaben zu verstehen sind.

Festzuhalten wäre noch, dass nur Figuren, die Gefäße mit beiden erhobenen Armen halten (Wagen Strettweg, Wagen „Mittelitalien", Sofa Hochdorf) das Bild des Oranten innewohnt. Jene, die einhändig über dem Kopf tragen, könnten auch vergleichsweise „profane" Wasserträgerinnen verkörpern, zu sehen etwa auf der Certosa-Situla, wo drei Frauen zwei unterschiedlich geformte Behältertypen auf dem Kopf balancieren. Sie belegen, dass zumindest in diesem Fall keine Trankspenderinnen gemeint sind (also jene, die mittels Schöpfer ausschenken), sondern solche, die für das Kultfest eine größere Menge Flüssigkeit herantragen, möglicherweise dieselbe oder einen Bestandteil derselben, die später persönlich gereicht wird, wobei die spezielle Transporttechnik per Kopflast auch im Alltag weit verbreitet war[1880]. Außerdem bietet sich noch die Unterscheidung in zum Teil größere, auf einem Wagen fahrende Figuren an und in kleinere ohne Wagen. Zu ersteren zählen beispielsweise Strettweg, „Mittelitalien"[1881] und in verkürzter Weise die acht Hochdorfer Sofafüße. Der Zweck der Räder der Hochdorfer Gefäßträgerinnen besteht wohl kaum darin, das Sofa zu rollen[1882]. Vielmehr stellen die gleichsam fahrenden Gefäßträgerinnen des Möbels eine traditionsreiche Symbiose dar, die letztlich in den heimischen urnenfelderzeitlichen Kes-

---

1868 Eine ähnliche Verschmelzung von Händen und Gefäß bei der Figur aus Deszczno, Woj. Lebus, Polen: Huth 2003, Taf. 27,1.
1869 Beide Huth 2003, Taf. 65,3.4.
1870 Egg 1996, 37 Taf. 14,3; Richardson 1984, Taf. I a-b. Mit irrigem Fundort bei Araque Gonzales 2012. Andere Datierung bei Amann 2000, 241 Taf. 9 c.
1871 Tomedi 2002, 273. Ein weiterer männlicher Gefäßträger mit (fehlendem) Räuchergefäß auf dem Kopf bei Pallottino 1955, Abb. 81 (Fundort Vulci).
1872 Egg 1996, 36 ff.
1873 Zum Idoltyp der Gefäßträgerin mit vorgehaltenem Gefäß: Kossack 1954, 60 Taf. 13,6-9; Eibner 2000/01, 118-122; Huth 2003, 111 mit Anm. 224, Taf. 27,1; 65,4.
1874 Woytowitsch 1978, Taf. 26.132.
1875 Müller-Karpe 2009, 199 ff.; Säflund 1993, 30 ff.
1876 Richardson 1984, 449 ff.
1877 Huth 2003, z. B. 289.
1878 Zipf 2003, 515.
1879 Araque Gonzales 2012.
1880 Pany-Kucera et al. 2010.
1881 Woytowitsch 1978, Taf. 26,132.
1882 Von Biel 2009, 170 f. erwogen.

selwagen wurzelt, bei denen der Mensch jedoch nicht abgebildet wurde[1883].

Über den Kontext der hallstättischen Figur lässt sich rätseln. Wenig wahrscheinlich ist, dass sie, analog den Miniaturgefäßen des Dolches aus Grab 557, als Aufsatz auf dem Dolchgriff aus Grab 585 befestigt war, weil thematisch Gefäßträger immer für sich alleine stehen und nicht mit Oranten oder Figuren in Siegerpose verbunden werden, die der Griff verkörpert (Absatz 5.1.3). Luis Nebelsick erwägt die Zugehörigkeit des Figürchens zu einem Miniaturwagen, was nicht zuletzt wegen der Störung des Inventares, reine Spekulation bleibt. Das unter dem Figürchen liegende Grab 585 liefert hierfür keinerlei Anhaltspunkte, vom gesamten Friedhof ist bis heute kein Miniaturwagen (oder ein Bestandteil davon) bekannt[1884].

Grab 641 enthält u. a. eine Miniaturaxt mit plastischem Pferd und Reiter, die wahrscheinlich Opferzwecken diente (s. Kapitel 7). Mensch und Tier gehören zum gewöhnlichen Bildprogramm im ostalpinen Raum[1885], italische anthropomorphe Geräteplastik zeigt den Weg der Ausbreitung solcher Darstellungen an[1886]. Dies wurde an anderer Stelle erörtert, das Vorkommen einer Pferdeplastik mit Reiter in Hallstatt überrascht daher so gesehen nicht, sodass ich mich hier auf das eigentliche Objekt und sein Umfeld konzentriere. Bei genauerer Betrachtung des Reiters erkennt man ein oberschenkellanges Gewand, vielleicht eine Hose und einen Panzer oder ein Wams, evtl. auch einen Gürtel, angezeigt durch drei Einkerbungen bzw. Wülste an Hals, Taille und Knie. Finger und Fußzehen werden holzschnittartig gefiedert angedeutet[1887], die Hände fassen nur scheinbar an die in Tremolierstich gezeichneten Zügel. Augen, Nase und – möglicherweise freudig – geöffneter Mund werden sehr schematisch, starr, maskenartig[1888] und ohne individuelle Züge angegeben, eine bei vorgeschichtlichen Darstellungen des Menschen charakteristische Eigentümlichkeit[1889]. Die kreisrunden Augen des Reiters entsprechen denen des Pferdes, ebenso ähneln sich das Maul des Tieres und der Mund des Menschen. Sein männliches Geschlecht ist durch eine kreisrunde Vertiefung angezeigt, offen bleibt, ob ehemals eine farbige Einlage vorhanden war. Sehr wahrscheinlich trägt der Mann einen Helm (schräg verlaufender Wulst[1890]), was der kahle, runde Kopf ohne Ohren und Haare nahelegt[1891], und einen Halsreif, der vorn unter dem Wams/Panzer verschwindet, seitlich und im Nacken aber gut sichtbar ist[1892]. Das Pferd befindet sich trotz ruhend wirkender Beine in Bewegung: Der offenbar sehr buschige Schweif steht fast waagrecht in der Luft (Abb. 43) – Mensch und Tier suggerieren einen „wilden Ritt". Beinahe assoziiert man trotz Abstraktion eine historische, vielleicht wagemutige Persönlichkeit, deren Darstellung jedoch wohl kaum gemeint war, wie Huth überzeugend darlegte[1893]. Gerhard Tomedi wies auf den wenig naturalistischen Stil hallstättischer Pferde hin („*teigig*"), speziell dieses bezeichnete er als „*Lurch mit Ohren*"[1894]. Reiter, Pferd und Axt sind in einem Guss hergestellt (Autopsie)[1895].

Ein Vergleich mit den zweifellos differenzierter ausgearbeiteten Reitern der Situlendenkmäler (Reiter der Certosa-Situla[1896], Reitergruppe der Schwertscheide aus Hallstatt Grab 994[1897]) belegt die übereinstimmende Ausrüstung eines „Typs" mit Wams oder Panzer[1898]

1883 Zur Darstellung des Menschen währen der Bronze- und Urnenfelderzeit Süddeutschlands: Huth 2003, 68 ff.
1884 Nebelsick 1992, 432 Anm. 148
1885 Nebelsick 1992A, 410 f.; Parzinger et al. 1995, 121; Huth 2003, 124 ff.; Trefný 2002, 364.
1886 Huth 2003, 146 mit Anm. 312. Zum Forschungsstand zusammenfassend auch Koch 1998, 303 f.; Reichenberger 2000, 57 ff.; s. z. B. auch die Reiterfiguren auf einer Lebes von Grosseto: Gli etruschi 2000, 597 Nr. 173.
1887 Vgl. Huth 2003, 53.
1888 Huth 2003, 158 (zu weiteren möglichen Maskenträgern der Stelen von Hirschlanden und Capestrano).
1889 Huth 2003, z. B. 54.
1890 Weitere Fotos bei Kromer 1959, Taf. 137,3; 222,1; Aigner-Foresti 1980, Taf. I,2.
1891 Gut vergleichbar ist der Helm eines Reiters auf der Arnoaldi-Situla. Umzeichnung bei Polenz 1978, 133 Abb. 5,5.
1892 S. bereits Koch 1998, 299.
1893 Huth 2003, 145.
1894 Tomedi 2002, 213.
1895 Vgl. auch Kromer 1959, Grab 734.
1896 Gute Umzeichnung bei Turk 2005, 39 Abb. 58,2.
1897 Egg et al. 2006, z. B. Beilage 1.
1898 Die Deutung der Kleidung auf der Schwertscheide Grab 994 wird kontrovers diskutiert. Obwohl M. Egg die Kleidung der Fußgänger genau beschreibt und sie als Wämser anspricht, schränkt er zuvor die Möglichkeiten der Analyse der Kleidung ein, weil sie durch „Schild oder Panzer" verdeckt sei. Von diesen „Panzern" ist im fortlaufenden Text allerdings keine Rede mehr (Egg et al. 2006, 192 ff.). - Hansen 2003, 103 rechnet hingegen mit Kompositpanzern. S. auch die Beschreibung bei von Kurzynski 1996, 50 f. Meines Erachtens sind auch Lederpanzer nicht auszuschließen (vgl. Hallstatt Grab 25/1871), die ja durchaus verziert sein konnten. - Zu Panzern aus organischem Material: Hansen 2003, 29 f.; Rapin 2002, 224; Stöllner 2002, 139. Ich möchte mich an dieser Stelle den

über knielangem Gewand (oder Hose)[1899]. Gleichartig ist auch das Tragen eines Helms[1900], was unsere Figur außerdem mit dem stilistisch grob gezeichneten Reiter der Ziste XIII des Kröllkogels (Ha D1) verbindet[1901]. Diese Analogien demonstrieren die „zeitlose" Rüstung des idealtypischen reitenden Kriegers der Früheisenzeit im Osthallstattkreis (von spätem Ha C bis in die Frühlatènezeit) bestehend aus Gewand (oder Hose), Wams/Panzer, Helm ggf. Waffe (Beil/Axt, Lanze), erkennbar trotz unterschiedlicher Stilmittel. Lediglich der Halsreif ist bildlich nicht vertreten, aber sowohl plastisch (selten) als auch in bronzener (Guss), seltener eiserner (geschmiedet) und goldener gegenständlicher Ausführung aus Männergräbern überliefert[1902]. Stefan Burmeister wies bereits auf die hochwertige Herstellungstechnik hin, die Goldhalsreifen von anderen statushaft unterscheide[1903]. Markus Egg und Rüdiger Lehnert sammelten kürzlich die hallstattzeitlichen Bronzehalsreife – forschungsgeschichtlich bedingt aus überwiegend archäologisch bestimmten Männergräbern[1904] – wobei hier im Westhallstattkreis fünf schlichter ausgestattete neben fünf reicheren Kriegergräbern genannt werden, nämlich Würtingen-St. Johann, Kr. Reutlingen, Baden-Württemberg 1897 (Dolch, Lanzen Bronzegeschirr, Wagen), Hohmichele Grab 6, Kappel Hügel 3, Dornheim, Groß-Gerau, Bez. Darmstadt, Hessen (Schwert?) und Kleinostheim, Kr. Aschaffenburg, Unterfranken, Hügel XII (Bogenschütze). Würtingen-St. Johann, Hohmichele Grab 6 und Kappel (Dolch, Lanzenspitzen, Bronzegefäße, Wagen, Pferdegeschirr) datieren in Ha D1, was die Autoren zur Vermutung veranlasste, in den männlichen Gräbern mit Bronzehalsreifen die Vorläufer der Goldhalsringträger[1905] zu sehen, wie bereits W. Adler vermutete[1906]. Durch das Tragen des eigentlich weiblich konnotierten Objektes „Halsreif" setze sich die Elite bewusst von „gewöhnlichen" Zeitgenossen ab und begründe somit ihre Sonderstellung („Herrscher als Regelbrecher")[1907]. Dies mag zwar auf reicher ausgestattete Inventare zutreffen, erklärt aber nicht die „normalen", zusätzlich nur mit Lanze und Haumesser versehenen, wobei kleinregionale Untersuchungen die Parameter „reich" bzw. „gewöhnlich" relativieren könnten. Wolfgang Adler und Leif Hansen schließlich setzen das „Statussymbol Halsring" herab, weil für diese Klassifizierung offenbar das Material Gold ausschlaggebend gewesen sei (Vix) und gewisse Goldreife (jene ohne Seele) keine Entsprechungen in bronzenen fänden[1908].

Nach Hallstatt zurückkehrend, lässt sich auch dort ein mutmaßliches Männerkörpergrab 22/1938 mit einem Bronzehalsring ausmachen, das sich außerdem durch ein Goldringlein und möglicherweise ein Angelgerät (s. u.), meist Kennzeichen von Eliten, abhebt. Ausgesprochen weibliche Elemente fehlen in dieser Bestattung gänzlich, vor allem die gewöhnliche Lanze spricht hier für die Bestattung eines Mannes, zwei Armringe und das Haumesser stören dabei nicht zwingend. Die anthropologische Bestimmung durch D. Pany-Kucera ermöglichte zwar keine Feststellung des Geschlechts, ergab aber, dass sich in diesem Grab sicher zwei Individuen befanden (adult-matur, matur)[1909]. Somit könnte es sich auch um die Bestattung eines Mannes (Lanze) und einer Frau (Ringschmuck) handeln

---

Überlegungen F. E. Barths (Barth/Urban 2007) anschließen, der auf weitere frackähnliche Darstellungen z. B. auf den Situlen von Kuffern und Magdalenska gora hinwies (s. auch Egg/Schönfelder 2009, 35 f.). Ihre Interpretation als spezifisches Kleidungsstück der Bergleute („Arschleder") ist allerdings auch deswegen (mitsamt der Interpretation des Rades als Haspel) wohl eher abzulehnen, weil prähistorische Bilder nie historisch-individuelle Zeugnisse z. B. eines speziellen Ortes wiedergeben: Huth 2010, 144; 2003, 286. Einzige Ausnahme stellt vielleicht das zweifellos lokal geprägte Dürrnberger Goldschiffchen aus Grab 44/1 dar, das sowohl als Metapher für den Salztransport, als auch als Gefährt ins Jenseits (äquivalent zu Wagen) gesehen werden kann.

1899 So übereinstimmend auch Hansen 2003, 103.
1900 Die Bekleidung anders gedeutet bei Koch 1998, 299 (Halsring, Gürtel). Die von M. Egg als Kinnriemen gelesene Linie der Reiter auf der Schwertscheide Hallstatt 994 könnte ebenso gut auch als Begrenzung einer Maske interpretiert werden, zumal die Helme anderer gezeichneter Reiter (Gürtel Vače, Situla Certosa) niemals Kinnriemen aufweisen, wiederum im Gegensatz zu realen Helmen. Zum Helm auf der Schwertscheide: Stöllner 2002, 139. Zum Nachweis eines realen Kinnriemens an einem Kappenhelm: Moser et al. 2012, 179.
1901 Egg 2012, 112 Abb. 16,1.
1902 Zu den Plastiken (wohl hallstattzeitlich und männlich: Hirschlanden, Glanum, Roquepertuse, Constantine, Nîmes, Grézan) und goldenen Halsreifen zuletzt Adler 2003, 155-191; Marzoli 2003; Burmeister 2003, 283 ff.; Hansen 2010, 96 f.
1903 Burmeister 2003, 283.
1904 Lediglich Eberdingen-Hochdorf Nachbestattung 2 ist anthropologisch als männlich bestätigt.

1905 Hansen 2010, 89 ff.
1906 Adler 2003, 178.
1907 Dehn et al. 2005, 74 f.; Hansen 2010, 97.
1908 Hansen 2010, 97.
1909 Kromer 1959: Skelett gänzlich zerfallen, nur zertrümmerte Schädelknochen; Pany 2003, 125 und E-Mail vom 26.6.2012.

und der Halsring könnte dann nicht sicher dem Mann zugeschrieben werden. Wegen eines formal unspezifischen glatten Drahtarmrings mit kleinem Durchmesser (5,5 cm[1910]) könnte auch die Mitbestattung eines Kindes erwogen werden. Andere halsreifführende Inventare aus Hallstatt gelten archäologisch und anthropologisch als weibliche[1911], mit archäologischen Mitteln nicht sicher als männlich bestimmbar oder als Kindergräber[1912]. Eine weitere anthropologisch bestimmte Kinderbestattung (6-8 Jahre, Geschlecht unbekannt) liegt in Grab 8/1939 vor (Fußring, Halsring, Armring, Tüllenbeil). Das Beil legt ggf. die Bestattung eines Jungen nahe.

Schließlich bezeugen auch drei späthallstatt/frühlatènezeitliche Bronzefigürchen aus Prašník, Okr. Piešťany, Slowakei, Domèvre-en-Haye, Dép. Meurthe-et-Moselle, und vom Oberleiserberg, Bez. Korneuburg, Niederösterreich, die über weite Strecken bekannte Kombination Mann – Halsreif – deutlich markiertes Geschlecht. Ihre Funktion als demonstrativer Anhänger oder als Aufsatz auf mutmaßlichem Geschirr verbindet sie mit Plastiken auf etruskischen Gefäßen kultischen Charakters (z. B. Amphorendeckel Bisenzio-Olmo Bello Grab XXII)[1913] und mit der Darstellung des Hieros gamos, bzw. des Symplegma. Die klare Zeichnung ihres Geschlechts (ohne Halsreif) verbindet diese Statuetten mit überregional verbreiteten, z. B. dem Kriegerfigürchen von Vače (formal ähnliche kreisrunde Vertiefung), den Figuren am Kultwagen von Bisenzio, jenen der Amphore von Bisenzio-Olmo Bello Grab 22 oder aber dem Reiter aus Speikern, Gde. Neunkirchen am Sand, Kr. Nürnberger Land, Mittelfranken, Hügel 3[1914]. Sie erzählen vom osthallstättischen Ideal des bewaffneten Kriegers (Helm, Schild, Lanze), von herrschaftlichem Reiten und religiös überhöhter Manneskraft.

Ob jedoch eindeutig ityphallische Darstellungen an singulären Plastiken (ohne gegengeschlechtlichen Partner) als Hinweis auf die Hierogamie interpretiert werden können, sei dahingestellt. Der Reiter aus Hallstatt Grab 641 lässt diesbezüglich keinerlei Assoziation zu, vorausgesetzt sein Geschlecht war ehemals entsprechend gebildet. Der Axt-Reiter aus Hallstatt 641 weist sich durch seine Ausrüstung als ein Angehöriger des auf den Situlendenkmälern abgebildeten standardisierten osthallstättischen Kriegertyps aus. Er hat Kenntnis von der (überörtlichen) Bedeutung des Tragens eines Halsrings, im Westen und in goldener Ausführung ein soziales Statussymbol[1915], und er setzt sich dadurch von anderen Männern ohne Halsring ab[1916]. Er ist von den Reiterfiguren des Ostalpenraums abzugrenzen, die bisweilen nackt sind und lediglich ein Schild führen (z. B. Gemeinlebarn, Gde. Traismauer, Bez. St. Pölten, Niederösterreich Hügel 1 und 3, Großmugl, Bez. Korneuburg, Niederöstrreich, Rifnik[1917]). Als formal eng verwandt erscheinen die Reiter mit Lanze, (veraltetem) Helm und Schild vom Strettweger Wagen. Eingebunden in eine gegenüber den Plastiken auf Prunkgefäßen aus Frög und Gemeinlebarn vergleichsweise lebendige Szenerie, stehen die geschlechtslosen Strettweger Figuren dort weder im Mittelpunkt noch handelt es sich um individuelle Persönlichkeiten, weil sie vervierfacht die zentrale Orantenfigur mit Schale gleichsam umrahmen. Neu- und einzigartig in Hallstatt und im zirkumalpinen Raum sind der Verbund von Waffe bzw. symbolischem Opfergerät (Axt), Pferd mit Reiterkrieger sowie ihre Miniaturisierung. Die Plastik verdeutlicht: Hier ist nicht der Mensch im Allgemeinen gemeint, sondern der *Typ* des idealisierten ityphallischen Kriegers, untrennbar verbunden mit (seinem) Pferd, (seiner) Waffe und sozialen Statusobjekten (seinem Halsreif, Helm, Panzer) – gleich den mit ihrem Gefäß verbundenen Gefäßträgerinnen ein festgefügter Topos.

Eine vergleichbare gedankliche Abstraktionsleistung ist in jüngeren Bestattungen Hallstatts nicht dokumentiert. Man könnte postulieren, der Mann auf

---

1910 Das Grab enthält einen zweiten vergleichbaren Armring, der allerdings aufgebogen und daher nicht mehr messbar ist.
1911 Z. B. Grab 26/1939: Pany 2003, 126.
1912 Z. B. Gräber 3/1938, 15/1889 (Mahr 1914, 30), 68, 102, 124, 183 und 184.
1913 Karwowski 2012, pl. 1,3.
1914 Huth 2003, Taf. 16,5; 64, 3; 66c.

1915 Zur Stele von Hirschlanden u. a. Marzoli 2003, 212: „*Es scheint sich um kanonische Formen eines lokal gültigen und zeitlich definierten Herrschaftsbildes zu handeln, das von individuellen Machtinhabern zur persönlichen wirkungsvollen Repräsentanz beansprucht wird.*"; Burmeister 2003 (Goldhalsringe); Hansen 2010, 89 ff.; Schier 2010, 392; Schumann 2015, 143.
1916 Eine Bestandsaufnahme osthallstättischer männlicher Grabfunde mit Halsring trüge sicher zur sozialen und ggf. religiösen Beurteilung jenes Attributs dort bei, kann jedoch an dieser Stelle nicht bzw. nur für Hallstatt geleistet werden (s. o.).
1917 Huth 2003, Taf. 42-44; Koch 2010, 146 ff.; Reichenberger 2000, Taf. 14; Polenz 1978, 133 Abb. 5,5.

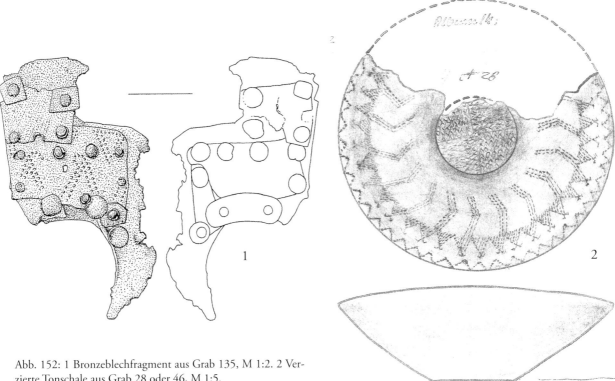

Abb. 152: 1 Bronzeblechfragment aus Grab 135, M 1:2. 2 Verzierte Tonschale aus Grab 28 oder 46, M 1:5.

der Axt meine (aber zeige nicht[1918]) den Verstorbenen persönlich[1919], was seine (individuelle) Selbstbewusstheit spiegele und zugleich aber auch seine Identifikation mit überregionalen, auch sozial exklusiven Herrschaftszeichen offenbare (Rüstzeug, Halsreif, Pferd, Kultaxt). Diejenigen, die die Bestattungszeremonie und die Beigaben auswählten, kennzeichneten den Verstorbenen auch post mortem mit jenen Zeichen, vielleicht ähnlich dem Heroisierungsaspekt, den man auf die Glauberger Großplastik übertrug[1920]. Jedenfalls setzte die Identifikation mit kodifizierten Idealen letztlich wiederum ein individuelles Verhältnis dieses Menschen zu überirdischen oder numinosen Kräften voraus (gleichviel ob sie nun menschengestaltig waren oder nicht) bzw. spiegelt, wie sich der Mensch in den Mittelpunkt der Welt rückte und nicht mehr ausschließlich von symbolischem Denken geprägt war[1921]. Diente die derart sprechende Miniaturaxt ehedem tatsächlich als (symbolisches oder tatsächliches) Opfer-, also Kultgerät, wird deutlich, wie eng soziale Rollen, religiöse Vorstellung und geistige Verfasstheit verschränkt waren.

Kehren wir zur materiellen Kultur zurück: Sollten die Reiter auf der Schwertscheide des Grabes 994 tatsächlich Panzer tragen, wären sie und der Panzer des Reiters aus Grab 641 der Beleg, dass entsprechender Körperschutz im Hochtal mindestens ideell bekannt war. Gegenständliche, rein bronzene Panzer sind aus Hallstatt bekanntlich nicht überliefert (Absatz 5.3)[1922], ein metallbesetztes Lederkoller hingegen wahrscheinlich schon. Ihre Seltenheit[1923] sowie die metallener Halsreife in elitären Bestattungen des Osthallstattkreises unterstreichen nochmals die Exzeptionalität der Miniaturaxt mit defensiv bewaffnetem und beringt dargestelltem Reiter aus Hallstatt Grab 641.

1918 Prähistorische anthropomorphe Darstellungen porträtieren nie Individuen wie Huth 2003, 106 überzeugend darlegte.

1919 Dass die auf italischen Urnen dargestellten Männer (Personen) den Toten selbst meinen, erläuterte Huth 2003, 177 ff.

1920 Kull 1997, 405 ff.; Herrmann 2002; Frey 2002; Huth 2003, 105 ff.

1921 S. dazu auch Huth 2003, 279 ff.

1922 Die Interpretation der Krempenphaleren als Panzerteile oder Pferdegeschirr ist unwahrscheinlich: Egg 1996A, 340 ff.; Hansen 2003, 27 ff. mit weiterer Literatur. – Ebenso ist die Deutung der leicht gewölbten, 15 cm breiten Bleche mit getriebenen Buckeln aus den Inventaren 465 und 469 als Teile von Panzern (Kromer 1959, 110 f.; Hodson 1990, 118; Egg 1978, 197 f.) sehr spekulativ (Hansen 2003, 28). Es könnte sich auch um Pektorale handeln: Kull 1997, 365 ff. Der regional nächste lederne Panzer ist – außer dem im Hallstätter Grab 25/1871 – am Dürrnberg in Grab 145/1 belegt: Stöllner 2002, 139.

1923 Egg 2006, 49; Egg/Kramer 2013, 95 ff.

9.2 Anhänger
(Gräber 33/1871, 106, 121, 577, 586, 750, 733, 778)

Die Bestattungen 33/1871, 106, 121, 577, 586, 750, 733 und 778 enthalten Bronzeblechanhänger in schematisch-starrer und geschlechtsloser, anthropomorpher Form. Sie zieren meist zu mehreren Ringgehänge (Gräber 106, 121, 586), eine Gitterradfibel (Grab 577) und zwei „Schmuckscheiben" (Phalera: Grab 750; Objekt Grab 778), entstammen überwiegend also weiblichen Inventaren der Stufen Ha C und D 1. Die pompöse Gitterradfibel gehört zu einer mutmaßlichen Doppelbrandbestattung und kann daher nicht geschlechtlich zugeordnet werden. Ein etwas größerer (Dm. 5,7 cm) einzelner Anhänger kommt aus Grab 33/1871. Alle gehören der Form „A2" der von T. Warneke gegliederten Anhänger in Menschengestalt an. Parallelen kommen aus der Oberpfalz, Niederösterreich, der Obersteiermark (Strettweg), Weißkrain (Podzemelj), Südtirol und Este-Rebato 187[1924], zählen also zum weiter verbreiteten Symbolgut der zirkumalpinen Eisenzeit. Singulär bleiben die anthropomorph geformten triangulären Klapperbleche mit nach außen gewandten Füßen des körbchenförmigen Aufsatzes aus Grab 733.

9.3 Zweidimensionales
(Grab 135, abstrakt-anthropomorphe Bilder auf Gürteln)

Als Besonderheit erweist sich dagegen ein anthropomorph verziertes Blechfragment aus der wohl männlichen Brandschüttung 135 (Ärmchen-, Lappenbeil), das offensichtlich zur Reparatur diente (Abb. 152,1). Es wurde neben anderen kleineren und unverzierten Blechen auf ein ebenfalls nur fragmentarisch überliefertes Blech angenietet, dessen ursprüngliche Form und Funktion nicht mehr erkennbar sind. Gerlinde Prüssing führt es unter den „unbestimmbaren Fragmenten" von Bronzegefäßen auf, weist aber bereits darauf hin, dass sich unter diesen durchaus auch andere toreutische Objektgattungen verbergen könnten[1925]. Das Blech zeigt am unteren Rand zwei vollständige aneinandergereihte Dreiecke, deren Spitze ein charakteristischer bogenförmiger Fortsatz ziert[1926]. Ein weiteres drittes Dreieck ist nur ansatzweise erhalten; eine Seriation derartiger Dreiecke ist zu postulieren. Die Figuren werden durch doppelte eingestochene Punktreihen gebildet.

Dieses bekannte Motiv wurde von C. Dobiat als stark abstrahiertes Bild anthropomorpher Darstellungen des Osthallstattkreises beschrieben. Meist handelt es sich um in Keramik geritzte, seltener um aufgemalte, letztlich standardisierte Symbole, die eine gewisse Entwicklungsreihe (von klar kenntlichen Figuren mit Kopf, Armen und Beinen zu stark reduzierten Chiffren) durchlaufen. Weil die derart verzierten Gefäße ausschließlich für den Grabbrauch verwendet wurden, sei ihnen ein magischer bzw. apotropäischer Auftrag zuzuschreiben. Claus Dobiat listet Vorbilder und Parallelen dieser Motive nicht nur im mediterranen Raum auf, sondern auch an der unteren Donau (Magura-Höhle, Gde. Rabiša, Obl. Widin, Bulgarien) und im Basarabi-Kulturkreis[1927]. Der Beleg dieses Motivs in Hallstatt – auf den Kopf gestellt außerdem auch auf einer bemalten Schale aus Grab 8/1907[1928], aus Körpergrab 28 oder 46[1929] (Abb. 152,2), einzeln und öfter rautenförmig vervielfacht auf Gürteln (Gräber 252, 671, 669, 459, 696, 98/1874, 874, und zwei Einzelfunde[1930]) – überrascht einerseits nicht, weil die Kontakte des Salzmarktes zum Osthallstattkreis (s. Kartierung bei Brosseder 2004) hinlänglich bekannt sind und entsprechende Keramik auch in Nordostbayern (z. B. Schirndorf, Ebensfeld-Prächting, Kr. Lichtenfels, Oberfranken)[1931] und im nahen Eugendorf-Kirchberg, Bez. Salzburg-Umgebung[1932] gefunden wurde. Andererseits stellt der Nachweis des außerhalb Hallstatts überwiegend auf Keramik überlieferten Motivs auf Metall

---

1924 Warneke 1999, 102 ff.
1925 Prüssing 1991, 96 Nr. 399.
1926 Brosseder 2004, 265 Liste 113 kartierte dieses Merkmal separiert: Nordbayern, Schlesien, Slowakei, Ungarn, Slowenien.
1927 Dobiat 1982, 303 ff. („*Formgruppe 3*")
1928 Wells 1978, fig. 4,5.
1929 Laut Mahr-Kartei könnte die Schale aus Grab 28 oder aus Grab 46 stammen.
1930 Kilian-Dirlmeier 1972, Nr. 589.595.599.60.608.612.619, Einzelfunde Nr. 597; 611. - Dazu auch Frey 1987, besonders Abb. 2.
1931 Ettel 1996, z. B. Taf. 69/70; 133; 136; 143; 144; 177; 178; 188.
1932 Stöllner 1996, Taf. 57C,15. Auch das Siedlungsmaterial Traunkirchens erbrachte erwartungsgemäß keinen Nachweis (Schumann 2013); die Vorlage der Grabkeramik durch M. Hochhold-Weninger, Wien bleibt abzuwarten.

zweifellos eine Besonderheit dar: Weder Bronzegefäße noch südwestdeutsche Gürtel zeigen die Chiffre; die neun hallstättischen Gürtel stellen hier eine örtlich konzentrierte Ausnahme dar (wie diese Gürtel zeigen auch hallstättische Breitrandschalen Vögel, Radkreuze und Klapperwerk/Gehänge, nie jedoch anthropomorphe Embleme). Beide Beigabengattungen kennen (seltener) figuralen und geometrischen Dekor und wurden als sakral empfunden, weil sie nachweislich auch zerschnitten wiederverwertet, ganz oder fragmentiert geopfert in die Erde gelangten (Depots, Brandopferplätze) oder kultisch konnotierte Miniaturgefäße tragen (Dürrnberg, Hallstatt)[1933]. Gegenüber den individuelleren Gürteln zeigen geometrisch verzierte Bronzegefäße vergleichsweise standardisierte, an bestimmte Gefäßformen gebundene Muster[1934], was außer der Tatsache der Häufung auf hallstättischen Gürteln für die Zugehörigkeit des kleinen Blechs zu einem solchen sprechen würde. Letztlich bleiben Überlegungen hierzu spekulativ. Reparaturen kennt man schließlich sowohl von Gürteln als auch von Bronzegefäßen[1935]. Wo unser Blechfragment ursprünglich hergestellt wurde, in einer ostalpinen oder oberösterreichischen, für Hallstatt arbeitenden Werkstatt, kann wegen der weiten Streuung des Motivs nicht beantwortet werden. Letztendlich erstaunt jedenfalls nicht, dass man das offenbar doch seltene Objekt (auch ohne Berücksichtigung seines Dekors) zur Reparatur benutzte.

1933 Z. B. Glunz-Hüsken 2013, 15 ff. Zu einem sekundär verwendeten verzierten Situlenblech: Tschurtschenthaler 2013, 130 Abb. 9.

1934 Jacob 1995; Prüssing 1991.

1935 Siehe die stark geflickte Situla aus Horath: Jacob 1995, Nr. 349.

10 Gürtel und Gürtelketten

10.1 Einführung

Seit dem Paläolithikum belegt, zählt der Gürtel zu den ältesten Bekleidungsstücken des Menschen[1936]. In Steinkreisen zentral positionierte monolithische T-Pfeiler in Göbekli-Tepe/Obermesopotamien (Südostanatolien), anthropomorphe Symbolträger, auch als Götter bezeichnet, zeigen neben einer „Stola" einen Gürtel, von dem lendenschurzartig ein skulpiertes Fuchsfell herabhängt. Zwei dieser Monolithe gelten als männliche Figuren, die von den kreisartig sie umgebenden Pfeilern gleichsam umtanzt werden. Wir sehen die architektonische Dokumentation eines religiösen Aktes, einer (sich ehemals wahrscheinlich oft wiederholenden) Momentaufnahme, die ihren Erbauern zugleich als Sakralraum diente[1937]. Die Verbindung von religiösem Würdenträger und Gürtel, der die Scham verdeckte (Fixierung des Lendenschurzes) und an dem man lebensnotwendige Dinge des praktischen Lebens und zugleich Symbolhaftes befestigen konnte, erscheint folglich in Ostanatolien bereits im 10. Jt. v. Chr. fest verankert. Nicht zuletzt die Attribute der zentralen Pfeiler, u. a. die Gürtel, lassen auf eine hierarchisch gegliederte Gesellschaft der frühen Bauern und Viehzüchter schließen. Weitere eindeutige Gürteldarstellungen findet man auf neolithischen Stelen Süddeutschlands, Südtirols, der Schweiz und Südfrankreichs; sie bestätigen mitunter reale Funde aus Feuchtbodensiedlungen oder Gräbern[1938]. Diese elementaren Funktionen des Schutzes, der Befestigungsmöglichkeit symbolhafter und lebensnotwendiger Objekte, sein Öffnen und Schließen führten wohl dazu, dem Gürtel magische Eigenschaften und übernatürliche Kräfte zuzuschreiben, ihn allegorisch aufzufassen. Von Männern getragen, verkörperte er Herrschaft und Macht, von Frauen Liebe, Bindung und Keuschheit.

Gürtel kennzeichnen staatliche Würdenträger und religiös Handelnde, goldene Gürtel insbesondere Priester und nicht zuletzt Götter, bzw. als Götter verehrte Herrscher. In Kleinasien trägt die mittelphrygische exklusive Oberschicht Gürtel, wie die feudalen Grabmäler z. B. in Gordion oder Kaynarca bezeugen[1939]. Einen bildhaft-kosmischen schärpenartig getragenen Gürtel dokumentiert ein Apollo-Torso aus römischer Zeit: *„Der Gott trägt ein Bandelier, welches von der rechten Schulter diagonal bis zur linken Hüfte verläuft und auf dem Abbildungen der zwölf Tierkreiszeichen dargestellt sind".*[1940] Er ist das Äquivalent zum Sternenmantel (s. o.), der als Kleid der Gottheit gilt, und belegt den mythischen Charakter des Gürtels, der mit dem römischen, militärisch geprägten, schräg über der Schulter getragenen Wehrgehenke (Balteus) nichts gemein hat[1941].

Dem Gürtel zugedachte magische Kräfte, sichtbar mittels Zeichen, Farbe, Material und diversen Gehängen, gelten als besonders wirkmächtig, wenn sein Besitzer sich durch heilige Handlung mit den Göttern oder dem Numinosen verbunden zeigte. Analog zu sakralen Kleidern (Ornat), stellte man sich die ihm zugeschriebene Kraft auf andere übertragbar vor. Die religiöse Handhabung derart numinos geladener Objekte erforderte Schutzmaßnahmen, naheliegenderweise in Form von Amuletten oder apotropäisch verstandenen Emblemen. Im Leben der griechischen und römischen Frau kommt dem Gürtel vielfältige Bedeutung zu (als Symbol der Jungfrau, der Liebe/Ehe und als zu lösender bei der Geburt), die auf den Gürtel Aphrodites/Astartes zurückgeht. Er war das Symbol der Liebe und der Verführungskünste schlechthin, ein von Göttern (bei der Heiligen Hochzeit) und Menschen benutzter Topos[1942]. In antiken Kulturen und bei vielen Naturvölkern erhalten die Jugendlichen einen Gürtel als Zeichen des Eintritts ins Erwachsenenalter (Initiation)[1943], der Gürtel

---

[1936] Bader 1998; Grigor'ev 1990 (Sungir, Russland: verzierter Gürtel wohl besetzt mit Polarfuchszähnen im Grab des männlichen Jugendlichen, Dat. ca. 30000-25000 v. Chr.); Wüller 1999; Grünberg 2000.
[1937] Schmidt 2013.
[1938] Schlichtherle 2010, 275 ff.; Baud/Philippon 2002; Dei di pietra 1998; Arnal 1976; Fleckinger/Steiner 1998; Winiger 1995. - Ein weiterer bemerkenswerter früher Gürtelfund (1668 Perlen aus Straußeneierschalen) befand sich in einem reichen Frauen-Körpergrab in Tel Tsaf, Jordanta, Israel, zusammen mit einer aus dem Kaukasus importierten Kupferahle aus dem späten 6. Jts.: Garfinkel et al. 2014.

[1939] Nachweise bei Völling 1998, 251 Anm. 46.
[1940] Schopphoff 2009, 139.
[1941] Fischer 2012, 183.
[1942] Z. B. dazu auch Kull 1997, 389.
[1943] Stupka 1972; Speyer 1983; Runde 1999; Völling 1998; Rauch 2002 (Gürtel der Habsburger Kinder, 17. Jh.); Schopphoff 2009; Kilian-Dirlmeier 2012 (archäologische Zeugnisse Griechenlands aus homerischer Zeit).

fungiert somit unmittelbar als Begleiter zwischen den Lebenswelten, ist zugleich Zeuge und vielleicht Zeugnis rituellen Handelns.

Letztlich auf orientalische Vorbilder zurückgehende, im Situlenstil verzierte Blechgürtel, Gürtelbleche und -haken[1944] illustrierten bekannte mythisch verankerte religiöse Topoi wie z. B. die Trankspende, das Symplegma, Jagd und Fischfang[1945]. Sie ermöglichten der sozialen und religiösen Elite Italiens, Sloweniens und Thrakiens, Status und göttliche Abstammung ständig am Körper gut sichtbar und mobil zur Schau zu stellen, was den Besitzern entsprechend bebilderten Symposialgeschirrs (beide nicht in Hallstatt vertreten) wohl nicht im selben Maße möglich war. Allerdings ist ihre Botschaft nur aus der Nähe betrachtet wirklich erkennbar, was sie jedoch wiederum mit den figural verzierten Gefäßen gemein haben. Zwei bildgeschmückte Leibriemen aus Stična, die Friese aufziehender Männer zeigen, könnten in Anlehnung an ein ähnlich gestaltetes frühattisches Bild auf einem Kesseluntersatz als Aufnahme in eine Kriegergemeinschaft oder als Aussendung junger Krieger interpretiert werden[1946], also als unmittelbarer Beleg für den Wechsel des (gesellschaftlichen) Standes im Lebenslauf männlicher Eliten. Allerdings tragen die dargestellten Männer lange Gewänder ohne (sichtbaren) Gürtel, was aber der Deutung Eibners nicht widersprechen muss. Jedenfalls könnten die beiden Bleche die aus den Hochkulturen überlieferte Information über die Aufnahmeriten Jugendlicher in die Gemeinschaft Erwachsener[1947] spiegeln – bezeichnenderweise auf einem Gürtel.

Zirkumalpin wurden während der Eisenzeit Gürtel – wie in Griechenland[1948] – an heiliger Brandopferstätte niedergelegt und der Gottheit ganz oder teilweise gestiftet[1949], was wohl als Sinnbild für den Weihenden selbst verstanden werden darf, weil Gürtel – wie Kleider und zugehörige Fibeln – als Teil des „Selbst", als sein „Doppel-Ich" galten. Selbst aus Gürtelblechen ausgeschnittene Klapperbleche zeugen im alpinen Raum von ihrem als magisch empfundenen Gehalt, ihrer Zeiten überdauernden Wirkung[1950], ein Brauch, der sich bis in das urartäische Reich zurück verfolgen lässt, wie ein Architektur spiegelndes Votivblech mit Menschendarstellung zeigt[1951], das ursprünglich ein linear verziertes ostanatolisches Gürtelblech war.

Figurale Szenen auf Situlendenkmälern belegen den Gürtel bei nackten Faustkämpfern und Pflügern, bei Jägern und jenen, die die religiös motivierte Speisung und den heiligen Trank vorbereiten, bei Tänzern und Trankspendern, Wagenfahrern und Kriegern Quellen, die bereits A. Eibner überblickartig zusammengestellt hat[1952]. An Plastik sind die weibliche Figur auf dem Strettweger Wagen und die ebenfalls rollbaren Frauen der Hochdorfer Sofafüße zu erwähnen, Figuren, denen als Gefäßträgerinnen mediterranen Archetypen eine bedeutende sakrale Rolle zuzuschreiben ist. Ihnen stehen, im Vergleich zu den kleinen, seriierten und vergleichsweise schnell gefertigten Adoranten gestempelter Bleche des Westens die großen, plakativ zur Schau gestellten und damit bedeutenderen gegürteten Figuren der anthropomorphen Dolchgriffe und der vielleicht gegürtete Reiter auf der Miniaturaxt aus Grab 641 als herausragende männliche Plastiken gegenüber. All diese Beigaben geben davon Zeugnis, dass man von symbolisch-"animistischem" Denken nicht (mehr) gänzlich erfüllt war. Gürtel, zum Teil mit verschiedensten Gehängen, waren so bedeutsam, dass man sie auf weiblich konnotierten daunischen Stelen, personifizierten Urnen Italiens[1953] und Gesichtsurnen Polens nachzeichnete[1954]. Männlicherseits sind weiterhin der gegürtete Aulosbläser aus Százhalombatta, Kom. Pest, Ungarn, die opfernde Statuette mit Gürtel aus Ripatransone, Prov. Ascoli, Reg. Marken[1955] und die Kriegerstatue aus Hirschlanden, Stadt Ditzingen, Baden-Württemberg, – als einziges plastisches Zeugnis

---

1944 Kellner 1991.
1945 Eibner 2000. Für Thrakien z. B. den Gürtel aus Lovec: Venedikov/Gerassimov 1973, 350; Kull 1997, 298 Abb. 50,6. Dazu auch Steiner 2010, 589 f.: „*Gürtel bilden einen sozialspezifischen Gegenstand, der den hohen Rang des Trägers unverkennbar zum Ausdruck bringt. Die chiffrenartigen, einer Bildsequenz entnommenen Motive zeugen von derselben Gedankenwelt …*" (wie die Situlendenkmäler).
1946 Eibner 2000. Nach B. Teržan als Leichenzug gedeutet bei Turk 2005, 40.
1947 Speyer 1983, 1235; Schoppphoff 2009, 118 ff.; gegenteilig Kilian-Dirlmeier 2012, 171.
1948 Z. B. Völling 1998, 251; Kilian-Dirlmeier 2012, 171.
1949 Z. B. Lucke 1938; Kilian-Dirlmeier 1979A (Wörgl); Steiner 2010, 425 (Fließ-Pillersattel, Volders-Himmelreich, Bez. Innsbruck-Land, Tirol, Eschen/Schneller, Liechtenstein, Scuol/Russonch, Kt. Graubünden, Forggensee/Schwangau, Kr. Ostallgäu Schwaben).
1950 Wamser 2002; Tomedi 2009; Glunz-Hüsken 2013.
1951 Kellner 1991, 76 Nr. 366.
1952 Eibner 2000, 134 ff.
1953 Morigi Govi/Dore 2005, 179.
1954 Kneisel 2007, 589 f.
1955 Die Picener 1999, 232 Nr. 360.

vermutlich zweier Gürtel – zu ergänzen. Die Beigaben spiegeln diese Quellen wieder, weil Gürtel bekanntlich überregional in männlich-wehrhaftem (am Gürtel waren die Waffen befestigt) und weiblichem Kontext, in reicheren und schlichter ausgestatteten Gräbern teils auch zweifach belegt sind.

Es ist daher auch nicht verwunderlich, dass Gürtel (neben einer Mehrzahl von Fibeln, Arm- und Halsreifen) zu jenen Trachtobjekten gehören, die vergoldet wurden, sei es, dass Goldblech in überdurchschnittlichen Bestattungen mehr oder weniger flächig auf Bronze oder Eisen aufgelegt (Hochdorf, Murten), Goldlahn eingewebt (Hohmichele Grab 1)[1956] oder Goldblech offenbar ohne Unterlage benutzt wurde (wahrscheinlich Hallstatt Grab 505). Dabei sprengen die Muster dieser Bleche nicht den Rahmen des gewöhnlichen Repertoires, was sowohl das goldene Blech vom Typ Schrotzhofen aus Hallstatt Grab 505 (s. o.) als auch die Mäanderform des Lahns aus Hohmichele Grab 1 belegen, hier bekannte osthallstättische (letztlich griechische) Motive spiegelnd[1957].

Imma Kilian-Dirlmeier ordnete die Gürtelbleche und Blechgürtel aus dem West- und dem Südhallstattkreis nach ihrem Dekor in zahlreiche Gruppen und Typen. Sie konnte verschiedene Stilgruppen und Werkstattkreise[1958] bis hin zu einzelnen Toreuten[1959] herausarbeiten, weil zuvor die Motive und ihre Anordnung sorgfältiger Analyse unterzogen wurden. Die Beschreibung der Herstellungstechniken, der Ausstattung der Gürtel (Funktionsweise) und deren Flickereien, die häufiges Tragen zu Lebzeiten vor Augen führen, ergänzt die Studie. Was die Herleitung der meist getriebenen Einzelmotive betrifft, benannte sie nach G. von Merhart und G. Kossack das donauländische Punkt-Buckel-System und urnenfelderzeitliche Streifengliederung auf ungarischen Blechbändern, gefolgt von Radkreuzen mit Vogelbildern und Uhrpendelmotiven, denen bekanntlich allen Symbolcharakter zukommt. Manche wurden „hallstattzeitlich" umgeformt, andere unverändert übernommen. Darüber hinaus wird für gewisse Motive wie z. B. den Mäander und bestimmte Rosetten griechische Herkunft während der orientalisierenden Periode angenommen, wobei der Ausbreitungsweg – über Italien oder den Balkan – nicht bestimmt werden könne[1960].

Die von Kilian-Dirlmeier eingeführte Terminologie der Gürteltypen ist bis heute maßgeblich. Die Gürtel Hallstatts unterzog sie einer gesonderten Untersuchung, die die Kartierung einzelner Objekte, Beigabengruppen und Gürtel aus mutmaßlich gleicher Werkstatt auf dem Gräberfeldplan einschloss[1961], was den Boden für spätere Diskussionen über den generellen Aufbau der Nekropole bereitete.

Sie stellte fest, dass die meisten Blechgürtel Hallstatts in Ha D1 datieren und wenige, dafür aber reichere Ha C-zeitliche Inventare wie 504 und 507, die ebenfalls bereits Gürtel führen, möglicherweise als deren Vorläufer gelten könnten. Für die üppig verzierten Blechgürtel hallstättischer Frauen (Ha D1) konnten 1972 drei Werkstattkreise lokalisiert werden, einer im Osthallstattkreis (Gruppe a: Typen mit gleichgerichteten asymmetrischen Trennmotiven und großen geschlossenen Feldern, Schrotzhofen: *„Verschmelzung donauländischer Elemente der Urnenfelderzeit mit griechischen Motiven des orientalisierenden Stils"*, Gruppe b 2: Typen Reichenegg, Amstetten, Statzendorf), einer im bayerischen Alpenvorland, der seit Ha C2 Südbayern und Hallstatt belieferte (Gruppe c: Typen mit geschlossenen und offenen Feldern, auch hier *„Vorbilder in der Ornamentik des orientalisierenden Stils"*) und schließlich jener im Salzburger Land, der die regional enger beschränkten (Inn-Salzach-Gebiet) zweiteiligen Blechgürtel vom Typ Dürrnberg und Echerntal fertigte (Gruppe d)[1962]. Thomas Stöllner wies zwischenzeitlich auf die auch westliche Ausrichtung einiger Hallstätter Bleche der Gruppe d hin. Er setzt daher für Hallstatt (und die Region Dürrnberg/Hellbrunner Berg jeweils) zwei Werkstätten voraus[1963].

Bestimmte Ausstattungen bezeichnete Kilian-Dirlmeier als „prägnante Trachtkompositionen". So gehörten z. B. zu Halbmondfibeln Blechgürtel mit großen

---

1956 Zusammenstellung und quellenkritische Diskussion der Gürtel mit Goldbestandteilen (überwiegend Altfunde): Hansen 2010, 109 f.
1957 Mäanderformen in Stilgruppe 3 und 6 bei Kilian-Dirlmeier 1972, 113 ff.; Brosseder 2004, 289 ff.; 270 Abb. 177; 301 ff. Abb. 191-193.
1958 Für die Typen Dürrnberg und Echerntal nehmen W. Torbrügge und Th. Stöllner im Gegensatz zu I. Kilian-Dirlmeier zwei Werkstätten an: Stöllner 2002, 95 f.
1959 Kilian-Dirlmeier 1972, 117; 119.

1960 Kilian-Dirlmeier 1969, 170-176; dazu auch Frey 1969, 75 f.
1961 Kilian-Dirlmeier 1969; 1972.
1962 Kilian-Dirlmeier 1972, 117-124.
1963 Stöllner 2002, 94 f.

geschlossenen Feldern[1964]. Diese Kombination hat jedoch nur einschränkend Gültigkeit, weil bei weitem nicht alle halbmondfibelführenden Frauen auch Gürtel tragen[1965] und keineswegs alle Schärpenträgerinnen vergleichbare Ausstattungen aufweisen, wie die Frauen mit Schärpen aus den Gräbern 121 und 264 belegen[1966]. Unverändert gültig hingegen bleiben hingegen ihre Feststellungen, dass bestimmte Typen vorwiegend in Körpergräbern vorkommen, andere hingegen in Brandbestattungen[1967], und dass Gürtel von Männern und Frauen getragen wurden. Außer ihrem Dekor sprächen gerade die Gürtelgehänge und -ketten für die besondere gesellschaftliche Stellung ihrer Träger[1968], darunter auch solche, die Kilian-Dirlmeier zuvor als reine Verschlusskonstruktionen ansprach (Dürrnberg, Hallstatt)[1969], was jedoch nicht unwidersprochen blieb[1970]. Jedenfalls präzisierte die Autorin kürzlich ihre These anhand griechisch-makedonischer Bestattungen: Der Gürtel mit Gehänge „... *ist insofern Würdezeichen, als er die besondere rituelle Kompetenz der Frau und wohl auch das Wissen von magischen Praktiken anzeigt. Bezeichnungen wie Magierin, Zauberin oder Priesterin werden die besondere Stellung innerhalb der Gesellschaft zumindest teilweise beschreiben.*"[1971]

Mit der Herkunft einzelner Motive hallstättischer Gürtel befasst sich auch O.-H. Frey. Er unterscheidet griechische (Punktrosetten), italische (liegende Monde, Pferde mit und ohne Grätenschwanz, stehende seriierte Kreuze, gereihte liegende Monde), ostalpine bzw. basaraboide (abstrakte Menschen/Dreiecke mit Bogen- und Winkelhaken, echte liegende Mäander, Hängespiralen, Malteserkreuze) und hallstättisch-einheimische Elemente, wie den Vogel bzw. die Vogelbarke[1972]. Hallstatt schrieb Kilian-Dirlmeier eine Vermittlerrolle zu, weil es Südwestdeutschland zu osthallstätischen und italischen Motiven verhalf[1973]. Zwei inneralpine Gürtel aus Wörgl Fund 71 und aus der Nekropole von Welzelach, Gde. Virgen, Bez. Lienz, Tirol, stellte sie als Importe ostalpiner Werkstätten heraus, weil sie große Ähnlichkeiten mit zwei hallstättischen Gürteln (Gräber 459 und 836) aufweisen und umgekehrt mit dem charakteristischen Dekorsystem und dem Kompositionsschema inneralpiner Gürtel nichts gemein hätten[1974]. Dieser Bestand inneralpiner Gürtel bereichern die beiden Gürtel des spektakulären Wiesinger Depots[1975] (Wiesing-Buchberg, Bez. Schwaz, Tirol) vom Typ Ampass-Demlfeld[1976] erheblich.

10.2 Grundlegendes zu hallstättischen Gürteln

Gürtel können ca. 210 Gräbern Hallstatts zugeordnet werden (Tabelle 8), 33 müssen als Einzelfunde gelten[1977]. Diverse Ausführungen sind zu verzeichnen: Glatte und treibverzierte Blechgürtel und Gürtelbleche (s. o.), zum Teil mit Klapperblechanhängern oder längeren Gürtelketten, offenbar rein organische Gürtelriemen (Textil, Leder, Rinde) von denen nur Metallverschluss oder Gürtelkette erhalten sind (z. B. Gräber 288, 324, 474, 997), zwei hohle Blechringe, wohl als Behang am Leder (Grab 63 Taf. 8-110, s. Kapitel 6) und schließlich organische Riemen (Leder, Stoff) mit Bronzenieten. Generell kommen Gürtel überwiegend in Frauen- und Brandgräbern vor und datieren von Ha C-D2, wobei der Schwerpunkt in Ha D1 liegt[1978]. Bei genauerer Betrachtung zeigt sich, dass textile Gürtel mit Haken (z. B. Gräber 54, 72, 112), Blech- (Gräber 504, 507), Nietgürtel (Gräber 159, 190, 233, 405) und Gürtelbleche (Grab 898) seit Ha C Männern, Frauen und Kindern (Grab 898) beigegeben wurden. Dies setzt sich während Ha D1 fort (z. B. Gräber 132/1877, 144, 222, 259, 338, 358, 463, 494, 680, 693, 736, 766, 873, 889, 893). Geometrisch reich verzierte, mitunter breitere, ein- und zweiteilige Blechgürtel sind dann jedoch ab Ha D1 auf

---

1964 Kilian-Dirlmeier 1972, 128.
1965 Gräber mit Halbmondfibeln ohne Gürtel: 239, 384, 551, 606, 677, 716, 857, 943, 900. Hinzu kommen die Gräber 32/1998 und 4/1994: Glunz-Hüsken 2008, 42 f.
1966 Kilian-Dirlmeier 1972, 68.
1967 Kilian-Dirlmeier 1972, 128 f.
1968 Kilian-Dirlmeier 1969, 182.
1969 Kilian-Dirlmeier 1972, 7.
1970 Pauli 1978, 174 f.
1971 Kilian-Dirlmeier 2012, 172.
1972 Frey 1987.
1973 Kilian-Dirlmeier 1972, 112 f.
1974 Kilian-Dirlmeier 1979.
1975 Wamser 2002. Ein ganz ähnlicher Scheibenanhänger wie jene von Wiesing fand sich übrigens am Kufsteiner Festungsberg: Fischer 2004, 71 Abb. 28.301.
1976 Tomedi 2009, Abb. 2; 11; Hye 2013, 53 f.
1977 Kilian-Dirlmeier 1972, Nr. 55; 69; 70 (Typ Inneringen); 98 (Cannstatt); 112 (Hohenaltheim); 155 (Wangen); 525 (Gerolfing); 548 (Dürrnberg); 567; 568 (Echerntal); 579 (Statzendorf); 584 (schlichtes Rapportmuster); 591 (asymm. gleichger. Trennmotive); 597; 598; 601; 603 (Schrotzhofen); 610; 611; 613; 616; 618; 620 (große geschlossene Felder); 641; 644; 647 (schmale Horizontalstreifen); 654; 655; 658; 659; 600-602 (allgemein getriebener Dekor).
1978 Kilian-Dirlmeier 1972, 128.

Frauengräber beschränkt, was das Vorkommen jüngerer Ha D2-zeitlicher Gräber mit glatten oder unverzierten Gürtelblechen unterstreicht, die erneut wieder in einigen wenigen Männerbestattungen liegen (Gräber 11/1889, 71/1873). Offenbar waren also allein Frauen Träger ornamental-geometrischer und figuraler Zeichen auf Gürteln. Die zu vermutende Ornamentik rein textiler Gürtel Hallstatts und jene, die durch geometrisch angeordnete Nieten entstehen, bleiben unbekannt; Figürliches ist hier jedoch nicht zu erwarten, geometrisches Ornament hingegen durchaus, wie brettchengewebte Bänder, die als Gürtel prädestiniert sind, nahelegen.

Neben der überwiegenden Zahl von Gräbern mit Gürtelblechen und Blechgürteln sind auch in Hallstatt Gürtel bezeugt, deren organischer Riemen (nach dem Ausgräber aus Leder oder Stoff bestehend) mit Bronzezwecken verziert ist (Gräber 9/1871, 24/1871? 115, 129, 132, 154, 181, 190, 208, 233, 367, 405, 413?, 511, 672, 839). Der Ausgräber schreibt: „… *um die Leibesmitte eine schmale genagelte Binde, von welcher Nieden und Bronzenägel aufgefunden worden sind …*"(Beschreibung Ramsauers von Grab 129); „… *um die Leibesmitte eine Gürtel welche in gestikten Stande gewesen sein muhs, welches die aufgefundenen Bronzenägl, mit einer Breite von 2 Zoll anzeigte…*" (ebd. Grab 159). Auch der mittlerweile durch Neufunde vom Dienstberg, Gde. Berg im Attergau, Oberösterreich, bestätigte mehrlagige Schichtaufbau (Rindenbast, Blech, Leder, Stoff)[1979] der Gürtel wird in gewisser Weise vom Ausgräber Hallstatts beschrieben: „…*um die Leibesmitte einen 1 Zoll breiten Gürtel, welcher aus Leder oder Baumrinden bestanden haben muhs, die mit den Bronzenieden (…) gerzirt gewesen (…) vorne die Schlühs…*" (Grab 154; sehr ähnlich Grab 191). Grab 898: „… *Spuren von einer verdorbenen Gürtel von Bronzblech, bei welcher die Unterlage Holzfassern zeigt, was schon öfter vorgekommen ist …*". Als Beispiel für einen textilen Gürtel führe ich Grab 199 an: „… *um die Leibesmitte Spuren eines gestikten Gürtels, von welcher sich nur die Schlühse (…) gut erhalten hat*". Schließlich gibt es auch Kombinationen von beidem (Grab 233): „…*Spuren von einen gestikten Gürtel, wovon die kleinen Bronzenägelchen, und die Bronzeschlühse (…) noch vorhanden waren.*" Vermutlich ist mit dem Ausdruck „gestikt" eine generell gewebte Unterlage gemeint und nicht zwingend eine regelrechte Stickerei im heutigen Sinn, weil flächige (und ornamentale) Stickereien aus Hallstatt bisher unbekannt sind[1980].

Ich zähle 31 Gräber, die außerdem Gürtelketten, metallische Gehänge aus Stäbchenelementen oder anhängende trianguläre Klapperbleche führen. Überwiegend gehen sie mit Gürtelblechen oder Blechgürteln zusammen, seltener mit rein textilen Gürteln (Gräber 288, 324, 474, 997). Das etwas jüngere Ha D2-zeitliche Brandgrab 474 führt die Reste einer Stäbchenkette ohne Gürtelblech oder Blechgürtel. Ein rein textiler Gürtel ist daher sowohl in diesem Fall, als auch in „Grab" 288 zu postulieren, in dem die Stäbchengürtelglieder für eine weibliche Ha D1-zeitliche Nachbestattung sprechen. Die verschiedenartig ausgebildeten Stäbchen (mittig profiliert, mit Entasis, glatt) sind zum Teil durch Ringe miteinander verbunden und bilden längere Kettengehänge (Gräber 121, 264, 324). Ob es sich bei entsprechenden kürzeren Elementen in Brandgräbern um Fragmente ehemaliger langer Ketten, also um intentionell oder durch das Feuer zerstörtes Gut handelt, bleibt offen. Die Enden der Stäbchenenden können allerhand Symbolwerk tragen: Plane oder dreidimensionale Klapperbleche, phalerenähnliche Blechfragmente, Stabbronzen mit stempel- oder glockenförmigem Ende, Ringe, Halbmonde und anthropomorphe Anhänger. Ihre Deutung ist zwar nicht immer klar, dennoch belegen gerade sie den religiösen Charakter der Gürtelketten als Träger mehr oder weniger gegenständlicher Symbole (Gräber 23/1891, 42, 136, 161, 255, 324, 367, 404, 474, 934).

Zwei Gürtel gehören durch die Anbringung von Klapperblechen (ohne Ketten) einer weiter verbreiteten Tradition an: Der schmale Gürtel mit großen geschlossenen Feldern aus Bestattung 836 besitzt am unteren durchlochten Rand einen dichten Kettchenbehang mit triangulären Klappern; entsprechende Blechfragmente aus dem mutmaßlichen Kindergrab 24 sind vermutlich analog zu rekonstruieren. Ausschließlich gruppierte Klapperbleche ohne Ketten erhielt die Tote aus Bestattung 328, von der einzig eine Skizze zeugt (Abb. 153).

Eine formal singuläre Gürtelkette (ca. 30 cm) trägt die Tote aus Grab 669. Der breite Gürtel vom Typ Schrotzhofen trägt am unteren Rand zwei längere waagrechte Stäbe, an deren Ösen die eigentlichen miniaturgefäßtragenden Ketten hängen. Jeweils zwei längliche Kettenstränge sind durch gefäßbesetzte Tabletts bzw.

1979 Trebsche 2008, 68 f. - Eine weitere genauere Beschreibung eines Befundes (Altgrabung) bei Kilian-Dirlmeier 1972, Nr. 627.

1980 Grömer et al. 2013, 115.

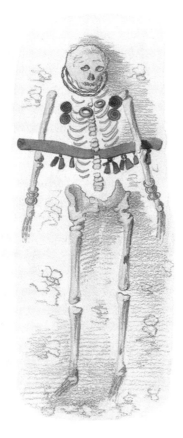

Abb. 153: Grabskizze zu Grab 328

Abb. 154: Gürtelkette aus Grab 669, M 1:4.

einzelne Gefäße senkrecht und waagrecht miteinander verbunden. Ob die Gehänge vollständig überliefert sind, ist ungewiss; nahliegend wäre, weiteren Behang an „freien" Ösen zu postulieren, zumal ein einzelnes trianguläres Glied am äußeren Rand eine weitere (bruchstückhafte) Kette bezeugt (Abb. 80,2; 87; 154). Eine Stangengliederkette mit seitlichen Ösen und acht leicht gebogenen Gliedern stammt aus der Grabung Pollhammer (Einzelfund). Die Beschreibung Gaisbergers lässt darauf schließen, dass das Stück als Halskette getragen wurde (s. u.), ein auch am Dürrnberg beobachteter Befund[1981].

Neben den bekannten Gürtelhaken von zungenförmiger, rhombischer, kreuzförmiger oder triangulärer Gestalt ist in Brandgrab 9/1871 ein singulärer, wohl durchbrochen gegossener zweiteiliger Verschluss aus Zinn belegt. Wie er den Gürtel mit Nietbesatz fixierte, ist unklar; möglicherweise handelt es sich um ein reines Zierelement. Darüber hinaus verzeichne ich einfache (Grab 25/1939), diverse T-förmige (Gräber 603, 806) und splintartige Haken (Grab 734). Flächige Verzierungen betreffen – naturgemäß mit Aus-

nahme durchbrochen-triangulärer Haken – vereinzelt rhombische, einen zungen- und mehrere kreuzförmige Haken, wobei letztere zweimal Kreisaugenstempel tragen (Gräber 132, 604). Als das Bild eines Fisches bzw. als Symbol für das Element „Wasser" wäre die Darstellung auf dem Haken aus Grab 788 lesbar (s. Absatz 8.2, Gürtelhakenfibel Grab 763, Abb. 149). Rein geometrisch bzw. nichtfigürlich bleibt dagegen die Tremolierstichzier der Schließen aus den Bestattungen 45, 49, 100 und 792. Einer der beiden rhombischen eisernen Haken aus dem reichen Grab 671 ist zusätzlich mit einem angenieteten rhombischen Blech betont, dessen Zierelemente, eine von Leiterbändern umgebene Rosette, auch auf anderen Gürteln ähnlich oder identisch vorkommt: Die den zentralen Kreis umgebenden „Palmen" findet man am Gürtel aus dem reichen Frauenbrandgrab 696, zweifellos ein aus dem orientalisierenden Etrurien übernommenes Motiv, wie die kleinen plastischen Palmen beispielsweise am Beckenwagen von Veji-Grotta Gramiccia Grab 871 zeigen[1982].

1981 Gaisberger 1848, 56 Taf. 9,7; Reitinger 1966, Abb. 7; Stöllner 2002, 98.

1982 Müller-Karpe 1974, Taf. 23; Putz 2007, Taf. 19.

10.3 Befunde

Hallstatt bietet einige außergewöhnliche Befunde von Gürteln. Gürtelbestandteile (Bleche und/oder Verschlüsse und/oder Ketten bzw. Behang) befinden sich in Brandgräbern meistens auf dem Leichenbrand. Zweimal beobachteten die Ausgräber Engl und von Hochstetter die Gürtel kreisförmig auf dem Knochenklein aufgestellt (Grab 63/1872, vermutlich auch 1001[1983]), offenbar so, als ob sie angelegt wären – zweifellos eine markante Inszenierung von Körperlichkeit in einem Brandgrab. Skizzen zu diesen beiden Befunden existieren nicht.

Erwartungsgemäß liegen in Körpergräbern Hallstatts Gürtel meist in der Körpermitte, wobei in den meisten Fällen nicht ersichtlich oder beschrieben ist, ob sie dem Toten wie zu Lebzeiten umgelegt[1984] oder auf den Leichnam aufgelegt wurden (zusammengefaltet[1985] oder kreisförmig), was auch durch die Art des Gürtels bedingt ist (ein- oder zweiteiliger Blechgürtel oder Gürtelblech). Die Skizze Engls zu Bestattung 98/1874 oder 328 zeigt, dass Blechgürtel wohl durchaus auch regelrecht getragen wurden (Grab 98/1874 verläuft er unter der rechten Beckenschaufel, Abb. 155 s. Taf. 12-155,1), während das Bild zu Grab 95/1873 evtl. einen aufgelegten Gürtel wiedergibt (Taf. 12-155,2). Auch neben dem Körper, quasi als Beigabe, niedergelegte Gürtel sind bezeugt (Grab 92/1873 Taf. 12-155,3).

In der Regel verfügt eine Einzelperson über einen Gürtel. Das Doppelkörpergrab 376 veranschaulicht hingegen, dass hier zwei (nach den Beigaben weibliche) Individuen gleichsam wie durch ein Band (und den Armen) miteinander vereint erscheinen, weil ein (nicht überlieferter) langer organischer Gürtel (nach Ramsauer aus Leder oder Baumrinde) mit Nietbesatz und einem Haken über beiden Bestatteten ausgebreitet wurde, die außerdem Ringschmuck, Fibeln, Ketten und die lokale Kugelkopfnadeltracht tragen (Abb. 156 s. Taf. 13-156,1). Anzuschließen ist das Doppelkörpergrab 856, in dem ein mindestens 1,36 m langer Gürtel vom Typ Gerolfing ebenfalls über beiden Toten beobachtet wurde; eines der beiden Skelette trug darüber hinaus lediglich zwei gleichmäßig gerippte Armreife. Eine vergleichbare Situation bietet evtl. die Grabskizze Engls von Grab 100/1874, die einen Gürtel über einem erwachsenen weiblichen Individuum und einem benachbart niedergelegten Kind zeigt. Möglicherweise hat sich der Gürtel hier erst nach Grabschließung geöffnet oder die Skizze vermittelt einen verzerrten Eindruck. Der Ausgräber erwähnt eine Bedeckung des Kindes durch den Gürtel nicht, sodass dieser Fall offen bleibt.

Singulär bleiben die früh ergrabenen Körpergräber 9 und 10, die Blechgürtel (Typ Statzendorf und Typ schmale Horizontalstreifen) jeweils *„um den Hals"* der Toten (Zitat Ramsauer) bezeugen, was ihre zeichnerische Wiedergabe auf dem Aquarellblatt VI (Protokoll Antikencabinett) und 1850 durch Friedrich Simony bestätigt, die die beiden nur in kleinen Fragmenten überlieferten Stücke noch kragenartig gebogen und vollständig darstellen (Abb. 156 s. Taf. 13-156,2.3)[1986].

Mehrere Gräber enthielten gemäß den Quellen sicher zwei Gürtel, angezeigt durch jeweils zwei verschiedene Haken (Gräber 46, 132, 340, 569, 623, 668, 671) und/oder zwei verschiedene Bleche[1987] (evtl. Gräber 210, 459, 505, 668, 671) bzw. deren Befund. Darunter befinden sich mutmaßliche Doppelbestattungen gleichen Geschlechts und weibliche Gräber mit männlichen Beigaben wie Mehrkopfnadeln oder Ortband (Gräber 46, 132, 340, 569, 623, 668), aber auch sichere Einzelgräber (210, 459, 505, 671). Da in den wahrscheinlich bigeschlechtlichen Gräbern mit zwei Gürteln (46, 623, 668) keine Bleche, sondern

---

[1983] Zitat Engl (aus Kromer 1959, 216): *„... lagen die aufgehäuften verbrannten Knochen, worauf ein in Kreisform gezeichneter Gürtel stehend aufgestellt …"*. Zitat von Hochstetter 1878, 304: *„... in einen Kreis zusammengelegt …"*

[1984] Siehe dazu das Beispiel aus Singen: Kilian-Dirlmeier 1972, 124.

[1985] Grab 94/1873 nach Engl: *„Um die Leibesmitte verbreitete sich ein doppelt aufeinandergelegter mit Kreis- und Punktzeichnung gezierter, jedoch nur in kleinen Bruchstücken erhaltener Gürtel mit lederähnlicher Unterlage …"*. Ebenso auch Grab 96/1873.

[1986] Es handelt sich nicht um nach unten verlagerten/verrutschten Kopfschmuck z. B. japodischer Art (Drechsler-Bižić 1968; Teßmann 2001), weil diese schräg geschnittenen Bleche von den horizontalen Blechen hallstattzeitlicher Gürtel klar abweichen. Dazu auch Hansen (respektive Kimmig) 2010, 87: (Halsreife): *„So zeigt es sich, dass die Fundstücke in unkonserviertem Zustand röhrenförmig zusammengebogen waren und im Zuge der Restaurierungsarbeiten eine aufgebogene Gestalt erhalten haben."*

[1987] Auf die Kombination phänotypisch verschiedener Bleche zu einem Gürtel (Gürtel mit zwei Blechen) deuten Befunde wie die aus Grab 33/1871, 100 oder 295 hin (zwei bzw. drei verschiedene Bleche, aber nur ein Haken). Vgl. Kilian-Dirlmeier 1972, 89. Diese sind hier nicht gemeint.

nur unspezifische Haken gefunden wurden, ist eine geschlechtliche Zuweisung der Gürtel zu einem möglichen zweiten Bestatteten nicht möglich. Mit einer Ausnahme, Grab 459, zählen sie zu den herausragenden Inventaren, weil sie, falls es sich tatsächlich um sichere Einzelgräber handelt, Bronzegefäße, Gold, metallbesetzte Textilien oder theriomorphe Plastik führten.

Die Körpergräber 66/1872, 121, 210, 264 und 459 enthielten Gürtel schärpengleich über dem Oberkörper[1988], in Bestattung 459 und möglicherweise 66/1872[1989] (Abb. 157 s. Taf. 13-157) zusätzlich zur Schärpe einen zweiten, regulär in der Körpermitte. Sowohl die Möglichkeit der Typisierung dieser Schärpen, die gängige Gürteltypen ergibt (66/1872 Rapportmuster, 121 und 264 Typ Dürrnberg, 459 Typ Huglfing), als auch die Tatsache, dass in Grab 264 ein Stabkettengehänge auf der Brust beobachtet wurde (also da, wo auch die Schärpe lag), zeigt, dass es sich bei den Schärpen um Gürtel handelt und nicht um spezielle Anfertigungen[1990], weil derartige Stabgehänge in anderen Inventaren sicher an Gürteln beobachtet wurden (z. B. Gräber 98/1874 Taf. 12-155,1; 161; 367). Ob für die nur durch Haken angezeigten zwei Gürtelbeigaben in den genannten Brandgräbern gleichfalls eine „Toten-Schärpentracht" bestand, ist aufgrund der Überlieferungsart naturgemäß nicht erschließbar; zwei um- bzw. aufgelegte Gürtel sind aus Körpergräbern Hallstatts nicht bekannt. Das einzige Körpergrab 382 mit zwei verschiedenen Haken, darunter ein mutmaßlicher Gürtelring, ist für diese Fragestellung nicht ausreichend dokumentiert[1991]. Singulär bleibt auch die schärpentragende Tote aus Bestattung 210, die über den gekreuzten Händen ein Bronzeband trug, bei dem es sich, den Worten des Ausgräbers zufolge, möglicherweise um ein Fragment der Schärpe oder ein ornamental passendes separates Blech handelt (...*„dann eine Bronzbinde gleich oben, welche über die am Bauche gekreuzten Hände gelegt war."*). Beide sind nicht überliefert. Vermutlich ist der Befund aus Grab 24/1871 ebenfalls als Schärpengürtel zu interpretieren: Die leider nicht überlieferten Nägel beschränken sich auf die linke Brustseite (unter dem Arm) des nach den Beigaben weiblichen Skeletts (Perlenkette, zwei Brillenfibeln, geperlter Armring; Grabskizze I. Engl Abb. 158 s. Taf. 14-158). Die historische Benennung der Nägel als „*Mausköpfeln*"[1992] kehrt im Ramsauer Männergrab 464 wieder. Dieser Befund wiederum - zum Teil an den Enden umgebogene Nägel neben dem Kopf (Abb. 101 s. Taf. 6-101) – ist problemlos als Rest eines scheibenlosen Schüsselhelms zu deuten (s. o.). Leider sind auch in Grab 24/1871 die Nägel nicht überliefert, sodass endgültige Aussagen zu ihrer Funktion nicht möglich sind. Naheliegenderweise wäre an einen ggf. leicht verrutschten Schärpengürtel mit Nägelchenbesatz zu denken (und nicht an einen männlich konnotierten Schüsselhelm ohne Scheiben).

10.4 Kombinationen

Nach archäologischem Ermessen sind unzweifelhafte Männergräber mit Gürtel die Gräber 11/1889 (Dolch, Lanzen-, Pfeilspitzen), 54 (Lanzenspitzen, Eisenwaffen), 71/1873 (vier Lanzenspitzen), 72 (Mehrkopfnadel), 112 (Lanzenspitzen), 132/1877 (Nadel Typ Deinsdorf), 222 (Dolch, Lanzenspitze), 259, 693 (Mehrkopfnadel), 734 (Miniaturaxt), 766 und 873 (Dolch), 898 (Eisenwaffen, Mehrkopfnadel), 940 und 975 (Eisenwaffen)[1993], weshalb in möglichen Doppelbestattungen die Zuweisung der Gürtel natürlich offen bleiben muss (z. B. Gräber 494[1994], 507, 680[1995], 696?, 711, 836, 1001). Unter besagten männlich konnotierten Ha C2- bis D1-zeitlichen Ensembles befinden sich einfache (z. B. Gräber 72, 132/1877, 693), mehrheitlich aber „reichere" Inventare (Dolche, mehrere Lanzenspitzen, einzelner Goldring, Miniaturaxt mit Pferdeplastik). Ihre Durchsicht verdeutlicht, dass Männer – ungeachtet ihres gesellschaftlichen Standes und der Datierung der Grablege – entweder glatte

---

1988 Irrtümlicherweise wurden diese Körperbestattungen mit Schärpe in Zusammenhang mit Grab 376 erwähnt, eines von zwei, das einen Gürtel über zwei Individuen hinweg enthielt: Glunz-Hüsken 2013, 17.
1989 Skizze und Beschreibung Engls legen einen zweiten Gürtel nahe.
1990 Siehe auch Kilian-Dirlmeier 1972, 85 f.
1991 Breite Gürtelbleche sind mitunter mit zwei oder mehreren Verschlüssen/Haken ausgestattet, diese dann aber immer von gleicher Form: Kilian-Dirlmeier 1972, Nr. 355.356.358.366.369.442 (kein Stück aus Hallstatt).

1992 „Mausköpfl" nannte man früher Nägel mit halbkugeligem Kopf für Schuhsohlen (Wikipedia).
1993 Dazu bereits Kilian-Dirlmeier 1969, 182.
1994 Das Inventar enthält drei Gürtelbleche; ihre Anzahl ermöglicht evtl., sie dem Mann (Lanzenspitze, vielleicht tordierter Armring, Gürtelblech mit schmalen Horizontalstreifen?) und der Frau (alle restlichen Beigaben?) zuzuteilen.
1995 Hier sprechen ggf. die Anzahl der Fibeln (fünf) und die Eisenwaffen für eine Doppelbestattung.

Bleche[1996] oder organische Gürtel mit metallischem Haken trugen[1997] (was natürlich auch für einige Frauen zutrifft[1998]). Metallgürtel mit großflächig getriebenem oder gepunztem geometrisch-figürlichem Ornament, organische Gürtel mit Metallnieten, Gürtelketten oder Gürtel mit diversen Anhängern waren jedoch offenbar ausschließlich Frauen vorbehalten; insbesondere die Stäbchen-Gürtelkette aus Grab 288 (an textilem Gürtel?) spricht folglich für eine bigeschlechtliche Doppel- bzw. Nachbestattung oder ganz allgemein für eine Störung, weil hier unterschiedlich alte Beigaben kombiniert sind[1999]. Diese geschlechtliche Verteilung ist jedoch nicht mit letzter Sicherheit gegeben, weil organische Gürtel ebenso Musterträger sein konnten (s. u.).

Zur Grundausstattung der gehobenen hallstättischen Frauentracht gehörte außer dem Gürtel kanonisch diverser Ringschmuck (Arm-, Bein-, Hals- oder Ohrringe), eine oder mehrere Halsketten (Bernstein-, Glasperlen, kantig profilierte Bernsteinringe, Schieber) und Fibeln (z. B. Gräber 84, 94/1873, 146). Ergänzend verzeichne ich mitunter Ringgehänge, Symbol- und/oder Amulettschmuck (trianguläre Großbleche, Pferdegeschirr, Rasseln? [Tonkugeln Grab 98/1874]) und Plastiken stark gehörnter Tiere (Grab 455). Neunzehn weibliche Gürtelgräber enthielten auch Bronzegeschirr, sechs formal gewöhnliche Trachtbestandteile, die jedoch aus Gold gefertigt wurden oder einen Goldüberzug aufweisen (Gräber 132, 360, 556, 623, 671, 696). Sechzehn Gürtel aus Frauengräbern zeigen figürlichen, mehrheitlich gestempelten Dekor – von Kossack als „*bedeutender Ausschnitt des kultisch-religiösen Lebens des Osthallstattkreises*" – charakterisiert[2000], wie z. B. Adoranten, Pferde, Reiter[2001], Vögel, aber auch einen Fisch in Tremolierstich (Haken Grab 788) oder abstrakte, ostalpin beheimatete Menschendarstellungen („Dreiecke mit Giebel": Gräber 98/1874, 252, 459, 669, 671 s. o.). Fast alle[2002] zeichnen sich zudem durch symbolisch behaftete, aussagekräftige weitere Beigaben aus: Längere Gürtelketten oder Gürtelblechbehang, einen zweiten Gürtel, Halbmondfibeln, Ringgehänge, Gold, Bronzegefäße, einen Bernsteinkamm respektive Kammanhänger, ein vergoldetes Messer mit Räderemblem, metallbesetztes Textil, etc.

Umgekehrt weisen aber andere, als reich zu bezeichnende Gräber mit Gürtel offenbar nicht immer auf irgendeine Weise besondere Leibriemen auf: Ich führe Brandgrab 495 an, das zwei Ringgehänge, Bronzegefäße und reichlich Schmuck (Perlen, Ketten) enthielt, aber offenbar lediglich einen organischen Gürtel mit zungenförmigem Haken, wobei unbestimmt ist, ob die ca. 300 kleinen Tutuli als Besatz zum Gürtel oder zu einem Textil gehören. Ich nenne weiterhin z. B. die Gräber 220 (Bronzegefäße, Ringgehänge), 307 (Bronzegefäße, Mann und Frau?), 360 und 556 (metallverziertes Textil, Goldschmuck), die organische Gürtel mit gewöhnlichen Haken führen. Denkbar wäre jedoch, dass sich ihre Gürtel durch eine handwerklich aufwändige, emblematische Brettchenweberei[2003], durch entsprechend ornamental geometrisch angeordnete Nieten[2004], Bronzeeinlagen (in Leder s. Hochdorf[2005]) oder durch eine bestimmte Farbe auszeichneten[2006] – vergleichbar manchem Ornament auf Metallgürteln, dem textile Vorbilder zugrunde liegen[2007]. Eine gewisse soziale Differenzierung könnten die verschiedenen Gürtelvarianten daher durchaus aufzeigen, was schließlich die singuläre Ausführung eines gewöhnlichen Gürtels vom Typ Schrotzhofen – nämlich in Gold aus Grab 505 – zu bestätigen scheint. Gürtel mit flächigem Nietbesatz

---

1996 Siehe auch Hohmichele Grab 6 (Wagen, Pferdegeschirr, Eisenhalsreif, Köcher/Pfeile, Bronzegeschirr): Kilian-Dirlmeier 1972, Nr. 31.
1997 Nicht erhalten haben sich die Bleche der Gräber 873, 898, 975.
1998 So bereits Kilian-Dirlmeier 1969, 184.
1999 Hodson 1990, 87 erwägt für Grab 288 eine weibliche Ha D-zeitliche Nachbestattung, ausgewiesen durch Gürtelkette, Tierfibel und Armringe. Zu diesem „Ensemble" s. auch Kapitel 12.
2000 Kossack 1954, 77.
2001 Die drei Gürtelbleche mit berittenen Pferden (Gräber 42, 96/1873, 711) zeigen eindeutig Reiter und nicht geflügelte Pferde. Vgl. Hansen 2010, 94.

2002 Grab 711 enthielt eines von drei Gürtelblechen mit Reiterstempeln und ist wahrscheinlich eine Doppelbestattung (männl.: Eisenwaffen, weibl.: zwei Tonnenarmringe). Der Gürtel mit Symbolprägung dürfte jedoch der Frau zuzuordnen sein, wodurch das Ensemble als einziges aus dem Rahmen der reicheren Bestattungen fiele. Grab 911 ist durch die Eintiefung einer Brandbestattung gestört.
2003 Dazu Grömer 2010, 109.
2004 Bereits Kilian-Dirlmeier 1972, 123 Anm. 1 verwies auf deren gestalterische Möglichkeiten. Zu in Reihen angeordneten Nieten: Engels 1967, 28; Weidig 2014, 213 ff.
2005 Hansen 2010, 41 f., 110.
2006 Vgl. dazu Speyer 1983, 1234: „*Seine magische Kraft glaubte man noch dadurch steigern zu können, daß man bestimmte Materialien und Steine wählte oder auf ihm zauberkräftige Zeichen, Steine und Schutzmittel anbrachte*".
2007 Kilian-Dirlmeier 1972, 115; Hansen 2010, 93 mit Anm. 399.

kommen jedenfalls überwiegend in durchschnittlichen Inventaren der Stufe Ha C und D 1 vor (z. B. Gräber 115, 129, 190, 208, 233, 376, 405, 839). Mit letzter Sicherheit ist diese soziale Verteilung aber nicht bewiesen, weil eben organische Belege fehlen und z. B. Stäbchenbehang nicht auf eine Gürtelgattung beschränkt ist (auf Blechgürteln, Gürtelblechen und rein textilen Riemen belegt, s. u.).

Die Gürtelbleche der mutmaßlich weiblichen Gräber 5/1889[2008], 264 und 669 tragen klar erkennbar Miniaturgefäße. Sie befinden sich entweder in praktischer Funktion als Niet an der Blechschmalseite oder dominant und mehrfach auf der Gürtelkette (Grab 669) und zeigen bikonische „Becher" (Gräber 5/1889, 264) und solche, die Hochhalsschüsseln ähneln, einzeln oder paarweise auf einem Tablett angeordnet. Im Gegensatz zum ikonographisch (Radamulett) und materiell ausgesprochen reich (Goldperlen, singuläre geschmiedete Kette) zu bezeichnenden Ensemble 669 (s. o.), nehmen sich die beiden anderen miniaturgefäßtragenden Gürtelgräber eher durchschnittlich aus (Ringschmuck, Halskette).

Die aus Hallstatt überlieferten Figuren auf Blechgürteln und einer Schärpe (Grab 121) stellen eine repräsentative Auswahl aus einem Programm von Symbolen dar, das sich während der Späthallstattzeit über Südwestdeutschland und Nordostbayern erstreckte. Obwohl mitunter in Detail und Bildqualität divergierend, zählen Adoranten, Pferde, Reiter und Vögel zum Standard, Steinbock, Hirsch (nach oben gerichtetes Geweih: Hallstatt Grab 671 und Gürtelfragment Lahn-Friedlfeld[2009]), zurückblickendes Tier und Rosshahn[2010] bleiben vereinzelt. Auf die objektzentrierte, schemenhafte und ornamentale Darstellungsart dieser Symbole und ihre griechisch-italischen Vorbilder[2011] bzw. ostalpin-Lausitzer Wurzeln[2012] wurde an anderer Stelle hingewiesen. Drei gestempelte Vögel auf Blechgürteln Hallstatts (Gräber 669, 696, 836; ein vierter aus Bestattung 664 ist nicht überliefert; vielleicht war er ähnlich dem Gürtel mit Klapperblechbehang aus Grab 836) stehen drei auswärtigen gegenüber (Oderding, Schrotzhofen, Haunersdorf[2013]). Stets handelt es sich um singuläre Zeichen, sogar auf einem Gürtel voneinander abweichend (Grab 696), mitunter durch zusammengesetzte Bildpunzen ausgeführt (Grab 669). Sie stehen in Feldern (Grab 836) oder zum übrigen Ornament völlig beziehungslos (Grab 696), resp. mit diesem im Wechsel (Grab 669). Ähnliches könnte man für die drei Gürtel mit Adoranten anführen (Gräber 121, 367, 404): Unikate mit stets erhobenen Armen, zwei davon zur Seite gerichtet (Fußstellung; Gräber 367, 404), paarig in Feldern (Grab 404), letztere mit nur zwei südwestdeutschen Parallelen aus Weitbruch, Arr. Haguenau-Wissembourg, Dép. Bas-Rhin, Reg. Alsace-Champagne-Ardenne-Lorraine und Beihingen, Stadt Freiberg am Neckar, Kr. Ludwigsburg,[2014]. Abweichend sind die geometrische Gruppierung im Wechsel mit Pferden (Grab 367) und die zum Teil „unendliche" Seriierung (Grab 121), belegt auch durch Reiter und Pferde, die besonders augenfällig wird, wenn man den ringartigen Symbolträger schließt, sei es den Halsring (Hochdorf), den Gürtel oder eine umlaufende Wagenkastenzier (Demmelsdorf). Dies wird im Übrigen zu Recht als urnenfelderzeitliches Erbe zitiert und als Steigerung der Wirkungskraft interpretiert[2015]: *Diese Emblematik ist es, die trotz aller Abstraktheit hermeneutisch einen Bezug zum religiösen Denken der Zeit gestattet. Wie der Lebende bei festlichem Anlass, so stellte sich auch der Verstorbene unter den Schutz heiliger Zeichen. Man verstand ihre magische Kraft und verstärkte sie noch, indem man sie in die dingliche Ausstattung der Toten einschrieb und sie vielfach wiederholte. Man veranlasste Zeichner, Graveure und Toreuten, die Wirklichkeit außerweltlicher Mächte chiffrenhaft sichtbar mitzuteilen."*[2016] Obwohl hier also der Mensch (als Chiffre) dargestellt wird, bezeichnenderweise in religiöser Haltung, ist gesamtheitliches Verharren im Ornamentalen, Starren und in der Tradition der Urnenfelderzeit kaum zu übersehen[2017], weil diese Zeichen nie zu Akteuren werden. Nicht zuletzt ihr Format unterscheidet sie grundlegend

---

2008 Die Abbildung bei Mahr 1914, 23 Taf. 7 lässt nicht genau erkennen, ob es sich tatsächlich um Miniaturgefäße handelt. Seine Beschreibung lässt auf Trichterformen (z. B. Grab 324/Mitte der Räder oder Gürtel Grab 264) schließen.
2009 Stöllner 1996, Taf. 39B,42.
2010 Steinbock: Kilian-Dirlmeier 1972, Nr. 580. - Zurückblickendes Tier: Nr. 425. - Rosshahn: Huth 2003, 86; Egg 2009A.
2011 Huth 2003, 85 ff.; Egg 2009.
2012 Nebelsick 1992A.

2013 Kilian-Dirlmeier 1972 Nr. 580.593.594.
2014 Kilian-Dirlmeier 1972, Nr. 385.432.
2015 Kossack 1993, 138 ff.; Huth 2003, 88 f.
2016 Kossack 1993, 144.
2017 Man beachte in diesem Zusammenhang den im Gürtel zentral gelegenen, aber überaus schematisch-ornamentalen möglichen weiteren Rosshahn aus Königsbrück (Pferde werden nie mit waagrecht gefiedertem Schweif gebildet): Kilian-Dirlmeier 1972, Nr. 394 Taf. 106.

von den zeitgleichen (Ha D1) solitären und folglich augenfällig besonders „wirkenden", herausgehobenen Figurinengriffe der Dolche aus männlichem Besitz, die im Gegensatz zu den Bildern auf Blechen von weitem mühelos erkennbar waren und ihren Besitzer auf den ersten Blick als sozial herausgehoben und religiös verankert markierten. Diese Rolle übernehmen bei den Gürtelträgerinnen andere Objekte wie z. B. Gürtelketten aus Stabgliedern mit Symbolanhängern, Halbmondfibeln, Ringgehänge, Goldschmuck, Rademble (Gräber 121, 669, 696) oder durch Miniaturgefäße aufgeladene dominante Beigaben unterschiedlichster Couleur, die sie zwar mit anderen Bestattungen verbinden, die keine figuralverzierten Blechgürtel führen, jedoch keine klar kenntlichen Menschen wiedergeben, sondern mehrheitlich in symbolistischem Denken verharren.

10.5 Parallelen

10.5.1 Beigabe zweier Gürtel

Obwohl wir nicht wissen, ob die Schärpen zu Lebzeiten als solche oder als Gürtel getragen wurden, so ist doch klar, dass die betreffenden Individuen über zwei Gürtel verfügten, ebenso wie jene Kremationen mit zwei Haken oder mit zwei Blechen, die eindeutig von zwei Gürteln stammen. Weder bleiben die Gürtel-Schärpen noch die Beigabe zweier Leibriemen eine hallstättische Eigenart: Gerade letztere ist zahlreich und überörtlich belegt. Unter diesen befinden sich prominente Beispiele, wie das männliche Panzergrab aus Stična (zwei glatte Gürtelbleche) und wahrscheinlich auch die weibliche Körperbestattung aus Marvinci 15, die vielleicht einen knöpfchenbesetzten Gürtel mit zentraler großer Phalera besaß (offenbar zusammengelegt auf dem Becken deponiert), zusätzlich einen Gürtel um die Hüfte trug und eine geschmiedete Gliederkette – der hallstättischen Gürtelkette aus Grab 669 ähnlich – mit Miniaturpyxis und Sichelgriffen wohl in der Hand hielt. Neben diesen verzeichne ich jedoch auch weniger auffallende Inventare. Die hier überblickartig gesammelten, stets lokale Mode spiegelnden Gürtel in Zweizahl stammen aus Süddeutschland, Ober- und Mittelitalien, Slowenien, Bosnien-Herzegowina und dem westlichen Kleinasien. Herodot überliefert, was dass die Frau des Kroisos mehrere Gürtel besaß, dort also ein soziales Privileg war[2018].

In den genannten Regionen werden zwei Gürtel von Männern oder Frauen getragen: Während die männliche, Ha D2-zeitliche Stele aus Hirschlanden bekanntlich zwei Leibringe wiedergibt, sind in Ewattingen, Gde. Wutach, Kr. Waldshut, Baden-Württemberg zwei Gürtelketten, in Mühlacker, Enzkreis, Baden-Württemberg ein Leibring und ein Ledergürtel mit Haken und in Hirschlanden sogar zwei Leibringe und ein Bronzegürtelblech (in Summe also drei Gürtel) während Ha D3 in weiblichen Gräbern bezeugt. Möglicherweise enthielt auch Grab 3 von Mauschbach, Kr. Südwestpfalz, Rheinland-Pfalz, zwei Gürtel, was die beiden verschiedenen Blechreste andeuten könnten. Es handelt sich wegen der Beigabe eines einzelnen goldenen Ohrrings mit getriebenem Dekor um eine herausgehobene weibliche Bestattung der Stufe Ha D1-2[2019]. In Ha D1 datiert das ebenfalls weibliche Ensemble aus Huglfing, Kr. Weilheim-Schongau, Oberbayern, Hügel 12 mit zwei Ledergürteln, davon einer mit westlichem Blech Typ Cudrefin[2020]. Das Gebiet um Weilheim stellt eine Fundregion mit Drehscheibencharakter dar, die u. a. über die Halbmondfibeln mit Vogelprotomen engste Kontakte mit Hallstatt belegt (Halbmondfibeln in Wielenbach, Oderding, Uffing, Kr. Garmisch-Partenkirchen, Oberbayern)[2021]. Schließlich ist auf das weibliche Körpergrab Schleedorf-Fischermühle, Bez. Salzburg-Umgebung, Salzburg, Hügel 2 hinzuweisen, das im Beckenbereich zwei Gürtel mit rhombischem Haken führt (Gürtel mit Nagelbesatz)[2022] und darüber hinaus durch die Doppelspiralnadeln und -anhänger zu jener Gruppe herausragender Frauen gehört, die mit einem schweren Kleidungsstück, vermutlich einem Mantel, bestattet wurden, und denen daher eine besondere soziale und/oder religiöse Rolle zugeschrieben wird[2023]. Maiersch Grab 51 enthielt nur einen T- und einen bandförmigen Gürtelhaken[2024], das Geschlecht der/des Toten ist daher unbestimmbar.

2018 Herodot 1,50,51.

2019 Kilian-Dirlmeier 1972, Nr. 166.
2020 Hirschlanden Stele: Zürn 1970, 68; Marzoli 2003, 203; Ewattingen: Echt 1999, 79; Mühlacker Hügel 11, Grab 1: Zürn 1970, 114; Hirschlanden Grab 11: ebd. 64; Huglfing: Kilian-Dirlmeier 1972, Nr. 285.
2021 Glunz-Hüsken 2008, 48 ff.
2022 Stöllner 1996, 133 f. - Dieser Befund schließt die Zugehörigkeit eines der Gürtel zu einer wegen der Lanzenspitze vermuteten männlichen Beisetzung (Doppelbestattung) wohl aus.
2023 Stöllner 2002, 49 ff.
2024 Berg 1962, 29.

Oberitalien ist mit mehrheitlich reichen Inventaren bis in Ha D3 vertreten. Obwohl hier auch vermischte, unmittelbar benachbarte Bestattungen betroffen sind (Este-Boldù Dolfin, Este-Capodaglio Grab 31), zeugen vier Haken, zwei Cinturoni (Capodaglio Grab 31) und die Reste von drei verschiedenen Blechen (Boldù Dolfin) von der jeweiligen Beigabe mindestens zweier Gürtel. Anzuschließen sind die Einzelgräber Ospedaletto-Tomba Palugana (zwei verzierte Bleche), Carceri Grab 48 (drei Fragmente unterschiedlich breiter und ornamentierter Bleche) und Este Pra'd'Este. Außerdem ist noch Padua Grab 159 mit zwei Gürteln, einer davon figural verziert, zu nennen. Bis auf Boldù Dolfin, wohl eine Vermischung von Männer- und Frauengrab, stammen alle oberitalischen Ensembles aus reichen weiblichen Gräbern (Bratspieße, Blechgeschirr, Goldschmuck); ihre Bleche oder Haken tragen figurale Szenen nach Art der Situlenkunst[2025].

Zwei Bestattungen aus Campovalano enthielten ebenfalls zwei Gürtel, und zwar die weiblichen reich ausgestatteten Gräber 115 (Gürtel mit dem Motiv „zwei Pferde am Brunnen") und 415 (Anfang 6. Jh.)[2026].

Gegenteilig stellt sich die Situation in Slowenien dar, wo, falls bestimmbar, Männergräber glatte Gürtelbleche (Stična-Panzergrab), öfter jedoch zwei Haken liefern (Magdalenska gora Gräber P 2/13, P 2/57, P 13/69, P X/51, evtl. männl. P X/62, Brezje XIII/8, Novo Mesto-Kandija IV/3). Geschlechtlich unbestimmbar bleiben Podzemelj Skrile II/3 und Ljubljana Grab 42[2027].

Zwei mit Bronzeknöpfen belegte Gürtel mit rundlicher Schließe liegen aus den weiblichen Gräbern Donja Dolina-M. Petrović IX[2028] und Marvinci 15 vor (möglicherweise Gürtel mit Knöpfchenbesatz und zentraler Phalera mit Sternemblem sowie zweiter Gürtel mit theriomorphen Besatzenden)[2029]. Wegen fehlender Waffen erwog Th. Völling für die fürstlichen Gräber Gordion S 1 und Bayınır D in der Türkei ebenfalls weiblichen Bezug[2030].

Die Beispiele zeigen, dass die Beigabe zweier Gürtel während Ha D überregional nicht geschlechtlich gebunden war, kleinräumig betrachtet aber das Gegenteil zuzutreffen scheint. Abweichend von der lokalen Norm stellt sich die männliche Stele aus Hirschlanden mit zwei offenbar sonst weiblich konnotierten Leibringen dar, ein weiteres Indiz, dass sich privilegierte Männer über örtliche Trachtsitten hinwegsetzten und ihre Sonderstellung demonstrierten[2031]. Allein die im Situlenstil verzierten Gürtelbleche und -haken oberitalischer Gräber vermitteln anschaulich religiöse Inhalte wie Trankspendeszenen (Carceri) oder das Motiv „Raubvogel schlägt Fisch" bzw. Mensch (Ospedaletto), letztlich orientalische Topoi[2032], die man bildlich gestaltet nördlich der Alpen nur vereinzelt und/oder abgewandelt findet (Welzelach, Kleinklein: Kröll-Schmied-Kogel[2033]; Christoph Huth deutete sie als Darstellung des wandelbaren Numinosen[2034]. Die südwestdeutschen Inventare mit Gürtelringen, die Ensembles aus Slowenien (männlich) und Donja Dolina (weiblich) beispielsweise liefern keine Anhaltspunkte, die ihre Träger als privilegiert ausweisen. Die slowenischen und südwestdeutschen Beispiele zeigen darüber hinaus, dass sowohl einfach ausgestattete als auch begüterte Frauen und Männer (Stična, Helmgräber Magdalenska gora, Mauschbach, Schleedorf-Fischermühle) Besitzer zweier Gürtel waren. Es müssen also andere Gründe ausschlaggebend gewesen sein, ein Paar Leibriemen zu besitzen. Auf archäologischem Weg kaum überprüfbar, aber zum Teil auch nicht unwahrscheinlich ist die Zugehörigkeit zu bestimmten sozialen Verbänden wie Altersklassen, Bünden oder Geschlechtgemeinschaften. Individuelle, eheähnliche Verbindung assoziiert der „gemeinsame" Gürtel der weiblichen Hallstätter Doppelbestattungen 376 und 856, und man denkt unwillkürlich an Darstellungen griechischer Denkmäler mit zwei (oder mehreren) Frauen, die mit einem Mantel umhüllt sind. Generell wurde dieser von U. Koch-

---

2025 Este-Boldù Dolfin: Frey 1969, 100; Este-Capodaglio Grab 31: ebd. 99; Ospedaletto-Tomba Palugana: ebd. 98, Carceri 48: ebd. 98; Este-Pra'd'Este: ebd. 107; Padua Grab 159: Capuis/Ruta Serafini 1969, 37 ff.; Alle genannt auch bei Eibner 2000, 132 f. (in Novo Mesto-Kapiteljska njive III/12 handelt es sich nicht um zwei Gürtel).
2026 Weidig 2014, 204-207.
2027 Stična-Panzergrab: Gabrovec 2006, Taf. 137; Magdalenska gora: Hencken 1978; Tecco Hvala 2012, 173 ff.; Brezje XIII/8: Lucke/Frey 1962, Nr. 18; Novo Mesto-Kapiteljska njive III/12: Križ/Knez 1997, 60 Nr. 7; Podzemelj-Skrile II/3: Barth 1969, Taf. 35; Ljubljana Grab 42: Kilian-Dirlmeier 1975, Nr. 350.354.
2028 Truhelka 1904, 124.

2029 Mitrevski 2007, 565 f. fig. 2; 3; 1996/97.
2030 Völling 1998, 251.
2031 Dehn et al. 2005, 74 f.; Hansen 2010, 97.
2032 Kull 1997, 242; 311 f.
2033 Dazu Huth 2003, 153 f.
2034 Huth 2003, 289.

Harnack sehr überzeugend als Indiz für die gleichgeschlechtliche erotische Liebe interpretiert[2035]. Ist dies übertragen auf Hallstatt ein singulärer Beleg lesbischer Beziehung fernab hochkulturlichen Geschehens? Körpergräber mit zwei (zum Teil gleichartigen) getragenen Gürteln (Hirschlanden, Mühlacker, Marvinci, Donja Dolina), vor allem aber die Stele vom Hirschlandener Hügel – gefertigt und errichtet als gewissermaßen zeitloses Monument und Denkmal – schließen eindeutig die profane Begründung einer jahreszeitlich bedingten Tracht/Bekleidung aus (zwei Gewänder im Winter). Heirat und Mutterschaft lassen sich natürlich nur in weiblichen Gräbern als „Erklärung" für zwei Gürtel heranziehen.

Betrachtet man nun die Hallstätter Inventare mit zwei Gürteln (Haken und/oder Blechen), sie stets weiblich konnotiert sind, fällt auf, dass sich ihre Gürtel selbst nicht durch besondere religiös zu interpretierende Merkmale auszeichnen und betroffene Gürteltypen auch in anderen Inventaren vorkommen. Gürtelgehänge mit diversen Amuletten oder Miniaturgefäßen sind gerade in diesen Bestattungen nicht vertreten. Dies gilt auch für Grab 505 mit bronzenem und zweitem goldenem Gürtelblech vom Typ Schrotzhofen (s. o.), der einzige Typ, der auf urnenfelderzeitliche Motive zurückgreift. Allerdings zeichnen sie sich durch andere exquisite Objekte wie Bronzegefäße, Textilien, Gold, ggf. gegengeschlechtliche Beigaben (falls es sich nicht um bigeschlechtliche Doppelbestattungen oder Störungen irgendwelcher Art handelt) und vielleicht zwei Tote wohl gleichen Geschlechts aus (Gräber 132, 340, 569).

10.5.2 Gürtel als Halsschmuck

Neben den Gürtel-Schärpen, die einen besonderen Befund darstellen, liegen in den Körpergräbern 9 und 10 Gürtel vor, die die weiblichen Toten wie Halsringe trugen (Taf. 13-156,2.3). Ramsauer beschreibt das eindeutig mit den Worten „*um den Hals*" (Grab 9) bzw. „*hatte die gleiche Halsbinde*" (Grab 10). Es handelt sich um einen Gürtel vom Typ Statzendorf (Grab 9) und ein Blech mit „schmalen Horizontalstreifen" (Grab 10, Typen nach Kilian-Dirlmeier 1972), die in unversehrtem Zustand gezeichnet wurden, aber nicht überliefert sind. Ausschließlich die ungewöhnliche Trageweise verleiht ihnen den abzeichenartigen, herausgehobenen Charakter, der bei zeitgleichen Halsreifen vereinzelt in hochrangigen Bestattungen über das Material Gold vermittelt wird[2036]. Umgekehrt denkt man jedoch auch an den bronzenen Halsring der Frau von Vix, den man ihr auf den Bauch legte, während sie den goldenen um den Hals trug. Vermittelt aber nicht die für einen Halsring ungewöhnliche Bauchlage für sich genommen gleichfalls gewisse Statuseigenschaften?

Die beiden hallstättischen Ensembles sind nur über die Gürtel datierbar (Ha D1), Brillenfibeln, Griffdornmesser und Amulett-Pfeilspitze auf der Brust geben keine näheren Anhaltspunkte. Vergleichbare um den Hals gelegte Gürtelbleche oder Blechgürtel sind nicht bekannt, sehr wohl aber Stangengliederketten, gewöhnlich als Hüftgürtel in südwestdeutschen Gräbern während Ha D3 getragen. Aus der Grabung Pollhammer (J. Gaisberger zitiert hier einen unter der Stangengliederkette liegenden, grün verfärbten Kiefer[2037]) sowie insbesondere dem Dürrnberger Grab 118 (LT A) und dem allerdings bereits LT B2-zeitlichen Andelfingen, Kt. Zürich, kennt man entsprechende Ketten, die um den Hals lagen[2038], wobei aufgrund der Quellenlage offen bleibt, ob sich der auffallend reiche Amulettschmuck des Dürrnberger Grabes 118 in Hallstatt wiederholt, wie seinerzeit von Pauli erwogen[2039] und durch das neuere Grab Dürrnberg 205 (Stangengliederkette an den Füßen deponiert; Glasaugenperle, Radanhänger) bestätigt. Weitere Stangengliederketten kommen bekanntlich aus den Dürrnberger Gräbern 35/1 und 215, sowie ein Einzelfund von der Klammreiskapelle[2040].

Einzig die Amulett-Pfeilspitze auf der Brust der Toten aus Grab 9 stellt vielleicht einen religiösen Bezug zur mythischen Jagd her. Jedenfalls datieren Hallstatt Grab 9 und 10 in Ha D1, während die westlichen Stangengliedergürtel eine Leitform der Stufe Ha D3/LT A (z. B. Reinheim) darstellen[2041]. Die Dürrnberger Belege gehören ausschließlich in die Frühlatènezeit. Nicht zuletzt die Zeitstellung zeigt, dass hier, trotz formaler Ähnlichkeiten, kein Zusammenhang besteht, sondern es sich um einen kulturhistorisch relevanten, überregi-

---

2035 Koch-Harnack 1989, 111 f.
2036 Hansen 2010, 96 ff.
2037 Gaisberger 1848, 52.
2038 Pauli 1978, 181; Echt 1999, 79, 201. Zuletzt zusammenfassend: Moser et al. 2012, 191 ff.
2039 Pauli 1978, 182. Zum chronologischen Exkurs von Pauli auch Stöllner 2002, 98.
2040 Moser et al. 2012, 192.
2041 Baitinger 1999, 83; Echt 1999, 77 ff., 200 ff.; Stöllner 2002, 98.

onal und -zeitlich belegten Brauch handelt, sozial und/ oder religiös auszeichnende „Gürtel" gleich welcher Art um den Hals zu tragen oder zumindest den Toten derart auszustatten. Dabei ist eingängig, dass sich Stangengliederketten weitaus besser eignen, als Kette getragen zu werden, als starre und lange Gürtelbleche. Eine Alltagshalstracht mag man sich hier weniger denken (beide Gürtel aus Grab 9 und 10 messen ca. 7 cm in der Breite), auch wenn die Bleche mit Stoff und Leder hinterfüttert gewesen sein mögen.

10.5.3 Schärpen

Die Körpergräber 66/1872, 121, 210 (Abb. 159 s. Taf. 14-159,1) 264 und 459 enthielten Gürtel gewöhnlichen Typs (Dürrnberg, Huglfing, Rapportmuster, mit Haken: Grab 210), die jedoch wie schon mehrfach erwähnt als Schärpe auf dem Oberkörper lagen. Gemäß den Skizzen verliefen sie stets von der rechten Schulter zur linken Hüftseite, so, wie Wehrgehenke seit der Spätantike im militärischen Bereich bezeugt sind. Zwei Bestattungen (121, 246) enthielten auch Kettengehänge, wobei jenes aus Grab 246 auf der Brust lag, also vermutlich zum Gürtel gehörte, weil längere Stäbchengehänge nie um den Hals hängend beschrieben wurden und offenbar vollständig überlieferte Gehänge im Gegensatz zur einzigen Stabgürtelkette Hallstatts (s. o.) keine kreisförmige, sondern eine senkrechte Anordnung spiegeln (Gräber 121, 246, 324, 669). Nur zwei Bestattungen enthielten religiös aufgeladene Beigaben: Die Tote aus Grab 121 trug außerdem das Ringgehänge mit Miniaturrad (Speichen und Nabe), und der Gürtel aus Ensemble 264 ist mit drei doppelkonischen Miniaturgefäßen ausgestattet, die dem bildlich überlieferten konischen Spendegefäß aus Novo mesto-Kandija entsprechen[2042]. Der nicht überlieferte Gegenstand, nach Ramsauer „einen Fischstecher ähnlich" und vermutlich aus Grab 210, ist wahrscheinlich auf der Protokolltafel VIII,637 abgebildet – ein harpunenartiges Objekt mit Schäftungszahnung (Abb. 159 s. Taf. 14-159,2). Nachdem es sich um ein ca. 8,5 cm langes, für eine Harpune zartes Gerät handelt, bleibt unbestimmt, ob es sich um eine miniaturisierte, symbolische Harpunenspitze oder um ein „reales" spießartiges Arbeitsgerät im Grab einer Frau handelt, sofern die Fundumstände überhaupt verlässlich sind (s. Liste der kontrollierten Inventare).

In ersterem Fall wäre sein Vorkommen in mutmaßlich weiblichem Zusammenhang (Gürtel als Schärpe, Bernsteinperlen, vier Armringe) ungewöhnlich, weil andere zum Fischen geeignete Instrumente wie Angelhaken überwiegend, jedoch nicht ausschließlich in männlich anmutenden Inventaren belegt sind, worauf zurückzukommen ist (Kapitel 11).

Die besondere Trageweise bzw. Niederlegung dieser lokal gestalteten Gürtel über dem Oberkörper der Toten (nicht unbedingt schärpengleich, sondern eher parallel zur Körperlängsachse) ist aus Gräberfeldern Mittelitaliens überliefert[2043]: „Besonders in den nördlichen Abruzzen, hier vor allem im aquilanischen und teramanischen Raum, war es üblich, den Gürtel ausgerollt vom Kopf bis zum Becken reichend über die Verstorbene zu legen". Joachim Weidig geht davon aus, dass es sich um einen lokalen Brauch mit einheimischen Wurzeln handelt. Gürtel vom Typ Capena als Schärpen stammen aus Fossa und Scurcola Marsicana, beide Prov. L'Aquila, Reg. Abruzzen und datieren grosso modo in die 2. Hälfte des 7. Jh.[2044]. Stets handelt sich um Frauengräber. Alfedena Grab 434 zeigt als Gürtel eine ausgerollte Gliederkette auf der linken Körperseite[2045]. Weiterhin ist eine weibliche Bestattung aus Beremend, Kom. Baranya, Ungarn, überliefert, die von der rechten Schulter bis zur linken Hüfte einen „Astragalengürtel" trug. Certosafibeln datieren die Bestattung in die Frühlatènezeit[2046].

Die Schärpengürtel hallstättischer Frauen scheinen zwar augenfällig die Toten auszuzeichnen; welcher Art jedoch diese Hervorhebung war, lässt sich nicht eingrenzen, weil einerseits regional engere Parallelen fehlen, andererseits Miniaturgefäße, kombinierte Ringgehänge und stabförmige Gürtelketten mit Klapperblechen, also mutmaßlich kultisch konnotierte Ringe, auch in anderen Bestattungen vorkommen. Die sich derzeit vermeintlich inselartig darstellende Verbreitung der Schärpengürtel jeweils lokalen Ursprungs könnte dem Forschungsstand geschuldet sein (unzureichend dokumentierte Altgrabungen in anderen Regionen Italiens oder Südosteuropas, generell unpublizierte Nekropolen). Dennoch fordert das aktuelle Bild, eine über-

---

[2042] Egg/Lehnert 2011, 240 f.

[2043] Nicht ausgeschlossen aber auch nicht ausdrücklich erwähnt ist eine Schärpenlage für Körpergräber, bei denen Gürtel „in der Brustgegend" beobachtet wurden (Kilian-Dirlmeier 1972, Nr. 21.36.230.377.384.397.471).
[2044] Weidig 2014, 198 f.; 224 (Zitat 199). 2010, 10.
[2045] Cianfarani 1969, 54 f. Taf. XXIX.
[2046] Jerem 1973.

regionale und überzeitliche[2047] Bekanntheit des Brauchs anzunehmen, herkömmliche Gürtel am Körper besonders herauszustellen. Welche religiösen und/oder sozialen Vorstellungen damit verknüpft waren, bleibt offen.

10.6 Gürtel mit Gehänge

10.6.1 Stäbchenketten

Zahlreiche Gräber führen Gürtel, die bronzene Gehängeketten tragen. Ich beobachte in drei Fällen augenscheinlich unversehrte längere Ketten, die durch mitunter profilierte, gelochte Stäbchen gebildet werden (Gräber 121, 264, 324), einzelne Stabglieder oder kreuzähnliche Elemente derartiger zum Teil ehemals wohl längerer Ketten (Gräber 23/1891, 24, 33/1871, 42, 87, 98/1874, 100/1874, 136, 161, 252, 255, 288, 367, 404 Abb. 160 s. Taf. 15-160,1, 474, 889, 934, evtl. 997), eine singuläre Kette aus „komplizierten" Elementen an einem Blechgürtel vom Typ Schrotzhofen (Grab 669), trianguläre Bleche an Ketten (Gräber 836, vermutlich 24) oder unmittelbar am Gürtelblech befestigte, gebündelte Klapperbleche (ohne Ketten: Grab 328). Grabskizzen belegen, dass in Bestattung 136 dreidimensional-kreuzartige Enden mit Ringen am unteren Rand des Gürtels bzw. seiner Vorderseite hängen[2048]. Die Gürtelgehänge der Engl'schen Grabskizzen der Inventare 98/1874 und 100/1874 (Abb. 160 s. Taf. 15-160,2) erscheinen idealisiert, weil mehr Glieder überliefert sind als zeichnerisch vermerkt. Einzelne waagrechte Balkenabschlüsse teils mit Klapperblechen, glockenförmige Gehänge der Gräber 42, 98/1874, 252 und 889 und der anthropomorphe Anhänger aus Grab 33/1871 sind vermutlich als Endstücke ehemals längerer Ketten anzusprechen, wie vergleichbare Schlussglieder an Ketten in den Bestattungen 121, 264 und 324 nahelegen. Die auffällig hohe Zahl nicht mehr verbundener und einzelner Elemente pro Grab könnte an eine intentionale Zerstörung denken lassen, aber auch gänzlich korrodierten eisernen Verbindungsringen geschuldet sein (Zeichnung I. Engl Grab 98/1874, Taf. 12-155,1).

Auch drei Gitterradfibeln tragen Stäbchenketten mit Symbolanhängern (Gräber 37/1872, 577). Ihre Miniaturgefäße erinnern den Betrachter an das gemeinsame Mahl, an Spende und Opfer (s. Absatz 4.5); vielleicht enthielten sie auch unmittelbar opiate Rauschmittel.

Stäbchenbehang an hallstättischen Gürteln entstammt einfacher ausgestatteten Inventaren wie z. B. 23/1891, 252, 255, 376/Doppelbestattung oder 934 (Gürtel, Ringschmuck, zwei Fibeln; ggf. Bernsteinschmuck, Kugelkopfnadeln, mehrere Fibeln), jedoch auch solchen, die über dieses Grundmuster hinaus ein Pferdegeschirramulett (Gräber 33/1871, 474), symbolträchtige Gewandhalter wie Halbmondfibeln (Grab 98/1874) oder singuläre mit Rad-Sonnen-Emblem und Miniaturgefäßen (Grab 324), Ringgehänge (Gräber 121, 997), Keramikkugeln an den Füßen (Grab 98/1874) oder perlenbesetzte Textilien (Grab 136) führen.

Gehänge an Blechgürteln, die aus besagten profilierten oder glatten Stäbchengliedern bestehen, sind in dieser Form außerhalb Hallstatts nicht bekannt. Italische Gehänge mit zum Teil anthropomorphen Kopfblechen tragen jedoch durchaus Stäbchenketten, wie ein Beispiel aus Cupra Marittima, Prov. Ascoli, Reg. Marken zeigt[2049]; aus dieser Region stammen weitere Belege[2050]. Sie könnten, zusammen mit dem Brauch, eine Vielzahl an Zisten ins Grab zu geben, von den Picenern übernommen worden sein, obgleich diese Sitte in Hallstatt selbst nicht belegt ist[2051]. Auch oberitalische und slowenische Fibeln mit Gehängen zeigen (sicher lokal gefertigte) Stäbchen, die wiederum in weibliche anthropomorphe Anhänger, Klapperbleche und Bommeln enden[2052]. Entfernt verwandt erscheint der umlaufende Stabbehang japodischer Kopfbedeckungen, was die adriatischen Beziehungen spiegelt[2053]. Gestalt und Länge der Ketten und ihre Fixierung an Gürteln (sowie einer Gitterradfibel und zwei Derivaten) scheinen daher während Ha D1 ein auf Hallstatt beschränktes Phänomen zu sein, obgleich Ketten auch aus zwei Dürrnberger Bestattungen vorliegen. Die beiden langen (74 cm, 78 cm), aus dreifach-durchlochten Gliedern (Dürrnberg Grab 61/2) und doppelt-s-förmigen Drahtelementen (Grab 68/2) bestehenden, vollständig überlieferten Ketten entstammen Ha D3-zeitlichen rei-

---

2047 Zur Darstellung einseitiger Schultergurte auf neolithischen männlichen Stelen Südfrankreichs: Schlichtherle 2010, 275.
2048 Kromer 1959, 59 Abb. 23.
2049 Die Picener 1999, 265 Nr. 537.
2050 Montelius 1904, pl. 160, 9.10; Beinhauer 1985, Taf. 139 Nr. 1537.
2051 Dehn et al. 2005, 245 ff.
2052 Von Eles Masi 1986, Nr. 1511.1782.1960; Teržan et al. 1985, Taf. 83 Grab 830.
2053 Drechsler-Bižić 1968, Taf. IV; VI; VII,63. Dazu z. B. Teržan 1995.

chen weiblichen Grablegen (Fußzierfibeln, eine davon goldplattiert, Bronzekessel bzw. Bandhenkeltasse), sie folgen also den hallstättischen zeitlich nach. Ähnlich wie einige Gehänge aus Hallstatt (Gräber 42, 264, 367, 404, 474, 889) tragen sie abschließend keulenartige, kaum deutbare Anhänger[2054]. Jeweils drei Miniaturgefäße auf dem randlichen Gürtelsteg (Grab 61/2 Hochhalsschüssel ähnlich; Grab 68/2 stark profilierte Prunkgefäße) verbinden sie außerdem mit den hallstätter Gürteln der Gräber 5/1889 und 264. Gerade die verschiedenen Anhänger an den jüngeren südwestdeutschen Stangengliedergürteln (diverse Perlen, durchbohrte Steine, Miniatursteinbeile, Tierzähne etc.) sprechen für eine Deutung als Kultgerät außergewöhnlicher Frauen[2055]. Jedenfalls setzt sich der Brauch des Tragens symbolgeladener Gürtelketten überregional bis in Ha D3/LT A fort.

10.6.2 Klapperbleche

Drei Gürtel tragen unmittelbar am Blech befestigte einzelne Klapperbleche (Gräber 836, 24) oder solche in Bündeln (Grab 328). Möglicherweise handelt es sich bei Grab 24 aufgrund der Größe der Armringe und kleiner Keramik um ein Kindergrab oder eine bigeschlechtliche Branddoppelbestattung (drei Fibeln, Ringschmuck, Lanzen; s. auch Kapitel 14). Johann Ramsauer beschreibt das Blech mit anhängenden Klappern klar als Gürtel mit Gehänge, sodass zuzüglich der Parallelen aus den Bestattungen 328 und 83 kein Grund besteht, es als Bronzegefäßrest zu führen[2056]. Zwei Lanzenspitzen weisen auf eine männliche Bestattung hin, was aber erstaunt, weil alle anderen Gürtel mit Gehänge – gleich welcher Art – aus weiblichen Gräbern stammen. Vielleicht liegt daher eine (nicht erkannte) Branddoppelbestattung eines Mannes und eines Mädchens vor.

Die Beigaben aus Grab 328 sind nicht überliefert; Skizze und Beschreibung zeigen eine Körperbestattung mit besagtem Gürtel, drei Armreifen je Arm, zwei Brillenfibeln und einer Bernsteinperlenkette am Hals. Formal leicht abweichend stellt sich der Gürtel mit dichtem Kettchenbehang vom Typ „große geschlossene Felder" aus Grab 836 dar (Abb. 137). Imma Kilian-Dirlmeier (und Wolfgang Lucke) sprachen sein Pendant aus dem Depot 71 von Wörgl-Egerndorfer Wald – obgleich vom Typ Schrotzhofen und mit augenscheinlich kürzeren Ketten – als Import in Tirol an, beide entstammten jedenfalls der gleichen süddeutsch-südostalpinen Werkstatt[2057]. Neuere Funde dieser Art sind seither nicht hinzugekommen, und es bleibt der Publikation der Inntalnekropole und einer vergleichenden Autopsie vorbehalten, ob nicht auch der umgekehrte Fall, nämlich ein Import in Hallstatt denkbar wäre. Letztlich wäre auch eine unabhängige autochthone Fertigung nicht ausgeschlossen. Ringketten- und Kettenklapperblechbehang sind bekanntlich italischen Ursprungs und im zirkumalpinen Raum weiter verbreitet; sie zeichnen generell religiöse Beigaben aus (Kesselwagen, Bronzegefäße bzw. Deckel). Unbestritten gehört die mutmaßliche Doppelbestattung 836 zur sozialen und religiösen Elite schlechthin: Situla, zwei wohl aus Italien importierte Rocken, goldener Spiralschmuck, Ringgehänge evtl. mit theriomophem Element, knöpfchenbesetztes Textil, bronzener Antennendolch und Eisenwaffen (Abb. 137). Auffällig ist, dass nachfolgende Objekte sowohl in Hallstatt als auch im Wörgler Depot zu finden sind: Brillenfibeln, Spiralschmuck, Mehrkopfnadeln, eine Situla und der Gürtel mit Kettchenbehang. Lokal-Inneralpines spiegelt sich in Wörgl durch die Raupenfibel und Doppelspiralnadel, in Hallstatt durch den geperlten Armring[2058] und das Ringgehänge. Bereits W. Lucke wies auf die zeitlich enge Geschlossenheit des Depots hin; handelte es sich nicht um ein solches (kein Leichenbrand beobachtet), spräche nichts dagegen, die Vergesellschaftung als die Beigaben einer Doppelbestattung zu betrachten.

Weitere Gürtel, die am unteren Rand jeweils lokal gefertigte Bleche tragen (Ringe, trianguläre Klappern, zweischalige Bullen, glockenförmige), sind aus Nin, Zadar, Kroatien (Grab 40), Magdalenska gora (Einzelfund), Grm pri Podzemelju, Reg. Weißkrain, Slowenien Grab I/6 (Kindergrab), Novilara und Steinheim am Albuch-Küpfendorf, Kr. Heidenheim, Baden-Württemberg, überliefert. In Nin weist eine Perlenkette, in Grm weisen Glasperlen und in Küpfendorf sieben

---

2054 Moosleitner et al. 1974, 23 f.; 29 f.
2055 Echt 1999, 200 ff.
2056 Prüssing 1991, Nr. 393. Es müsste sich dann um einen Deckel handeln, weil nur daran Klapperblechreihen bezeugt sind.
2057 Lucke 1938; Kilian-Dirlmeier 1979A, besonders 20.
2058 Fast ausschließlich hallstättisches Vorkommen: Siepen 2005, 60.

Armringe auf jeweils feminine Bestattungen hin[2059]; Anzeiger rituellen Handelns fehlen. Auf die Verwandtschaft mit den Blechen aus Montegiorgio, Prov. Fermo, Reg. Marken, wies ich an anderer Stelle hin (Blech mit Gehänge als verkürzte und miniaturisierte Darstellung eines Webstuhls bzw. zu webender Textilien, ggf. Nachahmung textiler Muster auf den Blechen, Erzeugung von Geräusch durch klappernde Anhänger oder ihre deren Assoziation mittels Glockenform in Küpfendorf und Bologna-Tomba degli ori [Grab Tintinnabulum])[2060] Bei dem Stück aus dem möglicherweise nicht gesicherten Montegiorgio „Grab 39" handelt es sich aufgrund der Anzahl der Bleche respektive deren Länge wohl um einen Gürtelbesatz, während das Blech aus „Grab 6" wegen der längeren Ketten vermutlich als Anhänger diente. Enge formale Verwandtschaft zwischen dem illyrischen und den picenischen Objekten verdeutlicht auch die bildliche Darstellung der Aufhänger mit eingerollten Spiralenden (Brillenanhänger) auf dem Blech aus Nin, die man nämlich plastisch aus den Marken kennt, wo sie bezeichnenderweise kleine rechteckige Bleche tragen, in einem Fall als Anhänger eines Halsrings[2061]. Diese italischen Anhänger könnten folglich als verkleinerte Gürtelbleche[2062] mit Gehänge gelesen werden, so, wie man ganze Webstühle bzw. am Webstuhl entstehendes Gewebe verbildlicht als Gehänge am Körper zur Schau stellte (als Fibel-, aber auch als Gürtelanhänger; s. Kapitel 7, Anm. 1571). Wahrscheinlich besteht daher zwischen Gürteln mit Gehängen und eben jenen „Schmuck-Webstühlen" eine gedankliche Affinität, die über die Darstellung textiler Muster und Textilien an sich hinausgeht: *„Aus dem minoisch-mykenischen Bereich kennen wir aus dem 15. Jahrhundert v. Chr. ungemusterte Stoffgürtel mit dreieckigen Fransen an kurzen Stielen. (…) Homer berichtet in der Ilias vom ‚mit hundert Quasten besetzten' Gürtel der Hera. (…) Auch die Göttin Athene wird mit einem fransengeschmückten Gürtel gezeigt, was D. Stupka als Ausweis ihrer handwerklichen Kunstfertigkeit, also ihrer Fähigkeit zu weben, interpretiert. Die Bedeutung von Fransen und Quasten als Zierde liegt vielleicht im magischen Bereich des Werdens und Vergehens, auf den die Vielzahl der Fäden als Teil eines gefertigten Ganzen (…) hinweisen könnten…"*.[2063]. Haben also elitäre Damen im östlichen Mittelitalien ihren bedeutungsschweren Gürtel nicht ebenso verkleinert am Körper zur Schau gestellt wie überregional reiche Frauen ihren/den Webstuhl (Sirolo-Tomba della Regina, Loreto Aprutino, Lanificio Margherita, Frög)?

10.6.3 Geschmiedete Kette und Miniaturgefäße
(Kette: Grab 669)

Eine in Hallstatt und im weiten Umkreis singuläre Gürtelkette trug die wohl weibliche Verstorbene aus Brandschüttung 669 (Ha D1, Abb. 80,2, 154). Die ca. 30 cm lange Kette besteht aus zwei doppelten Strängen geschmiedeter Bronzeglieder: Trianguläre Elemente (teils gestielt, teils verdoppelt) mit angeschmiedeten vierkantigen Ringen sind mittels beweglichen Ringgliedern aneinandergereiht. Drei rechteckige Tabletts, ebenfalls Elemente der Ketten, tragen jeweils zwei, der rechte Strang drei einzelne Miniaturgefäße, die die Form der heimischen Hochhalsschüsseln imitieren[2064]. Die Anzahl der ‚leeren' Ösen an den beiden waagrecht und parallel zum Gürtelblech vom Typ Schrotzhofen orientierten Stegen und das kurze Kettenfragment am rechten Rand lassen auf weitere, vielleicht intentionell entfernte duale Gehängereihen schließen. Die kleinen Gefäße wiederholen sich vermutlich acht- bzw. neunfach am sehr fragmentarisch überlieferten Radamulett aus demselben Grab, dessen „Reif" wahrscheinlich sekundär aus einem Nabenbeschlag gefertigt wurde (Abb. 33)[2065] und das aufgrund der Anzahl und Anordnung der Miniaturgefäße vielleicht ein Gelage für neun Personen spiegelt (acht plus eins), was wiederum an den Hochdorfer Geschirrsatz denken lässt (s. u.). Außer einer Bernsteinkette mit kantig gedrechseltem Ring trug die Frau 23 goldene Perlen (Abb. 121), zwei wohl ehemals mit Bernstein ummantelte Sanguisugafibeln italischer Art und einen geperlten Armring. Optisch dominant und ohne Parallele waren sicher in ers-

---

2059 Nin: Batović/Benac 1987, Taf. XL,11-12; Magdalenska gora: Tecco Hvala 2012, 180 fig. 69,1; Grm: Barth 1969, Taf. XI; Novilara: Beinhauer 1985, Taf. 32; 48; 59; 140 (jeweils Gürtel aus Bronzeringchen mit herabhängenden Bommeln); Steinheim am Albuch-Küpfendorf: Kilian-Dirlmeier 1972, Nr. 679.
2060 Fath/Glunz-Hüsken 2011.
2061 Nava 2007, 176 (Sirolo); Montelius 1904, pl. 160,1.5.9.10; Ettel/Naso 2006, Taf. 23 (Montegiorgio „Grab 23").
2062 Bereits die Minoerinnen auf Kreta spendeten Ihren verkleinerten Gürtel als Votive in Heiligtümer: Kilian-Dirlmeier 2012, 171.

2063 Fath/Glunz-Hüsken 2011, 267 (nach Stupka 1972).
2064 Stöllner 2002, 159 Typ 213; 179 f.
2065 Glunz-Hüsken 2013, 10 ff.

ter Linie der Gürtel und sein Behang und das vielleicht auf der Brust oder zum Gürtel gehörende Radamulett. Gold- und Bernsteinschmuck kommen auch in anderen herausragenden Ensembles vor.

Eine vergleichbare Kette befand sich im bereits mehrfach erwähnten Körpergrab 15 von Marvinci: Plastisch-trianguläre bronzene Elemente wechseln dort mit verschiedenen geschlitzten Bommeln ab. Zwei Stränge enden in miniaturisierten Sicheln, die als Griffe rekonstruiert sind. Am unteren Ende vereinigen sich die beiden Kettenreihen und tragen abschließend eine Miniaturpyxis mit Vogelprotomendeckel, die Opium enthielt. In der Bauchgegend lag eine große sternförmig durchbrochene glatte Phalera, „verpackt" in ein Textil, das mit runden Metallösen und gestielten Ringen verziert war – vielleicht ein gefalteter aufgelegter Gürtel (zu Phalerae als Gürtelbesatz s. o.). Eine weitere Gürtelkette mit theriomorph besetzten Enden rekonstruiert man angelegt. Das Körpergrab ermöglicht (zusammen mit wenigen anderen), die sogenannten makedonischen oder paeonischen Kultbronzen (Pyxiden in Mohnkapselform mit Vogelprotomendeckel, andere Miniaturgefäße diverser Form, Hörner-, Vogel- und Sichelanhänger, geschlitzte Bommeln etc.[2066]) als sakrales Gerät (und nicht als Schmuck) zu bestimmen. Die Frau aus Marvinci Grab 15 wird wegen der Gesamtheit ihrer kultischen Geräte und deren Embleme (Sonnensymbol der Phalera), dem gesicherten Befund und der abseitigen Lage im Friedhof daher ausdrücklich als Priesterin bezeichnet: „*In this burial context the pyxis pendant was part of a more complex cult ensemble and certainly represented an instrument that served in the performance of individual cult and ritual activities … Nevertheless, pyxis pendants are still strong indicators of priestess burials, but only when they are found in the context of the so called priestess …*"[2067].

Hallstatt 669 und Marvinci 15 haben also mindestens folgende Gemeinsamkeiten: Eine singuläre geschmiedete Kette (am Gürtel in Hallstatt/gürtelkettenähnlich in Marvinci), Miniaturgefäße lokaler Form (in Marvinci mit berauschendem Inhalt) und das Sonnen- bzw. Radzeichen.

Andere Bestattungen des Hochtals, weibliche, männliche und mutmaßliche Doppelbestattungen lassen sich aufzählen, die gleichfalls diese Elemente oder eine Auswahl davon vereinen: Grab 507 (Mann und Frau) enthält das Ringgehänge mit Rad-Sonnen-Symbol und ein Miniaturgefäß mit Klapperblechen (evtl. zum Ringgehänge gehörig), die Miniaturaxt mit theriomorphem Besatz und die beiden plastischen Stierfiguren als symbolische Opfergeräte bzw. Opfertiere (Taf. 2). Grab 121 (weiblich konnotiert) führt das Ringgehänge mit der Darstellung eines Rades, von weitem auch als Sonnensymbol lesbar, und eine längere Stäbchengürtelkette mit waagrechtem Abschluss (Abb. 7). Die zu einer oder zwei Spiralscheibenfibeln gehörenden Elemente aus der weiblichen Grablege 324 bestehen aus Miniaturgefäßen, Speichenkreuzen respektive Sonnenzeichen und nochmals einer längeren Stäbchengürtelkette (erneut mit waagrechtem Abschluss). Die große Gitterscheibenfibel aus der vermutlichen Doppelbestattung 577 vereint schließlich alles Symbolhafte: Gruppierte Miniaturgefäße, Speichenkreuz bzw. Sonnenemblem (in Form der Grundplatte) und Stäbchenketten mit Symbolanhängern (Abb. 38). Auch die zweifellos auf die hallstättische(n) Fibel(n) aus Grab 324 zurückgehenden paarigen Sechspass-Gewandhalter aus Riedenburg-Untereggersberg Grab 57[2068] (anthropologisch sicher weiblich, Abb. 40; 42) nehmen – lokales Erzeugnis nach hallstättischer Vorlage vorausgesetzt – das auf, was Bedeutung hatte: Miniaturgefäße, sternförmig durchbrochene Grundplatte und Speichenkreuz respektive Sonnenemblem. Ein markanter, in der Region seltener und daher vielleicht importierter Gürtel (Typ „große geschlossene Felder") bleibt in Untereggersberg ohne Gehänge. Wie in Grab 669 ist Goldschmuck vorhanden, hier in Form eines Spiralröllchens aus längsgeripptem Goldblech (in der Halsgegend); es unterstreicht den heimisch-elitären Charakter des Ensembles. Miniaturgefäße und Stäbchen finden sich an den Fibeln der Inventare 37/1872 (männlich), 577 (zweite kleinere Fibel, Abb. 65); Miniaturgefäß und Rad jene aus den männlich konnotierten Ha D1- zeitlichen dolch- und bronzegefäßführenden Gräbern 559, 574 und 667 (bigeschlechtliche Doppelbestattung?). Schließlich wären noch die beiden reichen, ebenfalls jüngeren Inventare 61/2, 68/2 des Dürrnbergs anzuführen (Ha D2/3), die durch sehr lange Ketten und Kleingefäße auf den Gürtelblechen auffallen und ihre Besitzerinnen im weiteren Sinn eben über den Gürtel als „kultisch befugt" ausweisen könnten.

2066 Z. B. Temov 2007 mit älterer Literatur; Kilian 1975; Bräuning/Kilian-Dirlmeier 2013, 98 ff.
2067 Mitrevski 2007, 578; Kilian-Dirlmeier 2012, 172.

2068 Hoppe 1991; Glunz 1997, 114 f.; Nikulka 1998, 277 ff.

Spekulativ bleibt, die plastische Stierfigur aus dem weiblichen Grab 455, die sich zwischen den Unterschenkeln der Toten befand, als Gürtelanhänger zu interpretieren. Für ihre Fixierung müsste ein vollständig vergangener, rein organischer Gürtel angenommen werden, den J. Ramsauer durchaus beschreibt („gestückter Gürtel").

Betrachtet man das Verhältnis aller Gürtel mit Gehängen (Klappern, Stabketten, geschmiedete Kette Grab 669) zu figürlichen Zeichen (Pferde, Adoranten, anthropomorphe Zeichen) auf ihren Blechen[2069] (soweit sie in ausreichender Länge überliefert vorliegen), so ist hier keine Regelhaftigkeit, Abhängigkeit oder Besonderheit zu erkennen. Ich vermerke Behang an figural-verzierten Blechen in den Bestattungen 42, 96/1873, 98/1874, 121, 252, 367, 404, 664, 669, 836 und 874. Darunter befinden sich Gräber mit Halbmondfibeln (96/1873, 98/1874), Ringgehängen (Gräber 121, 836), einem Dolchmesser (Grab 664) und dem Radamulett und Goldperlen (Grab 669), aber auch solche, die nicht auffallen (Gräber 42, 404, 874). Andere Blechgürtel mit Figurenzier Gräber 459, 671, 696, 711 und 911 (gestört) tragen hingegen keinen Behang: Auch unter diesen sind besonders reiche (Ringgehänge, Bronzegefäße Grab 459; Bronzegefäße, Goldschmuck Grab 671) und weniger bezeichnende (mutmaßliche Doppelbestattung 711). Einzig der Gürtel aus dem reichen Grab 671 (Bronzegefäß, Gold- und Bernsteinschmuck, metallverziertes Textil u. a.) trägt drei figürliche Stempel, jeweils zwei die Gürtel aus Gräbern 367, 404 und 669. Auch die denkbare magische Verstärkung der rituell verhafteten Miniaturgefäße durch Behang und/oder figürlichen Blechdekor (Grab 669) ist wegen Gräber 5/1889 und 264 nicht kanonisch gegeben, weil in diesen Inventaren Gürtel ohne figürliche Zier und ohne Gehänge liegen.

10.7 Fazit

Gürtel tragen gegenständliche Symbolanhänger und (in der Funktion als Niet) mutmaßlich kultisch konnotierte Miniaturgefäße; Gürtelbleche und -haken sind Bildträger religiös motivierter Chiffren, gelegentlich szenischer Handlung. Ihre Botschaft wird überwiegend von Frauen vermittelt, und Frauen waren privilegiert, sich damit auszuweisen: Hallstättische Bleche zeigen in

[2069] Ausgenommen sind die Stäbchenketten der Gräber 288, 324, 474, 997 mit offenbar textilem Gürtel.

Vielzahl gereihte Pferde, Reiter, Adoranten, also eisenzeitliche Chiffren, denen man wohl unmittelbar Wirkkraft zuschrieb und die man zu potenzieren versuchte, indem man sie wiederholte, andernorts Trankspendeszenen oder das Symplegma. Ihr Ornamentschatz, dem textiles Vorbild zugrunde liegt, und ihr metallischer Behang (Klapperbleche), der in übertragenem Sinn an die Fertigung ehemals stofflicher Gürtel am Webstuhl erinnern könnte (Webgewichte), evozierten daher zwischenmenschliche Bindung und Emotion, letztlich vielleicht die Heilige Hochzeit. Lange Gürtel, die im Wortsinn zwei Verstorbene miteinander verbinden, veranschaulichten diesen Aspekt.

Miniaturgefäße auf Gürteln bzw. einer Gürtelkette (Grab 669) könnten ihre Besitzerinnen als unmittelbar Kultausführende ausweisen, sei es, dass sie über Opiate verfügten, Opfer darbrachten oder ganz allgemein an das Gelage erinnerten, es implizierten, so, wie ihre männlichen Pendants mit Gitterscheibenfibeln (Gräber 559, 574, evtl. 667 und 577 [mutmaßliche Doppelbestattungen]). Insbesondere die singuläre Gürtelkette aus Bestattung 669 wirkt in Kenntnis des Befundes aus Marvinci geradezu als sakrales Objekt, wobei ein möglicher berauschender Inhaltsstoff der Kleingefäße in Hallstatt unbekannt bleibt. Die von den Frauen mit ähnlichen Gürtelketten benutzten Embleme waren überörtlich, nämlich in Niederbayern, Hallstatt und auf dem Balkan, die gleichen. Hier scheint sich konsensartig ein Formenkanon religiösen Ausdrucks zu spiegeln: Sonnensymbole, Radkreuze, Spiralen, bisweilen begleitet von symbolhaften Opfertierplastiken und Opfergerät (Miniaturäxte mit theriomorphem Besatz, Sicheln in Marvinci), während die Kleingefäße jeweils lokalem Ursprung entstammen, einerseits teils gruppierte Hochhalsschüsseln, andererseits eine Opiat enthaltende einzelne Pyxis. Diese Übereinstimmungen können jedoch kaum die Frage beantworten, ob die religiösen Inhalte dieselben waren; dies ist uns verschlossen.

Einzig Gürtelbleche tragen anthropomorphe Zeichen mehr oder weniger abstrakter Form, was in Anbetracht ihrer zwischenmenschlichen Rolle nicht verwundert, auch wenn, oder gerade *weil* die Bilder Adoranten, Menschen in religiöser Haltung darstellen. Sonnenbilder, Radkreuze, Klapperbleche und das Vogelsymbol findet man zwar beispielsweise auch auf Breitrandschalen, nie jedoch das Bild des Menschen oder Reiter und Pferde. Dieses ist in Hallstatt gehäuft weiblichen Gürteln und männlichen Dolchgriffen vorbehalten.

Gürtel könnten gestaffelten sozialen Rang (verzierte Stoff-/Leder- und Nietgürtel, Bronze- und Goldblechgürtel) und unmittelbar individuelle, vielleicht überdies erotische Beziehung anzeigen. Durch ihre teils ungewöhnliche Positionierung in Körpergräbern und ihre fallweise Loslösung aus einer „Tracht", also ihre Niederlegung als regelrechte Beigabe (z. B. abseits des Körpers, „umfunktioniert" als Halsring oder schärpengleich getragen) wird die ihnen zugeschriebene Idee noch unterstrichen. Wahrscheinlich stellte man Gürtel auch verkleinert schmuckhaft am Körper zur Schau (in Italien), übergab sie ganz oder in Teilen der Gottheit (Depots, Brandopferplätze); sogar (rituell?) zerschnitten schrieb man ihnen noch magische Kraft zu wie sekundär verwendete Bleche, u. a. auch im Hochtal, erweisen.

11 Handwerkliches Gerät – fehlendes Bergbaugerät

11.1 Amboss, Feile, Meißel, Steigeisen

Wie Spinnen und Weben, so stellt auch Schmieden bekanntlich ein Ideal dar, mit dem sich besonders Eliten aliteraler Gemeinschaften im Umkreis des Weichbilds hochkulturlichen Geschehens identifizierten. Die Beigabensitte einschlägiger Objekte und das dahinter stehende religiöse Gedankengut („Schmiedegott Hephaistos") wurden über Italien vermittelt und sind in den Überlieferungen Homers verankert[2070], obgleich endbronzezeitliche Horte mit jeweiligem Gerät auch heimische Wurzel belegen. Sicher sind daher reiche, jedoch vielleicht auch einfache Ensembles mit Spinn- und/oder Webgeräten überwiegend weiblicher Gräber mehrheitlich männlichen mit Metall- oder Holzwerkzeugen gewissermaßen qualitativ und ideell anzuschließen. Beide lassen sich im 8. und 7. Jh. v. Chr. überregional verorten[2071] und spiegeln tatsächlich ausgeübtes Handwerk meist rudimentär und ausschnitthaft, wenngleich Webgeräte viel häufiger zu verzeichnen sind als Utensilien von Schmieden oder Holzwerkern. Nur vereinzelt lassen sich sinnfällige, breit angelegte Metall- oder Holzgerätekombinationen benennen, die einen entsprechenden Handwerker kennzeichneten: „*Welchen gesellschaftlichen Rang die Goldschmiede, Toreuten, Holzschnitzer, Töpfer und Vasenmaler der Hallstatt- und Latènezeit inne hatten, und wie das jeweilige Kunsthandwerk organisiert war und in welchem Verhältnis die Künstler zu den Auftraggebern und Rezipienten ihrer Schöpfungen standen, lässt sich hingegen nur auf indirektem Weg abschätzen*"[2072]. Gemeinhin interpretiert die Forschung handwerkliches Zubehör in reichen Ensembles gern als mythisch inspiriert, während das gleiche in ärmeren Gräbern (meist ebenso reduziert) reale handwerklich Tätige kennzeichne (z. B. Angelhaken, Feile). Die betreffenden Objekte selbst weisen formal und über die Zeiten hinweg keine besondere äußere Kennzeichnung auf, die sie als religiöse Anzeiger bestimmen ließe. Die Argumentation beruht stets auf übertragenem Sinn[2073].

Generell scheinen allein die Überlieferungsbedingungen für die Identifikation mutmaßlich Gewerbetreibender ausschlaggebend zu sein: Der Nachweis berufsmäßiger Holz- und/oder Metallhandwerker gelingt im Vergleich zu Textilschaffenden (abgesehen von der höheren Überlieferungswahrscheinlichkeit von Metall) besser, weil theoretisch ein Einzelner über mehrere Metallwerkzeuge verfügte, die ihn als Schmied, Gießer oder Zimmerer umschrieben, während die Bildbelege für textiles Werken eine Arbeitsteilung nahelegen (Wolle glätten/zupfen/wiegen, spinnen, weben) und folglich keine sinnfälligen Gerätekombinationen erwarten lassen, die dann als Beleg für gewerbliches Tun zu gelten hätten (dass die Textilherstellung meist in der Gemeinschaft verrichtet wurde, ändert daran nichts). Wie oben dargelegt, liefern die Gräber überwiegend „isoliert" auftretende anorganische Textilgeräte (Spinnwirtel, Webgeräte); die Möglichkeit der reduzierten, plakativen Darstellung von Arbeitsmitteln pro Grab erschwert jedoch eine ausschließlich handwerkliche und auf die bestattete Person direkt zielende Lesart. Ein Lösungsmodell dieser Diskrepanz besteht darin (will man nicht einen mythischen Kontext bemühen), den betreffenden, zudem meist reich bestatteten Männern und Frauen eine gewisse allgemeine Organisationsgewalt, einen Verfügungsauftrag bezüglich der Textilherstellung zuzuschreiben. Ganz praktisch gedacht sieht G. Tomedi die in Gräbern mit Metall- oder Holzwerkzeug Bestatteten als „*Inhaber von Produktionsmitteln, … die die von ihnen abhängigen Handwerker und Gehilfen befristet*

[2070] Eckstein 1974; dazu auch Stöllner 2007 (Eisenzeit); Nessel 2010 (Depots, Karpatenbecken, Urnenfelderzeit); Nessel 2012 (Gräber Bronzezeit).

[2071] Teržan 1994; Stöllner 2007, 237 ff.; 246 ff. - Zu Geräten aus italischen Gräbern: Iaia 2006. - Für Griechenland: Canciani 1984.

[2072] Guggisberg/Hoppe 2012, 43.

[2073] Mythisch verankert sind jedoch nur das Metallhandwerk (Hephaistos) und die Textilerzeugung (Athene, Artemis), nicht die Holz-, Knochen- oder Geweihbearbeitung, die für nicht wenige nachfolgend genannten Werkzeuge angenommen wird (Feile, Dechsel, Säge). Wenn also gemeinhin z. B. Feilen in diesem Sinne symbolisch gedeutet werden („Handwerkerideal"), wäre einmal zu überlegen, auf welcher expliziten Grundlage dies geschieht. „Eherne Raspeln" werden in der Ilias zum Reiben von Käse genannt (dazu Krapf 2009) und sind nicht mit den handwerklichen Gerätefeilen in Zusammenhang zu bringen.

und nach Gutdünken damit ausrüsten konnten"²⁰⁷⁴, also eher unmittelbare Anzeiger sozialer Differenzierung.

Die Betrachtung der textilen Geräte in Hallstätter Gräbern legt nahe, die Fertigung alltäglich notwendiger Textilien für die Bevölkerung des Hochtals (sowie die anderer zuliefernder Sekundärgewerke) als womöglich nicht im Hochtal selbst verortet anzunehmen. Es wurde angeregt, in den Halbmondfibelträgerinnen nicht nur symbolisch Besitzerinnen von Prunkmänteln zu sehen, sondern ggf. auch symbolische „textile Auftraggeberinnen" (s. Kapitel 7). Bildquellen zum Schmiede- und Holzhandwerk sind, konträr zum textilen Gewerbe, nur aus Griechenland überliefert²⁰⁷⁵.

Werkzeug und/oder Gerät, meist reduziert beigegeben, befinden sich nicht selten auch in reichen Gräbern, oft zusammen mit Trinkgeschirr, Wagenteilen oder exklusiven Waffen, und zwar seit der Bronzezeit Griechenlands, wie das Prunkgrab Sellopoulo 4 bei Knossos, Kreta, aus dem 14. Jh. v. Chr. schlaglichtartig bezeugt: Der Tote „Nummer 1" erhielt zahlreiches Bronzegeschirr, Schwert und Lanzen, Messer, drei Rasiermesser, Tüllengabel, Waagschalen, Goldschmuck und nicht zuletzt einen Angelhaken und ein meißelartiges Gerät²⁰⁷⁶. In die mittlere Urnenfelderzeit (Stufe Langengeisling) datiert das bekannte „Toreutengrab" mit einem Formamboss aus Steinkirchen, Gde. Stephansposching, Kr. Deggendorf²⁰⁷⁷, hier nur schlaglichtartig genannt. Aus der Eisenzeit Mitteleuropas sind beispielhaft Gräber des Hallstätter Hochtals, Hochdorf (drei Angelhaken), Este (Ricovero Grab 236; Benvenuti Grab 126), Veji (Gräber 1038, 1073), Vetulonia (Tomba delle tre Navicelle), Metapont, das slowenische Griže-Gornja vas, Gde. Ivančna Gorica, Unterkrain, Slowenien, Stična Grab 72, einige männliche Bestattungen Spoletos und dessen Umgebung²⁰⁷⁸ oder das Traunkirchener Grab 43 (Meißel mit Gebrauchsspuren, Lappenbeil Typ Hallstatt)²⁰⁷⁹ anzuführen. Gleiches gilt für urnenfelder- und hallstattzeitliche Depots (z. B. Bologna-San Francesco, Chiusi-Goluzzo, Prov. Siena, Reg. Toscana, Großweikersdorf, Bez. Tulln, Niederösterreich²⁰⁸⁰, Fließ, Bez. Landeck, Tirol²⁰⁸¹, Ikervár, Kom. Vas, Ungarn²⁰⁸²) und Brandopferplätze (z. B. Farchant, Kr. Garmisch-Partenkirchen, Oberbayern²⁰⁸³) und hat daher entsprechend fallweise zur Frage geführt, ob jene Eliten selbst Handwerker waren oder, Depots und heilige Plätze betreffend, sie selbst ihr Gerät und Material opferten. Zwei reiche Gräber der Frühlatènezeit, Somme-Tourbe La Gorge-Meillet, Dép. Marne (Wagen, Pferdegeschirr, Schnabelkanne; Metall-Gerät: Hammer, Punze, Bohrer, Ahle und Zange) und La Chaussée-sur-Marne Grab 126 (Holzwerkzeug: Feile, Hohldechsel, Bohrer, Säge), setzen die Tradition mit mehreren Geräten fort, bleiben aber in Zeit und Umfeld vereinzelt²⁰⁸⁴. Gräber mit Gussformen sind nach wie vor selten, sie wurden direkt als Bestattungen von Gießern und Metallurgen gedeutet²⁰⁸⁵. Altmaterial, Schlackenreste und der unfertige Golddraht-Barren aus der Hügelaufschüttung des Hochdorfers²⁰⁸⁶ bezeugen, dass Teile seiner goldenen Totenausstattung vor Ort gefertigt wurden; über die Organisation des dahinter stehenden Goldschmieds sagen sie nichts aus. Wie lokal verschieden und komplex Handwerker zumindest während der Frühlatènezeit arbeiteten, zeigt die stilistisch-herstellungstechnische Betrachtung von solitären Kannen und Ringschmuck einerseits und „Massenware" andererseits²⁰⁸⁷. Allgemeingültige, überörtlich „passende" Theorien verbieten sich offenbar und verweisen auf die aus der Bronzezeit Griechenlands bekannten Möglichkeiten handwerklicher Tätigkeit als Vasalle/Hofhandwerker, sesshafter Spezialist oder mythischer Held und Künstler²⁰⁸⁸, letzterer ein offenbar bis in die Neuzeit geltender Topos der Aristokratie²⁰⁸⁹.

Zieht man die meist latènezeitlichen Schmiedehorte als Ausstattungsmaßstab für lückenhafte Überlieferung hinzu (z. B. Golling a. d. Salzach-Nikolausberg,

---

2074 Tomedi 2002, 156.
2075 Canciani 1984. - Zur Deutung der Szene auf einem Gefäß aus Sopron Grab 3 als Schmiedevorgang: Kern 2009.
2076 Matthäus 1980, 40 f.
2077 Müller-Karpe 1969; Pászthory/Mayer 1998, Nr. 1174.
2078 Manca/Weidig 2014, 40 f.
2079 Frdl. Mitt. M. Hochhold-Weninger, Wien.
2080 Alle Quellen bei Stöllner 2007, 245 ff. oder Teržan 1994. - Zu Großweikersdorf zuletzt Lauermann/Rammer 2013, 85 ff.; - Zur Fibel des Depots: Glunz-Hüsken 2008, 37 ff.
2081 Sydow 1995. Zuletzt Egg 2016, der im Fall von Fließ bezweifelt, dass man über den „Wert" einzelner Objekte in Kenntnis war.
2082 Nagy et al. 2012: Amboss und Fragment eines Siebes.
2083 Lang 2002.
2084 Hansen 2010, 83; Bagley 2014, 267.
2085 Teržan 1994, 664.
2086 Biel 1985, 84 ff.; Hansen 2010, 83.
2087 Bagley 2014, 264 ff.
2088 Eckstein 1974, 42; Teržan 1994, 666; Stöllner 2007.
2089 Für die Dynastie der Habsburger, deren Mitglieder ein Handwerk erlernen mussten: Tötschinger 2010.

Bez. Hallein, Salzburg, LT B/C), unterstreicht deren größere Bandbreite an spezifischem Gerät (zusätzlich Hammer, Federzangen, Herdschaufeln), trotz chronologischer Differenz und divergierender Quellengattung die Selektion und Reduktion der Beigaben in hallstattzeitlichen Gräbern. Ein differenziertes Werkzeugrepertoire ist hingegen in urnenfelderzeitlichen Gießereihorten (Ha A2: Langenlois-Schiltern, Bez. Krems-Land, Niederösterreich u. a.) nicht zu beobachten und hat zur Vermutung geführt, die Handwerker selbst hätten die Objekte deponiert[2090]. Indes zeigen diese religiös motivierten Fundkomplexe[2091] eine heimische Tradition an, den numinosen Mächten Geräte zu übergeben. Reine Werkzeugdepots sind aus der Späthallstattzeit im Gegensatz zur Urnenfelderperiode, zum Früh- und vor allem Spät- und Mittellatène jedoch nicht überliefert[2092]. Werkzeuge in späthallstattzeitlichen Depots bleiben (ebenso) einzeln, wie der erwähnte Amboss aus Ikervár zeigt, einem modern erschlossenen Opferdepot, das u. a. ein seltenes Lochblech eines Siebtrichters enthielt, augenscheinlich intentionell zerstört wie die vermutlich importierten italischen Fibeln ohne Nadeln[2093].

Alpine und voralpine Brandopferplätze der jüngeren Eisenzeit erbrachten an Holzbearbeitungsgerät wenige Feilen (ein Befund, der dem hallstättischen entgegensteht) und darüber hinaus Meißel, Punzen und einen Hammer[2094], die also wohl vor allem Metallgewerbe repräsentieren. Fokussiert man den von Ha C2 - D3 belegten Brandopferplatz von Farchant, fällt die spezielle Kombination von geopfertem Metallwerkzeug, Schlacken, Halbfabrikaten etc. und einer Führungsschicht auf, die durch Bronzegeschirr, Wagen und Waffen vertreten ist: Unbestimmt bleibt, ob hier lokal ansässige mutmaßliche Handwerker opferten, die für Eliten produzierten, oder sich diese Führungsschicht selbst mittels dargebrachtem Besitz gegenüber den numinosen Mächten charakterisierte[2095].

Das Fundspektrum einer entsprechenden Siedlung, z. B. dem Hellbrunner-Berg (Abfallhalde), bietet metallische und knöcherne Pfrieme, Stecheisen, Stichel, Nähahlen, Meißel, Punzen und ggf. Beile[2096], Objekte, die auch in Gräbern belegt sind. Seltene Ambosse kennt man seit der Urnenfelderzeit nur aus sakral definierten Depots[2097] und den Hallstätter Gräbern 283 und 469.

Stellt man Anzahl und Auswahl der Geräte der beiden Bergwerkszentren Hallstatt und Dürrnberg den ostalpinen und italischen Befunden gegenüber[2098], so fällt eine höhere Gerätezahl und -variationsbreite in Italien auf. Stellvertretend seien Inventare wie Ancona, Prov. Ancona, Reg. Marken (Dechsel, Harpune, Angelhaken), Bologna-San Vitale Grab 652 (Federzange, Angelhaken, „ascetta"), Este-Ricovero Grab 236 (Säge, zwei Feilen, Lappen- und Tüllenbeil, zwei Bronze- und eine Eisenahle[2099]), Este-Randi Grab 14 (Säge, Feile, Punze), Tursi, Prov. Matera, Reg. Basilikata (Dechsel, Axt, Meißel) oder Veji Grab 1073 (drei Feilen, Hohleisen, „ascetta") genannt. Dies und die mitunter ältere Datierung jener Ensembles (genagelte Keramik) verdeutlichen nochmals, analog zu Textilwerkzeug, die Welle der Übernahme von Beigabensitten aus Italien und die offenbar mit größerer geografischer Distanz einhergehende schwächere Ausprägung des handwerklichen Aspekts, sei dieser mythologisch oder rein praktisch motiviert.

Thomas Stöllner durchleuchtete wichtige Geräteinventare Hallstatts und ermittelte stets selektive, unvollständige Sätze des Metall-, Bein- und Holzhandwerks, in einem Fall sogar gemischt vertreten (Grab 469). Sie zählten überwiegend zu den reichsten Inventaren der Nekropole, weshalb auch hier die Interpretation der so ausgestatteten Personen als tatsächliche Handwerker fraglich erscheine. Typisches Gezähe des Bergbaus, der oberständige Lappenpickel (in Hallstatt aus spezieller Bronzelegierung mit Knieholzschäftung aus Buche; am Dürrnberg aus Eisen[2100]) zum Abbau des Salzgesteins, fehlt außerdem, um nur eine Tätigkeit von mutmaßlich vielen der bergmännischen Salzgewinnung zu nen-

---

2090 Lauermann/Rammer 2013, 168 ff. mit weiteren Gerätehorten.
2091 Zur Abgrenzung zu profanen Horten: Lauermann/Rammer 2013, 24 f.
2092 Stöllner 2007, 241 ff.
2093 Nagy et al. 2012.
2094 Steiner 2010, 426.
2095 Lang 2002; Lang/Schwarzberg 2009.

2096 Stöllner 2002, 101 f.
2097 Langenlois-Schiltern: Lauermann/Rammer 2013, 170 f.; Ikervár, Kom Vas: Nagy et al. 2012.
2098 Liste bei Stöllner 2007, 246 ff. (Nr. 39 = Este-Randi Grab 14; Frey 1969, 93; Nr. 41 = Este-Ricovero Grab 236). - Zu ergänzen: Traunkirchen Urnengrab 43: Eisen-Meißel (mit Gebrauchsspuren), Lappenbeil Typ Hallstatt; frdl. Mitt. M. Hochhold-Weninger, Wien. - Vetulonia-Circolo del Tridente: Putz 2007, 251 f. (zwei Meißel).
2099 Inventar bei Putz 2007, 295 f.
2100 Stöllner 2002, 100 f.

nen: *„Eine Beigabe von bergbaubezogenen Geräten ist im Salzrevier wie anderswo im Mitteleuropa des 1. Jahrtausends z. B. nicht überliefert"*[2101]. Sucht man den Niederschlag anderer zuarbeitender Primärgewerbe, wird man gleichfalls kaum fündig. Allerdings ist für bestimmte Tätigkeiten auch schwer ein direkter Mittelnachweis zu führen wie beispielsweise für den Transport des gebrochenen Salzes (vergängliche und nur im Bergwerk erhaltene Transportsäcke, -rucksäcke, Förderschaufeln), den man auch auf anthropologischem Weg zu rekonstruieren versucht, oder die Beleuchtung mittels Kienspänen in der Grube. Auf die mögliche Wiederverwertung von Pickelspitzen oder Schaftlappen verwies bereits Stöllner[2102], was ihr Fehlen gleichfalls erklären könnte. Eine mutmaßliche Pickelspitze aus dem Bischofshofener Grab 300/11, das drei Bestattungen enthielt, veranlasste A. Lippert hingegen die Anwesenheit von Bergknappen zu erwägen[2103], eine gewagte Vermutung, weil das sehr kleine Fragment nicht sicher als solches klassifizierbar ist. Weiterhin führt der Verfasser den Streufund eines an der Spitze stark abgenutzten eisernen Lappenpickels vom selben Fundplatz als starken Hinweis auf die Bergbautätigkeit (Kupfer, Eisenerz) der dort Bestatteten an, ein Objekt, dem durch die Verortung innerhalb der Nekropole auch Depotcharakter zukommen könnte[2104]. Vergleichbares Gerät sei auch am Dürrnberg zum Abbau von Salz verwendet worden[2105].

Die Autopsie der drei Bronzefragmente aus dem Hallstätter Körpergrab 797 ergab, dass es sich weder um Reste eines Gussfladens (wie von Kromer beschrieben) noch um eine – nach der Abbildung theoretisch denkbare – Pickelspitze handelt; die Objekte erlauben keinerlei funktionale Bestimmung. Als Besonderheit müssen weiterhin ein Meißel und eine Feile im Miniaturformat aus zwei Frauengräbern Bischofshofens[2106] gelten und die beiden zierlichen Meißel mit abgerundeter Spitze und Beingriff aus dem weiblichen Grab Vetulonia-Circolo del Tridente Grube 2[2107], die allein aufgrund ihres Formats ihren symbolischen Charakter nahelegen dürften. Das Vorkommen eiserner Ahlen und Pfrieme in drei Frauengräbern Bischofshofens[2108] zeigt, dass vermeintlich männlich konnotierte Geräte keinesfalls immer in männlichen Bestattungen liegen – Zuverlässigkeit der Quellen vorausgesetzt – und ihre Beigabe ggf. auch, lokal verschieden, symbolisch oder religiös motiviert sein könnte. Dies zeigen auch Este-Ricovero Grab 156, das vermutlich „korrodiertes Eisengerät", sicher jedoch zwei Angelhaken enthielt und das u. a. wegen der Fibeln als sicher weiblich gilt[2109], sowie das berühmte, materiell und bildlich reiche Situla Grab Este-Benvenuti Grab 126 mit einem Angelhaken, nach anthropologisch-konventioneller Analyse das Grab eines ein- bis drei-jährigen Kindes (Leichenbrand in einer gedeckten Keramikurne in der verzierten Situla)[2110]. Die archäologische Betrachtung des Inventars gibt wegen eines zweiten keramischen Ossuariums Rätsel auf, das keinen Leichenbrand enthielt (symbolische Bestattung, Kenotaph?). Für die Bestattung eines Mannes[2111] sprächen lediglich die beiden Mehrkopfnadeln in sonst rein weiblichem Beigabenumfeld (s. Kapitel 13). Außerdem fällt generell die wenig kindgerechte Größe der Objekte ins Auge. Geschlechtlich indifferent bleibt Hallstatt Grab 444, das außer zwei Griffdornmessern das Fragment einer Feile und vermutlich eine Brillenfibel enthielt.

Möglicherweise muss mit einer höheren Dunkelziffer „gegengeschlechtlicher" Beigaben in den Nekropolen gerechnet werden, solange keine anthropologischen Ergebnisse vorliegen. Diese wenigen Fälle zeigen, dass sich simple Lösungen bezüglich der „Handwerkerfrage" verbieten (s. textile Geräte) und geschlechtliche Zuordnungen vermeintlich klar konnotierter Objekte zusätzlich Schwierigkeiten bereiten. Sie ändern jedoch nichts an der Darstellung von „Handwerk" im Grab: *„Auffällig ist aber, dass es eine den wirtschaftlichen und handwerklichen Gegebenheiten gemäße Darstellung von Handwerk im Grab nicht gibt. (...) Keinesfalls fassen wir mit den Werkzeuggräbern das Gesamtspektrum des Handwerks, oder gar einen realistischen Ausschnitt aus*

2101 Stöllner 2007, 231; dazu auch: Stöllner et al. 2012; Steffen 2012, 158 ff.; Nessel 2012 (Bronzezeit).
2102 Stöllner 2002, 100.
2103 Lippert/Stadler 2009, 53.
2104 Glunz-Hüsken 2008, 65 Anm. 310.
2105 Lippert/Stadler 2009, 215 Taf. 169. - Zu den Dürrnberg-Funden: Stöllner 2002, 100 Abb. 41.
2106 Gräber 296 und 353 mit anthropologischer Bestimmung: Lippert/Stadler 2009, 52 f. Archäologisch gesehen handelt es sich bei Grab 296 und 353 um sicher weibliche Inventare.

2107 Amann 2000, 218.
2108 Lippert/Stadler 2009, 52.
2109 Chieco Bianchi/Calzavara Capuis 1985, 118.
2110 Chieco Bianchi/Calzavara Capuis 2006, 176 ff.; Bondini 2012, 67.
2111 Huth 2012A, 89 (Doppelbestattung Mann und Frau).

dem Wirtschaftstreiben des Ortes. ... So gesehen lässt sich die Gruppe der gewissermaßen beruflich arbeitenden Menschen, die große Zahl der sesshaften Handwerker und Bergleute, in den Gräbern überhaupt nicht fassen"[2112].

Letztlich erscheint daher die Annahme einer mythisch begründeten Repräsentation der Elite als ausschlaggebend für reduzierte handwerkliche Verweise zwar folgerichtig (aristokratischer Held und zugleich Künstler-Handwerker s. o.)[2113] – ein Bezug, der im Übrigen auch auf Gräber mit Textilgerät angewandt werden kann (s. Kapitel 7), lässt aber offen, wie dann einfacher ausgestattete Ensembles mit Gerät zu deuten wären (als handwerklich Tätige?). Auch Textilwerkzeuge sind keineswegs ausschließlich auf weibliche (und reiche) Inventare beschränkt, eine weitere Übereinstimmung, wofür beispielsweise auch das genannte männliche Gerätegrab Este-Randi 14 steht, das einen Spinnwirtel enthielt.

Thomas Stöllner trennte Gerät enthaltende Gräber Hallstatts in Gruppen mit Schwert und Dolch („A"), Phalerae („B"), Waffen und einzelnen Statuszeichen („C"), Pfriemen und Sticheln („D"), Angelhaken („E"). Am ehesten übten einige Männer seiner Gruppe C (Gräber 55, 114, 217, 444, 49/Linz oberer Holzboden, 3/1994, 54, 83/Linz) reales Handwerk aus, weil sie mehrere Werkzeug der Holz- und Knochenbearbeitung führten, während jene der Gruppen A und B eher der sozialen Elite angehörten, die neben Schwertern, Dolchen, Bronzegefäßen und Phalerae Handwerk lediglich reduziert spiegelten. Allein Typ und Vergesellschaftung der Geräte in den Gruppen A/B einerseits und C andererseits zeigen aber ihre sozial definierte Verzahnung, die durch Schwert, Dolch und einzelne Bronzegefäße gegeben ist: Hier wie dort verzeichne ich Feile, Amboss, Meißel und Zange, lediglich Dechsel und (einmal eine) Säge kommen in Gruppe C hinzu. Das generelle Fehlen von Punzen, Hämmern, Feinwaagen oder Probiersteinen (Gold[2114]) verklammert außerdem beide Gruppen und unterstreicht ausschnitthafte Kennzeichnung. Begrenzte Auswahl, Wiederholung und Anzahl der überlieferten Geräte stehen dem zu postulierenden Be- und Vertrieb im Ort im Ganzen betrachtet diametral gegenüber.

Reduziert man die Inventare auf zweifelsfrei ansprechbares Gerät, das einem Gewerbe zuweisbar ist, also den Amboss (Metallverarbeitung), die Tüllen- oder Treibmeißel (wohl Metall[2115]), die Zange (Metall), Feile/Raspel (Holz, Bein [Elfenbein, Geweih, Knochen][2116]), Dechsel (Holz), Säge (Holz, Bein) und Angelhaken, scheiden beinerne Pfrieme und Stichel (Gruppe D) und vorerst Ärmchen- und Lappenbeile aus, weil sie vielseitig nutzbar waren oder ihr Werkzeugcharakter umstritten ist[2117]. Ich beobachte jeweils einen Amboss in den Gräbern 283 (Ha C) und 469 (Ha C/D1), Dechsel in 49/1872 (Bestattung „oberer Holzboden", Ensemble nicht gesichert), 54 (zwei Körpergräber, deren Beigaben nicht getrennt werden können), dem gestörten Grab 83/1873 (mehrere Skelette und eine Brandschüttung) und 217 (soweit gesichert alle Ha C), Tüllenmeißel in Grab 559 (Ha D1) und 976 (Ha C) und schließlich – zahlenmäßig am stärksten vertreten – bronzene Feilen mit rundem und flachem Profil und feiner und grober Zähnung in den Inventaren 3/1994, 13/1995, 55, 49/1872, 444, 462 b, 466, 469, 697 und 701 (alle Ha C). Singulär bleibt eine schlichte u-förmige Zange aus Grab 466 und die Feinsäge aus 3/1994 (Ha C). Bis auf die Bestattungen 54, 55 und 444 handelt es sich um reichere Gräber mit ein oder drei/vier Bronzegefäßen (Gräber 13/1995, 49/1872, 697, 701), Schwert (Gräber 13/1995, 697, 469), Antennenkurzschwert (Grab 469), Dolch (Gräber 466, 559), Pfeilspitzengarnitur (Grab 13/1995), Schüsselhelm (Gräber 283, 462b) und evtl. einem (bei der Niederlegung bereits veralteten) Kammhelmfragment (Grab 49/1872), Phalerae als Gürtel- oder Textilbesatz (Gräber 283, 469, 697, 701, 976), singulärer Gitterscheibenfibel (Grab 559) und Miniaturaxt (als mutmaßliches Opfergerät in Grab 697), also um eine männlich-kriegerisch dominierte Elite, die sich über einzigartige Objekte absetzt. Ausgesprochen weibliche Elemente sind in keinem Fall zu verzeichnen (im Gegensatz zu Spinnwirteln und ver-

---

2112 Stöllner 2007, 231; 240; 243.
2113 Erstmals Teržan 1994, 666; Stöllner 2007, 240.
2114 Hansen 2010, 82 f.

2115 Mayer 1977, 221; 253 schreibt die Meißel wegen ihrer Vergesellschaftung mit Sägeblättern eher der Holzbearbeitung zu. - Zur Knochen- und Hornbearbeitung: Stöllner 2002, 101.
2116 Gerade die grobe Zähnung ist für die Herstellung glatter Flächen sehr harter Materialien geeignet. Nutzungsspuren an bearbeitetem Werkstoff sind daher nicht zu erwarten.
2117 Stöllner 2007, 232; 237. - Funktion der Lappenbeile als Waffen: Mayer 1977, 175. - Zu Ahlen und Pfriemen zuletzt Lippert/Stadler 2009, 52. - In Gräbern Spoletos lagen kleine eiserne Tüllenbeile bei den Werkzeugen und nicht bei den Waffen: Manca/Weidig 2014, 40 f. Die von Stöllner aufgeführten Inventare 260, 600, 236, 1015a, 114 in den Gruppen A-C entfallen dann.

einzelten Webgewichten in Männergräbern), die sich mit Ausnahme der Bestattungen 559 und 469 (Ha D1, Ha C/D1) auf Ha C konzentrieren. Miteinander kombiniert sind Feile und Amboss (Grab 469), evtl. Feile und Dechsel (nicht gesichert 49/1872), Dechsel und vielleicht ein Stemmeisen (Grab 217), Säge und Feile (Grab 3/1994) sowie Feile und Zange (Grab 466), also immer zwei klar ansprechbare Geräte. Nur zwei Gräber lieferten Werkzeug des Holz- und Metallhandwerks in Kombination (Gräber 466, 469). Grab 469 fällt außerdem durch die ungewöhnliche Verbindung von Mindelheim-Schwert und Antennenkurzdolch auf. Thomas Stöllner spekulierte bereits, ob nicht beide Indizien für eine unerkannte Mehrfachbestattung sprechen[2118], was auch nach erneuter Prüfung der Quellen nicht ausgeschlossen werden kann. Alle anderen Arrangements repräsentieren allein das Holzhandwerk. Die Feinheit von Säge und Feile aus Grab 3/1994 könnte für die Ausübung grazilerer Holzarbeiten sprechen[2119], das Grab also einem Werkstoffspezialisten zugeschrieben werden. Rechnet man weitere mögliche Geräte wie Ärmchen-, Lappen- und Tüllenbeile hinzu, verstärkte sich der handwerkliche Zug in den Inventaren 283, 49/1872, 54, 217, 3/1994, 13/1995, 462 b, 466, 469, 697 und 976[2120].

Das einzige Körpergrab (55) der Gerätegruppe bleibt ohne Angabe der Lage der Feile, bei den Brandgräbern befanden sie sich wie gewöhnlich auf dem Leichenbrand, spezifisch auszudeutende Befunde sind nicht zu verzeichnen. Vergesellschaftungen eindeutiger Geräte (ausgenommen Beile) und Angelhaken liegen im Gegensatz zu italischen Inventaren im Hochtal nicht vor[2121].

Eine Besonderheit stellt ein Steigeisen dar. Gerhard Tomedi schlug vor, das eiserne Stück aus dem darüber hinaus beigabenlosen und daher undatierbaren Körpergrab 94 (und seine Pendants aus Gräbern und Depots) im weiteren Sinn den Werkzeugen zuzuschlagen und seine Besitzer als gehobene Verteiler von Produktionsmitteln zu betrachten. Im Gegensatz zu Hallstatt liegen nach lokalem Maßstab auch reichere Grabfunde mit Steigeisen vor, z. B. in Grab 44 Niederrasen, Gde. Rasen-Antholz, Prov. Bozen, Reg. Südtirol, Frög Tumulus 26, evtl. Magdalenska gora Hügel 4 Grab 43. Fast alle Steigeisen stammen aus Nekropolen oder Depots im alpinen Raum[2122], was ihre Funktion erklären könnte und zugleich zeigt, dass es sich im Falle von Hallstatt keineswegs um ein spezifisches Bergbaugerät im engeren Sinn handeln muss. Mit Ausnahme von Niederrasen Grab 44 (und den Depots von Treffelsdorf, Bez. Klagenfurt-Land, Kärnten und Schönberg-Lachtal, Gde. Oberwölz, Bez. Murau, Steiermark) liegen Steigeisen einzeln im Grab, was eher für ihre symbolhafte oder verkürzte als funktionale Mitgabe spricht. Hinweise auf alpine „Expeditionen", die diese Personen unternommen hätten – fremde Güter in Gräbern beispielsweise – liegen nicht vor, eine wohl auch zu direkt und einfach gedachte Spielerei, vor allem, falls die Steighilfen nur in lokalem Umfeld benutzt wurden oder generell symbolisch in die Erde kamen. Jedenfalls passen Steigeisen insofern in die Kategorie „Werkzeug" als sie in Gräbern und Depots, in „armen und reichen" Bestattungen vorkommen.

11.2 Angelhaken und Harpune

Fische symbolisieren seit dem Altertum Leben und Fruchtbarkeit (Element Wasser)[2123]. Bilder und Plastiken von Fischen (und Delfinen) stehen überwiegend dekorativ für den Lebensraum Wasser bzw. das Meer, wie u. a. verschiedene griechische Bildkombinationen von Fischen mit Schiffen verdeutlichen[2124]. Viel seltener sind dagegen eindeutig religiöse Zeugnisse, die unmittelbar mit dem Totenkult verknüpft sind, nämlich Fisch- oder Delfindarstellungen auf/in Sarkophagen[2125], die Zeichnung eines Kindes, das einen Fisch in der Hand hält, auf einem attisch-geometrischen Krater gemeinsam mit Szenen des Totenkults[2126], die beiden Harpunierszenen auf zwei daunischen Stelen[2127] oder die Malereien in der Tomba della Caccia e Pesca in Tarquinia; Prov. Virterbo, Reg. Latium. Vor diesem Hintergrund erscheint interessant, dass die Zeichnung realen Wassers in der Tomba del Tuffatore, Paestum,

---

2118 Stöllner 2007, 235.
2119 Kern 1995A, 100.
2120 Nach meiner Auswahl entfallen die Gräber 260, 600, 236, 1015a, 114 (sowie die Gruppe D) von Stöllner 2007.
2121 Stöllner 2007, 246 ff.
2122 Tomedi 2002, 152 ff.
2123 Engemann 1969, 980 f. (z. B. Verbindung Fisch-Muttergottheit im Orient; Beziehung Phallos-Fisch in Griechenland).
2124 Buchholz et al. 1973, 159-163.
2125 Buchholz et al. 1973, 146 Nr. 144, 145; 151 Nr. 60; Engemann 1969, 998.
2126 Buchholz et al. 1973, 156 Nr. 7.
2127 Nava 1980, Taf. 188,613; 243,742.

Abb. 161: Rekonstruktion der Tomba del Tuffatore in Paestum

Gde. Capaccio Paestum, Prov. Salerno, Reg. Kampanien (um 480 v. Chr., Abb. 161) eben nicht direkt als materielles Wasser, sondern allegorisch als „Verheißenes", als „Freiheit" interpretiert wurde, nämlich als das, was der Protagonist, der Verstorbene auf dem Weg ins Jenseits bittend ersehnt – eine sehr schlüssige Sichtweise, die sich aus der Betrachtung des gesamten Bildprogramms der vier Platten der Tomba und der Hinzuziehung schriftlicher Quellen ergibt[2128].

Fischfang findet literarischen Niederschlag in den Überlieferungen Homers (Illias, Odyssee) in Form von Gleichnissen profaner Natur, ein religiöser Bezug scheint hier nicht gegeben[2129]. Zahlreiche Fischbilder, meist singulär und in dekorativer Absicht auf Vasen und Siegeln, aber auch in Gruppen auf Fresken (Akrotiri, Knossos), sind auf den Inseln Griechenlands seit der Bronzezeit bekannt, auf dem Festland verstärkt seit der Eisenzeit (Späthelladisch III C) zu beobachten[2130]. Von dort gelangte die Idee vermutlich auch nach Italien, wie Beispiele etruskischer Keramik aus Gräbern Cornetos, Faleriis, Cerveteris, Prov. Rom, Reg. Latium[2131] und Narces, Gde. Civita Castellana, Prov. Viterbo, Reg. Latium,[2132] zeigen. Die Kombination „Vogel hält Fisch" bzw. „Vogel–Fisch" ist in Griechenland verwurzelt[2133], letztlich jedoch orientalischer Abkunft[2134], aber auch auf einem Ha D3-zeitlichen oberitalischen Gürtelblech einer weiblichen Bestattung in Ospedaletto, Prov. Trentino[2135], und evtl. auf der Benvenuti-Situla[2136] belegt, dort gleichfalls weiblich konnotiert. Der erwähnte menschenverschlingende Fisch aus dem Kröllkogel und sein Vorbild aus Pithekoussai, Gde. Panza, Ischia, Prov. Neapel, Reg. Kampanien, bleiben vereinzelte Zeugnisse einer weit verbreiteten Geschichte, die Tod und Wiedergeburt symbolisieren könnte

---

2128 Schussmann 2011, 14 ff.
2129 Buchholz et al. 1973, 131 f.
2130 Buchholz et al. 1973, 132 ff.; Fische auf spätgeometrischer Keramik: Coldstream 1968, Taf. 29; 45; auf spätgeometrisch-archaischen Fibelfußplatten: Kilian-Dirlmeier 2002, Taf. 27; 29; 30-38.
2131 Montelius 1895, I2/3, pl. 292,4; 296,2; 311,19; 344,2.12.
2132 Putz 2007, 80 Anm. 477.
2133 Buchholz et al. 1973, 153-158; 165.
2134 Kull 1997, 242; 311 f.
2135 Frey 1969, 105 Taf. 34,1-27; 68,19.
2136 Chieco Bianchi/Calzavara Capuis 2006, Abb. 8.

(Verschlingen und Ausspeien)²¹³⁷. Auch der Brauch, Fische auf Trachtzubehör abzubilden (geometrische Fibelfußplatten)²¹³⁸, kommt aus Griechenland und ist generell selten, später aber auch im Hochtal belegt (Gürtelhaken der Gräber 763, 788), hier wie dort ohne erzählenden Rahmen. Zu ergänzen ist die Bogenfibel in Form eines Fisches aus dem Bologneser Tintinnabulum-Ensemble und ein bernsteinerner Fischanhänger aus Padua-Via Tiepolo Grab 5²¹³⁹, zwei (nach archäologischer Bestimmung) sicher weibliche Beispiele, die den männlichen Gräbern mit Fischbildern (z. B. Cerveteri-San Paolo Grab 1, Narce-Contrada Morgi) wohl gleichberechtigt an die Seite zu stellen sind. Zwei weitere, einzelne Fische im Situlenstil zieren neben Vogel, Steinbock/Hirsch, Hase und Schlange die Dolchscheide aus Belluno, eine Kombination, die als Symbole der vier Elemente (Erde, Unterwelt, Wasser, Luft) zu lesen sein könnte, ihren männlichen Besitzer dann als religiöse, quasi allumfassend-kosmologische Persönlichkeit ausweisend²¹⁴⁰. Schließlich wäre noch auf den Fisch (als Beutetier) auf dem Blechgürtel aus Novo mesto-Kapiteljska njiva Hügel III Grab 12 als weiteren Vertreter der klassischen Situlenkunst hinzuweisen²¹⁴¹. Erwartungsgemäß liegen Votive in Fischform auch in alpinen Brandopferplätzen vor (Sanzeno)²¹⁴².

Die frühesten funeralen Belege für Angelhaken (Bronze und Eisen) liefert das große sardische „Gigantengrab" San Cosimo, Prov. Medio Campidano (ca. 1400 v. Chr., mykenische Keramik, italische Glasperlen u. a.)²¹⁴³, ein regional interkultureller Platz, und das erwähnte Prunk-Kammergrab 4 von Sellopoulo bei Knossos²¹⁴⁴. Die Häufung von Angelgerät auf den griechischen Inseln scheint naturgemäß, verglichen mit dem raren Vorkommen auf dem Festland Griechenlands. Zahlreiche bronzene, aber auch goldene(!) Angelhaken in Heiligtümern Griechenlands²¹⁴⁵ könnten vordergründig die Anwesenheit von Fischern symbolisch bezeugen²¹⁴⁶; eingängiger erscheint jedoch eine religiös-allegorische Bedeutung, die man diesen Opfergaben zumaß, wird man doch kaum davon ausgehen wollen, dass mit den wertvollen und eigentlich viel zu weichen Edelmetallhaken tatsächlich geangelt wurde: „*Der Stand des Fischers war in Griechenland, wie überhaupt im Altertum, arm und sehr verachtet*"²¹⁴⁷. Vielmehr weisen sie mindestens elitäre Opfernde aus, die bereit waren, für ihr „Anliegen" entsprechend zu investieren. Denkbar wäre, dass man den Gott des Meeres, Poseidon²¹⁴⁸, oder Priapos mit besonders wertvollem Gut gnädig stimmen wollte, einerlei, ob es sich beim opfernden Personenkreis tatsächlich um – wenig wahrscheinlich – handwerklich tätige Fischer oder – eher – um Angehörige der Aristokratie handelte. Vielleicht war die Dedikation von Angelgerät mit der Bitte um einen „guten Übergang ins Jenseits" verbunden, also von ausschließlich metaphysisch-religiösem Charakter und damit auch beiden Geschlechtern zugänglich. Diese Art der Deutung stünde im Gegensatz zur gemeinhin üblichen Lesung z. B. gestifteten Webgeräts in Heiligtümern Griechenlands, Süditaliens und Siziliens, die von einem eher „bodenständigen" und direkt verstandenen Bezug der verehrten Gottheit als Beschützerin der Frauen und häuslichen Aktivitäten zu dem entsprechenden Webgerät bzw. der entäußernden Person ausgeht. Bilder Angelnder findet man viel seltener, dann jedoch in religiösem Umfeld, nämlich auf einer Elfenbeinplatte aus dem Artemis-Heiligtum in Spartha²¹⁴⁹.

Keiner der männlichen und weiblichen Bestattungen zuzuweisen ist der Angelhaken aus der Tomba dei flabelli in Populonia, während der 1,30 m lange Dreizack (und zwei zierliche Meißel) aus dem Circolo del Tridente in Vetulonia einer Frau gehörte²¹⁵⁰, letzterer wohl prädestiniert für den Fang von Thunfisch²¹⁵¹, wollte man ihn tatsächlich profan deuten. Anzuschließen sind die Gräber Este-Ricovero 156 und -Benvenuti 126, auf die ich unten zurückkomme. Klar männlich definiert ist das noch urnenfelderzeitliche Inventar Bologna San-Vitale 652 (vier Haken)²¹⁵². Der große Hort von

---

2137 Reichenberger 1985, 9 ff.; Huth 2003, 152 ff.; 289; Egg 2012, 114.
2138 Buchholz et al. 1973, 155 f.; Kilian-Dirlmeier 2002, Taf. 26-46.
2139 Vgl. dazu das Elfenbeingehänge in Fischform aus dem frühbronzezeitlichen Tholosgrab von Koumasa, Messara-Ebene, Kreta: Buchholz et al. 1973, 137 Nr. 5.
2140 Turk 2005, 24 f.
2141 Križ/Knez 1997, Appendix 4, oben links.
2142 Steiner 2010, 431 Abb. 251.
2143 Ugas 1981.
2144 Matthäus 1980, 40 f.
2145 Buchholz et al. 1973, 173 Anm. 656. - Zu ergänzen ist Paestum (diverse Angelhaken aus dem Heiligtum im dortigen Museum).

2146 Buchholz et al. 1973, 173.
2147 Engemann 1969, 979.
2148 Zur Deutung des Dreizacks als Blitzgerät (des Zeus): Schachermeyr 1950, 164 f.
2149 Buchholz et al. 1973, 160 Nr. 13; zudem: 161 Nr. 28 (Mann mit Speer).
2150 Putz 2007, 80 Anm. 477; Amann 2000, 218.
2151 Buchholz et al. 1973, 167 f.
2152 Müller-Karpe 1959, Taf. 65F.

Bologna-San Francesco enthält mehrere Angelhaken[2153].

Angelhaken in reichen Gräbern nördlich der Alpen, die hier in Bz D, während der Urnenfelderzeit und Ha D bezeugt sind, bringt man gerne, wie die Jagd, mit einer privilegierten Elite in Verbindung, während jene aus einfachen Bestattungen (z. B. Bischofshofen Grab 57, sonst beigabenlos, männlich, spätadult[2154]) als profane Fischereigeräte gelesen werden[2155] – eine zu hinterfragende „Logik". Allemal diskrepant erscheint unter dieser Prämisse die geringe Anzahl von Haken in Hallstatt, Fisch aus dem See als gängiges Nahrungsmittel unterstellt, allerdings gleichwohl nicht nachweisbar (analog gilt dies auch für andere fehlende Geräte, wie z. B. die des Bergbaus; s. Kapitel 11). Wie in Griechenland kennt man Angelgerät darüber hinaus von sakralen Orten (alpinen Brandopferplätzen[2156]) und aus Siedlungen[2157], wo sie ggf. zusammen mit Fischresten naturgemäß einen Teil des Speiseplans spiegeln[2158]. Urnenfelderzeitlich datieren u. a. das Depot von Strass im Zillertal, Bez. Schwaz, Tirol, das neben einem Schwert auch einen Angelhaken barg[2159] – Beleg für den wohl kaum profanen Bezug elitären Guts, sowie der Gewässerhort von Pubersdorf, Gde. Poggersdorf, Bez. Klagenfurter Land, Kärnten[2160] und der über 800 Objekte umfassende Hort von Brodski Varoš, Gde. Slavonski Brod, Kroatien[2161].

Für eine sakrale Bedeutung, wie von Ch. Huth vermutlich wohl zu Recht, allerdings ohne Erläuterung vorgeschlagen[2162], und gegen eine profane Interpretation sprechen nicht nur die Angelhaken und fischförmigen Bleche heiliger Plätze hierzulande und im Süden, die symbolischen Bilder des Fischfangs und die gegenständlichen Haken, Harpunen und Dreizacke aus sepulkralem Kontext (s. o.), sondern vielleicht auch die aus den weiblichen Bestattungen von Este-Ricovero 156, -Benvenuti 126 (s. o.)[2163] und Hallstatt 210 (nicht gänzlich gesichert), 483, 763 (s. u.)[2164]. Außerdem spricht die Nacktheit der mit einem Netz fischenden Männer auf dem Bronzegürtel eines reitenden Kriegers aus Novo mesto Hügel III Grab 12 dafür, die einzige unmittelbar den Fischfang betreffende Szenerie der Situlenkunst[2165]. Folgt man der These Huths, dass letztlich alle bildlichen Darstellungen religiös motiviert seien und Bilder bis zu einem gewissen Grad Realien ersetzten bzw. ergänzten[2166], so bezeugen das Thema an sich und die wohl mythisch verwurzelte Nacktheit der Fischer auf einem Gürtel den religiösen Bezug des Fischfangs, weil Nacktheit heiliges Geschehen anzeigt und Fischen auch religiös konnotiert war[2167]. Die genannte Fibel in Fischform und der Bernsteinanhänger eines Fisches aus zwei aristokratischen weiblichen Gräbern Oberitaliens wären ggf. insofern anzuschließen, als sie das Element „Wasser", aber möglicherweise nicht den eigentlichen Akt des Fischens thematisieren.

In diesen Kontext gehören zwei oder drei Gräber Hallstatts mit weiblich konnotierten Beigaben, nämlich die Ha C-zeitlichen Gräber 210 (Gürtel als Schärpe, vier Armringe, zwei Brillenfibeln, Bernsteinperlen, Kniefibel und/oder harpunenähnliche zarte Spitze [die beiden letzten nicht gänzlich gesichert][2168] Taf. 14-159)

2153 Museo Civico Bologna. Zum Hort religionsgeschichtlich: Kossack 1999, 55 f.; Zannoni 1888.
2154 Lippert/Stadler 2009, 52.
2155 Z. B. Hansen 2010, 161 ff.
2156 Z. B. Farchant, späthallstatt-frühlatènezeitlich: Lang 2002 (der in unseren Breiten einzigartige Mehrfachhaken hat z. Zt. ausschließlich Parallelen in Griechenland: Buchholz et al. 1973, 174 Abb. 56); Steiner 2010, 438 (bronzezeitlich: Eisenbichl-Langacker bei Karlstein, Gde. Bad Reichenhall, Kr. Berchtesgadener Land, Oberbayern: Weiss 1997, 57; 163 Taf. 7,11). - Ein Angelhaken als Lesefund aus dem Bereich des Dietfurter Gräberfeldes, Kr. Neumarkt i. d. OPf.: Röhrig 1994, 57.
2157 Hansen 2010, 161 ff.; frühbronzezeitlich: Böheimkirchen-Hochfeld. Bez. St. Pölten-Land, Niederösterreich; spätbronzezeitlich: Cortaillod-Est, Bez. Boudry, Kt. Neuenburg, Westschweiz, dazu Appler 2004.
2158 Hansen 2010, 163 f.
2159 Appler 2004.
2160 Müller-Karpe 1959, 276.
2161 Müller-Karpe 1980, 804 Nr. 306a.
2162 Huth 2003, 264.

2163 Die von Lang 2012 vorgeschlagene Deutung des Angelhakens aus Este-Benvenuti Grab 126, analog dem Befund in Este-Ricovero Grab 23 (Grab der Nerka) als möglicher Haken zur Aufhängung von Schmuck überzeugt kaum, weil die drei zur Aufhängung von Schmuckringen dienenden Haken der Nerka formal von Angelhaken deutlich abweichen. Zu ihrer bis heute üblichen Gestalt: Buchholz et al. 1973, 169 ff.
2164 Angelhaken wird bislang eine männliche Konnotation unterstellt: Huth 2003, 256; 2012, 89 (ohne empirischen Nachweis). Auch Hansen 2010 nennt nur männliche Ensembles.
2165 Križ/Knez 1997, Beilage 4.
2166 Huth 2003, 282-286.
2167 Dazu auch Steiner 2010, 596.
2168 Das nicht überlieferte, aber im Protkoll Antikencabinett auf Tabula VIII 637 und in der Mahr-Kartei abgebildete, ca. 8,5cm lange Objekt könnte als miniaturisierte Harpune oder aber als vergleichsweise reales Handwerksgerät einer Frau im weiteren Sinn angesprochen werden (s. Absatz 10.5.3). S. dazu auch das Inventar in der Liste der kontrollierten Gräber. Unklar bleibt, ob Grab 210 die Kniefibel (nach der ältesten Quelle), das harpunenähnli-

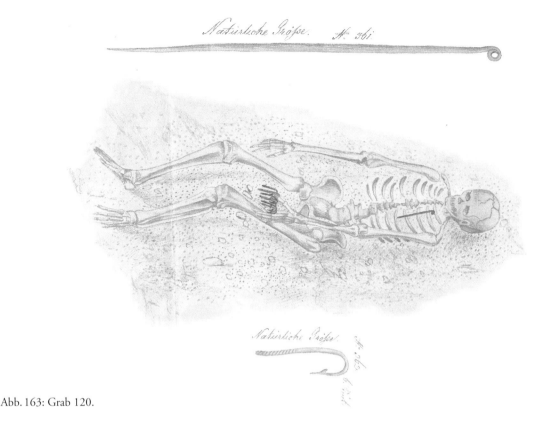

Abb. 163: Grab 120.

und 483 (zwei Brillenfibeln, zwei Bronzeperlen und zwei Angelhaken, die die mutmaßlich weibliche Tote in der Hand hielt). Es folgt Grab 763 mit einem Buckelarmring mit Zwischenscheiben Typ Echerntal und einem Spinnwirtel, wegen des Armrings archäologisch zweifelsfrei gleichfalls weiblich definiert. Auch wenn die gürtelhakenartige Fibel mit einzelner Fischzeichnung aus diesem Grab nicht unmittelbar mit dem Vorgang des Angelns oder Harpunierens verbunden ist, so ist sie dennoch den obigen Zeugnissen einschlägiger Sujets in weiblichem Kontext hinzuzuschlagen. Somit beschränken sich Angelhaken, Darstellungen des Fischens und einzelne Fischbilder sowie andere vermeintlich männlich-handwerklich konnotierte Geräte erneut keineswegs auf männliche Bestattungen (selbst wenn die kleine Harpunenspitze nicht zu Grab 210 gehörte, was nach der Quelle „Berichte" im NHM Wien wahrscheinlich ist).

Unter den verbleibenden sechs männlichen Inventaren mit Fischereigerät aus Hallstatt befinden sich indes einfach ausgestattete (Gräber 112/1875 Abb. 162 s. Taf. 15-162, 120 Abb. 163, 205) sowie ein reicheres (Doppelgrab 24/1907 mit einem Schwertklingenfragment); die Publikation des Grabes 91/2007 mit einer Harpunenspitze bleibt abzuwarten. Sie findet formal eine Parallele im anthropologisch männlich-adult bestimmten Brandgrab 90 von Traunkirchen-Klosterhof, das außerdem einen Angelhaken und eine Lanzenspitze enthielt, eine Gerätekombination, die in funeralem Kontext sonst nur in Ancona-Colle di Cappuccini bezeugt ist[2169]. Was die Ausstattung der Hallstätter betrifft, variiert die Menge der Haken von eins bis sechs, zweimal ist eine Harpune bzw. ein harpunenähnliches Gerät bezeugt. Über die Bestimmung möglicher Netzsenker, nämlich gefalteter Bronzebleche (der Inventare 24/1907, 112/1875) als weiteres einschlägiges Utensil[2170], besteht weiterhin Unklarheit[2171].

Die Körpergräber 120, 205 und 483 legen einen engen und ausgesprochen persönlichen Bezug nahe, weil die Toten die Haken in der rechten Hand hielten (483, 120) oder analog zu Trachtelementen – wie in Hochdorf – auf oder an der Brust aufwiesen (205).

che Gerät (nach jüngeren Quellen) oder beides (Mahr-Kartei) enthielt.

2169 Frdl. Mitt. M. Hochhold-Weniger, Wien; Stöllner 2007, 246 Nr. 34; Blesl/Preinfalk 2008, 156 f. - Das Grab enthielt keine Goldbeigabe, wie irrtümlich von Schumann 2015, 225 Anm. 1222 angegeben.
2170 Buchholz et al. 1973, 175 ff. - Vgl. auch die Bronzegewichte im zum großen Teil durch Sandabbau zerstörten Grab 7 von „Les Grèves" in Barbuise-Courtavant, Dép. Champagne, das auch zwei Angelhaken führt: Pare 1999, 441 f.
2171 Hansen 2010, 162.

Es bietet sich an, mindestens den Vorgang des unmittelbaren Fischens, gleichgültig mit welchem spezifischen Werkzeug und auf welche Weise dargestellt (bildlich singulär, figural-szenisch, gegenständlich, verkürzt), als Sinnbild für den Übergang vom Leben zum Tod zu interpretieren, quasi als Symbol für die zu durchlaufende Metamorphose. Dies würde entsprechendes Gerät in Frauen-, Kinder- und Männergräbern, in vermeintlich ärmeren und reicheren Ensembles und entsprechende Bilder und Hinweise in Grabkammern erklären. Der vermeintliche „Sprung ins Wasser" des „Tauchers" in der Tomba del Tuffatore in Paestum ist in sehr überzeugender Weise im Rahmen des ganzen Bildprogramms als „*betender Eintritt in Verheißenes*" gedeutet worden, als Sinnbild der bevorstehenden Verwandlung, deren Erfüllung in der Aufnahme des „*Mysten*" (des in einen Mysterienkult Eingeweihten), eben des „Tauchers", in den Kreis der Symposiasten besteht[2172]. Derart gezielte Deutungen gelingen nur, wenn auch schriftliche Überlieferung hinzugezogen werden kann[2173], ein Mangel nördlich der Alpen. Die genannten Beispiele legen jedoch eine allegorische Lesart von Fischereigerät in sepulkralem Kontext insgesamt nicht weniger Gräber Italiens und Süddeutschlands während der jüngeren Eisenzeit nahe, eine Strömung, die wohl auf vorbereiteten Boden fiel, wie einzelne bronzezeitliche Grabkomplexe (Les Grèves Grab 7 in Barbuise-Courtavant, Dép. Aube, Obernau, Gde. Aschaffenburg, Unterfranken und die bronze- (Valsømagle, Bez. Ringsted, Seeland, Dänemark, Hradisko, Mähren, Lobojkovka, Obl. Dnipropetrovsk, Ukraine, Brodski Varoš) und urnenfelderzeitlichen Depots (Strass, Pubersdorf, Basse-Yutz, Dép. Moselle, Krępiec/Krampitz, Gde. Pruszcz Gdański, Woj. Pommern, Polen) in den Alpen bzw. nördlich davon anzeigen[2174]. Wieweit sich heimische und südliche religiöse Vorstellungen deckten, ist dabei offen. Auffällig, weil Regionen, Zeiten und Überlieferungsarten verbindend, scheint jedoch die immer wiederkehrende und bei weitem überwiegende Kombination von Waffe bzw. elitärem Gut und Angelhaken in Depots, den beiden Brandopferplätzen sowie männlichen und weiblichen Gräbern: „*Viel eher wurden die intakten Haken zusammen mit funktionsfähigen Waffen und Gerät symbolisch aus kultisch-religiösen Erwägungen niedergelegt – geopfert, um nie mehr geborgen zu werden.*"[2175] Das Fehlen von Waffen in vergleichsweise bescheideneren männlichen eisenzeitlichen Ausstattungen mit Angelgerät wie z. B. in Bischofshofen Grab 57 könnte mit der (lokalen) Beigabensitte zusammenhängen[2176]. Das Vorkommen von Angelhaken auch in „ärmeren" Gräbern (112/1875, 120, 205) spricht nicht zwingend für deren profane Interpretation. Angelgerät kann überregional betrachtet daher kaum als Statusanzeiger gelten, weil es in „armen" und „reichen" Gräbern vorkommt, kleinräumlich könnte man hier ggf. zu einem anderen Ergebnis kommen, zählte es nicht als ausgesprochen seltenes Fundgut. Auch die vereinzelten goldenen Angelhaken Griechenlands dürften neben den bronzenen und eisernen als Prestigeobjekte nach der Schumannschen Definition gelten.

2172 Schussmann 2011. - Eine weitere Tuffatore-Darstellung in der Tomba della caccia e pesca: Malerei der Etrusker 1987, 82; Putz 2007, 80 Anm. 477.
2173 Schussmann 2011, 25 ff.
2174 Appler 2004.
2175 Appler 2004, 31.
2176 Ich zähle in Bischofshofen (556 Gräber, Belegungsschwerpunkt Ha C-D 1) nur einen Dolch, zwei Beile und sieben Lanzenspitzen diverser Form: Lippert/Stadler 2009, 60 f.

12 Duplizierte Beigaben

Erinnern wir die Interpretation der Situlenbilder durch Ch. Huth: Zentrales Thema sei u. a. die Übertragung der Herrschergewalt „*auf ihn selbst* (den Verstorbenen) *in der Vergangenheit oder auf seinen Sohn in der Gegenwart*"[2177], weshalb Szenen und Friese, an denen beide beteiligt seien, doppelt erschienen, respektive manche reale Beigabe mitunter in der Zweizahl vorläge, insbesondere das Trinkgeschirr. Dies impliziert wohl auch die Möglichkeit der Vererbung mindestens sozialer Stellung, wenn auch nicht ausdrücklich formuliert. An duplizierten Objekten führt er „*viele der Gefäße in den reichen Männergräbern …*" bzw. vierfach vorkommende Kegelhalsgefäße mit innen liegendem Schöpfer in Schirndorf, die beiden Situlen aus dem Strettweger Inventar und die beiden Helme aus Verucchio-Lippi Grab 89 an[2178]. Auch sei in „*beinahe allen*" Prunkgräbern für zwei Personen aufgedeckt. Christoph Huth bezieht sich hier auf die Untersuchungen R. Echts[2179], der allerdings bereits seinerzeit auch Sätze für eine oder neun Personen (einmalig Hochdorf) konstatierte[2180], wobei der Gastgeber in Hochdorf klar durch das eiserne Horn gekennzeichnet ist. Szenisch ziele die Verdoppelung des Reisemotivs, das Heranführen paariger Opfertiere oder der Transport der Kessel durch zwei Personen auf diesen Umstand ab[2181]. Dabei spiegeln die verdoppelten Themen (Situla Vače: zwei Wagen; Certosa: zwei verschiedene Opfertiere, zwei Kesselträger) fallweise durchaus eine gewisse Realitätsnähe, weil befüllte große Situlen von ca. 70 cm Höhe – wie aus Hallstatt überliefert und auf den Friesen abschätzbar – wohl kaum von einer Person bewegt werden konnten. Die beiden Wagen auf der Situla Vače können hingegen kaum als „verdoppelt" gelten, weil es sich um einen Reise- oder Sitzwagen und einen ebenfalls zweirädrigen Streitwagen handelt, der stehend gefahren wird, also um zwei grundsätzlich verschiedene „Themen" bzw. Fahrmöglichkeiten. In diesem Zusammenhang ist auf die Beigabe zweier Wagen im Frauengrab Sirolo-I Pini 1/4, Prov. Ancona, hinzuweisen, das zwei entsprechende unterschiedliche Wagen enthielt, und zwar einen zweirädrigen Streit- (currus) und einen ebensolchen Reisewagen (carpentum/calesse)[2182], also funktional differierende Gefährte. Ob die Illustration zweier Opfertiere wörtlich genommen werden sollte und nicht einfach reduziert für mehrere Tiere oder eine unbestimmte Zahl steht, sei dahingestellt.

Sucht man andere Verdopplungen, fallen die nach ihrem ideellen Gehalt freilich bedeutenden Trankszenen ins Auge, auf vier Situlen ganz ähnlich und mehrfach gezeigt: Auf der Situla Vače werden drei Personenpaare bedient (mittlerer Fries, zweimal Frau–Mann, einmal Mann–Mann), Providence (oberer Fries) und Magdalenska gora (mittlerer Fries) bieten vier Paare; Dürrnberg-Kranzbichl schildert zwei Trankspenden (jeweils geschlechtlich verschiedener Mundschenk mit männlichem Empfänger). Wäre hier nicht gleichfalls eher die zwar kanonische, aber symbolhafte und verkürzte Darstellung der Bewirtung mehrerer am Kultfest teilnehmender Personen (vgl. griechisches Symposium; acht Trinkhörner in Hochdorf), z. B. Familien- oder Clan-Angehöriger zu erwägen? Zweifellos widerspricht die Darstellung dreier Paare auf der Situla Vače allein numerisch dem Huth'schen Vorschlag. Demzufolge stellen die bildlichen Quellen die Deutung als Darstellung der Übertragung der Herrschaft vom Vater auf den Sohn infrage, sind doch weder Szenen noch ganze Friese zweifellos verdoppelt.

Hingegen sicher zweifach finden wir eine Symplegmaszene auf der Oinochoe von Tragliatella, Gde. Fiumicino, Prov. Rom,[2183] und die beiden Webstühle bzw. -häuser auf dem Verucchio-Thron (Verucchio-Lippi Grab 89), Denkmäler, die nicht der norditalisch-zirkumalpin beheimateten Situlenkunst angehören, sicherlich aber als gedankliche „Vorlagen" gelten dürfen.

In unverkennbar enger Anlehnung an Ch. Huth, seine Interpretationen übernehmend und ohne seine Thesen einer materialbasierten kritischen Prüfung zu unterziehen, stellte U. Putz in reichen Gräbern Ober- und Mittelitaliens (Latium, Toskana, Emilia Romagna,

---

2177 Zitat Huth 2003, 193 f.; 245; 2012, 22 f. Dazu Kapitel 1.
2178 Huth 2003, 252 mit Anm. 594 (Schirndorf: Berücksichtigt wurden nur die Hügel, die figural verzierte Keramik enthalten); 258 (Strettweg: zwei Situlen); 212 (Verucchio Grab 89: u. a. zwei Helme).
2179 Huth 2010, 150.
2180 Echt 1999, 169.
2181 Huth 2003, 168 f. (Vače, Magdalenska gora); 171 ff. (Certosa: „*Daß es sich um zwei verschiedene Personen handelt, um die sich alles dreht, geht aus den Darstellungen eindeutig hervor und ist auch aus der Dualität der übrigen Bildszenen zu erkennen, speziell des Heranbringens der Opfergaben und des Reisemotivs.*"); 194.

2182 Putz 2007, 277.
2183 Huth 2003, 185 ff.

Marken) ebenfalls doppelte Beigaben fest, dort zum Teil als „*Prinzip*" verankert. Betroffen seien mehrfach Wagen, Schwert, Dolch, Lanze, Schild, aber auch Zepter, Beile, bronzene Hände, Torques und Sandalen. Dadurch werde die Erbfolge innerhalb der Familie gesichert, die entsprechende Machtinsignie (gemeint ist das jeweilige Doppel) symbolisch vom Vater auf den Sohn übergeben – Deutungen, für die man weder Begründung, noch eine empirisch basierte Untersuchung findet. Zugleich sei dies eine Glorifizierung des Verstorbenen, der damit seinen Status sichere und „*ein Zeichen einer Krise in der sozialen Wirklichkeit*" – ein letztlich auf G. Kossack zurückgehender Gedanke im Zusammenhang mit der Entstehung von Prunkgräbern im Allgemeinen (s. Einleitung)[2184] und eine von Ch. Huth übernommene Folgerung, zu der sich kürzlich M. Egg nochmals ausführlich und kritisch äußerte[2185]. Dreifachsätze von Bronzegefäßen in Fabriano, Prov. Ancona, Reg. Marken zeigten die Verbindung „*Vater-Sohn und Gemahlin (Trankspende durch die Frau)*". Auch bildliche Darstellung (Sesto Calende: Situla B) oder Plastik (Bisenzio Tomba 2: Kultwagen) belegten diesen Hintergrund[2186].

Durchleuchtet man einige der von Ch. Huth und U. Putz zitierten Beispiele unterschiedlicher Qualität – persönliche Insignien, Unikate und Statusanzeiger überregionaler Art –, die scheinbar große geografische Räume verklammern, bieten sich einerseits näherliegende Erklärungen an, andererseits wären weitere hinzufügen bzw. welche zu hinterfragen. Lässt sich besagte These Huths, in erster Linie wohl auf das Trinkgeschirr bezogen und von U. Putz auf anderes erweitert, auf archäologischem Weg überhaupt prüfen? Wendet man die von R. Schumann definierten Kriterien für status- bzw. prestigeanzeigende Objekte auf die Huth'sche These an, nachdem nur Beigaben von Statusqualität in Prunkgräbern soziale Stellung, die Möglichkeit von „Herrschaft", anzeigen, die dann ggf. weitergegeben werden könnte, kommen Bronzegefäße als zu übergebendes Herrschaftssymbol ohnehin nicht infrage, weil mit ihnen Prestige ausgehandelt wird[2187]. Betrachten wir dessen ungeachtet dennoch einige Beispiele, wird zunächst deutlich, dass bereits die Bezeichnung „doppelte" Beigabe bzw. „Verdopplung" nicht immer klar definiert werden kann respektive zur Diskussion steht: In den 23 Schirndorfer Primärbestattungen der Stufen I-III finden sich zwar meistens vier, auch räumlich zusammenstehende Großbehälter (mit innen liegenden Beigefäßen), bei denen es sich aber nicht immer um reine Kegelhalsgefäße handelt. Richard Hughes vermutete zu Recht, dass das vierte, nämlich formal leicht abweichende Gefäß, eine weitmundige „*Terrine*" mit Henkel, einen anderen Inhalt aufnahm als die Kegelhalsgefäße. Ließe sich dieser Verdacht durch chemische Bestimmung erhärten, entfiele die eines vierfachen Satzes[2188]. Abgesehen von diesem gewichtigen, weil funktionalem Aspekt liegen in Schirndorf auch Hügel mit drei (z. B. Hügel 87) und fünf (Hügel 11) Großbehältern vor, was zwar die These Huths nicht widerlegt, aber zeigt, dass selbst innerhalb eines Friedhofs keine einheitliche Regel gelten muss. Zwar überwiegen vier Großgefäße pro Bestattetem, diese sind funktional jedoch als „drei plus eins" aufzufassen. Zieht man unter diesem Aspekt beispielsweise die Friedhöfe Beilngries-Im Ried Ost, Kr. Eichstätt, Oberbayern und Dietfurt hinzu, so ergeben sich diesbezüglich keine Regelmäßigkeiten: Beilngries bietet einen „*Geschirrsatz sehr variabler Größe*"[2189] und Dietfurt häufiger drei bis sechs Kegelhalsgefäße und eine unterschiedliche Anzahl an Schüsseln, Schalen, Tassen und Stufenschalen[2190]. Anzuschließen sind die Nekropolen Oberfrankens und Bayerisch-Schwabens[2191], die zwar kanonisierte Formen und Service, aber keine regelhafte Anzahl an z. B. Großgefäßen, Schüsseln oder Tassen führen.

Die zwei unterschiedlich großen metallenen Handpaare mit Stulpen aus der Tomba del Carro von Vulci-Osteria entstammen einer Doppelbrandbestattung zweier Männer[2192], bei Narce-Petrina Grab 2 handelt es sich gleichfalls um eine Mehrfachbelegung[2193], sodass die doppelten Objekte jeweils einem Verstorbenen zugeordnet werden könnten. Analog zu Hochdorf ist in manchen Fällen auch an eine mögliche symposiale Bewirtung Mehrerer zu denken: Vetulonia-Circolo II delle Pelliccie, eine weibliche Brandbestattung, enthielt außer der Leichenbrand führenden bronzenen Urne

---

2184 Kossack 1997, 3 ff., besonders 32; Huth 2003, 260 f.; zuletzt Egg 2009, 42 ff.
2185 Egg/Kramer 2013, 436 ff.
2186 Putz 2007, 94-96.
2187 Schumann 2015, Bronzegefäße z. B. 142.
2188 Hughes 1999, 98-108.
2189 Hoppe 2005, 16.
2190 Röhrig 1994, 88-92.
2191 Ettel 1996, 83 ff.; Hennig 2001, 41 ff.
2192 Amann 2000, 215; Putz 2007, 233; Egg/Kramer 2013, 172 f.
2193 Putz 2007, 205.

einen Kessel, ein Becken, ein Räuchergefäß, einen Gefäßständer, aber acht Phialen[2194], ein in Italien geläufiger Brauch[2195]. Denkbar ist daher, dass tatsächlich verdoppelte oder mehrfache Speise- und Trinkgeräte sich hier nicht auf den Verstorbenen beziehen, sondern auf Dritte, was aber archäologisch kaum belegbar ist. Schließlich bieten sich auch für die beiden Strettweger Situlen zwei Erklärungsmodelle an: Entweder sie bildeten ein Set mit unterschiedlichem Inhalt oder sie ließen sich auf die beiden Bestatteten, Mann und Frau, aufteilen.

Trotz dieser bezogen auf die Huth'schen Thesen negativen Ergebnisse können, ohne Anspruch auf Vollständigkeit, aus verschiedenen Regionen durchaus Verdopplungen persönlicher Objekte gleicher Sachgruppe aufgezählt werden. Darunter befinden sich auch solche, die unmittelbar am Körper getragen wurden, zum Teil als ausgesprochene Insignie gelten und zwar funktional, aber meist nicht formal identisch sind[2196]: Die Frau aus Vix (Ha D3) erhielt zwei Halsreife, einen goldenen um den Hals und einen bronzenen mit Lederumwicklung auf dem Bauch[2197]. Das nach den Beigaben wohl weibliche Kind (anthropologisch 7-14 Jahre) aus Münsingen-Rain, Kt. Bern, Schweiz (LT A/B) trug gleichfalls zwei Halsringe, hier jedoch einen bronzenen und einen eisernen[2198]. Eine Stangengliederhalskette und ein eiserner Halsreif gehörten zur weiblichen Bestattung 215 vom Dürrnberg (LT A)[2199]. Die Tote aus Sirolo-I Pini 1/4 (Tomba della Principessa) aus den letzten Jahrzehnten des 6. Jhs. hatte vier Perlengehänge bei sich[2200], deren Parallelen ich als Symbole für Webstühle[2201] und als soziale Statusanzeiger im Schumann'schen Sinn (s. Kapitel 7) ansprach. Wären sie in besagtem Kontext als zwei doppelte zu lesen, von denen sich zwei auf die Nachfolgerin bezögen? Sodann wäre noch an den Hochdorfer zu denken, der wahrscheinlich mit zwei Holzkämmen bestattet wurde[2202] und dessen eisernes Trinkhorn zwei (fast identische) Perlengehänge aufwies, gleichfalls als Webstuhlsymbole bzw. Gewebtes interpretierbar. Auch Werkzeuge kommen mitunter in zweifacher Zahl vor: Este-Ricovero Grab 236 enthielt zwei Feilen, Metapont-La Crucina zwei Sägen[2203], das weibliche Fossagrab B des Circolo del Tridente von Vetulonia zwei kleinere Meißel[2204], Typen, die in Werkzeuggräbern sonst nur einzeln vorkommen. Die Frau aus Sainte Colombe-sur-Seine, FO „La Butte" in Burgund (Ha D2) mit Wagen und Goldschmuck fällt durch die Beigabe zweier Beile mit rechteckiger Tülle auf[2205], ebenso der Mann aus dem Grafenbühl (Lt A)[2206]. Wären auch Este-Ricovero Grab 156 mit zwei und Bologna-San Vitale Grab 24 mit vier Angelhaken auch betroffen[2207]?

In Hallstatt verzeichne ich doppelte Bronzegefäße (jeweils Situlen, Breitrandschalen, Schalen, Kannen und zwei flache Teller), Schwerter, Dolche und Gürtel; nur Schwerter und vermutlich Dolche wären nach der Schumann'schen Theorie als Statusobjekte geeignet, vererbbare Führung anzuzeigen; auf die zur Deutung als Status- oder Prestigeobjekt unzulängliche Quellanlage insbesondere bei den Dolchen Hallstatts wies R. Schumann selbst bereits hin[2208].

Bronzegefäße

Es scheint kaum schlüssig, doppelte bzw. in Doppelbestattungen vervierfachte Bronzegefäße gleichen Typs nach der Vorgabe Huths zu deuten, weil z. B. innerhalb eines Fundplatzes wie Hallstatt die Beigabe von ein bis drei Situlen ohne erkennbare Regel üblich war (vgl. dazu Geschirrsätze in Schirndorf: drei plus eins). Ihr duales Vorkommen pro Grab scheint viel mehr funktional bedingt, was durch die stets unterschiedliche Größe (für Speise [Tierknochen] und Trank) und in Grab 507, einem vermutlichen Doppelgrab, dadurch belegt ist, dass zwei der vier Eimer Tierknochen enthielten (funktionale kanonische Gefäßsätze; s. Absatz 4.1.2). Diese Option könnte auch für Strettweg, Kappel Hügel 3 und andere Komplexe mit zwei Eimern gelten.

2194 Amann 2000, 218.
2195 Egg/Kramer 2013, 403.
2196 Auch aus der Spätbronzezeit sind entsprechende „Verdopplungen" bereits bekannt: Prunkgrab Håga bei Uppsala, Schweden, mit jeweils zwei unterschiedlichen Rasiermessern, Pinzetten und tutulusartigen Dornknöpfen. Capelle 1999.
2197 Hansen 2010, 97.
2198 Hansen 2010, 275.
2199 Moser et al. 2012, 103 ff.; 191.
2200 Nava 2007, 119 f.; 175-177; Putz 2007, 277 (beide mit weiterer Literatur); Egg/Kramer 2013, 402.
2201 Fath/Glunz-Hüsken 2011.

2202 Hansen 2010, 53 f.
2203 Liste Stöllner 2007, 246.
2204 Putz 2007, 251.
2205 Hansen 2010, 249 f.
2206 Zürn 1970, 23 Taf. 19; Krauße 1996, 302.
2207 Stöllner 2007, 246.
2208 Schumann 2015, 141.

Die beiden in der Höhe differierenden Breitrandschalen des Grabes 504 und die gleich großen Exemplare aus Grab 507 gehören zu Mehrfachbestattungen, mutmaßlich einem Mann und einer Frau (Grab 507), respektive nach den Beigaben zu urteilen einem Mann und einem Mädchen oder einem Mann, einer Frau und einem Kind (Grab 504). Einzig bei der kaum begründbaren Annahme einer Einzelbestattung für Grab 507 läge ein tatsächlich verdoppelter Geschirrsatz vor. Zur Diskussion bleiben also Schalen/Tassen (Gräber 260, 502 [Glas], 507 [4], 667), Kannen (Grab 220) und zwei flache Teller (Grab 236). Eine offensichtliche Erklärung bietet sich bei den Gräbern 220, 236, 260 und 667 nicht an, weil es sich nach ihren anderen Beigaben nicht um Doppelbestattungen handelt. Die beiden Teller aus Grab 236 variieren in der Größe, sie bilden offenbar ein Service; die beiden Kannen aus Grab 220 – eine mit Rinderkopfhenkel und eine mit Hebelgriff – unterschieden sich nicht nur in Höhe und Durchmesser, sie standen auch nicht zusammen: Während die größere Kanne mit den anderen Beigaben auf dem Leichenbrand abgestellt war, befand sich die kleinere zusammen mit dem übrigen Geschirr abseits der menschlichen Überreste. Die beiden ähnlichen Schalen aus Grab 260 sind indes gleich groß (Abb. 56,1) und beide lagen jeweils in einer Situla, sodass sich eine funktionale Erklärung (verschiedener Inhalt?) hier kaum anbietet. In Grab 667 ist nur eine Beckenschale überliefert; laut Protokoll Antikencabinett enthielt das Inventar jedoch eine zweite, die „zerbrochen" aufgefunden wurde (und daher auch nicht verwahrt wurde); eine Beurteilung bezüglich Form, Zweck und möglicher Verdopplung verbietet sich daher. Somit bleiben nur die beiden Gefäße aus Grab 260 als tatsächlich doppelt übrig. Die beiden gehenkelten Glastassen aus Inventar 502 entstammen einer wohl gestörten Bestattung. Nur chemische Rückstandsanalysen der beiden großen Kegelhalsgefäße aus Grab 3/1994 könnten klären, ob sie verschiedene oder gleichartige Flüssigkeiten enthielten; die Schöpfschale in einem der beiden Großgefäße weist evtl. auf ersteres hin, also gleichfalls eine wahrscheinlich funktional bedingte Verdopplung.

Waffen

Sieben, zum Teil quellenbedingt umstrittene Bestattungen enthielten jeweils zwei Schwerter bzw. ein Schwert und einen Dolch: Die chronologisch diskutierte und geschlechtlich zweideutige Brandschüttung 288 besaß zwei Schwerter (Antennenschwert Typ Weltenburg plus bronzenes Griffzungenschwert Ha B-Ha C)[2209], die Inventare 469 und 789 (vielleicht eine mutmaßlich bigeschlechtliche Doppelbestattung) jeweils ein Mindelheim-Schwert und eine Eisenantennenwaffe (Ha C spät), Grab 573 zwei Mindelheim-Schwerter und das Kinderkörpergrab 203 zwei Dolche vom Typ Hallstatt (Ha D1)[2210]. Johann Ramsauer berichtet für Grab 605 von zwei fragmentierten Eisenschwertern, die Skizze indes zeigt zwei vollständige, ähnliche Stücke; überliefert ist schließlich nur das Fragment eines eisernen Mindelheim-Schwertes. Wahrscheinlich wurden also, wie in Grab 573, zwei Mindelheim-Schwerter beigegeben, die Fragmentierung ist wie bei allen Eisenschwertern des Hochtals wahrscheinlich auf Korrosion zurückzuführen. Körpergrab 111/1875 enthielt ein eisernes Schwert von ca. 79 cm Länge am rechten Arm und am Kopf einen offenbar nicht überlieferten Eisendolch „*mit abgebrochenem Handgriff (sic)*"[2211].

Es erscheint schwer vorstellbar, dass eine der Waffen aus 288 und 789 den dort (in 288 wohl nach-) bestatteten Frau/en gehörte, die, wie Hodson zu Recht annahm, in Grab 288 eindeutig durch Gürtelkette und Armringe (geperlt, mit kreisförmigen Erweiterungen), in 789 durch den Buckelarmring Typ Ottensheim und einen geperlten Armring ausgewiesen sind[2212]. In beiden Gräbern wurden die Waffen zweifellos zusammenliegend beobachtet, in Grab 789 mit drei Lanzen, Beil, Messer und Wetzstein als Waffenkomplex unter der Situla neben dem Leichenbrand; in 288 waren die in jeweils vier Teilen aufgefundenen Klingen nach Ramsauer sogar kreuzförmig angeordnet.

Hinweise auf jeweils männliche Doppelbestattungen sind gleichfalls kaum gegeben: Die Gräber 469, 573 und 605 können nach archäologischer Betrachtung als sicher geschlossene Männerbestattungen Einzelner gelten[2213]; die jeweiligen Waffen lagen wie gewöhnlich auf dem Leichenbrand.

Geht man – abzüglich der Ha D1-zeitlichen weiblichen Nachbestattung bei/in Grab 288 – von der Geschlossenheit dieser Inventare aus, liegen in den betrof-

---

2209 Z. B. Hodson 1990, 87; Tomedi 1996, besonders 170; 179.
2210 Nach der Grabskizze sind die beiden Dolche eindeutig dem Kind zuzuordnen. Konträr: Dehn et al. 2005, 276.
2211 I. Engl in: Kromer 1959, 222.
2212 Hodson 1990, 87 (Grab 288); 145 (Grab 789).
2213 Grab 469: Stöllner 2002, 124.

fenen Ensembles verschiedene Tradierungsqualitäten vor: Während in Grab 288 ein in der Urnenfelderzeit verhafteter Schwerttyp (mit Vollgriff Typ Weltenburg) vielleicht verspätet oder in moderner, aber altertümlicher Form in die Erde gelangte – Gerhard Tomedi hielt das Grab zu Recht für überregional nicht synchronisierbar[2214] –, kombinierte man in Gräbern 469 und 789 Waffen zwar zeitgenössischer Art, aber unterschiedlicher Form, Verbreitung und Herkunft[2215]. Nachdem sich die Laufzeit der eisernen Antennenwaffen über einen längeren Zeitraum erstreckt (Ha C/D1), erscheint die Kombination von Mindelheimschwert und eiserner Antennenwaffe in Grab 469 (Ha C2) und dem wohl wenig jüngeren Grab 789 (Ha C2/D1) zumindest chronologisch vorstellbar. Schließlich bieten die Gräber 203, 573 und evtl. 605 jeweils zwei gleichfalls zeitgenössische, hier jedoch typgleiche Dolche bzw. Schwerter.

Fragt man nach der materiellen Güte der betroffenen Bestattungen, kann kein einheitliches, verbindendes Muster festgestellt werden: Kinderkörpergrab 203 und Brandschüttung 288 enthalten keine Bronzegefäße, in Gräbern 469 (Anzahl unklar), 573 (2) und 605 (4) liegen sie hingegen mehrfach vor. Ensemble 573 ist zusätzlich durch Gold- bzw. Bernsteineinlagen der Schwertknäufe und die Bratspieße ausgezeichnet, Grab 469 birgt an Besonderheiten Feile und Amboss, Gräber 469 und 605 verbindet jeweils ein trompetenförmiges Rohr unbekannter Funktion, das F. E. Barth als Spitze von Lederhelmen deutete[2216], was jedoch bis heute offen ist[2217] (Abb. 107). Summa summarum sind daher durchaus reichere, individuell und mit singulären Objekten ausgestattete Gräber mit doppelten Waffen bezeugt.

Die offenbar gesicherte, mehrfache Kombination zweier Waffen, belegt von der späten Urnenfelder- bzw. frühesten Hallstattzeit bis zur frühen Späthallstattzeit, gleichviel, *wann* das ggf. veraltete Antennenschwert aus Grab 288 gefertigt wurde, lässt an eine religiös verankerte Beigabensitte denken, die den herausgehobenen gesellschaftlichen Status, kriegerische Heldenhaftigkeit und Macht der so Bestatteten, quasi doppelt unterstreicht, im Falle der „Traditionsschwerter" aus der Vergangenheit heraus legitimiert (Stichwort „vergöttlichte Ahnen", dynastisches oder Kontinuitätsdenken, Rangzeichen). Dieser Rückgriff auf ältere Formen ist mitunter auch auf den Situlenfriesen bezogen, wie z. B. das Hängebecken der Form Merhart B auf der Certosa-Situla zeigt. Für das aus dem Ha D1-zeitlichen Kröllkogel stammende, 150-200 Jahre alte Gündlingen-Schwert erwägt M. Egg die plausible Möglichkeit der Aufbewahrung in einer Waffenkammer[2218], eine speziell für dieses Stück aus einer herausragenden Separatnekropole bzw. für deren zugehörige Siedlung passende Idee. Gemeinhin geht man davon aus, dass es sich bei den chronologisch meist weniger weit entfernten „Traditionsschwertern" um zeitgenössische Anfertigungen handelt. Vergesellschaftungen synchroner Waffen in quellensicheren Gräbern einzelner Personen spiegeln vordergründig den rein machtpolitischen, sozialen Aspekt. Nicht ausgeschlossen sind freilich auch funktionale Parameter, die sich nicht zuletzt wegen der fragmentierten Überlieferung und der Verschränkung von praktischem Nutzen und ideeller Bedeutung der Gattung nicht näher umschreiben lassen. Hinweise direkter oder symbolischer Natur, die eine zweite Waffe auf eine zweite (oder mehrere) imaginäre Person(en) beziehen ließen – man denke an die acht bzw. neun Trinkhörner des Hochdorfers oder an die acht Phialen im Circolo II delle Pelliccie von Vetulonia – liegen nach den Beigaben zu urteilen nicht vor. Lediglich die sogenannten Traditionsschwerter stellten einen Bezug zur Vergangenheit her, einerlei wie alt sie bei der Niederlegung waren.

Sucht man weitere Parallelen, stößt man auf den unsicheren Befund in Kappel, bei dem ein zweiter eiserner Dolch nicht als militärisches Statussymbol, sondern als Fleischermesser interpretiert wird[2219]. Aufgrund der Quellenlage ist dies letztlich aber offen. Bleibt noch auf das bislang unpublizierte Grab Wörgl-Egerndorfer Feld Grab 51 hinzuweisen, das zwei *„Dolchmesser vom*

2214 Es spielt in unserem Zusammenhang keine Rolle, ob es sich um originale Altstücke oder um zeitgenössische Objekte nach älterer Form handelt. Zu den „Traditionsschwertern": Egg 1986B, 199 ff.; Tomedi 1996, besonders 170; 179; Stöllner 2002, 119 ff.; Egg 2004, 105; zuletzt Tomedi/Egg 2014, 49. - Zur Datierung des Grabes 288 auch: Hodson 1990, 58.

2215 Eisenantennenwaffen: Trachsel 2004, 136 ff.; Stöllner 2002, 123 f.; Mindelheimschwerter: Stöllner 2002, 121 f.

2216 Barth 1980, 216.

2217 Zuletzt Stöllner 2002, 137.

2218 Egg/Kramer 2013, 114. - Auch für sehr wertvolle, in mediterranen Heiligtümern gestiftete Textilien wird eine lange Aufbewahrungszeit vielleicht über Generationen hinweg angenommen: Gleba 2015, 375.

2219 Dehn et al. 2005, 276 f.

Typ Hallstatt" enthalten soll[2220]. Ein Messer mit Dolchgriff ist jedenfalls auch in dem eindeutig weiblichen Grab 696 vertreten. Die in Wörgl kombinierten Beigaben, u. a. rhombisches Gürtelblech, Stabkette und Mehrkopfnadel sprechen für ein bigeschlechtliches Doppelgrab. Weiterhin ist auf die äußerst reiche, anthropologisch bestimmte Bestattung eines einzelnen Mannes aus Matelica-Crocifisso (letztes Viertel 7. Jh.) hinzuweisen, der insgesamt fünf Schwerter, eines davon unmittelbar am Körper situiert, die anderen vier in der Grube der Beigaben, und zwei Helme (ein Helm mit zwei Kämmen und einer mit Metallplättchen besetzt)[2221] bei sich hatte. Seine exzeptionellen (u. a. Zepter, Schmuck, Bronzegeschirr) und vervielfachten Beigaben scheinen somit ausschließlich seinen herausragenden kriegerischen Status über alle Maßen zu betonen. Gleichzeitig könnten multiple Waffen anderer reicher Inventare sicherer Einzelpersonen (z. B. häufiger in der Mehrzahl beobachtete Schilde[2222]) auch durch verschiedene Funktionen erklärt werden, wobei mehrere keramische Schilde selbstredend einen rein symbolischen Gehalt nahelegen. Jedenfalls scheint in Prachtgräbern der tatsächlich kampftechnische Aspekt vielleicht generell weniger gewichtig: Während der konische, seinerzeit bereits veraltete, gewöhnliche Maße aufweisende Kammhelm aus Verucchio-Lippi Grab 89 einen Rückbezug in die Vergangenheit des Toten selbst bzw. auf seine Ahnen ermöglichte, könnte der 58 cm hohe Spitzhelm desselben Grabes als reines Zeremonialobjekt gelten, eine auch für den Goldhalsreif aus Vix oder den goldenen Gürtel aus Hallstatt Grab 505 denkbare Variante. Weiter ließe sich eine Parallele zwischen der Beigabe zweier typgleicher Helme mit zusammengesetzter Kalotte aus Grab 3 von Fabriano[2223] und der gleicher Schwert- und Dolchtypen in Hallstatt ziehen, ohne allerdings eine andere Erklärung als die offensichtliche, die des hervorgehobenen kriegerischen Status, anzuführen. Auch Verucchio-Lippi Grab 21 führt zwei verschiedene, aber zeitgleiche Helme (Kammhelm/Helm mit zusammengesetzter Kalotte)[2224].

Verglichen mit den fünf Schwertern aus Matelica könnte die Zweizahl in Hallstatt (und in den betroffenen Prunkgräbern Italiens) gleichfalls lediglich eine Hervorhebung der (im Kindergrab 203 vielleicht ererbten) Kriegerposition darstellen, wobei die Verdopplung als durch „geringste Mittel" erklärlich sein könnte. Ob diese simple Lösung jedoch ausreicht, mag gerade in Anbetracht des Kindergrabes 203 fraglich erscheinen, weil hier bereits die Beigabe eines einzelnen Dolchs als religiöses Symbol und/oder Statusanzeiger zu begreifen ist. Die Idee der Übergabe an einen „Nachfolger" eines Kindes scheint schwer vorstellbar.

Schließlich geht die paarige Niederlegung insbesondere von Schwertern offenbar auf eine lange Tradition zurück. Dirk Brandherm und Christian Horn untersuchten bronze- bis eisenzeitliche reine Dolch-, Stabdolch- und Schwertdeponierungen Mitteleuropas (Bz A1-Ha C) hinsichtlich statistisch relevanter Regelmäßigkeiten[2225]. Dabei stellten sie einen deutlichen Überhang an paarigen Entäußerungen fest (und solche mit drei gleichen oder deren Vielfache), gehäuft während Ha B2/3 und Ha C, dort naturgemäß durch Schwerter repräsentiert. Seit der mittleren Spätbronzezeit handele es sich bei diesen Paaren um typologisch ähnliche oder identische Stücke, wobei vor allem während der Spätbronze- und frühen Eisenzeit das jeweils Zweite intentionelle Beschädigungen aufweise, was sich – derart regelhaft – kaum profan erklären lasse. Die Autoren erwägen zum einen den Bezug zum mythologischen Motiv der Zwillingsheroen bzw. der göttlichen Zwillinge des gemeinindoeuropäischen Pantheons (diese werden ausdrücklich als Schwertträger bezeichnet und mit gegensätzlichem Charakter beschrieben)[2226]. Hier wäre die Niederlegung jedoch nicht als Gabe für diese duale Gottheit verstanden, sondern als Ausdruck eines allgemein kosmologischen „dualen Prinzips", dass jede Aktion mit einer Reaktion ausgeglichen werden muss; „*Alle Geburt wird mit dem Tod bezahlt, jedes Glück mit Unglück*" schrieb Adorno (Gesammelte Schriften 3, 32 f.) was auf psychologi-

---

2220 Dehn et al. 2005, 276; Stöllner 2002, 471 Liste 36 Nr. 32.
2221 Sabbatini 2011.
2222 Z. B. Rom-Acqua Acetosa Laurentina (Frauengrab!): Amann 2000, 224; Tarquinia-Monterozzi Avvolta: Putz 2007, 139; Rom-Acqua Acetosa Laurentina Gräber 70, 93, 121; Praeneste-Labiciana; Praeneste-Chiesa di San Rocco: Putz 2007, 141; Castel di Decima-Via Pontina, Prov. Rom, Reg. Latium Gräber 15, 21, 50, 100: Putz 2007, 145; Acilia-Monte Cugno, Prov. Rom, Reg. Latium Grab 32: Putz 2007, 149; zur paarweisen Niederlegung bronzezeitlicher Schilde zuletzt Brandherm/Horn 2012, 99 Anm. 4.
2223 Marconi 1933, Abb. 29.

2224 Von Eles 2007, 219 f.
2225 Brandherm/Horn 2012. - Doppelte Schwertbeigabe in bronzezeitlichen Einzelgräbern ist nicht bekannt.
2226 Literaturzusammenstellung zu Dioskuren allg.: Nebelsick 2015, 22.

scher Ebene der Ausdruck von Ambivalenz, einerseits im Innern des Menschen, andererseits in Bezug auf die Wahrnehmung seiner Umwelt, ist. Diesem könne von seiten der Archäologie ein Trinitätsprinzip zur Seite gestellt werden (Dreistückdeponierungen oder deren Vielfache), das sich jedoch bei näherer Betrachtung als weitere Form des paarigen Deponierungsprinzips erweise, weil entsprechende Horte ein Zwillingspaar und ein formal abweichendes Stück enthielten, wobei einer der Zwillinge stets intentionell beschädigt sei. Den Versuch, das duale und das trinitäre Prinzip miteinander zu vereinen, erkennen die Autoren in der kreuzweisen Anordnung zweier von insgesamt drei formgleichen Stücken, beispielhaft belegbar in den frühbronzezeitlichen Fundkomplexen von Leubingen, Kr. Sömmerda, Thüringen, Plouvorn, Dép. Finistere (Prunkgräber), Malchin, Kr. Mecklenburgische Seenplatte, Mecklenburg-Vorpommern (Hort) und der spätbronzezeitlichen Bestattungshöhle von Cetona, Prov. Siena, Reg. Toscana[2227]. Zum anderen denken Brandherm und Horn an die Möglichkeit, dass das zweite Schwert als Ausgleich für den Tod bestimmter Personen geopfert worden sein könnte, eine Überlegung, die letztlich ebenfalls auf Adorno zurückgeht und die die Reproduktion des Naturverhältnisses von Leben und Tod als zugrundeliegendes metaphysisches Prinzip im Menschen beschreibt: *„Magische Riten meinen die sich wiederholende Natur. Sie ist der Kern des Symbolischen: ein Sein oder ein Vorgang, der als ewig vorgestellt wird, weil er im Vollzug des Symbols stets wieder Ereignis werden soll"* (Th. Adorno, Gesammelte Schriften 3, 32 f.). Waffen stellten so gesehen Symbole für den Lebens- bzw. Destruktionstrieb des Menschen dar[2228]; sie selbst und die Art und Weise ihrer Entäußerung spiegelten daher sowohl die menschliche Psyche als auch die Interaktion des (vorgeschichtlichen) Menschen in und mit der Natur.

Obgleich mit einem grundsätzlichen Bedeutungswandel seit der frühen Bronzezeit gerechnet werden muss und es sich außerdem um verschiedene Quellenkategorien handelt (hier Depots – dort Gräber), erscheint es naheliegend, die fünf hallstättischen dualen Schwert- bzw. Dolchgräber in Bezug zu setzen, weil sie chronologisch gerade noch „passen" bzw. anschließen (Ha C-D) und die kreuzweise Deponierung der Schwerter aus Grab 288 eine Analogie darstellt, die

sich im Übrigen im prominenten Kröllkogel an zwei Lanzen wiederholt[2229].

Die willentliche Beschädigung eines zweiten Stückes betrifft nur das Kindergrab 203, das einen unversehrten Dolch des Typs Hallstatt führt und einen zweiten, dessen anthropomorpher Griff vollständig fehlt. Jeweils wohl komplett, aber in mehrere Teile zerbrochen fand man die beiden kreuzförmig angeordneten Schwerter aus Inventar 288, Spitzen und/oder Antennen fehlen an jeweils beiden Waffen aus Gräbern 469 und 573, ein mittleres Fragment offenbar beim Mindelheim-Schwert aus Grab 789, sowie die Spitze und eine Antenne des Dolchs mit zylindrischer Griffhülse aus Grab 789. Allein die Beschädigungen betreffend, stellt die Mehrheit der dualen Waffengräber also keine Analogie zu den späten reinen Klingendepots dar. Lediglich die beiden Dolche des Kindergrabes 203 entsprechen sowohl hinsichtlich der typgleichen Zwillingsbeigabe als auch der Beschädigung eines Stücks. Zusammenfassend ist es also mehr als fraglich, ob das für die bronze- bis hallstattzeitlichen Depots skizzierte geistige „duale Prinzip" auch auf (wenige) Gräber der Hallstattzeit übertragen werden kann. Den Symbolismus der Schwerter und Dolche an sich scheint ja gerade das Kindergrab 203 zu belegen (ererbter Status?), und man müsste analog davon ausgehen, dass eine der beiden Waffen für den getöteten(?) Feind steht – eine zumindest im Fall eines Subadulten nach heutigen Maßstäben schwer vorstellbare Erwägung, was aber in diesem Fall dito für die Huth'sche Nachfolgeridee gelten würde (Übergabe der Herrschergewalt), wendete man sie hier an.

Die kreuzartige Niederlegung der Schwerter aus Grab 288, die wie ihre Fragmentierung als Aufhebung ihrer Funktion gelesen werden könnte (innewohnende Kräfte werden gegeneinander gerichtet), wiederholt sich im Hochtal einzig in Grab 507, in dem zwei Mehrkopfnadeln kreuzweise auf dem Schwert vorgefunden wurden. Ob hier Trachtzubehör und Schwert inhaltlich aufeinander bezogen werden können oder müssen (und wie allein die beiden Mehrkopfnadeln zu interpretieren wären), erscheint fraglich wie, ob auch jeweils unterschiedliche Objekte wie Nadel und Schwert, kreuzartig niedergelegt in den Bestattungen 260 und 263, sinnfällig zu interpretieren wären. Eine Parallele findet die Sitte in Form von zwei Lanzen des Kröllkogels.

2227 Zu Cetona s. auch Tomedi 2002A, 1222.
2228 Brandherm/Horn 2012, 124-129.

2229 Egg/Kramer 2013, 385.

Werkzeuge

Wollte man Geräte als soziales Prestige- oder Statusobjekt definieren, erforderte dies jeweils kleinregionale Betrachtung, was bei der weiten Verbreitung und dem zum Teil schlechten Publikationsstand der diversen Typen an dieser Stelle nicht geleistet werden kann. Vereinzelt sind Schwerter und Dolche mit Werkzeugen kombiniert; die Mehrheit dieser Grabfunde lässt sich leicht als überdurchschnittlich reich ausgestattet bezeichnen (Bronzegefäße, Gold, persönliche Trachtbestandteile). Zieht man die weite Verbreitung allein der Geräteausstattungsgruppen A/B und C nach Stöllner heran, so spräche ihre großräumige, keinesfalls lokale Verbreitung nach Schumann für ihren Statuscharakter. Angelhaken gestatten hingegen wohl keine soziale Aussage, liegen sie doch in armen und reichen Ensembles, was sie als Prestigeobjekte auswiese, während ihre Verbreitung – im Gegensatz zu den Werkzeugen dünn, aber weit streuend[2230] –, sie durchaus als Statusanzeiger definieren würde.

Interpretiert man die beiden Beile mit Rechtecktülle aus Sainte Colombe-La Butte (Wagenbestattung, Frau, 30-40 Jahre) als Opfergeräte, könnte das Doppel gemäß der Huth'schen These dennoch als zu übergebendes Instrument der zum Opfer Befugten gelten, als Symbol der (früher bereits erfolgten oder gegenwärtigen) Weitergabe einer spezifischen religiösen Aufgabe bzw. eines Amtes[2231]. Oder man betrachtet es – die These widerlegend – als zweiteiliges Opferbesteck, wogegen aber evtl. die übereinstimmende Größe und Form der Stücke sprächen. Die angesprochenen Geräte zur Holz- und Metallverarbeitung liegen gewöhnlich einzeln im Grab. Este-Ricovero 236 und das westgriechische Metapont, Prov. Matera, Reg. Basilicata lieferten jeweils zwei Feilen (plus eine Säge) bzw. zwei Sägen (plus einen Dechsel), die Feilen aus Este sind jedoch von unterschiedlicher Größe. Hier lässt sich kaum entscheiden, ob es sich um die betonte Darstellung des mythischen Aspekts von Werkzeug handelt und unterschiedliche Größe auf reales Werkzeug anspielt oder das Doppel als soziales Herrschaftszeichen zu bewerten wäre, was voraussetzt, dass die Geräte eine solche ideelle Funktion hatten. Zur Darstellung echten Handwerks wäre aber zweifellos eine ganze Reihe von Geräten geeigneter gewesen als die Beigabe zweier gleicher Typen. Anzuschließen sind die beiden Meißel aus dem Circolo del Tridente, Vetulonia, Grube 2, einer weiblichen Brandbestattung. Die Meißel, von zierlicher Gestalt und mit abgerundeter Spitze (funktionslos?), der eine mit einem Griff aus Bein oder Elfenbein, könnten daher vielleicht als symbolisches Zeremonialgerät mit handwerklichem Bezug zu verstehen sein, wobei offen bleibt, ob das Doppel auf die Vererbbarkeit zielte.

Gürtel

Doppelte Gürtel liegen aus vielen Gräbern Mitteleuropas vor; mindestens in gewöhnlichen Bestattungen wird man sie daher kaum als Insignie bezeichnen wollen. Ihnen wäre nach Schumann sozial gesehen kein Statuscharakter zuzuschreiben, weil sie (bei zwar weiter Chorologie) in reichen und schlichteren Inventaren vorliegen. Goldene Gürtel beschränken sich wie Goldhalsreife[2232] (mit Ausnahme des Gürtels aus Hallstatts Grab 505[2233], respektive des Halsrings aus Helpfau-Uttendorf Hügel 5[2234]) auf den Westhallstattkreis und wären daher allein aufgrund ihrer vergleichsweise lokalen Verbreitung nicht als soziale Statusanzeiger aufzufassen. Schriftliche Überlieferung in Kleinasien verdeutlicht, dass Eliten dort durchaus mehrere Gürtel besaßen, eine auf aliterale Regionen übertragbare Möglichkeit, deren Bewandtnis jedoch auf archäologischem Weg kaum entschlüsselbar scheint, wie die Untersuchung der Gürtel ergab. Wenige Beispiele zeigen, dass Leibriemen wie Halsreife oder Ohrringe offenbar auch vom anderen Geschlecht getragen werden konnten (Stele Hirschlanden), was sie mit sozialen Statusobjekten wie z. B. Wagen oder Kämmen gemein haben. Mangelnde formale Besonderheit erschwert eine inhaltliche Konkretisierung dieser möglicherweise sehr persönlichen Kennzeichnung. In zwei weiblichen Gräbern Hallstatts (116, 188) offenbaren Gürtel unmittelbar zwischenmenschliche Verbindung im Wortsinn; ein zweiter Gürtel eines einzelnen Individuums käme daher als Symbol für die Übergabe einer sozialen Stellung kaum infrage. Eher unwahrscheinlich wäre die Kennzeichnung vielfacher Mutterschaft (sonst müssten sie in viel höherer Zahl vorliegen), durchaus möglich dagegen das Erreichen eines bestimmten Alters, Lebensabschnitts oder kriegerisch-symbolische Auszeich-

---

2230 Stöllner 2007, 234.
2231 Metzner-Nebelsick 2009, 252.

2232 Karte bei Schumann 2015, 122 Abb. 4,2.
2233 Hansen 2010, 280.
2234 Hansen 2010, 93 Karte 3, Liste 277 f.

nung. Die Kombination von goldenem und schlichtem bronzenen Gürtel (Hallstatt 505) oder Halsreif (Vix) wäre als Ausstattung für besondere Anlässe interpretierbar, wobei sich der Goldtorques aus Vix auch formal und nicht nur über das Material Gold abhebt.

Kämme

Auffällig scheinen weiterhin die beiden mutmaßlichen Holzkämme (B. ca. 5 cm und 9 cm) aus der Hochdorfer Grabkammer (auf dem Birkenrindenhut), weil Kämme gewöhnlich in sepulkralem Kontext in der Einzahl (Bronze, Eisen, Bernstein) vorliegen. Geht man davon aus, dass hier tatsächlich zwei Haarkämme[2235] vorliegen, bieten sich mehrere Überlegungen an: Sollte die den Kämmen zugeschriebene magische Kraft[2236] hier multipliziert werden, spiegelt sich schlicht „profaner" Reichtum des Hochdorfers in zwei Kämmen, handelt es sich um ein funktional begründetes Set oder zielt einer der beiden symbolhaft auf die Übergabe der Herrschaft? Letzteres ist ein auf archäologischem Weg schwer prüfbarer Gedanke, weil Kämme nördlich der Alpen in sehr geringer Menge, nämlich aus nur sieben Fundstellen vorliegen und sie kaum explizit politisch-soziale Stellung implizieren. Ihre Verbreitung beschränkt sich mit Ausnahme des weiblich konnotierten Exemplars aus Hallstatt auf den Westhallstattkreis[2237], was – analog zu den goldenen Gürteln – für ihren Prestigecharakter nach Schumann spricht. Es ist unwahrscheinlich, dass der kleinere Kamm aus Hochdorf wegen der geringen Breite von 5 cm wirklich funktionsuntüchtig war[2238], weil dieses Maß keineswegs selten ist, wie die Kämme bzw. Kammanhänger aus Altheim-Heiligenkreuzthal, Kr. Biberach, Baden-Württemberg[2239] oder aber der bernsteinerne mit Aufhängeloch aus Hallstatt 671 zeigen (Abb. 77). Unbestimmt bleibt, ob nicht auch der kleinere, nicht zu bergende Hochdorfer Kamm eine solche Öse besaß. Seine feine Zähnung weist ihn als idealen Läusekamm aus, wozu auch seine geringe Breite gut passt[2240]. Jedenfalls kommt Kämmen aus edlerem Material wohl durchaus ein insignienhafter, elitebildender Charakter zu, weil sie wie Ohrringe oder Halsreife beiden Geschlechtern zur Verfügung standen (Hallstatt 671: Frau; Ihringen, Hochdorf: Mann) und nördlich der Alpen bisher nur in ausgesprochen reichen Fundinventaren beobachtet wurden[2241]. Vielleicht stellte man sie ausweisartig um den Hals getragen zur Schau (so wie in Hallstatt Gürtel [Gräber 9, 10] und trianguläre Bleche [symbolische Webgewichte]).

Fazit

Letztlich ist spekulativ, ob die gedeutete Verdopplung von Szenen und Friesen, auf Blech jedenfalls kaum nachvollziehbar und interpretiert als Übertragung der Herrschergewalt, sich auch materiell in Form doppelter Beigaben spiegelt. Fallweise bieten sich „praktischere" oder näherliegende Erklärungsmöglichkeiten an, die jedoch die zu belegende Hypothese nicht zwingend ausschließen. Insbesondere die Kombination von älterem und jüngerem Schwert (evtl. in Grab 288) wäre ggf. derart lesbar. Die Niederlegung von „Schwertzwillingen" in bronzezeitlichen Depots Mitteleuropas bleibt – als einzige Analogie – wenig belastbar und offen, weil wir nicht sicher wissen, ob jene von einer oder mehreren Personen veräußert wurden. Duale Waffen in Gräbern Hallstatts sind nach den oft hinterfragten Quellen als durchaus gesichert zu betrachten und daher zweifellos auf die bestattete Person selbst und unmittelbar zu beziehen. Ob ihrer Beigabe ein kosmologisches duales Prinzip zugrunde liegt, lässt sich auf rein archäologischem Weg nicht erhärten. Die paarweise Niederlegung beschränkt sich während der Bronze- und Hallstattzeit vorwiegend auf Schwerter[2242], was eine Verbindung oder Tradition suggeriert, obwohl sprechende Parameter (Typgleichheit, Beschädigung eines Stückes) mehrheitlich fehlen. Übereinstimmend bleibt, dass in beiden hier zitierten Thesen (Bronzezeit: Brandherm/Horn, Eisenzeit: Huth) zur dualen Beigabe bzw. Deponierung von Schwertern eine reale oder metaphysische „zweite Person" erwogen wird, sei es der genealogisch nachfolgende und somit zukünftige,

---

2235 Auch Webkämme würden zum Textilreichtum des Inventars passen.
2236 Van den Boom 2001; Müller-Karpe 2009, 88 f.
2237 Liste bei Hansen 2010, 301.
2238 Van den Boom 2001, 185.
2239 Hansen 2010, 156 ff. Liste S. 301.
2240 Frdl. Mitt. J. Fries-Knoblach, Dachau.

2241 Zwar handelt es sich bei Altheim-Heiligenkreuzthal nicht um einen geschlossenen Fund (Altgrabung), aber zusammen mit dem Kamm wurden u. a. ein Schwertknauf und Goldschmuck geborgen: Kurz/Schiek 2002, 75. Vermutlich besaß jeder Mensch/Familie einen Läusekamm, der wohl meistens aus Holz bestand und daher nicht nachweisbar ist.
2242 Auch Luren (selten), Helme und Panzer findet man bisweilen doppelt: Brandherm/Horn 2012, 99.

mindestens sozial, vielleicht auch religiös ausgezeichnete Waffenträger, seien es der getötete Waffenbruder oder Feind bzw. der selbst tötende Besitzer der Waffe (psychische „Ambivalenz", die Waffe in Depots als Opfergabe aufgefasst[2243]).

Die Betrachtung augenscheinlich doppelter Gefäße verschiedenster Form und Fundorte ergibt keine stichhaltigen Belege für die These Huths, weil sie nicht selten unterschiedliches Maß aufweisen, ihnen daher nicht a priori gleiche Funktion zugesprochen werden kann und es sich insbesondere nicht um Statusobjekte handelte, die die gesellschaftliche Position einer lokalen und überörtlichen Gemeinschaft definierten. Werkzeuge, Kämme aus anorganischem Material und symbolhafte Perlengehänge (letztere in formaler Ähnlichkeit zu miniaturisierten Schmuckwebstühlen) in elitären Gräbern – ohnehin sehr seltener Sachbesitz – bleiben auch deshalb vielschichtig deutbar und entsprechende Schlüsse bei zwei- bzw. vierfacher Anzahl sprechen daher schwerlich regelhaft für die These. Reduzierte man Kämme und Angelhaken allein auf ihre soziale Funktion, vernachlässigte dies ihre wohl ausgesprochen transzendente Komponente. Zwei respektive vier Webstuhlgehänge wären auch schlicht als (weiterer) Anzeiger von persönlichem Reichtum deutbar. Ein gewöhnlicher zweiter Halsring neben einem besonderen Exemplar oder ein zweiter Gürtel könnten das Erreichen eines bestimmten Lebensabschnitts markieren oder vergoldet als spezielles Zeremonialobjekt eine religiöse Elite (sakrales Amt) kennzeichnen, die sich bekannter Formensprache bediente und sich mitunter nur über das Material, nämlich Gold, von anderen abhob (Gürtel Hallstatt Grab 505) oder umgekehrt sich eines formalen Unikats bediente (Goldtorques Vix).

Die Huth'sche These, pauschal formuliert und an dieser Stelle stichprobenartig und für unterschiedlichste Beigaben durchgespielt, kann offenbar kaum generelle Gültigkeit beanspruchen und evtl. nur bei der Deutung von Waffen (Schwertern und Dolchen) und ggf. doppelten Webstuhlgehängen respektive Werkzeugen erwogen werden, sozialen Statusanzeigern und Ausdrucksmitteln mythischen Rückbezugs.

Allerdings scheint die Verbindung zur Vergangenheit auf den blechernen Friesen durchaus dargestellt zu werden, und zwar meist in Form altertümlicher Objekte (Helme, Bronzegefäße, evtl. die Beter auf Ziste XIII im Kröllkogel[2244]) bzw. in exzeptionellen Gräbern gegenständlich, wofür die aus Metallmaske und -händen erschlossenen hölzernen Büsten des Kröllkogels[2245] mit ihren italischen Vorbildern sprechen. Auch die Beigabe zeitgenössischer Schwerter, die alte Formen kopieren („Traditionsschwerter"), wäre so lesbar (Hallstatt Gräber 288, 299, 996). Persönliche Nachfahren des Verstorbenen oder ein Rückbezug auf den Toten selbst im Sinne Huths und der Übergabe der Herrschaft, auf die sich eine zweite Beigabe beziehen ließe, sind auf archäologischem Weg kaum nachzuweisen. Naturwissenschaftliche Methoden, die derartige interpretatorische Fragen für z. B. benachbarte Gräber beantworten könnten (was Ch. Huth freilich nicht meinte), sind aufgrund der Quellenlage selbst bei modern Ergrabenem für Hallstatt kaum anwendbar (Brandritus), und darüber hinaus bliebe eine Diskussion über die Zuweisung bestimmter Beigaben in den Altgräbern letztlich spekulativ.

2243 Brandherm/Horn 2012, 128 f.

2244 Egg/Kramer 2013, 466 ff.
2245 Egg 2012, 113 Abb. 17; Egg/Kramer 2013, 466 Abb. 208. - Die Büste kann man sich übrigens auch nach griechischem Vorbild bekleidet vorstellen, was Textilien ohne Befundkontext in Gräbern (dazu Bräuning 2009, 138-142) erklären könnte.

13 Doppel- und Mehrfachbestattungen und die Frage der Hierogamie

Sind in mutmaßlich einem Grabverband mehrere – zumindest nach archäologischer Konvention – weibliche und männliche Beigaben vereint, wird dies ungeachtet ihres quantitativen und qualitativen Verhältnisses gemeinhin mit einer bigeschlechtlichen Doppel- oder Mehrfachbestattung erklärt. Die Forschung kennt entsprechende Beispiele z. B. aus Westungarn, Mähren, Kärnten, Oberösterreich und Südbayern, nach Egg stets herrschaftliche, meist dominant-männliche Grablegen[2246] wie Strettweg, Kleinklein-Kröllkogel[2247] oder -Tschoneggerfranzl Tumulus 2[2248]. Nicht selten zeigen hochwertige weiblich konnotierte Beigaben aus Bernstein, Gold oder formale Unikate in diesen Gräbern trotz fallweisen Grabraubs weibliche Bestattete von gleichfalls hohem Rang an (z. B. Waisenberg Grab 1, Strettweg, Kröllkogel). Anthropologische Untersuchungen in Süttő, Kom. Komárom-Esztergom, Ungarn und Vaskeresztes bestätigten, dass hier jeweils ein Mann und *„andere Menschen, darunter auch Frauen und Kinder"* brandbestattet wurden. Im Kröllkogel sind anthropologisch vier Individuen bezeugt (drei Erwachsene, ein Jugendlicher); feminine Beigaben sind hier Spinnwirtel, eine Keramikspule, bronzene Lockenringe, ein Kollier aus Glas- und Bernsteinperlen, Goldblechbuckel und goldüberzogene Bronzeröhrchen (letztere auch in den klar weiblichen Hallstätter Gräbern 556, 586 und 623 vertreten). Nicht zuletzt sie bestätigen, dass es sich bei den weiblich konnotierten Objekten wohl nicht um jüngere Nachbestattungen handelt. Vielmehr muss davon ausgegangen werden, dass hier gleichzeitige Grablegen (*ein Verbrennungs- und Bestattungsakt*) herausragender Personen männlichen – gleichrangig (!) – weiblichen Geschlechts sowie ggf. ihre Kinder[2249] vorliegen. Ihre bisweilen gegenteilige Interpretation spiegelt mitunter durchaus eine androzentrische Sicht, weil sie als Grabstätten bedeutender Männer (*„Grabinhaber"*) und ihrer vermeintlich sozial untergeordneten Frauen gedeutet werden können (*„Nebenfrauen"*/*„Konkubinen"*/*„Harem"*, Stichwort *„Witwenfolge"*), *„deren Beigaben im Hintergrund bleiben"* (Kröllkogel) und die jenen in den Tod folgen mussten[2250]. Herodot überliefert indes von den Stämmen nördlich der Thraker, dass jeder vornehme Mann mehrere Frauen gehabt habe, von denen die am meisten Geliebte ihm gern und freiwillig ins Grab gefolgt sei (Historien V,5). Ob und wie weit dieser Brauch, schriftlich bezeugt im 5. Jh., nach Nordwesten gelangte, bleibt jedoch dahingestellt, ebenso die „Neutralität" des Berichts bzw. des Berichterstatters. Die archäologischen Hinweise geben jedenfalls keinerlei Anlass, die meist aus Altgrabungen stammenden, qualitativ herausragenden weiblichen Beigaben in den Prunkgräbern des Osthallstattkreises den männlichen nachzuordnen.

In Este hat man die Mitglieder von Kleinfamilien entsprechend dem Eintritt des Todes nacheinander, aber in einer Grabstätte zusammen bestattet, Mann und Frau natürlich inkludiert, wobei offen bleibt, ob sie verheiratet waren. Die sogenannte „Witwenfolge" konnte man dort offenbar ausschließen[2251]. Zu fragen ist, ob nicht Grabraub und mehrfache unsachgemäße Altöffnungen der Hügel unser Bild stark verzerren und „fehlende" wertvolle feminine Güter Beigaben hierauf zurückzuführen wären. Die weiblichen Beigaben aus Waisenberg Grab 1 beispielsweise stehen den männlichen keinesfalls nach, eine *„klare Unterordnung im Beigabenschatz (…) als tauglicher Gradmesser"*[2252] für die Auslegung im Sinne der von P. Gleirscher behaupteten „Witwenfolge" ist hier kaum nachvollziehbar: Zwanzig Fibeln (und evtl. entsprechende Kleidung), bezeugen Kontakte nach Oberitalien, Westungarn und Unterkra-

---

2246 Egg 1996, 256 f. mit Anm. 999; Egg/Kramer 2013, 56 f.; 165 f.; 411.
2247 Egg 1996, 9; 256 f.; Egg/Jeitler 2006; zuletzt Hansen 2007, 208 mit Anm. 206 (mit älterer Literatur).
2248 Hansen 2007.
2249 Entsprechende männliche Mitbestattete wären bei einer männlichen Hauptbestattung kaum zu identifizieren. Gleirscher 2005, 70: *„Da die mächtigen Grabhügel über keinerlei Zugänge zur Grabkammer verfügten, kann die Doppelbestattung von Waisenberg jedenfalls nur gleichzeitig erfolgt sein, was sinngemäß auf den Tod zu übertragen ist"*.
2250 Zitate: Egg 1996, 256 f.; Egg/Jeitler 2006, 62; Egg/Kramer 2013, 165 f.; 397 f. - S. auch Gleirscher 2005, 66-70 (Waisenberg): *„Im Zusammenhang mit der außergewöhnlichen Doppelgrablege von Waisenberg ist die Frau gewissermaßen als Grabbeigabe des Mannes zu verstehen"* (Zitat S. 69). - Zur sogenannten „Witwenfolge" Bräuning 2009 und differenzierter Tomedi 2002, 107 ff.; 320.
2251 Chieco Bianchi/Calzavara Capuis 1985. Dazu auch Tomedi 2002, 109.
2252 Tomedi 2002, 108.

in, über tausend Glas- und Bernsteinperlen, zum Teil mit Zinnverzierung, mehrere Arm- und Fußreife, ein eisernes Zepter und ein im Situlenstil verzierter Brust- oder Kopfschmuck stehen einem Schwert, einer Lanze, zwei eisernen Pfeilspitzen, einem Toilettebesteck, evtl. einem Fächer und einer goldenen Bommel mit Tierfries gegenüber. Mindestens das dreiteilige Bronzegeschirrservice und ein vierrädriger Wagen könnten beiden Toten (allerdings ebenso ausschließlich der Frau!) zur Verfügung gestanden haben, denn eine geschlechtliche Eigentumszuweisung ist in Anbetracht zahlreicher weiblicher Grablegen mit Wagen und Geschirr an diversen Fundorten durchaus offen. Letztlich ist in diesem Fall die Veröffentlichung des Grabplans und der anthropologischen Ergebnisse abzuwarten[2253].

Christoph Huth schlägt für bigeschlechtliche Doppelbestattungen und Gräber Einzelner mit entsprechend gegengeschlechtlichem Aspekt eine Lesart als Darstellung der Hierogamie vor, was durch die wiederholte Bebilderung entsprechend unzweideutiger Szenen der Situlenkunst (und dem ggf. zu erwartenden Mobiliar) gerechtfertigt sei, weil bekanntlich Bilder reale Beigaben ersetzen (und ergänzen) könnten. Neben Strettweg lieferten Este-Benvenuti Grab 126 und Verucchio-Lippi Grab 89 sprechende Beispiele[2254]: *"Immerhin handelt es sich in Strettweg überdies um eine Doppelbestattung von Mann und Frau, ein in früheisenzeitlichen Prunkgräbern des Ostalpenraums und Venetiens durchaus geläufiger Befund, der sehr wohl mehr als nur eine Totenfolge oder ein Totenopfer bedeuten, sondern vielmehr auf die Hierogamie im Jenseits hinweisen könnte"*[2255]. Auch Möbel wie z. B. das Sofa des Hochdorfers stünden *"für die Thronszene und allem Anschein nach auch als Lager für die Hierogamie bereit"*[2256]. Weiterhin deuteten auch einzelne gegengeschlechtliche Beigaben oder entsprechend geschlechtlich konnotierte Bilder in teils nachgewiesenermaßen monogeschlechtlichen Gräbern auf die Hierogamie hin (Webszenen auf dem Thron von Verucchio-Lippi Grab 89). Huths Theorie, Totenopfer bzw. Totenfolge zielten auf die Darstellung der Hierogamie, beruft sich demnach auf wenige reiche Gräber.

Mehrfachbestattungen sind im Westhallstattkreis ebenso bekannt, wenn auch selten. Die Durchsicht der anthropologisch bestimmten Gräber vom Magdalenenberg und vom Hohenasperg, Kr. Ludwigsburg, Baden-Württemberg, durch A. Bräuning ergab verschiedenste Kombinationen, und zwar z. B. Mann – Frau, Mann – Nichterwachsen, Frau – Kind, Erwachsen – Nichterwachsen oder Mann – Mann. Eine Interpretation dieser Grabstätten als Ergebnis einer Totenfolge (*"meist als Witwenfolge formuliert"*) sei daher kaum gerechtfertigt.

Für Beigaben ohne erkennbare Hinweise auf eine reale Bestattung schlägt A. Bräuning eine Deutung als bewusste Deponierung vor, sie stünden vielleicht für *"eine mitgedachte weitere Person (Mann/Frau)"*, z. B. die bewusste Niederlegung von frauen(?)fibelbesetzten Textilien im Umfeld von (Männer)grab Stuttgart-Bad Cannstatt Grab 1 pars pro toto für eine hypothetische Partnerin. Offen sei, ob den wenigen fraglichen Doppelbestattungen von Mann und Frau und jenen gegengeschlechtlichen Deponierungen eine tiefere religiöse Bedeutung zukomme, indem sie – die Huth'sche Vorlage aufgreifend – auf die Heilige Hochzeit im Jenseits hinweisen[2257].

Den nachfolgenden Beispielen mutmaßlicher Mehrfachbestattungen ist vorauszuschicken, worauf H. Hennig zusammenfassend bereits 2001 hinwies: *"Es ist keineswegs von der Hand zu weisen, dass die ‚Mehrfachbestattung' (…) in Wirklichkeit zwei oder mehrere einzelne, in gewissen zeitlichen Abständen erfolgte Bestattungen darstellt, die als solche aber nicht erkannt wurden"*[2258]. Diese Feststellung fußt auf bayerischem Material und Befund, kann jedoch ohne weiteres auf den Osthallstattkreis übertragen werden, in Este ist sie sogar nachgewiesen. Gerade Altgrabungen, zu denen auch Hallstatt einschließlich der vergleichsweise zuverlässigen Morton-Gräber gehört, müssen mit Vorbehalt betrachtet werden, was für das Hochtal auch die anthropologischen Analysen bestätigen, die in etlichen Fällen mehrere Bestattete pro vermeintlichem Einzelgrab nachweisen[2259] – sofern nicht wiederum nachträgliche Vermischungen von Knochen vorliegen: Hallstatt scheint, unter dieser Fragestellung betrachtet,

---

2253 Gleirscher 2005 (Vorbericht).
2254 Huth 2003, 211 ff. (Verucchio); 258 (Strettweg); 2012, 89 (Este-Benvenuti Grab 126: „männliche Beigabenelemente").
2255 Huth 2003, 258.
2256 Huth 2003, 256.

2257 Bräuning 2009, 138-142; dazu auch Schier 2010, 393 f.
2258 Hennig 2001, 34 ff.
2259 Nach der Liste bei Pany 2003 sind dies: Gräber 994, 12/1889, 3/1938, 16/1938, 17-18/1938, 22/1938, 14-15/1939, 21-23/1939, 24/1939, 2/1948 sowie in Linz: Gräber 19, 21, 23, 24, 25, 26, 27, 29, 30, 94.

nicht das geeignetste Untersuchungsmaterial zu stellen. Grab 37 aus Riedenburg-Untereggersberg mahnt ferner zur Vorsicht, selbst augenscheinlich körperlich miteinander verbundene Skelette als gleichzeitig bestattet zu betrachten[2260], Befunde also, die ähnlich auch aus Hallstatt bekannt sind (s. u. und Grab 376). Auf diese Thematik machte differenziert und bezogen auf das Altmühltal jüngst auch R. Schumann aufmerksam[2261].

Tabelle 9 zeigt Brand- und Körpergräber Hallstatts mit vermeintlich oder sicher mehreren Bestatteten gleichen oder unterschiedlichen Geschlechts; unter diesen befinden sich „sichere" Gräber mit jeweils mehreren gemeinhin männlich und weiblich konnotierten Beigaben wie z. B. Brandschüttung 22/1938, die auch nach anthropologischem Nachweis zwei erwachsene Individuen barg sowie die ausschließlich archäologisch als bigeschlechtlich bestimmten Gräber 159, 299, 504, 507, 577 oder 677. Aufgrund der speziellen Quellenlage und Vorarbeit Hodsons führe ich manche Ensembles doppelt auf, wie z. B Gräber 600 (599/600) und 732 (732/734). Zur Diskussion stehen z. B. Gräber 46, 307, 449, 493/494, 500-502 und 827/828 (s. u.). Kleinformatiger Ringschmuck, ein möglicher Anzeiger von Kinderbestattungen, ist in den Gräbern 132 (Ramsauer: Kiefer eines Kindes), 299, 500/501 und 504 bezeugt. Allerdings mahnt ein Armreif von 5,5 cm Durchmesser aus Grab 22/1938 auch hierbei zur Vorsicht, weil anthropologisch nur zwei Erwachsene (ohne Geschlechtsbestimmung; adult-matur, matur) nachgewiesen wurden.

Unmittelbar benachbarte, augenscheinlich und nach den Beigaben zu urteilen gleichzeitige Körperbestattungen liegen bekanntlich auch in Hallstatt vor, wie entsprechende Skizzen belegen. Hierzu gehören die mit einem Gürtel und den Armen gleichsam verbundenen Frauen aus Grab 376 (nach archäologischer Bestimmung), Mann und (wohl männliches) Kind aus Grab 203/204 oder die beiden Frauen aus Grab 211 (nach archäologischer Bestimmung). Parallel ausgerichtet lagen auch die Skelette 177-180 (drei Erwachsene, ein Kind, gemischtgeschlechtlich), 183 und 184 mit eingehakten Armen (Mann und Frau?), 199 und 200 (Frau und Frau), 431 und 432 (gestörte Bestattung und Frau?) sowie zwei Skelette aus Grab 893; entgegengesetzt zueinander ruhten die beiden Kinder aus Grab 924[2262] und augenscheinlich ebenfalls gleichzeitig, aber übereinander und zusammengehörig Mann und weibliches(?) Kind (Grab 927) sowie Frau mit Kind (Grab 929).

Mutmaßliche Doppel- oder Mehrfachbestattungen in Brandritus lassen sich theoretisch im Hochtal wie andernorts ggf. an verdoppelten bzw. mehrfachen gleichgeschlechtlichen (Grab 569: zwei Ringgehänge, zwei Gürtel; Grab 340: sechs Brillenfibeln, zwei Gürtelhaken[2263]) oder mindestens einer gegengeschlechtlich konnotierten Beigabe erkennen. Hierunter fallen wiederum Inventare unterschiedlicher Qualität, geschlechtlicher Konnotation und geschlechtlicher Gewichtung, z. B. Grab 46 (Frau und Mann [nur Mehrkopfnadel]), 299 (Mann, Frau, Kind oder Mann und Mädchen), 307 (Frau und Mann [nur Mehrkopfnadel]), 449 (Frau und Mann [Mehrkopfnadel, zwei Rollenkopfnadeln]), 504 (Mann, Frau, Kind oder Mann mit Mädchen), 507 (Frau und Mann), 677 (Mann und Frau), 732 (Frau, Mann [nur Mehrkopfnadel]), 732/734 (Frau, Mann)[2264], 789 (Frau und Mann [Armringe?]), 827 (Frau, Mann [Mehrkopfnadel, Beil] und Kind), 836 (Mann, Frau, Kind) und 997 (Frau und Kind, Mehrkopfnadel nicht eindeutig zuweisbar, ggf. zum männlichen[?] Kind gehörig).

Die genannten Inventare führen gegengeschlechtliche Beigaben in unterschiedlicher Anzahl und Qualität: Ich verzeichne neben mehreren konträr konnotierten Objekten (z. B. Gräber 159, 299, 507, 577, 599/600, 677, 789, 836) auch solche mit singulärer gegengeschlechtlicher Beigabe (Gräber 46, 131, 175, 190, 220, 289, 299, 307, 388, 410, 444, 449, 520, 542, 623, 680, 732, 783, 827/828), wobei hier öfter die männlich konnotierte Mehrkopfnadel und die feminine Brillenfibel, singulär eine Feile (Grab 444), der

---

2260 Nikulka 1998, 29.
2261 Schumann 2015, 67 f.

2262 Ramsauer gibt für die gegeneinander ausgerichteten Skelette eine Grabtiefe von 60 cm an.
2263 Zwar ist die Beigabe zweier Gürtel bei singulären Bestattungen durchaus bezeugt, die Kombination zweier Ringgehänge in Grab 569 (gestielt und konzentrisch) könnte jedoch an eine Doppelbestattung denken lassen, eine Zuweisung, die die vier Armringe aus Grab 443 als einzige weitere Beigabe neben zwei anderen Ringgehängen (loser Typ und Protomengehänge) allerdings kaum zwingend nahelegen, vorausgesetzt, die losen Gehänge waren nicht ehemals in das Protomengehänge integriert. Auch Brandschüttung 340 könnte wegen zweier Gürtel und sechs(!) Brillenfibeln als Doppelgrab zweier Frauen gelten.
2264 Hodson 1990, 153 erwägt die ursprüngliche Zusammengehörigkeit beider.

einzelne Ring eines weiblich konnotierten Ringgehänges (Grab 937), das Webgewicht in männlichem Beigabenumfeld (Grab 783) oder die Miniaturaxt in Grab 732/734 zu nennen sind. Letztere inkludieren darüber hinaus auch jene Objekte, die in Männer- und Frauengräbern zu beobachten sind, also offenbar beiden Geschlechtern zustand. Parallelen dieses Phänomens sind überregional bezeugt, was die oben beschriebenen italischen und zirkumalpinen Männergräber mit Spinnwirtel, Webgewicht oder textilem Bezug diverser Art (Hochdorf, Verucchio-Lippi Grab 89[2265]), die aus denselben Regionen stammenden Frauenbestattungen mit Meißel und Feile (Bischofshofen Gräber 296 und 353, Vetulonia-Circolo del Tridente, evtl. Hallstatt 444) und die Ensembles mit Angelhaken (allein aus Hallstatt sind Männer und Frauen bezeugt) veranschaulichen. Bislang gilt Angelgerät als männliche Beigabe[2266]; die Untersuchung entsprechenden Fundguts zeigt jedoch, dass sie durchaus nicht selten auch in Gräbern weiblichen Geschlechts vorkommen – Geschlossenheit der Quellen stets vorausgesetzt (Hallstatt Gräber 210, 241, 483, Este-Ricovero Grab 156, Dreizack in Vetulonia-Circolo del Tridente), sodass der Haken aus Este-Benvenuti Grab 126 nicht zwingend stört. Indes demonstriert dieses Inventar die Schwierigkeit der geschlechtlichen Zuordnung selbst (oder gerade) bei anthropologischer Analyse[2267], die in Este-Benvenuti Grab 126 ein ein- bis 3-jähriges Kind ergab[2268], während archäologisch die drei Mehrkopfnadeln den „männlichen Teil" einer sonst dominierend weiblichen Ausstattung darstellen[2269] und die leere zweite Urne zusätzlich die Frage nach der Anzahl der Bestatteten aufwirft. Aus Hallstatt könnten diesbezüglich die Gräber 46, 190, 289, 211, 220, 307, 410, 449, 520, 542, 623, 732, evtl. 827/828[2270] und 997[2271] ergänzend angeführt werden, die nämlich – Zuverlässigkeit unterstellt – als einzige männlich konnotierte Beigabe lediglich eine oder zwei

Mehrkopfnadeln führen, was sie mit Este-Benvenuti Grab 126 verbände und – aufgrund dieser Massierung und Ausschließlichkeit – vielleicht Anlass gäbe, die Genderkonnotation dieses Nadeltyps nicht regelhaft und darüber hinaus nicht für das Hochtal anzuwenden (die im unteren Teil des Bologneser Tintinnabulums thronenden Frauen benutzen zum Zupfen der Wolle gerade Stäbe mit jeweils zwei Kugeln, die durchaus an [frühe] Mehrkopfnadeln erinnern, also ggf. einen ganz anderen Kontext schaffen). Man könnte umgekehrt auch formulieren, speziell Hallstatt eigne sich wegen seiner unbefriedigenden Quellenlage nicht, diese Frage zu diskutieren. Alternativ müssten Vertauschungen und Irrtümer diverser Art (z. B. Zuweisung, Interpretation bei/nach der Grabung) bemüht werden. Konventionell rechtfertigte im Hochtal dieser Nadeltyp, in weiblichem Beigabenumfeld Vertauschungen oder Doppelbestattungen zu postulieren (Gräber 46, 307, 449, 623, 732/734, 827/828[2272]) – mit nicht immer überzeugenden Argumenten[2273]. Unter den genannten Bestattungen befinden sich entgegen der Lehrmeinung auch Körpergräber, die eigentlich keine Zweifel aufkommen lassen, wie Gräber 190 und 289. Die Lesung des Protokolls Antikencabinett bestätigt die bei Kromer wiedergegebene Ramsauer-Version, die die Mehrkopfnadel *neben* dem Körper (Grab 190) nennt, was zwar auch eine Störung oder Fehlzuweisung Ramsauers nicht ausschließt, letztlich allerdings durchaus denkbar wäre (seitliches Verrutschen der Kleidung samt Nadel). Bei Körpergrab 289 lagen wohl zweifelsfrei eine Mehrkopfnadel (L. 32 cm) und zwei Brillenfibeln auf der Brust. Leider bieten sich zum Abgleich nicht zuletzt aus chronologischen Gründen keine der als zuverlässig geltenden Inventare der Grabung Morton an (LT A). Umgekehrt liegen offenbar auch Brillenfibeln ohne weiteres in mutmaßlichen Männergräbern, mitunter sogar paarweise, außer in Grab 16/1907 (2 Stück) der Mecklenburg-Grabung ebenso in den Ramsauer-Gräbern 131 (2), 175 (1 oder 2) und 388 (1). Diese Fälle von Brillenfibeln in Männergräbern und Mehrkopfnadeln in Frauenbestattungen erschweren naturgemäß Aussagen über mögliche Doppelbestattungen, insbesondere dann, wenn keine weiteren Objekte oder

---

2265 Veruccio 89: Huth 2003, 211 ff.; Hochdorf: Fath/Glunz-Hüsken 2011, 260 ff.
2266 Huth 2012, 89 (ohne empirischen Nachweis); Hansen 2010 nennt nur männliche Ensembles.
2267 Zu einem divergierenden Ergebnis s. auch beispielhaft Moser 2007.
2268 Chieco Bianchi/Calzavara Capuis 2006, 176 ff.
2269 Dazu auch Bondini 2012, 67; Huth 2012A, 89.
2270 Nicht zu beurteilen ist das bei der Grabung verschenkte Beil, bei dem es sich auch um ein weibliches Attribut handeln könnte (s. Grab 340 und Absatz 4.4).
2271 Die Mehrkopfnadel könnte auch dem mitbestatteten Kind zugesprochen werden.

2272 Hodson 1990, 141 ff.
2273 Die Mehrkopfnadel in Grab 307 - als einziges männlich konnotiertes Objekt des Grabes - soll allein wegen ihrer „randlichen Lage" zweifelhaft sein: Hodson 1990, 145. S. auch ebd. 1990, 143 zu Grab 210/211.

Befunde einen Ausschlag zugunsten des einen oder anderen geben: Zeigen z. B. die beiden Brillenfibeln in Grab 131 eine nicht erkannte Frau an oder gehören sie zum mit Lanze und Reinigungsbesteck körperbestatteten Mann?

Fokussiert man die Ensembles mit einer gegengeschlechtlichen Beigabe, fallen hierunter also offenbar solche mit einigermaßen gewöhnlichen Trachtgegenständen (Hallstatt: Mehrkopfnadeln, Ringschmuck; andernorts: Gürtel, Halsreife) und solche mit Objekten, die auch eine symbolische Interpretation zulassen wie Spinnwirtel und Webgewichte, Angelhaken (auch in Hallstatt), Meißel und Feilen. Auf ihr – nach profanhandwerklich orientiertem Maßstab – meist kanonisch reduziertes sepulkrales Vorkommen, auch in vereinzelten Frauen- bzw. Männergräbern, wurde oben bereits ebenso hingewiesen (Kapitel 11) wie auf die erklärende Möglichkeit des Rückbezugs auf ein mythisches Handwerkerideal.

Die Schwierigkeit der sicheren Beurteilung derartiger Vergesellschaftungen resultiert aus der unsicheren Quellenlage im Hochtal und der geringen Anzahl möglicher Parallelen (Inventare mit symbolisch deutbaren Beigaben). Einerseits bietet Hallstatt zwar zahlreiche Grabausstattungen mit augenscheinlich gegengeschlechtlichen Beigaben, andererseits spricht die stets fragliche Quellenlage gegen zuverlässige Auswertungen und belastbare Schlüsse. Dessen ungeachtet und abzüglich hinterfragbarer Inventare (mit Mehrkopfnadeln respektive Brillenfibeln) ist festzuhalten, dass in Hallstatt, wie bereits bekannt, Mehrfachbestattungen in Brand- und Körperritus vorliegen. Davon sind Kremationen und offenbar „sichere" Befunde als überwiegend „reich" zu bezeichnen (Gold, Bronzegefäße: Gräber 22/1938, 299, 504, 507, 577 oder 677)[2274]. Unter den Körpergräbern befinden sich auch „schlichtere" Inventare (z. B. Gräber 376, 210/211, 924, 927, 929). Nach archäologischer Bestimmung überwiegen bigeschlechtliche Bestattungen bei den Brandgräbern, gleichgeschlechtliche sind unter den Körpergräbern zu finden (Gräber 376, 203/204, 856, evtl. 997?). Mutmaßlich gleichgeschlechtliche Doppelbestattungen unterscheiden sich jedoch qualitativ nicht von entsprechend anderen, wie die beiden möglichen Doppelgräber 340 und 569 mit Bronzegefäßen, theriomorpher Plastik, Opfergerät, Gold, Bernstein und metallbesetztem Textil belegen; sie entsprechen reich ausgestatteten bigeschlechtlichen Ensembles.

Die wenigen hier herausgegriffenen Belege des Hochtals für bigeschlechtliche Doppelbestattungen und diverse monogeschlechtliche Paar- und Mehrfachbestattungen, gliedern sich in Gebräuche des weiteren Umfeldes ein, wobei Unterkrain ausgenommen ist, weil hier Sippengrabhügel und Körperbestattungen dominieren und Doppelbestattungen die Ausnahme bleiben. In Bischofshofen, einer Nekropole mit vielen sehr bescheiden ausgestatteten Inventaren, sind nach anthropologischer Analyse 13,4 % der Gräber Doppel- oder Mehrfachbestattungen, was einen sehr hohen Anteil darstellt, der im Schnitt bei 5 % liegen soll. Am häufigsten wurden dabei die Kombinationen von Mann und Frau (Grab 29) sowie Frau und Kind (Grab 22) festgestellt. Nachgewiesen sind aber auch Mann und Kind, Mann und Mann, Frau und Frau, Mann und zwei Frauen, Mann, Frau und Kind, Frau und zwei Kinder, Mann, Frau und zwei Kinder und Mann, zwei Frauen und ein Kind[2275], also ganz ähnliche Kombinationen wie in in Hallstatt, dort freilich allein nach archäologischer Betrachtung[2276]. Auch im Inn-Salzach-Raum sind Mehrfachbestattungen nicht selten (Gilgenberg am Weilhart, Salzburg-Taxham, Salzburg-Maxglan, Lengau, Bez. Braunau am Inn, Oberösterreich, Pfaffstätt-Siedelberg, ebd., Schleedorf-Mölkham[2277], Traunkirchen z. B. Gräber 382 [männlich/juvenil-matur/unbestimmt], 53 [adult/adult-matur/unbestimmt][2278] und bekanntlich zahlreiche Gräber des Dürrnbergs z. B. 61 [Frau-Frau] oder 125[2279]). Der Friedhof von Statzendorf eignet sich vergleichend dagegen nur sehr beschränkt, weil von 378 Bestattungen nur 41 anthropologisch untersucht werden konnten. Die sechzehn Brandbestattungen enthielten in keinem Fall mehr als ein Individuum. Auch die Skelette lagen einzeln[2280]. Dieses Ergebnis erscheint daher kaum repräsentativ, zeigt aber die Bandbreite an. Maiersch

---

2274 Die bis heute nicht modern nachgewiesenen Tonwannen schließe ich bei der Betrachtung aus. Gegenteilig: Stöllner 2002, 380 f.

2275 Lippert/Stadler 2009, 287 ff.
2276 Die Feststellung der Anzahl mehrerer Kinder in Brandgräbern Hallstatts erscheint kaum möglich. Das anthropologische Ergebnis ist in Bischofshofen auf archäologischem Weg schwer nachvollziehbar.
2277 Stöllner 2002, 380.
2278 Frdl. Mitt. M. Hochhold-Weniger, Wien.
2279 Moosleitner et al. 1974, 23 f.
2280 Rebay 2006, 191 f.

bietet das Doppelkörpergrab B[2281], das archäologisch kaum als solches zu verifizieren ist (lediglich vier Gefäße). In Mittelfranken sind wie gemeinhin üblich erwachsene Frauen zusammen mit Kindern bezeugt, aber auch Doppelbestattungen von Mann und Frau als „Hügelgründer"[2282]. Die bayerische Liste lässt sich mit Untereggersberg, Dietfurt oder den Friedhöfen Bayerisch-Schwabens fortführen, die stets Mehrfachbestattungen verschiedenster Kombinationen aufweisen[2283].

Obgleich an der kultisch und auch sozial motivierten Inszenierung und der Zurschaustellung der Toten und ihres sozialen Status respektive Prestiges in Grabkammern (vgl. Hochdorf, Mitterkirchen) und Brandgräbern (z. B. Hallstatt[2284]) nicht zu zweifeln ist und die vielen wenigen Symplegmaszenen auf Blecharbeiten[2285] einen letztlich religiösen Hintergrund haben, scheint die Idee Huths allein mit den hier zur Verfügung stehenden archäologischen Mitteln nicht nachprüfbar respektive sind die archäologischen Zeugnisse komplexer und vielfältiger als selektiv ausgewählte Prunkgräber dies ggf. nahelegen. Zu fragen ist, wie Hierogamie gegenständlich dargestellt würde? Wie ließe sich nachweisen, ob einer der Toten in bigeschlechtlichen Gräbern allein aus diesem spezifischem Grund sterben musste und woran wäre dies zu erkennen? Wie wären jene Doppelbestattungen zu beurteilen, die – archäologisch nicht kenntlich – „kurz" nacheinander der Erde übergeben wurden[2286]? Sprechen nicht die mutmaßlichen bzw. theoretisch möglichen Doppelbestattungen verschiedener Fundorte gleichen Geschlechts (z. B. Hallstatt Grab 203/204 [Mann–Junge/Jugendlicher], 340 fraglich, 376 und 569 fraglich [jeweils Frau–Frau], Grafenbühl [Mann–Mann][2287], Mitterkirchen X/2 [Frau–Frau]) gegen diese Interpretation? Sodann wäre zu fragen, wie solche gleichgeschlechtlichen Erwachsenen zu deuten wären – evtl. als Verwandte, Freunde, Hausgenossen oder Partner? Jedenfalls gehören bigeschlechtliche Doppelbestattungen neben monogeschlechtlichen Kombinationen und Mehrfachbestattungen zur gewöhnlichen Bandbreite in eisenzeitlichen Nekropolen, seien es mit Beigaben gering (Bischofshofen) oder elitär (Kröllkogel, Strettweg, Waisenberg 1) Versehene.

Geräte wie Meißel oder Feile als gegengeschlechtliche Beigaben stehen offenbar für die Identifikation Führender mit einem handwerklichen Ideal, Angelhaken ggf. transzendent als Symbol für den Übergang vom Leben zum Tod, männlich konnotierte Dolche und Messer sowie Beile evtl. für Opfer bzw. für zum Opfer Befugte, (auch in Hallstatt) sowohl Männer als auch Frauen. Ein Bezug zu hierogamischen Motiven scheint hier auf archäologischem Weg kaum herstellbar.

Allenfalls sprächen Beigaben textilen Kontexts oder entsprechende Bildzeugnisse (z. B. Gehänge am Hochdorfer Trinkhorn, Webszenen auf der Thronlehne von Verucchio, Webgewichte, Spinnwirtel) in männlichen Gräbern für eine Interpretation in die von Huth angedachte Richtung, weil sie, im Gegensatz zu anderem Werkzeug, u. a. Frauen und ihre (idealisierte, mythische) Tätigkeit repräsentieren. Symbolisch könnten sie im weitesten Sinn auch die (Heilige) Hochzeit anzeigen, weil Textilien bildlich und schriftlich mit dem Vollzug der Eheschließung, dem eigentlichen und sexuellen Akt des hierogamischen Moments (Symplegma), verbunden sind. Sie werden bei der symbolischen Darstellung der Erneuerung des Lebens und dem göttlichen Rückbezug mittels Symplegma von der Elite beansprucht. Der seltene, oft wenig spezifische Nachweis von Textilien begünstigt jedoch kaum eine schlüssige, flächige entsprechende Auslegung. Befunde wie in Hochdorf, also Verhüllungen in großem Stil, erweisen sich wohl erhaltungsbedingt als unvergleichbar exzeptionell und außerdem polysem deutbar (s. Kapitel 7).

Die Möglichkeiten des Nachweises von Textilien sind in Hallstatt bekanntlich sehr beschränkt, weil wir nur solche mit metallischer Applikation indirekt erschließen können und nur sehr vereinzelt Stoffe durch Metallkorrosion konserviert wurden. Die Quantität ehemals vorhandener Textilien (ohne Metallzier) in den Grablegen des Hochtals bleibt völlig unbekannt, die Stollenfunde belegen nur sehr ausschnitthaft Qua-

---

2281 Berg 1962, 38.
2282 Hoppe 1986, 23 f.
2283 Röhrig 1994, 31. Die Tonnenarmbänder, evtl. das Webstuhlgewicht und ggf. die bronzenen Spiraldrahtringe von Dietfurt Grab 38 (ebd. 143 ff., 245) widersprechen der anthropologischen Analyse, die einen Mann (frühmatur) und einen fraglichen Mann (frühadult) ergab. Die Bestattung zweier Männer mit einem zweirädrigen Wagen wäre zweifellos eine Besonderheit. Nikulka 1998, 29 ff.; Hennig 2001, 34 ff.
2284 Moderne Rekonstruktionszeichnungen reicher Brandbestattungen: Kern et al. 2008, 127.
2285 Ziste Sanzeno, Ziste Montebelluno, Situla Nesactium I/12, Gürtel Brezje, Gürtel Novo Mesto III/12, Spiegel Castelvetro; auf Keramik: Oinochoe Tragliatella.
2286 Die „Aufbahrung" des zuerst Verstorbenen bis zum Tod des Partners lässt sich kaum belegen.
2287 Bräuning 2009, 140.

lität und Muster und liefern über sepulkrale Riten ohnehin keine Aussage. Auch Textilien in mutmaßlich bigeschlechtlichen Doppelbestattungen Erwachsener ließen – neben „vordergründigem" Verständnis als gewöhnliche Beigabe einer Abdeckung oder eines persönlichen Kleidungsstücks – eine derartige Sichtweise zu, die in Hallstatt evtl. in Grab 836 belegt ist (zwei „italische" Rocken, zwei Buckel mit Ösen als metallischer Textilbesatz; ob es sich bei den drei kleinen Drahtreifen um den Armschmuck eines Kindes handelt, ist wiederum offen). Dagegen lieferte Grab 569 (Frau und Frau) den Nachweis, dass Stoffe ebenso in mutmaßlichen monogeschlechtlichen Doppelgräbern vorkommen: Zitat Ramsauer zu 569: „(…) *Bei 5000 Stück kleine Bronzeknöpfl, wahrscheinlich von einen bestückten Kleide oder Teppich*"(…). Wie wären sie gemäß der Huth'schen Theorie zu interpretieren? Weitere wegen der unsicheren Konnotation von Mehrkopfnadeln und Brillenfibeln fragliche Inventare sind 175, 623 oder 732 (Frauengrab mit Mehrkopfnadel?). Während der Zierbuckel mit Öse aus Grab 175 als textiler Besatz auch in einem Männergrab denkbar ist, werden in Grab 623 (Frauengrab mit zwei Mehrkopfnadeln?) „*kleine Knöpfl und Nieten von verdorbenen Kleidungsstücken*" auch vom Ausgräber beschrieben. Wie schwierig sich allerdings die Interpretation von Textilien generell und unter diesem Aspekt im Besonderen gestaltet, mag an Hand der Ringlein als alleinigem textilem Nachweis im bigeschlechtlichen Grab 507 gezeigt werden: Die Stoffe sind hier wahrscheinlich nur auf die Stierplastiken bezogen, die in jene vermutlich eingewickelt waren. Wie wäre hier, bei einem eher auf die Darstellung eines Opfers zielenden Befund, ein hierogamischer Aspekt gegeben? Scheinbar gegensätzlich stellt sich schließlich die Hochdorfer Kammer dar, deren Inventar in großem Stil verhüllt war. Dass hier zusammen mit den beiden abstrakten Webstuhlgehängen am Trinkhorn ein stark feminines Element vorliegt, wird man kaum leugnen wollen, vornehmlich Hierogamie scheint allerdings schwerlich assoziierbar.

Zweifellos finden die raren Szenen des Symplegmas auf „Betten", Liegen oder Thronen[2288] statt, allerdings ist jedoch gleichermaßen zu sehen, dass Throne und seltener Möbel für mehrere Personen überwiegend nicht dem Zweck des Beischlafs dienen, sondern schlicht herrschaftlichem Sitzen. Dies trifft sogar auch auf das sechsbeinige, also größere Sofa der Certosa-Situla zu (zweiter Fries von unten). Allein diese Tatsache zeigt die Einseitigkeit der Huth'schen Idee und ihre Überinterpretation an. Von Huth als hierogamisches Symbol erwogenes Mobiliar kam gegenständlich nur in sehr wenigen, herausragend reichen Fällen in die Erde (z. B. Cerveteri-Tomba Regolini Galassi, Sirolo-Tomba della Regina, Verucchio, Hochdorf, Mitterkirchen, Dürrnberg Grab 352, vielleicht Kröllkogel) und ist in hölzerner Ausführung nur unter bestimmten Bedingungen nachweisbar, die in Hallstatt bekanntlich nicht gegeben sind. Einzig auf der „zweischläfrigen Liege" in Mitterkirchen Grab X/2 lagen zwei Frauen nebeneinander, nach anthropologischer Bestimmung ca. 18 und 30 Jahre alt, ein Befund, der an die beiden Frauen aus Hallstatt Grab 376 erinnert, die, ohne Möbel mit einem Gürtel verbunden, nebeneinander bestattet waren: Gleichgeschlechtliche körperlich-emotionale Verbindung, die diese beiden Befunde, außer anderen denkbaren Möglichkeiten wie Verwandte nahelegen könnten, ist indes auf den Situlen nicht dokumentiert (was freilich aber wiederum kaum gegen diese Interpretationsmöglichkeit spricht). Die Möbel aus Dürrnberg Grab 352[2289], Hochdorf und Verucchio sind bekanntlich sicher auf jeweils eine singuläre männliche Bestattung zu beziehen. Ist schon durch ihren bildlichen, z. T. in eindeutigem Zusammenhang benutzten Kontext auch in diesen Fällen die Anspielung auf die Hierogamie beabsichtigt? Liegen, Sofas und Throne aus Gräbern, die denen der Situlenbilder grosso modo entsprechen, bestätigen Huths These demnach nicht auf die vorgeschlagene eindimensionale Lesart bzw. bezeugen teils auch ganz unmittelbar andere zwischenmenschliche Bindungen. Wahrscheinlich ehemals vorhandene Textilien z. B. auf Möbeln oder anderen Beigaben allein als Symbol für die Frau bzw. das Symplegma aufzufassen, würde das spärlich überlieferte luxuriöse Fundgut, sowohl Meublement, als auch Stoffe, überfordern.

2288 Ausweislich der Situlenbilder gehören Throne überwiegend Männern: Vače, Magdalenska gora, Providence, Certosa, Benvenuti.

2289 Das in Dürrnberg 352 mitbestattete Kind lag *unter* (und nicht auf) der beschnitzten Liege.

14 Zwischen Amulett, Prestige und Mythos: Beigaben aus Hallstatts Kinder- und Jugendlichengräbern

Kindergräber verschiedenster Epochen sind immer wieder Gegenstand der Forschung, sei es im Hinblick auf die Weitergabe von Wissen[2290], auf den Aspekt des Infantizids[2291], bezüglich kindgerechter Beigaben (Miniaturen und/oder Spielzeug)[2292], handwerklicher Fertigkeiten und/oder sozial ausdeutbarer Gerätebeigaben[2293] oder möglicher Wanderbewegungen Jugendlicher (Strontiumanalysen)[2294], um nur einen Teil der naturgemäß meist auf Grabfunde ausgerichteten Betrachtungen zu nennen. Den Status quo zur archäologischen Kindheitsforschung generell und die methodischen Schwierigkeiten archäologischer (z. B. Miniaturisierung, Amulette, Größe des Ringschmucks) und biologisch-anthropologischer Natur zur Bestimmung von Kindergräbern skizzierte jüngst M. Hess. Ihre Ergebnisse, basierend auf der Analyse der urnenfelderzeitlichen Gräber aus Zuchering-Ost, sind insofern auch für die Hallstattzeit interessant, als dort z. B. Amulette und Miniaturen sowohl in Erwachsenen- als auch in Kindergräbern vorkommen, Parameter, die selbstredend auch für Bestattungen der älteren Eisenzeit gelten. Die Autorin gibt zu bedenken, dass es sich bei „kultisch" interpretierten Objekten aus Siedlungen, z. B. Miniaturen, auch um nicht erkanntes Kinderspielzeug handeln könne[2295]. In letzter Zeit stehen Überlegungen zu den Möglichkeiten sozialer Distinktion im Fokus, die auf die Frage nach der potentiellen Vererbbarkeit von sozialem Status zielen[2296].

Neben Prunkgräbern in Separatnekropolen (z. B. Kleinklein, Kappel) wurden bislang vor allem überdurchschnittlich ausgestattete Kindergräber als Hinweis auf eine dynastische Erbfolge gewertet[2297]. In seiner Studie zu den Deutungsvarianten von sozialem Status und Prestige behandelte R. Schumann jüngst überblickartig einige hallstattzeitliche Kindergräber verschiedener Regionalräume. Er kam zum Schluss, dass reich ausgestattete Grablegen Subadulter nicht ausschließlich und zwangsläufig auf eine dynastische Erbfolge hindeuteten und Statusobjekte in Kindergräbern nicht immer zu verzeichnen seien, sondern es sich nicht selten um Prestigegüter handle, also um solche, mit denen soziales Ansehen erlangt oder bereits erworbenes soziales Ansehen zur Schau gestellt werde. Um diese Problematik zu beleuchten, sei methodisch individuelle Betrachtung regional benachbarter Nekropolen notwendig, insbesondere um vermeintliche Statusbeigaben in Kindergräbern mit den ggf. entsprechenden Beigaben der örtlichen Führungsschicht zu vergleichen[2298], ein Ansatz, den W. Schier bereits 2010 neben anderen anregte[2299]. Am Beispiel des Kindergrabes aus der Bettelbühl-Nekropole im Umkreis der Heuneburg argumentierte Schumann unter Hinzuziehung anderer goldfibelführender Gräber der Umgebung, dass dieses Grab wohl nicht für den Nachweis von vererbbarem Sozialstatus herangezogen werden könne, weil Goldfibeln auch in gewöhnlichen Gräbern vorkämen, also nicht ausschließlich den reichen „Fürstengräbern" vorbehalten gewesen sein; auch fehlten deren gängige Statusanzeiger wie Wagen oder Goldhalsring. Die goldenen Fibeln seien daher eher als Prestigeobjekte zu verstehen, also als solche, die veränderliches lokales Ansehen ausdrücken[2300]. Grundsätzlich seien Kindergräber während Ha C und D selten, nicht auf den nordwestalpinen Hallstattkreis beschränkt (u. a. Mitterkirchen, Hallstatt) und unterschiedlichst umfangreich ausgestattet so wie die Grablegen Adulter auch. Vererbung sei auch in weniger reichen Gräbern möglich. Zwischenzeitlich konnten u. a. durch moderne anthropologische Untersuchungen zwei, bzw. vier vormalig als außergewöhnlich „reich" ausgestattete „Kindergräber" Mitterkirchens (I/3, XIV/1, VI/2, XV/1) sicher bzw. mit hoher Wahrscheinlichkeit als die Adulter bestimmt werden. Die bislang vermeintlich herausragende Stellung der Mitterkirchener Kindergräber in der Diskussion um die

---

2290 Siegmund 2012, 265 ff.
2291 Krauße 1998.
2292 Z. B. Rebay 2006, 193 ff.
2293 Koch 2013.
2294 Müller-Scheeßel et al. 2016.
2295 Hess 2014 (auch weiterführend zu Kindheit in der Urnenfelderzeit).
2296 Schumann 2015, 295 ff.; Schumann et al. 2015.
2297 Krauße 1996, 350 mit weiterer Literatur; Kurz/Wahl 2005; Hansen 2010, 209 ff.; Egg/Kramer 2013, 435 ff.; - Zur Forschungsgeschichte auch Schumann 2015, 295 f.

2298 Schumann 2015, 39 f.; 295 ff.
2299 Schier 2010, 382.
2300 Schumann 2015, 39 ff.; 295 ff.

soziale Struktur der Hallstattkultur relativiert sich somit doch ganz erheblich[2301].

Leif Hansen listete 2010 zahlreiche späthallstatt- und frühlatènezeitliche reiche Kinderbestattungen weit verstreuter Örtlichkeiten auf, die anthropologisch untersucht wurden (Wallerfangen, Kr. Saarlouis, Saarland; Pertuis, Dép. Vaucluse; Siegburg, Rhein-Sieg-Kreis, Nordrhein-Westfalen; Manětín-Hrádek, Bez. Plzeňsever, Tschechien; Worms-Herrnsheim; Bescheid, Kr. Trier-Saarburg, Rheinland-Pfalz; Hoppstädten, Kr. Kusel, Rheinland-Pfalz; Münsingen; Sainte Sulpice, Kr. Vaud; Dürrnberg[2302], Semide, Dép. Ardennes) und nach Hansen für eine ererbte soziale Stellung sprächen, weil diese von den entsprechenden Kindern nicht selbst erworben worden sein könne[2303]. Sie in engem regionalen und anthropologischen Vergleich zu lokalen Prunkgräbern – analog dem Schumann'schen Vorgehen beim Bettelbühl – zu betrachten, um der Frage nach der Erblichkeit von sozialem Status nachzugehen, steht allerdings aus und in dieser Studie nicht im Vordergrund, weil sowohl Prestige- als auch Statusobjekte in Gräbern religiöse oder mythisch konnotierte Aufgaben/Rollen übernehmen bzw. anzeigen. Prinzipiell können den genannten reichen Ausstattungen ein Inventar aus Mitterkirchen (V/12)[2304], ggf. eines aus Süttő[2305], Este-Benvenuti Grab 126 und vermutlich etliche Gräber aus Hallstatt (s. u.) hinzugefügt werden. Leonie C. Koch führte reiche Mädchenbestattungen aus Etrurien und Latium an, die offenbar viel exzeptionellen Schmuck, Spinnwirtel, wohl Prunkgewänder, aber auch mutmaßlich kultische Keramikgefäße enthalten (Osteria dell'Osa Gräber 567, 52, 380, 218; Tarquinia-Villa Bruschi Falgari; Veji-Quattro Fontanili Gräber GG 13 und EE 7-8B). Im Vergleich zu den Gräbern erwachsener Frauen der jeweiligen Nekropole wurden z. B. den Spinnwirteln und dem Schmuck sozial-ökonomische Funktionen zugeschrieben (zukünftige Spinnerinnen, Hochzeitsausstattungen). Hingegen sucht man in Veji-Quattro Fontanili GG 13 und EE 7-8B Parallelen für den solitären ägyptischen Importanhänger der Göttin Mut im Umkreis vergeblich. Anderes wie die fünf Goldscheibenanhänger oder das Glasbügelfibelpaar stellt sich als ausgesprochene überregionale Seltenheiten heraus, ist aber durchaus in anderen Inventaren des Friedhofs belegt, wären also nach Schumann als Prestigeobjekt, anzusprechen. Grab EE 7-8B soll aufgrund der räumlichen Nähe familiär zugeordnet werden können, wobei die betreffenden mutmaßlich genetisch verwandten Toten jedoch keineswegs entsprechenden Reichtum spiegeln, sodass eine direkt gelesene „Vererbung" von Status hier also allein archäologisch betrachtet kaum gelingt. Die vollständige Publikation der Nekropolen von Tarquinia und Osteria dell'Osa bleibt daher für weitere Schlüsse abzuwarten[2306], um z. B. den Fragen nach der Erblichkeit von sozialem Status oder von identitätsstiftenden, ökonomischen Rollen von Lokalgruppen nachzugehen. Von der Sache her naheliegende emotional motivierte Niederlegungen (Trauer-, Liebesgaben) lassen sich naturgemäß mit archäologischen Mitteln kaum fassen. Zu fragen bleibt, ob besagter ägyptischer Anhänger mehr als ein elitäres, sozial ausdeutbares Unikat zu bewerten ist oder ihm auch eine tatsächlich religiöse Funktion zuzusprechen wäre.

Die überblickartige Durchsicht der Beigaben der genannten weit streuenden Kindergräber verdeutlicht aber auch, dass diese nicht nur Möglichkeiten zur sozialen, ggf. sozial-ökonomischen Ausdeutung (Spinnwirtel) bieten, sondern auch symbolisch-religiös konnotierte, mythisch verankerte Objekte führen können (Wagen, Goldschmuck, Waffen, Bronzegefäße) – seien es nun Status- oder Prestigeanzeiger, mitunter vielleicht sogar Kultgerät (Zwillingsgefäß mit theriomorpher Zier in Osteria dell'Osa Grab 380) oder ggf. ausgesprochen transzendent Interpretierbares (Angelhaken in Este-Benvenuti Grab 126), das andernorts auch in Erwachsenengräbern beiderlei Geschlechts verzeichnet ist.

Este-Benvenuti 126 kann exemplarisch für die religiöse Konnotation auch bildlich dargestellter Inhalte angeführt werden. Das Inventar wurde bereits mehrfach

---

2301 Schumann et al. 2015 mit älterer Literatur. - S. auch Hess 2014, 152.
2302 Ein kleiner Goldring aus Grab 221 vom Dürrnberg kann keinem der beiden nichtadulten Bestattungen zugewiesen werden; außerdem stammen aus dem Grab die Knochen eines 30- bis 60-jährigen Mannes: Moser et al. 2012, 162.
2303 Hansen 2010, 209 f.
2304 Schumann et al. 2015, 43. - Grab V/12 (7-8 Jahre) enthält u. a. eine seltene eiserne Schleifenbogenfibel und im Kopfbereich versilberte Bronzespiralen, vielleicht Bestandteile einer Kopf- bzw. Haartracht: Grömer 2004/05. Möglicherweise liegen vergleichbare Stücke aus Hallstatt in Gold und Bronze vor (Kapitel 6).
2305 Die Zuweisung von Pferdegeschirr zum Kind (auf der Kammerdecke?) erscheint nach der knappen Originalpublikation äußerst fraglich: Kmeťová 2011 mit älterer Literatur; dazu auch Schumann 2015, 300.

2306 Koch 2013.

erwähnt (u. a. Absatz 11.2). Seine insgesamt zwar dominant weiblichen, aber auch männlich konnotierten Beigaben (zwei Mehrkopfnadeln) und die zweite leere Urne werfen Fragen nach dem Geschlecht und der Anzahl der Bestatteten auf. Über die Urnenbeisetzung eines ein- bis 3-jährigen Kindes in der verzierten Bronzesitula besteht jedoch kein Zweifel. Der von Gelage, Faustkampf, Pflügen, Wagenfahrt und Gefangenenzug erzählende Eimer ist ungeachtet der Zugehörigkeit der Beigaben somit zweifelsfrei auf das Kind zu beziehen. Die bildhaft dargestellten Themen würde man gemeinhin kaum mit einem Kleinkind in Verbindung bringen. Die übrigen Beigaben, sofern auch sie ihm persönlich zuzuschreiben sind, berichten weiterhin vermutlich vom Weben (Gehänge mit Tierkopfschiebern und triangulären Blechen[2307]) und vielleicht vom Übergang zwischen Leben und Tod (Angelhaken), also symbolhaft dargestellten, mythisch verankerten, mitunter ausgesprochen transzendenten Konstanten, die auch erwachsene Bestattete weiter Gebiete kennzeichnen.

Die skizzenhafte Betrachtung elitärer Beigaben in den aufgeführten Kindergräbern zeigt trotz zu erwartender regionaler Verschiedenheiten[2308], dass sich summa summarum bestimmte Beigabengattungen durchaus auch über weite Räume während dieser Zeitspanne wiederholen (Ha C-D, LT A-B): Ich verzeichne importierten und heimischen Goldschmuck, seltener Silber (z. B. Worms-Herrnsheim, Heuneburg-Bettelbühl, Wallerfangen, Mitterkirchen Hügel VIII Grab 1, Hallstatt Grab 909), Bronzegefäße, Pferdegeschirr (evtl. in Süttő), Wagen mit Pferdegeschirr (Manětín-Hrádek, Semide), Waffen (Schwert/Dolch, Lanze: Worms-Herrnsheim, Pertuis, Hoppstädten), Pfeilspitzen (Hoppstädten) und lokal geprägte Trachtgegenstände oder Waffen zum Teil in Erwachsenengröße, also mitunter Dinge, die Kinder kaum eigenständig benutzen konnten[2309].

Diese Ausstattungen lassen sich mühelos mit denen Erwachsener vor Ort und weiter entfernt vergleichen.

Sie können daher wohl auch als Beleg für die „Aufnahme" dieser Säuglinge(!) und Kinder in die Reihe der vergöttlichten Ahnen gewertet werden, obwohl sie sich aufgrund ihres zum Teil sehr geringen Alters weder selbständig standesgemäß darstellen (z. B. Gastgeber von Gelagen sein, Wagen mit Gespannen fahren, Waffen führen), noch sozial und politisch handeln (soziales Prestige, ggf. Status erwerben und zur Schau stellen, politisch-soziale Netzwerke unterhalten), geschweige denn die Nachfolge genetisch sichern oder selbständig kultisch agieren (z. B. berauschende Getränke mittels bronzenen und gläsernen Geschirrs konsumieren) konnten. Ob diesem Phänomen naheliegenderweise familiär ererbte Strukturen zugrunde liegen („Erbaristokratie"), konnten auch DNA-Analysen für Südwestdeutschland bislang nicht mit letzter Sicherheit nachweisen[2310]. Entsprechende Hinweise wären von archäologischer Seite ggf. auch von der Lage der Bestattung zu erwarten: Können Kindergräber einem entsprechend reichen Erwachsenengrab zugeordnet werden (als zeitgleiche oder Nachbestattungen) oder stellen sie die zentrale Bestattung eines Grabmonuments dar[2311]?

Der Altbestand Hallstatts bietet, vielleicht im Gegensatz zu den Neufunden der Grabung Kern, keine Möglichkeit der paläogenetischen Analyse. Hier ist ausschließlich auf mutmaßliche Doppel- oder Mehrfachbestattungen, die evtl. Kinder bergen, hinzuweisen; verwandtschaftliche Beziehung bleibt dabei stets spekulativ. Eingeschränkt können die Beigaben in entsprechenden Brandgräbern nicht (504: Mann, Frau, Kind oder Mann und Mädchen; 132 und 716: Kind oder Frau und Kind; 827), in Körpergräbern nur bedingt einer bestimmten oder vermuteten Bestattung zugeordnet werden (178 fraglich, ggf. ein Bronzegefäß). Grundsätzlich ist außer dieser Problematik hier auf die schmale Datenbasis hinzuweisen: Unter 40 Kindergräbern, die hier als „reich" gelistet werden (Tabelle 10), befinden sich lediglich ein Doppelkörpergrab (203/204), drei mutmaßliche Doppel- oder Mehrfachbestattungen (Brandritus 132, 716, 827) und ein Mehrfachkomplex (500-504[2312]).

2307 Fath/Glunz-Hüsken 2011.

2308 Es erscheint es methodisch angebracht, die Qualität der Beigaben aus Kindergräbern mit denen aus Erwachsenengräbern derselben Nekropole zu vergleichen.

2309 Haffner 1979, 20 deutete dies dahingehend, dass die so bestatteten Kinder bereits den Status von Erwachsenen erreicht hätten („Kindehe"); Leskovar 2000, 58 meint, dass man sich die Kinder als nicht immer jung bleibend vorstellte oder bestimmte Initiationsriten bereits stattgefunden haben könnten, beides spekulative Möglichkeiten. Pauli 1975 sprach insbesondere auch Trachtgegenständen in Erwachsenengröße Amulettcharakter zu.

2310 Krauße 2006, 72-75; Kurz 2009, 159 f.; zusammenfassend Hansen 2010, 210 mit Anm. 1334.

2311 Offenbar liegen in Mitterkirchen sowohl Kinder- als auch Erwachsenengräber in jeweils eigenen Hügeln in Kammergräbern: Schumann et al. 2015.

2312 Grabskizze bei Kromer 1959, 116 Abb. 94.

Die Kindergräber Hallstatts[2313] im Speziellen fanden bereits in mehrfacher Hinsicht Beachtung. Ludwig Pauli betrachtete sie unter dem von ihm überregional beobachteten Phänomen der Amulettbeigabe, das er gehäuft in Kindergräbern und Bestattungen jüngerer Frauen konstatierte. Er wies bereits seinerzeit auf die Schwierigkeit der Erschließung hallstättischer Subadulter hin (Angaben des Ausgräbers, Armringgrößen), deren Anteil anthropologisch bestimmbarer sich seither, gemessen an der Gesamtzahl, nur geringfügig verändert hat (s. u.). Die von ihm auch andernorts festgestellten Auffälligkeiten betreffen z. B. die Gräber 8, 16/1938, 21/1891, 93, 136, 132, 139, 180, 302, 305, 428, 434, 527, 535, 827, 865, 866, 909 und 1035 und beziehen sich nach Pauli auf Amulette, die Geräusche verursachen, von „äußerer, sinnfälliger Form" oder „besonderer äußerer Beschaffenheit" sind, „Curiosa" darstellen oder besonderen „Stoffwert" aufweisen. Nicht immer jedoch erscheint der Amulettcharakter eines Objektes nachvollziehbar, wofür insbesondere die zahlreichen Perlenketten aus Glas und Bernstein, diverse Ringlein aus Bronze und Weißmetall angeführt werden könnten. Auch manche der unter „Curiosa" laufenden Beigaben (Lanzen in Gräbern 313, 139, 533, 657, 902; Gussfladen in Grab 797; bronzezeitliche Nadel in Grab 17/1889), sowie womöglich willentlich zerstörte oder undefinierte Objekte entpuppten sich nach Autopsie und Prüfung der Quellen nicht als solche mit (nach Pauli definierten) Amulettcharakter. Vermutlich stellten sich viele als quellenbedingt zweifelhaft heraus bzw. z. B. als textile Besätze (ggf. Grab 428). Andere „Amulette" wiederum sind in einen größeren Kontext zu stellen: Dem großen triangulären Klapperblech (Geräusch verursachend) auf dem Bauch des Kindes in Grab 221 (nach Ramsauer 12-14 Jahre) mag Amulettwert zukommen, zugleich könnte es aber auch einen „tieferen" textilen Bezug anzeigen (Kapitel 7). Gleiches gilt für Eberhauer, Bärenzähne (Jagd) und sekundär genutztes Pferdegeschirr (Reiten), Objekte also, für die ein polysemer Gehalt hinter dem Amulett postuliert werden könnte. Ludwig Pauli resümierte schließlich, dass *„die Kindergräber sich kaum durch besondere Auffälligkeiten, wie wir sie andernorts kennengelernt haben* [z. B. am Dürrnberg, in der Schweiz und Nordwürttemberg], *auszeichnen. Oftmals sind sie nur mit Armringen oder Fibeln ausgestattet, nicht selten ganz beigabenlos"*[2314].

Anton Kern stellte 2010 gemäß den Angaben früherer Ausgräber der Nekropole mutmaßliche Kinderbrand- und -körpergräber aus den Altgrabungen und den neueren Grabungen (1993-2000) zusammen und benannte 40 Körperbestattungen, die anthropologisch untersucht werden konnten. Zur Bestimmung als Kindergrab sei die ausdrückliche Angabe der Ausgräber über ein Kind, nämlich die Größe des Skeletts (seltener der Grabgrube bzw. des Leichenbrandes) und ein kleiner Durchmesser des Ringschmucks, ausschlaggebend[2315]. Demnach sei mit insgesamt ca. 160 Kindergräbern zu rechnen; auf die hohe Dunkelziffer insbesondere durch die zahlreichen Kremationen wird hingewiesen. Mit Ringschmuck seien vornehmlich weibliche Subadulte bestattet (bis 15 Jahre), Jungen und männliche Jugendliche daher schwerer zu fassen[2316]. Doris Pany-Kucera wertete jene 40 Kinderkörpergräber auf mögliche körperliche Belastungen hin aus (worauf bereits in Zusammenhang mit einer möglichen Tätigkeit reich Bestatteter unter Tage näher eingegangen wurde: s. Kapitel 7). Dabei konnten an einigen Skeletten Abnutzungserscheinungen an großen Gelenken und der Halswirbelsäule festgestellt werden, die dahingehend gedeutet wurden, dass Jungen und Mädchen (51,2 % gehören zur Gruppe Infans II, 7-13 Jahre) als Träger im Berg arbeiteten[2317], was durch den Fund kleiner Schuhe (Bergwerk Ostgruppe, Größe 31/32) unterstützt würde[2318].

Die von A. Kern für die Gräber aus der Zeit Ramsauers angewandten Kriterien sind zwar aufgrund der Quellenlage die einzig verfügbaren, jedoch womöglich

---

2313 In der von Pany 2003 rekonstruierten Bevölkerung Hallstatts stellen Alte, Frauen und Kinder ¾ der Bevölkerung. Unter den ca. 100 Gräbern, die seit 1993 geborgen wurden, befinden sich sechzehn Kindergräber, davon drei beigabenlos (Kern 2010, 80 f.). Zum demographischen Verhältnis in Bischofshofen: Lippert/Stadler 2009, 162 f.; in Statzendorf z. B. ist die Kennzeichnung von Kindergräbern nicht möglich: Rebay 2006, 193 f.

2314 Pauli 1975, 108.
2315 Nicht in Kromer 1959 oder anderen Publikationen verifizierbar: MH 1/I 1938, SA 2/B 1938, 26905/10, Inv. A/II/1878 und 2 B 1948. Genannt bei Kern 2010, 47; 74. Dabei handelt es sich um die in Hallstatt einzig möglichen, bereits von Pauli 1975A, 108 angewandten Parameter.
2316 Kern 2010.
2317 Pany-Kucera et al. 2010.
2318 Barth 1992A. - Der Fund einer Säuglingskappe im Kernverwässerungswerk (Barth 1992B) deutet auf die Anwesenheit stillender Mütter. Dass diese auch in der Grube arbeiteten, wird vermutet. Pany-Kucera et al. 2010, 55.

nicht immer stringent anzuwenden. So misst der Armreifdurchmesser in der anthropologisch bestimmten Bestattung 1/1939 4,7 cm – ein für ein 6-12 Monate altes Kleinkind sehr großer Schmuck. Grab 172, von Ramsauer einem 10-12 Jahre alten Individuum zugeschrieben, enthielt einen Armreif von 8,5 cm Durchmesser, formal ein Buckelarmring mit Zwischenscheiben Typ Echerntal. Auch die großen Ringe aus Gräbern 521 (1,34 m Skelettgröße; grob geperlter Armring Typ Traunkirchen) und 757 (Ramsauer: 2-3 Jahre, gleichmäßig gerippter Armring von Dm. 7,1 cm) zeigen, dass dieses Mittel nicht immer greift (die Auflistung des Ringschmucks aus den neueren Grabungen Kerns demonstriert, dass der für Kinder übliche Durchmesser der Armringe zwischen 3,2 cm und 5,6 cm liegt[2319]) und dass (zumindest diese) Kinder mit typologisch gleichem Schmuck bestattet wurden wie Erwachsene. Vielleicht handelt es sich bei den genannten Fällen um tatsächlich „vererbte" Ringe Erwachsener, was sich dann bestätigten würde, wenn sich starke Abnutzungsspuren ausmachen ließen. Ludwig Pauli wies bereits 1975 auf dieses öfters zu beobachtende Phänomen (und die ggf. resultierenden chronologischen Konsequenzen) in Kindergräbern hin. Er ordnete es der Amulettkategorie „*Äußere Beschaffenheit*" zu[2320]. Diese Beispiele seien hier nur genannt, um auf die Problematik des Kriteriums „Armringgröße" hinzuweisen, das außerdem offenbar mehr Mädchen als Jungen betrifft. In diesem Zusammenhang ist an die Untersuchung St. Burmeisters und N. Müller-Scheeßels zu erinnern, die geschlechtsspezifische Beigaben in Kindergräbern Süddeutschlands erst im zweiten Lebensjahrzehnt verzeichnet[2321], was vorbehaltlich der Gesamtpublikation auch für Mitterkirchen gelten könnte[2322]. Hallstatt betreffend ist die Datenbasis diesbezüglich bei weitem nicht ausreichend, um verlässliche Aussagen zu erzielen.

Darüber hinaus zeigt Grab 502, dass bereits die Angaben Ramsauers nicht immer schlüssig sind: Er schreibt das auch zeichnerisch (vollständig) dargestellte Skelett wegen der Zähne „*einer jungen Person*" zu, gibt aber als Maß umgerechnet 1,73 m an und erwähnt die „Zerstörung" des Skeletts.

Umgekehrt lassen sich den bei Kern gelisteten Kindergräbern aufgrund der Armringgröße oder überlieferter schriftlicher Hinweise auf Kinderbestattungen weitere Inventare anfügen[2323]. Betrachtet man die auf diese, nach wie vor unsichere Weise erfassten „Kindergräber" (zum Teil auch aus Mehrfachbestattungen) archäologisch, so enthält ein Großteil regelhaft Fibeln (durchaus auch seltene Stücke, wie z. B. die Doppelscheibenfibel aus Grab 434[2324]) und/oder Ringschmuck, Nadeln, mitunter Bernstein- und Glasperlen, Kopfringschmuck, Messer oder ausschließlich Keramik. Diese werden hier nicht weiter verfolgt[2325] und können durch die Mehrzahl der Gräber Kerns ergänzt werden[2326]. Auch die Mitterkirchener Kinderbestattungen fügen sich, vielleicht bis auf Grab V/12 mit silberüberzogener Bronzespirale, in dieses Ausstattungsschema ein[2327].

Tabelle 10 enthält alle m. E. gesicherten und mutmaßlichen Kinder- bzw. Jugendlichegräber bzw. Mehrfachbestattungen mit mutmaßlichen Kindern oder Jugendlichen (nach Ringdurchmesser und/oder Körpergröße), die seltene, für Heranwachsende ungewöhnliche und/oder herausragende Beigaben auch religiöser Qualität enthalten, Objekte also, die als mythisch konnotiert im Zentrum stehen oder als Ausweis kultischer Handlung gelten könnten (naturgemäß ist die Zuordnung bestimmter Beigaben zu Nichterwachsenen in Mehrfachbestattungen nicht möglich, z. B. Tabelle 9 und 10 Gräber 132, 504, 827). Als potentielle Kindergräber fanden sie mit einigen Ausnahmen (Gräber 21/1891, 909[2328], 132[2329]) bisher wenig Beachtung. Zu ihren religiös ausdeutbaren Beigaben zählt Gelagegeschirr wie Bronzegefäße (61/1872 unbestimmte Fragmente, 501 Breitrandschale und Situla, fraglich 504,

---

2319 Kern 2010, 81 Tabelle 3.
2320 Pauli 1975A, 121 am Beispiel des Grabes 302 aus Hallstatt.
2321 Burmeister/Müller-Scheeßel 2005, 98; 104.
2322 Schumann et al. 2015.

2323 Gräber 21/1891, 24, 61/1872, 221, 457, 501, 502, 504, 533, 716, 745, 784 und 940.
2324 Glunz-Hüsken 2008, 38 ff.
2325 Gräber 2/1938, 4/5 1938, 8/1939, 1/1939, 8, 15/1889, 16/1889, 22/1891, 39, 43, 66, 76, 95, 102, 103, 133, 170, 172, 182, 206, 232, 269, 282, 287, 289, 302, 305, 314, 315, 334, 336, 346, 399, 401, 412, 416, 424, 429, 434, 457, 486, 492, 527, 545, 601, 633, 638, 639, 656, 658, 753, 757, 773, 781, 779, 786, 800, 804, 805, 827, 807, 823, 827, 838, 854-56, 859, 862, 865-67, 871, 894, 896, 897, 906, 908, 914, 918, 921, 924, 927, 929, 930, 939, 945, 951, 955, 957, 979, 989, 1006/1878, 1032, 1035, Hallberg Grab VII.
2326 Kern 2010, 80 f. (ausnehmbar lediglich Gräber 33/1997 und evtl. 82/2004, letzteres aufgrund der Pfeilspitze).
2327 Schumann et al. 2015, Gräber II/3, V/9, VIII/1.
2328 Genannt bei Pauli 1975, 108 f.
2329 Schumann 2015, 299.

178), zwei Glastassen (Grab 502) und die keramische lokale bauchige Schnabelkanne aus dem frühlatènezeitlichen Grab 20/1938. Weiters sind zu nennen ein solitärer Goldohrring (Grab 21/1891), ein goldener Spiralring, drei vergoldete Ringe und das kleine gestielte Ringgehänge aus Brandgrab 132 sowie das singuläre Goldband mit Hakenverschluss aus Grab 909, vermutlich ebenfalls ein Ohrschmuck. Hin- oder Nachweise auf/von Gürtel(n) (Haken, Bleche oder Ösen ausdrücklich genannter organischer Gürtel) stammen aus den Inventaren 24, 43, 146, 521, 940, 944, 964; leider lässt sich ihre Länge in keinem Fall mehr ermitteln. Metallisch verziertes, großflächiges Textil (Kleidung oder Abdeckung) stammt aus Grab 132. Das Kind aus Grab 894 trug wohl ebenfalls ein Gewand, auf das vorderseitig ein Metallknopf aufgenäht war. Vier Bronzeknöpfchen mit Öse weisen in Grab 909 wahrscheinlich ein Textil (z. B. einen sonst rein organischen Gürtel) aus. Möglicherweise ist auch die Sitte des Einschlagens von Beigaben mittels Stoff in Brandgrab 57 (nach Ramsauer die Kremation eines Kindes) belegt, falls es sich nicht um den am Ärmchenbeil anhaftenden Rest der Kleidung handelt. Schreibt man Phalerae eine Funktion als textiler Besatz oder Bestandteil von Gürteln zu (s. o.), wäre noch Grab 225 (nach Ramsauer 10-12 Jahre) mit dem Knopf einer Phalera hinzuzufügen, sofern das Objekt nicht den „Curiosa" Paulis zuzurechnen ist.

Auch Handwerkliches ist bezeugt, wie mehrere Spinnwirtel in Grab 33/1997 (11-14 Jahre) anzeigen. Waffen bzw. Geräte gewöhnlicher Größe liegen in den Gräbern 8/1939, 14/15-1939 (Tüllenbeile), 24, 139, 533, 902 (Lanzen), 57 (Ärmchenbeil), 745 (Lappenbeil), 416, 749 und 940 (korrodierte eiserne Waffen). Die beiden neben dem Kopf platzierten Dolche (u. a. Typ Hallstatt mit anthropomorphem Griff) in Kindergrab 203 (1,10 m Skelettgröße) sind, im Gegensatz zur Lanze, die zwischen dem Kind und dem benachbarten Erwachsenen lag, wohl eindeutig dem Heranwachsenden zuzuschreiben. Offen ist, ob dies wirklich sämtliche Beigaben waren (Abb. 164). Unklar bleibt die Lage der Pfeilspitzen in den Gräbern 61/1872 und 82/2004, sodass ihre Funktion als (reduzierte) Waffenbeigabe oder Amulett im Dunkeln liegt. Durch ihre Position auf der Brust der Toten können zwar ein Ringgehänge (Grab 521), Bärenzähne (Gräber 3/1938, 139, 428, 535), ein trianguläres Blech (Grab 221) und Pferdegeschirr (Miniaturknebel Grab 457, Riemendurchlass und zwei Ringfußknöpfe Grab 784) durchaus als re-

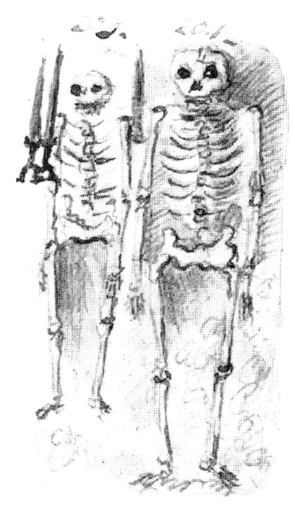

Abb. 164: Grabskizze 203/204.

gelrechte Amulette/Talismane gelten. Darüber hinaus ließe sich jedoch auch eine Verbindung zu (nicht näher definierbaren) kultischen Praktiken (Ringgehänge) sowie evtl. zu Weben, Pferdehaltung und Jagd herstellen, mythische Konstanten elitärer Darstellung. Das nach Ramsauer ca. 1,30 m große Skelett in Grab 521 könnte die Bestattung eines Kindes oder eines Jugendlichen anzeigen, während hingegen die Armringe mit einem Durchmesser von 7,2 cm und 7,5 cm Erwachsenenmaß haben – wobei unbestimmt bleibt, ob sie dann gemäß Pauli als Amulette zu werten sind. Dieser Fall zeigt nochmals die aus wenig belastbaren Quellen resultierenden vielschichtigen Deutungsmöglichkeiten vermeintlicher Kinderbestattungen und ihrer Beigaben im Hochtal: Das gestielte Ringgehänge wies in Kombination mit der geringen Körpergröße ggf. eine kultisch befugte weibliche, subadulte Person aus. Vergleichsweise zwingend scheint dies in Grab 132 der Fall zu sein, dessen teils sehr kleine Beigaben, ein Gürtelhaken und insbesondere das zartgliedrige gestielte Ringgehänge, die Bestimmung Ramsauers als 8- bis 10-jähriges Kind vielleicht für die Erblichkeit sakraler Ämter sprechen, Ringgehänge als entsprechenden Ausweis postuliert. Auch Ohrring- oder Ringkettentragende sind im hochkulturlich beeinflussten Süden, aber auch nördlich der Alpen mit kultischen Handlungen verbunden (Fibeln Suessula, Gefäßträger Strettweg, Hochdorf) und anthropomorphisierende Gefäße mit Ringketten im Osthallstattkreis (z. B. in Nové Košariská) gleichfalls in kultischem Kontext zu verstehen. Das Merkmal der Ringe oder Ringketten wiese auf eine entsprechende sakrale Rolle goldohrringtragender mutmaßlich Subadulter in Gräbern 21/1891 und 909 hin. Dabei bleibt offen, ob diese ererbt oder erst zukünftig gedacht war, und gilt stets die Prämisse, dass es sich tatsächlich um Bestattungen Nichterwachsener handelt.

Auf den ersten Blick könnte man die Beigabe der Waffen oder Geräte (besonders der diversen Beile) der Kategorie „Erwachsenenbeigabe in Kindergräbern" zuordnen; allerdings ist ihre vergleichsweise hohe Anzahl in Hallstatt auffällig. Fasst man die Geräte rein handwerklich auf, könnte sich hier theoretisch die postulierte Kinderarbeit des eisenzeitlichen Wirtschaftsbetriebs Hallstatts spiegeln[2330], was jedoch nicht anthropologisch abgesichert werden kann. Die Kinderbestattungen der Grabung Kern erbrachten bislang keine Waffen oder Geräte[2331].

Ob hallstättischen Kindern auch speziell kindliches oder verkleinerte Keramik oder Spielzeug mitgegeben wurde, wie einige Gräber z. B. in Statzendorf und Mitterkirchen veranschaulichen (Tüllengefäße, Miniaturgefäße und Rasseln)[2332], ist dem sehr gering überlieferten Altbestand nicht zu entnehmen. Einen Hinweis darauf liefert vielleicht ein sehr kleines Keramikgefäß aus Brandgrab 24 (Dm. der Armreife 5,5 cm-6,1 cm), nämlich eine kalottenförmige Schale von 2,9 cm Durchmesser, und „kleine Gefäße" bzw. ein „Schälchen" aus drei neuen, bislang unpublizierten Inventaren (14/1995, 19/1996, 33/1997[2333]). Aus Grab 1006 (11-13 Jahre) stammt eine Hochhalsschüssel von 12,5 cm Höhe. Sie ist damit höher als vergleichbare aus mutmaßlichen Erwachsenenbestattungen (z. B. Grab 1003, H. 9,5 cm, oder Grab 997, H. ca. 14 cm). Offenbar findet man also auch in hallstättischen Gräbern Subadulter Keramik gewöhnlicher Größe, Form und Funktion – sofern man den wenigen Beispielen Aussagekraft zubilligen möchte, die auch andernorts nicht zahlreicher sind (Statzendorf, wahrscheinlich Mitterkirchen). Aus Hallstätter Gräbern liegen insgesamt drei rasselnde Keramikkugeln vor, paarweise im Fußbereich des nach den Beigaben weiblichen Skeletts 98/1874, einzeln im geschlechtlich unbestimmten Grab 60/1872. Beide liefern keine Hinweise auf Bestattungen von Kindern.

Ich halte fest, dass Kinder und/oder Jugendliche in Hallstatt im gleichen Areal zusammen mit den Erwachsenen bestattet wurden[2334] und die gleichen Beigaben führen können wie sie, sowohl formal-typologisch als auch quantitativ, sowohl gewöhnliche (z. B. Armreife) als auch herausragende wie goldenen Ringschmuck (Gräber 21/1891, 909 Goldohrring; 132 Spiralreif, kleine Ringkette), Bronzegeschirr, Glasschalen, eine Keramikschnabelkanne, metallisch verziertes Textil oder Dolche (Grab 203) – letztere sogar in Zweizahl und mit unversehrtem anthropomorph gestalteten Griff[2335]. Objekte in Übergröße, also in Erwachsenenmaß, findet man in Kindergräbern in vergleichsweise üblicher Form (in Hallstatt Armreife, in Bescheid eine komplette Trachtgarnitur), sowohl in durchschnittlichen als auch in sozial höhergestellten Bestattungen Nichtadulter, im Westhallstattkreis wie im östlichen Oberösterreich. Diskrepant erscheinen besonders jene Objekte, die uns kaum kindgerecht vorkommen, wie Waffen (Schwerter, Dolche, Lanzen), wehrhafte Geräte, Angelhaken, Wagengespanne oder Prestigeobjekte in Erwachsenengröße, die überörtlich reiche Kinder- (und Erwachsenen-) Gräber verbanden, weil sie mythisch-religiös verankert waren.

Reich bestattete Kinder liegen im Hochtal unmittelbar neben Erwachsenen (Doppel-Körpergräber 203/204, Brandschüttung 132), aber auch separat – soweit hier überhaupt verlässliche Aussagen möglich sind. Ob zwischen ersteren und übereinanderliegenden Grabkomplexen, die vermutlich auch Kindergräber führen (z. B. 501-504), genetisch verwandtschaftliche Beziehung bestand, bleibt offen, beim Altbestand wohl

---

2330 Pany-Kucera et al. 2010.
2331 Kern 2010, 80 f.
2332 Rebay 2006, 193 f. mit weiterer Literatur Schumann et al. 2015 (Tonrasseln in Mitterkirchen vorbehaltlich der Gesamtpublikation ausschließlich in Kindergräbern).
2333 Kern 2010, 80 f.

2334 In Bischofshofen z. B. liegen die Gräber von Kleinkindern (Infans I) im nördlichen Teil, alle anderen streuen über das gesamte Areal: Lippert/Stadler 2009, 163 Abb. 82.
2335 Glunz-Hüsken/Schebesch 2015.

für immer. Jedenfalls werden beigabenlose und reiche Kinder gleichermaßen wie Erwachsene bestattet, räumlich in die Totengemeinschaft integriert, was offenbar auch für Mitterkirchen gilt. Deutungen hinsichtlich der (familiären) Vererbung mythisch konnotierter und sozial distinktiver Objekte und augenscheinlich nebeneinander bestatteter Personen verlaufen mitunter jedoch kaum „linear", wie der „ärmere" Erwachsene (Bestattung 204, evtl. eine Lanze) und das „reichere" Kind in Grab 203 (zwei Dolche mit anthropomorphem Griff) demonstrieren. Fehlende Hinweise auf keramische Gefäße, Tierknochen oder andere metallische Beigaben stärken in diesem Fall die Zweifel bezüglich der Geschlossenheit bzw. der Vollständigkeit der Beigaben der Doppelbestattung mit den beiden mutmaßlichen wehrhaften Statusanzeigern, die der Heranwachsende theoretisch durch Vererbung hätte erhalten können. Ohne genetisch-anthropologische Analyse bleibt die Beziehung zwischen dem Erwachsenen und dem Kind/Jugendlichen ohnehin unklar. Schließlich müßte auch bedacht werden, dass Vererbung (von Objekten und Status) nicht zwangsläufig zwischen genetisch verwandten Individuen stattfinden muss.

15 Resümee

„Der Mensch hat sich selbst immer als Wesen gesehen, das in vielfachen Beziehungen nicht nur zu seiner konkret erfahrbaren Umwelt steht, sondern auch zu höheren Mächten; die Neigung zur Transzendenz ist ihm angeboren."[2336]

I

Die Untersuchung befasst sich mit der religiösen Symbolik in reichen Gräbern der früheisenzeitlichen Nekropole von Hallstatt in Oberösterreich. Im Zentrum stehen mythisch-religiös begründete immaterielle Konstanten und Aspekte, die wesentliche Sachgruppen und Befunde der eponymen Nekropole bedingt haben; bestimmte Beigaben werden dabei als Manifestationen überzeitlicher religiöser Vorstellungen verstanden. Die seit alters dafür besetzten Themen der Wagenfahrt, des Gelages/Symposiums, des Opfers, des Kriegertums, des Jagens und Fischens, des Webens, Schmiedens, und ggf. Holzhandwerks werden in den Gräbern in jeweils verschiedener Gewichtung durch Beigaben dargestellt. Es wird zugrunde gelegt, dass alle Objekte aus Gräbern naturgemäß primär religiöses Denken spiegeln, wobei einschränkend zu bedenken gilt, dass Kontext- und Strukturanalysen materieller Dinge womöglich nur teilhaft Einsicht liefern, weil religiös motiviertes Verhalten nicht unbedingt archäologisch nachweisbar sein muss. Mit seinen vielen reichen, partiell sogar prunkhaft anmutenden Grabausstattungen, die unter anderem durch singuläre symbolgeladene Objekte, anthropomorphe Darstellungen, mediterrane Importe, Gold und mannigfache Bronzegefäße hervortreten und deren Inventare generell weitreichende Vernetzung spiegeln (Fibeln[2337]), nimmt Hallstatt eine kaum nur topografische Sonderstellung ein, die es trotz aller quellenbezogenen Kritik für eine religionsarchäologisch ausgerichtete Betrachtung prädestiniert. Seine reichen Inventare können sowohl mit Prunkgräbern anderer Regionen und Epochen verbunden werden, als auch mit den Bildern der Situlenkunst – beides vielversprechende Möglichkeiten der Betrachtung, fragt man zum Beispiel nach dem Zusammenspiel von Herrschaft und Sakralem[2338].

Differenziert und unter religiöser Prämisse beleuchtet wurden bronzezeitlich-traditionelle Sachgruppen wie die des Gelages (diverse Trink- und Speisegeräte), der Darstellung des Kriegertums und des Jagens, des Fahrens mit einem Wagen respektive Motive von Wagenrädern und des jünger inspirierten Reitens, Textilien in gegenständlicher und symbolisch gedeuteter Überlieferung, Gürtel und deren Gehänge, diverse sachgruppenübergreifende Bronzen, die Miniaturen und Symbolgut tragen, sowie potentiell handwerkliches Gerät, vergoldete oder goldene Gegenstände, aber auch plastische theriomorphe und anthropomorphe Darstellungen, letzere eine eisenzeitliche Innovation – summa summarum generell Eliten zugeschriebene, religiös konnotierte, mythisch verankerte „Themen" in sepulkralem Kontext.

Wo es angebracht schien, wurde ein Vergleich mit den Szenen und Einzelbildern der Situlendenkmäler angestrebt. Zahlreiche Übereinstimmungen zwischen meist älterem hallstättischen Fundgut und den mehrheitlich jüngeren Bildern belegen die Überzeitlichkeit der Sujets der Friese und zugleich die religiöse Qualität der Funde. Vice versa finden aus verschiedensten Gründen bekanntlich nicht alle Bildtopoi materiell oder zeichenhaft Pendants in Gräbern, wozu beispielsweise der Hantelkampf, das Musizieren auf Panflöte oder Leier oder das Symplegma (gedeutet als Hinweis auf die Hierogamie/Heilige Hochzeit) zählen, für die mit archäologischer Methode kein unmittelbarer und klarer Beleg in Hallstätter Bestattungen oder Gräbern anderer Orte namhaft gemacht werden kann; bisweilen angestellte gegenteilige Überlegungen sind nur interpretativer Natur. Darüber hinaus umschreiben gegenständliche Beigaben mitunter ein differenzierteres oder anders gewichtetes Bild als die Friese, was insbesondere die diversen hallstättischen Gelage- respektive mutmaßlichen Opferutensilien in realer und verkleinerter Größe veranschaulichen. Zu fragen war, ob sich ggf. religiös motivierte Handlungen, z. B. Rituale – beträfen sie nun mythisch verwurzelte Objekte oder nicht –, archäologisch belegen ließen und ob und woran religiöse Amtsträger zu erkennen seien. Lassen sich außerdem ihre „religiösen Anzeiger" mit mythologischen Themen verbinden?

Die betreffenden Inventare Hallstatts wurden einer umfassenden quellenkritischen Prüfung unterzogen,

---
2336 Lang 2002, 917.
2337 Z. B. Glunz 1997.
2338 Steuer 2004, 188 ff.

eine der beiden maßgeblichen Komponenten der vorliegenden Studie, die für Hallstatt archäologische[2339] Grundlagenforschung darstellt. Neben der Berücksichtigung verschiedener „Protokolle" (vereinzelt auszugsweise wiedergegeben in der „Liste der kontrollierten Ramsauer-Gräber"), die bei etlichen reichen Gräbern Änderungen gegenüber der grundlegenden Publikation von K. Kromer aus dem Jahre 1959 ergeben, der kritischen Betrachtung der Beigaben hinsichtlich ihrer möglichen Vergesellschaftung im Grabverband und der teils diffizilen Deutung spezieller Befunde (Schüsselhelme, Phalerae) wurde mit heterogener Methode bisweilen auch vergleichende Sachgutanalyse betrieben (Dolchgriffe, Ringgehänge, Miniaturgefäße, anthropomorphe Darstellungen etc.), die zu verschiedensten Erkenntnissen führte: Beispielsweise bekräftigt sie die bislang nur angedeuteten Kontakte Hallstatts nach Griechenland und evtl. Thrakien (Doppelprotomen an Ringgehängen; theriomorpher Besatz auf Gerät). Sie definiert von jeher als „Oranten" geltende anthropomorphe Plastik an Dolchgriffen neu als Darstellungen in kämpferischer Siegerpose, sie ordnet zahlreichen Miniaturgefäßen Keramik oder Bronzegefäße realer Größe zu und eröffnet so Möglichkeiten ihrer Deutung oder sie veranschaulicht die Demontage und spezielle Deponierung von Schüsselhelmen und phalerentragenden Objekten.

Fallweise Autopsie und/oder die beschriebene Prüfung der Quellen erweitern, berichtigen oder fokussieren das bislang bekannte Fund- und Befundspektrum auf unterschiedliche Art: Um den Hals gelegte Gürtel, ein steilwandiges Miniaturgefäß mit ggf. hölzerner oder metallischer Vorlage, einzelne Pferdezähne als Pferdeteilbestattungen, eine mutmaßliche Radnabenverkleidung in sekundärer Verwendung, mit Textilien bedecktes bronzenes Speisegeschirr, ein kreisaugenverziertes Lappenbeil im Grabverbund mit einer Stierplastik (Opferaspekt), die Niederlegung einer Miniaturaxt in einer bronzenen Schale (Opferbezug), ein plastisch dargestellter Panzer, ein benageltes Lederkoller von womöglich wehrhafter Funktion, zinnbelegte Keramik oder die Bestimmung der Glasgefäße als gehenkelte Tassen (statt vormals Schalen) sind hier auszugartig zu nennen.

Indes ist nicht allen hier untersuchten Fundgattungen ein unmittelbar religiöser Gehalt immanent: Diverse Helme, Pfeilspitzen (zu postulieren sind Pfeil und Bogen), Goldohr- und Goldarmringe oder Lanzen zählen zwar zu den mythisch konnotierten Objekten, die hallstättischen Vertreter zeigen aber, wie viele andere, keine direkt religiös deutbaren formalen Kennzeichen. Vereinzelt zeugen bestimmte Befunde von wahrscheinlich rituell motiviertem Handeln.

Die Forschung führt unter anderem menschengestaltige Wiedergaben für die gegenüber der Bronzezeit veränderte Selbstauffassung des Menschen an, der aufgrund südlicher Kontakte (s. hier z. B. GefäßträgerIn, HerrIn der Tiere) im Begriff war, sich als individuelles, in seinem komplexen Umfeld aktiv agierendes Wesen zu begreifen. Mit Ausnahme dieser Zeugnisse handelt es sich bekanntermaßen um den Niederschlag *„naturvölkisch-elementaren Denkens einer Elite der mediterranen Randzone"*, wie G. Kossack seinerzeit formulierte[2340]. In dieser vermochten sich personifizierte Göttervorstellungen, ortsfeste Sakralbauten, dauerhaft urbanes Leben – letzteres ein für Hallstatt generell völlig offener Fragenkomplex – und Schriftlichkeit, also Kennzeichen südlicher Hochkulturen und deren benachbarter Zonen und nur ansatzweise am Südrand der Alpen bezeugt[2341], letztlich nicht durchzusetzen, obgleich die Grundlagen durch das wirtschaftlich anspruchsvolle und offenbar florierende Monopolgewerbe und die damit verbundenen weitreichenden Kontakte ungleich günstiger waren als andernorts. Es scheint eingängig, dass sowohl die Förderung als auch der Vertrieb des salzhaltigen Gesteins zielgerichtetes, praktisches, langfristiges und somit operatives Handeln erforderten, das auf das Selbstverständnis der betreffenden lenkenden Personen rückwirkte. Dies trifft allerdings gleichermaßen für die bronzezeitlichen Bewohner Hallstatts zu, deren Friedhof uns nicht bekannt ist und deren spezialisierte primäre und sekundäre Abbaumittel [u. a. Eichenholzschäftungen, Treppen], Pökelbecken und Versorgungsstrukturen kein generell singuläres Bergbauphänomen darstellten[2342], sondern bereits zu dieser

---

2339 Im Gegensatz zur quantitativ-statistischen Auswertung durch F. R. Hodson (Hodson 1990).

2340 Kossack 1999, 189.

2341 Z. B. Steiner 2010, 168 ff.; 219-276 (zu Brandopferplätzen mit ortsfesten, u. a. gemauerten Altären, profanen baulichen Elementen und zeilenförmiger Sequenz unter südlichem Einfluss).

2342 Pucher 2013, 82: „... *so haben sich in der Zwischenzeit mehrere weitere Befunde aus bronzezeitlichen Bergbausiedlungen und deren Umgebung angesammelt, die darauf hinweisen, dass die Hallstätter Versorgungslogistik kein Einzelfall war, sondern nur ein besonders markantes Beispiel für ein zu dieser Zeit bereits weithin erreichtes Orga-*

früheren Zeit unmittelbar zweckdienliches unternehmerisches Handeln spiegeln, also gleichfalls operatives Agieren erforderten. Sich ausbildendes individuelles Bewusstsein reflektiert exemplarisch eine anthropomorphe Vollplastik in Verbindung mit einem mutmaßlichen Opfergerät, das zugleich das sozial hochstehende Reiten und osthallstättische Rüstung idealhaft in den Vordergrund rückt (Grab 641), aber auch singuläre Halbmondfibeln mit italisch beeinflusstem theriomorphem und miniaturisiertem Gefäßbesatz (Gräber 505, 94/1873) oder Halbmondfibeln und Dolchgriffe, die das Bild der Herrin der Tiere implizieren, sowie solitäre menschengestaltige Dolchgriffe, die eine kämpferisch-siegerhafte Pose abbilden, also Objekte von mitunter unzweideutig religiösem (hier italisch beeinflusstem) Charakter. Formal mögen letztere vielleicht Vorbilder in älteren eisernen, gleichfalls italisch inspirierten menschenähnlich geformten Dolchgriffen gehabt haben, unzweifelhaft anthropomorphe Prägung ist jedoch kaum dem Zufall zuzuschreiben, sondern veränderter Selbstwahrnehmung, die religiös begründet war und womöglich anthropomorphe Göttervorstellung voraussetzt, die wiederum ohne südliche Kontakte undenkbar wäre, wie eben explizit ihr Fehlen im bronzezeitlichen Fundgut anderer Fundstellen bezeugt. Wie jedoch das „neue" Selbstbewusstsein mit traditionellem, magisch verhaftetem verschmolz, demonstriert augenfällig und beispielhaft der menschengestaltige Dolchgriff aus Grab 557, bestückt mit auf das Gelage/Opfer anspielenden Miniaturgefäßen heimischer Prägung.

Die inneralpine Bevölkerung kommunizierte ebenso wie ihre Nachbarn seit alters mit den überirdischen Kräften, die man toten und belebten Dingen zuschrieb, mittels Brandopfer (Nahrung)[2343] an versteckten, schwer zugänglichen, aber auch exponiert-markanten Orten, Vergraben von Sachbesitz in der Erde oder Versenken an nicht mehr erreichbarer Stelle in Feuchtgebieten, ohne sich selbst als Subjekt gegenüber den numinosen Kräften darzustellen. Die opfernde Person blieb als Individuum immer noch vergleichsweise anonym, wenngleich sich das Opferverhalten von der Bronze- zur Eisenzeit insofern veränderte, als Trachtgegenstände, Werkzeuge, Waffen, Schmuck etc., also Sachopfer aus persönlichem Besitz, die traditionellen Tieropfer und Kultmahlzeiten ergänzten. Ihr Zweck war es eben, mit den transzendenten Mächten in überkommener Gestalt z. B. von Vogel, Vogelrind oder Sonnenbarke in Kontakt zu treten. Magischen und rituellen Praktiken kam besondere Bedeutung zu, weil man Kräfte evozieren oder zurückzuweisen glaubte, die man in den Dingen selbst vermutete und auf die man irrationalerweise Einfluss zu nehmen versuchte, so wahrscheinlich auf die elementaren Naturgewalten (generell Wachstum und Zerstörung; in Hallstatt vielleicht auch Unwetter und deren Folgen, geologische Veränderungen unter Tage etc.).

Wir sehen religiös bestimmte Jenseitsausstattungen einer Elite, die durch die Verfügungsgewalt auf ein Monopol wohlhabend geworden war und ein überörtliches, primär ökonomisch ausgerichtetes Netzwerk unterhielt, dessen ehemalige Größe und Funktion auf archäologischem und naturwissenschaftlichem Weg bislang wahrscheinlich nur ansatzweise skizziert werden kann. Dieser spezialisierte, für ca. zwei Jahrhunderte offenbar blühende und einen Überschuss produzierende Betrieb der frühen Eisenzeit brachte bekanntlich vereinzelt Importe höchster Güte in das Hochtal, wie z. B. Schmuck (einen goldenen etruskischen Ohrring ebenso wie zwei goldene slowenische Dreipässe oder eine goldblechbelegte unteritalisch-griechische Plattenfibel), Metallgefäße (eine vielleicht phönizische Schale, oberitalische bronzene Gefäßdeckel, ggf. einen Untersatz für eine Amphore oder ostalpine Glastassen) und wahrscheinlich Gewänder inklusive Fibeln unterschiedlicher Herkunft. Summa summarum steigerten diese Pretiosen zwar das soziale Ansehen ihrer wenigen Besitzer und bekräftigten die soziale Hierarchie, weil sie von weit her kamen, obwohl ähnliche Formen seit jeher von heimischem Handwerk gefertigt, lokal getragen und schließlich der Erde übergeben worden waren. Dies alles führte jedoch nicht zu grundlegenden geistigen Veränderungen; Basis blieb hier nach wie vor bronzezeitliches Denken (s. Angelhaken, Werkzeug, Bratspieße). Vermutlich zählen allerdings auch technische Neuerungen wie die aus Italien übernommene Brettchenweberei zu den wenigen Innovationen aus der Ferne, die sich vielleicht nur mangels Überlieferung

---

nisationsniveau mit gegenseitiger Verzahnung mehrerer spezialisierter Gewerbe, das keinesfalls nur den Salzbergbau betraf, sondern in mehr oder weniger ähnlicher Form auch in Kupferbergbausiedlungen anzutreffen war. Der gezielte Einsatz von Fachkräften betraf offensichtlich nicht nur die Technik des Bergbaus selbst, sondern ebenso den Handel mit Bergbauprodukten und deren Bedarf und vor allem den Transport und Austausch der Waren über vernetzte Wege durch den gesamten Ostalpenraum und gewiss auch darüber hinaus".

2343 Lang 2002.

nicht über das zugehörige Handwerksgerät ausweisen. Entsprechende charakteristische Bänder, wiederverwertet im Bergwerk, könnten somit auch Importware darstellen. Fremde Muster auf Keramik oder Textilien sind potentiell Träger religiöser Botschaften, aber Medien, die quellenbedingt aus verschiedensten Gründen für Hallstatt nur in geringem Maß auswertbar sind. Ihre Durchsicht erbrachte diesbezüglich ein negatives Ergebnis.

Darüber hinaus stehen sowohl Importe als auch „herkömmliche" Beigaben im weitesten Sinn in auffälligem Kontrast zu den praktischen Erfordernissen des bergmännischen Alltags, den man gerne mit den Bestatteten des Hochtals in Verbindung bringt – eine These, die noch der Prüfung bedarf. Gerade das Fehlen realistischer handwerklicher Ausstattungen in Hallstatt und andernorts unterstreicht aber den mythischen, zeitlosen und zeichenhaften Charakter kriegerischer, symposialer, wagenbezogener und textiler Elemente in reicheren und auch ärmeren Gräbern Hallstatts und anderer Orte und reflektiert das Bedürfnis, sich mit den beschriebenen religiös verankerten Idealen zu identifizieren, sozialen Status zu erlangen oder Prestige zu generieren.

Durchaus bezeugt ist die Kenntnis zweier mediterraner Archetypen religiöser Natur, nämlich der/des Gefäßträgers/In und der/des Pothnia/Potnios theron (Miniaturplastik aus dem Umkreis des Grabes 585 und jüngere Dolche Typen Ludwigsburg und Aichach). Das verkürzte Bild der Herrin der Tiere scheint außerdem in den Halbmondfibeln mit Vogelprotomen eingeschrieben, falls man, stark reduziert, deren Krempe als ihr Gewand, und die zueinander ausgerichteten Vögel als ihre ausweisenden Attribute deuten möchte. Freilich wären hier sowohl eine Lesung als traditionelles Heilszeichen, nämlich als Vogel-Sonnenbarke[2344], als auch als zu webendes heiliges (Vogel) Textil möglich, Interpretationen, die sich nicht ausschließen müssen und die von polysemer Anschauungsmöglichkeit zeugen – eine auch auf den Charakter der Situlenfriese zutreffende Eigenschaft. Aufwändig metallisch verzierte Textilien, als Darstellungen gewebter „heiliger" Mäntel interpretierte Halbmondfibeln in Frauengräbern und (in Hallstatt seltenes, aber auch andernorts verzeichnetes) einzelnes Webgerät in Männerbestattungen zeugen von der auch religiösen Bedeutung von Stoffen, bzw. vom symbolischen Charakter entsprechenden Werkzeugs. Sie weisen vermutlich auf das mythische Ideal der Weberin hin, die, vielleicht neben anderen, auch sakral konnotierte Textilien fertigte. Sie sind einer überregionalen, vornehmlich weiblichen elitären Personengruppe anzuschließen, die Stoffe respektive Darstellungen stilisierter Webstühle ausweisartig und miniaturisiert als gegenständliche Schmuck- und Trachtgehänge in Gräbern oder bildhaft bezogen, seltene und sozial betrachtet weit streuende Statusanzeiger.

Zentraler Bestandteil in weiblichen und männlichen Gräbern stellen diverse Objekte für das Gelage dar, das aus Speise und Trank bestand. Die zahlreichen Gefäße, seien sie aus Metall, Glas oder organischem Material gefertigt, befanden sich im Besitz des Einzelnen, spielten funktional zusammen und veranschaulichten sein soziales Vermögen, sich selbst und ggf. eine Gemeinschaft zu bewirten. Sie umschreiben ihn nicht nur persönlich, sondern auch religiös gesehen als Spender und Garant eines spirituellen Gemeinschaftserlebnisses, insbesondere dann, wenn Alkohol, Drogen oder (vermeintliche) Heilmittel konsumiert wurden[2345]. Der Umfang des Gefäßsatzes, Größe und Material der einzelnen Gefäße sind ausschließlich sozial differenziert auswertbar, sie demonstrieren soziales Prestige, bzw. in seltenen Fällen gesellschaftlichen Status ihrer Besitzer und dienen nicht als „Maßstab" individueller Religiosität. Auch ein einzelnes Gefäß bezeugt verkürzt die Idee, Gastgeber zu sein (sozial interpretiert) und damit Vermittler womöglich ekstatischer Erfahrung, die man vielleicht als Nähe zum Numinosen verstand (religiös gedeutet). Eingebrachte Verzierungen, geräuschverursachender und symbolischer Ring- und Klapperschmuck, Torsion und ggf. tiergestaltiger Besatz zeugen als Heilszeichen allerdings durchaus von mutmaßlich sakralem Zweck und Gebrauch. Die umfangreiche Organisation dieses Mahls war identitäts- und gemeinschaftsbildend (Situlenbilder), die Konsumption wahrscheinlich mit religiösen Vorstellungen verbunden, weil man glaubte, sich Kraft und Geist der/des getöteten Tiere(s) einzuverleiben (Schlacht-, Speise- oder Trankopfer) und mittels berauschendem Trank (Opiate in Marvinči und am Bullenheimer Berg; Inhalation auf der Vačer Situla) in Kontakt mit dem Numinosen zu treten. Ob dieses gemeinschaftliche Mahl eine (unwiederbringliche) Nahrungsspende an eine Gottheit nach

---

2344 Glunz-Hüsken 2008, 49 f.

2345 Z. B. auch Weihrauch.

südlichem Vorbild – gleichviel ob anthropomorph oder theriomorph gedacht – einschloss, ist offen; es sei dahingestellt, ob ein Einzelstück, die zu gehenkelter Tasse umfunktionierte klassische Spendeschale aus Grab 732, für einen entsprechenden südlichen Brauch spricht. Libationsriten, um mit den Göttern in Kontakt zu treten, werden auch für spätbronzezeitliche einheimische (elitäre) Grablegen angenommen[2346].

Gürtel, Dolche und Fibeln, die mit Miniaturgefäßen besetzt sind, könnten ihre überwiegend weiblichen Besitzer geradezu als „*Exponenten numinoser Allmacht*"[2347] ausweisen, also als jene vielleicht für sakrosankt geltenden, evtl. auch unmittelbar selbst kultisch agierenden Mittler und zugleich Eigentümer sozialer Prestigeobjekte. Dies bewirken sie, indem sie Gelage und/oder Opfer implizieren oder (falls sie ehemals opiate Substanzen oder Halluzinogene enthielten) direkt und anschaulich magische Praktiken belegen, deren zeremonieller Ablauf und ideeller Gehalt uns jedoch verschlossen bleiben. Die Frage, ob jene derart ausgestatteten Personen ein religiöses Amt bekleideten, stellt sich insbesondere dann, wenn diese zusätzlich z. B. ein(en) Ohrring/Ohrringpaar, Ringgehänge mit theriomorphen Attributen oder mit alt überlieferten eingeschriebenen Zeichen tragen, weil Ringschmuck vor allem in Italien ein Kennzeichen kultischer Objekte und Szenerien darstellte (s. u.). Zwar sind insbesondere im Ostalpenraum und in Italien mitunter gut vergleichbare Miniaturgefäße an verschiedensten Objekten überliefert, in Hallstatt jedoch verwendete man sie z. T. vergleichsweise zahlreich und in innovativen bronzenen Symbolgefügen, die körperliche Mobilität erlaubten, beispielsweise an eben jenen plakativen Fibeln, Gürteln oder deren Gehängen, nicht selten unter basisartiger Verwendung des bewährten bronzezeitlichen Sonnen- bzw. Radsymbols.

Als zum Opfern befugte oder Opfertiere Besitzende dürften auch jene gelten, die symbolisch mit beringter Tierplastik (in Grab 455, evtl. ehemals am Gürtel getragen) und/oder mutmaßlichem Schlachtgerät bestattet wurden, seien es Werkzeuge (theriomorph besetzte Miniaturäxte, kreisaugenverzierte Lappenbeile) oder seltener Gefäße (Metallschalen, -tassen). Ob diese Personen, Männer und Frauen, darüber hinaus „priesterliche Funktionen" übernommen haben und ob sie mit den Aufgaben möglicher Spezialisten, d. h. unmittelbar Tötender/Schlachter, identisch oder von diesen zu scheiden sind, zeigen die betroffenen Inventare nicht an. Süditalische figurale anthropomorphe und theriomorphe Szenerien z. B. aus Suessula in Kampanien, Lucera in Apulien[2348] oder Bisenzio in Latium bezeugen die Teilnahme ringgeschmückter Menschen und stark gehörnter Tiere (Quadrupeden, sogenannte Vogelrinder) bei mutmaßlichen Fruchtbarkeitspraktiken und ergänzen räumlich übergreifend lückenhaft Überliefertes im zirkumalpinen Raum, den Strettweger Kultwagen als vergleichsweise sprechendstes Zeugnis ausgenommen.

Auch der vierrädrige Wagen als sozialer Anzeiger und religiöses Moment (symbolischer Jenseitsbegleiter) ist zweimal bezeugt, zum einen in einer Ha C-zeitlichen bigeschlechtlichen Doppelbestattung (Grab 507), allerdings nur in reduzierter Form von vier Achsnägeln, zum anderen in Gestalt eines mutmaßlichen Beschlages eines ebensolchen Gefährtes, der in sekundärer Verwendung als dominant getragenes, symbolgeladenes (Miniaturgefäße, vielspeichiges Rad, Pseudotorsion) Objekt im Grab einer Frau (669, Ha D1) lag. Seine Bausteine kehren ideell, jedoch in veränderter Ordnung an bronze- und eisenzeitlichen Beckenwagen wieder, was die nach wie vor starke bronzezeitliche Verwurzelung religiösen Denkens am Beginn der Späthallstattzeit veranschaulicht. Ebenso assoziativ und gut sichtbar, weil motivisch hervorgehoben, wird das Emblem des vielspeichigen Wagenrades (ausdrücklich kein bronzezeitliches Sonnensymbol) in zwei Frauengräbern bei auf der Brust vorgefundenen Ringgehängen eingesetzt, um den religiös und sozial bewandten Kontext „Wagen und Fahren" verkürzt abzubilden (Gräber 121 Ha D1, 507 Ha C). Die Bedeutung speziell dieses reduziert dargestellten Wagens aus Grab 507 und den Topos der Wagenfahrt generell unterstreichen seine alpine, geografisch isolierte Fundstelle und seine mutmaßliche völlige Demontage, die wahrscheinlich religiöse (Wiederverwertung in anderem Zusammenhang), vielleicht aber auch profan-ökonomische Gründe hatte.

Ebenso war das Ideal des Reitens im alpinen Hallstatt bekannt, was die Plastik aus Grab 641 vorzüglich bezeugt, die einen mit Helm und Ganzmetallpanzer gerüsteten Reitenden osthallstättischer Art abbildet. Der primäre Zweck der durch die Figurine geschmückten

---
2346 Nebelsick 2015, 7 f.
2347 Kossack 1999, 191.

2348 Woytowitsch 1978, Nr. 125 Taf. 23.

Miniaturaxt könnte indes ein zeremonieller gewesen sein (Opfergerät), da sie in einer bronzenen Schale beim Toten niedergelegt war – die Verzahnung von Elitärem und Religiösem veranschaulichend. Ausschnitthaft beigelegtes Pferdegeschirr dient kaum dazu, gemäß seiner eigentlichen Bestimmung Reiter zu kennzeichnen oder auf eine Gottheit anzuspielen. Vielmehr wird es, quasi sekundär, als Amulett verwendet, ohne einen bestimmten derart bestatteten Personenkreis einzugrenzen (Männer, Frauen, Jugendliche). In Verbindung mit den beiden im Grab deponierten Pferdezähnen (Gräber 14/15, 181), die als quantitativ minimale „Reste" einer ehemals vermutlich viel höheren Zahl von ins Grab gelangten Pferden oder Teilen davon gesehen werden können, zeigen sie wohl durchaus die Existenz der Tiere im Hochtal an, hätten sie nun als Lastenträger, soziale Statusanzeiger und/oder Reittiere gedient.

Gold, bzw. eine Verkleidung durch Goldblech wird in der Regel nur als Mittel zur Steigerung von Prestige eingesetzt. Es dient nur im Fall des Rad-Dolchmessers aus Grab 696 dazu, ein mutmaßlich religiös konnotiertes, stark durch Zeichen sprechendes Objekt zusätzlich zu kennzeichnen. Andere symbolisch aufgeladene Gegenstände sind ausschließlich aus Bronze gefertigt, wie Ringgehänge, Gürtelketten und diverse Fibeln belegen. Nicht näher beurteilen lassen sich schlichte goldene Ohrringe oder ein isoliertes Goldarmband, weil sie keine deutbaren Zeichen tragen. Sie sprechen nur durch kombinierte Beigaben. Ringe oder Ringketten sind in Italien äußere Merkmale kultisch Agierender oder mutmaßlicher Kultgefäße.

Kriegertum wird umschrieben mittels zeitgenössischen südostalpinen Helmen, überregional zu parallelisierenden Schwertern mit Statussymbolcharakter, Dolchen, einem benagelten Koller wohl heimischer Art und ggf. Lanzen. Während die älteren Dolchgriffe eine anthropomorphe, wehr- oder sieghafte Figur zeigen, greifen die jüngeren das Bild der Potnia theron auf. Ihre Besitzer verbinden sich damit erstmals mit einer menschengestaltigen Gottheit südlichen Ursprungs.

Jagen (mit Pfeil und Bogen) und Fischen, wie das Weben gleichfalls im Süden „elitär" verwurzelte Tätigkeiten, sind auch im Hochtal belegt. Geräte dazu finden sich insgesamt betrachtet in wenigen Männergräbern, die des Webens naturgemäß öfters in Frauengräbern. Drei „Jäger" sind darüber hinaus durch zeitlosen goldenen Ringschmuck ausgezeichnet und bezeugen damit ihr letztlich vielleicht „göttliches" Privileg.

Bedeutsam und für Hallstatt bezeichnend scheint nun, dass viele religiös konnotierten Objekte vielleicht im Rahmen kultischer Handlung von Männern und Frauen benutzt wurden oder symbolisch für diese stehen. Dafür können insbesondere die Miniaturaxt aus Grab 641 (und analog ggf. ihre Parallelen) gemäß dem Befund als mögliche regelrechte Darstellung eines Tieropfers (Axt in der Schale), und Kuh-Kälbchen-Gefäße (Gräber 671, 98/2010) angeführt werden, also Objekte mit theriomorphem und/oder anthropomorphem Besatz, aber auch die mit Miniaturgefäßen oder Protomen symbolisch aufgeladenen Gefäße, Fibeln, Ringgehänge, Dolche und Gürtel. Steht die am Ohr beringte Tierplastik aus Grab 340 analog zu unter- und mittelitalischen Pendants und Szenerien nicht stellvertretend für ein Opfertier bzw. für den Besitz eines solchen und das kombinierte kreisaugenverzierte Lappenbeil als Opfergerät der Frau zur Verfügung? Wurden diese und die anderen Tierplastiken in kultisch-symbolhaften Handlungen benutzt? Auch wenn diese Fragen nicht mit letzter Sicherheit zu beantworten sind, zeugen ringtragende menschliche Figuren, z. B. am Strettweger Kultwagen, auch weiter nördlich klar von diesem letztlich südlich inspirierten Zusammenhang (z. B. Fibeln aus Suessula bei Acerra, Kampanien). Mit Ohrring Bestattete Hallstätter, sozial gesehen Angehörige verschiedener Eliten, bestätigen diese Vermutung mittels weiterer eindeutiger Beigaben (wie Geräte) nicht. Inwieweit etwa die einfachen gestielten Gehänge, die teils auf der Brust getragen wurden, religiöse Würdenträger kennzeichnen (in Grab 132 mutmaßlich ein Kind), bleibt insbesondere dann spekulativ, wenn zusätzliche, eindeutig sprechende Anzeiger fehlen. Man verzeichnet sie sozial gesehen in einfachen und reichen Ensembles – ein religiöses Amt wäre dann evtl. nicht regelhaft an materiellen Reichtum oder eine hohe gesellschaftliche Position gebunden gewesen.

Vielleicht bezeugen auch die vielen triangulären Klapperbleche religiöse Motivation, möglicherweise ein Ritual, seien sie an den vier Achsnägeln, dem Gefäßuntersatz (Grab 507), an Situlen oder allen Ringgehängen fixiert. Dabei ist ihnen fallweise wahrscheinlich mehr als eine äußere akustische auch eine innere emotionale Evokation zuzuschreiben, weil sie optisch an pyramidale Webgewichte erinnern und somit den sozial relevanten, aber auch religiösen Aspekt von Textilien respektive mythisch konnotiertem Weben beinhalten und somit wohl gegenständlich eine stoffliche Verhüllung ihrer Objektträger auf bildhaft-reduzierte Weise darstellen. Die Stoffe selbst und ihre Fertigung (symbolisch: Webstuhlgehänge) könnten auch nordwärts der Alpen mit elitären Frauen und ihrem handwerklichen und emotional verhafteten Wirken gedanklich verbunden gewesen sein und daher in letzter Konsequenz auch, aber nicht ausschließlich an die Heilige Hochzeit erinnert haben.

Führt man die Beigabe von teils wohl sehr wertvollen Textilien und entsprechenden Fertigungsgeräten auf die Darstellung der hintergründigen und vielschichtigen Bedeutungen des Webens per se zurück, so kann die einstige Quantität dieses Themas aufgrund der gänzlich vergangenen rein organischen Stoffe schwerlich beurteilt werden, was freilich auch für andere Fundplätze gilt. Die Beigabe einschlägigen Geräts scheint jedenfalls nicht annähernd den tatsächlich notwendigen Bedarf der Bevölkerung zu spiegeln, was nahelegt, die Werkzeuge als rein symbolische Objekte aufzufassen, die die Personen mit dem Mythos des Webens und seiner weitreichenden Symbolik verbanden, und gleichzeitig – ganz praktisch – an eine Auslagerung der Fertigung ins Flachland zu denken, jedenfalls solange die zu Hallstatt gehörende Siedlung nicht entdeckt und erforscht ist. Allerdings wäre nur im Hochtal die häufigere Darstellung heiliger Mäntel (Ornat) bezeugt, gleichnishaft gefertigt am Webstuhl nämlich, wenn man Halbmondfibeln mit zwei gegenständlichen Vogelprotomen als solche interpretiert. Ohne die südlich beheimatete Pothnia theron, eine menschengestaltige Göttin, meist dargestellt in prächtigem Gewand und mit paarigen Tieren, sind jedoch derartige Erzeugnisse kaum denkbar, sodass diese letztlich also als mediterran inspiriert gelten müssen.

Die Ausstattung der Toten mit Textilien dominant als Ausdruck der Hierogamie zu deuten (Saeflund, Huth, s. Kap. 1), liegt zumindest vordergründig nicht auf der Hand. Stoffe in Gräbern nehmen ganz unterschiedliche Funktionen ein, sei es als persönliche Kleidung, Abdeckung anderer Beigaben oder Verpackung bzw. Verhüllung bestimmter Gegenstände. Letzteres kann schwerlich gedeutet werden, sicher ist jedoch, dass die verdeckten Objekte durch die farbigen und nicht selten gemusterten Stoffe unsichtbar werden (s. Hochdorf), also klar zurücktreten. Regelrechte und sorgfältige Verhüllungen zahlreicher einzelner Beigaben lassen sich eben kaum als Ausstattung eines symbolischen Lagers für das Symplegma deuten – dies wäre anders, wären nur Sitz- oder Liegemöbel verkleidet, also solche, die über Bilder im Zusammenhang mit dem Symplegma eine Rolle spielen. Aufgrund der Quellenlage und breiter Interpretationsmöglichkeiten bleibt gleichfalls offen, ob Stoffe für „die Frau an sich" als ein weibliches Attribut verstanden wurden und somit in männlichen Bestattungen stellvertretend den Geschlechtsakt andeuten, eine m. E. sehr weit ausgreifende, mit archäologischer Methodik nicht belegbare These Huths, der gegengeschlechtliche Beigaben grundsätzlich als hierogamische Anzeiger interpretiert.

Mit den diversen, teils singulären und individuell-opferbezogenen Beigaben Hallstatts, die das Fundgut allein quantitativ auch gegenüber jenem anderer Plätze auszeichnen, tritt ein religiöser Aspekt in den Vordergrund, der auf den Situlendenkmälern allenfalls angedeutet, aber nie ausführlich erzählt wird. Die im Grab entsprechend gekennzeichneten Personen nahmen wohl meist eine sozial gehobene Position ein, sei es auf lokaler (ggf. Prestige) oder überörtlicher Ebene (ggf. Status[2349]). Auch ihre Menge ist generell bemerkenswert, was sich jedoch wahrscheinlich relativiert, wenn man die Gesamtzahl der Gräber berücksichtigt, die (noch) offen ist. Entsprechend ausgestattete Personen anderer Nekropolen, die sich grosso modo über ihre Beigaben mit hallstättischen vergleichen lassen (z. B. Individuen mit Ringgehänge, einer zu parallelisierenden Vierpassfibel aus Nordostbayern oder solche mit miniaturgefäßbesetztem Gürtel), bleiben meist innerhalb ihrer jeweiligen, stets kleineren Bestattungsgemeinschaft vereinzelt.

Die häufig zu beobachtende, unterschiedlich starke Fragmentierung zahlreicher Beigaben durch mechanische Beschädigung wird gemeinhin mit religiösen Vorstellungen verknüpft, so z. B. mit der Zerstörung der sie symbolisierenden Macht oder der Bannung im Grab, aber auch mit dem Glauben, dass selbst Teilen davon noch magische Kräfte innewohnten. Auch in Hallstatt wurden einzelne Bestandteile wiederverwertet und zu neuem, aber auch Traditionelles beinhaltendem Symbolgut geformt, wobei in einem Fall konstruktive Elemente alt überlieferter Kultwagen erkennbar sind (Grab 669) und trianguläre Bleche sich als Bestandteile vormaliger Gefäße oder Gürtelbleche erweisen. Betroffen sind überdies Fibeln, Gürtel, Gürtelketten, Dolche bzw. insbesondere deren anthropomorph gebil-

---

2349 Nach Schumann 2015.

dete Griffe, mindestens drei Schwertklingen, Objekte, an denen Phalerae befestigt waren, wahrscheinlich ein Schüsselhelm, der vielleicht ehemals existierende zweiachsige Wagen und zahlreiche Ringgehänge. Stückweise Wiederverwertung ist allerdings in den seltensten Fällen nachweisbar. Ob fehlende Teile an bislang unbekannter Stelle „geopfert" oder aus wirtschaftlichen Gründen schlicht eingeschmolzen (und somit rein stofflich, sozusagen praktisch veranlasst wiederverwertet) wurden, ist unbekannt.

Insbesondere die sicher beschädigten und mutmaßlich oder augenscheinlich unvollständigen Beigaben sprechen gegen eine heroisierte Darstellung des Toten (und damit auch gegen eine denkbare „*Heroisierung des Toten vor dem Hintergrund der im Jenseits zu erwartenden Apotheose*"[2350] [s. Thesen Kulls und Huths, Kap. 1]). Gerade die Abnutzungsspuren bezeugen, dass zwischen der mindestens zeitweisen Ausrüstung der Lebenden und der Toten kein großer Unterschied bestand, also umgekehrt gesehen auch wohl schon zu Lebzeiten eine „Heroisierung" durch Gold und Insignien beabsichtigt war – vorausgesetzt, die Gräber erfüllen die Erfordernisse echter Prunkgräber (z. B. Hochdorf), auf die sich der Gedanke ursprünglich bezieht. Erstaunlich ist in diesem Kontext eher die Diskrepanz zum mutmaßlich bergmännischen Alltag, der sich, wie erwähnt, nicht annähernd in den Beigaben spiegelt (auch nicht in „ärmeren" Gräbern) – im Gegenteil: Diese Objekte dürften im Berg mehrheitlich kaum dienlich gewesen sein und somit eher den mythischen und individuell-persönlichen Bezug betonen.

Zu überlegen wäre außerdem, ob die postulierte heroisierte Darstellung von Mitgliedern der Elite nicht an einen unversehrten Leib gebunden war (Körperbestattung in Hochdorf, großplastische Stele Hirschlanden), was die vielen reich ausgestatteten Brandgräber Hallstatts diesbezüglich ausscheiden ließe.

Die hypothetische Deutung verdoppelter Beigaben als eine „Übergabe der Macht" bleibt letztlich spekulativ und tangiert in erster Linie einen sozialen, vielleicht aber auch spirituell-psychischen Aspekt, kaum jedoch einen unmittelbar religiösen. Sie kann in Hallstatt nur für Schwerter, Dolche und evtl. Werkzeuge geltend gemacht werden, weil es sich nur bei diesen um Statusobjekte handelte – vorausgesetzt, man erkennt die Schumann'sche Klassifizierung von Status und Prestige

an. Augenscheinlich dupliziertes Trinkgeschirr ist vermutlich meist funktional bedingt. Die Deponierung doppelter Waffen in Grab und Hort wurzelt möglicherweise in bronzezeitlichen Traditionen und bezeugt eher dynastisches Denken. Dito besteht kein Anlass, bigeschlechtliche Doppelbestattungen hierogamisch zu interpretieren, weil sie gleichberechtigt zur Bandbreite verschiedenster Kombinationen von Mehrfachbestattungen gehören. Diese spiegeln naturgemäß die ganze Vielfalt menschlicher Beziehungsmöglichkeiten; ausgesprochen mythisch-religiöse Motivation als Erklärung einer einzeln herausgegriffenen Kombination scheint kaum begründet.

Ausweislich der Situlenbilder dienten Sitz- und Liegemöbel nicht nur dem Symplegma, etruskisch inspiriertes „herrschaftliches" Sitzen (z. B. auf der Sedia Corsini mit Fächer, Flöte, Leier oder Zepter) entsprach naturgemäß ebenso ihrer Bestimmung. Gleichwohl mag es kein Zufall sein, dass das Symplegma auf dem Herrschaftsmöbel stattfand, vorausgesetzt man verbindet die Darstellung mit der Heiligen Hochzeit. Sehr seltene, teils fahrbare gegenständliche Belege von Sitzmöbeln nördlich und südlich der Alpen sind auf einzelne männliche (Verucchio, Dürrnberg) oder feminine Doppelbestattungen (Mitterkirchen) bezogen. Sie selbst und die zugehörigen Grabinventare liefern keine explizit auf die Inszenierung des Symplegmas zielenden Anhaltspunkte; allerdings stellen diese Möbel zweifellos den sozial herausgehobenen Stand und das materielle Vermögen ihrer Besitzer dar.

Gegengeschlechtliche Beigaben als mögliche hierogamische Anzeiger beträfen gewöhnliche Trachtbestandteile, aber auch seltenere Statusobjekte (z. B. Angelhaken, Webstuhlgehänge); ob sie als religiöse Aussage im Sinne der Heiligen Hochzeit interpretierbar sind, erscheint mehr als fraglich. Bestimmte Statusanzeiger und zugleich mythisch konnotierte Beigaben (z. B. Angelgerät, Werkzeuge) kommen generell in Gräbern beiderlei Geschlechts vor, ihre „Gegengeschlechtlichkeit" ist daher ohnehin kaum gegeben.

Beigaben, die als mutmaßliche Opferutensilien gelten könnten, seien es Geräte, seien es Tierplastiken oder Miniaturen, die vielleicht Opiate enthielten oder aber einen religiös konnotierten Speise-/Trank-/Opfer-Akt implizieren, liegen überwiegend in materiell oder ikonografisch „reichen" Gräbern vor, für die beispielhaft die Inventare 507, 641, 577 (Bronzegefäße) oder 669 (Goldperlen) angeführt werden können. Lediglich

---

2350 Huth 2003, 256.

die Stierplastik aus dem Mecklenburg-Grab 12/1907 stammt unter den Plastiken führenden Gräbern aus einem „bescheideneren" Ensemble, Geschlossenheit vorausgesetzt. Nachdem es sich nämlich um die einzige Beigabe des „Grabes" handeln soll, sind in diesem Fall quellenbezogene Zweifel berechtigt (zu erwägen wäre neben einer Störung oder einer Fehlinterpretation [die Figur gehörte doch zu einem benachbarten Grab mit weiteren Beigaben[2351]]) auch ein Einstückdepot innerhalb des Nekropolenareals, letzteres ein möglicherweise öfters vorkommender, noch wenig erforschter Befundkomplex[2352]. Auch Ensembles, die Miniaturgefäße („reichere" z. B. Gräber 507, 574, 577, 667, 669; „ärmere" z. B. Gräber 724, 5/1889) oder Miniaturäxte enthalten (Gräber 260, 504, 507, 641, 697, 734), sind mehrheitlich als überdurchschnittlich zu bezeichnen. Unter diesen stellt nur Grab 743 ein „bescheideneres" Inventar dar. Mehrheitlich repräsentiert diese mutmaßlich religiös ausgewiesene Personengruppe, vielleicht Akteure kultischer Handlungen und tatsächlich die oft benannte Mittlerrolle zwischen einer „Gottheit" und dem Menschen einnehmend, eine Elite, die sich durch Bronzegeschirr, Goldschmuck usw., also nicht nur durch den religiösen Bezug auszeichnet, sondern auch durch andere Prestigeobjekte eine gehobene soziale Stellung innerhalb Hallstatts einnahm. Erlangtes Sozialprestige bzw. sozialer Status „wirkte" vermutlich wiederum nicht nur innerhalb der menschlichen Gemeinschaft, sondern auch gegenüber den Göttern, dem Numinosen.

Generell mythisch verankerte Beigaben liegen jedoch im Hochtal (und andernorts) nicht immer in sozial herausgehobenen Inventaren, wie beispielsweise die Hallstätter Gräber 124/1876, 660, 689 (mit einem Bronzegefäß), 90/1873, 322, 524, 703, 765, 766, 825, 936 (mit Dolch), 1/1947, 5/1939, 21/1891, 63, 396, (mit Goldelementen), 57, 75, 937, 395, 894, 3/1907, 43, 115 (mit Textilien), 55, 444, 112/1875, 120, 205, 241, 483 (mit Feilen und Angelhaken) belegen, sofern sie tatsächlich geschlossen und gesichert sind. Diese Ensembles führen außer dem genannten Metallgefäß, Dolch, Gerät etc. quantitativ wenig religiös sprechende Beigaben, nämlich persönliches Trachtzubehör wie Nadeln oder Ringschmuck.

II

Die hier im Fokus stehenden Beigabengruppen, Beobachtungen und Befunde gehören zu den von H. Steuer benannten Quellen, die es von archäologischer Seite zu befragen gilt, will man sich dem Begriff der „sakralen Herrschaft" nähern, also hinterfragen, ob Eliten auch religiöse Positionen innehatten. Dabei weist Steuer darauf hin, dass zwischen einem „Herrscher mit kultischen Aufgaben" und einem „vergöttlichten oder einem gottgleichen Herrscher" mit archäologischen Mitteln selten unterschieden werden könne: *„Nicht die einzelnen Herrschaftszeichen oder religiösen Symbole oder Befunde wie reiche Grabausstattung führen zum Nachweis von Sakralkönigtum, sondern nur die archäologisch erfaßbare Inszenierung einer herrschaftlich organisierten sakralen Handlung in ihrer Komplexität und Vollständigkeit."*[2353] Zwar bleiben bislang in Hallstatt Kulthallen oder -bezirke, mit dem Gräberfeld räumlich und zeitlich unmittelbar zu verbinden Opferplätze oder entsprechende Orte (s. Kap. 1) sowie Sitz- oder Liegemöbel in Gräbern als seltene Herrschaftszeichen aus, dennoch gehört die Mehrzahl der beleuchteten Beigaben zu den Regalien, d. h. zu den zeitlosen Symbolen von Macht und Autorität, die eine *„histoire de long durée"* erzählen. Auch fehlen bekanntlich entsprechende Grabmonumente bzw. der Nachweis kultischer Handlungen an den Gräbern selbst. Allerdings erinnert die Ausstattung mancher Grablegen generell an denkbare Kultgebäude der Herrschenden mit Utensilien für das Gelage, textiler Ausstattung, Rückbesinnung auf die Ahnen (ererbte oder zeitgenössische Altbeigaben) sowie Geschenken und Gaben aus der Fremde, die ggf. wiederum auch die kultische Position stärken oder einen jenseitigen Bezug herstellen konnten wie Goldschmuck oder exotische Bronze- und Glasgefäße. Die bislang nicht modern nachgewiesenen, aber in den alten Grabungsberichten erwähnten „Tonwannen" in den Gräbern eigneten sich evtl. als Analogien zu (individuellen) Häusern, vorausgesetzt, es gab sie tatsächlich. Gleiches gilt für eindeutig nachgewiesene Steineinfassungen[2354]. Gegeben sind in Hallstatt, wie oben beschrieben, die Steuer'schen Maßgaben für herausragende Bestattungen, für Beigaben interpretiert als Zeichen und Symbole bestimm-

---

2351 S. dazu auch Egg 2016, 270 ff. (zu Beigaben außerhalb von Urnen in Wörgl, Egerndorfer Feld).
2352 Bischofshofen: Glunz-Hüsken 2008, 65 Anm. 310 (Lappenpickel).

2353 Steuer 2004, 186.
2354 S. dazu z. B. die beiden anschaulichen Rekonstruktionsvorschläge und die Steineinfassung des Grabes 60/2002 bei Kern et al. 2008, 127. Kromer 1959, Abb. 140.

ter mythisch konnotierter Themen (oder unmittelbar kultischer Handlungen [Ringgehänge, ggf. Fibeln mit Miniaturgefäßen]), die teils auf den Situlendenkmälern wiederkehren, für sozial gestaffelte Grabausstattungen („Ranghöhe von Ausrüstungen") und für mutmaßlich religiös intendierte, rituelle Zerstörungen[2355].

Diese Beschädigungen betreffen nicht selten eben die „Herrschaftszeichen" wie den mutmaßlich ehemals vierrädrigen Wagen, Gürtelketten, phalerenbesetzte Objekte, anthropomorphe Dolchgriffe etc. Ob letztlich jedoch religiöse Intention und rituelle Durchführung oder schlicht die ökonomisch bedingte Einsparung (von „Rohstoff") Anlass für Deformationen war, wissen wir nicht[2356]. Schließlich wäre zu fragen, was man mit den symbolischen Achsnägeln und den Radanhängern gedanklich verbunden hat: „Profane" Umfahrten sozial Privilegierter oder eine ideelle Fahrt ins Jenseits? Erinnern die Miniaturgefäße lediglich an das gesellige Gelage oder enthielten sie Drogen, die andere Bewusstseinszustände hervorriefen? Dienten die Bratspieße, Bronze-, Glas- und Holzgefäße tatsächlich für ein religiös motiviertes Mahl oder sozial gesehen lediglich dazu, Bündnisse und Gefolgschaften zu pflegen? Stehen die plastischen Tierfiguren und theriomorph besetzten Kleinäxte für ein religiös inspiriertes Opfer oder belegen sie die privilegierte Stellung ihrer Besitzer als solche, die über Tiere bzw. Herden verfügten und diese aus rein wirtschaftlichen Gründen auch selbst töteten? Führten die mit diversen Ringen Bestatteten nicht mehr nachweisbare kultische Handlungen aus, eine These, die auf entsprechenden meist italischen anthropomorphen Plastiken und stark ringgeschmückten Kultgefäßen basiert, oder handelt es sich lediglich um beeindruckenden „Schmuck" oder Trachtelemente? Dachten die Ausrichter der Bestattung beim Anblick kostbarer Textilien an die Heilige Hochzeit und emotional an ihre Herstellerinnen, an den zeitlosen „Mythos" des Webens oder an deren Kostbarkeit und das soziale Vermögen ihrer Besitzer? Gerade Stoffe bieten eine Vielzahl an Deutungen – sich auf eine festlegen zu wollen, schränkte bereits gewonnene Einsichten unnötig ein.

Die „herrschaftlich organisierte sakrale Handlung" nach Steuer ist daher trotz aller mutmaßlichen Indizien allein mit archäologischen Mitteln für Hallstatt nicht immer zweifelsfrei belegbar.

Beinahe alle hier untersuchten Realien kommen jeweils in mehreren oder vielen Gräbern vor, seien es die zeichenhaften Halbmondfibeln mit Vogelprotomen und triangulären Klapperbleche, bronzeverzierte Textilien, symbolische Stierplastiken, gestaffelt nach Zahl Bronzegefäße für das Gelage, gold- und bernsteinbesetzte Schwerter, Dolche mit anthropomorphem Griff, theriomorph besetzte Miniaturäxte und anderes mehr. Das heißt, die im Hochtal während des 7. und 6. Jahrhunderts beerdigte elitäre Gruppe war offenkundig nicht monarchisch organisiert, sondern eher eine „Herrschaft der Wenigen". Dabei bleibt offen, ob sie oligarchische oder aristokratische Züge aufwies, weil wir nicht wissen, ob die gesellschaftliche Position innerfamiliär tradiert wurde (s. die Diskussion zu den Kindergräbern). Ausnahmen stellen z. B. der symbolische vierrädrige Wagen (Grab 507) und die aufwändig geschmiedete Gürtelkette aus Grab 669 dar, weil sie formal singulär bleiben. Indirekt spiegeln aber auch diese beiden Ensembles keine abgehobenen Spitzen der Gesellschaft, da sie über den mutmaßlich wiederverwerten Nabenbeschlag (Grab 669), das zweifellose Radsymbol (Grab 121), die Miniaturgefäße und die Gürtelkette mit anderen Bestattungen verflochten erscheinen. Als auch sozial besonders herausgehobene Individuen können folglich dennoch jene gelten, die mehrere religiös konnotierte oder interpretierte Realien führen, vorausgesetzt, die entsprechenden Quellen sind verlässlich. Zu nennen wären beispielhaft die Gräber 507 (symbolischer Wagen, Bronzegefäße mit Zeichen und Ringschmuck, Schwert mit traditionellen Emblemen, Ringgehänge als mutmaßliches Kultgerät, symbolisches Opfertier und mögliches miniaturisiertes Opfergerät, vermutetes Textil), 505 (Bronzegefäße, teils importierter Goldschmuck, Halbmondfibel mit Tiertrankszene), 671 (Textil, Gold, Bronzegefäß mit Tierbesatz), 132 (Textil, Gold, Bronzegefäß, Ringgehänge), 340 (Bronzegefäß, hypothetisches Textil, Gold, wahrscheinliches Opferbeil) und andere mehr.

Ob das vor sakralem Hintergrund gesehene Fest- und Trinkgelage samt dem zuvor erfolgten Tieropfer in Hallstatt mit der Anbindung einer sozial niederen Gefolgschaft verknüpft oder wie das griechische Symposium für Gleichrangige gedacht war, ist offen, weil man über die potentiell unterschiedliche Qualität einschlägiger Keramik, die zweifelsfrei pro Grab zur Be-

---
2355 Steuer 2004, 188 ff.
2356 Dazu Glunz-Hüsken 2013. Formal schließen sich die betroffenen Gräber Hallstatts somit den Grabsitten der inneralpinen Hallstattkultur an.

wirtung einer Gruppe in Frage käme, keine Kenntnis hat („Stapelware" ist in den ca. 100 Gräbern der neuen Grabung Kern [ebenso wie tönerne Grabunterlagen] bislang nicht nachgewiesen). Beinhaltet eine Grabausstattung mehrere Behälter, die eine große Menge Flüssigkeit fassen, sind jedenfalls formal keine Unterschiede erkennbar, die adäquat sozial gedeutet werden könnten. Symbole für sakrale Handlungen im Rahmen des Gelages stellten unter religiöser Prämisse augenscheinlich und selbstredend vor allem die plastischen, stark gehörnten Tierplastiken und die Miniaturäxte dar, von denen eine vermutlich in einer Bronzeschale lag und einen Opfervorgang assoziiert, der sich folglich symbolisch unmittelbar auf den Besitzer, den Toten selbst bezieht. Dass es sich bei der im Hochtal bestatteten Gemeinschaft um eine hierarchisch gestaffelte handelt, kann kaum bezweifelt werden. Ihre Spitzen verankerten sich umfassend mythisch, fallweise zeigten sie wohl unmittelbar ihre sakralen Funktionen an.

16 Summary

"Human beings have always believed themselves to be creatures who entertain multiple relations not only to their immediately experienced surroundings, but also to higher powers; a tendency to the transcendental is innate."[2357]

I

This study is concerned with the religious symbolism found in rich graves of the Early Iron Age cemetery at Hallstatt in Upper Austria. The focus is on immaterial constants and aspects, grounded in the mythico-religious sphere, which have resulted in key artefact groups and features of the eponymous cemetery; certain grave goods are thereby understood as manifestations of time-transcending religious beliefs. Spheres charged in this way – wagon use, feasting/symposia, sacrifices, warriorhood, hunting and fishing, weaving, blacksmithing and in some cases woodworking – are represented by the different grave good inventories to differing degrees. We start from the assumption that all objects in graves primarily reflect religious thinking. This statement must be qualified by the fact that contextual and structural analyses of material objects may provide only partial insights, as religiously motivated behaviour need not necessarily be archaeologically recognisable. In many ways, Hallstatt is predestined as a case study focusing on the archaeology of religion. Its many rich, sometimes even lavishly furnished grave assemblages stand out through exceptional, symbolically charged objects, anthropomorphic representations, Mediterranean imports, gold and manifold Bronze vessels. These inventories generally reflect long-distance networks (fibulaes), so that Hallstatt's special position is not merely topographic. The rich grave assemblages can be connected to lavish interments in other regions and periods, as well as to depictions in situla art – both provide promising avenues for further interpretation, for instance if one were to investigate the interrelations of political rule and the sacred[2358].

We have differentiated traditional Bronze Age artefact groups, such as feasting equipment (various items relating to the consumption of food and drink); the depiction of warriorhood and hunting; the use of wagons, respectively wheel motifs and riding, the latter of later inspiration; textiles, both as physically preserved and as symbolically inferred; belts and their fittings and ornaments; various bronze items of several kinds with miniatures or symbolic representations; as well as potential tools; gold or gilded objects; and also zoo- and anthropomorphic figurines, the latter being an Iron Age innovation. In sum, in the mortuary context we have collected items and themes generally connected with elites and which have a religious connotation anchored in myths, and then investigated them from a religious point of view.

Where it seemed appropriate, we have aimed at a comparison with scenes and individual images on situlae. Numerous parallels between the generally earlier Hallstatt finds and the mostly younger images show that the topics of the friezes transcend temporal boundaries and at the same time document the religious quality of the finds. On the other hand, there are many reasons why not all themes depicted in imagery have their material or symbolic counterparts in graves. This includes for instance fighting with barbells, playing the pan flute or lyre, or the symplegma (interpreted as indicating hierogamy/the sacred marriage), for which clear and direct evidence is so far lacking from burials at Hallstatt or indeed elsewhere; occasional claims to the contrary remain of a merely interpretive nature. In addition, the actual objects used as grave goods sometimes sketch a more differentiated picture than the friezes or have a different emphasis, as is most clearly shown in the diverse full-size and miniature items of Hallstatt feasting or possible sacrificial equipment. We wanted to ask whether possible religiously motivated actions, such as rituals (whether objects rooted in myth were concerned or not), were archaeologically identifiable and whether, and if so how, persons holding a religious office could be recognized. In addition, can their "religious indicators" be connected to mythological themes?

For Hallstatt, the inventories in question were subjected to an exhaustive source-critical analysis. This is one of the two most significant aspects of the present study, as this constitutes fundamental archaeological[2359] research. Following different "protocols"

2357 Lang 2002, 917.
2358 Steuer 2004, 188 ff.

2359 In contrast to the quantitative-statistical analysis carried out by F. R. Hodson (Hodson 1990).

(some of which are partially reproduced in the "List of double-checked Ramsauer graves"), the foundational 1959 publication by K. Kromer had to be amended with regards to several of the rich graves. In addition, the critical study of the grave goods in terms of their possible associations within the grave context was carried out alongside the sometimes tricky interpretation of special items (bowl-shaped helmets, phalerae). Heterogeneous methods were also occasionally used for comparative analyses of artefacts (dagger hilts, ring pendants [*Ringgehänge*], miniature vessels, anthropomorphic depictions and so on), leading to rather varied results. For instance, they confirmed the contacts between Hallstatt and Greece, and possibly even Thrace (double protomes on ring pendants; zoomorphic fittings on various items), which had previously only been hinted at. In this vein, the anthropomorphic plastic decorations on dagger hilts hitherto interpreted as "orantes" or praying persons can be reinterpreted as showing a belligerent victor's pose, while numerous miniature vessels were matched to their full-size pottery and bronze equivalents to open new interpretative possibilities. Finally, the disassembly and special deposition of bowl-shaped helmets and of objects with phalerae could be identified.

This case-by-case autopsy and/or the double-checking of sources described above amplify, correct or focus the known assemblage of objects and features in different ways: belts placed around the neck, a steep-sided miniature vessel with a possible wooden or metal template, isolated horse teeth as partial horse burials, a probable wheel hub cover in secondary use, Bronze serving vessels covered by textiles, a flanged axe decorated with circles buried in association with the figure of a bull (sacrificial aspect), the deposition of a miniature axe in a bronze bowl (relation to sacrifice), plastically modelled armour, a nail-studded leather cape collar with a possibly defensive function, tin-coated pottery or the definition of glass vessels as handled cups (rather than bowls, as previously thought) may serve as examples here.

However, not all kinds of artefact investigated here have an unmediated religious content. Various helmets, arrowheads (probably once part of a bow and arrows), golden ear and armrings or spearheads do have mythical connotations, but the examples from Hallstatt, and from many other places, do not show any formal characteristics which can be interpreted as religious in a direct way. In a few cases, certain constellations do suggest ritually motivated practices.

Previous research has, amongst others, cited anthropomorphic representations as evidence of changes in personhood with respect to the Bronze Age. As a result of contacts with the south (see e.g. vessel bearers, Lord/Lady of the animals), it is argued, people were about to define themselves as individual agents active in complex environs. With the exception of these finds, this is the well-known expression of the "*primitive-elementary thought of an elite at the periphery of the Mediterranean*", as G. Kossack once put it[2360]. In this world view personified deities, fixed sacred buildings, permanent urban life – the latter a completely open question for Hallstatt – and literacy, in other words the hallmarks of southern civilizations and their surrounding areas and only present to a limited extent on the southern slopes of the Alps[2361], all ultimately failed to establish themselves, in spite of the fact that the economically sophisticated and evidently flourishing trade monopoly and the long-range contacts associated with it were a far more favourable basis than was present elsewhere. It seems evident that both the mining and the distribution of the salt-rich rocks necessitated directed, practical, long-term and hence operative action, which in turn influenced the self-perception of the persons co-ordinating it. Yet this is also true for the Bronze Age inhabitants of Hallstatt, whose cemetery we do not know and whose specialised primary and secondary mining methods (including oak handles, stairs), curing basins and supply structures are not a one-off, singular mining phenomenon[2362], but are evi-

---

[2360] Kossack 1999, 189.

[2361] E.g. Steiner 2010, 168 ff.; 219–276 (on *Brandopferplätze* with immovable, including stone-built altars, profane structural elements and row-like arrangements influenced from further south).

[2362] Pucher 2013, 82: "*... thus, in the meantime several further findings from Bronze Age mining settlements and their surroundings have been collected which suggest that the Hallstatt logistics of supply were not a singular case, but merely a particularly striking example for a level of organisation that had been reached quite widely at this time and involved the mutual inter-locking of several specialised crafts. This was by no means limited to salt mining, but in a more or less similar form is also encountered on copper mining sites. The targeted use of specialist labour was evidently not just a matter of mining technology itself, but also included the trade with mining products and their demand, and especially the transport and exchange of goods over a network of routes spanning the entire east Alpine area and beyond*".

dence for direct, expedient activity at this earlier period already and hence also required operative action. An emerging individual consciousness may, to name one example, be reflected in the association of an anthropomorphic sculpture with a possible sacrificial device, which foregrounds both the high-status activity of riding and Eastern Hallstatt armour in an idealised manner (grave 641). In a similar vein, one could cite the exceptional half-moon-shaped brooches with zoomorphic designs of Italic inspiration and miniaturised vessel applications (graves 505, 94/1873) or the half-moon-shaped brooches and dagger hilts implying an image of the Lady of the Animals, as well as isolated anthropomorphic dagger hilts depicting a belligerent victor's pose, i.e. objects of undoubtedly religious character (here with Italic influence). The latter may have had their formal models in older anthropomorphic dagger hilts made from iron, also with Italic influences, yet unambiguous anthropomorphic appearance is hardly the product of chance, but rather of a changed self-perception which was religiously motivated and may even presuppose anthropomorphic deities. This in turn would be unthinkable without influences from further south, as is explicitly supported by the lack of such objects in the Bronze Age inventories of other sites. How this "new" self-awareness was blended with the traditional, magically imbued view is shown in a conspicuous and exemplary manner by the anthropomorphic dagger hilt from grave 557, decorated with miniature vessels of local character referencing the feast/sacrifice.

Just like their neighbours, the inhabitants of the inner Alps had always communicated with supernatural forces, ascribed to both living and dead things, via the burning of sacrificial offerings (food)[2363] at hidden places which were difficult to access, or alternatively in striking, exposed locations. In addition, property was buried in the ground or deposited in wet areas without possibility of retrieval. In either case, the donor did not represent him- or herself to the numinous powers as a subject, but remained comparatively anonymous, even though sacrificial customs changed from the Bronze to the Iron Age in that the traditional animal sacrifices and ritual meals were expanded by the inclusion of personal possessions, such as dress fittings, tools, weapons, ornaments and so on. Their purpose was to establish contact with the transcendental powers in the traditional shape of, for example, birds, bird-bovine hybrids or sun boats. Magical and religious practices were particularly important because it was believed that they evoked or repelled forces which were thought to reside in the things themselves and on which one irrationally tried to exert an influence, such as probably the elementary natural forces (growth and destruction at a general level; in Hallstatt perhaps also thunderstorms and their consequences, subterranean geological changes and so on).

What we see here is the religiously determined equipment for the afterlife of an elite which had become wealthy by controlling a monopoly and which entertained a long-distance, primarily economically oriented network of an extent and function which archaeological and scientific analyses have so far only been able to sketch in outline. This specialised Early Iron Age enterprise, which evidently flourished for about two centuries and produced considerable surplus, is known to have brought individual highest-quality imports into the valley, for instance ornaments (a gold Etruscan ear ring alongside two Slovenian golden trefoils and a gold-sheeted southern Italian-Greek disc brooch), metal containers (a possibly Phoenician bowl, north Italian bronze lids, possibly the coasters for an amphora or eastern Alpine glass cup) and probably clothing, including brooches of diverse origins. All in all, because they came from far away these precious items increased the social standing of the few people who owned them and reinforced the existing social hierarchy, irrespective of the fact that similar forms had always been produced by local craftspeople, had been locally worn and had been deposited in the ground. However, all this did not lead to fundamental cognitive or spiritual changes; the basis here remained Bronze Age thought (see the fish hooks, tools and roasting spits). It is probable that some new techniques, such as tablet weaving adopted from Italy, were part of the few innovations from far away for which the associated equipment has not been preserved in the archaeological record. However, corresponding characteristic bandages re-used in the mine could also be imports. Foreign patterns on pottery or textiles are potential bearers of religious messages, but are media which for various reasons can only be drawn upon to a very limited extent at Hallstatt. A brief investigation from that point of view returned a negative result.

2363 Lang 2002.

In addition, both imports and "standard" grave goods, broadly defined, are in marked contrast to the practical requirements of everyday life in the mines, with which we generally associated the people buried in the high valley – a theory which still needs to be tested. Especially the lack of plausible craft equipment at Hallstatt and elsewhere underlines the mythical, timeless and symbolic character of the elements related to warfare, symposia, wagons and textiles in the richer and poorer graves at Hallstatt and other sites and reflects the need to identify oneself with the religiously rooted ideals described above, to gain social status, or to generate prestige.

There is definite evidence that two Mediterranean archetypes of a religious nature were known, namely the vessel bearer and the Potnia/Potnios theron (miniature figurine from the surroundings of grave 585 and later dagger types Ludwigsburg and Aichach). In addition, the abbreviated image of the Lady of the Animals seems to be inscribed in the half-moon brooches with bird applications if, in a strongly reduced fashion, one were to interpret their brim as her clothing and the birds facing each other as her defining attributes. Of course, a reading as a traditional sign of salvation, namely as bird-sun barque[2364], is equally possible, as is the idea of a sacred (bird) textile to be woven. These interpretations do not have to exclude each other and attest to a polysemous way of seeing – an attribute which also applies to the character of the situla friezes. Textiles with elaborate metal ornaments, half-moon brooches interpreted as depictions of woven "sacred" cloaks in female graves and the occasional weaving tool (rare at Hallstatt, but also found elsewhere) from male burials attest to the religious significance of fabrics and to the symbolic character of corresponding tools. Most likely, these refer to the mythical ideal of the weaver who, alongside other items, may have produced textiles with a sacred connotation. This can be related to an inter-regionally present, generally female group of elite persons, evidenced by rare and widespread indicators of social status in the form of fabrics and depictions of stylised looms, bold, miniaturised ornaments and clothes fittings from graves or pictorial sources.

A central feature of both male and female graves are diverse objects related to feasting, involving the provision of both food and drink. The numerous vessels, whether made from metal, glass or organic materials, were the property of the individual, were a functional unit and showed their owner's social ability to cater for him/herself and potentially for a larger gathering. These objects describe their owners, both personally and religiously, as hosts and guarantors of a spiritual community experience, especially if alcohol, drugs or substances (thought to be) of a medicinal nature were consumed[2365]. The extent of the vessel set, and the size and material of the individual components, can only be interpreted in terms social distinction; they demonstrate the social prestige, or in rare cases the social status, of their owners and are not "measures" of individual religiosity. Even a single vessel attests to the idea, albeit in an abbreviated form, of being a host (socially interpreted) and hence the provider of potentially ecstatic experiences which were perhaps understood as closeness to the numinous (religiously interpreted). However, added decoration, noisy and symbolic ring and rattle ornaments, torsion and in some cases zoomorphic applications as signs of salvation do attest to a likely sacred purpose and use. The comprehensive organisation of these feasts was constitutive of identity and community (situla art), consumption was probably associated with religious beliefs because it was thought that one was incorporating the power and spirit of the killed animal(s) (animal and food sacrifices, libations) and was entering into contact with the numinous through intoxicating substances (opiates at Marvinči and the Bullenheimer Berg, inhalation on the situla from Vače). Whether this communal feast included an (irretrievable) food offering to a deity of southern inspiration – either anthropomorphic or zoomorphic – must remain open; it is not clear whether one single find, the classic offering bowl from grave 732, reworked into a cup, does support the existence of an associated southern custom. Rites of libation, aimed to enter into contact with the gods, are also suggested for local Late Bronze Age (elite) graves[2366].

Belts, daggers and brooches decorated with miniature vessels may even mark their female owners as *"exponents of a numinous omnipotence"*[2367], that is to say as intermediaries, maybe ritually active themselves and perhaps thought to be sacrosanct, and at the same

---

2364 Glunz-Hüsken 2008, 49 f.

2365 E.g. also incense.
2366 Nebelsick 2015, 7 f.
2367 Kossack 1999, 191.

time as the owners of social prestige objects. The objects achieve this by implying feasts and/or sacrifices or because (if they formerly contained opiates or hallucinogenics) they are direct and clear evidence for magical practices, even if the ceremonies and their ideational content are no longer accessible to us. The question whether persons furnished with such items held a religious office is particularly pertinent for individuals additionally wearing e.g. an ear ring or pair of ear rings, or ring pendants with zoomorphic attributes or with time-honoured inscribed signs, given that ring decoration, particularly in Italy, was a marker of ritual objects and scenes (see below). Especially in the eastern Alpine area and in Italy there are some very close comparisons for these miniature vessels, attached to a wide variety of objects. However, in Hallstatt they were in some cases applied quite frequently and to innovative bronze symbolic compositions allowing bodily mobility, for instance on the above-mentioned striking brooches (fibulae) and belts or their fittings, and were often superimposed on the time-honoured Bronze Age sun/wheel motif.

Similarly, other individuals were most likely classified as being authorised to carry out sacrifices or as owning sacrificial animals. This is for instance the case for persons buried with animal sculptures with loops or rings (in grave 455, possibly once worn on the belt), and/or with possible butchering implements, whether tools (miniature axes with zoomorphic applications, flanged axes decorated with circles) or – more rarely – vessels (metal bowls and cups). Whether these persons, both men and women, additionally carried out "priestly roles" and whether these roles were or were not identical to those of possible specialists, i.e. those directly carrying out the killing/sacrificing, is not clear from the grave inventories in question. Southern Italian anthropomorphic and zoomorphic figurative scenes, e.g. from Suessula in Campania, Lucera in Puglia[2368] or Bisenzio in Lazio show that people decorated with rings and animals with emphasised horns (quadrupeds, so-called *Vogelrinder* or "bird cattle") took part in what appear to be fertility-related practices. Such scenes complement spatially widespread, but patchy evidence from the circum-Alpine area, setting aside the comparatively most eloquent example of the Strettweg cult wagon.

The four-wheeled wagon as social indicator and religious element (symbolic transport to the afterlife) is attested twice, once in a double burial of a man and a woman, dating to Ha C (grave 507), but only in the reduced form of four linchpins, and once in the shape of a probable fitting for just such a wagon found in the grave of a woman (669, Ha D1) and secondarily used as a conspicuously worn and symbolically charged (miniature vessels, multi-spoked wheel, pseudo-torsion) object. Its components return in an ideal form, albeit in changed order, on Bronze and Iron Age *Beckenwagen* (i.e. miniature four-wheeled cauldron-bearing wagons with waterfowl protomes), expressing the strong Bronze Age roots of religious thought at the beginning of the Late Hallstatt period. The emblem of the multi-spoked wheel (emphatically not a Bronze Age sun symbol) is used just as associatively and visibly (being a particularly emphasised motif) in ring pendants buried on the chests of two female inhumations, where they form an abbreviated visualisation of the religiously and socially charged context of "wagon and wagon-driving" (graves 121 Ha D1, 507 Ha C). The significance especially of this abbreviated depiction of a wagon from grave 507 and of the topos of wagon driving as a whole is also emphasised by its geographically isolated find spot in the Alps and by the fact that it was probably completely disassembled, likely for religious (re-use in another context) but maybe also for profane/economic reasons.

Similarly, the ideal of riding was known in Alpine Hallstatt, as eloquently attested by the figurine from grave 641, showing a mounted warrior in helmet and all-metal armour and depicted in an Eastern Hallstatt style. The primary function of the miniature axe decorated with this figurine could have been ceremonial (sacrificial implement), as it had been placed in a bronze bowl next to the deceased – thus exemplifying the interdigitation of the elite and the religious. Incompletely deposited horse harnesses will hardly have functioned to denote riders, thus following its actual purpose, nor to allude to a divinity. Instead they are secondarily used as amulets, without defining a specific kind of group buried in this manner (men, women, adolescents). In conjunction with the two horse teeth deposited in graves 14/15 and 181, which can be interpreted as quantitatively minimal "remains" of a formerly much higher number of buried horses or horse parts, they may well document the existence of these

---

2368 Woytowitsch 1978, Nr. 125 Taf. 23.

animals in the high valley, whether used as pack animals, signs of social status and/or mounts.

Gold, or rather the covering of objects in sheet gold, is generally used only as a means of heightening prestige. Only in the case of the wheel-dagger knife from grave 696 does it serve to additionally mark out an object with a strong signifying component, which likely had religious connotations. Other symbolically charged objects are exclusively made from bronze, as shown by ring pendants, belt chains and various brooches. Simple gold ear rings or isolated gold bracelets cannot be characterised more closely, as they do not bear any interpretable signs. They can only be evaluated in terms of associated grave goods. In Italy, rings or chains made of rings are the external markers of ritual actors or of likely ritual vessels.

Warriorhood is hinted at through contemporary south-east Alpine helmets, swords with inter-regional parallels and symbolic character, daggers, a nail-studded cape collar of likely local manufacture and possibly by spears. While older dagger hilts show an anthropomorphic figure in defensive or victorious pose, later examples seize on the image of Potnia theron. Their owners thus for the first time link themselves to an anthropomorphic deity of southern origin.

Hunting (with bow and arrow) and fishing, which in the south are practices with "elite" roots (just like weaving), are also evidenced in the valley. Overall, corresponding implements are found in only few male graves, weaving tools naturally more often in female graves. In addition, three "hunters" are marked out through timeless gold ring ornaments and thus express their ultimately maybe "divine" privilege.

What seems important and characteristic for Hallstatt is that many objects with religious connotations were perhaps used in the course of ritual acts by men and women, or stand symbolically for such acts. One could mention especially the miniature axe from grave 641 (and by analogy possibly its parallels), which given the circumstances of its deposition could be a depiction of an animal sacrifice (axe in a bowl), as well as cow-calf vessels (graves 671, 98/2010), that is to say objects with zoomorphic and/or anthropomorphic applications. One could also include the vessels, brooches and ring pendants symbolically charged through the use of miniature vessels or protomes. In analogy with southern and central Italian comparanda and scenes, does not the animal figurine with ear ring from grave 340 stand in for a sacrificial animal or the possession of one, and was the associated flanged axe with circle decoration a sacrificial implement at the disposal of the buried woman? Were this and other animal figurines used in ritual and symbolic practices? Although these questions cannot be answered with certainty, human figures wearing rings, e.g. on the Strettweg cult wagon, clearly show that this connection, ultimately of southern inspiration, was also adopted further north (e.g. brooches from Suessula near Acerra, Campania). Individuals buried with ear rings at Hallstatt, in social terms members of different elites, were not buried with other clearly related grave goods (such as implements) and thus do not support this idea. In how far the simple ring pendants with haft, sometimes worn on the chest, mark out religious dignitaries (in grave 132 this is probably a child) remains speculative, particularly where additional clear indications are lacking. Socially speaking, these are found in simple and rich assemblages – a religious office would therefore not necessarily have been coupled to material wealth or a high social status.

Perhaps the many triangular jangle plates are also evidence for a religious motivation, or possibly a ritual, whether they are fixed to the four linchpins, to a vessel coaster (grave 507), situlae or all ring pendants. In some cases, they may have had an internal, emotional connotation alongside the external, acoustic one, as they optically resemble pyramidal loom weights and hence reference the socially, but also religiously relevant aspect of textiles and the mythically charged act of weaving. Their subject is thus most likely to depict a textile veiling of their bearers in an iconically-reduced way. North of the Alps, too, textiles themselves and their production (symbolically: pendants in the shape of miniature weaving looms) could have been associated with elite women, their craft skills and emotionally grounded work, and could thus ultimately (but not exclusively) have recalled the sacred marriage.

If the deposition of partly very valuable textiles and the corresponding manufacturing implements is ascribed to the subtle and multi-facetted meanings of weaving as such, then the former quantitative dimension of this aspect is hard to evaluate given the complete decay of purely organic substances, a fact which of course also applies to other sites. In any case, the deposition of associated tools and implements does not even come close to reflecting the actual needs of the population, suggesting that such items were purely symbolic objects connecting people with the mythology of weaving and its far-reaching symbolism while at the same time – in purely practical terms – we can hypothesise that production was outsourced to the plains, at least as long as the settlement associated with Hallstatt has not been found and investigated. However, a more frequent depiction of sacred cloaks, allegorically made on a loom, is only attested in the high valley (ornaments), if half-moon brooches with two opposed bird protomes are interpreted in this vein. However, such products are virtually unthinkable without the Potnia theron, an anthropomorphic deity of southern origins generally depicted in elaborate dress and with pairs of animals, so that ultimately the cloaks must be interpreted as a Mediterranean inspiration.

To interpret the provision of the deceased with textiles predominantly as an expression of hierogamy (Saeflund, Huth, see chapter 1) does not seem immediately obvious. Textiles in graves fulfil a range of functions, whether this be personal dress, the covering of other grave goods or the wrapping or veiling of certain items. The latter practice is hard to interpret, but it is clear that the colourful and often patterned textiles made the objects thus covered invisible (e.g. Hochdorf), relegating them into the background. The regular and careful concealment of numerous single grave goods cannot really be interpreted as providing equipment for a symbolic bed for the symplegma – this would be different if only corresponding furniture was covered, that is to say items which also play a role in the depictions connected to the symplegma. Given the available information and the wide-ranging possibilities of interpretation, it must also remain open whether textiles for "the woman as such" were seen as a female attribute and whether their presence in male graves hence hints at a sexual act, an interpretation which in my view goes too far and cannot be supported archaeologically, but goes back to a hypothesis developed by Huth, who sees cross-gender grave goods in general as indicators of hierogamy.

The diverse, sometimes unique grave goods at Hallstatt, some individualised and referencing sacrifice, ensure that this assemblage stands out compared to those of other sites, even in quantitative terms. They also stress a religious aspect which is at most hinted at, but not extensively narrated in situla art. The majority of the persons thus distinguished in the grave probably held a socially elevated position, whether at a local (possibly prestige) or supra-local level (possibly status[2369]). Their sheer amount is also notable, although this can be relativized when taking into account the overall number of graves, which is (still) uncertain. Similarly equipped persons from other cemeteries, whose grave goods can, grosso modo, be compared to Hallstatt (e.g. individuals with ring pendants, with a comparable quatrefoil brooch from north-east Bavaria or with belts ornamented with miniature vessels), mostly remain isolated examples in their respective, generally small burial communities.

The often observed more or less intensive fragmentation of many grave goods through mechanical damage is generally connected with religious ideas, for instance with the destruction of the power they symbolise or with entrapment in the grave, but also with the belief that even parts of objects were still imbued with power. In Hallstatt, too, individual components were reused and made into new symbols, which however also incorporated traditional elements. In one case, constructional elements of traditional cult wagons can be recognised (grave 669) and triangular metal sheets were sometimes former components of vessels or belt fittings. Also affected are brooches, belts, belt chains, daggers and in particular their anthropomorphic hilts, at least three sword blades, objects with attached metal fittings, possibly a bowl-shaped helmet, the possibly once extant two-axled wagon and numerous ring pendants. Yet the recycling of individual parts is only rarely in evidence. Whether missing pieces were "sacrificed" in an as yet unknown location or were simply melted down for economic reasons (hence being recycled in a purely physical, so to speak practically motivated way) is unknown.

Definitely damaged and probably or evidently incomplete grave goods in particular contradict the idea that the dead were represented in a heroised way (and hence also speak against a possible "*heroisation of the deceased with a view to his expected apotheosis in the afterlife*" [2370] [see the hypotheses of Kull and Huth, chapter 1]). The use wear in particular shows that there was no great difference between the at least temporary equipment of the living and that of the dead, so that in turn a "heroisation" through gold and insignia was intended already during people's lifetimes – at least if

---
2369 After Schumann 2015.
2370 Huth 2003, 256.

one assumes that the graves meet the originally defined criteria of true princely graves (e.g. Hochdorf), in relation to which these ideas were first formulated. What is surprising in this context is rather the discrepancy between the likely everyday life in the mines, which as already mentioned is not at all reflected in the grave good inventories (not even in the "poorer" ones) – to the contrary: these objects for the most part would not have been useful in the mine and thus rather stress mythical and individual-personal references.

In addition, one would have to reflect on whether the postulated heroising representation of members of the elite was not tied to an intact body (inhumation at Hochdorf, monumental stela at Hirschlanden), which would exclude the many richly furnished cremations at Hallstatt.

The hypothetical interpretation of pairs of grave goods as a "handing over of power" must ultimately remain speculative and first and foremost touches on a social, possibly also a spiritual-psychological, but likely not a directly religious aspect. At Hallstatt, it applies only to swords, daggers and perhaps tools, as only these are status objects – provided one accepts Schuman's definitions of status and prestige. Evidently doubled drinking gear is probably for the most part functionally motivated. The deposition of double sets of weapons in graves and hoards may be rooted in Bronze Age traditions and rather indicates a dynastic way of thinking. In the same way, there is no need to interpret double burials of a man and a woman as hierogamy. Rather, they are one of several possible combinations within the range of multiple burials. These naturally reflect the whole variety of possible human relations; a definite mythico-religious motivation to explain a single combination seen in isolation does not seem warranted.

According to situla art, furniture for sitting and lying down was not only used in the symplegma. Rather, they were just as suited for Etruscan-inspired "seigneurial" sitting (e.g. on the Sedia Corsini with fan, flute, lyre or sceptre). Nevertheless it may not be accidental that the symplegma did take place on such seigneurial furniture, provided that the image is connected to the sacred marriage. Very rare, sometimes wheeled examples of seating furniture north and south of the Alps relate to single male (Verucchio, Dürrnberg) or female double burials (Mitterkirchen). These burials and the associated grave good inventories do not provide any indication that they are explicitly aimed at setting the stage for the symplegma; nevertheless such furniture undoubtedly reflects the socially elevated status and the material wealth of its owners.

Cross-gender grave goods as possible indicators of hierogamy would include costume elements, but also some of the rarer status objects (e.g. fishing hooks, pendants in the shape of miniature weaving looms); whether they can be interpreted as a religious allusion to the sacred marriage is highly questionable. Certain status indicators can generally occur in conjunction with grave goods with mythical connotations (e.g. fishing equipment, tools) in graves of both sexes; their "cross-gender" aspect is hence slight at best.

Grave goods which could be sacrificial implements, whether they be tools, zoomorphic figurines, or miniatures potentially holding opiates, or whether they imply religiously connotated eating, drinking or sacrifice, generally occur in materially or iconographically "rich" graves. As examples, one could mention grave inventories 507, 641, 577 (bronze vessels) or 669 (gold beads). The bull figurine from the Mecklenburg grave 12/1907 is the only case of a grave with a figurine having an otherwise more "modest" grave good spectrum, provided this is a closed assemblage. Yet since this is allegedly the only grave good of this "grave", it is legitimate to foster source-critical doubts (alongside disturbance or a possible misinterpretation [the figure may have belonged to a neighbouring grave with more grave goods[2371]], one could also be dealing with a one-piece hoard within the cemetery, which could well be a relatively frequent, but as yet under-researched kind of feature)[2372]. Equally, assemblages containing miniature vessels (among the "richer" ones are e.g. graves 507, 574, 577, 667, 669; among the "poorer" e.g. graves 724, 5/1889) or miniature axes (graves 260, 504, 507, 641, 697, 734) mostly have an above-average assemblage. Among them, grave 743 is a "modest" inventory. In the main, this group of persons is probably religiously marked and perhaps consists of actors in rituals, carrying out the oft-mentioned role of an intermediary between a "deity" and human beings. These individuals represent an elite marked out by bronze vessels, gold ornaments and so on, i.e. not only because of religious

---

2371 See also Egg 2016, 270 ff. (on grave goods outside urns in Wörgl, Egerndorfer Feld).
2372 Bischofshofen: Glunz-Hüsken 2008, 65 Note 310 (flanged pick).

references, but also because other prestige objects allowed them to hold an elevated social position at Hallstatt. Acquired social prestige or social status in turn probably was not only "effective" within the human community itself, but also in relations with the gods, the numinous.

However, in the high valley (and elsewhere), grave goods with a generally mythical reference are not always found in socially elevated inventories, as for instance shown by the Hallstatt graves 124/1876, 660, 689 (with one bronze vessel), 90/1873, 322, 524, 703, 765, 766, 825, 936 (with dagger), 1/1947, 5/1939, 21/1891, 63, 396 (with gold elements), 3/1907, 43, 57, 75, 115, 937, 395, 894 (with textiles), 55, 112/1875, 120, 205, 241, 444, 483 (with files and fish hooks), provided these are secure and closed contexts. In quantitative terms, apart from the metal vessels, daggers, tools etc. mentioned above, these inventories have few religiously connoted items, namely personal costume elements such as needles or rings.

II

The grave good assemblages, observations and features focussed on here are among the kinds of sources listed by H. Steuer which archaeologists need to interrogate if they want to approach "sacred rule", i.e. the question whether elites also held religious positions. As Steuer points out, it is almost always impossible to distinguish archaeologically between a "ruler with ritual responsibilities" and a "deified or god-like ruler". As he puts it, "*Sacred kingship cannot be proven on the basis of the individual power insignia or religious symbols or findings such as rich grave good inventories, but only where the archaeologically visible mis-en-scène of sacred activity organised by the ruling powers is completely present in all its complexity.*"[2373] So far, in Hallstatt there are no ritual halls or cult areas, sacrificial districts or other corresponding locations directly related to the cemetery both spatially and chronologically (see chapter 1), nor insignia of power such as furniture for sitting and lying down, which is absent from the graves. Nevertheless, the majority of the grave goods discussed here are regalia, i.e. timeless symbols of power and authority telling a "*histoire de longue durée*". Also, as is well known, there are no funerary monuments and no evidence for ritual activities at the grave side. However, the inventories of some graves do recall potential cult buildings of the rulers in a general way, with utensils for feasting, textiles, references to the ancestors (older grave goods, whether inherited or contemporary), as well as gifts and presents from far-off areas, which in turn could have buffered one's ritual position or created a link to the afterlife, such as gold ornaments or exotic bronze and glass vessels. The "clay vats" in graves, mentioned in older excavation reports, but so far not corroborated in modern excavations, may possibly be suitable analogies of (individual) houses, provided they did indeed exist. The same goes for the definitely attested stone curbs[2374]. As described above, Hallstatt fulfils Steuer's stipulations for exceptional burials, for grave goods interpreted as symbols of certain themes with mythical connotations (or direct ritual acts [ring pendants, maybe brooches with miniature vessels]), some of which recur on situla monuments, for socially graded grave inventories ("rank of inventories") and for ritual episodes of destruction with a likely religious intention[2375].

This damage is not infrequently inflicted precisely on the "insignia of power", such as the originally probably four-wheeled wagon, belt chains, objects with metal fittings (phalerae), anthropomorphic dagger hilts and so on. However, whether these deformations were ultimately due to religious intentions and their ritual enactments or simply to economically motivated savings (of "raw material") is unknown[2376]. Finally, we should ask what was mentally connected with the symbolic linchpins and the wheel attachments: "profane" parades of socially privileged persons or an imaginary journey to the afterlife? Are miniature vessels merely reminders of the social occasion of a feast, or did they contain drugs providing altered states of consciousness? Were roasting spits and vessels made of bronze, glass and wood really for a religiously motivated banquet, or was their social function merely to reinforce alliances and fellowships? Do the animal figurines and small axes with zoomorphic applications stand in for a religiously inspired sacrifice or are they evidence for their owners' privileged social position as such, show-

---

2373 Steuer 2004, 186.

2374 See e.g. also the two vivid reconstruction proposals and the stone setting surrounding grave 60/2002 in Kern et al. 2008, 127. Kromer 1959, Abb. 140.
2375 Steuer 2004, 188 ff.
2376 See also Glunz-Hüsken 2013. Formally, the Hallstatt burials in question can thus be connected to the burial tradition of the inner-Alpine Hallstatt culture.

ing that they owned animals and herds and could kill them themselves? Did those buried with various rings actually carry out more ritual acts, an idea which is based on corresponding anthropomorphic figurines and on cult vessels with ring decoration, mostly from Italy, or was this merely impressive "ornamentation" or elements of costume? Did those fitting out the grave think of the sacred wedding when they saw textiles and did they make the emotional connection to the female textile producers, the timeless "myth" of weaving, or were they reminded of how precious such material was and of the social wealth of its owners? Textiles in particular allow for a multitude of interpretations – to choose only one would be an undue restriction of already gained insights.

Hence, in spite of all likely indications, Steuer's "sacred activity organised by the ruling powers" cannot always be proven beyond doubt at Hallstatt using only archaeological information.

Almost all the objects investigated here occur in several or many graves, whether this be the emblematic half-moon brooches with bird protomes and triangular jangle plates, bronze-ornamented textiles, symbolic bull figurines, ranked according to the number of bronze vessels for feasts, gold and amber-encrusted swords, daggers with anthropomorphic hilts, miniature axes with zoomorphic applications, and other things besides. This means that the elite group buried in the high valley during the 7th and 6th centuries BC was clearly not organised as a monarchy, but more as a "rule of the few". It remains open whether this took rather more oligarchic or aristocratic overtones, as we do not know whether social position was passed on within the family (see the discussion on child graves). Exceptions are for instance the symbolic four-wheeled wagon (grave 507) and the elaborately forged belt chain from grave 669, as they remain formally unique. However, even these two assemblages indirectly support the absence of detached apexes of society, as they seem interwoven with other burials through the probably re-used hub fitting (grave 669), the definite wheel symbol (grave 121), the miniature vessels and the belt chain. Consequently, those individuals with several objects with religious connotations, or those interpreted as such, can still be seen as socially marked out in a particular way, provided that the sources used are reliable. As examples, one could mention graves 507 (symbolic wagon, bronze vessels with signs and ring decoration, sword with traditional emblem, ring pendants as probable ritual equipment, symbolic sacrificial animal and possible miniaturised sacrificial implement, likely textile), 505 (bronze vessels, partly imported gold ornaments, half-moon brooch with scene of drinking animals), 671 (textile, gold, bronze vessel with zoomorphic applications), 132 (textile, gold, bronze vessel, ring pendants), 340 (bronze vessel, hypothetical textile, gold, probable sacrificial axe) and others besides.

It is unclear whether at Hallstatt, the banquets and drinking feasts with their religious background, and the preceding animal sacrifices, served to maintain the bonds to lower-rank followers or, like the Greek symposium, were aimed at people of equal rank, as we do not currently have any information regarding potential differences in quality of the associated pottery, of which there was undoubtedly enough in each grave to cater for a larger group ("vessel stacks" [just like clay linings] are so far absent from the c. 100 graves of the new Kern excavations). Where there is more than one high-capacity container in a grave assemblage, there are in any case no recognisable formal differences which could be adequately interpreted from a social point of view. Starting from a religious premise, the zoomorphs with emphasised horns and the miniature vessels are obviously and undoubtedly symbols for sacred acts in the course of the feasts. One of these items was probably deposited inside a bronze vessel and suggests an association with a sacrifice, which is therefore symbolically directly connected with the owner, i.e. the deceased himself. That the community burying its dead in the high valley was hierarchically structured can hardly be doubted. Their leaders were comprehensively anchored to myths, and in some cases they also directly expressed their sacred functions.

17 Nachweise

17.1 Abkürzungen

Abkürzungen nach Ber. RGK 73, 1992, 535-540, Periodensystem der Elemente und zusätzlich:
Bz: Bronze.
Geschl.: Geschlecht
NHM Wien: Naturhistorisches Museum Wien
Var.: Variante

17.2 Literatur

Adler 2003
W. Adler, Der Halsring von Männern und Göttern. Schriftquellen, bildliche Darstellungen und Halsringfunde aus West-, Mittel- und Nordeuropa zwischen Hallstatt- und Völkerwanderungszeit. Saarbrücker Beitr. Altkde. 78 (Bonn 2003).

Aigner-Foresti 1980
L. Aigner-Foresti, Der Ostalpenraum und Italien: Ihre kulturellen Beziehungen im Spiegel der anthropomorphen Kleinplastik aus Bronze des 7. Jhs. v. Chr. (Florenz 1980).

Aldhouse Green 1997
M. Aldhouse Green, The symbolic horse in Pagan Celtic Europe: An Archaeological Perspective. In: S. Davies/N. A. Jones (Hrsg.), The horse in Celtic culture. Medieval Welsh Perspectives (Cardiff 1997) 1-22.

Alföldi 1977
A. Alföldi, Das frühe Rom und die Latiner (Darmstadt 1977).

Amann 2000
P. Amann, Die Etruskerin. Geschlechterverhältnis und Stellung der Frau im frühen Etrurien (9.- 5. Jh. v.). Arch. Forsch. 5 (Wien 2000).

Appler 2004
H. Appler, Ein spätbronzezeitliches Depot mit Schwert und Angelhaken aus Strass im Zillertal. Arch. Österreich 15/2, 2004, 29-33.

Appler 2010
H. Appler, Schatzfunde, Opferplätze und Siedlungen. Neue archäologische Forschungen zur Vorgeschichte und Römerzeit in Nordtirol I (Wattens, Wien 2010).

Araque Gonzales 2012
R. Araque Gonzales, Sardinian bronze figurines in their Mediterranean setting. Prähist. Zeitschr. 87/1, 2012, 83-109.

Arnal 1976
J. Arnal, Les statues-menhirs, hommes et dieux (Toulouse 1976).

Arnold 2010
B. Arnold, Beasts of the Forest and Beasts of the Field: Animal Sacrifice, Hunting Symbolism, and the Master of Animals in Pre-Roman Iron Age Europe. In: D. B. Courats/B. Arnold (Hrsg.), The Master of Animals in Old World Iconography. Archaeolingua Main Ser. 24 (Budapest 2010).

Artner 2012
W. Artner, Von Hallstatt auf dem Weg nach Süden. Grabfunde vom Kulm bei Aigen im Ennstal, Obersteiermark, sowie Funde der Hallstatt- und La-Tènezeit zwischen Öden- und Hallstätter See. Fundber. Österreich 51, 2012, 61-88.

Augstein 2015
M. Augstein, Das Gräberfeld der Hallstatt- und Frühlatènezeit von Dietfurt an der Altmühl (Tankstelle). Universitätsforsch. Prähist. Arch. 262 (Bonn 2015).

Bachmann 2014
H.-G. Bachmann, Gold: pursued, desired, cursed - Reverence for a precious metal. In: H. Meller et al. (Hrsg.), Metalle der Macht - frühes Gold und Silber: 6. Mitteldeutscher Archäologentag vom 17. bis 19. Oktober 2013 in Halle/Saale. Tagungen Landesmus. Vorgesch. Halle/Saale 11, 1-2 (Halle 2014) 33-53.

Bader 1998
N. O. Bader, Pozdnepaleolitičeskoe poselenie Sungir': pogrebenija i okružajuščaja sreda (Moskau 1998).

Bagley 2014
J. M. Bagley, Zwischen Kommunikation und Distinktion. Ansätze zur Rekonstruktion frühlatènezeitlicher Bildpraxis. Vorgeschichtl. Forsch. 25 (Rahden/Westf. 2014).

Baitinger 1999
H. Baitinger, Die Hallstattzeit im Nordosten Baden-Württembergs. Materialh. Arch. Baden-Württemberg 46 (Stuttgart 1999).

Baitinger 2011
H. Baitinger, Waffenweihungen in griechischen Heiligtümern. RGZM Monogr. 94 (Mainz 2011).

Banck-Burgess 1999
J. Banck-Burgess, Hochdorf IV. Die Textilfunde aus dem späthallstattzeitlichen Fürstengrab von Eberdingen-Hochdorf (Kr. Ludwigsburg) und weitere Grabtextilien aus hallstatt- und latènezeitlichen Kulturgruppen. Forsch. u. Ber. Vor- u. Frühgesch. Baden-Württemberg 70 (Stuttgart 1999).

Banck-Burgess 2012
J. Banck-Burgess, Case Study: The textiles from the Princely Burial at Eberdingen-Hochdorf, Germany. In: M. Gleba/U. Mannering (Hrsg.), Textiles and textile production in Europe from prehistory to AD 400. Ancient Textiles Ser. 11 (Oxford 2012) 139-152.

Banck-Burgess 2012A
J. Banck-Burgess, Mittel der Macht. Textilien bei den Kelten (Stuttgart 2012).

Banti 1962
L. Banti, Die Welt der Etrusker. Große Kulturen der Frühzeit N. F. 6 (Darmstadt 1962).

Barber 2014
E. Barber, Book Review of: K. Grömer/A. Kern/H. Reschreiter/H. Rösl-Mauterndorfer, Textilien aus Hallstatt. Gewebte Kultur aus dem bronze- und eisenzeitlichen Salzbergwerk. Archaeolingua Main Ser. 29 (Budapest 2013). European Journal Arch. 4, 2014, 741-744.

Barth 1969
F. E. Barth, Die hallstattzeitlichen Grabhügel im Bereiche des Kutscher bei Podsemel, Slowenien. Antiquitas 3,5 (Bonn 1969).

Barth 1973
F. E. Barth, Zur Identifizierung einiger Gegenstände aus dem Gräberfeld von Hallstatt in der Sammlung Johann Georg Ramsauer. Mitt. Anthr. Ges. Wien 103, 1973, 48-54.

Barth 1980
F. E. Barth, Falerenensembles im Gräberfeld Hallstatt. Situla 20/21, 1980, 211-217.

Barth 1980A
F. E. Barth, Das prähistorische Hallstatt. In: K. Pömer/D. Straub (Hrsg.), Die Hallstattkultur. Frühform europäischer Einheit. Ausstellungskat. Linz (Linz 1980) 67-79.

Barth 1992
F. E. Barth, „Bohnengeschichten" - Beiträge zur Ernährung Althallstätter Bergleute. Arch. Österreich 3/2, 1992, 25-26.

Barth 1992A
F. E. Barth, Prähistorisches Schuhwerk aus den Salzbergwerken Hallstatt und Dürrnberg/Hallein. In: A. Lippert/K. Spindler (Hrsg.), Festschrift zum 50-jährigen Bestehen des Instituts für Ur- und Frühgeschichte der Leopold-Franzens-Universität Innsbruck. Universitätsforsch. Prähist. Arch. 8 (Bonn 1992) 25-35.

Barth 1992B
F. E. Barth, in „Oberösterreich". Fundber. Österreich 31, 1992, 453.

Barth 2009
F. E. Barth, Ergänzende Bemerkungen zum frühlatènezeitlichen Grab 994 von Hallstatt. Arch. Korrbl. 39, 2009, 527-538.

Barth/Grabner 2003
F. E. Barth/M. Grabner, Wirtschaftliche Außenbeziehungen des spätbronzezeitlichen Hallstatt. Mitt. Anthr. Ges. Wien 133, 2003, 85-89.

Barth/Neubauer 1991
F. E. Barth/W. Neubauer, Salzbergwerk Hallstatt. Appoldwerk, Grabung 1878/80 (Hallstatt 1991).

Barth/Urban 2007
F. E. Barth/H. Urban, Neues zur Schwertscheide von Hallstatt. In: M. Blečić (Hrsg.), Scripta praehistorica in honorem Biba Teržan (Ljubljana) 2007, 391-403.

Bartolomi/Delpino 1979
G. Bartolomi/F. Delpino, Veio I (Rom 1979).

Batović/Benac 1987
Š. Batović/A. Benac (Hrsg.), Praistorija jugoslavenskih zemalja 5 (Sarajevo 1987) bes. 339-390.

Baud/Philippon 2002
M. Baud/A. Philippon (Hrsg.), Statues-menhirs. Des énigmes de pierre venues du fond des âges (Rodez 2002).

Beermann 2016
S. Beermann, Bärenkrallen und Bärenfelle in Brand- und Körpergräbern der vorrömischen Eisenzeit bis Völkerwanderungszeit in Mittel- und Nordeuropa. Universitätsforsch. Prähist. Arch. 279 (Bonn 2016).

Beilke-Voigt 1998
I. Beilke-Voigt, Frühgeschichtliche Miniaturobjekte mit Amulettcharakter zwischen Britischen Inseln und Schwarzem Meer. Universitätsforsch. Prähist. Arch. 51 (Bonn 1998).

Beinhauer 1985
K. W. Beinhauer, Untersuchungen zu den eisenzeitlichen Bestattungsplätzen von Novilara, Provinz Pésaro und Urbino, Italien. Archäologie, Anthropologie, Demographie; Methoden und Modelle. 2 Bde. (Frankfurt 1985).

Belanová et al. 2007
T. Belanová/R. Čambal/S. Stegmann-Rajtár, Die Weberin von Nové Košariká - Die Webstuhlbefunde in der Siedlung von Nové Košariká im Vergleich mit ähnlichen Fundplätzen des östlichen Hallstattkreises. In: M. Blečić (Hrsg.), Scripta praehistorica in honorem Biba Teržan (Ljubljana) 2007, 419-434.

Bender Jørgensen 2005
L. Bender Jørgensen, Hallstatt and La Tène Textiles from the Archives of Central Europe. In: P. Bichler/K. Grömer/R. Hofmann-de Keijzer/A. Kern/H. Reschreiter (Hrsg.), Hallstatt textiles. Technical analysis, scientific investigation and experiment on Iron Age textiles. BAR Internat. Ser. 1351 (Oxford 2005).

Benedettini 1999
G. Benedettini, Note sulla produzione de sostegni fittili dell'agro falisco. Stud. Etruschi 63, 1999, 3-75.

Berg 1962
F. Berg, Das Flachgräberfeld der Hallstattkultur von Maiersch. Veröff. Österreich. Arbeitsgemeinschaft Ur- u. Frühgesch. 4 (Wien 1962).

Bettini 2002
M. Ch. Bettini, Note su un gruppo di askoi di lamina bronzea. Stud. Etruschi 65 2002, 13-23.

Betz 1995
O. Betz, Considerations on the real and symbolic value of gold. In: G. Morteani/L. P. Northover (Hrsg.), Prehistoric Gold in Europe. Mines, Metallurgy and Manufacture (Dordrecht, Boston, London 1995) 19-28.

Betzler 1974
P. Betzler, Die Fibeln in Süddeutschland, Österreich und der Schweiz. PBF XIV 3 (München 1974).

Bianco Peroni 1979
V. Bianco Peroni, Die Schwerter in Italien. PBF IV 1 (München 1979).

Bichler et al. 2005
P. Bichler/K. Grömer/R. Hofmann-de Keijzer/A. Kern/H. Reschreiter (Hrsg.), Hallstatt textiles. Technical analysis, scientific investigation and experiment on Iron Age textiles. BAR Internat. Ser. 1351 (Oxford 2005).

Biel 1985
J. Biel, Die Ausstattung des Toten: Reichtum im Grab - Spiegel seiner Macht. In: Landesdenkmalamt Baden-Württemberg (Hrsg.), Der Keltenfürst von Hochdorf. Methoden und Ergebnisse der Landesarchäologie. Ausstellungskat. Stuttgart (Stuttgart 1985) 78-106.

Biel 2009
J. Biel, Das frühkeltische Fürstengrab von Eberdingen-Hochdorf. Eine Inszenierung. In: J. Biel/J. Heiligmann/D. Krauße (Hrsg.), Landesarchäologie. Festschrift für Dieter Planck zum 65. Geburtstag. Forsch. u. Ber. Vor- u. Frühgesch. Baden-Württemberg 100 (Stuttgart 2009) 163-174.

Bietta Sestieri/Macnamara 2007
M. Bietta Sestieri/E. Macnamara, Prehistoric metal artefacts from Italy (3500-720 BC) in the British Museum. Research Publications British Mus. London 159 (London 2007).

Blesl/Preinfalk 2008
Ch. Blesl/A. Preinfalk, Urnenfelder- und hallstattzeitliche Gräber im Kloster Traunkirchen. In: Bundesdenkmalamt Wien (Hrsg.), schätze. gräber. opferplätze. traunkirchen 08. Archäologie im Salzkammergut. Katalog zur Ausstellung im ehemaligen Kloster Traunkirchen. 29. April bis 2. November 2008. Fundber. Österreich Materialh. Reihe A Sonderh. 6 (Horn 2008) 58-64, 147-157.

Boardman 1981
J. Boardman, Kolonien und Handel der Griechen vom späten 9. bis zum 6. Jahrhundert (München 1981).

Bondini 2012
A. Bondini, Situla Art and the Emergence of Aristocracies in the Veneto. In: Ch. Pare (Hrsg.), Kunst und Kommunikation. Zentralisierungsprozesse in Gesellschaften des europäischen Barbarikums im 1. Jahrtausend v. Chr. RGZM Tagungen 15 (Mainz 2012) 59-71.

Bonfante 1975
L. Bonfante, Etruscan Dress (Baltimore, London 1975).

Bonfante 1981
L. Bonfante, Out of Etruria. Etruscan Influence North and South. BAR Internat Ser. 103 (Oxford 1981).

Van den Boom 2001
H. van den Boom, Zur symbolischen Bedeutung des Kammes in der Vorgeschichte. In: E. Pohl (Hrsg.), Archäologisches Zellwerk. Beiträge zur Kulturgeschichte in Europa und Asien. Festschrift für Helmut Roth zum 60. Geburtstag (Rahden/Westf. 2001) 181-196.

Van den Boom 2009
H. van den Boom, Der Herd als Stelle des Rituals. In: S. Grunwald/J. K. Koch/D. Mölders et al. (Hrsg.), ARTeFACT. Festschrift für Sabine Rieckhoff zum 65. Geburtstag. Universitätsforsch. Prähist. Arch. 172 (Bonn 2009) 233-244.

Borchhardt/Bleibtreu 2006
J. Borchhardt/E. Bleibtreu, Zur Genesis des Zepters. In: P. Amann/M. Pedrazzi/H. Taeuber (Hrsg.), Italo - Tusco - Romana. Festschrift für Luciana Aigner-Foresti zum 70. Geburtstag am 30. Juli 2006 (Wien 2006) 47-72.

Born/Seidl 1995
H. Born/U. Seidl, Schutzwaffen aus Assyrien und Urartu. Sammlung Axel Guttmann 4 (Mainz 1995).

Bouzek 2000
J. Bouzek, Versuch einer Rekonstruktion des Pantheons der Urnenfelderzeit. In: B. Gediga/D. Piotrowska (Hrsg.), Kultura symboliczna kręgu pól popielnicowych epoki brązu i wczesnej epoki żelaza w Europie środkowej. Biskupińskie Prace Arch. 1 (Warschau, Biskupin 2000) 345-352.

Božič 2015
D. Božič, Die Situla von Vače gehörte einem Doppelkammhelmträger. In: Ch. Guthjahr/G. Tiefengraber (Hrsg.), Beiträge zur Hallstattzeit am Rande der Südostalpen. Akten des 2. Internationalen Symposiums am 10. und 11. Juni 2010 in Wildon (Steiermark/Österreich). Internat. Arch. – Arbeitsgemeinschaft, Symposium, Tagung, Kongress 19 = Hengist-Stud. 3 (Rahden/Westf. 2015) 107-115.

Božič 2015A
D. Božič, Zur Herkunft und Datierung eines singulären Tüllenbeils aus der Sammlung Magajna. In: Ch. Guthjahr/G. Tiefengraber (Hrsg.), Beiträge zur Hallstattzeit am Rande der Südostalpen. Akten des 2. Internationalen Symposiums am 10. und 11. Juni 2010 in Wildon (Steiermark/Österreich). Internat. Arch. – Arbeitsgemeinschaft, Symposium, Tagung, Kongress 19 = Hengist-Stud. 3 (Rahden/Westf. 2015) 135-149.

Bradley 2009
R. Bradley, Image and Audience. Rethinking Prehistoric Art (Oxford 2009).

Bräuning 2009
A. Bräuning, Überlegungen zu reich ausgestatteten Frauengräbern im westlichen Späthallstattkreis. In: J. Biel/J. Heiligmann/D. Krauße (Hrsg.), Landesarchäologie. Festschrift für Dieter Planck zum 65. Geburtstag. Forsch. u. Ber. Vor- u. Frühgesch. Baden-Württemberg 100 (Stuttgart 2009) 131-143.

Bräuning/Kilian-Dirlmeier 2013
A. Bräuning/I. Kilian-Dirlmeier, Die eisenzeitlichen Grabhügel von Vergina. Die Ausgrabungen von Photis Petsas, 1960-1961. RGZM Monogr. 119 (Mainz 2013).

Brandherm 2011
D. Brandherm, Bronzezeitliche Kamm- und Hörnerhelme - Überlegungen zu Ursprung, Verbreitung und symbolischem Gehalt. In: U. Dietz/A. Jockenhövel (Hrsg.), Bronzen im Spannungsfeld zwischen praktischer Nutzung und symbolischer Bedeutung. Beiträge zum internationalen Kolloquium am 9. und 10. Oktober 2008 in Münster. PBF XX 13 (Stuttgart 2011) 39-54.

Brandherm/Horn 2012

D. Brandherm/Ch. Horn, Die Zwei in der Drei, oder: Ein Zwilling kommt selten allein. In: B. Ramminger/H. Lasch (Hrsg.), Hunde, Menschen, Artefakte. Gedenkschrift für Gretel Gallay. Internat. Arch. Stud. Honoraria 32 = Schr. Verein Vor- u. Frühgesch. Unteres Niddatal 2 (Rahden/Westf. 2012) 99-141.

Braun-Holzinger 2013

E. A. Braun-Holzinger, Frühe Götterdarstellungen in Mesopotamien. Orbis Biblicus et Orientalis 261 (Fribourg, Göttingen 2013).

Brisch 2008

N. Brisch (Hrsg.), Religion and Power. Divine Kingship in the Ancient World and Beyond. Oriental Institut Seminars 4 (Chicago 2008).

Brosseder 2004

U. Brosseder, Studien zur Ornamentik hallstattzeitlicher Keramik zwischen Rhônetal und Karpatenbecken. Universitätsforsch. Prähist. Arch. 106 (Bonn 2004).

Buchholz 2010

H.-G. Buchholz, Kriegswesen 3. Ergänzungen und Zusammenfassung. Arch. Homerica 1,E (Göttingen, Oakville 2010).

Buchholz 2012

H.-G. Buchholz, Erkennungs-, Rang- und Würdezeichen. Arch. Homerica 1,D (Göttingen, Bristol 2012).

Buchholz et al. 1973

H.-G. Buchholz/G. Jöhrens/I. Maull, Jagd und Fischfang. Arch. Homerica 2,J (Göttingen 1973).

Burkert 1988

W. Burkert, Katagógia-Anagógia and the Goddess of Knossos. In: R. Hägg et al. (Hrsg.), Early Greek cult practice. Proceedings of the Fifth International Symposium at the Swedish Institute at Athens, 26-29 June 1986. Acta Inst. Athen Regni Sueciae Ser. 4, 28 (Göteborg 1988) 81-88.

Burmeister 2003

St. Burmeister, Die Herren der Ringe: Annäherung an ein späthallstattzeitliches Statussymbol. In: U. Veit/ T. L. Kienlin/C. Kümmel/S. Schmidt (Hrsg.), Spuren und Botschaften: Interpretationen materieller Kultur. Tübinger Arch. Taschenbücher 4 (München 2003) 265-296.

Burmeister 2009

St. Burmeister, „Codierungen/Decodierungen". Semiotik und die archäologische Untersuchung von Statussymbolen und Prestigegütern. In: B. Hildebrandt/C. Veit (Hrsg.), Der Wert der Dinge - Güter im Prestigediskurs. Münchener Stud. Alte Welt 6 (München 2009) 73-103.

Burmeister/Raulwing 2012

St. Burmeister/P. Raulwing, Festgefahren. Die Kontroverse um den Ursprung des Streitwagens. Einige Anmerkungen zu Forschung, Quellen und Methodik. In: P. Anreiter/E. Jerem (Hrsg.), Archaeological, Cultural and Linguistic Heritage. Festschrift for Erzsébet Jerem in Honour of her 70th Birthday. Archaeolingua 25 (Budapest 2012) 94-113.

Burmeister/Müller-Scheeßel 2005
St. Burmeister/N. Müller-Scheeßel, Der Methusalemkomplex. Methodologische Überlegungen zu Geschlecht, Alter und Sozialstatus am Beispiel der Hallstattzeit Süddeutschlands. In: J. Müller (Hrsg.), Alter und Geschlecht in Ur- und frühgeschichtlichen Gesellschaften. Universitätsforsch. Prähist. Arch. 126 (Bonn 2005) 91-125.

Camporale 1994
G. Camporale, Un gruppo di vasi bronzei chiusini di facies orientalizzante. Stud. Etruschi 59, 1994, 29-37.

Canciani 1984
F. Canciani, Bildkunst 2. Arch. Homerica 2 (Göttingen 1984).

Capelle 1999
RGA XIII, 341-345 s. v. Håga (T. Capelle).

Capuis/Ruta Serafini 1969
L. Capuis/A. Ruta Serafini, Nuovi Documenti di Arte delle Situle nel Veneto. In: E. Jerem/A. Lippert (Hrsg.), Die Osthallstattkultur. Akten des Internationalen Symposiums Sopron, 10.-14. Mai 1994. Archaeolingua Main Ser. 7 (Budapest 1994) 37-46.

Carancini 1975
G. L. Carancini, Die Nadeln in Italien. PBF XIII 2 (München 1975).

Carlson 2011
J. Carlson, A Symbol - but of what? Iron Age daggers, Alessi corkscrews and anthropoid embellishment reconsidered. Antiquity 85, 2011, 1312-1324.

Cianfarani 1969
V. Cianfarani (Hrsg.), Antiche Civiltà d´Abruzzo. Ausstellungskat. Torino (Roma 1969).

Chiaramonte Treré 2008
Ch. Chiaramonte Treré, Immaginario religioso e magia nella ceramica e negli altri oggetti dei corredi funerari piceni. In: S. Estienne et al. (Hrsg.), Image et religion dans l'antiquité gréco-romaine. Actes du colloque Rome, 11-13 décembre 2003 (Naples 2008) 243-254.

Chieco Bianchi/Calzavara Capuis 1985
A. M. Chieco Bianchi/L. Calzavara Capuis, Este I. Le necropoli Casa di Ricovero, Casa Muletti Prosdocimi e Casa Alfonsi; Testo e tavole. Mon. Ant. 51, Ser. Monogr. 2 (Roma 1985).

Chieco Bianchi/Calzavara Capuis 2006
A. M. Chieco Bianchi/L. Calzavara Capuis, Este II. La necropoli di Villa Benvenuti. Mon. Ant. 64, Ser. Monogr. 7 (Roma 2006).

Chytráček et al. 2015
M. Chytráček/O. Chvojka/M. Egg/J. John/ R. Kyselý/J. Michálek/St. Ritter/P. Stránská, Zu einem Fürstengrab aus der Späthallstattzeit mit zweirädrigem Wagen und Bronzegefäßen bei Rovná (Okr. Strakonice) in Südböhmen. Arch. Korrbl. 45, 2015, 71-89.

Civiltà del Lazio 1976
Civiltà del Lazio Primitivo. Palazzo delle Esposizioni Roma 1976 (Rom 1976).

Clarke/Hawkes 1955
R. Clarke/C. Hawkes, An Iron Anthropoid Sword from Shouldham, Norfolk with Related Continental and British Weapons. Proc. Prehist. Soc. XXI, 1955, 198–227.

Clausing 2001
Ch. Clausing, Ein neuer Achsnagel der Urnenfelderzeit. Arch. Korrbl. 31, 2001, 543-559.

Coldstream 1986
J. N. Coldstream, Greek geometric pottery: a survey of ten local styles and their chronology. Methuen's handbooks of archaeology (London 1986).

Coles 1971
J. M. Coles, Bronze Age spearheads with gold decoration. Ant. Journal 51, 1971, 94-95.

Cremer 1982
M. Cremer, Hieros gamos im Orient und in Griechenland. Zeitschr. Papyr. u. Epigr. 48, 1982, 283-290.

Čugunov et al. 2010
K. V. Čugunov/H. Parzinger/A. Nagler, Der skythenzeitliche Fürstenkurgan Aržan 2 in Tuva. Arch. Eurasien 26 (Mainz 2010).

Dal Ri 2010
L. Dal Ri, Il Peterbühel/Colle di San Pietro di Fiè/Völs. In: L. Dal Ri et al. (Hrsg.), Höhensiedlungen der Bronzezeit und Eisenzeit. Kontrolle der Verbindungswege über die Alpen. Forsch. Denkmalpfl. Südtirol 6 (Bozen 2010) 59-146.

Damgaard Andersen 1992/93
H. Damgaard Andersen, The origin of Pothnia Theron in Central Italy. Hamburger Beitr. Arch. 19/20, 1992/93, 73-113.

Dannheimer 1975
H. Dannheimer, Zu zwei älteren keltischen Fundstücken aus der Münchener Schotterebene. Arch. Korrbl. 5, 1975, 59-66.

David 2007
W. David, Bronzezeitliche Goldornate aus Süddeutschland und ihre donauländisch-balkanischen Beziehungen. In: H. Todorova/M. Stefanovich/G. Ivanov (Hrsg.), The Struma/Strymon River Valley in prehistory. Proceedings of the International Symposium „Strymon Praehistoricus", Kjustendil-Blagoevgrad (Bulgaria), Serres-Amphipolis (Greece), 27.09.-01.10.2004. In the steps of James Harvey Gaul 2 (Sofia 2007) 421-441.

David 2010
W. David, Die Zeichen auf der Scheibe von Nebra und altbronzezeitliches Symbolgut des Mitteldonau-Karpatenraumes. In: H. Meller/F. Bertemes (Hrsg.), Der Griff nach den Sternen. Wie Europas Eliten zu Macht und Reichtum kamen. Internat. Symposium Halle (Saale) 16.-21. Februar 2005. Tagungen Landesmus. Vorgesch. Halle/Saale 5 (Halle 2010) 439-486.

Dehn et al. 2005
R. Dehn/M. Egg/R. Lehnert, Das hallstattzeitliche Fürstengrab im Hügel 3 von Kappel am Rhein. RGZM Monogr. 63 (Mainz 2005).

Deicke 2011
A. J. D. Deicke, Studien zu reich ausgestatteten Gräbern aus dem urnenfelderzeitlichen Gräberfeld von Künzing (Ldkr. Deggendorf, Niederbayern). Jahrb. RGZM 58, 2011, 1-189.

Dei di pietra 1998
F. Ambrosio (Hrsg.), Dei di pietra. La grande statuaria antropomorfa nell'Europa del III millennio a. C. Museo Archeologico di Aosta, 19 giugno 1998-15 febbraio 1999 (Milano 1998).

Demisch 1984
H. Demisch, Erhobene Hände. Geschichte einer Gebärde in der bildenden Kunst (Stuttgart 1984).

Derrix 1997
C. Derrix, Schilde und Fibeln – Bemerkungen zur bronzezeitlichen Kriegerverehrung in Nord- und Westeuropa. In: C. Dobiat/K. Leidorf (Hrsg.), Chronos. Festschrift B. Hänsel. Studia honoraria 1 (Espelkamp 1997) 515-526.

Detienne 1979
M. Detienne, Violentes „eugenies". In: M. Detienne/J. P. Vernant (Hrsg.), La cuisine du sacrifice en pays grecs (Paris 1979).

Diemer 1995
G. Diemer, Der Bullenheimer Berg und seine Stellung im Siedlungsgefüge der Urnenfelderkultur Mainfrankens. Materialh. Bayer. Vorgesch. A 70 (Kallmünz 1995).

Die Picener 1999
L. Franchi Dell'Orto (Hrsg.), Die Picener. Ein Volk Europas. Ausstellungskatalog Schirn Kunsthalle, Frankfurt 12. Dezember 1999-6. Februar 2000 (Roma 1999).

Dietrich 1998
H. Dietrich, Die hallstattzeitlichen Grabfunde aus den Seewiesen von Heidenheim-Schnaitheim. Forsch. u. Ber. Vor- u. Frühgesch. Baden-Württemberg 66 (Stuttgart 1998).

Dobesch 2013
G. Dobesch, Polis, Staat und Kult. Grundsätzliche Überlegungen. In: P. Amann (Hrsg.), Kulte, Riten, religiöse Vorstellungen bei den Etruskern und ihre Auswirkungen auf Politik und Gesellschaft. Akten der 1. Internat. Tagung der Sektion Wien, Österreich, des Istituto Nazionale di Studi Etruschi ed Italici, Wien, 4.-6.12.2008 (Wien 2013) 429-444.

Dobiat 1979
C. Dobiat, Überlegungen zur Verwendung der hallstattzeitlichen Zwergknebel. Arch. Korrbl. 9, 1979, 191-198.

Dobiat 1980
C. Dobiat, Das hallstattzeitliche Gräberfeld von Kleinklein und seine Keramik. Schild von Steier Beih. 1 (Graz 1980).

Dobiat 1982
C. Dobiat, Menschendarstellungen auf ostalpiner Hallstattkeramik. Acta Arch. Acad. Scien. Hungaricae 34, 1982, 279-322.

Dobiat 1990
C. Dobiat, Der Burgstallkogel bei Kleinklein. Die Ausgrabungen der Jahre 1982 und 1984. Marburger Stud. Vor- u. Frühgesch. 13 (Marburg 1990).

Dörrer 2002
O. Dörrer, Das Grab eines nordostalpinen Kriegers in Hallstatt. Zur Rolle von Fremdpersonen in der alpinen Salzmetropole. Arch. Austriaca 86, 2002, 55-81.

Dörrer 2006
O. Dörrer, Späthallstattzeitliche Hahnanhänger am Caput Adriae. In: S. Rieckhoff/W.-R. Teegen (Hrsg.), Studien zur Lebenswelt der Eisenzeit. Festschrift für Rosemarie Müller 2001. RGA Ergänzungsbd. 53 (Berlin, New York 2006) 433-455.

Drechsler-Bižić 1968
R. Drechsler-Bižić, Japodske kape i oglavlja/Japodische Kappen und Kopfbedeckungen. Vjesnik Arh. Muz. Zagreb Ser. 3, 3, 1968, 29-52.

Dular 2003
J. Dular, Die hallstattzeitlichen Nekropolen in Dolenjsko. Opera Inst. Arch. Sloveniae 6 (Ljubljana 2003).

Dular 2007
J. Dular, Pferdegräber und Pferdebestattungen in der hallstattzeitlichen Dolenjsko-Gruppe. In: M. Blečić (Hrsg.), Scripta praehistorica in honorem Biba Teržan (Ljubljana) 2007, 737-752.

Ebbinghaus 2006
S. Ebbinghaus, Begegnungen mit Ägypten und Vorderasien im archaischem Heraheiligtum von Samos. In: A. Naso (Hrsg.), Stranieri e non cittadini nei santuari greci: atti del convegno internazionale. Studi udinesi sul mondo antico (Florenz 2006) 187-229.

Ebertshäuser/Waltz 1981
H. C. Ebertshäuser/M. Waltz, Antiken I. Vasen - Bronzen - Terrakotten des klassischen Altertums (München 1981).

Echt 1999
R. Echt, Das Fürstinnengrab von Reinheim. Studien zur Kulturgeschichte der Früh-La-Tène-Zeit. Saarbrücker Beitr. Altkde. 69 = Blesa 2 (Bonn 1999).

Eckhardt 1996
H. Eckhardt, Pfeil und Bogen. Eine archäologisch-technische Untersuchung zu urnenfelder- und hallstattzeitlichen Befunden. Internat. Arch. 21 (Espelkamp 1996).

Eckstein 1974
F. Eckstein, Handwerk 1. Die Aussagen des frühgriechischen Epos. Arch. Homerica 1,L (Göttingen 1974).

Egg 1978
M. Egg, Eine thrakoskythische Streitaxt aus Hallstatt. Arch Korrbl. 8, 1978, 111-117.

Egg 1978A
M. Egg, Ein italischer Kammhelm aus Hallstatt. Arch. Korrbl. 8, 1978, 37-40.

Egg 1978B
M. Egg, Das Grab eines unterkrainischen Kriegers in Hallstatt. Arch. Korrbl. 8, 1978, 191-201.

Egg 1985
M. Egg, Die hallstattzeitlichen Hügelgräber bei Helpfau-Uttendorf in Oberösterreich. Jahrb. RGZM 32, 1985, 323-393.

Egg 1985A
M. Egg, Die hallstattzeitlichen Grabhügel vom Siedelberg in Oberösterreich. Jahrb. RGZM 32, 1985, 265-322.

Egg 1986
M. Egg, Italische Helme. Studien zu den ältereisenzeitlichen Helmen Italiens und der Alpen. RGZM Monogr. 9 (Mainz 1986).

Egg 1986A
M. Egg, Die „Herrin der Pferde" im Alpengebiet. Arch. Korrbl. 16, 1986, 69-78.

Egg 1986B
M. Egg, Zum „Fürstengrab" von Radkersburg (Südsteiermark). Jahrb. RGZM 33/1, 1986, 199-214.

Egg 1987
M. Egg, Zum Bleiwagen von Frög in Kärnten. In: F. E. Barth (Hrsg.), Vierrädrige Wagen der Hallstattzeit. Untersuchungen zu Geschichte und Technik. RGZM Monogr. 12 (Mainz 1987) 181-187.

Egg 1988
M. Egg, Die ältesten Helme der Hallstattzeit. In: A. Bottini (Hrsg.), Antike Helme. Sammlung Lipperheide und andere Bestände des Antikenmuseums Berlin. RGZM Monogr. 14 (Mainz 1988) 212-221.

Egg 1988A
M. Egg, Italische Helme mit Krempe. In: A. Bottini (Hrsg.), Antike Helme. Sammlung Lipperheide und andere Bestände des Antikenmuseums Berlin. RGZM Monogr. 14 (Mainz 1988) 222-271.

Egg 1988/89
M. Egg, Ein hallstattzeitliches Ringgehänge im Römisch-Germanischen Zentralmuseum. Mitt. Anthr. Ges. Wien 118/119, 1988/89, 259-285.

Egg 1989
M. Egg, Hallstattzeitliche Wagen (Mainz 1989).

Egg 1991
M. Egg, Ein neuer Kesselwagen aus Etrurien. Jahrb. RGZM 38, 1991, 191-222.

Egg 1996
M. Egg, Das hallstattzeitliche Fürstengrab von Strettweg bei Judenburg in der Obersteiermark. RGZM Monogr. 14 (Bonn 1996).

Egg 1996A
M. Egg, Einige Bemerkungen zum hallstattzeitlichen Wagengrab von Somlóvásárhely, Kom. Veszprém in Westungarn. Jahrb. RGZM 43, 1996, 327-353.

Egg 2004
M. Egg, Die Wiederentdeckung eines osthallstättischen Fürstengrabes. Jahrb. RGZM 51/1, 2004, 93-126.

Egg 2006
M. Egg, Anmerkungen zu den Fürstengräbern im Osthallstattkreis. In: C. von Carnap-Bornheim et al. (Hrsg.), Herrschaft - Tod - Bestattung. Zu den vor- und frühgeschichtlichen Prunkgräbern als archäologisch-historische Quelle. Internationale Fachkonferenz Kiel 16.-19. Oktober 2003. Universitätsforsch. Prähist. Arch. 139 (Bonn 2006) 41-60.

Egg 2007
M. Egg, Das hallstattzeitliche Fürstengrab im Kröllkogel bei Kleinklein und seine Bedeutung. In: H. Galter/D. Kramer (Hrsg.), Der Gräberfund von Kleinklein im europäischen Kontext. Protokollband der Vortragsreihe der Österreichischen Urania für Steiermark im Winter 2006 unter der wissenschaftlichen Leitung von Diether Kramer (Landesmuseum Johanneum, Graz) (Graz 2007) 23-64.

Egg 2009
M. Egg, Sozialarchäologische Betrachtungen zu den hallstattzeitlichen Fürstengräbern von Kleinklein (Bez. Leibnitz, Weststeiermark) - eine Zwischenbilanz. In: M. Egg/D. Quast (Hrsg.), Aufstieg und Niedergang. Zwischenbilanz des Forschungsschwerpunktes „Studien zur Genese und Struktur von Eliten in vor- und frühgeschichtlichen Gesellschaften". RGZM Monogr. 82 (Mainz 2009) 31-59.

Egg 2009A
M. Egg, Ein Rosshahnreiter aus der Hallstattzeit. Mitt. Anthr. Ges. Wien 139, 2009, 203-209.

Egg 2012
M. Egg, Zur figuralen Kunst von Kleinklein in der Weststeiermark. In: Ch. Pare (Hrsg.), Kunst und Kommunikation. Zentralisierungsprozesse in Gesellschaften des europäischen Barbarikums im 1. Jahrtausend v. Chr. RGZM Tagungen 15 (Mainz 2012) 99-122.

Egg 2013
M. Egg, Die hallstattzeitlichen Fürstengräber von Kleinklein in der Steiermark: der Kröllkogel. RGZM Monogr. 110 (Mainz 2013).

Egg 2016
M. Egg, Eisenzeitliche Depotfunde im mittleren Alpenraum. In: H. Baitinger (Hrsg.), Materielle Kultur und Identität im Spannungsfeld zwischen mediterraner Welt und Mitteleuropa. RGZM Tagungen 27 (Mainz 2016) 263-276.

Egg/Jeitler 2006
M. Egg/M. Jeitler, Ein kleiner Nachtrag zum Fürstengrab von Strettweg (Gem. Judenburg) in der Obersteiermark. Arch. Korrbl. 36, 2006, 59-63.

Egg/Kramer 2013

M. Egg/D. Kramer, Die hallstattzeitlichen Fürstengräber von Kleinklein in der Steiermark: der Kröllkogel. RGZM Monogr. 110 (Mainz 2013).

Egg/Lehnert 2011

M. Egg/R. Lehnert, Kampf oder Exekution? Einige Anmerkungen zu den figural verzierten Bronzesitulen aus Grab 33, Hügel III von Novo Mesto-Kandija, Slowenien. Arh. Vestnik 62, 2011, 231-260.

Egg/Schönfelder 2009

M. Egg/M. Schönfelder, Zur Interpretation der Schwertscheide aus Grab 994 von Hallstatt. In: Ch. Bockisch-Bräuer (Hrsg.), Beiträge zur Hallstatt- und Latènezeit in Nordostbayern und Thüringen. Tagung vom 26.-28. Oktober 2007 in Nürnberg. Beitr. Vorgesch. Nordostbayern 7 (Nürnberg 2009) 27-41.

Egg/Waurick 1990

M. Egg/G. Waurick, Antike Helme. Katalog zur Ausstellung des Landes Rheinland-Pfalz in Verbindung mit der Stiftung Preußischer Kulturbesitz Berlin, Antikenmuseum und dem Römisch-Germanischen Zentralmuseum Mainz, Forschungsinstitut für Vor- und Frühgeschichte im Historischen Museum der Pfalz, Speyer 26. Mai - 10. Juni 1990 (Mainz 1990).

Egg/Zeller 2005

M. Egg/K. W. Zeller, Zwei hallstattzeitliche Grabkammern vom Dürrnberg bei Hallein - Befunde und Funde. Arch. Korrbl. 35, 2005, 345-360.

Egg et al. 1998

M. Egg/U. Neuhäuser/Ž. Škoberne, Ein Grab mit Schüsselhelm aus Budinjak in Kroatien. Jahrb. RGZM 45, 1989, 435-472.

Egg et al. 2006

M. Egg/M. Hauschild/M. Schönfelder, Zum frühlatènezeitlichen Grab 994 mit figural verzierter Schwertscheide von Hallstatt (Oberösterreich). Jahrb. RGZM 53, 2006, 175-216.

Egg et al. 2009

M. Egg/R. Goedecker-Ciolek/M. Schönfelder/K. W. Zeller, Ein eisenzeitlicher Prunkschild vom Dürrnberg bei Hallein, Land Salzburg. Jahrb. RGZM 56, 2009, 81-105.

Eggert 2007

M. Eggert, Wirtschaft und Gesellschaft im früheisenzeitlichen Mitteleuropa: Überlegungen zum „Fürstenphänomen". Fundber. Baden-Württemberg 29, 2007, 255-303.

Eibner 1974

A. Eibner, Zum Befund einer hallstattzeitlichen Webgrube aus Stillfried. In: F. Felgenhauer (Hrsg.) Forschungen in Stillfried 1. Veröff. Österreich. Arbeitsgemeinschaft Ur- u. Frühgesch. 6 (Wien 1974) 76-84.

Eibner 1986

A. Eibner, Die Frau mit der Spindel. Zum Aussagewert einer archäologischen Quelle. Hallstatt-Kolloquium Veszprém 1984. Antaeus Beih. 3 (Budapest 1986) 39-48.

Eibner 1993
A. Eibner, Zur Lesbarkeit der Bildsymbolik im Osthallstattkreis. Thraco-Dacia 14, 1993, 101-116.

Eibner 1997
A. Eibner, Die „Große Göttin" und andere Vorstellungsinhalte der östlichen Hallstattkultur. In : L. Nebelsick/A. Eibner/E. Lauermann/J.-W. Neugebauer (Hrsg.), Hallstattkultur im Osten Österreichs. Wiss. Schriftenr. Niederösterreich 106-109 = Forschungsber. Ur- u. Frühgesch. 18 (St. Pölten) 1997, 129-145.

Eibner 2000
A. Eibner, Zu den Gürtelblechen von Stična - ein machtgeladenes Symbol der Kriegerausrüstung? In: B. Gedija/D. Piotrowska (Hrsg.), Kultura symboliczna kręgu pól popielnicowych epoki brązu i wczesnej epoki żelaza w Europie środkowej (Die symbolische Kultur des Urnenfelderkreises in der Bronze- und frühen Eisenzeit Mitteleuropas) (Warschau, Biskupin 2000) 129-154.

Eibner 2000/01
A. Eibner, Die Stellung der Frau in der Hallstattkultur anhand der bildlichen Zeugnisse. Mitt. Anthr. Ges. Wien 130/131, 2000/01, 107-136.

Eibner 2001
A. Eibner, Die Eberjagd als Ausdruck eines Heroentums? Zum Wandel des Bildinhalts in der Situlenkunst am Beginn der Latènezeit. In: B. Gediga (Hrsg.), Die Kunst der Bronzezeit und frühen Eisenzeit in Mitteleuropa. Biskupiner Arch. Arbeiten 2 (Biskupin 2001) 213-278.

Eibner 2004
A. Eibner, Die Bedeutung der Jagd im Leben der eisenzeitlichen Gesellschaft - dargestellt anhand der Bildüberlieferungen. In: H. Heftner (Hrsg.), Ad Fontes! Festschrift für Gerhard Dobesch zum fünfundsechzigsten Geburtstag am 15. September 2004 (Wien 2004) 621-639.

Eibner 2005
A. Eibner, Wie wertvoll ist eine Frau?! Gedanken zum Stellenwert des Spinnens und Webens in der Gesellschaft. In: M. Feldinger (Hrsg.), Scherben bringen Glück. Festschr. F. Moosleitner (Salzburg 2005) 31–38.

Eibner 2008
A. Eibner, Der Faustkampf - ein Aufnahmeritus in den Kriegerstand? Gedanken zu einem integrierenden Bestandteil des „Situlenfestes". B. Gediga/W. Piotrowski (Hrsg.), Urgeschichtliche und frühmittelalterliche Kunst als historische Quelle. Biskupiner Arch. Arbeiten 6 = Polnische Akademie der Wissenschaften, Abteilung Wrocław, Arbeiten Arch. Kommission 17 (Biskupin, Wrocław 2008) 151-198.

Eibner 2009
A. Eibner, Symbol und Bedeutung des Stabes - anhand eisenzeitlicher Bildquellen. In: G. Tiefengraber et al. (Hrsg.), Keltske študije II. Studies in Celtic Archaeology. Papers in Honour of Mitja Guštin. Protohist. Européenne 11 (Montagnac 2009) 11-46.

Eibner 2010
A. Eibner, Das Rollenbild der Frau in der Eisenzeit. Arunda – Südtiroler Kulturzeitschr. 78, 2010, 27-49.

Eibner 2012
A. Eibner, Männer in Waffen: Kämpfer oder Tänzer? In: P. Anreiter/E. Jerem. (Hrsg.), Archaeological, Cultural and Linguistic Heritage. Festschrift for Erzsébet Jerem in Honour of her 70th Birthday. Archaeolingua 25 (Budapest 2012) 159-194.

Eibner 2013
A. Eibner, Herrschaftslegitimation und Religionsausübung dargestellt anhand von Situlendenkmälern. In: P. Amann (Hrsg.), Kulte, Riten, religiöse Vorstellungen bei den Etruskern und ihr Verhältnis zu Politik und Gesellschaft. Akten der 1. Internationalen Tagung der Sektion Wien, Österreich, des Istituto Nazionale di Studi Etruschi ed Italici, Wien 4.-6.12.2008 (Wien 2013) 345-379.

Eibner-Persy 1980
A. Eibner-Persy, Hallstattzeitliche Grabhügel von Sopron (Ödenburg). Die Funde der Grabungen 1890-92 in der Prähistorischen Abteilung des Naturhistorischen Museums in Wien und im Burgenländischen Landesmuseum in Eisenstadt. Wiss. Arbeiten Burgenland 62 (Eisenstadt 1980).

Von Eles Masi 1986
P. von Eles Masi, Le fibule dell'Italia settentrionale. PBF XIV 5 (München 1986).

Von Eles 2002
P. von Eles, Guerriero e sacerdote. Autorità e communità nell'età del ferro a Verucchio. La tomba del trono (Bologna 2002).

Von Eles 2007
P. von Eles (Hrsg.), Le ori e i giorni delle donne. Dalla quotidianità alla sacralità tra VIII e VII secolo a. C. (Verucchio 2007).

Eluère 1988
Ch. Eluère, Orfèvrerie des Celtes anciens et Orfèvrerie méditerranéennes. In: Les princes celtes et la Méditerranée (Paris 1988) 199-219.

Eluère 1989
Ch. Eluère, A „Gold Connection" between the Etruscans and Early Celts? Gold Bull. 22, 1998, 48-55.

Engelhardt 2010
B. Engelhardt, Ein besonderes Glockenbechergrab von Barbing, Lkr. Regensburg, Oberpfalz. Arch. Jahr Bayern 2010, 35-37.

Engels 1967
H.-J. Engels, Die Hallstatt- und Latènekultur in der Pfalz. Veröff. Pfälz. Ges. zur Förderung der Wiss. Speyer 55 (Speyer 1967).

Engemann 1969
RAC VII (1969) 959-1098 s. v. Fisch, Fischer, Fischfang (J. Engemann).

Ettel 1996
P. Ettel, Gräberfelder der Hallstattzeit aus Oberfranken. Materialh. Bayer. Vorgesch. A 72 (Kallmünz 1996).

Ettel/Naso 2006
P. Ettel/A. Naso (Hrsg.), Montegiorgio. Die Sammlung Compagnoni Natali in Jena. Jenaer Schr. Vor- u. Frühgesch. 2 (Jena 2006).

Fath 2007
B. Fath, Textilien in dinglicher und bildlicher Darstellung in Gräbern der frühen Eisenzeit Norditaliens und des Ostalpengebiets. Unpubl. Magisterarbeit (Freiburg 2007).

Fath 2012
B. Fath, Eber und Hirsch - zoomorphe Darstellungen zwischen Rheingebiet und Massiv Central. In: M. Schönfelder/S. Sievers (Hrsg.), L' Âge du fer entre la Champagne et la Vallée du Rhin 34e colloque international de l'Association Française pour l'Étude de l'âge du Fer du 13 au 16 mai 2010 à Aschaffenburg. RGZM Tagungen 14 (Mainz 2012) 543-554.

Fath/Glunz-Hüsken 2011
B. Fath/B. Glunz-Hüsken, Textilien und Symbole für Ihre Herstellung in eisenzeitlichen Gräbern Mitteleuropas. Griechenland - Este - Frög - Sopron. Prähist. Zeitschr. 86, 2011, 254-271.

Felsch 2007
R. Felsch, Kalapodi II. Zur Stratigraphie des Heiligtums. Ergebnisse der Ausgrabungen im Heiligtum der Artemis und des Apollon von Hyampolis in der antiken Phokis (Mainz 2007).

Fischer 2004
Th. Fischer, Der Kufsteiner Festungsberg in vorgeschichtlicher Zeit. Bronze- und eisenzeitliche Siedlungsstrukturen auf der Josefsburg sowie auf der Südostflanke des Kufsteiner Festungsberges. Praearchos 2 (Innsbruck 2004).

Fischer 1979
U. Fischer, Ein Grabhügel der Bronze- und Eisenzeit im Frankfurter Stadtwald mit einem Frankfurter Museumsbericht 1962-1978. Schr. Frankfurter Mus. Vor- u. Frühgesch. 4 (Frankfurt 1979).

Fischer 1994
Th. Fischer, Die hallstattzeitliche Nekropole von Deising, Stadt Riedenburg, Lkr. Kelheim, Niederbayern. Archäologie am Main-Donau-Kanal 2 (Buch a. Erlbach 1994).

Fischer 2012
Th. Fischer, Die Armee der Caesaren. Archäologie und Geschichte (Regensburg 2012).

Fitzpatrick 1996
P. Fitzpatrick, Night and day: the Symbolism of astral signs on later Iron Age anthropomorphic short swords. Proc. Prehist. Soc. 61, 1996, 373-398.

Fleckinger/Steiner 1999
A. Fleckinger/H. Steiner, Faszination Jungsteinzeit. Der Mann aus dem Eis (Bozen 1999).

Flügen 2002
Th. Flügen, Die Gürtel. In: H. Baitinger (Hrsg.), Das Rätsel der Kelten vom Glauberg. Glaube - Mythos - Wirklichkeit. Ausstellungskat. Frankfurt 2002 (Stuttgart 2002) 151-153.

Frankfort 1948
H. Frankfort, Kingship and the Gods. A Study of Ancient Near Eastern Religion as the Integration of Society and Nature (Chicago 1948).

Frey 1962
O.-H. Frey, Der Beginn der Situlenkunst im Ostalpenraum. Germania 40, 1962, 56-73.

Frey 1969
O.-H. Frey, Die Entstehung der Situlenkunst. Studien zur figürlich verzierten Toreutik von Este. Röm.-German. Forsch. 31 (Berlin 1969).

Frey 1973
O.- H. Frey, Bemerkungen zur hallstättischen Bewaffnung im Südostalpenraum. Arh. Vestnik 24, 1973, 621-636.

Frey 1987
O.-H. Frey, Zum Ornamentschatz der Gürtelbleche aus Hallstatt. Mitt. Österr. Arbeitsgemeinschft Ur- u. Frühgesch. 37, 1987, 17-30.

Frey 2001
O.-H. Frey, Figuralverzierte Situlen. In: F. Daim/Th. Kühtreiber (Hrsg.), Sein & Sinn, Burg & Mensch. Niederösterreichische Landesausstellung 2001. Kat. Niederösterreich. Landesmus. N. F. 434 (St. Pölten 2001) 91-93.

Frey 2002
O.-H. Frey, Menschen oder Heroen? Die Statuen vom Glauberg und die frühe keltische Großplastik. In: H. Baitinger (Hrsg.), Das Rätsel der Kelten vom Glauberg. Glaube - Mythos - Wirklichkeit. Ausstellungskat. Frankfurt 2002 (Stuttgart 2002) 208-218.

Frey 2005
RGA XXVIII, 527-535 s. v. Situlenfest (O.-H. Frey).

Frey 2011
O.-H. Frey, The world of situla art. In: L. Bonfante (Hrsg.), The Barbarians of ancient Europe. Realitites and Interactions (Cambridge 2011) 282-312.

Fries 2005
J. E. Fries, Die Hallstattzeit im Nördlinger Ries. Materialh. Bayer. Vorgesch. A 88 (Kallmünz 2005).

Gabrovec 1962/63
St. Gabrovec, Die hallstättischen Helme des südostalpinen Kreises. Arh. Vestnik 13/14, 1962/63, 317-325 (dt. Zusammenfassung).

Gabrovec 1992
St. Gabrovec, Etruskischer Niederschlag in Slowenien. In: L. Aigner-Foresti (Hrsg.), Etrusker nördlich von Etrurien. Etruskische Präsenz in Norditalien und nördlich der Alpen sowie ihre Einflüsse auf die einheimischen Kulturen. Akten des Symposions von Wien - Schloss Neuwaldegg, 2.-5. Oktober 1989. Österreich. Akad. Wiss. Phil.-Hist. Kl. Sitzungsber. 589, 1-2 (Wien 1992) 203-218.

Gabrovec 2006
St. Gabrovec (Hrsg.), Stična. Gomile starejše železne dobe 2,1. Kat. Monogr. 37 (Ljubljana 2006).

Gabrovec 2008
St. Gabrovec (Hrsg.), Stična. Gomile starejše železne dobe 2,2. Kat. Monogr. 38 (Ljubljana 2008, erschienen 2010).

Gaisberger 1848
J. Gaisberger, Die Gräber bei Hallstatt im oberösterreichischen Salzkammergute. Beil. 10. Ber. Mus. Carolinum Linz (Linz 1848).

Gallus/Horvath 1939
S. Gallus/T. Horvath, Un peuple cavalier préscythique en Hongrie. Trouvailles archéologiques du premier âge du fer et leurs relations avec l'Eurasie. Diss. Pannonicae 9, 1-2 (Leipzig 1939).

Garfinkel et al. 2014
Y. Garfinkel/F. Klimscha/S. Shalev/D. Rosenberg, The Beginning of Metallurgy in the Southern Levant: A Late 6th Millennium CalBC Copper Awl from Tel Tsaf, Israel. Online Publ.: PLoS ONE 9(3): March 26, 2014. http://journals.plos.org/plosone/article?id=10.1371/journal.pone.0092591 (08.04.2014).

Gebhard 1997
R. Gebhard, Das hallstattzeitliche Grabhügelfeld von Kinding/Ilbling, Gde. Kinding, Lkr. Eichstätt, Oberbayern. Arch. Jahr Bayern 1996 (1997) 90-93.

Gebhard 2002
R. Gebhard, Magie, Mythos, Macht. Gold der Alten und Neuen Welt. In. L. Wamser/R. Gebhard (Hrsg.), Gold - Magie, Mythos, Macht. Gold der alten und neuen Welt. Katalog zur gleichnamigen Ausstellung der Archäologischen Staatssammlung - Museum für Vor- und Frühgeschichte, München, vom 30.11.2001 bis 2.4.2002. Schriftenr. Arch. Staatsslg. 2 (Stuttgart 2001) 10-27.

Gebhard 2011
R. Gebhard (Hrsg.), Im Licht des Südens. Begegnungen antiker Kulturen zwischen Mittelmeer und Zentraleuropa. Arch. Staatsslg. München, 16.12.2011-27.05.2012 (München 2011).

Geiger 1994
A. Geiger, Treibverzierte Bronzerundschilde der italischen Eisenzeit aus Italien und Griechenland. PBF III 1 (Stuttgart 1994).

Gell 1998
A. Gell, Art and agency: an anthropological theory (Oxford 1998).

Gentili 2003
G. V. Gentili, Verucchio Villanoviana. Il sepolcreto in Località Le Pegge e la necropoli al piede della Rocca Malatestiana. 2 Bde. Mon. Ant. 59, Ser. Monogr. 6 (Rom 2003).

Gerdsen 1986
H. Gerdsen, Studien zu den Schwertgräbern der älteren Hallstattzeit (Mainz 1986).

Gladigow 1984
B. Gladigow, Die Teilung des Opfers. Zur Interpretation von Opfern in vor- und frühgeschichtlichen Epochen. Frühmittelalterl. Stud. 18, 1984, 19-43.

Gleba 2008
M. Gleba, Textile Production in Pre-Roman Italy. Ancient Textiles Ser. 4 (Oxford 2008).

Gleba 2009
M. Gleba, Textile tools and specialisation in early iron age female burials. In: E. Herring/K. Lowas (Hrsg.), Gender Identities in Italy in the first millennium BC. BAR Internat. Ser. 1983 (Oxford 2009) 69-78.

Gleba 2009A
M. Gleba, Textile tools in ancient Italian votive contexts: Evidence of Dedication or Production? In: M. Gleba (Hrsg.), Votives, places and rituals in Etruscan religion. Studies in honor of Jean MacIntosh Turfa. Religions in the Graeco-Roman World 166 (Leiden 2009) 69-86.

Gleba 2011
M. Gleba, The „Distaff Side" of early iron age aristocratic Identity in Italy. In: M. Gleba/H. W. Horsnæs (Hrsg.), Communicating identity in Italic iron age communities (Exeter 2011) 26-32.

Gleba 2015
M. Gleba, Sacred Cloth: Consumption and Production of Textiles in Sanctuaries and the Power of Elites in Archaic Western Mediterranean World. In: E. Kistler (Hrsg.), Sanctuaries and the Power of Consumption. Networking and the Formation of Elites in the Archaic Western Mediterranean World. Proceedings of the International Conference in Innsbruck, 20th–23rd March 2012. Philippika 92 (Wiesbaden 2015) 373-383.

Gleirscher 1993
P. Gleirscher, Der bronzene „Schildbuckel" von der Gurina (Kärnten). Germania 71, 1993, 31-57.

Gleirscher 2004
P. Gleirscher, Zum Bleiwagen aus Frög bei Rosegg. Kessel- oder Prunkwagen. Arh. Vestnik 55, 2004, 251-266.

Gleirscher 2005
P. Gleirscher, Das Grab eines namenlosen Königs in Waisenberg. In: M. Fera/R. Wedenig (Hrsg.), Hallstattkultur im Trixnertal (Völkermarkt 2005) 59-76.

Gleirscher 2009
P. Gleirscher, Sopron - Nové Košariská - Frög. Zu den Bildgeschichten der Kalenderberg-Kultur. Prähist. Zeitschr. 84, 2009, 202-223.

Gleirscher 2009A
P. Gleirscher, Bildergeschichten und ihre Deutung. Zwei hallstattzeitliche Neufunde aus Kärnten. Arch. Österreich 20/2, 2009, 4-16.

Gleirscher 2009B
P. Gleirscher, Zu Gast bei den norischen Königen von Waisenberg. Herdgerät und Trinkgeschirr aus dem zweiten Prunkgrab. Rudolfinum - Jahrb. Landesmus. Kärnten 2008 (2009) 35-58.

Gli etruschi 2000
Gli etruschi. Ausstellungskatalog Venezia 2000 (Milano 2000).

Glunz 1994
B. Glunz, Zu mitteleuropäischen Plattenfibeln unter spezieller Berücksichtigung der goldenen Fibel aus Hallstatt Grab 505. Arch. Korrbl. 24, 1994, 283-288.

Glunz 1997
B. Glunz, Studien zu den Fibeln aus dem Gräberfeld von Hallstatt. Linzer Arch. Forsch. 25 (Linz 1997).

Glunz-Hüsken 2008
B. Glunz-Hüsken, Neue Fibeln aus der Nekropole von Hallstatt. Mit einem Nachtrag zur Fibelstudie von 1997, einem Exkurs zu Symbolen an hallstattzeitlichen Gewandverschlüssen und einem Vergleich der Friedhöfe Hallstatt - Bischofshofen. Arch. Austriaca 92, 2008, 35-71.

Glunz-Hüsken 2013
B. Glunz-Hüsken, Sparsam in der Grube! - Reich im Grab? Varianten und Aspekte sekundär verwendeter Beigaben aus dem Gräberfeld von Hallstatt, Oberösterreich. In: R. Karl/J. Leskovar (Hrsg.), Interpretierte Eisenzeiten. Fallstudien, Methoden, Theorie. Tagungsbericht der 5. Linzer Gespräche zur interpretativen Eisenzeitarchäologie. Stud. Kulturgesch. Oberösterreich 37 (Linz 2013) 9-25.

Glunz-Hüsken/Schebesch 2015
B. Glunz-Hüsken/A. Schebesch, Körpersprachliche Signale hallstattzeitlicher, anthropomorph gestalteter Dolchgriffe. Prähist. Zeitschr. 90, 2015, 301-317.

Gold der Thraker 1979
Gold der Thraker. Archäologische Schätze aus Bulgarien (Mainz 1980).

Goldschätze der Thraker 1975
Goldschätze der Thraker. Thrakische Kultur und Kunst auf bulgarischem Boden (Wien 1975).

Gombrich 1982
E. H. Gombrich, Ornament und Kunst. Schmucktrieb und Ordnungssinn in der Psychologie des dekorativen Schaffens (Stuttgart 1982).

Gombrich 1999
E. H. Gombrich, The Uses of Images. Studies in the Social Function of Art and Visual Communication (London 1999).

Gomez de Soto 1991
J. Gomez de Soto, Le Fondeur, le Trafiquant et les Cuisiniers. La Broche d'Amathonte de Chypre et la Chronologie absolue du Bronze final atlantique. In: Ch. Chevillot/A. Coffyn (Hrsg.), L' âge du Bronze atlantique. Ses faciès, de l'Ecosse à l'Andalousie. Actes du 1er colloque du Parc Archéologique de Beynac-et-Cazenac (Beynac 1991) 369-373.

Gomez de Soto 1993
J. Gomez de Soto, Cooking for the Elite: Feasting Equipment in the late Bronze Age. In: Ch. Scarre/F. Healy (Hrsg.), Trade and Exchange in Prehistoric Europe. Proceedings of a conference held at the University of Bristol, April 1992. Oxbow Monogr. 33 (Oxford 1993) 191-197.

Gomez de Soto/Pautreau 1988
J. Gomez de Soto/J.-P. Pautreau, Le crochet protohistorique en bronze de Thorigné à Coulon (Deux-Sèvres). Arch. Korrbl. 18, 1988, 31-42.

Goppelröder/Rösch 2002
A. Goppelröder/M. Rösch, Pflanzliche Funde aus dem keltischen Grabhügel Hohmichele, Gem. Altheim (Lkr. Biberach). In: S. Kurz/S. Schieck, Bestattungsplätze im Umfeld der Heuneburg. Forsch. u. Ber. Vor- u. Frühgesch. Baden-Württemberg 87 (Stuttgart 2002) 163-204.

Griebl 1997
M. Griebl, Siedlungsobjekte der Hallstattkultur aus Horn (Niederösterreich). Notbergung auf dem Gelände der Ziegelei Thalhammer und den benachbarten Flächen in den Jahren 1888/89 bis 1976. Mitt. Prähist. Komm. Österr. Akad. 31 (Wien 1997).

Grigor'ev 1990
G. P. Grigor'ev, Sungir. In: J. K. Kozłowski (Hrsg.), Feuilles de pierre: les industries à pointes foliacées du Paléolithique supérieur européen; actes du colloque de Cracovie 1989. Etudes et recherches archéologiques de l'Université de Liège (Liège 1990)137-139.

Grömer 2004
K. Grömer, Aussagemöglichkeiten zur Tätigkeit des Spinnens aufgrund archäologischer Funde und Experimente. Arch. Austriaca 88/2004, 169-182.

Grömer 2004/05
K. Grömer, Experimente zur Haar- und Schleiertracht in der Hallstattzeit. Mitt. Anthr. Ges. Wien 134/135, 2004/05, 115-134.

Grömer 2005
K. Grömer, The textiles from the prehistoric Salt-mines at Hallstatt. In: P. Bichler/K. Grömer/R. Hofmann-de Keijzer/A. Kern/H. Reschreiter (Hrsg.), Hallstatt Textiles. Technical Analysis, Scientific Investigation and Experiment on Iron Age Textiles. BAR Internat. Ser. 1351 (Oxford 2005) 17-40.

Grömer 2005A
K. Grömer, Tablet-woven Ribbons from the prehistoric Salt-mines at Hallstatt, Austria - results of some experiments. In: P. Bichler/K. Grömer/R. Hofmann-de Keijzer/A. Kern/H. Reschreiter (Hrsg.), Hallstatt Textiles. Technical Analysis, Scientific Investigation and Experiment on Iron Age Textiles. BAR Internat. Ser. 1351 (Oxford 2005) 81-90.

Grömer 2006
K. Grömer, Textilien der Bronzezeit in Mitteleuropa. Arch. Austriaca 90, 2006, 31-72.

Grömer 2007
K. Grömer, Bronzezeitliche Gewebefunde aus Hallstatt - Ihr Kontext in der Textilkunde Mitteleuropas und die Entwicklung der Textiltechnologie zur Eisenzeit. Unpubl. Diss. (Wien 2007).

Grömer 2010
K. Grömer, Prähistorische Textilkunst in Mitteleuropa. Geschichte des Handwerkes und der Kleidung vor den Römern. Veröff. Prähist. Abt. Naturhist. Mus. 4 (Wien 2010).

Grömer 2012

K. Grömer, Austria: Bronze and Iron Ages. In: M. Gleba/U. Mannering (Hrsg.), Textiles and textile production in Europe from prehistory to AD 400. Ancient Textiles Ser. 11 (Oxford 2012) 27-65.

Grömer 2013

K. Grömer, Tradition, Kreativität und Innovation - Textiltechnologische Entwicklung von der Bronzezeit zur Hallstattzeit. In: K. Grömer/A. Kern/H. Reschreiter/H. Rösl-Mautendorfer, Textilien aus Hallstatt. Gewebte Kultur aus dem bronze- und eisenzeitlichen Salzbergwerk. Archaeolingua Main Ser. 29 (Budapest 2013) 53-99.

Grömer/Reschreiter 2013

K. Grömer, H. Reschreiter, Hallstatt - 160 Jahre Forschung. In: K. Grömer/A. Kern/H. Reschreiter/H. Rösl-Mautendorfer, Textilien aus Hallstatt. Gewebte Kultur aus dem bronze- und eisenzeitlichen Salzbergwerk. Archaeolingua Main Ser. 29 (Budapest 2013) 33-52.

Grömer/Stöllner 2011

K. Grömer/Th. Stöllner, Ein abgerissener Ärmel aus dem Salzbergwerk Dürrnberg - Neue Erkenntnisse zur Brettchenwebtechnik in der Eisenzeit in Mitteleuropa. Jahrb. RGZM 56, 2011, 105-157.

Grömer et al. 2013

K. Grömer/A. Kern/H. Reschreiter/H. Rösl-Mautendorfer, Textilien aus Hallstatt. Gewebte Kultur aus dem bronze- und eisenzeitlichen Salzbergwerk. Archaeolingua Main Ser. 29 (Budapest 2013).

Grünberg 2000

J. M. Grünberg, Mesolithische Bestattungen in Europa. Ein Beitrag zur vergleichenden Gräberkunde. Internat. Arch. 40 (Rahden 2000).

Grünzweig 2009

F. E. Grünzweig, Das Schwert bei den „Germanen". Kulturgeschichtliche Studien zu seinem „Wesen" vom Altertum bis ins Hochmittelalter. Philologica Germanica 30 (Wien 2009).

Guggisberg 1996

M. Guggisberg, Eine Reise von Knossos nach Strettweg. Tiergefäße und Kesselwagen als Ausdruck religiöser Kontakte zwischen der Ägäis und Mitteleuropa im frühen 1. Jahrtausend v. Chr. Arch. Anz. 1996, 175-195.

Guggisberg/Hoppe 2012

M. Guggisberg/Th. Hoppe, Von Zirkeln, Ranken und anderen Dingen. Kunst und Künstler der Kelten. In: D. Beilharz (Hrsg.), Die Welt der Kelten. Zentren der Macht - Kostbarkeiten der Kunst. Ausstellung des Archäologischen Landesmuseums Baden-Württemberg in Zusammenarbeit mit dem Landesamt für Denkmalpflege im Regierungspräsidium Stuttgart und dem Historischen Museum Bern. Begleitband zur Großen Landesausstellung Baden-Württemberg 2012 (Ostfildern 2012) 42-45.

Guggsiberg/Stöllner 1996

M. Guggisberg/Th. Stöllner, Ein „Herr der Tiere" im südlichen Ostalpenraum? Bemerkungen zur frühlatènezeitlichen Stellung einiger Neufunde aus dem Führholz bei Völkermarkt/Kärnten. In: O.-H. Frey/ W. Böhme/C. Dobiat (Hrsg.), Europa celtica: Untersuchungen zur Hallstatt- und Latènekultur. Veröff. Vorgesch. Seminar Marburg 10 (Espelkamp 1996) 117-152.

Gumă 1993
M. Gumă, Civilizaţia primei epoci a fierului în sud-vestul României. Dt. Zusammenfassung „Die Zivilisation der älteren Eisenzeit in Südwestrumänien". Bibl. Thracologica 4 (Bukarest 1993).

Guštin/Preložnik 2005
M. Guštin/A. Preložnik, Die hallstattzeitlichen Frauen mit Goldschmuck von Dolenjsko (Slowenien). In: R. Karl/J. Leskovar (Hrsg.), Interpretierte Eisenzeiten. Fallstudien, Methoden, Theorie. Tagungsbericht der 1. Linzer Gespräche zur interpretativen Eisenzeitarchäologie. Stud. Kulturgesch. Oberösterreich 18 (Linz 2005) 113-130.

Haffner 1969
A. Haffner, Ein Gräberfeld der jüngeren Hunsrück-Eifel-Kultur von Losheim, Kr. Merzig-Wadern. Ber. Staatl. Denkmalpfl. Saarland 16, 1969, 61-103.

Haffner 1979
A. Haffner, Ein etruskischer Bronzebecher aus einem keltischen Kindergrab des 4. Jahrhunderts v. Chr. Kurtrier. Jahrb. 21, 1979, 17-23.

Hänsel 1976
B. Hänsel, Beiträge zur regionalen und chronologischen Gliederung der älteren Hallstattzeit an der unteren Donau. Beitr. Ur- u. Frühgesch. Arch. Mittelmeer-Kulturraum 16-17 (Bonn 1976).

Hänsel 1997
A. Hänsel, Die Götter der Bronzezeit. In: A. Hänsel/B. Hänsel (Hrsg.), Gaben an die Götter. Schätze der Bronzezeit Europas. Ausstellung der Freien Universität Berlin in Verbindung mit dem Museum für Vor- und Frühgeschichte, Staatliche Museen zu Berlin - Preußischer Kulturbesitz (Berlin 1997) 11-23.

Hänsel 2001
A. Hänsel, Frau und Pferd? Der Bronzefund von Kallies (Kalisz Pomorski) und die Ornatdepots der späten Bronzezeit. Acta Prähist. et Arch. 33, 2001, 14-27.

Hagl 2009
M. Hagl, Opium - nicht für das Volk. Ein Gefäßhort vom Bullenheimer Berg, Mainfranken. In: J. Bagley/Ch. Eggl/D. Neumann/M. Schefzik (Hrsg.), Alpen, Kult und Eisenzeit. Festschrift für Amei Lang zum 65. Geburtstag. Internat. Arch. Stud. Honoraria 30 (Rahden/Westf. 2009) 125-140.

Hallpike 1980
C. R. Hallpike, The Foundations of Primitive Thought (Oxford 1980).

Hampel 1886
J. Hampel, Trouvailles de l´âge du Bronze en Hongrie (Budapest 1886).

Hansen 2003
L. Hansen, Die Panzerung der Kelten. Eine diachrone und interkulturelle Untersuchung eisenzeitlicher Rüstungen (Kiel 2003).

Hansen 2007
L. Hansen, Das Panzergrab im Tschoneggerfranzl-Tumulus 2 bei Kleinklein (Gem. Grossklein, Bez. Leibnitz) in der Weststeiermark. Jahrb. RGZM 54, 2007, 173-216.

Hansen 2010
L. Hansen, Hochdorf VIII. Die Goldfunde und Trachtbeigaben des späthallstattzeitlichen Fürstengrabes von Eberdingen-Hochdorf (Kr. Ludwigsburg). Forsch. u. Ber. Vor.- u. Frühgesch. Baden-Württemberg 118 (Stuttgart 2010).

Hartmann 1970
A. Hartmann, Prähistorische Goldfunde aus Europa. Spektralanalytische Untersuchungen und deren Auswertung. Stud. Anfänge Metallurgie 3 (Berlin 1970).

Von Hase 1988
W. von Hase, Früheisenzeitliche Kammhelme aus Italien. In: A. Bottini (Hrsg.), Antike Helme. Sammlung Lipperheide und andere Bestände des Antikenmuseums Berlin. Monogr. RGZM Monogr. 14 (Mainz 1988) 195-211.

Heilmann 2015
D. Heilmann, Bestattungssitten der balkanischen Eisenzeit des 8.-5. Jh. v. Chr. zwischen Glasinac, Donau und Rhodopen. Dissertation LMU München 2015 (Arbeitstitel).

Hellmuth 2008
A. Hellmuth, Zur Rekonstruktion des Prunkgewandes aus Stična Grab 27, Hügel 48. In: St. Gabrovec et al. (Hrsg.), Stična II. Gomile starejše železne dobe. 2,2: Razprave. Kat. Monogr. 38 (Ljubljana 2008. erschienen 2010) 61-68.

Hencken 1978
H. Hencken, The iron age cemetery of Magdalenska gora in Slovenia. Bull. American School Prehist. Research 32 = Mecklenburg Collect. 2 (Cambridge 1978).

Hennig 2001
H. Hennig, Gräber der Hallstattzeit in Bayerisch-Schwaben. Monogr. Arch. Staatsslg. 2 (Stuttgart 2001).

Hennig et al. 2009
H. Hennig/H. Obermaier/M. Schweissing/Ch. Schuh/Ch. Weber/J. Burger/M. Dumler, Das hallstattzeitliche Pferdegespann im „Großen Bühl" bei Aislingen, Lkr. Dillingen a. d. Donau. In: J. Bagley/Ch. Eggl/D. Neumann/M. Schefzik (Hrsg.), Alpen, Kult und Eisenzeit. Festschrift für Amei Lang zum 65. Geburtstag. Internat. Arch. Stud. Honoraria 30 (Rahden/Westf. 2009) 169-191.

Herrmann 2002
F.-R. Herrmann, Fürstensitz, Fürstengräber und Heiligtum. In: H. Baitinger (Hrsg.), Das Rätsel der Kelten vom Glauberg. Glaube - Mythos - Wirklichkeit. Ausstellungskat. Frankfurt 2002 (Stuttgart 2002) 90-107.

Hess 2014
S. M. Hess, Archäologische Forschungen zur Kindheit am Beispiel der späten Bronzezeit. Möglichkeiten der Forschung zum prähistorischen Kind mit besonderer Berücksichtigung des urnenfelderzeitlichen Friedhofs von Zuchering-Ost. Prähist. Zeitschr. 89, 2014, 133-156.

Von Hochstetter 1878
F. von Hochstetter, Über neue Ausgrabungen auf den alten Gräberstätten bei Hallstatt. Mitt. Anthr. Ges. Wien 7, 1878, 297-307.

Hodson 1985
F. R. Hodson, Hallstatt: dry bones and flesh. Proc. Brit. Acad. 71, 1985, 29-43.

Hodson 1990
F. R. Hodson, Hallstatt - The Ramsauer Graves. Quantification and Analysis. Röm.-German. Forsch. 16 (Bonn 1990).

Hodson 1992
F. R. Hodson, Some early graves and types at Hallstatt. In: A. Lippert/K. Spindler (Hrsg.), Festschrift zum 50-jährigen Bestehen des Institutes für Ur- und Frühgeschichte der Leopold-Franzens-Universität Innsbruck. Universitätsforsch. Prähist. Arch. 8 (Bonn 1992) 215-222.

Hofmann-de Keijzer et al. 2013
R. Hofmann-de Keijzer/M. R. van Bommel/A. Hartl/K. Grömer/H. Rösel-Mautendorfer/H. Reschreiter/ K. Kania/I. Joosten/A. P. Gaibor/R. Erlach/E. Lachner/M. Wandl/M. de Keijzer, Coloured Hallstatt Textiles: 3500 Year-old Textile and Dyeing Techniques and their Contemporary Application. In: J. Banck-Burgess/C. Nübold (Hrsg.), NESAT XI. The North European Symposium for Archaeological Textiles XI. 10-13 May 2011 in Esslingen am Neckar (Rahden/Westf. 2013) 125-130.

Holste 1951
F. Holste, Hortfunde Südosteuropas. 50 Tafeln nach Skizzen der Material-Sammlung gezeichnet von E. Sangmeister (Marburg 1951).

Hoppe 1986
M. Hoppe, Die Grabfunde der Hallstattzeit in Mittelfranken. Materialh. Bayer. Vorgesch. 55 (Kallmünz 1986).

Hoppe 1991
M. Hoppe, Ein singuläres Fibelpaar der Hallstattzeit aus Riedenburg-Untereggersberg. Mit einem Beitrag zu den Fibeln aus Hallstatt, Grab 324. Arch. Korrbl. 21, 1991, 501-505.

Hoppe 2005
M. Hoppe, Das hallstattzeitliche Gräberfeld von Beilngries „Im Ried-Ost", Lkr. Eichstätt, Oberbayern. Arch. Main-Donau-Kanal 18 (Rahden/Westf. 2005).

Hughes 1999
R. Hughes, Das hallstattzeitliche Gräberfeld von Schirndorf, Lkr. Regensburg IV. Studien zu den Geschirrausstattungen. Materialh. Bayer. Vorgesch. A 79 (München 1999).

Hundt 1959
H.-J. Hundt, Vorgeschichtliche Gewebe aus dem Hallstätter Salzberg. Jahrb. RGZM 6, 1959, 66-100.

Hundt 1960
H.-J. Hundt, Vorgeschichtliche Gewebe aus dem Hallstätter Salzberg. Jahrb. RGZM 7, 1960, 126-150.

Hundt 1967
H. J. Hundt, Vorgeschichtliche Gewebe aus dem Hallstätter Salzberg. Jahrb. RGZM 14, 1967, 38-65.

Hundt 1985

H.-J. Hundt, Die Textilien im Grab von Hochdorf. Hervorragende Zeugnisse frühen Kunsthandwerks. In: Landesdenkmalamt Baden-Württemberg (Hrsg.), Der Keltenfürst von Hochdorf. Methoden und Ergebnisse der Landesarchäologie. Ausstellungskat. Stuttgart 1985 (Stuttgart 1985) 107-115.

Hundt 1987

H.-J. Hundt, Vorgeschichtliche Gewebe aus dem Hallstätter Salzberg. Jahrb. RGZM 34/1, 1987, 261-286.

Huth 2003

Ch. Huth, Menschenbilder und Menschenbild. Anthropomorphe Bildwerke der frühen Eisenzeit (Berlin 2003).

Huth 2010

Ch. Huth, Früheisenzeitliche Bildwelten - Eigenschaften und Aussagewert einer archäologischen Quellengattung. In: C. Juwig/C. Kost (Hrsg.), Bilder in der Archäologie - eine Archäologie der Bilder? Tübinger Arch. Taschenbücher 8 (Münster, New York 2010) 127-153.

Huth 2012

Ch. Huth, Die Hallstattzeit. In: A. Bräuning (Hrsg.), Die frühe Eisenzeit zwischen Schwarzwald und Vogesen. Arch. Inf. Baden-Württemberg 66 (Stuttgart 2012) 10-32.

Huth 2012A

Ch. Huth, Bildkunst und Gesellschaft in parastaatlichen Gemeinschaften Oberitaliens. In: Ch. Pare (Hrsg.), Kunst und Kommunikation. Zentralisierungsprozesse in Gesellschaften des europäischen Barbarikums im 1. Jahrtausend v. Chr. RGZM Tagungen 15 (Mainz 2012) 59-71.

Hye 2013

S. Hye, Das eisenzeitliche Heiligtum am Demlfeld bei Ampass, Tirol. In: H. Stadler et al. (Hrsg.), Brandopferplätze in den Alpen. Der Scheibenstuhl in Nenzing. Nenzing-Schriftenr. 6 = Praearchos 3 (Nenzing 2013) 49-52.

Iaia 1999

Ch. Iaia, Simbolismo funerario e ideologia alle origini di una civiltà urbana forme rituali nelle sepolture „villanoviane" a Tarquinia e Vulci, e nel loro entroterra (Firenze 1999).

Iaia 2006

Ch. Iaia, Strumenti da lavoro nelle sepolture dell'età del ferro italiana. In: A. Cardarelli/M. Pacciarelli/A. Vanzetti (Hrsg.), Studi di Protostoria in onore di Renato Peroni (Firenze 2006) 190-201.

Ilon 2007

G. Ilon, Hallstattzeitliche Hügelgräber in Westungarn. In: H. Galter/D. Kramer (Hrsg.), Der Gräberfund von Kleinklein im europäischen Kontext. Protokollband zur Vortragsreihe der Österreichischen Urania für Steiermark im Winter 2006 unter der wissenschaftlichen Leitung von Diether Kramer (Landesmuseum Joanneum, Graz) (Graz 2007) 83-122.

Jacob 1995

Ch. Jacob, Die Metallgefäße der Bronze- und Hallstattzeit in Nordwest-, West- und Süddeutschland. PBF II 9 (Stuttgart 1995).

Jacobi 1974
G. Jacobi, Werkzeug und Gerät aus dem Oppidum von Manching. Ausgr. Manching 5 (Wiesbaden 1974).

Jereb 2016
M. Jereb, Die Bronzegefäße in Slowenien. PBF IX 19 (Stuttgart 2016).

Jerem 1973
E. Jerem, Zur Geschichte der späten Eisenzeit in Transdanubien. Späteisenzeitliche Grabfunde von Beremend (Kom. Baranya). Acta. Arch. Acad. Scien. Hungaricae 25, 1973, 65-87.

Jockenhövel 1980
A. Jockenhövel, Die Rasiermesser in Westeuropa. PBF VIII 3 (München 1980).

Jockenhövel 1974
A. Jockenhövel, Fleischhaken von den Britischen Inseln. Arch. Korrbl. 4, 1974, 329-338.

Jockenhövel 2007
A. Jockenhövel, Parta tueri. Zur Interpretation wertvoller Altstücke. In: H. Kelzenberg/P. Kießling/ St. Weber (Hrsg.), Forschungen zur Vorgeschichte und Römerzeit im Rheinland. Bonner Jahrb. Beih. 57 (Mainz 2007) 47-58.

Jockenhövel 2011
A. Jockenhövel, Bronzen im Spannungsfeld zwischen praktischer Nutzung und symbolischer Bedeutung. In: U. L. Dietz/A. Jockenhövel (Hrsg.), Bronzen im Spannungsfeld zwischen praktischer Nutzung und symbolischer Bedeutung. Beiträge zum internationalen Kolloquium am 9. und 10. Oktober 2008 in Münster. PBF XX 13 (Stuttgart 2011) 1-18.

Jung 2006
M. Jung, Zur Logik archäologischer Deutung. Interpretation, Modellbildung und Theorieentwicklung am Fallbeispiel des späthallstattzeitlichen „Fürstengrabes" von Eberdingen-Hochdorf, Kr. Ludwigsburg. Universitätsforsch. Prähist. Arch. 138 (Bonn 2006).

Kaiser 2014
M. Kaiser, Vogelbarken auf urnenfelderzeitlichen Vollgriffschwertern. In: L. Deutscher (Hrsg.), Das Schwert. Symbol und Waffe. Beiträge zur geisteswissenschaftlichen Nachwuchstagung vom 19.-20. Oktober 2012 in Freiburg im Breisgau. Freiburger Arch. Stud. 7 (Rahden/Westf. 2014) 33-50.

Кънчева-Русева/Колева 2011 = Kancheva-Ruseva/Koleva 2011
Т. Кънчева-Русева/Д. Колева, Археологически проучвания на обект 18, АМ Тракия, ЛОТ 2, км 236+850-237+060, м. Юрта, с. Загорци, община Нова Загора. Археологически открития и разкопки през 2010 г. София 2011, 147-150.
T. Kancheva-Ruseva/D. Koleva, Archaeological researches of site №18, Trakia motorway, km 236+850-237+060, Yurta locality, Zagortsi village, Nova Zagora municipality. Archeologičeski otkritija i razkopki prez 2010, 2011, 147-150.

Karadzhinov 2011
I. Karadzhinov, Miniature Axes with Zoomorphic Protomes from Greek Sanctuaries in the Light of Thraco-Greek Contacts in the 8th-6th Century BC. Arch. Bulgarica 15, 2011, 1-12.

Karwowski 2012

M. Karwowski, An Ithyphallic Celtic Figurine from Oberleiserberg. In: S. Berecki (Hrsg.), Iron Age Rites and Ritualism in the Carpathian Basin. Proceedings of the International Colloquium from Târgu Mureș 7-9 October 2011. Bibl. Mus. Marisiensis Ser. Arch. 5 (Târgu Mureș 2012) 189-212.

Kašuba 2011

M. Kašuba, Erscheinungen hallstattzeitlicher Stammesfeste im Nordpontikum. In: E. Sava/J. Apakidze (Hrsg.), Der Schwarzmeerraum vom Äneolithikum bis in die Früheisenzeit (5000 - 500 v. Chr.). Bd. 2: Globale Entwicklung versus Lokalgeschehen: Internationale Fachtagung von Humboldtianern für Humboldtianer im Humboldt-Kolleg in Chişinău, Moldavien (4. - 8. Oktober 2010). Prähist. Arch. Südosteuropa 27 (Rahden/Westf. 2011) 237-253.

Kellner 1991

H.-J. Kellner, Die Gürtelbleche aus Urartu. PBF XII 3 (Stuttgart 1991).

Kemenczei 1991

T. Kemenczei, Die Schwerter in Ungarn. Bd. 2: Vollgriffschwerter. PBF IV 9 (Stuttgart 1991).

Kemenczei 2005

T. Kemenczei, Funde ostkarpatenländischen Typs im Karpatenbecken. PBF XX 10 (Stuttgart 2005).

Kern 1995

A. Kern, In „Oberösterreich". Fundber. Österr. 34, 1995, 669.

Kern 1995A

A. Kern, Ein neues Brandgrab vom Hallstätter Gräberfeld. In: H. Dimt (Hrsg.), Der Spurensucher. Zum 200. Geburtstag von Johann Georg Ramsauer. Kat. Oberösterreich. Landesmus. Linz N. F. 93 (Linz 1995) 97-100.

Kern 1997

A. Kern, Neue Ausgrabungen auf dem Salzberg in Hallstatt. Arch. Österreich 8, 1997, 58-65.

Kern 1999

A. Kern, Ein neues Schlachtmesser aus dem Hallstätter Gräberfeld. Ann. Naturhist. Mus. Wien 101, 1999, 57-67.

Kern 2005

A. Kern, Hallstatt - eine Einleitung zu einem sehr bemerkenswerten Ort. In: P. Bichler/K. Grömer/R. Hofmann-de Keijzer/A. Kern/H. Reschreiter (Hrsg.), Hallstatt Textiles. Technical Analysis, Scientific Investigation and Experiment on Iron Age Textiles. BAR Internat. Ser. 1351 (Oxford 2005) 5-9.

Kern 2009

D. Kern, Ich sehe nur, was ich kenne - Erkenne ich, was ich sehe? Eine andere Sichtweise der sogenannten Opferszene auf dem Kegelhalsgefäß aus Grab 3 von Sopron. Mitt. Anthr. Ges. Wien 139, 2009, 213-236.

Kern 2010

A. Kern, Anmerkungen zu den Kindergräbern im Hallstätter Gräberfeld. Mitt. Anthr. Ges. Wien 140, 2010, 69-83.

Kern 2010A
A. Kern, in „Oberösterreich". Fundber. Österreich 49, 2010, 347 ff.

Kern 2011
A. Kern, Ergebnisse und Stand der Forschung in Hallstatt. Fines Transire 20, 2011, 411-423.

Kern/Lammerhuber 2010
A. Kern/L. Lammerhuber, Hallstatt 7000 (Baden 2010).

Kern et al. 2008
A. Kern/K. Kowarik/A. W. Rausch/H. Reschreiter (Hrsg.), Salz-Reich. 7000 Jahre Hallstatt. Veröff. Prähist. Abt. 2 (Wien 2008).

Kilian 1975
K. Kilian, Trachtzubehör der Eisenzeit zwischen Ägäis und Adria. Prähist. Zeitschr. 50, 1975, 9-141.

Kilian-Dirlmeier 1969
I. Kilian-Dirlmeier, Studien zur Ornamentik auf Bronzeblechgürteln und Gürtelblechen der Hallstattzeit aus Hallstatt und Bayern. Ber. RGK 50, 1969, 97-190.

Kilian-Dirlmeier 1972
I. Kilian-Dirlmeier, Die hallstattzeitlichen Gürtelbleche und Blechgürtel Mitteleuropas. PBF XII 1 (München 1972).

Kilian-Dirlmeier 1975
I. Kilian-Dirlmeier, Gürtelhaken, Gürtelbleche und Blechgürtel der Bronzezeit in Mitteleuropa (Ostfrankreich, Schweiz, Süddeutschland, Österreich, Tschechoslowakei, Ungarn, Nordwest-Jugoslawien) PBF XII 2 (München 1975).

Kilian-Dirlmeier 1979
I. Kilian-Dirlmeier, Die Anhänger in Griechenland von der mykenischen bis zur spätgeometrischen Zeit. PBF XI 2 (München 1979).

Kilian-Dirlmeier 1979A
I. Kilian-Dirlmeier, Hallstattzeitliche Gürtelbleche aus Tirol. Bayer. Vorgeschbl. 44, 1979, 13-25.

Kilian-Dirlmeier 2002
I. Kilian-Dirlmeier, Kleinfunde aus dem Athena-Itonia-Heiligtum bei Philia (Thessalien). RGZM Monogr. 48 (Mainz 2002).

Kilian-Dirlmeier 2012
I. Kilian-Dirlmeier, Körper- und Ringschmuck, Pektorale und Gürtel als Würdezeichen. In: H.-G. Buchholz (Hrsg.), Erkennungs-, Rang- und Würdezeichen. Arch. Homerica 1,D (Göttingen, Bristol 2012) 159-202.

Kimmig 1988
W. Kimmig, Das Kleinaspergle - Studien zu einem Fürstengrab der frühen Latènezeit bei Stuttgart. Forsch. u. Ber. Vor- u. Frühgesch. Baden-Württemberg 30 (Stuttgart 1988).

Kimmig 1991
W. Kimmig, Edelmetallschalen der späten Hallstatt- und frühen Latènezeit. Arch. Korrbl. 21, 1991, 241-253.

Kistler 2010
E. Kistler, Großkönigliches „*symbolon*" im Osten - exotisches Luxusgut im Westen: Zur Objektbiographie der achämenidischen Glasschale aus Ihringen. In: R. Rollinger (Hrsg.), Interkulturalität in der Alten Welt. Vorderasien, Hellas, Ägypten und die vielfältigen Ebenen des Kontakts. Philippika 34 (Wiesbaden 2010) 63-97.

Klimscha et al. 2012
F. Klimscha/W. Blaschke/E. Thiele, Bemerkungen zu Vorkommen, Verbreitung und Bedeutung überdimensionierter Lanzen der europäischen Eisenzeit. Arch. Korrbl. 42, 2012, 351-369.

Kmeťová 2011
P. Kmeťová, Burial of a child from Early Iron Age barrow in Süttő - context and interpretation. Zborník Fil. Fak. Univ. Komenského 27, 2011, 261-276.

Kmeťová 2013
P. Kmeťová, The spectacle of the horse: On early Iron Age burial customs in the Eastern-Alpine Hallstatt Region. Arch. Rev. Cambridge 28/2, 2013, 67-81.

Kmeťová/Stegmann-Rajtár 2014
P. Kmeťová/S. Stegmann-Rajtár, Zur symbolischen Bestattung von Pferdeschädeln in Gräbern der späten Urnenfelder- und älteren Hallstattzeit. In: S. Tecco-Hvala (Hrsg.), Studia Praehistorica in Honorem Janez Dular. Opera Inst. Arch. Sloveniae 30 (Ljubljana 2014) 149-191.

Knauß 2015
F. Knauß (Hrsg.), Die Etrusker von Villanova bis Rom. Ausstellung Staatl. Antikensammlungen, München, 16.07.2015 - 17.07.2016 (Mainz 2015).

Kneisel 2007
J. Kneisel, Die gegürtete Frau - Versuch einer Trachtrekonstruktion. In: M. Blečić (Hrsg.), Scripta praehistorica in honorem Biba Teržan (Ljubljana) 2007, 583-597.

Kneisel 2012
J. Kneisel, Anthropomorphe Gefäße in Nord- und Mitteleuropa während der Bronze- und Eisenzeit. Stud. Arch. Ostmitteleuropa 7,1 (Bonn 2012).

Knez 1976
T. Knez, Hallstattzeitliches Frauengrab mit Pseudokernoi aus Novo mesto, Jugoslawien. Arch. Austriaca Beih. 13, 1976, 601-610.

Koch 1998
J. K. Koch, Symbol einer neuen Zeit. Hallstattzeitliche Pferdestatuetten aus Metall. In: A. Müller-Karpe/H. Brandt/H. Jöns/D. Krauße/A. Wigg (Hrsg.), Studien zur Archäologie der Kelten, Römer und Germanen in Mittel- und Westeuropa. Alfred Haffner zum 60. Geburtstag gewidmet. Internat. Arch. Stud. Honoraria 4 (Rahden/Westf. 1998) 292-311.

Koch 2002
L. C. Koch, Notizen zu zwei Bildern der Situlenkunst. Arch. Korrbl. 32, 2002, 67-79.

Koch 2006
J. K. Koch, Hochdorf VI. Der Wagen und das Pferdegeschirr aus dem späthallstattzeitlichen Fürstengrab von Eberdingen-Hochdorf (Kr. Ludwigsburg). Forsch. u. Ber. zur Vor- u. Frühgesch. Baden-Württemberg 89 (Stuttgart 2006).

Koch 2009
L. C. Koch, Die Frauen von Veji - hierarchisch gegliederte Gesellschaft oder befreundete Gemeinschaft? In: T. Kienlin/A. Zimmermann (Hrsg.), Beyond Elites. Alternatives to hierarchical systems in modelling social Formations. International conference at the Ruhr-Universität Bochum, Germany, October 22 - 24, 2009. Universitätsforsch. Prähist. Arch. 215 (Bonn 2012) 483-508.

Koch 2010
J. K. Koch, Früheisenzeitliche Reitergräber zwischen Ost- und Westhallstattkreis. In: E. Jerem/M. Schönfelder/G. Wieland (Hrsg.), Nord-Süd, Ost-West. Kontakte während der Eisenzeit in Europa. Akten der Internationalen Tagung der AG Eisenzeit in Hamburg und Sopron 2002. Archaeolingua Main Ser. 17 (Hamburg 2010) 139-150.

Koch 2012
J. K. Koch, Bemerkungen zur Bronzetrense aus Hallstatt. Rekonstruktion des Gebrauchs. Mitt. Anthr. Ges. Wien 142, 2012, 75-79.

Koch 2013
L. C. Koch, Kleine Mädchen in großen gesellschaftlichen Rollen? Überlegungen zu besonderen Kindergräbern der Früheisenzeit in Mittelitalien. In: S. Wefers/J. E. Fries/J. Fries-Knoblach/Ch. Later/U. Rambuscheck/ P. Trebsche/J. Wiethold (Hrsg.), Bilder - Räume - Rollen. Beiträge zur gemeinsamen Sitzung der AG Eisenzeit und der AG Geschlechterforschung während des 7. Deutschen Archäologenkongresses in Bremen 2011. Beitr. Ur- u. Frühgesch. Mitteleuropa 72 (Langenweißbach 2013) 143-157.

Koch-Harnack 1989
G. Koch-Harnack, Erotische Symbole: Lotosblüte und gemeinsamer Mantel auf antiken Vasen (Berlin 1989).

Körber-Grohne 1985
U. Körber-Grohne, Die biologischen Reste aus dem Fürstengrab von Eberdingen-Hochdorf, Gem. Eberdingen (Kreis Ludwigsburg). In: U. Körber-Grohne/H. Küster (Hrsg.), Hochdorf I. Forsch. u. Ber. Vor- und Frühgesch. Baden-Württemberg 19 (Stuttgart 1985) 85-164.

Kohler 2000
Ch. Kohler, Die Obeloi der Heuneburg. In: W. Kimmig (Hrsg.), Importe und mediterrane Einflüsse auf der Heuneburg. Heuneburgstudien 11 = Röm.-German. Forsch. 59 (Mainz 2000) 197-213.

Kohler/Naso 1991
Ch. Kohler/A. Naso, Appunti sulla funzione di alari e spiedi nelle società arcaiche dell`Italia centro-meridionale. In: E. Herring/R. Whitehouse/J. Wilkins (Hrsg.), Papers of the fourth Conference of Italian Archeology. Bd. 2: The Archeology of Power 2 (London 1991) 41-63.

Kossack 1954
G. Kossack, Studien zum Symbolgut der Urnenfelder- und Hallstattzeit Mitteleuropas. Röm.-German. Forsch. 20 (Berlin 1954).

Kossack 1956/57
G. Kossack, Zu den Metallbeigaben des Wagengrabes von Ca' Morta (Como). Sibrium 3, 1956/57, 41-51.

Kossack 1959
G. Kossack, Südbayern während der Hallstattzeit. Röm.-German. Forsch. 24 (Berlin 1959).

Kossack 1964
G. Kossack, Trinkgeschirr als Kultgerät der Hallstattzeit. In: P. Grimm (Hrsg.), Varia archaeologica. Wilhelm Unverzagt zum 70. Geburtstag dargebracht. Dt. Akad. Wiss. Berlin, Schr. Sektion Vor- u. Frühgesch. 16 (Berlin 1964) 96-105.

Kossack 1970
G. Kossack, Gräberfelder der Hallstattzeit an Main und fränkischer Saale. Nach Grabungen von G. Jacob-Friesen, Chr. Pescheck, K. Schwarz und N. Walke in Bastheim, Grosseibstadt und Kitzingen-Etwashausen. Materialh. Bayer. Vorgesch. 24 (Kallmünz 1970).

Kossack 1974
G. Kossack, Prunkgräber. Bemerkungen zu Eigenschaften und Aussagewert. In: G. Kossack/G. Ulbert (Hrsg.), Studien zur Vor- und Frühgeschichtlichen Archäologie. Festschrift für Joachim Werner zum 65. Geburtstag. Bd. 1: Allgemeines, Vorgeschichte, Römerzeit. Münchner Beitr. Vor- u. Frühgesch. Ergbd. 1,1 (München 1974) 3-33.

Kossack 1982
G. Kossack, Früheisenzeitlicher Gütertausch. Savaria 16, 1982, 95-112.

Kossack 1988
G. Kossack, Pferd und Wagen in der frühen Eisenzeit Mitteleuropas - Technik, Überlieferungsart und ideeller Gehalt. In: C. Müller (Hrsg.), Festschrift László Vajda. Münchner Beitr. Völkerkde. 1 (München 1988) 131-144.

Kossack 1992
G. Kossack, Lebensbilder, mythische Bilderzählung und Kultfestbilder. Bemerkungen zu Bildszenen auf einer Thronlehne von Verucchio. In: A. Lippert/K. Spindler (Hrsg.), Festschrift zum 50-jährigen Bestehen des Instituts für Ur- und Frühgeschichte der Leopold-Franzens-Universität Innsbruck. Universitätsforsch. Prähist. Arch. 8 (Bonn 1992) 231-246.

Kossack 1993
G. Kossack, Die Zentralalpen und das bayerische Alpenvorland in prähistorischer Zeit. In: G. Ammann/M. Pizzinini (Hrsg.), Bayerisch-Tirolische G'schichten … eine Nachbarschaft. Bd. 2: Beiträge. Tiroler Landesausstellung Festung Kufstein 15. Mai bis 31. Oktober 1993 (Innsbruck 1993) 7-26.

Kossack 1995
G. Kossack, Blitzblume, Gorgoneion und heilige Lanze. Ikonographisches zu figuralen Blecharbeiten der Thraker und Illyrer. Thracia 11, 1995, 241-250.

Kossack 1997
G. Kossack, Bronzezeitliches Kultgerät im europäischen Norden. In: C. Becker/M.-L. Dunkelmann/ C. Metzner-Nebelsick/H. Peter-Röcher/M. Roeder/B. Teržan (Hrsg.), Chronos. Beiträge zur prähistorischen Archäologie zwischen Nord- und Südosteuropa. Festschrift für Bernhard Hänsel. Internat. Arch. Stud. Honoraria 1 (Espelkamp 1997) 497-514.

Kossack 1998
G. Kossack, Von der verborgenen Lebenskraft der Dinge. Nordtiroler Gehängefibeln aus der frühen Eisenzeit als sakrale Zeichen. Veröff. Tiroler Landesmus. Ferdindandeum 78, 1998, 71-87.

Kossack 1999
G. Kossack, Religiöses Denken in dinglicher und bildlicher Überlieferung Alteuropas aus der Spätbronze- und frühen Eisenzeit (9.- 6. Jh. v. Chr. Geb.). Bayer. Akad. Wiss. Phil.-Hist. Kl. Abhandl. N. F. 116 (München 1999).

Kossack 2000
G. Kossack, L'Oiseau unicorne. In: A. Avram/P. Alexandrescu (Hrsg.), Civilisation grecque et cultures antiques périphériques. Hommage à Petre Alexandrescu à son 70e anniversaire (Bucareste 2000) 43-60.

Kossack 2002
G. Kossack, Tordierte Gefäßhenkel am Beginn der Spätbronzezeit. Godišnjak (Sarajevo) 32, 2002, 199-216.

Kowarik 2009
K. Kowarik, Aus nah und fern. Gedanken zu den Versorgungsstrukturen des bronzezeitlichen Salzbergbaus in Hallstatt. Mitt. Anthr. Ges. Wien 139, 2009, 105-115.

Kowarik et al. 2015
K. Kowarik/H. Reschreiter/J. Klammer/M. Grabner/ G. Winner, Umfeld und Versorgung des Hallstätter Salzbergbaus von der Mittelbronzezeit in die Ältere Eisenzeit. In: Th. Stöllner/K. Oeggl (Hrsg.), Bergauf Bergab. 10.000 Jahre Bergbau in den Ostalpen. Wissenschaftlicher Beiband zur Ausstellung im Deutschen Bergbau-Museum Bochum vom 31.10.2015-24.04.2016 und Vorarlberg Museum Bregenz vom 11.06.2016-26.10.2016 (Bochum 2015) 309-318.

Krämer 1985
W. Krämer, Die Vollgriffschwerter in Österreich und der Schweiz. PBF IV 10 (München 1985).

Kramer 1963
S. N. Kramer, Cuneiform Studies and the History of Literature: The Sumerian Sacred Marriage Texts. In: J. J. Finkelstein (Hrsg.), Cuneiform Studies and the History of Civilization. Proc. American Philosophical Soc. 107,6 (Philadelphia 1963) 485-527.

Kramer 1969
S. N. Kramer, The Sacred Marriage Rite: Aspects of Faith, Myth, and Ritual in Ancient Sumer (Bloomington 1969).

Krauskopf 2013
I. Krauskopf, Die Rolle der Frauen im etruskischen Kult. In: P. Amann (Hrsg.), Kulte, Riten, religiöse Vorstellungen bei den Etruskern und ihre Auswirkungen auf Politik und Gesellschaft. Akten der 1. Internationalen Tagung der Sektion Wien, Österreich, des Istituto Nazionale di Studi Etruschi ed Italici, Wien 4.-6.12.2008 (Wien 2013) 185-199.

Krauße 1996
D. Krauße, Hochdorf III. Das Trink- und Speiseservice aus dem späthallstattzeitlichen Fürstengrab von Eberdingen-Hochdorf (Kr. Ludwigsburg). Forsch. u. Ber. Vor- u. Frühgesch. Baden-Württemberg 64 (Stuttgart 1996).

Krauße 1998
D. Krauße, Infantizid. Theoriegeleitete Überlegungen zu den Eltern-Kind-Beziehungen in ur- und frühgeschichtlicher und antiker Zeit. In: A. Müller-Karpe/H. Brandt/H. Jöns/D. Krauße/A. Wigg (Hrsg.), Studien zur Archäologie der Kelten, Römer und Germanen in Mittel- und Westeuropa. Alfred Haffner zum 60. Geburtstag gewidmet. Internat. Arch. Stud. Honoraria 4 (Rahden/Westf. 1998) 313-352.

Krauße 1999
D. Krauße, Der „Keltenfürst" von Hochdorf: Dorfältester oder Sakralkönig? Anspruch und Wirklichkeit der sogenannten kulturanthropologischen Hallstatt-Archäologie. Arch. Korrbl. 29, 1999, 339-358.

Krauße 2006
D. Krauße, Prunkgräber der Nordwestalpinen Späthallstattstruktur. Neue Fragestellungen und Untersuchungen zu ihrer sozialhistorischen Deutung. In: C. von Carnap-Bornheim et al. (Hrsg.), Herrschaft - Tod - Bestattung. Zu den vor- und frühgeschichtlichen Prunkgräbern als archäologisch-historische Quelle. Internationale Fachkonferenz Kiel 16.-19. Oktober 2003. Universitätsforsch. Prähist. Arch. 139 (Bonn 2006) 61-80.

Krauße et al. 2017
D. Krauße, N. Ebinger-Rist, S. Million, A. Billamboz, J. Wahl, E. Stephan, The „Keltenblock" projekt: disovery and excavation of a rich Hallstatt grave at Heuneburg, Germany. Antiquitiy 91, 2017, 108-123.

Križ 2012
B. Križ, Reflections of Prehistory in Bronze. The Situla Art of Novo Mesto (Novo Mesto 2012).

Križ/Knez 1997
B. Križ/T. Knez, Novo mesto IV. Kapiteljska njiva. Gomila II in gomila III. Carniola Arch. 4 (Novo Mesto 1997).

Kromer 1959
K. Kromer, Das Gräberfeld von Hallstatt. Assoc. Internat. Arch. Classique Monogr. 1,1-2 (Firenze 1959).

Kromer 1980
K. Kromer, Das Situlenfest. Versuch einer Interpretation der Darstellungen auf figuralverzierten Gefäßen. Situla 20/1, 1980, 225-240.

Kromer 1986
K. Kromer, Das östliche Mitteleuropa in der frühen Eisenzeit (7.-5. Jh. v. Chr.) - seine Beziehungen zu den Steppenvölkern und antiken Hochkulturen. Jahrb. RGZM 33/1, 1986, 1-97.

Kull 1997
B. Kull, Tod und Apotheose. Zur Ikonographie in Grab und Kunst der jüngeren Eisenzeit an der unteren Donau und ihrer Bedeutung für die Interpretation von Prunkgräbern. Ber. RGK 78, 1997, 197-466.

Kull 2000
B. Kull, Hintergrundbilder und Jenseitskonzeptionen im nicht schrifthistorischen Raum. Eurasia Ant. 6, 2000, 419-469.

Kunst der Kelten 2009
F. Müller/E. Jelzer-Hübner/S. Bolliger (Hrsg.), Kunst der Kelten 700 v. Chr. - 700 n. Chr. Ausstellungskat. Bern und Stuttgart (Stuttgart 2009).

Kurz 2009
S. Kurz, Neue Herren auf der Burg? Ein Beitrag zur historischen Interpretation der Heuneburg am Ende der Periode IV. In: J. Biel/J. Heiligmann/D. Krauße (Hrsg.), Landesarchäologie. Festschrift für Dieter Planck zum 65. Geburtstag. Forsch. u. Ber. Vor- u. Frühgesch. Baden-Württemberg 100 (Stuttgart 2009) 143-162.

Kurz/Schiek 2002
S. Kurz/S. Schiek, Bestattungsplätze im Umfeld der Heuneburg. Forsch. u. Ber. Vor- u. Frühgesch. Baden-Württemberg 87 (Stuttgart 2002).

Kurz/Wahl 2005
S. Kurz/J. Wahl, Zur Fortsetzung der Grabungen in der Heuneburg-Außensiedlung auf Markung Ertingen-Binzwangen, Kr. Biberach. Arch. Ausgr. Baden-Württemberg 2005, 78-82.

Von Kurzynski 1991
K. von Kurzynski, Katalog der Textilien aus den Grabungen in den prähistorischen Salzbergwerken von Hallstatt, Oberösterreich, aus den Jahren 1986-1991. Unpubliziert. Naturhist. Mus. Wien (Wien 1991).

Von Kurzynski 1996
K. von Kurzynski, „… und ihre Hosen nannten sie *bracas*". Textilfunde und Textiltechnologie der Hallstatt- und Latènezeit und ihr Kontext. Internat. Arch. 22 (Espelkamp 1996).

Von Kurzynski 1998
K. von Kurzynski, Neue Textilien aus den eisenzeitlichen Salzbergwerken von Hallstatt und vom Dürrnberg (Österreich). In: L. Bender Jørgensen/C. Rinaldo (Hrsg.), Textiles in European Archaeology. Report from the 6th NESAT Symposium, 7-11th May 1996 in Borås. Gotarc A1 (Göteborg 1998) 39-44.

Kyrieleis 2011
H. Kyrieleis, Olympia. Archäologie eines Heiligtums. Sonderbd. Antike Welt (Darmstadt, Mainz 2011).

Kytlicovà 1991
O. Kytlicovà, Die Bronzegefäße in Böhmen. PBF II 12 (Stuttgart 1991).

Land des Baal 1982
K. Kohlmeyer (Hrsg.), Land des Baal. Syrien - Forum der Völker und Kulturen. Ausstellungskat. Berlin, Tübingen, Frankfurt und München (Mainz 1982).

Lang 1998
A. Lang, Das Gräberfeld von Kundl im Tiroler Inntal. Studien zur vorrömischen Eisenzeit in den zentralen Alpen. Frühgesch. und Provinzialröm. Arch. 2,1-2 (Rahden/Westf. 1998).

Lang 2002
A. Lang, Speise- und Trankopfer. In: L. Zemmer-Planck (Hrsg.), Kult der Vorzeit in den Alpen. Opfergaben, Opferplätze, Opferbrauchtum. Bd. 2. Schriftenr. Arbeitsgemeinschaft Alpenländer (Bozen 2002) 917-934.

Lang 2012
A. Lang, Archäologisches zu Religion im Paläolithikum. In: A. Lang/P. Marinković (Hrsg.), Bios - Cultus - (Im)mortalitas. Zu Religion und Kultur - Von den biologischen Grundlagen bis zu Jenseitsvorstellungen. Beiträge der interdisziplinären Kolloquien vom 10.-11. März 2006 und 24.-25. Juli 2009 in der Ludwig-Maximilians-Universität München. Internat. Arch. - Arbeitsgemeinschaft, Symposium, Tagung, Kongress 16 (Rahden/Westf. 2012) 69-86.

Lang 2012A
A. Lang, Das Grab der Nerka. Bemerkungen zu Este, Ricovero Grab 23. In: P. Anreiter/E. Bánffy/L. Bartosiewicz/W. Meid/C. Metzner-Nebelsick (Hrsg.), Archaeological, Cultural and Linguistic Heritage. Festschrift for Erzsébet Jerem in Honour of her 70th Birthday. Archaeolingua 25 (Budapest 2012) 363-378.

Lang/Schwarzberg 2009
A. Lang/H. Schwarzberg, Ein Kultbau auf dem hallstattzeitlichen Brandopferplatz bei Farchant, Lkr. Garmisch-Partenkirchen, Oberbayern. Arch. Jahr Bayern 2009, 59-62.

Lauermann/Rammer 2013
E. Lauermann/E. Rammer, Die urnenfelderzeitlichen Metallhortfunde Niederösterreichs mit besonderer Berücksichtigung der zwei Depotfunde aus Enzersdorf im Thale. Universitätsforsch. Prähist. Arch. 226 (Bonn 2013).

Lazar 2011
T. Lazar, The fighting techniques of the Hallstatt period boxers: an attempt at reinterpretation of the situla art. Arh. Vestnik 62, 2011, 261-288.

Lehrberger 2001
G. Lehrberger, Das Gold in der Natur: Seine Lagerstätten und Minerale in Mitteleuropa. In: L. Wamser/R. Gebhard (Hrsg.), Gold - Magie, Mythos, Macht. Gold der alten und neuen Welt. Katalog zur gleichnamigen Ausstellung der Archäologischen Staatssammlung - Museum für Vor- und Frühgeschichte, München, vom 30.11.2001 bis 2.4.2002. Schriftenr. Arch. Staatsslg. 2 (Stuttgart 2001) 28-39.

Lenz 1995
D. Lenz, Vogeldarstellungen in der ägäischen und zyprischen Vasenmalerei des 12.-9. Jahrhunderts v. Chr. Untersuchungen zu Form und Inhalt. Internat. Arch. 27 (Espelkamp 1995).

Leskovar 2000
J. Leskovar, Die Kindergräber von Mitterkirchen, Oberösterreich. Arch. Österreich 11/2, 2000, 54-59.

Leskovar 2007
J. Leskovar, Bilder auf Töpfen - Bilder in Köpfen. Zur stereotypen Identifikation von Frauen und Männern in hallstattzeitlichen szenischen Darstellungen. In: J. E. Fries et al. (Hrsg.), Science oder Fiction? Geschlechterrollen in archäologischen Lebensbildern. Bericht der 2. Sitzung der AG Geschlechterforschung während des 5. Deutschen Archäologen-Kongresses in Frankfurt (Oder) 2005. Frauen – Forsch. – Arch. 7 (Münster, München 2007) 83-109.

Lippert 1993/94
A. Lippert, Amulettschmuck der frühen Eisenzeit aus Italien. Mitt. Anthr. Ges. Wien 123/124, 1993/94, 151-174.

Lippert 2008
A. Lippert, Hallstattzeitliche Grabhügel auf dem Saazkogel in Paldau (VB Feldbach, Steiermark). Arch. Austriaca 92, 2008, 73-133.

Lippert 2009
A. Lippert, Hallstatt und Bischofshofen - zwei frühe Bergwerksnekopolen. Mitt. Anthr. Ges. Wien 89, 2009, 145-149.

Lippert 2011
A. Lippert, Die zweischaligen ostalpinen Kammhelme und verwandte Helmformen der späten Bronze- und frühen Eisenzeit. Arch. Salzburg 6 (Salzburg 2011).

Lippert/Stadler 2009
A. Lippert/P. Stadler, Das spätbronze- und früheisenzeitliche Gräberfeld von Bischofshofen-Pestfriedhof. Universitätsforsch. Prähist. Arch. 168 (Bonn 2009).

Lo Schiavo 2010
F. Lo Schiavo, Le Fibule dell'Italia meridionale e della Sicilia dall'età del bronzo recente al VI secolo a. C. PBF XIV 3 (Stuttgart 2010).

Lucke 1938
W. Lucke, Zu einem Bronzefund mit Situla aus Wörgl, Tirol. Germania 22, 1938, 150-157.

Lucke/Frey 1962
W. Lucke/O.-H. Frey, Die Situla von Providence (Rhode Island). Ein Beitrag zur Situlenkunst des Osthallstattkreises. Röm.-German. Forsch. 26 (Berlin 1962).

Lücke 2007
J. Lücke, Das Lappenbeil im mittleren Alpenraum als Motiv in bildlichen und plastischen Darstellungen. In: M. Blečić (Hrsg.), Scripta praehistorica in honorem Biba Teržan (Ljubljana) 2007, 597-601.

Luschey 1939
H. Luschey, Die Phiale (Bleicherode 1939).

Macellari 2002
R. Macellari, Il sepolcreto etrusco nel terreno Arnoaldi di Bologna (550-530 a. C.). 2 Bde. (Bologna 2002).

Mahr 1914
A. Mahr, Die prähistorischen Sammlungen des Museums zu Hallstatt. Mat. Urgesch. Österreich 1,1 (Wien 1914).

Malerei der Etrusker 1987
H. Borger (Hrsg.), Malerei der Etrusker in Zeichnungen des 19. Jahrhunderts. Dokumentation vor der Photographie aus dem Archiv des Deutschen Archäologischen Instituts in Rom. Ausstellungskat. Köln (Mainz 1987).

Manca/Weidig 2014
M. A. Manca/J. Weidig (Hrsg.), Spoleto vor 2700 Jahren. Zepter und Königskinder aus der Nekropole von Piazza d'Armi. Begleitband zu den Ausstellungen Spoleto 2014 (Spoleto 2014).

Marchesi 2011
M. Marchesi, Le sculture di età orientalizzante in Etruria padana. Cataloghi delle collezioni del Museo Civico Archeologico di Bologna (Bologna 2011).

Marchhart 2008
H. Marchhart, Gaben an die Götter. In: W. Stefan (Hrsg.), Der hallstattzeitliche Schatzfund von Fliess. Schr. Mus. Fliess 2 (Fliess 2008) 15-47.

Marconi 1933
P. Marconi, La cultura orientalizzante nel Piceno. Mon. Ant. 35, 1933, 265-444.

De Marinis 1988
R. de Marinis, Liguri e Celto-Liguri. In: A. M. Chieco Bianchi (Hrsg.), Italia omnium terrarum alumna. La civiltà dei Veneti, Reti, Liguri, Celti, Piceni, Umbri, Latini, Campani e Iapigi. Antica madre 11 (Milano 1988) 159-259.

De Marinis 2004
R. de Marinis, Principi e Guerrieri nella civiltà di Golasecca. In: F. Marzatico/P. Gleirscher (Hrsg.), Guerrieri Principi ed Eroi fra il Danubio e il Po della Preistoria all'Alto Medioevo. Ausstellungskat. Trento 2004 (Trento 2004) 293-303.

De Marinis 2009
R. de Marinis, La necropoli di Mulini Bellaria di Sesto Calende (scavi 1977-1986). In: R. C. de Marinis/S. Massa/M. Pizzo (Hrsg.), Alle origine di Varese e del suo territorio. Le collezioni del sistema archeologico provinciale (Roma 2009) 431-454.

Martin 2009
J. Martin, Die Bronzegefäße in Mecklenburg-Vorpommern, Brandenburg, Berlin, Sachsen-Anhalt, Thüringen und Sachsen. PBF II 16 (Stuttgart 2009).

Marzatico 2002
F. Marzatico, Mechel, località Valemporga, Cles (Valle di Non, Trentino). In: L. Zemmer-Planck (Hrsg.), Kult der Vorzeit in den Alpen. Opfergaben, Opferplätze, Opferbrauchtum. Bd. 1. Schriftenr. Arbeitsgemeinschaft Alpenländer (Bozen 2002) 735-742.

Marzoli 1989
D. Marzoli, Die Bronzefeldflaschen in Italien. PBF II 4 (München 1989).

Marzoli 2003
D. Marzoli, Eigenheiten der ältesten Großplastik Mitteleuropas: Die Stele von Hirschlanden. Madrider Mitt. 44, 2003, 169-214.

Mason 1996
Ph. Mason, The early Iron Age of Slovenia. BAR Internat. Ser. 643 (Oxford 1996).

Matthäus 1980
H. Matthäus, Die Bronzegefäße der kretisch-mykenischen Kultur. PBF II 1 (München 1980).

Mayer 1977
E. F. Mayer, Die Äxte und Beile in Österreich. PBF IX 9 (München 1977).

Mazzoli/Pariberi 2010
M. Mazzoli/E. Pariberi, Die ligurisch-apulische Nekropole von Pulica: Die Bewaffnung aus den Gräbern 1-5. In: M. Schönfelder (Hrsg.), Kelten! Kelten? Keltische Spuren in Italien (Regensburg 2010) 24-27.

Von Merhart 1933
G. von Merhart, Die figürlichen Bronzen. Jahrb. Hist. Verein Liechtenstein 33, 1933, 27-46.

Von Merhart 1956
G. von Merhart, Über blecherne Zierbuckel (Phalerae). Jahrb. RGZM 3, 1956, 28-116.

Metzner-Nebelsick 1992
C. Metzner-Nebelsick, Gefäße mit basaraboider Ornamentik aus Frög. In: A. Lippert/K. Spindler (Hrsg.), Festschrift zum 50-jährigen Bestehen des Instituts für Ur- und Frühgeschichte der Leopold-Franzens-Universität Innsbruck. Universitätsforsch. Prähist. Arch. 8 (Innsbruck 1992) 349-383.

Metzner-Nebelsick 1991
C. Metzner-Nebelsick, Eine tönerne Herdplatte aus Hallstatt. Fundber. Österreich 30, 1991, 77-79.

Metzner-Nebelsick 1997
C. Metzner-Nebelsick, Vom Hort zum Heros. Betrachtungen über das Nachlassen der Hortungstätigkeit am Beginn der Eisenzeit und die besondere Bedeutung des Königsgrabes von Seddin. In: A. Hänsel/B. Hänsel (Hrsg.), Gaben an die Götter. Schätze der Bronzezeit Europas. Ausstellung der Freien Universität Berlin in Verbindung mit dem Museum für Vor- und Frühgeschichte, Staatliche Museen zu Berlin - Preußischer Kulturbesitz (Berlin 1997) 93-99.

Metzner-Nebelsick 1998
C. Metzner-Nebelsick, Abschied von den „Thrako-Kimmeriern"? - Neue Aspekte der Interaktion zwischen karpatenländischen Kulturgruppen der späten Bronze- und frühen Eisenzeit mit der osteuropäischen Steppenkoine. In: B. Hänsel/J. Machnik (Hrsg.), Das Karpatenbecken und die osteuropäische Steppe. Nomadenbewegungen und Kulturaustausch in den vorchristlichen Metallzeiten (4000-500 v. Chr.). Prähist. Arch. Südosteuropa 12 (Rahden/Westf. 1998) 361-422.

Metzner-Nebelsick 2002
C. Metzner-Nebelsick, Der „Thrako-Kimmerische" Formenkreis aus der Sicht der Urnenfelder- und Hallstattzeit im südöstlichen Pannonien. Vorgesch. Forsch. 23 (Rahden/Westf. 2002).

Metzner-Nebelsick 2003
C. Metzner-Nebelsick, Ritual und Herrschaft. Zur Struktur von spätbronzezeitlichen Metallgefäßdepots zwischen Nord- und Südosteuropa. In: C. Metzner-Nebelsick (Hrsg.), Rituale in der Vorgeschichte, Antike und Gegenwart. Studien zur Vorderasiatischen, Prähistorischen und Klassischen Archäologie, Ägyptologie, Alten Geschichte, Theologie und Religionswissenschaft. Interdisziplinäre Tagung vom 1.-2. Februar 2002 an der Freien Universität Berlin. Internat. Arch. - Arbeitsgemeinschaft, Symposium, Tagung, Kongress 4 (Rahden/Westf. 2003) 99-117.

Metzner-Nebelsick 2007
C. Metzner-Nebelsick, Pferdchenfibeln. Zur Deutung einer frauenspezifischen Schmuckform der Hallstatt- und Frühlatènezeit. In: M. Blečić (Hrsg.), Scripta praehistorica in honorem Biba Teržan (Ljubljana) 2007, 709-735.

Metzner-Nebelsick 2009
C. Metzner-Nebelsick, Wagen- und Prunkbestattungen von Frauen der Hallstatt- und frühen Latènezeit in Europa. Ein Beitrag zur Diskussion der sozialen Stellung der Frau in der älteren Eisenzeit. In: J. Bagley/Ch. Eggl/D. Neumann/M. Schefzik (Hrsg.), Alpen, Kult und Eisenzeit. Festschrift für Amei Lang zum 65. Geburtstag. Internat. Arch. Stud. Honoraria 30 (Rahden/Westf. 2009) 237-270.

Metzner-Nebelsick 2010
C. Metzner-Nebelsick, Die Ringe der Macht - Überlegungen zur Kontinuität frühbronzezeitlicher Herrschaftssymbole in Europa. In: H. Meller/F. Bertemes (Hrsg.), Der Griff nach den Sternen. Wie Europas Eliten zu Macht und Reichtum kamen. Internationales Symposium in Halle/Saale, 16.-21. Februar 2005. Tagungen Landesmus. Vorgesch. Halle/Saale 5 (Halle 2010) 179-197.

Metzner-Nebelsick 2012
C. Metzner-Nebelsick, Das Opfer - Betrachtungen aus archäologischer Sicht. In: A. Lang (Hrsg.), In: Bios - Cultus - (Im)mortalitas. Zu Religion und Kultur - Von den biologischen Grundlagen bis zu Jenseitsvorstellungen. Beiträge der interdisziplinären Kolloquium vom 10.- 11. März 2006 und 24.-25. Juli 2009 in der Ludwig-Maximilians-Universität München. Internat. Arch. -Arbeitsgemeinschaft, Symposium, Tagung, Kongress 16 (Rahden/Westf. 2012) 157-181.

Metzner-Nebelsick/Nebelsick 1999
C. Metzner-Nebelsick/L. Nebelsick, Frau und Pferd - ein Topos am Übergang von der Bronze- zur Eisenzeit Europas. Mitt. Anthr. Ges. Wien 129, 1999, 69-106.

Meyers 2013
G. E. Meyers, Reconstructing Ritual: The Functional Parameters of Loom Weights and Spindel Whorls as Evidence for Cult Practice in Ancient Etruria. In: J. Banck-Burgess/C. Nübold (Hrsg.), NESAT XI. The North European Symposium for Archaeological Textiles XI. 10-13 May 2011 in Esslingen am Neckar (Rahden/Westf. 2013) 251-256.

Von Miske 1908
K. von Miske, Die prähistorische Ansiedlung Velem St. Vid (Wien 1908).

Mitrevski 1991
D. Mitrevski, Dedeli. Nekropola od Železnoto vreme vo Dolno Povardarje (Skopje 1991).

Mitrevski 1996/97
D. Mitrevski, Fyrom, Lisičin Dol Grab 15. Macedoniae Acta Arch. 15, 1996/97, 69-79.

Mitrevski 2007
D. Mitrevski, Pogrebuvanja na svešteničkite vo železno vo Makedonija. In: M. Blečić (Hrsg.), Scripta praehistorica in honorem Biba Teržan (Ljubljana) 2007, 563-583.

Molnár/Farkas 2010
A. Molnár/C. Farkas, Hallstattzeitlicher Tonaltar aus Vát. Angaben zu den „Kultgegenständen" der Osthallstattkultur. Acta Arch. Acad. Scien. Hungaricae 61, 2010, 107-143.

Montelius 1895, 1904, 1910
O. Montelius, La civilisation primitive en Italie depuis l'introduction des métaux (Stockholm 1895, 1904, 1910).

Moosleitner 1992
F. Moosleitner, Das hallstattzeitliche Gräberfeld von Uttendorf im Pinzgau. Archäologische Forschungen in der Nationalparkregion Hohe Tauern. Begleitheft zur Sonderausstellung im Heimatmuseum Vogtturm in Zell am See 1992 und im Salzburger Museum Carolino Augusteum 1993 (Salzburg 1992).

Moosleitner 1993
F. Moosleitner, Rettungsgrabung in Salzburg-Maxglan. Arch. Österreich 4/2, 1993, 10-20.

Moosleitner 1996
F. Moosleitner, Zum Übergang von der Urnenfelderzeit zur Hallstattperiode im Salzburger Becken. In: E. Jerem/A. Lippert (Hrsg.), Die Osthallstattkultur. Akten des Internationalen Symposiums Sopron 10. - 14. Mai 1994. Archaeolingua Main Ser. 7 (Budapest 1996) 315-327.

Moosleitner et al. 1974
F. Moosleitner/E. Penninger/L. Pauli/W. Irlinger (Hrsg.), Der Dürrnberg bei Hallein 2. Katalog der Grabfunde aus der Hallstatt- und Latènezeit. Münchner Beitr. Vor- u. Frühgesch. 17 (München 1974).

Morigi Govi/Dore 2005
C. Morigi Govi/A. Dore, Le necropoli: topografia, strutture tombali, rituale funerario, corredi e ideologia della morte. In: G. Sassatelli/A. Donati (Hrsg.), Storia di Bologna I. Bologna nell'antichità (Bologna 2005) 164-180.

Morton 1944-50
F. Morton, Das Goldarmband von Hallstatt. Germania 28, 1944-50, 29-32.

Morton 1952
F. Morton, Neue Funde aus Hallstatt, Oberösterreich. Arch. Austriaca 10, 1952, 45-52.

Morton 1953
F. Morton, Hallstatt und die Hallstattkultur. 7000 Jahre Salzkultur (Zell am See 1986).

Moser 2007
St. Moser, Dürrnberg Grab 376 - Der archäologische Befund. In: R. Karl/J. Leskovar (Hrsg.), Interpretierte Eisenzeiten. Fallstudien, Methoden, Theorie. Tagungsbericht der 2. Linzer Gespräche zur interpretativen Eisenzeitarchäologie. Stud. Kulturgesch. Oberösterreich 19 (Linz 2007) 77-80.

Moser et al. 2012
St. Moser/G. Tiefengraber/K. Wiltschke-Schrotta, Der Dürrnberg bei Hallein. Die Gräbergruppen Kammelhöhe und Sonneben. Dürrnberg-Forsch. 5 (Rahden/Westf. 2012).

Moszolics 1942
A. Moszolics, Der Bronzefund von Magyarkeresztes. Arch. Ért. 3, 1942, 155-161.

Müller 2007
S. Müller, Das hallstattzeitliche Gräberfeld von Vrádište - Untersuchungen zur Grabausstattung und Beigabenstrukturierung. In: M. Blečić (Hrsg.), Scripta praehistorica in honorem Biba Teržan (Ljubljana) 2007, 623-641.

Müller 2012
S. Müller, Studien zu den Siedlungen der frühen Eisenzeit in der Südwestslowakei. Universitätsforsch. Prähist. Arch. 220 (Bonn 2012).

Müller-Karpe 1959
H. Müller-Karpe, Beiträge zur Chronologie die Urnenfelderzeit nördlich und südlich der Alpen. Röm.-German. Forsch. 22 (Berlin 1959).

Müller-Karpe 1969
H. Müller-Karpe, Das urnenfelderzeitliche Toreutengrab von Steinkirchen, Niederbayern. Germania 47, 1969, 86-91.

Müller-Karpe 1974
H. Müller-Karpe, Das Grab 871 von Veji, Grotta Gramiccia. In: H. Müller-Karpe (Hrsg.), Beiträge zu italischen und griechischen Bronzefunden. PBF XX 1 (München 1974) 89-97.

Müller-Karpe 1980
H. Müller-Karpe, Handbuch der Vorgeschichte IV/3 (München 1980).

Müller-Karpe 2006
H. Müller-Karpe, Himmel und Sonne als bronzezeitliche Gottheitssymbole. Germania 84, 2006, 19-26.

Müller-Karpe 2009
H. Müller-Karpe, Religionsarchäologie. Archäologische Beiträge zur Religionsgeschichte (Frankfurt/M. 2009).

Müller-Scheeßel 2000
N. Müller-Scheeßel, Die Hallstattkultur und ihre räumliche Differenzierung. Der West- und Osthallstattkreis aus forschungsgeschichtlich-methodischer Sicht. Tübinger Texte 3 (Rahden/Westf. 2000).

Müller-Scheeßel et al. 2016
N. Müller-Scheeßel/G. Grupe/T. Tütken, Die Zirkulation von Kindern und Jugendlichen in der Eisenzeit Mitteleuropas. In: R. Karl/J. Leskovar (Hrsg.), Interpretierte Eisenzeiten. Fallstudien, Methoden, Theorie. Tagungsbericht der 6. Linzer Gespräche zur interpretativen Eisenzeitarchäologie. Stud. Kulturgesch. Oberösterreich 42 (Linz 2015) 9-24.

Müller-Wille 2006
M. Müller-Wille, Georg Kossacks Prunkgräber. In: C. von Carnap-Bornheim et al. (Hrsg.), Herrschaft - Tod - Bestattung. Zu den vor- und frühgeschichtlichen Prunkgräbern als archäologisch-historische Quelle. Internationale Fachkonferenz Kiel 16.-19. Oktober 2003. Universitätsforsch. Prähist. Arch. 139 (Bonn 2006) 219-222.

Nachbaur 2011
E. Nachbaur, Bronzene Pferdedreifüsse aus Mittelitalien. Arch. Korrbl. 41, 2011, 197-212.

Nagler-Zanier 2005
C. Nagler-Zanier, Ringschmuck der Hallstattzeit aus Bayern. PBF X 7 (Stuttgart 2005).

Nagy et al. 2012
M. Nagy/P. Sümegi/G. Persaits/G. Sándor/T. Tünde, Vaskori Bronzkincs Határában. In: S. Berecki (Hrsg.), Iron Age Rites and Ritualism in the Carpathian Basin. Proceedings of the International Colloquium from Târgu Mureş 7-9 October 2011. Bibl. Mus. Marisiensis Ser. Arch. 5 (Târgu Mureş 2012) 88-133.

Naue 1888
J. Naue, Eisernes Dolchmesser aus dem Gardasee. Bonner Jahrb. 85, 1888, 1-5.

Nava 1980
M. L. Nava, Stele daunie (Florenz 1980).

Nava 2007
M. L. Nava (Hrsg.), Ambre: trasparenze dall'antico. Ausstellungskat. Napoli Mus. Arch. Naz. 26 marzo - 10 settembre 2007 (Milano 2007).

Nava 2011
M. L. Nava, Die jahrtausendealte Tradition des Bernsteins. In: R. Gebhard (Hrsg.), Im Licht des Südens. Begegnungen antiker Kulturen zwischen Mittelmeer und Zentraleuropa. Archäologische Staatssammlung München, 16.12.2011-27.05.2012 (München 2011) 40-49.

Nebehay 1980
St. Nebehay, Hallstatts zweite Ausgrabung. Kulturzeitschr. Oberösterreich 30/1, 1980, 29-37.

Nebelsick 1992
L. D. Nebelsick, Orientalische Streitwagen in der zentral- und westmediterranen Welt. Acta. Praehist. et Arch. 24, 1992, 85-110.

Nebelsick 1992A
L. Nebelsick, Figürliche Kunst der Hallstattzeit im Spannungsfeld zwischen alteuropäischer Tradition und italischem Lebensstil. In: A. Lippert/K. Spindler (Hrsg.), Festschrift zum 50-jährigen Bestehen des Instituts für Ur- und Frühgeschichte der Leopold-Franzens-Universität Innsbruck. Universitätsforsch. Prähist. Arch. 8 (Bonn 1992) 401-432.

Nebelsick 1996
L. Nebelsick, Herd im Grab? Zur Deutung der kalenderberg-verzierten Ware am Nordostalpenrand. In: E. Jerem/A. Lippert (Hrsg.), Die Osthallstattkultur. Akten des Internationalen Symposiums Sopron 1994. Archaeolingua Main Ser. 7 (Budapest 1996) 327-364.

Nebelsick 1997
L. D. Nebelsick, Trunk und Transzendenz. Trinkgeschirr im Grab zwischen der frühen Urnenfelder- und späten Hallstattzeit im Karpatenbecken. In: C. Becker/M.-L. Dunkelmann/C. Metzner-Nebelsick/H. Peter-Röcher/M. Roeder/B. Teržan (Hrsg.), Chronos. Beiträge zur prähistorischen Archäologie zwischen Nord- und Südosteuropa. Festschrift für Bernhard Hänsel. Internat. Arch. Stud. Honoraria 1 (Espelkamp 1997) 373-387.

Nebelsick 1997A
L. D. Nebelsick, Die Kalenderberggruppe der Hallstattzeit am Nordostalpenrand. In: L. Nebelsick/A. Eibner/E. Lauermann/J.-W. Neugebauer (Hrsg.), Hallstattkultur im Osten Österreichs. Wiss. Schriftenr. Niederösterreich 106-109 (St. Pölten 1997) 9-128.

Nebelsick 2015
L. D. Nebelsick, Schwäne, Stierhörner und Schiffssteven - eine dynamische Deutung urnenfelderzeitlicher Vogelsymbolik. In: L. D. Nebelsick (Hrsg.), Faszinosum Lausitzer Kultur. Identitäten und Persönlichkeiten der Bronzezeit - eine Annäherung über die Jahrtausende (Burg-Müschen 2015) 6-23.

Negroni Catacchio 2007
N. Negroni Catacchio, Le veste sontuose e gli ornamenti. In: M. Blečić (Hrsg.), Scripta praehistorica in honorem Biba Teržan (Ljubljana) 2007, 533-556.

Nessel 2012
B. Nessel, Metallurgen im Grab - Überlegungen zur sozialen Einstufung handwerklicher Spezialisten. In: T. Kienlin/A. Zimmermann (Hrsg.), Beyond elites. Alternatives to hierarchical systems in modelling social formations. International conference at the Ruhr-Universität Bochum, Germany, October 22 - 24, 2009. Universitätsforsch. Prähist. Arch. 215 (Bonn 2012) 423-432.

Neugebauer 1988
J.-W., Neugebauer, Neue Forschungsergebnisse auf dem Gebiet der Hallstattkultur in Niederösterreich. In: Festschrift 100 Jahre Ausgrabungen im hallstattzeitlichen Gräberfeld von Frög, Gemeinde Rosegg, in Kärnten. Arch. Alpen Adria 1 (Klagenfurt 1988) 85-109.

Neumann 1965
G. Neumann, Gesten und Gebärden in der griechischen Kunst (Berlin 1965).

Nikulka 1998
F. Nikulka, Das hallstatt- und frühlatènezeitliche Gräberfeld von Riedenburg-Untereggersberg, Lkr. Kelheim, Niederbayern. Arch. Main-Donau-Kanal 13 (Rahden/Westf. 1998).

Norman 2011
C. Norman, Weaving, Gift and Wedding. A local Identity for the Daunian Stelae. In: M. Gleba/H. W. Horsnæs, Communicating identity in Italic iron age communities (Exeter 2011) 33-49.

Novàk 1975
P. Novàk, Die Schwerter in der Tschechoslowakei. PBF IV 4 (München 1975).

Otto 2012
B. Otto, Der Thron als Würdezeichen. In: H.-G. Buchholz (Hrsg.), Erkennungs-, Rang- und Würdezeichen. Arch. Homerica 1,D (Göttingen, Bristol 2012) 20-84.

Ozgüç/Akok 1947
T. Ozgüç/M. Akok, Die Ausgrabungen von zwei Tumuli auf dem Mausoleumshügel bei Ankara. Belleten 11, 1947, 57-85.

Pabst 2012

S. Pabst, Die Brillenfibeln. Untersuchungen zu spätbronze- und ältereisenzeitlichen Frauentrachten zwischen Ostsee und Mittelmeer. Marburger Stud. Vor- u. Frühgesch. 25 (Rahden/Westf. 2012).

Pallottino 1955

M. Pallottino, Etruskische Kunst (Zürich 1955).

Panagiotopoulos 2012

D. Panagiotopoulos, Würdezeichen auf dem Haupt. In: H.-G. Buchholz (Hrsg.), Erkennungs-, Rang- und Würdezeichen. Arch. Homerica 1,D (Göttingen, Bristol 2012) 109-158.

Pany 2003

D. Pany, Mining for the miners? An analysis of occupationally-induced stress markers on the skeletal remains from the ancient Hallstatt cemetry. Unpubl. Diplomarbeit (Wien 2003).

Pany 2005

D. Pany, „Working in a saltmine..." - Erste Ergebnisse der anthropologischen Auswertung von Muskelmarken an den menschlichen Skeletten aus dem Gräberfeld Hallstatt. In: R. Karl/J. Leskovar (Hrsg.), Interpretierte Eisenzeiten. Fallstudien, Methoden, Theorie. Tagungsbericht der 1. Linzer Gespräche zur interpretativen Eisenzeitarchäologie. Stud. Kulturgesch. Oberösterreich 18 (Linz 2005) 101-111.

Pany-Kucera et al. 2010

D. Pany-Kucera/H. Reschreiter/A. Kern, Auf den Kopf gestellt - Überlegungen zu Kinderarbeit und Transport im prähistorischen Salzbergwerk Hallstatt. Mitt. Antr. Ges. Wien 140, 2010, 39-68.

Pare 1987

Ch. F. E. Pare, Der Zeremonialwagen der Hallstattzeit: Untersuchungen zur Konstruktion, Typologie und Kulturbeziehungen. In: F. E. Barth (Hrsg.), Vierrädrige Wagen der Hallstattzeit. Untersuchungen zu Geschichte und Technik. RGZM Monogr. 12 (Mainz 1987) 189-248.

Pare 1987A

Ch. F. E. Pare, Der Zeremonialwagen der Bronze- und Urnenfelderzeit: Seine Entstehung, Form und Verbreitung. In: F. E. Barth (Hrsg.), Vierrädrige Wagen der Hallstattzeit. Untersuchungen zu Geschichte und Technik. RGZM Monogr. 12 (Mainz 1987) 25-67.

Pare 1989

Ch. F. E. Pare, From Dupljaja to Delphi: the ceremonial use of the wagon in later prehistory. Antiquity 63, 1989, 80-100.

Pare 1992

Ch. F. E. Pare, Wagons and wagon-graves of the early iron age in Central Europe. Oxford Univ. Committee Arch. Monogr. 35 (Oxford 1992).

Pare 1999

Ch. F. E. Pare, Weights and Weighing in Bronze-Age Central Europe. In: Eliten in der Bronzezeit. Ergebnisse zweier Kolloquien in Mainz und Athen. RGZM Monogr. 43,2 (1999) 421-514.

Parzinger 2010

H. Parzinger, Das Phänomen der reiternomadischen Eliten der Skythenzeit. In: K. V. Čugunov/H. Parzinger/A. Nagler, Der skythenzeitliche Fürstenkurgan Aržan 2 in Tuva. Arch. Eurasien 26 (Mainz 2010) 321-327.

Parzinger et al. 1995

H. Parzinger/J. Nekvasil/F. E. Barth, Die Býčí skála-Höhle. Ein hallstattzeitlicher Höhlenopferplatz in Mähren. Röm.-German. Forsch. 54 (Bonn 1995).

Pašić 1975

R. Pašić, Arheološki istražuvanja na lokalitetot Suva Reka vo Gevgelija. Zbornik Skopje 8/9, 1975-1978, 1-52.

Pászthory/Mayer 1998

K. Pászthory/E. F. Mayer, Die Äxte und Beile in Bayern. PBF IX 20 (Stuttgart 1998).

Patek 1993

E. Patek, Westungarn in der Hallstattzeit (Weinheim 1993).

Patek 1995

E. Patek, „Reiterkriegergräber" in Westungarn. Hallstattzeitliche Gräber mit Waffen und Pferdegeschirr in Westungarn. Acta Arch. Acad. Scien. Hungaricae 47, 1995, 133-148.

Pauli 1973

L. Pauli, Untersuchungen zur Späthallstattkultur in Nordwürttemberg. Analyse eines Kleinraumes im Grenzbereich zweier Kulturen. Hamburger Beitr. Arch. 2/1 (Hamburg 1973).

Pauli 1973A

L. Pauli, Ein latènezeitliches Steinrelief aus Bormio am Stilfser Joch. Germania 51, 1973, 85-120.

Pauli 1975

L. Pauli, Die Gräber vom Salzberg zu Hallstatt. Erforschung, Überlieferung, Auswertbarkeit (Mainz 1975).

Pauli 1975A

L. Pauli, Keltischer Volksglaube. Amulette und Sonderbestattungen am Dürrnberg bei Hallein und im eisenzeitlichen Mitteleuropa. Münchner Beitr. Vor- u. Frühgesch. 28 (München 1975).

Pauli 1978

L. Pauli, Der Dürrnberg bei Hallein 3. Auswertung der Grabfunde. Münchner Beitr. Vor- und Frühgesch. 18,1 (München 1978).

Pause 1997

C. Pause, Bemerkungen zur Datierung der Felsbilder in der Valcamonica. Arch. Korrbl. 27, 1997, 245-264.

Petraschek 2009

I. Petraschek, Gewebeabdrücke auf Grabbeigaben. In: A. Lippert/P. Stadler, Das spätbronze- und früheisenzeitliche Gräberfeld von Bischofshofen-Pestfriedhof. Universitätsforsch. Prähist. Arch. 168 (Bonn 2009) 425-436.

Pertlwieser 1988
M. Pertlwieser, Prunkwagen und Hügelgrab. Frühhallstattzeitliche Wagenbestattungen in Mitterkirchen. In: M. Pertlwieser (Hrsg.), Kultur der frühen Eisenzeit von Hallstatt bis Mitterkirchen. Kat. Oberösterreich. Landesmus. Linz N. F. 13 (Linz 1988) 55-70.

Pfisterer-Haas 2007
S. Pfisterer-Haas, Penelope am Webstuhl. Die Macht der Gewänder. In: I. Kader/U. Koch-Brinkmann (Hrsg.), Penelope rekonstruiert. Geschichte und Deutung einer Frauenfigur. Sonderausstellung des Museums für Abgüsse Klassischer Bildwerke, München, 9. Oktober 2006 bis 15. Januar 2007 (München 2007) 97-103.

Pflug 1989
H. Pflug, Schutz und Zier. Helme aus dem Antikenmuseum Berlin und Waffen anderer Sammlungen (Basel 1989).

Piaget 1958
J. Piaget, Das Wachsen des logischen Denkens von der Kindheit bis zur Pubertät (orig. The growth of logical thinking from childhood to adolescence) (New York 1958).

Píč 1900
J. L. Píč, Starožitnosti země České. Cechy předhistorické. Pokolení kamenných mohyl (Prag 1900).

Pichlerová 1969
M. Pichlerová, Nové Košariská Kniežacie mohyly zo staršej doby železnej (Bratislava 1969).

Platz-Horster 2001
G. Platz-Horster, Antiker Goldschmuck. Altes Museum. Eine Auswahl der ausgestellten Werke (Mainz 2001).

Polenz 1978
H. Polenz, Einige Bemerkungen zum figuralverzierten Bronzedeckel aus Grab 697 von Hallstatt. Mitt. Anthr. Ges. Wien 108, 1978, 127-139.

Pollack 1987
M. Pollack, Zur Rekonstruktion urgeschichtlicher Handels- und Verkehrswege. Grenzen und Möglichkeiten urgeschichtlicher Landesaufnahme. Mitt. Österr. Arbeitsgemeinschaft Ur- u. Frühgesch. 37, 1987, 51-55.

Pollack 2003
M. Pollack, Funde entlang der oberen Traun zwischen Hallstätter See und Traunsee. Kombinierter römischer Land-Wasser-Verkehr im Salzkammergut, Oberösterreich. Fundber. Österreich 42, 2003, 331-385.

Pomberger 2016
B. Pomberger, Wiederentdeckte Klänge. Musikinstrumente und Klangobjekte vom Neolithikum bis zur römischen Kaiserzeit im mittleren Donauraum. Universitätsforsch. Prähist. Arch. 280 (Bonn 2016).

Popovič 1975
L. Popovič, Arhajska grčka kultura na Srednjem Balkanu. Archaic Greek culture in the Middle Balkans (Belgrad 1975).

Preinfalk 2003
F. Preinfalk, Die hallstattzeitlichen Hügelgräber von Langenlebarn, Niederösterreich. Fundber. Österreich Materialh. A 12 (Wien 2003).

Primas 2007
M. Primas, Spinnwirtel im Grab - zum Symbolgehalt einer Beigabe. In: M. Blečić (Hrsg.), Scripta praehistorica in honorem Biba Teržan (Ljubljana) 2007, 302-312.

Prüssing 1991
G. Prüssing, Die Bronzegefäße in Österreich. PBF II 5 (Stuttgart 1991).

Pucher 2013
E. Pucher, Neue Aspekte zur Versorgungslogistik Hallstatts: Tierknochenfundkomplexe aus Pichl, Steiermark. Fundber. Österr. 52, 2013, 65-86.

Putz 2007
U. Putz, Früheisenzeitliche Prunkgräber in Ober- und Mittelitalien. Archäologische Forschungen zur Entstehung temporärer Eliten. Regensburger Beitr. Prähist. Arch. 15 (Regensburg 2007).

Rätsel der Kelten 2002
H. Baitinger (Hrsg.), Das Rätsel der Kelten vom Glauberg. Glaube - Mythos - Wirklichkeit. Ausstellungskat. Frankfurt 2002 (Stuttgart 2002).

Radt 1974
W. Radt, Die früheisenzeitliche Hügelnekropole bei Vergina in Makedonien. In: H. Müller-Karpe (Hrsg.), Beiträge zu italienischen und griechischen Bronzefunden. PBF XX 1 (München 1974) 98-174.

Radwan 1983
A. Radwan, Die Kupfer- und Bronzegefäße Ägyptens. PBF II 2 (München 1983).

Ræder Knudsen 2012
L. Ræder Knudsen, Case Study: The tablet-woven Borders of Verucchio. In: M. Gleba/U. Mannering (Hrsg.), Textiles and textile production in Europe from prehistory to AD 400. Ancient Textiles Ser. 11 (Oxford 2012) 254-265.

Ranseder 2006
Ch. Ranseder, Eine Siedlung der Hallstattkultur in Wien 10, Oberlaa. Monogr. Stadtarch. Wien 2 (Wien 2006).

Rapin 2002
A. Rapin, Die Großplastik in Südfrankreich und die keltische Kunst. In: H. Baitinger (Hrsg.), Das Rätsel der Kelten vom Glauberg. Glaube - Mythos - Wirklichkeit. Ausstellungskat. Frankfurt 2002 (Stuttgart 2002) 223-228.

Rast-Eicher 2008
A. Rast-Eicher, Textilien, Wolle, Schafe der Eisenzeit in der Schweiz. Antiqua 44 (Basel 2008).

Rathje 1986
B. Rathje, A Tridacna Squamosa Shell. In: J. Swaddling (Hrsg.), Italian Iron Age Artefacts in the British Museum. Papers of the 6th British Museum Classical Colloquium (London 1986) 393-396.

Rauch 2002
M. Rauch, Magische Gürtel. In: L. Zemmer-Planck (Hrsg.), Kult der Vorzeit in den Alpen. Opfergaben, Opferplätze, Opferbrauchtum. Bd. 2. Schriftenr. Arbeitsgemeinschaft Alpenländer (Bozen 2002) 1303-1322.

Rebay 2002
K. Rebay, Die hallstattzeitliche Grabhügelgruppe von Zagersdorf im Burgenland. Wiss. Arbeiten Burgenland 107 (Eisenstadt 2002).

Rebay 2006
K. Rebay, Das hallstattzeitliche Gräberfeld von Statzendorf in Niederösterreich. Universitätsforsch. Prähist. Arch. 135 (Bonn 2006).

Reichenberger 1985
A. Reichenberger, Kröll-Schmiedkogel. Beiträge zu einem „Fürstengrab" der östlichen Hallstattkultur in Kleinklein, Steiermark. Marburger Stud. Vor- u. Frühgesch. 18 (Marburg 1985).

Reichenberger 2000
A. Reichenberger, Bildhafte Darstellungen der Hallstattzeit. Beitr. Vorgesch. Nordostbayern 3 (Fürth 2000).

Reim 1998
H. Reim, Sonnenräder und Schwäne. Zu einem figuralverzierten Bronzegürtel aus einem Brandgrab der älteren Hallstattzeit von Rottenburg am Neckar (Baden-Württemberg). In: H. Küster/A. Lang/P. Schauer (Hrsg.), Archäologische Forschungen in urgeschichtlichen Siedlungslandschaften Mitteleuropas. Festschrift für Georg Kossack zum 75. Geburtstag. Regensburger Beitr. Prähist. Arch. 5 (Regensburg 1998) 465-493.

Reim 2009
H. Reim, Eine Bronzesitula mit hölzernem Deckelknopf aus einem Grabhügel bei Aßmannshardt, Gde. Schemmerhofen, Kr. Biberach. Zur jüngeren Hallstattzeit zwischen Biberach und Riß. In: J. Biel/J. Heiligmann/D. Krauße (Hrsg.), Landesarchäologie. Festschrift für Dieter Planck zum 65. Geburtstag. Forsch. u. Ber. zur Vor- u. Frühgesch. Baden-Württemberg 100 (Stuttgart 2009) 175-192.

Reitinger 1966
J. Reitinger, Die latènezeitlichen Funde des Braunauer Heimathauses. Jahrb. Oberösterr. Musver. 111, 1966, 165-237.

Reschreiter 2005
H. Reschreiter, Die prähistorischen Salzbergbaue in Hallstatt und ihre Textilreste. In: P. Bichler/K. Grömer/R. Hofmann-de Keijzer/A. Kern/H. Reschreiter (Hrsg.), Hallstatt Textiles. Technical Analysis, Scientific Investigation and Experiment on Iron Age Textiles. BAR Internat. Ser. 1351 (Oxford 2005) 11-16.

Reschreiter 2013
H. Reschreiter, Das Salzbergwerk Hallstatt. In: K. Grömer/A. Kern/H. Reschreiter/H. Rösl-Mautendorfer, Textilien aus Hallstatt. Gewebte Kultur aus dem bronze- und eisenzeitlichen Salzbergwerk. Archaeolingua Main Ser. 29 (Budapest 2013) 13-33.

Reschreiter et al. 2009
H. Reschreiter/K. Grömer/R. Totschnig, Reich im Grab - Sparsam in der Grube. Überlegungen zum Ressourcenmanagement im ältereisenzeitlichen Salzbergwerk Hallstatt. In: R. Karl/J. Leskovar (Hrsg.), Interpretierte Eisenzeiten. Fallstudien, Methoden, Theorie. Tagungsbericht der 3. Linzer Gespräche zur interpretativen Eisenzeitarchäologie. Stud. Kulturgesch. Oberösterreich 22 (Linz 2009) 307-320.

Reschreiter et al. 2013
H. Reschreiter/D. Pany-Kucera/D. Gröbner, Kinderarbeit in 100m Tiefe? Neue Lebensbilder zum prähistorischen Hallstätter Salzbergbau. In: R. Karl/J. Leskovar (Hrsg.), Interpretierte Eisenzeiten. Fallstudien, Methoden, Theorie. Tagungsbericht der 5. Linzer Gespräche zur interpretativen Eisenzeitarchäologie. Stud. Kulturgesch. Oberösterreich 37 (Linz 2013) 25-38.

Rey 2000
T. Rey, Eisenzeitliche Holztassen aus dem Tessin im Schweizerischen Landesmuseum in Zürich. In: R. de Marinis/S. Biaggio Simona (Hrsg.), I Leponti: tra mito e realità: raccolta di saggi in occasione della mostra. Bd. 1 (Locarno 2000) 407-417.

Rhomiopoulou/Kilian-Dirlmeier 1989
K. Rhomiopoulou/ I. Kilian-Dirlmeier, Neue Funde aus der eisenzeitlichen Hügelnekropole von Vergina, Griechisch Makedonien. Prähist. Zeitschr. 64, 1989, 86-151.

Richardson 1984
E. H. Richardson, The lady at the fountain. Studi di antichità in onore di Guglielmo Maetzke. Bd. 2 (Roma 1984) 447-454.

Rieck 1962
G. Rieck, Der Hohmichele. Ein Fürstengrabhügel der späten Hallstattzeit bei der Heuneburg. Röm.-German. Forsch. 25 (Berlin 1962).

Rizzi 2002
J. Rizzi, Due enigmatiche sepolure sotto riparo roccioso sul versante di Castel del Porco/Greifenstein (Settequerce - Bz). In: In: U. Tecchiati (Hrsg.), Der Heilige Winkel. Der Bozner Talkessel zwischen der Späten Bronzezeit und der Romanisierung. Schr. Südtiroler Archmus. 2 (Bozen, Wien 2002) 365-378.

Röhrig 1994
K.-H. Röhrig, Das hallstattzeitliche Gräberfeld von Dietfurt a. d. Altmühl. Arch. Main-Donau-Kanal 1 (Buch am Erlbach 1994).

Rösch 2005
M. Rösch, Pollen analysis of the contents of excavated vessels - direct archaeobotanical evidence of beverages. Vegetation Hist. and Archaeobot. 14, 2005, 179-188.

Rösel-Mautendorfer 2011
H. Rösel-Mautendorfer, Genähtes aus dem Hallstätter Salzberg. Prähistorische Textilfunde aus Hallstatt im Vergleich mit eisenzeitlichen Gewanddarstellungen. Unpubl. Diplomarbeit (Wien 2011).

Rösel-Mautendorfer 2013
H. Rösel-Mautendorfer, Wer hat die Hosen an? Überlegungen zu Hosen- und Rockdarstellungen auf der Situlenkunst. In: R. Karl/J. Leskovar (Hrsg.), Interpretierte Eisenzeiten. Fallstudien, Methoden, Theorie. Tagungsbericht der 5. Linzer Gespräche zur interpretativen Eisenzeitarchäologie. Stud. Kulturgesch. Oberösterreich 37 (Linz 2013) 39-51.

Runde 1999
RGA XIII, 175-177 s. v. Gürtel. § 3: Volkskundliches (I. Runde).

Rusu 1990
T. Rusu, Casques en bronze du Hallstatt A-B en Transylvanie. Thraco-Dacica 11, 1990, 69-78.

Sabbatini 2011
T. Sabbatini, Reiche Gräber aus Matelica. In: R. Gebhard (Hrsg.), Im Licht des Südens. Begegnungen antiker Kulturen zwischen Mittelmeer und Zentraleuropa. Ausstellungskat. Arch. Staatslg. 39 (München 2011) 123-129.

Von Sacken 1868
E. von Sacken, Das Grabfeld von Hallstatt in Oberösterreich und dessen Alterthümer (Wien 1868).

Säflund 1986
G. Säflund, „Hieros Gamos" - Motive in der etruskischen Sepulkralkunst. In: J. Swaddling (Hrsg.), Italian Iron Age Artefacts in the British Museum. Papers of the 6th British Museum Classical Colloquium (London 1986) 471-479.

Säflund 1993
G. Säflund, Etruscan Imagery: Symbol and meaning (Jonsered 1993).

Sagan 1987
E. Sagan, Tyrannei und Herrschaft. Die Wurzeln von Individualismus, Despotismus und modernem Staat. Hawaii - Tahiti – Buganda. Rowohlts Enzyklopädie 443 (Hamburg 1987).

Sankot 1995
P. Sankot, Les épées pseudo-anthropoïdes de Bohème. In: J.-J. Charpy (Hrsg.), L' Europe celtique du Ve au IIIe siècle avant J.-C. contacts, échanges et mouvements de populations; Actes du deuxième Symposium International d'Hautevillers, 8.–10. octobre 1992 (Sceaux 1995) 413–422.

Schachermeyr 1950
F. Schachermeyr, Poseidon und die Entstehung des griechischen Götterglaubens (Salzburg 1950).

Schauer 1971
P. Schauer, Die Schwerter in Süddeutschland, Österreich und der Schweiz. Bd. 1: Griffplatten-, Griffangel- und Griffzungenschwerter. PBF IV 2 (München 1971).

Schauer 1987
P. Schauer, Der vierrädrige Wagen im Zeremonialgeschehen und Bestattungsbrauch der orientalisch-ägäischen Hochkulturen und ihrer Randgebiete. In: F. E. Barth (Hrsg.), Vierrädrige Wagen der Hallstattzeit. Untersuchungen zu Geschichte und Technik. RGZM Monogr. 12 (Mainz 1987) 1-23.

Schebesch 2013
A. Schebesch, Five Anthropomorphic Figurines of the Upper Paleolithic - Communication through Body Language. Mitt. Ges. Urgesch. 22, 2013, 61-101.

Schefzik 2009

M. Schefzik, Ein urnenfelderzeitlicher Fleischhaken von Heimstetten bei München - Verlust oder Opfer? In: J. Bagley/Ch. Eggl/D. Neumann/M. Schefzik (Hrsg.), Alpen, Kult und Eisenzeit. Festschrift für Amei Lang zum 65. Geburtstag. Internat. Arch. Stud. Honoraria 30 (Rahden/Westf. 2009) 157-165.

Schefzik 2012

M. Schefzik, Den Mächten in der Tiefe. Ein urnenfelderzeitlicher Brunnen mit Opferfunden von Germering bei München. In: U. Recker/B. Steinbring/B. Wiegel (Hrsg.), Jäger - Bergleute - Adelige. Archäologische Schlaglichter aus vier Jahrtausenden. Festschrift für Claus Dobiat zum 65. Geburtstag. Internat. Arch. Stud. Honoraria 33 (Rahden/Westf. 2012) 37-58.

Schickler 2001

H. Schickler (Hrsg.), Heilige Ordnungen. Zu keltischen Funden im Württembergischen Landesmuseum (Stuttgart 2001).

Schier 1998

W. Schier, Fürsten, Herren, Händler? Bemerkungen zu Wirtschaft und Gesellschaft der westlichen Hallstattkultur. In: H.-J. Küster/A. Lang/P. Schauer (Hrsg.), Archäologische Forschungen in urgeschichtlichen Siedlungslandschaften. Festschrift für Georg Kossack zum 75. Geburtstag. Regensburger Beitr. Prähist. Arch. 5 (Regensburg 1998) 493-514.

Schier 2010

W. Schier, Soziale und politische Strukturen der Hallstattzeit – ein Diskussionsbeitrag. In: D. Krauße/D. Beilharz (Hrsg.), „Fürstensitze" und Zentralorte der frühen Kelten. Abschlusskolloquium des DFG-Schwerpunktprogramms 1171 in Stuttgart, 12.-15. Oktober 2009. Forsch. u. Ber. Vor- u. Frühgesch. Baden-Württemberg 120,2 (Stuttgart 2010) 375-405.

Schindler 1998

M. P. Schindler, Der Depotfund von Arbedo TI und die Bronzedepotfunde des Alpenraums vom 6. bis zum 4. Jh. v. Chr. Antiqua 30 (Basel 1998).

Schlichtherle 2010

H. Schlichtherle, Kultbilder in den Pfahlbauten des Bodensees. In: C. Lichter (Hrsg.), Jungsteinzeit im Umbruch. Die „Michelsberger Kultur" und Mitteleuropa vor 6000 Jahren. Katalog zur Ausstellung im Badischen Landesmuseum Schloss Karlsruhe 20.11.2010-15.5.2011 (Darmstadt 2010) 266-277.

Schmidt 2013

K. Schmidt, Die Gestaltung des sakralen Raumes im Frühneolithikum Obermesopotamiens. In: I. Gerlach/D. Raue (Hrsg.), Sanktuar und Ritual. Heilige Plätze im archäologischen Befund. Menschen - Kulturen - Traditionen 10 (Rahden/Westf. 2013) 235-245.

Schönfelder 1998

M. Schönfelder, Männer mit goldenen Ohrringen. Zu insignienhaften Gegenständen in der späten Hallstatt- und frühen Latènezeit. Arch. Korrbl. 28, 1998, 403-422.

Schopphoff 2009

C. Schopphoff, Der Gürtel. Funktion und Symbolik eines Kleidungsstücks in Antike und Mittelalter. Pictura et poesis 27 (Köln 2009).

Schumann 2012

R. Schumann, Eine unscheinbare keramische Fremdform aus dem hallstattzeitlichen Grabhügelfeld von Farovške njive bei Otočec. Überlegungen zu transalpinen Kontakten vor dem Hintergrund des Salzbergbaus in Hallstatt. Arh. Vestnik 63, 2012, 37-56.

Schumann 2013

R. Schumann, Traunkirchen während der Hallstattzeit. Nach Grabungen des Bundesdenkmalamtes und Begehungen im Bereich des ehemaligen Klosters von Traunkirchen, PB Gmunden, Oberösterreich. Universitätsforsch. Prähist. Arch. 225 (Bonn 2013).

Schumann 2015

R. Schumann, Status und Prestige in der Hallstattkultur. Aspekte sozialer Distinktion in ältereisenzeitlichen Regionalgruppen zwischen Altmühl und Save. Münchner Arch. Forsch. 3 (Rahden/Westf. 2015).

Schumann et al. 2015

R. Schumann/J. Leskovar/M. Marschler, Corrigenda zu den vermeintlichen Kindergräbern mit reicher Ausstattung aus Mitterkirchen. Arch. Austriaca 99, 2015, 31-52.

Schussmann 2011

W. P. Schussmann, Rhadamanthys in der Tomba del Tuffatore. Das Grab des Mysten: eine Neuinterpretation (Wien 2011).

Schweizer 2012

B. Schweizer, Fürsten, Chiefs und Big Men. Oder: Dorophagoi - Basileis als Gabenfresser. Zu Eliten in den Altertumswissenschaften und Elitenkritik der Antike. In: T. L. Kienlin/A. Zimmermann (Hrsg.), Beyond Elites. Alternatives to hierarchical systems in modelling social formations. International conference at the Ruhr-Universität Bochum, Germany, October 22-24, 2009. Universitätsforsch. Prähist. Arch. 215,2 (Bonn 2012) 461-470.

Seyer 2007

M. Seyer, Der Herrscher als Jäger. Untersuchungen zur königlichen Jagd im persischen und makedonischen Reich vom 6.-4. Jahrhundert v. Chr. sowie unter den Diadochen Alexanders des Großen. Wiener Forsch. Arch. 11 (Wien 2007).

Siegmund 2012

F. Siegmund, Schnelle Zeiten - langsame Zeiten: archäologische Chronologiesysteme als Geschichtsquelle. Arch. Inf. 35, 2012, 259-270.

Siepen 2005

M. Siepen, Der hallstattzeitliche Arm- und Beinschmuck in Österreich. PBF X 6 (Stuttgart 2005).

Sievers 1982

S. Sievers, Die mitteleuropäischen Hallstattdolche. PBF VI 6 (München 1982).

Šimek 2007

M. Šimek, Die Fürstengräber der älteren Eisenzeit in Nordkroatien. In: H. Galter/D. Kramer (Hrsg.), Der Gräberfund von Kleinklein im europäischen Kontext. Protokollband zur Vortragsreihe der Österreichischen Urania für Steiermark im Winter 2006 unter der wissenschaftlichen Leitung von Diether Kramer (Landesmuseum Joanneum, Graz) (Graz 2007) 123-153.

Smolnik 1994
R. Smolnik, Der Burgstallkogel bei Kleinklein II. Die Keramik der vorgeschichtlichen Siedlung. Veröff. Vorgesch. Seminar Marburg Sonderbd. 9 (Marburg 1994).

Speyer 1983
RAC XII (1983) 1232-1266 s. v. Gürtel (W. Speyer).

Spindler 1973
K. Spindler, Die Ausgrabungen am Magdalenenberg bei Villingen im Schwarzwald. Arh. Vestnik 24, 1973, 637-659.

Soroceanu 2008
T. Soroceanu, Die vorskythenzeitlichen Metallgefäße im Gebiet des heutigen Rumänien. Beiträge zur Veröffentlichung und Deutung bronze- und älterhallstattzeitlicher Metallfunde in europäischem Zusammenhang. Bronzefunde Rumänien 3 = Bibl. Muz. Bistriţa Ser. Hist. 16 (Cluj 2008).

Stadler 2010
J. Stadler, Nahrung für die Toten? Speisebeigaben in hallstattzeitlichen Gräbern und ihre kulturhistorische Deutung. Universitätsforsch. Prähist. Arch. 186 (Bonn 2010).

Starè 1955
F. Starè, Vače. Arheološki katalogi slovenije 1 (Ljubljana 1955).

Starý 1962/63
P. F. Starý, Statuette eines illyrischen Kriegers aus Vače. Arh. Vestnik 13/14, 1962/63, 409-420 (dt. Zusammenfassung).

Starý 1980
P. F. Starý, Zur Bedeutung und Funktion zweirädriger Wagen während der Eisenzeit in Mittelitalien. Hamburger Beitr. Arch. 7, 1981, 7-21.

Starý 1981
P. F. Starý, Zur eisenzeitlichen Bewaffnung und Kampfesweise in Mittelitalien: ca. 9. bis 6. Jh. v. Chr. Marburger Stud. Vor- u. Frühgesch. 1,1-3 (Mainz 1981).

Starý 1981A
P. F. Starý, Ursprung und Ausbreitung der eisenzeitlichen Ovalschilde mit spindelförmigem Schildbuckel. Germania 59, 1981, 287-306.

Starý 1982
P. F. Starý, Beile als Symbolformen, Amulette und Rangabzeichen in der Hallstattzeit. Ber. RGK 63, 1982, 18-104.

Starý 1994
P. F. Starý, Metallfeuerböcke im früheisenzeitlichen Grabritus. In: C. Dobiat (Hrsg.), Festschrift für Otto-Herman Frey zum 65. Geburtstag. Marburger Stud. Vor- u. Frühgesch. 16 (Marburg 1994) 603-624.

Stauffer 2003
A. Stauffer, Ein Gewebe mit Schnurapplikation aus der „Tomba del Trono" in Verucchio (700 v. Chr.). In: L. Bender Jørgensen/J. Banck-Burgess/A. Rast-Eicher (Hrsg.), Textilien aus Archäologie und Geschichte. Festschrift für Klaus Tidow (Neumünster 2003) 205-207.

Stauffer 2012
A. Stauffer, Case Study: The Textiles from Verucchio, Italy. In: M. Gleba/U. Mannering (Hrsg.), Textiles and textile production in Europe from prehistory to AD 400. Ancient Textiles Ser. 11 (Oxford 2012) 242-253.

Steffen 2012
Ch. Steffen, Gesellschaftswandel während der älteren Eisenzeit. Soziale Strukturen der Hallstatt- und Frühlatènekultur in Baden-Württemberg. Materialh. Arch. Baden-Württemberg 93 (Stuttgart 2012).

Stegmaier 2015
G. Stegmaier, Keramik, Kunst und Identität. Regionale Verzierungsmuster der südwestdeutschen Alb-Hegau-Keramik als Zeichen der Kommunikation und Gemeinschaftsbildung. In: R. Karl/J. Leskovar (Hrsg.), Interpretierte Eisenzeiten. Fallstudien, Methoden, Theorie. Tagungsbericht der 6. Linzer Gespräche zur interpretativen Eisenzeitarchäologie. Stud. Kulturgesch. Oberösterreich 19 (Linz 2015) 119-130.

Stegmann-Rajtár 1992
S. Stegmann-Rajtár, Grabfunde der älteren Hallstattzeit aus Südmähren (Košice 1992).

Stegmann-Rajtár 2005
S. Stegmann-Rajtár, RGA IXX, 146-156 s. v. Smolcnicc-Molpír (S. Stegmann-Rajtár).

Steiner 1999
H. Steiner, „Kännchen mit Stierkopfhenkel" der Fritzens-Sanzeno-Kultur. Arch. Korrbl. 29, 1999, 79-92.

Steiner 2002
H. Steiner, Das jüngereisenzeitliche Gräberfeld von Moritzing, Gemeinde Bozen (Südtirol). In: U. Tecchiati (Hrsg.), Der Heilige Winkel. Der Bozner Talkessel zwischen der Späten Bronzezeit und der Romanisierung. Schr. Südtiroler Archmus. 2 (Bozen, Wien 2002) 155-358.

Steiner 2007
H. Steiner, Die befestigte Siedlung am Ganglegg im Vinschgau - Südtirol. Ergebnisse der Ausgrabungen 1997 - 2001 (Bronze-/Urnenfelderzeit) und naturwissenschaftliche Beiträge. Forsch. Denkmalpfl. Südtirol 3 (Bozen 2007).

Steiner 2010
H. Steiner, Alpine Brandopferplätze. Archäologische und naturwissenschaftliche Untersuchungen Forsch. Denkmalpfl. Südtirol 5 (Trento 2010).

Sternquist 1967
B. Sternquist, Ciste a cordoni. Acta Arch. Lundensia Ser. 4 Nr. 6 (1967).

Steuer 2004
RGA XXVI, 183-207 s. v. Sakralkönigtum (H. Steuer).

Steuer 2006
H. Steuer, Fürstengräber, Adelsgräber, Elitegräber: Methodisches zur Anthropologie der Prunkgräber. In: C. von Carnap-Bornheim et al. (Hrsg.), Herrschaft - Tod - Bestattung. Zu den vor- und frühgeschichtlichen Prunkgräbern als archäologisch-historische Quelle. Internationale Fachkonferenz Kiel 16.-19. Oktober 2003. Universitätsforsch. Prähist. Arch. 139 (Bonn 2006) 11-26.

Stöllner 1996
Th. Stöllner, Die Hallstattzeit und der Beginn der Latènezeit im Inn-Salzach-Raum. Bd. 2: Katalog- und Tafelteil. Arch. Salzburg 3,2 (Salzburg 1996).

Stöllner 2002
Th. Stöllner, Die Hallstattzeit und der Beginn der Latènezeit im Inn-Salzach-Raum. Bd. 1: Auswertung. Arch. Salzburg 3,1 (Salzburg 2002).

Stöllner 2002A
Th. Stöllner, Der prähistorische Salzbergbau am Dürrnberg bei Hallein II. Die Funde und Befunde der Bergwerksausgrabungen zwischen 1990 und 2000. Dürrnberg-Forsch. 3,1-2 (Rahden/Westf. 2002).

Stöllner 2007
Th. Stöllner, Handwerk im Grab - Handwerker? Überlegungen zur Aussagekraft der Gerätebeigabe in eisenzeitlichen Gräbern. In: R. Karl/J. Leskovar (Hrsg.), Interpretierte Eisenzeiten. Fallstudien, Methoden, Theorie. Tagungsbericht der 2. Linzer Gespräche zur interpretativen Eisenzeitarchäologie. Stud. Kulturgesch. Oberösterreich 19 (Linz 2007) 227-252.

Stöllner 2012
Th. Stöllner, Mining and Elites: A Paradigm beyond the Evidence in European Metal Ages. In: T. L. Kienlin/A. Zimmermann (Hrsg.), Beyond Elites. Alternatives to hierarchical systems in modelling social formations. International conference at the Ruhr-Universität Bochum, Germany, October 22-24, 2009. Universitätsforsch. Prähist. Arch. 21 (Bonn 2012) 433-448.

Stöllner et al. 2012
Th. Stöllner/Z. Samaschev/S. Berdenov/J. Cierny/J. Garner/A. Gorelik/F. A. Kusch, Bergmannsgräber im bronzezeitlichen Zinnrevier von Askaraly, Ostkasachstan? In: U. Recker/B. Steinbring/B. Wiegel (Hrsg.), Jäger - Bergleute - Adelige. Archäologische Schlaglichter aus vier Jahrtausenden. Festschrift für Claus Dobiat zum 65. Geburtstag. Internat. Arch. Stud. Honoraria 33 (Rahden/Westf. 2012) 9-28.

Stroh 1988
A. Stroh, Das hallstattzeitliche Gräberfeld von Schirndorf, Ldkr. Regensburg. Materialh. Bayer. Vorgesch. A 36 (Kallmünz 1988).

Strøm 1992
I. Strøm, Oboloi of Pre- or Proto-Monetary Value in Greek Sanctuaries. In: T. Linders/B. Alroth, (Hrsg.), Economies of Cult in the Ancient world. Proceedings of the Uppsala Symposium 1990. Boreas 21 (Uppsala 1992) 41-53.

Stupka 1972
D. Stupka, Der Gürtel in der griechischen Kunst (Wien 1972).

Sydow 1995
W. Sydow, Der hallstattzeitliche Bronzehort von Fliess im Oberinntal, Tirol. Fundber. Österreich Materialh. A 3 (Horn 1995).

Tecco Hvala 2007
S. Tecco Hvala, Woman from Magdalenska gora. In: M. Blečić (Hrsg.), Scripta praehistorica in honorem Biba Teržan (Ljubljana) 2007, 477-490.

Tecco Hvala 2012
S. Tecco Hvala, Magdalenska gora: social structure and burial rites of the Iron Age community. Opera Inst. Arch. Sloveniae 26 (Ljubljana 2012).

Teleaga 2015
E. Teleaga, Die Anfänge der figuralen thrakischen Kunst in dem 5. Jahrhundert v. Chr. Stud. Eisenzeitl. Arch. Thrakien 1 (Rahden/Westf. 2015).

Temov 2007
S. Temov, An Iron Age burial in Macedonia. In: M. Blečić (Hrsg.), Scripta praehistorica in honorem Biba Teržan (Ljubljana) 2007, 657-665.

Teržan 1986
B. Teržan, Poskus rekonstrukcije halštatske družbene strukture v dolenjskem kulturnem krogu. Arh. Vestnik 36, 1985, 77-105.

Teržan 1986
B. Teržan, Zur Gesellschaftsstruktur während der älteren Hallstattzeit im Ostalpen-Westpannonischen Gebiet. In: L. Török (Hrsg.), Hallstatt Kolloquium Veszprém 1984. Antaeus Beih. 3 (Budapest 1986) 227-243.

Teržan 1990
B. Teržan, The Early Iron Age in Slovenian Styria. Kat. Monogr. 25 (Ljubljana 1990).

Teržan 1990A
B. Teržan, Die Halbmondfibeln. Über die Kulturverbindungen zwischen der Ägäis und dem Caput Adriae. Arh. Vestnik 41, 1990, 49-88.

Teržan 1994
B. Teržan, Überlegungen zum sozialen Status des Handwerkers in der frühen Eisenzeit Südosteuropas. In: C. Dobiat (Hrsg.), Festschrift für Otto-Herman Frey zum 65. Geburtstag. Marburger Stud. Vor- u. Frühgesch. 16 (Marburg 1994) 659-669.

Teržan 1995
B. Teržan, Handel und soziale Oberschichten im früheisenzeitlichen Südosteuropa. In: B. Hänsel (Hrsg.), Handel, Tausch und Verkehr im bronze- und früheisenzeitlichen Südosteuropa. Südosteuropaschr. 17 = Prähist. Arch. Südosteuropa 11 (München, Berlin 1995) 81-159.

Teržan 1996
B. Teržan, Weben und Messen im südostalpinen und westpannonischen Gebiet. In: E. Jerem/A. Lippert (Hrsg.), Die Osthallstattkultur. Akten des Internationalen Symposiums Sopron 1994. Archaeolingua Main Ser. 7 (Budapest 1996) 507-536.

Teržan 1997
B. Teržan, Heros der Hallstattzeit. Beobachtungen zum Status an Gräbern um das Caput Adriae. In: C. Becker/M.-L. Dunkelmann/C. Metzner-Nebelsick/H. Peter-Röcher/M. Roeder/B. Teržan (Hrsg.), Chronos. Festschrift für Bernhard Hänsel. Internat. Arch. Stud. Honoraria 1 (Espelkamp 1997) 653-669.

Teržan 2001
B. Teržan, Richterin und Kriegsgöttin in der Hallstattzeit. Versuch einer Interpretation. Prähist. Zeitschr. 76, 2001, 74-86.

Teržan 2003
B. Teržan, Goldene Ohrringe in der späten Bronze- und frühen Eisenzeit - Zeichen des Sakralen? Anz. Germ. Natmus. 2003, 68-82.

Teržan 2004
B. Teržan, Obolos - mediterrane Vorbilder einer prämonetären „Währung" der Hallstattzeit? In: B. Hänsel (Hrsg.), Parerga Praehistorica. Jubiläumsschrift zur Prähistorischen Archäologie - 15 Jahre UPA. Universitätsforsch. Prähist. Arch. 100 (Bonn 2004) 163-202.

Teržan 2008/2010
B. Teržan, Stična - Skizzen. In: St. Gabrovec et al. (Hrsg.), Stična II. Gomile starejše železne dobe. 2,2: Razprave. Kat. Monogr. 38 (Ljubljana 2008. erschienen 2010) 189-326.

Teržan 2009
B. Teržan, Der geflügelte Löwe aus Hallstatt mit dem Schinken im Rachen. Mitt. Anthr. Ges. Wien 89, 2009, 195-202.

Teržan 2011
B. Teržan, Hallstatt Europe: Some Aspects of Religion and Social Structure. In: G. R. Tsetskhladze (Hrsg.), The Black Sea, Greece, Anatolia and Europe in the First Millenium BC. Coll. Ant. 1 (Leuven, Paris, Walpole 2011) 234-264.

Teržan/Hellmuth 2008
B. Teržan/A. Hellmuth, Noch einmal zum goldenen Diadem aus Stična. In: St. Gabrovec et al. (Hrsg.), Stična II. Gomile starejše železne dobe. 2,2: Razprave. Kat. Monogr. 38 (Ljubljana 2008, erschienen 2010) 173-189.

Teržan et al. 1985
B. Teržan/F. Lo Schiavo/N. Trampuž-Orel, Most na Soči (S. Lucia) 2: Szombathyjeva izkopavanja, Tekst. Kat. Monogr. 23,1 (Ljubljana 1985).

Teržan et al. 2011
B. Teržan/A. Hellmuth/F. Heimann, Amazonenmythos im Spiegel der eisenzeitlichen Grabfunde zwischen Pontus und Karpatenbecken. In: E. Sava/J. Apakidze (Hrsg.), Der Schwarzmeerraum vom Äneolithikum bis in die Früheisenzeit (5000 - 500 v. Chr.). Bd. 2: Globale Entwicklung versus Lokalgeschehen : Internationale Fachtagung von Humboldtianern für Humboldtianer im Humboldt-Kolleg in Chişinău, Moldavien (4. - 8. Oktober 2010). Prähist. Arch. Südosteuropa 27 (Rahden/Westf. 2011) 253-273.

Teßmann 2001
B. Teßmann, Schmuck und Trachtzubehör aus Prozor, Kroatien. Ein Beitrag zur Tracht im japodischen Gebiet. Acta Praehist. et Arch. 33, 2001, 28-151.

Tiefengraber/Wiltschke-Schrotta 2015
G. Tiefengraber/K. Wiltschke-Schrotta, Der Dürrnberg bei Hallein. Die Gräbergruppen Lettenbühel und Friedhof. Dürrnberg-Forsch. 8 (Rahden/Westf. 2015).

Tötschinger 2010
G. Tötschinger, Kaiser, Gärtner, Kapitän. Die Habsburger und ihre Berufe (Wien 2010).

Tomedi 1996
G. Tomedi, Nochmals zur „Fabel von den Traditionsschwertern". Weitere Randbemerkungen zu den Schwertgräbern des Südostalpenraumes und zur Schwertgrabchronologie. In: O.-H. Frey/W. Böhme/C. Dobiat (Hrsg.), Europa celtica: Untersuchungen zur Hallstatt- und Latènekultur. Veröff. Vorgesch. Seminar Marburg 10 (Espelkamp 1996) 167-188.

Tomedi 2002
G. Tomedi, Das hallstattzeitliche Gräberfeld von Frög. Die Altgrabungen von 1883 bis 1892. Archaeolingua Main Ser. 14 (Budapest 2002).

Tomedi 2002A
G. Tomedi, Zur Emblematik der späten Bronzezeit und der frühen Eisenzeit im alpinen Raum. In: L. Zemmer-Planck (Hrsg.), Kult der Vorzeit in den Alpen. Opfergaben, Opferplätze, Opferbrauchtum. Bd. 2. Schriftenr. Arbeitsgemeinschaft Alpenländer (Bozen 2002) 1211-1235.

Tomedi 2009
G. Tomedi, Raetische Frauen. In: J. M. Bagley/Ch. Eggl/D. Neumann/M. Schefzik (Hrsg.), Alpen, Kult und Eisenzeit. Festschrift für Amei Lang zum 65. Geburtstag. Internat. Arch. Stud. Honoraria 30 (Rahden/Westf. 2009) 271-287.

Tomedi/Egg 2014
G. Tomedi/M. Egg, Zur Chronologie bronze- und früheisenzeitlicher Helme. Arch. Korrbl. 44, 2014, 41-57.

Tončeva 1980
G. Tončeva, Chronologie du Hallstatt ancien dans la Bulgarie de Nord-Est. Stud. Thracica 5 (Sofia 1980).

Torbrügge 1979
W. Torbrügge, Die Hallstattzeit in der Oberpfalz. Materialh. Bayer. Vorgesch. A 39 (Kallmünz 1979).

Torelli 1997
M. Torelli, Il rango, il rito e l'immagine. Alle origini della rappresentazione storica romana (Milano 1997).

Townsend Vermeule 1974
E. Townsend Vermeule, Götterkult. Arch. Homerica III (Göttingen 1974).

Trachsel 2004
M. Trachsel, Untersuchungen zur relativen und absoluten Chronologie der Hallstattzeit. Universitätsforsch. Prähist. Arch. 104 (Bonn 2004).

Trachsel 2005
M. Trachsel, Kriegergräber? Schwertbeigabe und Praktiken ritueller Bannung in Gräbern der frühen Eisenzeit. In: R. Karl/J. Leskovar (Hrsg.), Interpretierte Eisenzeiten. Fallstudien, Methoden, Theorie. Tagungsbericht der 1. Linzer Gespräche zur interpretativen Eisenzeitarchäologie. Stud. Kulturgesch. Oberösterreich 18 (Linz 2005) 53-82.

Trachsel 2008
M. Trachsel, Rituale in der prähistorischen Archäologie. Definition - Identifikation - Interpretation. In: Ch. Eggl/P. Trebsche/I. Balzer/J. Fries-Knoblach/J. Koch/H. Nortmann/J. Wiethold (Hrsg.), Ritus und Religion in der Eisenzeit. Beiträge zur Sitzung der AG Eisenzeit während der Jahrestagung des Mittel- und Ostdeutschen Verbandes für Altertumsforschung e. V. in Halle an der Saale 2007. Beitr. Ur- u. Frühgesch. Mitteleuropa 49 (Langenweißbach 2008) 1-5.

Trebsche 2008
P. Trebsche, Die hallstattzeitlichen Hügelgräber vom Dienstberg im Attergau. In: Bundesdenkmalamt Wien (Hrsg.), schätze. gräber. opferplätze. traunkirchen.08. Archäologie im Salzkammergut. Katalog zur Ausstellung im ehemaligen Kloster Traunkirchen 29. April bis 2. November 2008. Fundber. Österr. Materialh. Reihe A Sonderh. 6 (Horn 2008) 64-71.

Trefný 2002
M. Trefný, Bronzefunde aus der Býčíyscála-Höhle und ihre Beziehungen zum Südostalpenraum und Italien. In: A. Lang/V. Salač (Hrsg.), Fernkontakte in der Eisenzeit. Konferenz Liblice 2000 (Prag 2002) 360-378.

Truhelka 1904
Ć. Truhelka, Der vorgeschichtliche Pfahlbau im Savebette bei Donja Dolina (Bezirk Bosnisch-Gradiška). Bericht über die Ausgrabungen bis 1904. Mitt. Bosnien u. Herzegowina 9,1-2 (Wien 1904).

Tschurtschenthaler 2013
M. Tschurtschenthaler, Das Heiligtum auf der Pillerhöhe in Antike und Gegenwart. In: H. Stadler et al. (Hrsg.), Brandopferplätze in den Alpen. Der Scheibenstuhl in Nenzing. Nenzing-Schriftenr. 6 = Praearchos 3 (Nenzing 2013) 123-136.

Tuohy 1999
T. Tuohy, Prehistoric combs of antler and bone. BAR British Ser. 285,1-2 (Oxford 1999).

Turk 2004
P. Turk, La prima età del Ferro del territorio a Sud-Est delle Alpi. In: F. Marzatico/P. Gleirscher (Hrsg.), Guerrieri Principi ed Eroi fra il Danubio e il Po della Preistoria all'Alto Medioevo. Ausstelungskat. Trento 2004 (Trento 2004) 411-419.

Turk 2005
P. Turk, Bilder aus Leben und Mythos. Katalog zur archäologischen Ausstellung zur Situlenkunst im slowenischen Raum (7.-4. Jahrhundert v. Chr.) (Ljubljana 2005).

Ugas 1981
G. G. Ugas, La tomba megalitica 1 di San Cosimo-Gonnosfanadiga (Cagliari): Un monumento del bronzo medio (con la più antica attestazione micenea in Sardegna). Notizia preliminare. Arch. Sarda 1, 1981, 7-20.

Veblen 1997
Th. Veblen, Theorie der feinen Leute. Eine ökonomische Untersuchung der Institutionen [Original 1899: The Theory of the Leisure Class] (Köln 1997).

Veit 2000
U. Veit, König und Hohepriester? Zur These einer sakralen Gründung der Herrschaft in der Hallstattzeit. Arch. Korrbl. 30, 200, 549-568.

Venedikov 1969
V. Venedikov, L'Iran preachemenide et la Thrace. Bull. l'Institute d'Archeologie (Sofia) 31, 1969, 5-43.

Venedikov/Gerassimov 1973
I. Venedikov/T. Gerassimov, Thrakische Kunst (München, Wien 1973).

Venetkens 2013
Venetkens. Viaggio nella terra dei veneti antichi. Padova, Palazzo della Regione, 6 aprile-17 novembre 2013 (Venezia 2013).

Vinski-Gasparini 1973
K. Vinski-Gasparini, Kultura polja sa žarama u sjevernoj Hrvatskoj. Die Urnenfelderkultur in Nordkroatien. Monogr. 1 (Zadar 1973).

Völling 1998
Th. Völling, Ein phrygischer Gürtel aus Olympia. Arch. Anz. 1998, 243-252.

Völling 2008
E. Völling, Textiltechnik im Alten Orient. Rohstoffe und Herstellung (Würzburg 2008).

Vogrin 1986
A. Vogrin, Črnolica pri Rifniku - Early iron age tumulus. Arh. Pregled 1986, 69.

Vosteen 1999
M. U. Vosteen, Urgeschichtliche Wagen in Mitteleuropa. Eine archäologische und religionswissenschaftliche Untersuchung neolithischer bis hallstattzeitlicher Befunde. Freiburger Arch. Stud. 3 (Rahden/Westf. 1999).

Vrenčur 2013
I. Vrenčur, Ritual, Sign, Identity. The case of ceremonial instrument from Črnolica tumulus. In: R. Karl/ J. Leskovar (Hrsg.), Interpretierte Eisenzeiten. Fallstudien, Methoden, Theorie. Tagungsbericht der 5. Linzer Gespräche zur interpretativen Eisenzeitarchäologie. Stud. Kulturgesch. Oberösterreich 37 (Linz 2013) 83-94.

Vulpe 1990
A. Vulpe, Die Kurzschwerter, Dolche und Streitmesser der Hallsattzeit in Rumänien. PBF VI/9 (München 1990).

Wagner-Hasel 2000
B. Wagner-Hasel, Der Stoff der Gaben. Kultur und Politik des Schenkens und Tauschens im archaischen Griechenland. Campus Hist. Stud. 28 (Frankfurt, New York 2000).

Wagner-Hasel 2000A
B. Wagner-Hasel, Die Reglementierung von Traueraufwand und die Tradierung des Nachruhms der Toten in Griechenland. In: Th. Späth/B. Wagner-Hasel (Hrsg.), Frauenwelten in der Antike. Geschlechterordnung und weibliche Lebenspraxis (Darmstadt, Stuttgart 2000) 53-81.

Wagner-Hasel 2000B
B. Wagner-Hasel, Arbeit und Kommunikation. In: Th. Späth/B. Wagner-Hasel (Hrsg.), Frauenwelten in der Antike. Geschlechterordnung und weibliche Lebenspraxis (Darmstadt, Stuttgart 2000) 311-335.

Wagner-Hasel 2007
B. Wagner-Hasel, Der Stoff der Macht - Kleideraufwand, elitärer Konsum und Homerisches Königtum. In: E. Alram-Stern/G. Nightingale (Hrsg.), Keimelion. Elitenbildung und elitärer Konsum von der mykenischen Palastzeit bis zur homerischen Epoche. Akten des internationalen Kongresses vom 3. bis 5. Februar 2005 in Salzburg. Österreich. Akad. Wiss. Phil.-Hist. Kl. Denkschr. 27 (Wien 2007) 325-337.

Wagner-Hasel 2009
B. Wagner-Hasel, Brautgut oder Mitgift? Das textile Heiratsgut in den Solonischen Aufwandbestimmungen. In: B. Hildebrandt/C. Veit (Hrsg.), Der Wert der Dinge - Güter im Prestigediskurs. Münchener Stud. Alte Welt 6 (München 2009) 143-173.

Wamser 2002
L. Wamser, Ein Felsspalten-Depositum der Fritzens-Sanzeno-Kultur vom Buchberg im Tiroler Inntal (OG Wiesing). In: L. Zemmer-Planck (Hrsg.), Kult der Vorzeit in den Alpen. Opfergaben, Opferplätze, Opferbrauchtum. Bd. 2. Schriftenr. Arbeitsgemeinschaft Alpenländer (Bozen 2002) 985-1041.

Warneke 1999
Th. F. Warneke, Hallstatt- und frühlatènezeitlicher Anhängerschmuck. Studien zu Metallanhängern des 8. - 5. Jahrhunderts v. Chr. zwischen Main und Po. Internat. Arch. 50 (Rahden/Westf. 1999).

Wehr 1998
G. Wehr, Heilige Hochzeit. Symbol und Erfahrung menschlicher Reifung (München 1998).

Weidig 2010
J. Weidig, Aufnahme und Modifikation etruskischer Sachgüter in den nordwestlichen Abruzzen. In: A. Kieburg/A. Rieger (Hrsg.), Neue Forschungen zu den Etruskern. Beiträge der Tagung vom 07. bis 09. November 2008 am Archäologischen Institut der Universität Bonn. BAR Internat. Ser. 2163 (Oxford 2010) 9-15.

Weidig 2014
J. Weidig, Bazzano - Ein Gräberfeld bei L'Aquila (Abruzzen). Die Bestattungen des 8.-5. Jahrhunderts v. Chr. RGZM Monogr. 112, 1-3 (Mainz 2014).

Weiss 1997
R. M. Weiss, Prähistorische Brandopferplätze in Bayern. Internat. Arch. 35 (Rahden/Westf. 1997).

Wells 1978
P. S. Wells, Eine bronzene Rinderfigur aus Hallstatt. Arch. Korrbl. 8, 1978, 107-109.

Wells 1981
P. S. Wells, The Emergence of an Iron Age Economy. The Mecklenburg Grave Groups from Hallstatt and Stična (Cambridge/Mass. 1981).

Wells 2008
P. S. Wells, Image and response in early Europe (London 2008).

Wells 2012
P. S. Wells, How ancient Europeans saw the world (Oxford 2012).

Wiesner 1968
J. Wiesner, Fahren und Reiten. Arch. Homerica 1,F (Göttingen 1968).

Wilcke 2002
B. Wilcke, Vom göttlichen Wesen des Königtums und seinem Ursprung im Himmel. In: F.-R. Erkens (Hrsg.), Die Sakralität von Herrschaft. Herrschaftslegitimierung im Wechsel der Zeiten und Räume. Fünfzehn interdisziplinäre Beiträge zu einem weltweiten und epochenübergreifenden Phänomen (Berlin 2002) 63-84.

Windholz-Konrad 2008
M. Windholz-Konrad, Ein neues Bronzeschmuckdepot von Bad Aussee im Steirischen Salzkammergut. Arch. Korrbl. 38, 2008, 379-397.

Winiger 1995
J. Winiger, Die Bekleidung des Eismannes und die Anfänge der Weberei nördlich der Alpen. In: K. Spindler (Hrsg.), Der Mann im Eis. Neue Funde und Ergebnisse (Wien, New York 1995) 119 ff.

Wirth 2006
RGA XXXII, 552-563 s. v. Vogel-Sonnen-Barke (St. Wirth).

Woytowitsch 1978
E. Woytowitsch, Die Wagen der Bronze- und frühen Eisenzeit in Italien. PBF XVII 1 (München 1978).

Wüller 1999
B. Wüller, Ganzkörperbestattungen des Magdalénien. Universitätsforsch. Prähist. Arch. 57 (Bonn 1999).

Yntema 2013
D. Yntema, The Archaeology of South-East Italy in the First Millenium BC. Greek and Native societies of Apulia and Lucania between the 10th and the 1st Century BC (Amsterdam 2013).

Zannoni 1888
A. Zannoni, La Fonderia di Bologna scoperta e descritta dall'ingegnere architetto Antonio Zannoni (Bologna 1888).

Zeller 1994
K. W. Zeller, Die Salzherren vom Dürrnberg. In: Salz. Salzburger Landesausstellung, Hallein, Pernerinsel, Keltenmuseum, 30. April bis 30. Oktober 1994 (Salzburg 1994) 104-126.

Zeller 1997
K. W. Zeller, Das österreichische Forschungszentrum Dürrnberg. Arch. Österreich 8/2, 1997, 4-20.

Zeller 2005
K. W. Zeller, Amazonengräber auf dem Dürrnberg? In: E. M. Feldinger (Hrsg.), Scherben bringen Glück. Festschrift für Fritz Moosleitner zum 70. Geburtstag (Salzburg 2005) 156-159.

Zemmer-Planck 1990
L. Zemmer-Planck, Zwei Neufunde aus Tirol. Veröff. Mus. Ferdinandeum 70, 1990, 331-346.

Zimmermann 2003
E. Zimmermann, Fighten. Faustkampf in der Situlenkunst - Kampf der Fäuste. Arh. Vestnik 54, 2003, 225-241.

Zipf 2003
G. Zipf, Formalisierung, Reduzierung, Inszenierung - Zur wissenschaftlichen Konzeption von Ritualen und ihrer Umsetzung in der Interpretation archäologischer (Be-)Funde. In: C. Metzner-Nebelsick (Hrsg.), Rituale in der Vorgeschichte, Antike und Gegenwart. Studien zur Vorderasiatischen, Prähistorischen und Klassischen Archäologie, Ägyptologie, Alten Geschichte, Theologie und Religionswissenschaft. Interdisziplinäre Tagung vom 1.-2. Februar 2002 an der Freien Universität Berlin. Internat. Arch. - Arbeitsgemeinschaft, Symposium, Tagung, Kongress 4 (Raden/Westf. 2003) 9-16.

Zipf 2006
G. Zipf, Studien zu den Anfängen figürlicher Darstellungen im endbronze- und früheisenzeitlichen Frankreich und Italien: Motive, Dekorträger und Kontexte (Berlin 2006). Online-Ressource http://www.diss.fu-berlin.de/diss/receive/FUDISS_thesis_000000002267 (Stand 19.02.2010 - 11:38:25, abgerufen am 13.05.2016).

Zürn 1970
H. Zürn, Hallstattforschungen in Nordwürttemberg: Die Grabhügel von Asperg (Kr. Ludwigsburg), Hirschlanden (Kr. Leonberg) und Mühlacker (Kr. Vaihingen). Veröffentl. Denkmalpfl. Stuttgart 16 (Stuttgart 1970).

Zürn 1987
H. Zürn, Hallstattzeitliche Grabfunde in Württemberg und Hohenzollern. Forsch. u. Ber. Vor- u. Frühgesch. Baden-Württemberg 25 (Stuttgart 1987).

17.3 Abbildungen und Tafeln

Abb. 1 s. Taf. 1: ©Oberösterreichisches Landesmuseum Linz, Aquarelle Hallstatt Tabula XXVI. 2: Tabula XLVII
Abb. 2 s. Taf. 2: ©NHM Wien, Protokoll Antikencabinett
Abb. 3 s. Taf. 3: -3 ©NHM Wien, Protokoll Antikencabinett.
Abb. 4: ©NHM Wien, Foto Schumacher
Abb. 5: ©NHM Wien, Foto Schumacher
Abb. 6: ©NHM Wien, Foto Schumacher
Abb. 7: ©NHM Wien, Foto Schumacher. Kromer 1959, Taf. 14,6
Abb. 8,1: Egg 1991. 2: Schauer 1987. 3-4: Egg 1996.
Abb. 9: ©NHM Wien, Foto Schumacher
Abb. 10: Kromer 1959, Taf. 98,9; 99,1

Abb. 11,1: Lo Schiavo 2010, Taf. 721. 2: Lo Schiavo 2010, Taf. 724
Abb. 12: Kromer 1959, Taf. 99,2
Abb. 13,1: Eles Masi 1986, Nr. 2428. 2: Chieco Bianchi/Calzavara Capuis 2006, Taf. 141
Abb. 14,1: Koch 2012. 2: ©NHM Wien, Foto Schumacher
Abb. 15: Kromer 1959, Taf. 32,6
Abb. 16: Kromer 1959, Taf. 85,5
Abb. 17: Kromer 1959, Taf. 87,9-10
Abb. 18: ©NHM Wien, Foto Schumacher
Abb. 19: Kromer 1959, Taf. 7,7
Abb. 20: ©NHM Wien, Foto Schumacher
Abb. 21: ©NHM Wien, Foto Schumacher
Abb. 22: ©NHM Wien, Foto Schumacher
Abb. 23: ©NHM Wien, Protokoll Antikencabinett
Abb. 24: Kromer 1959, Taf. 235,12
Abb. 25: ©NHM Wien, Foto Schumacher
Abb. 26: Kromer 1959, Taf. 61,8. ©NHM Wien, Fotos Schumacher. Spinnwirtel: ©NHM Wien, Protokoll Antikencabinett
Abb. 27: Kromer 1959, Taf. 28,1.
Abb. 28: Kromer 1959, 181,3.
Abb. 29: ©NHM Wien, Foto Schumacher
Abb. 30: Kromer 1959, Taf. 175,5
Abb. 31: Egg et al. 2006
Abb. 32: Montelius 1895, Pl. 64,13.
Abb. 33: ©NHM Wien, Fotos Schumacher
Abb. 34: Pare 1992, pl. 74 B.1.
Abb. 35,1: Stöllner 1996, Taf. 57 C. 2: ebd. Taf. 63 C
Abb. 36: ©NHM Wien, Foto Schumacher
Abb. 37: ©NHM Wien, Foto Schumacher
Abb. 38: ©NHM Wien, Foto Schumacher
Abb. 39: ©NHM Wien, Foto Schumacher
Abb. 40: Hoppe 1991
Abb. 41: Lo Schiavo 2010, Taf. 711, Nr. 8080
Abb. 42: Nikulka 1998, Taf. 86
Abb. 43: ©NHM Wien, Foto Schumacher
Abb. 44: Kromer 1959, Taf. 94,2
Abb. 45: ©NHM Wien, Foto Schumacher
Abb. 46,1: Gold der Thraker 77, Abb. 127. 2: Karadzhinov 2011, Fig. 1,7
Abb. 47: ©NHM Wien, Foto Schumacher
Abb. 48: Turk 2005, 39
Abb. 49: ©NHM Wien, Foto Schumacher
Abb. 50: Situlen, Breitrandschale: Prüssing1991, andere Hodson 1990, pl. 14. © NHM Wien Foto Schumacher
Abb. 51: Kromer 1986, 41
Abb. 52 s. Taf. 3-52: Keramik und Bronzescheibe ©NHM Wien, Protokoll Antikencabinett, Metallbeigaben und eine Scherbe: Hodson 1990, pl. 16
Abb. 53: Kromer 1959, Taf. 163,3; 163,9; 163,1. ©NHM Wien, Foto Schumacher. Prüssing 1991 Nr. 46. Glunz 1997, Taf. 44,10
Abb. 54, 1: Mayer 1977, Nr. 1515. 2: Božič 2015, 139
Abb. 55, 1: Prüssing 1991, Nr. 91. 2: Kilian-Dirlmeier 1972, Nr. 576 (Ausschnitt). 3: Geiger 1994, Nr. 3 A

Abb. 56: Prüssing 1991, Nr. 38; 40; 42; 47; 44; 49; 50

Abb. 57 s. Taf. 4-57: ©NHM Wien, Protokoll Antikencabinett

Abb. 58, 1: Prüssing 1991, Nr. 81. 2: ebd. Nr. 22. 3: ebd. Nr. 84. 4: Hodson 1990, pl. 33,1

Abb. 59 s. Taf. 4-59: ©NHM Wien, Protokoll Antikencabinett

Abb. 60: ©NHM Wien, Mahr-Kartei

Abb. 60A: Kromer 1959, Taf. 98-101

Abb. 61: Hodson 1990, pl. 10. Situla: Prüssing 1991, Nr. 191. Spiralreif: Kromer 1959, Taf. 29,19

Abb. 62: Hodson 1990, Taf. 35; 36,5-7. Goldfibel: Glunz 1994

Abb. 63: ©NHM Wien, Foto Schumacher

Abb. 64: Montelius 1895, Bd. 2,3, Taf. 322,4

Abb. 65: Hodson 1990, pl. 44. Situla: Prüssing 1991, Nr. 146

Abb. 66 s. Taf. 5-66: ©NHM Wien, Protokoll Antikencabinett, Situla: Prüssing 1991, Nr. 368

Abb. 67: Hodson 1990, pl. 33; 34. Situla. Prüssing 1991, Nr. 179

Abb. 68: Hodson 1990, pl. 43

Abb. 69: Hodson 1990, pl. 32

Abb. 70: Fibel: Glunz 1997, Taf. 39,6.7. Dolch: Sievers 1982, Nr. 50. Fußgefäß: Prüssing 1991, Nr. 311. Goldzier: Kromer Taf. 129,3

Abb. 71: Situla: Prüssing 1991, Nr. 169. Dolch: Sievers 1981, Nr. 167. Beil, Ringschmuck, Messerheft: Kromer 1959, Taf. 210,10.11.16. Rest: ©NHM Wien, Foto Schumacher

Abb. 72: ©Keltenmuseum Dürrnberg-Hallein

Abb. 73 s. Taf. 5-73: ©NHM Wien, Protokoll Antikencabinett, ©NHM Wien, Foto Schumacher; © NHM Wien, Mahr-Kartei

Abb. 74: Prüssing 1991, Nr. 72; 152; 322

Abb. 75: Gefäße: Prüssing 1991, Nr. 106; 140; 262; 343. Dolch: Sievers 1982, Nr. 188. Gürtel: Kilian-Dirlmeier 1992, Nr. 606. Rest: Kromer 1959, Taf. 124,2.4.5.7

Abb. 76: Prüssing 1991, Nr. 116; 295

Abb. 77: Foto Beckenschale und Kamm: ©NHM Wien, Foto Schumacher. Kromer 1959, Taf. 130,1.3.4.6. 7. 8. 9.10. Taf. 131, 2-6. Gürtel: Kilian-Dirlmeier 1972, Nr. 581; 589 (Ausschnitt)

Abb. 78,1: Marzoli 1989, Taf. 38 B. 2: Montelius 1895, Taf. 180,7

Abb. 79 s. Taf. 6-79: ©NHM Wien Protokoll Antikencabinett

Abb. 79A: Simony 1851, Taf. V,3

Abb. 80,1-2: ©NHM Wien, Foto Schumacher. 3: Stöllner 2002, 203 Abb. 93,9. 4: Lippert/Stadler 2009, Taf. 7

Abb. 81,1-2: ©NHM Wien, Foto Schumacher. 3: Dobiat 1980, Taf. 4,1

Abb. 82,1: ©NHM Wien, Foto A. Schumacher. 2: Stöllner 1996, Taf. 68 A 1

Abb. 83,1-2 ©NHM Wien, Foto Schumacher. 3: Egg/Lehnert 2011, Abb. 5.3. 4: Egg/Kramer 2013, Taf. 86, A 2.3

Abb. 84: ©NHM Wien, Mahr-Kartei

Abb. 85,1: De Marinis 2004 302, Fig. 6. 2: Gallus/Horvath 1939, Taf. LXII

Abb. 86: Mitrevski 1996/97, 104, 106. Rekonstruktion: Kilian-Dirlmeier 2012

Abb. 87: ©NHM Wien, Foto Schumacher

Abb. 88: Principe Etruschi 2000, 353

Abb. 89: Eibner-Persy 1980, Taf. 27

Abb. 90: Pichlerova 1969, Taf. XXX

Abb. 91 s. Taf. 6-91: ©NHM Wien Protokoll Antikencabinett

Abb. 92: Kromer 1959, Taf. 95,1

Abb. 93-95: ©NHM Wien, Fotos Schumacher

Abb. 96; 1: Sievers 1982, Nr. 58. 2: ebd. Nr. 159

Abb. 97: Sievers 1982, Nr. 167

Abb. 98: Glunz-Hüsken/Schebesch 2015, Abb. 8

Abb. 99: Huth 2003, Taf. 46,1

Abb. 100, 1: ©NHM Wien, Foto Schumacher. 2: Bianco Peroni 1970, Nr. 259. 3: Kossack 1954, Taf. 11,20.

Abb. 101 s. Taf. 6-101: ©NHM Wien, Foto Schumacher. ©NHM Wien Protokoll Antikencabinett

Abb. 102 s. Taf. 7-102: Kromer 1959, Taf. 164,4.5. ©NHM Wien Protokoll Antikencabinett

Abb. 103 s. Taf. 7-103: ©Oberösterreichisches Landesmuseum Linz, Aquarelle Hallstatt Tafbula XII

Abb. 104,1: Teleagea 2015, 123. 2: Turk 2005, 33.

Abb. 105: ©NHM Wien, Foto Schumacher

Abb. 106, 1:Frey 1973, Abb. 5. 2: Kull 1997, Abb. 65

Abb. 107: Stöllner 2002, 387

Abb. 108, 1: Kromer 1959, Taf. 209,3. 2: Kromer1959, Taf. 209,22. 3: ©NHM Wien, Foto Schumacher

Abb. 109: ©NHM Wien, Foto Schumacher

Abb. 110 s. Taf. 8-110: ©NHM Wien, Mahr-Kartei

Abb. 111: Flügen 2002, 150, Abb. 113

Abb. 112: Lo Schiavo 2010, Taf. 703; 718

Abb. 113: Montelius 1895, pl. 215; 284; pl. VII

Abb. 114: Lucke/Frey 1962, Kat.-Nr. 1 Beilage 1

Abb. 115 s. Taf. 8-115: Grabskizze: ©NHM Wien, Protokoll Antikencabinett

Abb. 116 s. Taf. 8-116: Hodson 1990, pl. 4. Kromer 1959, Taf. 17,4.8.10.12.16-18. Gold: ©NHM Wien, Protokoll Antikencabinett

Abb. 117: Eibner-Persy 1980, Taf. 17

Abb. 118: ©Oberösterr. Landesmus. Linz, Inv.-Nr. A 974

Abb. 119: ©NHM Wien, Foto Schumacher

Abb. 120: ©NHM Wien, Foto Schumacher

Abb. 121: ©NHM Wien, Foto Schumacher

Abb. 122 s. Taf. 9-122: ©Oberösterreichisches Landesmuseum Linz, Aquarelle Hallstatt Tabula XXVIII

Abb. 123 s. Taf. 9-123: ©Oberösterreichisches Landesmuseum Linz, Aquarelle Hallstatt Tabula LVIII

Abb. 124 s. Taf. 10-124: ©NHM Wien, Foto Schumacher. Spiralrolle ©NHM Wien, Mahr-Kartei

Abb. 125: -1 Gallus/Horvath 1939, Taf. 33. -2 Teržan 2003

Abb. 126: ©NHM Wien Foto Schumacher

Abb. 127: ©NHM Wien Fotos Schumacher

Abb. 128: ©Oberösterreichisches Landesmuseum Linz Inv. Nr. A 975

Abb. 129: ©NHM Wien, Foto Schumacher

Abb. 130,1: Wagner-Hasel 2000A, 332 Q 115. 2: Krausse 1996, Abb. 55. 3: Capuis/Chieco Bianchi 1985, 91 Fig. 9. 4: Beinhauer 1980, Taf. 139. 5: Negroni Catacchio 2007, 2007, 544 Fig. 15 a. 6: Cianfarani 1976, 57

Abb. 131,1: Hodson 1990, Taf. 47,1. 2: Pricipi etruschi 2000, 131, Nr. 84. 2 Rathje 1986. 3: Dal Ri 2010, Taf. 23

Abb. 132,1: Egg 1986, Abb. 1. 2: Egg 1986, Abb. 2

Abb. 133,1: Kromer 1959, Taf. 251.1a. 2: ©Lois Lammerhuber/Edition Lammerhuber.

Abb. 133.3 s. Taf. 10-133.3: ©Oberösterreichisches Landesmuseum Linz, Aquarelle Hallstatt Tabula XLIV

Abb. 134,1: Grömer 2010, 358 Abb. 177. 2: Hellmuth 2008/2010, Abb. 5

Abb. 135: Grömer 2010, 189, Abb. 99

Abb. 136 s. Taf. 10-136: ©Oberösterreichisches Landesmuseum Linz, Aquarelle Hallstatt Tabula IV

Abb. 137: Kromer 1959, Taf. 167. ©NHM Wien, Foto Schumacher. Sievers 1982, Nr. 73. Kilian-Dirlmeier 1972, Nr. 621

Abb. 138 s. Taf. 11-138: ©Oberösterreichisches Landesmuseum Linz, Aquarelle Hallstatt Tabula XXXIV

Abb. 139 s. Taf. 11-139: ©Oberösterreichisches Landesmuseum Linz, Aquarelle Hallstatt Tabula LIX

Abb. 140,1: Kromer 1959, Taf. 57,4. 2: ©NHM Wien, Foto Schumacher

Abb. 141 s. Taf. 11-141: ©Oberösterreichisches Landesmuseum Linz, Aquarelle Hallstatt Tabula XXVII

Abb. 142 s. Taf. 11-142: ©Oberösterreichisches Landesmuseum Linz, Aquarelle Hallstatt Tabula III

Abb. 143,1: Kromer 1959, Taf. 90,4. 2: Kromer 1959, Taf. 162,10. 3: Kromer 1959, Taf. 138,5. 4: ©NHM Wien, Foto Schumacher

Abb. 144: Kromer 1959, Taf. 11,11

Abb. 145: Kromer 1959, Taf. 170,4

Abb. 146: Kromer 1959, Taf. 70,9

Abb. 147,1: Kilian-Dirlmeier 1979 , Taf. 7,9. 2: Vinski-Gasparini 1973, Taf. 53,7. 3: Kilian-Dirlmeier 1979, Taf. 3,9.40

Abb. 148,1-2: ©NHM Wien, Fotos Schumacher

Abb. 149,1: Kromer 1959, Taf. 142,9. 2: Kromer 1959, Taf. 159,15

Abb. 150,1-3: ©NHM Wien, Fotos Schumacher

Abb. 151,1: ©NHM Wien, Foto Schumacher. 2: Egg 1986, Taf. 14,3

Abb. 152,1: Prüssing 1991, Nr. 399. 2: ©NHM Wien, Mahr-Kartei

Abb. 153: ©NHM Wien, Protokoll Antikencabinett

Abb. 154: ©NHM Wien, Foto Schumacher

Abb. 155 s. Taf. 12-155,1: ©Oberösterreichisches Landesmuseum Linz, Aquarelle Hallstatt Tabula LII. 2: ©Oberösterreichisches Landesmuseum Linz, Aquarelle Hallstatt Tabula XLVII. 3: ©Oberösterreichisches Landesmuseum Linz, Aquarelle Hallstatt Tabula XLVIII

Abb. 156 s. Taf. 13-156,1-2 ©NHM Wien, Protokoll Antikencabinett. 3: Simony 1850.

Abb. 157: ©Oberösterreichisches Landesmuseum Linz, Aquarelle Hallstatt Tabula XXXII

Abb. 158 s. Taf. 14-158: ©Oberösterreichisches Landesmuseum Linz, Aquarelle Hallstatt Tabula XI

Abb. 159 s. Taf. 14-159,1: ©NHM Wien, Protokoll Antikencabinett. 2: ©NHM Wien, Protokoll Antikencabinett Tabula 8, 637

Abb. 160,1 s. Taf. 15-160,1: ©NHM Wien, Protokoll Antikencabinett.

Abb. 160,2-3 s. Taf. 15-160,2-3: ©Oberösterreichisches Landesmuseum Linz, Aquarelle Hallstatt Tabula LIII.

Abb. 161: Schussmann 2011, 14 Abb. 6

Abb. 162: ©Oberösterreichisches Landesmuseum Linz, Aquarelle Hallstatt Tabula LXI

Abb. 163: ©NHM Wien, Mahr-Kartei

Abb. 164: Hodson 1990, pl. 57

18 Liste der kontrollierten Ramsauer-Gräber und weiterer verwendeter (jedoch nicht kontrollierter) Inventare

(Ramsauer-Gräber: Bestandsänderungen gegenüber Kromer 1959 *kursiv* markiert)

Körpergrab 1/1947
Au-Ring (unterhalb des Schädels), Dm. 1,2 x 1,4 cm, glatter Draht, 1,5 mm stark
Fe-Tüllenbeil auf der Brust, Schäftung aus Buchenholz
Schreyeralmkalk mit ausgewitterten Korallen
Lit.: Morton 1952, 48 f.; Pauli 1975, 111.

Körpergrab 2/1939
Pany 2003: Mann, matur-senil, 50-70 Jahre
Au-Ring, Dm. 2,2 cm (rechts vom Unterkiefer)
Schlangenfibel S 1, Faltenwehr g
Schlangenfibel S 4, Faltenwehr e
Tülle einer Lanzenspitze (ohne Abb.)
Zwei Gefäße (Henkeltöpfchen und großes Keramikgefäß)
Lit.: Kromer 1959, 196 Taf. 209; Glunz 1997, 87; 91; Pany 2003, 125; Hansen 2010, 254 f. Nr. 179.

Körpergrab 5/1889
Zwei Armringe
Zwei Fußringe
Gürtel Typ Dürrnberg, evtl. mit Miniaturgefäßen (oberhalb des Beckens)
Sechs Hohlohrringe
Lit.: Mahr 1914, 23 f.; Kilian-Dirlmeier 1972, Nr. 549.

Körpergrab 5/1939
Pany 2003: Frau?, adult-matur, 30-50 Jahre
Ohrring, Au-Ag-Cu-Legierung, Dm. 1,0 cm (unter dem Schädel)
Zwei Bz-Drahtfußringe, geschlossen
Zwei Bz-Drahtarmringe
Doppelzierfibel
Lit.: Kromer 1959, 196 Taf. 203; Siepen 2005, Nr. 1705.1706; Glunz 1997, 132; Pany 2003, 125.

Körpergrab 9
Bz-Pfeilspitze mit Tülle und seitlichem Haken
Zwei Brillenfibeln
Blechgürtel Typ Statzendorf, *ringförmig gebogen, um den Hals gelegt, nicht überliefert*
Fe-Griffdornmesser
Befund: Lage des Skeletts gestört, Brillenfibeln und Pfeilspitze auf der Brust
Lit.: Kromer 1959, 43 Taf. 2; Kilian-Dirlmeier 1972, Nr. 578; Hansen 2010, 307 Nr. 14; Tafeln Protokoll Antikencabinett Tabula VI, 27.

Brandgrab 9/1871
Vier Bz-Knöpfe zum Klemmen oder mit Öse, verschieden groß (über die Mitte des Leichenbrandes = Gürtel?)
Zwei Zinnbeschläge, durchbrochen (des Gürtels?)
Hörnchenfibel

Armring, flach gerippt
Zwei glatte Bz-Ringe, einer mit rechteckiger Durchbohrung, Ringgehänge?
Fe-Messer
Lit.: Kromer 1959, 210 Taf. 227; Siepen 2005, 495; Glunz 1997, 82.

Körpergrab 10
Gürtelblech Typ schmale Horizontalstreifen, *ringförmig gebogen, um den Hals gelegt*
Zwei Brillenfibeln an der Brust
Bruchstücke vom Gürtelblech zusammen mit *„gebrochenen Brillenfibeln"* bei einer benachbarten Brandschüttung (hier „10a" genannt, bei Kromer nicht erwähnt).
Lit.: Kromer 1959, 43; Kilian-Dirlmeier 1972, Nr. 640; Tafeln Protokoll Antikencabinett Tabula VI;31.

Körpergrab 11/1889
Bz-Dolch mit entwickelter Knauf- und Scheidengestaltung, Var. Aichach
Drei oder vier Lanzenspitzen
Acht Fe-Pfeilspitzen
Wetzstein
Griffplattenmesser mit verz. Beingriff
Gürtelblech glatt, Typ Inneringen
Zwei vierkantige Bz-Ringe (neben dem Dolch)
Fragm. Bz-Ring (neben dem Dolch)
Kniefibel
Bz-Anhänger mit Knochenschmuck
Au-Ring (Halsgegend), Dm. 1,1 x 1,2 cm
Lit.: Mahr 1914, 25 ff.; Kromer 1959, 193 Taf. 204; Sievers 1982, Nr. 175; Kilian-Dirlmeier 1972, Nr. 67; Glunz 1997, 69; Schönfelder 1998, 416; Hansen 2010, 254 Nr. 175.

Körpergrab 11/1939
Pany 2003: Geschl. unbest., adult-matur, 30-50 Jahre
Zwei Beinringe, hohl und gerippt
Bz-Reif mit übereinander gebogenen Enden (ohne Maßangabe)
Spinnwirtel, Keramik
Ring, Au und Ag, Dm. 0,8 cm
Sieben Glasperlen, diverse Farben
Ostalpine Tierkopffibel
Lit.: Kromer 1959, 196 f. Taf. 209; Siepen 2005, Nr. 1688.1689; Pany 2003, 125.

Körpergrab 12, gestört
Fragmente eines gedrehten Au-Drahtes (auf der Brust), L. 5,5 cm
Lit.: Kromer 1959, 44.

Körpergrab 12/1889
Pany 2003, 123: 3 Individuen. I: Mann, adult, 20-30 Jahre; II: Geschl. unbet., Infans II 7-14 Jahre; III: Geschl. unbest., adult 20-40 Jahre.
Bz-Kessel, Form Hallstatt, Attaschen und Henkel fehlen
Situla ohne Tragevorrichtung, H. 49 cm
Zwei Lanzenspitzen
Fe-Tüllenbeil

Fünf Bratspieße mit Ringgriff
Griffplattenmesser mit geknickter Klinge und verziertem Beingriff
Keramik, Tierknochen
Die von Mahr erwähnten verbrannten Knochen am Fuß des Skeletts könnten auf eine nicht erkannte Brandbestattung hinweisen.
Lit.: Mahr 1914, 27 f. Taf. 4; 5; Kromer 1959, 193 Taf. 206; Prüssing 1991, Nr. 188.270; Mayer 1977, Nr. 1521; Pany 2003, 123.

Körpergrab 13/1889
Drei Lanzenspitzen
Mehrkopfnadel
Au-Ring aus vier tordierten Drähten und Granulation, Dm. 3,3 cm
Lit.: Mahr 1914, 28 f. Taf. 6; Hansen 2010, 254 Nr. 176.

Körpergrab 13/1939
Pany 2003: Mann, adult, 20-25 Jahre
Situla mit omegaförmigen Attaschen, H. 26,5 cm (Situla mit Falzboden)
Zwei Situlen, Kriegsverlust
Dolch mit entwickelter Knauf- und Scheidengestaltung, Var. Ludwigsburg (am linken Arm)
Au-Armband mit Scharnierverschluss (am linken Arm)
Fußring Typ Bruck an der Großglocknerstraße
Fe-Tüllenbeil
Ring, glatt
Bz-Stab mit Bz-Band umwickelt, L. 6,5 cm, Metallanalyse s. Kromer 1959, 197,
Fibelspirale, Bz
Geschossbolzen, Bz
Mehrere Bz- und Fe-Pfeilspitzen
Messergriff, Bein, verziert
Ring, gerippt, klein
Fingerring (nicht abgebildet)
„Armbrustfibel" (nicht abgebildet)
Bz-Ring, klein, massiv, Dm. 1,2 cm
Eberzahn
Keramik, Tierknochen
Lit.: Kromer 1959, 197 Taf. 210; Prüssing 1991, Nr. 169; Sievers 1982, Nr. 167; Mayer 1977, Nr. 1520; Pany 2003, 125; Hansen 2010, 255 Nr. 180; 309 Nr. 20.

Brandgrab 13/1995
Fe-Schwert, L. 83 cm, mit Textil umwickelt
Bz-Gefäß (Schale), stark fragmentiert
27 Pfeilspitzen aus Bz, Fe, Bein
Zwei Lappenbeile Typ Hallstatt
Drei Mehrkopfnadeln
Zwei Fe-Messer, klein
Hieb- oder Fleischmesser
Feile
Schleifstein
Sechs große Eberhauer

Acht Keramikgefäße (Töpfe, Schalen, Schüsseln)
Zwei Stufenschalen mit reichem Dekor
Lit.: Kern 1995; 1997, 64; 1999; Grömer 2006, 34 Abb. 2.

Körper- und Brandgrab 14/15
Beigaben der Brand- und Körperbestattung nicht zuweisbar. „Tonwanne" darauf Skelett, randlich drei Bz-Gefäße. Am Fuß Leichenbrand, darauf drei Nadeln.
Situla mit Hals ohne Tragevorrichtung, H. 32 cm
Situla Nachfolger Hajdúböszörmény, H. 45 cm
Breitrandschale
Fe-Lappenbeil
Drei Mehrkopfnadeln
Zwei Pferdezähne
Keramik
Pferdezähne und Lappenbeil unter einer Situla
Lit.: Kromer 1959, 44 Taf. 1; Hodson 1990, 140; Prüssing 1991, Nr. 114. 194. 305; Mayer 1977, Nr. 1468.

Brandgrab 15/1871
Sn-Ring, längsprofiliert, Dm. 1,3 cm
Kahnfibel
Sanguisugafibel mit Bernsteinbesatz
Armband mit eingerollten Enden und bandförmigem Querschnitt
Armring mit kugeligen Profilierungen
Fünf Klapperbleche
Blechgürtel getrieben, Typ Reichenegg
Fe-Gürtelhaken, rhombisch
Bernsteinringe
Fe-Messer
Nadel mit Ring
Brillenfibel
Lit.: Kromer 1959, 211 Taf. 230; Siepen 2005, Nr. 517.1329; Kilian-Dirlmeier 1972, Nr. 632.

Körpergrab 15/1938
Pany 2003, 124: Mann, adult, 20-30 Jahre
Au-Ohrring offen, Dm. 0,9 x 1,0 cm
Bz-Armring mit Knopfanhänger
Steinanhänger, durchbohrt
Ca. 20 Fe-Pfeilspitzen, Reste von 5 weiteren?
Wetzstein
Bz-Stab, vierkantig, am Ende verbreitert, L. 10 cm
Zwei Fe-Objekte unbekannter Funktion
Messergriff und -spitze (ohne Abb.)
Gefäß aus Graphitton
Lit.: Morton 1953, Taf. XI; Kromer 1959, 194 f. Taf. 209; Hansen 2010, 254 Nr. 177; Schönfelder 1998, 416; Pany 2003, 124.

Brandgrab 16/1907
Dolchfragment unbekannter Form

Brillenfibel
Drei Mehrkopfnadeln
Lanze
Lappenbeil
Keramik
Lit.: Wells 1978, 73 f.

Brandschüttung 18/1871
Dolchmesser Var. Etting
Lanzenspitze (nicht überliefert)
Wetzstein
Tierknochen
Gestört (Waffen durcheinander aufgefunden?)
Lit.: Kromer 1959, 211 Taf. 232; Sievers 1982, Nr. 96.

Brandgrab 18/1891
Fragmente von zehn Seitenscheiben und einer Knaufscheibe eines Schüsselhelms
Drei Brillenfibeln
Zwei Armringe, grob geperlt, Typ Kronsdorf-Thalling
Zwei Perlenschieber, Bernstein
Mehrere (fünf?) Mehrkopfnadeln
Fe-Lappenaxt
Ärmchenbeil
Drei Lanzenspitzen
Fe-Ring
„Bronzetopf" (Situla?), nicht überliefert
Wetzstein
Keramik
Lit.: Mahr 1914, 32 f. Taf. 6,59.82; Betzler 1974, Nr. 491-493; Hodson 1990, 54 ff.; Egg et al. 1998, 448 f.; Siepen 2005, Nr. 64.

Körpergrab 21/1891 (nach Mahr Kind „12 Jahre")
Kniefibel
Nadel mit rhombischem Kopfende (verschollen), L. 4 cm
Au-Ring, glatt, Dm. ca. 1 cm (neben dem Kopf)
Lit.: Mahr 1914, 34 (ohne Abb.); Pauli 1975, 109.

Körpergrab 22/1938
Pany 2003: Geschl. unbest., sicher zwei Individuen, adult-matur, matur
Alle Beigaben auf und zwischen den Schädelknochen
Au-Ohrring, offen, Dm. 1,4 cm
Tranchiermesser
Fe-Lanzenspitze
Messergriffverkleidung, Bein
Fragment eines Messers, Fe (ohne Abb.)
Bz-Halsreif, glatt
Armreif, Draht, glatt
Armreif, Dm. 5,5 cm (ohne Abb.)

Ring, klein, Bein
„Häkchen", Bz
Lit.: Kromer 1959, 195 Taf. 212; Schönfelder 1998, 416; Siepen 2005, Nr. 1136.1137; Hansen 2010, 254 Nr. 178.

Brandschüttung und Körpergrab? 23/1871, nicht zuverlässig
13 Kugelkopfnadeln
Zwei bis drei konische Spiralen
Vier Brillenfibeln
Zwei Brillenfibeln
Zwei Vogelfiguren
Gürtelhaken, rhombisch
Der bei Kromer abgebildete kreuzförmige Haken wird vom Ausgräber nicht genannt
Lit.: Kromer 1959, 212 Taf. 230; Kilian-Dirlmeier 1975, Nr. 358.

Brandschüttung 23/1891
Kleines Gürtelblechfragment, unbestimmt
Teil einer Gürtelkette mit Stabgliedern und mond- oder hörnerförmigem Anhänger
Nadel mit linsenförmigem Kopf
Diverse Bernsteinperlen
Lit.: Mahr 1914, 34 f. Taf. 6.

Brandschüttung 24 (bigeschlechtliche Doppelbestattung?)
Gürtelblech mit Klapperblechanhängern und einem stäbchenförmigen Glied, stark fragmentiert
Zwei Fe-Lanzenspitzen
Fe-Griffdornmesser
Zwei annähernd glatte Bz-Armringe
Drahtarmring
Kahnfibel quergebändert
Kahnfibel mit Querstrichbündeln an den Bogenenden
Kahnfibel mit Querleiste Typ B
Keramiknäpfchen, kalottenförmig
Dm. der Armringe 5,1 cm - 6,6 cm
Lit.: Kromer 1959, 45 Taf. 1; Prüssing 1991, Nr. 393; Glunz 1997, 101 f.; 105 f.; 107 f.; Siepen 2005, Nr. 710.711.979;

Brandschüttung 24/1907
Fe-Schwertklingenfragment
Bügel zweier Harfenfibeln
Drei Angelhaken
Bz-Blech, gefaltet
Bz-Fragmente, verschmort
Fe-Messer
Lappenbeil Typ Hallstatt
Rippenkopfnadel
Fünf Gefäße
Lit.: Wells 1981, 23 f.; 145; Dörrer 2002; Stöllner 2007, 246.

Körpergrab 25/1871
Scheitelscheibe und Nagelreste eines Schüsselhelms (auf der Brust)
Nägel als Lederbesatz (verschollen, wohl gleich den Nägeln des Schüsselhelms), über die Brust verteilt
Ärmchenbeil
Lanzenspitze
Fe-Tülle? oder Fe-Dolch? (nicht überliefert)
Nadel mit waagrecht geripptem Kugelkopf
Fe-Ring
Kleiner Bz-Spiraldraht
Lit.: Kromer 1959, 212 Taf. 233; Egg et al. 1998, 464.

Brandgrab 25/1891 (nach Mahr zerstört)
Fe-Schwert (nur Spitze und Griff überliefert)
Fe-Lanzenspitze
Fe-Lappenbeil
Lit.: Mahr 1914, 36 Taf. 7.

Körpergrab 28
Keramikgefäße an den Füßen: Konische Schale mit anthropomorpher Innenzier, evtl. Rollrädchentechnik.
Lit.: Kromer 1959, 45; Mahr-Kartei Wien mit Abb. der Schale. Nach einem handschriftlichen Vermerk von St. Nebehay von 1981 soll es sich laut „Berichte 1846-49" um eine Schale („Nr. 113") aus Grab 46 handeln. Kromer 1959 führt jedoch die Ramsauer Inv.-Nr. 113 unter Grab 45 mit einer Mehrkopfnadel auf.

Brandschüttung 28/1939
Fe-Tüllenbeil mit Tauschierung
Fe-Tüllenbeil mit Rechtecktülle
Lanzenspitze
Nähnadel
Nadelbüchse
Zwei Fe-Ringe
Gürtelhaken oder Anhänger
Klammer oder Haken
Zwei Keramikgefäße
Lit.: Kromer 1959, 198 Taf. 207; 208; Mayer 1977, Nr. 1515.

Brandschüttung 32/1939
Dolch mit entwickelter Knauf- und Scheidengestaltung, Var. Ludwigsburg
Zwei Lanzenspitzen
Diverse Keramik
Lit.: Kromer 1959, 199 Taf. 205; Sievers 1982, Nr. 166.

Brandschüttung 33/1871
Vier halbkugelige Riemendurchlässe mit vier Durchzügen
Zwei alpine Zweiknopffibeln
Blechgürtel getrieben mit Rapportmuster
Gürtelblech glatt
Fe-Gürtelhaken, rhombisch
Teile von einem Gehänge (acht knebelartige Stangen) mit zwei anthropomorphen Anhängern

Zwei knopfartige, halbkugelige Aufstecker, möglicherweise vom Gürtel
Zwei hohle Bz-Armringe, an den Enden gerippt
Sechs Bz-Spiralreifen aus einfachem Draht
Zwei Fe-Teile, unbestimmt
Lit.: Kromer 1959, Taf. 235; Metzner-Nebelsick/Nebelsick 1999, 526 (Typ A V a); Glunz 1997, 59 Taf. 20,6; Kilian-Dirlmeier 1972, Nr. 588; Siepen 2005, 89 ff. Nr. 846.847.

Körpergrab 42
Bernsteinperlen und -schieber
Zwei Brillenfibeln (an der Brust)
Stachelbügelfibel, Glas
Gürtelblech Typ Rapportmuster, am Oberkörper und am Becken, stark fragmentiert
Zwei Armreifen Typ Ottensheim
Gürtelgehänge
Lit.: Kromer 1959, 47 Taf. 3; Kilian-Dirlmeier 1972, Nr. 585; Glunz 1997, 76 f.; Siepen 2005, Nr. 260.261.

Körpergrab 43 (nach Ramsauer Kindergrab)
Zwei Armringe geperlt mit Zwischenscheiben, Dm. 4,6 cm
Sechs Zierknöpfe mit Öse
Gürtelhaken, zungenförmig
Keramik (nicht überliefert)
Lit.: Kromer 1959, 47 Taf. 3; Siepen 2005, Nr. 466.467.1242.
Gürtelhaken, Armreif, Drahtring unsicher

Brandschüttung 46
Protomen-Ringgehänge
Bz-Perle
Armring
Beinring, alternierend gerippt
Vier Brillenfibeln
Vier konische Haarspiralen
Sieben Kugelkopfnadeln
Bernsteinperlen
Bernsteinringlein
Glasperlen (nicht überliefert)
Bz-Drahtring, Dm. 2,4 cm
Bz-Ring
Zwei Gürtelhaken, triangulär und rhombisch
Niet
Schüppchen mit Öhr (nicht abgebildet) = textiler Besatz?
Bz-Nägel, klein
Bz-Nägel mit gewölbten Köpfen
Nägelchen
Mehrkopfnadel
Henkeltasse, Keramik
Keramik, Tierknochen (nicht überliefert)
Lit.: Kromer 1959, 47 Taf. 5; Hodson 1990, 141; Siepen 2005, Nr. 1518.

Brandschüttung 49/1872
nach Kromer 1959 Grab nicht gesichert, s. Egg 1978, 39; Stöllner 2007, 245.
Zwei Bestattungen:
- Brandschüttung auf dem „unteren Holzboden":
Brillenfibelhälfte
Dolch
Knotenarmring
Gürtel

- Brandschüttung auf dem „oberen Holzboden":
Fragment eines Kammhelms
Fragment eines Bz-Gefäßes (Schale)
Feile
Zwei Lanzenspitzen
Fe-Lappenaxt
Zwei Fe-Ärmchenbeile
Fe-Beil
Mehrkopfnadel

- Dem Protokoll nach nicht zuweisbar:
Buckelarmring mit Zwischenscheiben, Typ Hallstatt Grab 658
Knotenarmring
Drahtarmring
Zwei Bz-Ringlein
Mehrköpfiges unbestimmbares Fragment, Bz (Mehrkopfnadel?)
Lit.: Kromer 1959, 215 Taf. 239; 240; Egg 1978A; Siepen 2005, Nr. 358.509.978; Helm fälschlich bei Prüssing 1991, Nr. 384; Stöllner 2007, 245 Gruppe C.

Brandschüttung 51
Buckelarmring mit Zwischenscheiben Typ Hallstatt Grab 658
Griff eines Fe-Griffangelmessers *(Bericht: 2 Bruchstücke, eines wurde fälschlicherweise bei Sievers als Dolchfragment identifiziert)*
Zwei Brillenfibeln
Keramikscherben mit Rollrädchenzier; *2,5 Fuß großer Topf, außen rot, innen schwarz*
Lit.: Kromer 1959, 48 Taf. 5; Sievers 1982, Nr. 148; Siepen 2005, Nr. 282; Betzler 1974, Nr. 930.931.

Körpergrab 55
Feile
Wetzstein
Keramik
Lit.: Kromer 1959, 49 Taf. 6; Stöllner 2007, 245 Gruppe C.

Brandschüttung 57 (nach Ramsauer Kind)
Zwei Brillenfibeln
Ärmchenbeil mit Textilresten
Tierknochen
Lit.: Kromer 1959, 49 Taf. 6; Bender Jørgensen 2005, 143 Nr. 76.

Körpergrab 61/1872 (nach I. Engl Kind von 2-3 Jahren)
Pfeilspitze
Randfragment eines Bz-Gefäßes
Zwei Spiralfragmente von Fibeln
Glasperlenkette, blau
Keramikröllchen, Funktion unbekannt
Lit.: Kromer 1959, 216 Taf. 229; Hansen 2010, 307 Nr. 17.

Körpergrab 63
Ostalpine Tierkopffibel (*unter dem Kopf*)
Au-Ringlein, offen, drahtförmig, z. T. tordiert, Dm. ca. 0,8 cm. Abb. s. Protokoll Antikencabinett Tabula III, 171.
Bz-Nadel *(unter dem Kopf)*
Zwei hohle Bz-Blechringe, Dm. 4,2 cm, aus zwei Teilen zusammengenietet, *Körpermitte*
Lit.: Kromer 1959, 50 Taf. 5; Berichte NHM-Wien.

Körpergrab 68
Dreiflügelige Pfeilspitze
Schwanenhalsnadel
Vasenkopfnadel erwähnt in Protokoll Antikencabinett
Nadel mit abgeflachtem Kopf
Grob geperlter Armring Typ Hallstatt Grab 68
Halsreif
Zwei Bz-Ringe, Dm. 3,3 cm; 3,6 cm.
Lit.: Kromer 1959, 50 Taf. 6; Egg 1978; Hodson 1990, 141; Siepen 2005, Nr. 6; Stöllner 2002, 135.

Brandschüttung 71/1873
Vier Lanzenspitzen
Zwei Kahnfibeln
Fragment eines glatten und eines längsgerieften Gürtelblechs
Fe-Messer
Keramik, Tierknochen
Lit.: Kromer 1959, 217 f. Taf. 247; 248; Kilian-Dirlmeier 1972, Nr. 543; Glunz 1997, 109.

Brandschüttung 72
Perle?
Mehrkopfnadel
Gürtelhaken Typ Kelheim, Abb. s. Protokoll Antikencabinett Tabula VIII,197
Lit.: Kromer 1959, 51 (keine Abb.); Kilian-Dirlmeier 1975, Nr. 193.

Körpergrab 75 (gestört?)
Bz-Ring mit Eisenrost, darauf inkrustierte Textilabdrücke
Fragmente von Fe-Ringen
Fe-Ring
Lit.: Kromer 1959, 51 (keine Abb.); Bender Jørgensen 2005, 143 Nr. 77.

Körpergrab 78 (Ramsauer: „junger Mann"; *Protokoll Antikencabinett: 18-20 Jahre*)
Vier Scheiben eines Schüsselhelms, eine davon mit durchlochtem Knauf, drei mit getreppten Spitzen

Mehrkopfnadel
Nadel mit Gefäßkopf (in Skizze im Halsbereich, nicht überliefert)
Keramikgefäß (nicht überliefert)
Bei den von Ramsauer genannten „Fibeln" handelt es sich um die beiden Nadeln.
Lit.: Kromer 1959, 51 Taf. 2,1. Bericht Ramsauer 46-49; Mahr-Kartei im NHM Wien; Hodson 1990, 14; Egg et al. 1998, 463; 448 Anm. 50 (Typ Brezje).

Brandschüttung 83
Kreuzförmiger Riemendurchlass Var. Osovo (nach Parzinger et al. 1995)
Zwei unikate Scheibenfibeln
Vierkantiger Bz-Ring mit Öse
Hohler Fe-Ring mit Strichgruppen
Fußring, unverziert
Spiralrolle
Acht Kugelkopfnadeln
Fe-Lappenbeil (Abb. in Berichte)
Lit.: Kromer 1959, Taf. 7; Hodson 1990, 141: von Baumwurzeln durchzogen, dennoch keine Anzeichen einer Störung; Parzinger et al. 1995, 268; Mayer 1977, Nr 1420.

Körpergrab 84
Zwei Armreifen, flach gerippt
Spinnwirtel
Bernsteinperlen
Knochenschieber
Vier Brillenfibeln
Zwei Gürtelbleche und zwei kleine Ringe in Leibesmitte, Typ Amancey u. fragmentiert Getrieb. Dekor (keinem Typ zuweisbar)
Keramikgefäß (neben dem Kopf)
Zwei Bz-Armringe, von Kromer nicht erwähnt, Siepen 2005, Nr. 841,842.
Lit.: Kromer 1959, 52 Taf. 8; Siepen 2005, Nr. 488.489.841.842; Kilian-Dirlmeier 1972, Nr. 131.657; Betzler 1974, Nr. 228-230.331.

Brandschüttung 87
Zwei Halbmondfibeln Typ Aubonne
Gürtel Typ Schrotzhofen
Gürtelgehänge
Sanguisugafibel mit Bernsteinbesatz
Zwei quergerippte Kahnfibeln
Armring, gleichmäßig gerippt
Armring Typ Echerntal
Drei Spinnwirtel
Wetzsteinfragment
Bernstein-, Glasperlen
Kalksteinscheibenperlen
Lit.: Kromer 1959, 53 Taf. 10; Kilian-Dirlmeier 1972, Nr. 602; Glunz 1997, 56; 70 ff.; 101; Siepen 2005, Nr. 390.587.

Brandschüttung 91/1873 (gestört)
Fragment eines Bz-Tellers (mit eisernen Griffen?), Dm. ca. 20 cm, H. 2-3 cm
Lanzenspitze
Fe-Ring
In der Mahr-Kartei ist das Grabungsjahr 1871 angegeben.
Lit.: Kromer 1959, 219 f. Taf. 250; Prüssing 1991, Nr. 386.

Brandgrab 91/2007
Harpune
Nadel
Lit.: Kern/Lammerhuber 2010.

Körpergrab 94/1873
Zwei Halbmondfibeln mit theriomorphem Besatz (auf der Brust)
Zwei gleichmäßig gerippte Armringe (links)
Glatter Armring (rechts)
Bernsteinkette
Fünf Fußringe mit zusammengesteckten Enden
Blechgürtel mit großen geschlossenen Feldern, Lederreste
Lit.: Kromer 1959, 220 Taf. 252; Kilian-Dirlmeier 1972, Nr. 614; Glunz 1997, 54 ff.; Siepen 2005, Nr. 606.607.1546-1550.

Körpergrab 96/1873
Gürtel Typ Huglfing (mit Reiterstempeln) mit Kettengehänge
Zwei Halbmondfibeln mit Vogelprotomen (auf der Brust)
Bernsteinperlenkette
Korallenscheibenperlen
Drei Armringe mit stabförmigem Ringkörper und rhombischem Querschnitt
Armringfragment
Hohle Armringe (nicht überliefert)
Zwei Ohrringe, Zinn (am Kopf)
Drei Dreiknopffibeln
Fe-Messer
Lit.: Kromer 1959, 220 Taf. 254; Kilian-Dirlmeier 1972, Nr. 571; Glunz 1997, 51 f.; 20 ff.

Körpergrab 97/2009
Männ, ca. 20 Jahre alt (Schätzung)
Au-Ring, offen, Dm. ca. 3 cm
Gürtelblech
Fe-Waffen
Lit.: Fundber. Österr. 49, 2010, 347 f. Abb. 51; Foto Au-Ring: Kern/Lammerhuber 2010.

Körpergrab 98/1874
Zwei Ohrringe
„Haarnadel" zusammen mit Ohrringen (am Kopf)
Zwei Halbmondfibeln (auf der Brust) mit einseitig verlängertem Fuß
Bogenfibel (auf der Brust)
Gürtel mit großen geschlossenen Feldern, Kettengehänge

Zwei und drei Fußringe Typ Pfaffstädt-Siedelberg
Keramikkugeln (bei den Füßen)
Tordierter Armring
Flach gerippter Armring
Kette: Glas-, Bz-, Bernstein-, Korallenperlen
Lit.: Kromer 1959, 221 Taf. 254; Kilian-Dirlmeier 1972, Nr. 612; Glunz 1997, 28, 55; Siepen 2005, Nr. 496.1233.1535.1539.

Brandgrab 98/2010
Situla Typ Kurd
Kleine Situla
Beckentasse mit Kuh-Kälbchen-Griff
Bratspieße
Keramik
Lit.: Kern 2010A, 348. Jahrb. RGZM 58, 2011, 117 f.; 59, 2012, 113.

Körpergrab 100
(Lage des Skeletts gestört)
Vier Armringe, gleichmäßig gerippt
Zwei Hohle Armringe, an den Enden gerippt
Gürtel Typ Huglfing (Leibesmitte), an der Vorderseite Kettengliederbehang (s. Skizze Engl)
Rhombischer Haken (*am Hals*)
Brillenfibel (an der Brust)
Bernsteinperlen (am Hals)
Lit.: Kromer 1959, 54; Kilian-Dirlmeier 1972, Nr. 639; Betzler 1974, Nr. 304; Siepen 2005, Nr. 623-626.856.857.

Körpergrab 100/1847 (mit Kinderkörpergrab)
Gürtel Typ Huglfing, mit Stäbchenbehang
Melonenarmring, grob geperlt
Zwei Brillenfibeln
Bernsteinperlen
Bernsteinring
Schleifenring aus Pb-Draht
Fe-Messer
Keramik, Tierknochen
Lit.: Kromer 1959, 221 Taf. 256; Kilian-Dirlmeier 1972, Nr. 570; Betzler 1974, Nr. 245.246; Siepen 2005, Nr. 177.

Brandgrab 106
Manschettenarmring, grob geperlt, Fragment
Manschettenarmring mit geripptem Ringkörper, Fragment
Buckelarmring mit Zwischenscheiben, Fragment
Bernsteinperlen
Knopf mit Öse
Kahnfibel Typ Šmarjeta Form C, L. 4,7 cm
Gesteiltes Ringgehänge
Lit.: Kromer 1959, 55 Taf. 11; Siepen 2005, Nr. 134.139.344; Glunz 1997, 98 ff.

Körpergrab 111/1875 (daneben verbrannte Knochen, hier zugehörig Keramik, Ring, Messer)
Schwert, Fe, LT A?, L. 79 cm
Lanzenspitze
Griffangelmesser
Haumesser
Bz-Ringlein
Keramik
Unklarheiten bzgl. eines „*eisernen Dolches mit abgebrochenem Handgriff (sic)*" (Zitat Engl) am Kopf des Skeletts. Keine Abb., kein Hinweis über seinen Verbleib.
Lit.: Kromer 1959, 222 Taf. 259.

Brandgrab 112/1875
Zwei Angelhaken
Bz-Blech
Keramik
Lit.: Kromer 1959, 222 f. Taf. 252; Stöllner 2007, 246.

Körpergrab 116 (Lage gestört)
Bz-Dolch mit entwickelter Knauf- und Scheidengestaltung, Var. Aichach
Fragment eines glatten Gürtelblechs
Schlangenfibel S 5 mit röhrenförmiger Faltenwehr
Glasfragment
Lit.: Kromer 1959, 56 Taf. 16; 221; Kilian-Dirlmeier 1972, Nr. 170; Sievers 1982, Nr. 180; Hodson 1990, 142; Glunz 1997, 94.

Körpergrab 120
Sechs Angelhaken, L. 2 cm - 3,2 cm (an der linken Hand)
Nadel (nicht überliefert)
Lit.: Kromer 1959, 56 Taf. 13; Stöllner 2007, 246.

Körpergrab 121
Ringgehänge mit Raddarstellung
Zwei alpine Zweiknopffibeln
Gürtelblech Typ Dürrnberg (schärpenartig über dem Oberkörper)
Gürtelhaken, zungenförmig
Gürtelkette mit Stabgliedergehänge
Bernsteinperle, profiliert
Drei hohle Armringe mit Buckeln und Zwischenrippen
Hohler Armring, mit Strichgruppen verziert
Kette mit Schiebern
Glasperlen
Zwei Brillenfibeln
Lit.: Kromer 1959, 56 f. Taf. 14; Kilian-Dirlmeier 1972, Nr. 547; Betzler 1974, Nr. 219.220. Glunz 1997, 59 ff.; Siepen 2005, Nr. 868.869.886.

Brandschüttung 124/1876
Bz-Schale
Brillenfibel

Glatter Bz-Armring
Vier Kugelkopfnadeln
Fe-Messer
Keramikschale (ohne Abb.)
Lit.: Kromer 1959, 223 f. Taf. 242; Betzler 1974, Nr. 940A; Prüssing 1991, Nr. 53; Siepen 2005, Nr. 771.

Brandschüttung 125
Kanne mit Hebelgriff
Situla mit Schulterrippen, Einkerbungen am Rand, H. 48 cm, darin Kanne
Situla ohne Tragevorrichtung, H. 60 cm
Keramik (*mehrere kleine Töpfe*, nicht überliefert)
Lit.: Kromer 1959, 57 Taf. 23; Hodson 1990, 142; Prüssing 1991, Nr. 85.159.184.

Körpergrab 126
Griffzungenschwert Typ Mindelheim, L. ca. 84 cm
Ärmchenbeil
Fe-Griffdornmesser
Zwei Mehrkopfnadeln
Zwei Fe-Ringe
Lit.: Kromer 1959, 57 f. Taf. 15; Hodson 1990, 142; Schauer 1971, Nr. 605; Mayer 1977, Nr. 1417; Gerdsen 1986, 169.

Brandschüttung 130
Bandhenkel
Kleine Bz-Knöpfchen mit Öse, verschiedener Form und Größe, mit Öse und zum Klemmen
Glasperle, hellgrün
Lit.: Kromer 1959, 58 Taf. 130; Prüssing 1991, Nr. 404.

Körpergrab 131 (Skelett ca. 1,73 m groß)
Reinigungsgerät, wohl dreiteilig: Bz-Gabelspieß zweizinkig
Ohrlöffelchen
Pinzette
Bz-Armreif, gleichmäßig gerippt
Lanzenspitze mit betontem Mittelgrat
Zwei Brillenfibeln
Zwei Bz-Ringlein
Lit.: Kromer 1959, 58 Taf. 13; Hodson 1990, 142 (gemischt, gestört evtl. zu Grab 130); Siepen 2005, Nr. 644; Betzler 1974, Nr. 798.799.
Der bei Kromer zitierte Miniaturknebel gehört zu Grab 195.

Brandschüttung 132 (Mädchen oder weibl. Erwachsene und Mädchen?)
Zwei Bz-Gefäße, unbestimmt (nicht überliefert)
Au-Spiralreif, Dm. 5,4 cm
Drei Bz-Ringlein, mit Au-Blech überzogen
Gürtelhaken, doppelkreuzförmig
Gürtelhaken, zungenförmig, L. 4,6 cm
Griffangelmesser
Fragment eines Radanhängers

Gestieltes Ringgehänge, L. 11 cm
Spiralrolle
Vier und sechs Brillenfibeln
Acht und sechzehn Kugelkopfnadeln
Fragment eines Knotenarmrings mit Strichgruppenzier
Armringfragment unbestimmt
Achtzehn Bernsteinperlen
Fünf Bz-Buckel mit Klemmzwingen
Zwei Bz-Scheiben mit Klemmzwingen
Bz-Scheibchen mit konzentrischen Zierrillen
Ca. 200 kleine Bz-Ringlein
Ca. 1500 kleine Buckel mit Öse
2? Keramikstapel, Tierknochen (Schwein, Rind, Gämse).
Lit.: Kromer 1959, 58 f. Taf. 17; Kilian-Dirlmeier 1975, Nr. 361; Hodson 1990, 142 (Das Grab enthielt nach allen Quellen nur ein Ringgehänge und nicht zwei wie von Hodson 1990, 90 angegeben); Siepen 2005, Nr. 521; Hansen 2010, 252 Nr. 151.
Ramsauer: …"*dann bei 4000 kleine Bronzeknöpfl mit Öhr, welche über die Knochenreste ausgebreitet waren und von einen gestickten Mantl oder Teppich sein dürften, da diese auch in den schwamichten verkohlten nassen Holze eingedrückt vorkamen*"…
Anm.: Wie von Hodson angenommen, könnte die Mitbestattung eines Kindes vorliegen, da es sich um einen kleinen zungenförmigen Gürtelhaken, um ein Armringfragment mit kleinem Durchmesser (4 cm), ein vergleichsweise zierlicheres Ringgehänge und um Fragmente sehr kleiner Brillenfibeln handelt (Autopsie).

Brandschüttung 135
Situla ohne Tragevorrichtung, H. 48 cm
Breitrandschale mit am Rand radial befestigter Öse *(konischer Fuß der Schale befand sich nach oben gedrückt im Schalenkörper (= Ramsauer Inv.-Nr. 434).*
Unbestimmbares, stark geflicktes Fragment eines Bz-Gefäßes(?), ostalpine anthropomorphe Darstellung auf den Bz-Blechflicken, womöglich Fragment eines Gürtels
Fe-Ärmchenbeil
Fe-Lappenbeil
Lit.: Kromer 1959, 59 Taf. 18; Hodson 1990, 142; Prüssing 1991, Nr. 140.187.287.399; Mayer 1977, Nr. 1439.1477.

Körpergrab 136
Kleiner Buckel mit Öse
Zwei Brillenfibeln
Armring, flach gerippt
Armring, hohl, an den Enden gerippt
Pb-Armringfragment
Reste von Kette mit Schiebern, Bernstein
Blechgürtel Typ Dürrnberg und Gürtelkettenglieder mit Klapperblechen
Gürtelring
Bz-Nadel mit Kugelkopf
Noch sieben Ringlein aus Pb (?) (ehemals viele)
88 Kalksteinperlen, ringförmig (im Bereich der Oberarme)
Ca. 80 ringförmige Glasperlen
Zwei kleine Bernsteinperlen

Zwei Bernsteinperlen, dachförmig, und Fragmente von zwei weiteren
Zwei Bz-Ringlein
Hirschgeweihende
Spinnwirtel, Keramik, verziert
Lit.: Kromer 1959, 60 Taf. 19; Kilian-Dirlmeier 1972, Nr. 557; Betzler 1974, Nr. 223.224; Siepen 2005, Nr. 500.849.

Körpergrab 161
Gürtel Typ große geschlossene Felder, Blech mit Klapperblechen (Leibesmitte)
Stabglied mit Klapperblechen
Gürtelring
Zwei Brillenfibeln
Bz-Knopf, vermutl. Gürtelbesatz
Zwei Bernsteinringe
Bernsteinperlen (nicht überliefert)
Pb-Ringlein
Vier glatte und vier gerippte Armringe (nicht überliefert)
Lit.: Kromer 1959, 63 Taf. 20; Kilian-Dirlmeier 1972, Nr. 617; Betzler 1974, Nr. 235.236.

Brandschüttung 167
Zwei Situlen (nicht erhalten)
Lanzenspitze
Mehrkopfnadel
Nagelkopfnadel
Wetzstein
Zwinge
Keramikstapel aus zwölf Tellern, Keramik, Tierknochen (Schwein?)
Lit.: Kromer 1959, 63 Taf. 22; Hodson 1990, 142.

Brandschüttung 171
Loses Ringgehänge
Zwei Brillenfibeln (nach Skizze Ramsauer drei Stück)
Armring, grob geperlt, Typ Linz-Lustenau (nach Skizze Ramsauer zwei Stück)
Schaukelfußring Typ Mitterkirchen, Var. doppelte Würfelaugen (nach Skizze Ramsauer mehrere)
Bernsteinperlen
Gürtelhaken, zungenförmig
Zwei Tierzähne
Lit.: Kromer 1959, 64 Taf. 19; Betzler 1974, Nr. 281.767; Siepen 2005, Nr. 88.1489.

Brandschüttung 174
Bz-Pfeilspitze
Zwei Halbmondfibeln mit Vogelprotomen
Schlangenfibel S 4, Faltenwehr g
Blechgürtel Typ Echerntal
Wetzstein
Bernsteinperlen
Brillenfibel
Fe-Ring

Lit.: Kromer 1959, 64 f. Taf. 21; Kilian-Dirlmeier 1972, Nr. 562; Betzler 1974, Nr. 296; Glunz 1997, 51 f.; 89; Hodson 1990, 143; Hansen 2010, 307 Nr. 15.

Brandschüttung 175
Zwei Fragmente von Scheiben eines Schüsselhelms
Zwei Brillenfibeln
Zierbuckel mit Öse
Lanzenspitze
Lit.: Kromer 1959, 65 Taf. 18; Betzler 1974, Nr. 469.470; Hodson 1990, 143; Egg et al. 1998, 457 f.

Körpergrab 181
Ramsauer: „weibliches Geschlecht, ca. 50 Jahre"
Gürtel aus organischem Material mit Haken und Bz-Nieten (nicht überliefert)
Zwei Brillenfibeln
Ring aus Pb oder Sn (unter dem Kopf)
Bernstein- und Knochenperlen (nicht überliefert)
Zwei Armringe nicht überliefert
Pferdezahn (unter dem rechtem Arm)
Keramikgefäß (nicht überliefert)
Lit.: Kromer 1959, 66 Taf. 26; Betzler 1974, Nr. 442.443.

Körpergrab 190
Gürtelhaken, zungenförmig
Nieten (in Leibesmitte, nicht überliefert)
Zwei Brillenfibeln (auf der Brust)
Zwei Bz-Ohrringe, Dm. 2,3 cm und 2,7 cm
Mehrkopfnadel (neben dem Skelett)
Lit.: Kromer 1959, 67 Taf. 28; Betzler 1974, Nr. 456.457.

Brandschüttung 195
Fe-Lappenbeil mit eingeschlagenen Marken, Typ Hallstatt, Var. Frög
Mehrkopfnadel
Miniaturknebel (Abb. s. Protokoll Antikencabinett Tabula VIII,604)
Drei Stapel Keramik (Teller etc.), Tierknochen
Lit.: Kromer 1959, 68 Taf. 28; Mayer 1977, Nr. 827.
Das bei Kromer gezeigte Glied eines Gürtelgehänges Taf. 28,5 ist nicht zugehörig, dafür aber der Miniaturknebel, bei Kromer zu Grab 131 aufgeführt; Abb. s. auch Protokoll Antikencabinett Tabula VIII,604; Mahr-Kartei NHM Wien.

Körpergrab 196 (Skelett nach Ramsauer 1,65 m groß)
Trense mit geschlitzter Bommel/Rassel
Zwei Brillenfibeln
150 Bernstein- und Glasperlen, darunter ein Bernsteinring
Fünf kleine Bz-Ringe, tordiert
Bz-Armring, alternierend gerippt
Bz-Armring, gleichmäßig gerippt
Befund: Perlen in der Halsgegend; auf der Brust Brillenfibeln, Bz-Ringe, rechts die Trense. An jedem Arm ein Armreif

Lit.: Kromer 1959, 68 Taf. 2; Betzler 1974, Nr. 529.530; Hodson 1990, 143; Metzner-Nebelsick 2002, 520 (Sonderform); Siepen 2005, Nr. 581.656.

Körpergrab 199
„Gestickter" Gürtel, nur Haken überliefert (Körpermitte)
Lit.: Kromer 1959, 68 Taf. 28.

Körpergräber 203/204 (Kind/Erwachsener)
Bei Kind/Jugendlichem 203: Bz-Antennenwaffe Typ Hallstatt (Sievers Nr. 58)
Klingenrest ohne Griff mit Holzresten der Scheide
Ortband: Bz-Antennenwaffe Typ Hallstatt, Sievers Nr. 66 (Ortband weder bei Kromer noch bei Sievers abgebildet)
Zwischen den Skeletten: Lanzenspitze (nicht überliefert)
Lit.: Kromer 1959, 69 Taf. 27; Hodson 1990, 143; Sievers 1982, Nr. 58.66.

Körpergrab 205
Angelhaken L. 5,6 cm (auf der Brust)
Rollennadel
Lit.: Kromer 1959, 69 Taf. 24; Stöllner 2007, 246.

Körpergrab 208
Bernsteinperlen
Zwei Brillenfibeln
Gürtelhaken
Bz-Niete
Lit.: Kromer 1959, 69 Taf. 23; Betzler 1974, Nr. 650.651.

Körpergrab 210
Bz-Schärpe (Gürtel, nicht überliefert)
Gürtelhaken, zungenförmig
Bz-Band auf den gekreuzten Händen (Material wie Schärpe, dito nicht überliefert)
Acht Armringe, davon 4 nicht überliefert
Zwei Brillenfibeln
Bernsteinperlen (von einer Halskette, Ramsauer: dreireihig)
Bz-Ring mit Nadel mit Rollenkopf
„Bz-Ringl mit Tontöpfl" (Abb. in der Mahr-Kartei) nicht überliefert
Unstimmigkeiten bestehen hinsichtlich einer Fibel („Speerfibel") und einem Bz-Gerät, harpunenförmig, mit einseitigem Haken und Schäftungszahnung, L. ca. 8,5 cm, nicht überliefert, Abb. s. Protokoll Antikencabinett Tabula VIIII,637, Mahr-Kartei. In der Grabskizze nicht eingezeichnet.
Quelle „Berichte": 13.12.1853, 2 Spiralfibeln, 8 einfache Praslette, 1 Schnur verschiedener Bernsteinkoralen, 1 Speerfibel, 1 kleines Bronzeringl mit Tropf, 3 Theilstücke von Bronz einer Brustbinde, 3 Bronzeringl, 1 Bronzring mit Stift (stimmt mit Protokoll Antikencabinett überein).
Protokoll Antikencabinett: ..."No 637 kleine Speerfibel", andere Protokolle sagen „unbekanntes Stück", Peduzzi und Ramsauer außerdem „einem Fischstecher ähnlich"...
Quelle Mahr-Kartei: Dort wird unter Nr. 635 eine Kniefibel abgebildet, die auch in der Grabskizze bei Kromer Grab 210 eingezeichnet ist. Die Fibel ist jedoch nicht in den Texten erwähnt (s. u. Anm.) oder bei Kromer abgebildet.
Anm.: Vergleichbare Kniefibeln aus den späteren Gräbern 855 und 932 werden von Ramsauer mit dem Wort „*Bronzheftl*" bezeichnet, was nahelegt, dass das von Ramsauer mit „*Speerfibel*" bezeichnete Objekt durchaus die

kleine Harpune meinen könnte. Andererseits benutzt Ramsauer den Begriff „Speerfibel" auch für die Halbmondfibeln in Grab 174, was zeigt, dass „Speer" nichts mit Spießen oder einem Gerät zu tun haben muß.
Lit.: Kromer 1959, 70 Taf. 26; Betzler 1974, Nr. 263.264.

Brandschüttung 217
Situla mit parallelseitigen Attaschen, H. 15,7 cm
Fe-Dechsel
Hakenartiges Fe-Gerät, evtl. Stemmeisen
Ärmchenbeil
Geschmolzene Bz-Fragmente, evtl. Armring
Keramik (nicht überliefert)
Lit.: Kromer 1959, 71 Taf. 30; Mayer 1977, 1424.1505; Hodson 1990, 144; Prüssing 1991, Nr. 133; Stöllner 2007, 245.

Brandschüttung 220
Situla ohne Tragevorrichtung, H. 44 cm
Kanne mit Hebelgriff
Kanne mit Rinderkopfhenkel
Trinkschale mit radialen Rippen und Sternmuster
Zwei Schlangenfibeln S 4, Form B
Zwei Brillenfibeln
Ohrring, bandförmig, Dm. 2,1 cm
Griffangelmesser mit Bz-Griffmanschette
Zwölf Kugelkopfnadeln
Augenperle
Zungenförmiger Gürtelhaken
Fußring, eng gerippt
Vier Bz-Armringe, gerippt
Drei rundstabige Ringe, versch. Größen mit radialer Durchbohrung, wohl von einem konzentrischem Ringgehänge
Glas- und Bernsteinperlen
Spitzenschutz einer Nadel (Mehrkopfnadel?)
Bz-Spiralreif
Viel Keramik, viele Tierknochen (nicht überliefert)
Protokoll Antikencabinett: „... *dann die angezeigten wie in Tab. II ineinandergestellte tönerne Speisegeschirren, Schalen und Tellern bestand ...*"
Lit.: Kromer 1959, 71 Taf. 29; 30; Hodson 1990, 144; Glunz 1997, Taf. 32,6.7; Prüssing 1991, Nr. 45.87.90.191; Siepen 2005, Nr. 1070-1073.1512; Betzler 1974, Nr. 439.944.

Körpergrab 221 (nach Ramsauer 12-14 Jahre alt)
Trianguläres Anhängerblech, L. 10,4 cm (auf dem Bauch)
Zwei Brillenfibeln
Armring gerippt
Armring alternierend gerippt
Ringkette aus drei Gliedern
Glas-, Bernstein- und Bz-Perlen
Lit.: Kromer 1959, 72 Taf. 27; Betzler 1974, Nr. 460.461; Siepen 2005, Nr. 590.662.

Brandschüttung 222
Zwei Fragmente eines T-förmigen Knebels
Griffangelmesser, mit Bz-Band umwickelt
Lanzettförmige Fe-Lanzenspitze mit betontem Mittelgrat, Stöllner Form 2; Spitze umgebogen
Rhombischer Gürtelhaken
Ortband einer Bz-Antennenwaffe, Typ Hallstatt
Bz-Kugel/Rassel
Fe-Ringl
Ramsauer erwähnt einen Dolch, der nicht vorhanden ist.
Lit.: Kromer 1959, 72 Taf. 32; Sievers 1982, Nr. 67; Koch 2006, 337.

Körpergrab 223
Fe-Antennenwaffe mit zylindrischer Griffhülse
Zwei Lanzenspitzen
Fe-Miniaturaxt
Kugelkopfnadel
Wetzstein
Zwei Bz-Ringlein
Griffplattenmesser mit verziertem Beingriff
Blaue Glasperle (nicht überliefert)
Keramik, Tierknochen (nicht überliefert)
Lit.: Kromer 1959, 72 Taf. 31; Hodson 1990, 144; Mayer 1977, Nr 1398; Sievers 1982, Nr. 21.

Körpergrab 225 (nach Ramsauer Kind 10-12 Jahre)
Armring
Vier „Heftringl"
Phalerenknopf („*Anhängstück*")
Lit.: Kromer 1959, 73.

Körpergrab 231 (*Ramsauer Protokoll Antikencabinett: 30-40 Jahre, ca. 1,76 m*)
Halbkugeliger Riemendurchlass mit Öse
Kreuzförmiger Riemendurchlass
Kugelkopfnadel
Spiralrolle (nicht erwähnt in Protokoll Antikencabinett)
Wetzstein, durchlocht
Zwei Bz-Drahtarmringe
Ramsauer: kreuzförm. Riemendurchlass am rechten Arm (möglicherweise dort mit Band aus organischem Material befestigt), am linken Arm zwei Drahtringe. Der Rest auf der Brust.
Lit.: Kromer 1959, 73 Taf. 28. Metzner-Nebelsick 2002, 530; Siepen 2005, Nr. 1004.1005.

Brandschüttung 236
Situla mit parallelseitigen Attaschen, H. 17,3 cm
Flacher, rundbodiger Bz-Teller mit vier konzentrischen Ringen auf dem breiten Rand (Dm. 22 cm) darin:
Kleinerer flacher Bz-Teller (Dm. ca. 9,5 cm), dabei lagen die Knöpfchen mit Öse.
Ca. 30 Knöpfchen mit Öse
Dolch, Fe-Antennenwaffe mit zylindrischer Griffhülse
Dragofibel
Ärmchenbeil

Fe-Lappenbeil
Fe-Lanzenspitze
Fe-Griffangelmesser
Keramikgefäße (ineinandergestellt), Tierknochen (nicht überliefert)
Lit.: Kromer 1959, 74 Taf. 34; Mayer 1977, Nr. 1419.1456; Sievers 1982, Nr. 38; Prüssing 1991, Nr. 129.307A.

Brandschüttung 239
Zwei Halbmondfibeln mit Vogelprotomen
Fe-Griffdornmesser
Zwei Armreiffragmente, glatt, Ende gerippt
Keramik, ineinander gestellt, Tierknochen
Lit.: Kromer 1959, 75 Taf. 33; Glunz 1997, 51 f.; Siepen 2005 Nr. 768.769.

Körpergrab 240
Zwei hutförmige Scheibenfibeln mit jeweils sieben Miniaturgefäßen
Bz-Zierniet mit Befestigungsloch, Dm. 3 cm
Sechs hohle Armringe mit Buckeln und Zwischenrippen
Zwei Bernsteinringe, glatt
Bernsteinperlen
Lit.: Kromer 1959, 75 Taf. 33; Glunz 1997, 145 f.; Siepen 2005, Nr. 871.

Brandgrab 241
Zwei Brillenfibeln
Angelhaken nicht überliefert
Armring geperlt, Dm. 5,2 cm
Bz-Ringlein
2 Bz-Perlen und zerschmolzene Bronze
Lit.: Kromer 1959, 75 Taf. 33; Betzler 1974, Nr. 726.727; Siepen 2005, Nr. 214; Stöllner 2007, 246.

Körpergrab 246
Gürtelhaken, rhombisch
Drei Klappbleche zu Gürtel gehörig (Gürtel nicht überliefert)
Ca. 60 Bernsteinperlen
Zwei Bernsteinringe
Kugelkopfnadel
Zwei Zweiknopffibeln
Zehn Armreifen
Lit.: Kromer 1959, 76 Taf. 35; Glunz 1997, 59; Siepen 2005, Nr. 614.615.790-797.

Brandschüttung 247
Lanzenspitze
Phalerenknopf
Lit.: Kromer 1959, 76, Taf. 35.

Brandschüttung 248
Mehrkopfnadel, Köpfe aus Bernstein, mit verziertem Spitzenschutz aus Knochen
Phalerenknopf
Lit.: Kromer 1959, 76 Taf. 36.

Brandschüttung 253
Situla ohne Tragevorrichtung, H. 68 cm
Situla mit Ringösenattaschen, H. 30,5 cm
Breitrandschale, keinem Typ zuweisbar, darin:
dreiköpfige Mehrkopfnadel mit Spitzenschutz
Fe-Griffzungenschwert Typ Mindelheim, Var. Weichering, Holzscheidenreste, L. 68,5 cm
Bei Ramsauer Inv.-Nr. 765 („kleine Schale") handelt es sich um den nach oben gedrückten konischen Fuß der Breitrandschale)
Lit.: Kromer 1959, 76 Taf. 41; Prüssing 1991 Nr. 141.172.300.441A; Gerdsen 1986, 169.

Körpergrab 259
Griffhülse einer Bz-Antennenwaffe Typ Hallstatt
Doppelkammhelm (rechts neben Schädel)
Gürtelblech, glatt
Drei Lanzenspitzen
Lanzenschuh
Mehrere Bratspieße, ca. 45 cm lang (*Protokoll Antikencabinett: 18 Zoll*, nicht überliefert). *Die Abb. in der Mahr-Kartei zeigen zwei schlichte Stangen ohne Griff und eine Stange mit Kugelkopf.*
Knochenhülse
Lit.: Kromer 1959, 77 Taf. 37; Kilian-Dirlmeier 1972, 168; Hodson 1990, 144; Egg 1978B; Sievers 1982, Nr. 47.

Brandschüttung 260
Situla mit Hals und parallelseitigen Attaschen (bewegl. Henkel), H. nicht mehr feststellbar
Situla ohne Tragevorrichtung, H. 53 cm
Situla mit Schulterrippen, H. 56 cm
Breitrandschale mit stabförmigem Querhenkel
Zwei Bz-Trinkschalen, in jeweils einer Situla
Bz-Griffzungenschwert Typ Mindelheim, Pilzknauf, Gewebeabdrücke auf der Klinge, L. ca. 76 cm
Zwei Mehrkopfnadeln
Fe-Lappenbeil, in einer Situla zusammen mit einer der Bz-Schalen
Knochenstab
Zwei kleine Drahtringlein
Miniaturaxt mit Ringemblem
Zylindrische Tülle mit Ring (s. Miniaturaxt mit Ring aber ohne Beil)
Keramikgefäße (nicht überliefert)
Fleischhaken, zweizinkig und Tierknochen in einer Situla
Lit.: Kromer 1959, 77 f. Taf. 38; 39; Hodson 1990, 144; Prüssing 1991, Nr. 38.40.131.157.174.275; Mayer 1977, Nr. 65.1483; Gerdsen 1986, 169; Bender Jørgensen 2005, 143 Nr. 78.

Brandschüttung 263
Situla ohne Tragevorrichtung, H. 37,7 cm
Situla mit parallelseitigen Attaschen, H. 23,8 cm, darin der Fleischhaken und Tierknochen (Rotwild)
Fe-Griffzungenschwert Typ Mindelheim, Knochenknauf, Holzscheidenreste, Spitze fehlt, L. 70,2 cm
Kugelkopfnadel
Fleischhaken, zweizinkig
Keramik (Stapelware, nicht überliefert), Tierknochen (Schwein?)
Lit.: Kromer 1959, 79 Taf. 40; Hodson 1990, 144; Prüssing 1991, Nr. 130.181; Gerdsen 1986, 169.

Körpergrab 264
Gürtel Typ Dürrnberg (schärpenartig über der Brust getragen), Miniaturgefäße
Stäbchenkettengehänge, auf der Brust
Zwei Bernsteinringe
Brillenfibel
Sechs Armreifen, hohl, an den Enden gerippt
Lit.: Kromer 1959, 79 Taf. 3; Betzler 1974, Nr. 240; Kilian-Dirlmeier 1972, Nr. 551; Siepen 2005, Nr. 858-861.

Brandschüttung 270
Gürtelhaken, rhombisch, mit anhaftenden Textilresten
Zwei kleine Brillenfibeln
Bernsteinperlen
Bz-Armreif, grob geperlt, Typ Linz-Lustenau
Kette, sechsreihig
Lit.: Kromer 1959, 80 Taf. 43; Betzler 1974, Nr. 707.708; Siepen 2005, Nr. 84; von Kurzynski 1996, 31 f.

Brandschüttung/Urne 271
Breitrandschüssel mit stabförmigen Querhenkeln
Ziste mit festen Griffen, weitgerippt, Holzboden, darin Leichenbrand
Wetzstein mit Textilresten
Bz-Ringlein
Keramik (nicht überliefert), Tierknochen
Lit.: Kromer 1959, 80 Taf. 50; Hodson 1990, 144; Prüssing 1991, Nr. 276.313; Bender Jørgensen 2005, 143 Nr. 79.

Brandschüttung 273
Schöpfer mit Hebelgriff; in einer der Situlen
Breitrandschale mit schmaler, nach innen greifender Laschenöse
Zwei Situlen ohne Tragevorrichtung, H. 73 cm und 52,5 cm
Situla mit Tragevorrichtung, H. 22 cm (nicht überliefert)
Fe-Griffzungenschwert Typ Mindelheim, auf der Breitrandschale, L. 80 cm
Mehrkopfnadel, Unikat mit „Keulenkopf"
Zwei Mehrkopfnadeln
Nagel
Keramik, Tierknochen (nicht überliefert)
Lit.: Kromer 1959, 80 Taf. 42; Hodson 1990, 144; Prüssing 1991, Nr. 81.144.170.178.291; Gerdsen 1986, 169.

Körpergrab 278
Mehrkopfnadel mit Kopf in Form eines Kragenrandgefäßes
Lit.: Kromer 1959, 81 Taf. 43.

Körpergrab 281
Gürtel Typ Dürrnberg mit Gehänge (*Gehänge nicht überliefert?, nicht in Protokoll Antikencabinett*)
Armreifen, gerippt
Zwei Brillenfibeln
Drahtringlein (Finger)
Bernsteinperlen
Bz-Spiralring
Lit.: Kromer 1959, 81 Taf. 45; Betzler 1974, Nr. 237.238; Siepen 2005, Nr. 573.574.

Brandschüttung 283
Drei Phalerae
Doppelkalotte eines Schüsselhelms
Amboss mit Kruste aus Textilresten
Lanzenspitze
Lappenbeil
Mehrkopfnadel mit Spitzenschutz aus Knochen
Vier „Beschläge", Fe
Keramik, Tierknochen (nicht überliefert)
Befund: Drei ineinander gestapelte Phalerae, unten lag die Doppelkalotte. In der obersten Phalera lag die Mehrkopfnadel, in der zweiten „*verbrochenes Eisen*" (womöglich der Amboss).
Lit.: Kromer 1959, 82 Taf. 44; Barth 1980, 212 f.; Egg et al. 1998, 463 (Typ Hallstatt); Bender Jørgensen 2005, 143 Nr. 80.

Brandschüttung 288
Pferdefibel, Pferd als Aufsatz eines Rahmens
Vier bzw. fünf Fragmente eines Bz-Griffzungenschwertes mit Lignitknauf, die Fragmente belegen eine absichtliche Zerstückelung
Vier Fragmente eines zerstörten Antennenvollgriffschwerts Typ Weltenburg (je zwei Schwertfragmente scheinbar „unversehrt" aneinandergereiht und kreuzartig zueinander niedergelegt)
Tüllenbeil, spärlich verziert
Wetzstein
Gürtelgehänge, Bz und Fe
Zwei Bz-Zierscheiben, Protokoll Anticenkabinett *Tabula VIII,885 und Mahr-Kartei*, Dm. 8,3 cm (Inv. 24571) und ca. 5,8 cm.
Mehrkopfnadel
Zwei Armringe mit kreisförmiger Erweiterung
Geperlter Armring, Var. „Zwischenraum durch Kerben abgesetzt"
Drei Keramikgefäße, Tierknochen (eine Scherbe überliefert)
Sämtliche Protokollskizzen (Morlot, St. Germain, London, Oxford etc.) zeigen zwei, bis auf die fehlende Antenne vollständige, parallel ausgerichtete Schwerter
Lit.: Kromer 1959, 82 Taf. 46; Mayer 1977, Nr. 1013; Krämer 1985, Nr. 159; Gerdsen 1986, 169; Hodson 1990, 145; Siepen 2005, Nr. 217.544A-B;

Brandschüttung 295
Drei Gürtelblechfragmente, Typen Wangen und Inneringen
Gürtelhaken oder Fibel (Ramsauer: „Kleiderschlühse"), nicht überliefert
Bogenfibel mit längsgerieftem Bügel
Keramik, Tierknochen
Lit.: Kromer 1959, 84 Taf. 42; Glunz 1997, 64.

Brandschüttung 298
Kanne mit Hebelgriff
Situla ohne Tragevorrichtung, H. 53 cm
Bz-Trinkschale, in der Situla
Griffzungenschwert Mindelheim, Var. Wels-Pernau, L. 81 cm
Ärmchenbeil
Fe-Griffangelmesser
Keramik, Tierknochen (nicht überliefert)

Lit.: Kromer 1959, 84 Taf. 51; Schauer 1971, Nr. 614; Mayer 1977, Nr. 1405; Gerdsen 1986, 169; Hodson 1990, 145; Prüssing 1991, Nr. 52.84.177.

Brandschüttung 299
Kanne mit Rinderkopfhenkel
Ziste mit beweglichen Henkeln
Bz-Trinkschale, in der Situla
Situla ohne Tragevorrichtung, H. 45,5 cm
Griffzungenschwert Gündlingen, Var. Steinkirchen mit verz. Au-Blechauflagen, Ortband Typ Beratzhausen, Klinge in vier Stücke zerbrochen, L. 72,5 cm
Zwei „Beschlagstücke" aus Gold, nicht überliefert, Funktion unklar (zum Schwert gehörig?)
Drei Mehrkopfnadeln
Zwei Brillenfibeln, klein
Zwei Brillenfibeln, groß
Bz-Fingerring
Zwei Armringe, geperlt, Dm. 5,8 cm
Fußring, eng gerippt
Fünf Kugelkopfnadeln
Spiralring (Lockenring)
Keramik, Tierknochen (nicht überliefert)
Lit.: Kromer 1959, 84 f. Taf. 47; 49; Hartmann 1970, 122 f.; Schauer 1971, Nr. 32 (Ortband). Nr. 625; Betzler 1974, Nr. 511.512.741.742; Gerdsen 1986, 169; Hodson 1990, 145; Prüssing 1991, Nr. 49.89.175.323; Siepen 2005, Nr. 203.204.1513; Hansen 2010, 252 Nr. 152.

Körpergrab 303 (fünf Fuß groß)
Miniatur-Rippenziste, Keramik 4,2 x 6,3 cm (im Bereich der gekreuzten Hände, dort auch:)
Goldringlein (nicht überliefert)
Vier Knochenanhänger
Lit.: Kromer 1959, 86 Taf. 50; Hansen 2010, 252 Nr. 153.

Brandschüttung 307
Situla mit omegaförmigen Attaschen, Typ Este, H. 21 cm
Zwei hundegestaltige Fibeln mit Kreisaugenpunzen
Zwei Kahnfibeln mit quergerripptem Bügel
Zwei Brillenfibeln
Mehrkopfnadel
Sieben Kugelkopfnadeln
Gürtelhaken, zungenförmig
Einfacher Spiraldrahtreif, Dm. 3,5 cm
Zwei kleine Bz-Drahtringlein
Nadel?
Lit.: Kromer 1959, 86 Taf. 53; Betzler 1974, Nr. 633.634; Prüssing 1991, Nr. 153; Hodson 1990, 145; Glunz 1997, 135 f.; 101 f.

Brandschüttung 322
Griff einer Bz-Antennenwaffe Typ Hallstatt
Mehrkopfnadel mit Kreuzzier
Drei Bz-Ringlein
Lit.: Kromer 1959, 88 Taf. 54; Sievers 1982, Nr. 55.

Brandschüttung 324
Dreiknopffibel Typ Grottazolina
Vierpaßfibel mit Miniaturgefäßen
Brillenfibel
Bz-Drahtarmring
Keramikring
Gürtelgehänge
Lit.: Kromer 1959, 88 f. Taf. 55; Betzler 1974, Nr. 488; Hodson 1990, 145; Hoppe 1991; Glunz 1997, 20 f.; Egg 1996, 198; Siepen 2005, Nr. 977.

Körpergrab 329 (Skelett ca. 1,65 m groß)
Pferdefigur auf einem Bz-Stab, Fragment
Zwei Brillenfibeln
36 Bernsteinperlen
Lit.: Kromer 1959, 89 Taf. 55; Betzler 1974, Nr. 677.678.

Brandschüttung 333
Bz-Schale, Fragment
Wetzstein
Fe-Antennenwaffe mit zylindrischer Griffhülse
Ramsauer erwähnt Axt
Keramik, Tierknochen, Axt (nicht überliefert)
Lit.: Kromer 1959, 90 Taf. 63; Sievers 1982, Nr. 2; Prüssing 1991, Nr. 50.

Brandschüttung 340
Breitrandschale
Situla (nicht überliefert, ggf. mit Hals ohne Tragevorrichtung [nach Prüssing]), H. ca. 40 cm
Schale mit eingezogenem Rand und ein oder zwei Griffen, Randdm. ca. 15 cm (nicht überliefert)
Rinderplastik mit Ohrring (nicht überliefert)
Wetzstein
Gürtelhaken, zungenförmig
Gürtelhaken, zungenförmig (nicht überliefert)
Sechs Brillenfibeln
Lappenbeil, kreisaugenverziert (nicht überliefert)
Goldspiraldraht, Dm. 5 cm
Gestapelte mehrfarbige Keramikgefäße, Tierknochen (nicht überliefert)
Das London-Protokoll und andere Protokoll-Skizzen bezeugen außerdem zwei gerippte Armreifen, einen glatten und einen bronzenen Klemmbuckel (hier Abb. 57).
Lit.: Kromer 1959, 90 f. Taf. 64; Prüssing 1991, Nr. 294; Barth 1973; Hansen 2010, 252 Nr. 154.

Körpergrab 347 (Skelett ca. 1,78 m groß)
Halbkugeliger Riemendurchlass
74 Bernsteinperlen
Bz-Spiralröllchen
Drei grob geperlte Armreifen Typ Traunkirchen
Armringe (an den Armen, Rest auf der Brust)
Protokoll Antikencabinett: „1052 geschmolzenes Bronzeschwert mit Silber oder Zink nebst einen gleichen Ringl" nicht überliefert, Identifikation mit einem Schwert fraglich
Lit.: Kromer 1959, 92 Taf. 54; Siepen 2005, Nr. 21-23.

Körpergrab 360
Golddraht, spiralig, doppelt, Dm. 3,2 cm
150 bis 3000 Bz-Schüppchen mit Öse, über dem Oberkörper verteilt
Gürtelhaken, zungenförmig
Zwei Bz-Armringe, geperlt mit Zwischenscheiben
14 Kugelkopfnadeln
13 Glasperlen
Zwei Brillenfibeln
Lit.: Kromer 1959, 94 Taf. 56; Betzler 1947, Nr. 475.476; Kilian-Dirlmeier 1972, Nr. 667; Siepen 2005, Nr. 457.458; Hansen 2010, 252 Nr. 155.

Körperdoppelgrab 376 (zwei Skelette)
Über den beiden Skeletten: ein Gürtel aus organischem Material und Bz-Nieten, ein Haken
Linkes Skelett:
Kette aus Bz-Röllchen
Glas-, Bernsteinperlen
Zwei Armringe (nicht überliefert)
Fibel
Rechtes Skelett:
Zwei kleine Brillenfibeln
Kahnfibel
Armring, alternierend gerippt
Armring, glatt
Gürtelhaken, zungenförmig
Zehn Kugelkopfnadeln
Zwei Tierzähne, Rind
Lit.: Kromer 1959, 96 Taf. 59; Glunz 1997, 102; Betzler 1974, Nr. 723.724; Siepen 2005, Nr. 695.1341.

Brandschüttung 393
Fragmentierte Bz-Schale (nicht überliefert)
Zwei Riemendurchlässe
Gewundener Au-Spiralring, Dm. ca. 4 cm
Konzentrisches Ringgehänge mit antithetischen Tierköpfen
Zwei Ringe eines konzentrischen Ringgehänges
Bz-Ring mit Öse
12(?) Kugelkopfnadeln
Bz-Spiralrolle
Zwei Knotenarmringe
Sechs Bz-Ringe
Zwei größere, zwei mittlere und vier kleine Brillenfibeln
Spinnwirtel, verziert, Keramik
Pfeilspitze
Kette bestehend aus Bz- und Au-Röllchen, Au-Röhrchen und Glasperlen (Siepen 2005, 63: 14 Spiralröllchen, 12 Blechröhrchen, 13 Glasperlen)
Keramik, Tierknochen (nicht überliefert)
Ergänzung aus dem Protokoll Antikencabinett. Änderung betrifft den Spinnwirtel, den Raumsauer nennt, Kromer jedoch nicht: *„393. Grab. Neben obigen Skelett ein ? und 1 Fuß tiefer ein Leichenbrand in einen 4 Fuß langen und 3 Fuß breiten ovalförmigen thönernen Sarg ohne Deckl in welchen sich auf den verbrannten Knochen und Asche*

folgende Grabesbeigaben vorgefunden haben: No 1146 Ein in Ring zusammengerollter Golddraht die Hälfte glatt, die andere Hälfte gewunden, und die Enden verbunden 11/2 Zoll groß, so wie dieser bereits zum vierten Mahle vorkömmt. No 1147 Drei ineinander gelegte Bronzeringe von 11/2 bis 21/2 Zoll Größe, jeder ein Loch zum Zusammenhängen der größte mit zwei Thierköpfen neben dem Loch versehen. No 1148 Zwei Stockknöpfe von Bronz No 1149. Ein gebrochener Bronzring mit kleinen Ring am äußeren Zirkel. No 1150 Zwei Bronzringe zu 5 und 6 Zoll Größe. No 1151 Zwei gerippte Armringe. No 1152 Ein Knopf von unbekannter Massa. No 1153 6 Stk. verschiedene Bronzringe. No 1154 12 Stk. Bronznadln mit runden Knopf. No 1155 2 Stk. große Spiralheftl. No 1156 2 Stk. mittlere Spiralheftl. No 1157 4 Stk. Kleine Spiralheftl und eine verbrochene Bronzschale. No 1158 Mehrere Stücke gerripptes Bronzblech in Röhrl von 11/2 Linien Stärke und 11/4 Zoll L. in zwischen Bernsteinkoralen liegend. No 1159 Mehrere Stücke gerrippte Röhrl von dünnen Goldblech 1 Linie stark und ½ Zoll lang zwischen diesen blaue Glaskorallen liegend, so daß sich hieraus zwei Halsketten zusammenstellen lassen. No 1160 Eine Pfeilspitze und ein in Spiral gewundener Bronzdraht."

Der unter 1152 laufende „Knopf von unbekannter Massa" ist auf der Tabula VIII a.1152 abgebildet, es handelt sich um einen Spinnwirtel.

Lit.: Kromer 1959, 98 f. Taf. 61; Hartmann 1970, 126 f.; Hodson 1990, 147; Metzner-Nebelsick 2002, 527; Siepen 2005, 63, Nr. 504.505; Stöllner 2002, 133 (Pfeilspitze); Betzler 1974, Nr. 261.262.654.655.732-735; Hansen 2010, 252 Nr. 156.

Brandschüttung 394
Mehrkopfnadel
Knotenarmring mit Strichgruppenverzierung
Bernsteinperlen, nicht erwähnt in Protokoll Antikencabinett
Gürtelhaken, zungenförmig
Zwei Brillenfibeln (nur eine überliefert)
Bz-Ringlein? (nicht überliefert)
Tierknochen, Keramik nicht überliefert
Lit.: Kromer 1959, 99 Taf. 65; Betzler 1974, Nr. 828.829; Siepen 2005, Nr. 520.

Brandschüttung 395
Armreif, unikat verziert mit randlichen großen Buckeln und kleiner Buckellinie
Buckelarmring mit Zwischenscheiben Typ Echerntal
Zwei Brillenfibeln
Bernsteinring
Ca. 1000 Bz-Schüppchen mit Öse
Ramsauer: „Viele kleine Bronzknöpfl von einer Stickerey."
Lit.: Kromer 1959, 99 Taf. 64; Betzler 1974, Nr. 482.612; Siepen 2005, Nr. 426.1305.

Körpergrab 396
Fragmente von sechs gerippten, mit Au-Folie überzogenen Bz-Röllchen
Fe-Messer (nicht überliefert)
Gefäß? (neben dem Kopf, nicht überliefert)
Lit.: Kromer 1959, 86; Hansen 2010, 252 Nr. 157.

Brandschüttung 403
Bz-Knopf mit Öse
Vier Kugelkopfnadeln
Spiralrolle
Steinperle

Nadel mit aufgeschobenen Bernsteinperlen
Keramik, Tierknochen (nicht überliefert)
Lit.: Kromer 1959, 100 Taf. 65.

Körpergrab 404
Bernstein-, Glasperlen
Fünf Bernsteinringe
Gürtel Typ Huglfing (Körpermitte)
Kettengehänge
Dreiknopffibel
Nadel
Zwei Brillenfibeln
Fingerring, Sn-Draht
Armring, gleichmäßig gerippt
Hohlbuckelarmring, ohne Zwischenscheiben
Lit.: Kromer 1959, 100 Taf. 66; Kilian-Dirlmeier 1972, Nr. 573; Betzler 1974, Nr. 830.831; Glunz 1997, 20 ff.; Siepen 2005, Nr. 451.561.

Brandschüttung 409
Breitrandschüssel mit stabförmigem Querhenkel, Fragment
Schöpfer mit Hebelgriff
Phalerenknopf
Mehrkopfnadel
Lit.: Kromer 1959, 101 Taf. 78; Prüssing 1991, Nr. 82.282.

Brandschüttung 413
Zwei Brillenfibeln
Armring geperlt mit Zwischenscheiben
Armring mit kugeligen Profilierungen
Gürtelhaken, zungenförmig
Ramsauer erwähnt einen zweiten Gürtelhaken
Spiralrolle
Drei verschieden große Nieten (von einem Gürtel?)
44 Bz-Schüppchen
Nägelchen
Zwei Bz-Blechscheiben mit konzentrischen Kreisen
Bz-Perlen
Zwei Kalksteinscheiben
Ringlein
58 Bernsteinperlen
Bernsteinring, antik repariert
Lit.: Kromer 1959, 102 Taf. 67; Betzler 1974, Nr. 243.244; Siepen 2005, Nr. 47.512.

Körpergrab 422, gestört (Vermischung von zwei Inventaren)
Schlangenfibel
Brillenfibel
Beschlagstück mit kugelförmigen Nieten
Phalerenknopf (keine Ramsauer-Nr.)

konischer Keramiktopf
Lit.: Kromer 1959, 103 Taf. 71.

Brandschüttung 443
Ringgehänge, lose
Ringgehänge, Protomen
Vier Armringe (nicht vorhanden)
Keramik (nicht in Protokoll Antikencabinett)
Lit.: Kromer 1959, 105 Taf. 70.

Brandschüttung 444
Fragment einer Feile
Bz-Ring, Dm. 16,9 cm
Zwei Griffdornmesser
Brillenfibel?
Lit.: Kromer 1959, 106 Taf. 70; Stöllner 2007, 245 (Gruppe C).

Brandgrab 448
Acht Fragmente von Scheiben eines Schüsselhelmes (nicht überliefert)
Lappenaxt
Schleifstein
Mind. zwei Keramikgefäße (nicht überliefert)
Lit.: Kromer 1959, 106 Taf. 72; Egg et al. 1998, 448 (Typ Brezje); 463.

Brandschüttung 449
Zwei Brillenfibeln
Ringgehänge, lose
Nadel einer Fibel
Zwei Rollenkopfnadeln
Mehrkopfnadel
Bz-Armring, grob geperlt, Typ Traunkirchen
Bz-Armring, grob geperlt, Typ Kronsdorf-Thalling
Glatter Bz-Ring, unverziert Dm.10,7 cm
Kahnfibel Typ Šmarjeta
Keramik, Tierknochen (nicht überliefert), acht Astragali
Lit.: Kromer 1959, 106 Taf. 71; Betzler 1974, Nr. 924.925; Siepen 2005, Nr. 41.69; Glunz 1997, 98 ff.

Brandgrab 453
Zwei verschiedene Blechgürtel, Typ Huglfing und schmale Horizontalstreifen
Bogenfibel
Zwei Brillenfibeln
Bernsteinringe
Zwei Armringe, gleichmäßig gerippt
Zwei Bz-Ringe und Bruchstücke von Bronze (nicht überliefert)
Keramik, Tierknochen
Lit.: Kromer 1959, 107 Taf. 73; Kilian-Dirlmeier 1972, Nr. 574.643; Betzler 1974, Nr. 231.232; Siepen 2005, Nr. 597.598.

Brandschüttung 454
Fragment einer Fe-Antennenwaffe mit zylindrischer Griffhülse, zweischneidig
Gleichmäßig gerippter Armring mit Stempelenden
Zwei gleichmäßig gerippte Armringe
Lit.: Kromer 1959, 107 Taf. 73; Hodson 1990, 148; Sievers 1982, Nr. 22; Siepen 2005, Nr. 652.653.

Körpergrab 455
Stierplastik (zwischen den Beinen)
Ring, Lignit
Zwei Bernsteinringe
Bernsteinperlen (nicht überliefert)
Zwei Brillenfibeln
Buckelarmring mit Zwischenscheiben Typ Echerntal
Grob geperlter Bz-Armring Typ Hallstatt Grab 944
Spuren von zerstörtem „gesticktem" Gürtel (nicht überliefert)
Keramik, Tierknochen (nicht überliefert)
Lit.: Kromer 1959, 107 Taf. 74; Betzler 1974, Nr. 762.763; Siepen 2005, Nr. 101.418.

Körpergrab 457 (Jugendlich oder Kind, ca. 1,52 m groß)
Miniaturknebel
Bernsteinperlen
Zwei Bz-Armringe, grob geperlt, Typ Traunkirchen, Dm. 4,9; 6,1 cm
Lit.: Kromer 1959, 107 f. Taf. 73; Trachsel 2004, 466 (Typ Annelöv); Siepen 2005, Nr. 45.46.

Brandschüttung 458
Situla ohne Tragevorrichtung, H. 48 cm
Eimer Typ Hajdúböszörmény, H. 36 cm
Dolch mit von Bz-Draht umwickelter Scheide, Sonderform
Riemendurchlass, halbkugelig mit einem Durchzug
Glasperle
Fingerring mit aufgedrehten Spiralenden
Keramikring, der einen vierkantigen Bernsteinring imitiert
Unklar: Nadel, drei Bz-Reifen, Tierknochen (nicht überliefert)
Lit. Kromer 1959, 108 Taf. 74; Hodson 1990, 148; Prüssing 1991, Nr. 115.190; Sievers 1982, Nr. 135.

Körpergrab 459
Vier geperlte Armringe mit Zwischenscheiben
Zwei glatte Armringe
Brillenfibel
Blechgürtel Typ Huglfing mit Haken, schärpenartig getragen
Belchgürtel Typ Schrotzhofen mit Haken (um Leibesmitte)
Zweiknopffibel
Lit.: Kromer 1959, 108 Taf. 75; Kilian-Dirlmeier 1972, Nr. 572.599; Glunz 1997, 59 ff.; Siepen 2005, Nr. 453-456.813.814.

Brandschüttung 462 a
Mehrkopfnadel
Lappenaxt

Schlangenfibel
Zwei Beschlagstücke unbekannter Funktion
Lanzen (nicht überliefert)
Keramik (nicht überliefert)
Lit.: Kromer 1959, 109 Taf. 68; Glunz 1997, Taf. 31,3.

Brandschüttung 462 b
Situla mit Henkel, ca. 25 cm H./Dm. unbekannt (nicht überliefert)
Fe-Dolch mit spindelförmiger Griffstange und verkümmerten Antennen
Fragment eines Schüsselhelms (Ramsauer: „Bronzerosette mit Befestigungsstift", Kromer: „Beschlagbuckel")
Zwei Lanzenspitzen
Zwei Mehrkopfnadeln
Ärmchenbeil
Fe-Lappenbeil
Feile
Drei kleine Bz-Ringlein, geschlossen
Ringlein, Blei/Zinn?, geschlossen
Lit.: Kromer 1959, 109 Taf. 77; Sievers 1982, Nr. 91; Mayer 1977, Nr. 1416.1443; Egg et al. 1998; Stöllner 2007, 245 (Gruppe A).

Brandschüttung 465
Situla mit unbestimmten Attaschen, H. 40,5 cm
Bz-Perle
Bz-Perle, doppelkonisch
Drei Krempenphaleren, ineinander gestellt
Doppelkalotte (Kromer Taf. 79,6)
Mehrkopfnadel
Ärmchenbeil
Wetzstein
Trapezoides Blech mit Buckelzier, L. 15,2 cm
Fe-Messer
Befund: Die Doppelkalotte lag (als Deckel) auf den ineinander gestellten Phalerae.
Lit.: Kromer 1959, 109 Taf. 79; 80; Hodson 1990, 148; Prüssing 1991, Nr. 145; Mayer 1977, Nr. 1433; Barth 1980, 212; Egg et al. 1998, 463; 466 (Typ Hallstatt).

Brandschüttung 466
Bz-Antennenwaffe Typ Hallstatt (fragl.)
Zwei Lanzenspitzen
Axt (fragl.)
Zwei Bz-Ringe
Feile
Fe-Stab, zangenartig gekrümmt, flach
Lanzenspitzen, Axt, Ringe (nicht überliefert)
Lit.: Kromer 1959, 110 Taf. 85; Hodson 1990, 148 (Feile, Zange und Dolch könnten zu einer jüngeren Nachbestattung gehören, die 464 und 465 [als ältere Bestattungen] störte); Sievers 1982, Nr. 72; Stöllner 2007, 245 (Gruppe B).

Brandschüttung 467
Ringgehänge, gestielt
Bz-Perle, Weißbronze
Kahnfibel Typ Šmarjeta
Buckelarmring mit Zwischenscheiben, Typ Ha 658.
Lit.: Kromer 1959, 110 Taf. 80; Glunz 1997, 98 ff.; Siepen 2005, Nr. 272.

Brandschüttung 469
Mehrere Bz-Gefäße in Skizze eingezeichnet, nicht überliefert. *Das Protokoll Antikencabinett erwähnt keine Bronzegefäße. Die von Ramsauer erwähnten „Keile oder Äxte" gelten als verschollen. Der Meißel gehört zu Grab 976, der Schüsselhelm zu Grab 78.*
Fe-Griffzungenschwert Typ Mindelheim, Holzscheide, L. 87 cm
Fe-Antennenkurzschwert, L. 29,8 cm
Messer mit verziertem Beingriff (erhaltene L. 27 cm)
Trapezoider gewölbter Beschlag mit Buckelzier
Vier Krempenphaleren
Drei Fe-Blechfragmente
Drei Lanzenspitzen
Feile
Amboss
Zwei „Äxte" (verschollen)
Zwei Mehrkopfnadeln mit Spitzenschutz
Trompetenförmiges Rohr
Zwei Zwingen
Sechs Bz-Ringlein
Keramik in Skizze (nicht überliefert)
Lit.: Kromer 1959, 110 f. Taf. 82; 83; Hodson 1990, bes. 56; 148; Barth 1980; Sievers 1982, Nr. 37; Kern 1999, 63-65; Egg et al. 1998, 448 (Schüsselhelm); Stöllner 2007, 245 (Gruppe A).

Brandschüttung 472
Fe-Antennenwaffe mit zylindrischer Griffhülse, Bz-Bandumwicklung, Holzscheidenreste
Perle (nicht überliefert)
Keramik, Tierknochen (nicht überliefert)
Lit.: Kromer 1959, 111 Taf. 81; Sievers 1982, Nr. 29.

Brandschüttung 474
Zwei Fragmente von zwei Zügelhaken
Zwei Breitbandfibeln
Zwei Paukenfibeln P 1
Teile eines Gürtelgehänges mit stabförmigen Kettengliedern, Klapperblech, darunter auch die Trensenfragmente
Lignitarmreif
Zwei Bz-Armringe mit stabförmigem Ringkörper und Stempelenden
Hälfte einer Brillenfibel
Ein Stück Schlacke
Lit.: Kromer 1959, 111 Taf. 85; Betzler 1974, Nr. 764; Glunz 1997, Taf. 23,9.10; 42,2. Siepen 2005, 96 Nr. 948.949.

Körpergrab 483
Zwei Angelhaken, einer überliefert (in der rechten Hand, L. 4,5 cm)
Ringlein (auf der Brust)
Wetzstein
Keramik (Gefäß neben dem Kopf, nicht überliefert)
Lit.: Kromer 1959, 112 Taf. 80; Stöllner 2007, 246.

Brandschüttung 488 b
Zwei Zügelhaken mit ringförmigen Enden, vierkantig, fein gerillt mit eingegossenem, beweglichem Ring
Zwei Kahnfibeln mit Zier V 5 Form B
Rand eines Gürtelbleches
Drei Wetzsteine
Zwei Fe-Klappmesser mit organischem, kreisaugenverziertem Griff
Drei Bz-Ringlein
Keramik, Tierknochen
Befund: Ramsauer nennt Bz-Nagel, zwei *kleine Bz-Nadeln*, verrostete Eisenwaffen, alles in der Sammlung nicht vorhanden. 30 cm unter Körpergrab 488 a.
Lit.: Kromer 1959, 113 Taf. 87; Hodson 1990, 148; Glunz 1997, Taf. 38,9.

Brandschüttung 494
Lanzenspitze
Bernsteinperlen
Vier Kahnfibeln
Vier Armringe, alternierend gerippt
Armring tordiert (Siepen 2005: -)
Fünf Fragmente von Gürtelblechen, darunter Typen Amanecy, Rapportmuster, schmale Horizontalstreifen
Bz-Ringlein, diverse
Fe-Ring
Keramik, Tierknochen
Lit.: Kromer 1959, 114 Taf. 89; Kilian-Dirlmeier 1972, Nr. 128.586.642; Glunz 1997, 98 ff.; 101 f.; Siepen 2005, Nr. 683-686.

Brandschüttung 495
Breitrandschüssel mit stabförmigen Querhenkeln
Zwei Situlen mit Hals ohne Tragevorrichtung, H. 47,7 cm und 59,5 cm
Armring, gleichmäßig gerippt
Armring geperlt, mit Zwischenscheiben
Einfaches Ringgehänge mit antithetischen Tierköpfen
Beingriff eines Messers
Wetzstein
Bernsteinschieber
Ringgehänge, gestielt s. *Mahr-Kartei oder Abb. Protokoll Antikencabinett Tabula III,1418* (Abb. bei Kromer falsch)
Bz-Nadel, Fragment, unbestimmt mit aufgeschobenen Knochenscheiben; Köpfe aus Bernstein
Zwei Phalerenknöpfe
Bz-Kette, fünffreihig, in Ringen endend
Gürtelhaken, zungenförmig
Glasperle
Bz-Perle

16 Kugelkopfnadeln
Ca. 364 Bernsteinperlen
Augenperle, Glas
Bz-Perle, die eine Augenperle nachahmt
Zwei Brillenfibeln, klein
Zwei Brillenfibeln, groß
16 Stück Blechschmuck, röhrenförmig
Sanguisugafibel, Bügelummantelung fehlend
6 Bz-Ringlein, klein
Ca. 300 Blechknöpfe mit Öse
Keramik, Tierknochen (nicht überliefert)
Lit.: Kromer 1959, Taf. 90; 91; Betzler 1974, Nr. 253.254.738.739; Hodson 1990, 149; Prüssing 1991, Nr. 183.189.283; Glunz 1997, 71; Siepen 2005, Nr. 461.582.

Brandschüttung 496
Breitrandschale mit Klapperblechen am Rand
Zwei Situlen mit omgeaförmigen Attaschen, H. 17,5 cm und 21,1 cm
Situlenunterteil, nicht bestimmbar, H. noch 24,5 cm
Drei Mehrkopfnadeln mit Faltenwehr
Schneide eines Bz-Beils
Keramikgeschirr, Tierknochen, Fe-Waffen (nicht überliefert)
Lit.: Kromer 1959, 115 Taf. 92; Prüssing 1991, Nr. 120.121.199.299; Mayer 1977, Nr. 876.

Brandschüttung 500
Kanne mit Rinderkopfhenkel
Kahnfibel mit Querleiste, Form B
Kahnfibel mit Querleiste, Form A
Messer mit Ringgriff, verbogen
Konisches Bz-Rohr
Keramik, Tierknochen (nicht überliefert)
Lit.: Kromer 1959, 115 Taf. 93; Prüssing 1991, Nr. 91; Glunz 1997, Taf. 28,5; 38,2.

Brandschüttung 501
Breitrandschale
Situla mit Hals und parallelseitigen Attaschen, H. 23,5 cm, darin Tierknochen
Buckelarmring mit Zwischenscheiben, Typ Ottensheim, Dm. 4,2 cm
Zwei Armringe, alternierend gerippt, Dm. 5,6 cm; 5,7 cm
Bz-Ringlein
Keramik, Tierknochen (nicht überliefert)
Lit.: Kromer 1959, 115 Taf. 88; Hodson 1990, 149; Prüssing 1991, Nr. 134.309; Siepen 2005, Nr. 256.689.690.

Körpergrab 502
„junge Person" Skelettgröße ca. 1,73 m (nach Ramsauer)
Zwei Glastassen, hellgrün, mit Henkelanatz (bei den Füßen)
Lit.: Kromer 1959, 115 Taf. 216; Hodson 1990, 149.

Brandschüttung 503
Bz-Schale

Messerheft, Bein, verziert
Ramsauer: Zwei Nadeln, Schwert, zwei Situlen (H. 36 cm, 51 cm), Keramik, Tierknochen (nicht überliefert).
Lit.: Kromer 1959, 115 f. Taf. 92; Prüssing 1991, Nr. 44; Gerdsen 1986, 170.

Brandschüttung 504 (Mann, Frau, Kind od. Mann und Mädchen?)
Schöpfkelle mit Kreisaugen und Klapperblechen
Situla Typ Kurd, H. 51,3 cm
Situla ohne Tragevorrichtung, Einkerbungen am Rand, H. 53 cm
Zwei Breitrandschalen mit stabförmigen Querhenkeln
Miniaturaxt mit Pferdeaufsatz, gezackter Mähne und Kreisaugenpunzen (unter einer Breitrandschale)
Fe-Griffzungenschwert Typ Mindelheim, Bz-Glockenknauf, Gewebeabdruck auf der Klinge, L. nach Ramsauer ca. 84 cm
Bz-Blechgürtel, getrieben, Typ Reichenegg
Bz-Armring, alternierend gerippt
Bz-Armreif, geperlt mit Zwischenscheiben
Drahtarmring mit eingerollten Enden
Dm. des gesamten Armschmucks: 4 cm -5,8 cm (Hinweis auf mögliche Kinderbestattung/en)
Drei Mehrkopfnadeln
Zwei Spiralreifen aus einfachem Bz-Draht
Sechs Bz-Röhrchen
Keramik, Tierknochen (nicht überliefert)
Lit.: Kromer 1959, 116 f. Taf. 94; 95; Kilian-Dirlmeier 1972, Nr. 631; Mayer 1977, Nr. 63; Gerdsen 1986, 170; Hodson 1990, 149; Prüssing 1991, Nr. 94.100.179.273.280; Siepen 2005, Nr. 463.464.701.1174; Bender Jørgensen 2005, 143 Nr. 82.

Brandschüttung 505
Breitrandschale mit stabförm. Querhenkel, Ring und jeweils drei Klapperblechen
Zwei Situlen mit Hals und Tragevorrichtung, parallelseitige Attaschen, H. 22 cm, 24 cm
Amphore, ollaförmig mit Kegelnieten, Standfuß und Querhenkel, Typ Hallstatt (nach Prüssing 1991), Typ Cerveteri (nach Egg 1996)
Goldene Plattenfibel
Zwei Dreipässe, Goldblech
Ohrringpaar, Gold
Goldener Gürtel Typ Schrotzhofen mit rhombischem Haken, an den Rändern fragmentierter Zustand (L. noch 29 cm)
Spiralring aus tordiertem Golddraht (Dm. ca. 3 cm)
Zwei Halbmondfibeln mit theriomorphem Besatz und Klapperbullae
Getriebener Bz-Blechgürtel, kleine geschlossene Felder
Rhombischer Gürtelhaken, Bz
Zwei Armringe mit Zwischenscheiben, Typ Echerntal
Bernsteinring, kantig profiliert
Ca. 81 Bernsteinperlen
Zur Zugehörigkeit des Goldschmucks s. auch die Vermerke von F. E. Barth, NHM Wien, Restaurierungskartei.
Lit.: Kromer 1959, 117 f. Taf. 96; 97; Hartmann 1970, 120 f.; Hodson 1990, 149; Glunz 1994; Prüssing 1991, Nr. 137.138.284.369; Kilian-Dirlmeier, 1972, 651; Siepen 2005, Nr. 370.371; Hansen 2010, 252 Nr. 158.

Brandschüttung 506
Situla mit omegaförmigen Attaschen, H. 37,5 cm

Beckentasse
Zwei Armringe mit drei Reihen von Knubben
Verrostete Fe-Waffen, Keramik und Tierknochen (nicht überliefert)
Lit.: Kromer 1959, 118 Taf. 123; Hodson 1990, 149; Prüssing 1991, Nr. 22.128; Siepen 2005, Nr. 1300.

Brandschüttung 507
Zwei Breitrandschalen mit radial am Schalenrand befestigter Öse (Prüssing Nr. 286, dort falsche Anzahl)
Situla mit omegaförmigen Attaschen, H. 26 cm (Kromer Taf. 100,4; Prüssing Nr. 119)
Situla mit omegaförmigen Attaschen, halslos, Schulterrippen, H. 73 cm (Kromer Taf. 100,5; Prüssing Nr. 156)
Situla mit Hals ohne Tragevorrichtung, H. 67 cm (Kromer Taf. 100,6; Prüssing Nr. 173).
Situla mit Hals und Tragevorrichtung, Attaschen fehlen, H. 46 cm (Kromer Taf. 100,7; Prüssing Nr. 143).
Bz-Deckel
Bz-Gefäßuntersatz
Keramikschale mit steilem Hals und Rippen im Unterteil (darin Stierfigur und Bz-Perlen)
Keramikschale, ähnlich wie oben (darin Stierfigur und Bz-Perlen)
Zwei weitere Keramikschalen nebst Tierknochen, jeweils in einer Situla (nicht überliefert)
Fe-Griffzungenschwert Typ Mindelheim, Mitte der Klinge fehlt, Holzscheide, Elfenbeinknauf mit Bernsteineinlagen, L. ca. 95 cm
Vier Achsnägel mit Ringen und Klapperblechen
Gestieltes Ringgehänge mit Öse, evtl. zugehörig körbchenförmiger Anhänger mit Klapperblechen
Zwei Mehrkopfnadeln, eine davon mit Schälchenkopf
Schaukelfußring Typ Mitterkirchen
Grob geperlter Armring Typ Traunkirchen
Drei Bruchstücke von Armreifen, rundstabig
Zwei vollplastische Stierfiguren, Bz (nur eine überliefert)
Miniaturbeil mit Pferdefigur (nicht überliefert, Rekonstruktion nach Zeichnung I. Engl)
Trapezoides Zierblech mit getriebenen Vögeln
Blechgürtel getrieben, Typ Amstetten
Griffangelmesser
Ca. 800 kleine ringförmige Bz-Perlen.
Keramik, Tierknochen (nicht überliefert)
Befund: Die beiden Stierfiguren befanden sich jeweils zusammen mit den ringförmigen Bronzeperlen in den beiden Tonschalen. In zwei Situlen lag nebst Tierknochen jeweils eine Tonschale. Auszug Protokoll Antikencabinett: „No 1486 Eine 3 1/2 Zoll große Bronzfigur, Kopf gleich einem Hirsch, mit dünnen langen Hörnern, No 1487 eine zweite Bronzfigur ebenfalls sehr plump bearbeitet einen Stier ähnlich. Diese beiden Figuren waren in 8 Zoll großen schwarz thönernen Schalen nebst einer Anzahl kleiner Bronzringl welche eine Kette mit 3 Fuß geben ... No 1496, 3 große Bronzkessel zu 30 Zoll, 24 Zoll und 20 Zoll, No 1497 Ein kleinerer Bronzkessel 10 Zoll groß mit Hängbogen, No 1498 Zwei kleine schwarz thönerne Schalen 5 Zoll groß welche sich inwendig der obigen großen Kessel nebst einigen Thierknochen vorgefunden haben ..."
Deckel in Protokoll Antikencabinett als Schale beschrieben, also wohl einzeln und mit Griff nach oben abgelegt.
Die Grabskizzen in der Mahr-Kartei und bei Kromer zeigen die beiden Mehrkopfnadeln kreuzartig übereinandergelegt (auf dem Schwert liegend) an. Dies wird im Protokoll Antikencabinett nicht erwähnt.
Die Miniaturaxt lag laut Zeichnung bei Kromer ebenfalls auf dem Schwert, was die Mahr-Kartei nicht bestätigt.
Lit.: Von Sacken 1868 Taf. VIII,8; XVIII,31.33 (Stierfiguren); Kromer 1959, 119 f. Taf. 98-100; 101.2 Abb. 96; Barth 1973; Mayer 1977, Nr. 64; Gerdsen 1986, 170; Hodson 1990, Taf. 37-39 Pl. 78; Prüssing 1991, Nr. 119.143.156.173.286.341.372; Kilian-Dirlmeier 1972, Nr. 635; Pare 1992, 33; Siepen 2005, Nr. 24.1419.

Körpergrab 511
Zwei Armreifen grob geperlt, Typ Kronsdorf-Thalling
Loses Ringgehänge (auf der Brust)
Fe-Gürtelhaken, rhombisch *(Leibesmitte)*
Bz-Gürtelhaken zungenförmig (nicht erwähnt in Protokoll Antikencabinett)
100 Bz-Schüppchen mit Öse („*von gestickten Gürtel*")
Drei Schuppen mit Zwinge
Zwei kleine Drahtringlein (nicht erwähnt in Protokoll Antikencabinett)
Bernsteinperlen
Bz-Nadelschaft
Lit.: Kromer 1959, 119 f. Taf. 102; Siepen 2005, Nr. 59.60.

Brandschüttung 515
Armring grob geperlt, Typ Linz-Lustenau
Brillenfibel
Gürtelhaken, zungenförmig mit Spuren von „*Stickerey*"
Keramik nicht überliefert
Lit.: Kromer 1959, 120 Taf. 69; Siepen 2005, Nr. 87.

Brandschüttung 520
Zwei Situlen (nicht überliefert), H. 23 cm, 30 cm
Zwei Mehrkopfnadeln
Zwei grob geperlte Armringe, Typ Traunkirchen
Keramik, Tierknochen (nicht überliefert)
Lit.: Kromer 1959, 121 Taf. 105; Hodson 1990, 149; Siepen 2005, Nr. 25.

Körpergrab 521 (Größe nach Ramsauer ca. 1,34 m)
Gestieltes Ringgehänge mit Ringen L. 12,5 m (auf der Brust)
Gürtelhaken, zungenförmig
Zwei Brillenfibeln
Bernsteinring
Drei Bz-Fingerringe
Ca. 100 Bernsteinperlen
Zwei Armringe, grob geperlt, Typ Traunkirchen, Dm. 7,2 cm und 7,5 cm
Keramik (nicht überliefert)
Lit.: Kromer 1959, 121 Taf. 88; Siepen 2005, Nr. 16.17; Kern 2010, 76 (Kindergrab).

Brandschüttung 522
Zwei Brillenfibeln
Gürtelblech Typ große geschlossene Felder, mit Kettengehänge (letzteres nicht überliefert)
Bernsteinring (nicht überliefert)
Keramik (nicht überliefert)
Lit.: Kromer 1959, 121 Taf. 123; Kilian-Dirlmeier 1972, Nr. 626; Betzler 1974, Nr. 271.272.

Brandschüttung 547 (nach Ramsauer von Baumwurzeln durchzogen)
Dolchmesser, Var. Erkertshofen
Miniaturvasenkopfnadel
Vasenkopfnadel

Kleine Situla („Bronzkehsel")
Tierknochen
Bz-Gefäß und Tierknochen (nicht überliefert)
Lit.: Kromer 1959, 124 Taf. 104; Sievers 1982, Nr. 149.

Brandschüttung 551
Zwei Halbmondfibeln mit Vogelprotomen
Hohlbuckelarmring
Keramik (nicht erwähnt im Protokoll Antikencabinett), Tierknochen
Diese Beigaben werden im Protokoll Antikencabinett unter „Grab 550" geführt.
Lit.: Kromer 1959, 124 Taf. 105; Glunz 1997, 51 f.; Siepen 2005, Nr. 441.

Brandschüttung 555
Situla mit omegaförmigen Attaschen, H. 23 cm
Zwei Bz-Spitzenschützer
Fe-Antennenwaffe mit zylindrischer Griffhülse (Kurzschwert)
Ramsauer erwähnt weitere Fe-Waffen sowie Keramik (nicht überliefert)
Lit.: Kromer 1959, 125 Taf. 115; Hodson 1990, 150; Prüssing 1991, Nr. 162; Sievers 1982, Nr. 1.

Brandschüttung 556
Perle (Material nicht bestimmbar), mit dünnem Au-Blech überzogen
Drei Bz-Spiralröllchen mit Au-Blech überzogen
Bz-Armring, grob geperlt, Typ Hallstatt Grab 944
Zwei Brillenfibeln
Gürtelhaken, zungenförmig
Augenperle, Glas
Bz-Knöpfe von Textil und Keramik (nicht überliefert)
Ramsauer: … „und die Knochenreste mit kleinen Bronzeknöpfl (wahrscheinlich von einem gestickten Teppich)" …
Lit.: Kromer 1959, 125 Taf. 102; Betzler 1974, Nr. 535.536; Siepen 2005, Nr. 111; Hansen 2010, 253 Nr. 159.

Brandschüttung 557
Griff einer Bz-Antennenwaffe Typ Hallstatt mit Miniaturgefäßbesatz
Sanguisugafibel mit plastischer Sphinx
Lit.: Kromer 1959, 125 Taf. 106; Sievers 1982, Nr. 60; Hodson 1990, 150; Glunz 1997, 74 f. Taf. 27,2.

Brandschüttung 558
Drei Phalerae, ineinandergestellt
Verrostete Fe-Waffen
Keramik
Lit.: Kromer 1959, 125 Taf. 138; Barth 1980.

Brandschüttung 559
Bz-Antennenwaffe Typ Hallstatt
Tüllenmeißel
Lanzenspitze
Gitterscheibenfibel
Keramik, Tierknochen (nicht überliefert)
Lit.: Kromer 1959, 125 Taf. 106; Hodson 1990, 150; Mayer 1977, Nr. 1539; Sievers 1982, Nr. 62; Stöllner 2007, 245 (Gruppe A).

Brandschüttung 569
Situla Typ Hajdúböszörmény, H. 36,5 cm, darin eine Keramikschale
Breitrandschale mit Fußstützen
Armring, grob geperlt, Typ Hallstatt Grab 49
Ca. 300 Tutuli mit Ösen
Konzentisches Ringgehänge
Gestieltes Ringgehänge
Sechs verschiedene Ringe
Zwei Brillenfibeln
Gürtelhaken, zungenförmig (A nach Stöllner)
Gürtelhaken, zungenförmig (B nach Stöllner)
58 Bernsteinperlen
Zwei Bernsteinschieber
Korallenperlen
Glasperlen
Keramik, Tierknochen
Ramsauer: „… *Bei 5000 Stück kleine Bronzeknöpfl, wahrscheinlich von einen bestückten Kleide oder Teppich*" … (Kromer 1959, 127).
Lit.: Kromer 1959, 127 Taf. 107; Betzler 1974, Nr. 384.448; Hodson 1991, 150; Prüssing 1991, Nr. 116.295; Siepen 2005, Nr. 5.

Brandschüttung 573
Situla Typ Kurd mit zwei Griffen, H. 38 cm
Keramikschale (in der Situla)
Breitrandschale (in Grabskizze, nicht überliefert, Protokoll Antikencabinett: zerbrochen)
Zwei Fe-Griffzungenschwerter Typ Mindelheim, eines mit Elfenbeinknauf, -griffschalen und Bernsteineinlagen, das andere vermutlich mit aufgelegtem geometrisch verziertem Au-Streifen (mit Pb unterlegt), 76 cm und 115 cm lang
Große Mehrkopfnadel mit drei aufgeschobenen Knöpfen, Faltenwehr und Spitzenschutz, L. 54 cm
Knochenhülse, doppelkonisch
16(?) Bratspieße mit Ringgriff
Fe-Waffen
Tierknochen (in Skizze), Keramik (nicht überliefert)
Sn-Streifen unter der Keramik
Lit.: Kromer 1959, 128 Taf. 108; 109; 223; Hartmann 1970, 120 f.; Gerdsen 1986, 170; Hodson 1990, 150; Prüssing 1991, Nr. 99; Hansen 2010, 253 Nr. 160.

Brandschüttung 574
Situla mit parallelseitigen Attaschen, H. 22,4 cm
Situla ohne Tragevorrichtung, H. 53 cm
Amphore (Ramsauer: „Vase von Bronz")
Bz-Lappenbeil Typ Hallstatt, Var. Frög
Dolch mit von Bz-Draht umwickelter Scheide, Var. Neuenegg/Erkertshofen
Gitterscheibenfibel
Fe-Waffen (nicht überliefert)
Fuß eines Drehscheibengefäßes
Tierknochen
Armreif, Brillenfibel, Breitrandschale(?) in Skizzen eingezeichnet, nicht im Text erwähnt. Prüssing gibt drei Situlen

an; es werden aber in allen Protokollen nur zwei erwähnt. Die Protokolle bebildern eindeutig eine kugelförmige, offenbar bronzene Amphore mit Fuß.
Ergänzung aus dem Protokoll Antikencabinett: „No 1618 Eine Opferhacke/Kelte von Bronz, No 1619 Ein Dolchgriff von Bronz ein zweiter gebrochen, No 1620 Ein zierliches Bronzheftl No 1621, 1622 Zwei Bronzkessel einer 18 Zoll zweiter 10 Zoll groß, kleinerer mit Hängbogen, No 1623 Eine Vase von Bronz, dann verrostete Eisenwaffen Thongeschirr in Stücken und viele Thierknochen". Zu Nr. 1623 steht in der Übergabeliste: „1 zerbrochene Bronzevase, konnte nicht mehr ausgerichtet werden", im Zwischenkatalog von Krauss fehlt das Stück.
Lit.: Kromer 1959, 128 Taf. 114; Pauli 1975, 11 (Grab 910, irrige Zugehörigkeit einer Ziste); Hodson 1990, 150; Mayer 1977, Nr. 829; Prüssing 1991, Nr. 132.163.192.326 (zugehörig sind nur die Nr. 132.192); Amphore vermutlich Prüssing Nr. 368; Sievers 1982, Nr. 63.

Brandschüttung 577
Breitrandschale, Fragment, keinem Typ zuweisbar
Situla mit unbestimmten Attaschen, H. 23 cm
Bz-Vase, Form Hallstatt (nach Prüssing 1991), Typ Cerveteri (nach Egg 1996)
Griff einer Bz-Antennenwaffe Typ Hallstatt (Klinge fehlt)
Spiralschmuck
Gitterscheibenfibel mit Anhängern
Fibelfragment mit Miniaturgefäßen besetzt
Vier Bz-Ringlein
Fe-Spitze, Funktion unklar, (Kromer: Lanze oder Dolch)
Fe-Lappenbeil
Keramik, Tierknochen, Brillenfibel, Armreifen, Fe-Waffen (nicht überliefert)
Lit.: Kromer 1959, 129 Taf. 110; Hodson 1990, 150; Prüssing 1991, Nr. 146.306.367; Sievers 1982, Nr. 61; Mayer 1977, Nr. 1457.

Brandschüttung 585
Ortband einer Bz-Antennenwaffe Typ Hallstatt (Griff nicht überliefert, wohl ähnlich dem Griff aus Grab 559)
Bz-Nadel(?)
Über der Brandschüttung befand sich die anthropomorphe Plastik (Oberkörper) eines Gefäßträgers
Lit.: Kromer 1959, 130 Taf. 115; Sievers 1982, Nr. 65

Brandschüttung 586
Drei halbrunde Au-Plättchen mit Treibzier, auf Bz-Blech befestigt
Zwei Ringe aus doppeltem Au-Draht, tordiert, Dm. 4 cm, 4,6 cm
Drei Bz-Röhrchen mit Au-Draht überzogen
Drei Brillenfibeln
Fragmente geperlter Armreifen
Fragmente eines gestielten Ringgehänges, wohl zugehörig zwölf kleine Bz-Ringlein und anthropomorpher Anhänger
Keramik oder Bz-Gefäße in Skizze eingezeichnet (von Ramsauer nicht erwähnt, nicht überliefert)
Lit.: Kromer 1959, 130 Taf. 115; Betzler 1974, Nr. 716.717; Siepen 2005, Nr. 462; Hansen 2010, 253; 161.

Brandschüttungen „587/588"
Zwei Bz-Antennenwaffen Typ Hallstatt (Griff und Fragment)
Zungenförmiger Gürtelhaken Form A nach Stöllner
Fe-Lanzenspitzen (in Skizze, nicht überliefert)
Keramik (in Skizze, nicht überliefert)
Lit.: Kromer 1959, 131 Taf. 109; Hodson 1990, 150; Sievers 1982, Nr. 49.57.

Brandschüttung 597
Bandhenkel mit geschwungenen Attaschen
Kahnfibel Typ Šmarjeta
Mehrkopfnadel
Keramik, Tierknochen (nicht überliefert)
Lit.: Kromer 1959, 132 Taf. 116.

Brandschüttung 599
Situla Typ Kurd, H. 70 cm, mit in den fünf Henkeln eingehängten strichgruppenverzierten Ringen, ein Henkel mit Ring fehlen, Ring als Brustschmuck in Grab 603
Zwei tordierte Henkel eines Bz-Gefäßes (nach Egg 1996, 254 Situla mit beweglichen Henkeln?)
20 Kugelkopfnadeln
Drei Bz-Ringe, unbestimmt
30 Bernsteinperlen
Drei Stück Bz-Spiralschmuck
Drei Bz-Spiralarmreifen
Schale einer Jakobsmuschel
Zwei Zierscheiben mit Klemmzwingen an der Unterseite (2,5 cm und 3 cm)
Keramik, Tierknochen (nicht überliefert)
Lit.: Kromer 1959, 132 Taf. 122; Hodson 1990, 151; Prüssing 1991, Nr. 101.407.

Brandschüttung 600
Kreuzattaschenkessel
Breitrandschale mit radial am Schalenrand befestigter Öse
Situla ohne Tragevorrichtung, H. 42 cm
Situla mit omegaförmigen Attaschen und Falzboden, H. 23 cm
Fe-Griffzungenschwert Typ Mindelheim, Bz-Glockenknauf
Drei Fe-Bratspieße mit Ringgriff, (Grabskizze zeigt sieben Stück)
Ärmchenbeil
Fe-Lappenbeil
Fragment einer Mehrkopfnadel mit Spitzenschutz
Griffdornmesser
Zwei Lanzenspitzen
Lanzenschuh
Zwei Brillenfibeln
Wetzstein
Keramik, Tierknochen (nicht überliefert)
Lit.: Kromer 1959, 132 Taf. 112; 113; Betzler 1974, Nr. 682.683; Mayer 1977, Nr. 1426.1444; Gerdsen 1986, 170; Hodson 1990, 151; Prüssing 1991, Nr. 164.180.258.285.

Körpergrab 603 (ca. 1,80 m groß)
Riemenverteiler kreuzförmig, Keramik
Kahnfibel mit Kreisaugendekor
Bz-Ring mit Strichzier (vgl. Situla Grab 599)
Brillenfibel
T-förmiger Gürtelhaken (Blechgürtel?)
Bernsteinperlen
Evtl. zwei Brillenfibeln und Situla: Zugehörigkeit nicht gesichert, nicht erwähnt in Protokoll Antikencabinett
Lit.: Kromer 1959, 133 Taf. 117; Hodson 1990, 151; Glunz 1997, 107 Taf. 37,11; Betzler 1974, Nr. 687.

Brandgrab 604
Bz-Schale, zerbrochen
Zwei Armreifen
Kreuzförmiger Gürtelhaken
Niete vom Gürtel (nicht überliefert)
Bruchstücke der Bz-Schale, Armreifen, Niete, Keramik und Tierknochen (nicht überliefert)
Lit.: Kromer 1959, 133 Taf. 117; Kilian-Dirlmeier 1975, Nr. 360.

Brandschüttung 605
Situla mit omegaförmigen Attaschen, H. 19 cm
Henkel von einem Kännchen mit Hebelgriff
Situla Typ Hajdúböszörmény, H. 23 cm, darin Kannenhenkel s. o.
Situla unbestimmt
Breitrandschale mit schmaler, nach innen greifender Laschenöse, Fuß fehlt, darin Tierknochen
Fe-Fragment eines Griffzungenschwerts Typ Mindelheim
Schwert (nicht überliefert)
Fe-Lappenbeil
Zwei Krempenphaleren
Zwei Mehrkopfnadeln
Trompetenförmiges „Rohr" (nicht überliefert)
Keramik (nicht überliefert), *Kartei Mahr: „andere Waffen, verrostet"*
Lit.: Kromer 1959, 133 Taf. 118; Barth 1973, 50; Mayer 1977, Nr. 1469; Gerdsen 1986, 170; Barth 1980; Hodson 1990, 151; Prüssing 1991, Nr. 88.113.118.297.

Brandschüttung 606 (evtl. Vermischung mit 580, *Protokoll Antikencabinett gemeinschaftl. Grab mit 580*)
Zwei Halbmondfibeln mit Vogelprotomen *(Protokoll Antikencabinett: eine)*
Drei Brillenfibeln *(Protokoll Antikencabinett: zwei)*
Zwei Armreifen Typ Echerntal
Fe-Waffen
Keramik
Lit.: Kromer 1959, 134 Taf. 116; Betzler 1974, Nr. 679.680; Glunz 1997, 51 f.; Siepen 2005, Nr. 376.377.

Brandschüttung 607
Breitrandschale mit nach innen greifender Laschenöse
Doppelscheibenfibel
Griffzungenschwert Typ Mindelheim, Bz-Pilzknauf, L. 88,5 cm
Lappenbeil Typ Hallstatt, Var. Klein Klein
Mehrkopfnadel mit zwei Knöpfen
Singuläre Kugelkopfnadel
Lit.: Kromer 1959, 134 Taf. 119; Gerdsen 1986, 171; Hodson 1990, 151; Schauer 1971, Nr. 606; Prüssing 1991, Nr. 290; Mayer 1977, Nr. 842; Glunz-Hüsken 2008, 38.

Brandschüttung 608
Breitrandschale
Zwei Situlen, H. ca. 38 cm und 50 cm
Griff einer Bz-Antennenwaffe Typ Hallstatt
Zwei Mehrkopfnadeln
Phalera
Keramik, Tierknochen

Überliefert sind nur die Phalera, der Dolchgriff und die beiden Nadeln
Lit.: Kromer 1959, 134 Taf. 122; Hodson 1990, 151; Sievers 1982, Nr. 44.

Brandschüttung 609
Zwei Phalerae
Keramik
Lit.: Kromer 1959, 135 Taf. 136; Barth 1980.

Brandschüttung 611
Situlenfragment, unbestimmbar
Ringgehänge
Dolchmesser mit von Bz-Draht umwickelter Scheide, Var. Neuenegg/Erkertshofen
Keramik (nicht überliefert)
Lit.: Kromer 1959, 135 Taf. 120; Hodson 1990, 151; Sievers 1982, Nr. 150; Prüssing 1991, Nr. 206.

Brandschüttung 623
20 Bz-Röllchen mit Au-Blech überzogen
Au-Plättchen und Au-überzogener Bz-Draht, L ca. 1,2 cm (nicht überliefert)
Zwei Mehrkopfnadeln
Drei Brillenfibeln (nur eine überliefert)
Zwei Gürtelhaken, zungenförmig
Armreif, geperlt mit Zwischenscheiben
Ösen und Nieten von Textil (nicht überliefert)
Knöpfe und Nieten sind in der Sammlung nicht mehr überliefert (und daher bei Kromer auch nicht abgebildet):
Ramsauer: … „dann kleine Knöpfl und Nieten von verdorbenen Kleidungsstücken" … (Kromer 1959, 136)
Keramik, Tierknochen
Lit.: Kromer 1959, 136 Taf. 121; Siepen 2005, Nr. 482; Hansen 2010, 253 Nr. 162.

Brandschüttung 626
Situla mit omegaförmigen Attaschen und Falzboden, H. 34,5 cm
Breitrandschale mit plastischem Vogelbesatz, Fuß fehlt
Lit.: Kromer 1959, Taf. 121; Hodson 1990, 151; Prüssing 1991, Nr. 166.298.

Brandschüttung 641
Miniaturaxt mit Pferd und Reiter
Bz-Schale, flach, Dm. ca. 18 cm (nicht überliefert)
Mehrkopfnadel
Keramik, Tierknochen und geschmolzene Bronzen (nicht überliefert), Nadel und Axt befanden sich in der Schale.
Ergänzung aus dem Protokoll Antikencabinett, das den bei Kromer angegebenen Inhalt des Grabes jedoch nicht verändert: „*Den 16ten August in Beisein des kk. Directors der Universitäts-Bibliothek in Wien Herrn Josef Diemer und Hr. Professor Dr. Franz Pfeiffer an der Universität in Wien das 641. Grab geöffnet. Enthielt einen Leichenbrand 2 1/2 Fuß tief in der Erde auf rolligen Schotter gelegen und mit Steinen bedeckt. Ausbreitung 3 Fuß 6 Zoll im Durchmesser, auf den Knochenresten folgende Gegenstände: No. 1753 Eine ungefähr 7 Zoll große, ganz verbrochene Bronzschalle, in welcher sich ein Stockgriff von Bronz hackenförmig mit am Rücken angegossenen Pferd mit Ritter, sehr blump gearbeitet, dann eine Nro.1754 Bronznadl, nebst verschmolzenen und verbrochene Bronzsachen vorfanden. Nebenbei viele Thierknochen und Thongeschirr.*"
Lit.: Kromer 1959, 138 Taf. 137; Hodson 1990, 151.

Brandschüttung 643
Acht verschieden große Phalerae
Zwei Mehrkopfnadeln
Ärmchenbeil
Keramik, Tierknochen
Lit.: Kromer 1959, 139 Taf. 134; Barth 1980.

Brandschüttung 660
Ziste mit beweglichem Henkel
Zwei Buckelarmringe mit Zwischenscheiben, Typ Echerntal
Vier Brillenfibeln
Keramik, Tierknochen (nicht überliefert)
Lit.: Kromer 1959, 140 Taf. 157; Hodson 1990, 152; Siepen 2005, Nr. 387.388; Betzler 1974, Nr. 375.607-609.772; Prüssing 1991, Nr. 325.

Brandschüttung 664
Dolchmesser mit von Bz-Draht umwickelter Scheide, Var. Neuenegg
Gürtelblechfragment mit Vögeln (nicht erhalten)
Fragment eines Wetzsteins
Kette mit Klapperblech (zu Gürtel gehörig?)
Lit.: Kromer 1959, 141 Taf. 133; Kilian-Dirlmeier 1972, Nr. 666; Sievers 1982, Nr. 125.

Brandschüttung 666
Gestieltes Ringgehänge mit Ringen
Zwei Brillenfibeln
Gürtelhaken, zungenförmig
Keramik (nicht erhalten)
Lit.: Kromer 1959, 141 Taf. 132; Betzler 1974, Nr. 421.601.

Brandschüttung 667
Situla mit omegaförmigen Attaschen, H. 23,5 cm, gefüllt mit Leichenbrand
Beckenschale, Dm. 22 cm, H. 8 cm
Schale, nicht überliefert, zerstört aufgefunden (Protokoll Antikencabinett zu den beiden Schalen: „No. 1793 Eine 8 ½ große halbkugelförmige Bronzschalle gut erhalten. Eine zweite derlei Schalle zerbrochen.")
Gitterscheibenfibel
Blechgürtel getrieben mit großen, geschlossenen Feldern
Dolchmesser mit von Bz-Draht umwickelter Scheide, Var. Erkertshofen
Keramik, Tierknochen (nicht überliefert)
Lit.: Kromer 1959, 142 Taf. 135; Hodson 1990, 152; Prüssing 1991, Nr. 42.126; Kilian-Dirlmeier 1972, Nr. 609; Sievers 1982, Nr. 151.

Brandschüttung 668
Situla mit omegaförmigen Attaschen und Falzboden, H. 22, 5 cm
Ortband von Antennenwaffe Typ Hallstatt
Kreuzförmiger Gürtelhaken
Zungenförmiger Gürtelhaken
Perle, Glas
Sechs Kugelkopfnadeln
Brillenfibel

Keramik, Tierknochen (nicht erhalten)

Lit.: Kromer 1959, 141 Taf. 135; Kilian-Dirlmeier 1975, Nr. 357; Sievers 1982, Nr. 68; Prüssing 1991, Nr. 165.

Brandschüttung 669

Fragmente eines mutmaßlichen Amuletts oder Gehänges, bestehend u. a. aus einem Nabenbeschlag, tordierten Stäben, Miniaturgefäßen

Zwei Sanguisugafibeln mit langem Fuß und eckiger Bügelform

Blechgürtel Typ Schrotzhofen

Gürtelgehänge geschmiedet, mit Miniaturgefäßen (Tabletts), Ringen

Bernsteinring, kantig gedrechselt

Ca. 79 kleinere Bernsteinperlen

23 Au-Perlen

Armring, geperlt, mit Zwischenscheiben

Protokolle erwähnen Keramik (nicht überliefert)

Lit.: Kromer 1959, 142 Taf. 152; Hartmann 1970, 122 f.; Glunz 1997, 71 (Form B); Kilian-Dirlmeier 1972, Nr. 595; Siepen 2005, 59 f. Nr. 469; Hansen 2010, 253 Nr. 163.

Brandschüttung 671

Beckentasse mit gehörntem Tier und Jungtier, Dm. 14 cm, H. 30 cm

Zwei Au-Spiralringe, Draht, tordiert, Dm. ca. 3 cm

Bernsteinperlen

Bernsteinkamm, L. 4,5 cm

Objekt, Bernstein

Zwei Bernsteinschieber

Zwei Buckelarmringe mit Zwischenscheiben, Typ Echerntal

Getriebener Blechgürtel Typ Oderding

Blechgürtel, asymmetrisch gleichgerichtete Trennmotive

Zwei Gürtelhaken, rhombisch, fragmentiert

Drei Bernsteinperlen, doppelkonisch

Drei Brillenfibeln

Keramik (nicht überliefert)

Ösen von Textilbesatz

Die Ösen sind in der Sammlung nicht mehr überliefert (und daher auch nicht im Tafelteil abgebildet). Ramsauer:... „*Über die ganze Fläche des Leichenbrandes befanden sich eine Menge 1 bis 2 Linien grohser Bronznieden und Knöpfl, woraus geschlohsen werden kann, dahs über denselben ein gestickter Teppich ausgebreitet war.*" ... (Kromer 1959, 142).

Lit.: Kromer 1959, 142 Taf. 130; 131; Kilian-Dirlmeier 1972, Nr. 581.589; Betzler 1974, Nr. 519-521; Hodson 1990, 152; Prüssing 1991, 28; Hansen 2010, 253 Nr. 164.

Körpergrab 672

Kreuzförmiger Bz-Riemenverteiler, an der Rückseite kreuzförmige Aussparung

Protomen-Ringgehänge

Zwei Buckelarmringe mit Zwischenscheiben, Typ Hallstatt Grab 658

200 kleine Bz-Schüppchen mit Öse

Größeres Bz-Schüppchen mit Öse

89 Bernsteinperlen

Befund: auf Brust Perlen, Ringgehänge. Am Kopf Riemenverteiler. Ösen als Gürtelbesatz

Lit.: Kromer 1959, 142 Taf. 138; Hodson 1990, 152; Siepen 2005, Nr. 297.298.

Körpergrab 676
Zwei Armreifen mit übereinandergreifenden Enden Dm. 6 cm und 6,3 cm; *nicht genannt im Protokoll Antikencabinett*
Zwei Drahtarmringe, mit Schrägstrichgruppen Dm. 5,7; 6,1 cm
Beschlag
Bernsteinperlen
Zwei Bernsteinschieber, verziert
Gürtelblech, getrieben, Typ umlaufend kombiniertes Rahmenwerk, L. 94,2 cm
Lit.: Kromer 1959, 143 Taf. 156; Kilian-Dirlmeier 1972, Nr. 638; Hodson 1990, 153 (Gürtel aus 696 zu 676?); Siepen 2005, Nr. 980-983.

Brandschüttung 677
Situla ohne Tragevorrichtung, H. 55, 5 cm
Situla mit omegaförmigen Attaschen, H. 19 cm
Breitrandschale mit am Schalenrand radial befestigter Öse
Ramsauer: „Eisenschwert" (nicht überliefert)
Drei Brillenfibeln
Halbmondfibel Typ Tolmin
Bz-Draht mit Schlingen und Klapperblechen
Zwei Mehrkopfnadeln
Keramik, Tierknochen (nicht überliefert)
Lit.: Kromer 1959, 143 Taf. 159; Betzler 1974, Nr. 531.532.852; Hodson 1990, 152; Prüssing 1991, Nr. 117.176.288; Glunz 1997, 56.

Brandschüttung 679
Vier halbkreisförmige Au-Plättchen mit Treibzier (drei überliefert)
Gürtel
Situla
Brillenfibel
Keramik, Tierknochen
Gürtel, Situla, Fibel, Keramik und Tierknochen (nicht überliefert)
Lit.: Kromer 1959, 143 Taf. 138; Barth 1973, 49; Hansen 2010, 253 Nr. 165.

Brandschüttung 682
Bz-Fußschale
Zwei Kniekahnfibeln
Zwei hülsenartige Au-Bleche, verziert, davon eines mit Fe-Niet
Bz-Antennenwaffe Typ Hallstatt, Fragment Dolchgriff
2 Bz-Ringe (Bernsteinringe?, nicht überliefert)
Lit.: Kromer 1959, 144 Taf. 129; 224; Sievers 1982, Nr. 50; Glunz 1997, Taf. 39,6.7; Hansen 2010, 253 Nr. 166.

Körpergrab 683
Bz-Schüppchen
Fünf offene Ringlein (am Kopf)
Bz-Perle
Glasperle
Armring mit Zwischenscheiben, Typ Hallstatt Grab 658
Lit.: Kromer 1959, 144 Taf. 139; Siepen 2005, Nr. 313.

Brandschüttung 689
Breitrandschale, Fragment
Mehrkopfnadel
Fe-Waffen (nicht überliefert)
Lit.: Kromer 1959, 145 Taf. 139; Prüssing 1991, Nr. 302.

Brandschüttung 696
Situla Typ Kurd, H. 45 cm
Situla mit abgewinkelten Stielattaschen H. 22 cm
Kreuzattaschenkessel
Deckel, auf einer der Situlen
Zwei Schlangenfibeln S 4, *das Protokoll Antikencabinett erwähnt „Nadeln"*
Eisernes Dolchmesser Typ Aichach mit Rademblemen, Griff vergoldet, die Knaufstange unter den Rädern absichtlich verkürzt und zerstört. Klinge mit Au-tauschierten Kreisaugengruppen. Scheide mit Au-Blech überzogen
Bernsteinperlen
Spiralschmuck
Zwei Buckelarmringe mit Zwischenscheiben, Typ Echerntal
Au-Spiraldraht, Dm. ca. 3,5 cm
Blechgürtel, getrieben, Typ Schrotzhofen
Keramik, Tierknochen (nicht überliefert)
Lit.: Kromer 1959, 146 Taf. 124; 125; Hodson 1990, 153; Prüssing 1991, Nr. 106.140.262.343; Sievers 1982, Nr. 188; Kilian-Dirlmeier 1972, Nr. 606; Glunz 1997, Taf. 32,12.13; Hartmann 1970, 120 ff.; Teržan 2009; Hansen 2010, 253 Nr. 167.

Brandschüttung 697
Situla ohne Tragevorrichtung, Kerben am Rand, H. 73 cm
Situla mit Schulterrippen, abgewinkelte Stielattaschen, H. 27,5 cm
Situla mit Schulterrippen, H. 70 cm
Bz-Deckel mit Hundestempeln (auf der kleineren Situla)
Miniaturaxt mit „griechisch-archaischem" Pferd
Fe-Griffzungenschwert Typ Mindelheim mit Elfenbeinknauf, L. ca. 84 cm
Drei Mehrkopfnadeln (auf dem Schwert)
Feile
Drei Krempenphaleren
Mehrere Lanzen, Beil, Keramikgefäße, Tierknochen (nicht überliefert)
Lit.: Kromer 1959, 146 Taf. 127-128; Polenz 1978; Gerdsen 1986, 171; Hodson 1990, 153: Bz-Gefäße aus 696 gehören zu 697? Prüssing 1991, Nr. 139.158.171.342; Mayer 1977, Nr. 62; Dehn et al. 2005, 160 Nr. 57; Gerdsen 1986, 171; Stöllner 2007, 245 (Gruppe A); Teržan 2009.

Brandschüttung 701
Zwei Situlen (nicht überliefert), H. ca. 20 cm, 25 cm
Feile (nicht überliefert)
Konisch geformte „Hülse"
Krempenphalere
Viele verrostete Fe-Waffen (nicht überliefert)
Keramik, Tierknochen (nicht überliefert)
Lit.: Kromer 1959, 147 Taf. 146; Barth 1980; Hodson 1990, 153; Stöllner 2007, 245 (Gruppe B).

Brandschüttung 702
Bz-Dolch mit entwickelter Knauf- und Scheidengestaltung, Var. Aichach, Fe-Scheide Lappenbeil mit eiserner Klinge, Typ Hallstatt, Var. Klein Klein nahestehend
Verrostete Fe-Waffen (nicht überliefert)
Keramik, Tierknochen (nicht überliefert)
Ergänzung aus dem Protokoll Antikencabinett, die jedoch keine Änderung des Kromer'schen Inventars darstellt:
„702tes Grab, mit einem Leichenbrand 3' tief in der Erde, auf geebneten Schotter gelagert, Ausbreitung in Ovalform 3' und 2' mit großen gebrochenen Steinen überlagert, obenauf mit Bäumen überwachsen; auf den Knochenresten aufgefunden: No 1925 Ein Dolch, Griff Bronz, Klinge Eisen, und zusammengebogen, dann Bruchtheile von No 1925 ½ einer Bronzeschaide mit einen zierlichen Theil an der Spitze, No 1926 Eine Kelte, Haus von Bronze, Klinge Eisen, kömmt zum Erstenmale in dieser Art vor, nebst mehreren verrosteten Eisenwaffen, u. verbrochenen Thongeschirr, zwischen welchen sich Thierknochen vorfanden".
Lit.: Kromer 1959, 147 Taf. 143; Hodson 1990, 153; Sievers 1982, Nr. 171; Mayr 1977, Nr. 846.

Brandschüttung 703
Dolch mit von Bz-Draht umwickelter Scheide, Var. Neuenegg
Kahnfibel, unverziert, Form B
Hohler Armring mit Strichmuster
Griffangelmesser
Fe-Waffen, Keramik, Tierknochen (nicht überliefert)
Lit.: Kromer 1959, 147 Taf. 145; Sievers 1982, Nr. 123; Glunz 1997, 110 f.; Siepen 2005, Nr. 879.

Brandschüttung 711
Gürtelblech, Typ schmale Horizontalstreifen, Reiterstempel
Zwei Tonnenarmringe Typ Hallstatt Grab 715
Spinnwirtel
Fe-Waffen
Phalerenfragment, *nicht erwähnt in Protokoll Antikencabinett*
Tierknochen
Lit.: Kromer 1959, 148 Taf. 151; Kilian-Dirlmeier 1972, Nr. 646; Siepen 2005, Nr. 1298.

Brandschüttung 716 (Kind oder Frau und Kind?)
Halbmondfibel mit Vogelprotomen
Armring Typ Hallwang, Dm. 6,5 cm
Keramik, Tierknochen (*nicht in Protokoll Antikencabinett*), geschmolzene Bronze
Lit.: Kromer 1959, 149 Taf. 151; Glunz 1997, 51 f.; Siepen 2005, Nr. 911.

Brandschüttung 724
Fibelnadel mit Miniaturkragenrandgefäß
Verrostete Fe-Waffen (nicht überliefert)
Lit.: Kromer 1959, 150 Taf. 144.

Brandschüttung 732
Breitrandschale mit stabförmigem Querhenkel
Bz-Rippenschale, fragmentiert mit angenietetem Henkelansatz, Henkel fehlt
Vier Brillenfibeln
Acht Zierknöpfe mit Zwingen
Nadel mit doppelkonischem Knopf

Buckelarmring mit Zwischenscheiben, Typ Ottensheim
Buckelarmring mit Zwischenscheiben, Typ Echerntal
Mehrkopfnadel
Keramikschale mit einbiegendem Rand, Graphitsternmuster innen und außen, Omphalosboden
Vier kleine Ringlein
Lignitring, Dm. 3 cm
Lit.: Kromer 1959, 151 Taf. 147; Betzler 1974, Nr. 353.354.380.455; Hodson 1990, 153; Prüssing 1991, Nr. 47.281; Siepen 2005, Nr. 245.369.

Brandschüttung 733
Glastasse, gelb, Henkelansatz
Körbchenaufsatz vermutl. von Ringgehänge (s. Grab 507, s. Hodson 1990, Pl. 78)
Brillenfibel
Keramik (nicht überliefert)
Lit.: Kromer 1959, 151 Taf. 149; Betzler 1974, Nr. 406; Hodson 1990, 153.

Brandschüttung 734
Miniaturaxt mit Pferd und Stützschwanz
Splintartiger Gürtelhaken
Keramik, Tierknochen (nicht überliefert)
Lit.: Kromer 1959, 151 Taf. 147; Mayer 1977, Nr. 61; Hodson 1990, 153 f.

Brandschüttung 744
Fünf konische Bz-Knöpfe mit Öse
Vier gerippte Bz-Ringlein
Fe-Waffen, Keramik, Tierknochen (nicht überliefert)
Lit.: Kromer 1959, 152 Taf. 36.

Brandschüttung 747
Armring, grob geperlt
Buckelarmring mit Zwischenscheiben, Typ Ottensheim
Zwei oder drei Brillenfibeln
200 Bz-Schüppchen mit Öse
Sechzehn größere Schüppchen mit Öse
Fünfzehn Klapperbleche
Fünfzehn Bz-Röhrchen
Ringgehänge, konzentrisch
Keramik, Tierknochen (nicht überliefert)
Lit.: Kromer 1959, 152 Taf. 149; Betzler 1974, Nr. 623.624; Siepen 2005, Nr. 144.246.

Brandschüttung 750
Krempenphalere mit anhängenden Ketten und anthropomorphen Klapperblechen
Armringe und Brillenfibeln, Anzahl unklar (nicht überliefert)
Keramik, Tierknochen (nicht überliefert)
Lit.: Kromer 1959, 153 Taf. 150.

Brandschüttung 756
Fe-Antennenwaffe mit zylindrischer Griffhülse, Dolch
Zwei Mehrkopfnadeln

Fibel mit Bernstein (nicht überliefert)
„Mehrere Fe-Waffen, zerbrochen" (nicht überliefert)
Keramik, Tierknochen (nicht überliefert)
Lit.: Kromer 1959, 153 Taf. 141; Sievers 1982, Nr. 19.

Brandschüttung 762
Fragmente von zwei halbkreisförmigen Au-Plättchen, treibverziert
Ca. 500 Bz-Schüppchen mit Öse (über einem Teil der Bestattung ausgebreitet)
Drei Kahnfibeln mit quergebändertem Bügel (*Protokoll Antikencabinett: … „zwei ganze und zwei gebrochene Bronzeheftl"…*)
Buckelarmring mit Zwischenscheiben, Typ Hallstatt Grab 658
Fe-Waffen (nicht überliefert)
Keramik, Tierknochen (nicht überliefert)
Lit.: Kromer 1959, 154 Taf. 126; Glunz 1997, 101 f.; Siepen 2005, Nr. 301; Hansen 2010, 254 Nr. 168.

Brandschüttung 763
Armreif Typ Echerntal
Spinnwirtel, doppelkonisch
Gürtelhaken mit Fischdarstellung
Keramik, Tierknochen (nicht überliefert)
Lit.: Kromer 1959, 154 Taf. 142; Siepen 2005, Nr. 417.

Brandschüttung 765
Griff einer Bz-Antennenwaffe Typ Hallstatt, Klinge fehlt
Zwei Kniefibeln Form B
Brillenfibel
Lit.: Kromer 1959, 154 Taf. 142; Betzler 1974, Nr. 374; Hodson 1990, 154; Sievers 1992, Nr. 45; Glunz 1997, 68 Taf. 24,10.11.

Brandschüttung 766
Bz-Antennenwaffe Typ Hallstatt, Ortband
Gürtelhaken, rhombisch
Keramik, Tierknochen (nicht überliefert)
Lit.: Kromer 1959, 154 Taf. 165; Sievers 1982, Nr. 54.

Brandschüttung 769
Breitrandschale mit schmaler, nach innen greifender Laschenöse
Ziste mit beweglichen Henkeln
Dolchmesser mit entwickelter Knauf- und Scheidengestaltung, Var. Etting
Zwei Kahnfibeln
Fe-Lappenbeil
Lanzenspitze
Keramik, Tierknochen (nicht überliefert)
Lit.: Kromer 1959, 155 Taf. 144; Mayer 1977, - ; Hodson 1990, 154; Prüssing 1991, Nr. 293.327; Sievers 1982, Nr. 104; Glunz 1997, 109 f.

Brandgrab 776
Vier Fragmente eines Schüsselhelmes

Bz-Perle
Fe-Waffen, Keramik, Tierknochen (nicht überliefert)
Lit.: Kromer 1959, 156 Taf. 164; Hodson 1990, 154; Egg et al. 1998, 463 (Typ Molnik).

Brandschüttung 778
Bz-Schale mit radialen Rippen, Buckeln und Kreisaugen
Zwei Pferdefibeln
Zwei Sanguisugafibeln mit knochen- und bernsteinummanteltem Bügel
Bernsteinring, kantig
33 kleine Bernsteinperlen
Blaue Glasperle
39 kleine Bz-Ösen
Runder Schmuckkörper mit anthropomorphen Anhängern und organischem Besatz
Zungenförmiger Gürtelhaken
Vier kleine Bz-Ringlein
Schalenhälfte einer Jakobsmuschel
Keramik, Tierknochen (nicht überliefert)
Lit.: Kromer 1959, Taf. 163; Prüssing 1991, Nr. 46; Glunz 1997, 70 ff.; 137.

Brandschüttung 783
Bz-Antennenwaffe Typ Hallstatt
Zwei Lanzenspitzen
Keramikscheibe mit zwei randlichen Durchbohrungen (Webgewicht?)
Keramik, Tierknochen (nicht überliefert)
Lit.: Kromer 1959, 157 Taf. 146; Sievers 1982, Nr. 46.

Körpergrab 784 (Skelett ca. 1,58 m groß)
Zwei Riemendurchlässe, halbkugelig mit vier Zügen und einem Durchzug (Metzner- Nebelsick 2002, 526. Kromer Taf. 156,7 = Metzner- Nebelsick: kalottenförmiger Ringfußknopf ohne überstehende Kalotte Typ A V a).
Rollennadel
Zierscheibe mit kreuzförmigen profilierten Stegen (Metzner-Nebelsick 2002, 528)
Planer Fe-Ring mit Zwinge, scheibenförmig
Planer Fe-Ring
Befund: Zierscheibe und Fe-Ringe in Bauchbereich, Gürtelverschluss
Tongefäß
Lit.: Kromer 1959, 157 Taf. 56; Metzner-Nebelsick 2002, 526; 528.

Brandschüttung 788
Konzentrisches Ringgehänge
Gürtelhaken, zungenförmig
Brillenfibel
Sechs Kugelkopfnadeln
Spiralrolle, konisch
Vier Glasperlen
Drei Bernsteinperlen
Zwei Ringlein, Dm. 1,5 cm und 1,6 cm
Keramik, Tierknochen (nicht überliefert)
Lit.: Kromer 1959, 157 Taf. 159; Betzler 1974, Nr. 628.

Brandschüttung 789
Breitrandschale mit am Schalenrand radial befestigter Öse
Situla, unbestimmt
Fe-Griffzungenschwert Typ Mindelheim (zerbrochen)
Fe-Antennenwaffe mit zylindrischer Griffhülse
Drei Lanzenspitzen (zerbrochen)
Mehrkopfnadel
Buckelarmring mit Zwischenscheiben, Typ Ottensheim
Armring, geperlt
Fußring Typ Bruck an der Großglocknerstraße (zwei Fragmente)
Zwei Wetzsteine
Fe-Griffangelmesser
Fe-Messerfragment
Fe-Tüllenbeil
Kugelkopfnadel
Keramik, Tierknochen (nicht überliefert)
Unter der Situla: Dolch, Schwert, drei Lanzen, Beil, Messer, Wetzsteine
Lit.: Kromer 1959, 157 f. Taf. 161; Mayer 1977, Nr. 1517; Sievers 1982, Nr. 20; Gerdsen 1986, 171; Hodson 1990, 154; Prüssing 1991, Nr. 289; Siepen 2005, Nr. 202.239.1523.

Brandschüttung 791
Zwei Lanzenspitzen
Phalera
Nadelschaft
Drei ringförmige Objekte
Verschmolzene Bz-Teile
Keramik, Tierknochen
Lit.: Kromer 1959, 158 Taf. 160.

Brandschüttung 792
Gürtelhaken, rhombisch
Wetzstein
Lappenaxt mit Geweberest
Griffdornmesser
Keramik (nicht überliefert)
Lit.: Kromer 1959, 158 Taf. 160; Bender Jørgensen 2005, 143 Nr. 83.

Körpergrab 793
Protomen-Ringgehänge (Brust)
Melonenarmreif
Glasperle
Knochenstück mit Kreisaugen, durchbohrt
Armring grob geperlt, Typ 944
An jedem Ohr zwei ineinander hängende Bronzeringl (Protokoll Antikencabinett)
Keramik (nicht überliefert)
Lit.: Kromer 1959, 158 Taf. 162; Siepen 2005, Nr. 107.168.

Brandschüttung 794
Situla, ca. 20 cm hoch (nicht überliefert)
Gewundener Au-Draht (nicht überliefert)
Sanguisugafibel ohne Bügelbesatz, Form B
Brillenfibel
Armring, geperlt, mit Zwischenscheiben
Keramik, Tierknochen (neben der Situla, nicht überliefert)
Lit.: Kromer 1959, 158 Taf. 163; Glunz 1997, 71; Siepen 2005, Nr. 472; Hansen 2010, 254 Nr. 169.

Körpergrab 799
Zehn Beschlagscheiben eines Schüsselhelms. *Zitat Protokoll Antikencabinett: „neben den Kopfe übereinander gelegt(e)". Zitat Mahr-Kartei: „10 concave Platten, übereinandergelegt, mit Knopf in der Mitte".* Kromer 1959 nennt fünf Exemplare.
Mehrkopfnadel (auf der Brust)
Zwei Lanzenspitzen
Wetzstein
Lanzenspitzen und Wetzstein an der linken Handseite, nicht überliefert
Lit.: Kromer 1959, 159 Taf. 164; Hodson 1990, 154; Egg et al. 1998, 463 (Typ Molnik).

Brandschüttung 801
Situla mit parallelseitigen Attaschen, H. 22,5 cm
Ca. vierzehn Zierknöpfe mit Öse
Spiralring, Au-Draht, Dm. 4,0 cm
Buckelarmring mit Zwischenscheiben, Typ Ottensheim
Armring, flach gerippt
Zwei Bernsteinperlen, gebrochen
Zwei Brillenfibeln
Keramik, Tierknochen (nicht überliefert)
Lit.: Kromer 1959, 159 Taf. 168; Prüssing 1991, Nr. 136; Siepen 2005, Nr. 244.499; Betzler 1974, Nr. 578.579; Hansen 2010, 254 Nr. 170.

Brandschüttung 803
Mehrkopfnadel
Situla, H. 20 cm (nicht überliefert)
Drei Phalerae
Wetzstein
Lanzenspitze
Ärmchenbeil
Fe-Waffen
Zwei Keramikgefäße
Lit.: Kromer 1959, 159 f. Taf. 66.

Brandschüttung 809
Fe-Antennenwaffe mit zylindrischer Griffhülse
Lanzenspitze
Nadelschaft
Fe-Waffen, „Rüstungs- und Zierdestücke", Keramik, Tierknochen (nicht überliefert)
Lit.: Kromer 1959, 160 Taf. 169; Sievers 1092, Nr. 24.

Brandgrab 811
Neun Fragmente eines Schüsselhelmes
Lanzenspitze
Tierknochen (nicht überliefert)
Lit.: Kromer 1959, 160 f. Taf. 168; Egg et al. 1998, Abb. 20 (keine typologische Zuordnung).

Körpergrab 814
Trianguläres Anhängerblech L. 14,5 cm (am Bauch)
Armreif Typ Traunkirchen
Brillenfibel
Keramik (nicht überliefert)
Lit.: Kromer 1959, 161 Taf. 165; Betzler 1974, Nr. 574.575; Siepen 2005, Nr. 48.

Brandschüttung 825
Griff einer Bz-Antennenwaffe Typ Hallstatt
Kugelkopfnadel
Keramik (nicht überliefert)
Lit.: Kromer 1959, 162 Taf. 167; Sievers 1982, Nr. 71.

Brandschüttung 827
Situla ohne Tragevorrichtung, H. 53 cm
Gürtelbeschlag
Ring, verziert, vermutlich von konzentrischem Ringgehänge
Zwei Bz-Ringe
Armring geperlt, Variante Ringkörper weniger stark profiliert, Dm. 6 cm
Radanhänger
Bernsteinperlen
Bei der Grabung verschenkt: Vier kleine gerippte Armringe, zwei kleine Armringe, sechs Armringe, Mehrkopfnadel mit Spitzenschutz, fünf Brillenfibeln, Ringl und Knöpfl, Kleidverschlüsse, Beil
Keramik, Tierknochen (nicht überliefert)
Lit.: Kromer 1959, 162 Taf. 183; Betzler 1974, Nr. 871-875; Hodson 1990, 154; Prüssing 1991, Nr. 185; Siepen 2005, Nr. 477.

Brandschüttung 828
Situla mit Tragevorrichtung, unbestimmte Attaschen, H. 28 cm
Situla mit omegaförmigen Attaschen, H. 20 cm
Einzugschüssel, Keramik, innen Graphitsternmuster, außen Sn-Streifen
Ziernieten mit Öse, Nägelchen, Kettenglieder
Tierknochen (nicht überliefert)
Lit.: Kromer 1959, 162 f. Taf. 179; Hodson 1990, 154 (ebd. Grab 827); Prüssing 1991, Nr. 147.1254.

Körpergrab 834
Zwei Armreifen Typ Hallwang
Fünf Ohrringe, halbmondförmig mit kleinen Schalenanhängern
Zwei Bz-Ringe
Schüppchen mit Öse (*nicht erwähnt in Protokoll Antikencabinett*)
Vier Bernsteinringe und -perlen (am Hals)
Keramik (nicht überliefert)
Lit.: Kromer 1959, 163 Taf. 168; Siepen 2005, Nr. 902.903.

Brandschüttung 836 (in einem hölzernen Behälter)
Situla mit omegaförmigen Attaschen, H. 17 cm
Fragment einer Bz-Antennenwaffe Typ Hallstatt (in sechs Stücke zerbrochen)
Zwei Mehrkopfnadeln
Zwei Nadelfragmente mit Knochenbesatz
Fragment eines konzentrischen Ringgehänges
Gürtelblech getrieben, Typ große, geschlossene Felder mit Kettengehänge und Klapperblechen
Au-Drahtspirale aus doppeltem Draht, Dm. 2 cm, z. T. tordiert
Glasperle
Sechs Bernsteinperlen
Drei Brillenfibeln
Zwei gewölbte Buckel mit Ösen
Geperlter Armreif mit Zwischenscheiben
Drei kleinere Drahtreifen, Dm. 3,8 cm - 4,2 cm
Plastischer Besatz in Vogelform
Wetzstein
Verrostete Fe-Waffen (nicht überliefert)
Tierknochen (nicht überliefert)
Lit.: Kromer 1959, 164 Taf, 167; Kilian-Dirlmeier 1972, Nr. 621; Betzler 1974, Nr. 554.555.652; Hodson 1990, 154; Sievers 1982, Nr. 73; Prüssing 1991, Nr. 125; Siepen 2005, Nr. 452; Hansen 2010, 254 Nr. 171.

Körpergrab 839
Zwei Armringe mit Zwischenscheiben, Typ Hallstatt 658
Zwei Kahnfibeln Typ Šmarjeta, Form B
Gürtelblechfragment mit Haken
50 kleine Schüppchen mit Öse (vom Gürtel)
Lit.: Kromer 1959, 164 Taf. 166; Glunz 1997, 98 ff.; Siepen 2005, Nr. 314.315.

Körpergrab 841
Bz-Stachelscheibe, Mitte ehemals gefüllt (mit Glasfluss?)
Armring, grob geperlt, Typ Traunkirchen
Buckelarmring mit Zwischenscheiben
Zwei Bernsteinperlen
Brillenfibel
Augenperle, Glas
Zwei kleine Bz-Drahtringe
Bernsteinperlen
Eberzahn
Keramik
Befund: Stachelscheibe Unterleib. An jedem Arm ein Bz-Reif. Fibeln im Brustbereich Bernsteinperlen und Drahtringel am Kopf
Lit.: Kromer 1959, 164 f. Taf. 147; Betzler 1974, Nr. 484; Siepen 2005, Nr. 33.235.

Körpergrab 856 (4 Skelette)
1. und 2. Skelett: Blechgürtel glatt, Typ Gerolfing, L. d. Gürtels 145 cm (über beiden Skeletten)
Zwei Armreifen, gleichmäßig gerippt
Lit.: Kromer 1959, 167 Taf. 173; Siepen 2005, Nr. 603.604.

Brandschüttung 857
Halbmondfibel mit einseitig verlängertem Fuß
Halbmondfibel mit Spiralen im Bügel
Zwei Armreifen Typ Echerntal
Zwei Brillenfibeln
Bernsteinperlenkette
Keramik (nicht überliefert)
Lit.: Kromer 1959, 167 Taf. 175; Betzler 1974, Nr. 485.876; Glunz 1997, 55; 53 f.; Siepen 2005, Nr. 396.397.

Brandschüttung 868
Bandförmiger Bz-Henkel
Zwei Bz-Nadeln
Zwei Ringe
Verrostete Fe-Waffen
Keramik
Nadeln und Waffen (nicht überliefert)
Lit.: Kromer 1959, 168 f. Taf. 170; Prüssing 1991, Nr. 403.

Brandschüttung 870
Konzentrisches Ringgehänge
Zwei Brillenfibeln
Zwei Armringe, geperlt mit Zwischenscheiben
Zwei Armringe, unverziert (nicht bei Siepen 2005)
Sieben Bernsteinperlen
Zwei Bernsteinringe, rhombisch, radial durchbohrt
Gürtelhaken, zungenförmig
Messer
Ca. 50 Schüppchen mit Öse
Gewölbtes größeres Schüppchen mit Zwingen
Keramik (nicht überliefert)
Lit.: Kromer 1959, 169 Taf. 170; Betzler 1974, Nr. 346.462; Siepen 2005, Nr. 468.

Brandschüttung 873
Griff einer Bz-Antennenwaffe Typ Hallstatt
Gürtel (nicht überliefert)
Lit.: Kromer 1959, 169; Kilian-Dirlmeier 1972, Nr. 670; Sievers 1982, Nr. 48.

Körpergab 874
Blechgürtel, getrieben, Typ Schrotzhofen
Alternierend gerippter Armring
Zwei gleichmäßig gerippte Armringe
Glatter Armring
Zwei Brillenfibeln
Dreizehn Bernsteinperlen
Lit.: Kromer 1959, 169 Taf. 172; Kilian-Dirlmeier 1972, Nr. 172; Betzler 1974, Nr. 265.266; Siepen 2005, Nr. 609.610.674.

Brandschüttung 882
Konzentrisches Ringgehänge
Vier Brillenfibeln
Armring, gleichmäßig gerippt
Melonenarmring, groß geperlt
Keramik, Tierknochen (nicht überliefert)
Lit.: Kromer 1959, 170 Taf. 181; Betzler 1974, Nr. 556.884-886; Siepen 2005, Nr. 567.171.

Brandschüttung 888
Riemendurchlass, spitz, vierfacher Durchzug
Riemendurchlass, spitz, mit einfacher Schlaufe
Bz-Ringlein
Mehrkopfnadel
Spitzenschutz einer abgebrochenen Nadel
Lit.: Kromer 1959, 170 f. Taf. 181; Metzner-Nebelsick 2002, 527; bei Kern 2010 als fragliches Kindergrab geführt.

Körpergrab 890
Bz-Schale, fragmentiert (6 Zoll groß, nicht überliefert)
Buckelarmring mit Zwischenscheiben, Typ Ha 658
Gleichmäßig gerippter Armring
Zwei Brillenfibeln (eine nicht überliefert)
Protomen-Ringgehänge
Bz-Kugel mit Loch
Keramik (nicht überliefert)
Lit.: Kromer 1959, 171 Taf. 176; Betzler 1974, Nr. 480; Siepen 2005, Nr. 359.566.

Körpergrab 894 (nach Ramsauer junge Person, 1,42 m Skelettgröße)
Armring grob geperlt, Typ Traunkirchen, Dm. 6,5 cm
Zwei Brillenfibeln
Steinperle
Bz-Knopf mit Öse (auf der Brust)
Lit.: Kromer 1959, 172 Taf. 176; Betzler 1974, Nr. 436.437; Siepen 2005, Nr. 36.

Brandschüttung 900
Zwei Halbmondfibeln mit Vogelprotomen
Armring Typ Echerntal
Brillenfibel/n (*Anzahl unklar*)
Lit.: Kromer 1959, 172 Taf. 197; Betzler 1974, Nr. 890; Glunz 1997, 51 f.; Siepen 2005, Nr. 408.

Brandschüttung 909 (Kind)
Au-Band mit Hakenverschluss, am anderen, „ausgerissenen" Ende zwei Löcher zum Einhängen des Hakens, Zier getrieben, L. noch 12,5 cm, zwei kleinere Bandfragmente
Geichmäßig gerippter Armring, Dm. 5,2 cm
Zwei kleine Bz-Ringe, Dm. 2,9 cm und 3,3 cm
Neunzehn Bernsteinperlen
Bz-Perle, Dm. 1,8 cm
Vier Bz-Knöpfchen mit Öse
Lit.: Kromer 1959, 173 Taf. 182; Siepen 2005, Nr. 648; Hansen 2010, 254 Nr. 172.

Brandschüttung 910
Situla mit omegaförmigen Attaschen, H. 22,5 cm
Bz-Einzugschale mit Ringgriff und Standring
Ziste mit beweglichem Henkel, verziert
Mehrkopfnadel
Wetzstein
Elfenbeinknauf eines Schwertes, Ortbandfragment, Fe-Schwertklinge nicht überliefert, L. ca. 76 cm
Keramik, Tierknochen (nicht überliefert)
Lit.: Kromer 1959, 173 f. Taf. 182; Gerdsen 1986, 171; Hodson 1990, 155; Prüssing 1991, Nr. 72.152.322 (nach Pauli 1975, 11).

Körperbestattung 912
Situla, links neben dem Kopf (nicht erhalten)
Breitrandschale, keinem Typ zuweisbar, fragmentiert (bei den Füßen)
Keramikschale, in der Breitrandschale gefunden (nicht erhalten)
Zwei Mehrkopfnadeln
Wetzstein
Fe-Waffen (nicht erhalten)
Lit.: Kromer 1959, 174 Taf. 185; Hodson 1990, 156; Prüssing 1991, Nr. 304.

Körpergrab 932
Bernsteinring
Armreif Typ Hallwang
Steigbügelarmring
Bogenfibel
Gürtelblech Typ Echerntal (Kromer nennt Nieten und Kettchen, offenbar nicht überliefert)
Lit.: Kromer 1959, 177 Taf. 188; Kilian-Dirlmeier 1972, Nr. 565; Siepen 2005, Nr. 912.1299.

Brandschüttung 936
Griff einer Bz-Antennenwaffe Typ Hallstatt
Griffangelmesser, Fragment
Zwei unikate Nadeln mit Kugelkopf
Keramik (nicht überliefert)
Lit.: Kromer 1959, 177 Taf. 188; Sievers 1982, Nr. 56.

Brandschüttung 937
Ringgehänge, Fragment
Mehrkopfnadel
Lanzenspitze
Griffdornmesser mit Kruste aus Textilresten
Lit.: Kromer 1959, 177 Taf. 178; Bender Jørgensen 2005, 143 Nr. 84.

Körpergrab 943
Zwei Halbmondfibeln mit Spiralenden (auf der Brust)
Brillenfibel und Ringlein, Dm. 1,2 cm (im Bereich des Kopfes)
Armreif (nicht überliefert)
Lit.: Kromer 1959, 178 Taf. 186; Glunz 1997, 53.

Körpergrab 944 (1,52 m Skelettgröße)
Gürtelhaken, zungenförmig
Spuren von textilem Gürtel
Drei kleine Bz-Ringlein
Brillenfibel
Zwei Armreifen, grob geperlt, Typ Hallstatt Grab 944, Dm. 6,5 cm und 7 cm.
Lit.: Kromer 1959, 178 Taf. 185; Siepen 2005, Nr. 97.98.

Körpergrab 949 (gestört)
Zwei Fragmente einer Schwertscheide
Rollenkopfnadel
Verrostete Fe-Waffen, Ringe (nicht erhalten)
Lit.: Kromer 1959, 178 f. Taf. 185.

Körpergrab 963
Kalksteinringlein, (am Kopf)
Zwei Bz-Ringlein
Zwei Scheibenfibeln (auf der Brust)
Buckelarmring mit Zwischenscheiben, Typ Hallstatt Grab 658
Zweischalige „Bulle" (Beckenbereich)
Lit.. Kromer 1959, 180 Taf. 189; Siepen 2005, Nr. 281.

Brandschüttung 976
Tüllenmeißel
Zwei Tüllenbeile
Phalerae, Anzahl unbekannt, nicht überliefert
Fe-Gerät, schlüsselähnlich mit langem Griff, latènezeitlich und daher wohl kaum zugehörig.
Tüllenbeil und Tüllenmeißel abgebildet im Protokoll Antikencabinett Tabula XXXV, Inv.-Nr. 2459. In der Sammlung sind zwei identische Tüllenbeile vorhanden
Lit.: Kromer 1959, 181; Hodson 1990, 156; Stöllner 2007, 245.

Körpergrab 982 (gestört, keine Abb.)
Zwei Armringe
Fibel
Zwei Bernsteinstücke
Perlen, Glas
Vier verbundene Ringe (Ringgehänge?)
Au-plattierte Bz-Stäbchen
Lit.: Kromer 1959, 182 (Grabung Schubert); Hansen 2010, 254 Nr. 173.

Brandschüttung 990 (zerstörte Lage, keine Abb. der Funde)
Mehrere Goldplättchen
Bz-Schmuck
Zwei Armbänder
Bz-Knöpfe (eine „Parthie")
Lit.: Kromer 1959, 182 (Grabung Schubert); Hansen 2010, 254 Nr. 174.

Körpergrab 994
Siebtrichter
Helm vom Typ Berru
Fe-Schwert, Bz-Scheide ornamental verziert, umwickelt mit grobem Band in Leinwandbindung, L. 79 cm
Drei Lanzenspitzen
Tranchiermesser
Bz-Bügel (evtl. Gurtbeschlag)
Lit.: Kromer 1959, 182 f. Taf. 201;202; Prüssing 1991, Nr. 79; Pany 2003, 122; Egg et al. 2006.

Körpergrab 997 (Erwachsener plus Kinderkörpergrab; Beigaben offenbar nur dem Erwachsenen gehörig)
Loses Ringgehänge
Bz-Armring mit dachförmigem Querschnitt
Bz-Armring, Typ grob geperlt, Variante
Fußring Typ Bruck an der Großglocknerstraße
Mehrkopfnadel (bei der rechten Hand, möglicherweise zu Kind gehörig?)
Brillenfibel
Fe-Gürtelgehänge
Mehrere Kramikgefäße, darunter zwei größere Fragmente
Lit.: Kromer 1959, 183 Taf. 195; Betzler 1974, Nr. 389; Siepen 2005, Nr. 153.1296.1525.

Körpergrab 999 (mehrere Skelette, Lage gestört)
Zwei Brillenfibeln
Vogelkopffibel
Mehrkopfnadel
Zwei Fußringe
Geperlter Armreif
Rundes Au-Plättchen, Dm. 1 cm
Tranchiermesser
Wetzstein
Keramik
Lit.: Von Hochstetter 1878, 303; Kromer 1959, 183 Taf. 190; Betzler 1974, Nr. 649.933.

Brandschüttung 1001
Bz-Gefäßrest (Tellerrand?)
Mehrere Phalerae?
Zwei Vierpaßplattenfibeln
Glatter Bz-Armring
Gleichmäßig gerippter Bz-Armring
Reste zerschmolzener unverzierter Ringe
Rest einer Brillenfibel
Bernsteinperlen
Gürtelblech getrieben, Typ Echerntal, L. 114 cm (nach Kromer)
Gürtelblech getrieben, teils glatt, L. 83,5 cm (nach Kromer)
T-förmiger rhombischer Fe-Gürtelhaken
20 cm unter der Brandschüttung:
Lanzenspitze, Schaftende tordiert/facettiert
Fe-Griffdornmesser
Graphitierte Keramikscherben

Die beiden Gürtelbleche waren nach von Hochstetter 1878 *"in einen Kreis zusammengelegt"*, darin befanden sich Bronzeringe und Bernsteinperlen, alles auf dem Leichenbrand. 20 cm tiefer wurden die Lanzenspitze, das Messer und die Reste der Keramik geborgen. Möglicherweise handelt es sich daher um zwei separate, übereinanderliegende Bestattungen (Mann und Frau). Über die Lage der Fibeln und der möglichen Phalerenreste liegen keine Angaben vor.
Lit.: Von Hochstetter 1878; Kromer 1959, 184 Taf. 192; Kilian-Dirlmeier 1972, 88 Nr. 561.566; Betzler 1974, Nr. 258.993.994; Prüssing 1991, Nr. 385; Glunz 1997, Taf. 40,1-2; Siepen 2005, Nr. 576.714.

Brandschüttung 1003
Bz-Schale (nicht überliefert)
Fe-Griffzungenschwert Typ Mindelheim, Klinge mehrfach gebrochen
Zwei Lanzenspitzen, Stöllner Form 1
Fe-Lappenbeil
Zwei Griffangelmesser
Mehrkopfnadel, von Hochstetter berichtet von zwei Nadeln
Zwei Wetzsteine
Sieben Fe-Ringe, z. T. mit Gewebeabdrücken
Fünf Bz-Ringlein
Hochhalsschüssel mit eingestochener Rautenzier
Lit.: Von Hochstetter 1878, 304 Taf. III (Grab 7); Kromer 1959, 184 Taf. 191; Gerdsen 1986, 171; Grömer 2007, 32; Banck-Burgess 1999, 217.

Brandschüttung 1015 a
Acht Phalerae, davon fünf ineinander gelegt, darunter noch drei
Zwei Mehrkopfnadeln
Lanze
Wetzstein
Griffdornmesser
Ein Keramikgefäß (nicht überliefert)
Lit.: Kromer 1959, 185 Taf. 193; Barth 1980.

19 Tabellen

Tabelle 1: Gräber mit Bronzegefäß
Tabelle 2: Gräber mit Waffe
Tabelle 3: Schwert- und Dolchgräber nach Typen
Tabelle 4: Gräber mit Goldbeigabe
Tabelle 5: Gräber mit Textil
Tabelle 6: Gräber mit Webgerät
Tabelle 7: Gräber mit Ringgehänge
Tabelle 8: Gräber mit Gürtel
Tabelle 9: Doppel- und Mehrfachbestattungen
Tabelle 10: Bestattungen von Kindern oder Jugendlichen

[Alle Tabellen auf beigefügter CD]

20 Tafelteil

Tafel 1

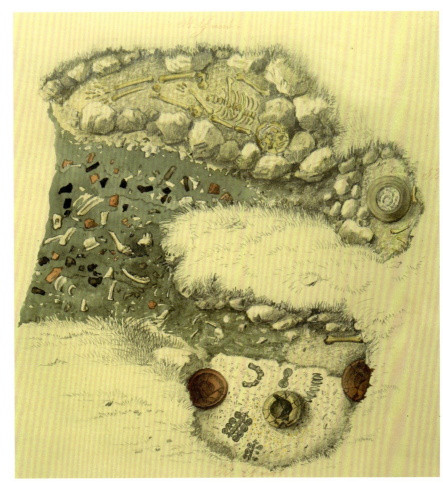

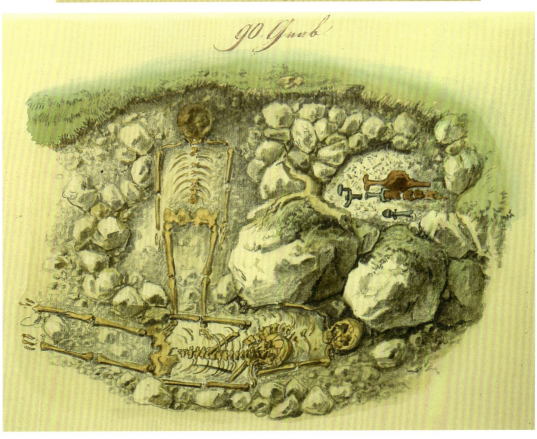

Tafel 2

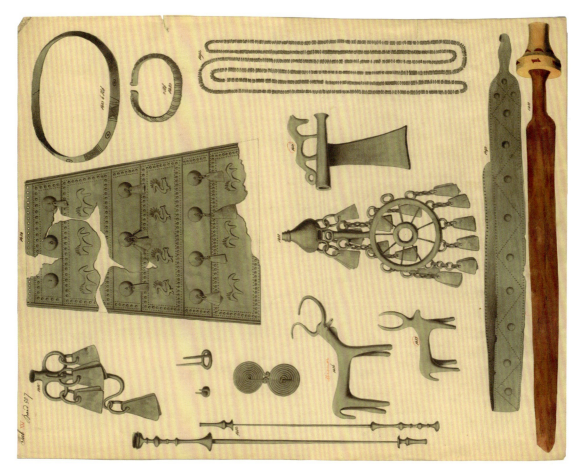

Tafel 3

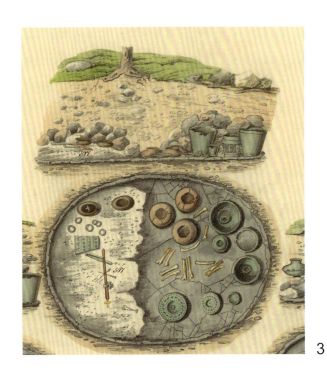

Tafel 4

Tafel 5

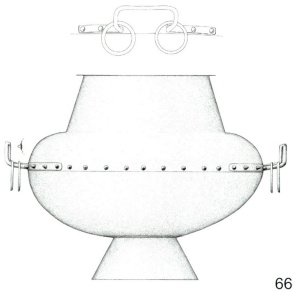

66

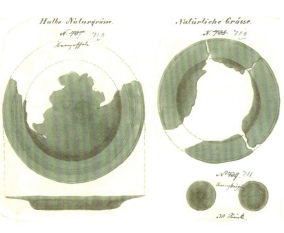

73

Tafel 6

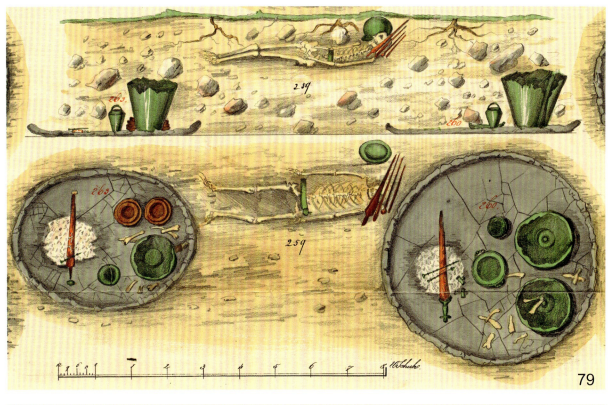

79

91

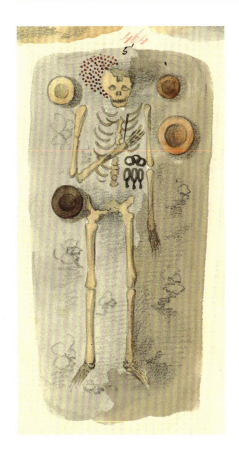

101

Tafel 7

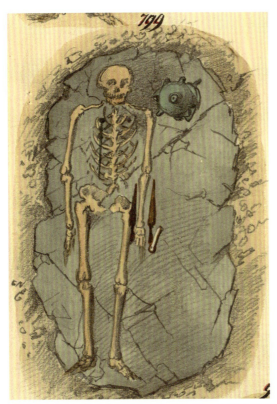

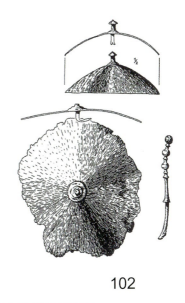

102

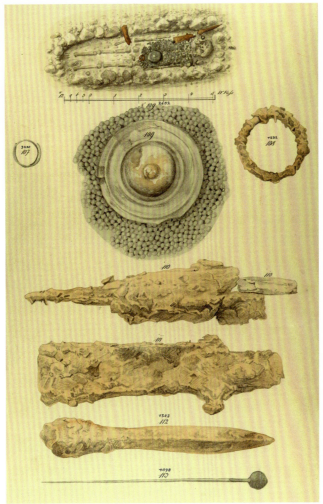

103

Tafel 8

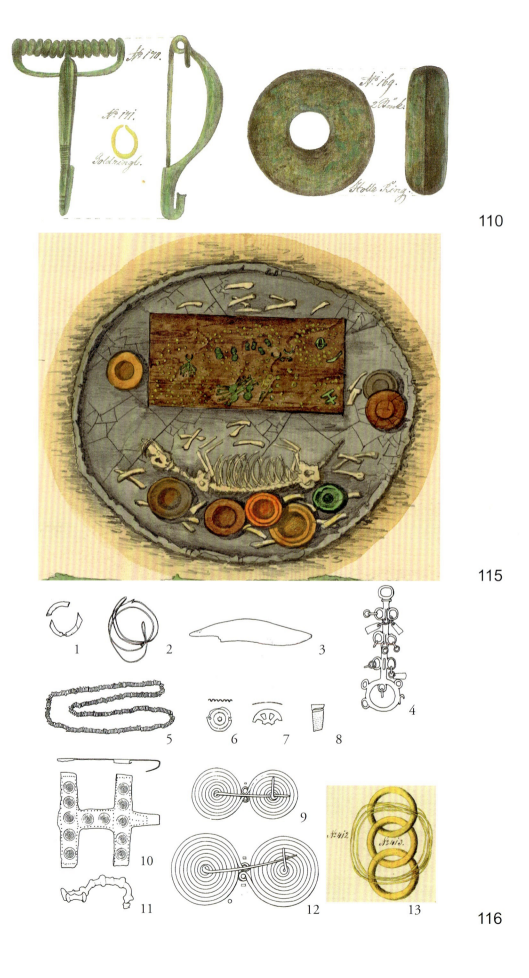

Tafel 9

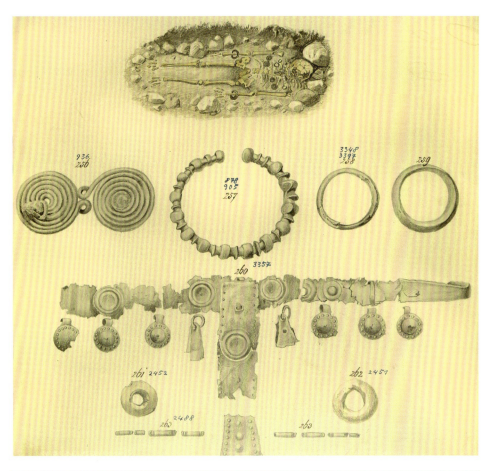

122

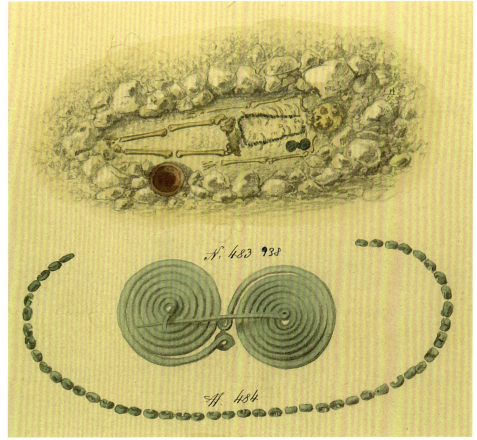

123

Tafel 10

124

133.3

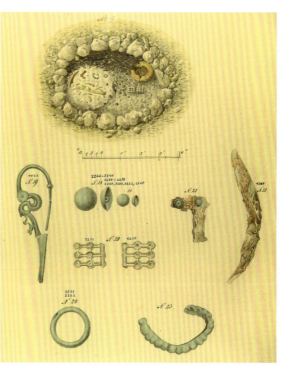

136

Tafel 11

138

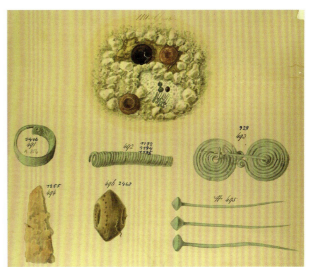
139

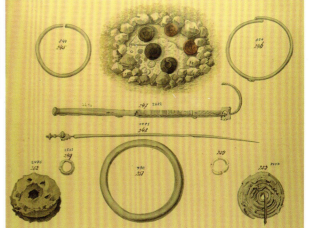
141

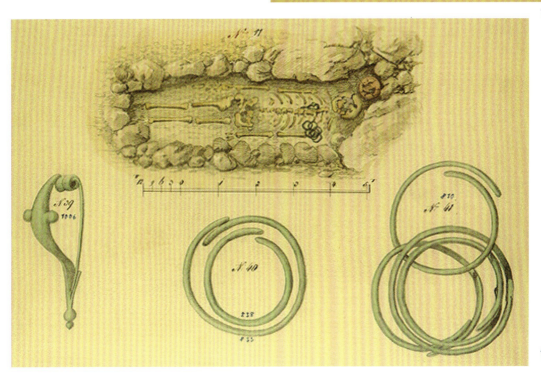
142

Tafel 12

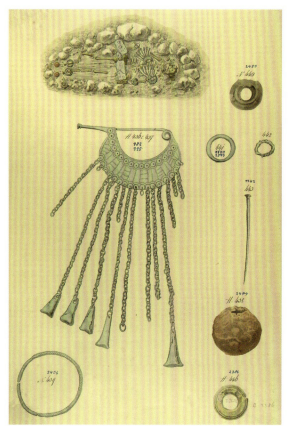

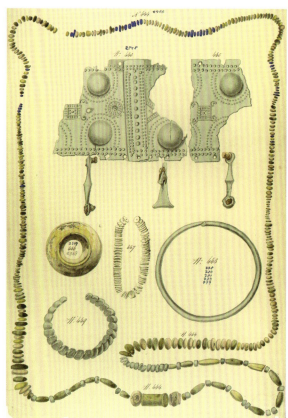

155.1

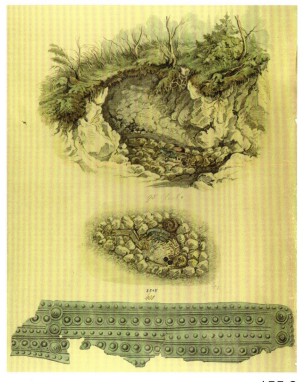

155.2

155.3

Tafel 13

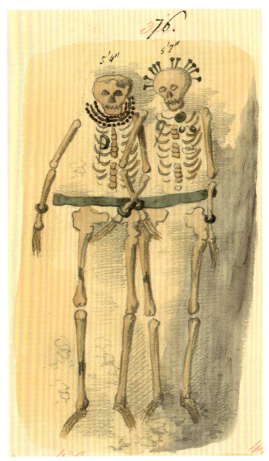

156.1

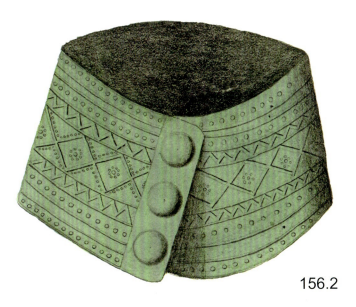

156.2

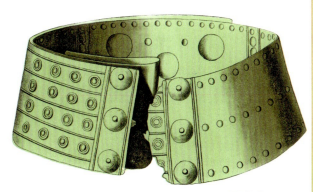

156.3

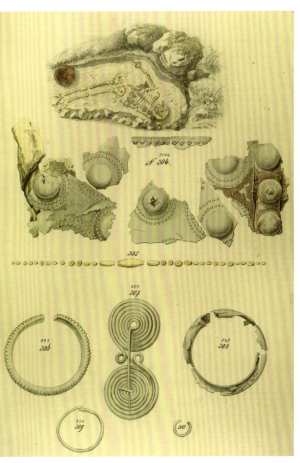

157

Tafel 14

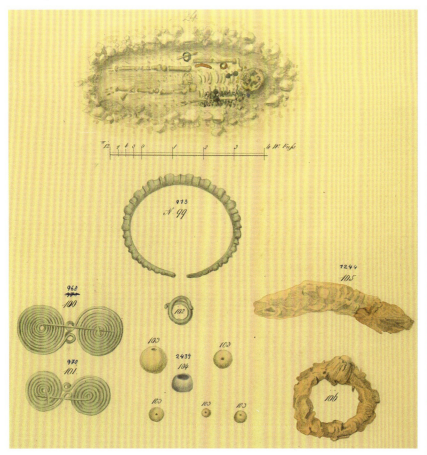

158

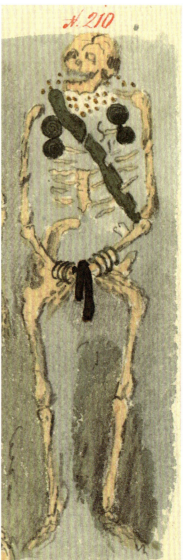

159.1

159.2

Tafel 15

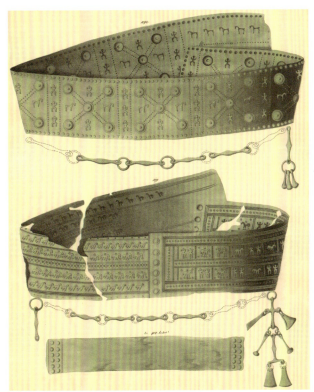

160.1

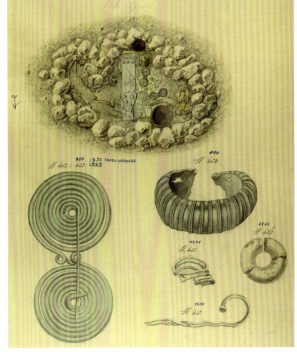

160.2

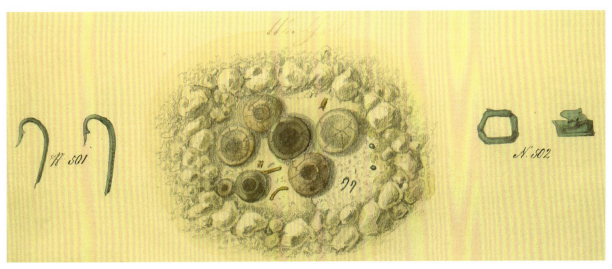

162